westermann

Anke Garricks, Dr. Günter Schiller, Dr. Dirk Schlagentweith, Heidi Selch-Witt, Dr. Volker von Creytz

Sozialwirtschaft und Recht für Berufliche Oberschulen in Bayern

Ausbildungsrichtung Sozialwesen

2. Auflage

Bestellnummer 221795

Zusatzmaterialien zu „Sozialwirtschaft und Recht für Berufliche Oberschulen in Bayern"

Für Lehrerinnen und Lehrer:

Lösungen: 978-3-14-221816-8
Lösungen Download: 978-3-14-221813-7

BiBox Einzellizenz für Lehrer/-innen (Dauerlizenz): 978-3-14-221798-7
BiBox Kollegiumslizenz für Lehrer/-innen (Dauerlizenz): 978-3-14-221801-4
BiBox Kollegiumslizenz für Lehrer/-innen (1 Schuljahr): 978-3-14-107826-8

Für Schülerinnen und Schüler:

BiBox Einzellizenz für Schüler/-innen (1 Schuljahr): 978-3-14-221804-5
BiBox Klassensatz PrintPlus (1 Schuljahr): 978-3-427-82744-3

westermann GRUPPE

© 2022 Bildungsverlag EINS GmbH, Ettore-Bugatti-Straße 6-14, 51149 Köln
www.westermann.de

Druck und Bindung: Westermann Druck GmbH, Georg-Westermann-Allee 66, 38104 Braunschweig

ISBN 978-3-14-**221795**-6

Vorwort

Das vorliegende Lehrbuch deckt die wesentlichen Inhalte des Faches Sozialwirtschaft und Recht bei den beruflichen Oberschulen ab. Wie im aktuellen Lehrplan gefordert, schlägt es die Brücke zwischen den Ausbildungsrichtungen „Sozialwesen und Wirtschaft" und „Verwaltung".

Für das Bundesland Bayern deckt dieses Lehrwerk den LehrplanPLUS (gültig ab Schuljahr 2017/2018) für die 11., 12. und 13. Klasse ab.

Der Stoff ist folgendermaßen aufbereitet:

- Die Schülerinnen und Schüler erleben, dass soziales Handeln und ökonomisches Handeln in sozialen Unternehmen einander gegenseitig bedingen und dass die Beachtung ökonomischer Gesetzmäßigkeiten den Erfolg sozialen Handelns nachhaltig beeinflusst.
- Sie reflektieren, dass auch für die Gesellschaft als Ganzes ökonomischer Erfolg ein wichtiger Faktor erfolgreichen sozialpolitischen Handelns ist.
- Sie erhalten Kompetenzen, die sie in die Lage versetzen, konkrete Problemstellungen in einem sozialen Unternehmen zu meistern.
- Die Schülerinnen und Schüler erwerben Urteilskompetenz in ökonomischen, sozialen, rechtlichen und staatsbürgerlichen Fragen auf vertieftem Niveau.
- Neben den fachlichen Kompetenzen werden durch entsprechende Aufgaben auch die Sozial-, Selbst- und Methodenkompetenzen gefördert.
- Durch die Arbeit mit Modellen und mit juristischen Denktechniken, wie z. B. der Subsumtionstechnik, werden die abstrakt kognitiven Kompetenzen der Schülerinnen und Schüler geschult. So leistet das Fach einen wichtigen Beitrag zur Studierfähigkeit in den entsprechenden Studienrichtungen.

Zur optimalen Erarbeitung der Unterrichtsinhalte wurden die folgenden **didaktischen Elemente** berücksichtigt:

- **Arbeitsaufträge** zu Beginn eines Abschnitts wollen mit Grafiken, Karikaturen, Bildern, Texten und Statistiken auf das Thema einstimmen. Ihre Bearbeitung erfordert keine fachlich fundierten Kenntnisse, sondern soll motivieren und Interesse wecken. Sie sind besonders gut als Diskussionsgrundlage für Unterrichtseinstiege geeignet.
- Der **Erarbeitungsteil** eines Abschnitts orientiert sich an den zentralen Lernstrategien der Strukturierung, Assoziation und Visualisierung:
  - Die **Strukturierung der Inhalte** erfolgt durch Definitionen, sachlogische Texte, Paragrafen, thesenartige Anmerkungen und Abbildungen. Sie ermöglicht den Schülern, die neuen Informationen leichter vom Kurzzeit- ins Langzeitgedächtnis zu überführen.
  - Die **Assoziation** verlangt die Anknüpfung des neuen Stoffes an die Erlebnis- und Vorstellungswelt der Schüler/-innen. Die Beispiele im Lernmittel beziehen sich so weit wie möglich auf die Lebenswelt der Jugendlichen und berücksichtigen deren Auffassungsgabe und Erfahrungen.
  - Die **Visualisierung** ist die Veranschaulichung des Lernmittels, die im Lehrbuch durch eine Vielzahl von folgenden Gestaltungselementen gewährleistet wird:
    - Durch blauen Rahmen hervorgehoben finden sich Begriffserklärungen bzw. Definitionen und Merksätze.
    - Gesetzestexte (gegebenenfalls auszugsweise)
    - Rechtsfälle und deren Lösungen
    - Beispiele, Karikaturen und entsprechende Zeitungsartikel stellen den jeweiligen Sachverhalt den Schülerinnen und Schülern praxisbezogener dar.
    - Verweise auf das Internet

- **Aufgaben** am Ende eines Kapitels bzw. Abschnitts sind kompetenzorientiert aufgebaut und betonen mehr die Anwendungs- und Urteilsebene und weniger die reine Wissensreproduktion. Sie entsprechen damit den Anforderungen einer an Bildungsstandards orientierten Methodik und Didaktik. (Die Jahresangaben in den Aufgaben und Beispielen (z. B. 00, 01, 03) sind beispielhaft. Sie entsprechen nicht den Kalenderjahren. Es gelten immer die aktuellen gesetzlichen Regelungen.)
- Den **Methodenseiten** liegen moderne Lehr-Lern-Arrangements wie Statistiken interpretieren, Pro-Kontra-Diskussion, Karikaturen-Rallye, Lernzirkel, Rollenspiel und PowerPoint-Präsentation zugrunde. Sie haben die Aufgabe, den erarbeiteten Stoff zu vertiefen und den Lernprozess zu erleichtern.
- Die **Lösungen (Bestell-Nr. 221813)** der Arbeitsaufträge und Aufgaben sind in den meisten Fällen nicht eindeutig, sondern können als Lösungsvorschläge aufgefasst werden.

Für konstruktive Verbesserungsvorschläge und Anregungen sind Verlag und Autoren stets dankbar.

Aus Gründen der besseren Lesbarkeit wird auf die gleichzeitige Verwendung der Sprachformen männlich, weiblich und divers (m/w/d) verzichtet. Sämtliche Personenbezeichnungen gelten gleichermaßen für alle Geschlechter.

Das Autorenteam und die Verlagsredaktion wünschen Ihnen viel Erfolg und Spaß bei der Arbeit mit diesem Buch.

Inhalt

Lernbereich 1:
Ein soziales Unternehmen strategisch ausrichten

Ein Krankenhaus – etwas, was man in jeder Stadt findet. In größeren Städten gibt es sogar mehrere. Jeder kennt es, auch wenn man froh ist, wenn man es nicht braucht. Die Kranken-/ Rettungswagen bringen dort ihre Patienten hin, ebenso die Rettungshubschrauber und alle Privatpersonen, die einen Notfall oder klinischen Behandlungsbedarf haben.

Im Krankenhaus wird untersucht, behandelt, operiert usw. Hier arbeiten Ärzte, Pflegekräfte, Verwaltungskräfte und viele mehr.

Doch –
Wer zahlt das alles? Gehälter, Krankenwagen …

Wie ist so ein Krankenhaus organisiert?

Wie funktioniert es?

Soziales Unternehmen „Krankenhaus"

Allgemein stellen sich soziale Unternehmen besonderen Herausforderungen. Eingebettet in ihr spezielles betriebs- und volkswirtschaftliches Umfeld (Gesetzgeber, Kostenträger, Dienstleistungsempfänger usw.) haben sie die Aufgabe, sowohl wirtschaftlich als auch rechtlich einwandfrei zu handeln. Neben diesen Rahmenbedingungen müssen sie u. a. die Rechtsform für Unternehmen zu beachten. Nach Betrachtung der Geld- und – insbesondere – Dienstleistungsströme ist des Weiteren die Qualität der sozialen Dienstleistungen (Qualitätsmanagement, -sicherung) zu berücksichtigen.

1   Volks- und betriebswirtschaftliche Grundlagen

Praktikanten im Krankenhaus

Praktikantin bei einer Ergotherapeutin

ARBEITSAUFTRÄGE

1. Was sind Ihrer Meinung nach soziale Unternehmen? Welche kennen Sie?
2. Was ist „sozial"? Was sind „Unternehmen"?

1.1   Volkswirtschaftliche Betrachtung

In unserer Gesellschaft werden auf vielen verschiedenen Märkten viele verschiedene Güter angeboten. Die Lehre der Volkswirtschaft (VWL) betrachtet hierzu die zeitliche Entwicklung der Volkswirtschaften (z.B. Deutschland). In Frühkulturen waren die Menschen in ihrer Versorgung unabhängig, d.h., sie bestritten ihren Lebensunterhalt durch Jagen, Fischen, Sammeln und erzeugten alle Güter selbst, die sie zur Befriedigung ihrer Bedürfnisse (z.B. Nahrung) benötigten.

Im Laufe der Zeit wurde die Erstellung von Gütern von den Menschen (Haushalte) immer mehr an andere abgegeben, z.B. Handwerksbetriebe, Produktions- und Dienstleistungsunternehmen. Dies führte zu einer zunehmenden Spezialisierung bei der Güterherstellung und zu einer weitgehenden Trennung zwischen dem Konsum in Haushalten und der Produktion in Unternehmen.

Grund für diese Entwicklung war die Erkenntnis, dass nicht jeder alles machen kann und es gesamtwirtschaftlich (volkswirtschaftlich) am sinnvollsten ist, dass jeder nur diejenigen Tätigkeiten übernimmt, die er am besten kann. Auf diesem Verständnis von spezialisierter Arbeitsweise beruht die **Arbeitsteilung im Wirtschaftsprozess**.

Volkswirtschaftlich betrachtet sind Unternehmen in verschiedenen Wirtschaftsbereichen tätig.

Primärer Wirtschaftsbereich	**Urproduktion** Hierzu gehören der Abbau von Bodenschätzen und die Gewinnung von Naturprodukten. Beispiele: Bergbau, Energiegewinnung, Land- und Forstwirtschaft, Jagd und Fischerei
Sekundärer Wirtschaftsbereich	**Weiterverarbeitung** Die Produkte der Urproduktion werden i.d.r. durch Industrie oder Handwerk weiterverarbeitet. Beispiele: Grundstoffindustrie (chemische Industrie), Investitionsgüterindustrie (Maschinenbau, Flugzeugbau), Konsumgüterindustrie (Nahrungsmittel, Kleidung), Dienstleistungshandwerk (Gebäudereinigung, Friseur)
Tertiärer Wirtschaftsbereich	**Handel und weitere Dienstleistungen** Zum einen müssen die hergestellten Güter vor Ort noch ihrer Verwendung zugeführt werden. Beispiele: Binnenhandel (Großhandel, Einzelhandel), Außenhandel (Export, Import) Des Weiteren zählen zu diesem Wirtschaftsbereich folgende Dienstleistungsunternehmen: □ Kreditinstitute (Banken, Sparkassen) □ Versicherungen □ öffentliche Versorgungsbetriebe (Stadtwerke, Nahverkehrsbetriebe)

Wirtschaftsbereiche

Unternehmen

Unter einem Unternehmen wird im Allgemeinen eine wirtschaftende Einheit verstanden, die Sach- und Dienstleistungen für die Bedarfsdeckung der Menschen erstellt und ihre Produkte auf Märkten anbietet. Sie ist eine wirtschaftlich-finanzielle und rechtliche Einheit, für die das sogenannte **erwerbswirtschaftliche Prinzip** (wirtschaftliche Betätigung zum Zweck der Gewinnerzielung) gilt.

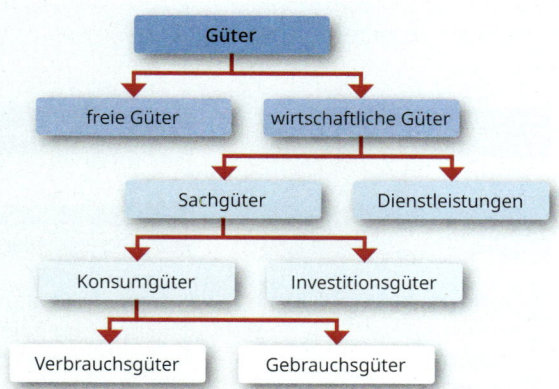

Die Begriffe „Betrieb" und „Unternehmen" werden oft gleichbedeutend verwendet. Zwischen **Unternehmen** und **Betrieb** ist nur dann zu unterscheiden, wenn das Unternehmen als rechtliche Einheit mehrerer Betriebe nur bestimmte Aufgaben für die in ihm zusammengeschlossenen Arbeitsstätten erbringt. Ist nur ein Betrieb vorhanden, stellt dieser gleichzeitig das Unternehmen dar, weil alle zur Leistungserstellung notwendigen Entscheidungen und Tätigkeiten an einer Stelle getroffen bzw. durchgeführt werden.

Je nach Wirtschaftsbereich bieten Unternehmen nun bestimmte Güter (Waren, Dienstleistungen) an, die letztlich zur Versorgung der Verbraucher mit Sach- und Dienstleistungen beitragen. Die Unterscheidung der Unternehmen nach der angebotenen Güterart ergibt nebenstehende Darstellung:

1.2   Betriebswirtschaftliche Funktionen

Sämtliche Güter (Waren, Dienstleistungen) werden in den Unternehmen „bearbeitet", wobei sich insbesondere die Prozesse „Bearbeitung" nach Sachleistungen und Dienstleistungen unterscheiden. Bei Sachleistungen nennt sich der Bearbeitungsprozess Produktion, bei Dienstleistungen Transformation.

Sachleistungen – Produktion

Sachleistungen entsprechen dabei **materiellen Gütern** (Waren). Sachleistungsunternehmen gewinnen bzw. stellen bewegliche und unbewegliche Güter (Waren) her. Während die Gewinnung von Gütern dem Wirtschaftsbereich Urproduktion zuzuordnen ist, gehört das Herstellen von Gütern zum Wirtschaftsbereich Weiterverarbeitung. In diesen Sachleistungsunternehmen, auch **Produktionsunternehmen** genannt, werden durch Be- bzw. Verarbeitungsprozesse Produkte hergestellt, die in dieser Form in der Natur nicht vorkommen. So entsteht z.B. nach dem Einkauf von Holz (Beschaffung) und dem Zuschnitt des Holzes (Produktion) ein Holzregal, das am Markt verkauft werden kann (Absatz).

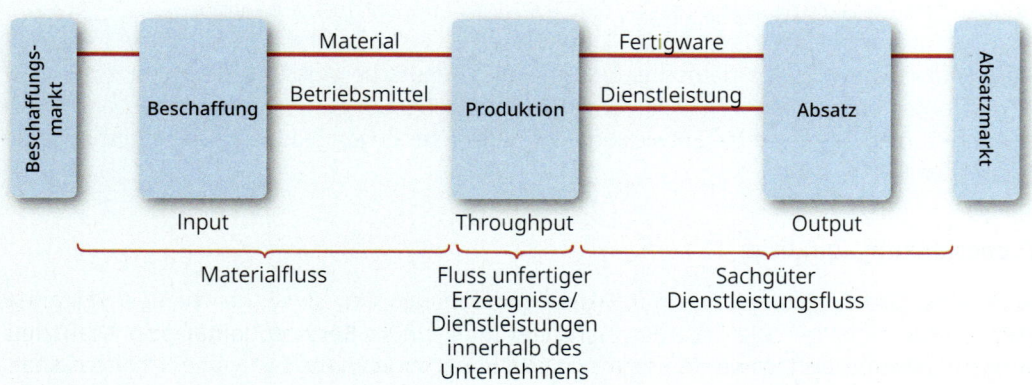

Funktionsweise eines Produktionsunternehmens

Dienstleistungen – Transformation

Die Dienstleistungen werden im sogenannten Transformationsprozess „bearbeitet". Dieser Prozess setzt sich zusammen aus folgenden Hauptbestandteilen:

- Inputfaktoren
- Transformationsprozesse
- Output/Outcome

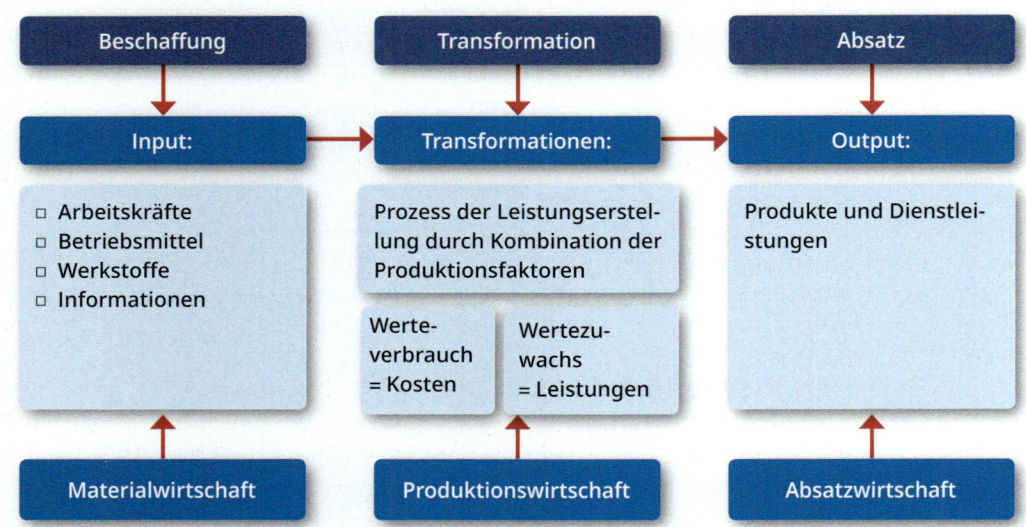

Quelle: examio GmbH (Hrsg.): Betriebliche Funktionen und deren Zusammenwirken, online unter: https://www.wiwiweb.de/volks-und-betriebswirtschaft/betriebliche-funktionen.html [08.04.2021] (verändert).

Funktionsweise eines Dienstleistungsunternehmens

Dienstleistungen sind im Gegensatz zu Waren **immaterielle Güter**, d.h., sie sind nicht gegenständlich. Sie werden erbracht in Form von Arbeit, Diensten usw. Sie können nicht gelagert werden, sind selten übertragbar und benötigen einen sogenannten externen Faktor (z.B. Kunde), um erbracht zu werden. Ihre Erzeugung und der Verbrauch fallen meist zeitlich zusammen, auch **Uno-actu-Prinzip** genannt.

Dienstleistungsunternehmen benötigen im Gegensatz zu Sachleistungsunternehmen für die Erbringung ihrer Leistungen keine be- oder verarbeitenden Produktionsprozesse, sondern benötigen Leistungserstellungsprozesse, hier Transformationsprozesse genannt.

Der Tätigkeitsschwerpunkt deutscher Unternehmen (deutsche Volkswirtschaft) hat sich in den letzten Jahren immer mehr vom sekundären Wirtschaftsbereich zum tertiären Wirtschaftsbereich entwickelt. Dies lässt auch die Entwicklung der Anzahl der Erwerbstätigen (Arbeitnehmer) je Bereich erkennen.

Dienstleistungsqualität

Auch wenn Dienstleistungen in ihrem Ergebnis immateriell sind, so können sie doch materielle Bestandteile enthalten. Die Güte der Dienstleistung kann als **Servicequalität** oder **Dienstleistungsqualität** bezeichnet werden. Je immaterieller das angebotene Gut (hoher Immaterialitätsgrad) ist, umso mehr kann es zu Problemen bei der Messung der Dienstleistungsqualität kommen.

Dienstleistungsgrad

Dienstleistungen lassen sich ferner unterscheiden nach standardisierten und individuellen Dienstleistungen. **Standardisierte Dienstleistungen** werden für einen fiktiven Durchschnittskunden erbracht. **Individuelle Dienstleistungen** dagegen werden an einem konkreten Kunden erbracht. In dem Fall ist der Grad der Kundenbeteiligung deutlich höher als bei standardisierten Dienstleistungen.

Da für die Dienstleistungserbringung die Integration des externen Faktors (z. B. Kunde) in den Leistungsprozess erfolgt, kann das Dienstleistungsunternehmen die Produktivität bzw. Qualität nur eingeschränkt beeinflussen.

Ein Kunde, der z. B. seine Wünsche konkret gegenüber dem Dienstleistungsunternehmen äußert, wird den Leistungserstellungsprozess in aller Regel beschleunigen. Äußert sich der Kunde dagegen nicht, kann das Dienstleistungsunternehmen den Leistungserstellungsprozess nur schwer bis gar nicht beeinflussen oder gar beschleunigen.

Das Dienstleistungsunternehmen kann seine Leistungserstellungsprozesse nur begrenzt standardisieren bzw. automatisieren. Je individueller die Dienstleistung, desto weniger lässt sich diese Dienstleistung standardisieren.

Die Misere der Krankenhaus-Finanzierung über Fallpauschalen

Deutschlands Kliniken rechnen die Behandlung ihrer Patienten nach Fallpauschalen ab. Kritiker sehen darin einen falschen Anreiz: möglichst viele Operationen und Untersuchungen durchzuführen. Inzwischen gibt es einen Konsens, dass eine grundlegende Reform des Systems nötig ist. [...]

Um zu verstehen, warum es ganz verschiedene Meinungen über die Krankenhausfinanzierung gibt, muss man einen Blick in die Vergangenheit werfen. Bis vor knapp 20 Jahren erhielten die Kliniken ihr Geld über sogenannte „tagesgleiche Pflegesätze" und „Sonderentgelte". Das hieß, vereinfacht: Je länger ein Patient auf Station war, desto mehr Geld brachte er einem Krankenhaus. Das war nach Ansicht der politischen Entscheidungsträger ein falscher Anreiz. Sie haben deshalb Fallpauschalen eingeführt, die es auch in vielen anderen Industrieländern schon seit vielen Jahren gibt. Im Fallpauschalen-System fließt, je nach Diagnose, eine fixe Summe Geld. [...] Ziel ist es dabei vor allem, möglichst viele Fälle abzurechnen. Doch das ist nach Ansicht vieler Kritiker ein Irrweg. Eine Reihe von Organisationen, darunter Attac, aber auch die Gewerkschaft Verdi, haben sich zu einem Bündnis mit dem Namen „Krankenhaus statt Fabrik" zusammengetan. [...] Gewinn gemacht werde damit vor allem von Kliniken, die sich auf bestimmte Eingriffe spezialisieren, so die Kritik. Häuser, die die Grundversorgung übernehmen, die sich weniger lohnt, würden in Defizite getrieben. [...]

Der Chef des AOK-Bundesverbandes, Martin Litsch, verfolgt aufmerksam die verschiedenen Forderungen zu einer Reform der Klinikfinanzierung. Er hat dabei festgestellt: Kommunale Klinik-Träger, die nach dem Willen der Politik einen Sicherstellungsauftrag erfüllen sollen, haben oft andere Interessen als private Träger, die nach dem Willen ihrer Eigentümer vor allem möglichst viel Gewinn machen sollen. Die Arztpraxen rund um Krankenhäuser haben oft andere Interessen als die jeweiligen Kliniken. Krankenkassen haben nicht immer die gleichen Interessen wie Ärzte und Krankenhäuser. Die Bundesländer haben andere Interessen als der Bund.

Auf die Frage, wie schwierig – auf einer Skala von eins bis zehn – eine Neuordnung der Krankenhausfinanzierung werden könnte, gibt er deshalb diese Antwort: „Also ich würde das schon ziemlich nah an der Zehn einordnen. [...]" Auf SPD, Grüne und FDP kommt also auch in diesem Bereich einiges zu. „Das System der Fallpauschalen zur Krankenhausfinanzierung wollen wir weiterentwickeln", heißt es im Sondierungspapier der künftigen Regierungskoalition.

Quelle: Nützel, Nikolaus: Die Misere der Krankenhaus-Finanzierung über Fallpauschalen, 25.10.2021, Deutschlandfunk; unter: https://www.deutschlandfunk.de/deutsches-gesundheitssystem-die-misere-der-krankenhaus-100.html [23.02.2022] (verändert).

1.3   Soziale Unternehmen

Hierzu ist die Begriffsdefinition in der Literatur nicht eindeutig. Manche sprechen von sozialen Unternehmen, andere von Sozialunternehmen oder Unternehmen mit sozialen Unternehmenszielen.

Folgende Merkmale kennzeichnen jedoch alle sozialen Unternehmen:

1. Soziale Unternehmen versuchen, spezifische soziale Ziele durch ökonomische (wirtschaftliche) Betätigung zu realisieren.
2. Es sind „not-for-profit"-Organisationen in dem Sinne, dass alle erwirtschafteten Überschüsse entweder in ökonomische Aktivitäten des Unternehmens investiert oder in anderer Weise so genutzt werden, dass sie den gesetzten sozialen Zielen des Unternehmens dienen.
3. Ihre Strukturen sind so angelegt, dass das gesamte Vermögen und der akkumulierte (zusammengefasste) Reichtum des Unternehmens nicht Privatpersonen gehören, sondern dass sie treuhänderisch zum Wohl derjenigen Personen oder Gebiete verwaltet werden, welche als Nutznießer der sozialen Unternehmen bestimmt worden sind.
4. Ihre Organisationsstrukturen zielen auf gleiche Rechte für alle und ermutigen alle Beteiligten, auf kooperativer Basis zu arbeiten. Ein weiteres Kennzeichen des Sektors

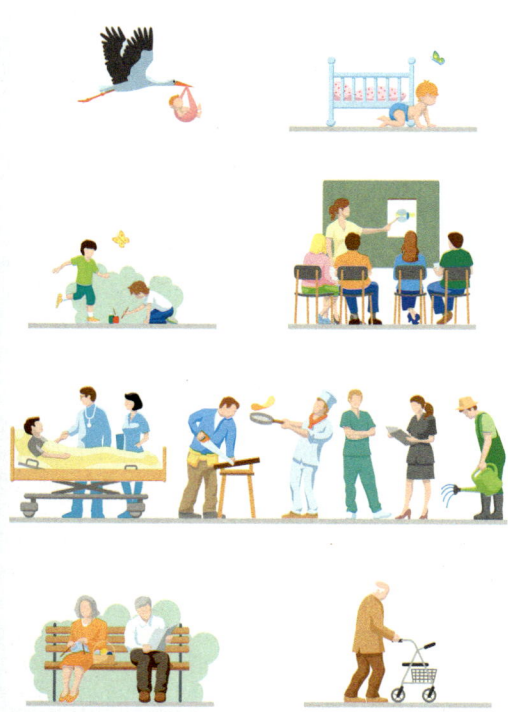

Soziale Dienstleistungen im Laufe des Lebens

der sozialen Unternehmen ist, dass er die wechselseitige Kooperation zwischen sozialen Unternehmen und anderen Organisationen der sozialen und lokalen Ökonomie fördert.

Quelle: Birkhölzer, Karl: Grundwerte und Strukturen von sozialen Unternehmungen in Westeuropa: Konzepte und Prinzipien einer Neuen Ökonomie. In: Lokale Ökonomie, hrsg. vom Technologie-Netzwerk Berlin, Bd. 29, Berlin: Technologie-Netzwerk 1997, S. 14 (verändert).

Principal-Agent-Problem

Grundlage dieser Betrachtung ist die Principal-Agent-Theorie. Ihr wesentliches Merkmal ist die Annahme, dass Principal und Agent asymmetrisch informiert sind, der Agent weiß deutlich mehr.

Der Auftraggeber einer Dienstleistung (Principal) delegiert eine Handlung an einen Auftragnehmer (Agenten), dessen Entscheidungen wiederum auf den Nutzen für den Principal Einfluss haben.

In vielen Fällen kann der Principal die Handlungen des Agenten nicht beobachten, sondern erfährt nur das Ergebnis. Aufgrund der bestehenden Informationsasymmetrie und da der Principal die Leistung nicht bewerten kann, kann eine optimale Situation durch herkömmliche Entlohnungs- und Anreizsysteme nicht erreicht werden. In den meisten Fällen wird es für Dienstleistungen einen bestimmten, am Markt üblichen Preis geben (Marktpreis). Für das Ergebnis einer Dienstleistung ist der Auftraggeber aber mitunter bereit, einen deutlich höheren Preis zu zahlen. Da er nun die Handlungen des Agenten nicht beobachten kann, kann dieser einen deutlich höheren Preis als den Marktpreis verlangen. Der Auftraggeber erleidet nun einen sogenannten **Wohlfahrtsverlust**.

Ein Ziel dieser Theorie ist, die Struktur der Beziehung zwischen Auftraggeber (Principal) und Auftragnehmer (Agent) so zu gestalten, dass der resultierende Wohlfahrtsverlust minimal ist.

Beispiel „Arzt-Patient-Beziehung"

Der Nutzen des Patienten (Principal) ist sein Gesundheitszustand nach der Behandlung. Die Handlung des Arztes (Agent) besteht in der Auswahl der medizinischen Leistungen. Dabei ist zu berücksichtigen, dass der Arzt auch nicht vollständigen Einfluss auf den resultierenden Gesundheitszustand des Patienten hat.

Würde der Arzt nun nach Erfolg entlohnt werden, so könnte er bei einem Patienten mit sehr guter Genesung viel verdienen, obwohl er evtl. wenig Arbeit hatte. Andererseits könnte er bei Nicht-Genesung gar nicht entlohnt werden, obwohl er viel Arbeit hatte und viele Bemühungen unternommen hat.

Würde er mit einem festen Betrag entlohnt werden, so würden viele Bemühungen überhaupt nicht entlohnt werden. Es fehlt der Anreiz für „gute" Leistung.

Neben den beiden Beteiligten, Arzt und Patient, gibt es im deutschen Gesundheitswesen noch einen dritten Beteiligten im Gesundheitsprozess, die Krankenversicherung des Patienten. Um das Marktversagen zwischen Arzt und Patient zu verhindern, könnte ihr zukünftig eine entscheidende Rolle in Form der Vermittlung zwischen Patient und Arzt zukommen, denn sie steht mit beiden in engem Kontakt.

Aufgaben

1. Nennen Sie zwei Unternehmensbeispiele je Wirtschaftsbereich.
2. Zeichnen Sie die betriebswirtschaftlichen Funktionen für ein Ihnen bekanntes Produktionsunternehmen nach. Erläutern Sie die einzelnen Funktionen.
3. Zeichnen Sie die betriebswirtschaftlichen Funktionen für ein Ihnen bekanntes Dienstleistungsunternehmen nach. Erläutern Sie die einzelnen Funktionen.
4. Welche sozialen Unternehmen gemäß Definition kennen Sie? Begründen Sie Ihre Auswahl.
5. Beschreiben Sie ein soziales Unternehmen anhand seiner angebotenen Dienstleistungen. Welche dieser Dienstleistungen erfolgen in Verbindung mit Sachleistungen?
6. Untersuchen Sie ein Ihnen bekanntes soziales Unternehmen auf Principal-Agent-Probleme und beurteilen Sie die Situation.

2 Das Umfeld sozialer Unternehmen

ARBEITSAUFTRAG

Beschreiben Sie die jeweiligen Beteiligten im Krankenhaus. Gehen Sie weiter auf die genannten „Kassenbeiträge" ein – was ist damit gemeint? In welcher Beziehung stehen die Beteiligten zueinander?

Soziale Unternehmen befinden sich in Beziehung zu weiteren Unternehmen, aber auch zu weiteren Beteiligten. Hierzu gehören neben den Kunden gegebenenfalls auch externe „Finanzierer".

2.1 Beteiligte

Kunden sozialer Unternehmen werden auch als Dienstleistungsempfänger, kurz **Leistungsempfänger**, bezeichnet. Es können Privatpersonen, aber auch andere (soziale) Unternehmen sein.

Zahlt der Kunde, Leistungsempfänger, seine in Anspruch genommenen Dienstleistungen selber, so wird er als **Selbstzahler** bezeichnet. Werden die Kosten andernfalls von jemand anderem übernommen, z. B. von der Krankenkasse, so wird dieser als **Kostenträger** bezeichnet.

Allgemein wird derjenige, der die Dienstleistungen erbringt bzw. erstellt, als **Leistungserbringer** bezeichnet.

Wer zahlt für die Gesundheit?
Aufwendungen Deutschland in 2017 insgesamt: 375,6 Millianden Euro

Gesetzliche Krankenversicherung	214,2
Private Haushalte/Private ...	50,8
Soziale Pflegeversicherung	37,2
Private Krankenversicherung	31,6
Öffentliche Haushalte	15,8
Arbeitgeber	15,6
Gesetzliche Unfallversicherung	5,7
Gesetzliche Rentenversicherung	4,7

Wofür entstehen Gesundheitsausgaben?

Krankenhäuser	94,7
Arztpraxen, Zahnarztpraxen	81,7
Pflege	53,4
Apotheken	49,3
Gesundheitshandwerk/-einzelhandel	21,2
Verwaltung	19,3
Sonstige/priv. Haushalte	16,8
Med. Praxen (ohne Arzt)	14,0
Vorsorge/Rehabilitation	9,7
Investitionen	7,0
Rettungsdienste	4,8

Quelle: Statistisches Bundesamt (2020)   rundungsbed. Differenz

Je nach (Dienst-)Leistung sind verschiedene Kostenträger denkbar.

Kindergeld
⇒ Kostenträger z. B. Familienkasse der Bundesagentur für Arbeit

Arbeitslosengeld II
⇒ Kostenträger z. B. Bundesagentur für Arbeit

Pflegekosten
⇒ Kostenträger z. B. gesetzliche Pflegeversicherung

Soziale Unternehmen haben bei ihrer Tätigkeit insbesondere immer wieder die gesetzlichen Regelungen des Staates zu beachten.

Beispiel Arbeitslosengeld II – rechtliche Grundlage der Leistung

Sozialgesetzbuch Zweites Buch (SGB II)
§ 6 Träger der Grundsicherung für Arbeitssuchende

(1) Träger der Leistungen nach diesem Buch sind:
1. die Bundesagentur für Arbeit (Bundesagentur), soweit Nummer 2 nichts Anderes bestimmt,
2. die kreisfreien Städte und Kreise für die Leistungen nach § 16a, das Arbeitslosengeld II und das Sozialgeld, soweit Arbeitslosengeld II und Sozialgeld für den Bedarf für Unterkunft und Heizung geleistet wird, die Leistungen nach § 24 Absatz 3 Satz1 Nummer 1 und 2 sowie für die Leistungen nach § 28, soweit durch Landesrecht nicht andere Träger bestimmt sind (kommunale Träger). [...]

Im Gesundheitswesen beispielsweise wird die Beziehung zwischen Kostenträger (Krankenkasse) und den Leistungserbringern (Krankenhaus, Ärzte usw.) im Sozialgesetzbuch V geregelt.

§

Sozialgesetzbuch Fünftes Buch (SGB V)

§ 69 Anwendungsbereich

(1) Dieses Kapitel sowie die §§ 63 und 64 regeln abschließend die Rechtsbeziehungen der Krankenkassen und ihrer Verbände zu Ärzten, Zahnärzten, Psychotherapeuten, Apotheken sowie sonstigen Leistungserbringern und ihren Verbänden, einschließlich der Beschlüsse des Gemeinsamen Bundesausschusses und der Landesausschüsse nach den §§ 90 bis 94. Die Rechtsbeziehungen der Krankenkassen und ihrer Verbände zu den Krankenhäusern und ihren Verbänden werden abschließend in diesem Kapitel, in den §§ 63, 64 und in dem Krankenhausfinanzierungsgesetz, dem Krankenhausentgeltgesetz sowie den hiernach erlassenen Rechtsverordnungen geregelt. Für die Rechtsbeziehungen nach den Sätzen 1 und 2 gelten im Übrigen die Vorschriften des Bürgerlichen Gesetzbuches entsprechend, soweit sie mit den Vorgaben des § 70 und den übrigen Aufgaben und Pflichten der Beteiligten nach diesem Kapitel vereinbar sind. Die Sätze 1 bis 3 gelten auch, soweit durch diese Rechtsbeziehungen Rechte Dritter betroffen sind.

(2) Die §§ 1, 2, 3 Absatz 1, §§ 19, 20, 21, 32 bis 34a, 48 bis 80, 81 Absatz 2 Nummer 1, 2a und 6, Absatz 3 Nummer 1 und 2, Absatz 4 bis 10 und §§ 82 bis 95 des Gesetzes gegen Wettbewerbsbeschränkungen gelten für die in Absatz 1 genannten Rechtsbeziehungen entsprechend. Satz 1 gilt nicht für Verträge und sonstige Vereinbarungen von Krankenkassen oder deren Verbänden mit Leistungserbringern oder deren Verbänden, zu deren Abschluss die Krankenkassen oder deren Verbände gesetzlich verpflichtet sind. Satz 1 gilt auch nicht für Beschlüsse, Empfehlungen, Richtlinien oder sonstige Entscheidungen der Krankenkassen oder deren Verbände, zu denen sie gesetzlich verpflichtet sind, sowie für Beschlüsse, Richtlinien und sonstige Entscheidungen des Gemeinsamen Bundesausschusses, zu denen er gesetzlich verpflichtet ist.

(3) Auf öffentliche Aufträge nach diesem Buch sind die Vorschriften des Teils 4 des Gesetzes gegen Wettbewerbsbeschränkungen anzuwenden.

(4) Bei der Vergabe öffentlicher Dienstleistungsaufträge nach den §§ 63 und 140a über soziale und andere besondere Dienstleistungen im Sinne des Anhangs XIV der Richtlinie 2014/24/EU des Europäischen Parlaments und des Rates vom 26. Februar 2014, die im Rahmen einer heilberuflichen Tätigkeit erbracht werden, kann der öffentliche Auftraggeber abweichend von § 119 Absatz 1 und § 130 Absatz 1 Satz 1 des Gesetzes gegen Wettbewerbsbeschränkungen sowie von § 14 Absatz 1 bis 3 der Vergabeverordnung andere Verfahren vorsehen, die die Grundsätze der Transparenz und der Gleichbehandlung gewährleisten. Ein Verfahren ohne Teilnahmewettbewerb und ohne vorherige Veröffentlichung nach § 66 der Vergabeverordnung darf der öffentliche Auftraggeber nur in den Fällen des § 14 Absatz 4 und 6 der Vergabeverordnung vorsehen. Von den Vorgaben der §§ 15 bis 36 und 42 bis 65 der Vergabeverordnung, mit Ausnahme der §§ 53, 58, 60 und 63, kann abgewichen werden. Der Spitzenverband Bund der Krankenkassen berichtet dem Bundesministerium für Gesundheit bis zum 17. April 2019 über die Anwendung dieses Absatzes durch seine Mitglieder.

2.2   Geld- und Dienstleistungsströme

Die Bundesregierung lässt sich in verschiedenen Angelegenheiten immer wieder von unabhängigen Beratungsgremien beraten. Hierzu gehört auch die sogenannte **Monopolkommission**. Zu verschiedenen volkswirtschaftlich interessanten Themen erstellt sie Gutachten, welche dann auch veröffentlicht werden. In ihrem XII. Hauptgutachten ist die Monopolkommission z. B. auf die Beziehungen zwischen Leistungsempfängern (Hilfeempfänger), Leistungserbringern (Einrichtungsträger) und Kostenträger eingegangen.

Der Leistungsempfänger empfängt die soziale Dienstleistung vom Leistungserbringer. Dieser wiederum übernimmt die „Erstellung" dieser Dienstleistung, wobei der öffentliche Kostenträger (Bund, Kommune) die Finanzierung der Dienstleistung übernimmt. Dafür zahlt der Leistungsempfänger gegebenenfalls z. B. Beiträge, wie die Sozialversicherungsbeiträge (Krankenversicherung, Rentenversicherung, Arbeitslosenversicherung, Pflegeversicherung), an den Kostenträger.

Das Gutachten erwähnt die Problematik der quantitativen Überversorgung, die aus dem **sozialhilferechtlichen Dreiecksverhältnis** entsteht. Der Staat finanziert die Dienstleistungen, die Einrichtungen stellen die Dienstleistungen bereit, und der Leistungsempfänger empfängt diese Dienstleistungen. Damit wird den Einrichtungen, den Leistungserbringern, eine hervorgehobene Machtposition verschafft. Bei einem Preis von NULL akzeptiert der Leistungsempfänger jede zusätzliche Leistung, sofern sie ihm einen Nutzen verspricht. Und dies unabhängig von den dadurch verursachten Kosten, die jemand anderes, der Kostenträger, übernehmen muss. Das Gutachten spricht sogar von einer Überversorgung, die jedoch aufgrund des Nulltarifs als Mangelsituation empfunden wird.

Öffentlicher Kostenträger
(Sozialhilfestelle, Sozialversicherungen, Landesbehörden)
übernimmt die Finanzierung und hat ggf. einen gesetzlichen *Sicherstellungsauftrag* für ein ausreichendes Angebot

Einrichtungsträger
(freigemeinnützige, öffentliche, privat-gewerbliche Sozialunternehmer)
übernimmt die *Produktion* und das Angebot

privatrechtlicher oder öffentlich-rechtlicher Vertrag
(Rechtsverhältnis ist z. T. nicht eindeutig geklärt)
Leistungsbeschaffungsverhältnis
(Entgelt)

Leistungszusageverhältnis
öffentlich-rechtliches
Sozialrechtsverhältnis

(Sachleistung)
Leistungserbringungsverhältnis
privatrechtlicher Vertrag

Hilfeempfänger
(Sozialhilfeempfänger, anspruchs-berechtigte Versicherte und andere Anspruchsberechtigte)
empfangen die soziale Dienstleistung als *Sachleistung*
Ausnahme: Geldleistungen des PflegeVG

Quelle: Meyer, Dirk: Wettbewerbliche Neuorientierung der Freien Wohlfahrtspflege. Berlin: Duncker und Humblot 1999, S. 60a.

Das sozialhilferechtliche Dreiecksverhältnis

Aufgaben

1. Wählen Sie ein Ihnen bekanntes soziales Unternehmen und analysieren Sie die Beteiligten dieses Unternehmens. Erläutern Sie Ihr Ergebnis.
2. Analysieren Sie das soziale Unternehmen „Stadtbibliothek" hinsichtlich seiner Beteiligten.
3. Analysieren Sie das Dreiecksverhältnis des sozialen Unternehmens „Stadtbibliothek" und erläutern Sie Ihr Ergebnis.

2.3   Steuerung des Unternehmens

> "
>
> Wer vom Ziel nicht weiß, kann den Weg
> nicht haben
>   Christian Morgenstern, deutscher Dichter[1]

Unternehmen müssen gesteuert werden, so wie z. B. auch Schiffe von ihrem Kapitän. Und so wie das Schiff seinen Hafen ansteuert, sein nächstes Ziel, so benötigen auch Unternehmen Ziele. Die „Kapitäne" sind die Geschäftsführung. Sie vereinbaren die Ziele mit den Inhabern der Unternehmen. Gesteuert wird dann meist im Rahmen von Teamsitzungen, z. B. gemeinsam mit den Leitern der diversen Abteilungen.

ARBEITSAUFTRAG

Informieren Sie sich anhand einer Unternehmensbroschüre oder im Internet über die Ziele eines Unternehmens Ihrer Wahl und halten Sie ein zweiminütiges Kurzreferat vor Ihrer Klasse.

In den allermeisten Fällen verfolgen Unternehmen das Ziel der **Gewinnmaximierung**. Dieses kann auf mehrere Arten verfolgt werden.

Beim **Maximalprinzip** ist der Mitteleinsatz (Input) vorgegeben. Auf dieser Basis wird versucht, mit gegebenem Aufwand möglichst viel zu produzieren, also den Output zu maximieren. Für ein Produktionsunternehmen bedeutet dies z. B., mit gegebenem Personal möglichst viele Produkte herzustellen. Für ein Dienstleistungsunternehmen, z. B. Krankenhaus, bedeutet dies, mit gegebenen Zuschüssen eine möglichst hohe medizinische Versorgung zu erreichen.

Beim **Minimalprinzip** ist dagegen das zu erreichende Ziel (Output) vorgegeben. Dabei wird versucht, den Mitteleinsatz (Input) möglichst gering zu halten. Beispielsweise produziert ein Produktionsunternehmen ein bestimmtes Produkt zu den möglichst geringsten Kosten. Ein Krankenhaus dagegen minimiert die Kosten für den Pflegeaufwand pro Patient z. B. durch standardisierte Leistungen.

2.3.1   Ziele sozialer Unternehmen

Entgegen den gewinnorientierten Unternehmen verfolgen soziale Unternehmen Ziele wie Bedarfsdeckung und Gemeinwohlorientierung, und dies möglichst bei Kostendeckung und Minimierung von Zuschüssen. Oberstes Ziel ist dabei die sichergestellte Grundversorgung der Bevölkerung.

> Unter **Bedarf** werden dabei die finanziellen Mittel oder Leistungen verstanden, die der Bedürftige benötigt, um sein Leben menschenwürdig gestalten zu können.

---

[1] Quelle: Morgenstern, Christian: Wir fanden einen Pfad. München: R.Piper & Co. 1914, S. 40–41.

Bedarfsdeckung

Das Ziel der Bedarfsdeckung findet in Deutschland am Beispiel Gesundheitswesen z. B. bei der Ermittlung der benötigten Ärzte, Zahnärzte und Krankenhauskapazitäten seine Anwendung. Der zuständige Verband, die kassenärztliche Vereinigung und die Landesverbände der Krankenkassen versuchen damit die optimale gesundheitliche Versorgung der Patienten eines bestimmten Gebietes sicherzustellen. Dabei soll es weder zu einer Überversorgung noch zu einer Unterversorgung kommen.

§

Sozialgesetzbuch V

§ 70 Qualität, Humanität und Wirtschaftlichkeit

(1) Die Krankenkassen und die Leistungserbringer haben eine bedarfsgerechte und gleichmäßige, dem allgemein anerkannten Stand der medizinischen Erkenntnisse entsprechende Versorgung der Versicherten zu gewährleisten. Die Versorgung der Versicherten muß ausreichend und zweckmäßig sein, darf das Maß des Notwendigen nicht überschreiten und muß in der fachlich gebotenen Qualität sowie wirtschaftlich erbracht werden.

(2) Die Krankenkassen und die Leistungserbringer haben durch geeignete Maßnahmen auf eine humane Krankenbehandlung ihrer Versicherten hinzuwirken.

Das Bundesministerium für Gesundheit hat das Statistische Bundesamt und das Robert-Koch-Institut mit einer Gesundheitsberichterstattung beauftragt. Hierzu wurde die „Gesundheitsberichterstattung des Bundes (GBE)" gegründet. Diese Institution erstellt entsprechend ihrer Aufgabe hierzu sogenannte Gesundheitsberichte.

Nach dem Gesundheitsbericht von 1998 sind die Länder verpflichtet worden, ei-

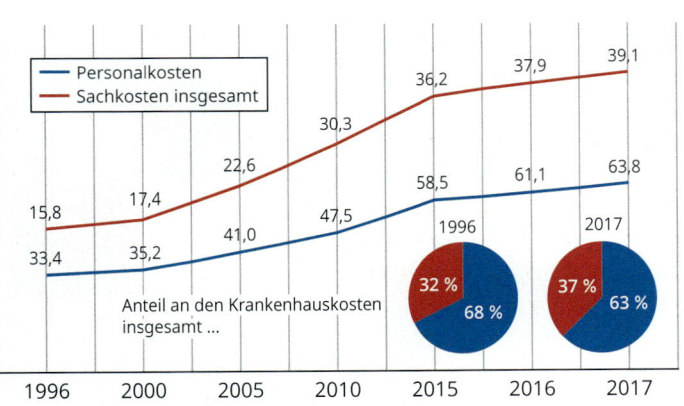

Kosten der Krankenhäuser
von 1996 bis 2017 in Mrd. Euro

— Personalkosten
— Sachkosten insgesamt

33,4 35,2 41,0 47,5 58,5 61,1 63,8
15,8 17,4 22,6 30,3 36,2 37,9 39,1

1996 — 32 % / 68 %
2017 — 37 % / 63 %

Anteil an den Krankenhauskosten insgesamt ...

1996 2000 2005 2010 2015 2016 2017

Entwicklung der Krankenhauskosten (Stand 2019)

nen Krankenhausbedarfsplan zu erstellen, in dem sie angeben, wie viele Krankenhäuser und Krankenhausbetten zu einer bedarfsgerechten Behandlung erforderlich sind. Dieser Krankenhausbedarfsplan berücksichtigt bei seiner Bedarfsermittlung neben der Einwohnerzahl die Krankenhaushäufigkeit, die Verweildauer und den Bettennutzungsgrad.

Gemeinwohlorientierung

Dieser Begriff wird oft mit öffentlichem Interesse gleichgesetzt, ist aber nicht eindeutig definiert. Bezogen auf die Gemeinwohlorientierung sozialer Unternehmen steht Gemeinwohl für das Wohl des Ganzen und betrifft das Gesamtinteresse der Gemeinschaft. Häufig wird der Begriff als Gegensatz zu Einzel- und Individualinteressen eingesetzt.

Soziale Unternehmen orientieren sich bei ihrem Handeln am Ziel des Gemeinwohls. Sie beachten die Werte der Menschenwürde, Sicherheit, Freiheit und des Friedens. Der Gedanke des Gemeinwohls verlangt, dass die Menschen füreinander einstehen und einer dem anderen hilft. Es werden soziale Dienstleistungen von Menschen für Menschen erbracht, oft von Helfern und ehrenamtlich Tätigen, die die Aufgabe der Betreuung und Beratung bei der Pflege übernehmen. Gemeinwohlorientiert soziale Unternehmen haben sich zum Ziel gesetzt, für Gesundheit und ausreichende Ernährung der Bevölkerung zu sorgen sowie die Verarmung Einzelner zu verhindern, d. h., die Grundbedürfnisse (Nahrung, Wohnung, Sicherheit) zu befriedigen.

> Bei dem **Bundesverband Deutsche Tafel e. V.** handelt es sich um ein soziales Unternehmen, eine soziale Einrichtung, die sich der Zielsetzung des Gemeinwohls verschrieben hat. Die „Tafeln" sind gemeinnützige Hilfsorganisationen, die „überschüssige", aber qualitativ einwandfreie Lebensmittel sammeln und an Hilfsbedürftige abgeben. Während früher die Obdachlosen die Zielgruppe der Tafeln waren, sind es heute vorwiegend Arbeitslose, Geringverdiener, Alleinerziehende und Rentner, die sie mit Lebensmitteln versorgen.

Kostendeckung

Die Zielsetzung der Kostendeckung verlangt von den sozialen Unternehmen einerseits, dass sie nur so viele Beiträge, Gebühren und Zuschüsse erheben, wie sie zur Abdeckung ihrer gesamten Kosten benötigen. Andererseits sollen die Gesamtkosten so weit wie möglich reduziert werden.

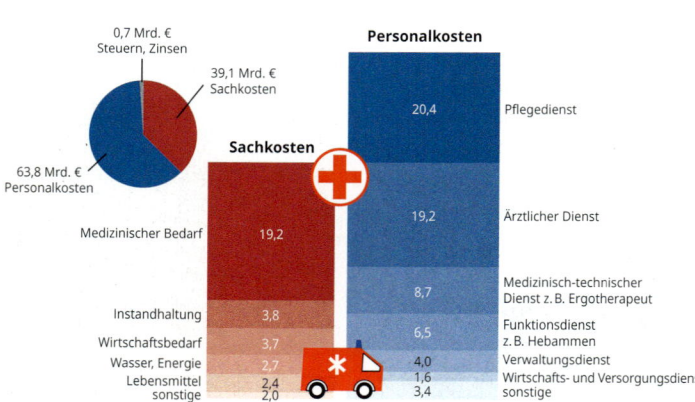

Kostenstruktur der Krankenhäuser
in Deutschland 2017 in Mrd. Euro

Gemäß dem Kostendeckungsprinzip ist die Erzielung eines Gewinns unzulässig bzw. aufgrund sozialpolitischer Erwägungen nicht erwünscht. Es werden daher nur so viel finanzielle Mittel eingesetzt, wie zur Abdeckung der Selbstkosten erforderlich sind.

Dennoch sollen auch soziale Unternehmen nach wirtschaftlichen Gesichtspunkten handeln und mit den gegebenen Mitteln möglichst gute bzw. viele Leistungen erbringen. Demzufolge soll an einem Krankenhauspatienten die optimale Pflegeleistung erbracht werden, und dies zu möglichst geringen Kosten.

Minimierung von Zuschüssen

Viele soziale Leistungen, wie die Kinder- und Jugendarbeit, der Erhalt von Werkstätten für Menschen mit Behinderung oder die Suchtprävention können aus eigenen Mitteln nicht finanziert werden. Für diese sozialen Unternehmen sind Zuschüsse von staatlicher oder privater Seite erforderlich.

> Bei **Zuschüssen** handelt es sich um Übertragungen von Bargeld, Sachgütern und Dienstleistungen an Bedürftige. Es sind freiwillige Leistungen, die nicht zurückgezahlt werden müssen.

Die Zielsetzung der Minimierung von Zuschüssen verlangt von den sozialen Unternehmen, dass sie ihre sozialen Leistungen mit möglichst geringen Zuschüssen erbringen. Sie haben nach dem Minimalprinzip zu handeln, d.h., sie müssen bestimmte soziale Leistungen mit möglichst geringen Mitteln (Zuschüssen) erbringen.

Bei diesen Zuschüssen wird zwischen der **institutionellen Förderung** und der **Projektförderung** unterschieden.

Es handelt sich um eine institutionelle Förderung, wenn eine Gemeinde z.B. die Jugend- und Vereinsarbeit an ihrem Ort fördert und für Ferien- und Austauschprogramme, Freizeitreisen, Mehrgenerationenhäuser, Jugendzentren oder auch eine Gemeindeschwester entsprechende Mittel zur Verfügung stellt.

Gewährt die Gemeinde dagegen aus ihren Haushaltsmitteln eine finanzielle Förderung für ein einzelnes Vorhaben, ein Projekt, so handelt es sich um eine Projektförderung. Beispiele hierfür sind die Beseitigung sozialer Problemlagen (verwahrloste Jugendliche) oder der Abbau von Benachteiligungen spezifischer Bevölkerungsgruppen wie arbeitsloser Jugendlicher.

2.3.2 Besonderheit Zielbeziehung

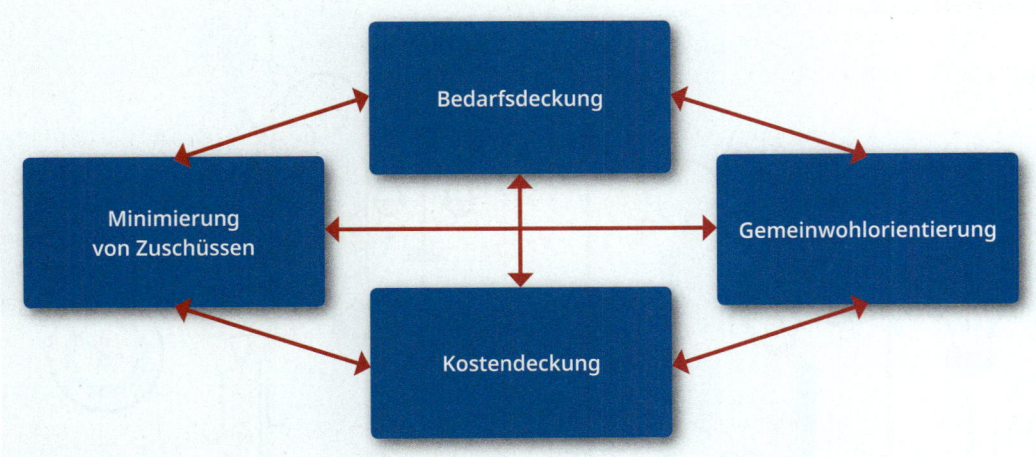

Magisches Viereck bei sozialen Unternehmen

Soziale Unternehmen verfolgen die Ziele der Bedarfsdeckung, Gemeinwohlorientierung, Kostendeckung und Zuschussminimierung. Da diese Ziele in Beziehung zueinander stehen, sind sie nicht alle gleichermaßen erreichbar. Daher wird oft von einem **magischen Viereck** gesprochen.

Grundsätzlich lassen sich die Zielbeziehungen wie folgt unterscheiden:

Komplementäre Ziele	Wenn mit der Verfolgung eines Ziels auch ein anderes Ziel erreicht wird. Beispiel Produktionsunternehmen: Erhöhung der Werbeausgaben und damit Steigerung des Umsatzes Beispiel soziales Unternehmen: Bedarfsdeckung und Gemeinwohlorientierung
Konkurrierende Ziele	Wenn ein Spannungsverhältnis zwischen zwei oder mehreren Zielen besteht (Zielkonflikt). Es kann nur ein Ziel erreicht werden. Beispiel Produktionsunternehmen: Erhöhung der Löhne und Maximierung des Gewinns Beispiel soziales Unternehmen: Zuschussminimierung und Gemeinwohl
Indifferente Ziele	Wenn sich zwei Ziele gegenseitig nicht beeinflussen (Zielindifferenz). Es können beide Ziele unabhängig voneinander erreicht werden. Beispiel Produktionsunternehmen: Entwicklung neuer Produkte und Erweiterung des Ausbildungsprogramms Beispiel soziales Unternehmen: freundlicher Umgang mit Patienten und Höhe der Kosten

2.3.3   Zielkatalog und Unternehmensleitbild

Zur besseren eigenen Übersicht und zur Visualisierung gegenüber Kunden und weiteren Partnern des sozialen Unternehmens werden die definierten konkreten Ziele nun in Form eines Zielkatalogs zusammengefasst und im Unternehmensleitbild eingebunden (siehe Lernbereich 6, Kapitel 5.3, Zielanalyse).

Zielkatalog

Um die konkreten Ziele nun besser strukturieren zu können, ist eine Unterscheidung nach folgenden Kriterien denkbar:

- **Strategische Ziele** sind meist langfristig orientiert (ab ca. drei Jahren) und beziehen sich auf wesentliche Geschäftsbereiche des Unternehmens bzw. das gesamte Unternehmen. Sie berücksichtigen meist die erfolgskritischen Aspekte und sind daher wenig konkret.
- **Taktische Ziele** sind meist mittelfristig orientiert (ca. ein bis drei Jahre) und daher bereits detaillierter als die strategischen Ziele. Im Wesentlichen werden sie aus den strategischen Zielen abgeleitet.
- **Operative Ziele** sind meist kurzfristig orientiert (weniger als ein Jahr) und beziehen sich in der Regel auf das Tagesgeschäft.

Unternehmensleitbild

Das Leitbild wird von den Unternehmen formuliert und ist eine schriftliche Erklärung über ihr Selbstverständnis und ihre Grundprinzipien. Ferner enthält es den Zielkatalog des Unternehmens.

„

Leitbild des Klinikums Nürnberg

Unter dem Motto „Wir sind für Sie da!"
Das Klinikum Nürnberg erbringt auf höchstem Niveau medizinische und pflegerische Leistungen zur Behandlung, Begleitung, Betreuung und Beratung aller Patientinnen und Patienten.
Kompetente und engagierte Mitarbeiterinnen und Mitarbeiter leisten dies gemeinsam. Inhalte und Formen der Leistungen werden kontinuierlich und zukunftsorientiert weiterentwickelt.
Die Vereinbarkeit von Beruf und Familie ist uns ein Anliegen.
Wir arbeiten unter Beachtung wirtschaftlicher und rechtlicher Rahmenbedingungen zur langfristigen Sicherung und Weiterentwicklung des Klinikums.

Leitsätze für das Klinikum Nürnberg

WIR SIND PATIENTENORIENTIERT
Unsere vordringlichste Aufgabe ist die Behandlung, Begleitung, Betreuung und Beratung unserer Patientinnen und Patienten. Wir sehen den Menschen ganzheitlich und berücksichtigen seine individuellen physischen, psychischen, kulturellen und geistigen Bedürfnisse. Wir respektieren die Würde des Menschen und sein Recht auf Selbstbestimmung.

WIR BIETEN QUALITÄT
Wir arbeiten in allen Leistungsbereichen des Klinikums auf einem hohen Qualitätsniveau. Dieser Verantwortung sind wir uns in unserer täglichen Arbeit bewußt. Zur Erfüllung dieser Aufgabe nutzen wir ein integriertes Qualitätsmanagement. Anregungen und Kritik sehen wir als Chance, unsere Leistungen zu überprüfen und kontinuierlich weiterzuentwickeln.

WIR SIND KOMPETENT
Wir sind fachlich und sozial kompetent. Durch ein breites Angebot an Fort- und Weiterbildung fördern wir gezielt die Fähigkeiten und Kenntnisse unserer Mitarbeiterinnen und Mitarbeiter. In der täglichen gemeinsamen Arbeit ist die Weitergabe von Wissen an Kolleginnen und Kollegen selbstverständlich.
Quelle: Klinikum Nürnberg (Hrsg.): Leitbild des Klinikums Nürnberg, 25.07.2017, online unter: https://www.klinikum-nuernberg.de/DE/ueber_uns/daten_und_fakten/leitbild.html [25.07.2021].

Aufgaben

1. Analysieren Sie anhand einer Unternehmensbroschüre oder der Webseite die Ziele eines sozialen Unternehmens Ihrer Wahl. Ordnen Sie diese Ziele einem der vier – zuvor genannten – Hauptziele zu. Erläutern Sie Ihr Ergebnis. Erläutern Sie Ihr Ergebnis und halten Sie ein zweiminütiges Kurzreferat vor Ihrer Klasse.
2. Analysieren Sie anhand der Webseite Ihrer Kommune (i. d. r. unter „Rathaus" bzw. „Finanzen") deren Vorgehensweise bzgl. der Zuschussvergabe. Was wird institutionell gefördert? Welche Projekte werden allgemein gefördert? Erläutern Sie Ihr Ergebnis.
3. Analysieren Sie anhand einer Unternehmensbroschüre oder der Webseite die Ziele eines sozialen Unternehmens Ihrer Wahl im Hinblick auf strategische, taktische und operative Ziele. Erläutern Sie Ihr Ergebnis.
4. Erstellen Sie einen strukturierten Zielkatalog auf Basis Ihrer Ergebnisse in Aufgabe 1 und 2. Erläutern Sie Ihr Ergebnis.
5. Formulieren Sie auf Basis Ihrer Ergebnisse in Aufgabe 4 ein Leitbild für das gewählte soziale Unternehmen. Erläutern Sie Ihr Ergebnis.

2.4   Rechtsformen

Organisatorische Struktur der Gesellschaft

Die Städtisches Klinikum München GmbH (StKM) wurde am 19. August 2004 mit Sitz in München gegründet. Der Eintrag im Handelsregister des Amtsgerichts München erfolgte unter der HRB-Nr. 154102. Mit Datum 12. Dezember 2019 wurde die StKM nach Beschluss der Gesellschafterin als gemeinnützige GmbH unter dem neuen Namen München Klinik gGmbH (MüK) ins Handelsregister eingetragen. Die gesellschaftlichen Verhältnisse sind im Gesellschaftsvertrag in der Fassung vom 20. November 2019 geregelt. Alleinige Gesellschafterin ist die Landeshauptstadt München (LHM). Geschäftsjahr ist das Kalenderjahr, das gezeichnete Kapital beträgt 10,25 Mio. Euro. Der Aufsichtsrat hat 16 Mitglieder. Gegenstand der Gesellschaft ist der Betrieb der Krankenhäuser Bogenhausen, Harlaching, Neuperlach, Schwabing und Thalkirchner Straße einschließlich der Ausbildungsstätten und Schulen. Diese Krankenhäuser und Einrichtungen wurden mit dem Einbringungsvertrag vom 23. Dezember 2004 am 01. Januar 2005 in die Gesellschaft eingebracht. Die Klinika stellen zusammen Plankrankenhäuser der höchsten Versorgungsstufe dar, lediglich beim Standort Thalkirchner Straße handelt es sich um ein im Krankenhausplan ausgewiesenes Fachkrankenhaus.

Quelle: München Klinik gGmbH: Jahresabschluss zum Geschäftsjahr vom 01.01.2019 bis zum 31.12.2019, © 2007 Bundesanzeiger Verlagsges. mbH., Köln und www.bundesanzeiger.de, 02.11.2020 [08.04.2021].

ARBEITSAUFTRÄGE

1. Wie heißt das Unternehmen? Klinik GmbH, Klinik gGmbh, Klinik AG, …?
2. Wie ist die Vorgehensweise, wenn ein soziales Unternehmen gegründet werden soll?
3. Wie entsteht nun ein soziales Unternehmen?

Neben dem Namen („München Klinik") bekommt das Unternehmen noch einen Namenszusatz (gGmbH). Damit heißt das Unternehmen „München Klinik gGmbH". Der Namenszusatz gibt dabei die sogenannte **Rechtsform** des Unternehmens an.

Die **Rechtsform** stellt das „Rechts"-Kleid des Unternehmens dar. So wie Menschen in der Gesellschaft und am Markt agieren, so agieren auch Unternehmen in der Gesellschaft und am Markt. Sie bieten z. B. ihre Dienstleistungen an und kaufen Waren ein. Aufgrund ihrer Eigenständigkeit als Unternehmen sind für sie daher wichtige Fragen wie benötigtes Kapital, Haftung usw. zu klären.

Je nach Bewertung der relevanten Kriterien fällt die Entscheidung auf eine der möglichen Rechtsformen.

Grundsätzlich können die Rechtsformen in drei Bereiche unterschieden werden:
- **Rechtsformen privater Unternehmen**
- **Rechtsformen öffentlicher Unternehmen**
- **Rechtsformen gemeinnütziger Unternehmen**

Das Ziel **privater Unternehmen** ist, mit der wirtschaftlichen Tätigkeit den maximalen Gewinn zu erzielen. Je nach Rechtsform wird der Gewinn z. B. an den Inhaber des Unternehmers (Gesellschafter), i. d. r. eine Person, ausgezahlt. Sollte das Unternehmen Verluste erzielen, so haftet hierfür zunächst das Vermögen der Gesellschaft. Sollte das Vermögen nicht ausreichen, droht dem Unternehmen die Insolvenz und es kann gegebenenfalls aufgelöst werden.

Je nach Rechtsform wird nicht nur mit dem Gesellschaftsvermögen gehaftet, sondern der Inhaber des Unternehmens haftet auch mit seinem gesamten Privatvermögen.

"

BMW: Dividende und Hauptversammlung 2021

Auf der diesjährigen Hauptversammlung der BMW AG wurde beschlossen, für das abgelaufenen Geschäftsjahr 2020 den Aktionären eine Dividende in Höhe von 1,90 Euro pro Stammaktie auszuzahlen. [...]

Die Jahreshauptversammlung fand am 12. Mai 2021 als virtuelle Veranstaltung im Firmensitz in München statt. [...] Für das Geschäftsjahr 2019/2020 zahlte BMW eine Dividende von 1,90 Euro pro Stammaktie und 1,92 je Vorzugsaktie. Das entspricht einer Dividendenzahlung von insgesamt 1,253 Milliarden Euro.

Die BMW-Dividende und ihre Veränderungen

Für die BMW AG mit offiziellem Hauptsitz in München arbeiten laut eigenen Angaben 120.726 Mitarbeiter weltweit (Stand: 31.12.2020). Sie erwirtschafteten im Geschäftsjahr 2019/2020 einen Gesamtumsatz von 98.990 Milliarden Euro.

Die heutige BMW AG wurde im Jahr 1916 gegründet und im darauffolgenden Jahr in eine Aktiengesellschaft umgewandelt. Zunächst machte sich das Unternehmen einen Namen als Flugmotoren-Entwickler. Durch ein Berufsverbot angetrieben entwickelte BMW in den 1920er Jahren das erste Motorrad und begann erst 1929 mit dem Bau des ersten Autos. Laut Geschäftsbericht für 2020 wurden weltweit über 2,3 Millionen Autos verkauft. BMW gehört damit auch in der Corona-Pandemie zu den größten Herstellern der Welt. Insgesamt verbuchte das Unternehmen für 2020 jedoch einen Umsatzrückgang von etwa 5 % im Vergleich zum Vorjahr (Umsatz 2019: 104,2 Milliarden Euro).

Die höchste Dividende wurde den Aktionären im Jahr 2017 ausgezahlt (4,00 Euro/Aktie). Bis dahin konnte sich die Beteiligung der Kapitalgeber am Konzernergebnis seit 2008 kontinuierlich steigern. Bereits 2018 ging die Dividende um 0,50 Euro zurück, auch wenn die Dividendenrendite auf ihrem vorläufigen Höhepunkt angekommen war. [...]

Quelle: Lickteig, Jana: BMW: Dividende und Hauptversammlung 2021 – alle Infos, 10.08.2021, Focus online; unter: https://praxistipps.focus.de/bmw-dividende-und-hauptversammlung-2021-alle-infos_123902 [21.02.2022] (verändert).

Ein privates Unternehmen in München (Aktiengesellschaft)

Öffentliche Unternehmen verfolgen dagegen nicht die Gewinnmaximierung, sondern soziale Ziele, z. B. die Versorgung der Bevölkerung mit Wasser und Diensten wie Nahverkehr und Müllabfuhr. Auch soziale und kulturelle Einrichtungen wie z. B. Theater, Museen, Krankenhäuser können öffentliche Unternehmen sein (siehe Lernbereich 1, Kapitel 2.3.1 Ziele sozialer Unternehmen).

Ihr Ziel ist die Versorgung, und dies möglichst kostendeckend. Sollte dies nicht möglich sein und es werden Verluste erwirtschaftet, so werden diese i. d. r. aus Steuermitteln gedeckt (z. B. Zuschüsse). Damit kann diesen Unternehmen keine Insolvenz drohen. Inhaber dieser Unternehmen ist die öffentliche Hand (Bund, Länder, Gemeinden).

Die bayerische Staatsoper ist ein Regiebetrieb des Freistaates Bayern und zum Einsatz des staatlichen Buchhaltungssystems, der Kameralistik, verpflichtet. Statt mit einer Bilanz abzuschließen, wie es in Theatern mit privatwirtschaftlicher Rechtsform üblich ist, wird eine Gegenüberstellung von Einnahmen und Ausgaben eines Haushaltsjahres erstellt. Mittelherkunft und Mittelverwendung sind die zentralen Informationen dieses Haushaltsabschlusses.

Mittel-herkunft	Mittel-verwendung	
Eigeneinnahmen	36,6 %	
Zuschuss	63,4 %	
Sachkosten	24,5 %	
Personalkosten	75,5 %	

Quelle: Bayerische Staatsoper (Hrsg.): Jahresbericht der Bayerischen Staatsoper 2019, S. 73, online unter: https://www.staatsoper.de/media/content/PDFs/Publikationen/BSO_1920_Jahresbericht_DIGITAL_BO__GEN_2.pdf [08.04.2021].

Ein öffentliches Unternehmen in München (Regiebetrieb)

Die Beziehung der privaten Unternehmen bzw. Bürger untereinander wird vom Zivilrecht geregelt und basiert auf dem **Gleichordnungsprinzip**. Demnach ist kein Privatunternehmen/Bürger dem anderen untergeordnet. Die Beziehung der öffentlichen Hand zum Privatunternehmen/Bürger wird vom öffentlichen Recht geregelt und basiert auf dem **Über-/Unterordnungsprinzip**. Die öffentliche Hand ist in diesem Bereich dem Privatunternehmen/Bürger übergeordnet und nimmt z. B. ihr Strafmonopol, wie z. B. das Strafrecht, in Anspruch. Des Weiteren kann sie Steuern, Abgaben und Gebühren erheben.

Mittlerweile werden immer mehr Unternehmen gegründet, um gemeinnützige Ziele zu verfolgen. Gemeinnützige Unternehmen sind nicht gewinnorientiert, sondern verfolgen Ziele, die dem Gemeinwohl dienen, sprich soziale Aufgaben erledigen. Diese Unternehmen werden gegründet und geführt wie private Unternehmen. Inhaber sind meist private Personen und nicht die öffentliche Hand. Allerdings verfolgen sie im Gegensatz zu den privaten Unternehmen nicht die Gewinnmaximierung, sondern erledigen soziale Aufgaben (Bedarfsdeckung). Für dieses uneigennützige Handeln werden den Unternehmen Erleichterungen wie z. B. Steuervorteile gewährt.

Ein Trainer der Gorilla Deutschland gGmbH, ein gemeinnütziges Unternehmen zur Gesundheitsförderung, spricht am 29.05.2017 in der Jugendstrafvollzugsanstalt (JSA) in Regis-Breitingen (Sachsen) von einem Klettergerüst mit Häftlingen. Rund 70 Insassen haben in der Einrichtung bei Leipzig ihre Fähigkeiten in Trendsportarten erprobt. Die jungen Strafgefangenen hatten sich in einem Wettbewerb um den Freestyle-Workshop beworben und gewonnen.

2.4.1   Rechtsformen privater Unternehmen

Soll mit dem Unternehmen Gewinn erwirtschaftet werden, so wird die Wahl auf eine Rechtsform privater Unternehmen fallen. So sind folgende Fragen zu beantworten, wobei sie wichtige Entscheidungskriterien für die Auswahl der Rechtsform darstellen:

- Wie viel Kapital wird zur Gründung des Unternehmens benötigt?
- Wie aufwendig ist die Gründung (Notar, Handelsregister usw.)?
- Wer übernimmt die Geschäftsführung und Vertretung? Wer bestimmt in der Firma, wer trägt die Verantwortung?
- Wie werden Gewinne aufgeteilt?
- Wer haftet, und wie – wird nur mit dem eingesetzten Kapital gehaftet oder mit dem gesamten Vermögen?

Einzelunternehmen

a) Einzelunternehmen
   Diese Rechtsform lässt sich am einfachsten und schnellsten umsetzen. Mit Anmeldung eines Gewerbes beim örtlichen Gewerbeamt ist es „gegründet" und der Gründer ist Inhaber des Einzelunternehmens. Weitere Formalitäten sind nicht zu berücksichtigen. Ein Mindestkapital ist ebenfalls nicht erforderlich. Nachteil dieser Rechtsform ist, dass der Inhaber bei Verlusten mit seinem Privatvermögen haftet.

b) Einzelunternehmen e. K.
   Hierbei handelt es sich weiterhin um ein Einzelunternehmen, welches aber im Handelsregister eingetragen wurde. Daher der Zusatz e. K., eingetragener Kaufmann.

> Das **Handelsregister** ist ein Verzeichnis, in dem alle Kaufleute mit ihren Unternehmensdaten aufgeführt sind. Es kann daher von allen Interessierten eingesehen werden. Geführt wird es von den Amtsgerichten (Aufgabe des Handelsregisters ist es, die Öffentlichkeit über die aufgeführten Unternehmen zu informieren). Diese Informationen sind verbindlich und tragen somit zur Rechtssicherheit im Geschäftsalltag, z. B. bei Vertragsabschlüssen, bei. Veröffentlicht werden u. a. folgende Informationen: Firma (Name des Unternehmens), Rechtsform, Unternehmenssitz, Gegenstand des Unternehmens, Geschäftsführung, Prokura, Art der Vertretungsberechtigung, Stamm- bzw. Grundkapital.

Die Beurteilung darüber, ob ein Einzelunternehmen ins Handelsregister einzutragen ist oder nicht, erfolgt nach mehreren Kriterien, die ein entsprechendes Gesamtbild ergeben müssen. Zu diesen Kriterien zählt z. B., ob eine kaufmännische Buchführung und Bilanzierung vorliegt, die Höhe der Jahresumsatzzahlen, die Anzahl der Beschäftigten, das Vorhandensein mehrerer Standorte, der Umfang des Angebots u. v. m. Liegt nach der individuellen Beurteilung dieser und weiterer Faktoren ein „in kaufmännischer Weise eingerichteter Geschäftsbetrieb" vor, hat ein Eintrag ins Handelsregister zu erfolgen.

§

Handelsgesetzbuch (HGB)

§ 1

(1) Kaufmann im Sinne dieses Gesetzbuchs ist, wer ein Handelsgewerbe betreibt.

(2) Handelsgewerbe ist jeder Gewerbebetrieb, es sei denn, dass das Unternehmen nach Art oder Umfang einen in kaufmännischer Weise eingerichteten Geschäftsbetrieb nicht erfordert.

Personengesellschaften

In Fortführung der Einzelunternehmen entstehen bei mehreren Gründern Gesellschaften. Auch diese lassen sich wieder nach Eintragung ins Handelsregister unterscheiden.

Gesellschaft bürgerlichen Rechts – GbR: Ähnlich wie die Gründung eines Einzelunternehmens erfolgt die Gründung einer GbR. Bei dieser Rechtsform gründen mindestens zwei Personen das Unternehmen, beide sind Gesellschafter. Ansonsten gelten für diese Rechtsform die gleichen Randbedingungen wie für Einzelunternehmen. Die Geschäftsführung wird von *allen* Gesellschaftern *gemeinsam* ausgeübt.

Sollte z. B. bei einem Einzelunternehmen später ein weiterer Geschäftspartner einsteigen wollen, so wird aus dem Einzelunternehmen eine Gesellschaft bürgerlichen Rechts.

§

Handelsgesetzbuch (HGB)

§ 19

(1) Die Firma muß, auch wenn sie nach den §§ 21, 22, 24 oder nach anderen gesetzlichen Vorschriften fortgeführt wird, enthalten:

1. bei Einzelkaufleuten die Bezeichnung „eingetragener Kaufmann", „eingetragene Kauffrau" oder eine allgemein verständliche Abkürzung dieser Bezeichnung, insbesondere „e.K.", „e.Kfm." oder „e.Kfr.";

2. bei einer offenen Handelsgesellschaft die Bezeichnung „offene Handelsgesellschaft" oder eine allgemein verständliche Abkürzung dieser Bezeichnung;

3. bei einer Kommanditgesellschaft die Bezeichnung „Kommanditgesellschaft" oder eine allgemein verständliche Abkürzung dieser Bezeichnung.

(2) Wenn in einer offenen Handelsgesellschaft oder Kommanditgesellschaft keine natürliche Person persönlich haftet, muß die Firma, auch wenn sie nach den §§ 21, 22, 24 oder nach anderen gesetzlichen Vorschriften fortgeführt wird, eine Bezeichnung enthalten, welche die Haftungsbeschränkung kennzeichnet.

Kapitalgesellschaften

Während bei den Einzelunternehmen und Personengesellschaften die Inhaber und Gesellschafter jeweils auch mit ihrem Privatvermögen haften, ist die Haftung bei Kapitalgesellschaften auf das Gesellschaftsvermögen beschränkt. Die Gründung einer Kapitalgesellschaft ist immer mit einer Vielzahl von Formalitäten (Gesellschaftsvertrag, Notarbeurkundung usw.) verbunden. Mit der obligatorischen Eintragung ins Handelsregister entsteht eine neue, juristische, Person.

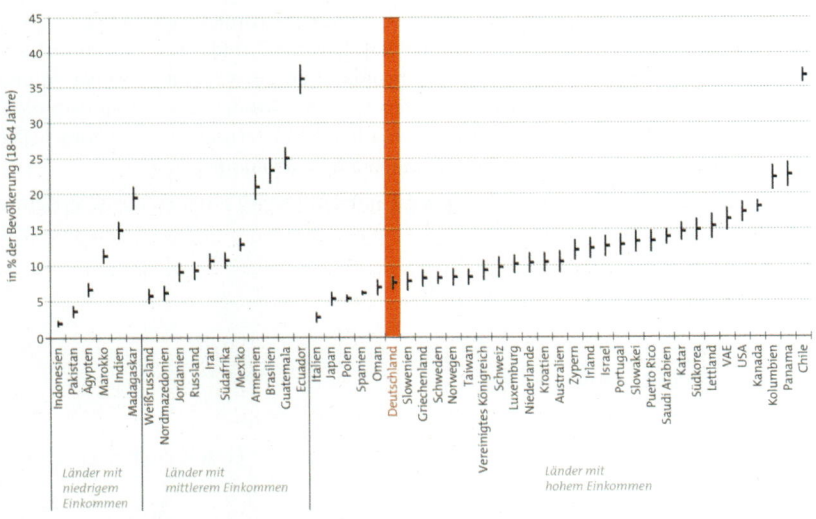

Total early-stage Entrepreneurial Activity (TEA) in den 50 GEM-Ländern 2019

Mittelwert

Die vertikalen Balken markieren den Bereich, in dem sich der Mittelwert der Grundgesamtheit mit einer Wahrscheinlichkeit von 95% befindet. Dieses Konfidenzintervall zeigt die Verlässlichkeit der Daten: je kleiner die Stichprobe, desto größer die Schwankung. Nur bei Nichtüberlappung der Säulen kann von (statistisch signifikant) unterschiedlichen Werten zwischen den Ländern ausgegangen werden.

TEA: Prozentanteil derjenigen 18-64-Jährigen, die während der letzten 3,5 Jahre ein Unternehmen gegründet haben oder die, die gerade dabei sind, dies zu tun, an allen 18-64-Jährigen.

vgl. Sternberg, Rolf u. a.: Global Entrepreneurship Monitor. Unternehmensgründungen im weltweiten Vergleich. Länderbericht Deutschland 2019/20, S. 14, online unter: https://www.rkw-kompetenzzentrum.de/gruendung/studie/global-entrepreneurship-monitor-20192020/ [03.11.2020]; Datenquelle: GEM-Bevölkerungsbefragungen 2019.

Gesellschaft mit beschränkter Haftung – GmbH bzw. gGmbH: Für diese Rechtsform wird bei Gründung ein Stammkapital von mindestens 25.000,00 € benötigt. 12.500,00 € sind bei Gründung sofort zu erbringen. Die Verwaltung dieser Gesellschaft ist aufwendiger (laut HGB sind verpflichtend Buchführung, Jahresabschluss, Bilanz usw.) als bei Einzelunternehmen.

Für Gründer sozialer Unternehmen (Social Entrepreneur) wurde eine spezielle, die Gesellschaft begünstigende Form der GmbH eingeführt: die gemeinnützige GmbH (gGmbh).

Bei einer gemeinnützigen GmbH (gGmbH) müssen dabei weitere, spezielle Bedingungen im Hinblick auf die Gemeinnützigkeit erfüllt werden:

- Der Gesellschaftszweck des Unternehmens muss auf materieller, geistiger oder sittlicher Art der Gemeinschaft dienen.
- Dabei darf der Zweck nur selbstlos, ausschließlich und unmittelbar verfolgt werden.
- Die unternehmerische Tätigkeit muss zur Erfüllung dieses Gesellschaftszweckes dienen.
- Bei Auflösung der gGmbH darf das Unternehmensvermögen nicht an die Gesellschafter ausgeschüttet werden, es sei denn, diese sind selbst gemeinnütziger Natur.

§

Gesetz betreffend die Gesellschaften mit beschränkter Haftung GmbHG

§ 1 Zweck; Gründerzahl

Gesellschaften mit beschränkter Haftung können nach Maßgabe der Bestimmungen dieses Gesetzes zu jedem gesetzlich zulässigen Zweck durch eine oder mehrere Personen errichtet werden.

§ 2 Form des Gesellschaftsvertrags

(1) Der Gesellschaftsvertrag bedarf notarieller Form. Er ist von sämtlichen Gesellschaftern zu unterzeichnen.

(1a) Die Gesellschaft kann in einem vereinfachten Verfahren gegründet werden, wenn sie höchstens drei Gesellschafter und einen Geschäftsführer hat. Für die Gründung im vereinfachten Verfahren ist das in der Anlage bestimmte Musterprotokoll zu verwenden. Darüber hinaus dürfen keine vom Gesetz abweichenden Bestimmungen getroffen werden. Das Musterprotokoll gilt zugleich als Gesellschafterliste. Im Übrigen finden auf das Musterprotokoll die Vorschriften dieses Gesetzes über den Gesellschaftsvertrag entsprechende Anwendung.

(2) Die Unterzeichnung durch Bevollmächtigte ist nur auf Grund einer notariell errichteten oder beglaubigten Vollmacht zulässig.

§ 3 Inhalt des Gesellschaftsvertrags

(1) Der Gesellschaftsvertrag muss enthalten:

1. die Firma und den Sitz der Gesellschaft,

2. den Gegenstand des Unternehmens,

3. den Betrag des Stammkapitals,

4. die Zahl und die Nennbeträge der Geschäftsanteile, die jeder Gesellschafter gegen Einlage auf das Stammkapital (Stammeinlage) übernimmt.

(2) Soll das Unternehmen auf eine gewisse Zeit beschränkt sein oder sollen den Gesellschaftern außer der Leistung von Kapitaleinlagen noch andere Verpflichtungen gegenüber der Gesellschaft auferlegt werden, so bedürfen auch diese Bestimmungen der Aufnahme in den Gesellschaftsvertrag.

Unternehmergesellschaft – UG (haftungsbeschränkt): Diese Rechtsform ist eine Abwandlung der GmbH und kann bereits mit einem Stammkapital von 1,00 € gegründet werden. Alle weiteren Formalitäten und Randbedingungen entsprechen denen der GmbH.

Eingeführt wurde diese Rechtsform, nachdem sich viele deutsche Gründer für die ausländische Rechtsform Ltd. (Limited) entschieden haben, da ihnen das Mindestkapital der GmbH zu hoch erschien. Mit der UG wollte der Gesetzgeber eine deutsche Alternative anbieten. Des Weiteren kann die UG im Laufe der Zeit, mit Weiterentwicklung der Geschäfte und steigenden Gewinnen, langsam an eine GmbH herangeführt werden. Dabei werden gewisse Anteile des jährlichen Gewinns auf das Stammkapital so lange angerechnet, bis das Mindestkapital der GmbH von 25.000,00 € erreicht ist. Dann wird aus der UG eine GmbH.

§

Gesetz betreffend die Gesellschaften mit beschränkter Haftung GmbHG

§ 5a Unternehmergesellschaft

(1) Eine Gesellschaft, die mit einem Stammkapital gegründet wird, das den Betrag des Mindeststammkapitals nach § 5 Abs. 1 unterschreitet, muss in der Firma abweichend von § 4 die Bezeichnung „Unternehmergesellschaft (haftungsbeschränkt)" oder „UG (haftungsbeschränkt)" führen.

(2) Abweichend von § 7 Abs. 2 darf die Anmeldung erst erfolgen, wenn das Stammkapital in voller Höhe eingezahlt ist. Sacheinlagen sind ausgeschlossen.

(3) In der Bilanz des nach den §§ 242, 264 des Handelsgesetzbuchs aufzustellenden Jahresabschlusses ist eine gesetzliche Rücklage zu bilden, in die ein Viertel des um einen Verlustvortrag aus dem Vorjahr geminderten Jahresüberschusses einzustellen ist. Die Rücklage darf nur verwandt werden

1. für Zwecke des § 57c;

2. zum Ausgleich eines Jahresfehlbetrags, soweit er nicht durch einen Gewinnvortrag aus dem Vorjahr gedeckt ist;

3. zum Ausgleich eines Verlustvortrags aus dem Vorjahr, soweit er nicht durch einen Jahresüberschuss gedeckt ist.

(4) Abweichend von § 49 Abs. 3 muss die Versammlung der Gesellschafter bei drohender Zahlungsunfähigkeit unverzüglich einberufen werden.

(5) Erhöht die Gesellschaft ihr Stammkapital so, dass es den Betrag des Mindeststammkapitals nach § 5 Abs. 1 erreicht oder übersteigt, finden die Absätze 1 bis 4 keine Anwendung mehr; die Firma nach Absatz 1 darf beibehalten werden.

Aktiengesellschaft – AG: Diese Rechtsform bedingt ein Mindestkapital von 50.000,00 €. Das Gesellschaftsvermögen heißt Aktienkapital. Dieses Grundkapital der Aktiengesellschaft wird in Anteile zerlegt, die sogenannten Aktien.

Aktien werden unterschieden nach **Nennbetragsaktien** oder **Stückaktien**. Die Nennbetragsaktien müssen mindestens auf 1,00 € lauten. Demnach könnte eine neu gegründete AG z.B. 50 000 Aktien à 1,00 € besitzen. Mit Einzahlung/Erwerb der Aktien erfolgt die Einlage in Gesellschaftsvermögen und aus dem Gesellschafter wird ein Aktionär.

§

Aktiengesetz AktG

§ 1 Wesen der Aktiengesellschaft

(1) Die Aktiengesellschaft ist eine Gesellschaft mit eigener Rechtspersönlichkeit. Für die Verbindlichkeiten der Gesellschaft haftet den Gläubigern nur das Gesellschaftsvermögen.

(2) Die Aktiengesellschaft hat ein in Aktien zerlegtes Grundkapital.

§ 2 Gründerzahl

An der Feststellung des Gesellschaftsvertrags (der Satzung) müssen sich eine oder mehrere Personen beteiligen, welche die Aktien gegen Einlagen übernehmen.

§ 7 Mindestnennbetrag des Grundkapitals

Der Mindestnennbetrag des Grundkapitals ist fünfzigtausend Euro.

Die **europäische Aktiengesellschaft**, Societas Europaea (SE), wurde im Rahmen der europäischen Harmonisierungsbemühungen im Gesellschaftsrecht eingeführt. Sie erfordert ein Mindestkapital von 120.000,00 € und unterliegt dem Gesetz zur Einführung der Europäischen Gesellschaft (SEE-Gesetz, 2004).

Rechtsform	Bezeichnung	Gründung	Unternehmensform	Rechtsgrundlage	Eigene Rechtspersönlichkeit	Kapital	Firma	Eintrag Handelsregister
Einzelunternehmen		ein Unternehmer	natürliche Person	BGB	nein	kein festes Kapital	keine eigene Firma	nein
Einzelunternehmen e. K.	Eingetragener Kaufmann	ein Unternehmer	natürliche Person	HGB	nein	kein festes Kapital	Wahl zwischen Sach-, Personen- oder Phantasiefirma, Zusatz e. K.	ja
GbR	Gesellschaft bürgerlichen Rechts	mind. zwei Gesellschafter	Personengesellschaft	BGB §§ 705–740	nein	kein festes Kapital	keine eigene Firma	nein
OHG	Offene Handelsgesellschaft	mind. zwei Gesellschafter, notarieller Vertrag	Personengesellschaft	BGB §§ 705–740 HGB §§ 105–160	nein	kein festes Kapital	Wahl zwischen Sach-, Personen- oder Fantasiefirma, Zusatz OHG	ja
KG	Kommanditgesellschaft	mind. ein Komplementär (Vollhafter) und ein Kommanditist (Teilhafter), formfreier Vertrag, Entstehung durch HR-Eintrag	Personengesellschaft	BGB §§ 705–740 HGB §§ 161–177	nein	Einlagen des Kommanditisten und der Komplementäre	Wahl zwischen Sach-, Personen- oder Fantasiefirma, Zusatz KG	ja
GmbH	Gesellschaft mit beschränkter Haftung	mind. ein Gesellschafter, notarieller Vertrag, Entstehung durch HR-Eintrag	Kapitalgesellschaft	GmbHG	ja, juristische Person	Stammkapital mind. 25.000,00 €	Wahl zwischen Sach-, Personen- oder Fantasiefirma, Zusatz GmbH	ja
UG	Unternehmergesellschaft (haftungsbeschränkt)	mind. ein Gesellschafter, notarieller Vertrag, Entstehung durch HR-Eintrag	Kapitalgesellschaft	GmbHG	ja, juristische Person	Stammkapital mind. 1,00 €	Wahl zwischen Sach-, Personen- oder Fantasiefirma, Zusatz UG	ja
AG	Aktiengesellschaft	mind. ein Gründer (Aktionär), notariell beurkundete Satzung, Entstehung durch HR-Eintrag	Kapitalgesellschaft	AktG	ja, juristische Person	Stammkapital mind. 50.000,00 €	Wahl zwischen Sach-, Personen- oder Fantasiefirma, Zusatz AG	ja

Rechts-form	Haftung	Gewinn-/Verlust-beteiligung	Geschäfts-führung	Organe	Auflösung	Formali-täten	Vertrag/ Formvorschriften
Einzel-unter-nehmen	Unternehmer mit Privatvermögen unbeschränkt	gesamter Gewinn/Verlust beim Unternehmer	Unternehmer	keine	Entschluss des Unternehmers, Tod, Insolvenz	Gewerbe-anmeldung	
Einzel-unter-nehmen e. K.	Unternehmer mit Privatvermögen unbeschränkt	gesamter Gewinn/Verlust beim Unternehmer	Unternehmer	keine	Entschluss des Unternehmers, Tod, Insolvenz, Anmeldung Firmen-löschung	Gewerbe-anmeldung, Eintrag HR	
GbR	gesamtschuld-nerisch, jeder Unternehmer mit Privat-vermögen, unbeschränkt	Verteilung nach Köpfen, dispositiv	alle Gesell-schafter, abw. Regelungen im Gesellschafter-vertrag möglich	keine	Kündigung/Tod eines Gesellschafters, Bestim-mung der Liquidation	Gewerbe-anmeldung	schriftlicher Gesellschafts-vertrag empfohlen
OHG	gesamtschuld-nerisch, jeder Unternehmer mit Privat-vermögen, unbeschränkt	Verteilung nach Köpfen, dispositiv	alle Gesell-schafter, abw. Regelungen im Gesellschafter-vertrag möglich	keine	Kündigung/Tod eines Gesellschafters, Bestim-mung der Liquidation	Gewerbe-anmeldung, Eintrag HR	schriftlicher Gesellschafts-vertrag empfohlen
KG	Vermögen der Ge-sellschaft; Komple-mentär mit Privat-vermögen (Gesamtschuldner); Kommanditist nur mit Einlage	**Komplementär:** Gewinn wie OHG; Verlust angemessen **Kommanditist:** Gewinn 4 % auf Eigenkapitalantei-le, Rest angemessen, Ver-lust in Höhe der Einlage	Komplementär	keine	Kündigung/Tod eines Gesellschafters, Bestim-mung der Liquidation	Gewerbe-anmeldung, Eintrag HR	schriftlicher Gesellschafts-vertrag empfohlen
GmbH	Vermögen der Gesellschaft	im Verhältnis der Stammeinlagen	Geschäftsführer	Gesellschaf-tervers., Aufsichtsrat	Gesellschafterbeschluss, Insolvenz, Liquidation durch GF	Gewerbe-anmeldung, Eintrag HR	schriftlicher Gesellschafts-vertrag zwingend, notarielle Beurkundung erforderlich
UG	Vermögen der Gesellschaft	im Verhältnis der Stammeinlagen	Geschäftsführer	Gesellschaf-tervers.	siehe GmbH	siehe GmbH	
AG	Vermögen der Gesellschaft	im Verhältnis der Aktien, ausgeschütteter Gewinn = Dividende	Vorstand	Hauptver-sammlung, Aufsichtsrat	Aktionärsbeschluss, rechtliches Urteil, Insol-venz, Liquidation durch Vorstand	Gewerbe-anmeldung, Eintrag HR	Gesetz schreibt schriftlichen Gesellschaftsvertrag zwin-gend vor, notarielle Beur-kundung erforderlich

2.4.2   Rechtsformen öffentlicher Unternehmen

Während die privaten Unternehmen eigene Interessen verfolgen und Gewinn erzielen wollen, ist es die Aufgabe der öffentlichen Unternehmen, der Allgemeinheit zu dienen und den kollektiven Bedarf zu decken.

Für private Unternehmen gilt das Gleichordnungsprinzip der beteiligten Personen, verbunden mit der inhaltlich freien Gestaltung von Verträgen. Bei öffentlichen Unternehmen, auch **öffentliche Betriebe** genannt, gilt dagegen das Über- bzw. Unterordnungsprinzip, d. h., sie sind den privaten Unternehmen übergeordnet. Sie können z. B. Verwaltungsakte erlassen und Steuern, Abgaben und Gebühren erheben.

Öffentliche Betriebe werden wie folgt unterschieden:
- Rechtsformen mit eigener Rechtspersönlichkeit:
  Hierbei entsprechen die Betriebe einer juristischen Person, die spezielle Aufgaben wahrnimmt.
  - Körperschaften öffentlichen Rechts, z. B. KfW (Kreditanstalt für Wiederaufbau)
  - Anstalten öffentlichen Rechts (Rundfunkanstalten)
- Rechtsform ohne eigene Rechtspersönlichkeit:
  Hierbei entsprechen die Betriebe einer ausgegliederten Abteilung einer Behörde/öffentlichen Hand und werden geführt von Beamten.
  - Eigenbetriebe (z. B. Frankenstadion Nürnberg)
  - Regiebetriebe (z. B. Bayrische Staatsoper)
- öffentliche Unternehmen in privatrechtlicher Form

Körperschaften öffentlichen Rechts

Körperschaften sind ein Verband des öffentlichen Rechts und nehmen öffentliche Aufgaben unter staatlicher Aufsicht und gegebenenfalls unter Einsatz hoheitlicher Mittel (Gesetze, Verwaltungsakte) wahr. Die Organisation erfolgt über Mitgliedschaften. Zur Errichtung einer bundesunmittelbaren Körperschaft des öffentlichen Rechts im Bundesgebiet ist ein Bundesgesetz erforderlich (Art. 87 Grundgesetz).

§

Grundgesetz (GG)

Art. 87

(1) In bundeseigener Verwaltung mit eigenem Verwaltungsunterbau werden geführt der Auswärtige Dienst, die Bundesfinanzverwaltung und nach Maßgabe des Artikels 89 die Verwaltung der Bundeswasserstraßen und der Schifffahrt. Durch Bundesgesetz können Bundesgrenzschutzbehörden, Zentralstellen für das polizeiliche Auskunfts- und Nachrichtenwesen, für die Kriminalpolizei und zur Sammlung von Unterlagen für Zwecke des Verfassungsschutzes und des Schutzes gegen Bestrebungen im Bundesgebiet, die durch Anwendung von Gewalt oder darauf gerichtete Vorbereitungshandlungen auswärtige Belange der Bundesrepublik Deutschland gefährden, eingerichtet werden.

(2) Als bundesunmittelbare Körperschaften des öffentlichen Rechtes werden diejenigen sozialen Versicherungsträger geführt, deren Zuständigkeitsbereich sich über das Gebiet eines Landes hinaus erstreckt. Soziale Versicherungsträger, deren Zuständigkeitsbereich sich über das Gebiet eines Landes, aber nicht über mehr als drei Länder hinaus erstreckt, werden abweichend von Satz 1 als landesunmittelbare Körperschaften des öffentlichen Rechtes geführt, wenn das aufsichtsführende Land durch die beteiligten Länder bestimmt ist.

(3) Außerdem können für Angelegenheiten, für die dem Bunde die Gesetzgebung zusteht, selbstän-
dige Bundesoberbehörden und neue bundesunmittelbare Körperschaften und Anstalten des öffentlichen Rechtes durch Bundesgesetz errichtet werden. Erwachsen dem Bunde auf Gebieten,
für die ihm die Gesetzgebung zusteht, neue Aufgaben, so können bei dringendem Bedarf bundes-
eigene Mittel- und Unterbehörden mit Zustimmung des Bundesrates und der Mehrheit der Mitglieder des Bundestages errichtet werden.

Körperschaften des öffentlichen Rechts sind juristische Personen und können daher Träger von
Rechten und Pflichten sein. Damit können sie im eigenen Namen klagen, aber auch verklagt werden. Ihr Personal sind Beamte und Angestellte des öffentlichen Dienstes.

Gebietskörperschaften	Sie werden auch staatsrechtliche Körperschaften genannt. Dabei erfassen sie alle auf einem bestimmten Gebiet dauerhaft lebenden Bürger. Bestimmte Gebiete sind z. B. die Bundesrepublik Deutschland, die Bundesländer, Städte, Landkreise, Gemeinden.
Bundes(land)unmittelbare Körperschaften	Hierbei ist der Bund der Träger der Rechts- und Fachaufsicht. So unterliegt z. B. die Bundesagentur für Arbeit der Rechtsaufsicht des Bundesministeriums für Arbeit und Soziales. Landesunmittelbare Körperschaften sind z. B. die Universitäten oder Fachhochschulen.
Personalkörperschaften	Sie erfasst Personen, die bestimmte Merkmale und Voraussetzungen erfüllen. So werden z. B. Rechtsanwälte zur Körperschaft der Rechtsanwaltskammer zusammengefasst. Weitere Beispiele sind die IHK (Industrie- und Handelskammer), die HWK (Handwerkskammer), die Kassenärztliche Vereinigung und die Berufsgenossenschaften.
Verbandskörperschaften	Ihre Mitglieder sind ausschließlich juristische Personen, z. B. Kommunalverbände oder Krankenhauszweckverbände.
Realkörperschaften	Voraussetzung für diese Mitgliedschaft ist das Eigentum an einem bestimmten Grundstück. Beispiele hierfür sind Wasserschutzverbände und Jagdgenossenschaften.

Anstalten öffentlichen Rechts

Während die Körperschaften öffentlichen Rechts mitgliedschaftlich organisiert sind, bieten die Anstalten des öffentlichen Rechts nur eine Benutzungsmöglichkeit. Es handelt sich dabei um eine relativ neue Rechtsform für öffentlich-rechtliche Unternehmen, deren erste Regelung erst 1994 in Kraft trat. Motivation war, Privatisierungen zu vermeiden.

Als Anstalt öffentlichen Rechts wird eine Verwaltungseinrich-

Landesrundfunkanstalten der ARD

tung bezeichnet, die mit einer öffentlichen Aufgabe betraut ist, welche ihr per Gesetz oder Satzung zugewiesen worden ist. Auch sie zählt zu den juristischen Personen.

Entweder werden Anstalten öffentlichen Rechts aus der allgemeinen Staatsverwaltung ausgegliedert, womit eine eigene Rechtspersönlichkeit entsteht. Des Weiteren wird ihnen eine unabhängige Erfüllung ihrer Tätigkeiten gestattet, z. B. öffentlich-rechtliche Rundfunkanstalten.

Oder sie sind Teil einer juristischen Person, ohne eine eigene Rechtspersönlichkeit, und dürfen somit nur unselbstständige Verwaltungsleistungen erfüllen, z. B. staatliche Schulen.

Träger der Anstalten öffentlichen Rechts

„Eigentümer" können sowohl die Gemeinden, die Länder oder der Bund sein. Diese Träger werden auch als Anstaltsherren bezeichnet. Sie sind dazu verpflichtet, ihre Anstalten mit den finanziellen Mitteln zu versorgen, die eine reibungslose Erfüllung der jeweiligen Aufgaben gewährleisten. Diese Verpflichtung wird als Anstaltslast bezeichnet.

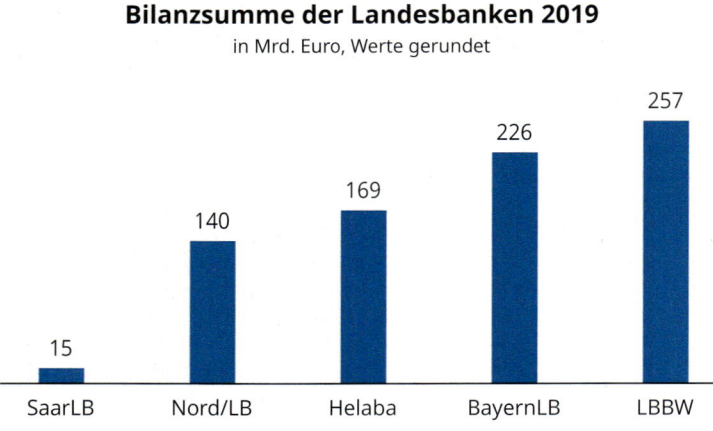

Bilanzsumme der Landesbanken 2019
in Mrd. Euro, Werte gerundet

SaarLB	Nord/LB	Helaba	BayernLB	LBBW
15	140	169	226	257

Quelle: Geschäftsberichte der Landesbanken

Entsprechend ihrer Träger werden die Anstaltsarten bezeichnet:
- kommunale Anstalten des öffentlichen Rechts, z. B. Stadtbibliothek
- landesunmittelbare Anstalten des öffentlichen Rechts, z. B. Landesbanken
- bundesunmittelbare Anstalten des öffentlichen Rechts, z. B. Deutsche Bundesbank

Organe der Anstalten öffentlichen Rechts

Hierzu gehören der Vorstand, der Verwaltungsrat und meist der Trägerrat. Zunächst wählt der Verwaltungsrat den Vorstand. Dieser leitet die Anstalt in eigener Verantwortung, soweit die Satzung nicht etwas anderes bestimmt, und vertritt die Anstalt nach außen.

Der Verwaltungsrat überwacht die Geschäftsführung des Vorstands, erlässt Satzungen und trifft wichtige Entscheidungen. In der Satzung einer Anstalt kann z. B. vorgesehen werden, dass bei Entscheidungen von grundsätzlicher Bedeutung der Rat der Trägerkommune (z. B. Gemeinderat) zustimmen muss.

Regiebetriebe

Diese öffentlichen Betriebe sind als Bestandteil der Verwaltung eng an die öffentliche Hand (Städte, Kreise, Länder, Bund) gebunden. Ihre Aufgabe ist z. B. die sinnvolle Freizeitgestaltung der Bevölkerung durch eine Stadtbibliothek.

> **Regiebetriebe** sind rechtlich unselbstständige, öffentliche Einheiten, die organisatorisch und finanziell nicht selbstständig sind, keine eigenen Organe haben, sondern im Namen der kommunalen Gebietskörperschaft handeln und vom Bürgermeister nach außen vertreten werden.

Gewählt wird diese Rechtsform hauptsächlich für kleinere Betriebseinheiten wie z. B. Freibad, Friedhof, aber auch für eine Kantine oder Stadtbücherei. Sehr oft entscheidet die Größe des Betriebes, ob als Rechtsform der Regiebetrieb oder doch lieber der Eigenbetrieb gewählt wird. So werden mehrere Bäder einer Großstadt meist als Eigenbetriebe geführt, wogegen ein einzelnes Freibad einer kleinen Gemeinde als Regiebetrieb geführt wird.

Stellung des Regiebetriebs

Da rechtlich unselbstständig, gehört das Vermögen des Regiebetriebes der Kommune. Das Personal ist im Stellenplan der Behörde eingebunden. Da er kein eigenes Rechnungswesen besitzt, erscheinen seine Einnahmen und Ausgaben vollständig im Haushaltsplan der Gemeinde. Damit unterliegt der Regiebetrieb immer der vollständigen Kontrolle und Steuerung durch die kommunale Gemeindeverwaltung.

Besonderheit Krankenhäuser: Wird ein Krankenhaus als Regiebetrieb geführt, dann muss sein Rechnungswesen den Regeln der Krankenhaus-Buchführungsverordnung entsprechen. Die übliche Einnahmen-/Ausgabenrechnung der Gemeinde (Kameralistik) ist nicht ausreichend.

Organe des Regiebetriebs

Als Teil der öffentlichen Verwaltung werden Regiebetriebe meist als „kostenrechnende Einheit" geführt, da viele ihre Kosten ganz oder zu einem nicht unerheblichen Teil aus den Entgelten der Leistungsempfänger decken.

Sie verfügen nicht über eigene Organe, sondern werden durch die Organe der Gebietskörperschaft, Bürgermeister, Referats-/Abteilungsleiter usw. geführt.

Eigenbetriebe

Verglichen mit den Regiebetrieben verfügen die Eigenbetriebe über eine viel größere Selbstständigkeit. Dies zeigt sich u. a. bei der Erstellung eines eigenen Wirtschaftsplans und eines größeren Entscheidungsspielraums bei der Führung des Betriebes bzw. Unternehmens.

> **Eigenbetriebe** sind Wirtschaftsunternehmen von Gemeinden oder Gemeindeverbänden, die keine eigene Rechtspersönlichkeit haben, jedoch organisatorisch, finanziell und wirtschaftlich selbstständig und als Sondervermögen aus dem Gemeindehaushalt ausgegliedert sind.

Stellung des Eigenbetriebs

Der Eigenbetrieb stellt einen eigenen Wirtschaftsplan auf, der aus dem Erfolgsplan mit den laufenden Kosten, einem Vermögensplan mit den beabsichtigten Investitionen und der Stellenübersicht mit den Arbeitsplatzbeschreibungen besteht. Im Haushaltsplan der jeweiligen öffentlichen Hand (Gebietskörperschaft) findet sich nur der erwartete Saldo aus den Einnahmen und Ausgaben des jeweiligen Eigenbetriebes. Der Eigenbetrieb erfordert meist kein kaufmännisches Rechnungswesen in Form der doppelten Buchführung, sondern es reicht die übliche Einnahmen-/Ausgabenrechnung der Gemeinde (Kameralistik). Ausnahme Krankenhaus – siehe Regiebetrieb.

Organe des Eigenbetriebs

Diese sind die Werkleitung, der Werkausschuss, der Gemeinderat und der Bürgermeister. Die Werkleitung wird vom Rat der Trägerkommune unmittelbar bestellt, führt die laufenden Geschäfte und ist zur Vertretung des Eigenbetriebes nach außen berechtigt.

Zu den laufenden Geschäften gehören alle im täglichen Betrieb wiederkehrenden Maßnahmen, die zur Aufrechterhaltung des Betriebes notwendig sind. Hierzu zählen z. B. die Personaleinsatzplanung und der Einkauf von Materialien. In zentralen Fragen, wie z. B. Investitionen, entscheidet die jeweilige Gebietskörperschaft.

Der Werkausschuss ist ein separater Ausschuss des Gemeinderates, der sich ausschließlich mit den Angelegenheiten des Eigenbetriebes befasst. Er besteht aus Gemeinderatsmitgliedern und Vertretern der Arbeitnehmer des Eigenbetriebes. Die Gemeinde mit dem Bürgermeister

Eigenbetriebe der Stadt Nürnberg

„Abfallwirtschaftsbetrieb Stadt Nürnberg (ASN)
Der Eigenbetrieb der Stadt Nürnberg ist für die Abfallwirtschaft zuständig. Zu den Aufgaben zählen Sammlung und Transport von Haus- und Biomüll sowie Garten- und Problemabfällen, außerdem der Betrieb einer Müllverbrennungsanlage und einer Reststoffdeponie.

Servicebetrieb Öffentlicher Raum (SÖR)
Unter dem Dach des Eigenbetriebes Servicebetrieb Öffentlicher Raum (SÖR) sind seit 2009 Dienstleistungen der Stadt Nürnberg, die den öffentlichen Raum, also Straßen, Wege, Plätze und Grünanlagen betreffen, gebündelt.

Stadtentwässerung und Umweltanalytik Nürnberg (SUN)
Der im Jahr 2006 gegründete Eigenbetrieb der Stadt Nürnberg, ist zuständig für Abwasserwirtschaft und Betrieb des Labors für Umweltanalytik.

NürnbergBad
Der 2003 gegründete Eigenbetrieb NürnbergBad ist Dienstleister in Sachen Freizeit-, Vereins- und Schulschwimmen im Stadtgebiet. NürnbergBad unterhält vier Hallen- und drei Freibäder.

NürnbergStift
Seit 1999 existiert der Eigenbetrieb NürnbergStift. In seinen fünf städtischen Senioren-Wohnanlagen und Pflegeheimen wird jährlich rund 1 500 Menschen ein seniorengerechtes Zuhause mit einer Vielfalt an Dienstleistungen geboten.

Frankenstadion Nürnberg
Der Eigenbetrieb Frankenstadion Nürnberg verpachtet das städtische Stadion an die Stadion Nürnberg Betriebs-GmbH, an der die Stadt wiederum mit 25,1 Prozent beteiligt ist."

Quelle: Stadt Nürnberg (Hrsg.): Eigenbetriebe, online unter: https://www.nuernberg.de/internet/referat2/eigenbetriebe.html [02.12.2021].

regel die Rechtsverhältnisse des Eigenbetriebes, erlässt und ändert die Satzung, bestellt die Werkleitung und den Werkausschuss.

§

Gemeindeordnung für den Freistaat Bayern

Art. 88 Eigenbetriebe

(1) Eigenbetriebe sind gemeindliche Unternehmen, die außerhalb der allgemeinen Verwaltung als Sondervermögen ohne eigene Rechtspersönlichkeit geführt werden.

(2) Für Eigenbetriebe bestellt der Gemeinderat eine Werkleitung und einen Werkausschuss.

(3) [1]Die Werkleitung führt die laufenden Geschäfte des Eigenbetriebs. [2]Sie ist insoweit zur Vertretung nach außen befugt; der Gemeinderat kann ihr mit Zustimmung des ersten Bürgermeisters weitere Vertretungsbefugnisse übertragen. [3]Die Werkleitung ist Dienstvorgesetzter der Beamten im Eigenbetrieb und führt die Dienstaufsicht über sie und die im Eigenbetrieb tätigen Arbeitnehmer. [4]Der Gemeinderat kann mit Zustimmung des ersten Bürgermeisters der Werkleitung für Beamte und Arbeitnehmer im Eigenbetrieb die personalrechtlichen Befugnisse in entsprechender Anwendung von Art. 43 Abs. 1 Satz 3 Halbsatz 1 und Abs. 2 Satz 1 übertragen.

[...]

Öffentliche Unternehmen in privatrechtlicher Form

Diese Unternehmen sind eigenständig gegenüber dem staatlichen Träger. Sie sind privatwirtschaftlich organisiert, verfolgen wirtschaftliche Ziele und haben meist die Rechtsform einer GmbH oder AG. Typische Beispiele für diese Betriebsform sind die Stadtwerke größerer Gemeinden, die der Wasser- und Gasversorgung dienen, aber auch öffentliche Verkehrsbetriebe, wie der Verkehrsverbund einer Großstadt.

Der Münchner Verkehrs- und Tarifverbund GmbH, kurz MVV, ist z. B. in Form einer GmbH organisiert. Dabei sind die Stadt München, der Freistaat Bayern und mehrere Landkreise die Gesellschafter dieser GmbH, sprich die Inhaber. Dieses Kommunalunternehmen unterliegt dem Wirtschaftlichkeitsprinzip. Allerdings muss es die öffentliche Aufgabe des Personentransports im Nahverkehr erfüllen.

Entwicklung im Krankenhauswesen

Früher wurden Krankenhäuser vorwiegend als Regiebetriebe geführt. Dies hatte zur Folge, dass die Leitung des Krankenhauses sich bei Entscheidungen direkt mit den Organen der Gebietskörperschaft abstimmen musste. Waren anfangs die Krankenhausleitungen noch Beamte des entsprechenden Gesundheitsreferats (Abteilung), wurden aufgrund der Größe und der damit verbundenen Kosten eines Krankenhauses immer mehr spezialisierte, betriebswirtschaftlich ausgebildete Führungskräfte eingesetzt. Damit „traf" das spezialisierte Krankenhaus-Management auf mehr oder weniger fachfremde Entscheider.

Um Krankenhäuser effektiver leiten zu können, haben sich die Gebietskörperschaften vermehrt dazu entschieden, die Krankenhäuser in Eigenbetriebe umzuwandeln. Für noch mehr Eigenständigkeit wird im nächsten Schritt nun weiter über eine Privatisierung der Krankenhäuser nachgedacht. Demnach ist eine Umwandlung in eine privatrechtliche Rechtsform wie GmbH oder gGmbH geplant.

Um die „roten Zahlen" von Kliniken in den Griff zu bekommen und mögliche Klinik-Insolvenzen zu vermeiden, wird zunehmend mit diesen Rechtsformen gearbeitet.

„

Kliniksterben in Deutschland? Wie Krankenhäuser einen Weg aus der Schieflage finden können.

Aktuell gibt es in Deutschland fast 2000 Krankenhäuser. Immer mehr davon stellen ihren Betrieb ein. Viele müssen in die Insolvenz, die Schuldenlast ist einfach zu groß. Rechtzeitiges Handeln der Verantwortlichen könnte größere Schäden vermeiden.

Bereits 2006 gingen die Wirtschaftsprüfer von Ernst & Young, davon aus, dass ein Viertel der seinerzeit geführten Häuser vom deutschen Klinikmarkt verschwunden sei. Mitte vergangenen Jahres prognostizierte der Krankenhaus Rating Report der Unternehmensberatung Accenture, des Rheinisch-Westfälischen Instituts für Wirtschaftsforschung (RWI) sowie des Institutes for Health Care Business (HCB), dass 2015 jeder fünften Klinik in Deutschland die Insolvenz droht. Eine Entwicklung, die anscheinend nur eine Richtung kennt.

Viele Häuser schreiben Verluste

Laut Rating Report 2014 schreiben rund 40 Prozent der Kliniken Verluste, weniger als die Hälfte der Krankenhäuser war in der Lage, wichtige Investitionen zu tätigen. Zu diesem Ergebnis kamen die Autoren dieser Studie, die sich die finanzielle Lage von beinahe 1000 Kliniken in Deutschland aus den Jahren 2011 und 2012 angeschaut hatten.

Die Gründe für die Schieflage sind vielfältig und den Akteuren zumeist auch bekannt. Faktisch ist es so, dass sich ohne ausreichende Mittel keine erforderlichen Maßnahmen, wie beispielsweise die notwendige Modernisierung oder Spezialisierung, umsetzen lassen. Die Fortführung eines Betriebs gerät so zunehmend in Gefahr. Durch die betriebswirtschaftliche Schieflage kann nicht ausgeschlossen werden, dass sich zudem auf Dauer eine Verschlechterung der Patientenversorgung einschleicht. Diese wird von Patienten durchaus wahrgenommen und führt auf lange Sicht zu Umsatzverlusten. Es beginnt eine Abwärtsspirale, die irgendwann nicht mehr zu stoppen ist.

Unter einem kommunalen finanziellen Schutzschirm haben sich viele Kliniken in den vergangenen Jahren anscheinend keine großen Gedanken über ihre weitere wirtschaftliche Entwicklung gemacht. Und das trotz kontinuierlicher Verluste. Mit zunehmender Privatisierung und ausbleibender Unterstützung machen sich die Auswirkungen dann natürlich bemerkbar. In der Praxis sieht es dann so aus, dass bundesweit Krankenhäuser Insolvenz anmelden und im schlimmsten Fall auch schließen müssen.

Es gibt Wege aus der Krise

Äußerst umfassend dokumentiert die Homepage www.kliniksterben.de die Branchensituation bereits seit einiger Zeit. „Wir trauern in stillem Gedenken um die wegfusionierten, aufgekauften, geschlossenen und insolventen Bestandteile der deutschen Krankenhauslandschaft", heißt es dort pathetisch.

Nicht immer muss eine Schieflage aber gleichzeitig auch zum Trauerfall werden. Als Verantwortlicher eines Unternehmens habe ich heute ein umfangreiches Instrumentarium zur Hand, um den Betrieb zu restrukturieren und damit aus der Krise zu führen. So bietet die sogenannte Insolvenz in Eigenverwaltung umfassende Rettungsmöglichkeiten. Auch wenn es noch nicht in allen Köpfen angekommen ist, durch das Instrument der Sanierung in Eigenregie verliert das „Schreckgespenst" Insolvenz langsam seinen Makel. Öffentliche Träger reagieren erfahrungsgemäß zunehmend aufgeschlossen gegenüber solchen gerichtlichen Sanierungsoptionen.

Auf diese Weise haben sich bisher in der Klinikbranche unter anderem das Klinikum Osnabrücker Land sowie die Dörenberg-Klinik aus Bad Iburg erfolgreich restrukturiert. Mein Appell kann es daher nur sein, trotz zum Teil schwieriger Vorzeichen rechtzeitig zu handeln, damit am Ende nicht nur ein stilles Gedenken bleibt. Wenn die Probleme erkannt sind, kann man konstruktiv an Lösungen arbeiten. Die modernen Sanierungsinstrumente des Schutzschirm- und Eigenverwaltungsverfahrens bieten eine Vielzahl von Möglichkeiten, um seine Situation zu verbessern. Andere haben es erfolgreich vorgemacht.

Quelle: Andres, Dirk: „Kliniksterben in Deutschland?: Wie Krankenhäuser einen Weg aus der Schieflage finden können", FOCUS Online vom 20.06.2015, https://www.focus.de/finanzen/experten/andres/kliniksterben-in-deutschland-wie-krankenhaeuser-einen-weg-aus-der-schieflage-finden-koennen_id_4743353.html [20.10.2020].

2.4.3 Rechtsformen gemeinnütziger Unternehmen

Für ein gemeinnütziges Unternehmen lassen sich die üblichen Rechtsformen wie GmbH oder AG nutzen. Die gemeinnützige GmbH wird kurz **gGmbH** genannt. Ebenso ist eine gemeinnützige AG oder eine gemeinnützige Unternehmergesellschaft denkbar.

Dabei handelt es sich nicht um eigenständige Rechtsformen mit entsprechenden Rechtsvorschriften. Für sie gelten die gleichen Rechtsgrundlagen, die für die jeweilige „Basis"-Rechtsform gelten. So gilt z. B. für die gGmbH das GmbH-Gesetz. Die gemeinnützigen Unternehmen unterscheiden sich lediglich dadurch von den originalen Rechtsformen, dass sie bestimmte Voraussetzungen für die Gemeinnützigkeit erfüllen müssen und dafür gewisse Vergünstigungen erhalten. Dazu gehört der **gemeinnützige, mildtätige oder kirchliche Zweck**. Dementsprechend wird das Unternehmen als gemeinnütziges, mildtätiges oder kirchliches Unternehmen eingestuft.

Gemeinnützigkeit liegt vor, wenn die Allgemeinheit auf materiellem, geistigen oder sittlichen Gebiet selbstlos gefördert wird. Beispiele gemeinnütziger Tätigkeiten sind z. B. die Förderung von Wissenschaft und Forschung, Jugend- und Altenhilfe, Kunst und Kultur (§§ 51–68 Abgabenordnung [AO]).

Mildtätigkeit liegt vor, wenn Personen selbstlos unterstützt werden, die infolge ihres körperlichen, geistigen oder seelischen Zustandes auf die Hilfe anderer angewiesen sind. Beispiele für mildtätige Zwecke: Krankenpflege, Betreuung im Altenheim, Telefonseelsorge (§ 53 Abgabenordnung [AO]).

Kirchliche Tätigkeit ist darauf gerichtet, eine Religionsgemeinschaft, die Körperschaft des öffentlichen Rechts ist, selbstlos zu fördern. Beispiele für kirchliche Zwecke: Abhaltung von Gottesdiensten, Ausbildung von Geistlichen, Erteilung von Religionsunterricht (§ 54 Abgabenordnung [AO]).

Die Gewinne dieser Unternehmen dürfen nicht an die Gesellschafter ausgeschüttet werden, sondern müssen wiederum dem Unternehmen und damit dem gemeinnützigen Zweck zugutekommen.

Als weitere Rechtsformen kommen eventuell auch die Stiftung und der Verein infrage.

Stiftung

Bekannt sind Stiftungen hauptsächlich durch reiche Persönlichkeiten, die ihr großes Vermögen in eine Stiftung fließen lassen, damit auch nach ihrem Tod weiter in den gemeinnützigen Zweck investiert wird, siehe Beispiel Fuggerei Augsburg.

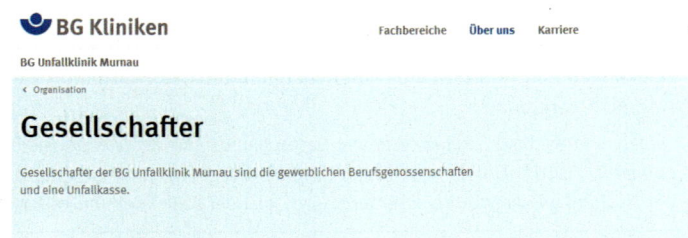

Fuggerei – die älteste Sozialsiedlung der Welt steht in Augsburg

Die malerische Siedlung hat ihre Wurzeln im 16. Jahrhundert und geht auf eine Stiftung des berühmten Kaufmanns Jakob Fugger zurück.

Die heute noch bestehende älteste Sozialsiedlung der Welt wurde 1521 von Jakob Fugger für schuldlos verarmte Augsburger Bürger gestiftet und von 1514 bis 1523 erbaut. Sie besteht aus 67 Häusern mit 140 Wohnungen, einer Kirche und Verwaltungsgebäuden. Immer noch beträgt die Jahresmiete nur 0,88 Euro (früher ein Rheinischer Gulden). Drei Gebete täglich für das Seelenheil der Stifterfamilie sind Bestandteil des Mietvertrags.

Als „Stadt in der Stadt" wird die Fuggerei bezeichnet, denn sie hat eine Kirche, eine Stadtmauer und drei Toren. Bis heute wird die Sozialsiedlung nahezu ausschließlich aus dem Stiftungsvermögen (Forstwirtschaft und Immobilien) finanziert und durch die Fürstlich und Gräflich Fuggersche Stiftungs-Administration verwaltet.

Quelle: Stadt Augsburg (Hrsg.): Fuggerei – die älteste Sozialsiedlung der Welt steht in Augsburg, online unter: https://www.augsburg.de/kultur/sehenswuerdigkeiten/fuggerei/ [20.10.2020].

Um eine Stiftung zu gründen, sind verschiedene Randbedingungen zu berücksichtigen:
- Mindestvermögensmasse = 50.000,00 €
- staatliche Anerkennung durch die Stiftungsbehörde
- statt Gesellschafter ehrenamtliche Stiftungsräte und -vorstände
- Stiftungssatzung, die den Stiftungszweck festhält

Eingetragener Verein (e. V.)

Diese Rechtsform bietet sich an, wenn es viele Gründungsmitglieder und später auch Mitglieder gibt, die sich mehr oder weniger aktiv, aber gleichberechtigt einbringen wollen. Bei der Mitgliederversammlung hat jedes Mitglied eine Stimme. Die Gründungskosten sind sehr niedrig.

Bei Gründung wird eine Vereinssatzung formuliert. Bei Anerkennung als gemeinnütziger Verein muss die Gemeinnützigkeit aus der Vereinssatzung ausdrücklich hervorgehen.

Um einen Verein zu gründen, sind verschiedene Randbedingungen zu berücksichtigen:
- mindestens sieben Gründungsmitglieder
- Beiträge und Spenden sorgen für die Finanzierung des Vereins.
- Die Haftung ist beschränkt auf das Vereinsvermögen.
- Der eingetragene Verein ist eine juristische Person.
- der Vorstand vertritt den Verein nach außen.

Aufgaben

1. Analysieren Sie die Entwicklung der Rechtsformen und erläutern Sie Ihr Ergebnis.

2011

2019

Zeitliche Entwicklung der Rechtsformen der Unternehmen

2. Untersuchen Sie Ihre Gemeinde hinsichtlich der Verbreitung öffentlicher Unternehmen. Was sind Körperschaften, Anstalten, Regie- und Eigenbetriebe? Fassen Sie Ihr Ergebnis in einer kurzen Präsentation zusammen.

3. Eine Gemeinde mit 20 000 Einwohnern hat bisher alle Aufgaben innerhalb der Gemeindeverwaltung erledigt. Nun überlegt sie, nachfolgende Aufgaben auszugliedern und hierfür ein eigenes Unternehmen zu gründen. Welche Rechtsform würden Sie der Gemeinde empfehlen? Begründen Sie Ihre Empfehlung.
   a) Hallenbad
   b) Kindertagesstätte mit vier Angestellten
   c) Personalverwaltung

4. www.mydrg.de (vormals www.kliniksterben.de) – Untersuchen Sie die Informationen dieser Webseite auf Hinweise aus Ihrer Region und stellen Sie Ihr Ergebnis in einer kurzen Präsentation dar.

5. Analysieren Sie die nachfolgende Grafik. Finden Sie eine Erklärung für die Situation und erläutern Sie Ihr Ergebnis.

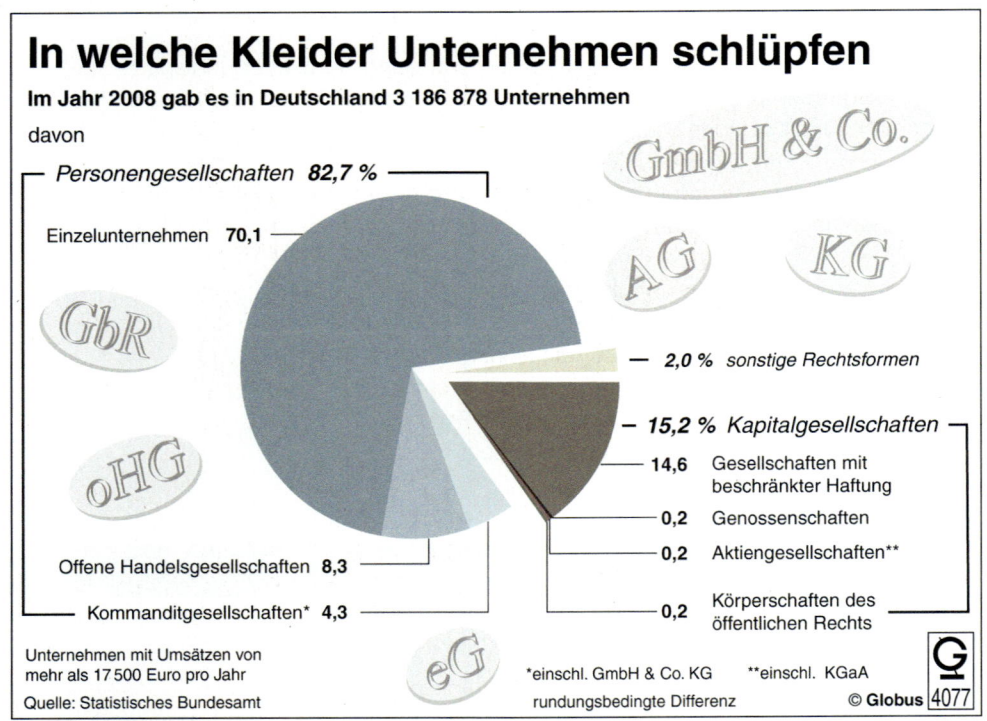

Verteilung der Rechtsformen

2.5   Qualitätsmanagement in sozialen Unternehmen

Schon im täglichen Leben vergleichen wir ständig Waren miteinander. Wir fragen uns z. B. beim Einkaufen: „Ist dieses Mineralwasser besser als jenes? Welches ist qualitativ hochwertiger? Wo stimmt das Preis-Leistungs-Verhältnis?"

Gleichfalls stellt sich neben einer Bewertung bzw. Beurteilung von Waren die Frage nach der Qualität von Dienstleistungen. Was bestimmt deren Qualität? Die Menge, die Dauer, die Umsetzung usw.? Und wie lässt sich die Qualität von Dienstleistungsunternehmen überprüfen bzw. beurteilen?

Das Qualitätsmanagement in Unternehmen beschäftigt sich sowohl mit dem Bewerten als auch mit dem Beurteilen von Qualität.

> **Bewerten** wird in Form von Noten / Punkten vorgenommen und daher eher als objektiv empfunden, da auf Leistungskriterien bezogen.
> **Beurteilen** geschieht in verbaler Form und wird daher eher als subjektiv empfunden, da auf den Beurteilten und seine Leistungen bezogen.

Meldungen in den Medien verunsichern die Kunden sozialer Unternehmen. Sie verstärken den Wunsch nach einer „objektiven" Beurteilung der Dienstleistungen. Doch wie kann Qualität in Dienstleistungsunternehmen überhaupt festgestellt werden? Und dies möglichst früh, damit solche Situationen gar nicht erst entstehen und es auch nicht zu solchen Meldungen kommen kann. Und wie kann dann die Qualität gegenüber Externen dargestellt werden?

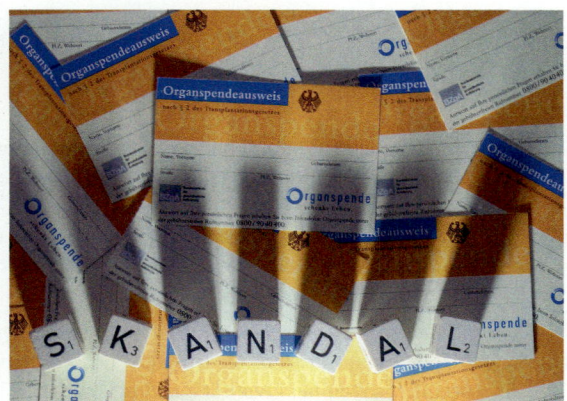

ARBEITSAUFTRAG

Recherchieren Sie selbstständig – z. B. mithilfe des Internets – zunächst nach Ergebnissen zu dem Begriff „Qualität" und anschließend danach, wie in einer sozialen Dienstleistung Ihrer Wahl (z. B. Stadtbibliothek) mit Qualität umgegangen wird. Welche Lösungsansätze finden Sie?

2.5.1   Qualität – Definition

Auch in sozialen Unternehmen ist Qualität eine ebenso zentrale Fragestellung wie in anderen, z. B. produzierenden, Unternehmen.

> Haben Materialien eine gewisse Güte, so entspricht dies einer gewissen **Qualität**. Materialien können z. B. eine gute oder schlechte Qualität haben. Auch bestimmte charakteristische Eigenschaften können Qualität bestimmen. So ist z. B. die Schwere von Blei eine besondere Qualität dieser Substanz.

Übertragen auf Dienstleistungen kann demzufolge von Qualität gesprochen werden, wenn die Dienstleistungen eine gewisse, gegebenenfalls zu definierende, Güte haben und/oder ein gewisses Spektrum an Leistungen abdecken.

Demnach liegt Qualität im Auge des Betrachters, „gute" Qualität auch. Um als Dienstleistungsunternehmen „gute" Qualität leisten zu können, muss es seine Dienstleistungen an den subjektiven Qualitätsansprüchen (**Qualitätskriterien**) seiner Kunden und gegebenenfalls seiner weiteren Ansprechpartner (z. B. Krankenkasse) messen. Andernfalls kann es passieren, dass scheinbar „objektiv gute" Qualität nicht als solche anerkannt wird. Auch der Gesetzgeber hat die Verantwortung bzgl. Qualität z. B. im Bereich Pflege klar geregelt.

§

Sozialgesetzbuch XI – Soziale Pflegeversicherung

§ 112 Qualitätsverantwortung

(1) Die Träger der Pflegeeinrichtungen bleiben, unbeschadet des Sicherstellungsauftrags der Pflegekassen (§ 69), für die Qualität der Leistungen ihrer Einrichtungen einschließlich der Sicherung und Weiterentwicklung der Pflegequalität verantwortlich. Maßstäbe für die Beurteilung der Leistungsfähigkeit einer Pflegeeinrichtung und die Qualität ihrer Leistungen sind die für sie verbindlichen Anforderungen in den Vereinbarungen nach § 113 sowie die vereinbarten Leistungs- und Qualitätsmerkmale (§ 84 Abs. 5).

(2) Die zugelassenen Pflegeeinrichtungen sind verpflichtet, Maßnahmen der Qualitätssicherung sowie ein Qualitätsmanagement nach Maßgabe der Vereinbarungen nach § 113 durchzuführen, Expertenstandards nach § 113a anzuwenden sowie bei Qualitätsprüfungen nach § 114 mitzuwirken. Bei stationärer Pflege erstreckt sich die Qualitätssicherung neben den allgemeinen Pflegeleistungen auch auf die medizinische Behandlungspflege, die Betreuung, die Leistungen bei Unterkunft und Verpflegung (§ 87) sowie auf die Zusatzleistungen (§ 88).

(3) Der Medizinische Dienst der Krankenversicherung und der Prüfdienst des Verbandes der privaten Krankenversicherung e. V. beraten die Pflegeeinrichtungen in Fragen der Qualitätssicherung mit dem Ziel, Qualitätsmängeln rechtzeitig vorzubeugen und die Eigenverantwortung der Pflegeeinrichtungen und ihrer Träger für die Sicherung und Weiterentwicklung der Pflegequalität zu stärken.

Des Weiteren hat das Dienstleistungsunternehmen seine unternehmerischen Tätigkeiten auf die Erreichung und Einhaltung dieser Qualitätskriterien auszurichten. Hierzu eignen sich verschiedene **Qualitätsmaßnahmen.** Dabei stellen Unternehmen sich die Fragen, wie sie Qualität „organisieren" können (**Qualitätsmanagement**) und wie die Qualität geprüft (**Zertifizierung**) und gesichert (**Qualitätssicherung**) werden kann.

2.5.2   Qualitätsmaßnahmen

Um Qualitätskriterien einheitlich, z. B. für eine Branche, zu definieren, anhand derer nun Güte und Spektrum von Dienstleistungen beurteilt werden können, sind in den letzten Jahrzehnten diverse Qualitätsmaßnahmen entstanden. Auf der Basis einheitlicher, standardisierter Bewertungskriterien wurden u. a. folgende – ebenfalls standardisierte – Qualitätsmaßnahmen entwickelt, um Unternehmen bzgl. Qualität einordnen bzw. entsprechend ihrer Qualitätsstandards beurteilen zu können. Insbesondere für soziale Dienstleistungsunternehmen wurden aufgrund ihrer Besonderheiten der Dienstleistungen spezielle Qualitätsmaßnahmen entwickelt.

Qualitätsmaßnahmen	DIN EN ISO 9000-Serie	„Kooperation für Transparenz und Qualität im Gesundheitswesen" (KTQ)	EFQM – European Foundation for Quality Management
Entstehung	1987 verabschiedetes Qualitätsmanagementsystem der ISO	1997 zwischen Bundesärztekammer und Krankenkassen vereinbarter Rahmenvertrag bzgl. Qualität und Transparenz, seit 2018 Überführung in ein eigenes, privatwirtschaftliches Unternehmen	1988 von 14 europäischen Unternehmen gegründet, mittlerweile auf viele Hundert Mitgliedsunternehmen angewachsen
Beurteilte Qualität	gemäß den Kriterien der DIN-Norm	gemäß den Kriterien des Sozialleistungsträgers	gemäß den – eigenen – Kriterien der EFQM

Qualitäts-maßnahmen	DIN EN ISO 9000-Serie	„Kooperation für Transparenz und Qualität im Gesundheitswesen" (KTQ)	EFQM – European Foundation for Quality Management
Beurteilung durch	externen Auditor	Visitoren der KTQ-GmbH	Eigenbeurteilung
Verfahrens-bestandteile	QM-Handbuch, Zertifizierungsstelle, Auditor, Audit, Zertifikat	Selbstbewertung anhand eines vorgegebenen Katalogs, der regelmäßig aktualisiert wird, anschließend Fremdbewertung durch KTQ-Zertifizierungsstelle (Visitoren, Visitationen, KTQ-Zertifikate)	Kriterienkatalog (bewertet und gewichtet), Gesamtpunktzahl gemäß Matrix, Preis
Schriftlicher Nachweis der „guten" Qualität			

Übersicht der bekanntesten standardisierten Qualitätsmaßnahmen

Die bekanntesten standardisierten Qualitätsmaßnahmen sind:
- **ISO – International Organization for Standardization**
  Internationale Organisation, die internationale Standards entwickelt und veröffentlicht.
- **KTQ – Kooperation für Transparenz und Qualität im Gesundheitswesen (heute: KTQ-GmbH)**
  Die KTQ-GmbH war bis Ende 2017 eine Gesellschaft der Verbände der Kranken- und Pflegekassen auf Bundesebene, der Bundesärztekammer (= Arbeitsgemeinschaft der Deutschen Ärztekammern), der Deutschen Krankenhausgesellschaften e.V. und des Deutschen Pflegerates e.V. Seit 2018 ist die KTQ-GmbH ein eigenständiges, privatwirtschaft-liches Unternehmen, dass das KTQ-Zertifizierungsverfahren weiterführt. Die ursprünglichen Gesellschafter von 1997 sind heute im Beirat der KTQ-GmbH.

„

Die Geschäftsstelle der KTQ übernimmt die administrativen Aufgaben im KTQ-Verfahren. Als alleiniger Träger des KTQ-Zertifizierungsverfahrens ist unsere Gesellschaft zuständig für:
- Pflege und Weiterentwicklung des KTQ-Zertifizierungsverfahrens
- Zulassung der KTQ-Zertifizierungsstellen
- Vergabe der Nutzungsrechte an der Marke KTQ
- Schulung und Zulassung der KTQ-Visitoren und der anderen am KTQ-Verfahren beteiligten Personen

Quelle: KTQ-GmbH (Hrsg.): KTQ – Sprechen Sie mit uns!, online unter: https://www.ktq.de/index.php?id=29 [20.10.2020].

Im Rahmen einer Prüfung wird bei der **Zertifizierung** überprüft, ob das soziale Unternehmen den Qualitätsstandards entspricht. Besteht es die Prüfung, so erhält das Unternehmen ein Zertifikat. Die Zertifizierung wurde bestanden. Das Zertifikat wird meistens im Rahmen der Werbung für das Unternehmen am Empfangsbereich des Unternehmens ausgehängt und z. B. auf der unternehmenseigenen Webseite veröffentlicht.

- **EFQM – European Foundation for Quality Management**
  Europäische Organisation, die sich für die Verbreitung und Anwendung von Qualitätsmanagementsystemen nach dem EFQM-Modell einsetzt.

Zertifizierung nach DIN EN ISO 9000-Serie

Die Qualitätsmaßnahme der ISO erhielt eine Nummerierung der 9000er-Folge (ISO 9000–9004). Die Übernahme dieser Normen durch die Staaten der im Europäischen Komitee für Normung zusammengeschlossenen nationalen Normungsinstitute wird durch die Abkürzung EN angezeigt. Die Verbindlichkeit dieser Normen in Deutschland wiederum ergibt sich aus der Kennzeichnung DIN.

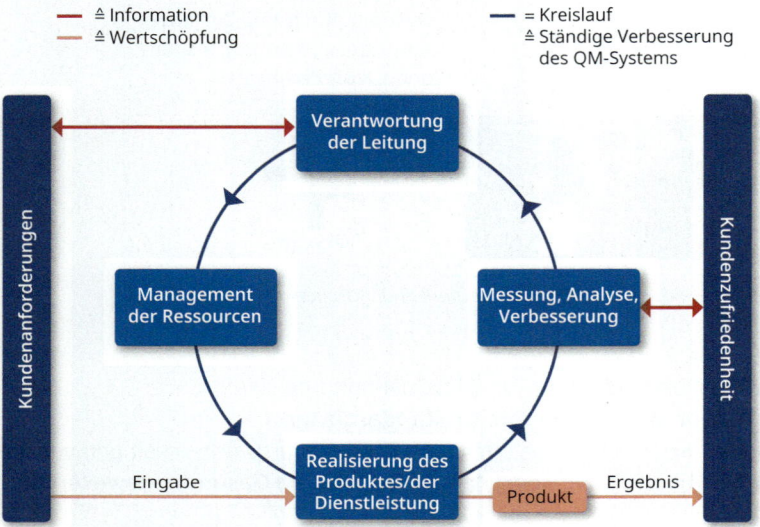

Modell eines prozessorientierten Qualitätsmanagementsystems, das die Verbindung zu den Abschnitten der ISO 9001:2015 herstellt

Schwerpunktmäßig berücksichtigt das Qualitätsmanagementsystem der ISO-9000-Serie in dem zu zertifizierenden Unternehmen die unternehmerischen Abläufe (Prozesse). Dabei werden sowohl die einzelnen Prozesse als auch der Gesamtprozess, insbesondere der Verbesserungsprozess, unter Einbeziehung der Kunden betrachtet. Sämtliche Ergebnisse und Feststellungen werden dann im unternehmenseigenen QM-Handbuch festgehalten.

Baustein „Schulung"
Um dauerhaft Qualität gewährleisten zu können, sind laut ISO 9001 für die Mitarbeiter des Unternehmens Schulungen erforderlich.
Übertragen auf ein Krankenhaus könnte dieser Baustein z. B. mit dem Erstellen eines Schulungsplans und dem Freistellen der Mitarbeiter für diese Schulungen umgesetzt werden.

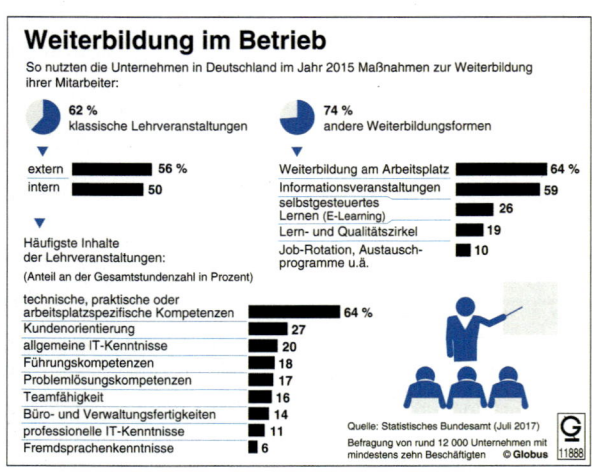

Weiterbildung im Betrieb
So nutzten die Unternehmen in Deutschland im Jahr 2015 Maßnahmen zur Weiterbildung ihrer Mitarbeiter:

62 % klassische Lehrveranstaltungen

74 % andere Weiterbildungsformen

extern **56 %**
intern **50**

Häufigste Inhalte der Lehrveranstaltungen:
(Anteil an der Gesamtstundenzahl in Prozent)

technische, praktische oder arbeitsplatzspezifische Kompetenzen **64 %**
Kundenorientierung **27**
allgemeine IT-Kenntnisse **20**
Führungskompetenzen **18**
Problemlösungskompetenzen **17**
Teamfähigkeit **16**
Büro- und Verwaltungsfertigkeiten **14**
professionelle IT-Kenntnisse **11**
Fremdsprachenkenntnisse **6**

Weiterbildung am Arbeitsplatz **64 %**
Informationsveranstaltungen **59**
selbstgesteuertes Lernen (E-Learning) **26**
Lern- und Qualitätszirkel **19**
Job-Rotation, Austauschprogramme u. ä. **10**

Quelle: Statistisches Bundesamt (Juli 2017)
Befragung von rund 12 000 Unternehmen mit mindestens zehn Beschäftigten © Globus
11888

Übertragung der DIN EN ISO 9001 auf die Krankenhausorganisation

	Bausteine nach DIN EN ISO 9001	Übertragung auf das Krankenhaus	Anwend-barkeit
4.01	Verantwortung der Leitung	Verantwortlichkeit für Qualitätspolitik, Organisation, QM-Bewertung	erfolgsent-scheidend
4.02	Qualitäts-managementsystem	QM-System, QM-Handbuch, QM-Verfahrensein-weisung, Qualitätsplanung	Selbstzweck Gefahr
4.03	Vertragsprüfung	Prüfung im Vertragswesen, Steuerungsinstrumente bei Outsourcing	bedingt anwendbar
4.04	Designlenkung	Verfahren zur Feststellung und Änderung einer Leistung, Kompetenzregelung	vermehrt anwendbar
4.05	Lenkung der Dokumente, Daten	Verfahren zur Genemigung und Herausgabe sowie der Änderung von Dokumenten und Da-ten	bedingt anwendbar
4.06	Beschaffung	Verfahren in der Beschaffung (Einkauf und Outsourcing)	anwendbar
4.07	Lenkung beigestellter Pro-dukte des Kunden	Umgang mit Patienteneigentum, Eingehen auf Kundenwünsche	bedingt anwendbar
4.08	Kennzeichnung, Rückverfolgbarkeit von Produkten	Prozessplanung ärztliche und pflegerische Dokumentation	bedingt anwendbar
4.09	Prozesslenkung	Verfahrensanweisungen für Abläufe, welche die Qualität der Leistungserbringung beeinflussen	vermehrt anwendbar
4.10	Prüfungen	Eingangs-, Zwischen-, Endprüfung der Leistung; Aufzeichnung in Diagnose und Therapie	bedingt anzuraten
4.11	Prüfmittelüberwachung	Prüfmittelüberwachung (Messmethoden, Mess-geräte und Prüfsoftware	siehe 10
4.12	Prüfstatus	Patientenakte, Zweitmeinungen, externe Qualitätssicherung	siehe 10
4.13	Lenkung fehlerhafter Pro-dukte	Verfahren bei Fehlern in der Leistungserbringung, Inzident Reporting	bedingt anwendbar
4.14	Korrektur und Vorbeugemaßnahmen	Risk-Management, Risiko-Profile, Zwischenfall-analyse Arbeitsschutzregelungen	gut anwendbar
4.15	Handhabung, Lagerung, Verpackung, Versand	Verfahren bei Einbestellung und Patientenentlassung, Hotelservice	bedingt anwendbar
4.16	Lenkung von Qualitätsauf-zeichnungen	Verfahrenseinweisungen zur Dokumentation und Archivierung von Qualitätsaufzeichnungen	bedingt anwendbar
4.17	Interne Qualitätsaudits	verbindliche, konsensuale Regelungen, Bekannt-machung, Zugänglichkeit	sehr bedingt anwendbar
4.18	Schulung	Freistellung, Schulungsplan, Motivierung, Multiplikatorenausbildung (Schneeballprinzip)	anwendbar
4.19	Wartung	Gerätewartung, fester Wartungszyklus, externer Wartungsdienst	anwendbar
4.20	Statistische Methoden	fachliche Kompetenz, externe Beratung, Soft-ware, Methodenauswahl	vermehrt anwendbar

vgl. Hildebrand, Rolf (1999): Das bessere Krankenhaus – Total Quality Planen umsetzen managen. Neuwied/ Kriftel: Luchterhand Verlag 1999 in Verbindung mit Damkowski, Wulf/Meyer-Pannwitt, Ulrich/Precht, Claus: Das Krankenhaus im Wandel: Konzepte, Strategien, Lösungen. Stuttgart u. a.: Kohlhammer Verlag 2000 und mit Ergänzungen von Steffen Rötzer in seiner Diplomarbeit vom Okt. 2000 zum „Qualitätsmanagement im deutschen Krankenhaus".

Allgemein wird versucht, jedes Produkt bzw. jede Dienstleistung von Beginn an, d. h. von Entstehung der Idee über die Produktion bzw. Leistungserstellung bis hin zur Ausmusterung, ständigen Qualitätsüberlegungen zu unterwerfen. Das System gibt nun die verschiedenen Bereiche vor, die zwingend im Rahmen der Zertifizierung zu berücksichtigen sind. Des Weiteren sind die getroffenen Festlegungen im QM-Handbuch zu dokumentieren.

Beispielhafter Ablauf einer Zertifizierung – Der Weg zum Zertifikat

1. Schritt: Das Unternehmen erarbeitet – zunächst unternehmensintern – ein QM-Handbuch. In diesem Handbuch werden alle qualitätsrelevanten unternehmerischen Prozesse entsprechend den vorgegebenen Bausteinen beschrieben. Dabei werden die Zuständigkeiten der einzelnen Prozesse berücksichtigt. In der Regel wird vom Unternehmen ein sogenannter **Qualitätsbeauftragter** (QB) bestimmt. Dieser QB entwickelt – meist im Rahmen von Besprechungen (Geschäftsleitung, Abteilungsleitung) – das QM-Handbuch. Im späteren Verlauf pflegt er das QM-Handbuch weiter, indem er alle Änderungen dokumentiert.

2. Schritt: Es wird eine externe Zertifizierungsstelle mit der Zertifizierung beauftragt. Diese schickt, nach einer ersten Prüfung des QM-Handbuchs, einen externen **Auditor** ins Unternehmen. Während der Überprüfung, das sogenannte **Audit**, ist sein Ansprechpartner im Unternehmen der Qualitätsbeauftragte. Der Auditor überprüft anhand des Handbuchs die tatsächlichen Prozesse im Unternehmen vor Ort und erstellt einen Auditbericht.

3. Schritt: Stellt der Auditor größere Mängel fest (es fehlen wesentliche Bestandteile des Handbuchs in der Realität, oder es fehlen wesentliche Bausteine der ISO 9000), so verfasst er einen Mängelbericht, den das Unternehmen innerhalb einer bestimmten Frist abzuarbeiten hat.

4. Schritt: Sind alle Mängel behoben, stellt der Auditor dies fest und empfiehlt dem sogenannten unabhängigen **Zertifizierungsausschuss** die Zertifizierung des Unternehmens. Andernfalls wird die Zertifizierung abgebrochen.

5. Schritt: Hat das Unternehmen die Zertifizierung bestanden, bekommt es ein **Zertifikat** ausgestellt. Dieses hat i. d. r. eine Gültigkeit von fünf Jahren, wobei jedes Jahr eine stichprobenartige Überprüfung durch den externen Auditor stattfindet.

Qualitätsprüfung durch den Kostenträger – Beispiel: KH-Zertifizierung nach KTQ

Während bei der ISO-9000-Zertifizierung das gesamte Unternehmen mit seinen Zuständigkeiten und Prozessen betrachtet und beurteilt wird, konzentrieren sich zum Beispiel Krankenhäuser und die KTQ-GmbH bei der Qualitätsprüfung auf typische Kernbereiche. So konzentriert sich das KTQ-Modell auf Kernbereiche im Krankenhauswesen. Im Mittelpunkt der Qualitätsüberprüfungen steht der Patient.

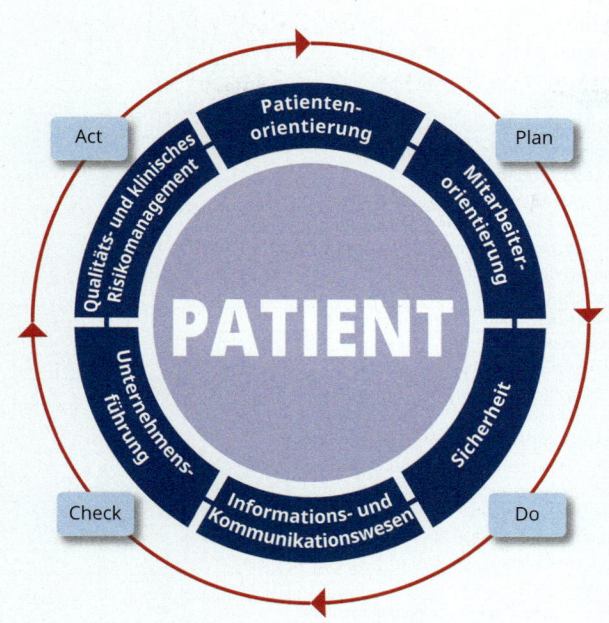

Quelle: KTQ-GmbH (Hrsg.): Das KTQ-Modell. In: KTQ-Manual/KTQ-Katalog Krankenhaus Version 2021. KTQ-GmbH, Berlin 2021, S. 10.

Das KTQ-Modell

Diese Qualitätsprüfungen zielen im Wesentlichen darauf ab, feste, definierte Stellen und Abteilungen zu implementieren, die für die Qualität im sozialen Unternehmen zuständig, wenn nicht sogar verantwortlich, sind. Feste Ansprechpartner und feste Ziele sollen die gewünschte Qualität im Unternehmen gewährleisten. Je nach Kategorien sind dabei verschiedene Kriterien zu berücksichtigen.

Der KTQ-Katalog

1	**KATEGORIE: Patientenorientierung**
1.1	SUBKATEGORIE: Rahmenbedingungen der Patientenversorgung
1.1.1	Kriterium: Erreichbarkeit und Aufnahmeplanung
1.1.2	Kriterium: Leitlinien, Standards und Richtlinien
1.1.3	Kriterium: Information und Beteiligung der Patienten
1.1.4	Kriterium: Service und Ausstattung
1.2	SUBKATEGORIE: Akut-/Notfallversorgung
1.2.1	Kriterium: Erstdiagnostik und Erstversorgung
1.3	SUBKATEGORIE: Elektive, ambulante Versorgung
1.3.1	Kriterium: Elektive, ambulante Diagnostik, Behandlung und Operationen
1.4	SUBKATEGORIE: Stationäre Versorgung
1.4.1	Kriterium: Stationäre Diagnostik, Interdisziplinarität, Behandlung und Visite
1.4.2	Kriterium: Therapeutische Prozesse und Ernährung
1.4.3	Kriterium: Operative und interventionelle Prozesse
1.5	SUBKATEGORIE: Weiterbetreuung/Übergang in andere Bereiche
1.5.1	Kriterium: Entlassungsprozess
1.6	SUBKATEGORIE: Sterben und Tod
1.6.1	Kriterium: Palliative Versorgung, Umgang mit sterbenden Patienten und Verstorbenen
2	**KATEGORIE: Mitarbeiterorientierung**
2.1	**SUBKATEGORIE: Personalmanagement**
2.1.1	Kriterium: Personalbedarf und Akquise
2.1.2	Kriterium: Personalentwicklung
2.1.3	Kriterium: Einarbeitung

2.1.4	Kriterium: Ausbildung, Fort- und Weiterbildung
2.1.5	Kriterium: Arbeitszeiten / Work Life Balance
3	**KATEGORIE: Sicherheit**
3.1	**SUBKATEGORIE: Patientenbezogene Risiken**
3.1.1	Kriterium: Eigen- und Fremdgefährdung
3.1.2	Kriterium: Medizinisches Notfallmanagement
3.1.3	Kriterium: Organisation der Hygiene, Infektionsmanagement
3.1.4	Kriterium: Hygienerelevante Daten
3.1.5	Kriterium: Arzneimittel und Arzneimitteltherapiesicherheit
3.1.6	Kriterium: Labor- und Transfusionsmedizin
3.1.7	Kriterium: Medizinprodukte
3.2	**SUBKATEGORIE: Schutz- und Sicherheitskonzepte**
3.2.1	Kriterium: Arbeitsschutz
3.2.2	Kriterium: Brandschutz
3.2.3	Kriterium: Krankenhausalarm und -einsatzplanung inkl. Ausfall von Systemen
3.2.4	Kriterium: Umweltschutz
4	**KATEGORIE: Informations- und Kommunikationswesen**
4.1	**SUBKATEGORIE: Informations- und Kommunikationstechnologie**
4.1.1	Kriterium: Netzwerkstruktur und Datensysteme
4.1.2	Kriterium: Einsatz von Software
4.2	**SUBKATEGORIE: Patientendaten**
4.2.1	Kriterium: Klinische Dokumentation
4.2.2	Kriterium: Datenschutz
4.3	**SUBKATEGORIE: Internes Informationsmanagement**
4.3.1	Kriterium: Einsatz neuer Medien
5	**KATEGORIE: Unternehmensführung**
5.1	**SUBKATEGORIE: Unternehmenskultur**
5.1.1	Kriterium: Unternehmenskultur
5.1.2	Kriterium: Führungskompetenz, vertrauensbildende Maßnahmen
5.1.3	Kriterium: Ethische, religiöse und gesellschaftliche Verantwortung
5.1.4	Kriterium: Unternehmenskommunikation
5.2	**SUBKATEGORIE: Strategie und Zielplanung**
5.2.1	Kriterium: Entwicklung, Vermittlung und Umsetzung der Strategie und Zielplanung
5.2.2	Kriterium: Wirtschaftliches Handeln, kaufmännisches Risikomanagement und Compliancemanagement
5.2.3	Kriterium: Partnerschaften und Kooperationen
5.3	**SUBKATEGORIE: Unternehmensentwicklung**
5.3.1	Kriterium: Organisationsstruktur und Arbeitsweise der Führungsgremien
5.3.2	Kriterium: Innovation, Wissens- und Ideenmanagement
6	**KATEGORIE: Qualitäts- und klinisches Risikomanagement**
6.1	**SUBKATEGORIE: Struktur und Ablauf**
6.1.1	Kriterium: Organisation, Aufgabenprofil des Qualitäts- und des klinischen Risikomanagements
6.1.2	Kriterium: Methoden des klinischen Risikomanagements zur Patientensicherheit
6.1.3	Kriterium: Vernetzung, Prozessgestaltung und -optimierung
6.2	**SUBKATEGORIE: Befragungen**
6.2.1	Kriterium: Patientenbefragung
6.2.2	Kriterium: Mitarbeiterbefragung
6.3	**SUBKATEGORIE: Meinungsmanagement**
6.3.1	Kriterium: Beschwerdemanagement: Lob und Beschwerden von Mitarbeitern, Patienten und weiteren Externen
6.4	**SUBKATEGORIE: Qualitätsrelevante Daten**
6.4.1	Kriterium: Qualitätsrelevante Daten interner/externer Verfahren

Quelle: KTQ-GmbH (Hrsg.): Der KTQ-Katalog Krankenhaus 2021 im Überblick: Kategorien, Subkategorien, Kriterien. In: KTQ-Manual/KTQ-Katalog Krankenhaus Version 2021. KTQ-GmbH, Berlin 2021, S. 39–42.

Wie bei der Zertifizierung gemäß der ISO-9000-Serie wird eine Zertifizierungsstelle mit der Zertifizierung beauftragt. Diese Zertifizierungsstelle wurde zuvor von der KTQ-GmbH zugelassen.

Die Zertifizierung läuft dabei im Wesentlichen wie folgt ab:

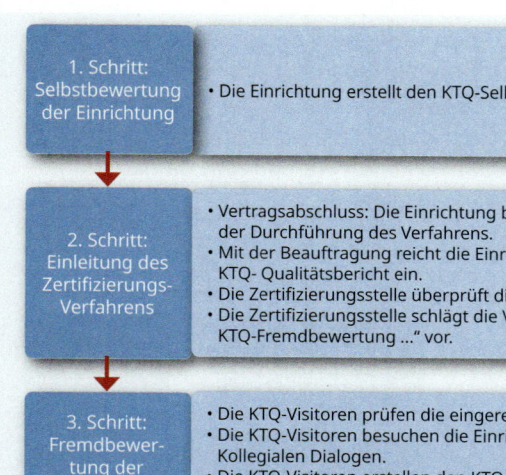

1. Schritt: Selbstbewertung der Einrichtung	• Die Einrichtung erstellt den KTQ-Selbstbewertungsbericht mit Hilfe der speziellen KTQ-Software.
2. Schritt: Einleitung des Zertifizierungs-Verfahrens	• Vertragsabschluss: Die Einrichtung beauftragt eine von der KTQ zugelassene Zertifizierungsstelle mit der Durchführung des Verfahrens. • Mit der Beauftragung reicht die Einrichtung den KTQ-Selbstbewertungsbericht und optional den KTQ- Qualitätsbericht ein. • Die Zertifizierungsstelle überprüft die Antragsunterlagen. • Die Zertifizierungsstelle schlägt die Visitoren gemäß „Verbindliche Regelungen zum Ablauf der KTQ-Fremdbewertung ..." vor.
3. Schritt: Fremdbewertung der Einrichtung	• Die KTQ-Visitoren prüfen die eingereichten Berichte. • Die KTQ-Visitoren besuchen die Einrichtung: Visitation mit Begehungen, Studium der Dokumente, Kollegialen Dialogen. • Die KTQ-Visitoren erstellen den KTQ-Visitationsbericht und geben eine Empfehlung an die KTQ-GmbH zur Zertifikatsvergabe ab.
4. Schritt: Abschluss des Zertifizierungs-Verfahrens	• Die KTQ-GmbH verleiht der Einrichtung das KTQ-Zertifikat. • Die Einrichtungsleitung erhält den KTQ-Visitationsbericht. • Das KTQ-Zertifikat ist drei Jahre lang gültig. Vor Ablauf der Gültigkeit kann die Einrichtung eine Zwischenbegehung bzw. Rezertifizierung beantragen.

Quelle: KTQ-GmbH (Hrsg.): Ablauf des KTQ-Verfahrens. In: KTQ-Manual/KTQ-Katalog Krankenhaus Version 2021. KTQ-GmbH, Berlin 2021, S. 12.

Ablauf Zertifizierung nach KTQ

So haben z. B. die Sozialversicherungsträger in Hessen über ihre hessische Krankenhausgesellschaft nachfolgende Qualitätsinitiative entwickelt:

Beispiel 1: Schwerpunkt „Patientensicherheit" – Initiative Patientensicherheit und Qualität in Hessen

Die Hessische Krankenhausgesellschaft hat gemeinsam mit dem Ministerium für Soziales und Integration die „Initiative Patientensicherheit und Qualität in Hessen" ins Leben gerufen und erstmals im Jahr 2014 eine mit dem Projekt verbundene Umfrage zur „Analyse zur Umsetzung von Maßnahmen zur Patientensicherheit und Qualität in hessischen Krankenhäusern" durchgeführt.

Nach erfolgreicher Teilnahme wurde ein Zertifikat verliehen.

Beispiel 2: Schwerpunkt „Patientenbefragung" – in fünf Qualitätsdimensionen

Die Patienten des St. Josefs Krankenhaus Balserische Stiftung sind außerordentlich zufrieden. Deshalb wurde das Krankenhaus am 19. Februar 2014 mit dem Qualitätssiegel der Techniker Krankenkasse (TK) ausgezeichnet. Damit würdigte die TK die überdurchschnittlich guten Ergebnisse des Hauses im Rahmen der aktuellen Patientenbefragung. 89,6 % der Befragten zeigten sich mit dem Krankenhaus zufrieden.

Auch hier wurde die erfolgreiche Teilnahme mit einem Zertifikat „belohnt".

„Zertifizierung" nach EFQM – European Foundation for Quality Management

Die gemeinnützige Organisation EFQM entwickelte auf Basis des sogenannten EFQM-Modells für Business Excellence zunächst den europäischen Qualitätspreis (EQA), welcher später in European Excellence Award (EEA) umbenannt wurde.

Statt wie bei den bisherigen Modellen auf externe Zertifizierungsstellen zu setzen, basiert das EFQM-Modell auf Eigenüberprüfung. Es gibt keine Auditoren (ISO) oder Visitoren (KTQ). Das Unternehmen bewertet sich selber. Anhand einheitlicher Kriterienkataloge der EFQM wird eine Vergleichbarkeit geschaffen, die in „erreichten" Punkten dargestellt wird. Anhand der Punkte können Unternehmen für den Qualitätspreis der EFQM nominiert werden und damit mitunter auch Preise gewinnen, die sich wiederum werbewirksam einsetzen lassen.

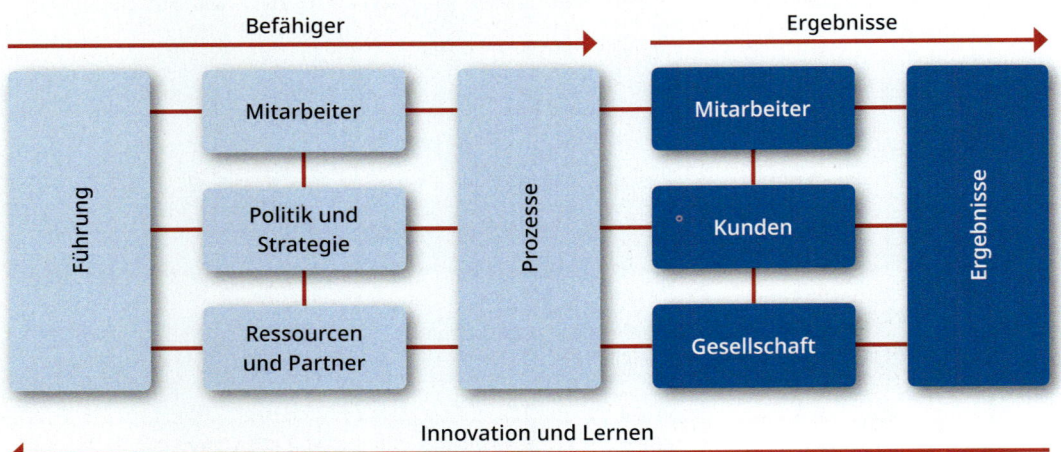

Quelle: Amelung, Volker Eric/Krauth, Christian/ Mühlbacher, Axel: Qualität: EFQM, KTQ, QEP, online unter: https://wirtschafts-lexikon.gabler.de/definition/qualitaet-efqm-ktq-qep-51775#references [21.10.2020].

EFQM-Modell

Bei Mitarbeitern, Kunden und Gesellschaft können durch transparente Ergebnisse (z. B. Zufriedenheit der Mitarbeiter, Zufriedenheit der Patienten, Wahrnehmung der Gesellschaft) Probleme erkennbar werden. Diese Erkenntnis setzt dann Lernprozesse in Gang. Innovation und Lernen verbessern wiederum die Gruppe der **Befähiger**. Mit daraus resultierenden verbesserten Ergebnissen schließt sich der Kreislauf.

Der EFQM-Kriterienkatalog „öffentlicher Dienst und soziale Einrichtungen"

EQA-Kriterium		Teilkriterien		Max. 1 000
Befähiger				**500**
1	Führung(sverhalten) *Bin ich ein guter Vorgesetzter?*	1a	Führungskräfte erarbeiten die Visionen, die Mission und die Werte und agieren als Vorbilder für eine Kultur der Excellence.	100
		1b	Führungskräfte sorgen durch persönliches Mitwirken für die Entwicklung, Überwachung und Verbesserung des MS der Org.	100
		1c	Führungskräfte bemühen sich um Kunden, Partner, Vertreter und Gesellschaft.	
		1d	Führungskräfte motivieren und unterstützen die Mitarbeiter der Organisation und erkennen ihre Leistungen an.	

EQA-Kriterium			Teilkriterien	Max. 1 000
Befähiger				**500**
2	Politik und Strategie *Wohin entwickeln sich die Dinge?*	2a	Politik und Strategie beruhen auf den gegenwärtigen und zukünftigen Bedürfnissen und Erwartungen der Interessensgruppen.	80
		2b	Politik und Strategie beruhen auf Informationen aus Leistungsmessung, Marktforschung sowie Lernen/Kreativität.	
		2c	Politik und Strategie werden entwickelt, überprüft und aktualisiert.	
		2d	Politik und Strategie werden durch ein Netzwerk von Schlüsselprozessen umgesetzt.	
		2e	Politik und Strategie werden kommuniziert und eingeführt.	
3	Mitarbeiterorientierung *Wohin entwickeln sich die Dinge?*	3a	Mitarbeiterressourcen werden geplant, gemanagt und verbessert.	90
		3b	Das Wissen und die Kompetenzen der Mitarbeiter werden ermittelt, ausgebaut und aufrechterhalten.	
		3c	Mitarbeiter werden beteiligt/zu selbstständigem Handeln ermächtigt.	
		3d	Die Mitarbeiter und die Organisation führen einen Dialog.	
		3e	Mitarbeiter werden belohnt, anerkannt und betreut.	
4	Ressourcen(einsatz) *Ist verfügbar, was wir brauchen? Machen wir davon zielführend Gebrauch?*	4a	Externe Partnerschaften werden gemanagt.	90
		4b	Finanzen werden gemanagt.	
		4c	Gebäude, Einrichtungen und Material werden gemanagt.	
		4d	Technologie wird gemanagt.	
		4e	Informationen und Wissen werden gemanagt.	
5	Prozesse *Wie erfüllen wir unsere Aufgaben?*	5a	Prozesse werden systematisch gestaltet und gemanagt.	140
		5b	Prozesse werden verbessert, wobei Innovation genutzt wird, um Wertschöpfung für Kunden/Interessengruppen zu steigern.	
		5c	Produkte und Dienstleistungen werden aufgrund der Bedürfnisse und Erwartungen der Kunden entworfen und entwickelt.	
		5d	Produkte und Dienstleistungen werden hergestellt, geliefert und betreut.	
		5e	Kundenbeziehungen werden gepflegt und vertieft.	

EQA-Kriterium		Teilkriterien		Max. 1 000
Befähiger				**500**
6	Kundenzufriedenheit *Sind unsere Kunden (mehr als) zufrieden?*	6a	Messergebnisse aus Kundensicht	200
		6b	Leistungsindikatoren	
7	Mitarbeiterzufriedenheit *Arbeiten die Mitarbeiter hier gern?*	7a	Messergebnisse aus Mitarbeitersicht	90
		7b	Leistungsindikatoren	
8	Gesellschaftliche Verantwortung *Wie wirken wir auf die Umwelt?*	8a	Messergebnisse aus Sicht der Gesellschaft	60
		8b	Leistungsindikatoren	
9	Geschäftsergebnisse *Erreichen wir so viel, wie wir können?*	9a	Ergebnisse der Schlüsselleistungen	150
		9b	Schlüsselleistungsindikatoren	

Quelle: European Foundation for Quality Management (Hrsg.): Das EFQM-Modell für Excellence – Öffentlicher Dienst und soziale Einrichtungen. Deutsche überarbeitete Ausgabe. Brüssel: EFQM 2000. Mit Anmerkungen (kursiv) aus Hildebrand, Rolf/Gerhardt, Heike: Mehrjährige Selbstbewertung durch EFQM – Erfahrungen mit den Kriterien des Europäischen Qualitätspreises. In: Das Krankenhaus, Heft 8/98, S. 450–456.

Die einzelnen Kriterien werden gewichtet (in Prozent) und mit Punkten bewertet, die wiederum zu einer Gesamtbewertung aufaddiert werden. Durch die einheitliche Bewertungsgrundlage ist die Vergleichbarkeit unter den teilnehmenden Unternehmen für Vergleichsverfahren (Benchmarking) gegeben.

2.5.3   Qualitätsmanagement

Sämtliche Qualitätsmaßnahmen haben das Ziel, Qualität darzustellen und diese transparenter und vergleichbar zu machen. Welches Krankenhaus beispielsweise ist „besser"? Wo ist es „besser", und warum? Weil dort diese oder jene Dienstleistung angeboten wird? Wo wird die Qualität – sogar nachweislich – überwacht?

Aufgrund der hohen Bedeutung der Qualität für Unternehmen, insbesondere soziale Unternehmen, ist den Unternehmen sehr daran gelegen, Qualität zu organisieren, sprich „zu managen".

Mit Einführung einer strukturierten Vorgehensweise, eines strukturierten Systems, auch Qualitätsmanagement (QM) oder Qualitätsmanagementsystem (QMS) genannt, soll die entsprechende Qualität bzw. Qualitätsverbesserung in dem sozialen Unternehmen dauerhaft gewährleistet werden.

Im Wesentlichen erfolgt die Einführung eines Qualitätsmanagements in 3 Phasen:

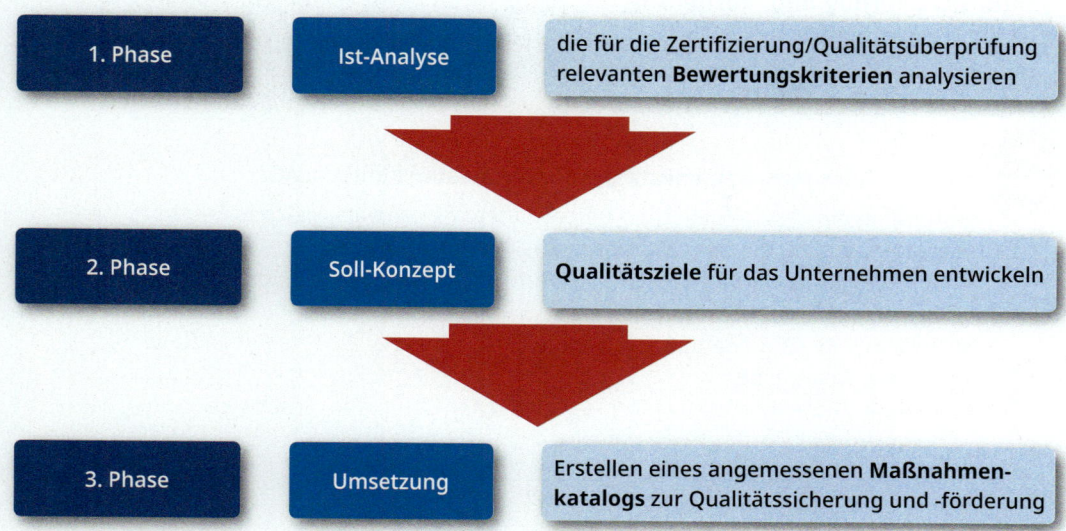

Bewertungskriterien

Zum einen werden die Bewertungskriterien von der gewählten Qualitätsmaßnahme vorgegeben. Weitere -unternehmensspezifische – Bewertungskriterien werden z. B. im Rahmen von Besprechungen mit Geschäftsleitung, Abteilungsleitungen usw. festgelegt. Dabei wird insbesondere auch die Außendarstellung des Unternehmens („Mit was wollen wir bei welchen Kunden besonders gut sein, sprich, wie wollen wir uns von der Konkurrenz abheben?") eine wesentliche Rolle spielen.

 Beispiel für ein Bewertungskriterium – „Anzahl der Beschwerden"
Die Muster-Klinikum AG hatte im Jahr 2019 mit ca. 2 000 Mitarbeitern 1 200 Beschwerden erhalten.

Qualitätsziele

Die Qualitätsziele werden anschließend in einer entsprechenden Dokumentation, z. B. angelehnt an das QM-Handbuch, formuliert und im weiteren Verlauf überwacht. Sollten größere Abweichungen zu den definierten Qualitätszielen auftreten, sind z. B. im QM-Handbuch die Verhaltensweisen und nachgelagerten Prozesse bereits definiert.

 Beispiel für ein Qualitätsziel – abgeleitet aus dem Bewertungskriterium „Anzahl der Beschwerden"
Die Muster-Klinikum AG will für das Jahr 2021 die Anzahl der Beschwerden reduzieren, die im Jahr 2019 noch bei 1 200 lagen. Zum Beispiel im Jahr 2021 ./. 10 % (= 1 080), im Jahr 2024 ./. 30 % (= 840).

Qualitätssicherung und -förderung

Zur Überwachung der Qualitätsziele, um das bestehende Qualitätsniveau zu sichern oder gar zu steigern, ist zunächst ein Maßnahmenkatalog zu erstellen.

Beispiel eines Maßnahmenkatalogs für die Muster-Klinikum AG

Einführung eines systematischen Beschwerdemanagements, welches Regeln zu vielen Aspekten umfasst, die den Mitarbeitern bekannt sein sollten:

- wie wird Beschwerde erfasst – evtl. Formular besonders für mündlich vorgebrachte Beschwerden
- sofortige Reaktion darauf und spätere Mitteilung über weitere Behandlung
- interne Weitergabe
- interne Zusammenfassung der verschiedenen Arten von Beschwerden und deren Bewertung
- Bearbeitung durch Qualitätszirkel und/oder Vorgesetzte

Lieber Gast!

Ihre Eindrücke und Ihre Meinung, die Sie von unserem Haus gewonnen haben, sind uns wichtig, denn wir wollen unser Angebot für Sie weiter verbessern!

Deswegen bitten wir Sie, diesen Fragebogen in der 2. Hälfte Ihres Aufenthaltes bei uns auszufüllen und in den Briefkasten neben der Anschlagtafel im Vorraum des Speisesaals einzuwerfen.

Natürlich werden Ihre Anregungen vertraulich behandelt – Sie brauchen auch nicht unbedingt Ihren Namen auf diesem Bogen zu vermerken.

1. Gefällt Ihnen unser Haus?

	++	+	–	––
→ Gesamteindruck des Hauses	○	○	○	○
→ Sauberkeit	○	○	○	○
→ Ruhe	○	○	○	○
→ Ausstattung der Zimmer	○	○	○	○
→ sanitäre Anlagen	○	○	○	○
→ Cafeteria	○	○	○	○
→ Freizeitmöglichkeiten	○	○	○	○

2. Schmeckt das Essen?

→ Qualität und Aussehen	○	○	○	○
→ Geschmack und Abwechslung	○	○	○	○
→ Auswahl	○	○	○	○
→ Bedienung	○	○	○	○
→ Essenszeiten	○	○	○	○
→ Gestaltung des Speisesaals	○	○	○	○

3. Wie beurteilen Sie die ärztliche Betreuung?

→ medizinische Versorgung	○	○	○	○
→ Kontakt zu Stationsärztin/arzt	○	○	○	○
→ Visiten	○	○	○	○

4. Wie bewerten Sie unser Pflegepersonal?

→ fachliche Versorgung	○	○	○	○
→ menschliche Betreuung	○	○	○	○
→ Erreichbarkeit	○	○	○	○
→ Wartezeiten	○	○	○	○

5. Wie fühlen Sie sich von Verwaltung und Rezeption betreut?

→ Hilfe und Unterstützung	○	○	○	○
→ Freundlichkeit	○	○	○	○

6. Was halten Sie von den Gruppenangeboten, an denen Sie teilgenommen haben?

	++	+	–	––
→ Entspannungsgruppen	○	○	○	○
→ Gesprächsrunden	○	○	○	○
→ Verhaltenstrainings	○	○	○	○
→ Ernährungsberatung	○	○	○	○
→ Diabetikerschulung	○	○	○	○
→ Frauengruppen	○	○	○	○

7. Sind Sie mit der Bade- und Massageabteilung zufrieden?

→ Anwendungen	○	○	○	○
→ Organisation	○	○	○	○
→ Angebot	○	○	○	○
→ Betreuung durch die Mitarbeiter	○	○	○	○

8. Wie beurteilen Sie die Krankengymnastik und die physikalische Abteilung?

→ Einzelbehandlung	○	○	○	○
→ Angebote in Kleingruppen	○	○	○	○
→ medizinische Trainingstherapie	○	○	○	○
→ Bestrahlungen	○	○	○	○
→ Organisation	○	○	○	○
→ menschliche Betreuung	○	○	○	○

9. Wie beurteilen Sie die Bewegungstherapie?

→ allgemeine Gymnastik	○	○	○	○
→ Wassergymnastik	○	○	○	○
→ Spezialgruppen	○	○	○	○
→ Wanderungen und Spiele	○	○	○	○
→ Organisation	○	○	○	○
→ Betreuung durch die Mitarbeiter	○	○	○	○

Der Erfolg der Qualitätssicherung lässt sich z. B. anhand der Zufriedenheit der Dienstleistungsempfänger feststellen. Hierzu können verschiedene Techniken wie Fragebogen, persönliche Befragungen usw. eingesetzt werden. Des Weiteren lässt sich z. B. bei Befragungen weiteres Verbesserungspotenzial ermitteln.

Aufgaben

1. Definieren Sie die Begriffe „Qualität", „Qualitätsmaßnahme", „Zertifizierung".
2. In einer Sozialstation werden Menschen mit Behinderung betreut. Definieren Sie Bewertungskriterien, die für eine qualitative Betreuung Menschen mit Behinderung aussagekräftig sind.
3. Im Rahmen einer Umfrage der Eltern an einer Schule hat sich folgender „Wunschzettel" ergeben. Formulieren Sie daraus mögliche Maßnahmen, um die Situation zu verbessern. Welche Probleme treten dabei eventuell auf?

4. Entwickeln Sie einen Fragebogen, der die Zufriedenheit der Kunden in Ihrem Unternehmen so erfasst, dass anhand der Antworten eine gewisse Qualität für Ihr Unternehmen definiert werden kann.
5. Stellen Sie die Qualitätsziele in Ihrem Unternehmen zusammen und entwickeln Sie weitere passende Qualitätsziele. Erstellen Sie einen angemessenen Maßnahmenkatalog, um diese Ziele zu sichern. Präsentieren Sie die erarbeiteten Ziele und Maßnahmen überzeugend in einem freien Vortrag.

Lernbereich 2:
Liquide Mittel für ein soziales Unternehmen beschaffen

Bereits im vorherigen Kapitel wurde deutlich, dass auch ein Unternehmen nicht ohne Geld auskommt. Je nach Rechtsform wird unterschiedlich viel Startkapital benötigt. Des Weiteren werden Räume, Gebäude (Kauf oder Miete), Fahrzeuge, Maschinen, Büromaterial usw. benötigt (Finanzierungsanlässe). Wer übernimmt die Kosten? Wie wird das alles finanziert?

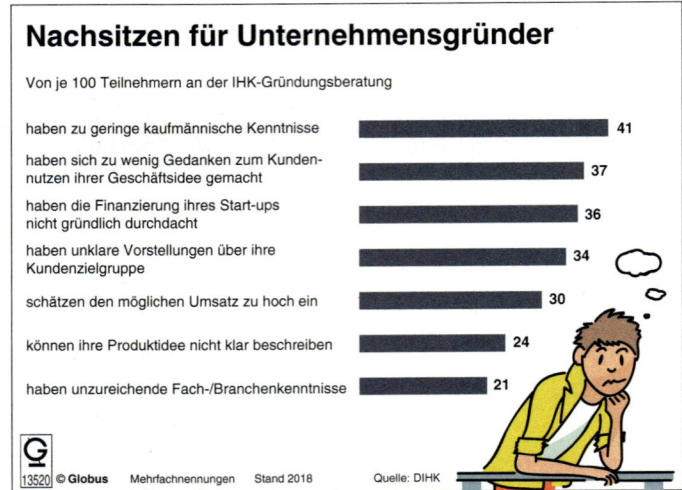

Zunächst werden die Einnahmen und Ausgaben zur besseren Übersicht in einem Finanzplan zusammengestellt (Finanzplanung). Damit kann das Unternehmen in finanzieller Hinsicht gesteuert werden.

Unternehmensgründer sind zu Beginn zumeist auf die eigenen finanziellen Mittel sowie auf Zuwendungen aus ihrem engeren Umfeld angewiesen. Reichen allerdings die finanziellen Mittel des Eigenkapitals nicht aus, muss auch über – weiteres – Fremdkapital nachgedacht werden. Insgesamt sind bei einer Unternehmensfinanzierung verschiedene Finanzierungsformen möglich. Gründer müssen allerdings berücksichtigen, dass sie zum Zeitpunkt der Gründung nur Geschäftsideen statt fertige Produkte bzw. Dienstleistungen vorweisen können. Ebenso planen sie mit Absatzprognosen statt mit realisierten Umsätzen bzw. Einnahmen. Daraus resultiert für externe Kapitalgeber (Fremdkapital) ein schwer einzuschätzendes Risiko.

Im Gegensatz zu Unternehmen der freien Wirtschaft besteht bei sozialen Unternehmen zusätzlich noch die Möglichkeit der sogenannten öffentlichen Finanzierung. Hierbei werden sowohl der Staat als auch die Sozialleistungsträger in die Finanzierung des sozialen Unternehmens eingebunden.

1   Finanzplanung

Jonas Huber hat vor, ein Unternehmen zu gründen, das diverse Dienstleistungen speziell für Senioren, z. B. Gartenpflege, anbietet. Er möchte sein Unternehmen dann „Service Agentur Huber" nennen. Als zukünftiger Unternehmer muss er alle für sein Unternehmen relevanten Daten, u. a. Name, Standort, Geschäftstätigkeit und Zielgruppe, erfassen, entsprechend strukturieren und in einem „Businessplan" darstellen.

Hierzu besucht er einen Kurs für Existenzgründer bei der IHK, um sich über die wirtschaftlichen, rechtlichen und persönlichen Voraussetzungen einer Unternehmensgründung zu informieren.

Einer der Kursbausteine behandelt die Notwendigkeit von Investitionen. Zu Beginn der Einheit hat daher jeder Teilnehmer die Aufgabe, eine Liste über die anstehenden bzw.

nötigen Investitionen zu machen. Voller Tatendrang beginnt Jonas zu schreiben: Verwaltungsgebäude inkl. Aufenthaltsraum, Gebäude für die Ganztagesbetreuungseinrichtung, Lagerhalle für sämtliche Gerätschaften, Garagen für die Einsatzfahrzeuge, Einsatzfahrzeuge, Küche, Schreibtische, PCs, Drucker, Lizenzen, Putzmittel, Rasenmäher, Besen usw.

Als der Kursleiter die Liste sieht, stellt er dem künftigen Unternehmer die Frage: „Brauchen Sie das alles wirklich?"

ARBEITSAUFTRAG

Überlegen Sie, inwiefern eine Investition die Basis für alle weiteren unternehmerischen Tätigkeiten ist.

1.1   Finanzierungsanlässe

Wer wie Jonas Huber ein Unternehmen gründen möchte, das später auch gut funktionieren soll, muss zunächst einmal Geld für sein Vorhaben „in die Hand nehmen" und in das für die Leistungserstellung notwendige Betriebsvermögen (z. B. Gebäude, Pkw) investieren.

> Eine **Investition** umfasst alle Maßnahmen der Kapitalverwendung, die der Schaffung von Vermögenswerten dienen.

Neben der bereits genannten **Gründungs- bzw. Errichtungsinvestition**, die einmalig ist, gibt es viele weitere Investitionsanlässe. Vordergründiges Ziel aller weiteren Investitionen ist dabei, innerhalb der Organisation auf Dauer für einen reibungslosen Ablauf zu sorgen. Steigt beispielsweise die Nachfrage an oder verbessert sich die gesamtwirtschaftliche Situation, müssen die Kapazitäten entsprechend erweitert werden. Darüber hinaus können – um wettbewerbsfähig zu bleiben – im Rahmen von Rationalisierungsmaßnahmen Einsparungen vorgenommen, die Produktivität gesteigert sowie die Arbeitsabläufe optimiert werden. Aber auch der Umweltschutz und die Sicherheit der Arbeitnehmer führen neben steuerlichen und gesetzlichen Gründen zu ständig neuen **Folgeinvestitionen**.

Ein Altenheim sieht sich aufgrund der steigenden Nachfrage gezwungen, seine Räumlichkeiten zu vergrößern (Erweiterungsinvestition).

Um Operationen künftig zu erleichtern, setzt ein Klinikum ab sofort einen speziellen OP-Roboter ein (Rationalisierungsinvestition).

Ein Pharmakonzern investiert mit dem Ziel der dauerhaften Existenzsicherung und Wettbewerbsfähigkeit in die Forschung und Entwicklung (Sicherungsinvestition).

Ein Kindergarten baut die gesamten Sanitäranlagen aufgrund neuer gesetzlicher Bestimmungen um (sonstige Investitionen).

Fällt der Begriff „Rationalisierung", denkt jeder sofort an Lohnkostensenkung und Stellenabbau. Hinter dem Begriff steckt aber viel mehr, wie nachstehende Grafik zeigt:

Da die meisten Vermögensgegenstände durch ständige Inanspruchnahme abgenutzt werden und oftmals starke Verschleißerscheinungen aufweisen, müssen sie nach einer gewissen Zeit wieder durch neue Vermögenswerte ersetzt werden. Allerdings kommt es seit vielen Jahrzehnten zu andauernden technischen Weiterentwicklungen, sodass eine reine **Ersatzinvestition** heute kaum noch getätigt wird.

Abgesehen von diesen Investitionsanlässen gibt es zahlreiche weitere Gründe, um Investitionen durchzuführen. Darüber hinaus lassen sich alle Investitionen nach der Art des Vermögensgegenstandes, in den die Geldmittel letztlich fließen, noch einmal in Sachinvestitionen (z. B. Schreibtisch, Lebensmittelvorrat), Finanzinvestitionen (z. B. Wertpapiere, Beteiligungen) und immaterielle Investitionen (z. B. Patente, Lizenzen) untergliedern.

Investition nach der Art des Vermögensgegenstandes	Sach- oder Realinvestition						Finanzinvestition	Immaterielle Investition
	Anlageinvestition Investition in Sach-AV					Lagerinvestition Investition in UV (u. a. Vorräte)		
Investition nach dem Investitionsanlass	Gründungs- und Erstinvestition	Ersatzinvestition	Erweiterungsinvestition	Rationalisierungsinvestition	Sicherungsinvestition	Sonstige Investition (Schutz der AN, Umweltschutz, Gesetze, Steuern)		

> Summe aller Investitionen (Bruttoinvestition) = Ersatz- + Neuinvestition (Nettoinvestition)

Investitionsbedarfsplanung

Der Leiter des IHK-Kurses für Existenzgründer, Herr Kies, fordert Jonas und die anderen Teilnehmer dazu auf, in Bezug auf die geplanten Investitionen die nachfolgenden **W-Fragen** genau zu beantworten:

Warum soll investiert werden? – **Wo** im Betrieb soll investiert werden? – **Wann** soll investiert werden? – In **welche** Vermögenswerte genau soll investiert werden? – **Wie viel** Kapital benötigen Sie? – **Wie** können Sie das finanzieren? – In **was** investieren Sie letzten Endes?

Voller Tatendrang versucht Jonas gleich am nächsten Tag einen Investitionsplan für sein „Projekt" zu erstellen.

Aufgabe eines **Investitionsplans** – egal, ob für Existenzgründer oder den laufenden Betrieb – ist es zunächst, alle in einem bestimmten Zeitraum vorgesehenen Investitionen in einer tabellarischen Übersicht zusammenzustellen.

Auszug aus dem Investitionsplan der Service Agentur Huber

Name:	Jonas Huber
Adresse:	Sonnenallee 7, 96047 Bamberg
Firma:	Service Agentur Huber
Geltungsdauer:	01.01.2021 bis 31.12.2021

Inv. Nr.	Investitions-objekt	Abteilung	Investitions-summe	Folge-investition	Lieferer	Sonstiges
1	Transporter	Umzugshilfe	20.000,00 €	1.000,00 €	Opel	Winterreifen
2	Pkw-Kombi	Gartenarbeit	14.000,00 €	500,00 €	Skoda	Anhänger-kupplung
3	Pkw	Haushalt und Haus-meister	10.000,00 €	500,00 €	VW	Kundendienst
4	Rasenmäher	Gartenarbeit	400,00 €	–	Baumarkt	–
5	PC + Bildschirm	Verwaltung	900,00 €	–	Fachmarkt	–
6	...	...	...	...	...	...

Vordergründig sind dabei folgende Fragen zu beantworten:

- **Warum soll investiert werden? Ist überhaupt eine Investition notwendig?** → Aufrechterhalten der Wettbewerbsfähigkeit, Nachfrage steigt, technischer Fortschritt, veraltete Gebäude, unqualifiziertes Personal usw.
- **Wo genau im Betrieb soll investiert werden? In welcher Abteilung?** → Personal, Ausstattung, Produktion, Marketing usw.
- **Wann soll investiert werden?** → sofort, in einem Monat, in einem Jahr, über mehrere Jahre hinweg
- **In welche Vermögenswerte soll konkret investiert werden?** → Weiterbildungskurs bei den Maltesern, neuer Pkw, weiteres Gebäude, Kinderschaukel, Werbeanzeigen usw.

Sind die einzelnen Investitionen festgelegt, ist zu prüfen, wie viel Mittel dafür insgesamt benötigt werden und wie hoch letzten Endes der Finanzbedarf ist. Eine weitere wesentliche Aufgabe des Investitionsplans ist es folglich, festzustellen, ob das vorhandene Kapital ausreicht oder ob zusätzliches Kapital beschafft werden muss. Reicht es nicht aus, muss das endgültige Investitionsprogramm darauf abgestimmt werden.

- **Wie viel Kapital wird benötigt bzw. wie hoch ist der Finanzbedarf?** → Sammeln und Addition der Investitionsbeträge
- **Wie werden die Investitionen finanziert?** → Eigenkapital, Kreditfinanzierung, Leasing usw.
- **In was wird letzten Endes investiert?** → endgültige Festlegung des Investitionsprogramms

Ergänzt ein Unternehmer den endgültigen Investitionsplan (mit den jeweiligen Investitionssummen) um die Kosten für die Mitarbeiter und die laufenden Kosten, spricht man von einem **Kapitalbedarfsplan.** Dieser dient in erster Linie als Basis für eine solide Preiskalkulation. Kommt es im Kapitalbedarfsplan zu Fehlern, so kann das für ein Unternehmen schlimme Folgen haben. Ist beispielsweise der tatsächliche Kapitalbedarf höher als geplant, kommt es zu Zahlungs- bzw. Liquiditätsproblemen, die oftmals der Anfang vom Ende eines Unternehmens sind.

 Kapitalbedarfsplan 2021: Gründung und betriebliche Anlaufphase

Name:	Jonas Huber
Adresse:	Sonnenallee 7, 96047 Bamberg
Firma:	Service Agentur Huber
Geltungsdauer:	zwei Monate

Gründungskosten:	
Beratung	250,00 €
Anmeldungen/Genehmigungen	900,00 €
Kosten für die Anlaufphase und Folgezeit:	
Personalkosten einschl. Nebenkosten	20.550,00 €
Geschäftsführergehalt	2.500,00 €
Miete einschl. Nebenkosten	5.770,00 €
Umbaumaßnahmen/Renovierungen	14.330,00 €
Geplante Werbeaktionen	800,00 €
Betriebliche Steuern und Versicherungen	1.200,00 €
Folgekosten	2.500,00 €
Anlagevermögen:	
Betriebs- und Geschäftsausstattung	5.300,00 €
Küche, Geräte und Maschinen	16.300,00 €
Pkw und Transporter	44.000,00 €
Umlaufvermögen:	
Essensvorräte	1.200,00 €
Kassenbestand	500,00 €
Sonstige laufende Kosten	1.150,00 €
Kapitaldienst:	
Zinsen für Darlehen	950,00 €
Zinsen für Kontokorrentkredit (ein Monat)	1.300,00 €
Tilgung Kontokorrentkredit	10.500,00 €
Voraussichtlicher Kapitalbedarf:	**130.000,00 €**

1.2 Finanzierung des Unternehmens

B Während Jonas seinen Business-Plan erstellt, schweift er weit ab und träumt von einer rosigen Zukunft. „Wenn ich einmal viel Geld verdient habe, gönne ich mir nur noch schöne Sachen. – Aber woher bekomme ich nun das nötige Geld für meine ganzen Investitionen?"

Investitionen führen i.d.r. erst nach der Leistungserstellung zu Einnahmen und Gewinnen. Die Ausgaben zur Durchführung der Investition sind jedoch sofort erforderlich, sodass die zeitliche Lücke (Time Lag) zwischen den anfallenden Ausgaben und den späteren Einnahmen finanziert werden muss. Demnach ist jeder Investitionsanlass zugleich ein Finanzierungsanlass, oder anders formuliert: Wer in Vermögenswerte investieren möchte, muss sich vorher um die Beschaffung der finanziellen Mittel kümmern.

> Eine **Finanzierung** umfasst die Gesamtheit aller Maßnahmen zur Kapitalbeschaffung.

Gemeinsames Ziel aller Investitions- und Finanzierungsmaßnahmen ist dabei ein in jeder Hinsicht störungsfreier betrieblicher Leistungserstellungsprozess:
Produktionsfaktoren (z.B. Güter, Personal) werden beschafft, die betriebliche Leistung wird erstellt und auf den Absatzmärkten (z.B. Produkt, Dienstleistung) weiterverkauft.

1.2.1 Finanz- und Investitionskreislauf

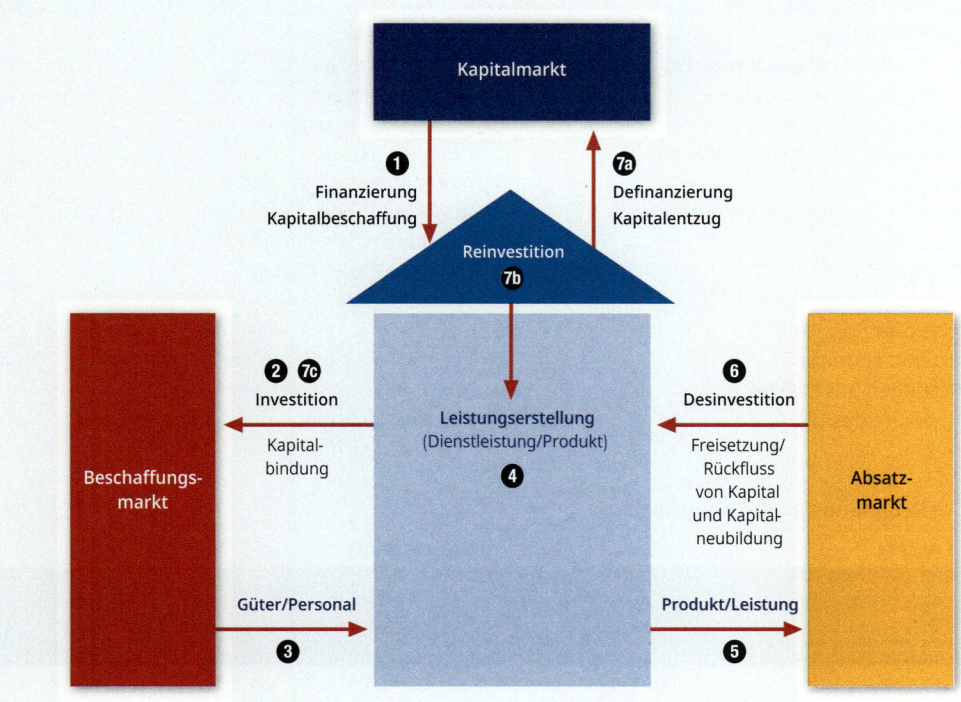

Ist der Kreislauf „Investition-Desinvestition" für einen längeren Zeitraum unterbrochen, besteht die Gefahr der Zahlungsunfähigkeit und somit des Konkurses eines Unternehmens.

Überblick zu Investitions- und Finanzierungsbegriffen		
Begriff	**Definition**	**Kapitalbegriff**
Finanzierung	Beschaffung von Kapital	Kapitalbeschaffung
Investition	Umwandlung von Kapital in Vermögen zum Zweck der Leistungserstellung	Kapitalbindung bzw. Kapitalverwendung
Desinvestition	Umwandlung von Vermögen/erstellten Leistungen in liquide Mittel mit Gewinn	Kapitalfreisetzung bzw. Kapitalrückfluss mit Kapitalneubildung (Gewinn)
Definanzierung	Schuldentilgung	Kapitalentzug
Reinvestition	etrneuter Einsatz des Kapitals im Betrieb	Kapitalneubildung

Der Zusammenhang zwischen Investition und Finanzierung lässt sich u. a. auch mithilfe der Bilanz darstellen.

> Die **Bilanz** ist eine stichtagsbezogene Gegenüberstellung der Vermögensgegenstände und der Kapitalgegenstände eines Unternehmens. Die Vermögensgegenstände werden dabei auf der AKTIV-Seite aufgelistet und die Kapitalgegenstände auf der PASSIV-Seite.

Aktiva	Bilanz	Passiva
A. Anlagevermögen	**A. Eigenkapital**	
I. Immaterielle Vermögensgegenstände	I. Gezeichnetes Kapital	
II. Sachanlagen	II. Kapitalrücklagen	
1. Grundstücke	III. Gewinnrücklagen	
2. Technische Anlagen und Maschinen	IV. Gewinnvortrag	
3. Fuhrpark	V. Jahresüberschuss	
4. Betriebs- und Geschäftsausstattung	**B. Rückstellungen**	
III. Finanzanlagen	I. Pensionsrückstellungen	
B. Umlaufvermögen	II. Sonstige Rückstellungen	
I. Vorräte	**C. Fremdkapital**	
1. Rohstoffe	I. Darlehen	
2. Fertigerzeugnisse	II. Verbindlichkeiten aus Lief. u. Leist.	
II. Forderungen aus Lief. u. Leist.	II. Sonstige Verbindlichkeiten	
III. Wertpapiere des UV	**D. Passive Rechnungsabgrenzungsposten**	
IV. Bank		
V. Kasse		
C. Aktive Rechnungsabgrenzungsposten		
Summe Aktiva	**Summe Passiva**	
Mittelverwendung Wofür wird das Kapital verwendet? Investition	Mittelherkunft Wo kommt das Kapital her? Finanzierung	

Die Summen der jeweiligen Seite sind dabei gleich. Sie werden auch **Bilanzsumme** genannt.

Bei Gründung eines Unternehmens wird zunächst das Eigenkapital auf der PASSIV-Seite (unter A. Eigenkapital) eingetragen. Zugleich erfolgt eine Einzahlung auf das Bankkonto des Unternehmens, z. B. 25.000,00 € bei einer GmbH. Die Bilanz ist dann wieder „ausgeglichen" (gleiche Summen). Mit den 25.000,00 € auf dem Bankkonto kann eingekauft werden (Mittelverwendung). Durch die Darstellung der 25.000,00 € auf der PASSIV-Seite weiß man, dass dieses Geld aus dem Eigenkapital stammt (Mittelherkunft).

1.2.2   Ziele der Finanzierung

Nachdem Jonas seine ganzen Ersparnisse dem Kapitalbedarf gegenübergestellt hat, merkt er, dass seine finanziellen Mittel nicht ausreichen. Da der Jungunternehmer nicht weiter weiß, bittet er den Leiter des Existenzgründerkurses um Rat: „Ich muss mich dringend um eine gute Finanzierung kümmern. Aber ich habe keine Ahnung, wie ich vorgehen muss. Soll ich einen Kredit aufnehmen oder lieber meinen Großvater um Eigenkapital bitten? Worauf muss ich bei der Finanzierung besonders achten?"

Im Bereich der Finanzierung können unterschiedliche Zielsetzungen herausgearbeitet werden. Beispielsweise fragt sich ein Unternehmer, wie es nach der Finanzierung um die Zahlungsfähigkeit (Liquidität) seines Unternehmens gestellt ist. Oder er möchte wissen, wie gut er das zur Verfügung stehende Kapital im Unternehmen eingesetzt hat (Rentabilität). Aber auch die Frage der Sicherheit, der Unabhängigkeit, der Kreditwürdigkeit sowie der Kreditelastizität ist im Rahmen der Finanzierung ausreichend zu klären. Die Beantwortung dieser Fragen, die teilweise voneinander abhängig sind, bildet das finanzielle Zielsystem einer Organisation.

Rentabilität

Das Oberziel aller finanzwirtschaftlichen Zielsetzungen ist die Rentabilität. Sie beantwortet die Frage, wie gut das zur Verfügung stehende Kapital (Eigen- oder Fremdkapital) eingesetzt bzw. wie viel Gewinn mit ihm erwirtschaftet wurde. Man spricht auch von der Verzinsung des eingesetzten Kapitals. Für eine hohe Rentabilität ist von entscheidender Bedeutung, dass bei der Aufnahme des Kapitals möglichst niedrige Kosten entstehen, gleichzeitig aber ein möglichst hoher Ertrag erwirtschaftet wird.

$$\text{Rentabilität in Prozent} = \frac{(\text{Gewinn} + \text{Zinsen}) \cdot 100}{\text{eingesetztes Kapital}}$$

Ob letztlich eine Finanzierung mit Eigenkapital oder Fremdkapital günstiger ist, hängt von verschiedenen Punkten ab. So müssen bei der Aufnahme des Fremdkapitals die Zinsen und die Finanzierungskosten geringer sein als der zusätzliche Gewinn. Wird Eigenkapital zugeführt, sind die Gewinnausschüttungsvereinbarungen entsprechend zu berücksichtigen. Allgemein gilt jedoch: Ist der Zinssatz für Fremdkapital niedriger als die bisherige Rentabilität des Gesamtkapitals, dann ist die Aufnahme von Fremdkapital vorteilhaft.

Liquidität

Ziel der Liquiditätspolitik eines Unternehmens ist in erster Linie die Erhaltung des finanziellen Gleichgewichts und der Zahlungsfähigkeit. Das heißt, alle auf das Unternehmen zukommenden Zahlungsverpflichtungen müssen jederzeit termingerecht erfüllt werden können. Grundsätzlich lassen sich drei Abstufungen der Liquidität unterscheiden:

- **Unterliquidität:** Die Zahlungsfähigkeit ist eingeschränkt und die Zielsetzungen des Unternehmens können nur teilweise erfüllt werden. Tritt Zahlungsunfähigkeit ein, liegt Illiquidität vor.
- **Überliquidität:** Das Unternehmen verfügt über mehr liquide Mittel als benötigt. Damit herrscht ein Zustand hoher Sicherheit, der jedoch die Rentabilität negativ beeinflusst.
- **Optimale Liquidität:** Es besteht ein Gleichgewicht, d.h., dem Unternehmen stehen finanzielle Mittel zur Verfügung, die bei Bedarf in Anspruch genommen werden können; Überschüsse werden angelegt und verbessern die Rentabilität.

Sicherheit

Um ernsthafte Liquiditätsprobleme zu vermeiden und Finanzierungssicherheit gewährleisten zu können, sollten Kredite während der Laufzeit nicht kündbar sein. Auch beim Eigenkapital (Einlagen) ist es ratsam, auf lange Kündigungsfristen zu achten.

Kreditwürdigkeit

Entscheidend ist, dass die Art der Kapitalbeschaffung die Kreditwürdigkeit für die Zukunft nicht in Frage stellt. Grundsätzlich verbessert der Einsatz von Eigenkapital die Kreditwürdigkeit, während vor allem kurzfristiges Fremdkapital das Verschuldungspotenzial (= die maximal tolerierbare Verschuldung eines Unternehmens) verschlechtert.

Unabhängigkeit

Nimmt eine Organisation Kapital auf, erhalten die Außenstehenden oftmals Einfluss auf die Entscheidungsprozesse und Herrschaftsverhältnisse innerhalb des Unternehmens. Beispielsweise erhält bei großen Bankkrediten die Bank einen Sitz im Aufsichtsrat oder Informations- und Widerspruchsrechte bei wichtigen Entscheidungen. Aber auch Eigenkapitalgeber haben die Möglichkeit, auf das Unternehmen Einfluss zu nehmen. So erhalten die neuen Teilhaber bei Personengesellschaften Geschäftsführungsrechte, während sie in Aktiengesellschaften ein zusätzliches Stimmrecht in der Hauptversammlung bekommen.

Elastizität

Da der Kapitalbedarf von Unternehmen ständig schwankt, sind zur Vermeidung von Kapitalengpässen und -überschüssen laufend Anpassungsvorgänge notwendig. Folglich ist es wichtig, Kredite durch vorzeitige Rückzahlungsmöglichkeiten, variable Zinssätze oder eine jederzeitige Ausweitung des Kreditrahmens an veränderte Bedingungen anzupassen.

Zielbeziehungen

Wie bereits weiter oben angesprochen, sind die einzelnen Finanzierungsziele teilweise voneinander abhängig. Während einige Ziele komplementär sind und sich optimal ergänzen, konkurrieren andere.

Räumen beispielsweise Kreditverträge – um eine gewisse Elastizität der Finanzierung zu gewährleisten – beiden Seiten Kündigungsrechte ein, konkurriert dies mit dem Ziel der Sicherheit. Auch die Ziele Rentabilität und Liquidität sind nur sehr schwer gemeinsam zu erreichen, da u.a. der Kontokorrentkredit zwar eine hohe Liquidität aufweist, aber sehr teuer ist.

Die Rentabilität und die Kreditwürdigkeit hingegen ergänzen sich. Ist die Verzinsung des einge-setzten Kapitals entsprechend hoch, steigt auch die Kreditwürdigkeit.

1.2.3 Bilanz

Wie bereits erwähnt, gibt die Bilanz (von ital. *bilancia* = Waage) in erster Linie Auskunft über die Mittelverwendung (Investition) und die Mittelherkunft (Finanzierung). Allgemein formuliert listet sie das gesamte Betriebsvermögen auf, indem sie in einem T-Konto alle positiven Vermögens-werte (Aktiva) den negativen Vermögenswerten (Passiva) gegenüberstellt. Die Aktiv- bzw. Vermö-gensposten stehen auf der linken Seite der Bilanz, die Passiv- bzw. Kapitalposten hingegen auf der rechten Seite. Für die Aufstellung einer Bilanz gelten u. a. folgende **Vorschriften des Han-delsgesetzbuches (HGB)**:

§

Handelsgesetzbuch (HGB))

§ 238 Buchführungspflicht

(1) Jeder Kaufmann ist verpflichtet, Bücher zu führen und in diesen seine Handelsgeschäfte und die Lage seines Vermögens nach den Grundsätzen ordnungsgemäßer Buchführung ersichtlich zu ma-chen. Die Buchführung muss so beschaffen sein, daß sie einem sachverständigen Dritten innerhalb angemessener Zeit einen Überblick über die Geschäftsvorfälle und über die Lage des Unternehmens vermitteln kann. […]

§ 239 Führung der Handelsbücher

(1) Bei der Führung der Handelsbücher und bei den sonst erforderlichen Aufzeichnungen hat sich der Kaufmann einer lebenden Sprache zu bedienen. Werden Abkürzungen, Ziffern, Buchstaben oder Symbole verwendet, muß im Einzelfall deren Bedeutung eindeutig festliegen.

(2) Die Eintragungen in Büchern und die sonst erforderlichen Aufzeichnungen müssen vollständig, richtig, zeitgerecht und geordnet vorgenommen werden.

(3) Eine Eintragung oder eine Aufzeichnung darf nicht in einer Weise verändert werden, daß der ursprüngliche Inhalt nicht mehr feststellbar ist. Auch solche Veränderungen dürfen nicht vorge-nommen werden, deren Beschaffenheit es ungewiß läßt, ob sie ursprünglich oder erst später ge-macht worden sind. […]

§ 242 Pflicht zur Aufstellung

(1) Der Kaufmann hat zu Beginn seines Handelsgewerbes und für den Schluß eines jeden Geschäfts-jahrs einen das Verhältnis seines Vermögens und seiner Schulden darstellenden Abschluß (Eröff-nungsbilanz, Bilanz) aufzustellen. […]

(2) Er hat für den Schluß eines jeden Geschäftsjahrs eine Gegenüberstellung der Aufwendungen und der Erträge des Geschäftsjahrs (Gewinn- und Verlustrechnung) aufzustellen.

(3) Die Bilanz und die Gewinn- und Verlustrechnung bilden den Jahresabschluß. […]

§ 243 Aufstellungsgrundsatz

(1) Der Jahresabschluß ist nach den Grundsätzen ordnungsmäßiger Buchführung aufzustellen. […]

§ 247 Inhalt der Bilanz

(1) In der Bilanz sind das Anlage- und das Umlaufvermögen, das Eigenkapital, die Schulden sowie die Rechnungsabgrenzungsposten gesondert auszuweisen und hinreichend aufzugliedern. […]

§ 266 Gliederung der Bilanz

(1) Die Bilanz ist in Kontenform aufzustellen. […]

Die **Aktiv- bzw. Vermögensseite** der Bilanz wird grundsätzlich nach der Liquidität geordnet, also wie schwer bzw. leicht die Vermögenswerte in Geld umgewandelt werden können. Dabei steht das Vermögen, das am schwersten in liquide Mittel umgewandelt werden kann (z. B. Grundstücke) auf der Aktiv-Seite der Bilanz ganz oben; generell spricht man hier vom **Anlagevermögen**. Können Vermögenswerte hingegen relativ schnell zu Geld gemacht werden (z. B. Kassenbestand) stehen sie weiter unten; hierbei handelt es sich um das **Umlaufvermögen**.

Die **Passiv- bzw. Kapitalseite** der Bilanz wird hingegen nach der Fälligkeit bzw. Fristigkeit der Vermögenswerte geordnet. So stehen die Kapitalwerte, die dem Unternehmen am längsten zur Verfügung stehen (z. B. Eigenkapital) an oberster Stelle. Im Gegensatz zum **Eigenkapital** muss **Fremdkapital** jedoch wieder zurückgezahlt werden und steht dem Unternehmen nicht dauerhaft zur Verfügung. Folglich sind Schulden wie Hypotheken oder langfristige Darlehen oder auch Rückstellungen[1] in der Bilanz weiter oben aufzufinden, während kurzfristiges Fremdkapital wie Verbindlichkeiten gegenüber Lieferanten weiter unten stehen.

Ein wichtiges Merkmal der Bilanz ist deren Ausgeglichenheit. Demnach muss die Bilanzsumme der Aktiv-Seite der Bilanzsumme der Passiv-Seite entsprechen. Die Differenz zwischen Vermögen (gesamte Aktiv-Seite) und den Schulden (Rückstellungen und Fremdkapital) ergibt das Eigenkapital.

Aktiva	Ausgangsbilanz (in Tausend Euro)		Passiva
A. Anlagevermögen		**A. Eigenkapital**[3]	
I. Immat. Vermögensgegenstände . .	18	I. Gezeichnetes Kapital	156
II. Sachanlagen		II. Kapitalrücklagen	200
1. Grundstücke	128	III. Gewinnrücklagen	100
2. Techn. Anlagen und Maschinen .	100	IV. Gewinnvortrag	50
3. Fuhrpark	20	V. Jahresüberschuss	150
4. Betriebs- und Geschäftsausst. . .	80	**B. Rückstellungen**	
III. Finanzanlagen	96	I. Pensionsrückstellungen	24
B. Umlaufvermögen		III. Sonstige Rückstellungen	30
I. Vorräte		**C. Fremdkapital**	
1. Rohstoffe	66	I. Darlehen	280
2. Fertigerzeugnisse	200	II. Verbindlichkeiten aus Lief. u. Leist.	110
II. Forderungen aus Lief. u. Leist.	193	III. Sonstige Verbindlichkeiten	20
III. Wertpapiere des UV	10	**D. Passive Rechnungsabgrenzungs-**	
IV. Bank	149	**posten**	10
V. Kasse	50		
C. Aktive Rechnungsabgrenzungs-			
posten[2]	20		
Summe Aktiva	**1.130**	**Summe Passiva**	**1.130**

[1] Zu den Rückstellungen gehören u. a. Pensionsrückstellungen (langfr.) sowie Instandhaltungskosten- oder Prozesskostenrückstellungen (kurzfr.). Rückstellungen sind Verbindlichkeiten, die hinsichtlich ihrer Höhe und Fälligkeit ungewiss sind.

[2] Es wird zwischen aktiven und passiven Rechnungsabgrenzungsposten unterschieden. Rechnungsabgrenzungsposten (RAP) dienen der periodengerechten Erfolgsermittlung. Sie trennen zwei aufeinanderfolgende Geschäftsjahre, indem ein RAP die Zahlungen vor dem Abschluss-Stichtag enthält, die Aufwand bzw. Ertrag einer späteren Periode sind.

[3] Das Eigenkapital einer Aktiengesellschaft untergliedert sich noch einmal in das gezeichnete Kapital (Stammkapital), die Kapitalrücklage, die Gewinnrücklagen, den Gewinnvortrag und den Jahresüberschuss (Gewinn bzw. Verlust). Der Jahresüberschuss wird u. a. mithilfe der Gewinn- und Verlustrechnung (GuV) ermittelt, indem sämtliche Aufwendungen den Erträgen gegenübergestellt werden.

Bilanzverlängerung

 Die Kursteilnehmer überlegen ziemlich lange, wie sich der Kauf eines Lieferwagens in Höhe von 20.000,00 € auf die Bilanz auswirkt, wenn dieser mit einem Kredit von fünf Jahren Laufzeit finanziert wird. Irgendwann verliert der Kursleiter die Geduld und meint: „Sie wird länger!" – Jonas fragt verwundert nach: „Wie kann eine Bilanz länger werden?"

Es gibt eine Vielzahl an Möglichkeiten bzw. Geschäftsvorfällen die zu einer Bilanzverlängerung führen. Grundsätzlich liegt eine Bilanzverlängerung vor, wenn die Aktiv-Seite und die Passiv-Seite der Bilanz jeweils um den gleichen Betrag zunehmen. Beide Bilanzseiten „verlängern" sich im Betrag. Der Begriff „Aktiv-/Passiv-Mehrung" wird daher gleichwertig zum Begriff „Bilanzverlängerung" verwendet.

> Bei einer **Bilanzverlängerung** nehmen die Aktiv- und Passiv-Seite um den gleichen Betrag zu. Dadurch erhöht sich die Bilanzsumme (Aktiv-/Passiv-Mehrung).

Greift man das obige Beispiel auf, so nimmt mit dem Kauf des Lieferwagens zunächst der Aktivposten „Fuhrpark" um 20.000,00 € zu. Die Aktiv-Seite wird um diesen Betrag höher. Da der Lieferwagen aber mithilfe eines Kredits mit fünfjähriger Laufzeit in Höhe von 20.000,00 € finanziert wird, nimmt der Posten „Darlehen" ebenfalls um 20.000,00 € zu. Somit wird auch die Passiv-Seite im Betrag höher. Da beide Seiten der Bilanz betroffen sind und beide um jeweils 20.000,00 € zunehmen, liegt eine Bilanzverlängerung vor.

Aktiva	Bilanz 1 (in Tausend Euro)		Passiva
A. Anlagevermögen		**A. Eigenkapital**	
I. Immat. Vermögensgegenstände 18		I. Gezeichnetes Kapital 156	
II. Sachanlagen		II. Kapitalrücklagen 200	
1. Grundstücke 128		III. Gewinnrücklagen 100	
2. Techn. Anlagen und Maschinen 100		IV. Gewinnvortrag 50	
3. Fuhrpark 40		V. Jahresüberschuss 150	
4. Betriebs- und Geschäftsausst. 80		**B. Rückstellungen**	
III. Finanzanlagen 96		I. Pensionsrückstellungen 24	
B. Umlaufvermögen		II. Sonstige Rückstellungen 30	
I. Vorräte		**C. Fremdkapital**	
1. Rohstoffe 66		I. Darlehen 300	
2. Fertigerzeugnisse 200		II. Verbindlichkeiten aus Lief. u. Leist. 110	
II. Forderungen aus Lief. u. Leist. 193		III. Sonstige Verbindlichkeiten 20	
III. Wertpapiere des UV 10		**D. Passive Rechnungsabgrenzungsposten**	
IV. Bank 149		10	
V. Kasse 50			
C. Aktive Rechnungsabgrenzungsposten . 20			
Summe Aktiva **1.150**		**Summe Passiva** **1.150**	

Nicht nur Investitionen, die mit einem Darlehen finanziert werden, führen zu einer Bilanzverlängerung. Kauft beispielsweise ein Unternehmen einen PC auf Rechnung, steigen sowohl die Betriebs- und Geschäftsausstattung als auch die Verbindlichkeiten aus Lieferungen und Leistungen um den Rechnungsbetrag an. Ein weiteres Beispiel für eine Aktiv-/Passiv-Mehrung sind die Aufnahme neuer Teilhaber oder die Ausgabe neuer Aktien. Auf der einen Seite nimmt das Eigenkapital im Wert zu, auf der anderen Seite steigt das Bankguthaben um diesen Betrag an. Zusammenfassend führt jede Art der **Kapitalbeschaffung**, egal ob Eigenkapital oder Fremdkapital, zu einer Bilanzverlängerung.

Darüber hinaus kommt es auch im Rahmen der **Kapitalneubildung** (Desinvestition) zu einer Bilanzverlängerung. Wird z. B. eine Reinigungsmaschine über dem in der Bilanz angesetzten Wert mit Gewinn verkauft, so wird neues Kapital gebildet. Genau genommen steigen dadurch sowohl der Eigenkapitalposten auf der Passiv-Seite als auch der Bankposten auf der Aktiv-Seite. Dasselbe gilt, wenn eigens hergestellte Erzeugnisse oder erbrachte Dienstleistungen mit Gewinn veräußert werden.

Bilanzverkürzung

 Der Kursleiter ist mit dem Wissen seiner Kursteilnehmer noch nicht zufrieden. Er möchte ihre Bilanzkenntnisse weiter vertiefen und stellt im Anschluss an das Beispiel der Bilanzverlängerung die Frage: „Wie wirkt sich die Rückzahlung eines Darlehens auf die Bilanz aus? Gehen Sie davon aus, dass die Tilgung in Höhe von 100.000,00 € per Banküberweisung erfolgt."

Neben der Möglichkeit der Bilanzverlängerung gibt es auch die Bilanzverkürzung. Eine Bilanzverkürzung liegt immer dann vor, wenn aufgrund eines Geschäftsvorfalls die Aktiv-Seite und die Passiv-Seite der Bilanz jeweils um den gleichen Betrag abnehmen bzw. geringer werden. Da sich beide Bilanzseiten um den gleichen Betrag vermindern, verwendet man auch den Begriff „Aktiv-/Passiv-Minderung".

> Bei einer **Bilanzverkürzung** nehmen die Aktiv- und Passiv-Seite um den gleichen Betrag ab. Dadurch vermindert sich die Bilanzsumme (Aktiv-/Passiv-Minderung).

Im obigen Fallbeispiel nimmt durch die Darlehenstilgung der Passivposten „Darlehen" um 100.000,00 € ab. Die Passiv-Seite wird betragsmäßig verringert. Da das Darlehen per Banküberweisung getilgt wird, nimmt zugleich der Aktivposten „Bank" um 100.000,00 € ab. Demnach werden sowohl die Passiv-Seite als auch die Aktiv-Seite der Bilanz um 100.000,00 € vermindert. Es liegt eine Bilanzverkürzung vor.

Aktiva	Bilanz 2 (in Tausend Euro)		Passiva
A. Anlagevermögen		**A. Eigenkapital**	
I. Immat. Vermögensgegenstände 18		I. Gezeichnetes Kapital 156	
II. Sachanlagen		II. Kapitalrücklagen 200	
1. Grundstücke 128		III. Gewinnrücklagen 100	
2. Techn. Anlagen und Maschinen 100		IV. Gewinnvortrag 50	
3. Fuhrpark 40		V. Jahresüberschuss 150	
4. Betriebs- und Geschäftsausst. 80		**B. Rückstellungen**	
III. Finanzanlagen 96		I. Pensionsrückstellungen 24	
B. Umlaufvermögen		II. Sonstige Rückstellungen 30	
I. Vorräte		**C. Fremdkapital**	
1. Rohstoffe 66		I. Darlehen **200**	
2. Fertigerzeugnisse 200		II. Verbindlichkeiten aus Lief. u. Leist. 110	
II. Forderungen aus Lief. u. Leist. 193		III. Sonstige Verbindlichkeiten 20	
III. Wertpapiere des UV 10		**D. Passive Rechnungsabgrenzungsposten** 10	
IV. Bank **49**			
V. Kasse 50			
C. Aktive Rechnungsabgrenzungsposten . 20			
Summe Aktiva **1.050**		**Summe Passiva** **1.050**	

Abgesehen von der Möglichkeit, ein Darlehen zurückzubezahlen, führen auch die Auszahlung einer Dividende an die Aktionäre (Gewinnausschüttung), die Gewinnentnahme oder die Ausbezahlung eines ehemaligen Anteilseigners zu einer Bilanzverkürzung. So wird einerseits der Wert des Eigenkapitals – bei der Dividende das kurzfristige Fremdkapital – vermindert, andererseits werden die flüssigen Mittel (Bank, Kasse) weniger.

Eine weitere Möglichkeit des **Kapitalentzugs** im Rahmen der Definanzierung stellt der Verkauf von Vermögenswerten unter dem Buchwert dar. Wird beispielsweise ein Pkw, der in der Bilanz mit einem Restbuchwert von 3.000,00 € angesetzt ist, lediglich zu einem Preis von 1.000,00 € verkauft, macht das Unternehmen einen Verlust. Bilanztechnisch wird dadurch das Eigenkapital in seiner Höhe vermindert, zugleich sinkt jedoch auch das Vermögen auf der Aktiv-Seite der Bilanz.

Aktivtausch

Jonas fühlt sich mittlerweile im Umgang mit der Bilanz viel sicherer. Während einer kleinen Pause überlegt er: „Was liegt eigentlich vor, wenn ich einen Pkw im Wert von 5.000,00 € nicht mit einem Kredit finanziere, sondern sofort in bar bezahle? Eine Bilanzverlängerung ist es nicht. Und auch eine Bilanzverkürzung liegt nicht vor. Seltsam, dass hier gleich zwei Aktivposten betroffen sind."

Sind infolge einer Investitionsentscheidung zwei Aktivposten betroffen, handelt es sich in der Regel um einen Aktivtausch. Ein Aktivtausch liegt immer dann vor, wenn aufgrund eines Geschäftsvorfalls ein Posten auf der Aktiv-Seite der Bilanz wertmäßig weniger wird und gleichzeitig ein anderer Posten auf der Aktiv-Seite der Bilanz um denselben Betrag höher wird. Dadurch, dass nur ein Tausch auf der Aktiv-Seite stattfindet, bleibt die Bilanzsumme gleich.

> Bei einem **Aktivtausch** nimmt ein Aktivposten im gleichen Maße ab, wie ein anderer Aktivposten zunimmt. Die Bilanzsumme ändert sich nicht.

Das obige Beispiel zeigt, dass zunächst der Aktivposten „Fuhrpark" um 5.000,00 € zunimmt. Die Aktiv-Seite wird also um diesen Betrag höher. Da der Pkw aber sofort bar bezahlt wird und der Unternehmer dafür Geld aus der Kasse nehmen muss, wird zugleich der Aktivposten „Kasse" um 5.000,00 € weniger. Demnach verringert sich der eine Aktivposten um 5.000,00 €, während der andere Aktivposten um 5.000,00 € höher wird. Die Bilanzsumme bleibt somit gleich. Es liegt ein Aktivtausch vor.

Aktiva		Bilanz 3 (in Tausend Euro)		Passiva
A. Anlagevermögen			**A. Eigenkapital**	
I. Immat. Vermögensgegenstände	18		I. Gezeichnetes Kapital	156
II. Sachanlagen			II. Kapitalrücklagen	200
1. Grundstücke	128		III. Gewinnrücklagen	100
2. Techn. Anlagen und Maschinen	100		IV. Gewinnvortrag	50
3. Fuhrpark	45		V. Jahresüberschuss	150
4. Betriebs- und Geschäftsausst.	80		**B. Rückstellungen**	
III. Finanzanlagen	96		I. Pensionsrückstellungen	24
B. Umlaufvermögen			II. Sonstige Rückstellungen	30
I. Vorräte			**C. Fremdkapital**	
1. Rohstoffe	66		I. Darlehen	200
2. Fertigerzeugnisse	200		II. Verbindlichkeiten aus Lief. u. Leist.	110
II. Forderungen aus Lief. u. Leist.	193		III. Sonstige Verbindlichkeiten	20
III. Wertpapiere des UV	10		**D. Passive Rechnungsabgrenzungsposten**	10
IV. Bank	49			
V. Kasse	45			
C. Aktive Rechnungsabgrenzungsposten .	20			
Summe Aktiva	**1.050**		**Summe Passiva**	**1.050**

Werden Vermögenswerte bar oder per Banküberweisung bezahlt, kommt es im Rahmen der **Kapitalverwendung** bzw. Investition zu einem Aktivtausch. Kauft ein Unternehmen z. B. Vorräte per Banküberweisung, steigt auf der einen Seite der Wert des Rohstoffpostens, auf der anderen Seite jedoch sinkt der Bilanzposten Bank um den gleichen Betrag.

Unabhängig davon führen auch **Kapitalfreisetzungen** (Desinvestition) zu einem Aktivtausch. So nimmt mit dem Verkauf eines Grundstücks zwar der Aktivposten Grundstücke ab, aber gleichzeitig wird der Aktivposten Forderungen bzw. Bank höher. Folglich kommt es zu keiner Veränderung der Bilanzsumme. Das gilt auch für eigens hergestellte Produkte oder erbrachte Dienstleistungen, die vom Kunden entweder sofort bar oder per Banküberweisung bezahlt werden.

Passivtausch

Kurz vor Ende der Kurseinheit „Bilanz" möchte der Kursleiter die Teilnehmer noch einmal auf die Probe stellen. „Nachdem wir Beispiele für eine Bilanzverlängerung, eine Bilanzverkürzung und einen Aktivtausch kennengelernt haben, fehlt uns noch ein möglicher Fall. Dazu die folgende Frage: Wie wirkt sich eine Umschuldung aus? Genau genommen soll eine kurzfristige Verbindlichkeit in Höhe von 10.000,00 € in ein Darlehen umgewandelt werden."

Eine weitere Variante der Bilanzveränderungen ist der Passivtausch. Er liegt vor, wenn infolge einer Finanzierungsentscheidung zwei Passivposten betroffen sind. Demnach wird aufgrund eines Geschäftsvorfalls der eine Posten auf der Passiv-Seite der Bilanz wertmäßig größer, während der andere Posten auf der Passiv-Seite um denselben Betrag weniger wird. Dadurch, dass nur ein Tausch auf der Passiv-Seite stattfindet, bleibt die Bilanzsumme gleich.

Bei einem **Passivtausch** nimmt ein Passivposten im gleichen Maße ab, wie ein anderer Passivposten zunimmt. Die Bilanzsumme ändert sich nicht.

Mithilfe des obigen Beispiels wird deutlich, dass sich der Passivposten „Verbindlichkeiten" durch die Umschuldung um 10.000,00 € verringert. Die Passiv-Seite nimmt um diesen Betrag ab. Da zur Ablösung der Verbindlichkeiten ein Darlehen aufgenommen wird, nimmt zugleich der Passivposten „Darlehen" um 10.000,00 € zu. Demnach vergrößert sich der eine Passivposten um 10.000,00 €, während der andere Passivposten um 10.000,00 € kleiner wird. Die Bilanzsumme bleibt gleich. Es liegt ein Passivtausch vor.

Aktiva	Bilanz 4 (in Tausend Euro)		Passiva
A. Anlagevermögen		**A. Eigenkapital**	
I. Immat. Vermögensgegenstände 18		I. Gezeichnetes Kapital 156	
II. Sachanlagen		II. Kapitalrücklagen 200	
1. Grundstücke 128		III. Gewinnrücklagen 100	
2. Techn. Anlagen und Maschinen 100		IV. Gewinnvortrag 50	
3. Fuhrpark 45		V. Jahresüberschuss 150	
4. Betriebs- und Geschäftsausst. 80		**B. Rückstellungen**	
III. Finanzanlagen 96		I. Pensionsrückstellungen 24	
B. Umlaufvermögen		II. Sonstige Rückstellungen 30	
I. Vorräte		**C. Fremdkapital**	
1. Rohstoffe 66		I. Darlehen 210	
2. Fertigerzeugnisse 200		II. Verbindlichkeiten aus Lief. u. Leist. 100	
II. Forderungen aus Lief. u. Leist. 193		III. Sonstige Verbindlichkeiten 20	
III. Wertpapiere des UV 10		**D. Passive Rechnungsabgrenzungsposten** 10	
IV. Bank 49			
V. Kasse 45			
C. Aktive Rechnungsabgrenzungsposten . 20			
Summe Aktiva **1.050**		**Summe Passiva** **1.050**	

Wird eine kurzfristige Verbindlichkeit in ein langfristiges Darlehen umgewandelt oder umgekehrt, so ändert sich die Zusammensetzung des Kapitals in seiner Fristigkeit. Eine weitere Möglichkeit der **Kapitalumschichtung** (Umfinanzierung) stellt die Änderung der Rechtsstellung dar. Möchte sich beispielsweise ein bisheriger Kreditgeber als Eigentümer am Unternehmen beteiligen, so wird das Fremdkapital in Eigenkapital umgewandelt. Das heißt, der Posten des Fremdkapitals wird weniger, während der Eigenkapitalposten zunimmt.

Überblick über die Auswirkungen von Finanzierungsentscheidungen auf die Bilanz

Finanzierungs-begriff	Bedeutung	Beispiele	Auswirkung auf die Bilanz
Kapitalbeschaffung = Finanzierung i. e. S.	Beschaffung von Fremd-kapital oder Eigenkapital zur Finanzierung von Vermö-genswerten	☐ Aufnahme eines Kredits ☐ Ausgabe neuer Aktien ☐ Aufnahme neuer Teilhaber	**Bilanz-verlängerung**
Kapitalverwendung = Investition	Verwendung flüssiger Mittel für neue Vermögenswerte	☐ Kauf einer Maschine, eines Gebäudes usw. per Banküberweisung oder bar	**Aktivtausch**
Kapitalfreisetzung = Desinvestition	Umwandlung von Vermö-genswerten in flüssige Mittel	☐ Verkauf von Maschinen ☐ Verkauf von Fertigerzeug-nissen	**Aktivtausch**
Kapitalneubildung = Gewinn	Veräußerung von Vermö-genswerten mit Gewinn	☐ Verkauf von Fertigerzeug-nissen über den Selbst-kosten ☐ Verkauf von Vermögens-werten über dem Buchwert	**Bilanz-verlängerung**
Kapitalentzug = Definanzierung	Rückzahlung von Fremdka-pital oder Eigenkapital	☐ Verkauf von Vermögens-werten unter dem Buchwert ☐ Rückzahlung von Krediten ☐ Auszahlung einer Dividende ☐ Auszahlung einer Gewinnbeteiligung	**Bilanz-verkürzung**
Kapital-umschichtung = Umfinanzierung	Änderung der Fristigkeit oder der Rechtsstellung des Kapitals	☐ Umwandlung von kurz- in langfristiges Kapital ☐ Umwandlung von Eigenkapital in Fremdka-pital	**Passivtausch**

1.3 Die (konkrete) Finanzplanung

 Mittlerweile hat Jonas Huber seine Agentur erfolgreich eröffnet. Eines Nachmittags ist er in der Stadt, um einige Erledigungen zu machen. Er geht zur Bank und möchte etwas Bargeld abheben, aber der Bankautomat weist ihn darauf hin, dass sein Kreditrahmen erschöpft ist.

ARBEITSAUFTRAG

Interpretieren Sie die Zeichnung im Hinblick auf die finanzielle Situation von Jonas Huber. Berücksichtigen Sie dabei die Ursachen, mögliche Folgen und Gegenmaßnahmen.

Ebenso wie eine Privatperson in Zahlungsschwierigkeiten kommen kann, können auch bei Organisationen bzw. Unternehmen während des Geschäftsbetriebs plötzliche Liquiditätsprobleme auftreten. Liquidität ist die Fähigkeit und Bereitschaft eines Unternehmens, seinen bestehenden Zahlungsverpflichtungen termingerecht und betragsgenau nachzukommen. Oftmals geraten Unternehmen in Liquiditätsprobleme, weil Kunden ihre Rechnungen nicht bezahlen, unerwartete Ausgaben entstehen, die Kredite zu hoch und zu teuer sind oder kein Überblick über die anstehenden Einnahmen und Ausgaben vorhanden ist.

1.3.1 Der Finanzplan

 Jonas ist verzweifelt. Er hat den Überblick über seine finanzielle Situation verloren. Zudem zahlen viele seiner Kunden nicht. Da er nicht mehr weiter weiß, besucht er Herrn Kies, der den Existenzgründerkurs an der IHK leitete. Dieser rät ihm, einen kurzfristigen Finanzplan aufzustellen. Jonas ist zwar erleichtert, hat aber leider vergessen, wie ein Finanzplan aufgebaut ist und wozu er gut ist. Er bittet daher Herrn Kies um entsprechende Fachliteratur.

Um die Liquidität eines Unternehmens für einen bestimmten Zeitabschnitt sicherzustellen, werden kurzfristige Finanzpläne – oftmals auch Liquiditätspläne – entwickelt. Finanzpläne sind ein wichtiges Instrument des betrieblichen Rechnungswesens, die im Unterschied zur vergangenheits- bzw. gegenwartsbezogenen Buchführung mehr in die Zukunft gerichtet sind.

 Der **kurzfristige Finanzplan** stellt die erwarteten Einnahmen der laufenden Rechnungsperiode den voraussichtlichen Ausgaben unter zeitlicher Abstimmung beider Geldströme einander gegenüber. Er ist eine Geldflussrechnung, die die angenommenen, geschätzten, zukünftigen Mittelabflüsse und -zuflüsse enthält. Der Finanzplan ist gesetzlich nicht vorgeschrieben und wird wegen seines wirtschaftlichen Nutzens freiwillig angewendet.

Aufgaben des kurzfristigen Finanzplans

Der kurzfristige Finanzplan übernimmt in einem Unternehmen mehrere Aufgaben:

- Er soll die Zahlungsbereitschaft, also die Liquidität im Zeitablauf sichern.
- Er dient der Ermittlung des absoluten Kapitalbedarfs für Investitionen und gibt Anstöße für die bestmögliche Mittelbeschaffung und Verwendung.
- Er ermöglicht es, eine drohende Illiquidität (Zahlungsunfähigkeit) bzw. einen sich abzeichnenden Liquiditätsüberschuss rechtzeitig zu erkennen.
- Er kann finanzielle Engpässe vermeiden.
- Er gibt an, wie wirtschaftlich die jeweilige Organisation ist.

Die Betriebe können je nach Betrachtungszeitraum ihre Finanzpläne täglich, wöchentlich, monatlich, quartalsweise, für ein Jahr oder auch für mehrere Jahre festlegen. Demzufolge wird zwischen den kurzfristigen und den langfristigen Finanzplänen unterschieden. **Mittel- bis langfristige Finanzpläne** mit z. B. fünf Jahren Laufzeit stellen Rahmenpläne dar, die die langfristige Kapitalausstattung sichern sollen. Sie enthalten meist die geplanten Investitionen und die entsprechenden Kapitalbedarfsrechnungen. Je länger die Zeiträume sind, desto ungenauer werden die Finanzpläne, da sie Prognosen über die zukünftige Entwicklung enthalten.

Beispiel eines kurzfristigen Finanzplans

Ein kurzfristiger Finanzplan besteht aus dem Anfangsbestand an Zahlungsmitteln, den erwarteten Ein- und Auszahlungen sowie dem Endbestand. Die Grundlage für den Finanzplan bilden die Informationen aus den verschiedenen Teilplänen eines Unternehmens. So liefert der Absatzplan die voraussichtlichen Mittelzuflüsse aus den Umsatzerlösen. Weitere Einzahlungen können z. B. Miet- oder Zinseinnahmen sein. Der Personalplan informiert über die erwarteten Lohnzahlungen und der Beschaffungsplan über die Geldabflüsse für Roh- Hilfs- und Betriebsstoffe. Darüber hinaus können sonstige Auszahlungen z. B. für Werbung, Steuern oder Provisionen entstehen.

Zahlungsmittel in Tausend Euro	Januar			
	1. Woche	2. Woche	3. Woche	4. Woche
I. Anfangsbestand	6	14	– 4	3
II. Einzahlungen aus Umsatzerlösen aus sonstigen Erlösen	92 4	83 3	84 8	81 2
Gesamteinzahlung	96	86	92	83
III. Auszahlungen für Personal für RHB-Stoffe für Sonstiges	60 18 10	60 28 16	60 17 8	60 24 12
Gesamtauszahlung	88	104	85	96
IV. Endbestand	+ 14	– 4	+ 3	– 10

Das Beispiel eines kurzfristigen Finanzplans zeigt, dass das Unternehmen mit rückläufigen Umsätzen rechnet und die Lohnzahlungen als wöchentlich gleichbleibend angenommen werden. In der 1. und 3. Woche treten Überschüsse auf, während in der 2. und 4. Woche Defizite anfallen.

Koordination von Zahlungsströmen

Eine ständige Zahlungsbereitschaft verlangt die genaue Kenntnis und Identität von Ein- und Auszahlungen zu jedem Planungszeitpunkt. Da diese in der Realität selten gegeben ist, ergeben sich sogenannte Salden. Ist der Saldo positiv, so liegt ein Finanzierungsüberschuss – auch Überliquidität genannt – vor. Ist der Saldo negativ, ergibt sich ein Finanzierungsbedarf, der auch als Unterliquidität bezeichnet wird. Ein Unternehmen ist also ständig gezwungen, die Geldströme aufeinander abzustimmen.

Bei einem **Finanzierungsüberschuss** bildet sich ein hoher Bestand an Bank- bzw. Kassenguthaben der die Rentabilität des Betriebes gefährdet. Da der Einnahmenüberschuss nicht verzinst wird, wirft das vorhandene Kapital keinen Ertrag ab. Um dieses unwirtschaftliche Handeln zu vermeiden, kann der Unternehmer die Überliquidität kurzfristig z. B. in Wertpapieren oder langfristig in Neuinvestitionen anlegen.

Liegt hingegen ein **Finanzierungsbedarf** vor, muss das Unternehmen den Ausgabenüberschuss decken. Mögliche Maßnahmen zur Angleichung der Zahlungsströme an den aktuellen Finanzbedarf sind dabei
- die Aufnahme von kurzfristigen Krediten bei einer Bank,
- die Erhöhung der Absatzmengen bzw. der Preise der Produkte,
- die verstärkte Eintreibung der Forderungen an Kunden bzw. das Hinauszögern von Zahlungen an die Lieferanten,
- der Verkauf von Anlagegütern, z. B. von Grundstücken oder Wertpapieren des Umlaufvermögens.

Eine fortlaufende Anpassung der Finanzpläne ist nicht nur über Preis- bzw. Mengenänderungen möglich, sondern auch durch Zeitverschiebungen. So kann z. B. die Fertigungsdauer eines Produkts verlängert bzw. verkürzt werden und damit wird auch der Finanzbedarf verändert.

1.3.2 Der Haushaltsplan

Während bei Unternehmen mit privatrechtlicher Rechtsform (z. B. Einzelunternehmen, Genossenschaften, Kapitalgesellschaften) Finanzpläne erstellt werden, steuern die Betriebe mit einer öffentlich-rechtlichen Rechtsform (z. B. Stiftung, Anstalt, Körperschaften des öffentlichen Rechts) ihre zukünftigen Geldflüsse mit sogenannten Haushaltsplänen.

Auch viele Familienhaushalte erstellen (bewusst oder unbewusst) einen Haushaltsplan für den kommenden Monat. Ein Musterhaushaltsplan für eine Familie kann unter https://www.meine-schulden.de/ (Link Service – Übersichten) abgerufen werden.

Wesen des Haushaltsplans

> 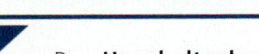 Der **Haushaltsplan** enthält die veranschlagten Haushaltseinnahmen und -ausgaben von juristischen Personen des öffentlichen Rechts für das nächste Haushaltsjahr.

Haushaltspläne werden vom Bund, den Ländern, Kreisen und Gemeinden, aber auch von Anstalten und Körperschaften erstellt. Bund und Länder sind verpflichtet, ihre Haushaltswirtschaft über mehrere Jahre vorauszuplanen und einen mittelfristigen, fünfjährigen Finanzplan zu entwickeln.

Der Haushaltplan einer Gemeinde wird in einen Verwaltungshaushaltsplan und einen Vermögenshaushaltsplan unterteilt. Der **Verwaltungshaushalt** enthält jährlich wiederkehrende Einnahmen wie Steuern (Grund-, Gewerbe- und Hundesteuer), Gebühren und Zuweisungen anderer öffentlicher Stellen. Zuweisungen sind Zahlungen im Rahmen des **Finanzausgleichs**, z.B. zwischen den Bundesländern und Gemeinden, aber auch innerhalb der Bundesländer. Zu den wiederkehrenden Ausgaben gehören die Personalkosten für Arbeiter und Angestellte, Sachkosten für Fahrzeuge und Geräte, Energieaufwand und Kreditzinsen bzw. Tilgung.

Der **Vermögenshaushalt** beinhaltet alle Einnahmen und Ausgaben, die sich vermögenserhöhend oder -vermindernd auf die Gemeinde auswirken und deshalb nicht dem Verwaltungshaushalt zuzuordnen sind. Hierzu zählen die Ausgaben für den Straßenbau, der Erwerb von Grundstücken oder die Errichtung eines städtischen Freizeitparks. Einnahmen ergeben sich aus dem Verkauf von Immobilien oder alten Fahrzeugen und Geräten.

Der Haushaltsplan hat die primäre Zielsetzung, die erforderlichen Ausgaben festzusetzen und die notwendigen Einnahmen zu beschaffen, die z.B. eine Gemeinde benötigt, um ihre Aufgaben zu erfüllen. Entsprechend dem Grundgesetz und der Verfassung des Freistaates Bayern haben die Gemeinden das Selbstverwaltungsrecht, zu dem die Finanzhoheit gehört. Sie sind damit berechtigt, im Rahmen der gesetzlichen Bestimmung, den Umfang ihres Aufgabenbedarfs und dessen Deckung selbst zu bestimmen. Diese Festlegung trifft die Gemeinde in der Haushaltssatzung, die ihre Haushaltswirtschaft in gesetzlich verbindlicher Form regelt.

Zustandekommen eines Haushaltsplans

An der Entstehung des Haushaltsplanes einer Gemeinde sind der erste Bürgermeister mit dem Gemeinderat und die städtische Finanzverwaltung – auch Kämmerei genannt – beteiligt. Die **Vorarbeiten** werden auf breiter Basis geführt; es sind nicht nur die Sachgebietsleiter der Gemeinde, sondern auch die Leiter der Schulen, der Feuerwehrkommandant und die Kindergartenleiterin beteiligt. Zudem werden bei der Vorbereitung die verschiedenen Ausschüsse (z.B. Finanzausschuss, Bauausschuss oder Kulturausschuss) in die Beratungen miteinbezogen.

Aufgrund der Meldungen der zu erwartenden Einnahmen und der voraussichtlichen Ausgaben durch die Dienststellen und der beteiligten Ausschüsse wird ein **Entwurf** des Haushaltsplanes zusammengestellt. Er entspricht in seiner ersten Fassung meist noch nicht den Grundsätzen des Haushaltsausgleichs. Der Haushaltsentwurf wird im Vorfeld einer Haushaltssitzung allen Gemeinderatsmitgliedern zugeleitet, um ihnen Gelegenheit zu geben, sich entsprechend zu informieren.

In den **Haushaltssitzungen** muss ein Abgleich zwischen den Einnahmen und Ausgaben (Haushaltsausgleich) erfolgen, der zwingend gesetzlich vorgeschrieben ist. Dies erfordert meist umfangreiche Beratungen. Zudem erhalten die Bürgerinnen und Bürger einer Gemeinde die Gelegenheit, sich rechtzeitig und umfassend über die Finanzen ihrer Gemeinde zu informieren.

Gliederung und Gruppierung von Verwaltungs- und Vermögenshaushalten

Beim Verwaltungs- und Vermögenshaushalt erfolgt die Gliederung nach Aufgabenbereichen in Einzelpläne, Abschnitte und Unterabschnitte.

Gliederungsplan	Einzelplan 2: Schulen
Einzelplan	Abschnitt 20 Schulverwaltung
0 Allgemeine Verwaltung	Abschnitt 21 Grund-/Hauptschulen
1 Öffentliche Sicherheit und Ordnung	Abschnitt 22 Realschulen
2 Schulen	Abschnitt 23 Gymnasien
3 Wissenschaft, Forschung, Kulturpflege	Abschnitt 24 Berufsschulen
4 Soziale Sicherung	Unterabschnitte (UA)
5 Gesundheit, Sport, Erholung	UA 240 Berufsschulen
6 Bau- und Wohnungswesen, Verkehr	UA 243 Wirtschaftsschulen
7 Öffentliche Einrichtungen, Wirtschaftsförde- rung	UA 249 Berufsaufbauschulen
8 Wirtschaftliche Unternehmen, allgemeines Grund- und Sondervermögen	Abschnitt 25 Fachschulen
9 Allgemeine Finanzwirtschaft	Abschnitt 26 Fachoberschulen

Innerhalb der Abschnitte und Unterabschnitte sind die Einnahmen und Ausgaben in Gruppen eingeteilt. Bei der **Gruppierung** wird zwischen Hauptgruppen, Gruppen und Untergruppen unterschieden.

Gruppierungsplan	Hauptgruppe 4: Personalausgaben
Hauptgruppe	Gruppe 40 Aufwendungen ehrenamtl. Tätigkeit
Einnahmen	Gruppe 41 Dienstbezüge
0 Steuern, allgemeine Zuweisungen	Untergruppe (UGr)
1 Einnahmen aus Verwaltung und Betrieb	UGr. 410 Beamte
2 Sonstige Finanzeinnahmen	UGR. 414 Arbeitnehmer
3 Einnahmen des Vermögenshaushalts	Gruppe 42 Versorgungsbezüge
Ausgaben	Gruppe 43 Versorgungskasse
4 Personalausgaben	Gruppe 44 Sozialversicherung
5/6 Sächlicher Verwaltungs- und Betriebsauf- wand	Gruppe 45 Beihilfen
7 Zuweisungen und Zuschüsse	Gruppe 46 Personal-Nebenausgaben
8 Sonstige Finanzaufgaben	
9 Ausgaben des Vermögenshaushalts	

Die Zusammenfassung der Gliederungsnummer und der Gruppierungsnummer ergibt die Haushaltsstelle.

1.3.3 Der Wirtschaftsplan

Jonas erkennt bei der Lektüre des Fachbuchs immer mehr, wie wichtig eine gute finanzielle Planung ist. Selbst öffentliche Haushalte erstellen einen genauen Haushaltsplan. Daher will er sich sofort an die Arbeit machen und auch für sein Unternehmen einen Haushaltsplan erstellen. Voller Euphorie liest er im Fachbuch weiter und stößt auf den Begriff „Wirtschaftsplan". „Das kann doch nicht sein! Schon wieder ein Plan! Langsam verliere ich den Überblick."

Viele Städte und Gemeinden organisieren ihre öffentlichen Aufgaben, wie z. B. den Versorgungsbereich mit Wasser, Abwasser, Strom und Müllentsorgung, aber auch die Leistungen der Krankenhäuser, Verkehrsbetriebe und Theater, in der Form eines Eigenbetriebes (siehe Lernbereich 1, Kapitel 2.4.2, Rechtsformen öffentlicher Unternehmen). Eigenbetriebe sind wirtschaftliche Unternehmen einer Gemeinde, die eine organisatorische Einheit bilden, rechtlich jedoch nicht selbstständig sind. Sie sind aus dem Haushalt der Trägerkörperschaft ausgegliedert und bilden ein eigenes **Sondervermögen,** das sich im Eigentum der jeweiligen Gemeinde befindet. Sie können Einnahmen erheben, z. B. durch Gebühren und Eintrittskarten und diese Zuströme für eigene Zwecke verwenden. Als eigenständige wirtschaftliche Organisationseinheit stellen die Eigenbetriebe Wirtschaftspläne auf.

Wesen eines Wirtschaftsplans

> Durch den **Wirtschaftsplan** wird versucht, das zukünftige wirtschaftliche Handeln von öffentlichen Unternehmen mit wirtschaftlicher Orientierung, insbesondere von Eigenbetrieben, Zweckverbänden, Bundes- und Landesbetrieben auf der Grundlage von geplanten Einnahmen und Ausgaben eines Kalenderjahres zu dokumentieren und zu steuern.

Nach § 26 BHO (Bundeshaushaltsordnung) sind bestimmte Unternehmen zur Aufstellung von Wirtschaftsplänen verpflichtet. Die Bestimmungen zum Hauhaltsplan sind online unter www.gesetze-im-internet.de/bho/index.html abzurufen.

Bundeshaushaltsordnung (BHO)

§ 26 Bundesbetriebe, Sondervermögen, Zuwendungsempfänger

(1) Bundesbetriebe haben einen Wirtschaftsplan aufzustellen, wenn ein Wirtschaften nach Einnahmen und Ausgaben des Haushaltsplans nicht zweckmäßig ist. Der Wirtschaftsplan oder eine Übersicht über den Wirtschaftsplan ist dem Haushaltplan als Anlage beizufügen oder in die Erläuterungen aufzunehmen. Im Haushaltsplan sind nur die Zuführungen und Ablieferungen zu veranschlagen. Planstellen sind nach Besoldungsgruppen und Amtsbezeichnungen im Haushaltsplan auszubringen.

[...]

Weitere Regelungen finden sich in der jeweiligen Landeshaushaltsverordnung des entsprechenden Bundeslandes, ergänzt durch die dazugehörenden Verwaltungsvorschriften. Der Wirtschaftsplan ist jährlich vor Beginn des Wirtschaftsjahres aufzustellen und dem Haushaltsplan als Anlage beizufügen. Mit dem Beschluss des Haushaltplans erlangt auch der Wirtschaftsplan Gesetzeskraft. Für die Erstellung und Ausführung des Wirtschaftsplans ist normalerweise der Bürgermeister der Trägerkörperschaft bzw. der eingesetzte Betriebs-/Werksleiter zuständig.

Arten des Wirtschaftsplans

Der Wirtschaftsplan besteht aus dem Erfolgsplan mit den laufenden Ausgaben, dem Vermögens- bzw. Finanzplan, der die Investitionen beschreibt, und der Stellenübersicht.

Beim **Erfolgsplan** werden alle voraussichtlichen Erträge und Aufwendungen des Wirtschaftsjahres ausgewiesen. Er orientiert sich an der Gliederung der Gewinn- und Verlustrechnung und ist somit gewissermaßen die Vorschau auf die Gewinn- und Verlustrechnung des nächsten Jahres.

B Positionen eines Muster-Erfolgsplans für ein Jugendkulturzentrum

Erträge	Aufwendungen
1. Mitgliedsbeiträge, Spenden	1. Personalaufwendungen (z. B. Haupt-amtliche)
2. Veranstaltungseinnahmen (z. B. Kurse)	2. Mietaufwendungen
3. Sonstige Eigeneinnahmen (z. B. Vermietung)	3. Betriebsausgaben (inkl. Instandhaltung)
4. Zuwendungen (institutionelle Förderung)	4. Verwaltung (Gemeinkosten)
5. Sonstige Zuwendungen	5. Programmkosten (z. B. Gagen, Honorare)
6. Entnahmen aus Rücklagen	6. Sonstige Ausgaben
Summe Erträge	Summe Aufwendungen
Zuschussbedarf (= Summe der Aufwendungen – Summe der Erträge)	

Der **Vermögens- bzw. Finanzplan** enthält die voraussichtlichen vermögenswirksamen Einnahmen und Ausgaben. Hier werden die geplanten Investitionen und die Entwicklung der Vermögenspositionen beschrieben.

Der **Stellenplan** besteht aus der Stellenübersicht und stellt die Entwicklung des Stellenbedarfs dar. Er ist ein wichtiges Instrument für die Bewirtschaftung der Arbeitsstellen in der öffentlichen Verwaltung.

Aufgaben des Wirtschaftsplans

Der Wirtschaftsplan übernimmt ähnliche Aufgaben wie der Haushaltsplan:

- Er ist ein **Informationsinstrument**, da er die wesentlichen Angaben und Daten über die wirtschaftliche Situation des Eigenbetriebes enthält. Sein Zahlenwerk verbessert die Transparenz zwischen Öffentlichkeit, Verwaltung und Zuwendungsempfängern.
- Er ist ein wichtiges **Steuerungsinstrument** der ökonomischen Aktivitäten des jeweiligen öffentlichen Unternehmens. Der Wirtschaftsplan ist die Grundlage für die Festlegung von Zielen, den Einsatz der erforderlichen Mittel und die Bestimmung der Zeiträume, innerhalb denen die Ziele erreicht werden sollen.
- Er ist ein **Kontrollinstrument**, da er den Vergleich der geplanten Werte und den tatsächlichen Zahlen ermöglicht. Grundsätzlich ist der Wirtschaftsplan verbindlich. Ergeben sich jedoch in einem Wirtschaftsjahr erhebliche Abweichungen von den Planansätzen, so ist der Wirtschaftsplan zu ändern.

Aufgaben

1. Interpretieren Sie die nebenstehende Karikatur im Hinblick auf Rationalisierungsinvestitionen im Zusammenhang mit Gesundheitsreformen ausführlich und kritisch.
2. Stellen Sie den Weg zum endgültigen Investitionsprogramm schematisch dar.
3. Überlegen Sie, welche Bedeutung ein Investitionsplan hat.
4. Erläutern Sie den wesentlichen Unterschied zwischen einem Investitions- und Kapitalbedarfsplan.
5. Werten Sie die nebenstehende Statistik aus und gehen Sie dabei insbesondere auf die Investitionsziele ein.
6. Zeigen Sie anhand von konkreten Beispielen den Zusammenhang zwischen Investition und Finanzierung auf.

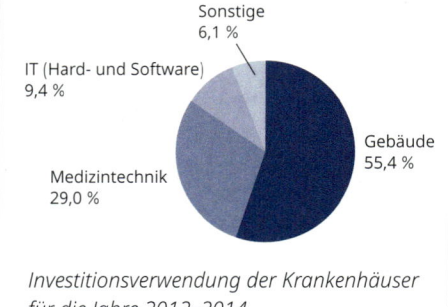

Investitionsverwendung der Krankenhäuser für die Jahre 2012–2014

vgl. Deutsches Krankenhausinstitut (Hrsg.): Investitionsfähigkeit der deutschen Krankenhäuser, online unter: https://www.dki.de/sites/default/files/2019-02/investitionsfaehigkeit_der_deutschen_krankenhaeuser.pdf, S. 16 [21.10.2020].

7. Beschreiben Sie den abgebildeten Finanzkreislauf und weisen Sie insbesondere auf die Stellen hin, an denen es zu Liquiditätsproblemen kommen kann.

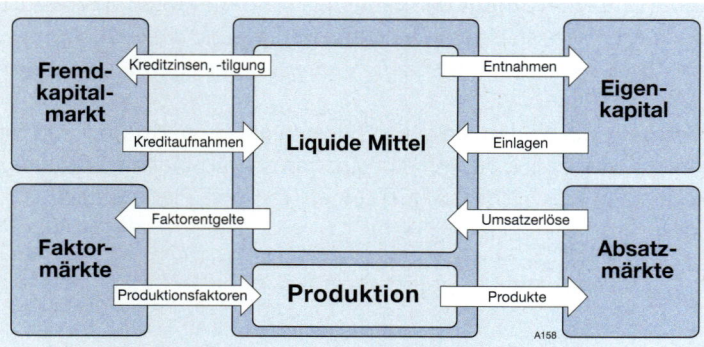

8. Definieren Sie folgende Begriffe: „Liquidität", „Illiquidität", „Überliquidität", „Unterliquidität", „Verwaltungshaushalt", „Vermögenshaushalt", „Haushaltsstelle", „Sondervermögen", „Erfolgsplan", „Vermögensplan".
9. Stellen Sie die Begriffe „Finanzierungsüberschuss" und „-bedarf" anhand der Merkmale „Wesen" und „Maßnahmen" einander gegenüber.

10. Finanzausgleich der Bundesländer
    a) Informieren Sie sich im Internet über Ursachen und Wesen des Finanzausgleichs zwischen den Bundesländern.
    b) Nehmen Sie kritisch zur derzeitigen Situation des Länderfinanzausgleichs Stellung.
11. Entwickeln Sie eine schematische Darstellung mit folgenden Begriffen in der Kopfzeile: „kurzfristiger Finanzplan", „Haushaltsplan", „Wirtschaftsplan". Übernehmen Sie in die Vorspalte folgende Begriffe: „Rechtsform", „Wesen", „Arten".
    Füllen Sie die freien Felder der Matrix auf.
12. Haushaltsplan der Heimatgemeinde/Heimatstadt
    a) Beschaffen Sie sich von Ihrer Gemeinde/Stadt einen verkürzten Haushaltsplan und interpretieren Sie diesen.
    b) Konzipieren Sie für Ihre Bezugsgemeinde/-stadt das Rollenspiel einer Haushaltssitzung. Entwickeln Sie dabei folgende Rollenspielkarten: Bürgermeister, Gemeinderatsvertreter (rote Fraktion), Gemeinderatsvertreter (schwarze Fraktion), Stadtkämmerer, Vertreter der Öffentlichkeit, Jugendvertreter.
    c) Führen Sie das Rollenspiel anhand der entwickelten Rollenspielkarten durch.
    d) Erarbeiten Sie für Ihre Gemeinde/Stadt mögliche Vorschläge für Verbesserungen im sozialen Bereich.
13. Erläutern Sie die Aufgaben eines Wirtschaftsplans eines Eigenbetriebes.
    a) Beschaffen Sie sich im Rahmen einer Internetrecherche den Wirtschaftsplan eines Eigenbetriebes einer bayerischen Stadt nach Ihrer Wahl und interpretieren Sie diesen.
    b) Vertiefen Sie Ihre Erkenntnisse über den ausgewählten Eigenbetrieb durch eine Betriebserkundung vor Ort oder durch eine Internetrecherche.

2   Finanzierungsformen

Nach anfänglichen Startschwierigkeiten wird die Service Agentur Huber ein voller Erfolg. Vor allem die Ganztagesbetreuung ist sehr beliebt. Jonas würde gerne weitere Kinder aufnehmen, hat aber keinen Platz mehr. Als zum wiederholten Male eine Mutter nach einem Betreuungsplatz fragt, fasst Jonas einen Entschluss. Er möchte seinen Betrieb vergrößern. Allerdings weiß er nicht, wie er die Erweiterung am besten finanziert. Er besucht Herrn Kies, der ihm schon bei der Finanzplanung geholfen hat, und fragt ihn nach einer optimalen Lösung. Erfreut, dass es Jonas und seiner Agentur gut geht, meint dieser: „Hm, ich kenne die Verhältnisse in der Firma nicht genau und weiß daher nicht, was für dich am besten ist, aber grundsätzlich gibt es mehrere Finanzierungsmöglichkeiten. Schau' dir doch einfach mal diese Infobroschüre an!"

ARBEITSAUFTRAG

Überlegen Sie, welche Möglichkeiten Jonas hat, sich neues Kapital zu beschaffen.

2.1   Überblick über die allgemeinen Finanzierungsformen

Um ihren Kapitalbedarf zu decken, haben Unternehmen bzw. Organisationen verschiedene Möglichkeiten. Generell wird zwischen den **allgemeinen** und den **besonderen Finanzierungs-**

formen unterschieden. Während Letztere sich insbesondere auf den Bereich „soziale Einrichtungen" beziehen, lassen sich die allgemeinen Finanzierungsmaßnahmen vor allem auf die Wirtschaftsunternehmen übertragen. Nachstehend wird zunächst ein Überblick über die allgemeinen Finanzierungsmöglichkeiten gegeben.

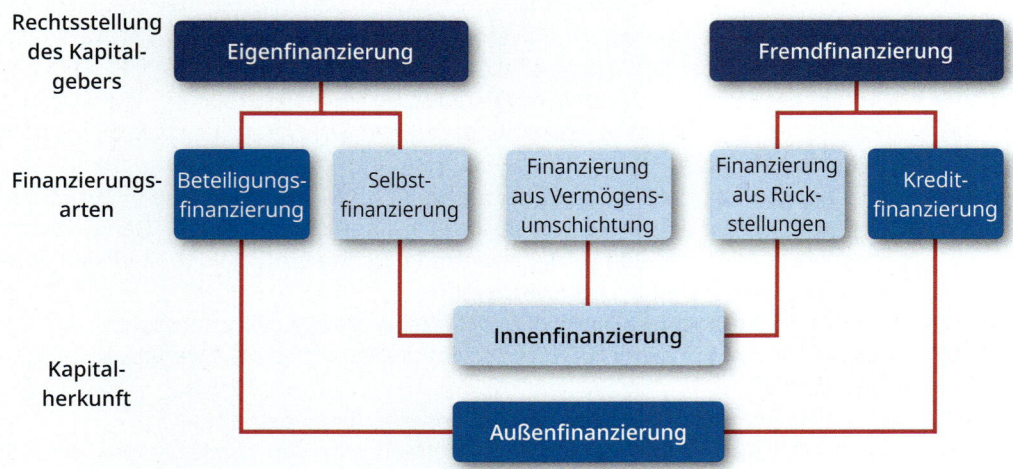

Wie aus dem Schaubild ersichtlich wird, lassen sich die allgemeinen Finanzierungsarten nach verschiedenen Kriterien, wie der Rechtsstellung des Kapitalgebers oder der Kapitalherkunft, einteilen. Gliedert man die Finanzierungsmaßnahmen nach der Herkunft des Kapitals, kann zwischen der **Innen- und Außenfinanzierung** unterschieden werden. Bei der Innenfinanzierung bringt das Unternehmen die benötigten Mittel aus eigener Kraft von „innen heraus" bzw. durch den Verkauf von Erzeugnissen und Dienstleistungen auf. Bei der Außenfinanzierung hingegen kommt das Kapital nicht vom Unternehmen selbst, sondern es wird ihm von „außerhalb" bzw. von Dritten – unabhängig vom Umsatzprozess (Verkauf von Produkten oder Dienstleistungen) – zugeführt.

Eine weitere Möglichkeit die Finanzierungsformen zu kategorisieren, ist die Gliederung nach der Rechtsstellung des Kapitalgebers. Dementsprechend unterscheidet man zwischen der **Eigen- und der Fremdfinanzierung**. Im Rahmen der Fremdfinanzierung wird dem Unternehmen auf befristete Zeit Fremdkapital zur Verfügung gestellt. Dabei sind die Kapitalgeber keine Gesellschafter, sie bleiben Gläubiger und haben nur in wenigen Fällen ein Mitspracherecht. Stattdessen haben sie einen Anspruch auf Tilgung (Rückzahlung) und Verzinsung. Wird dem Unternehmen jedoch neues Eigenkapital in Form einer Beteiligung oder eines Gewinns aus dem eigenen Umsatzprozess zugeführt, handelt es sich um eine Eigenfinanzierung. An die Stelle von Zins- und Tilgungsvereinbarungen treten nun Vereinbarungen über Gewinnbeteiligungen oder Abfindungen. In der Regel haben die Eigenkapitalgeber aufgrund ihres Haftungsrisikos auch mehr Mitspracherechte bei Unternehmensentscheidungen.

2.2   Eigenfinanzierung

Zur Eigenfinanzierung zählen die Selbstfinanzierung und die Beteiligungsfinanzierung. Hierbei finanziert sich das Unternehmen aus eigenen Mitteln. Dazu gehören alle finanziellen Vorgänge, die dem Unternehmen zusätzliches Eigenkapital bereitstellen. Dies kann entweder über eine Innen- oder eine Außenfinanzierung erfolgen.

2.2.1 Selbstfinanzierung

Im Falle der Selbstfinanzierung liegt eine Eigen- und Innenfinanzierung vor. Die Mittelzufuhr erfolgt demnach nicht von außen, sondern über den Umsatzprozess. Werden beispielsweise Erzeugnisse und Dienstleistungen über den Selbstkosten verkauft, fließen dem Unternehmen höhere Erträge zu als es an Aufwendungen bezahlen musste. Es entsteht ein Gewinn, der dem Eigenkapital zugeführt wird. Wird dieses neu gebildete Kapital dann nicht an die Kapitaleigner ausgeschüttet, sondern bleibt es im Unternehmen, so kann es u. a. für Investitionen verwendet werden. Kurzum: das Unternehmen finanziert sich durch das Einbehalten von Gewinnen selbst; man spricht folglich auch von der Selbstfinanzierung. Neben dieser Form der **offenen Selbstfinanzierung** gibt es auch die **stille bzw. verdeckte Selbstfinanzierung**.

Offene Selbstfinanzierung

Fasst man die obigen Ausführungen zusammen, liegt eine offene Selbstfinanzierung immer dann vor, wenn ein Unternehmen Gewinne erwirtschaftet hat und diese in den Eigenkapitalposten der Bilanz einstellt. Dabei ist das Prinzip der Selbstfinanzierung bei Personengesellschaften und bei Kapitalgesellschaften grundsätzlich immer das Gleiche.

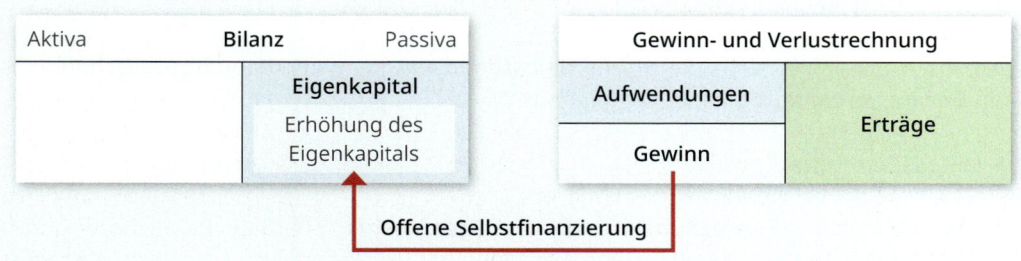

- In einer **Personengesellschaft** (auch bei Einzelunternehmen) entnehmen die Gesellschafter in ihrer Gesamtheit weniger an Privatentnahmen als der Gewinn beträgt. Der Restbetrag wird dem Eigenkapitalkonto als zusätzliches Eigenkapital gutgeschrieben.

Eigenkapitalerhöhung = Gewinn – Privatentnahmen

- **Kapitalgesellschaften** (deren Selbstfinanzierung teilweise gesetzlich vorgeschrieben ist) stellen einen Teil des Jahresüberschusses bzw. Gewinns als Gewinnrücklagen (mit Gewinnvortrag)[1] in das Eigenkapitalkonto ein und schütten den anderen Teil bzw. den Restbetrag an die Aktionäre als Dividende aus.

Eigenkapital- bzw. Gewinnrücklagenerhöhung = Jahresüberschuss – Dividende

---

[1] In der Regel wird zum Jahresüberschuss noch der Gewinnvortrag aus dem Vorjahr addiert. Zieht man von dieser Summe die Einstellungen in die Gewinnrücklagen ab, erhält man den Bilanzgewinn. In den meisten Fällen wird dieser nicht in voller Höhe ausgeschüttet, sondern in Dividende (Ausschüttungsbetrag) und Gewinnvortrag für das nächste Jahr (Restbetrag) aufgeteilt.

Der Eigenkapitalposten einer Aktiengesellschaft setzt sich wie folgt zusammen:

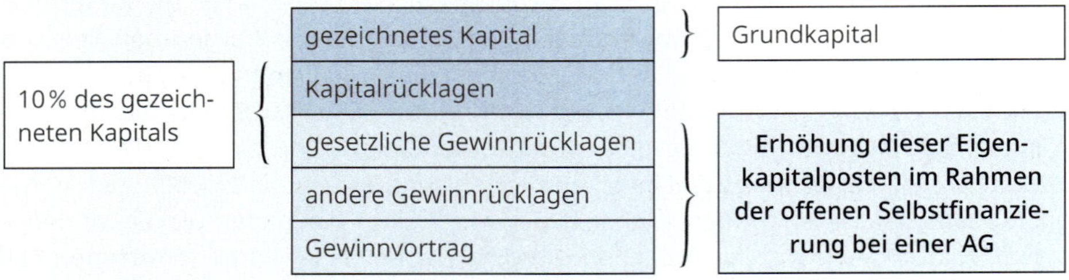

So muss eine Kapitalgesellschaft jedes Jahr Teile des Gewinns, genau genommen 5 % des Jahresüberschusses, in die gesetzlichen Gewinnrücklagen einstellen, bis diese zusammen mit den Kapitalrücklagen[1] 10 % des Grundkapitals (gezeichnetes Kapital[2]) erreichen. Die gesetzlichen Gewinnrücklagen dürfen nur bei Verlusten abgebaut werden. Darüber hinaus ist festgelegt, dass im Falle des Beschlusses durch den Vorstand/Aufsichtsrat oder die Hauptversammlung in der Regel maximal 50 % des Gewinns in die anderen Gewinnrücklagen eingestellt werden dürfen (genaueres vgl. § 58 Abs. 1 und 2 AktG).

Schematisch betrachtet sieht die **offene Selbstfinanzierung einer Kapitalgesellschaft** bzw. deren **Gewinnverwendung** daher wie folgt aus:

	Jahresüberschuss
+/–	Gewinn- oder Verlustvortrag des Vorjahres
–	Einstellungen in die gesetzlichen Gewinnrücklagen
–	Einstellungen in die anderen Gewinnrücklagen
=	Bilanzgewinn (Zwischensumme)
–	Dividende[3]
=	Gewinn- oder Verlustvortrag für das nächste Jahr

---

[1] Kapitalrücklagen (Summe aller Agios) entstehen, wenn die Aktien über dem Nennwert (Grundwert) ausgegeben werden. Wird z. B. eine Aktie zum Kurswert von 8,00 € verkauft und ist ihr Nennwert 5,00 €, so ergibt sich ein Agio (Aufgeld) von 3,00 € je Aktie.

[2] Gezeichnetes Kapital (Stamm- oder Grundkapital) ist die Summe aller Nennwerte von Aktien. Jede Aktie hat einen bestimmten Grund- bzw. Nennwert, zu dem sie ausgegeben wird.

[3] Die Dividende wird ermittelt, indem die Zahl der Aktien mit der Dividende je Aktie multipliziert wird oder indem der prozentuale Anteil des Bilanzgewinns am gezeichneten Kapital berechnet wird. Dabei wird der ermittelte Prozentsatz auf einen vollen Betrag abgerundet und erneut auf das gezeichnete Kapital bezogen.

Zahlenbeispiel zur offenen Selbstfinanzierung

A. Eigenkapital Jahr 01 (vor Ergebnisverwendung) in Tausend Euro

I.	Gezeichnetes Kapital	1.200
II.	Kapitalrücklagen	100
III.	Gewinnrücklagen	
	– gesetzliche Gewinnrücklagen	18
	– andere Gewinnrücklagen	50
IV.	**Gewinnvortrag Jahr 00**	2
V.	**Jahresüberschuss 01**	**30**
=	**EK-Summe**	**1.400**

	Jahresüberschuss	30
+	Gewinnvortrag (alt) Jahr 00	2
–	Einstellungen in die ges. GRL	4
–	Einstellungen in die anderen GRL	14
=	Bilanzgewinn	14

A. Eigenkapital Jahr 01 (nach teilw. Ergebnisverwendung) in Tausend Euro

I.	Gezeichnetes Kapital	1.200	
II.	Kapitalrücklagen	100	
III.	Gewinnrücklagen		
	– gesetzliche Gewinnrücklagen	**22**	(18 + 4)
	– andere Gewinnrücklagen	**64**	(50 + 14)
IV.	**Bilanzgewinn**	**14**	
=	**EK-Summe**	**1.400**	

	Bilanzgewinn	14
–	Dividende	12
=	Gewinnvortrag (neu) Jahr 01	2

A. Eigenkapital Jahr 01 (nach vollst. Ergebnisverwendung) in Tausend Euro

I.	Gezeichnetes Kapital	1.200	
II.	Kapitalrücklagen	100	
III.	Gewinnrücklagen		
	– gesetzliche Gewinnrücklagen	**22**	
	– andere Gewinnrücklagen	**64**	
IV.	**Gewinnvortrag neu Jahr 01**	**2**	
=	**EK-Summe**	**1.388**	(ohne Dividende)

Die Dividende wird ausgeschüttet und gehört, so lange sie noch im Unternehmen ist, zum kurzfristigen Fremdkapital.

Wird im Rahmen einer offenen Selbstfinanzierung das Eigenkapital eines Unternehmens erhöht, verbessert sich die Liquidität. Es stehen mehr flüssige Mittel für Investitionen zur Verfügung, gleichzeitig müssen keine Zinsen und Tilgungsraten an Gläubiger gezahlt werden. Das Kapital steht unbefristet zur Verfügung und ist relativ kündigungssicher. Darüber hinaus erhöht sich die Kreditwürdigkeit, da der Eigenkapitalanteil im Vergleich zum Fremdkapital in der Bilanz größer wird. In Bezug auf Kapitalgesellschaften steigen aufgrund des höheren Unternehmenswertes

(Eigenkapital ist höher) in der Regel auch die Aktienkurse an. Zudem ändert sich der Stimmrechtsanteil nicht.

Behält ein Unternehmen Gewinne ein, nimmt die Körperschaftsteuerbelastung zu. Des Weiteren führt eine hohe Liquidität oftmals zu Fehlinvestitionen und bei Aktiengesellschaften zu einer höheren Dividendenerwartung.

Stille Selbstfinanzierung

Die Selbstfinanzierung eines Unternehmens muss in der Bilanz nicht unbedingt offensichtlich sein. Das ist der Fall, wenn durch bilanz- und bewertungspolitische Maßnahmen versteckte Rücklagen bzw. Gewinne gebildet werden, die für Außenstehende nicht unbedingt erkennbar sind. Ziel dieser stillen Selbstfinanzierung ist, durch zu hohe Aufwendungen und zu niedrige Erträge den Gewinn und damit die Steuerbelastung sowie die Gewinnausschüttungen zu verringern. Dadurch fließen weniger Mittel ab, die stattdessen innerhalb des Unternehmens eingesetzt werden können. Dieser Finanzierungseffekt tritt allerdings nur in dem Jahr auf, in dem die stillen Reserven gebildet werden. Bis zu ihrer Auflösung bleiben die stillen Rücklagen bestehen.

Allgemein werden zwei grundlegende Möglichkeiten der stillen Selbstfinanzierung unterschieden: Unterbewertung der Aktiva (Vermögen) und Überbewertung der Passiva (Schulden).

Unterbewertung der Aktiva	Unabhängig von Wertsteigerungen gelten die Anschaffungskosten als absolute Bewertungsobergrenze (z. B. bei Grundstück).
	Bei dauerhafter Wertminderung muss der niedrigere Wert angesetzt werden (z. B. bei Grundstücken, Forderungen).
	Selbst hergestellte Wirtschaftsgüter können mit der Bewertungsuntergrenze angesetzt werden, also ohne die Verwaltungskosten (nur Herstellungskosten).
	Für geringwertige Wirtschaftsgüter und die Rohstoffbewertung gibt es Vereinfachungsvorschriften (z. B. Durchschnittsbewertung bei Rohstoffen).
	Immaterielle Anlagegüter, die unentgeltlich erworben wurden (z. B. Firmenimage, selbsterstellte Patente), können (müssen aber nicht) in der Bilanz angesetzt werden (vgl. § 248 Abs. 2 HGB).
	Die Abschreibung kann höher sein als die tatsächliche Abnutzung (z. B. Sonderabschreibungen) oder bereits abgeschriebene Vermögenswerte werden weiter genutzt.
Überbewertung der Passiva	Wegen des Grundsatzes der kaufmännischen Vorsicht können Rückstellungen zu hoch angesetzt werden, sodass sie höher sind als die späteren tatsächlichen Kosten (z. B. Instandhaltungs- oder Prozesskosten).
	Das Gleiche gilt für Verbindlichkeiten (z. B. Fremdwährungsverbindlichkeiten).

Müssen die einzelnen Vermögenswerte verkauft oder die Schulden bezahlt werden, kommt es automatisch zu einer Offenlegung der bislang verdeckten Werte, die nun auch entsprechend versteuert werden müssen. Die Auflösung erfolgt oft zwangsläufig, beispielsweise durch den Verkauf von bislang unterbewerteten Vermögenswerten, von Vermögenswerten über dem Buchwert, die Zuschreibung bei Vermögensgegenständen, die Fälligkeit bisher überbewerteter Verbindlichkeiten, die gewinnerhöhende Auflösung von Rückstellungen, den Eingang wertberichtigter Forderungen oder den Verkauf einer bereits komplett abgeschriebenen Anlage.

 Ein Grundstück wurde ursprünglich für 100.000,00 € gekauft. Nach einigen Jahren ist sein Wert aufgrund einer besseren Verkehrsanbindung auf 150.000,00 € angestiegen. Allerdings darf es aufgrund des Anschaffungswertprinzips nicht höher als zu den Anschaffungskosten angesetzt werden. Folglich müssen zunächst auch keine Steuern für den Wertzuwachs bezahlt werden (Steuerstundung als stille Selbstfinanzierung). Beim Verkauf des Grundstücks für 150.000,00 € wird jedoch der zusätzliche Gewinn von 50.000,00 € offensichtlich und muss entsprechend versteuert werden (Auflösung der stillen Selbstfinanzierung).

Durch die Überbewertung der Passiva oder die Unterbewertung der Aktiva kommt es zunächst zu einer Verringerung der Steuerzahlungen und somit zu einem verminderten Mittelabfluss. Oft wird in diesem Zusammenhang von „mehr Sein als Schein" gesprochen. Die Gewinn- und Rentabilitätssituation eines Unternehmens wird dadurch erheblich verschleiert. Auch die Kreditwürdigkeit erhöht sich nicht, da die stille Selbstfinanzierung in der Bilanz nicht ersichtlich ist.

Unabhängig davon hat die stille Selbstfinanzierung aber den Vorteil, dass sie zunächst zu niedrigeren Steuern und Gewinnausschüttungen führt. Dieser Finanzierungseffekt zieht automatisch eine verbesserte Liquidität nach sich. Durch die verschobene Steuerzahlung erhöht sich zudem die Rentabilität. Dies liegt daran, dass die Steuerstundung eine Art zinsloser Kredit ist. Ferner erhöhen die stillen Rücklagen die Sicherheit des Unternehmens, da mehr Vermögen in ihm steckt als in der Bilanz ausgewiesen ist.

2.2.2 Beteiligungsfinanzierung

Entschließt sich ein Unternehmen zu einer Beteiligungsfinanzierung, holt es sich Eigenkapital nicht von innen, sondern von außerhalb. Folglich handelt es sich bei der Beteiligungsfinanzierung um eine Eigen- und Außenfinanzierung. Durch die Bereitstellung von Eigenkapital (Geld, Sacheinlagen, Rechte) erwerben Dritte bzw. Außenstehende Eigentumsrechte am Unternehmen. So erhalten sie durch das zur Verfügungstellen zeitlich unbefristeten Kapitals ein Mitsprache- bzw. Kontrollrecht sowie das Recht auf eine Gewinnbeteiligung. Allerdings übernehmen die Kapitalgeber gleichzeitig die Haftung bis zur Höhe ihrer Einlage.

Die Art und Weise der Beteiligungsfinanzierung ist von der jeweiligen Unternehmensform abhängig. Die nachfolgende Tabelle gibt einen Überblick über die verschiedenen Varianten der Beteiligungsfinanzierung in Abhängigkeit von der jeweiligen Rechtsform:

Unternehmensform	Beteiligungsfinanzierung
Einzelunternehmen	Inhaber stellt aus seinem Privatvermögen Kapital zur Verfügung (Einlagenfinanzierung).
Personengesellschaft: Offene Handelsgesellschaft (OHG)	Bisherige Gesellschafter stellen aus ihrem Privatvermögen weitere Mittel zur Verfügung. Neue Gesellschafter werden aufgenommen.

Unternehmensform	Beteiligungsfinanzierung
Personengesellschaft: Kommanditgesellschaft (KG)	Bisherige Gesellschafter stellen weitere Mittel zur Verfügung. Neue Gesellschafter (Voll- oder Teilhafter) werden aufgenommen.
Im Gegensatz zur Beteiligungsfinanzierung bei Kapitalgesellschaften ist die Kapitalerhöhung relativ niedrig. Problematisch ist allerdings die Möglichkeit der Kündigung durch die Inhaber bzw. Gesellschafter. Dies führt oftmals zu großen finanziellen Problemen.	
Kapitalgesellschaft: Gesellschaft mit beschränkter Haftung (GmbH)	Gesellschafter erhöhen ihre Stammeinlagen. Neue Gesellschafter werden aufgenommen.
Kapitalgesellschaft: Aktiengesellschaft	Grundkapital wird durch die Ausgabe (Emission) neuer Aktien erhöht.

vgl. Lötzerich, Roland/Schneider, Peter J./Zindel, Manfred: Einstieg zum Aufstieg. Wirtschaftslehre für die Fachoberschule. 3. Auflage. Braunschweig: Winklers 2012, S. 352.

Beteiligungsfinanzierung bzw. Kapitalerhöhung einer Aktiengesellschaft

Grundsätzlich lassen sich für eine **Aktiengesellschaft** die vier folgenden Möglichkeiten der Kapitalerhöhung unterscheiden:

- **Ordentliche Kapitalerhöhung:** Hierbei handelt es sich um die Normalform der Beteiligungsfinanzierung, bei der junge Aktien gegen Geld ausgegeben werden. Altaktionäre besitzen zudem das Recht auf den Bezug junger Aktien (Bezugsrecht), sodass ihr Anteil am Gesellschaftsvermögen unverändert bleibt. Die Mittel fließen sofort zu.
- **Genehmigte Kapitalerhöhung:** Der Vorstand darf in den nächsten fünf Jahren mit Genehmigung des Aufsichtsrats das Grundkapital bis zu einem bestimmten Nennbetrag – maximal 50 % des zum Zeitpunkt der Beschlussfassung vorhandenen Grundkapitals (genehmigtes Kapital) – durch Ausgabe neuer Aktien erhöhen. Die Mittel fließen erst bei Ausübung der Ermächtigung zu.
- **Bedingte Kapitalerhöhung:** Diese Art der Kapitalerhöhung ist nur zulässig, um beispielsweise einen Unternehmenszusammenschluss oder die Ausgabe von Belegschaftsaktien vorzubereiten. Die Mittel fließen in Abhängigkeit von der Bedingung zu.
- **Kapitalerhöhung aus Gesellschaftsmitteln:** Hier werden Kapital- oder Gewinnrücklagen in Grundkapital umgewandelt und gleichzeitig Gratisaktien ausgegeben. Folglich fließen keine finanziellen Mittel von außen zu.

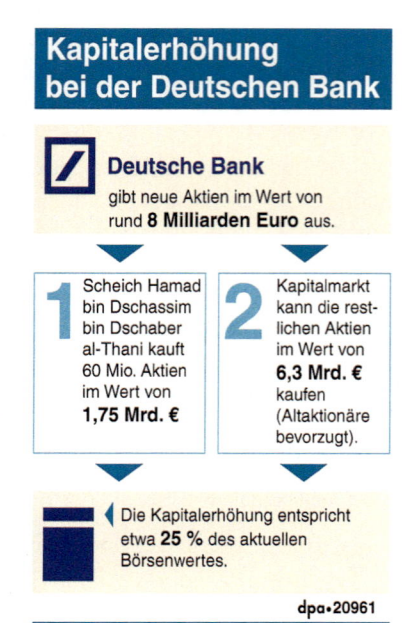

Da – wie eben dargestellt – bei einer Aktiengesellschaft im Rahmen der Beteiligungsfinanzierung neue Aktien ausgegeben bzw. emittiert werden, ist zunächst der Begriff „Aktien" zu klären.

Bei **Aktien** handelt es sich um Wertpapiere, die ein Anteilsrecht an einer Aktiengesellschaft verbriefen. Jede Aktie hat den gleichen Nennwert, der den Anteil am Grundkapital bzw. dem gezeichneten Kapital angibt.

Hat eine AG z.B. ein Grundkapital von 60 Mio. € und beträgt der Nennwert je Aktie 1,00 €, so ist der Anteil je Aktie am Grundkapital 1,00 €. Folglich werden 60 Mio. Aktien ausgegeben.

> Anzahl der Aktien · Nennwert pro Aktie = gezeichnetes Kapital (Grundkapital)

Während der Nennwert keinerlei Schwankungen unterliegt, bildet sich der Kurswert einer Aktie in Abhängigkeit von Angebot und Nachfrage an der Börse. Der Kurswert ist der Preis, der für eine gekaufte Aktie gezahlt werden muss. Die Differenz zwischen Kurswert und Nennwert ergibt das sogenannte Agio bzw. Aufgeld. Die Summe aller Agios befindet sich in den Kapitalrücklagen.

Die AG aus dem vorherigen Beispiel gibt Aktien zum Kurswert von 1,50 € je Aktie aus. Das Agio pro Aktie beläuft sich demnach auf 0,50 €. Die Kapitalrücklage liegt bei 30 Mio. €.

> Kurswert pro Aktie − Nennwert pro Aktie = Agio pro Aktie

Der Eigenkapitalposten einer Aktiengesellschaft setzt sich wie folgt zusammen:

Beteiligungs-finanzierung	gezeichnetes Kapital	}	Grund- bzw. Stammkapital
	Kapitalrücklagen	}	Summe aller Agios
	gesetzliche Gewinnrücklagen		
	andere Gewinnrücklagen		
	Gewinnvortrag		

Werden nun im Rahmen einer Kapitalerhöhung (Beteiligungsfinanzierung) neue Aktien zum Kurswert ausgegeben, dann erhöhen sich sowohl das gezeichnete Kapital als auch die Kapitalrücklage.

Das gezeichnete Kapital steigt insofern an, da jede neue Aktie einen Nennwert hat, und somit erhöht die Summe der Nennwerte aller neuen Aktien das bisherige Grundkapital. Darüber hinaus fließt der AG mit der Emission der neuen Aktien über dem Kurswert je neuer Aktie zusätzlich ein Agio zu.

> Nennwert pro Aktie · Zahl der neuen Aktien = Erhöhung gez. Kapital

> Agio pro Aktie · Anzahl der neuen Aktien = Erhöhung der Kapitalrücklage

B Die AG des vorherigen Beispiels benötigt zur Finanzierung einer Investition zusätzliches Kapital. Die Hauptversammlung beschließt eine ordentliche Kapitalerhöhung (des gezeichneten Kapitals) von 15 Mio. €. Der Kurswert für eine neue Aktie liegt bei 2,50 €; der Nennwert je neuer Aktie beträgt 1,00 €.

Eigenkapital	Alt	Kapitalerhöhung	Neu
Gezeichnetes Kapital	60 Mio. €	15,0 Mio. €	75,0 Mio. €
Kapitalrücklage	30 Mio. €	22,5 Mio. €	52,5 Mio. €
Gesamt	90 Mio. €	37,5 Mio. €	127,5 Mio. €

Kapitalerhöhung (Erhöhung gez. Kapital) = 15 Mio. €
Zahl der neuen Aktien = 15 Mio. €/1,00 €/neue A. = 15 Mio.
Agio je neue Aktie = 2,00 €/neue A. – 1,00 €/neue Aktie = 1,50 €/neue A.
Erhöhung der Kapitalrücklage = 1,50 €/neue A. · 15 Mio. neue A. = 22,5 Mio. €

Fazit: Aufgrund der Kapitalerhöhung fließen dem Unternehmen insgesamt 37,5 Mio. € an zusätzlichem Kapital zu.

Zusammenfassend werden mithilfe der Beteiligungsfinanzierung zahlreiche Finanzierungsziele erreicht. So verbessert sich durch die Erhöhung des Eigenkapitals nicht nur die Liquidität, sondern auch die Kreditwürdigkeit eines Unternehmens. Da das Kapital in Kapitalgesellschaften in der Regel nicht kündbar ist, besteht zudem eine gewisse Sicherheit. Auch müssen keine Zins- und Tilgungszahlungen gemacht werden.

Allerdings ist für eine Aktiengesellschaft die Durchführung einer Kapitalerhöhung relativ teuer. Des Weiteren können sich im Zuge einer Beteiligungsfinanzierung die Stimmrechts- und Machtverhältnisse in der Hauptversammlung ändern. Haben Altaktionäre kein Bezugsrecht für den Bezug der neuen Aktien bzw. nehmen sie dieses nicht in Anspruch, verlieren sie ihren bisherigen Stimmrechtsanteil. Ihr Einfluss (Entscheidungsmacht) verringert sich. Darüber hinaus haben die neuen Aktionäre bei einer Kapitalerhöhung oftmals ein Anrecht auf die Dividende, sodass der Mittelzufluss wieder eingeschränkt wird.

2.2.3   Finanzierung aus Vermögensumschichtung

 Nachdem Jonas Huber in der Finanzierungsbroschüre die ersten beiden Kapitel zur Eigenfinanzierung gelesen hat, denkt er über eine Finanzierungsmöglichkeit in seinem Betrieb nach. Er überlegt, die anstehenden Investitionen über den Verkauf eines seiner Transportfahrzeuge, das selten genutzt wird, zu finanzieren.

Investitionen können nicht nur im Zuge der Selbstfinanzierung oder der Beteiligungsfinanzierung bewerkstelligt werden, sondern lassen sich auch durch eine Vermögensumschichtung finanzieren. So werden im Rahmen der Vermögensumschichtung über eine Desinvestition finanzielle Mittel freigesetzt, die das Unternehmen wiederum in anderweitige Vermögenswerte investieren kann. Es kommt zu einem Aktivtausch. Daher spricht man im Rahmen der Vermögensumschichtung auch von einer Innenfinanzierung.

Eine Vermögensumschichtung kann in mehrerlei Hinsicht erfolgen:
- Verkauf von Vermögensgegenständen (evtl. Aufdecken stiller Rücklagen)
- Abbau von Forderungen (z. B. über Factoring, siehe Kapitel 2.4.2)
- Abschreibungsfinanzierung über den Umsatzprozess

Abschreibungsfinanzierung

Gegenstände des Anlagevermögens verlieren durch ihre Nutzung und die damit verbundene Abnutzung an Wert. Diese Tatsache wird insofern berücksichtigt, dass die Abschreibungen in den Verkaufspreis der Erzeugnisse bzw. Dienstleistungen miteinkalkuliert und über den Verkauf wieder zurückverdient werden. Werden die erwirtschafteten Abschreibungsbeträge nicht angespart, sondern zwischenzeitlich für andere Investitionszwecke verwendet, liegt eine Innenfinanzierung vor, genau genommen eine Finanzierung aus Vermögensumschichtung bzw. Abschreibungen.

Ein Münchner Menü-Service, der in Stadt und Region aktiv ist, hat fünf Auslieferungsfahrzeuge zum Preis von je 40.000,00 € gekauft. Die Nutzungsdauer ist auf fünf Jahre angesetzt. Sobald die Abschreibungen über den Umsatzerlös erwirtschaftet sind, sollen dafür neue Autos gekauft werden.

Jahr	Be-stand an Pkw	Anschaf-fungs-kosten	Abschrei-bung	Flüssige Mittel am Ende des Jahres	Ab-gang Pkw	Zu-gang Pkw	Flüssige Mittel nach dem Kauf der Pkw zu Beginn des nächsten Jahres
01	5	200.000,00 €	40.000,00 €	40.000,00 €	–	1	–
02	6	240.000,00 €	48.000,00 €	48.000,00 €	–	1	8.000,00 €
03	7	280.000,00 €	56.000,00 €	64.000,00 €	–	1	24.000,00 €
04	8	320.000,00 €	64.000,00 €	88.000,00 €	–	2	8.000,00 €
05	10	400.000,00 €	80.000,00 €	88.000,00 €	–	2	8.000,00 €
06	7	280.000,00 €	56.000,00 €	64.000,00 €	5	1	24.000,00 €
07	7	280.000,00 €	56.000,00 €	80.000,00 €	1	2	–
08	8	320.000,00 €	64.000,00 €	64.000,00 €	1	1	24.000,00 €

Das Beispiel zeigt, dass sich durch die andauernden Reinvestitionen der Abschreibungsbeträge der Bestand der Pkw erhöht hat. Allerdings ist es in der Realität unwahrscheinlich, dass das durch die Abschreibung freigesetzte Kapital immer wieder zur Anschaffung der gleichen Autos verwendet wird. Zudem erhöhen sich in der Regel auch die Anschaffungspreise.

Da durch die Vermögensumschichtung nur die Aktiv-Seite der Bilanz betroffen ist, sind die Finanzierungsziele nicht unmittelbar betroffen. Allerdings kann sich durch die Verschiebungen zwischen dem Anlage- und Umlaufvermögen die Liquidität ändern. Hat das Unternehmen zudem eher langfristiges Anlagevermögen (z. B. Grundstücke und Gebäude) und weniger kurzfristiges Umlaufvermögen, steigt die Kreditwürdigkeit.

2.3 Fremdfinanzierung

Zur Fremdfinanzierung zählt die Beschaffung finanzieller Mittel in Form von Fremdkapital. Sie kann sowohl über die Innen- als auch die Außenfinanzierung erfolgen.

2.3.1 Finanzierung aus Rückstellungen

 Jonas Huber lässt im Rahmen der Erweiterung seiner Ganztagesbetreuungseinrichtung am bestehenden Gebäude einige Instandhaltungsmaßnahmen durchführen. Allerdings kennt er im Moment noch nicht die genaue Summe und den genauen Zeitpunkt der Bezahlung. Er überlegt, wie er die Aufwendungen in seiner Bilanz berücksichtigen kann.

Hat ein Unternehmen zum Bilanzstichtag Verbindlichkeiten, die in ihrer Ursache zwar bekannt, jedoch in ihrer Höhe und Fälligkeit noch unbekannt sind, muss es Rückstellungen bilden, die als Fremdkapital zu betrachten sind. Die Rückstellungen dürfen nicht mit den Gewinnrücklagen verwechselt werden. Die Rücklagen gehören zum Eigenkapital, während die Rückstellungen Schulden sind.

Rückstellungen werden aus den finanziellen Mitteln, die im Umsatzprozess erzielt wurden, gebildet. Somit handelt es sich bei der Finanzierung aus Rückstellungen um eine Innen- und Fremdfinanzierung.

Ziel der Rückstellungen ist, den Aufwand verursachungsgerecht auf die jeweiligen Perioden zuzurechnen und einen zwischenzeitlichen Abfluss der dafür benötigten Mittel zu verhindern. Darüber hinaus vermindern die Rückstellungen, die aus internen Mitteln gebildet werden, den Gewinn und somit auch die Steuern und die Gewinnbeteiligungen. Es fließt weniger Kapital ab. Folglich stehen dem Unternehmen mehr finanzielle Mittel für Investitionen zur Verfügung. Sind die Rückstellungen zu hoch angesetzt, entstehen zusätzlich versteckte Gewinnrücklagen.

Für den Finanzierungseffekt sind die Höhe und die Fristigkeit der Rückstellungen entscheidend. So besitzen nur langfristige Rückstellungen wie z. B. Pensionsrückstellungen einen ausreichenden Finanzierungseffekt. Als Pensionsrückstellungen gelten Lohn- und Gehaltsbestandteile, die über mehrere Jahre hinweg – vom Zeitpunkt der Zusage der Altersversorgung bis zum Eintritt des Versorgungsfalls – im Unternehmen angesammelt werden. Sie stehen dem Unternehmen über einen längeren Zeitraum als zinsloses Fremdkapital zur Verfügung und können für anderweitige Investitionen verwendet werden. Die Mehrzahl der Rückstellungen ist allerdings kurzfristiger Natur, wie z. B. Steuer-, Prozesskosten-, Garantie- oder Instandhaltungskostenrückstellungen.

Wird die Verbindlichkeit schließlich fällig, entfällt der Grund für die Rückstellung und sie wird zum nächsten Bilanzstichtag aufgelöst. Die Verbindlichkeit wird bezahlt und somit endet auch der Finanzierungseffekt. Waren die Rückstellungen zudem zu hoch angesetzt, führt die Auflösung der Rückstellungen zu höheren Steuer- und Dividendenzahlungen.

Jonas Huber bildet im Jahr 00 für eine aktuelle Instandhaltungsarbeit eine Rückstellung in Höhe von 10.000,00 €. Im April des folgenden Jahres sind die Instandsetzungsmaßnahmen beendet. Die Rechnung in Höhe von 6.000,00 € liegt vor und muss bezahlt werden.

Instandhaltungsrückstellung 00	10.000,00 €
Verhinderter Mittelabfluss im Jahr 00	10.000,00 €
davon bis April 01	6.000,00 €
davon bis 31. Dezember 01	4.000,00 € (stille Selbstfinanzierung)

Zusammenfassend verhindern Rückstellungen in erster Linie den Mittelabfluss. Gleichzeitig stehen sie dem Unternehmen als zinsloses Fremdkapital zur Verfügung. Das verbessert die Liquidität, trägt aber auch zu einer besseren Rentabilität bei. Da Rückstellungen als Fremdkapital gesehen werden müssen, verschlechtern sie jedoch die Kapitalstruktur und somit die Kreditwürdigkeit des Unternehmens.

2.3.2   Kreditfinanzierung

Die Erweiterung der Service Agentur Huber wird teurer als erwartet. Auch die Kapitaleinlage seines Großvaters hilft Jonas nicht weiter. Er bespricht die Situation mit seinem Ratgeber Herrn Kies. „Mir fehlen immer noch 20.000,00 €. Wenn ich nur wüsste, woher ich diese Summe bekomme." – Herr Kies erwidert: „Sprich doch mal mit deiner Hausbank."

Da Eigenkapital oftmals nur in begrenztem Umfang beschafft werden kann, ist die Kreditfinanzierung für viele Unternehmen eine weitere Möglichkeit, an das für Investitionen notwendige Geld zu kommen. Dabei stellen Außenstehende – meist Banken – finanzielle Mittel zur Verfügung. Diese sind als Fremdkapital zu betrachten, das den Unternehmen gegen Überlassung von Sicherheiten[1] und Zinszahlungen für eine bestimmte Zeit überlassen wird. Ist die Kreditlaufzeit zu Ende, muss auch das Fremdkapital wieder an die Gläubiger bzw. Kapitalgeber zurückbezahlt werden. Folglich spricht man in diesem Zusammenhang auch von einer Fremd- und Außenfinanzierung. Die Kreditfinanzierung kann auf unterschiedliche Art und Weise erfolgen.

---

[1] Sicherheiten können in Personal- und Sachsicherheiten unterschieden werden. Zu den Personalsicherheiten zählen u.a. Bürgschaften und Garantien, während zu den Sachsicherheiten u.a. Pfandrechte, die Grundschuld und die Hypothek oder der Eigentumsvorbehalt gehören.

Über Finanzkredite	Banken	Darlehen Kontokorrentkredit Lombardkredit Avalkredit usw.
	Nichtbanken	Schuldverschreibungen usw.
	Öffentliche Hand	Kredite aus Förderprogrammen
Über den Leistungsprozess	Lieferanten	Lieferantenkredit (Zielkauf)
	Kunden	Kundenkredit (Anzahlung)
Über sonstige	Privat	Verwandtenkredite

Darlehen

Bei Darlehen handelt es sich um Kredite, die meist in einer Summe oder über einen längeren Zeitraum an die Schuldner ausbezahlt werden. Die Darlehensnehmer verpflichten sich, den Darlehensbetrag in einer Summe oder in vorher festgelegten Teilbeträgen (Raten) zurückzuzahlen bzw. zu tilgen. Je nach Art der Rückzahlung wird zwischen dem Fälligkeits-, Abzahlungs- und Annuitätendarlehen unterschieden.

- **Fälligkeitsdarlehen:** Nach Ablauf der vereinbarten Zeit wird der Darlehensbetrag in einer Summe fällig. Während der Laufzeit des Darlehens sind nur die Zinsen zu entrichten.

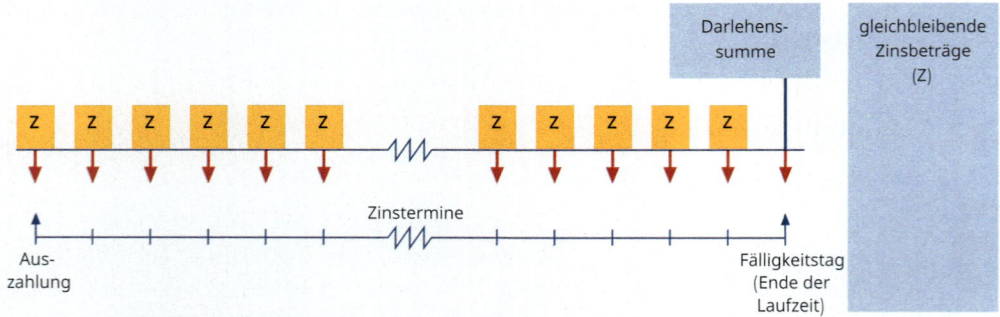

vgl. Lötzerich, Roland u. a.: Einstieg zum Aufstieg. Wirtschaftslehre für die Fachoberschule. 3. Auflage. Braunschweig: Winklers 2012, S. 353 f.

- **Abzahlungsdarlehen:** Hier erfolgt die Tilgung in stets gleichbleibenden Raten. Dadurch wird die Restschuld ständig geringer und somit sinken auch die Zinsen. Die einzelnen Zahlungen werden fortlaufend niedriger.

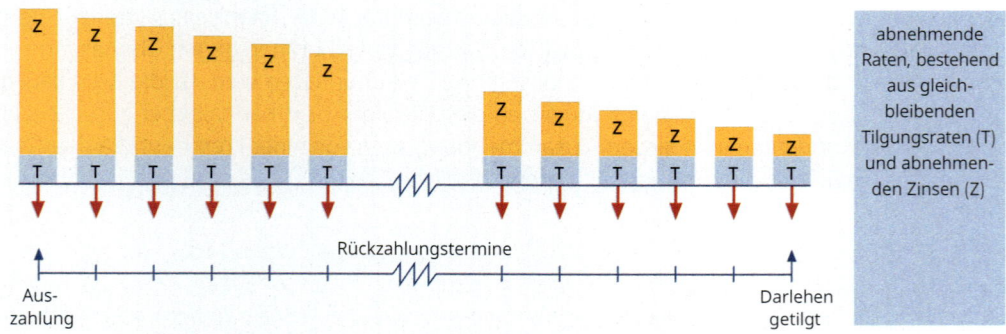

vgl. Lötzerich, Roland/Schneider, Peter J./Zindel, Manfred: Einstieg zum Aufstieg. Wirtschaftslehre für die Fachoberschule. 3. Auflage. Braunschweig: Winklers 2012, S. 353 f.

- **Annuitätendarlehen:** Beim Annuitätendarlehen zahlt der Schuldner vom Beginn bis zum Ende der Laufzeit stets gleich hohe Raten (Zins und Tilgung). Da mit jedem Tilgungsbetrag die Zinszahlungen geringer werden, steigt der Tilgungsanteil stetig an.

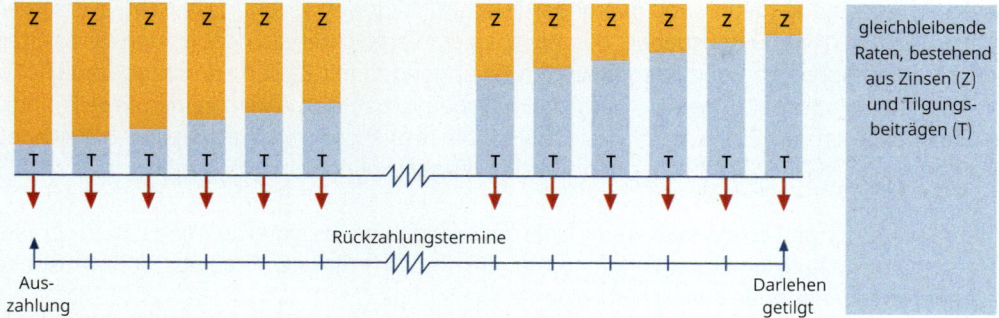

vgl. Lötzerich, Roland/Schneider, Peter J./Zindel, Manfred: Einstieg zum Aufstieg. Wirtschaftslehre für die Fachoberschule. 3. Auflage. Braunschweig: Winklers 2012, S. 353 f.

Darlehen erhöhen zwar die Liquidität eines Unternehmens, gleichzeitig verschlechtern sie aber dessen Kreditwürdigkeit. Zudem besteht bei hohen Kreditsummen die Gefahr der Abhängigkeit von den Geldgebern.

Kontokorrentkredit

Im Vergleich zum Darlehen ist der Kontokorrentkredit ein kurzfristiger Kredit, der den vorübergehenden Zahlungsbedarf deckt. Der Kontokorrentkredit für Unternehmen ähnelt dem Dispo-Kredit für Privatpersonen. So räumen die Banken den Unternehmen auf dem laufenden Konto ein bestimmtes Kreditlimit (Höchstgrenze) ein, das nicht überschritten werden darf. Bis zu diesem Limit können die Unternehmen über das von der Bank bereitgestellte Kapital verfügen. Allerdings sind die hierfür anfallenden Kreditkosten (insbesondere die Zinsen) sehr hoch. Folglich sollte der Kontokorrentkredit nur dann in Anspruch genommen werden, wenn das Konto aufgrund von Zahlungseingängen bald wieder ausgeglichen wird.

Der Kontokorrentkredit ist im Vergleich zum Darlehen relativ teuer und verschlechtert die Rentabilität. Allerdings erhöht er die Liquidität des Unternehmens und es müssen nur Zinsen für die tatsächlich beanspruchten Mittel bezahlt werden.

Lombardkredit

Beim Lombardkredit erhalten die Gläubiger leicht verwertbare, hochwertige und wertbeständige Gegenstände wie beispielsweise Wertpapiere als Pfand. Wird der Kredit bei Fälligkeit nicht beglichen, kann der Kreditgeber nach Ablauf einer Wartefrist das Pfand versteigern oder verkaufen lassen.

Avalkredit

Tritt eine Bank als Bürge eines Kunden auf, liegt ein Avalkredit vor. Demnach stellen Banken hier nicht flüssige Mittel zur Verfügung, sondern verbürgen sich für die Zahlungsverpflichtungen bzw. Verbindlichkeiten ihrer Kunden gegenüber Dritten. So können Banken Bürgschaften für die Erfüllung eines Vertrages, für vorgesehene Vertragsstrafen oder für eventuelle Gewährleistungsansprüche aus Arbeiten der Kunden geben.

Schuldverschreibungen

Bei Schuldverschreibungen (engl. bond) handelt es sich um Wertpapiere, die bestimmte Forderungsrechte verbriefen. Benötigt ein Unternehmen Fremdkapital, so kann es an Kapitalgeber bzw. Gläubiger Schuldverschreibungen verkaufen. Dabei wird der Gesamtbetrag des Kredits in mehrere Teilbeträge aufgeteilt und in standardisierten Urkunden verbrieft (Teilschuldverschreibungen). Der Emittent (Herausgeber) des Wertpapiers verpflichtet sich dabei, den verbrieften Kreditbetrag entsprechend den festgehaltenen Bedingungen mit Zinsen zurückzubezahlen. Typisch für Schuldverschreibungen ist, dass sie im Gegensatz zu den Aktien keinen Beteiligungscharakter haben. In der Praxis werden sie zudem als festverzinsliche Wertpapiere bezeichnet. Die Begriffe „Anleihen" und „Obligationen" werden oft gleichbedeutend verwendet.

Schuldverschreibungen erhöhen in erster Linie die Liquidität eines Unternehmens. Darüber hinaus verbessern sie aufgrund ihrer Langfristigkeit die Kreditwürdigkeit. Allerdings ist die Ausgabe von Schuldverschreibungen eine kostspielige Angelegenheit.

Kredit der öffentlichen Hand

Notleidende und förderungswürdige Wirtschaftszweige haben die Möglichkeit, von Trägern der öffentlichen Hand (z. B. Bund, Länder und Kommunen) Fremdkapital zu erhalten. So bekommen sie beispielsweise aufgrund von staatlichen Förderprogrammen zinsgünstiges Kapital. Der im Vergleich zum Marktzins niedrigere Zinssatz stellt eine Art Subvention dar. Als konkretes Beispiel ist das KfW-Darlehen zu nennen.

Lieferantenkredit

Einer der im täglichen Gebrauch gängigsten Kredite ist der Lieferantenkredit. Dieser liegt vor, wenn der Lieferant von Waren oder Dienstleistungen seinem Kunden ein Zahlungsziel einräumt. Die Kunden erhalten mit der Rechnung eine bestimmte Zahlungsfrist. Dadurch kann der Kunde einen kurzfristigen Liquiditätsengpass überbrücken, ohne gleich einen Bankkredit aufnehmen zu müssen. So fließen dem Unternehmen zwar keine finanziellen Mittel zu, es muss aber nicht sofort, sondern erst nach einer bestimmten Frist zahlen. Kurzum: jedes Unternehmen, das einen Lieferantenkredit beansprucht, zahlt nicht sofort bei Rechnungsstellung, sondern erst nach beispielsweise 30 Tagen. Dabei ist er nur in der Zeit zwischen dem Rechnungseingang und dem Ablauf der Skontofrist (z. B. bei Zahlung innerhalb von 14 Tagen mit 3 % Skonto) „kostenlos". Wird die Skontofrist überschritten, ist der Lieferantenkredit eine Kreditart, deren Inanspruchnahme sich negativ auf die Rentabilität auswirkt. Allerdings kann der Lieferantenkredit nach Belieben in Anspruch genommen werden und bietet somit eine gewisse Elastizität.

Wird auf die Nutzung des Skontos verzichtet, ist der Lieferantenkredit sehr teuer und es stellt sich daher die Frage, ob es nicht finanziell vorteilhafter ist, die Rechnung unter Ausnutzung des Skontos mithilfe eines Kontokorrentkredites zu begleichen.

Jonas Huber erhält am 8. März von seinem Großhändler Luigi eine Rechnung für die letzten beiden Lebensmittellieferungen. Der Rechnungsbetrag (Zieleinkaufspreis) beläuft sich auf 2.500,00 €; es sind die folgenden Zahlungsbedingungen gegeben: zahlbar innerhalb von 10 Tagen mit 2 % Skonto oder 30 Tage netto Kasse.

Für einen Kontokorrentkredit bei der Hausbank würde ein Zinssatz von 12 % anfallen; der Kontokorrentkredit könnte nach 20 Tagen wieder ausgeglichen werden.

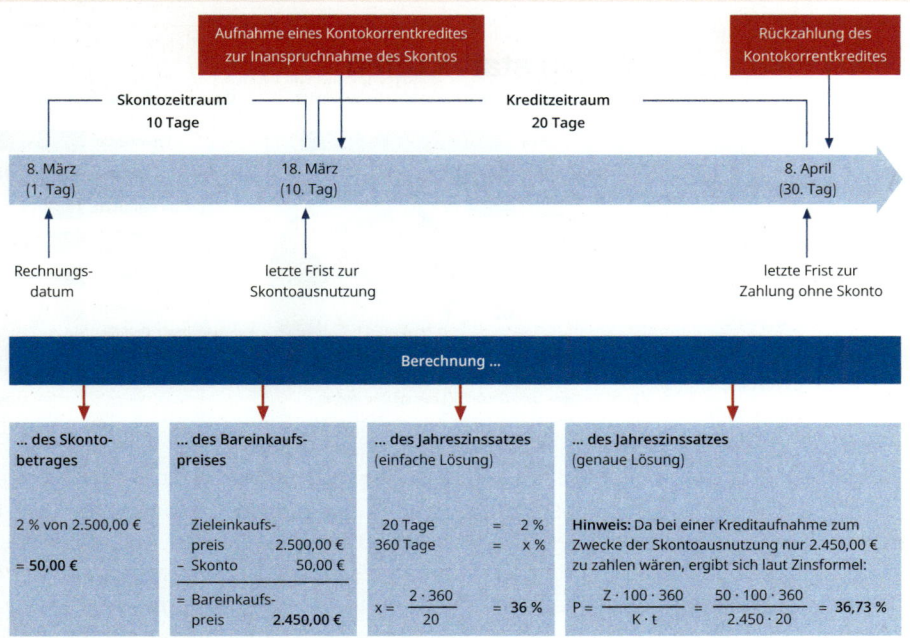

Verzichtet Jonas auf die Nutzung des Skontos (50,00 €), so würde dies einem Zinssatz von 36,73 % entsprechen (= Zinssatz des Lieferantenkredites).

Berechnung der Zinskosten des Kontokorrentkredites (Aufnahme eines Kontokorrentkredites zur Inanspruchnahme des Skontos):

$$Z = \frac{K \cdot t \cdot P}{360 \cdot 100} = \frac{2.450{,}00 \, € \cdot 20 \cdot 12\,\%}{360 \cdot 100} = 16{,}33 \, €$$

Die Ersparnis bei Ausnutzung des Skontos und Aufnahme eines Kontokorrentkredites beträgt 33,67 € (50,00 € Skonto – 16,33 € Zinskosten)

Kundenkredit

Ein Kundenkredit liegt vor, wenn Kunden Anzahlungen, Vorauszahlungen oder Abschlagszahlungen an den Lieferanten leisten. Der Kundenkredit wird immer dann genutzt, wenn zwischen Planung und Fertigstellung ein großer Zeitraum liegt.

Privatkredit

Unabhängig von Banken, staatlichen Förderprogrammen usw. können Unternehmen auch durch private Kredite, beispielsweise durch Verwandtenkredite, an die benötigten Gelder kommen. Generell liegt ein Privatkredit vor, wenn der Darlehensgeber nicht gewerblich, sondern als Privatperson handelt.

2.4   Sonderformen der Finanzierung

Neben den bereits genannten Finanzierungsformen gibt es weitere Formen. Da sie allerdings weder das Eigenkapital noch das Fremdkapital beeinflussen, werden sie als Sonderformen bezeichnet.

2.4.1   Leasing

Eine Sonderform der Kreditfinanzierung ist das Leasing. Unter Leasing (von engl. *to lease* = mieten, pachten) versteht man das Mieten bzw. Pachten von beweglichen und unbeweglichen Gütern des Anlagevermögens. Der Leasingvertrag wird zwischen dem Leasinggeber (Vermieter) und dem

Leasingnehmer (Kunde) abgeschlossen. Leasinggeber ist entweder direkt der Hersteller (oft auch Händler) oder eine Leasinggesellschaft. Dabei überlässt der Leasinggeber dem Leasingnehmer meist für eine bestimmte Zeit eine Mobilie (z. B. Pkw, EDV-Anlage, Maschine) oder Immobilie (z. B. Lager-, Produktions-, Bürogebäude) zur Nutzung. Als Gegenleistung zahlt der Leasingnehmer eine sogenannte Leasinggebühr, die sich in ihrer Höhe nach der Vertragsdauer, dem Anschaffungspreis, den Zinsen und der Gewinnspanne des Leasinggebers richtet. Am Ende der vertraglich vereinbarten Leasingdauer hat der Leasingnehmer die Möglichkeit, den gemieteten Gegenstand zurückzugeben oder zum vereinbarten Restwert zu kaufen. Grundsätzlich lassen sich zwei Arten von Leasing unterscheiden:

Direktes Leasing	Indirektes Leasing
Abschluss des Leasingvertrags zwischen dem Hersteller des Leasingobjektes und dem Leasingnehmer. Der Hersteller ist gleichzeitig Leasinggeber und somit der Eigentümer des Gegenstands. Der Leasingnehmer ist nur der Besitzer und zahlt für die überlassenen Nutzungsrechte die Leasingraten.	Beim indirekten Leasing tritt zwischen den Hersteller und dem Leasingnehmer eine sogenannte Leasinggesellschaft. Diese erwirbt durch den Kaufvertrag mit dem Hersteller das Eigentum am Gegenstand und bezahlt diesen. Der Hersteller liefert anschließend den Gegenstand an den Leasingnehmer. Dieser schließt mit der Leasinggesellschaft einen Leasingvertrag über die Nutzung ab und wird gegen Zahlung von Leasingraten der Besitzer.

Indirektes Leasing

Unabhängig davon lassen sich nach der Dauer der Leasingzeit das Finance- und das Operate-Leasing unterscheiden. Beim **Operate-Leasing** ist das Vertragsverhältnis eher kurzfristig und jederzeit kündbar. Dies hat für den Leasingnehmer den Vorteil, immer über die neueste Technologie verfügen zu können. Das Investitionsrisiko liegt hingegen beim Leasinggeber, da er jederzeit mit einer Kündigung rechnen muss und er die Geräte wartet und repariert. Folglich wird er nur Güter anbieten, die er an andere Leasingnehmer weiter „leasen" kann.

Beim **Finance-Leasing** ist das Vertragsverhältnis eher langfristig und innerhalb einer Grundmietzeit nicht kündbar. Demnach trägt der Leasingnehmer das Risiko der wirtschaftlichen Wertminderung durch den stetigen technischen Fortschritt. Zudem ist er für Wartung und Reparatur zuständig. Es handelt sich dabei oftmals um Güter, die eigens für den Leasingnehmer hergestellt wurden und zur langfristigen Erweiterung seiner Kapazitäten dienen. Meist hat der Leasingnehmer am Ende des Leasingvertrages ein Kaufrecht an dem Gegenstand.

Dadurch, dass beim Leasing die Vermögensgegenstände nicht selbst angeschafft werden müssen, stehen die Mittel für anderweitige Investitionen zur Verfügung. Es verbessert sich die Liquidität des Unternehmens. Auch die Rentabilität steigt an, da zur Erwirtschaftung des Gewinns weniger unternehmenseigenes Kapital verwendet wird. Leasing erscheint nicht in der Bilanz.

2.4.2   Factoring

Eine weitere Sonderform der Finanzierung ist das Factoring (von lat. factura = Rechnung). Im Rahmen von Factoring werden Forderungen aus Warenverkäufen und Dienstleistungen an einen Factor (oft eine Tochtergesellschaft einer Bank) verkauft. Der Factor wiederum zahlt an das Unternehmen, das die Rechnung ausgestellt und damit die Forderung hat (Lieferant), die Rechnungssumme (Kaufpreis) abzüglich einer sogenannten Factoringgebühr. Durch den Verkauf der Forderungen stehen dem Unternehmen (Lieferant) sofort finanzielle Mittel für anderweitige Investitionen zur Verfügung. Die Liquidität steigt an. Der Factor fordert vom Kunden des Lieferanten (Abnehmer) dann die Zahlung des vollständigen Kaufpreises.

Zum Beispiel erstellen viele Zahnärzte für ihre Leistungen, die nicht von der Krankenkasse übernommen werden (z. B. Zusatzkosten für Zahnersatz), Rechnungen direkt an ihre Patienten. Danach verkaufen die Zahnärzte diese Forderungen an einen Factor (z. B. Abrechnungsstelle) und erhalten von ihm sofort den Rechnungsbetrag ausgezahlt, abzüglich einer Gebühr. Der Factor wiederum nimmt dann mit dem Patienten Kontakt auf und vereinbart mit ihm alles Weitere bezüglich der Zahlung (z. B. Ratenzahlung).

Während Leasingmaßnahmen zur Finanzierung des Anlagevermögens dienen, ist Factoring als Finanzierungsinstrument des Umlaufvermögens zu betrachten.

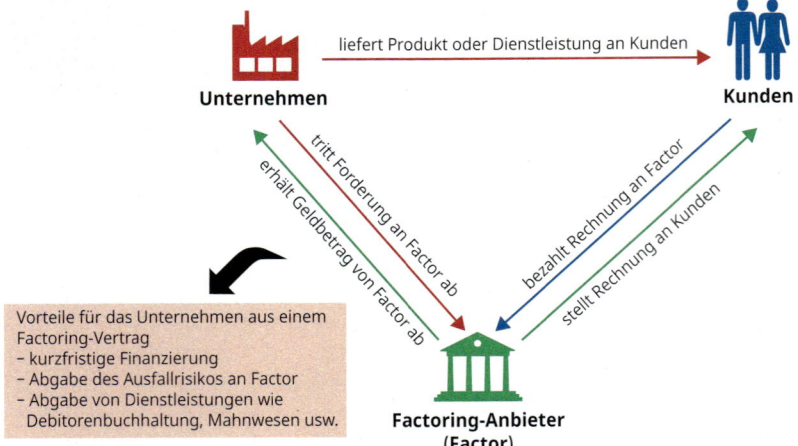

Aufgaben

1. Geben Sie einen Überblick über die verschiedenen Finanzierungsmöglichkeiten.
2. Erklären Sie den Unterschied zwischen Eigen- und Fremdfinanzierung sowie zwischen Außen- und Innenfinanzierung.
3. Entscheiden Sie in den nachfolgenden Fällen, ob es sich um eine Innen-/Außenfinanzierung oder um eine Eigen-/Fremdfinanzierung handelt.
   a) Eine Pharma-Aktiengesellschaft gibt neue Aktien aus.
   b) Der Staat fördert die Existenzgründung eines Mehrgenerationenhauses mithilfe eines zinsgünstigen Darlehens.
   c) Der Inhaber eines Bioladens lässt die Hälfte des Jahresgewinns im Betrieb.
   d) Ein Altenheim kauft Lebensmittelvorräte auf Ziel.
   e) Der Inhaber eines Senioren-Cafés nimmt einen neuen Partner auf.
4. Legen Sie dar, welche Eigenkapitalposten im Rahmen der offenen Selbstfinanzierung betroffen sind.
5. Herr Kuhn, der Inhaber eines Altenheims erzielte im Jahr 00 einen Jahresgewinn in Höhe von 70.000,00 €. Es ist bekannt, dass das Eigenkapital am Anfang des Jahres bei 140.000,00 € lag und 45.000,00 € privat entnommen wurden. Ermitteln Sie die Höhe der Selbstfinanzierung.
6. Beschreiben Sie anhand eines konkreten Beispiels, wie es zu einer stillen Selbstfinanzierung kommen kann.
7. „Die Art und Weise der Beteiligungsfinanzierung ist von der jeweiligen Unternehmensform abhängig." – Nehmen Sie zu dieser Aussage Stellung.
8. Zeigen Sie die verschiedenen Varianten der Kapitalerhöhung einer Aktiengesellschaft auf und erklären Sie die Begriffe „gezeichnetes Kapital", „Kapitalrücklage", „Gewinnrücklagen" und „Dividende".
9. Erläutern Sie anhand eines Beispiels das Prinzip der Abschreibungsfinanzierung.

10. Die Pharma AG rechnet aufgrund gestiegener Gewinne mit einer Gewerbesteuernachzahlung in Höhe von 175.000,00 €. Am 31. Dezember muss deshalb eine Rückstellung gebildet werden. Im Mai des folgenden Jahres beträgt die tatsächliche Gewerbesteuernachzahlung aber nur 160.000,00 €.
    Begründen Sie, warum es sich hier um eine Finanzierung aus Rückstellungen handelt. Überlegen Sie, welche Finanzierungsart zusätzlich vorliegt.

11. Stellen Sie den wesentlichen Unterschied zwischen einer Finanzierung aus Rückstellungen und einer Kreditfinanzierung dar.

12. Der Kunde eines Bioladens erhält folgende Rechnung: 8.500,00 €, zahlbar innerhalb von 20 Tagen netto Kasse, innerhalb von 8 Tagen 3 % Skonto. Die Zinsen für einen Kontokorrentkredit bei der Hausbank betragen 14 %. Vergleichen Sie den Lieferantenkredit mit dem Kontokorrentkredit (rechnerischer Nachweis).

13. Beurteilen Sie die beiden Sonderformen der Finanzierung, Leasing oder Factoring, anhand konkreter Beispiele (aus sozialen Einrichtungen oder Industriebetrieben).

3 Weitere Finanzierungsmöglichkeiten

Jonas Huber, der mithilfe geeigneter Finanzierungsmaßnahmen seine Service Agentur erfolgreich vergrößern konnte, wird häufig auf seinen Betrieb angesprochen. Viele Menschen interessiert vor allem, wie er es geschafft hat, ein so tolles Unternehmen aufzubauen. Andere wiederum möchten mehr über die Finanzierung einer Ganztagesbetreuung wissen. Eine der am häufigsten gestellten Fragen ist, inwieweit man für eine soziale Einrichtung staatliche Unterstützung bekommt. Jonas weist die Interessenten darauf hin, dass es Existenzgründerkurse, Info- und Beratungskurse über mögliche staatliche Unterstützungsleistungen sowie alternative Finanzierungsquellen für soziale Einrichtungen gibt.

ARBEITSAUFTRAG

Informieren Sie sich im Internet über die verschiedenen Finanzierungsmöglichkeiten sozialer Einrichtungen und stellen Sie Ihre Recherche-Ergebnisse in der Klasse vor.

3.1 Die öffentliche Finanzierung – der deutsche Sozialstaat

Nach Artikel 20 des Grundgesetzes ist die „Bundesrepublik Deutschland [...] ein demokratischer und sozialer Bundesstaat." Dieser Artikel bildet zusammen mit dem Auftrag an die Bundesländer, dass die verfassungsmäßige Ordnung in den Ländern den Grundsätzen des republikanischen, demokratischen und sozialen Rechtsstaates im Sinne des Grundgesetzes entsprechen muss (Art. 28 Abs. 1 GG), die verfassungsmäßige Grundlage des Sozialstaatsprinzips. Ausgefüllt wird dieses Prinzip u. a. durch die Staatsbürgerversorgung, die Fürsorge für Hilfsbedürftige sowie die Schaffung eines sozialen Versicherungssystems. So hat der Gesetzgeber im Rahmen der Sozialpolitik die wichtige Aufgabe, sich um soziale Gerechtigkeit und um die soziale Sicherung seiner Bürger zu kümmern. Dieser Verantwortung wird er gerecht, indem er den Menschen

Einrichtungen und Dienste in ausreichender Zahl und geeigneter Qualität zur Verfügung stellt. Dabei hat der Staat grundsätzlich zwei Möglichkeiten: Er selbst betreibt in eigener Regie alle notwendigen Einrichtungen und Dienste oder er lässt sie von anderen Betreibern anbieten.

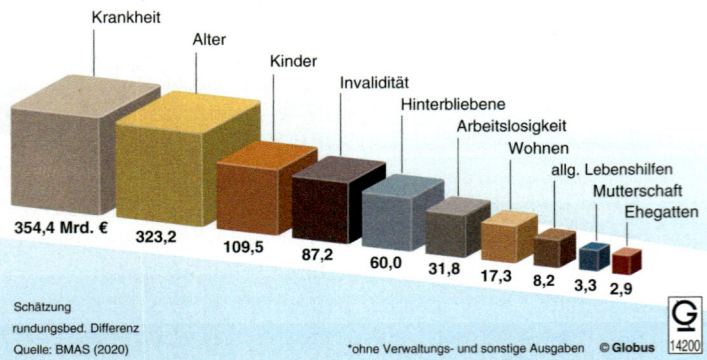

Bausteine des Sozialstaats

Sozialschutzleistungen in Deutschland 2019: **998,0 Milliarden Euro***, davon für

Krankheit · Alter · Kinder · Invalidität · Hinterbliebene · Arbeitslosigkeit · Wohnen · allg. Lebenshilfen · Mutterschaft · Ehegatten

354,4 Mrd. € · 323,2 · 109,5 · 87,2 · 60,0 · 31,8 · 17,3 · 8,2 · 3,3 · 2,9

Schätzung
rundungsbed. Differenz
Quelle: BMAS (2020)
*ohne Verwaltungs- und sonstige Ausgaben © Globus 14200

Da der Staat im ersten Fall wahrscheinlich überfordert wäre und er aufgrund des Subsidiaritätsprinzips auch verfassungsrechtlich dazu angehalten ist, diesbezüglich Zurückhaltung zu zeigen, ist er den zweiten Weg gegangen. Das Subsidiaritätsprinzip steht dabei für die Selbstbestimmung, Selbstverantwortung und Entfaltung der Gesellschaft. Anders formuliert: der Staat soll erst dann eingreifen, wenn die Möglichkeiten des Einzelnen und der Gruppe nicht ausreichen. Dies soll nicht bedeuten, dass sich der Staat komplett heraushalten soll. Vielmehr soll diese Regelung den freien gesellschaftlichen Kräften (z. B. Verbänden der freien Wohlfahrtspflege) einen gewissen Vorrang einräumen.

Aufgrund der sozialen und wirtschaftlichen Bedürftigkeit vieler „Kunden" ist es jedoch für viele freie soziale Einrichtungen bzw. Träger oftmals nicht möglich, ihre Dienstleistungen auf dem Markt zu verkaufen. Daher benötigen sie zur Erfüllung ihrer Aufgaben im Sinne des Subsidiaritätsprinzips finanzielle Unterstützung aus öffentlichen Mitteln.

Alle Träger[1] des Sozialwesens haben u. a. nach den Bestimmungen der Sozialgesetzbücher (SGB) und dem Bundessozialhilfegesetz (BSHG) zu handeln. Diese und viele weitere Gesetzesgrundlagen beinhalten zum einem die Aufgaben und Leistungen der Leistungserbringer (meist freie Träger) und der Leistungsträger (meist Staat bzw. öffentliche Sozialleistungsträger), zum anderen aber auch die Verfahrensbestimmungen, die Zuständigkeiten sowie die jeweils geltenden Finanzierungsmaßstäbe (z. B. Rehabilitation von Menschen mit Behinderung, Kinder- und Jugendhilfe).

Finanzierung sozialer Einrichtungen

Wie bereits angedeutet, erfolgt die Finanzierung sozialer Leistungen und Dienste größtenteils über die Zahlungen der öffentlichen Haushalte (Steuern und Abgaben) und die jeweiligen Sozialversicherungsträger. Dabei lassen sich grundsätzlich drei zentrale Finanzierungsarten unterscheiden:

- Finanzierung durch Zuwendungen
- Finanzierung aufgrund von Leistungsverträgen
- Finanzierung auf der Basis von Pflege- und Kostensätzen

---

[1] Zu den Trägern des Sozialsystems gehören grundsätzlich die öffentlichen Träger (Bund, Länder und Kommunen), die freien Träger (Träger der freien Wohlfahrtspflege) sowie private Träger, die vordergründig auf kommerziellen Profit und nicht auf Gemeinnützigkeit ausgelegt sind. Zu den freien Trägern gehören z. B. das Jugendrotkreuz, Betreuungsvereine, die Diakonie oder die Caritas. Ein öffentlicher Träger ist beispielsweise der Kreisjugendring eines Landkreises.

Die Finanzierung durch öffentliche Mittel lässt sich in die **direkte** und die **indirekte Finanzierung** unterteilen. Eine indirekte Finanzierung liegt vor, wenn die Finanzierung aufgrund von Leistungsentgelten und Pflegesätzen erfolgt. Fließen der sozialen Einrichtung hingegen Zuschüsse und Kostenerstattungen auf der Grundlage von Leistungsverträgen zu, handelt es sich um eine direkte Finanzierung.

3.1.1 Direkte Finanzierung mittels Zuschüssen

Werden soziale Einrichtungen und Dienste bezuschusst, liegt eine direkte Finanzierung vor. Unter Zuschüssen werden Geldleistungen verstanden, die der Einrichtung in Form von **Subventionen** (Kommunen) oder in Form von **Zuwendungen** (Bund und Länder) ohne Gegenleistung zufließen.

> **Subventionen** sind freiwillige öffentlich-rechtliche Leistungen des Staates, die zur Erreichung eines bestimmten, im öffentlichen Interesse gelegenen Zweckes gewährt werden. (Definition des Bundesverwaltungsgerichts)

Zu den Subventionen gehören Geld- und Sachleistungen sowie Steuererleichterungen und -befreiungen im Zuge der Gemeinnützigkeit. Kommunale Zuschüsse sind vor allem für die sozialen Einrichtungen und Dienste wichtig, die eine Finanzierung für Aufgaben benötigen, die nicht zu den Pflichtleistungen des Staates gehören (z.B. Beratungsstelle für Migranten, Unterstützung eines Frauenhauses).

> **Zuwendungen** werden aufgrund haushaltsrechtlicher Bestimmungen in Form von Geldleistungen von Bund und Ländern an Dritte vergeben. Sie sind aus Sicht der Länder und des Bundes ein Mittel zur Erfüllung bestimmter öffentlicher Aufgaben.

Rechtsgrundlage für Zuwendungen sind die Bundes- und Landeshaushaltsverordnung. In § 14 des Haushaltsgrundsätzegesetzes (HGrG) heißt es: „Ausgaben und Verpflichtungsermächtigungen für Leistungen an Stellen außerhalb der Verwaltung des Bundes oder des Landes zur Erfüllung bestimmter Zwecke (Zuwendungen) dürfen nur veranschlagt werden, wenn der Bund oder das Land an der Erfüllung durch solche Stellen ein erhebliches Interesse hat, das ohne die Zuwendungen nicht oder nicht im notwendigen Umfang befriedigt werden kann." Folglich handelt es sich bei Zuwendungen um zweckgebundene, aber auch freiwillig zur Verfügung gestellte Mittel. Diese können bei unsachgemäßer und unwirtschaftlicher Verwendung zurückgefordert werden.

Darüber hinaus wird zwischen Zuschüssen unterschieden, mit denen sämtliche Aufgaben einer Institution finanziert werden (institutionelle Förderung) und Zuschüssen, mit denen einzeln abgrenzbare Vorhaben finanziert werden (Projektförderung).

Wird, wie der Name schon sagt, eine bestimmte Institution bzw. eine soziale Einrichtung als Ganzes gefördert, liegt eine **institutionelle Förderung** vor. Die Förderung erfolgt dabei nicht für einzelne Bereiche einer Einrichtung, sondern vielmehr als pauschale – an den satzungsmäßigen

Zweck der Einrichtung gebundene – Förderung. Eine konkrete Zweckbindung der Mittel gibt es jedoch nicht. Obwohl die institutionelle Förderung nur für ein Jahr bewilligt wird und grundsätzlich kein Rechtsanspruch auf eine Anschlussbewilligung besteht, handelt es sich in den meisten Fällen de facto um eine Dauerförderung. Zuschüsse können dabei nur veranschlagt werden, wenn ein Finanzierungs- und Wirtschaftsplan mit allen erwarteten Einnahmen und Ausgaben inklusive eines Organisations- und Stellenplans eingereicht wird.

Aufgrund der angespannten finanziellen Lage der öffentlichen Haushalte und im Zuge der Reform des Sozialstaates geht in den letzten Jahren der Trend zur eher kurzfristigen **Projektförderung**. Hierbei handelt es sich um ein einzelnes, zeitlich, inhaltlich und kostenmäßig begrenztes Vorhaben (Projekt), bei dem die finanziellen Mittel an das Projekt gebunden sind. Dadurch, dass die Projektfinanzierung einmalig und klar abgegrenzt ist, ist sie für die Zuschussgeber deutlich besser kalkulierbar als die institutionelle Förderung. Darüber hinaus kann der Zuschussgeber mit der gezielten Förderung bestimmter Projekte sozialpolitische Prioritäten setzen. Um eine dauerhafte Finanzierung sicherstellen zu können, müssen die Einrichtungen jedoch eine gewisse Projektkultur entwickeln und sich ständig um passende Projekte bemühen. Durch die Kurzfristigkeit der Projekte besteht zudem die Gefahr, dass immer mehr Arbeitsverhältnisse befristet werden.

Institutionelle und projektbezogene Zuschüsse können entweder voll- oder teilfinanziert werden. Die **Vollfinanzierung** steht für die vollständige Übernahme der zuwendungsfähigen Kosten einer sozialen Einrichtung. Die Vollfinanzierung ist sowohl im Rahmen der institutionellen Förderung als auch im Rahmen der Projektförderung eine absolute Ausnahme und nur dann denkbar, wenn der Staat ein starkes Interesse oder eine gesetzliche Verpflichtung hat, eine bestimmte Einrichtung zu betreiben und diese Aufgabe selbst nicht erfüllen kann.

Wesentlich häufiger als die Vollfinanzierung ist die **Teilfinanzierung.** Sie ist sowohl bei institutionellen als auch bei projektbezogenen Zuschüssen der Regelfall und kann als Anteils-, Festbetrags- oder Fehlbedarfsfinanzierung erfolgen. Bei der **Anteilsfinanzierung** handelt es sich um eine Teilfinanzierung, die entweder nur einen bestimmten Prozentsatz oder einen bestimmten Teil der zuschussfähigen Gesamtausgaben deckt. Generell sind die prozentualen Zuschüsse meist von der Gesamthöhe des Betrags abhängig. Für die anteilige Bezuschussung werden grundsätzlich Kostenstellen bzw. Kostenarten als Referenzgrößen herangezogen. Der Finanzierungsanteil bezieht sich beispielsweise auf die Personalkosten oder bestimmte Sachkosten. Bei beiden Varianten erfolgt die Zusage über den Zuschuss durch Festlegung einer bestimmten Höchstgrenze, wobei eine Nachfinanzierung – sofern sie nicht vom Empfänger zu verantworten ist – grundsätzlich möglich ist. Wurde der Zuwendungsbetrag hingegen nicht ausgeschöpft, muss der Restbetrag zurückgezahlt werden.

Die einfachste Form der Finanzierung – sowohl für Zuschussgeber als auch für Zuschussnehmer – ist die **Festbetragsfinanzierung.** Sie ist vor allem dann geeignet, wenn der Zuwendungsgeber ein Interesse an der Erfüllung eines bestimmten Zwecks hat. Allerdings ist der fixe Betrag nicht veränderbar, egal ob die Ausgaben höher oder niedriger ausfallen.

Hat der Zuschussgeber ein besonderes Interesse an der Durchführung aller Teile einer Maßnahme, kann er sich für das Instrument der **Fehlbedarfsfinanzierung** entscheiden. Bei einer Fehlbedarfsfinanzierung finanziert der Zuschussgeber die Kosten, die nach Ablauf des Haushaltsjahres nicht durch eigene oder Drittmittel gedeckt werden können. Auch diese Art der Finanzierung ist durch einen Höchstbetrag begrenzt. Ist dieser jedoch zu hoch angesetzt, führt das de facto zu einer Vollfinanzierung, ist er zu niedrig festgelegt, wird das Projekt eventuell gar nicht durchgeführt. Um eine entsprechend Finanzierung zu erhalten, muss der Zuschussnehmer seine komplette wirtschaftliche Situation offenlegen.

Ein relativ neues Finanzierungsinstrument, das die Zuschussfinanzierung teilweise ablöst, sind **Leistungsverträge.** Hierbei handelt es sich um privatrechtliche Verträge zwischen dem Staat und den Anbietern sozialer Leistungen. Bei einem Leistungsvertrag erwirbt der Staat durch Ausschreibung eine von Anfang an genau festgelegte Leistung einer sozialen Einrichtung, die diese gegenüber Dritten (Kunden) zu erbringen hat. Im Vorfeld der Ausschreibung wird folglich neben der konkreten zu erbringenden Leistung auch der erzielbare Preis als Leistungsentgelt bestimmt. Die Einrichtung, die letztlich das beste und wirtschaftlichste Angebot abgibt, erhält den Zuschlag. Im Vordergrund steht nicht mehr die Mittelverwendung, sondern die Qualität und der Erfolg der Leistung selbst. Da der Anspruch auf das vertraglich vereinbarte Entgelt in der Regel bestehen bleibt, erhalten durch die Vergabe von Leistungsverträgen sowohl der Staat als auch die Leistungsanbieter mittelfristige Planungssicherheit.

3.1.2 Indirekte Finanzierung mittels Leistungsvereinbarungen und Pflegesätzen

Im Gegensatz zur direkten Finanzierung erhalten die Leistungserbringer bei der indirekten Finanzierung die Finanzmittel auf der Grundlage des „sozialrechtlichen Leistungsdreiecks" und den jeweils dazugehörenden Sozialgesetzbüchern. Die indirekte Finanzierung ist damit keine Objektförderung, sondern eine Subjektförderung.

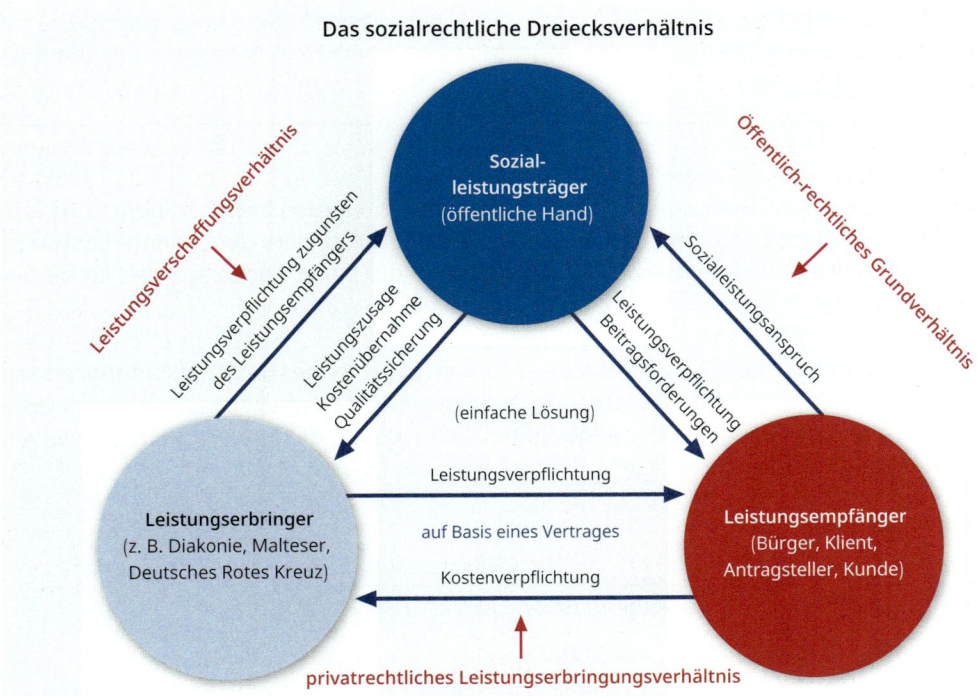

Das sozialrechtliche Dreiecksverhältnis

vgl. Bachert, Robert/Schmidt, Andrea: Finanzierung von Sozialunternehmen. Theorie, Praxis, Anwendung. Freiburg i. Br.: Lambertus 2010, S. 52.

Demzufolge sind bei der indirekten Finanzierung nicht die sozialen Einrichtungen (Leistungserbringer), sondern allein die Kunden (Leistungsempfänger), die versichert sind oder einen gesetzlichen Anspruch auf Leistungsübernahme haben, anspruchsberechtigt. Das heißt, vonseiten der sozialen Einrichtung besteht kein eigener Rechtsanspruch gegenüber dem Sozialleistungsträger oder den kommunalen Gebietskörperschaften. Unabhängig von der Tatsache, dass eigentlich die Leistungsempfänger anspruchsberechtigt sind, erhalten die sozialen Einrichtungen ein Entgelt für ihre erbrachten Dienstleistungen jedoch in der Regel nicht vom Kunden selbst, sondern von der öffentlichen Hand (Sozialleistungsträger). So vergüten die Sozialleistungsträger die vollen Kosten für die erbrachten Leistungen indirekt an den Leistungserbringer, also die soziale Einrichtung. Hierbei handelt es sich um ein öffentlich-rechtliches Verhältnis, während das Verhältnis zwischen dem Leistungsempfänger und dem Leistungserbringer privatrechtlicher Natur ist.

 Ein Bürger möchte in ein Altenheim gehen und schließt mit diesem einen Betreuungsvertrag ab. Allerdings muss vor dem Einzug in die gewünschte Einrichtung eine Kostenzusage durch den zuständigen Sozialleistungsträger erfolgen. Der Kunde muss also beim Sozialleistungsträger einen entsprechenden Antrag auf Bewilligung der gewünschten Leistung stellen. Dies erfolgt in der Regel mithilfe des Altenheims. Erst wenn der Antrag bewilligt ist, wird aus dem Klienten ein Leistungsempfänger im Sinne der obigen Abbildung. Wird der Antrag nicht bewilligt, muss der Klient die Kosten selbst tragen. Das Altenheim erhält für diesen Kunden ein Leistungsentgelt, zu dessen Vergütung der Leistungsträger (z. B. Stadt, Landkreis) verpflichtet ist. Das Altenheim geht damit gegenüber dem Kunden und dem Sozialleistungsträger die Verpflichtung ein, die Leistung vertragsgemäß zu erbringen. Dabei besteht der Leistungsanspruch des Kunden nicht direkt gegenüber dem Altenheim[2], sondern indirekt gegenüber dem Sozialleistungsträger.

Um nicht jeden Einzelfall aufwendig verrechnen zu müssen, werden zwischen dem Sozialleistungsträger (z. B. Pflegekasse) und den einzelnen Leistungserbringern sogenannte Leistungsentgelte oder Pflege- bzw. Kostensätze vereinbart. Diese Pauschalen dienen als Basis für die unmittelbare Kostenabrechnung.

Ursprünglich wurde die Pflege- bzw. Kostensatzfinanzierung als reines Kostenerstattungsprinzip konzipiert, bei dem insbesondere die laufenden Kosten gedeckt werden sollten. Demnach teilte man zur Ermittlung des Pflegesatzes die gesamten Selbstkosten[1] der Einrichtung durch die Anzahl der Nutzer und der Nutzungstage[2].

$$\text{Pflegesatz} = \frac{\text{Selbstkosten}}{\text{angenommene Auslastung} \cdot \text{Nutzungstage}}$$

$$\text{z. B.:} \quad \frac{3.000.000,00 \ €}{80\,\% \text{ von } 150 \text{ Plätzen} \cdot 350} = 71,43 \ €$$

---

[1] Zu den Selbstkosten gehören u. a. die Personalkosten, die Sach- und Instandhaltungskosten sowie die Abschreibungen. Die Selbstkosten werden mithilfe eines Selbstkostenblattes ermittelt.

[2] Der Nutzungstag beschreibt die Leistung der Einrichtung für eine zu betreuende Person an einem Tag.

Es galt das Prinzip der Über- und Unterdeckung, bei dem die Einrichtungen nur ein geringes Risiko trugen. Wurden Mittel nicht ausgegeben, mussten sie zurückgezahlt werden. Bei Mehrausgaben wurden im Gegenzug Mittel zur Verfügung gestellt. Dies änderte sich jedoch mit der Einführung der **prospektiven**[1] Pflegesätze und der Leistungsentgelte.

> Zu den **Leistungsentgelten** gehören die Einnahmen aus dem Verkauf von Dienstleistungen. Sie werden in den meisten Fällen von den Sozialleistungsträgern und in wenigen Fällen von den Klienten selbst gezahlt.

Durch den Wechsel von einheitlichen Pflegesätzen hin zu leistungsgerechten, nutzerbezogenen und prospektiven Entgelten werden nun nicht mehr die Einrichtungen selbst finanziert, sondern deren Dienste. Demnach stehen ab sofort die zu erbringenden Leistungen im Mittelpunkt der Betrachtungen. Dabei wird der bislang einheitliche Pflegesatz in drei Bestandteile zerlegt: die **Grundpauschale** (Pauschale für Verpflegung und Unterkunft), den **Investitionsbetrag** für Anlagen und Maschinen und die **Maßnahmepauschale**. Letztere orientiert sich am individuellen Hilfsbedarf des Leistungsempfängers und wird nach Leistungsart und Leistungsmenge festgelegt. Zudem sind die Sozialhilfeträger nur dann zur Übernahme einer Leistung verpflichtet, wenn darüber hinaus mit den „zugelassenen"[2] Leistungserbringern eine **Leistungs- und Prüfvereinbarung**[3] besteht.

Die eigentliche Höhe des Pflegesatzes wird in der sogenannten **Vergütungsvereinbarung** festgehalten. Hier vereinbaren die Kassen z. B. mit den zugelassenen Pflegeeinrichtungen eine leistungsgerechte Vergütung für die allgemeinen Pflegeleistungen (Pflegevergütung) als auch für die stationäre Pflege.

Das in der Vergütungsvereinbarung vereinbarte Leistungsentgelt geht von einer fast vollständigen Kapazitätsauslastung der Einrichtung aus. Ist der Leistungserbringer jedoch nicht komplett ausgelastet, hat er auch das Defizitrisiko zu tragen. Die Einführung von Leistungsentgelten ermöglicht somit neben der Einführung von Marktstrukturen auch die Überprüfung der Wirtschaftlichkeit und der Qualität der Leistung.

---

[1] Art, Höhe und Laufzeit des Pflegesatzes werden auf der Grundlage von vorgelegten Unterlagen bzw. von regionalen Vereinbarungen landesweit tätiger Pflegesatzkommissionen im Voraus (prospektiv) – also „vor" Beginn der Wirtschaftsperiode – festgelegt. Dabei werden Tariferhöhungen im Personalbereich und auch Preissteigerungsraten berücksichtigt.

[2] Leistungserbringer (z. B. Altenheim der Malteser) sind dann zugelassen, wenn sie mit den Sozialleistungsträgern (z. B. Pflegekasse) einen Versorgungsvertrag abgeschlossen haben.

[3] In der Leistungsvereinbarung sind u. a. der von der Einrichtung zu betreuende Personenkreis, die Art, das Ziel und die Qualität der Leistung, die Qualifikation des Personals sowie die erforderliche Ausstattung festzulegen.

3.2   Besondere Finanzierungsmöglichkeiten

3.2.1   Crowdfunding

Bei dieser Finanzierungsform versuchen die – meist jungen – Unternehmen, durch einen gezielten öffentlichen Aufruf eine breite Masse privater Investoren anzusprechen. Damit werden Ideen, Gründungsideen, durch die kleinen Investitionen vieler Interessenten finanziert.

Diese Unternehmen nutzen das Crowdfunding, obwohl ihnen zum Zeitpunkt dieser Entscheidung auch alternative Finanzierungsoptionen zur Verfügung stehen. Sie wählen diese Finanzierungsform somit bewusst und nicht aus der Not heraus. Die wichtigsten Beweggründe sind dabei – neben der Sicherung des Kapitalzuflusses – ein erhoffter Werbeeffekt beim Endkunden. Die Finanzierungsform eignet sich dabei insbesondere für innovative Wachstumsunternehmen, die Kapital für die zeitnahe Markteinführung suchen.

Diese auch als „Schwarmfinanzierung" bezeichnete Finanzierungsform zeichnet sich durch stetig hohe Wachstumsraten aus.

Beim Crowdfunding handelt es sich um eine Finanzierungsform mit unterschiedlichen Ausprägungen. Diese lassen sich nach der Art der Gegenleistung unterscheiden, die der Kapitalgeber für seinen finanziellen Einsatz erhält. Im nationalen Zusammenhang spielt insbesondere das Crowdfunding – auch als Equity-Crowdfunding bezeichnet – eine zentrale Rolle in der öffentlichen Wahrnehmung. Die oft zahlreichen Kapitalgeber erhalten in der Regel eine eigenkapitalähnliche Beteiligung an (jungen) Unternehmen oder Projekten. Sie partizipieren somit finanziell an dessen zukünftiger Entwicklung.

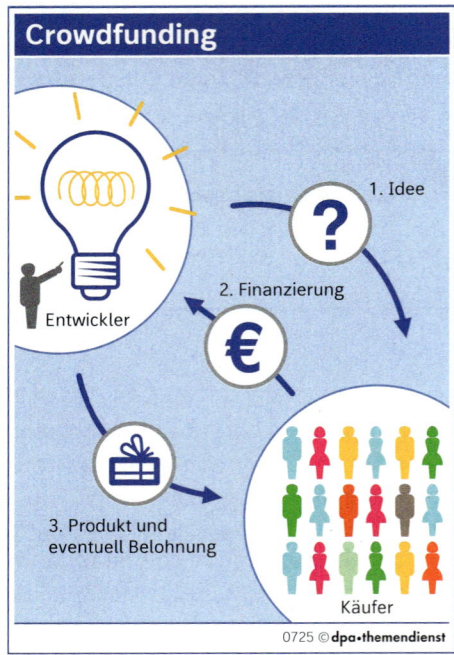

0725 © dpa•themendienst

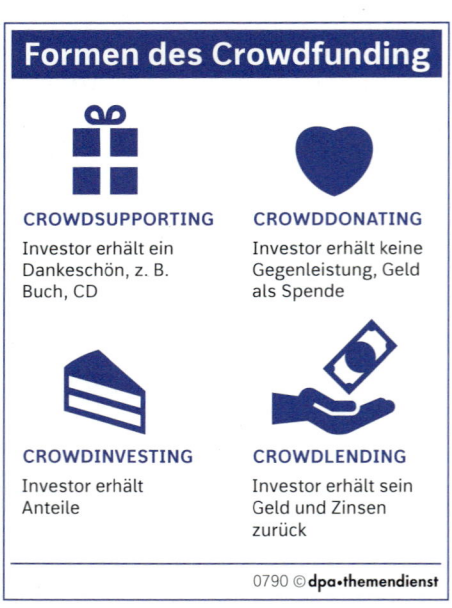

0790 © dpa•themendienst

Crowdfunding-Typen und ihre Eigenschaften

Crowdfunding-Typen	Eigenschaften und Gegenleistungen	Beispiel	Bekannte Plattformen (insgesamt realisierte Volumina – Stand: 7/2015)
Spendenbasiertes Modell (Donation-Based Crowdfunding)	◻ Keinerlei materielle oder finanzielle Gegenleistung/ immaterielle Belohnung denkbar ◻ Vorwiegend für gemeinnützige Organisationen und Projekte	Der Verein „EinDollarBrille e. V." versucht über die Plattform betterplace.org finanzielle Mittel für Sehhilfen einzusammeln, die Menschen in Entwicklungsländern zur Verfügung gestellt werden sollen.	betterplace.org (D/22,8 Mio. €), gofundme.com (US/1,2 Mrd. $)
Belohnungs-basiertes Modell (Reward-Based Crowdfunding)	◻ Materielle oder immaterielle, jedoch nicht finanzielle Gegenleistung – orientiert sich in der Regel an der jeweiligen Höhe des bereitgestellten Kapitals ◻ Auch Vorfinanzierung eines Produktes möglich (Pre-Purchase-Modell)	Eine Gruppe Kölner Nachwuchsmusiker sucht über die Plattform startnext.de finanzielle Mittel i.H.v. 10 Tsd. € für die Produktion und Vermarktung ihres Debütalbums. Im Gegenzug erhalten die Kapitalgeber einen Gratis-Download der produzierten CD. Besonders großzügige Kapitalgeber erhalten, in Abhängigkeit vom Betrag, eine Erwähnung im Booklet bis hin zum Privatkonzert.	startnext.de (D/21,2 Mio. €), kickstarter.com (US/1,8 Mrd. $), indiegogo.com (US/k.A.)
Darlehens-basiertes Modell (Lending-Based Crowdfunding)	◻ Kredit an andere Privatpersonen (P2P-Lending) oder Unternehmen (P2B-Lending) ◻ Gegenleistung: Zinsleistungen des Kreditnehmers – Bonität wird von Plattform ermittelt ◻ Umsatzstärkstes Marktsegment innerhalb des Crowdfundings	Ein mittelständischer Industriebetrieb sucht zum Ausbau seiner Lagerkapazitäten über die Plattform zencap.de eine Finanzierung über 100 Tsd. €. Der Kredit hat eine Laufzeit von 4 Jahren. Der Kreditgeber erhält jährlich 6,5 % Zinsen auf das bereitgestellte Kapital.	auxmoney.de (D/278,6 Mio. €), zencap.de (D/20,0 Mio. €), smava.de (D/k.A.), prosper. com (US/> 4 Mrd. $)
Eigenkapital-basiertes Modell (Equity-Based Crowdfunding) oder auch Crowdinvesting	◻ Eigenkapital- oder eigenkapitalähnliche Beteiligung am Unternehmen oder Projekt ◻ Finanzielle Teilhabe an der zukünftigen Entwicklung des Unternehmens ◻ Ausgestaltung unterschiedlich: vorwiegend partiarische (Nachrang-)Darlehen, stille Beteiligungen	Die Circus Internet GmbH sucht für Finanzierung verschiedener Marketing- und Vertriebsaktivitäten ihrer Plattform meinespielzeugkiste.de auf der Crowdinvesting-Portal companisto. de Kapitalgeber i.H.v. 400 Tsd. €. Die Unternehmensbewertung beträgt dabei 1,6 Mio. €. Investoren können ab 5 € in das Unternehmen investieren und werden in Form eines partiarischen Nachrangdarlehens am Unternehmen beteiligt. Hierdurch erhalten sie einen Anspruch auf Beteiligung an den Gewinnen sowie an möglichen Exit-Erlösen des Unternehmens.	companisto.de, fundsters.de, innovestment.de, seedmatch.de (alle D/insgesamt 39,2 Mio. €/Stand: 3/2015), crowdcube.com (GB/94,6 GBP)

Quelle: Löher, Jonas/Schnell, Sabrina/Schneck, Stefan/Werner, Arndt/Moog, Petra: Unternehmensgründung und Crowdinvesting In: IfM-Materialien Nr. 241, Oktober 2015, online unter: https://www.ifm-bonn.org/fileadmin/data/redaktion/publikationen/ifm_materialien/dokumente/IfM-Materialien-241_2015.pdf, S. 5 f. [21.10.2020].

3.2.2 Fundraising

Der Begriff „Fundraising" wird oft mit „Spendensammeln" gleichgesetzt.

> Eine **Spende** ist eine freiwillige Leistung, die jemand gibt, ohne etwas im Gegenzug zu erwarten. Steuerlich relevant sind Spenden, wenn sie an gemeinnützige Organisationen geleistet werden.

Der englische Begriff setzt sich zusammen aus den Wörtern „fund" (= Kapital) und „to raise" (= beschaffen). Fundraising hat die Absicht, Menschen, Unternehmen usw. als aktive Unterstützer zu gewinnen. Ziel ist es, zu möglichst geringen Kosten Geld zu beschaffen.

Hierzu werden sämtliche Aktivitäten systematisch analysiert, geplant, durchgeführt und kontrolliert.

Spendengala für „Ein Herz für Kinder" in Berlin

Unternehmen, die Fundraising betreiben, sind meistens steuerbegünstigte Organisationen, denen es seitens der Finanzbehörden gestattet ist, Spendenbescheinigungen (Spendenquittung) auszustellen.

Spendenquittung

Eine Spendenquittung bescheinigt einem Spender, dass er eine freiwillige Leistung an eine gemeinnützige Organisation geleistet hat (siehe Lernbereich 1, Kapitel 2.4.3 Rechtsformen gemeinnütziger Unternehmen). Damit eine solche Quittung ausgestellt werden darf, muss der Spendenempfänger bestimmte Kriterien erfüllen. Der Spender ist im Gegenzug berechtigt, die Spendensumme bei seiner Steuererklärung geltend zu machen und somit seine Steuersumme direkt oder indirekt zu verringern. Als Faustregel gilt hier ca. 30 % der Spendensumme.

Die Organisation muss vor dem Finanzamt durch exakte Buchführung nachweisen, dass keine anderen Entnahmen aus diesen Mitteln getätigt werden.

Organisationen können ihren Spendern eine Bescheinigung auf einem der offiziellen Vordrucke des Bundesfinanzministeriums ausstellen. Bis zu einer Spendenhöhe von 200,00 €

Erster elektronischer Opferstock für EC-Karten mit ausdruckbarer Spendenquittung im Kloster Schäftlarn in Oberbayern

wird jedoch bereits der Kontoauszug oder der Überweisungsträger als Spendennachweis anerkannt. Dies gilt natürlich nur, wenn im Überweisungszweck eindeutig erkennbar ist, dass es sich
um eine Spende ohne Gegenleistung handelte.

Neben Geldspenden können auch gespendete Gegenstände steuerlich geltend gemacht werden. Bei einer solchen Sachspende wird der Wert der Gegenstände z. B. mithilfe von Kaufverträ-
gen ermittelt und auf einer Sachspendenbescheinigung festgehalten. Dieser Wert kann ebenso
bei der Steuererklärung angegeben werden wie ein gespendeter Geldbetrag.

Spenderzahlen, Spendenhäufigkeit und Durchschnittsspende 2005–2020

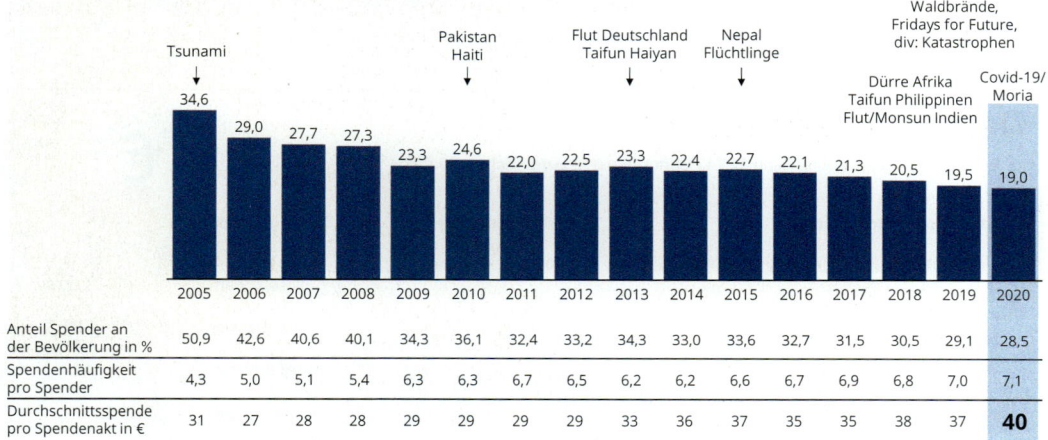

	2005	2006	2007	2008	2009	2010	2011	2012	2013	2014	2015	2016	2017	2018	2019	2020
Anteil Spender an der Bevölkerung in %	50,9	42,6	40,6	40,1	34,3	36,1	32,4	33,2	34,3	33,0	33,6	32,7	31,5	30,5	29,1	28,5
Spendenhäufigkeit pro Spender	4,3	5,0	5,1	5,4	6,3	6,3	6,7	6,5	6,2	6,2	6,6	6,7	6,9	6,8	7,0	7,1
Durchschnittsspende pro Spendenakt in €	31	27	28	28	29	29	29	29	33	36	37	35	35	38	37	**40**

*vgl. Deutscher Spendenrat e. V./GfK (Hrsg.): Bilanz des Helfens 2020: Spendenzeitraum Jan. – Dez. 2020, 10.02.2021, online
unter: https://www.spendenrat.de/wp-content/uploads/2019/02/Bilanz_des_Helfens_2019.pdf, S. 13 [01.11.2021].*

3.2.3   Sponsoring

Immer häufiger nutzen Unternehmen Sponsoring als Kommunikationsinstrument. Im
Sport, bei kulturellen Ereignissen sowie im
ökologischen, sozialen und medialen Bereich
werden gezielt Personen und/oder Projekte
unterstützt. Dabei wird z. B. das Logo des Unternehmens auf den Sportgeräten angebracht
(zu Marketing siehe Lernbereich 6, Kapitel 4.5
Kommunikationspolitik).

Olympischer Geldlauf

Durch sogenannte „Sponsorships" werden Ereignisse, die im Fokus des öffentlichen Interesses
stehen, z. B. Olympiade, und damit großes Interesse in den Medien finden, in die Kommunikationsarbeit von Unternehmen einbezogen.

Ziel des Sponsoring ist es, Aufmerksamkeit auf das Unternehmen oder unternehmenseigene
Projekte zu lenken und damit finanzielle Mittel z. B. mithilfe von Spenden zu beschaffen.

Als Teil der unternehmerischen Kommunikationsarbeit gehört es zur betriebswirtschaftlichen
Funktion des Marketings, der Kommunikationspolitik.

3.2.4   Fördermittel von Stiftungen

Zahlreiche Stiftungen in Deutschland fördern gesellschaftliche Projekte oder engagieren sich für soziale Zwecke.

Der Grundgedanke dieser Stiftungen ist es in der Regel, einen Beitrag zu einer besseren Gesellschaft zu leisten.

Hinter den größten Stiftungen in Deutschland stecken vor allem namhafte Unternehmen.

Durch den Stiftungszweck, festgelegt in der jeweiligen Stiftungsordnung, ist das Ziel und damit auch die Definition der möglichen Fördermittel vorgegeben.

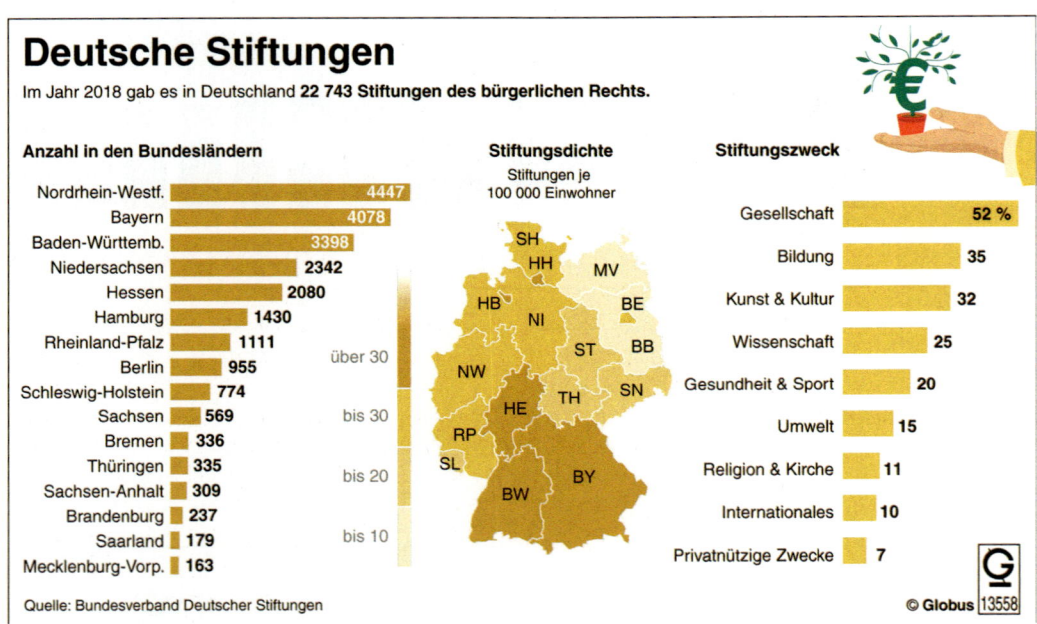

Beispiel einer solchen Stiftung ist die Allianz Kulturstiftung mit Sitz in Berlin

> Die Allianz Kulturstiftung wurde im Jahr 2000 von der vormaligen Allianz AG (jetzt Allianz SE) als gemeinnützige Stiftung bürgerlichen Rechts in München gegründet. Gemeinsam mit der Allianz Umweltstiftung zog sie im Januar 2012 in das Berliner Allianz Forum am Pariser Platz 6.
>
> Die Allianz Kulturstiftung ist sowohl fördernd als auch operativ tätig. Zwei Gremien legen die Strategie der Stiftungsarbeit fest, entscheiden über die Vergabe von Förderungen und kontrollieren die Mittelvergabe. Das Kuratorium setzt sich aus externen Experten unterschiedlicher künstlerischer Gattungen zusammen und fungiert als wissenschaftlich-künstlerischer Beirat. Es prüft die Projektanträge und legt ausgewählte Projektvorhaben dem Stiftungsrat zur Entscheidung vor. Die Mitglieder beider Gremien werden jeweils für drei Jahre berufen bzw. wiederbestellt. [...]
>
> *Quelle: Allianz Kulturstiftung (Hrsg.): Die Stiftung, online unter: https://kulturstiftung.allianz.de/de_DE/ueber-uns. html [21.10.2020].*

Zwei Beispiele für Projekte der Allianz Kulturstiftung

„

LIVINGdream Europe – A culture-building digital exploration field

LIVINGdream Europe lädt junge Menschen aus verschiedenen europäischen Netzwerken dazu ein, Themen, die sie bewegen, virtuell und spielerisch zu erforschen. Unterstützt durch künstlerische Teams, möchte das Projekt die jungen Generationen motivieren, ihre Selbstverständlichkeiten zu hinterfragen und selbst die Erschaffer*innen nachhaltiger Welten zu werden.

Im gemeinsamen virtuellen Raum wird ein Avatar-basiertes spielerisches Explorationsfeld kreiert, das Jugendliche aus verschiedenen europäischen Ländern verbinden möchte, die an der nachhaltigen Gestaltung der Zukunft interessiert sind. [...]

LIVINGdream Europe möchte die jungen Generationen dazu ermutigen und befähigen, ihre Zukunftsvision mit frischen Ideen und klugen Ansätzen in einem virtuellen Raum spielerisch zu erproben. Hierin liegt das Potential, Verantwortung gegenüber gesellschaftlichen Herausforderungen zu übernehmen.[...]

- Wer: Institute for Global Integral Competence e. V.
- Wo: Kiew, Stockholm, Ruhrgebiet
- Wann: 01.02.2021 – 31.12.2022

Quelle: Allianz Kulturstiftung (Hrsg): LIVINGdream Europe, online unter: https://kulturstiftung.allianz.de/de_DE/ projects/livingdream-europe.html [02.12.2021](verändert).

This Is What A Generation Sounds Like – A pandemic-proof visual podcast series on what it means to be young in Europe today

This Is What A Generation Sounds Like bietet acht jungen Europäer*innen die Möglichkeit, Podcast-Episoden zu entwickeln, die ihre Geschichten aus ihrem Teil Europas erzählen. [...] Die erfahrenen Produzent*innen von Are We Europe & The Europeans werden sie dabei anleiten, drängende soziale und politische Themen zu erforschen, sei es in ihrem Dorf, in ihrer Region oder in Europa insgesamt. Die Episoden befassen sich mit den aktuellen Herausforderungen des Kontinents, von Homophobie bis zum Abbau der Demokratie, sowie mit Lösungsansätzen. Diese klangvollen, liebevoll produzierten Audiogeschichten werden in innovative und immersive „visuelle" Podcasts verwandelt, die die Designfähigkeiten von Are We Europe mit der Audioexpertise von The Europeans kombinieren. [...]

- Wer: Are We Europe & The Europeans
- Wo: Europaweit und digital
- Wann: 2021–2022

Quelle: Allianz Kulturstiftung (Hrsg): This Is What A Generation Sounds Like, online unter: https://kulturstiftung.allianz.de/de_DE/projects/this-is-what-a-generation-sounds-like.html [02.12.2021](verändert).

Zusammenfassung

Öffentliche Hand	Private Institutionen/ Personen	Eigentümer sozialer Dienste
Staat/Sozialleistungsträger	**Fundraising/Spender**	**Gesellschafter**
Leistungsentgelte/Pflege-, Kostensätze	Spendenmittel	Einlagen
Leistungsverträge	**Sponsoring**	**Mitglieder**
Zuschüsse (Subventionen/ Zuwendungen)	Sponsoringmittel	Mitgliedsbeiträge
Europäische Fonds	**Förderstiftungen**	**Stifter**
Zuschüsse (z. B. Comenius)	Fördermittel von Stiftungen	Erträge aus Stiftungskapital
	Leistungsempfänger	
	Leistungserträge	
	Sonstige private Personen	
	private Mittel	
	Banken/Investoren	
	Kredite	

Quelle: Bachert, Robert/Schmidt, Andrea: Finanzierung von Sozialunternehmen. Theorie, Praxis, Anwendung. Freiburg i. Br.: Lambertus 2010, S. 55.

Aufgaben

1. Nehmen Sie zur Bedeutung des Sozialstaats in Deutschland Stellung.
2. Erläutern Sie das Subsidiaritätsprinzip.
3. Suchen Sie im Rahmen eines Projektes nach konkreten und aktuellen Beispielen für die verschiedenen Finanzierungsformen sozialer Einrichtungen.
4. Erstellen Sie einen schematischen Überblick über die verschiedenen Arten der direkten Finanzierung.
5. Übertragen Sie das sozialrechtliche Dreiecksverhältnis auf ein konkretes Beispiel (z. B. Klinikum).
6. Legen Sie die Bedeutung der prospektiven Pflegesätze und der Leistungsentgelte dar.
7. Informieren Sie sich in Fachbüchern oder im Internet über die Berechnung eines prospektiven Pflegesatzes.
   Hinweis: Ein konkretes Beispiel für die Berechnung eines prospektiven Pflegesatzes bietet Bachert, Robert/Schmidt, Andrea: Finanzierung von Sozialunternehmen. Theorie, Praxis, Anwendung. Freiburg i. Br.: Lambertus 2010, S. 128 ff.
8. Zeigen Sie den wesentlichen Unterschied zwischen der direkten und der indirekten Finanzierung auf.
9. Diskutieren Sie in Ihrer Klasse über die Bedeutung des Ehrenamts. Überlegen Sie zudem, inwiefern das Ehrenamt zur finanziellen Entlastung sozialer Einrichtungen beitragen kann und wie Sie sich selbst in Ihrer Gemeinde/Stadt ehrenamtlich engagieren könnten.
10. Interpretieren Sie die nebenstehende Karikatur im Hinblick auf die Finanzierung der sozialen Einrichtungen.

Quelle: Universitäts- und Landesbibliothek Münster, N. Schöpper K 12,057

Lernbereich 3:
Den Erfolg eines sozialen Unternehmens analysieren

Soziale Unternehmen verfolgen in erster Linie soziale Ziele. Dennoch ist neben diesem „Erfolg" auch der wirtschaftliche, sprich finanzielle, Erfolg des Unternehmens wichtig.

So errechnet sich der Erfolg aus den erwirtschafteten Leistungen abzüglich der angefallenen Kosten. Ist der Erfolg positiv, so errechnet sich ein Gewinn. Ist der Erfolg negativ, so errechnet sich ein Verlust.

Da auch bei sozialen Unternehmen Verluste in der Regel durch die Eigentümer (z. B. Kommune) ausgeglichen werden müssen, sind diese sehr daran interessiert, dass das Unternehmen keine Verluste erwirtschaftet. Langfristig sollten die Ziele Kostendeckung bzw. Gewinne sein.

In diesem Kapitel wird daher nun eingehender auf die dem Erfolg zugrunde liegenden Kosten und erwirtschafteten Leistungen eingegangen. Des Weiteren wird gezeigt, wie sich der Erfolg eines sozialen Unternehmens feststellen und analysieren lässt.

Nach einem Überblick über die Grundlagen der Erfolgsbetrachtung werden zunächst die Kosten gruppiert (Kostenarten). Dabei lässt sich feststellen, dass die Personalkosten in sozialen Unternehmen von immenser Bedeutung sind. Im Weiteren werden die Kosten bezüglich ihrer Veränderlichkeit betrachtet (Beschäftigungsschwankungen). Nach einer genaueren Auswertung der Leistungen kann durch eine Gegenüberstellung der Leistungen mit den Kosten der Erfolg des Unternehmens ermittelt werden. Durch den Einsatz bestimmter Rechenformeln (Kennzahlen) kann der Erfolg beurteilt werden. So lassen sich z. B. die Kennzahlen mit denen anderer sozialen Unternehmen verglichen.

ARBEITSAUFTRÄGE

1. Welche Leistungen sozialer Unternehmen kennen Sie? Welche Leistungen lassen sich wie monetär beschreiben?
2. Welche Kosten bei sozialen Unternehmen kennen Sie? Wie hoch (in Euro) schätzen Sie diese Kosten?
3. Wann ist Ihrer Meinung nach ein soziales Unternehmen erfolgreich?
4. Diskutieren Sie nebenstehendes Bild hinsichtlich Leistungen und Kosten.

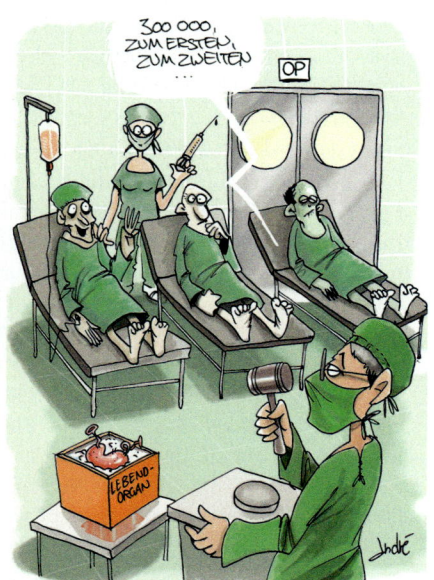

Versteigerung im OP-Saal

1   Grundlagen der Erfolgsrechnung

Kennzeichnend für alle sozialen Unternehmen ist das Verfolgen sozialer Ziele durch ökonomische (wirtschaftliche) Betätigung. Daneben sollen sie aber auch wirtschaftlich handeln, d. h. Gewinne oder zumindest Kostendeckung erzielen. Dafür müssen die erwirtschafteten Leistungen mindestens die anfallenden Kosten ausgleichen (siehe Lernbereich 1, Kapitel 2.3.1).

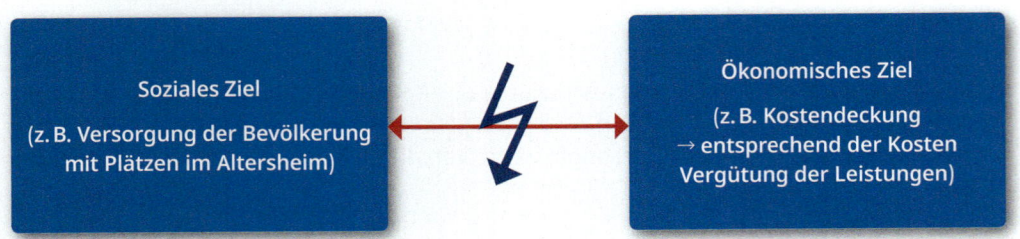

Dass dies zu einem **Zielkonflikt** führen kann, zeigt nachstehender Bericht.

Teure Pflege: 400.000 Senioren können Altenheim nicht mehr zahlen

Hunderttausende Senioren können sich aus eigener Kraft keine Altenpflege mehr leisten – das geht laut einem Zeitungsbericht aus Zahlen des Statistischen Bundesamts hervor. Die Krankenkassen diskutieren nun kostengünstigere Modelle, wonach deutsche Pflegefälle im Ausland versorgt würden.

Berlin – Die Zahl der Senioren, die ihre Pflege nicht mehr selbst bezahlen können, ist in den vergangenen Jahren in Deutschland deutlich gestiegen. Das geht aus noch unveröffentlichten Zahlen des Statistischen Bundesamtes hervor, die der „Welt am Sonntag" nach eigenen Angaben vorliegen. Demnach ist die Zahl der Empfänger von Hilfe zur Pflege im Jahr 2010 um rund fünf Prozent gestiegen, auf etwa 411.000 Bedürftige – drei Viertel von ihnen leben in Heimen. Die Ausgaben für die staatliche Sozialleistung „Hilfe zur Pflege" sind demnach im Jahr 2010 auf mehr als 3,4 Milliarden Euro gestiegen.

Der Sozialverband VdK wertet die Entwicklung als Alarmsignal: „Das Risiko, durch Pflegebedürftigkeit in Armut abzurutschen, steigt seit Jahren", warnt Präsidentin Ulrike Mascher in der Zeitung. Ein wichtiger Grund für die höhere Zahl an Betroffenen sei, dass die Heimkosten kontinuierlich steigen – zuletzt lagen sie in Pflegestufe 3 bei durchschnittlich knapp 2900 Euro pro Monat – während das Rentenniveau stagniert, so Mascher. Die Statistiker beobachten seit rund 15 Jahren eine Zunahme, wenn auch nicht so deutlich wie in diesem Jahr. Eine weitere Erklärung dafür ist laut Statistischem Bundesamt, dass immer mehr Bundesbürger ein Alter erreichen, in dem Pflegebedürftigkeit wahrscheinlich wird.

Vor diesem Hintergrund wird in der Pflegebranche zunehmend darüber diskutiert, günstigere Versorgungsmöglichkeiten zu schaffen. Eine davon ist, dass die deutsche Pflegeversicherung künftig mit Altenheimen im Ausland kooperieren und Heimaufenthalte dort teilweise bezahlen könnte. Mit Reha-Kliniken existieren solche Verträge bereits. Sowohl die Krankenkassen AOK als auch Barmer GEK signalisierten auf Anfrage, man sei grundsätzlich offen für Modelle, in denen deutsche Pflegefälle im Ausland versorgt würden.

Noch allerdings verhindert EU-Recht direkte Verträge von Pflegekassen mit Heimen im Ausland, und auch die deutsche Sozialgesetzgebung schränkt die Vertragsfreiheit der Pflegekassen bislang ein.

Dennoch lebt schon jetzt eine steigende Zahl an Deutschen aus Kostengründen in Altenheimen in Osteuropa, Spanien oder Thailand.

Quelle: anr/dapd: Teure Pflege: 400.000 Senioren können Altenheim nicht mehr zahlen, DER SPIEGEL, 27.10.2012, mit Material von dapd, online unter: https://www.spiegel.de/wirtschaft/soziales/hunderttausende-senioren-koennen-ihre-altenpflege-nicht-mehr-zahlen-a-863822.html [21.10.2020].

Um den Zielkonflikt möglichst optimal auszubalancieren, ist eine genaue Kenntnis sowohl des „Preises" der Leistungen als der Kosten erforderlich.

Diese betriebswirtschaftliche Steuerung ist durch ein **betriebliches Rechnungswesen** möglich.

> Das betriebliche **Rechnungswesen** ist ein Rechenwerk, das das Unternehmensgeschehen in monetären Größen abbildet. So erfasst es monetär alle Bestände (z. B. Lager), Bewegungen (z. B. Einkäufe) und Zahlungsvorgänge (z. B. Rechnungen), um anschließend diese Daten als Handlungs- und Entscheidungsgrundlage für die Steuerung des Unternehmens aufzubereiten.

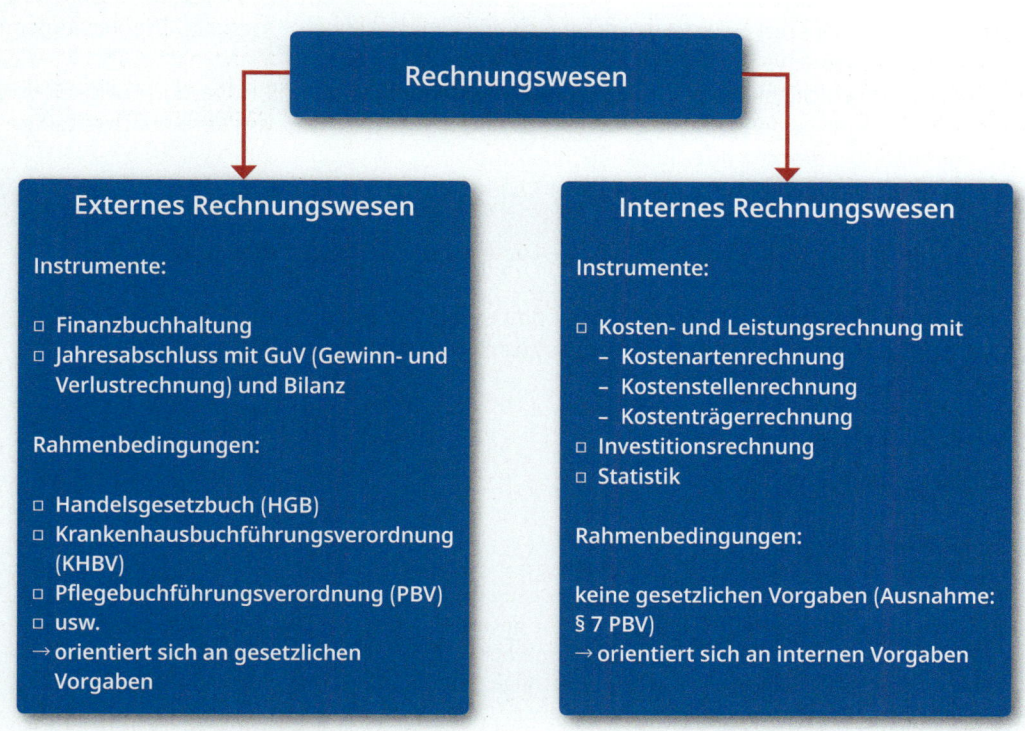

Für die doch sehr umfangreichen Aufgaben des Rechnungswesens sind in den meisten Unternehmen zwei Abteilungen/Funktionsbereiche zuständig: zum einen die Finanzbuchhaltung für das externe Rechnungswesen und zum anderen das Controlling für das interne Rechnungswesen (siehe Lernbereich 3, Kapitel 1.2 Internes Rechnungswesen).

1.1   Externes Rechnungswesen

Dieser Bereich unterliegt den gesetzlichen Vorschriften und Verordnungen und ist vergangenheitsorientiert. Er dient sowohl der Information des Staates als auch unternehmensexterner Interessengruppen wie z. B. Spender, Banken.

> In der **Buchführung** werden die im Unternehmen anfallenden Geschäftsvorfälle (z. B. Einkauf von Medikamenten, Zahlung von Gehältern, Rechnungserstellung für erbrachte – soziale – Leistungen) chronologisch und lückenlos aufgezeichnet. Mit jährlichen Jahresabschlussbuchungen erzeugt sie schließlich die Basis für die Gewinnermittlung (GuV) und die Bilanz des Unternehmens.

Mithilfe des **Führens verschiedener „Bücher"** wird das externe Rechnungswesen entsprechend organisiert.
- Grundbuch/Journal = Hier werden Geschäftsfälle auf der Grundlage von Belegen zeitlich geordnet. Die Belege werden dabei nummeriert. Das Grundbuch dient der Belegsicherung. Die Belege sind gem. den gesetzlichen Vorschriften aufzubewahren.
- Hauptbuch = sachliche Ordnung der Geschäftsfälle. Das Hauptbuch umfasst alle Konten.
- Nebenbücher = Die Nebenbücher werden außerhalb des Kontensystems ohne Gegenbuchungen zur näheren Erläuterung bestimmter Hauptbuchkonten geführt. Die wichtigsten Nebenbücher sind:
  - Kontokorrentbuchhaltung (Kontokorrent = laufende Rechnung): Höhe und Fälligkeit von Forderungen gegenüber Kunden (Debitorenbuchhaltung) und von Verbindlichkeiten gegenüber Lieferanten (Kreditorenbuchhaltung)
  - Lagerbuchhaltung: Aufzeichnung aller Lagerzugänge- und Lagerabgänge (Medikamente usw.)
  - Lohn- und Gehaltsbuchhaltung: Führen eines Kontos für jeden Arbeitnehmer

Die Buchführung erfolgt heutzutage mittels Computer mit entsprechender Software. Grundsätzlich lassen sich verschiedene **Buchführungssysteme** unterscheiden.

Buchführungssysteme

- **Einfache Buchführung:**

> Diese Buchführung bucht nur Zu- und Abgänge in chronologischer Reihenfolge. Sie verwendet das Kassenbuch für Bargeschäfte, das Tagebuch für unbare Geschäftsvorfälle, das Wareneingangsbuch für Lieferantenrechnungen, das Geschäftspartnerbuch (Kontokorrentbuch) für Veränderungen der Forderungen und Schulden, das Inventar- und Bilanzbuch für die jährliche Bestandsaufnahme. Die einfache Buchführung ermittelt den Erfolg durch Gegenüberstellung des Vermögens am Anfang und Schluss einer Rechnungsperiode, gibt aber keinen Aufschluss darüber, wie es über Aufwendungen und Erträge zu diesem Erfolg kommt.
>
> *Quelle: Wischermann, Barbara: Buchführung, online unter: https://wirtschaftslexikon.gabler.de/definition/buchfuehrung-31266 [21.10.2020].*

Ein bekanntes Instrument dieser Buchführung ist die **EÜR**, die Einnahmen-Überschuss-Rechnung.

- **Doppelte Buchführung:**
  Sie ist das System der kaufmännischen Buchführung gem. § 238 HGB (Buchführungspflicht). Im staatlichen bzw. kommunalen Bereich wird sie auch **Doppik** genannt. Zum Geschäftsjahresbeginn werden die einzelnen Bilanzpositionen auf verschiedene Konten verteilt (Kontenkreis „Bestandskonten"). Durch Erweiterung um weitere Konten (Kontenkreis „Erfolgskonten") können alle Vorgänge eines Geschäftsjahres auf diesen Konten verbucht werden. Dabei wird zeitgleich (Buchungssatz) auf mindestens zwei Konten gebucht. Das sogenannte Eigenkapitalkonto stellt das Bindeglied zwischen den beiden Kontenkreisen der Buchführung dar.

- **Kameralistische Buchführung:**
  Dieses System wird auch Behörden- oder Verwaltungsbuchführung genannt und ist das älteste System der Buchführung. Allerdings wird es zunehmend durch Einführung der doppelten Buchführung ersetzt. Die Aufgabe besteht darin, den geplanten Einnahmen und Ausgaben (Etat) die tatsächlichen Einnahmen und Ausgaben gegenüberzustellen. Das Ergebnis sind Etatüberschüsse oder -fehlbeträge.

Aufgrund der immensen Bedeutung des Rechnungswesens hat der Gesetzgeber z. B. im Krankenhausbereich hierzu eine Verordnung (KHBV) erlassen, die sämtliche Krankenhäuser zur doppelten Buchführung – analog zu rein wirtschaftlichen Unternehmen – verpflichtet.

§

Verordnung über die Rechnungs- und Buchführungspflichten von Krankenhäusern (Krankenhaus-Buchführungsverordnung – KHBV)

§ 1 Anwendungsbereich

(1) Die Rechnungs- und Buchführungspflichten von Krankenhäusern regeln sich nach den Vorschriften dieser Verordnung und deren Anlagen, unabhängig davon, ob das Krankenhaus Kaufmann im Sinne des Handelsgesetzbuchs ist, und unabhängig von der Rechtsform des Krankenhauses. Soweit die Absätze 3 und 4 nichts anderes bestimmen, bleiben die Rechnungs- und Buchführungspflichten nach dem Handels- und Steuerrecht sowie nach anderen Vorschriften unberührt.
[...]

§ 2 Geschäftsjahr

Das Geschäftsjahr ist das Kalenderjahr.

§ 3 Buchführung, Inventar

Das Krankenhaus führt seine Bücher nach den Regeln der kaufmännischen doppelten Buchführung; im übrigen gelten die §§ 238 und 239 des Handelsgesetzbuchs. Die Konten sind nach dem Kontenrahmen der Anlage 4 einzurichten, es sei denn, daß durch ein ordnungsmäßiges Überleitungsverfahren die Umschlüsselung auf den Kontenrahmen sichergestellt wird. Für das Inventar gelten die §§ 240 und 241 des Handelsgesetzbuchs.

§ 4 Jahresabschluss

(1) Der Jahresabschluß des Krankenhauses besteht aus der Bilanz, der Gewinn- und Verlustrechnung und dem Anhang einschließlich des Anlagennachweises. Die Bilanz ist nach der Anlage 1, die Gewinn- und Verlustrechnung nach der Anlage 2, der Anlagennachweis nach der Anlage 3 zu gliedern; im übrigen richten sich Inhalt und Umfang des Jahresabschlusses nach Absatz 3.

1.2   Internes Rechnungswesen

Im Gegensatz zum externen Rechnungswesen unterliegt dieser Bereich keinen gesetzlichen Vorschriften und wird nur für interne Zwecke aufgestellt. Demnach orientiert er sich auch an den internen Vorgaben, welche meist von der Geschäftsführung aufgestellt werden.

Lediglich bei Pflegeeinrichtungen besteht eine Ausnahme: Hier wurden vom Gesetzgeber die Vorschriften bzgl. Rechnungswesen erweitert. Neben der Buchführung (externes Rechnungswesen) sind Pflegeeinrichtungen zusätzlich auch zur Kosten- und Leistungsrechnung (internes Rechnungswesen) verpflichtet (§ 7 PBV).

§

Verordnung über die Rechnungs- und Buchführungspflichten der Pflegeeinrichtungen (Pflege-Buchführungsverordnung – PBV)

§ 1 Anwendungsbereich

(1) Die Rechnungs- und Buchführungspflichten der Pflegeeinrichtungen richten sich nach dieser Verordnung, unabhängig davon, ob die Pflegeeinrichtung Kaufmann im Sinne des Handelsgesetzbuchs ist, und unabhängig von der Rechtsform der Pflegeeinrichtung. Rechnungs-, Buchführungs- und Aufzeichnungspflichten nach anderen Vorschriften bleiben unberührt.

(2) Pflegeeinrichtungen im Sinne dieser Verordnung sind

1. ambulante Pflegeeinrichtungen (Pflegedienste),

2. teilstationäre und vollstationäre Pflegeeinrichtungen (Pflegeheime),

mit denen ein Versorgungsvertrag nach dem Elften Buch Sozialgesetzbuch besteht (zugelassene Pflegeeinrichtungen). Erbringt eine zugelassene Pflegeeinrichtung neben Leistungen nach dem Elften Buch Sozialgesetzbuch andere Sozialleistungen im Sinne des Ersten Buches Sozialgesetzbuch (gemischte Einrichtung), so sind ihre Rechnungs- und Buchführungspflichten nach dieser Verordnung auf die Leistungen beschränkt, für die sie nach dem Elften Buch Sozialgesetzbuch als Pflegeeinrichtung zugelassen ist.

§ 7 Kosten- und Leistungsrechnung

Die zugelassenen Pflegeeinrichtungen haben eine Kosten- und Leistungsrechnung zu führen, die eine betriebsinterne Steuerung sowie eine Beurteilung der Wirtschaftlichkeit und Leistungsfähigkeit ermöglicht. Die Kosten- und Leistungsrechnung muß die Ermittlung und Abgrenzung der Kosten der jeweiligen Betriebszweige sowie die Erstellung der Leistungsnachweise nach den Vorschriften des Achten Kapitels des Elften Buches Sozialgesetzbuch ermöglichen. Dazu gehören folgende Mindestanforderungen:

1. Die Pflegeeinrichtungen haben die auf Grund ihrer Aufgaben und Strukturen erforderlichen Kostenstellen zu bilden; dabei kann der Kostenstellenrahmen nach dem Muster der Anlage 5 angewendet werden.

2. Die Kosten sind aus der Buchführung nachprüfbar herzuleiten.

3. Die Kosten und Leistungen sind verursachungsgerecht nach Kostenstellen zu erfassen; sie sind darüber hinaus den anfordernden Kostenstellen zuzuordnen, soweit dies für die in Satz 1 genannten Zwecke erforderlich ist.

4. Die Kosten und Leistungen sind verursachungsgerecht den Kostenträgern zuzuordnen; dabei kann die Kostenträgerübersicht nach dem Muster der Anlage 6 angewendet werden.

5. Bei Einrichtungen nach § 4 Abs. 2 oder 3 muß eine verursachungsgerechte Abgrenzung der Kosten und Erträge mit anteiliger Zuordnung auf die verschiedenen Einrichtungen erfolgen; § 4 Abs. 3 Nr. 2 Satz 2 gilt entsprechend.

Hauptaufgabe des internen Rechnungswesens ist die interne Steuerung des Unternehmens durch die Unternehmensführung.

Der Teilbereich **Investitionsrechnung** betrachtet die Wirtschaftlichkeit von eventuellen Investitionen. Das heißt, er untersucht, ob heute getätigte größere Ausgaben in Zukunft zu – eventuell höheren – Einnahmen führen. Diese Betrachtung erfolgt eher mittel- bis langfristig (ca. 3–5 Jahre).

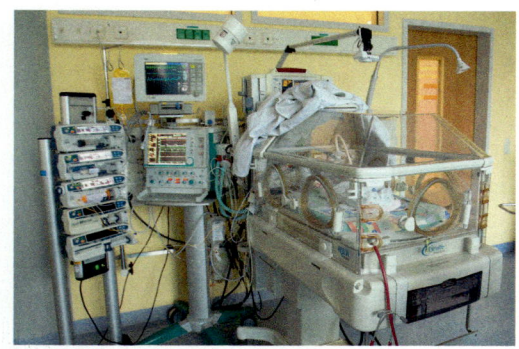

Überwachung von „Frühchen"

Im Teilbereich **Betriebsstatistik** werden neben monetären Sachverhalten auch viele andere Sachverhalte mit Betriebsbezug erfasst. Dies führt zu sogenannten Kennzahlen, die zur Steuerung eines Unternehmens sehr interessant und hilfreich sind (z. B. Mitarbeiterstruktur, Krankheitsstatistik, Fluktuation, Kundenzufriedenheit).

> **Kennzahlen** sind mithilfe von Rechenformeln in Zahlen ausgedrückte Informationen. Sie dienen dem innerbetrieblichen Vergleich („betriebsindividuelle Kennzahlen") und/ oder außerbetrieblichen Vergleich („Branchen-Kennzahlen").

Der Teilbereich **Kosten- und Leistungsrechnung** (KLR) betrachtet das Ergebnis aus dem laufenden Betrieb und stellt es relativ zeitnah anhand der leistungsrelevanten Daten dar. Dabei werden ausschließlich monetäre Sachverhalte erfasst. Er ist eher vergangenheitsorientiert und bzgl. seiner Entscheidungsaussagekraft eher kurz- bis mittelfristig (ca. 1–3 Jahre) ausgerichtet.

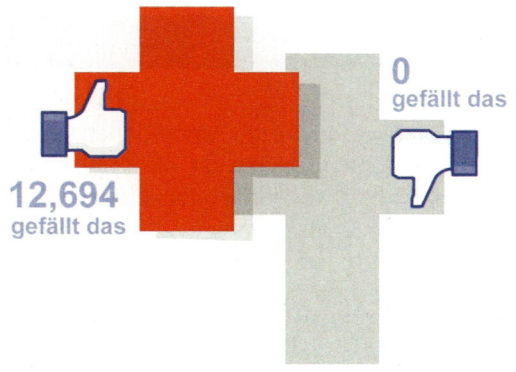

Krankenhaus bewerten

Des Weiteren rechnet die Kosten- und Leistungsrechnung kalkulatorisch. Das heißt, sie berücksichtigt in ihren Rechnungen auch Werte, die in der Finanzbuchhaltung nicht erscheinen. So kann ein Krankenhaus z. B. für ein kostenlos zur Verfügung gestelltes kommunales Gebäude kalkulatorisch (fiktiv) eine Miete (= kalkulatorische Miete) rechnerisch berücksichtigen. Während andere Unternehmen für dieses Gebäude echte Miete zahlen müssten und die Miete dann sowohl im externen als auch internen Rechnungswesen erscheinen würde, berücksichtigt das Krankenhaus in dem Fall die Miete nur in Form einer kalkulatorischen Miete in der KLR.

Darüber hinaus ist die KLR leistungsbezogen und bezieht sich dabei auf die Kalkulation einer angebotenen Leistung. In diesem Rahmen werden alle relevanten Kosten ermittelt und so ausgewertet, dass sie als Grundlage zur Ermittlung des „Preises" der Leistung dienen können (**Kostenträgerrechnung**). Im Rahmen der KLR sind mit Kostenträger demnach die „verkauften" Leistungen gemeint, und NICHT die Kommunen, Selbstzahler usw.

Damit kann die Kosten- und Leistungsrechnung folgende Funktionen im Rahmen der Steuerung des Unternehmens wahrnehmen:

- Ermittlung der Selbstkosten für die zukünftigen Gebühren und Preise
- Ermittlung der „Verkaufspreise" von Produkten bzw. Leistungen und ihren Preisuntergrenzen
- Ermittlung von Einkaufspreisen (z. B. Medikamente, Reinigungsdienstleistungen) und ihren Preisobergrenzen
- Ermittlung von internen Verrechnungspreisen (z. B. betriebsinterne Dienstleistungen der betriebsinternen Apotheke)
- Kostenstrukturanalyse
- Analyse der Abteilungen (**Kostenstellenrechnung**), z. B. welche Abteilung für welche Kosten verantwortlich ist

Erfolgreiche Jungunternehmerin

- Informationsbasis für die Planung der angebotenen Produkte bzw. Leistungen, z. B. beibehalten oder verändern des vorhandenen Leistungsprogramms wie Umfang des Betreuungsangebotes
- Entscheidung über Selbsterstellung oder Fremdbezug (z. B. Essen, Reinigung)
- Ermittlung des Erfolges

Aufgaben

1. Überprüfen Sie bei einem Ihnen bekannten sozialen Unternehmen, ob dort Leistungen angeboten werden, die nicht mehr für alle Bürger bezahlbar sind. Welche Auswirkungen können Sie dadurch beobachten?
   Stellen Sie Ihre Ergebnisse kurz vor.
2. Untersuchen Sie ein Ihnen bekanntes soziales Unternehmen auf die Zuständigkeiten bzgl. des Rechnungswesens.
   a) Wer macht was?
   b) Welche gesetzlichen Vorgaben bestehen?
3. Suchen Sie im Internet auf der Webseite eines sozialen Unternehmens Ihrer Wahl nach dem Organigramm dieses Unternehmens. Wie sind hier die Funktionsbereiche externes und internes Rechnungswesen berücksichtigt? Stellen Sie Ihre Ergebnisse kurz vor.
4. Ermitteln Sie, mit welchem Buchführungssystem in dem Ihnen bekannten sozialen Unternehmen gearbeitet wird.
   a) Beschreiben Sie das eingesetzte System näher.
   b) Welche Software wird verwendet?
5. Ermitteln Sie, welche Instrumente/Methoden im internen Rechnungswesen eines Ihnen bekannten sozialen Unternehmens eingesetzt werden. Beschreiben Sie diese näher.
6. Welche internen Vorgaben bestehen seitens der Geschäftsführung des Ihnen bekannten sozialen Unternehmens? Beschreiben Sie diese näher.

Exkurs Tabellenkalkulation

Eine **Tabellenkalkulation** ist ein Programm (Software, z. B. Microsoft Excel, OpenOffice Calc) für die Eingabe und Verarbeitung von Zahlen, Buchstaben usw. in Form einer Tabelle durch den Anwender.

Das Bildschirmfenster des Programms ist dabei wie ein kariertes Arbeitsheft in Zeilen und Spalten eingeteilt, die jedoch nummeriert sind (Spalten durch Buchstaben, Zeilen durch Zahlen). Durch diese Zeilen und Spalten entstehen Zellen, die durch Angabe der Zeilen- und Spaltennummer „angesprochen" werden können.

In der Zelle B8 (Spalte B, Zeile 8) steht der Wert „55":

	A	B	C	D
1	**Altersgruppe**	**Anzahl Patienten**		
2	unter 65 Jahre	3		
3	65 - 75 Jahre	9		
4	75 - 85 Jahre	14		
5	85 - 95 Jahre	23		
6	über 95 Jahre	6		
7				
8	Gesamt	55		
9				
10				

Je nach Programm bzw. Bedienungskonzept heißt der Arbeitsbereich z. B. Arbeitsblatt, Worksheet oder Spreadsheet. Jede Zelle der Tabelle kann eine Konstante (Zahl, Text, Datum, Uhrzeit ...) oder auch eine Formel enthalten.

Für die Formeln stehen viele Funktionen zur Verfügung (Summe, Maximalwert, Minimalwert usw.). Außerdem können auch Werte aus anderen Zellen benutzt werden.

In dieser Tabelle befindet sich in der Zelle B8 eine Formel [= SUMME(B2:B7). Sie berechnet die Summe der Zellen B2 bis B7.

	A	B	C	D
1	**Altersgruppe**	**Anzahl Patienten**		
2	unter 65 Jahre	3		
3	65 - 75 Jahre	9		
4	75 - 85 Jahre	14		
5	85 - 95 Jahre	23		
6	über 95 Jahre	6		
7				
8	Gesamt	55		
9				
10				

Darüber hinaus ist eine grafische Darstellung der Ergebnisse in verschiedenen Anzeigeformen möglich.

Nachfolgend ein paar Beispiele anhand obiger Tabelle.

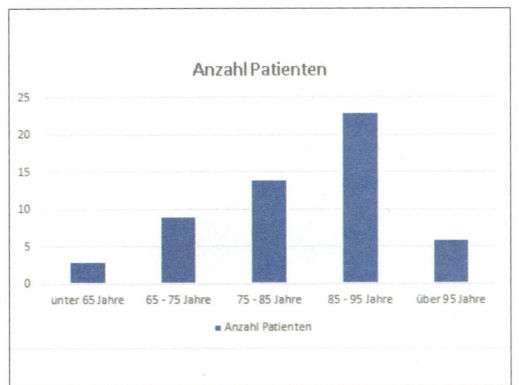

Säulendiagramm

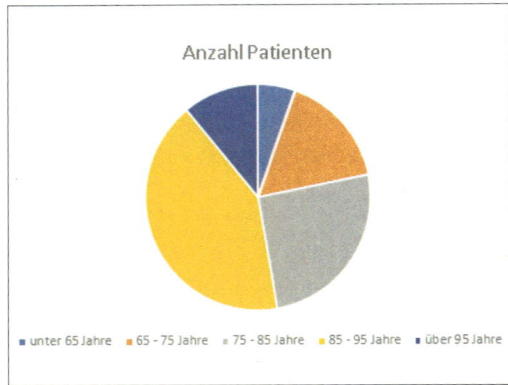

Tortendiagramm

Tabellenkalkulationsprogramme werden häufig bei kaufmännischen Tätigkeiten eingesetzt. So lassen sich verschiedene Rechnungen mithilfe von Tabellenkalkulationen unterstützen (z. B. Lohn-/Gehaltsabrechnung, Buchhaltung). Das Programm listet die Daten auf, bearbeitet und präsentiert sie. Des Weiteren lassen sich die Rechnungen, wie bei jeder anderen Datei auch, speichern und später wieder öffnen, um sie gegebenenfalls weiter zu bearbeiten. Programmierkenntnisse sind dabei nicht erforderlich.

Der Arbeitsbereich von Excel

Da Excel das am häufigsten angewendete Tabellenkalkulationsprogramm ist, soll die Funktionsweise eines solchen Programms anhand der Excel-Version 2013 erläutert werden.

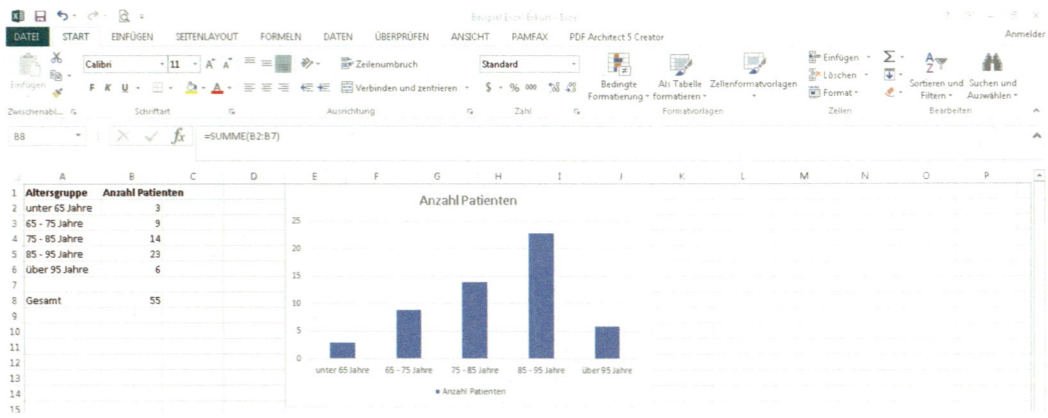

Beispiel Qualitätsmanagement

Eine Mitarbeiterin der Abteilung Qualitätsmanagement (siehe Lernbereich 1, Kapitel 2.5 Qualitätsmanagement) kommt zu Ihnen mit den Ergebnissen der aktuellen Befragung (Note 1 – 1 x, Note 2 – 20 x, Note 3 – 24 x, Note 4 – 9 x, Note 5 – 1 x) und bittet Sie, ihr eine Tabelle zusammen mit einem Säulendiagramm zu erstellen.

Eingeben von Informationen und formatieren

Bei Starten des Tabellenkalkulationsprogramms erstellen wir eine neue Datei und finden damit den – leeren – Arbeitsbereich von Excel vor.

Anschließend kann mit der Eingabe der auszuwertenden bzw. darzustellenden Informationen begonnen werden.

	A	B	C
1	Noten	Anzahl	
2	Note 1	1	
3	Note 2	20	
4	Note 3	24	
5	Note 4	9	
6	Note 5	1	
7	Note 6	0	
8			

Erfassen Sie die Informationen vom obigen Beispiel. Tragen Sie dabei in die Zeile 1 die Überschriften der jeweiligen Spalten ein.

Für eine übersichtlichere Darstellung können Sie nun die Überschriften hervorheben und die Zahlen mittig ausrichten.

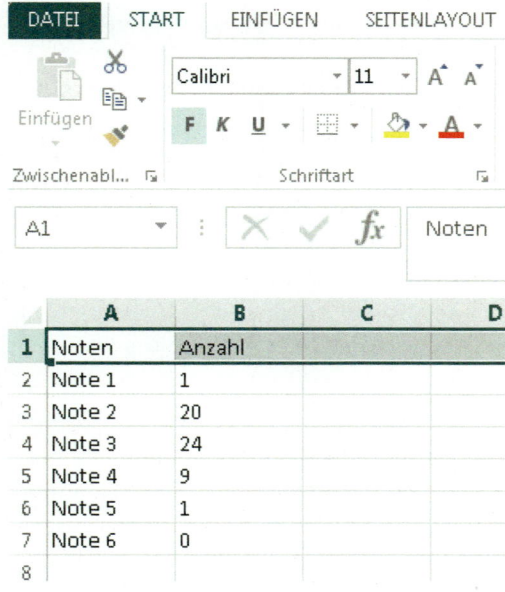

Klicken Sie hierzu zunächst auf die 1 der Zeile 1. Die Zeile erscheint nun grau hinterlegt. Damit ist sie „markiert". Anschließend klicken Sie auf den Button **F** , um das Markierte in **fett** darzustellen.

Markieren Sie nun die Spalte B (durch Klicken auf B) und wählen Sie den Button ☰ (zentrieren). Der Inhalt der Spalte wird nun mittig angezeigt.

Mit dieser Vorgehensweise kann der markierte Inhalt (Zeile, Spalte, Zelle) wie gewünscht formatiert werden. Neben fett stehen viele weitere Formierungen wie kursiv, unterstrichen, die Schriftart und –größe zur Verfügung.

	A	B	C
1	**Noten**	**Anzahl**	
2	Note 1	1	
3	Note 2	20	
4	Note 3	24	
5	Note 4	9	
6	Note 5	1	
7	Note 6	0	
8			

Summen bilden

Hierzu stehen in Excel im Wesentlichen zwei Funktionen zur Verfügung.

- **1. Funktion: Auswahl des Buttons** Σ ▾

  Zunächst klicken Sie in die Zelle, in der später das Ergebnis, die Summe, stehen soll. Anschließend klicken Sie auf den Button Σ ▾. Excel schlägt einerseits Zellen vor, in denen passende Zahlen stehen, die summiert werden könnten. Sollte der Vorschlag passen, bestätigen Sie mit Enter. Andernfalls wählen Sie eigene Zellen durch das „Ziehen" der Maus aus (indem Sie von der ersten bis zur letzten Zahl die linke Maustaste gedrückt halten) und bestätigen dies mit Enter.

- **2. Funktion: Eingabe der Summen-Formel**

  Wieder klicken Sie zunächst in die Zelle, in der später das Ergebnis, die Summe, stehen soll. Dann geben Sie folgenden Text ein: =SUMME(B2:B7)
  Die Eingabe B2:B7 stellt dabei den Zellenbereich dar, dessen Inhalte summiert werden sollen.

Prozentrechnen

Zur Darstellung von Anteilen, z.B. Prozent, kann nun mit einem sogenannten Zellenbezug gearbeitet werden. Im genannten Beispiel soll z.B. der Anteil an Note 3 (24 Mal) von den gesamten Befragungen (55) angegeben werden.

Hierzu klicken Sie in eine Zelle einer neuen Spalte, z.B. in die Zelle C4. Hier geben Sie nun die Rechenformel ein. Allerdings brauchen nicht die Zahlen direkt eingegeben zu werden, sondern die Zellen, wo die Zahlen stehen.

Mit Bestätigung durch Enter wird der Prozentanteil errechnet und in die Zelle geschrieben.

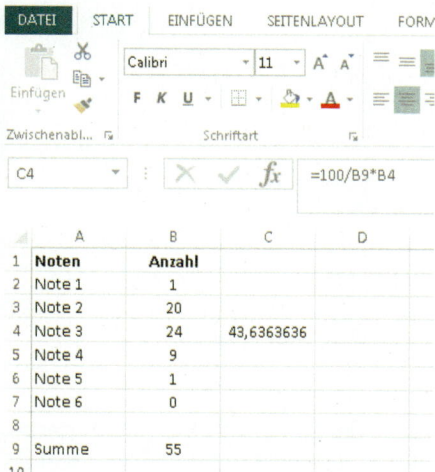

Durch Kopieren dieser Zelle (bzw. Strg + C) und Einfügen in andere Zellen (bzw. Strg + V) kann die Formel in andere Zellen kopiert werden.

Hinweis: Durch das Kopieren der Formel in andere Zellen verändert Excel die angegebenen Zellen automatisch (z.B. wird aus B9 dann B8). Soll dies nicht geschehen, weil der Wert fix in einer Zelle steht (z.B. 55 in B9), dann ist die Zellenangabe entsprechend mit dem Zeichen $ zu versehen (z.B. B9). Das $-Zeichen bewirkt, dass die nachfolgende Zeile bzw. Spalte fix bleibt.

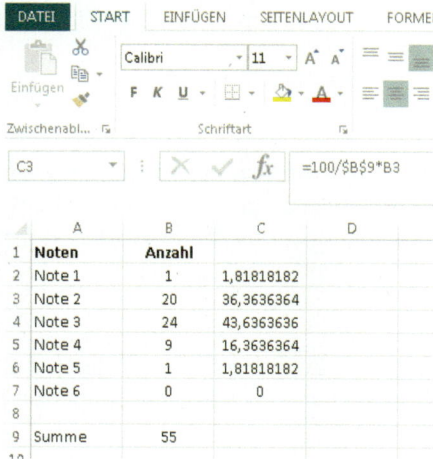

Durch Betätigen des Buttons ⌄.₀₀ kann nun in den gewählten Zellen die Anzahl der Nachkommastellen festgelegt werden. Soll das Ergebnis z. B. auf zwei Stellen nach dem Komma angegeben werden, so rundet Excel dann automatisch.

Mit % können alternativ auch die Werte mit Prozentzeichen ausgegeben werden.

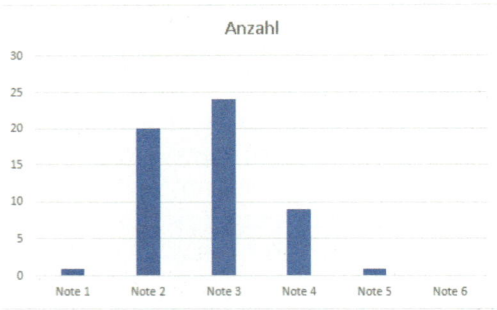

Diagramme erstellen
Hierzu stehen in Excel im Wesentlichen zwei Funktionen zur Verfügung.

- **1. Funktion: Alt + F1**
  Hierzu markieren Sie zunächst wieder den Zellenbereich, der durch das Diagramm dargestellt werden soll (z. B. A1:B7). Dann drücken Sie die Tasten Alt und F1 gleichzeitig. Excel erstellt dann automatisch ein Säulendiagramm.

Dieser Diagrammtyp kann nun z. B. durch ◨ Diagrammtyp ändern Typ geändert werden. Zur Auswahl stehen neben dem Säulendiagramm in verschiedenen Versionen: Liniendiagramme, Kreisdiagramme, Balkendiagramme, Flächendiagramme, Punktdiagramme usw. Des Weiteren können die Layouts allgemein, die Farben, Beschriftungen usw. geändert und angepasst werden.

- **2. Funktion: Auswahl durch Einfügen – Diagramm**
  Alternativ kann hierzu auch nach Markieren des gewünschten Zellenbereichs, der durch das Diagramm dargestellt werden soll (z. B. A1:B7), über das Menü die Auswahl „Einfügen – Diagramm" (und Diagrammtyp) gewählt werden.

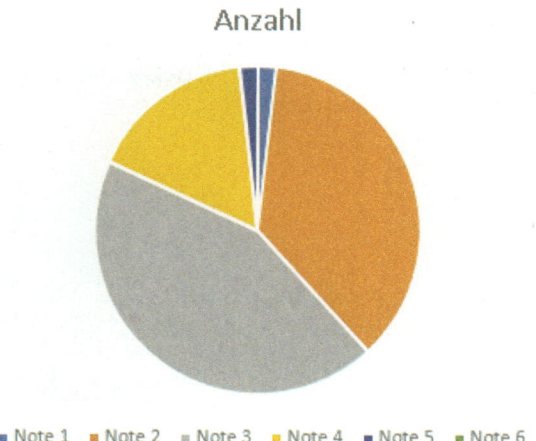

Anzahl

■ Note 1 ■ Note 2 ■ Note 3 ■ Note 4 ■ Note 5 ■ Note 6

Sämtliche erstellten Elemente wie die Tabelle, Diagramme usw. können kopiert und in andere Programme (z.B. Textverarbeitung) eingefügt werden. Damit sind die Funktionen von Excel auch in anderen Programmen nutzbar.

Aufgaben

1. Eine Mitarbeiterin der Abteilung Finanzbuchhaltung kommt zu Ihnen mit den aktuellen Zahlen der GuV. Bezüglich folgender Kostenarten liegen Zahlen vor: Löhne 150.000,00 €, Gehälter 110.000,00 €, Verbandsmittel 10.000,00 €, Hygieneartikel 24.000,00 €, Essenskosten 85.000,00 €. Sie bittet Sie nun, ihr eine Tabelle zusammen mit einem Tortendiagramm zu erstellen.

2. Erfassen Sie die Zahlen gemäß der nachstehenden Tabelle und formatieren Sie diese übersichtlich. Füllen Sie die leeren Felder entsprechend aus unter Verwendung passender Formeln. Erstellen Sie zum Schluss ein Balkendiagramm.

	A	B	C	D	E	F	G	H	I	J
1	Artikel	Januar	Februar	März	1. Quartal	April	Mai	Juni	2. Quartal	
2	Hemd	5340	5050	5041		5277	4780	5888		
3	Hose	6919	6640	6555		6003	6211	7450		
4	Kleid	5132	4866	4818		5060	4563	5439		
5	Mantel	4147	3964	3941		4130	3709	4830		
6	Bluse	835	800	800		840	743	899		
7	Socken	1324	1127	1173		1281	1001	1312		
8	Gesamt									
9										

3. Erfassen Sie die Zahlen aus der Bilanz (Ausgangsbilanz auf Seite 76) und formatieren Sie diese entsprechend übersichtlich. Erstellen Sie weiter ein geeignetes, aussagekräftiges Diagramm. Stellen Sie Ihr Ergebnis der Gruppe vor.

2   Kosten und Kostenarten

Immer wieder wird von Kosten gesprochen. Auch in den Medien fallen Begriffe wie z. B. **„Kostenexplosion"**.

2.1   Kosten

Meist wird der Begriff synonym mit „Aufwand", „Auszahlung" oder „Ausgabe" verwendet. Im privaten Alltag ist das in Ordnung. Im Rechnungswesen wird hier genauer differenziert.

Elbphilharmonie Hamburg

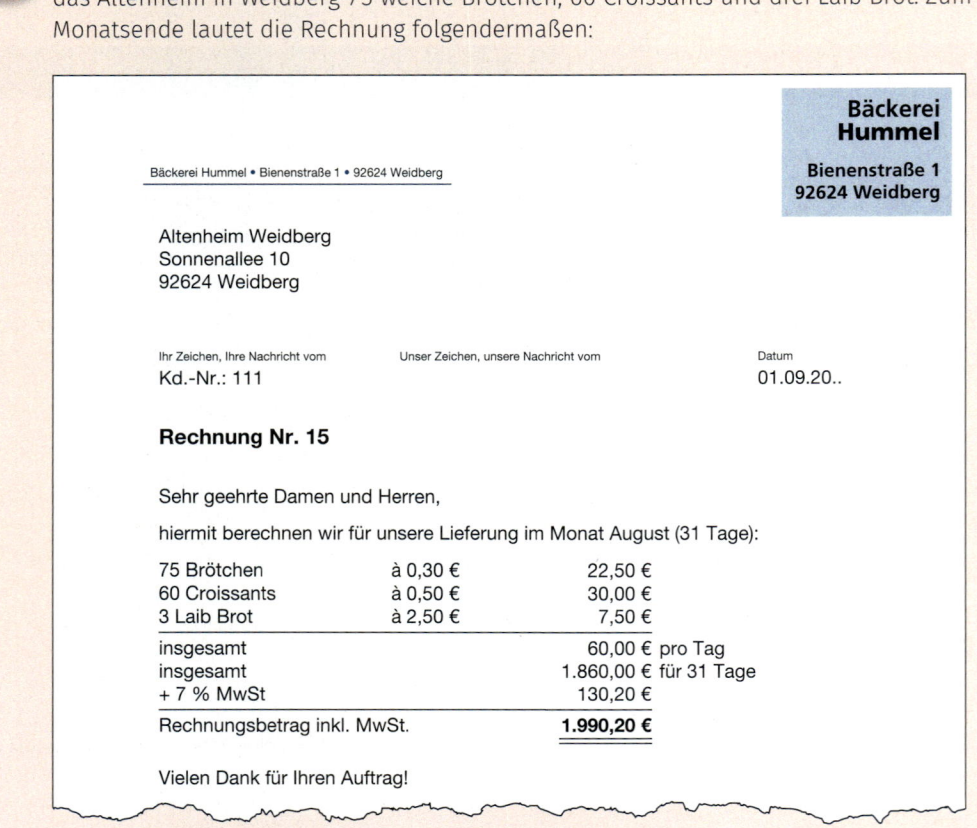

B Im Rahmen der morgendlichen Versorgung liefert die Bäckerei Hummel jeden Tag an das Altenheim in Weidberg 75 weiche Brötchen, 60 Croissants und drei Laib Brot. Zum Monatsende lautet die Rechnung folgendermaßen:

Bäckerei Hummel

Bienenstraße 1
92624 Weidberg

Bäckerei Hummel • Bienenstraße 1 • 92624 Weidberg

Altenheim Weidberg
Sonnenallee 10
92624 Weidberg

Ihr Zeichen, Ihre Nachricht vom	Unser Zeichen, unsere Nachricht vom	Datum
Kd.-Nr.: 111		01.09.20..

Rechnung Nr. 15

Sehr geehrte Damen und Herren,

hiermit berechnen wir für unsere Lieferung im Monat August (31 Tage):

75 Brötchen	à 0,30 €	22,50 €	
60 Croissants	à 0,50 €	30,00 €	
3 Laib Brot	à 2,50 €	7,50 €	
insgesamt		60,00 €	pro Tag
insgesamt		1.860,00 €	für 31 Tage
+ 7 % MwSt		130,20 €	
Rechnungsbetrag inkl. MwSt.		**1.990,20 €**	

Vielen Dank für Ihren Auftrag!

Die Rechnung wird zunächst im externen Rechnungswesen in der Finanzbuchhaltung erfasst. Hierzu wird die Rechnung auf das „passende" Konto, entspricht der Kostenart, gebucht. In diesem Fall könnte es z. B. das Konto „Lebensmittel" sein.

Aus Sicht der Kosten- und Leistungsrechnung handelt es sich bei dem Rechnungsbetrag in Höhe von insgesamt 1.990,20 € um Kosten. Im Rahmen des Frühstücks wird jeden Tag eine bestimmte Menge an Brötchen (Semmeln) von den Heimbewohnern verzehrt. Die Lieferung dient demnach in erster Linie dem Zweck der Versorgung der Altenheimbewohner.

Unter **Kosten** wird ein mengenmäßiger Verbrauch von betriebsbedingten Gütern und Dienstleistungen (Produktionsfaktoren) verstanden, der in Geld bewertet wird. Dieser Verbrauch wird durch die betriebliche Leistungserstellung bzw. zur Aufrechterhaltung der Betriebsbereitschaft verursacht.

Stationäre Krankenhauskosten je Fall 2017
in Euro

Hamburg	5 408
Bremen	5 111
Baden-Württemberg	5 053
Berlin	5 012
Schleswig-Holstein	4 827
Hessen	4 797
Bayern	4 753
Saarland	4 744
Nordrhein-Westfalen	4 595
Niedersachsen	4 549
Rheinland-Pfalz	4 528
Sachsen	4 481
Mecklenburg-Vorpommern	4 411
Thüringen	4 383
Sachsen-Anhalt	4 274
Brandenburg	4 235

Deutschland = 4 695

© Statistisches Bundesamt (Destatis), 2018

Anders formuliert: Alles – also sämtliche Produktionsfaktoren, die bei der Erstellung einer Dienstleistung (betriebsbedingt) genutzt und verbraucht werden – kostet etwas.

vgl. Statistisches Bundesamt: Stationäre Krankenhauskosten je Fall 2017, online unter: https://www.destatis.de/DE/Themen/Gesellschaft-Umwelt/Gesundheit/Krankenhaeuser/_inhalt.html#sprg229152 [09.11.2020].

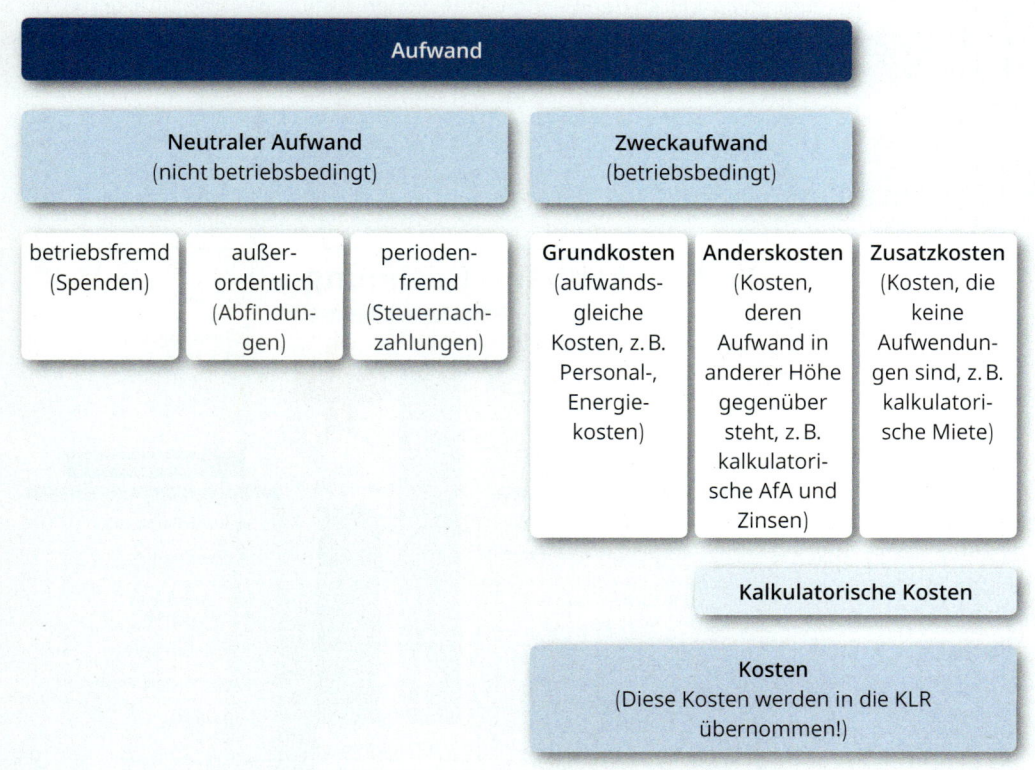

Entscheidend ist an dieser Stelle, dass Kosten erst dann für die Kostenrechnung zu berücksichtigen sind, wenn tatsächlich auch der Werteverzehr stattfindet, und nicht etwa nur das Datum der Anschaffung eine Rolle spielt. Der Kauf der Brötchen als solches stellt noch keinen Werteverzehr dar, sondern nur einen sogenannten Wertetausch „Geld gegen Ware (Brötchen)". Erst mit dem Verteilen der Brötchen an die Heimbewohner beginnt der Werteverzehr und es handelt sich um Kosten.

Aus Sicht der Finanzbuchhaltung hingegen – hier wird der Begriff „Kosten" nicht verwendet – handelt es sich bei dem Rechnungsbetrag in Höhe von insgesamt 1.990,20 € um einen **Aufwand**. Die Aufwendungen umfassen den gesamten Verbrauch an Gütern und Dienstleistungen innerhalb einer bestimmten Periode. Unter den Aufwand fallen sowohl das Gehalt des Pflegers als auch nicht betriebsbedingte Leistungen wie beispielsweise der Aufwand für das 25. Dienstjubiläum des Geschäftsführers. Dies hat zur Folge, dass nicht alle Daten aus der Finanzbuchhaltung automatisch in die KLR übernommen werden dürfen. Vielmehr müssen die verschiedenen Aufwendungen voneinander abgegrenzt werden (**Abgrenzungsrechnung**).

Ergänzend sind noch die beiden Begriffe „Auszahlungen" und „Ausgaben" zu erläutern. Kommt es zu **Auszahlungen**, so fließt tatsächlich Geld vom Unternehmen bzw. der sozialen Einrichtung an Dritte ab. Dabei spielt es keine Rolle, ob der Geldempfänger (hier: Bäckerei Hummel) bar oder per Banküberweisung bezahlt wird.

Bei den **Ausgaben** hingegen handelt es sich um in Geld ausgedrückte Sachwerte und Leistungen, die die Einrichtung zur eigenen Leistungserstellung bezieht. Demzufolge entstehen im obigen Beispiel für das Altersheim durch den Bezug von Brötchen Zahlungsverpflichtungen gegenüber der Bäckerei Hummel. Das heißt, die Verbindlichkeiten des Altenheims steigen, das Geldvermögen wird geringer; unabhängig davon, wann der Zahlungsmittelabfluss genau stattfindet.

2.2   Kostenunterscheidung

Wird die Frage „Welche Arten von Kosten sind angefallen?" gestellt, so ist häufig die Antwort: „Personalkosten, Materialkosten, Zinsen usw." Dieser erste Gedanke steht in engem Zusammenhang mit der Überlegung, welche Produktionsfaktoren bei der Erstellung der Leistung eingesetzt bzw. verbraucht wurden.

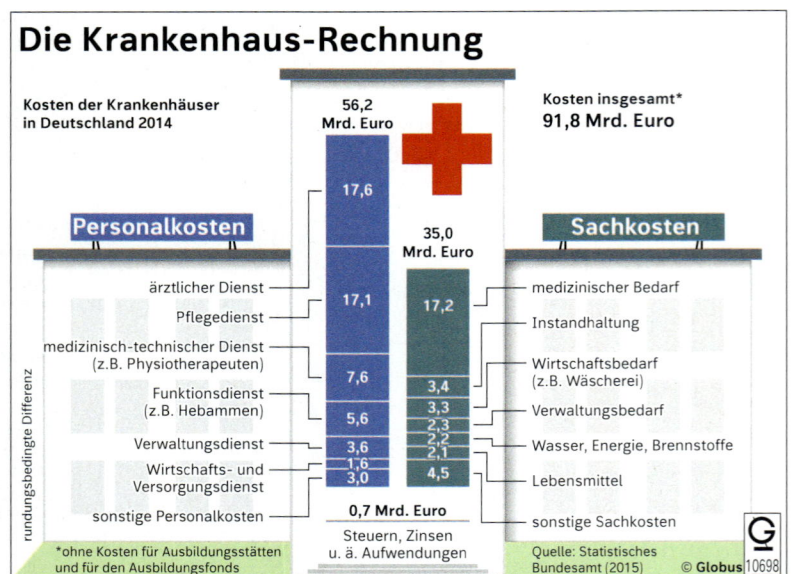

> Zu den **betriebswirtschaftlichen Produktionsfaktoren** gehören im Allgemeinen die dispositive bzw. leitende Arbeit, die ausführende Arbeit, die Betriebsmittel (Maschinen, Werkzeuge, Fuhrpark, Gebäude usw.) und die Werkstoffe (Roh-, Hilfs-, Betriebsstoffe und Fremdbauteile).

In sozialen Unternehmen werden meist jedoch keine Güter produziert. Daher sind hier vorwiegend folgende Kostenarten relevant: Personalkosten, Sachkosten, Investitionskosten.

2.2.1 Personalkosten

Einer der wichtigsten Produktionsfaktoren, der in sozialen Unternehmen eingesetzt wird, ist die menschliche Arbeitskraft. Diese verursacht, egal ob ausführend oder leitend, die sogenannten **Personalkosten**. Hierunter fallen die **Löhne** und die **Gehälter** (jeweils brutto) inklusive der Lohnsteuer und der Arbeitnehmeranteile zur Sozialversicherung, die Zuschläge für Nacht- und Schichtarbeit, für Sonn- und Feiertagsarbeit, für Mehrarbeit und Überstunden, die Bereitschafts- und Erschwerniszulagen sowie die Zulagen für besondere Funktionen. Dabei werden die Löhne und Gehälter von der **Lohnbuchhaltung** mithilfe von Zeitlohn- und Akkordlohnscheinen, Prämienunterlagen, Gehaltslisten oder Stempelkarten erfasst und verrechnet (siehe Lernbereich 3, Kapitel 1.1 Externes Rechnungswesen).

Mitarbeiter im Gesundheits- und Sozialwesen erhalten in der Regel ein Gehalt bzw. einen Lohn, der sich nach dem jeweiligen Tarifvertrag bestimmt. Seit 2010 erhalten Pflegekräfte in Altenheimen und bei ambulanten Diensten einen gesetzlichen Mindestlohn. Ein außertariflicher Mitarbeiter hingegen vereinbart sein Gehalt individuell mit dem Arbeitgeber. Die Entlohnung von Freiberuflern richtet sich in der Regel nach festgelegten Gebührenordnungen. Das heißt, hier wird aufgelistet, für welche Leistungen welche Kosten mit den Kranken- oder Pflegeversicherungen verrechnet werden können. Gewerbetreibende erhalten ihr Einkommen über die zu erzielenden Marktpreise. Ausnahme ist der Apotheker, der bei Arzneimitteln nur die in der Arzneimittelpreisverordnung (AMPreisV) festgelegten Entgelte verlangen darf.

Ein weiterer wesentlicher Bestandteil der Personalkosten sind die sogenannten **Personalnebenkosten**. Sie setzen sich aus den gesetzlichen Sozialkosten und den sonstigen bzw. freiwilligen Personalkosten zusammen.

Bei den **gesetzlichen Personalnebenkosten** handelt es sich um die Sozialversicherungsbeiträge der Arbeitgeber (Renten-, Kranken-, Pflege-, Arbeitslosen- und Unfallversicherung), um bezahlte Feiertage und sonstige Ausfallzeiten oder um Entgeltfortzahlung im Krankheitsfall. Sie werden auf Basis der erfassten Löhne und Gehälter berechnet.

Unter die **freiwillig vereinbarten Personalnebenkosten** fallen das Urlaubsgeld, die Sonderzahlungen, die Vermögensbildung (vermögenswirksame Leistungen), die betriebliche Altersversorgung, Beihilfen für Fahrt und Verpflegung oder Abfindungskosten. Neben diesen sogenannten primär freiwilligen Sozialleistungen werden oftmals sekundäre freiwillige Sozialleistungen zur Verfügung gestellt. Dazu gehören u.a. Sportanlagen, Kantinen, Werksbibliotheken oder Sanitätsstationen.

 Das Altenheim in Weidberg kann seine Dienstleistung „Versorgung und Verpflegung älterer pflegebedürftiger Menschen" nur wahrnehmen, wenn es ausreichend Personal hat. Um dies zu gewährleisten, beschäftigt es zahlreiche Altenpflegerinnen und -pfleger und zahlt diesen auch ein gutes Gehalt. Allerdings entstehen dem Altenheim dadurch hohe Personalkosten, die nicht unwesentlich zur schlechten finanziellen Lage der Einrichtung beigetragen haben.

Um die Arbeitsplätze zu sichern, wird den Angestellten daher auf einer Betriebsversammlung vorgeschlagen, auf einen Teil des Gehalts (Sonderzahlungen, Beihilfen) sowie einen Großteil der Personalnebenkosten (Urlaubs- und Weihnachtsgeld) zu verzichten. Durch ein zeitweises Aussetzen dieser Beträge könnten das Altenheim und die Arbeitsplätze vielleicht doch noch gerettet werden.

Überblick über die Personalkosten

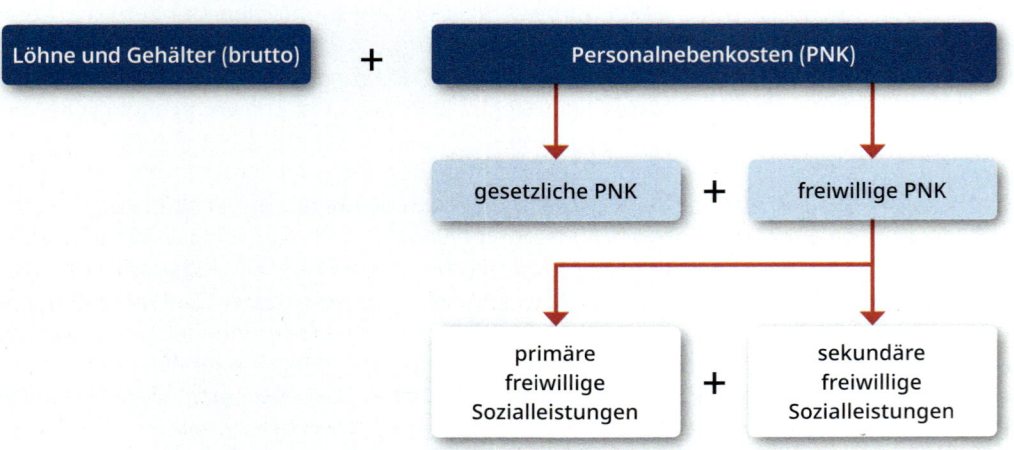

Eine detaillierte Aufteilung der Personalkosten ist aus abrechnungstechnischen Gründen in der Finanzbuchhaltung von besonderer Relevanz. In der Kostenrechnung ist diese Ausführlichkeit jedoch nicht erforderlich. Hier reicht normalerweise die Erfassung der Gesamtsumme, sodass die in der Finanzbuchhaltung erfassten Kosten ohne Schwierigkeiten als Kostenblock in die Kostenrechnung übernommen werden können (z. B. Personalkosten, Sozialabgaben). Dabei wird von einer **Verdichtung der Finanzbuchhaltungskonten** gesprochen.

Einzig problematisch ist die Verteilung der Urlaubs-, Krankheits- und Feiertagsgehälter bzw. -kosten. Diese werden aus erfolgstechnischen Gründen gleichmäßig auf die Monate verteilt. Ein weiterer Sonderfall ist der kalkulatorische Unternehmerlohn, der ebenfalls nicht zu den Personalkosten zählt.

Zur weiteren Vertiefung wird nachfolgend die Berechnung der Arbeitsentgelte dargestellt.

Schema bei der Berechnung der Arbeitsentgelte:

	Bruttogehalt	(Gehalt/Lohn, Überstunden, Urlaubsgeld, Sachwerte, geldwerte Vorteile)
–	Steuern	(Lohnsteuer, Solidaritätszuschlag, Kirchensteuer)
–	Sozialversicherungsbeiträge	(Kranken-, Pflege-, Renten-, Arbeitslosenversicherung unter Berücksichtigung der Beitragsbemessungsgrenzen)
=	**Nettoentgelt**	
–	sonstige Abzüge	(Verrechnung von Vorschüssen, Kantinenessen, vermögenswirksamen Leistungen)
=	**Auszahlungsbetrag**	

Frau Huber, eine kinderlose Altenpflegerin, erhält ein monatliches Bruttogehalt in Höhe von 2.015,00 €. Der Auszahlungsbetrag lässt sich wie folgt ermitteln:

	Bruttoentgelt	2.015,00 €
+	vermögenswirksame Leistung des Arbeitgebers lt. Betriebsvereinbarung	12,00 €
=	steuer- und sozialversicherungspflichtiges Gehalt	2.027,00 €
–	Lohnsteuer, Solidaritätszuschlag und Kirchensteuer	526,70 €
–	Sozialversicherung	418,07 €
–	vermögenswirksame Sparleistung	39,00 €
=	Auszahlungsbetrag	1.043,23 €
	Arbeitgeber-Anteil zur Sozialversicherung	399,83 €
	→ ausgewiesene Personalkosten (Bruttoentgelt + VL + AG-SV)	2.414,83 €

In der Finanzbuchhaltung werden die einzelnen Positionen auf unterschiedlichen Konten gebucht (Gehälter, vermögenswirksame Leistungen, Abgaben ans Finanzamt, Abgaben an die Sozialversicherung). In der Kosten- und Leistungsrechnung dagegen zählen nur die Summen der jeweiligen Konten. Im Beispiel betragen die Personalkosten 2.027,00 € und die Sozialabgaben 399,83 € AG.

2.2.2 Sachkosten

Als Paul von Frau Singer durch das Altenheim geführt wird und diese ihm alle Abteilungen zeigt, stellt er erneut fest, dass das Personal ein sehr wichtiger Kostenfaktor ist. Allerdings benötigen sehr personalintensive Einrichtungen darüber hinaus auch Medikamente, Essen, Hygieneartikel usw. Alles Dinge, ohne die die Dienstleistung „Versorgung und Verpflegung älterer pflegebedürftiger Menschen" nicht möglich wäre.

In sozialen Unternehmen kommt neben dem Produktionsfaktor Arbeit auch der Produktionsfaktor Werkstoffe zum Einsatz. Dieser unterteilt sich wiederum in Roh-, Hilfs- und Betriebsstoffe sowie Fremdbauteile. Im weiteren Sinn wird auch von Fertigungsmaterialien gesprochen, die für die Erstellung der Dienstleistung notwendig sind.

Die Kosten, die durch deren Verbrauch anfallen, heißen folglich **Materialkosten**. Diese lassen sich berechnen, indem der mengenmäßige Verbrauch an Roh-, Hilfs- und Betriebsstoffen sowie Fremdbauteilen mit den entsprechenden **Preisen bewertet** wird.

Zu den Möglichkeiten, den Materialverbrauch zu ermitteln, gehören beispielsweise der Materialentnahmeschein und die Inventurmethode, mit deren Hilfe der Endbestand festgestellt wird:

Verbrauch (Abgang) = Anfangsbestand + Zugang – Endbestand

Im Anschluss daran wird der Verbrauch eines Werkstoffs mit dem jeweiligen Einstandspreis (Wert aus der Finanzbuchhaltung) bewertet.

Im Vorratsraum des Altenheims in Weidberg lagern viele Pflegeprodukte. Unter anderem Zahnpasta-Tuben zu einem Einstandspreis von je 1,00 €. Folgende Bestände bzw. Bestandsänderungen wurden im Laufe des letzten Jahres festgestellt:
- Zu Beginn waren 100 Zahnpasta-Tuben gelagert.
- Während des Jahres kaufte das Altenheim 1 000 Zahnpasta-Tuben hinzu.
- Bei der Inventur wurde ein Endbestand von 50 Zahnpasta-Tuben festgestellt.

→ Verbrauch (Abgang) = 100 + 1 000 – 50 = 1 050 Zahnpasta-Tuben
→ Materialkosten (Zahnpasta-Tuben) = 1 050 · 1,00 €/St. = 1.050,00 €

Da die Materialkosten sämtliche Werkstoffe umfassen, können diese für die Rohstoffe, die Hilfsstoffe, die Betriebsstoffe oder die Fremdbauteile anfallen.

Allerdings werden **Rohstoffe** (Rohmaterial), die den Hauptbestandteil eines Produkts bilden, in sozialen Einrichtungen eigentlich nicht eingesetzt, da hier nichts im herkömmlichen Sinne produziert wird. Vielmehr findet die Arbeit an und mit den Menschen (externer Faktor) statt. Ausnahmen bilden Einrichtungen wie „Essen auf Rädern".

Hilfsstoffe gehen in das Produkt mit ein, sind jedoch für dessen Charakter nicht wesentlich. Dazu gehören u. a. Nägel, Farben, Lacke oder ein Klebeband.

So hilft etwa die Verbandsklammer bei der Versorgung von Wunden der Altenheimbewohner. Allerdings ist dies nicht wesentlicher Bestandteil der täglichen Verpflegung und Versorgung.

Bei **Betriebsstoffen** handelt es sich grundsätzlich um Stoffe, die, ohne selbst direkt in das Produkt einzugehen, zur Durchführung des Fertigungsprozesses benötigt werden. Beispiele sind Strom, Wasser, Heizung, Reinigungs- oder Schmiermittel.

Gibt es im Altenheim keinen Strom mehr, wirkt sich das in vielerlei Hinsicht negativ auf die Versorgung und Verpflegung der Altenheimbewohner aus. Es gibt kein Licht, es ist nicht möglich Musik zu hören oder Tee zu kochen usw.

Fremdbauteile sind fertige Teile, die ein Betrieb von einem Zulieferer fertig einkauft und dem eigenen Produkt hinzufügt. Dieser Produktionsfaktor ist in vielen sozialen Einrichtungen zu finden. Vor allem Arbeitsmaterialien zählen dazu.

Neben den Materialkosten zählen zu den Sachkosten auch folgende Kosten bzw. Kostenarten:
- Kosten für Instandhaltung
- Kosten für Wirtschaftsbedarf (z. B. Wäscherei)
- Kosten für Kommunikation (z. B. Internetanschluss)
- Mieten, Pachten
- Kosten für Marketing, Öffentlichkeitsarbeit
- Kosten für Forschung

2.2.3   Investitionskosten

Zu diesen Kosten gehören alle Betriebsausgaben, die im Zusammenhang mit einer Investition des sozialen Unternehmens stehen. Hierzu gehören z. B. die Leasingraten für einen Firmen-Pkw. Auch Zinsen für ein Darlehen, das für einen Neubau aufgenommen wurde, gehören hier dazu. Die Kosten für folgende Investitionen werden hier berücksichtigt:
- kleine Neu-, Um- und Erweiterungsbauten
- Erwerb von Fahrzeugen
- Erwerb von sonstigen Geräten, Ausstattungs- und Ausrüstungsgegenständen für Verwaltungszwecke
- Erwerb von Anlagen, Geräten, Ausstattungs- und Ausrüstungsgegenständen sowie Software im Bereich Informationstechnik (IT)

Es ist geregelt, dass Pflegeeinrichtungen solche betriebsnotwendigen Investitionsaufwendungen den Pflegebedürftigen in Rechnung stellen dürfen. Die Pflegekassen, die die Pflegekosten übernehmen, übernehmen nicht die Investitionskosten. Die muss der Pflegebedürftige selber zahlen.

2.3   Die Abgrenzungsrechnung

Die genaue Abgrenzung erfolgt mithilfe einer sogenannten **Abgrenzungs-** bzw. **Ergebnistabelle**.

Vorgehen
1. In der Finanzbuchhaltung (externes Rechnungswesen) wird jedes einzelne Konto, das verwendet wurde, abgeschlossen. Dabei werden jeweils die Beträge durch Aufsummieren gebildet.
2. Diese Beträge werden anschließend als Kostenart in die Abgrenzungstabelle übernommen.
3. Nun werden die Beträge entsprechend abgegrenzt. Damit erscheinen in der KLR als Kosten bzw. Leistungen nur die betriebsrelevanten Beträge.

Der Verantwortliche der Finanzbuchhaltung des Altenheims Waldberg hat die jeweiligen Summen der verwendeten Konten gebildet und bereits in die Abgrenzungstabelle eingetragen.

Konten/ Kostenarten	Beträge aus der Finanzbuchhaltung		Unternehmensbezogen		Kostenrechnerische Korrekturen		Betriebsbezogen	
			neutrale					
	Aufwendungen	Erträge	Aufwendungen	Erträge			Kosten	Leistungen
betriebliche Erlöse		110.000,00 €						
Mieterträge		3.800,00 €						
Zinserträge		2.800,00 €						
Sachmittel	45.000,00 €						54.000,00 €	
Personalkosten	30.000,00 €						23.000,00 €	
Sozialabgaben	3.500,00 €						4.700,00 €	
Abschreibungen	1.200,00 €						11.800,00 €	
Marketing	6.000,00 €							
Spenden	1.000,00 €							
Anlagenabgänge	1.800,00 €							
Zinsaufwendungen	800,00 €						2.900,00 €	
außerordentliche Aufwendungen	500,00 €							
Steuernachzahlungen	2.400,00 €							
ERFOLG	24.400,00 €							
SUMME	116.600,00 €	116.600,00 €						
	GESAMT-ERGEBNIS		NEUTRALES ERGEBNIS				BETRIEBS-ERGEBNIS	

Zur Erstellung der Abgrenzungstabelle sind nun noch folgende Angaben zu berücksichtigen:

1. Bezüglich der Sachmittel, Personalkosten, Sozialabgaben, Abschreibungen und Zinsaufwendungen wurden bereits die Plankosten in der Spalte Kosten berücksichtigt. Nun sind noch die kostenrechnerischen Korrekturen (Differenz zur Finanzbuchhaltung) vorzunehmen.
2. Von den Abschreibungen entfallen 300,00 € auf ein betrieblich nicht notwendiges Gebäude.
3. Der Anlagenabgang bezieht sich auf eine unter Buchwert verkaufte medizinisch-technische Maschine.
4. Die Spende wurde für ein soziales Projekt in Asien geleistet.
5. Die außerordentlichen Aufwendungen entstanden durch einen nicht versicherten Glasschaden.

Damit entsteht folgende endgültige Abgrenzungstabelle:

Konten/ Kostenarten	Beträge aus der Finanzbuchhaltung		Unternehmensbezogen		Kostenrechnerische Korrekturen		Betriebsbezogen	
			neutrale					
	Aufwendungen	Erträge	Aufwendungen	Erträge			Kosten	Leistungen
betriebliche Erlöse		110.000,00 €						110.000,00 €
Mieterträge		3.800,00 €		3.800,00 €				
Zinserträge		2.800,00 €		2.800,00 €				
Sachmittel	45.000,00 €				45.000,00 €	54.000,00 €	54.000,00 €	
Personalkosten	30.000,00 €				30.000,00 €	23.000,00 €	23.000,00 €	
Sozialabgaben	3.500,00 €				3.500,00 €	4.700,00 €	4.700,00 €	
Abschreibungen	1.200,00 €		300,00 €		900,00 €	11.800,00 €	11.800,00 €	
Marketing	6.000,00 €						6.000,00 €	
Spenden	1.000,00 €		1.000,00 €					
Anlagenabgänge	1.800,00 €		1.800,00 €					
Zinsaufwendungen	800,00 €				800,00 €	2.900,00 €	2.900,00 €	
außerordentliche Aufwendungen	500,00 €		500,00 €					
Steuernachzahlungen	2.400,00 €		2.400,00 €					
ERFOLG	24.400,00 €							
SUMME	116.600,00 €	116.600,00 €	6.000,00 €	6.600,00 €	80.200,00 €	96.400,00 €	102.400,00 €	110.000,00 €
	GESAMT-ERGEBNIS	24.400,00 €	NEUTRALES ERGEBNIS	16.800,00 €			BETRIEBS-ERGEBNIS	7.600,00 €

Damit sind die Beträge, die nicht in die KLR dürfen, ausgegrenzt. Mit den Beträgen in den Spalten Kosten bzw. Leistungen kann die KLR nun weiterrechnen.

Aufgaben

1. Erläutern Sie den Unterschied zwischen Aufwendungen und Kosten. Finden Sie Beispiele aus dem Krankenhausbereich und ordnen Sie diese folgenden Begriffen zu:
   a) Aufwendungen, die keine Kosten sind
   b) Aufwendungen, die zugleich Kosten sind
   c) Kosten, die keine Aufwendungen sind
2. Finden Sie aus dem Krankenhausbereich je ein Beispiel für
   a) Grundkosten,
   b) Anderskosten,
   c) Zusatzkosten.
3. Ein Altenheim kauft im Mai medizinischen Sachbedarf, bezahlt diesen im Juni und verbraucht ihn betriebsbedingt im August. In welchem Monat fallen die Auszahlung, die Ausgabe, der Aufwand und die Kosten an?
4. Nennen Sie je zwei konkrete Beispiele für Personalkosten, Sachkosten und Investitionskosten.
5. Ermitteln Sie anhand nachfolgender Angaben die Beträge für die Personalkosten und Sozialabgaben.
   Bruttoentgelt = 2.500,00 €, keine vwL, Lohnsteuer usw. = 620,00 €, Sozialversicherung = 450,00 €
   AG-Anteil zur Sozialversicherung = 440,00 €
6. Sie erhalten vom Leiter der Finanzbuchhaltung folgende Werte, bereits eingetragen in die Abgrenzungstabelle.

Konten/ Kostenarten	Beträge aus der Finanzbuchhaltung		Unternehmensbezogen neutrale		Kostenrechnerische Korrekturen		Betriebsbezogen	
	Aufwendungen	Erträge	Aufwendungen	Erträge			Kosten	Leistungen
betriebliche Erlöse		120.000,00 €						
Mieterträge		2.000,00 €						
Zinserträge		1.000,00 €						
Sachmittel	32.000,00 €						45.000,00 €	
Personalkosten	42.000,00 €						30.000,00 €	
Sozialabgaben	7.000,00 €						5.000,00 €	
Abschreibungen	1.200,00 €						3.000,00 €	
Marketing	6.000,00 €							
Spenden	500,00 €							
Anlagenabgänge	1.500,00 €							
Zinsaufwendungen	800,00 €						1.500,00 €	
außerordentl. Aufwendungen	500,00 €							
Steuernachzahlungen	2.400,00 €							
ERFOLG	29.100,00 €							
SUMME	123.000,00 €	123.000,00 €						
	GESAMT-ERGEBNIS		NEUTRALES ERGEBNIS				BETRIEBS-ERGEBNIS	

Folgende Angaben sind von Ihnen noch zu berücksichtigen:

1. Bezüglich der Sachmittel, Personalkosten, Sozialabgaben, Abschreibungen und Zinsaufwendungen wurden bereits die Plankosten in der Spalte Kosten berücksichtigt. Nun sind noch die kostenrechnerischen Korrekturen (Differenz zur Finanzbuchhaltung) vorzunehmen.
2. Von den Abschreibungen entfallen 800,00 € auf ein betrieblich nicht notwendiges Gebäude.
3. Der Anlagenabgang bezieht sich auf eine unter Buchwert verkaufte medizinisch-technische Maschine.
4. Die Spende wurde für ein soziales Projekt in Südamerika geleistet.
5. Die außerordentlichen Aufwendungen entstanden durch einen nicht versicherten Glasschaden.

Erstellen Sie die endgültige Abgrenzungstabelle.

3   Analyse der Kosten

Um die Kosten bei der Ermittlung des Unternehmenserfolgs richtig behandeln zu können, bedarf es einer genaueren Analyse, wie sich Kosten in bestimmten Situationen verhalten. So bestehen zum Beispiel die Kosten für Benzin nicht nur aus den eigentlichen Kosten für das Benzin. Auch der Staat „beteiligt" sich an den Gesamtkosten, und berechnet die Mineralölsteuer und die Umsatzsteuer zusätzlich zum eigentlichen Benzinpreis. Aktuell - bei einem Benzinpreis von 1,55 EUR - liegt die Mineralölsteuer bei 65,45 Cent und die Umsatzsteuer (19%) bei 24,74 Cent für einen Liter Benzin in Deutschland. Damit gehen von 1,55 € pro Liter Benzin 0,9019 € an den Staat und 0.6481 € an die Tankstelle.

Fixe Steuern je Liter halten Kosten oben

3.1   Kostenabgrenzung

In der Kosten- und Leistungsrechnung werden grundsätzlich zwei Arten von Kostenbegriffen unterschieden:

- der pagatorische Kostenbegriff
- der wertmäßige Kostenbegriff

Bei beiden Kostenbegriffen werden die jeweils erfassten Kosten in Geld bewertet. Damit sind sie berechenbar und weiter verrechenbar.

Die **pagatorischen Kosten** sind Kosten, die aus der Finanzbuchhaltung abgeleitet werden können. Sie sind mit Aufwendungen oder Ausgaben verbunden und stehen im Zusammenhang mit der Erstellung einer Leistung (z. B. gekaufte Semmeln für die Bewohner, gezahlte Gehälter für die Mitarbeiter). Sie lassen sich relativ leicht erfassen, da sie sich aus der Finanzbuchhaltung ablesen lassen. Es ist lediglich darauf zu achten, dass sie im Zusammenhang mit einer Leistung stehen.

Abgrenzung pagatorische und wertmäßige Kosten
Erwirbt das Altenheim Weidberg z. B. 4 000 Matratzenschoner zu je 10,00 €, die bei Bedarf in den Pflegebetten verwendet werden sollen, so liegen pagatorische Kosten in Höhe von 40.000,00 € vor.
In der auf wertmäßigen Kosten basierenden Kosten- und Leistungsrechnung werden die Matratzenschoner jedoch erst bei Verbrauch (d. h. Verwendung in den Pflegebetten) als Materialkosten erfasst.
Solange sie noch auf Lager liegen, werden keine Kosten erfasst.
Auch Abschreibungen auf die Geräte (z. B. Warmhalteofen) stellen Kosten dar, sind aber keine pagatorischen Kosten, da sie nicht in der Periode der Abschreibung mit Ausgaben verbunden sind (lediglich in der Periode der Anschaffung des Geräts). Die **wertmäßigen Kosten** sind Kosten, die durch den Verbrauch von Gütern bzw. Dienstleistungen entstehen. Dabei wird nur der Verbrauch gewertet, der im Zusammenhang mit der Erstellung einer Leistung steht. Diese Kosten schließen in der Regel die pagatorischen Kosten mit ein. Sie sind daher umfassender und führen demnach auch zu aussagekräftigeren Ergebnissen (siehe Lernbereich 3, Kapitel 2.3 Die Abgrenzungsrechnung).

3.2 Beschäftigungsschwankungen

In vielen sozialen Unternehmen schwankt die Zahl der Aufträge. Mal sind mehr Betten belegt, mal weniger. Mal werden mehr Essen verkauft, mal weniger. Diese Änderungen werden als **Beschäftigungsschwankungen** bezeichnet.

So kann es sein, dass der „Menüservice – Essen auf Rädern" in einem Monat voll ausgelastet ist (100 %). Im nächsten Monat ist er eventuell nur noch zu 65 % ausgelastet, weil z. B. beim Kunden Altenheim weniger Betten belegt sind oder die Kindergärten Ferien haben. Diese „Auslastung" lässt sich auch durch den Beschäftigungsgrad ausdrücken.

> Der **Beschäftigungsgrad** beschreibt das Verhältnis von der tatsächlichen zur maximal möglichen Kapazität in Prozent (%). Er gibt Auskunft darüber, inwieweit die Kapazitäten ausgelastet sind.
>
> $$\text{Beschäftigungsgrad} = \frac{\text{tatsächliche Kapazität} \cdot 100}{\text{maximale Kapazität}}$$

Der „Menüservice – Essen auf Rädern" könnte jeden Monat 1 000 Menüs ausliefern. Aufgrund der Ferien sind es diesen Monat nur 350 Menüs.

$$\text{Beschäftigungsgrad} = \frac{350 \text{ Menüs} \cdot 100}{1\,000 \text{ Menüs}}$$

Demnach ist die Kapazität des „Menüservice – Essen auf Rädern" zu 35 % ausgenutzt.

Beschäftigungsschwankungen sind demnach tatsächlich auftretende Veränderungen in der Beschäftigung. In der Kosten- und Leistungsrechnung wird zum einen auf Basis der Istbeschäftigung der vergangenen Periode gerechnet (**Istkostenrechnung**). Zum anderen wird in der Kalkulation auf Basis der Normalbeschäftigung gerechnet, d. h. kalkuliert (**Normalkostenrechnung**).

3.3   Fixe und variable Kostenarten

Fixe Kosten

Je nach Kapazitätsauslastung (Beschäftigungsschwankung) schwanken auch die Kosten. Allerdings verhalten sich in Abhängigkeit von der Beschäftigung nicht alle Kosten gleich. Manche Kosten steigen (sinken) bei steigender (sinkender) Kapazitätsauslastung, andere bleiben konstant. Daher wird in der Kosten- und Leistungsrechnung auch zwischen den **beschäftigungsvariablen** und den **beschäftigungsfixen** Kosten unterschieden.

Fixe Kosten (KF) sind unabhängig von der Beschäftigung und bleiben in ihrer Höhe immer gleich, egal zu wie viel Prozent die Kapazität ausgelastet ist. Fixe Kosten fallen selbst dann an, wenn die Einrichtung keine Leistung erbringt. Folglich werden fixe Kosten auch Bereitschaftskosten genannt. Dazu gehören u. a. die Miete für Betriebsgebäude, die Versicherungsbeiträge, die Kommunikationskosten, die kalkulatorischen Abschreibungen, Zinsen und die Gehälter der Angestellten.

Vereinfachtes Rechenbeispiel: Im „Menüservice – Essen auf Rädern" fallen folgende monatliche Fixkosten an:

Abschreibungen	260,00 €
Autoversicherung	60,00 €
Miete für Küche	500,00 €
Gehalt für Verwaltung und Koch	3.680,00 €
Fixkosten/Monat insgesamt	4.500,00 €

Der Menüservice hat einen weiteren Auftrag bekommen. Ab September sollen 200 Menüs pro Monat an die Kinderklinik geliefert werden. Statt der bisherigen 800 Menüs müssen nun 1 000 Menüs (maximale Kapazität) gekocht werden.
Die Geschäftsführerin denkt darüber nach, wie sie dem finanziell angeschlagenen Altenheim, das einer ihrer Großabnehmer ist und im Durchschnitt monatlich 200 Essen

bestellt, in der Preisfrage vielleicht doch entgegen kommen kann. Sie will das Altenheim als guten Kunden ja nicht verlieren. Allerdings muss sie vorher noch ein paar Fragen klären:

- Wie verändern sich die Fixkosten in ihrer Gesamthöhe, wenn wir insgesamt mehr Menüs herstellen und liefern?
- Wie verändern sich gleichzeitig die Fixkosten pro Menü?

Zahl der Menüs x	Monatliche Fixkosten (KF) in Euro	Fixkosten pro Menü in Euro kf = KF/x
0	4.500,00	–
100	4.500,00	45,00
200	4.500,00	22,50
400	4.500,00	11,25
800	4.500,00	5,63
900	4.500,00	5,00
1 000	4.500,00	4,50

So würde bei einer Erhöhung der zu liefernden Menüs der Fixkostenbetrag in Höhe von insgesamt 4.500,00 € einerseits gleich hoch bleiben, andererseits würde sich dieser gleichzeitig auf mehr Essen verteilen. Je mehr Menüs hergestellt und geliefert werden, desto mehr sinken die fixen Kosten pro Menü.

Fixe Gesamtkosten (KF) Kosten fallen immer in gleicher Höhe an, egal wie viel (x) geleistet bzw. produziert wurde oder nicht (Bereitschaftskosten).

Fixe Stückkosten (kf) (= KF/x) sinken mit zunehmender Ausbringungsmenge (x), da sich die gesamten Fixkosten auf eine größere Stückzahl (x) verteilen (Fixkostendegression).

Die Chefin des Menüservice überlegt, ihre maximale Kapazität zu erhöhen und einen weiteren Koch (Bruttogehalt 2.000,00 €) einzustellen. Dadurch würden sich jedoch auch die gesamten Fixkosten von 4.500,00 € auf 6.500,00 € erhöhen. Entsprechend höher wären die fixen Kosten pro Stück (z.B. bei 1 000 Menüs 6,50 € statt 4,50 €/Menü).

Mithilfe einer grafischen Veranschaulichung kann der typische Verlauf der fixen Gesamtkosten (Gesamtbetrachtung) sowie der fixen Stückkosten (Stückbetrachtung) wie folgt dargestellt werden:

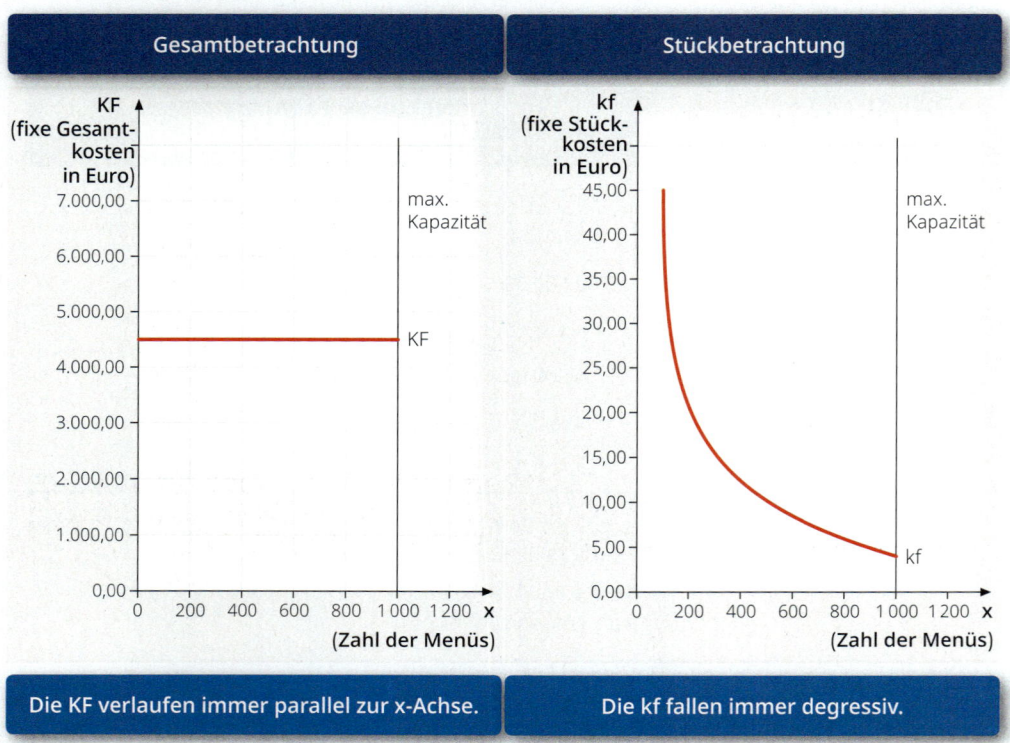

Variable Kosten

Während die fixen Kosten (KF) unabhängig von der Beschäftigung anfallen und immer gleichbleiben, gibt es Kosten, die je nach Beschäftigungslage in ihrer Höhe variieren, weshalb sie auch als variable Kosten bezeichnet werden.

Variable Kosten ändern sich unmittelbar mit der Anzahl der erbrachten Leistungen (**Ausbringungsmenge**). Steigen diese, so steigen auch die variablen Kosten. Sinken sie, so sinken auch die variablen Kosten. Verändern sich die Kosten im gleichen Verhältnis wie die Beschäftigung, so wird von proportionalen oder **linearen Kosten** gesprochen. Beispielsweise verursacht jede zusätzlich erstellte Einheit Essen zusätzliche Lebensmittelkosten in Höhe von 2,00 €.

In Abgrenzung zu den Bereitschaftskosten (vgl. KF oben) werden die variablen Kosten oftmals auch Produkt- oder **Leistungserstellungskosten** genannt.

Dazu gehören u.a. die Überstundenvergütungen, die Hilfslöhne, die Materialien sowie der Strom- und Wasserverbrauch.

Beim „Menüservice – Essen auf Rädern" fallen folgende variable Kosten für 1 000 Menüs/Monat in Euro an:

Lohn für Küchenhilfen	150,00 €
Verpackungen	110,00 €
Lebensmittel	1.550,00 €
Benzin	40,00 €
Strom, Wasser, Heizung, Telefon	150,00 €
variable Kosten für 1 000 Menüs/Monat insgesamt	2.000,00 €

Nachdem der Menüservice den Zusatzauftrag der Kinderklinik annimmt, muss er nun für 1 000 statt für bisher 800 Menüs Lebensmittel und Zutaten einkaufen. Die Geschäftsführerin befürchtet, dass die Kosten dadurch enorm ansteigen. Um einen besseren Überblick über die neue Situation zu bekommen und um später die Kostenkalkulation leichter durchführen zu können, benötigt sie zusätzliche Informationen:

- Wie hoch sind die variablen Kosten pro Menü und wie ändern sich diese bei steigender Ausbringungsmenge?
- Wie hoch sind die variablen Kosten für 800 und für 1 000 Menüs?

Zahl der Menüs x	Variable Kosten gesamt in Euro KV = kv · x	Variable Kosten pro Menü in Euro kv = KV/x
0	0,00	2,00
100	200,00	2,00
200	400,00	2,00
400	800,00	2,00
800	1.600,00	2,00
900	1.800,00	2,00
1 000	2.000,00	2,00

Die variablen Kosten pro Menü betragen immer 2,00 €, egal wie viele Menüs insgesamt gekocht werden. Das heißt, die Kosten für ein verkauftes Menü werden durch den zusätzlichen Auftrag innerhalb der Kapazitätsgrenze (von 1 000 Stück) nicht höher. Lediglich die gesamten variablen Kosten steigen proportional an. Für die zusätzlichen 200 Menüs fallen zusätzlich 400,00 € an variablen Kosten an.

Variable Gesamtkosten (KV) fallen nur an, wenn etwas (x) geleistet bzw. produziert wurde. Sie steigen proportional zur Ausbringungsmenge (x) (Produkt-/Leistungserstellungskosten).

Variable Stückkosten (kv) sind unabhängig von der Ausbringungsmenge (x). Sie bleiben immer gleich hoch.

B Die Chefin des Menüservice überlegt, künftig das Obst und Gemüse bei einem Öko-bauern in der Region zu kaufen. Dadurch würden sich bei 1 000 Menüs jedoch auch die gesamten variablen Kosten für die Lebensmittel von 1.550,00 € auf 2.000,00 € erhöhen. Entsprechend höher wären die variablen Kosten pro Stück (z.B. bei 1 000 Menüs 2,45 € statt 2,00 €/Menü).

Mithilfe einer grafischen Veranschaulichung kann der typische Verlauf der variablen Gesamtkos-ten sowie der variablen Stückkosten wie folgt dargestellt werden:

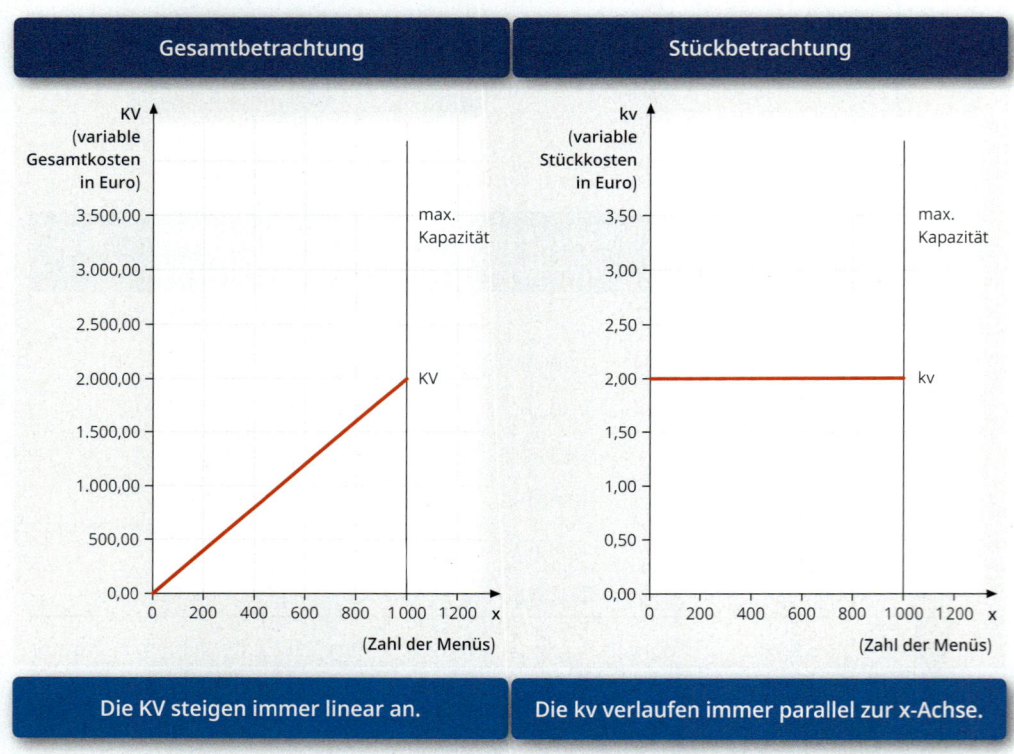

3.4 Gesamtkosten

Durch Addition der fixen und variablen Kosten ergeben sich die Gesamtkosten (K). Diese spielen im Rahmen der späteren Preis- bzw. Gewinnkalkulation eine besondere Rolle.

B Die Geschäftsführerin des Menüservice scheint alle Kosten im Griff zu haben. Da kommt ihr die Aussage eines ehemaligen Mitarbeiters, der nun ihr Konkurrent ist, in den Sinn: „Mehr als 5,50 € dürfen an Kosten für ein solches Menü nicht anfallen." Folgende Fragen müssen daher für die Geschäftsführerin noch beantwortet werden:

- Wie hoch sind die Gesamtkosten für die 1 000 Menüs?
- Wie viel kostet ein einzelnes Menü in der Herstellung?

Zahl der Menüs x	Fixkosten gesamt in Euro	Variable Kosten gesamt in Euro KV = kv · x	Gesamtkosten in Euro K = KF + KV oder K = KF + kv · x
0	4.500,00	0,00	4.500,00
100	4.500,00	200,00	4.700,00
200	4.500,00	400,00	4.900,00
400	4.500,00	800,00	5.300,00
800	4.500,00	1.600,00	6.100,00
900	4.500,00	1.800,00	6.300,00
1 000	4.500,00	2.000,00	6.500,00

Die gesamten Kosten (K) für 1 000 Menüs belaufen sich auf 6.500,00 €. Dabei bilden die fixen Kosten in Höhe von 4.500,00 € einen Sockel, auf dem die variablen Kosten aufbauen. Sind Letztere proportional zur Ausbringungsmenge, so ergibt sich ein linearer Gesamtkostenverlauf (siehe Abbildung nächste Seite).

Die Stückkosten (k) – auch Durchschnittskosten genannt – werden mit zunehmender Ausbringungsmenge geringer und nähern sich langsam den variablen Kosten. Ursache ist die bereits beschriebene Fixkostendegression, bei der sich die Fixkostenbestandteile auf eine immer größere Stückzahl verteilen (vgl. Abbildung nächste Seite).

Bei einer Ausbringungsmenge von insgesamt 1 000 Menüs belaufen sich die Kosten für ein Menü auf 6,50 € (Kosten pro Menü = Gesamtkosten/Zahl der Menüs).

Zahl der Menüs x	Fixkosten pro Menü in Euro kf = KF/x	Variable Kosten pro Menü in Euro kv = KV/x	Gesamtkosten pro Menü in Euro k = kf + kv oder k = K/x
100	45,00	2,00	47,00
200	22,50	2,00	24,50
400	11,25	2,00	13,25
800	5,63	2,00	7,63
900	5,00	2,00	7,00
1 000	4,50	2,00	6,50

Vergleicht die Geschäftsführerin die Stückkosten von 6,50 € (bei 1 000 Menüs) mit den 5,50 €, die der Konkurrent genannt hatte, so hat ihr Betrieb vielleicht noch etwas zu hohe Kosten. Allerdings hat der Menüservice trotz des hohen Verkaufspreises von bisher 7,20 € pro Menü noch zusätzliche Kunden gewonnen. Das spricht für die Qualität des hergestellten Essens, das den Kunden gut schmeckt und belegt den Slogan, in dem es heißt: „Lieferung mit viel Herz".

Mithilfe der nachfolgenden Abbildungen wird der typische Verlauf der Gesamtkostenfunktionen (Gesamt- und Stückbetrachtung) offensichtlich.

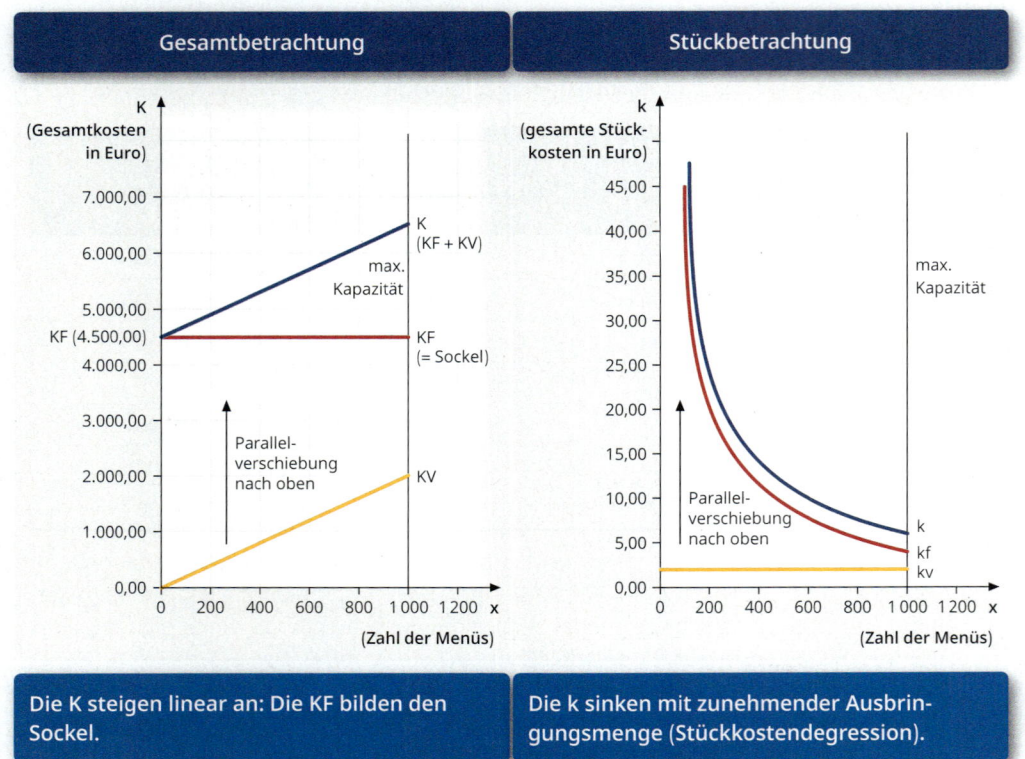

Gesamtbetrachtung	Stückbetrachtung
Die K steigen linear an: Die KF bilden den Sockel.	Die k sinken mit zunehmender Ausbringungsmenge (Stückkostendegression).

Die Geschäftsführerin des Menüservice konnte auf einer Fachmesse Informationen aus der Branche sammeln und über einen Konkurrenten folgende Zahlen in Erfahrung bringen, die sie sich notierte:

Monat	Zahl der gelieferten Menüs	Gesamtkosten in Euro
Mai	440	5.890,00
Juni	600	6.250,00

Diese Infos sind aber zu ungenau! Eigentlich wüsste sie gerne:
- Wie hoch waren die variablen Kosten des Konkurrenten pro Menü?
- Auf welchen Betrag beliefen sich die gesamten Fixkosten des Konkurrenten im letzten Jahr?

Die Gesamtkosten setzen sich aus fixen und variablen Kosten zusammen. Da die fixen Kosten jeden Monat gleich bleiben, kann die Veränderung nur bei den variablen Kosten liegen. Folgende Vorgehensweise (Differenzschema) ist zur Analyse daher möglich:

Monat	Zahl der gelieferten Menüs	Gesamtkosten in Euro
Mai	440	5.890,00
Juni	600	6.250,00
Differenz	160	360,00

Variable Kosten pro Menü = KV/x = 360,00 € / 160 Menüs = 2,25 €/Menü
Gesamte Fixkosten = K − kv · x = 6.250,00 € − 2,25 €/Menü · 600 Menüs = 4.900,00 €

Demnach sind beim Konkurrenten die Fixkosten, aber auch die variablen Kosten pro Menü wesentlich höher.

3.5 Einzel- und Gemeinkosten

Neben den fixen und variablen Kosten gibt es zahlreiche weitere Kriterien, nach denen die Kosten unterschieden werden können. So kann die Aufgliederung nach dem Gesichtspunkt erfolgen, ob es möglich ist, die angefallenen Kosten einem einzelnen Produkt bzw. einem Dienstleistungsobjekt direkt zuzurechnen oder nicht.

Sind die Kosten einem bestimmten Produkt bzw. Dienstleistungsobjekt direkt zurechenbar, bezeichnet man diese Kosten als **Einzelkosten**. Im sozialen Bereich handelt es sich hierbei hauptsächlich um Medikamente, Verbandsmaterialien, Implantate oder Personalkosten des operativen (direkt am Kunden arbeitenden) Personals.

Kosten, die hingegen für alle Produkte bzw. Dienstleistungsobjekte gemeinsam anfallen und dem einzelnen Objekt nicht unmittelbar zugerechnet werden können, werden als **Gemeinkosten** bezeichnet. Dazu gehören u. a. die Kosten für Gebäude, technische Einrichtungen, Versicherungen, Telefon oder die Verwaltung des Hauses.

> Die **Einzelkosten** können einer einzelnen Leistung/Leistungseinheit direkt zugerechnet werden, während die **Gemeinkosten** nur indirekt zugerechnet werden können bzw. für alle Leistungen gemeinsam anfallen.

 Ein Physiotherapeut, der 20,00 € für 30 Minuten Behandlung verlangt, macht jeden Donnerstag mit einer gehbehinderten Dame eine Stunde lang Gehübungen, d. h., die Stunde kostet insgesamt 40,00 € und kann als Einzelkosten direkt zugeordnet werden.

Generell sind alle Einzelkosten gleichzeitig variable Kosten. Die Gemeinkosten lassen sich jedoch in variable und fixe Kosten aufgliedern. So gibt es Kosten, die für alle Objekte gemeinsam anfallen und variabel sind.

DIe Stromkosten fallen z. B. für das Altenheim Weidberg und all seine Bewohner gemeinsam an. Ihre Höhe variiert aber je nach Inanspruchnahme durch die Küche, die medizinischen oder sonstigen Elektrogeräte.

Neben den variablen Gemeinkosten gibt es noch die sogenannten fixen Gemeinkosten, die in ihrer Höhe fix sind und für alle Objekte gemeinsam anfallen.

 Die Brandversicherung, die jedes Jahr 2.000,00 € kostet, fällt für alle Heimbewohner gemeinsam an.

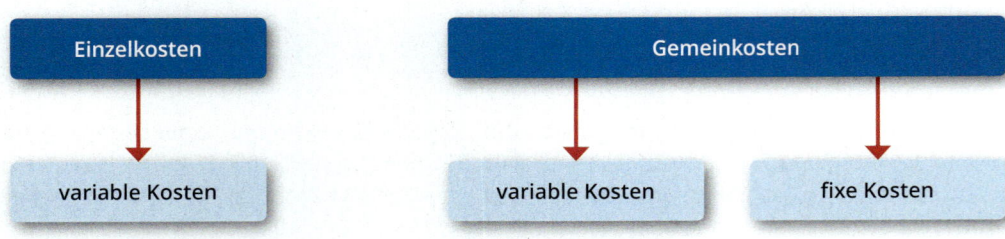

Alle Einzel- und Gemeinkosten zusammengefasst ergeben wiederum die Gesamtkosten.

Aus Gründen des enormen Erhebungsaufwands werden viele Kosten als Gemeinkosten geführt und nicht direkt zugerechnet. So wird der Wasserverbrauch für das ganze Haus und nicht für die einzelnen Stationen erfasst, das Porto für die zu versendende Post wird von einer Portokasse bestritten usw. Diese Gemeinkosten bezeichnet man auch als „unechte Gemeinkosten".

Ein weiteres Problem im Rahmen der Zurechenbarkeit von Kosten ergibt sich aus der Beschreibung der Leistung. Je weniger genau eine Leistung beschrieben wird, desto weniger genau können Objekte zugeordnet werden, desto mehr Kosten sind Gemeinkosten. Ein Betrieb bzw. eine Einrichtung muss das Ziel genau kennen, um die Kosten entsprechend in Einzel- und Gemeinkosten unterteilen zu können.

 Das Altenheim in Weidberg bietet neben seinem Standardprogramm zusätzlich Ganzkörper- und Fußreflexzonenmassagen an. Hierzu wird nebenan ein gesonderter Raum für 360,00 € monatlich gemietet. Die Masseurin bietet die Dienstleistung für 45,00 € pro Stunde an. Insgesamt kommt es im Monat zu 200 Massagen, davon 50 Fußreflexmassagen. Das verwendete Massageöl kostet 100,00 € und wird zu drei Viertel für eine Ganzkörpermassage verbraucht; der Rest wird für eine Fußreflexzonenmassage benötigt.

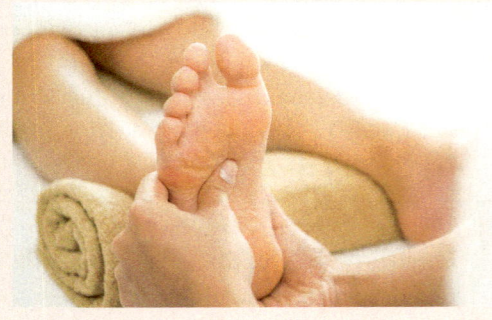

Folgende Einzel- und Gemeinkosten fallen für die Fußreflexzonenmassagen an:

Einzelkosten:

Lohn der Masseurin   45,00 €/Stunde

Gemeinkosten:

Raumkosten (anteilig)	90,00 €/Monat	(360 €/200 Massagen · 50 Fußrefl.-massagen)
Massageöl (25 %)	25,00 €/Monat	
Gemeinkosten insgesamt	115,00 €/Monat	: 50 Fußrefl.-massagen/Mt. → 2,30 €/Massage

Die Gesamtkosten für eine Fußreflexzonenmassage belaufen sich demnach auf 47,30 €/Stunde (45,00 € EK + 2,30 € GK).

3.6   Handlungsspielraum bei Beschäftigungsschwankungen

Ist beispielsweise die Belegung in einem Altenheim stark schwankend oder sogar rückläufig und fallen gleichzeitig hohe Fixkosten an (**Kostenremanenz**), so kann die Einrichtung in eine finanzielle Schieflage geraten.

> **Studie: Jedes siebte Pflegeheim steht vor der Pleite**
>
> **Zu viel Personal, überalterte Immobilien und zu kleine Finanzpolster: Jedes siebte Pflegeheim ist von der Insolvenz bedroht – obwohl der Bedarf an Heimplätzen steigt. Besonders groß ist die Not bei mittelgroßen Betreibern.**
>
> Berlin – Senioren müssen um ihren Heimplatz bangen: Jedes siebte Pflegeheim in Deutschland ist einer Untersuchung zufolge von der Pleite bedroht. Schuld sind unter anderem überalterte Immobilien, zunehmender Wettbewerb, Lohnkostensteigerungen und mangelnde Managementkompetenz. Bis zum Jahr 2020 würden rund 1750 der zuletzt rund 11.600 Heime in ihrer heutigen Form vom Markt verschwinden.
>
> Viele dieser Heime dürften jedoch von anderen Trägern übernommen oder ersetzt werden. Wegen des steigenden Bedarfs wird die Zahl der Heime Experten zufolge insgesamt zunehmen, wie aus der Studie „Stationärer Pflegemarkt im Wandel" der Wirtschaftsprüfungsgesellschaft Ernst & Young hervorgeht.
>
> „Der Markt ist in Bewegung", sagt Autor Peter Lennartz. Bereits im vergangenen Jahr hätten 56 Heime den Weg in die Insolvenz antreten müssen. Zu den konkreten Ursachen zählten eine niedrige Belegungsquote unter anderem wegen mangelnder Attraktivität, zu viel Personal und zu kleine Finanzpolster für nötige Bau- oder Umbaumaßnahmen. Fast vier von zehn für die Studie befragte Heimbetreiber werteten die Finanzlage in der Branche als schlecht oder sehr schlecht.
>
> **„Die Kosten werden deutlich steigen"**
>
> Vor besonders großen Problemen stünden mittelgroße Betreiber mit zwei bis fünf Heimen. „Eine Verbesserung der finanziellen Lage ist derzeit nicht abzusehen", heißt es in der Studie. „Die Kosten werden deutlich steigen, während bei den Einnahmen kein klarer Aufwärtstrend zu sehen ist."
>
> Für die kommenden zehn Jahre rechnen die Forscher mit einer „Ausfallwahrscheinlichkeit" von jährlich 1,5 Prozent der Heime – dies entspricht 175 stationären Einrichtungen pro Jahr. Einige dieser Heime könnten im Lauf eines Insolvenzverfahrens einen Investor finden, sagte Lennartz. Andere vor allem in dünn besiedelten Regionen auf dem Land müssten wohl eher schließen.
>
> Bis zum Jahr 2020 brauchen laut der Studie 179.000 Menschen mehr als heute stationäre Pflege. Rund 2000 neue Heime würden benötigt. Dazu komme, dass bestehende Einrichtungen saniert oder

ersetzt werden müssen. Die Experten rechnen daher mit einem Investitionsbedarf von rund 34 Milliarden Euro für insgesamt 4300 benötigte Heime.

Quelle: kra/dpa: Studie: Jedes siebte Pflegeheim steht vor der Pleite. DER SPIEGEL, 19.09.2011, mit Material von dpa, online unter: https://www.spiegel.de/wirtschaft/unternehmen/studie-jedes-siebte-pflegeheim-steht-vor-der-pleite-a-786516.html [21.10.2020].

1. Handlungsmöglichkeit: Anteil an variablen Kosten erhöhen

Für die Wirtschaftlichkeit eines sozialen Unternehmens ist es grundsätzlich besser, einen möglichst hohen Anteil an variablen und einen niedrigen Anteil an fixen Kosten aufzuweisen. Um dem Problem der hohen Fixkosten entgegenzuwirken, muss u. a. der Personalbereich in seiner Kostenstruktur variabler gestaltet werden. Das heißt, Personal wird im Rahmen eines internen **Personalpools** in Abhängigkeit von der Belegung eingesetzt. So können die Fixkosten sinken.

2. Handlungsmöglichkeit: flexible Plankostenrechnung

Da in der Kosten- und Leistungsrechnung zunächst einmal die Istbeschäftigung bzw. Normalbeschäftigung zugrunde gelegt wird, treten bei Beschäftigungsschwankungen hinsichtlich der fixen Stückkosten (k_f) Unterschiede auf. Damit kann es bei den Fixkosten zu Unter- bzw. Überdeckungen kommen, wenn die tatsächliche Beschäftigung infolge von Beschäftigungsschwankungen von der Normalbeschäftigung abweicht. In diesem Fall werden für unterschiedliche Beschäftigungsgrade zunächst einmal keine anderen Kosten geplant (**Plankosten**).

Im Gegensatz zur oben genannten **starren Plankostenrechnung** arbeitet die **flexible Plankostenrechnung** mit der Aufteilung der Kosten in fixe und variable Kosten. Damit kann der KLR-Verantwortliche (z. B. Controller) sowohl für die Planbeschäftigung als auch für jeden anderen Beschäftigungsgrad Kostenvorgaben ermitteln. Die auf diese Weise ermittelten Kosten werden als **Sollkosten** bezeichnet.

Für alternative Beschäftigungsgrade werden entsprechende Soll- und Vorgabewerte ermittelt. Dabei werden mithilfe von Variatoren aus den Plankosten der Planbeschäftigung die Sollkosten der Istbeschäftigung abgeleitet.

> Der **Variator** gibt im Rahmen der flexiblen Plankostenrechnung an, wie viel Prozent die variablen Kosten an den geplanten Gesamtkosten ausmachen, falls die Planbeschäftigung realisiert wird.

Ein Altenheim verfügt über eine Kapazität von 600 Betten. Im November war es zu 75 % ausgelastet, dabei wurden Gesamtkosten in Höhe von 60.000,00 € festgestellt. Im Dezember werden nur noch 405 Patienten betreut. Die Kosten dafür betrugen 55.800,00 €.
Im Januar werden 420 Patienten erwartet. Die Unternehmensführung möchte nun die Kosten für Januar erfahren.

Lösung:

1. Variator berechnen
   (75 % Kapazitätsauslastung = 450 Betten)

   November: 450 Betten   = 60.000,00 € Gesamtkosten

   Dezember: 405 Betten   = 55.800,00 € Gesamtkosten

   → Bei einer Verringerung der Kapazitätsauslastung um 10 % (450 → 405)
      verringern sich die Gesamtkosten um 7 % (60.000,00 → 55.800,00).

   → Variator = 7 (bei einer Beschäftigungsänderung um 10 %)

2. Sollkosten berechnen

(Dreisatz)	(Beschäftigungsänderung)	= (Kostenänderung)
	10 %	= 7 %
(450 → 420)	6,7 %	= x

   → x = 4,7 % = 2.820,00

   → Sollkosten = 60.000,00 € – 2.820,00 € = 57.180,00 €

Aufgaben

1. Ermitteln Sie für einen Kindergarten die maximale Kapazität der zu betreuenden Kleinkinder, wenn der Beschäftigungsgrad bei 94 % liegt und die tatsächliche Auslastung momentan 47 Kinder beträgt.

2. Ein Altersheim besitzt eine Kapazität von 36 000 Pflegeminuten im Monat. Die Istbeschäftigung erreicht entgegen der Erwartung der Unternehmensführung nur 28 000 Pflegeminuten. Berechnen Sie den Beschäftigungsgrad.

3. Stellen Sie die Besonderheit der kalkulatorischen Miete dar. Recherchieren Sie nach weiteren kalkulatorischen Kosten.

4. Entscheiden Sie, um welche Kostenart (variabel/fix) es sich bei den folgenden Beispielen in einem Kindergarten handelt:
   a) Ein Kindergärtner erhält für eine bestimmte Zahl an gebastelten Laternen eine Leistungsprämie.
   b) Um basteln zu können, werden bunte Blätter, Klebestreifen usw. eingekauft.
   c) Zur Reinigung der Aufenthaltsräume werden Putzmittel verwendet.
   d) Abschluss einer Versicherung gegen Vandalismus.
   e) Teilnahme eines Erziehers an einer Fortbildung.

5. Ein Brillenhersteller produziert u. a. Standardlesebrillen. Pro Monat fallen folgende Kosten an: Miete 1.600,00 €, Reinigung 400,00 €, Brillengestell 10,00 €, Gehaltszahlungen 12.000,00 €, Abschreibungen 6.000,00 €, Brillengläser 10,00 € und Arbeitslöhne/Gestell 10,00 €.
   a) Geben Sie an, welche der obigen Kosten fix bzw. variabel sind.
   b) Erstellen Sie eine Tabelle und berechnen Sie jeweils die fixen Kosten, die variablen Kosten und die Gesamtkosten für folgende Stückzahlen: 0 / 100 / 300 / 500 / 700 / 900 / 1 000
   c) Stellen Sie die Kostenverläufe (Stück- und Gesamtbetrachtung) grafisch dar.

6. In einer Schokoladenfabrik können monatlich bis zu 14 000 Pralinenschachteln gefertigt werden. Bei einem Beschäftigungsgrad von 65 % belaufen sich die Gesamtkosten auf 58.000,00 €, die variablen Stückkosten betragen 2,50 €.
   a) Ermitteln Sie die Höhe der gesamten Fixkosten.
   b) Beschreiben Sie das Verhalten der Fixkosten (KF, kf) im Vergleich zu einem Beschäftigungsgrad von 68 %.

c) Berechnen Sie die Gesamtkosten für 7 500 und 5 500 Pralinenschachteln insgesamt und pro Stück.

7. In einer Massagepraxis fallen für 500 durchgeführte Massagen im Februar insgesamt 42.500,00 € an Kosten an. Im Vergleich dazu beliefen sich im September die Kosten der Praxis auf 52.000,00 € für 700 durchgeführte Massagen. Ermitteln Sie rechnerisch die fixen Kosten pro Monat sowie die variablen Kosten pro Massage.

8. Ein Krankenhaus verfügt über eine Kapazität von 800 Betten. Im Januar war es zu 75 % ausgelastet, dabei wurden Gesamtkosten in Höhe von 100.000,00 € festgestellt. Im Februar werden nur noch 520 Patienten betreut. Die Kosten dafür betragen 95.800,00 €. Im März werden 550 Patienten erwartet. Die Unternehmensführung möchte von Ihnen nun die Kosten für März erfahren.

9. Berechnen Sie für die Planmenge von 1 200 Leistungseinheiten (LE) den Variator.

a)

Kostenart	Fixe Kosten	Variable Stückkosten	Variable Gesamtkosten	Kosten bei 1 200 LE
1	2.500,00 €	4,00 €		
2	4.000,00 €	3,00 €		
3	3.500,00 €	5,00 €		
4	6.000,00 €	8,00 €		
SUMME				40.000,00 €

b) Berechnen Sie mithilfe des Variators die Kosten für die Ausbringungsmenge 1 104 LE.

4   Analyse der Leistungen

Da es sehr einseitig ist, nur die Kosten eines Unternehmens zu betrachten, wird nun der zweite Faktor der Ergebnisermittlung (Leistungen – Kosten = Erfolg) untersucht.

4.1   Leistungen

In direktem Zusammenhang mit den Leistungen stehen die Erlöse. Grundsätzlich wird der Begriff „Leistungen" – genau wie die Kosten – oftmals synonym verwendet. „Erlös", „Ertrag" oder „Einnahmen" sind ähnliche Formulierungen, die sich jedoch inhaltlich voneinander unterscheiden.

Hinweis: Die Pflegeheimleistungen der Pflegeeinrichtung (soziales Unternehmen) sind die Pflegeheimkosten der Pflegebedürftigen!

Pflegeheimkosten im Überblick

Woraus bestehen die monatlichen Kosten für einen Pflegebedürftigen im Pflegeheim?

a. Kosten für Pflege – Erbringen von Pflegeleistungen entsprechend der Pflegebedürftigkeit. Dabei werden entsprechend des Pflegegrades (gemäß Pflegestärkungsgesetz ab 1. Januar 2017) von der Pflegeversicherung folgende Geld-Leistungen übernommen:

Pflegegrad 1: 1.179,60 € (Erstattung: 125,00 €)

Pflegegrad 2: 1.567,50 € (Erstattung: 770,00 €)

Pflegegrad 3: 2.052,90 € (Erstattung: 1.262,00 €)

Der Restbetrag ist von der Privatperson bzw. den Angehörigen selbst zu tragen!

b. Unterkunft und Verpflegung – 617,40 € – entspricht einem Hotelzimmer mit Vollpension. Dabei sind enthalten: Reinigung des Zimmers, Unterhaltung des Gebäudes, Wäscheversorgung, Müllentsorgung, Leistungen für Veranstaltungen. Diese Kosten sind immer von der Privatperson bzw. den Angehörigen selbst zu tragen!

c. Investitionskosten – 460,50 € – entsprechen der Instandhaltungsrücklage wie bei Miet- bzw. Eigentumswohnungen. Hier sind enthalten: Bau- und Erwerbskosten der Einrichtung, Instandhaltungskosten, Mietzahlungen des Betreibers, Abschreibungen, Darlehenszinsen, Kosten für Gemeinschaftsräume.

Vgl. https://www.pflege.de/altenpflege/pflegeheim-altenheim/kosten/ [21.10.2020].

Aus Sicht der Kosten- und Leistungsrechnung des Unternehmens handelt es sich bei dem Betrag von z. B. 3.863,40 € (2.785,50 € für Pflege, 617,40 € für Unterkunft, 460,50 € für Investitionskosten) um das Entgelt für erbrachte Leistungen an eine Person mit dem Pflegegrad 5. Nimmt eine ältere Dame, die diesen Pflegegrad hat, sämtliche angebotenen Verpflegungs- und Betreuungsleistungen des Altenheims in Anspruch, so zahlt die Pflegeversicherung 2.005,00 €. Den Rest, 1.858,40 €, hat die Frau selbst zu tragen.

Analog zum Kostenbegriff wird unter **Leistungen** eine mengenmäßige Entstehung von betriebsbedingten Sachgütern und Dienstleistungen verstanden, die in Geld bewertet werden. Sie werden entweder an das betriebliche Umfeld abgegeben und/oder innerbetrieblich eingesetzt.

Leistungen sind das in Geld bewertete Ergebnis der betrieblichen Leistungserstellung oder alles, was von den Mitarbeitern einer sozialen Einrichtung für den Betriebszweck erbracht und entsprechend „vergütet" bzw. „verkauft" wird. In diesem Zusammenhang wird oft auch der Begriff **„Erlös"** bzw. **„Umsatzerlös"** genannt.

Hervorzuheben ist, dass im Rahmen der Kosten- und Leistungsrechnung das Ergebnis der Arbeit – z. B. die erbrachte Dienstleistung – erst feststellbar ist, wenn diese auch verkauft wurde.

Allerdings wird das nette Gespräch mit dem einsamen alten Herrn meist nicht als Leistung definiert, sondern nur eindeutig messbare Handlungen wie z. B. die Zahl der medizinisch zu versorgenden Personen.

In der Finanzbuchhaltung hingegen sind – wie oben bereits erläutert – die Begriffe „Kosten" und „Leistungen" unbekannt. Vielmehr stellt die Finanzbuchhaltung die Aufwendungen den **Erträgen** gegenüber. Der für die Verpflegungs- und Betreuungsleistung zu erbringende Betrag von beispielsweise 2.785,50 € ist demnach aus Sicht der Finanzbuchhaltung ein Ertrag. Genau genommen handelt es sich um einen betriebsbedingten Ertrag (Grundleistung).

Allgemein umfassen die Erträge alle während einer bestimmten Periode zugeflossenen Werte, also auch diejenigen Erträge, die nicht betriebsbedingt sind (neutraler Ertrag). Dabei kann es sich z. B. um Forschungsmittel, kommunale/staatliche Zuschüsse, Spenden oder Erlöse vom „Tag der offenen Tür" handeln.

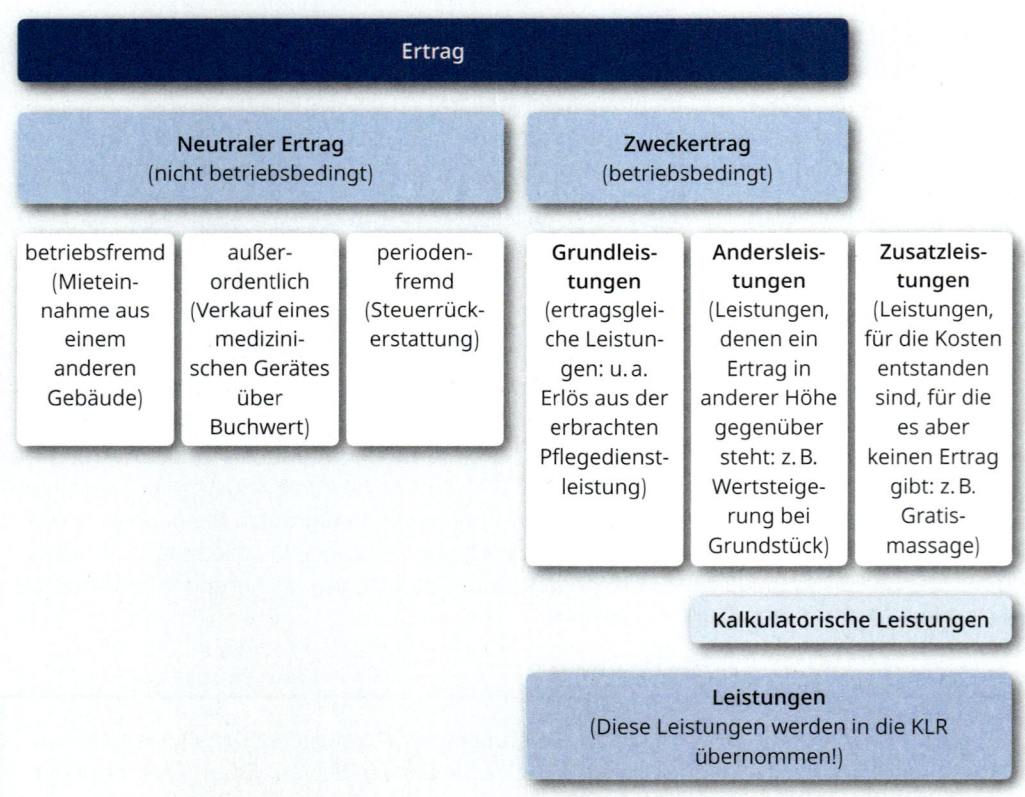

Neben dem Ertrag gibt es die Einzahlungen und Einnahmen. Kommt es zu **Einzahlungen**, so fließt dem Unternehmen bzw. der Einrichtung tatsächlich Geld zu. Dabei spielt es keine Rolle, ob der Geldzufluss in bar oder per Banküberweisung vor sich geht.

Bei den Einnahmen handelt es sich um in Geld ausgedrückte Sachwerte und Leistungen, die das Unternehmen bzw. die soziale Einrichtung im Rahmen der Leistungserstellung erbringt und veräußert. Demzufolge entstehen durch den Verkauf der Betreuungs- und Verpflegungsleistungen des Altenheims in Weidberg Forderungen. Diese lassen das Geldvermögen ansteigen, unabhängig davon, wann der Zahlungsmittelzufluss genau erfolgt.

4.2 Probleme der Leistungsmessung

Der Output eines sozialen Unternehmens lässt sich nicht so eindeutig messen wie der eines wirtschaftlichen Betriebes. Beispielsweise kann der Wert eines gelieferten Menüs anhand der Material- und Personalkosten wesentlich leichter ermittelt werden als der Wert der Verpflegung und Versorgung in einem Altenheim. Zwar fallen auch hier Personalkosten an, allerdings ist die Arbeit des Personals mehrdimensional zu betrachten.

So werden bei sozialen Unternehmen häufig Leistungen erbracht, die nicht vergütet werden, weder durch den Kunden noch durch den Sozialleistungsträger. Grundsätzlich muss zwischen **abrechenbaren** und **nicht abrechenbaren** Leistungen unterschieden werden. Abrechenbar ist z.B. die Zahl der am Morgen durchgeführten Morgentoiletten in einem Altenheim. Nicht abrechenbar hingegen ist das gemeinsame Gesellschaftsspiel bzw. die Unterhaltung mit den Heimbewohnern.

Krankenhäuser warten aufs Geld

So viel Prozent der deutschen Krankenhäuser verzeichneten 2011 in ihrer Gewinn- und Verlustrechnung ein/einen

- Ausgeglichenes Ergebnis **14,1**
- **55,3** % Jahresüberschuss
- Jahresfehlbetrag **30,6**

Außenstände in den Krankenhäusern Ende Januar 2012

Insgesamt **5,2 Mrd. €**

Davon wegen Zahlungsverzögerung und -verweigerung **1,1 Mrd. €**

So viel Prozent der Krankenhäuser waren 2011 betroffen von*

Zahlungsverzögerungen	**56,3 %**
Weder Verzögerungen noch Verweigerungen	**32,9**
Zahlungsverweigerungen	**32,2**

dpa•18061   Quelle: Dt. Krankenhausinstitut   *Merhfachnennung möglich

Auch wenn es sich bei dem netten Gespräch mit einem älteren Menschen um eine nicht abrechenbare Leistung handelt, so wäre es trotzdem interessant zu wissen, wie viel diese Leistung wert ist bzw. kostet. In der Praxis werden diese nicht abrechenbaren Kosten von den abrechenbaren Leistungen mitgetragen. Das heißt, das Spielen oder das Gespräch gehört demnach offiziell zur Leistung „Verpflegung und Versorgung älterer pflegebedürftiger Personen".

Des Weiteren stellt sich die Frage, inwieweit die Leistungen am „Outcome", dem sogenannten Endergebnis, gemessen werden sollen. Ist es sinnvoll, das Ergebnis, also z.B. die Abstinenz von Sucht, oder eher die Zahl der durchgeführten Beratungsstunden mit Geld zu bewerten?

Ein weiterer Kritikpunkt an der Leistungsmessung in sozialen Einrichtungen ist, dass die meisten sozialen Dienstleistungen nicht gelagert werden können. Insofern kann nicht die Erhöhung von Lagerbeständen zu den gewünschten Leistungen führen. Vielmehr ist die Frage der Bewertung von Leerzeiten und von Bereitschaftsleistungen von großer Bedeutung.

Leistungen für Pflegeheimbedürftige

Soziale Dienstleistungen werden zudem oft von subjektiven Faktoren beeinflusst. Findet der Altenpfleger den zu betreuenden Heimbewohner nett, so wird er sich beispielsweise bei der Durchführung der Morgentoilette mehr Mühe geben als bei jemandem, den er unsympathisch findet. Demnach sind viele soziale Dienstleistungen sehr heterogen und daher auch schwer vorhersagbar.

Da die sozialen Unternehmen wie beschrieben Zielgrößen enthalten, die sich oft nur schwer definieren lassen und sich der unmittelbaren Messung entziehen, müssen Ersatzgrößen bzw. Indikatoren verwendet werden, die zumindest indirekt die erbrachten Leistungen bewerten. Problematisch ist hier allerdings, dass die Indikatoren das eigentlich zu Messende oft nur unzureichend abbilden und oftmals mehrere verschiedene Indikatoren geeignet erscheinen.

4.3　Lösungsansätze zur Leistungsmessung

Um der Leistungsbewertung in sozialen Einrichtungen zumindest halbwegs gerecht zu werden, kommen vor allem Instrumente zum Einsatz, die Daten zur Qualität und Quantität der erbrachten Leistungen liefern.

Dabei ist der vom Empfänger der Dienstleistung subjektiv erlebte Nutzen ebenso von Bedeutung wie die objektiv gemessene Wirkung. Die Morgentoilette – das Zähneputzen, das Kämmen und das Waschen – ist eindeutig messbar. Ist sie durchgeführt, gilt der Heimbewohner objektiv betrachtet als „sauber".

Zusammenhang zwischen Leistung und Qualität

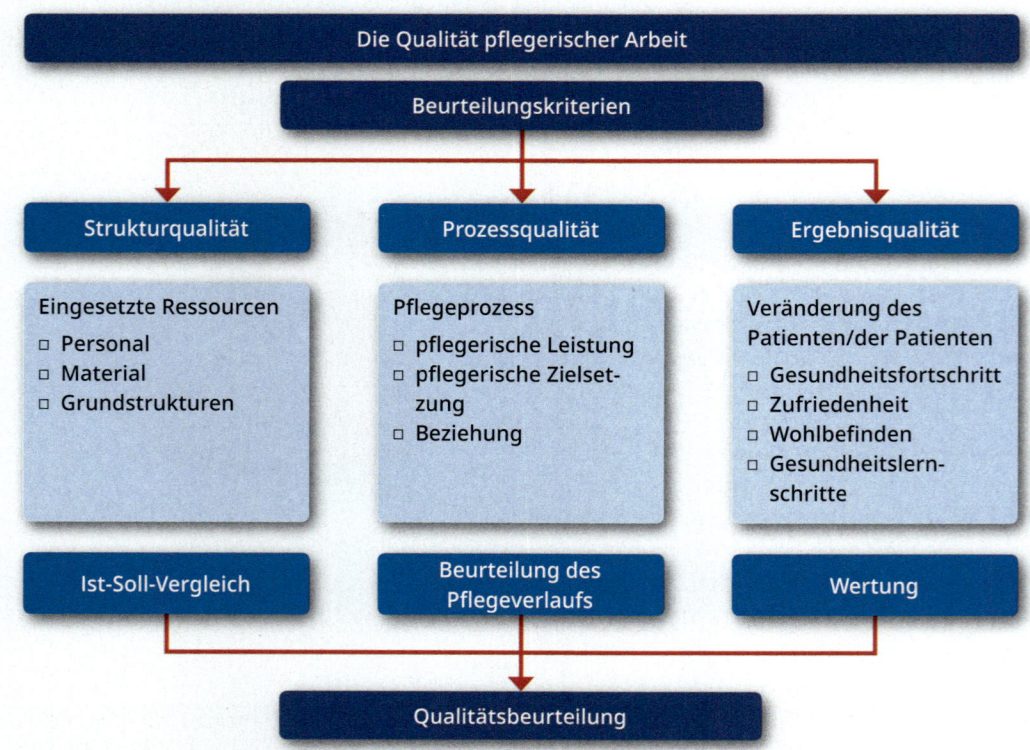

Der Untersuchungstag eines Patienten

Morgens auf der Station

Warten auf die Untersuchung

Gerade wieder im Bett…

Ein EKG muss auch gemacht werden

Mittagessen auf der Station – das Essen ist bereits kalt…

Wo muss ich jetzt noch hin?

Fragen der Bezugspflegenden

Ein nicht ganz optimaler Vorgang im Sinne des Kunden!

Der subjektive Nutzen hingegen wird vom Heimbewohner selbst empfunden. Er fühlt sich während der Durchführung der Morgentoilette entweder wohl oder steht dem ausführenden Altenpfleger ablehnend gegenüber.

Um sowohl den subjektiven als auch den objektiven Nutzen beim Dienstleistungsempfänger, aber auch beim Anbieter zu gewährleisten, wurde in den vergangenen Jahren dem Qualitätsmanagement (QM) (siehe Lernbereich 1, Kapitel 2.5 Qualitätsmanagment) in sozialen Einrichtungen mehr

Platz eingeräumt und mehr Bedeutung zugemessen. Es setzte sich die Erkenntnis durch, dass die Qualität von Dienstleistungen im sozialen Bereich systematisch geplant und erbracht werden muss. Entscheidenden Einfluss haben dabei die Struktur-, die Prozess- und die Ergebnisqualität.

Die in der Grafik beschriebene Qualität in der Struktur der Einrichtung, der Prozesse und der Ergebnisse ist auf alle Bereiche und Personengruppen in einem Altenheim oder einem Krankenhaus anwendbar.

Das Qualitätsmanagement zielt darauf ab, die Schnittstellen zwischen den verschiedenen Abteilungen und Pflegern im Sinne des Kunden besser in den Griff zu bekommen als bisher. So ist jeder Mitarbeiter „Kunde und Lieferant zugleich".

Jeder kann seinen Anteil am Behandlungsprozess des Patienten nur dann mit Erfolg erbringen, wenn er die notwendigen Informationen rechtzeitig hat und alle Vorarbeiten ausgeführt sind. Andererseits hängt die Leistung des nachfolgenden Kollegen von der Leistung des vorherigen Kollegen ab. Der in der Behandlungskette nachfolgende Mitarbeiter ist also interner Kunde des vorherigen Kollegen, der als Lieferant anzusehen ist. Dabei muss die fortwährende Frage lauten: „Ist dies im Sinne des Kunden ein optimaler Vorgang?"

Im Vordergrund aller Bemühungen steht somit stets der Patient bzw. der Dienstleistungsempfänger. Dieser ist optimal zu betreuen. Folglich müssen insbesondere alle Prozesse auf den Kunden abgestimmt und ausgerichtet werden. Jeder Ablauf ist genau zu planen, auszuführen, zu überprüfen und vor allem ständig zu verbessern (vgl. DIN EN ISO 9001 von 2000).

Die Daten zur Qualität, aber auch zur Quantität der erbrachten Dienstleistungen liefern Bewohner- und Patientenbefragungen, aber auch Globalkennzahlen wie der „Social Return on Investment" (soziale Rendite der eingesetzten Mittel), der den gesellschaftlich geschaffenen Mehrwert quantifiziert. So wird durch ein Gesellschaftsspiel oder durch ein nettes Gespräch mit den Heimbewohnern ein Wohlfühlklima im Altenheim geschaffen, das durchaus als ein gesellschaftlicher Mehrwert gesehen werden muss.

Kennzahlen zur Messung der erbrachten Leistungen liefern auch die Ergebnisse externer Prüfer wie z. B. die „Schulnoten" in der Altenpflege gemäß der Pflegetransparenzvereinbarung.

Eine weitere Möglichkeit stellen sogenannte Sozialraumanalysen dar, die die Nachhaltigkeit des jeweiligen Leistungsangebots wissenschaftlich evaluieren. So trägt ein Sport- und Unterhaltungsprogramm in einem Altenheim durchaus dazu bei, die Heimbewohner körperlich und geistig fit zu halten und eventuell anfallende Gesundheitskosten somit langfristig zu senken.

Aufgaben

1. Legen Sie dar, welche der folgenden Einnahmen Leistungen darstellen:
   a) Zinsgutschrift der Bank
   b) Verkauf von Menüs an eine Kindertagesstätte gegen Bankscheck
   c) selbst gebaute Spielbretter eines Kindergartens
   d) Reparatur der Wasserleitung in der Küche eines Kindergartens durch den Hausmeister
2. Erläutern Sie den Unterschied zwischen Ertrag und Leistungen. Finden Sie Beispiele aus dem Krankenhausbereich und ordnen Sie diese folgenden Begriffen zu: „Erträge, die keine Leistungen sind", „Erträge, die zugleich Leistungen sind", „Leistungen, die keine Erträge sind".

3. Für die Durchführung und Abrechnung von ärztlichen Leistungen gibt es eine Vielzahl von Einzelregelungen, die im Sozialgesetzbuch V festgelegt sind. Einige wichtige Bestimmungen sind in § 12 Wirtschaftlichkeitsgebot festgelegt. Recherchieren Sie im Internet das Wirtschaftlichkeitsgebot nach SGB V und notieren Sie in Stichworten die zentrale Inhalte (Hinweis: http://www.gesetze-im-internet.de/sgb_5/SGB_5.pdf).

4. Interpretieren Sie die nebenstehende Karikatur und gehen Sie dabei insbesondere auf das Verhältnis von Kosten und Leistungen ein.

5. Fassen Sie die Probleme der Leistungsmessung in sozialen Unternehmen stichpunktartig zusammen.

6. Legen Sie die verschiedenen Qualitäts-Beurteilungskriterien für pflegerische Arbeit dar, indem Sie diese auf eine Reha-Klinik beziehen.

7. Recherchieren Sie mithilfe des Internets, wie Daten im Rahmen der Leistungsmessung in sozialen Unternehmen erhoben werden können.

5 Erfolgsermittlung

Wie bereits festgestellt, arbeitet jedes soziale Unternehmen erfolgsorientiert. Es möchte zumindest seine Kosten decken oder vielleicht sogar einen Gewinn erwirtschaften.

5.1 Erfolg (Gewinn bzw. Verlust)

Gewinn

Der Gewinn, der den positiven Erfolg des Betriebes zeigt, wird ermittelt, indem die gesamten Kosten den Leistungen gegenübergestellt werden.

Bei den Leistungen handelt es sich um alle „leistungsorientierten Entgelte", die im Rahmen der Dienstleistungserstellung dem Unternehmen zugehen. Kurz: um alle aus dem Verkauf von Leistungen zufließenden Erlöse (Umsatzerlöse). Dabei werden die erbrachten Dienstleistungen (Leistungseinheiten) mit einem Preis, dem in Geldeinheiten realisierten Wert, angesetzt.

Umsatzerlöse = Preis pro Leistungseinheit · Zahl der erbrachten Leistungseinheiten

$$E = p \cdot x$$

Wird keine Leistung erbracht, ist der Umsatzerlös gleich null. Steigt die Zahl der erbrachten Dienstleistungen, steigen proportional dazu die Erlöse und umgekehrt. Die Umsatzerlöse (E) fallen nur an, wenn ein Produkt bzw. eine Dienstleistung veräußert wird. Sie erhöhen sich proportional zur Anzahl der erbrachten Leistungen (Ausbringungsmenge).

Im Sozialbereich gibt es hin und wieder feste Erlöse bzw. **Zuschüsse**. Beispielsweise der Zuschuss der gesetzlichen Pflegeversicherung zu den Pflegeheimkosten. In diesen Fällen müssen die proportionalen Erlöse um „Fixerlöse" erweitert werden.

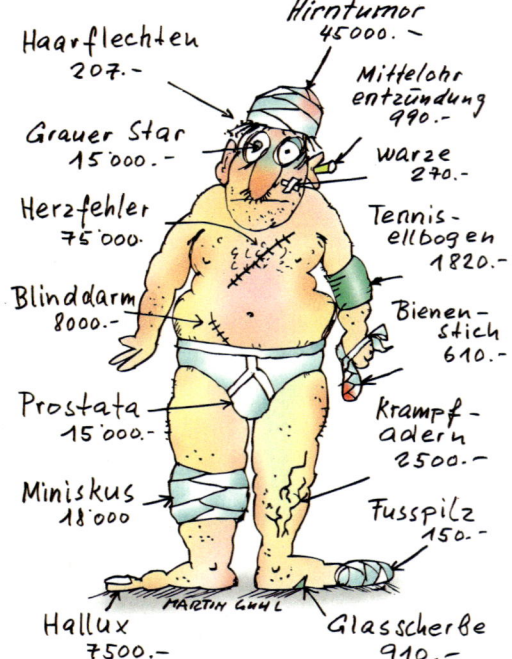

> Umsatzerlöse E = Preis pro Leistungseinheit · Zahl der erbrachten Leistungseinheiten + Fixerlöse
>
> $$E = p \cdot x + EF$$

Demgegenüber stehen die gesamten Kosten bzw. die Summe aller variablen und fixen Kosten.

> Gesamtkosten = variable Kosten + Fixkosten
>
> $$K = kv \cdot x + KF$$

Abrechnung Krankenversicherung
(Hinweis: Orthografische Korrekturen waren in der Abbildung nicht möglich.)

Stellt man nun die tatsächlichen Kosten den eingegangenen Umsatzerlösen gegenüber, erhält man den **betrieblichen Erfolg**.

> Umsatzerlöse – Gesamtkosten = betrieblicher Erfolg = Gewinn (wenn +), Verlust (wenn –)
>
> $$G = E - K$$
>
> $$G = p \cdot x - (kv \cdot x + KF)$$

Alternativ:

> Gewinn = Gewinn pro Leistungseinheit · Zahl der erbrachten Leistungseinheiten
>
> $$G = g - x$$

> Umsatzerlöse = Preis pro Leistungseinheit · Zahl der erbrachten Leistungseinheiten
>
> $$E = p \cdot x$$

Der Gewinn für eine erbrachte Leistungseinheit wird wie folgt berechnet:

$$\text{Gewinn pro Leistungseinheit} = \frac{\text{Gewinn}}{\text{Zahl der erbrachten Leistungen}}$$

$$g = \frac{G}{x}$$

$$\text{Gewinn pro Leistungseinheit} = \text{Preis pro Leistungseinheit} - \text{Kosten pro Leistungseinheit}$$

$$g = p - (kv + kf)$$

Der Menüservice ermittelt den Gewinn für die Monate September und Oktober anhand folgender Daten:

- Maximale Kapazität: 1 000 Menüs
- Tatsächliche Auslastung im September: 1 000 Menüs
- Voraussichtliche Auslastung im Oktober: 900 Menüs
- Fixkosten: 4.500,00 €
- Variable Kosten pro Menü: 2,00 €
- Preis pro Menü: 7,20 €

G (Sept.) = 7,20 €/Menü · 1 000 Menüs − (4.500,00 € + 2,00 €/Menü · 1 000 Menüs)
= 700,00 €

G (Okt.) = 7,20 €/Menü · 900 Menüs − (4.500,00 € + 2,00 €/Menü · 900 Menüs)
= 180,00 €

Die Geschäftsführerin des Menüservice „Essen auf Rädern" stellt fest, dass in beiden Monaten der Gewinn nur sehr gering ausfällt. Aber warum fällt der Gewinn im September deutlich höher aus als im Oktober? – Die Lösung liegt auf der Hand: Da die variablen Kosten sowie der Preis pro Menü gleich bleiben, muss das an den fixen Kosten liegen. Diese verteilen sich im September auf mehr Menüs und sind demnach pro Stück geringer als im Oktober (Fixkostendegression). Dadurch ist im September der Gewinn pro Menü wesentlich höher.

$$g\ (\text{Sept.}) = \frac{700,00\ €}{1\,000\ \text{Menüs}} = 0,70\ €/\text{Menü}$$

Alternativ:
7,20 €/Menü − (2,00 €/Menü + 4.500,00 €/1 000 Menüs) = 7,20 €/Menü − 6,50 €/Menü
= 0,70 €/Menü

$$g\ (\text{Okt.}) = \frac{180,00\ €}{900\ \text{Menüs}} = 0,20\ €/\text{Menü}$$

Alternativ:
7,20 €/Menü − (2,00 €/Menü + 4.500,00 €/900 Menüs) = 7,20 €/Menü − 7,00 €/Menü = 0,20 €/Menü

5.2 Erfolgssituationen

Für jedes Unternehmen ist es wichtig zu wissen, ob es dauerhaft Gewinne erwirtschaftet, da ansonsten womöglich die Insolvenz (Pleite) und damit die Auflösung des Unternehmens droht. Hierzu werden immer wieder verschiedene Informationen ausgewertet.

In den vergangenen Monaten hatte der Menüservice „Essen auf Rädern" mit großen Beschäftigungsschwankungen zu kämpfen. Einen Monat mussten 800 Menüs geliefert werden, den nächsten nur 670 Menüs und den übernächsten dann wieder 1 000 Menüs. Die Geschäftsführerin ist genervt: „Bei den andauernd wechselnden Kapazitätsauslastungen bin ich immer unsicher, ob wir jetzt einen Gewinn oder einen Verlust gemacht haben. Um herauszufinden, wie hoch unser jeweiliges Betriebsergebnis ist, muss ich mich immer erst hinsetzen und ausführlich rechnen. Dabei müsste ich doch nur wissen, ab welcher Menge wir einen Gewinn machen."

5.2.1   Gewinnschwelle

Zur Berechnung des betrieblichen Erfolges werden in der Regel die verursachten Kosten den eingegangenen Umsatzerlösen gegenübergestellt. Sind die Erlöse höher als die Kosten, hat der Betrieb einen **Gewinn** erwirtschaftet; sind die Kosten höher als die Erlöse, wurde ein **Verlust** gemacht. Sind jedoch die Kosten genauso hoch wie die Umsätze bzw. reicht der Erlös der erbrachten Leistungen exakt zur Deckung der Fixkosten aus, hat man weder einen Gewinn noch einen Verlust erzielt.

> Die **Gewinnschwelle** (engl. Break-even-Point, kurz: BEP) ist der Punkt, an dem weder ein Gewinn noch ein Verlust erwirtschaftet wird. Ab diesem Punkt geht der Erfolg des Unternehmens vom Verlust über in den Gewinn.

Des Weiteren gilt es, die Menge (der Leistungseinheiten) zu ermitteln, bei der der Break-even-Point liegt.

$$E = K$$
$$\rightarrow \quad p \cdot x = kv \cdot x + KF \qquad / - (kv \cdot x)$$
$$\rightarrow \quad p \cdot x - kv \cdot x = KF$$
$$\rightarrow \quad x \cdot (p - kv) = KF \qquad / (p - kv)$$

$$\rightarrow \quad x_{BEP} = \frac{KF}{(p - kv)}$$

Die entsprechenden Zahlenwerte des Menüservice ergeben mit der Berechnungsformel folgende Gewinnschwellenmenge:

$$x\ krit. = \frac{4.500,00\ €}{(7,20\ €/Men\ü - 2,00\ €/Men\ü)} = 865\ Men\üs$$

Demnach wird bei einer Liefermenge von 865 Menüs die Gewinnschwelle erreicht. Bei dieser Menge erwirtschaftet der Menüservice weder einen Gewinn noch einen Verlust. Würde er 865 + 1 Menü liefern, würde er bereits einen Gewinn erzielen.
Der Umsatzerlös würde sich bei der Gewinnschwelle auf 6.228,00 € (865 Menüs · 7,20 €/Menü) belaufen.

Wird die Gleichung jeweils nach der Menge aufgelöst (x_{BEP}), ergibt sich die Menge, bei der sämtliche Fixkosten gedeckt sind. Überschreitet ein Betrieb diese Menge, erwirtschaftet er einen über die Fixkosten hinausgehenden Gewinn, wird sie unterschritten, erzielt er einen Verlust. Folglich wird auch von der **kritischen Menge** bzw. von der Gewinnschwellen- oder Break-even-Menge (BEM) gesprochen.

5.2.2 Preisuntergrenzen

Um über die Entwicklungen vor Ort informiert zu sein und eventuell neue Kunden zu akquirieren liest die Geschäftsführerin jeden Morgen die örtliche Zeitung. Eines Tages sieht sie auf einer der Seiten eine Anzeige ihres Konkurrenten, der seinen ursprünglichen Preis in Höhe von 7,00 € anscheinend gesenkt hat: „Nur sagenhafte 6,60 € für ein noch sagenhafteres Menü! Rufen Sie gleich an und bestellen Sie!"
Überrascht von dieser Nachricht, überlegt die Geschäftsfrau, wie sie auf die Konkurrenz reagieren soll: „Was machen wir nur mit unserem Preis?"

Jedem sozialen Unternehmen stehen grundsätzlich mehrere Alternativen zur Verfügung. Diese sind insbesondere von der vorherrschenden finanziellen Situation bzw. dem Ziel der jeweiligen Maßnahme abhängig.

Will man beispielsweise einen Konkurrenten verdrängen und dies über niedrige Preise erreichen (Kampfpreise), so kann als „Verkaufspreis" die **kurzfristige Preisuntergrenze** gewählt werden. Hier ist der Preis für die erbrachte Leistung genauso hoch wie die variablen Kosten pro Leistungseinheit. Das heißt, es werden lediglich die variablen Kosten, aber keine Fixkosten gedeckt. Damit wird das Betriebsergebnis sogar negativ. Dieser Preis kann daher nur vorübergehend oder bei besonderen Anlässen angesetzt werden, da sonst auf Dauer nur Verlust erwirtschaftet werden würde.

> Bei der **kurzfristigen Preisuntergrenze** sind nur die variablen Kosten gedeckt.
> $$p = kv$$

Die Geschäftsführerin könnte den Preis kurzfristig auf 2,00 € pro Menü festlegen. Allerdings wären dann die Fixkosten (4.500,00 €) nicht gedeckt und somit würde der Betrieb einen Verlust in Höhe von 4.500,00 € machen.

Da bei der kurzfristigen Preisuntergrenze ein Verlust in Höhe der Fixkosten entsteht, kann ein solcher Preis nur kurzfristig festgesetzt werden. Langfristig muss ein Betrieb bzw. ein soziales Unternehmen mindestens alle entstehenden Kosten abdecken. Die **langfristige Preisuntergrenze** ist daher so hoch wie die gesamten Kosten pro Leistungseinheit. Da damit alle Kosten gedeckt sind, der Absatz gesichert ist und Arbeitsplätze erhalten werden, kann sie über einen längeren Zeitraum angesetzt werden. Allerdings erwirtschaftet der Betrieb bzw. die Einrichtung in diesem Zeitraum immer noch keinen Gewinn.

> Bei der **langfristigen Preisuntergrenze** sind die gesamten Kosten (variable und fixe) pro Leistungseinheit gedeckt. Es wird aber noch kein Gewinn erwirtschaftet.
>
> $$p = kv + kf$$

Der Menüservice könnte bei einer Kapazitätsauslastung von 100 Prozent (1 000 Menüs) den Preis langfristig auf 6,50 € pro Menü festlegen. Allerdings würde er dann keinen Gewinn erwirtschaften.

5.2.3   Absatzfördernde Maßnahmen

Um auf Preissenkungen von Konkurrenten oder auch auf Beschäftigungsschwankungen nach unten zu reagieren, bieten sich als Alternative zum Preiskampf verstärkte Werbemaßnahmen an. Im besten Fall verursachen diese absatzfördernden Maßnahmen nur geringe Kosten. Das Ziel dieser Maßnahmen ist, die verschiedenen Personengruppen punktuell zu aktivieren. Dies gelingt u.a. mithilfe von Werbung, Sponsoring, Events, Messeteilnahmen, Sales Promotion sowie immer häufiger auf der Basis von Social-Media-Kommunikation (siehe Lernbereich 6, Kapitel 4.1 Marketinginstrumente).

Kampf um Kunden

Die Geschäftsführerin des Menüservice schaltet eine Anzeige in der Zeitung und wirbt mit einem im vergangenen Jahr erworbenen Zertifikat für die besonders hohe Qualität der Menüs. Die für die Annonce anfallenden Kosten belaufen sich auf 40,00 €. Um diese Kosten zu decken und den bisherigen Gewinn nicht zu schmälern, braucht sie folgenden zusätzlichen Absatz:

$$x = \frac{40,00\ €}{(7,20\ € - 2,00\ €)} = 8 \text{ (zusätzliche Menüs)}$$

Vor allem die Social-Media-Kommunikation (z.B. Facebook, Podcasts, Weblogs, Picture-Plattformen, E-Mails) gewinnt in den letzten Jahren bei vielen Menschen immer mehr an Bedeutung und ist – falls das technische Know-how vorhanden ist – für zahlreiche Einrichtungen eine günstige Alternative zur traditionellen Werbung.

Unabhängig von der Anzeige in der Zeitung entscheidet sich die Geschäftsführerin des Menüservice letzten Endes dafür, den bisherigen Preis beizubehalten und mit guter Qualität zu überzeugen. Des Weiteren will sie das Altenheim in Weidberg, das bisher ein treuer Kunde war, für das restliche Jahr mit einem kleinen Rabatt unterstützen. Sie verlangt daher für die 200 Menüs nur noch 6,50 €. Dadurch sind zumindest alle anfallenden Kosten gedeckt und der Absatz ist gesichert.

Werbeträger ist dabei die Plattform bzw. das Internet, während das Werbemittel ein Bild oder eine Botschaft ist. Entscheidend für alle absatzfördernden Maßnahmen ist die sogenannte AIDA-Formel (**A**ttention – **I**nterest – **D**esire – **A**ction). So soll mithilfe einer Plattform im Internet oder eines Blogs bei der Zielgruppe zunächst eine gewisse Aufmerksamkeit geweckt werden, die beim Einzelnen Interesse und ein Bedürfnis hervorruft, diese Leistung zu erhalten. Schlussendlich soll es jedoch zur Kauf-Handlung kommen.

Viele Senioren sind mittlerweile im Umgang mit den neuen Medien recht fit und informieren sich u. a. mithilfe des Internets über ihre künftige Unterbringung im Alter. Ist die Homepage eines Altenheims gut aufgebaut, erhalten die potenziellen Kunden einen Überblick über das Leistungsangebot. Auf zusätzlichen Plattformen oder Seiten der Verbraucherzentrale können sie sich zudem über die Leistungsstandards und die Qualität der Einrichtung informieren.

5.3 Grafische Darstellung des Erfolgs

Neben der rechnerischen Ermittlung des Erfolgs eines Betriebes bzw. einer sozialen Einrichtung gibt es zugleich die Möglichkeit, diesen grafisch darzustellen. Folgende Tabelle soll bei der Erstellung der Gesamtbetrachtung des Menüservice „Essen auf Rädern" helfen (alle Angaben in Euro):

x (Stück)	KF	KV	K	E	G
0	4.500,00	0,00	4.500,00	0,00	– 4.500,00
1 000	4.500,00	2.000,00	6.500,00	7.200,00	700,00

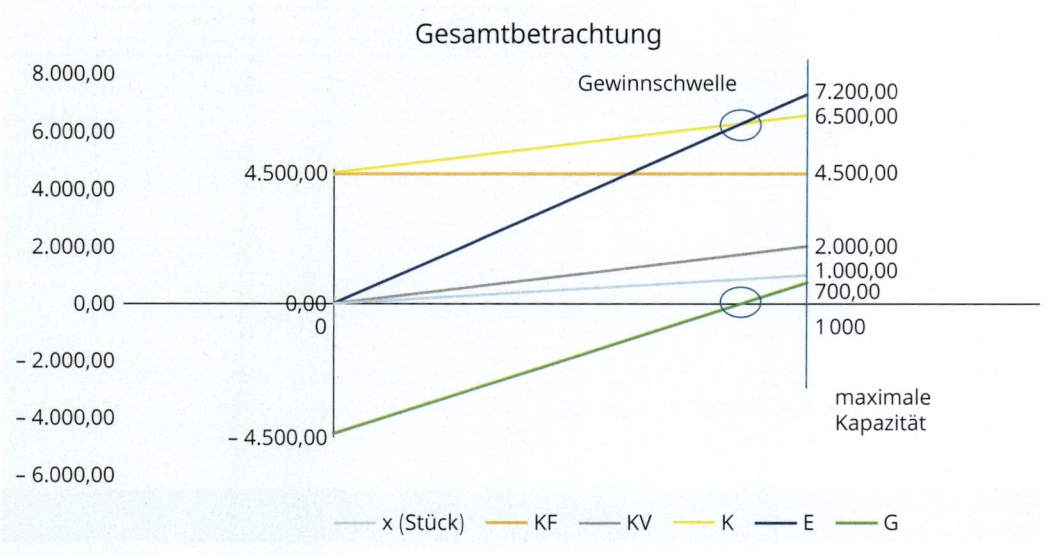

Aus der obigen Grafik wird deutlich, dass es mehrere Möglichkeiten gibt, den Gewinn grafisch zu ermitteln. Der Gewinn kann jeweils an der Kapazitätsgrenze abgelesen werden, indem man den Abstand zwischen den Erlösen und den Kosten oder zwischen dem Gewinn und der x-Achse ermittelt (siehe auch Stückbetrachtung).

Für die Erfolgsermittlung im Rahmen der Stückbetrachtung ist es ebenfalls sinnvoll, zunächst eine Tabelle zu erstellen (alle Angaben in Euro):

x (Stück)	kf	kv	k	p	g
0		2,00		7,20	
100	45,00	2,00	47,00	7,20	–39,80
200	22,50	2,00	24,50	7,20	–17,30
400	11,25	2,00	13,25	7,20	–6,05
800	5,625	2,00	7,625	7,20	–0,425
1 000	4,50	2,00	6,50	7,20	0,70

Stückbetrachtung

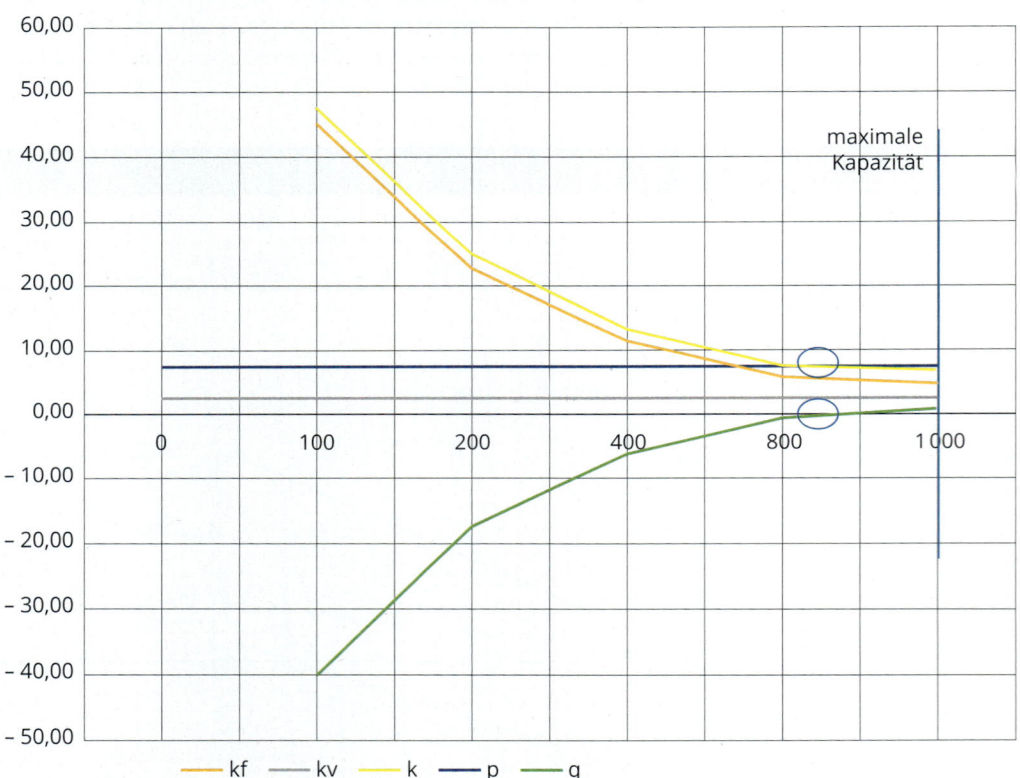

Aufgaben

1. Die Fixkosten einer Privatstation in einer Rheumaklinik belaufen sich auf 480.000,00 €. Die variablen Kosten pro Behandlungsfall betragen 2.400,00 €, während die Behandlungspauschale bei 6.400,00 € liegt.
   a) Berechnen Sie die Gewinnschwellenmenge.
   b) Erläutern Sie die verschiedenen Möglichkeiten der Gewinnschwellenermittlung.

c) Stellen Sie die Gewinnschwelle aus Aufgabe a) in einer Gesamtbetrachtung grafisch dar.

d) Ermitteln Sie, wie hoch der Gewinn bei 250 Behandlungsfällen ist.

2. Die Kurklinik in Weidberg beabsichtigt, Kochkurse anzubieten. Folgende Daten stehen im Rahmen der Planung zur Verfügung: Mietkosten/Monat 10.000,00 €; sonstige Fixkosten/ Monat 10.000,00 €; variable Kosten insgesamt/Monat 18.000,00 €; Preis pro Teilnehmer (Kursdauer zwei Wochen) 200,00 €; geschätzte Teilnehmerzahl pro Kurs 100 Personen. Es können pro Monat zwei Kurse abgehalten werden.

a) Ermitteln Sie die Gewinnschwelle und geben Sie die beiden Preisuntergrenzen an.

b) Die Kurklinik plant einen Radiowerbespot. Dieser würde zusätzliche Fixkosten in Höhe von insgesamt 1.200,00 € verursachen. Geben Sie an, wie hoch die zusätzliche Teilnehmerzahl sein muss, um diese Kosten zu decken.

3. Erläutern Sie die Bedeutung der kurz- und langfristigen Preisuntergrenze.

4. Ein Heim für schwer erziehbare Jugendliche betreibt eine Werkstatt, in der die Jugendlichen Weihnachts- und Faschingskostüme herstellen. Die Werkstatt verkauft alle Kostüme zum Preis von 12,50 €. Die Gewinne aus der Produktion werden für DVD-Filme und Heimfeste verwendet. Daher erhalten die Jugendlichen nur einen symbolischen Lohn von 0,50 € pro Stück. Außerdem fallen an Material- und Energiekosten 4,50 € je Weihnachtskostüm und 5,80 € je Faschingskostüm an. Die Jugendlichen produzieren 84 Weihnachts- und 55 Faschingskostüme pro Monat, die auch alle verkauft werden können. Die Fixkosten betragen 600,00 € pro Monat.

a) Ermitteln Sie den von der Werkstatt erwirtschafteten Gewinn bzw. Verlust pro Monat.

b) Zeigen Sie rechnerisch auf, ab welcher Menge kein Verlust mehr erwirtschaftet wird, wenn nur die Weihnachtskostüme hergestellt werden würden.

c) Es gilt weiterhin der Fall, dass nur Weihnachtskostüme produziert werden. Die Kapazitätsgrenze der Werkstatt liegt bei 90 Stück pro Monat. Im Moment arbeiten dort 42 Jugendliche, um die 84 Kostüme herzustellen. Entscheiden Sie, wie viele Jugendliche noch eingestellt werden müssten, damit die Kapazitätsgrenze erreicht werden kann, und ermitteln Sie, welcher Gewinn dann pro Jahr erwirtschaftet wird.

6 Beurteilung des Erfolgs

Kennzahlen unterstützen die Geschäftsführung bei der erfolgreichen Führung des sozialen Unternehmens, z. B. einer Pflegeeinrichtung.

Mit der Einführung eines Kennzahlensystems besteht die Möglichkeit, die betriebliche Entwicklung zeitnah darzustellen und damit eine Planung und Kontrolle durchzuführen. So können Pflegeeinrichtungen von der jeweiligen in Kennzahlen gemessenen Ertrags- und Finanzsituation ausgehend gesteuert und gelenkt werden. Daher sind Kennzahlen auch in der Pflege ein wichtiges Instrument zur Unternehmensführung. Sie ermöglichen ein schnelles Erkennen von und Reagieren auf Veränderungen.

Des Weiteren dienen sie der „Übersetzung" der Unternehmensstrategie (**Vision und Strategie**) in ein überschaubares System zur Leistungsmessung. Mit ihnen können die von der Unternehmensführung festgelegten Unternehmensziele kommuniziert werden. Die sich daraus ergebenden Maßnahmen können gesteuert und kontrolliert werden (siehe Lernbereich 1, Kapitel 2.3 Steuerung des Unternehmens).

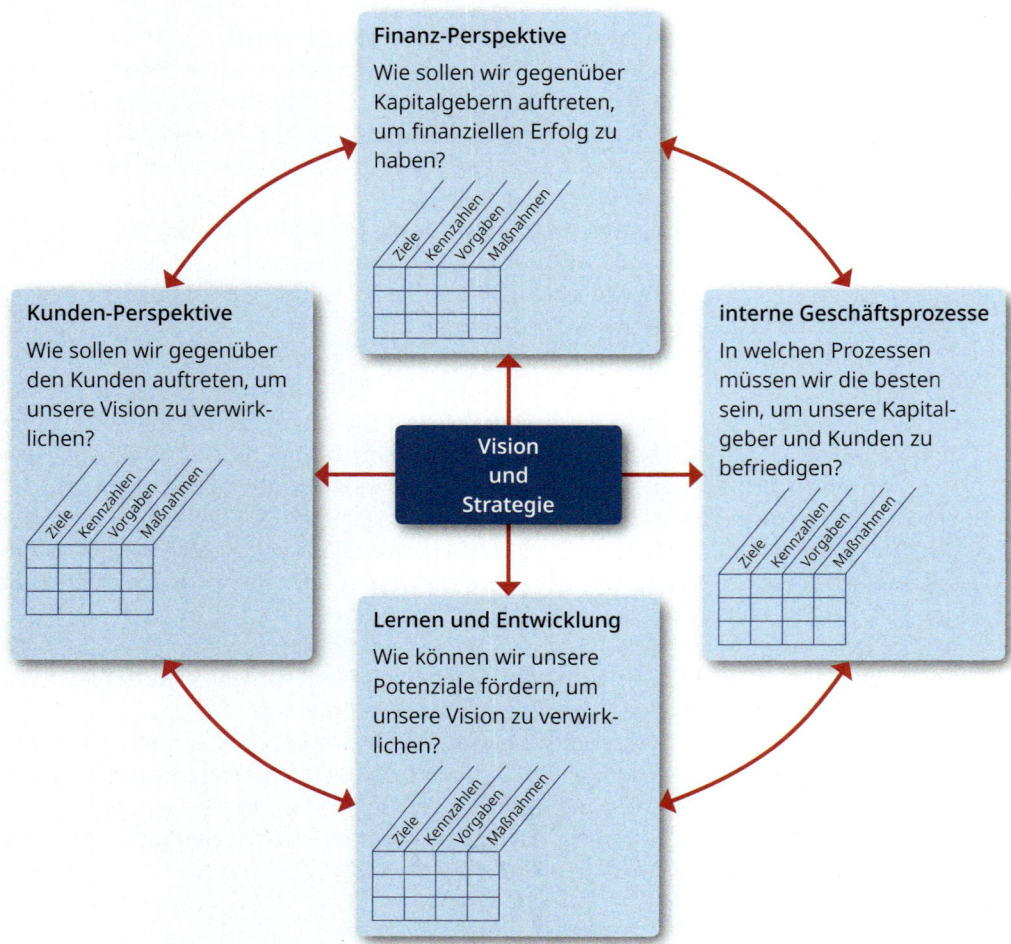

Quelle: Friedag, Herwig R./Güntensperger, Manfred/Kehl, Thomas/Schmidt, Walter: Strategieentwicklung und ihre Umsetzung mit der Balanced Scorecard – das Praxis-Beispiel der Zürcher Höhenkliniken, online unter: https://www. controllingportal.de/upload/iblock/d7a/fb53377731a88cfad20aab0cefead78d.pdf, S. 18 [22.10.2020].

Balanced-Scorecard-Modell von Kaplan/Norton

Alle Kennzahlen sind durch Aktivitäten des Unternehmens beeinflussbar und unmittelbar mit dem Unternehmenserfolg verbunden. Daher wird ein Unternehmen, auch ein soziales Unternehmen, nicht nur aus einem – dem finanzwirtschaftlichen – Blickwinkel betrachtet, sondern insgesamt aus vier Blickwinkeln:

1. Finanz-Perspektive
2. Kunden(Patienten usw.)-Perspektive
3. Interne Geschäftsprozesse
4. Lernen und Entwicklung

6.1 Kennzahlen der Finanz-Perspektive

Mit den gängigsten Kennzahlen lässt sich der Erfolg jedes Unternehmens beurteilen: Leistungswirtschaftliche Kennzahlen zielen auf die Produktivität (Ergiebigkeit) des Unternehmens ab. Die Produktivität gehört zu den Messzahlen, die ein mengenmäßiges Verhältnis ausdrücken und die Beziehungen zwischen der Ausbringungsmenge (Output) und der eingesetzten Faktormenge (Input) angeben.

$$\text{Produktivität} = \frac{\text{Ausbringungsmenge (Output)}}{\text{Faktoreinsatzmenge (Input)}}$$

Da die Ausbringungsmenge mit mehreren Einsatzfaktoren (Werkstoffe, Betriebsmittel, Arbeitskräfte) erzeugt wird, werden Teilproduktivitäten gebildet, wie z. B. die Rohstoffproduktivität (Ausbringungsmenge in Stück je Rohstoffeinsatz in kg) oder die Maschinenproduktivität (produzierte Stückzahl je Maschinenstunde). Die am häufigsten verwendete Produktivität ist die Arbeitsproduktivität, die z. B. die produzierte Stückzahl je Arbeitsstunde in Beziehung setzt.

 Beispielsweise hat die Rhön-Klinikum AG im Jahr 2019 mit 17 687 Mitarbeitern 860 528 Patienten behandelt, d. h., die Arbeitsproduktivität lag bei 48,65 Patienten je Mitarbeiter. 2018 lag die Produktivität bei 50,05 Patienten je Mitarbeiter.[1]

Die Produktivität gewinnt in der Sozialwirtschaft eine immer größere Bedeutung, da sehr viel mit Fallzahlen und Kostenpauschalen gerechnet wird. Aber auch die Fahrpläne für Pflegekräfte einer Sozialstation können so organisiert werden, dass unnötige Fahrten unterbleiben (gefahrene Kilometer je Pflegekraft).

Produktivität in Krankenhäusern

Insbesondere in Krankenhäusern treten immer mehr Kennzahlen in den Vordergrund, die das DRG-System betreffen.

Das **DRG-System** (DRG = Diagnosis Related Groups – diagnosebezogene Fallgruppen) ist ein Klassifikationssystem für ein pauschaliertes Abrechnungsverfahren, mit dem Krankenhausfälle (Patienten) anhand von medizinischen Daten, sogenannten Leistungsbezeichnern (Haupt- und Nebendiagnosen, Prozedurencodes, demografische Variablen) Fallgruppen aufgrund ihrer methodischen Ähnlichkeit zugeordnet werden.

Von Bedeutung sind hierbei insbesondere
- der Case-Mix (= Summe der Bewertungsrelationen) und der Case-Mix-Index (CMI = durchschnittlicher Schweregrad der Behandlungsfälle),
- der Basisfallwert (= durchschnittlicher Preis eines Behandlungsfalls),
- die Fallzahl (= Anzahl der behandelten Patienten/Fälle),

---

[1] Vgl. https://www.rhoen-klinikum-ag.com/fileadmin/FILES/RKA/investoren/Geschaeftsberichte/GB_2019_D.pdf.

- die Belegungstage und die durchschnittliche Verweildauer,
- die Anzahl der nicht abgerechneten DRG-Fälle (→ bedeuten für KH Liquiditätsengpässe).

Wirtschaftlichkeit

Während die Produktivität reine Mengenbeziehungen erfasst, bildet die Wirtschaftlichkeit wert-mäßige, also mit Preisen bewertete Verhältnisse ab. Bei der Kennziffer der Wirtschaftlichkeit werden die Erträge in einem Unternehmen den Aufwendungen gegenübergestellt.

Unter Erträgen wird der in Geld gemessene Wertezufluss z. B. durch Verkaufserlöse oder Miet-einnahmen verstanden. Aufwendungen entstehen für den Einsatz der Produktionsfaktoren (z. B. Löhne, Rohstoffverbrauch oder Maschinenabschreibungen). Während die Aufwendungen und Erträge das ganze Unternehmen betreffen und der Gewinn- und Verlustrechnung entnommen werden, kann auch der reine Betriebszweck mit den Leistungen und Kosten Gegenstand der Betrachtung sein.

$$\text{Wirtschaftlichkeit} = \frac{\text{Erträge}}{\text{Aufwendungen}} \text{ oder } \frac{\text{Leistungen}}{\text{Kosten}}$$

Ein Unternehmen arbeitet wirtschaftlich, wenn die Erträge (Leistungen) höher als die Aufwen-dungen (Kosten) sind und damit der Quotient größer als 1 ist.

Die Rhön-Klinikum AG hatte im Jahr 2019 einen Ertrag in Höhe von 1.533,8 Mio. € und einen Aufwand von 1.408,5 Mio. € und damit lag die Wirtschaftlichkeit bei 1,09. 2018 war die Wirtschaftlichkeit des Unternehmens 1,1.[1]

Ebenso wie bei der Produktivität wird im Dienstleistungsbereich eine Vielzahl von unterschiedli-chen Wirtschaftlichkeitskennziffern gebildet. So unterliegen die medizinischen Handlungen der niedergelassenen Ärzte und die von ihnen veranlassten Leistungen (Verordnungen) einer ge-nauen Wirtschaftlichkeitsprüfung.

Eigenkapitalerhalt

Hierunter ist die Erhaltung des Eigenkapitals zu verstehen. Werden Investitionen über das Ei-genkapital finanziert, so reduziert dies auf Dauer das Eigenkapital und vergrößert das Fremdka-pital. Daher sollen langfristig diese Investitionen über Erfolge (Gewinn) refinanziert werden. Nur dann bleibt das Eigenkapital erhalten.

---

[1] Vgl. https://www.rhoen-klinikum-ag.com/fileadmin/FILES/RKA/investoren/Geschaeftsberichte/GB_2019_D.pdf.

Kennzahlen → Beispiel Altenheim

Strategisches Ziel	Kennzahl	Vorgabe	Maßnahme
Erlöse erzielen	Auslastung der Einrichtung	100 % Auslastung	schnelle Belegung der freien Plätze, Öffentlichkeitsarbeit
	Wirtschaftlichkeit	> 1	Erstellung der GuV
	Produktivität	mehr Patienten pro Mitarbeiter	Fachkräfte, Schulungen
	Eigenkapitalerhalt	Refinanzierung des EK durch Erlöse	Gegenüberstellung Investitionen und Erlöse
Personalkosten einhalten	Soll-Ist-Abweichung	100 % Einhaltung der Soll-Werte	Personalcontrolling, Personalbedarfsermittlung regelmäßig durchführen
Budget einhalten	Soll-Ist-Abweichung	100 % Einhaltung der Soll-Werte	Budgetbericht erstatten, Abweichungsanalysen durchführen und auswerten

6.2 Kennzahlen der Kunden-Perspektive

Strategisches Ziel	Kennzahl	Vorgabe	Maßnahme
Zufriedenheit der Bewohner erhöhen	Anzahl an Beschwerden	Anzahl um 10 % reduzieren	Beschwerdemanagement
	Anzahl an Auszügen aus dem Heim	Anzahl um 5 % reduzieren	Auszugsgründe herausfinden
	Qualitätsstandards in der Pflege	100 % Einhaltung der Standards	Qualitätsprüfung durchführen
Angehörige zufriedenstellen	Zufriedenheitsindex	Index von 50 % erreichen	Umfragen durchführen
Träger zufriedenstellen	Erfüllung der Trägerziele	Trägerziele zu 100 % erfüllen	regelmäßige Analyse

6.3 Kennzahlen der internen Geschäftsprozesse

Strategisches Ziel	Kennzahl	Vorgabe	Maßnahme
Optimierung von Abläufen	Anzahl der Mitarbeiter pro Schicht	Anzahl einhalten	Dienstpläne einhalten
	Anzahl Beschwerden zu Schnittstellen	Anzahl der Beschwerden auf 0 % reduzieren	Beschwerdemanagement
Prozessqualität verbessern	Anzahl der Mängel durch medizinischen Dienst	Anzahl der Mängel auf 0 % reduzieren	Qualitätsmanagement

6.4   Kennzahlen des Lernens und der Entwicklung

Strategisches Ziel	Kennzahl	Vorgabe	Maßnahme
Mitarbeiterzufrie-denheit erzielen	Mitarbeiterzufriedenheits-index	Zufriedenheitsindex von x % erreichen	Umfrage bei den Mitarbeitern durch-führen
Steigerung des Mit-arbeiterengagements	Anzahl der eingereichten Vorschläge	Anzahl erhöhen	Vorschlagswesen durchführen
	Anzahl der umgesetzten Vorschläge	Anzahl erhöhen	
Mitarbeiterqualifi-kation sichern	Anzahl der Fortbildungen pro Mitarbeiter	X Tage im Jahr	Fortbildungsplan erstellen

6.5   Social Balanced Scorecard

In der Balanced Scorecard werden alle relevanten Kennzahlen zusammengefasst.

> Die **Balanced Scorecard** ist ein ausgewogenes Kennzahlensystem, das in einem Managementprozess zur Implementierung, Steuerung und Kontrolle der Unterneh-mensstrategie eingesetzt werden kann. Sie enthält wesentliche Kennzahlen, die den Erfolg des Unternehmens auf strategischer, aber auch auf operativer Ebene darstel-len können.

Balanced Scorecard Zürcher Höhenkliniken

Leitziel
Wir sind der besondere Gastgeber (das Center of Excellence) für die Rehabilitation der Lebensqualität von Menschen mit kombinierten Funktionsstörungen.

Leitbild
Die ZHK rehabilitiert die Lebensqualität von Menschen mit kombinierten Funktionsstörungen.

Kennzahl:
500 Punkte nach EQMF

Ziel	Dialog mit Gesprächen	Auf- und Ausbau strategischer Allianzen mit Zuweisern	Partnerschaft sichern
Strategisches Thema	interne und externe Kommunikation	Marketing	Kostenträger
Kennzahl	Note Mitarbeiterbefragung	Anzahl strategischer Allianzpartner mit … Zuweisungen pro Jahr	Umsatzanteil aus Partnerschaft
Entwicklungsgebiet			
ausgewiesene Verbesserung der Lebensqualität — Patienten — Anzahl der Patienten mit standardisierten Auswertungen			
Gastgeber-Kompetenz ausbauen — Mitarbeiter — Weiterempfehlungsquote (Patienten)			
Ausrichtung der Prozesse auf die kombinierte Rehabilitation — Prozesse — Anzahl erarbeiteter Prozess-Standards (später: Fehlerquote)			
dezentrale Budget-Kompetenz — Ressourcen — Anteil der Mitarbeiter mit Budget-Verantwortung			

Das strategische Haus der Zürcher Höhenklinik

Bei der *Social* Balanced Scorecard wird nun noch eine fünfte Perspektive berücksichtigt: „ethische Grundlagen" bzw. der soziale Mehrwert. Dabei stellen sich weitere Fragen:

- Welchen moralischen Auftrag muss das soziale Unternehmen erfüllen (Anzahl Bewohner)?
- Wie wird die aufgetragene Wirkung erzielt?
- Welche Unternehmensziele leiten sich aus dem moralischen Grundverständnis ab (z. B. Anteil billiger Wohnplätze)?

Aufgaben

1. Ermitteln Sie, welche Kennzahlen in einem Ihnen bekannten sozialen Unternehmen verwendet werden. Erläutern Sie deren zeitliche Entwicklung.
2. Stellen Sie für ein Ihnen bekanntes soziales Unternehmen eine Social Balanced Scorecard auf und präsentieren Sie Ihr Ergebnis.

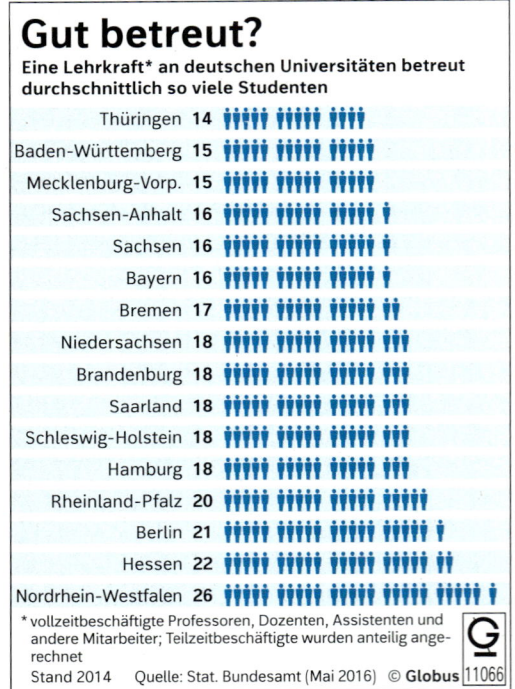

Gut betreut?

Eine Lehrkraft* an deutschen Universitäten betreut durchschnittlich so viele Studenten

Thüringen	14
Baden-Württemberg	15
Mecklenburg-Vorp.	15
Sachsen-Anhalt	16
Sachsen	16
Bayern	16
Bremen	17
Niedersachsen	18
Brandenburg	18
Saarland	18
Schleswig-Holstein	18
Hamburg	18
Rheinland-Pfalz	20
Berlin	21
Hessen	22
Nordrhein-Westfalen	26

* vollzeitbeschäftigte Professoren, Dozenten, Assistenten und andere Mitarbeiter; Teilzeitbeschäftigte wurden anteilig angerechnet

Stand 2014   Quelle: Stat. Bundesamt (Mai 2016)   © **Globus** 11066

Lernbereich 4:
Für ein soziales Unternehmen Kaufverträge abschließen

Der Kaufvertrag ist im geschäftlichen Verkehr der am häufigsten ge- schlossene Vertrag. Er kommt durch Angebot und durch eine damit übereinstimmende Annahme zustande. Anlässlich eines Kaufvertrags können zahlreiche Vertragspflichten entstehen, wie z. B. die Neben- pflicht eines Fachverkäufers, den Käufer über Risiken im Umgang mit der Kaufsache aufzuklären.

Das bürgerliche Recht regelt die Rechte und Pflichten der Menschen untereinander. Es betrifft private Rechtsbeziehungen. Deshalb wird es auch als **allgemeines Privatrecht** oder **Zivilrecht** bezeichnet. Das Sonderprivatrecht wie das Handelsrecht oder das Arbeitsrecht wird nicht zum bürgerlichen Recht gezählt, da es Sonderbeziehungen zwischen Kaufleuten bzw. zwischen Arbeitnehmern und Arbeitgebern betrifft.

 Das bürgerliche Recht ist vor allem im Bürgerlichen Gesetzbuch (BGB) geregelt.

Das BGB enthält auch Vorschriften über den Kaufvertrag. Die wesentlichen Pflichten, die Hauptleistungspflichten, der Vertragsparteien beim Kaufvertrag sind:

- Der Verkäufer ist verpflichtet, dem Käufer die mangelfreie Kaufsache zu übergeben und ihm das Eigentum daran zu verschaffen (§ 433 Abs. 1 BGB),
- der Käufer ist verpflichtet, den vereinbarten Kaufpreis zu zahlen und die Sache abzuneh- men (§ 433 Abs. 2 BGB).

Warum braucht man überhaupt Kaufverträge? Im Folgenden werden zuerst die Rechts- grundlagen geklärt, die einem jeden Kaufvertrag zugrunde liegen. Dabei werden zuerst die Aufgaben des Rechts und dessen Instrumentarien in Form von Gesetzen, Verordnungen und Satzungen erläutert. Anschließend wird untersucht, welche Voraussetzungen für einen wirksamen Kaufvertrag erfüllt sein müssen. Auch die Rechte und Pflichten der Vertragspart- ner werden behandelt. Was passiert, wenn die Kaufabwicklung nicht zufriedenstellend ver- läuft? Um dies zu klären, werden die rechtlichen Regelungen im Falle von Störungen beim Abschluss und bei der Erfüllung eines Kaufvertrags behandelt.

1 Aufgaben des Rechts

Die Privatschule Freies Lernen e. V. will ihre Computerräume in den angeschlossenen Schulen mit 488 PCs ausstatten. Sie möchte damit weiter ihr Konzept selbstbestimmten Lernens verfol- gen, um zur individuellen wie zur gesellschaftlichen Entwicklung beizutragen. Probeweise hat sie bei drei Firmen je einen PC unter Eigentumsvorbehalt gekauft. Den Kaufpreis für die PCs hat die Schule aber nach nur zwei Monaten voll bezahlt. Diese werden im Sekretariat der Schule ausprobiert. Nur der bei der Schnell GmbH gekaufte PC startet drei Monate nach Kauf nicht mehr, sodass die Schule von der Schnell GmbH den Kaufpreis zurückerstattet haben will. Die Schnell GmbH antwortet darauf, dass sie das gar nicht einsehe, sie habe den PC sofort geliefert, weil sie sich gedacht habe, dann auch die anderen PCs an die Schule verkaufen zu können. Sie verlangt, dass die Privatschule Freies Lernen e. V. ihr weitere 487 PCs abkauft.

Warum hat der Gesetzgeber die Vorschriften über den Kaufvertrag so gestaltet wie in den §§ 433 ff. BGB? Welchen Zweck hat Recht? Können wir Recht und Gesetz voneinander unterscheiden? Wie rechtfertigen wir die Geltung von Gesetzen?

Die Frage nach Zweck und Rechtfertigung, nach den Aufgaben und Funktionen des Rechts ist eng verbunden mit den jeweiligen gesellschaftlichen Vorstellungen und Werten. Im Allgemeinen gehen diese der Gesetzgebung voraus.

ARBEITSAUFTRAG

Informieren Sie sich im Internet und in diesem Buch über mögliche Rechtsformen sozialer Unternehmen und darüber, von wem diese gesetzlich vertreten werden.

1.1   Zweck des Rechts

Die Privatschule Freies Lernen e. V. und die Schnell GmbH haben unterschiedliche Interessen. Sie müssen überprüfen, ob die Schule den PC zurückgeben und den Kaufpreis erstattet bekommen kann und ob die Schnell GmbH Abnahme von 487 weiteren PCs verlangen kann. Dafür müssen der Kaufvertrag über den einen PC und im Übrigen die Gesetze untersucht werden.

Die Schule möchte bei der Schnell GmbH aufgrund der bisherigen Erfahrungen keine PCs kaufen. Sie möchte den Kaufpreis für den gekauften PC zurück, weil er weiterhin nicht „hochfährt". Die Schnell GmbH weigert sich, den PC zurückzunehmen, und verlangt Abnahme von 487 weiteren PCs. Wenn die Privatschule und die Schnell GmbH an ihren Positionen festhalten, ist zu klären, ob bzw. wie sie ihre unterschiedlichen Auffassungen in unserer Rechtsordnung geltend machen bzw. durchsetzen können.

Der Zweck des Rechts geht in einer demokratischen Grundordnung meist einher mit den politischen Grundüberzeugungen und den Wertvorstellungen in der Gesellschaft. Eine anarchische Gesellschaft, in der für jeden absolute Freiheit herrscht, ist praktisch nicht vorstellbar. In unserer komplexen Welt kann nicht erwartet werden, dass sich alle Menschen von sich aus achten und entsprechend handeln. Dagegen sprechen die Vielfältigkeit unseres Alltags und auch begangene Straftaten. Es gibt damit keine uneingeschränkte Freiheit für jeden, sondern die Freiheit des Einzelnen endet dort, wo die Rechte anderer verletzt werden und wo gegen das Grundgesetz verstoßen wird (vgl. Art. 2 Abs. 1 Grundgesetz). Diese Rechte werden durch den Bundestag, eventuell zusammen mit dem Bundesrat, meist durch Gesetz bestimmt.

> Wir brauchen eine Rechtsordnung, die ein friedfertiges Zusammenleben und einen als gerecht empfundenen Interessenausgleich ermöglicht.

Recht kann aber auch Zwang bedeuten. Letzteres kann in Diktaturen der Fall sein, wo Meinungsfreiheit nur beschränkt gilt. Aber auch aus religiösen Überzeugungen kann sich Recht entwickeln, wie das Islamische Recht, zu dem die Scharia gehört, die beispielsweise in Saudi-Arabien und Ägypten gilt.

1.1.1 Legitimation des Rechts

In einer Demokratie sollte das Recht von der gesellschaftlichen Überzeugung getragen werden, dass es vorwiegend den herrschenden Wertvorstellungen entspricht und allen Grundrechte und Menschenrechte einräumt. In anderen politischen Systemen kann Rechtsgeltung aber auch auf Zwang oder Machtpolitik zurückgeführt werden. Aber warum erkennen wir eine Regelung als gültig an? Akzeptieren wir Gesetze nur, weil sie im parlamentarischen Verfahren zustande gekommen sind? Oder benötigen wir für ein Gesetz eine darüber hinausgehende Rechtfertigung?

Dies betrifft grundlegende rechtsphilosophische Fragen, die von verschiedenen Standpunkten aus unterschiedlich beantwortet werden.

Im **Rechtspositivismus** wird das Gesetz als solches als richtig angesehen. Sein Inhalt wird nicht hinterfragt. Entscheidend ist nur, dass es formell richtig erlassen wurde, d.h. im dafür vorgesehenen Verfahren ordnungsgemäß zustande kam. Diese Auffassung wird auch damit begründet, dass die hinter einem Gesetz stehenden Wertanschauungen nicht nachprüfbar und nicht verifizierbar seien. Weiter wird angeführt, dass das Recht verlässlich sein und gleichmäßig angewendet werden soll. Diese Rechtssicherheit soll nach Ansicht des Rechtspositivismus durch etwaige Wertkonflikte nicht weiter infrage gestellt oder relativiert werden. Ohne auf den Inhalt einer Rechtsregel zu achten, wird diese daher als richtig angesehen. Gerechtfertigt wird dies nur durch die jeweilige politische Macht, aufgrund der die betreffende Rechtsregel gilt.

Demgegenüber geht die **historische Rechtsschule** davon aus, dass das Gesetz im Laufe der Geschichte entstanden ist. Danach entwickelt es sich aufgrund kulturell gewachsener und gesellschaftlicher Überzeugungen weiter. Dieser historische Aspekt kann weitergeführt werden und so dazu beitragen, die heutige soziale Funktion des Rechts mit zu begründen.

Im Gegensatz dazu beinhaltet die Lehre vom **Naturrecht,** dass es eine übergesetzliche Ordnung gibt, die ein Gesetzgeber nicht infrage stellen darf. Diese ist durch die reine Vernunft erkennbar. Gesetztes Recht darf dem Naturrecht nicht widersprechen. Da Naturrecht im Einzelfall schwer zu bestimmen ist, muss danach gefragt werden, wann sich jemand auf Naturrecht berufen kann. Damit ist die Rechtssicherheit angesprochen. Wann kann eine Rechtsregel als gültig und beständig angesehen werden?

Unter dem Eindruck nationalsozialistischen Unrechts und Völkermords hat der Rechtswissenschaftler Gustav Radbruch eine Formel vom **gesetzlichen Unrecht** geprägt. Danach ist ein Gesetz ungerecht, wenn es der Gerechtigkeit in unerträglichem Maß widerspricht.

Auch diese Formel kann letztlich die Unbestimmtheit des Begriffs der „Gerechtigkeit" nicht auflösen. Trotzdem ist es notwendig, einer naturrechtlichen Vorstellung von Gerechtigkeit zu folgen, um inhaltlich willkürliche Gesetze zu vermeiden.

Dem hat unsere Verfassung, das Grundgesetz (GG), teilweise entsprochen, wie Art. 1 des Grundgesetzes zeigt.

§

Artikel 1 Grundgesetz

(1) Die Würde des Menschen ist unantastbar. Sie zu achten und zu schützen, ist Verpflichtung aller staatlichen Gewalt.

(2) Das deutsche Volk bekennt sich darum zu unverletzlichen und unveräußerlichen Menschenrechten als Grundlage jeder menschlichen Gemeinschaft, des Friedens und der Gerechtigkeit in der Welt.

(3) Die nachfolgenden Grundrechte binden Gesetzgebung, vollziehende Gewalt und Rechtsprechung als unmittelbar geltendes Recht.

Danach darf beispielsweise weder gefoltert werden noch dürfen die Menschenrechte oder die Menschenwürde in anderer Weise verletzt werden.

> Die in Art. 1 GG niedergelegten Grundsätze sind unabänderlich (Art. 79 Abs. 3 GG). Weder Verfassungsgeber noch Gesetzgeber dürfen diese abändern.

Das Grundgesetz folgt insoweit einer naturrechtlichen Auffassung, um einem Unrechtsregime und Terrorregime wie dem des Nationalsozialismus künftig vorzubeugen. Ebenso sind das Demokratie- und das Sozialstaatsprinzip gem. Art. 20 GG geschützt. Sollte diese Ordnung angegriffen werden, räumt Art. 20 Abs. 4 GG flankierend ein Widerstandsrecht ein.

1.1.2   Soziale Funktion des Rechts

Recht ist in einer Gemeinschaft kulturell gewachsen. Es erfüllt in unserem Leben Aufgaben und hat wesentliche soziale Funktionen. Recht soll allgemein gewährleisten, dass es seinem Inhalt nach voraussehbar ist und sich die Betroffenen darauf einrichten können.

Gleichzeitig sollen sie in der Regel darauf vertrauen können, dass das Recht verlässlich angewendet wird.

> Rechtsregeln sollen für den Einzelnen vorhersehbar sein und gleichmäßig angewendet werden (Rechtssicherheit).

 **Fall**
Ein Autofahrer hält an einer unübersichtlichen Kreuzung an einer roten Ampel.

Verschiedene Funktionen des Rechts wirken im einzelnen Fall zusammen. Zentral ist die **Ordnungsfunktion** des Rechts, die dazu dient, Konflikte in vorhersehbarer Weise zu vermeiden oder zu regeln. Damit einher geht auch der Zweck des Rechts, die Interessen der Beteiligten auf angemessene Art auszugleichen (**Ausgleichsfunktion**).

Zum Fall

Das Recht soll einen Konflikt zwischen mehreren gleichzeitig an der Kreuzung ankommenden Autos lösen, wer zuerst fahren darf (Konfliktlösung). Dadurch wird ein möglicher Unfall weitgehend vermieden (Konfliktvermeidung). Die wesentliche Funktion ist hier die Ordnungsfunktion des Rechts. Gleichzeitig hat es die Funktion, die Interessen der Autofahrer an einem zügigen Vorankommen angemessen auszugleichen (Ausgleichsfunktion), sodass im Allgemeinen niemand zu lange warten muss.

Niemand soll das Recht in die eigene Hand nehmen und ein Faustrecht ausüben. Der Staat hat das **Gewaltmonopol**. Die Gerichte sind dazu berufen, aufgrund allgemein anzuwendender und gesellschaftlich akzeptierter Regeln Recht zu sprechen (**Friedensfunktion**).

Recht soll einen gerechten Interessenausgleich ermöglichen und zuverlässig angewendet werden, weshalb es staatlichen Gerichten übertragen ist, im Streitfall zu entscheiden (Friedensfunktion). Auch hier soll vor Gericht ein angemessener Interessenausgleich stattfinden. Wenn sich beide nicht einigen, wird das Gericht normalerweise über die unterschiedlichen Interessen entscheiden (**Ausgleichsfunktion**).

Über einen Ausgleich von Interessen hinaus ist Recht auch dazu da, den Einzelnen oder Minderheiten zu schützen (**Schutzfunktion**).

Enzo wird von zwei 19-Jährigen erpresst, die von ihm jeden Montag 5,00 € verlangen, wenn er von ihnen nicht verprügelt werden will. Wenn der Staatsanwalt davon erfährt, muss er strafrechtlich gegen die beiden Erpresser vorgehen (Schutzfunktion des Rechts). Gleichzeitig kann Enzo das Geld zurückverlangen sowie gegebenenfalls auch ein Schmerzensgeld beanspruchen und auf Unterlassung künftiger Erpressungen klagen (Friedensfunktion und Ausgleichsfunktion des Rechts).

Recht kann zudem vielfältige weitere Funktionen haben, wie einem Einzelnen einen Freiraum zuzusichern, in dem er frei entscheiden und handeln kann (**Freiheitsfunktion**).

Die Journalistin Elfi veröffentlicht eine kritische Reportage über die Leitwährung Euro und prognostiziert eine baldige Währungsreform. Ihre Reportage ist durch die Meinungs- und Pressefreiheit gedeckt (Freiheitsfunktion des Rechts).

Das Recht achtet gewachsene Vorstellungen darüber, was sich als soziales Verhalten ausgeprägt und als Sitte und Moral bewährt hat. So nehmen die §§ 157, 242 Bürgerliches Gesetzbuch ausdrücklich auf die **Verkehrssitte** Bezug. Diese ist zu beachten, wenn Verträge ausgelegt werden oder wenn der Inhalt von Schuldverhältnissen bestimmt wird. Insoweit hat Recht eine **Werterhaltungsfunktion**.

Das Recht kann unterschiedliche Funktionen erfüllen, die hier nicht abschließend genannt sind. Es soll jedem Einzelnen einen Spielraum lassen, innerhalb dessen er frei entscheiden kann. Recht soll nicht alles regeln, sondern nur ein moralisches und in der Gesellschaft unerlässliches

Mindestmaß an Verhalten sicherstellen. Im Übrigen richtet sich menschliches Verhalten an rechtlich nicht normierten Verhaltensnormen aus, die je nach persönlicher Überzeugung oder Gruppenzugehörigkeit voneinander abweichen können.

 B   Judka begegnet in der U-Bahn ihrer Nachbarin Karin. Sie kann frei darüber entscheiden, ob sie ihre Nachbarin grüßt. Dies ist keine Frage des Rechts.

Aufgaben

1. Diskutieren Sie, ob ein von Bundestag und Bundesrat in Abänderung der Verfassung erlassenes Gesetz akzeptabel wäre, das für nicht erledigte Hausaufgaben eine Haftstrafe von einer Woche vorsieht. Welche Überzeugungen spielen dabei eine Rolle?
2. Auf einen allgemeinen Schießbefehl hin wurden Personen auf DDR-Gebiet erschossen, die aus der DDR zu fliehen versuchten. Wie würden Sie die Rechtmäßigkeit der Todesschüsse beurteilen?
3. Ein alter Mann, der nur noch schwer gehen kann, steigt in den überfüllten Bus. Würden Sie ihm Ihren Sitzplatz anbieten? Gehen Sie bei der Antwort darauf ein, warum es einen Unterschied zwischen Höflichkeit und Recht gibt.

1.2   Quellen des Rechts

Der Schulleiter fragt sich, welche Rechte und Pflichten die Privatschule Freies Lernen e. V. gegenüber der Schnell GmbH hat. Er sieht sich den Kaufvertrag an, in dem er aber nichts dazu findet, wie zu verfahren ist, wenn der PC nicht richtig funktioniert. Er bespricht dies in der ersten Pause im Lehrerzimmer mit Kollegen und erfährt, dass man zur Problemlösung auf Rechtsquellen zurückgreift. Als Rechtsquelle kommt vor allem das Gesetz in Betracht. Das BGB enthält gesetzliche Regelungen sowohl über das Zustandekommen von Verträgen als auch über den Kaufvertrag.

ARBEITSAUFTRAG

Welche Rechtsquellen kennen Sie? Und was gilt, wenn es unterschiedliche Rechtsquellen zu einem Thema gibt? Tragen Sie Ihr vorhandenes Wissen zusammen.

Unsere **Rechtsordnung** umfasst alle im Inland geltenden rechtlichen Vorschriften. Recht kann aus geschriebenen oder ungeschriebenen Quellen abgeleitet werden.

Als ungeschriebenes Recht kommt **Gewohnheitsrecht** in Betracht.

 Gewohnheitsrecht entsteht durch eine lang dauernde Übung bei berechtigter Überzeugung von der Richtigkeit des zugrunde liegenden Verhaltens.

Seit 30 Jahren benutzt Anton wie auch schon sein Vater einen Weg zu seinem Grundstück, der durch eine nicht eingezäunte Gemeindewiese führt. Durch die lang andauernde Nutzung und die berechtigte Überzeugung, dass der Weg begangen werden darf, konnte gewohnheitsrechtlich ein Wegerecht entstehen. Anders wäre es, wenn die Wiese von Anfang an mit mehreren Zaunpfosten begrenzt gewesen wäre. Dann hätten Anton bzw. sein Vater nicht darauf vertrauen können, dort gehen zu dürfen.

Im Übrigen ist in unserem Rechtskreis das Recht weitgehend geschrieben und kodifiziert, d.h. zu Gesetzbüchern für einen bestimmten Bereich zusammengefasst. So haben wir das Bürgerliche Gesetzbuch (BGB), das Strafgesetzbuch (StGB), die Strafprozessordnung (StPO) usw. Im Gegensatz dazu herrscht im angelsächsischen Rechtskreis weitgehend Richterrecht vor, das dort die grundlegende Rechtsquelle bildet. Dies ist vor allem in den meisten Staaten der USA und in England der Fall.

In Kontinentaleuropa ist geschriebenes Recht die maßgebende Rechtsquelle.

Wir können unterschiedliche geschriebene **Rechtsquellen** unterscheiden:

Gesetz

Es wird durch die Legislative (gesetzgebende Gewalt) im dafür vorgesehenen parlamentarischen Verfahren beschlossen. Die Teilung der Gewalten im Staat soll eine gegenseitige Kontrolle der Gewalten sicherstellen und eine einseitige Machtübernahme verhindern. Neben der Legislative nehmen die Exekutive (vollziehende Gewalt) und die Judikative (rechtsprechende Gewalt) diese Aufgaben im Staat wahr. Diese Trennung der Gewalten wird **Gewaltenteilung** genannt. Diese findet auf Bundesebene und auf Ebene der Länder statt, sodass wir auch Landesparlamente, Landesregierungen und Landesgerichte haben.

Einkommensteuergesetz, Zivilprozessordnung, Bayerisches Polizeigesetz, Straßenverkehrsgesetz, Strafgesetzbuch

Rechtsverordnung

Sie dient der Durchführung von Gesetzen. Die Rechtsverordnung wird von der Exekutive (vollziehende Gewalt) erlassen. Dies kann ein Bundesministerium sein oder eine zuständige Stelle der Landes- oder Gemeindeverwaltung. Da exekutive Stellen und nicht die gesetzgebende Gewalt Verordnungen erlassen, wird die Gewaltenteilung durchbrochen. Deshalb muss immer ein Gesetz zum Erlass der Verordnung ermächtigen. Inhalt, Zweck und Ausmaß der Ermächtigung müssen darüber hinaus im Gesetz bestimmt sein.

 Die Gemeinde Rosenheim regelt durch eine Verordnung zur Verhütung von Gefahren für Leben und Gesundheit das Baden in den auf dem Gemeindegebiet befindlichen Seen. Rechtsgrundlage für diese Verordnung ist Art. 42 Abs. 1 Bayerisches Landesstraf- und Verordnungsgesetz.

Satzung

Durch Satzungen werden eigene Angelegenheiten von Gebietskörperschaften oder Anstalten, wie z. B. einer Gemeindebücherei, geregelt. Gebietskörperschaften sind beispielsweise der Bund, das Land Sachsen, das Land Bayern, die Gemeinden Bad Tölz und Coburg.

 Die Gemeinde Dingolfing regelt die Benutzung ihres Schwimmbads durch eine Satzung. Die Stadt Erlangen erlässt eine Satzung zur Benutzung und zu den dafür anfallenden Gebühren für ihren Friedhof.

Rechtsprechung

Eine weitere Rechtsquelle ist die Rechtsprechung durch die Gerichte. Gerade die oberen Landesgerichte und die Bundesgerichte prägen oft Auslegung und Verständnis von Rechtsnormen.

 Die Frage, ob ein wichtiger und damit ausreichender Grund für eine fristlose Kündigung eines Arbeitnehmers vorliegt, wird im Einzelfall durch die Arbeitsgerichte geprüft. Ein solcher Grund liegt beispielsweise nicht vor, wenn ein „Büro-Roman" einzelne identifizierbare Mitarbeiter des Betriebs herabsetzt, da sich der Verfasser auf die Kunstfreiheit berufen kann (Landesarbeitsgericht Hamm vom 15.07.2011, 13 Sa 436/11).

Streit zwischen Nachbarn endet oft vor Gericht

Einfluss des EU-Rechts

Der deutsche Gesetzgeber hatte gerade in letzter Zeit häufig Richtlinien der Europäischen Union (EU) umzusetzen, u. a. zum Verbraucherschutz, zur Mängelhaftung im Kaufrecht und zum Recht des Zahlungsverzugs. Damit soll Recht innerhalb der EU vereinheitlicht werden.

Auch außerhalb der Zuständigkeit der EU sind Bestrebungen erkennbar, Recht zu vereinheitlichen. So werden z. B. länderübergreifend Staatsverträge zur Vereinheitlichung des Familienrechts geschlossen.

Aufgaben

1. Schauen Sie sich die Regelungen über die Benutzung und die Gebühren für das nächstgelegene öffentliche Schwimmbad in Ihrer Nähe an. Um welche Rechtsquellen handelt es sich?
2. Überlegen Sie, welche Vorteile und Nachteile es haben könnte, wenn Gerichtsentscheidungen die maßgebende Rechtsquelle sind.

1.3 Leitgedanken des Bürgerlichen Rechts

Der Schulleiter der Privatschule Freies Lernen e.V. bespricht mit dem Rechtsanwalt der Schule, ob er weitere 487 PCs der Schnell GmbH abnehmen muss. Er meint, dass er nur den Kauf eines PCs vereinbart und nur beiläufig erwähnt habe, dass die Schule überlegt, ob und bei wem sie die weiteren PCs kaufen will.

ARBEITSAUFTRAG

Überlegen Sie, welche Funktionen das Bürgerliche Recht erfüllen sollte, damit Verträge zwischen Privatleuten sinnvoll abgeschlossen werden können.

Im 19. Jahrhundert war das Recht in Deutschland zersplittert: Es gab das bayerische, preußische, sächsische und weitere Zivilrechte. Mit der Gründung des Deutschen Reiches von 1871 wurde der Weg zur Rechtsvereinheitlichung frei. Es begann eine jahrzehntelange Arbeit am BGB, das zum 1. Januar 1900 in Kraft trat.

1.3.1 Freiheit von Privatpersonen

Das BGB bekannte sich schon 1900 zur Freiheit von Privatpersonen, wie dies vor allem in der **Vertragsfreiheit** zum Ausdruck kommt (vgl. § 311 BGB), die auch verfassungsrechtlich durch Art. 2 Abs. 1 GG gewährleistet ist.

Der Eigentümer hat grundsätzlich die Freiheit, mit seinem Eigentum so zu verfahren, wie er es will (§ 903 BGB), oder über sein Vermögen von Todes wegen so zu verfügen, wie es ihm beliebt (§ 1937 BGB). Eigentum und Erbrecht werden als Grundrecht gewährleistet (Art. 14 GG).

Gleichzeitig binden aber freiwillig eingegangene Verpflichtungen regelmäßig die Vertragsparteien (vgl. § 241 BGB).

1.3.2 Rechtsgleichheit

Das BGB beruht ferner auf Rechtsgleichheit, d.h., es sieht die privaten Personen vor dem bürgerlichen Recht grundsätzlich als gleich an. Niemand soll bevorzugt oder benachteiligt werden.

In der Zeit vorwiegend nach Ende des 2. Weltkrieges ist aber eine Entwicklung zu beobachten, dass schwächere Vertragspartner vor der Marktmacht der anderen Vertragspartei geschützt werden. Solche Regelungen sind vor allem zum Verbraucherschutz, zum Schutz des Wohnungsmieters und zum Schutz des Arbeitnehmers nach Inkrafttreten des BGB getroffen worden.

1.3.3   Schutz des redlichen Geschäftsverkehrs

Damit sich das Recht an geänderte gesellschaftliche Auffassungen anpassen kann, enthält das BGB eine Vielzahl unbestimmter Rechtsbegriffe, wie z. B. den Schutz des redlichen Geschäftsverkehrs. Damit wird einerseits der Rechtsprechung ermöglicht, sich aufgrund geänderter gesellschaftlicher Verhältnisse zu entwickeln. Andererseits wird dadurch gewährleistet, dass das allgemein formulierte Gesetz für eine Vielzahl von Fällen gilt. Regelungslücken im Gesetz sollen so vermieden werden.

Darunter fallen auch die **Verkehrssitte** und der **Grundsatz von Treu und Glauben**. So sind Verträge nach Treu und Glauben mit Rücksicht auf die Verkehrssitte auszulegen (§ 157 BGB). Eine Leistung ist so zu bewirken, wie dies Treu und Glauben mit Rücksicht auf die Verkehrssitte erfordern (§ 242 BGB). Diese Regelungen werden als **Generalklauseln** bezeichnet.

Die Vermieterin verlangt von der Studentin Paula eine fünfmal so hohe Miete, wie sie ortsüblich ist. Als Paula ihrer Vermieterin mitteilt, dass die Miete wegen Wuchers gem. § 138 Abs. 2 BGB nichtig sei, bejaht dies die Vermieterin. Sie behauptet, dass der ganze Mietvertrag dann unwirksam sei und Paula dann eben sofort ausziehen muss. Nach der Rechtsprechung ist nur die Vereinbarung über die Miethöhe unwirksam. Die Miete wird gem. § 242 BGB so angepasst, dass Paula die ortsübliche Miete zahlen muss und weiter dort wohnen kann.

Bei den §§ 138, 826 BGB handelt es sich hinsichtlich des Begriffs der „guten Sitten" ebenso um Generalklauseln. Die gesellschaftlichen Auffassungen über diesen Begriff sind wandelbar im Zeitablauf.

In den 1950er-Jahren wurden Testamente zugunsten einer Geliebten oft als sittenwidrig angesehen, wenn der Erblasser diese erst kurze Zeit kannte. Dem Erblasser wurde eine Entlohnungsabsicht für sexuelle Dienste unterstellt, die nach Auffassung der damaligen Rechtsprechung den guten Sitten widersprach. Heute wird der Wille des Erblassers grundsätzlich geachtet, auch wenn er einer Geliebten sein Vermögen hinterlässt, mit der er noch keine lange Beziehung hatte.

1.3.4 Vertragsfreiheit

Ob Rechtssubjekte Rechtsgeschäfte abschließen, was sie inhaltlich vereinbaren oder in welcher Form sie dies vornehmen, ist im Allgemeinen ihre freie Entscheidung.

Das BGB geht von der Vertragsfreiheit in § 311 BGB aus. Das Grundgesetz gewährleistet die Vertragsfreiheit als Bestandteil der allgemeinen Handlungsfreiheit gem. Art. 2 Abs. 1 GG.

Fall 1

Akram least von der AAA-GmbH ein Auto. Als die AAA-GmbH entdeckt, dass der Leasingvertrag für sie doch eher ungünstig ist, behauptet sie, dass das BGB einen Leasingvertrag nicht kennt und dass der Vertrag deshalb unwirksam sei.

Fall 2

Die 19-jährige Eva kauft das gebrauchte Mofa ihres Onkels für 250,00 €. Als sie es abholen will, verweigert ihr Onkel, es herauszugeben, weil sie den Vertrag nicht schriftlich abgeschlossen haben und er das Mofa jetzt seiner neuen Freundin schenken will.

Die Vertragsfreiheit lässt sich unterscheiden in
- Abschlussfreiheit,
- Inhaltsfreiheit,
- Formfreiheit und
- Aufhebungsfreiheit.

Abschlussfreiheit

Der Schulleiter der Privatschule Freies Lernen e.V. muss keine weiteren PCs bei der Schnell GmbH kaufen. Die Schule kann entscheiden, ob und mit wem sie einen Kaufvertrag vereinbart. Dies folgt aus der Abschlussfreiheit als Teil der gem. Art. 2 Abs. 1 GG geschützten Vertragsfreiheit.

Jeder kann regelmäßig frei entscheiden, ob oder mit wem er ein Rechtsgeschäft abschließt. Er kann sich seinen Vertragspartner frei aussuchen und muss keinen Vertrag vereinbaren.

Inhaltsfreiheit

Ebenso können die Parteien normalerweise frei entscheiden, welchen Vertrag sie vereinbaren und was sie in diesem Vertrag inhaltlich bestimmen. Am 1. Januar 1900, als das BGB in Kraft trat, kannte man keinen Leasingvertrag, keinen Franchise-Vertrag und auch keine Verträge, die per Internet geschlossen wurden. Aus der Vertragsfreiheit folgt auch, dass die Vertragstypen, die das besondere Schuldrecht kennt, nicht abschließend sind. Das bedeutet, dass auch Verträge geschlossen werden können, die im BGB noch nicht vorgesehen sind.

Zu Fall 1

Der Leasing-Vertrag ist wirksam. Die Vertragspartner können den Vertragstyp frei vereinbaren. Die AAA-GmbH muss sich an den Vertrag halten.

Formfreiheit

Die Parteien können auch die Form des Rechtsgeschäfts frei wählen. Sie entscheiden im Normalfall darüber, ob sie einen Vertrag schriftlich, mündlich oder in einer anderen Form abschließen.

Zu Fall 2

Eva und ihr Onkel konnten den Kaufvertrag mündlich schließen. Weder haben sie eine andere Form vereinbart noch sieht der Gesetzgeber für diesen Kaufvertrag eine bestimmte Form vor. Der Onkel muss Eva gegen Zahlung des Kaufpreises das Mofa herausgeben.

Aufhebungsfreiheit

Die Parteien können sich einvernehmlich von einem Vertrag lösen und ihn damit aufheben. Dieser Fall kann auch als Unterpunkt der Abschlussfreiheit gesehen werden, da die Parteien einen Aufhebungsvertrag vereinbaren.

1.3.5   Einschränkungen der Vertragsfreiheit

Wie die allgemeine Handlungsfreiheit gem. Art. 2 Abs. 1 GG ist auch die Vertragsfreiheit nicht schrankenlos gewährleistet. Gründe hierfür sind u. a.

- die Versorgung eines Kunden, der sich einem Monopol gegenübersieht, mit wesentlichen Gütern,
- der Schutz eines schwächeren Vertragspartners,
- die Aufklärung der Vertragsparteien vor Vornahme des Rechtsgeschäfts oder
- der Schutz der Beteiligten vor übereiltem Handeln.

Fall 3

Der Lottogewinner Erwin hat ein vermietetes Wohnhaus gekauft. Nach dem Kauf verlangt Erwin von der Mieterin Aysin, dass sie auszieht, weil er ja keinen Vertrag mit ihr hat.

Fall 4

Der Vermieter verlangt von dem 19-jährigen Schüler Max eine Wohnungsmiete, die 5-mal so hoch ist wie die ortsübliche Miete. Ist die Vereinbarung über die Miete wirksam?

Fall 5

Thomas vereinbart mit dem Schläger Ken, dass dieser für 50,00 € den neuen Freund von Thomas ehemaliger Freundin richtig durchprügelt. Hat Ken einen Anspruch auf das Geld?

Fall 6

Konrad will Selims Eigentumswohnung kaufen. Beide schreiben schnell mit dem PC den Kaufvertrag und unterschreiben ihn. Ist der Kauf gültig?

Fall 7

Tatjana bürgt gegenüber dem Verkäufer Kasimir mündlich für die Schuld ihres Bruders Igor in Höhe von 200,00 €. Als Kasimir das Geld verlangt, zahlt sie 50,00 €. Später bemerkt sie, dass die Bürgschaft unwirksam ist. Kann sie die 50,00 € zurückverlangen?

Einschränkungen der Abschlussfreiheit

Gegenüber Verbrauchern kann eine Pflicht zum Abschluss eines Vertrags bestehen, wenn Unternehmer lebensnotwendige Dinge anbieten und der Verbraucher keine andere Möglichkeit hat, seinen Bedarf an solchen Gütern in zumutbarer Weise zu befriedigen.

Zu Fall 3

Erwin hat zwar keinen Mietvertrag mit Aysin geschlossen. Er ist aber in seiner Abschlussfreiheit eingeschränkt, weil der Vertrag mit der Mieterin kraft Gesetzes auf ihn als Erwerber übergeht (§ 566 Abs. 1 BGB). Der Gesetzgeber will damit vermeiden, dass ein Mietverhältnis endet, nur weil die Mietsache verkauft wird.

Einschränkungen der Inhaltsfreiheit

Grund dafür, die Inhaltsfreiheit einzuschränken, ist oft der Schutz eines schwächeren Vertragspartners. Auch die Einhaltung zwingender Normen der Rechtsordnung soll damit gewahrt werden. Unwirksam sind Verträge, die gegen ein gesetzliches Verbot verstoßen (§ 134 BGB) oder die den guten Sitten widersprechen, beispielsweise weil ein Vertragspartner ein weit überhöhtes Entgelt verlangt (§ 138 BGB).

Zu Fall 4

Die Vereinbarung über die Miete ist wucherisch und verstößt gegen die guten Sitten. Sie ist unwirksam gem. § 138 BGB. Das Missverhältnis zwischen Leistung und Gegenleistung ist derart hoch, dass der subjektive Tatbestand des § 138 Abs. 2 BGB, die verwerfliche Gesinnung, unterstellt wird. Gegenüber einem Verbraucher wird daher eine Benachteiligungsabsicht angenommen.

Zu Fall 5

Der Vertrag ist nichtig, weil er gegen ein gesetzliches Verbot verstößt (§ 134 BGB). Vorsätzliche Körperverletzung ist gem. § 223 Strafgesetzbuch (StGB) verboten und unter Strafe gestellt.

Vor allem zum Schutz des Verbrauchers oder Wohnungsmieters ist die Inhaltsfreiheit vielfach eingeschränkt. Wenn ein Verbraucher eine neue bewegliche Sache von einem Unternehmer kauft, kann die Verjährungsfrist für Mängelansprüche des Käufers nicht durch Vereinbarung auf weniger als zwei Jahre verkürzt werden (§ 475 Abs. 2 BGB). Ebenso kann ein Wohnungsvermieter das Recht zur Minderung der Miete wegen Mängeln der Wohnung nicht vertraglich ausschließen (§ 536 BGB).

Allgemeine Geschäftsbedingungen, die von einer Partei für den Vertragsschluss vorformuliert sind (vgl. § 305 Abs. 1 BGB), unterliegen einer weitgehenden Inhaltskontrolle, die regelmäßig nach den §§ 307 ff. BGB erfolgt.

Der Begriff „der guten Sitten" wurde durch die Rechtsprechung weiter konkretisiert: So ist z. B. eine Bürgschaft gem. § 138 Abs. 1 BGB sittenwidrig und unwirksam, wenn folgende Voraussetzungen vorliegen: Ein vermögens- und einkommensloser Ehegatte bürgt für den anderen Ehegatten nur aus emotionaler Verbundenheit. Er hat keinerlei eigenes Interesse an dem durch die Bürgschaft gesicherten Rechtsgeschäft und ist durch die Bürgschaft finanziell krass überfordert (vgl. BGH NJW 2005, 971).

Einschränkungen der Formfreiheit

Normalerweise können die Vertragsparteien die Form des Rechtsgeschäfts frei wählen und deshalb auch eine bestimmte Form dafür vereinbaren (vgl. § 127 BGB).

Ein Kaufvertrag über eine bewegliche Sache wie über einen Pkw kann mündlich abgeschlossen werden. Auch wenn dies unüblich ist, ist ein solcher Kauf gültig. Dies folgt aus der Formfreiheit, die nur eingeschränkt wird, soweit der Gesetzgeber dies vorsieht.

Teilweise schreibt der Gesetzgeber aber eine bestimmte Form vor, ohne deren Beachtung das Rechtsgeschäft regelmäßig nichtig ist (§ 125 BGB).

Eine Bürgschaft muss z. B. schriftlich abgeschlossen werden. Andernfalls ist sie nichtig (§§ 766 S. 1, 125 BGB). Damit will der Gesetzgeber den Bürgen davor schützen, dass er übereilt und zu schnell für einen anderen bürgt. Er soll anlässlich des schriftlichen Bürgschaftsvertrags ernsthaft darüber nachdenken können, ob er für die Schuld eines anderen einstehen will.

Auch der Verkauf eines Grundstücks oder einer Eigentumswohnung muss notariell beurkundet werden, um wirksam zu sein (§ 311b Abs. 1 BGB). Die Vertragspartner werden dadurch davor geschützt, dass sie einen solchen Vertrag übereilt und zu schnell abschließen (Schutz- und Warnfunktion). Gleichzeitig sollen die Vereinbarungen klar und nachvollziehbar im Vertrag festgehalten werden (Beweisfunktion). Über die Folgen und Risiken eines solchen Immobiliengeschäfts sollen die Vertragsparteien vom Notar aufgeklärt werden (Belehrungsfunktion). Gleichzeitig soll die Beurkundung durch den Notar die Gültigkeit des Rechtsgeschäfts gewährleisten (Gültigkeitsfunktion).

> **Zu Fall 6**
>
> Der Vertrag wurde zwar schriftlich geschlossen (§ 126 BGB). Das Gesetz
> schreibt jedoch für die Gültigkeit des Vertrags die notarielle Beurkundung vor
> (vgl. § 128 BGB). Mangels Beachtung dieser Form ist der Vertrag unwirksam
> (§§ 311b Abs. 1, 125 BGB).

Heilung des Formmangels

Der Gesetzgeber will aber nicht um jeden Preis, dass das formunwirksame Rechtsgeschäft ungültig bleibt und rückabgewickelt werden muss. Wenn der Vertrag vollzogen ist, will der Gesetzgeber grundsätzlich nicht mehr eingreifen und sieht das Rechtsgeschäft als geheilt an.

Ayca schenkt Filiz ein Kaugummi, das Filiz in den Mund steckt. Zwar ist die Schenkung formunwirksam mangels notarieller Beurkundung (§§ 518 Abs. 1, 125 BGB). Aber Ayca hatte das Kaugummi schon übergeben. Damit war die Schenkung vollzogen und der Formmangel ist geheilt (§ 518 Abs. 2 BGB).

Regelmäßig soll damit erreicht werden, dass Rechtsfrieden eintritt. An einmal vollzogenen Rechtsgeschäften soll grundsätzlich nicht mehr gerüttelt werden.

> **Zu Fall 7**
>
> Der Bürgschaftsvertrag war ungültig, weil er nicht schriftlich abgeschlossen
> wurde (§§ 766 S. 1, 125 BGB). 50,00 € kann Tatjana aber nicht zurückfordern,
> weil der Formmangel durch ihre Leistung insoweit geheilt ist (§ 766 S. 3 BGB).
> Die Zahlung der noch ausstehenden 150,00 € kann sie aber unter Berufung auf
> den Formmangel verweigern. Gemäß § 766 S. 3 BGB wird die Bürgschaft nur
> insoweit geheilt, als der Bürge zahlt. Dies ist nur hinsichtlich der geleisteten
> 50,00 € der Fall.

Aufgaben

1. Eva und Erwin bestimmen anlässlich ihrer Scheidung, dass Eva das von Erwin mit dem Vermieter Pech gem. § 1568a BGB eingegangene Mietverhältnis allein fortsetzt. In wessen Freiheit und in welche Freiheit wird damit eingegriffen?
2. Martha Pfahl leiht der Studentin Gamze Geld für 1 % Zins pro Tag, das Gamze dringend für ihre Miete braucht. Ist die Vereinbarung über den Zins wirksam?
3. Welche Funktionen bzw. Zwecke könnten der Formvorschrift § 518 Abs. 1 S. 1 BGB zugrunde liegen?

2   Wirksamkeitsvoraussetzungen des Kaufvertrags

Ein Vertrag kann nur für jemanden geschlossen werden, den das Gesetz als rechtsfähig anerkennt, der Rechte und Pflichten haben kann. Weiter setzen Rechtsgeschäfte Willenserklärungen voraus. Ein mehrseitiges Rechtsgeschäft wie ein Kaufvertrag kommt durch zumindest zwei übereinstimmende Willenserklärungen, Angebot und Annahme, zustande.

Wer nicht wirksam handeln kann, wird dabei durch ein Rechtssubjekt gesetzlich vertreten. Aber auch rechtsgeschäftlich aufgrund einer erteilten Vollmacht kann z. B. ein abwesender Arbeitgeber durch einen Arbeitnehmer vertreten werden.

Beispiel für einen Kaufvertrag

Harry Weismoos, Gebrauchtwagenhandel e. K. (eingetragener Kaufmann), Hubertusallee 78, 94444 Moor

– im Folgenden „Verkäufer" genannt –

verkauft an

Magda Fleyermeier, Gewinnstr. 22, 87654 Eggenham

– im Folgenden „Käufer" genannt –

das Kraftfahrzeug	*BMW 116i,*	derzeitiges Kennzeichen	*HH-ZU-2131,*
Erstzulassung	*1/2012,*	mit ca.	*76 050* km.
Der Kaufpreis beträgt	*9.400,00 €.*		

Zur näheren Beschreibung des gebrauchten Fahrzeugs wird auf die mit dem Kauf übergebenen Fahrzeugpapiere Bezug genommen (Fahrzeugschein und Fahrzeugbrief).

Das oben genannte Gebrauchtfahrzeug wird wie besichtigt und Probe gefahren unter Ausschluss jeglicher Gewährleistung ab einem Jahr nach Übergabe veräußert. Dieser Haftungsausschluss gilt nicht für Schadensersatzansprüche wegen vorsätzlicher oder grob fahrlässiger Pflichtverletzungen. Der Haftungsausschluss gilt auch nicht für Ansprüche aus der Verletzung von Leben, Körper oder Gesundheit.

Der Käufer bestätigt, den Kfz-Schein und den Kfz-Brief (Zulassungsbescheinigung Teil 1 und 2) sowie zwei Schlüssel für das oben genannte Fahrzeug erhalten zu haben.

Der Verkäufer bestätigt, den Kaufpreis erhalten zu haben.

Moor, *12.04.2021*

Magda Fleyermeier   H. Weismoos

....

Käufer   Verkäufer

ARBEITSAUFTRAG

Lesen Sie die §§ 474, 475 BGB und untersuchen Sie, inwieweit der Verkäufer gegenüber Frau Fleyermeier als Verbraucherin die Haftung für Mängel oder Fehler des Pkw ausschließen kann.

2.1 Rechtsfähigkeit

Der Schulleiter der Privatschule Freies Lernen e.V. fragt sich, mit wem der Vertrag über den probeweisen Kauf des PCs zustande kam. Haftet er selbst aus dem Vertrag oder ist dies die Schule, für die er den Vertrag abgeschlossen hat? Kann die Schule als solche überhaupt Rechte und Pflichten haben, und wo findet er dazu Regelungen?

ARBEITSAUFTRAG

Diskutieren Sie: Wer kann überhaupt Rechte haben und sie wahrnehmen? Auf was beziehen sich „Rechte und Pflichten"?

> **Rechtsfähigkeit** ist die Fähigkeit, Träger von Rechten und Pflichten zu sein.

Fall 1

Mina ist im dritten Monat schwanger mit ihrer Tochter Eva. Kann die ungeborene Eva Erbin werden, wenn Minas Vater sie in seinem Testament entsprechend eingesetzt hat?

Fall 2

Thea wird beim Joggen von Bello in die Wade gebissen. Kann sie Bello verklagen?

2.1.1 Rechtssubjekte

Rechtssubjekte sind rechtsfähig und können damit Rechte und Pflichten haben.

Natürliche Personen

Damit sind alle Menschen gemeint. Sie sind rechtsfähig mit Vollendung der Geburt (vgl. § 1 BGB), d.h. ab dem Zeitpunkt, zu dem das Kind den Mutterleib vollständig und zumindest für einen Augenblick lebend verlassen hat.

Zu Fall 1

Normalerweise könnte die ungeborene Eva nicht Erbin werden (§ 1 BGB). Der Gesetzgeber hat aber für die Erbfähigkeit bestimmt, dass ausnahmsweise ein ungeborenes, aber bereits gezeugtes Kind erben kann, wenn es später lebend geboren wird (§ 1923 Abs. 2 BGB).

Die Rechtsfähigkeit endet mit dem Tod. Dieser tritt nach der neuen medizinischen Forschung ein, wenn das Gehirn nicht mehr funktionsfähig ist.

Juristische Personen

Auch juristische Personen sind rechtsfähig. Sie sind ein Konstrukt des Rechts. Das bedeutet, dass sie materiell nicht fassbar sind. Es gibt sie regelmäßig nur, weil der Gesetzgeber dies so entschieden hat.

Kommunale Gebietskörperschaften in Bayern sind Gemeinden, Landkreise und Bezirke. Sie sind nach Landesrecht voll rechtsfähig. Die bayerischen Sparkassen sind als kommunale Anstalten rechtsfähig gem. Art. 3 Bayerisches Sparkassengesetz, die Aktiengesellschaft ist rechtsfähig gem. § 1 Abs. 1 Aktiengesetz.

Damit wird der Gesetzgeber dem praktischen Bedürfnis gerecht, dass auch große oder komplexe Gebilde wie Firmen selbstständig am Rechtsverkehr teilnehmen und sich selbst verwalten können. Dann muss nicht mehr die Gesamtheit der Mitglieder oder der Gesellschafter befragt werden oder handeln, sondern die jeweils vertretungsberechtigten Organe entscheiden für die juristische Person. So bestellt z. B. der Vorstand eines eingetragenen Vereins normalerweise einen Pkw für den Verein.

Juristische Personen erlöschen mit ihrer Auflösung. Bevor sie aufgelöst werden, müssen in der Regel ihre Rechte und Verpflichtungen abgewickelt werden. Dies kann bei juristischen Personen des Privatrechts auch anlässlich eines Insolvenzverfahrens geschehen. Ein solches Verfahren wird beispielsweise auf Antrag des Geschäftsführers einer GmbH eröffnet, wenn absehbar ist, dass die GmbH ihre Schulden nicht mehr begleichen kann. Das Insolvenzverfahren wird vom Amtsgericht als Insolvenzgericht geführt.

Wichtige Informationen über juristische Personen des Privatrechts können aus öffentlichen Registern ersehen werden. Auf dem Registerblatt ist z. B. aufgeführt, wer die juristische Person nach außen vertritt oder wer ihre Geschäfte führt. Diese Register sind für jedermann öffentlich zugänglich und einsehbar. Das Vereinsregister und das Handelsregister werden beim örtlich zuständigen Amtsgericht geführt. Häufig sind die entsprechenden Informationen auch über Internet abrufbar. (Das gemeinsame Registerportal der Bundesländer ist unter www.handelsregister.de erreichbar.)

Da ein Mensch im Allgemeinen erst ab einem gewissen Alter eine geistige Reife und Einsichtsfähigkeit entwickelt, sind abweichend von der allgemeinen Rechtsfähigkeit die Geschäftsfähigkeit, Deliktsfähigkeit und Strafmündigkeit geregelt (vgl. zur Geschäftsfähigkeit Kapitel 2.4, zur Strafmündigkeit beim Lernbereich „Junge Menschen in besonderen Lebensumständen beraten").

Aufgaben

1. Erna vererbt ihr Vermögen an den Hund Bello per Testament. Kann Bello Erbe werden?
2. Überlegen Sie, was dafür sprechen könnte, mit einer GmbH statt als Einzelunternehmer wirtschaftlich tätig zu werden.
3. Hat der Schulleiter bei dem probeweisen Kauf des PC die Schule wirksam vertreten? Begründen Sie Ihre Antwort.

2.2 Willenserklärung

Beim probeweisen Kauf des PC wurden Willenserklärungen abgegeben: das Angebot der Schnell GmbH und die damit übereinstimmende Annahme des Schulleiters für die Schule.

ARBEITSAUFTRAG

In welcher Form werden der Lieferant und die Schule die Willenserklärungen abgegeben haben? Erläutern Sie kurz den üblichen Ablauf in einem Unternehmen.

Das BGB regelt den Begriff der „Willenserklärung" nicht. Es setzt ihn voraus. In zahlreichen Vorschriften wird dieser Begriff erwähnt, ohne erläutert zu werden. Dieser grundlegende Begriff des bürgerlichen Rechts ist im Allgemeinen Teil des BGB häufig zu finden wie in den §§ 105, 107, 116 ff. und in § 133 BGB.

> Regelmäßig setzt eine wirksame Willenserklärung einen inneren und einen äußeren Tatbestand voraus.

Fall 1

Kaya hat seiner Freundin Sophia einen Ring seiner Mutter ausgeliehen. Weil Kaya im Schlaf oft redet, fragt Sophia ihn, ob er ihr den Ring als Verlobungsring schenkt. Im Schlaf bejaht Kaya die Frage. Liegt eine Willenserklärung vor?

Fall 2

Der 15-jährige Yannis beschreibt dem Autofahrer Herrn Meier auf dessen Frage den Weg in die Spechtstraße. Leider hat Yannis sich bei der Wegbeschreibung versehentlich geirrt. Am nächsten Tag begegnet er Herrn Meier, der von ihm Schadenersatz in Höhe von 1.000,00 € verlangt, weil er durch die falsche Wegbeschreibung seinen Geschäftstermin verpasst hat. Zu Recht?

Fall 3

Auf dem Flohmarkt kauft sich Emilia ein Ballkleid von der Verkäuferin Anna. Beide nicken sich zu und wollen den Vertrag perfekt machen. Aber über den Kaufpreis haben sie noch nicht gesprochen. Ist ein Kaufvertrag zustande gekommen?

2.2.1   Innerer Tatbestand einer Willenserklärung

Der innere Tatbestand einer Willenserklärung besteht aus dem **Handlungswillen**, dem **Erklärungsbewusstsein** (bzw. dem **Rechtsbindungswillen**) und dem **Geschäftswillen**.

Handlungswille	Erklärungsbewusstsein	Geschäftswille
Der Erklärende handelt bewusst. Dies ist nicht der Fall bei Erklärungen im Schlaf, unter Hypnose oder bei einer unmittelbaren Herbeiführung der Handlung durch Gewalt (Karl reißt den Arm seines Freundes Onur in der Versteigerung hoch.).	Der Erklärende will sich durch die Erklärung rechtlich binden. Dies ist nicht der Fall, wenn die Erklärung unverbindlich erfolgt und das Bewusstsein fehlt, rechtserheblich zu handeln.	Der Erklärende will eine bestimmte rechtliche Folge und gibt seine Erklärung weder zum Scherz noch zum Schein ab. Der Geschäftswille muss sich auf die wesentlichen Vertragsbestandteile beziehen.

Zu Fall 1
Es liegt keine Willenserklärung vor, da Kaya im Schlaf keinen Willen hatte, überhaupt zu handeln und die Frage seiner Freundin zu beantworten.

Zu Fall 2
Bei alltäglichen Gefälligkeiten fehlt regelmäßig der Wille, sich rechtlich zu binden. Yannis hatte damit erkennbar kein Bewusstsein, eine rechtlich verbindliche Erklärung abzugeben. Er haftet nicht für die fahrlässig falsche Wegbeschreibung. Anders könnte es sein, wenn er Herrn Meier absichtlich den falschen Weg mitgeteilt hätte (vgl. § 826 BGB).

Der Handlungswille liegt vor, wenn eine Handlung durch rechtswidrige Drohung erzwungen wird. Dann ist die Willenserklärung aber anfechtbar gem. § 123 BGB.

Der Geschäftswille muss sich beziehen auf die wesentlichen Bestandteile des jeweiligen Vertrags. Andernfalls liegt eine wirksame Willenserklärung nicht vor und es kommt kein Vertrag zustande.

 Wesentliche **Vertragsbestandteile beim Kaufvertrag** sind Vertragsparteien, Kaufsache und Kaufpreis.

Zu Fall 3
Beide haben sich schon geeinigt über die Kaufsache, das Ballkleid, und über die Vertragsparteien, d.h. darüber, wer Käuferin und wer Verkäuferin ist. Aber es fehlt noch die Einigung über den Kaufpreis. Der Geschäftswille ist daher noch nicht gegeben. Ein Kaufvertrag liegt nicht vor.

Wie ist es aber, wenn jemand ohne Erklärungsbewusstsein handelt, aber hätte erkennen können, dass seine Erklärung als rechtsverbindlich aufgefasst wird?

Nach herrschender Meinung ist der objektive Erklärungswert des Handelns maßgeblich, obwohl keine Willenserklärung vorliegt. Es kann ein Vertragsschluss angenommen werden, wenn der Handelnde hätte bemerken müssen, dass seine Handlung berechtigterweise als Willenserklärung aufgefasst worden ist. Der Handelnde kann aber gegebenenfalls die ihm unterstellte Erklärung entsprechend der Irrtumsvorschriften anfechten. Dann bleibt er zum Ersatz des Vertrauensschadens verpflichtet, den der Anfechtungsgegner hatte.

 Fred winkt in einer Versteigerung seiner Freundin Burcu zu und erhält den Zuschlag für einen Teppich. Fred hätte wissen müssen, dass sein Winken als Gebot gedeutet wird, und seinem Handeln wird danach die entsprechende objektive Erklärungsbedeutung zugerechnet. Ein Kaufvertrag ist zustande gekommen, den er aber entsprechend § 119 Abs. 1 BGB anfechten kann.

2.2.2 Äußerer Tatbestand einer Willenserklärung

Empfangsbedürftige Willenserklärungen werden erst wirksam, wenn sie dem Empfänger zugehen. Erst dadurch wird der äußere Tatbestand der Willenserklärung erfüllt. Der Zugang unter Anwesenden erfolgt sofort mit der Bekanntgabe der Erklärung. Unter Abwesenden geht eine Willenserklärung erst zu, wenn sie so in den Machtbereich (z. B. Briefkasten) des Adressaten gelangt, dass dieser nach gewöhnlichen Umständen von ihr Kenntnis nehmen kann. Die Wirksamkeit einer gegenüber einem Abwesenden abzugebenden Willenserklärung wird durch § 130 BGB geregelt.

 Melis wirft die schriftliche Kündigung des Mietvertrags mittags am 2. März 2021 in den Briefkasten des Vermieters. Am 2. März ist die Kündigung zugegangen, da der Vermieter unter gewöhnlichen Umständen noch am selben Tag davon Kenntnis nehmen kann.

Die meisten Willenserklärungen sind empfangsbedürftig. Eine Kündigung, eine Mahnung, die Genehmigung gem. § 108 BGB sind empfangsbedürftige Willenserklärungen, ebenso wie Angebot und Annahme beim Abschluss von Verträgen.

Eine nicht empfangsbedürftige Willenserklärung ist das Testament, mit dem der Erblasser von Todes wegen über sein Vermögen verfügt. Das Testament ist wirksam, wenn es errichtet ist (vgl. zum eigenhändigen Testament § 2247 BGB).

Ebenfalls nicht empfangsbedürftig ist die Auslobung. Derjenige, der die ausgelobte Handlung vornimmt, erwirbt den Anspruch auf die Belohnung. Dies ist unabhängig davon, ob er die Auslobung kennt (§ 657 BGB). Bei der Auslobung wird die Empfangsbedürftigkeit beim Handelnden ersetzt durch die öffentliche Bekanntmachung der Auslobung.

 Yannis bringt Eva ihre entlaufene Katze zurück, ohne zu wissen, dass Eva Zettel ausgehängt hat, auf denen sie eine Belohnung von 50,00 € für das Finden der Katze versprochen hat. Auch wenn Yannis nichts von den Zetteln wusste, schuldet ihm Eva 50,00 €.

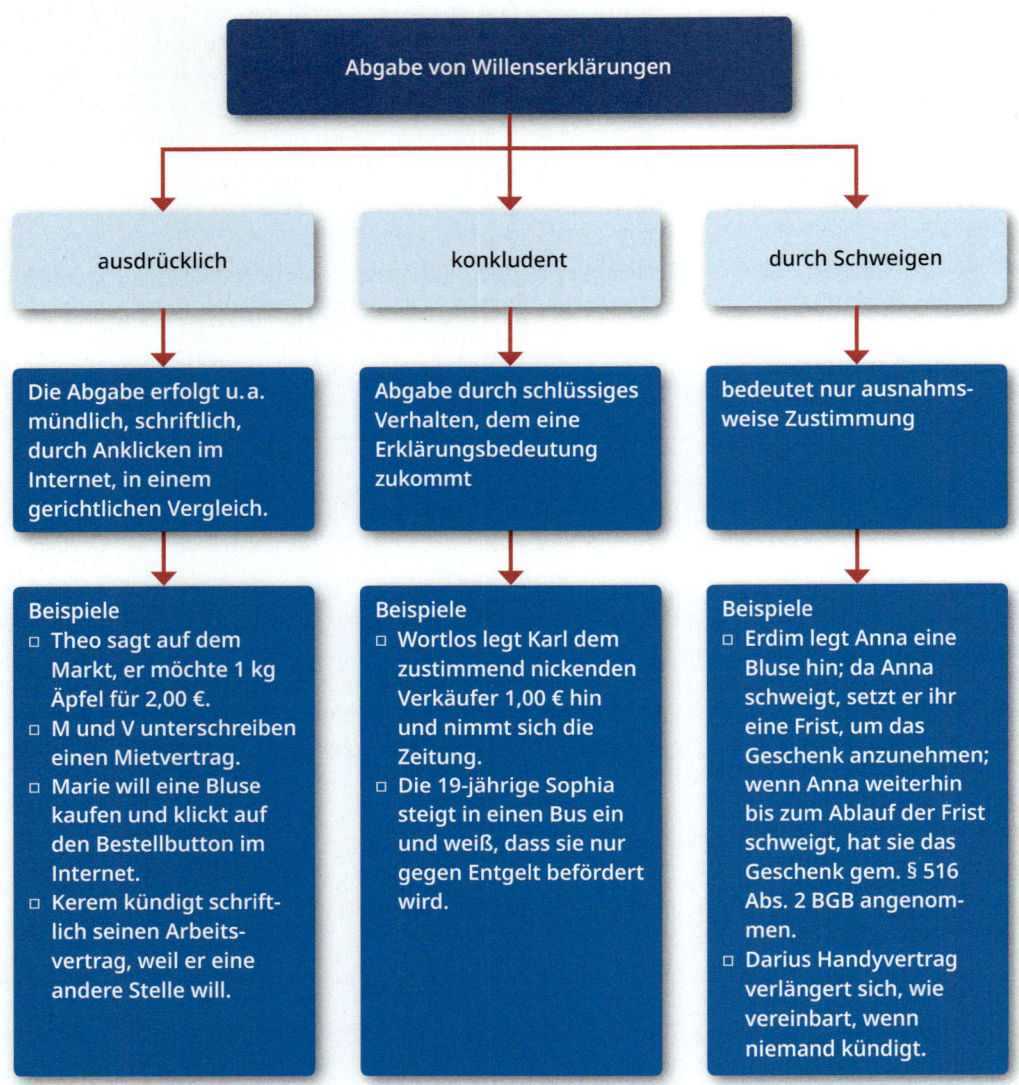

2.2.3 Abgabe von Willenserklärungen

Willenserklärungen können ausdrücklich, konkludent (durch schlüssiges Handeln) oder ausnahmsweise durch Schweigen abgegeben werden. Schweigen bedeutet regelmäßig keine Zustimmung. Kommen bei einem Verbraucher unbestellte Leistungen an, die ein Unternehmer versendet hat, so kommt durch das Schweigen des Verbrauchers kein Vertrag zustande. Es werden auch sonst keinerlei Ansprüche gegen den Verbraucher begründet (vgl. § 241a Abs. 1 BGB). Anders ist dies dann, wenn der Verbraucher dem Vertrag ausdrücklich oder stillschweigend durch Bezahlung des Kaufpreises zustimmt.

Aufgaben

1. Die 21-jährige Mira mag ihre Arbeitsstelle nicht mehr. Sie schreibt eine Kündigung, unterschreibt sie und legt sie erst einmal auf ihren Schreibtisch, um noch eine Nacht darüber zu schlafen. Ist die Kündigung wirksam?

2. Überlegen Sie, warum empfangsbedürftige Willenserklärungen zugehen müssen, um wirksam zu sein.

3. Der 9-jährige Benjamin hat ein Fahrrad für 200,00 € gekauft. Der Verkäufer fordert die Eltern von Benjamin schriftlich auf, den Vertrag zu genehmigen. Die Eltern von Benjamin antworten mehrere Monate lang nicht. Ist der Vertrag zustande gekommen?

2.3 Angebot und Annahme

Die Schnell GmbH schrieb an die Schule wie folgt:

Schnell GmbH   Moos, 05.08.20..
Geschäftsführer Ernst Goldenbogen
Hauptstr. 7
94554 Moos

An die
Privatschule Freies Lernen e. V.
Schulleiter Ralf Ehrmann
Im Ried 28
94447 Plattling

Angebot PC laut telefonischer Anfrage vom 04.08.20..

Sehr geehrter Herr Ehrmann,

für Ihre gestrige telefonische Nachfrage danken wir. Aktuell können wir Ihnen einen PC anbieten, der den von Ihnen im Schulbetrieb gestellten Anforderungen in vollem Umfang gerecht wird.

Wir empfehlen das neue Modell: YpsilonUltra7.

Die technischen Daten entnehmen Sie bitte der beiliegenden Produktbeschreibung des Herstellers.

Wir können Ihnen insgesamt 488 PCs YpsilonUltra7 anbieten zu einem Preis von 479,00 € pro Stück.

Gerne bieten wir Ihnen auch an, ein einzelnes Exemplar zu erwerben zu einem Preis von 479,00 €, damit Sie sich von dem PC in Ihrem Schulbetrieb überzeugen können.

Mit freundlichen Grüßen

Ernst Goldenbogen

Geschäftsführer

Der Schulleiter möchte erst verschiedene Modelle in der Schule erproben und antwortet wie folgt:

Privatschule Freies Lernen e. V.   Plattling, 12.08.20..
Schulleiter Ralf Ehrmann
Im Ried 28
94447 Plattling

An die
Schnell GmbH
Geschäftsführer Ernst Goldenbogen
Hauptstr. 7
94554 Moos

Ihr Vorschlag betreffend PC vom 05.08.20..

Sehr geehrter Herr Goldenbogen,

für Ihr direkt nach unserem Telefonat übermitteltes Angebot danken wir. Die Schule möchte zunächst verschiedene PCs ausprobieren. Deshalb nehmen wir Ihr Angebot an, einen PC YpsilonUltra7 zum Preis von 479,00 € zu kaufen.

Bitte liefern Sie uns den PC, sobald es Ihnen möglich ist, da wir hier in der Schule bald damit beginnen werden, verschiedene PCs probeweise einzusetzen.

Mit freundlichen Grüßen

Gez. Ralf Ehrmann

i. V. für Freies Lernen e. V.

ARBEITSAUFTRAG

Wodurch ist hier ein wirksamer Kaufvertrag zustande gekommen?

 Rechtsgeschäfte entstehen durch Willenserklärungen.

Angebot und Annahme sind Willenserklärungen. Sie müssen hinsichtlich der wesentlichen Vertragsbestandteile übereinstimmen, damit ein Vertrag zustande kommt.

Fall 1
Holger inseriert im Nürnberger Wochenblatt: „Verkaufe alten Schlitten für 8,00 €." Ist dies ein Angebot?

Fall 2

Arthur bietet Ira mehrere Harry-Potter-DVDs für 4,00 € zum Kauf an und sagt dazu: „Mein Angebot gilt bis zum 12. März 2021." Am 14. März 2021 sagt Ira zu. Ist ein Vertrag zustande gekommen?

Fall 3

An einem Marktstand werden Henry Birnen für 2,00 € das Kilo angeboten. Henry überlegt und schlendert über den Markt. Nach einer halben Stunde kommt er zurück und sagt: „Ich nehme ein Kilo." Vom Standbetreiber hört er aber, dass die Birnen jetzt 3,00 € das Kilo kosten.

Fall 4

Konrad bietet Blenda ein Gemälde für 125,00 € an und sieht eine Frist zur Annahme bis zum 1. März 2021 vor. Am 3. März 2021 kommt Blendas Antwort bei ihm an. Ihr Schreiben trägt das Datum vom 24. Februar 2021 und den gut erkennbaren Poststempel vom 25. Februar 2021. Konrad antwortet nicht. Ist ein Vertrag geschlossen worden?

2.3.1 Einseitige und mehrseitige Rechtsgeschäfte

Je nachdem, ob für das Rechtsgeschäft eine oder mehrere Willenserklärungen notwendig sind, unterscheiden wir einseitige und mehrseitige Rechtsgeschäfte. Weiter lassen sich Rechtsgeschäfte danach unterscheiden, ob sie nur eine Vertragspartei zur Leistung verpflichten oder ob beide oder mehrere Vertragsparteien leisten müssen.

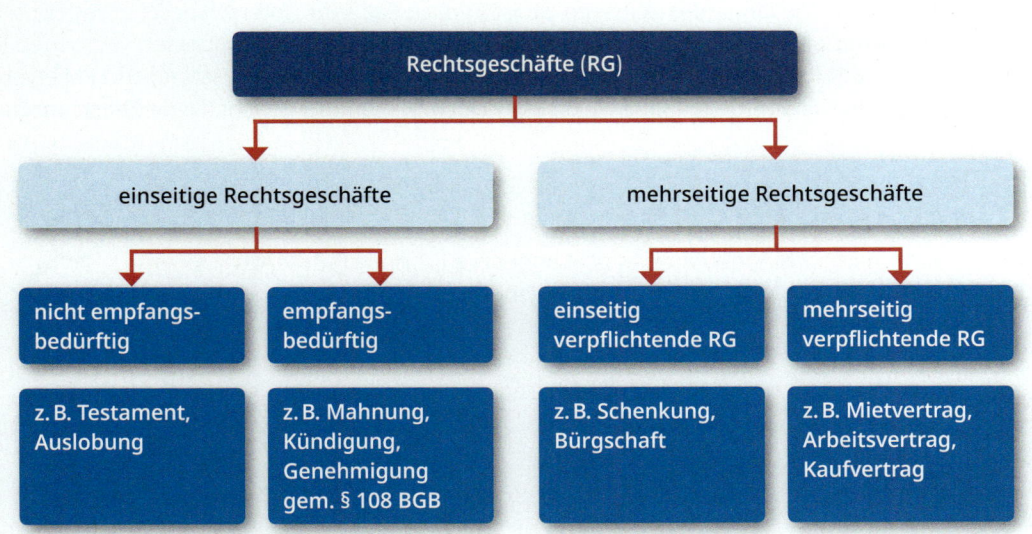

2.3.2 Verträge: Angebot und Annahme

Ein Vertrag kommt durch Angebot und Annahme zustande. Beide Willenserklärungen müssen einander entsprechen. Ein Angebot muss bereits alle wesentlichen Vertragsbestandteile enthalten, sodass der andere Vertragspartner nur noch zustimmen muss, um es anzunehmen.

Zu Fall 1

Anzeigen in Prospekten, Schaufensterauslagen und Inserate sind an die Allgemeinheit gerichtet. Sie sind keine Angebote. Holger will sich mit seinem Inserat rechtlich nicht binden. Er möchte damit andere auffordern, ihm gegenüber Angebote abzugeben.

Ein Antrag auf Abschluss eines Vertrags ist bindend (§ 145 BGB). Wie weit die Bindung reicht, richtet sich nach dem Inhalt des Angebots.

Zu Fall 2

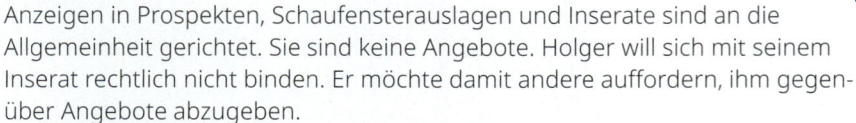

Ein Kaufvertrag wurde nicht geschlossen. Ira hat das Angebot erst nach der von Arthur bestimmten Annahmefrist angenommen (§ 148 BGB). Die verfristete Annahme gilt als neues Angebot (§ 150 Abs. 1 BGB). Arthur kann jetzt entscheiden, ob er Iras Angebot annimmt.

> Wenn keine Annahmefrist gesetzt wurde, kann die Annahme nur in den in § 147 BGB geregelten Zeiträumen erfolgen.

Wenn einem Abwesenden etwas angeboten wird, kann er bis zu dem Zeitpunkt annehmen, in dem der Anbietende den Eingang der Antwort unter normalen Umständen erwarten darf (vgl. § 147 Abs. 2 BGB). Wie lange der Zeitraum ist, ist je nach Fall sehr unterschiedlich. Dies richtet sich nach Vertragstyp, Vertragsgegenstand sowie nach weiteren Gesichtspunkten wie gegebenenfalls auch nach der gewöhnlichen Urlaubszeit. Für die Annahme eines schriftlichen Mietvertrags beträgt diese Frist regelmäßig zwei bis drei Wochen (Kammergericht, Neue Zeitschrift für Mietrecht 2007, 73).

Zu Fall 3

Henry hätte das Angebot nur sofort annehmen können (§ 147 Abs. 1 BGB). Dies gilt auch für ein telefonisches Angebot. Ein Vertrag wurde nicht geschlossen. Henrys Zusage, die Birnen nehmen zu wollen, ist ein neues Angebot (§ 150 Abs. 1 BGB). Vom Standbetreiber wurde es zurückgewiesen, weil die Birnen jetzt teurer geworden sind. Das stellt wiederum ein neues Angebot des Standbetreibers dar (§ 150 Abs. 2 BGB).

Zu Fall 4

Zwar erfolgte die Annahme verfristet. Nach § 149 BGB ist ein Vertrag aber ausnahmsweise zustande gekommen, weil

- der Brief bei regelmäßiger Beförderung rechtzeitig angekommen wäre,
- Konrad den Poststempel gut erkennen konnte und
- er die Verspätung nicht unverzüglich nach Empfang des Briefs Blenda mitgeteilt hat.

Ausnahmsweise wird ein Vertrag gem. § 149 BGB trotz verspäteter Annahme geschlossen. Der Antragende kann entscheiden, ob er den Vertrag verhindert. Dann muss er unverzüglich nach Empfang des verspäteten, aber erkennbar rechtzeitig abgesandten Angebots widersprechen.

Nur ganz ausnahmsweise ist eine Annahmeerklärung entbehrlich und es kommt ohne Annahme ein Vertrag zustande: Dies ist der Fall, wenn der Anbietende auf eine Annahme verzichtet hat oder wenn eine solche nach der Verkehrssitte nicht zu erwarten ist (§ 151 BGB). Eine solche Verkehrssitte besteht gegenüber Verbrauchern praktisch nur, wenn die entsprechenden Geschäfte für sie lediglich rechtlich vorteilhaft sind, wie z. B. wenn ein Preisnachlass angeboten wird (Bundesgerichtshof Wertpapiermitteilungen 1984, 243).

Aufgaben

1. Holger fragt Cem, ob er ihm seine PlayStation verkauft. Als Cem nickt, verlangt Holger die PlayStation heraus. Zu Recht?
2. Pavel kommt an einer Baustelle vorbei und fragt, ob es Arbeit gibt. Der Bauunternehmer sagt ihm, dass er mitarbeiten kann. Pavel arbeitet zwei Wochen lang täglich jeweils acht Stunden mit. Dann sagt ihm der Bauunternehmer, dass es keinen Arbeitsvertrag gibt und er Pavel auch keinen Lohn schuldet. Überlegen Sie und untersuchen Sie die Rechtslage!

2.4   Vertretung

Der Geschäftsführer der Schnell GmbH, Herr Goldenbogen, informiert sich darüber, mit wem der Vertrag zustande kam – mit der Schule, mit dem Verein oder ob er sich an den Schulleiter halten kann. In einem Nachschlagewerk liest er nach und findet folgende Ausführungen:

„Eingetragener Verein und GmbH sind als juristische Personen selbst nicht handlungsfähig. Sie werden durch ihre Organe vertreten."

ARBEITSAUFTRAG

Prüfen Sie § 26 Abs. 1 BGB und § 35 Abs. 1 GmbH-Gesetz. Wie ist die Vertretung für den Verein, wie für die Schnell GmbH geregelt?

Unterscheiden können wir die gesetzliche Vertretung von der rechtsgeschäftlichen Vertretung. Gesetzlich vertreten werden z. B. Minderjährige regelmäßig durch ihre Eltern.

Derjenige, der von einem anderen eine Vollmacht erhalten hat, kann aufgrund dessen den Vollmachtgeber vertreten. Der Vollmachtserteilung liegt ein rechtsgeschäftliches Verhältnis zugrunde wie z. B. ein Arbeitsvertrag.

2.4.1   Geschäftsfähigkeit

Nicht jeder Rechtsfähige kann auch wirksam Verträge schließen oder rechtlich wirksam handeln. Nur, wer die rechtlichen Folgen seines Handelns einschätzen und sich geistig frei entscheiden kann, soll auch rechtsgültige Willenserklärungen abgeben können.

> **Geschäftsfähigkeit** ist die Fähigkeit, Rechtsgeschäfte selbst vornehmen zu können.

Fall 1

Der 18-jährige Simon tauscht mit dem 6-jährigen Kaya ein Spielzeugauto gegen einen Teddybären. Ist der Tausch wirksam?

Fall 2

Die 4-jährige Olga kauft ein Eis für 2,00 € und isst es schnell auf. Kann sie das Geld zurückverlangen?

In Abhängigkeit vom Lebensalter unterscheiden wir drei Stufen der Geschäftsfähigkeit:

Geschäftsunfähigkeit	Beschränkte Geschäftsfähigkeit	Volle Geschäftsfähigkeit
von 0 bis unter 7 Jahren	von 7 bis unter 18 Jahre	ab 18 Jahre
§ 104 Ziff. 1 BGB	§ 106 BGB	ab Volljährigkeit § 2 BGB

Ein voll Geschäftsfähiger kann unbeschränkt Rechtsgeschäfte vornehmen.

2.4.2   Geschäftsunfähige

Die Willenserklärung eines Geschäftsunfähigen ist unwirksam (§ 105 Abs. 1 BGB). Geschäftsunfähig ist ein Minderjähriger, der noch nicht sieben Jahre alt ist. Er kann keine wirksame Willenserklärung abgeben. Seine Willenserklärung ist nichtig.

Zu Fall 1

Der Tausch ist unwirksam, da der 6-jährige Kaya geschäftsunfähig ist (§ 104 Ziff. 1 BGB). Seine Willenserklärung und damit auch das Rechtsgeschäft sind nichtig (§ 105 Absatz 1 BGB).

Ebenso ist eine Willenserklärung unwirksam, die während einer gravierenden Einschränkung des Bewusstseins oder bei einer vorübergehenden Störung der Geistestätigkeit abgegeben wird (§ 105 Abs. 2 BGB).

Vertreter – Bote

Der Geschäftsunfähige kann nicht wirksam einen anderen vertreten (vgl. § 165 BGB), weil ein Vertreter innerhalb seiner Vertretungsmacht eine eigene Willenserklärung abgibt (§ 164 Abs. 1 S. 1 BGB). Dagegen kann ein noch nicht Siebenjähriger normalerweise als Bote auftreten. Ein Bote gibt keine eigene Willenserklärung ab, sondern leitet die Erklärung eines anderen weiter oder nimmt sie entgegen. Er handelt nicht rechtsgeschäftlich, sondern nur tatsächlich.

B Die Mutter gibt ihrer 5-jährigen Tochter Eva eine Geldbörse und einen Zettel mit der Aufschrift: 3 Sesam- und 2 Mohnbrötchen. Sie schickt sie zum Bäcker, dem Eva Zettel und Geldbörse übergibt. Der Bäcker entnimmt den Kaufpreis aus der Geldbörse und händigt Eva diese und die Brötchen aus. Zu Hause gibt Eva beides bei ihrer Mutter ab.

Volljährige Geschäftsunfähige

Volljährige können geschäftliche Handlungen normalerweise wirksam vornehmen. Anders ist es, wenn der Volljährige dauerhaft geisteskrank ist und seinen Willen nicht frei bestimmen kann (§§ 104 Ziff. 2, 105 Abs. 1 BGB).

Was geschieht aber mit den ausgetauschten Leistungen? Muss der Geschäftsunfähige, wenn er die erhaltene Sache beschädigt oder verbraucht hat, dafür Ersatz leisten?

Der Empfänger einer Leistung hat diese aufgrund eines unwirksamen Rechtsgeschäfts, also zu Unrecht oder, wie im Gesetz formuliert wird, „ohne rechtlichen Grund" erhalten, was als „ungerechtfertigte Bereicherung" bezeichnet wird. Die ausgetauschten Leistungen sind im Allgemeinen jeweils rückzugewähren (§ 812 Abs. 1 S. 1 BGB). Oder es ist ein überschießender Wert auszugleichen, wenn die Leistungen miteinander verrechnet werden können. In diesem Fall wird ein Verrechnungsposten, ein Saldo, gebildet (Saldotheorie).

Der gesetzliche Schutz des Geschäftsunfähigen würde aber unterlaufen, wenn er trotz eines unwirksamen Vertrags eine von ihm inzwischen verbrauchte Leistung ersetzen müsste. Das Gesetz bewertet diesen Schutz des Geschäftsunfähigen höher als die wirtschaftlichen Interessen des Geschäftspartners.

> **Zu Fall 2**
> Der Kauf ist unwirksam (§§ 104 Ziff. 1, 105 Abs. 1 BGB). Olga kann den Kaufpreis von 2,00 € zurückverlangen (§ 812 Abs. 1 S. 1 BGB). Der Eisverkäufer kann dagegen nichts mehr verlangen, da das Eis aufgegessen wurde und Olga entreichert ist (§ 818 Abs. 3 BGB).

2.4.3 Beschränkt Geschäftsfähige

In der Geschäftsfähigkeit beschränkt ist, wer das siebente Lebensjahr bereits vollendet hat, aber noch nicht volljährig ist. Der § 106 BGB verweist auf weitere Vorschriften, denen wir entnehmen können, inwieweit die Geschäftsfähigkeit „beschränkt" bzw. eingeschränkt ist.

Unter folgenden Voraussetzungen kann der beschränkt Geschäftsfähige ausnahmsweise rechtlich wirksam handeln:

§ 107 BGB	§ 110 BGB	§ 111 BGB	§ 112 BGB	§ 113 BGB
Einwilligung des gesetzlichen Vertreters oder lediglich rechtlicher Vorteil	Bewirken der Leistung mit eigenen Mitteln, die vom gesetzlichen Vertreter entsprechend oder mit dessen Zustimmung zur freien Verfügung überlassen wurden	betrifft einseitige Rechtsgeschäfte (z. B. Kündigung); wirksam nur mit Einwilligung (vorherige Zustimmung) des gesetzlichen Vertreters	Um im laufenden Betrieb eines eigenen Geschäfts rechtlich zu handeln, sind die Ermächtigung der gesetzlichen Vertreter und die Genehmigung des Vormundschaftsgerichts erforderlich.	Bei Ermächtigung des gesetzlichen Vertreters zu einem Arbeitsverhältnis kann der Minderjährige dies selbst eingehen, aufheben oder Verpflichtungen daraus erfüllen.

Fall 3

Der 9-jährigen Leonie wird von der Mutter ihrer Freundin Anna ein kleiner Hundewelpe geschenkt. Kann sie den Hund behalten, wenn ihre Eltern nicht einverstanden sind?

Fall 4

Die 12-jährige Burcu kauft von ihrem Taschengeld eine CD. Ist der Kaufvertrag gültig?

Fall 5

Der 17-jährige Jörg kauft auf Raten ein betriebswirtschaftliches Lexikon. Der Verkäufer fordert Jörgs Eltern noch am gleichen Tag auf, den Vertrag zu genehmigen. Die Eltern überlegen lange und antworten erst einen Monat später, dass der Vertrag gültig sein soll.

Das Gesetz bezeichnet die vorherige Zustimmung der Erziehungsberechtigten als **Einwilligung** (§ 107 BGB), die nachträgliche als **Genehmigung** (§ 108 Abs. 1 BGB). Die §§ 107 ff. BGB erfassen bestimmte Fälle, in denen ein beschränkt Geschäftsfähiger ausnahmsweise rechtlich wirksam handeln kann. Wenn das vom beschränkt Geschäftsfähigen vorgenommene Rechtsgeschäft aufgrund dieser Vorschriften nicht schon wirksam ist, dann ist es regelmäßig schwebend unwirksam (§ 108 Abs. 1 BGB). Die Wirksamkeit des Rechtsgeschäfts hängt von der Genehmigung des gesetzlichen Vertreters ab.

Die Saldotheorie wird normalerweise auch nicht zuungunsten eines beschränkt Geschäftsfähigen angewendet, wenn das Rechtsgeschäft nicht zustande kommt. In diesen Fällen kann aber nach den Umständen des Einzelfalls eine deliktische Haftung in Betracht kommen (§§ 823, 828 BGB).

Schenkung

Wenn die Eltern in einen Vertrag nicht einwilligen, kann er trotzdem wirksam sein, wenn der beschränkt Geschäftsfähige daraus nur einen rechtlichen Vorteil hat (§ 107 BGB).

Zu Fall 3

Da die Eltern nicht in die Schenkung eingewilligt haben, ist diese nur gültig, wenn Leonie daraus lediglich einen rechtlichen Vorteil hat (§ 107 BGB). Da der Hund versorgt und gefüttert werden muss, je nach Gemeinderecht ist eventuell auch Hundesteuer zu zahlen, sind damit Nachteile verbunden, sodass die Schenkung nicht wirksam ist. Sie ist zunächst schwebend unwirksam (§ 108 Abs. 1 BGB). Wenn Leonies Eltern der Mutter ihrer Freundin mitteilen, dass sie die Schenkung nicht wollen, wird sie unwirksam.

Taschengeld

Der Minderjährige soll lernen, mit seinem Taschengeld selbstständig umzugehen. Nach seinen Bedürfnissen soll er es entweder ansparen oder ausgeben. Taschengeld wird dem beschränkt Geschäftsfähigen regelmäßig von den Erziehungsberechtigten zur freien Verfügung überlassen (§ 110 BGB).

Zu Fall 4

Burcu darf die CD behalten. Der Kaufvertrag ist wirksam, weil sie die CD nur von ihrem Taschengeld gekauft hat (§ 110 BGB).

Da auf Taschengeld aber kein Rechtsanspruch besteht, darf der beschränkt Geschäftsfähige nur über sein vorhandenes Taschengeld frei verfügen. Er darf keine Schulden aufnehmen.

Schwebende Unwirksamkeit

Ist das Rechtsgeschäft des beschränkt Geschäftsfähigen nicht gültig, so ist es in der Regel schwebend unwirksam (§ 108 Abs. 1 BGB). Die gesetzlichen Vertreter des Minderjährigen, meist dessen Eltern, können darüber entscheiden, ob sie das Rechtsgeschäft genehmigen oder ob sie es ablehnen. Der Vertragspartner des beschränkt Geschäftsfähigen soll Klarheit gewinnen können, ob die Erziehungsberechtigten einen schwebend unwirksamen Vertrag genehmigen.

Zu Fall 5

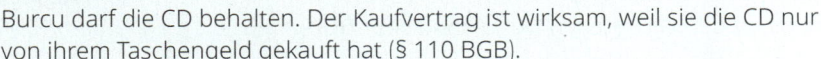

Die Eltern haben zu lange gewartet. Nach Ablauf von zwei Wochen nach Aufforderung des Verkäufers gilt die Genehmigung als verweigert (§ 108 Abs. 2 BGB). Damit ist der Vertrag unwirksam. Praktisch könnten sich Jörgs Eltern mit dem Verkäufer aber über einen neuen Vertrag einigen.

Wenn die schwebende Unwirksamkeit des Rechtsgeschäfts bis zum 18. Geburtstag fortbesteht, entscheidet der volljährig Gewordene selbst über dessen Genehmigung (§ 108 Abs. 3 BGB). Er kann es dann entweder ablehnen oder aber genehmigen.

Vertretung von nicht voll Geschäftsfähigen

Wenn ein Minderjähriger rechtlich nicht wirksam handeln kann, wird er regelmäßig von seinen Eltern vertreten (§ 1629 Abs. 1 BGB). Regelmäßig müssen beide Eltern den Minderjährigen gemeinsam vertreten, damit das vorgenommene Rechtsgeschäft gültig ist.

Für einen Volljährigen, der beispielsweise aufgrund einer Geisteskrankheit geschäftsunfähig ist, wird im Allgemeinen ein Betreuer bestellt, der für ihn Rechtshandlungen vornimmt (§§ 1896 ff. BGB). Der Betreuer vertritt den Betreuten in dem vom Gericht bestimmten Aufgabenkreis (§ 1902 BGB).

2.4.4   Rechtsgeschäftliche Stellvertretung

Für die meisten Rechtsgeschäfte kann jemand bevollmächtigt werden, sie für einen anderen abzuschließen. Nur bei höchstpersönlichen Rechtsgeschäften wie z. B. der Eheschließung ist die Vertretung durch einen anderen nicht möglich.

Die Grundsätze der Stellvertretung sind in den §§ 164 ff. BGB geregelt.

> Der **Stellvertreter** gibt eine Willenserklärung für einen anderen ab.

Diese Erklärung erfolgt in fremdem Namen. Ist sie von der Vertretungsmacht gedeckt, dann verpflichtet sie direkt den Vertretenen (vgl. § 164 Abs. 1 BGB).

Der Vertretene heißt auch **Vollmachtgeber**, der Vertreter auch **Bevollmächtigter**.

> Der **Vertreter** gibt für den Vertretenen eine Willenserklärung innerhalb der ihm zustehenden Vertretungsmacht ab (§ 164 Abs. 1 BGB).

Überschreitet der Vertreter seine Vertretungsmacht, wird der Vollmachtgeber regelmäßig nicht verpflichtet. Anders ist dies nur, wenn der Vertretene das Rechtsgeschäft später genehmigt (§ 177 BGB). Wenn die Genehmigung unterbleibt, haftet dem Geschäftspartner gegenüber nur der Vertreter gem. § 179 BGB.

 Bruno bevollmächtigt seinen Freund Latif, für ihn am Kiosk eine Leberkässemmel zu kaufen und den Kaufpreis beim Verkäufer, Herrn Matern, auf Brunos Rechnung anschreiben zu lassen. Wenn Latif für Bruno Gummibärchen kauft, wird Bruno aus dem Rechtsgeschäft nicht verpflichtet, weil Latif seine Vertretungsmacht nicht eingehalten hat. Er war nur zum Kauf der Leberkässemmel bevollmächtigt.

Der Erteilung einer Vollmacht liegt ein Rechtsverhältnis zwischen Bevollmächtigtem (Vertreter) und Vollmachtgeber (Vertretener) zugrunde. Das kann eine Gefälligkeit sein. Häufig liegt der Vollmacht im **Innenverhältnis** zwischen Vertreter und Vertretenem ein Arbeitsvertrag zugrunde.

Wenn das soziale Unternehmen ein Kaufmann im Sinne des Handelsgesetzbuchs ist (sieht dazu oben unter 1.), dann lassen sich verschiedene Formen der kaufmännischen Stellvertretung unterscheiden.

Das Handelsrecht beschäftigt sich mit besonderen Arten der Stellvertretung wie mit der Prokura, der Handlungsvollmacht und der Vollmacht des Beschäftigten in einem Laden oder Warenlager. Um den Handelsverkehr zu erleichtern, wird zum Schutz des Geschäftspartners eine Vertretungsmacht teilweise auch dann angenommen, wenn sie nicht besteht (vgl. §§ 50, 54 Abs. 3, 56 HGB). In diesen Vorschriften wird der Geschäftspartner als „Dritter" bezeichnet.

Fall 1
Luisa ist als Verkäuferin in einem Second-Hand-Shop angestellt. Sie gewährt Emma einen Nachlass von 10 % auf den Verkaufspreis einer Jeans, weil die Hose an zwei Stellen kleine dunkle Flecken hat. Später kommt der Geschäftsinhaber Stanislaus hinzu und behauptet, dass Luisa gar keine Vollmacht dafür hat. Kann er die Jeans zurückverlangen?

Fall 2
In Dinis kaufmännischem Betrieb „Lebensmittel für Notlagen" ist Ernst angestellt und dort zuständig für den Einkauf von Orangen, Aprikosen und Zitronen. Anders als seine Kollegen, die bis 3.000,00 € ankaufen dürfen, darf Ernst selbstständig nur Geschäfte bis 1.500,00 € abschließen. Ernst nimmt eine seltene Gelegenheit wahr und kauft für seinen Chef Zitronen für 2.200,00 € bei Emilio. Kann Emilio den Kaufpreis von Dini verlangen?

Fall 3
Andrey teilt seinem Prokuristen mit, dass er für das Kaufhaus IN-Innenstadt AG nur noch für die Männerkonfektion einkaufen darf. Der Prokurist gibt der neuen Chefin der Damenmode die Schuld dafür und bestellt 170 Kostüme, wie sie in der Fernsehserie „Arm und Hässlich" getragen werden. Ist der Kauf wirksam?

Vollmacht eines Angestellten in einem Laden oder Warenlager

Um den Geschäftspartner zu schützen, gilt der Angestellte in einem Laden oder Warenlager gem. § 56 HGB als bevollmächtigt, für den Laden oder das Warenlager gewöhnliche Verkäufe vorzunehmen.

Zu Fall 1
Wenn ein solcher Preisnachlass für derartige Fehler üblich ist und damit gewöhnlich in einem Jeansladen vorkommt, kann Stanislaus die Hose nicht zurückverlangen. In diesem Fall hat ihn Luisa gem. § 56 HGB wirksam vertreten. Der Kaufvertrag mit Emma über die Jeans mit dem gewährten Preisnachlass ist wirksam.

§ 56 HGB gilt auch für Empfangnahmen, d. h. für die Annahme von Zahlungen oder von gelieferter Ware. Sie gilt aber nicht für Ankäufe von Waren durch den Angestellten.

Handlungsvollmacht

Die Handlungsvollmacht berechtigt den Vertreter zum Betrieb eines Handelsgewerbes oder zu bestimmten dazugehörigen Geschäften (§ 54 Abs. 1 HGB). Sie ist keine Prokura, weil die „Prokura" als solche erteilt werden muss (§ 48 Abs. 1 HGB).

Zu Fall 2

Ein Kaufvertrag über die Zitronen ist zwischen Dini und Emilio zustande gekommen, wenn Ernst Dini wirksam vertreten hat. Ernst ist Handlungsbevollmächtigter für den Einkauf von Orangen, Aprikosen und Zitronen. Da Emilio die Beschränkung der Vollmacht auf Geschäfte bis 1.500,00 € weder kannte noch kennen musste, ist der Vertrag zwischen ihm und Dini zustande gekommen (§ 54 Abs. 3 HGB). Emilio kann den Kaufpreis von Dini verlangen (§ 433 Abs. 2 BGB).

Durch § 54 Abs. 3 HGB wird das Vertrauen des Dritten bzw. des Geschäftspartners auf den üblichen Umfang der Handlungsvollmacht geschützt. Dies bezieht sich aber nicht auf ungewöhnliche oder auf in der jeweiligen Branche unübliche Geschäfte.

Prokura

Die Prokura ist eine weitreichende von einem Kaufmann erteilte Vollmacht.

> Der Umfang der **Prokura** ist regelmäßig gesetzlich festgelegt. Beschränkungen der Prokura ergeben sich aus dem Gesetz. Ein Prokurist darf nicht
> - die Bilanz unterschreiben (vgl. § 245 HGB),
> - Grundstücke verkaufen oder belasten (§ 49 Abs. 2 HGB),
> - selbst Prokura erteilen (§ 48 Abs. 1 HGB) oder
> - Rechtsgeschäfte vornehmen, die Grundlagen des Unternehmens berühren. Dies folgt aus der Formulierung „… die der Betrieb … mit sich bringt" (vgl. § 49 Abs. 2 HGB). Zum Beispiel darf der Prokurist keine Gesellschafter in das Unternehmen aufnehmen oder entlassen oder die Firma ändern.

Wenn die Prokura erteilt wird oder wenn sie wieder entzogen wird, muss dies in das Handelsregister eingetragen werden (vgl. § 53 HGB). Ob die Prokura erteilt wird oder erlischt, ist aber unabhängig von der Eintragung in das Handelsregister. Die Eintragung wirkt damit deklaratorisch, d. h. rechtsbezeugend.

> Die Prokura nimmt besonders am Verkehrsschutz teil, weil sie durch den öffentlichen Glauben des Handelsregisters geschützt ist (vgl. § 15 HGB).

Darüber hinaus kann ein Dritter, d. h. ein Geschäftspartner des Vollmachtgebers, darauf vertrauen, dass die Prokura ihm gegenüber unbeschränkt gilt (vgl. § 50 Abs. 1, 2 HGB). Nur wenn die Niederlassungen eines Unternehmens unter verschiedenen Namen betrieben werden, kann die Prokura auf den Betrieb einer Niederlassung beschränkt werden (§ 50 Abs. 3 HGB).

Zu Fall 3

Der Kaufvertrag ist wirksam und verpflichtet den Inhaber des Kaufhauses, den Kaufpreis zu zahlen. Gegenüber dem Verkäufer der Kostüme ist die Beschränkung der Vollmacht im Verhältnis zwischen Andrey und dem Prokuristen unwirksam (§ 50 Abs. 1 HGB).

Wenn es einem Kaufmann zu riskant ist, einem Mitarbeiter allein eine so weitreichende Vollmacht wie die Prokura zu erteilen, kann er die Prokura mehreren Mitarbeitern gemeinschaftlich erteilen. Wir sprechen dann von einer **Gesamtprokura** (vgl. § 48 Abs. 2 HGB). Dies hat zur Folge, dass die davon betroffenen Prokuristen nur gemeinschaftlich handeln können. Die Gesamtprokura ist ebenfalls zur Eintragung in das Handelsregister anzumelden (§ 53 Abs. 1 S. 2 HGB).

Um das Vertrauen in den Fortbestand eines Handelsgewerbes zu schützen, erlischt die Prokura nicht mit dem Tod des Inhabers des Handelsgeschäfts (§ 52 Abs. 3 HGB).

Aufgaben

1. Kann ein Geschäftsunfähiger seinen Bruder bei der Bank vertreten und für ihn sein Konto verwalten?
2. Der 16-jährige Asram erhält von seinem Onkel heimlich 450,00 € zum Geburtstag. Asram kauft sich davon einen gebrauchten Flugdrachen. Sind die Rechtsgeschäfte wirksam?
3. Die 17-jährige Sophia kauft sich vom Geburtstagsgeld ihrer Großeltern heimlich eine Stereoanlage für 190,00 €. Eine Woche später, an ihrem 18. Geburtstag, dreht sie die Anlage laut auf. Ihre Eltern kommen in ihr Zimmer und sagen, dass sie den Kauf nicht genehmigen werden. Sophia aber ruft den Verkäufer an und sagt ihm, der Verkauf gehe in Ordnung. Ist der Kaufvertrag zustande gekommen?
4. Die 16-jährige Dunja wird von ihren Eltern ermächtigt, einen Arbeitsvertrag abzuschließen, was auch geschieht. In dem Vertrag wird Dunja verpflichtet, für die Überweisung des Lohns ein Girokonto zu nennen. Darf Dunja ein solches Konto eröffnen?
5. Hans hat einen neuen Verkäufer in seinem Tabakladen angestellt. Als Hans unterwegs ist, kauft Nimrod sämtliche Bestände des Ladens an kubanischen Zigarren für 3.500,00 €, die er gleich bar bezahlt. Der neue Verkäufer nimmt das Geld und verschwindet. Später kommt Hans zurück und verlangt von Nimrod den Kaufpreis noch einmal, weil der neue Verkäufer solche Beträge gar nicht kassieren darf. Zu Recht?
6. Was darf normalerweise ein Prokurist, was ein Handlungsbevollmächtigter im Allgemeinen nicht darf?
7. Die Haupt AG erteilt ihren Mitarbeitern Anabelle und Darius Gesamtprokura. Im Handelsregister wird versehentlich nur Anabelle als Prokuristin angemeldet und auch nur alleine eingetragen. Anabelle kauft ganz allein einen goldenen Ferrari für die Firma. Ist der Kauf wirksam?

3   Verpflichtungs- und Erfüllungsgeschäft

Das Verpflichtungsgeschäft, der Kaufvertrag über einen PC ist durch die mit dem Angebot übereinstimmende Annahme zwischen der Schnell GmbH und der Schule Freies Lernen e.V. abgeschlossen worden. Die Schnell GmbH ist verpflichtet, einen mangelfreien PC zu liefern, zu übergeben und zu übereignen. Die Schule muss den Kaufpreis zahlen (§ 433 BGB). Der Schulleiter fragt sich aber, nach welchen Regeln das Verpflichtungsgeschäft, der Kaufvertrag, erfüllt wird.

ARBEITSAUFTRAG

Informieren Sie sich im Internet darüber, ob bzw. welche verschiedenen Arten es gibt, Eigentum an beweglichen Sachen zu übertragen. Ziehen Sie ergänzend die §§ 929 bis 931 BGB heran und halten Sie darüber ein fünfminütiges Kurzreferat vor Ihrer Klasse.

Anders als das französische Recht, bei dem der Abschluss eines Vertrags und der Eigentumserwerb regelmäßig in einem Akt erfolgen, trennt das deutsche Recht zwischen dem (schuldrechtlichen) Verpflichtungsgeschäft und dem (sachenrechtlichen = dinglichen) Verfügungsgeschäft.

Nach dem schuldrechtlichen Kaufvertrag ist der Verkäufer verpflichtet, dem Käufer das Eigentum an der Kaufsache zu verschaffen (§ 433 Abs. 1 BGB). Das betrifft aber nur die schuldrechtliche Verpflichtung hierzu und noch nicht die Eigentumsverschaffung selbst. Letztere erfolgt bei beweglichen Sachen gem. §§ 929 ff. BGB.

> Die Trennung des schuldrechtlichen vom sachenrechtlichen Geschäft hinsichtlich deren Zustandekommens und deren Wirksamkeit nennt man **Abstraktionsprinzip**.

Kerim kauft sich eine CD, die er gleich erhält und bar bezahlt. Der schuldrechtliche Kaufvertrag ist in § 433 BGB geregelt. Das sachenrechtliche Geschäft umfasst allein den Eigentumserwerb an der CD und am Bargeld. Es erfolgt gem. § 929 BGB. Danach ist erforderlich, dass die CD an Kerim übergeben wird und sich beide Vertragspartner über den Eigentumsübergang einig sind. Dies gilt entsprechend für die Übereignung des Bargelds.

Bei den Bargeschäften des täglichen Lebens erfolgt die Einigung über den Eigentumsübergang zumeist konkludent und damit gleichzeitig mit der Übergabe der Ware. Die Einigung darüber muss dann nicht ausdrücklich erklärt werden.

Die Trennung von schuldrechtlichem und sachenrechtlichem Geschäft bedeutet aber auch, dass regelmäßig bei einer Unwirksamkeit des Kaufvertrags das Eigentum an der Kaufsache nicht von selbst wieder auf den Verkäufer zurückgeht. Verkäufer und Käufer können dann keine Ansprüche aus Eigentum geltend machen, um die gegenseitig empfangenen Leistungen zurückzuerhalten. Sie haben aber schuldrechtliche Ansprüche aus ungerechtfertigter Bereicherung (§§ 812 ff. BGB).

Ungerechtfertigte Bereicherung

Das Bereicherungsrecht ist nachfolgend auf Grundzüge beschränkt.

> Durch die §§ 812 ff. BGB soll eine ungerechtfertigte Vermögensverschiebung ausgeglichen werden.

Der rechtlich grundlos Bereicherte hat die Bereicherung an denjenigen regelmäßig herauszugeben, der aufgrund einer Leistung oder in sonstiger Weise einen Vermögensnachteil erlitten hat. Die Vorschriften zur ungerechtfertigten Bereicherung entsprechen dem Grundsatz von Treu und Glauben im Rechtsverkehr. Es wird ein schuldrechtlicher Anspruch gewährt, um ungerechtfertigte Vermögensverschiebungen rückgängig zu machen oder um dafür einen sachgerechten Ausgleich zu gewähren.

> Vorrangig erfolgt die Rückabwicklung in dem Verhältnis, in dem Leistungen ausgetauscht wurden.

Wenn die rechtsgrundlose Bereicherung ohne Leistung, d.h. in sonstiger Weise erfolgt ist, gewährt das Gesetz den Bereicherungsanspruch gem. § 812 Abs. 1 S. 1 2. Alternative BGB, die sogenannte **Eingriffskondiktion.**

B Um ihre Bergschafe zu weiden, nutzt Sigrun versehentlich ein halbes Jahr lang einen Teil der Wiese des Nachbarn. Hier muss sie den Nutzungswert ersetzen. Damit zahlt sie eine Entschädigung für die Nutzung praktisch in Höhe des Pachtzinses für den genutzten Wiesenteil.

Wenn die grundlose Vermögensverschiebung durch Leistung erfolgt ist, ist sie regelmäßig im Verhältnis des Empfängers der Leistung zum Entreicherten auszugleichen. Es kommen verschiedene Bereicherungsansprüche aufgrund rechtsgrundloser Leistungen in Betracht. Diese werden auch **Leistungskondiktionen** genannt.

Nichtigkeit

Ein Vertrag kann nichtig sein, weil
- er gegen ein gesetzliches Verbot verstößt (§ 134 BGB),
- er sittenwidrig ist (§ 138 BGB) oder
- weil ein Geschäftsunfähiger gehandelt hat (§ 105 Abs. 1 BGB).

Er kann aber auch nichtig sein, weil er berechtigterweise angefochten wurde. Die Anfechtung wirkt auf den Zeitpunkt der Vornahme des Rechtsgeschäfts zurück. Es ist dann von Anfang an als nichtig anzusehen (§ 142 Abs. 1 BGB).

Regelmäßig erfasst die Nichtigkeit nur das schuldrechtliche Geschäft, d. h., das sachenrechtliche Geschäft bleibt gültig (Abstraktionsprinzip).

Um das sachenrechtliche Geschäft rückabzuwickeln, gewährt das Bereicherungsrecht einen schuldrechtlichen Anspruch darauf, dass die Vermögensverschiebung rückgängig gemacht oder angemessen ausgeglichen wird.

In diesen Fällen sind die einander gewährten Leistungen im Allgemeinen gem. § 812 Abs. 1 S. 1 1. Alternative BGB zurück zu gewähren. Die Leistungen sind ohne rechtlichen Grund erfolgt, weil das zugrunde liegende Rechtsgeschäft nichtig ist.

Leon ficht einen Kaufvertrag berechtigterweise wegen Irrtums gem. § 119 Abs. 1 BGB an. Mit der Anfechtung ist der Rechtsgrund für die ausgetauschten Leistungen entfallen (§ 142 Abs. 1 BGB). Diese, Kaufpreis und Kaufsache, sind jeweils gem. § 812 Abs. 1 S. 1 1. Alternative BGB zurückzugeben.

Rücktritt

Bei einem Rücktritt vom Vertrag ist ebenfalls das Bereicherungsrecht anwendbar, soweit vertraglich oder gesetzlich nichts Abweichendes geregelt ist. Der Rücktritt führt dazu, dass der rechtliche Grund für die Vermögensverschiebung erst später, d. h. ab Zugang der Rücktrittserklärung, wegfällt. Es ist dann der Bereicherungsanspruch gem. § 812 Abs. 1 S. 2 1. Alternative BGB gegeben.

Nichteintritt des mit der Leistung bezweckten Erfolges

Dieser Bereicherungsanspruch ist in § 812 Abs. 1 S. 2 2. Alternative BGB geregelt. Wenn der bezweckte Erfolg bereits eine Bedingung des Rechtsgeschäfts war, dann greifen die oben genannten Bereicherungsansprüche, soweit Vertrag oder Gesetz keine abweichenden Regeln enthalten. Erforderlich ist für diesen Bereicherungsanspruch aber, dass sich die Beteiligten über den Zweck einig sind, was auch schlüssig geschehen kann.

Die Schwiegereltern von Theo geben ihm 100.000,00 € zur Renovierung seines Hauses, damit dort ihre Tochter Meltem mit Theo und den gemeinsamen Kindern wohnen kann. Nach der Renovierung trennen sich Meltem und Theo. Meltem zieht mit den Kindern aus. Hier ist der mit der Leistung bezweckte Erfolg nicht eingetreten, dass Theos Haus der Familie nach der Renovierung länger zur Verfügung steht. Meltems Eltern können einen angemessenen Bereicherungsausgleich verlangen.

Umfang des Bereicherungsanspruchs

Herauszugeben ist regelmäßig das ungerechtfertigt Erlangte einschließlich etwaiger daraus gezogener Nutzungen (§ 818 Abs. 1 BGB). Soweit dies nicht möglich ist, besteht normalerweise ein Anspruch auf Wertersatz (§ 818 Abs. 2 BGB). Unter Umständen kann sich der Bereicherte aber darauf berufen, dass die Bereicherung nicht mehr vorhanden ist (§ 818 Abs. 3 BGB).

Bei einem gegenseitigen Vertrag ist es im Allgemeinen ausgeschlossen, dass sich ein Vertragsteil auf § 818 Abs. 3 BGB beruft, weil seine Bereicherung entfallen ist, er aber gleichzeitig das von ihm Geleistete vom anderen Vertragspartner fordert. Wenn eine Leistung nicht mehr herausgegeben werden kann, besteht nur noch ein Anspruch auf Herausgabe des Wertunterschieds der beiderseitigen Leistungen. Diese Leistungen werden voneinander saldiert und nur noch der Überschuss ist herauszugeben. Diese herrschende Ansicht wird **Saldotheorie** genannt.

Hans hat von Belal ein Auto gekauft. Der Vertrag ist nichtig, weil er von Hans wegen Irrtums gem. § 119 Abs. 1 BGB angefochten wurde. Inzwischen hat der nur pflichtversicherte Hans aber einen von ihm verschuldeten Unfall gehabt und das Auto hatte Totalschaden. Wenn der Wert des Autos 100,00 € höher war als der Kaufpreis, dann wird der Wert der ausgetauschten Leistungen so saldiert, dass Hans Belal 100,00 € zahlen muss.

Die Saldotheorie wird jedoch dort nicht angewendet, wo das Gesetz den überwiegenden Schutz eines Vertragspartners fordert.

Der 5-jährige Leander hat sich eine Riesenschokolade für 5,00 € gekauft und sie gleich aufgegessen. Der Vertrag ist nichtig gem. § 105 Abs. 1 BGB. Der Verkäufer muss gem. §§ 812 Abs. 1 S. 1 1. Alternative 818 Abs. 1 BGB die 5,00 € zurückgeben, obwohl er die Schokolade nicht mehr erhält. Der Wert der gegenseitigen Leistungen wird nicht saldiert, da das Gesetz den überwiegenden Schutz Minderjähriger bezweckt (vgl. §§ 104 ff. BGB). Dieser gesetzliche Schutz soll nicht durch die Anwendung der Saldotheorie ausgehöhlt werden, da dies im Ergebnis dem Vertragsschluss nahe käme, den das Gesetz gerade verhindern will.

Eigentumsvorbehalt

Besonders beim Eigentumsvorbehalt fallen der Zeitpunkt des Abschlusses des Kaufvertrags und der des Eigentumserwerbs durch den Käufer auseinander.

Anna kauft für ihren Betreuungsdienst care4you einen Smart beim Autohaus Werner GmbH. Beim Kauf wird vereinbart, dass der Smart in 24 Monatsraten abbezahlt wird und Anna erst nach vollständiger Kaufpreiszahlung Eigentümerin des Smart werden soll. Sie erhält den Pkw sofort nach einer Anzahlung und kann ihn benutzen.
Der schuldrechtliche Kaufvertrag kommt sofort mit dessen Vereinbarung zustande (§ 433 BGB). Die sachenrechtliche Übergabe erfolgt nach Anzahlung des Kaufpreises durch Überlassung des Smart an Anna (§ 929 BGB). Lediglich die sachenrechtlich auch erforderliche Einigung für den Eigentumserwerb ist aufschiebend bedingt durch die vollständige Kaufpreiszahlung (§§ 929, 449 Abs. 1 BGB). Die Bedingung und auch der Eigentumserwerb treten dann automatisch ein, wenn Anna nach 24 Monaten die letzte Kaufpreisrate vollständig bezahlt (§ 158 Abs. 1 BGB).

> Bei Vereinbarung eines Eigentumsvorbehalts wird das schuldrechtliche Geschäft, der Kaufvertrag, sofort vereinbart. Die sachenrechtliche Wirkung, der Eigentumserwerb durch den Käufer, erfolgt regelmäßig erst nach vollständiger Kaufpreiszahlung.

Praktisch werden weitere Formen des Eigentumsvorbehalts vereinbart wie der **verlängerte Eigentumsvorbehalt**. Der Verkäufer ist dann mit einem Weiterverkauf der Sache einverstanden. An die Stelle des vorbehaltenen Eigentums tritt dann die Forderung des Kaufpreises aus dem Weiterverkauf, die an den Verkäufer abgetreten wird, oder der **erweiterte Eigentumsvorbehalt**. Das Eigentum soll nicht schon mit vollständiger Kaufpreiszahlung, sondern erst dann auf den Käufer übergehen, wenn der Käufer sämtliche Forderungen des Verkäufers aus der laufenden Geschäftsverbindung mit dem Käufer beglichen hat.

Neben der Vereinbarung eines Eigentumsvorbehalts gibt es noch weitere dingliche Sicherheiten für den Verkäufer bzw. einen Kreditgeber, die dem Schuldner aber die Benutzung der Sache ermöglichen. Dies ist z. B. die **Sicherungsübereignung** einer Sache (§ 930 BGB).

Nach 24 Monaten hat Anna den Kaufpreis für den Smart bezahlt. Sie benötigt aber einen Kredit von der Bank, weil sie sich ein großes Büro einrichten will. Die Bank gewährt den Kredit und verlangt, dass ihr der Smart zur Sicherheit für die Rückzahlung des Kredits übereignet wird.

Anna hat mit vollständiger Kaufpreiszahlung endlich Eigentum am Smart erworben. Jetzt kann sie ihren Smart als Sicherheit für den Kredit der Bank übereignen (§ 930 BGB). Mit der Bank vereinbart sie, dass das Eigentum am Smart automatisch mit vollständiger Rückzahlung des Kredits wieder an sie zurückfällt. Dann hat die Bank auflösend bedingt Eigentum am Smart erlangt (§ 158 Abs. 2 BGB), d. h., mit vollständiger Rückzahlung des Kredits fällt das Eigentum wieder an Anna zurück (bedingte Sicherungsübereignung). Andere Vereinbarungen sind auch möglich wie z. B., dass nach Kreditrückzahlung die Bank den Smart an Anna zurückübereignen muss und das Eigentum dann nicht automatisch an Anna zurückfällt (unbedingte Sicherungsübereignung).

Aufgaben

1. Warum gibt das Bereicherungsrecht nur einen schuldrechtlichen Anspruch darauf, die Bereicherung herauszugeben?
2. Lesen Sie § 449 BGB und überlegen Sie, welche wirtschaftliche Bedeutung der Eigentumsvorbehalt für den Verkäufer hat.
3. Welchen Vorteil haben Eigentumsvorbehalt und Sicherungsübereignung für den Käufer bzw. Schuldner?

4 Störungen beim Abschluss des Kaufvertrags: Die Anfechtung

Der Schulleiter will den Vertrag über den gekauften PC rückgängig machen und den Kaufpreis zurückerhalten. Er überlegt, ob er ihn anfechten kann. Er fühlt sich getäuscht, weil der PC nicht richtig funktioniert, und fragt sich, wie so eine Anfechtung vor sich geht.

ARBEITSAUFTRAG

Überlegen Sie, warum es möglich sein kann, Verträge anzufechten, und welche Wirkungen eine erfolgreiche Anfechtung für Leistungen hat, die bereits vor der Anfechtung ausgetauscht wurden.

In bestimmten Fällen schränkt der Gesetzgeber die Vertragsfreiheit ein und bestimmt, dass ein Rechtsgeschäft wie ein Kaufvertrag nichtig ist (vgl. oben Kapitel 1.3.5). Bei weniger schwerwiegenden Willensmängeln kann ein Recht bestehen zur Anfechtung eines zunächst wirksamen Vertrags. Dies ist der Fall, wenn sich aus dem Gesetz ein Recht zur Anfechtung des Vertrags ergibt.

Im Familien- und Erbrecht gibt es z. B. besondere Vorschriften über die Anfechtung der Ehe oder die Anfechtung von letztwilligen Verfügungen. Hier beschäftigen wir uns mit der im Allgemeinen Teil des BGB geregelten Anfechtung gem. §§ 116 ff. BGB.

4.1 Anfechtungsgründe

Der Schulleiter liest die §§ 119 ff. BGB und überlegt, ob es danach einen Grund für die Anfechtung des Vertrages gibt.

ARBEITSAUFTRAG

Prüfen Sie die §§ 119 ff. BGB und analysieren Sie die Situation des Schulleiters.

Ein Irrtum über die gesetzlich vorgesehenen Rechtsfolgen eines Vertrags berechtigt nicht zur Anfechtung.

Der Verkäufer kann den Kaufvertrag nicht anfechten, weil er sich über die Dauer der Gewährleistungsfrist gem. § 438 BGB geirrt hat.
Der Makler M., der eine Eigentumswohnung in der irrigen Annahme gekauft hat, dass die Preise dafür bald steigen, kann ebenfalls nicht anfechten. Er hat sich in der Entwicklung des Wertes der Wohnung geirrt. Diese enttäuschte Erwartung berechtigt nicht zur Anfechtung, wenn sie nicht ausdrücklich in den Vertrag mit einbezogen ist.

4.1.1   Irrtum

Wegen eines rechtlich beachtlichen Irrtums kann eine Willenserklärung gem. § 119 BGB angefochten werden.

Ein Buchungsfehler der Kioskverkäuferin

Fall 1

Axel will ein Auto in Raten kaufen. In der irrigen Annahme, einen Kaufvertrag vor sich
zu haben, unterschreibt er einen Mietvertrag, den er gar nicht wollte.

Fall 2

Ein Investor kauft ein Grundstück und geht davon aus, dass es das ist, was er noch
einmal alleine besichtigt hat. In Wirklichkeit bezieht sich die Flurstücknummer im
Vertrag aber auf das Nachbargrundstück. Kann er anfechten?

Fall 3

Die Kioskinhaberin tippt den Buchungscode der Getränke ein, weil das Gerät ihn
nicht lesen kann. Dabei unterläuft ihr ein Tippfehler und die Getränke werden
günstiger verkauft, als ausgezeichnet. Kann sie anfechten?

Fall 4

Monika war schon beim Vorstellungsgespräch schwanger, was sie verschwiegen hat.
Nach ihrer Einstellung als Bürokraft erfährt ihr Arbeitgeber davon und will den
Arbeitsvertrag anfechten. Zu Recht?

Fall 5

Die Bank KP AG stellt einen Kassierer ein, der wahrheitswidrig angibt, nicht wegen
Untreue und Unterschlagung vorbestraft zu sein. Kann die Bank den Arbeitsvertrag
anfechten?

(1) Ein **Inhaltsirrtum** liegt vor, wenn sich der Erklärende über den Inhalt seiner Erklärung geirrt hat und die Erklärung ohne den Irrtum nicht abgegeben hätte (§ 119 Abs. 1 1. Alternative BGB). Erforderlich ist, dass die Umstände, auf die sich der Irrtum bezog, Inhalt des Vertrags geworden sind, wobei dies auch konkludent geschehen kann. Nur dann liegt ein Inhaltsirrtum vor.

Zu Fall 1

Axel hat sich über den Vertragstyp geirrt. Statt eines Mietvertrags wollte er nur einen Kaufvertrag abschließen. Er ist zur Anfechtung wegen Inhaltsirrtums berechtigt (§ 119 Abs. 1 1. Alternative BGB).

Zu Fall 2

Der Investor kann auch wegen Inhaltsirrtums anfechten, weil er den Gegenstand, auf den sich der Kauf bezog, verwechselt hat. Er wollte ein anderes Grundstück kaufen.

(2) Ein **Erklärungsirrtum** ist gegeben, wenn sich der Erklärende bei der Erklärungshandlung vertan hat, beispielsweise wenn er sich versprochen oder verschrieben hat und wenn er die Erklärung ohne den Irrtum nicht abgegeben hätte (§ 119 Abs. 1 2. Alternative BGB).

Zu Fall 3

Es liegt ein Erklärungsirrtum vor, weil sie sich vertippt hat. Sie kann den Vertrag anfechten gem. § 119 Abs. 1 2. Alternative BGB.

(3) Um einen Irrtum gem. § 119 Abs. 2 BGB handelt es sich, wenn ein Irrtum vorliegt über die **verkehrswesentliche Eigenschaft einer Person oder Sache**, auf die sich das Rechtsgeschäft bezieht.

Zu Fall 4

Monikas Schwangerschaft ist keine verkehrswesentliche Eigenschaft, weil sie vorübergehend ist (§ 119 Abs. 2 BGB). Im Übrigen muss eine Arbeitnehmerin bei der Einstellung grundsätzlich nicht auf ihre Schwangerschaft hinweisen. Sie darf auf eine entsprechende Frage sogar lügen. Damit soll erreicht werden, dass Schwangere nicht aufgrund ihrer Schwangerschaft diskriminiert werden. Ein Recht zur Anfechtung besteht nicht.

Zu Fall 5

Für das Arbeitsverhältnis des Kassierers sind diese Vorstrafen von Bedeutung, da es auf seine Zuverlässigkeit und Vertrauenswürdigkeit besonders ankommt. Über das Vorliegen dieser verkehrswesentlichen Eigenschaften in der Person des Kassierers hat sich die Bank geirrt, sodass sie den Vertrag gem. § 119 Abs. 2 BGB anfechten kann.

Unter den genannten Voraussetzungen ist auch eine Willenserklärung anfechtbar, die durch einen Übermittler oder durch eine entsprechende Einrichtung unrichtig weitergegeben wurde (§ 120 BGB).

Im BGB kommt es für die Berechtigung zur Anfechtung wegen Irrtums weder darauf an, ob der Irrende den Irrtum selbst verschuldet hat, noch darauf, ob der Anfechtungsgegner den Irrtum erkennen konnte oder eventuell veranlasst hat. Anders bezieht der österreichische Gesetzgeber diese Kriterien gem. § 871 ABGB nach dem Vertrauensprinzip in die gesetzliche Regelung ein. Das BGB schließt jedoch unter Umständen die Ersatzpflicht des Irrenden gegenüber dem Antragsgegner aus. Dies ist der Fall, wenn letzterer den Grund für die Anfechtbarkeit kannte oder aufgrund der Umstände kennen musste (vgl. § 122 Abs. 2 BGB).

4.1.2   Arglistige Täuschung oder widerrechtliche Drohung

Eine Willenserklärung aufgrund arglistiger Täuschung kann ebenso angefochten werden wie eine durch widerrechtliche Drohung erwirkte (§ 123 Abs. 1 BGB).

Fall 6

Oskar droht seinem Arbeitgeber mit einer Strafanzeige wegen Steuerhinterziehung, wenn der Arbeitgeber nicht seinen Lohn erhöht.

Eine **arglistige Täuschung** ist gegeben, wenn die Willenserklärung erfolgt, weil der Erklärende über Tatsachen willentlich und bewusst getäuscht wurde und infolge dessen bei ihm ein Irrtum erzeugt wird. Häufig liegt in diesen Fällen auch ein Betrug gem. § 263 Strafgesetzbuch (StGB) vor.

Der Finanzmakler und Mitgesellschafter einer GmbH zeigt dem Anleger Igor bewusst falsche Bilanzen und Gewinn- und Verlustrechnungen der Firma, um ihn zum Kauf der Anteile der GmbH zu bewegen. Igor glaubt, was ihm erzählt wird, und kauft deshalb die Firma. Der Anteilskauf kann gem. § 123 Abs. 1 BGB angefochten werden.

Eine Willenserklärung durch **widerrechtliche Drohung** liegt vor, wenn der Erklärende durch die Drohung mit einem empfindlichen Übel in eine rechtswidrige Zwangslage versetzt wird, die zu der abgegebenen Erklärung geführt hat.

Glen droht Kim, dass er sie verprügelt, wenn sie ihm nicht 20,00 € gibt. Kim gibt ihm daraufhin 20,00 €. Die Schenkung ist gem. § 123 Abs. 1 BGB anfechtbar. Zumeist liegt in der widerrechtlichen Drohung auch wie hier eine strafbare Erpressungs- (§ 253 StGB) oder zumindest eine Nötigungshandlung (§ 240 StGB).

Eine Drohung mit einem strafrechtlich relevanten oder sittenwidrigen Verhalten ist immer rechtswidrig.

Fraglich ist die Widerrechtlichkeit der Drohung, wenn zwar mit etwas Erlaubtem gedroht wird, aber der beabsichtigte Erfolg der Drohung in keinem Zusammenhang damit steht.

Widerrechtlich ist die Drohung dann, wenn Mittel und Zweck in einem unangemessenen Zusammenhang zueinander stehen.

Zu Fall 6
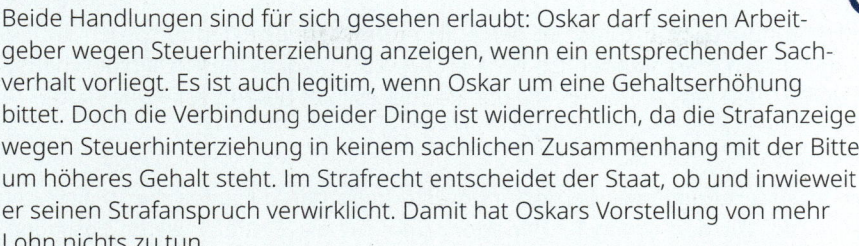

Beide Handlungen sind für sich gesehen erlaubt: Oskar darf seinen Arbeitgeber wegen Steuerhinterziehung anzeigen, wenn ein entsprechender Sachverhalt vorliegt. Es ist auch legitim, wenn Oskar um eine Gehaltserhöhung bittet. Doch die Verbindung beider Dinge ist widerrechtlich, da die Strafanzeige wegen Steuerhinterziehung in keinem sachlichen Zusammenhang mit der Bitte um höheres Gehalt steht. Im Strafrecht entscheidet der Staat, ob und inwieweit er seinen Strafanspruch verwirklicht. Damit hat Oskars Vorstellung von mehr Lohn nichts zu tun.

Widerrechtlich ist die Verbindung von Mittel und Zweck (= Zweck-Mittel-Relation). Der Arbeitgeber kann eine wegen der Drohung erfolgte Gehaltserhöhung anfechten gem. § 123 Abs. 1 BGB.

4.2   Anfechtungsfrist

Die Anfechtung wegen Irrtums muss unverzüglich nach Entdeckung des Irrtums erfolgen (§ 121 Abs. 1 BGB). Wenn seit Abgabe der Willenserklärung zehn Jahre verstrichen sind, ist die Anfechtung ausgeschlossen (§ 121 Abs. 2 BGB).

Wegen arglistiger Täuschung oder widerrechtlicher Drohung kann eine Willenserklärung binnen eines Jahres angefochten werden, nachdem die Täuschung entdeckt wurde oder die durch die Drohung begründete Zwangslage beendet ist (§ 124 Abs. 1, 2 BGB). Auch hier ist die Anfechtung ausgeschlossen, wenn seit Abgabe der Willenserklärung zehn Jahre verstrichen sind (§ 124 Abs. 3 BGB).

4.3   Anfechtungserklärung

Die Anfechtung ist gegenüber dem Anfechtungsgegner zu erklären. Bei einem Vertrag ist dies der andere Vertragsteil, bei einem einseitigen Rechtsgeschäft ist dies der, dem gegenüber das Rechtsgeschäft vorzunehmen war (vgl. § 143 BGB).

Die Anfechtungserklärung ist eine einseitige empfangsbedürftige Willenserklärung.

4.4   Wirkung der Anfechtung

Eine anfechtbare Willenserklärung bleibt wirksam, bis die Anfechtung erfolgt. Die Willenserklärung wird erst unwirksam, wenn sie angefochten wird.
Nach Anfechtung ist die Willenserklärung von Anfang an als nichtig anzusehen (§ 142 Abs. 1 BGB).

Das angefochtene Rechtsgeschäft wird nach den Regeln der ungerechtfertigten Bereicherung rückabgewickelt.

4.5   Anspruch auf Schadenersatz bei der Anfechtung wegen Irrtums

Bei der Anfechtung wegen Irrtums hat der Anfechtungsgegner einen Anspruch auf Ersatz des Schadens, der dadurch entstanden ist, dass er auf die Gültigkeit des Rechtsgeschäfts vertraut hat (§ 122 BGB). Dies sind die Kosten, die das Rechtsgeschäft bislang zur Folge hatte.

 Bei der Anfechtung eines Grundstückskaufs (siehe Fall 4) können dies u. a. Kosten für den Notar, für den Grundstücksmakler sowie für die Eintragung und Löschung von Rechten im Grundbuch sein.

Nach oben ist der Ersatzanspruch durch das Erfüllungsinteresse begrenzt. Ein Ersatzanspruch scheidet daher aus, wenn das Geschäft für den Anfechtungsgegner nur zu einem Verlust geführt hätte.

Aufgaben

1. Warum hat der Anfechtungsgegner bei Anfechtung wegen arglistiger Täuschung keinen Schadenersatzanspruch wie bei Irrtum gem. § 122 Abs. 1 BGB?
2. Conny fällt auf, dass sie sich beim Inhalt des Kaufvertrags über den Lieferumfang ihrer Software geirrt hat, u. a. sind Updates, wie von ihr angenommen, nicht im Vertrag enthalten. Sie benutzt die Software jedoch trotzdem weiter, um ihr Schulprojekt abzuschließen. Danach, etwa einen Monat später, erklärt sie die Anfechtung. Ist der Vertrag wirksam angefochten worden?
3. Selim kauft ein Haus, wobei er den Keller nicht richtig besichtigen kann, weil es nirgendwo Licht gibt. Der Verkäufer verschweigt, dass das Haus stark mit Hausschwamm befallen ist, was Selim nicht erkennt. Kann Selim den Vertrag anfechten?
4. Überlegen Sie, in welchem Verhältnis die §§ 459 ff. BGB zu § 119 Abs. 2 BGB stehen könnten, wenn der Kaufsache eine verkehrswesentliche Eigenschaft fehlt.

5   Störung bei der Erfüllung des Kaufvertrags: Sachmangel

ARBEITSAUFTRAG

Lesen Sie §§ 434 und 437 BGB und überlegen Sie, welche Rechte die Schule Freies Lernen e. V. gegen die Schnell GmbH haben könnte.

> Eine Leistung ist gestört, wenn sie nicht, wie geschuldet, erfüllt wird.

Das bürgerliche Recht unterscheidet verschiedene Leistungsstörungen:

- Unmöglichkeit
- Verzug
- Schlechtleistung bzw. mangelhafte Leistung
- sonstige Pflichtverletzung
- Verletzung von Pflichten bei Vertragsverhandlungen
- Störung der Geschäftsgrundlage

Die Schlechtleistung ist vor allem bei dem jeweiligen Vertragstyp im Besonderen Schuldrecht des BGB geregelt. Dies ist beispielsweise für Mängelansprüche beim Kaufvertrag gem. §§ 434 ff. bzw. beim Werkvertrag gem. §§ 633 ff. BGB der Fall.

Soweit keine Sondervorschriften im Besonderen Schuldrecht für das jeweilige Rechtsgeschäft gelten, finden sich die Vorschriften über Leistungsstörungen im Allgemeinen Schuldrecht im BGB.

5.1 Mangel beim Kauf

Da der Kaufvertrag mit der Schnell GmbH nicht anfechtbar ist, überlegt die Schule, ob das Problem, dass der PC nicht mehr startet, ein Mangel sein könnte und welche Rechte die Schule als Käuferin hat.

ARBEITSAUFTRAG

Prüfen Sie anhand von § 434 BGB, ob bei dem von der Schnell GmbH gekauften PC ein Mangel vorliegt.

Die Leistung des Verkäufers ist gestört, wenn er die Kaufsache nicht ordnungsgemäß liefert oder übereignet. Mangelhaft ist die Leistung des Verkäufers, wenn entweder ein **Sachmangel (§ 434 BGB)** oder ein **Rechtsmangel (§ 435 BGB)** vorliegt.

Ein **Rechtsmangel** ist gegeben, wenn die verkaufte Sache, anders als vertraglich vereinbart, mit dem Recht eines Dritten belastet ist, wie z. B. mit dem Pfandrecht einer anderen Person.

5.1.1 Begriff des Sachmangels

Der Sachmangel ist in § 434 BGB geregelt. Die Sache ist frei von Sachmängeln gemäß § 434 Absatz 1 BGB, wenn sie bei Gefahrübergang den subjektiven Anforderungen, den objektiven Anforderungen und den Montageanforderungen dieser Vorschrift entspricht. Ein Sachmangel liegt u. a. vor, wenn die Kaufsache

- nicht die vereinbarte Beschaffenheit hat (§ 434 Absatz 2 Ziffer 1 BGB),
- nicht für die vertraglich vorausgesetzte Verwendung geeignet ist (§ 434 Abs. 2 Ziff. 2 BGB),
- nicht für die gewöhnliche Verwendung geeignet ist (§ 434 Abs. 3 Ziffer 1 BGB),
- nicht die übliche Beschaffenheit aufweist (§ 434 Abs. 3 Ziff. 2 BGB),

- nicht so ist, wie in der Werbung versprochen (§ 434 Abs. 3 Ziffer 2 BGB) oder wenn sie
- unsachgemäß montiert worden ist (§ 434 Abs. 4 BGB),
- die Montageanleitung fehlerhaft ist, sogenannte „IKEA-Klausel", und die Sache nicht fehlerfrei montiert wurde (vgl. § 434 Abs. 4 BGB) oder wenn
- der Verkäufer eine andere Sache oder eine zu geringe Menge liefert (§ 434 Abs. 3 BGB).

> Meist liegt jedoch ein Mangel bereits vor, weil die Sache anders ist als vereinbart (§ 434 Absatz 2 BGB).

5.1.2 Sachmangel bei Gefahrübergang

Die Gewährleistungsvorschriften werden angewendet, wenn der Sachmangel bei Gefahrübergang vorliegt (vgl. § 434 Abs. 1 BGB).

> **Gefahrübergang** bedeutet, dass die Gefahr des zufälligen Untergangs der Kaufsache auf den Käufer übergeht.

Regelmäßig geht die Gefahr auf den Käufer mit Übergabe der Sache über (§ 446 BGB).

B Luisa kauft in einer Bäckerei Sahnetorte. Beim Verpacken fällt der Verkäuferin die Torte auf den Boden und zermatscht. Luisa kann gem. § 433 Abs. 1 BGB neue Tortenstücke verlangen, da die Gefahr gem. § 446 BGB noch nicht auf sie übergegangen ist.

> Vor Gefahrübergang hat der Käufer den Anspruch auf Übergabe und Übereignung der mangelfreien Kaufsache (Erfüllungsanspruch) gem. § 433 Abs. 1 BGB.

Der Käufer kann diesen Erfüllungsanspruch gem. § 433 Abs. 1 BGB geltend machen oder nach allgemeinen Vorschriften vorgehen. Beispielsweise kann er eine Frist für die Übergabe gem. § 323 Abs. 1 BGB setzen. Wenn die Frist erfolglos verstreicht, kann der Käufer vom Vertrag zurücktreten und auch Schadenersatz verlangen, wenn der Verkäufer die Nichtleistung zu vertreten hat (vgl. §§ 325, 280 Abs. 1 BGB).

> Erst nach Gefahrübergang bestimmen sich die Rechte des Käufers wegen eines Sachmangels nach § 437 BGB.

Zeitpunkt des Gefahrübergangs

Regelmäßig geht die Gefahr des zufälligen Untergangs oder der zufälligen Verschlechterung der Kaufsache auf den Käufer über, nachdem die Kaufsache dem Käufer übergeben wurde (§ 446 BGB).

> Regelmäßig geht die Gefahr des zufälligen Untergangs der Kaufsache mit deren Übergabe an den Käufer über.

B Der Kioskbesitzer verkauft Tobias eine Leberkässemmel, die er ihm gleich geben will. Bevor die Semmel an Tobias übergeben wird, fällt Taubenkot darauf. Da die Gefahr noch nicht übergegangen ist, kann Tobias eine neue Leberkässemmel verlangen.

Wenn der Käufer aber verlangt, dass die Kaufsache an einen anderen Ort als den Erfüllungsort versandt wird, geht die Gefahr über, wenn der Verkäufer sie der Post oder dem Spediteur zur Versendung übergibt (§ 447 Abs. 1 BGB). Erfüllungsort ist mangels abweichender Vereinbarung, der Ort, an dem der Verkäufer seinen Wohnsitz oder ein Geschäft hat (§ 269 BGB).

Aufgaben

1. Heribert möchte das neue Auto zurückgeben, weil ein Krümel auf dem Rücksitz liegt. Liegt ein Mangel vor?
2. Überlegen Sie: Ist bei einem Kaufvertrag, wenn ein Sachmangel vorliegt, nach Gefahrübergang auch eine Anfechtung gem. § 119 Abs. 2 BGB möglich?

5.2   Überblick über die Gewährleistungsansprüche

Da ein Sachmangel vorliegt, fragt sich die Schule, welche Gewährleistungsansprüche sie hat. Am liebsten würde der Schulleiter den Vertrag rückabwickeln und den Kaufpreis zurückerhalten, weil er mit der Schnell GmbH nicht mehr zusammenarbeiten möchte. Die Schnell GmbH gibt zwar zu, dass ein Mangel vorliegt, möchte den PC aber reparieren und am Vertrag festhalten.

ARBEITSAUFTRAG

Was meinen Sie: Muss der Schulleiter die Reparatur durch die Schnell GmbH akzeptieren oder darf er vom Vertrag zurücktreten?

> Die Ansprüche nach Gefahrübergang nennen wir auch **Gewährleistungsansprüche**.

Diese Ansprüche sind in § 437 BGB im Überblick dargestellt. Danach besteht zunächst nur der Anspruch auf Nacherfüllung gem. § 439 BGB. Wenn die Nacherfüllung fehlschlägt oder verweigert wird, kann der Käufer wahlweise

- vom Vertrag zurücktreten gem. §§ 440, 323, 326 Abs. 5 BGB oder
- den Kaufpreis mindern gem. § 441 BGB oder
- bei Verschulden des Verkäufers Schadenersatz verlangen gem. §§ 440, 311a, 280 ff. BGB.

In den speziellen Vorschriften über den Kauf (§§ 433 ff. BGB) verweist der Gesetzgeber damit auf das Allgemeine Schuldrecht zurück, vor allem hinsichtlich des Rücktritts und des Anspruchs auf Schadenersatz.

5.3 Nacherfüllung

Der Schulleiter bevorzugt statt der Reparatur die Lieferung eines neues PC, weil er der Schnell GmbH nicht die Reparatur zutraut. Die Schnell GmbH weigert sich, weil der gebrauchte PC dann nur unter erheblichem Verlust verkäuflich sei und er leicht repariert werden könne.

> Der Käufer kann wegen eines Sachmangels nach Gefahrübergang zunächst regelmäßig nur Nacherfüllung gem. § 439 BGB verlangen.

Fall 1
Julia kauft eine Haarbürste für 1,99 €. Bei der ersten Verwendung bricht die Bürste ohne erkennbaren Grund in drei Stücke. Was kann sie zunächst vom Verkäufer verlangen?

Fall 2
Bei dem von Kevin gekauften Motorrad ist eine Lampe defekt. Was kann er vom Verkäufer jetzt verlangen?

Mit der Möglichkeit, den Vertrag nach Gefahrübergang zu erfüllen, will der Gesetzgeber dem Verkäufer noch die Chance geben, vertragsgemäß zu leisten, um nicht sofort einem Rücktritt durch den Käufer oder anderen Ansprüchen ausgesetzt zu sein. Der Anspruch auf Nacherfüllung kann deshalb auch als ein verlängerter Erfüllungsanspruch gesehen werden. Er ist deshalb „verlängert", weil er als Gewährleistungsanspruch nach Gefahrübergang weiter das

Ziel verfolgt, dass der Kaufvertrag durch eine letztlich mangelfreie Sache noch „erfüllt" werden kann.

> Regelmäßig hat der Käufer die Wahl, ob er Reparatur oder Lieferung einer mangelfreien Sache verlangt (§ 439 Abs. 1 BGB).

Anders ist dies, wenn die gewählte Art der Nacherfüllung für den Verkäufer unverhältnismäßig teuer ist, dann ist der Anspruch auf die andere Art der Nacherfüllung beschränkt (vgl. § 439 Abs. 3 BGB).

Zu Fall 1
Julia kann nur eine neue Bürste verlangen, nicht dagegen die Reparatur der alten. Letzteres wäre zu teuer und dem Verkäufer daher unzumutbar (§ 439 Abs. 3 BGB).

Zu Fall 2
Die Lieferung eines neuen Motorrades kann Kevin nicht verlangen, da dies für den Verkäufer zu aufwendig ist. Sein Anspruch beschränkt sich auf die Reparatur des Motorrads, d.h. auf den Austausch der defekten Lampe.

Wenn der Mangel der Kaufsache unbehebbar ist, hat die Nacherfüllung jedoch keinen Sinn. Dann kann der Käufer gleich vom Vertrag zurücktreten (§§ 440, 323 BGB), den Kaufpreis mindern (§ 441 BGB) oder Schadenersatz verlangen, wenn der Verkäufer den unbehebbaren Mangel kannte oder kennen musste (§ 311a BGB). Der bei Gefahrübergang vorhandene unbehebbare Mangel wird insoweit so behandelt wie die anfängliche Unmöglichkeit. Dies folgt daraus, dass der Gesetzgeber in § 437 Ziff. 3 BGB den § 311a BGB ausdrücklich erwähnt. Das Verschulden des Verkäufers bezieht sich dann darauf, ob er den unbehebbaren Mangel kannte oder kennen musste.

Aufgaben

1. Burcu erkennt noch vor Übergabe, dass das gekaufte Buch außen zerkratzt ist. Welchen Anspruch hat sie?
2. Otto hat bei Farid einen „funktionstüchtigen" Oldtimer gekauft. Leider lässt sich die Fensterscheibe vorne nicht nach unten kurbeln. Otto will den Kaufpreis zurück oder einen anderen vergleichbaren Oldtimer. Wie könnte Farid reagieren, wenn er keinen weiteren Oldtimer beschaffen kann und am Kaufvertrag festhalten möchte?

5.4   Rücktritt und Minderung

Schließlich versucht die Schnell GmbH den PC zu reparieren, aber dies misslingt. Auch ein zweiter Reparaturversuch gelingt nicht. Der Schulleiter ist genervt. Er will jetzt vom Vertrag zurücktreten. Die Schnell GmbH weigert sich aber nach wie vor und möchte den PC noch einmal reparieren.

Die Schule kann nach zwei erfolglosen Reparaturversuchen vom Vertrag zurücktreten (§§ 437 Ziff. 2, 440 BGB). Es wäre nicht zumutbar, der Schnell GmbH in dieser Situation einen weiteren Reparaturversuch zuzubilligen. Die Schnell GmbH ist aber mit dem Rücktritt nicht einverstanden. Sie bietet der Schule eine Minderung des Kaufpreises an. Der Schulleiter meint, dass die Schule an dem PC kein Interesse habe, weil er nicht funktioniert.

ARBEITSAUFTRAG

Prüfen Sie, ob der Schulleiter die Kaufpreisminderung akzeptieren muss oder ob er vom Kaufvertrag zurücktreten kann. Erhält er im Falle des Rücktritts den vollen Kaufpreis zurück?

Rücktritt

Wenn die Nacherfüllung fehlschlägt, der Verkäufer die Nacherfüllung verweigert oder wenn es sich um einen unbehebbaren Mangel handelt, kann der Käufer gem. §§ 440, 323 BGB vom Vertrag zurücktreten, ohne dass er dem Verkäufer eine Frist setzen muss (vgl. § 326 Abs. 5 BGB).

> Regelmäßig gilt die Nacherfüllung nach dem zweiten erfolglosen Versuch als fehlgeschlagen (vgl. § 440 S. 2 BGB).

Minderung

Wenn der Käufer trotz fehlgeschlagener Nacherfüllung die Kaufsache noch behalten will, kann er wahlweise statt des Rücktritts den Kaufpreis mindern gem. § 441 BGB. Die Minderung ist nach folgender Formel zu berechnen:

$$\text{Minderungsbetrag} = \text{Kaufpreis} \cdot \frac{\text{Wert der Sache in mangelhaftem Zustand}}{\text{Wert der Sache in mangelfreiem Zustand}}$$

Der Kaufpreis wird herabgesetzt im Verhältnis des Wertes der Kaufsache in mangelhaftem Zustand zum Wert der Kaufsache in mangelfreiem Zustand.

 Rita hat ein Springpferd für 8.000,00 € gekauft, das sie behalten möchte, obwohl es krankheitsbedingt dauerhaft in seiner Leistung eingeschränkt ist, was bei Vertragsschluss nicht erkennbar war. Ohne Mangel hätte das Pferd einen Wert in Höhe von 9.000,00 €, mit Mangel einen Wert in Höhe von 7.000,00 €. Da Rita das Pferd behalten will, mindert sie den Kaufpreis, der jetzt 6.222,00 € beträgt (= 8.000,00 · 7.000,00/9.000,00).

Aufgaben

1. Überlegen Sie, wann es sinnvoll ist, wenn der Käufer vom Vertrag zurücktritt, und wann, wenn er den Kaufpreis mindert.
2. Warum wird bei der Minderung statt des vereinbarten Kaufpreises nicht einfach der Wert der Sache mit Mangel als neuer Kaufpreis angenommen?

5.5   Schadenersatz

Der Schulleiter möchte für den Ärger und die vielen Telefonate mit der Schnell GmbH Schadenersatz von dieser und befragt dazu den Rechtsanwalt der Schule. Dieser weist darauf hin, dass bei einem Verschulden der Schnell GmbH ein Schadenersatzanspruch allgemein bestehen könnte, aber ein ersatzfähiger Schaden wohl nicht belegbar ist.

ARBEITSAUFTRAG

Prüfen Sie die Aussage des Rechtsanwalts, ziehen Sie dazu § 253 BGB heran.

> Im Unterschied zu den anderen Gewährleistungsansprüchen setzt der Anspruch auf Schadenersatz voraus, dass der Verkäufer die Pflichtverletzung zu vertreten hat (vgl. § 280 Abs. 1 S. 2 BGB bzw. § 311a Abs. 2 S. 2 BGB).

Dies bedeutet, dass der Verkäufer entweder für eigenes oder für fremdes Verschulden einstehen muss. Das Verschulden für eigenes Handeln ist geregelt in § 276 BGB.

Fall 3

Anton kaufte einen Geländewagen und wendete für dessen Zusatzausstattung sowie für die Überführung und die Zulassung des Fahrzeugs 5.000,00 € auf. Vier Wochen nach dem Kauf fielen ihm mehrere Mängel auf, die der Verkäufer schuldhaft vorher nicht behoben hatte und sich jetzt auch weigert zu beseitigen. Nach Rücktritt vom Vertrag will Anton den Kaufpreis zurück und die 5.000,00 €. Der Verkäufer verweist darauf, dass der Wagen jetzt ganz anders sei. Er werde ihn nicht zurücknehmen. Wie ist die Rechtslage?

> **Fahrlässig** handelt, wer die im Verkehr erforderliche Sorgfalt unbeachtet lässt (§ 276 Abs. 2 BGB).

> **Vorsätzlich** handelt, wer wissentlich einen Handlungserfolg zumindest in Kauf nimmt.

Für fremdes Verschulden muss der Schuldner gem. § 278 BGB einstehen, wenn er jemanden einsetzt, um seine schuldrechtlichen Verpflichtungen zu erfüllen.

 Wenn ein Angestellter des Verkäufers die Lieferung am vereinbarten Tag vergisst, muss der Verkäufer für dessen Verschulden gem. § 278 BGB einstehen.

Zu Fall 3

Der Verkäufer verweigerte die Nacherfüllung (§ 440 BGB), sodass Anton zu den anderen Gewährleistungsansprüchen übergehen kann.

Anton kann vom Vertrag zurücktreten wegen der Mängel des Fahrzeugs (§§ 434, 440 BGB) und erhält den Kaufpreis zurück.

Daneben kann er gem. § 284 BGB seine vergeblichen Aufwendungen in Höhe von 5.000,00 € ersetzt verlangen (vgl. auch § 325 BGB), da der Verkäufer schuldhaft handelte.

Er muss sich auf seinen Anspruch aber Nutzungsvorteile gem. § 346 Abs. 1, 2 BGB anrechnen lassen. Dies gilt für die Zeit, in der er den Wagen benutzt hat.

Aufgaben

1. Überlegen Sie, ob ein erklärter Rücktritt seitens des Käufers ausschließt, dass der Käufer auch noch einen Schadenersatzanspruch geltend macht.
2. Die Cellar AG hat der Krankenhaus Merci AG eine Ölwanne verkauft. Nach Einbau der Ölwanne im Keller des Krankenhauses läuft viel Öl aus, weil die Ölwanne von Anfang an ein Leck hatte, das bisher nicht bemerkt worden war. Welche Ansprüche hat das Krankenhaus?

5.6   Verjährung der Mängelansprüche

ARBEITSAUFTRAG

Überlegen Sie, ob Sie einen Anspruch auch nach fünf oder nach 40 Jahren noch durchsetzen können. Was spricht dafür, was dagegen?

Durch Zeitablauf kann ein Recht seine Durchsetzbarkeit verlieren. Ein verjährter Anspruch begründet dann nur noch eine Obliegenheit, d.h., diese ist rechtlich nicht mehr durchsetzbar, wenn der andere Teil Verjährung einwendet.

> Die Verjährung begründet ein Recht, die Leistung zu verweigern (§ 214 Abs. 1 BGB).

Der Gesetzgeber beabsichtigt, dass nach einem gewissen Zeitablauf Rechtsfrieden eintreten soll und die entsprechenden Ansprüche dann nicht mehr durchsetzbar sein sollen. Normalerweise ist die Verjährung im Allgemeinen Teil des BGB geregelt (vgl. §§ 194 ff. BGB). Für die Verjährung von Ansprüchen wegen Mängeln der Kaufsache hat der Gesetzgeber jedoch eine Sonderregelung im Kaufrecht getroffen, die den allgemeinen Vorschriften vorgeht. Gemäß § 438 Abs. 1 Ziff. 3 BGB verjähren die Ansprüche wegen Mängeln an beweglichen Sachen in zwei Jahren von der Ablieferung der Sache an (vgl. § 438 Abs. 2 BGB).

Wenn der Mangel aber vom Verkäufer arglistig verschwiegen wurde, verjähren die Mängelansprüche in der regelmäßigen Verjährungsfrist. Damit verweist das Kaufrecht in den Allgemeinen Teil des BGB zurück. Die regelmäßige Verjährungsfrist beträgt drei Jahre (§ 195 BGB). Sie beginnt regelmäßig mit dem Schluss des Jahres, in dem der Gläubiger die den Anspruch begründenden Umstände kannte oder ohne grobe Fahrlässigkeit kennen musste, und beträgt höchstens zehn Jahre (vgl. § 199 BGB).

 Der Gebrauchtwagenhändler Ken verschweigt einen Unfallschaden des im März 2020 gekauften Pkw gegenüber der Käuferin Büsra. Da den Händler hierüber eine Aufklärungspflicht trifft, hat er den Mangel arglistig verschwiegen. Die Verjährungsfrist für die Gewährleistungsansprüche beträgt regelmäßig drei Jahre. Sie beginnt, wenn Büsra den Unfallschaden erst zwei Jahre später entdeckt, am 31. Dezember 2022.

5.7   Besonderheiten des Verbrauchsgüterkaufs

Im BGB wurden vielfach Regelungen zugunsten des Verbrauchers aufgenommen. Grund hierfür ist, dass sich ein Verbraucher häufig einer großen Marktmacht des Verkäufers gegenübersieht, welcher zudem die Vertragsbedingungen diktiert. Diese verbraucherschützenden Vorschriften gehen häufig auf Rechtssetzungen durch die Europäische Union zurück. So hatte der deutsche Gesetzgeber die europäische Verbrauchsgüterkaufrichtlinie umzusetzen. Dies ist in den §§ 474 ff. BGB erfolgt. Die Begriffe „Verbraucher" und „Unternehmer" sind in § 13 bzw. in § 14 BGB näher erläutert.

Ein **Verbrauchsgüterkauf** liegt vor, wenn ein Verbraucher eine bewegliche Sache von einem Unternehmer kauft (§ 474 Abs. 1 BGB).

Dies gilt jedoch nicht für den Verkauf gebrauchter Sachen in einer öffentlichen Versteigerung (vgl. §§ 474 Abs. 1 S. 2, 383 Abs. 3 BGB). Im Falle eines Verbrauchsgüterkaufs verbleibt es regelmäßig beim Gefahrübergang gem. § 446 BGB.

Die Gefahr des zufälligen Untergangs geht beim Verbrauchsgüterkauf regelmäßig erst mit Übergabe der Kaufsache auf den Käufer über.

Ein Buchhändler sendet Samira vereinbarungsgemäß ein Buch zu, das sie für ein Schulreferat benötigt. Das Buch kommt aber nicht an. Erst mit Übergabe des Buches würde die Gefahr des zufälligen Untergangs des Buches auf Samira übergehen (§ 446 BGB). Der § 447 BGB ist in der Regel nicht anzuwenden (vgl. § 475 Absatz 2 BGB). Samira muss den Kaufpreis nicht bezahlen, da ihr das Buch noch nicht übergeben wurde. Sie kann weiterhin die Lieferung des Buches verlangen gem. § 433 Abs. 1 BGB.

Beweislastumkehr

Regelmäßig muss der Käufer beweisen, dass der Mangel der Kaufsache bereits bei Gefahrübergang vorhanden war. Beim Verbrauchsgüterkauf ist die Beweislast jedoch für ein Jahr ab Übergabe der Sache umgekehrt. Nur beim Kauf eines Tieres gilt diese Vermutung für sechs Monate ab Gefahrübergang (§ 477 Absatz 1 BGB).

Wenn innerhalb von einem Jahr nach Gefahrübergang ein Sachmangel erkennbar ist, wird vermutet, dass die Sache bereits zu diesem Zeitpunkt mangelhaft war (§ 477 Absatz 1 BGB).

Einschränkungen der Verbraucherrechte durch Vereinbarungen

Die Gewährleistungsansprüche des Verbrauchers dürfen nicht durch Vertrag eingeschränkt werden. Dies gilt nicht für den Anspruch auf Schadenersatz (§ 476 Abs. 1, 3 BGB). Andererseits sind Einschränkungen von Schadenersatzansprüchen in Allgemeinen Geschäftsbedingungen häufig unwirksam aufgrund der §§ 307, 309 Ziff. 5, 7 BGB.

Die Verjährungsfrist für die Gewährleistungsansprüche eines Verbrauchers darf bei neuen Sachen zwei Jahre, bei gebrauchten Sachen ein Jahr nicht unterschreiten (§ 476 Abs. 2 BGB).

Aufgaben

1. Dennis kauft für sich privat im Schlussverkauf einen Mantel, den er nur kurz anprobiert. Zu Hause stellt er fest, dass die Reißverschlüsse der Seitentaschen defekt sind. Er will den

Mantel umtauschen oder reparieren lassen, was ihm aber von der Verkäuferin verweigert wird, da Ware im Schlussverkauf vom Umtausch ausgeschlossen ist. Welche Rechte hat Dennis?

2. Wann findet der Gefahrübergang beim Kauf einer DVD statt (geben Sie auch die gesetzlichen Vorschriften an),
   - wenn eine Bringschuld vereinbart ist,
   - wenn ein Versendungskauf unter Privatleuten vorliegt,
   - wenn ein Versendungskauf als Verbrauchsgüterkauf vorliegt?

5.8   Rechte und Pflichten eines Kaufmanns

ARBEITSAUFTRAG

Warum und in welcher Weise könnten sich Rechte und Pflichten eines Kaufmanns von denen eines Privatmannes unterscheiden?

Einerseits um einen flexiblen und reibungslosen Geschäftsverkehr zu gewährleisten, andererseits um auf die Gepflogenheiten kaufmännischen Handelns Rücksicht zu nehmen, enthält das HGB Sondervorschriften für Handelsgeschäfte. Im Folgenden werden diese beispielhaft behandelt, um den Zweck des Handelsrechts zu verdeutlichen.

Fall 1

Die Spedition der Kauffrau Lisa steht in ständiger Geschäftsverbindung zur Luxxx-Möbel GmbH. Lisa bietet ihrem Kunden an, für 3,50 € pro Kilometer in 21 Tagen insgesamt 20 Touren am Samstag in Nürnberg zu übernehmen und die verkauften Möbel an die Kunden der LuxxxMöbel GmbH auszuliefern. Kommt ein Vertrag zustande, wenn die LuxxxMöbel GmbH auf das Angebot nicht reagiert?

Fall 2

Der Kaufmann Onur verbürgt sich telefonisch gegenüber der Kreditfromm AG, für die Schuld einer guten Kundin einzustehen. Ist die Bürgschaft gültig?

Fall 3

Kaufmann Max hat bei der Edelholz GmbH 2 000 Dielen aus massivem Eichenholz, erster Qualität, ohne Astlöcher, bestellt. Als die Dielen geliefert werden, lässt sie Max erst einmal sechs Wochen in einer Halle liegen. Als er sie auspackt, entdeckt er sofort, dass praktisch jede zweite Diele ein deutliches Astloch hat. Hat er Gewährleistungsansprüche?

Fall 4

Die Tank GmbH veräußert regelmäßig Autos für ihre Kunden. Kerstin kauft sich dort einen Wagen, ohne aber den Kfz-Brief zu sehen und ausgehändigt zu bekommen. Später stellt sich heraus, dass der Wagen vorher Julia gestohlen worden war. Hat Kerstin den Wagen gutgläubig erworben?

 Im Zweifel gelten die Geschäfte eines Kaufmanns (Handelsgeschäfte) als zu seinem Handelsbetrieb gehörig (§ 344 Abs. 1 HGB).

Diese gesetzliche Vermutung greift nur bei Zweifeln. Sie gilt nicht, wenn feststeht, dass das Geschäft im Privatleben getätigt wurde.

 Der Kaufmann Erdim betreibt einen Tabakladen in der Würzburger Fußgängerzone. Er kauft ein Futonbett, das in seine private Wohnung geliefert wird. Deshalb steht die private Nutzung des Betts außer Frage. Ein Handelsgeschäft liegt nicht vor.

Regelmäßig hat der Kaufmann gem. § 347 Abs. 1 HGB für die Sorgfalt eines ordentlichen Kaufmanns einzustehen. Diese Vorschrift lehnt sich an den Haftungsmaßstab der „im Verkehr erforderlichen Sorgfalt" von § 276 Abs. 2 BGB an und konkretisiert diesen für Kaufleute. Dadurch wird klargestellt, dass bei einem Handelsgeschäft die im Verkehr erforderliche Sorgfalt der eines ordentlichen Kaufmanns entspricht.

Anders als bei privaten Geldschulden liegt der Zinssatz während Zahlungsverzugs nicht bei 5 %, sondern bei 8 % über dem Basiszins, wenn ein Verbraucher an dem Rechtsgeschäft nicht beteiligt ist (vgl. § 288 BGB).

Schweigen des Kaufmanns

Normalerweise gilt Schweigen nicht als Zustimmung. Nur ganz ausnahmsweise kommt durch Schweigen ein Rechtsgeschäft zustande. Da der Kaufmann nicht so schutzwürdig ist wie ein Privatmann, kann dem Schweigen des Kaufmanns aber eine Erklärungsbedeutung zukommen.

Kaufmännisches Bestätigungsschreiben

Die Grundsätze des kaufmännischen Bestätigungsschreibens sind im Gesetz nicht geregelt, sind im Handelsverkehr aber derart üblich, dass sie als Handelsbrauch gem. § 346 HGB geschützt sind.

 Durch das kaufmännische Bestätigungsschreiben soll meist das Ergebnis mündlich geführter Vertragsverhandlungen zu Beweiszwecken nachgewiesen werden.

Das Bestätigungsschreiben muss dem Empfänger in zeitlichem Zusammenhang zu den Verhandlungen zugegangen sein. Wenn es unwesentlich von bereits mündlich Vereinbartem abweicht, kommt ein (geänderter) Vertrag dadurch zustande, dass der Empfänger dem Schreiben nicht unverzüglich widerspricht. Sein Schweigen hat dann die Bedeutung einer Zustimmung zu den im Schreiben enthaltenen Abweichungen von den bisherigen Verhandlungen.

Sehr geehrte Frau Mayer,

gerne bestätigen wir hiermit den gestern geschlossenen Kaufvertrag über 100 kg Mehlwürmer für unsere Zoohandlung Emils Echsen GmbH & Co KG für 10,00 € pro Kilo und bitten um Lieferung bis zum 21. August 20..

Mit freundlichen Grüßen

Heiner Legan

Prokurist
Emils Echsen GmbH & Co KG

Wenn der Empfänger dem kaufmännischen Bestätigungsschreiben nicht unverzüglich widerspricht und das Schreiben nur unwesentlich von den vorher geführten Verhandlungen inhaltlich abweicht, kommt durch dieses Schreiben ein Vertrag zustande.

B Der Kaufmann Zacharias verhandelt seit Monaten mit der Kaugut AG über den Kauf von 30 000 Mandelschmelzschokoladen für seinen Kioskgroßhandel. Schließlich vereinbaren sie telefonisch, dass die Schokoladen zu einem Preis von 1,00 € pro Tafel geliefert werden. Die Kammer AG versendet sofort ein Bestätigungsschreiben über den Verkauf von 4,7 Tonnen Mandelschmelzschokolade à 1,00 € pro Tafel. Dies sind 30 036 Stück. Da Zacharias nicht reagiert, kommt der Vertrag über 30 036 Tafeln zustande (und nicht über 30 000 Tafeln).

Schweigen auf einen Antrag gem. § 362 HGB

Voraussetzungen des § 362 HGB sind,
- dass ein Angebot besteht, das sich auf eine Besorgung von Geschäften bezieht sowie
- dass eine dauernde Geschäftsverbindung zwischen den Beteiligten besteht oder
- dass der Empfänger des Angebots vorher gegenüber dem Absender selbst solche Geschäfte angeboten hat.

Diese Vorschrift bezieht sich damit nur auf die **„Besorgung von Geschäften"**. Damit ist eine wirtschaftliche Tätigkeit für einen anderen gemeint, die im Interesse des Auftraggebers erfolgt. Regelmäßig handelt es sich dabei um Verträge, denen ein Dienst- oder Werkvertrag zugrunde liegt. Eine Geschäftsbesorgung sind beispielsweise die von einer Bank ausgeführte Überweisung, das Speditionsgeschäft, die Lagerhaltung oder die Tätigkeit eines Treuhänders. Kaufverträge fallen nicht unter § 362 HGB.

Zu Fall 1

Schweigt die GmbH auf dieses Angebot, kommt der Vertrag gem. § 362 HGB zustande, da beide Kaufleute in ständiger Geschäftsbeziehung zueinander stehen und das Angebot eine Geschäftsbesorgung, einen Speditionsauftrag, zum Gegenstand hat.

Mängelrüge beim Kauf

Bei einem Handelskauf soll ein Kaufmann möglichst schnell darüber Klarheit haben, ob sein Vertragspartner Gewährleistungsansprüche geltend macht. Ein Handelskauf liegt vor, wenn der Kaufvertrag für Käufer und Verkäufer ein Handelsgeschäft ist.

§ 377 HGB sieht vor, dass erkennbare Mängel unverzüglich gerügt werden müssen. Erkennbar ist ein Mangel dann, wenn er bei einer ordnungsgemäßen Untersuchung hätte entdeckt werden müssen.

Zu Fall 3

Max hätte nach ordnungsgemäßer Untersuchung der Ware die Astlöcher erkennen und unverzüglich rügen müssen, um seine Gewährleistungsansprüche zu behalten. Dies hat er nicht getan, sodass die Dielen gem. § 377 Abs. 2 HGB als genehmigt gelten. Er verliert insoweit seine Gewährleistungsansprüche.

Wenn ein verdeckter Mangel später erkannt wird, muss der Kaufmann ihn unverzüglich nach der Entdeckung rügen, wenn er seine Gewährleistungsrechte behalten will (vgl. § 377 Abs. 3 HGB). Ein privater Käufer kann dagegen unabhängig von der Art des Mangels diesen innerhalb der Verjährungsfrist anzeigen und Gewährleistung verlangen (vgl. § 438 BGB).

Guter Glaube an die Verfügungsbefugnis

Der gute Glaube an die Verfügungsbefugnis eines Kaufmanns über bewegliche Sachen wird gem. § 366 Abs. 1 HGB geschützt, sodass ganz ausnahmsweise sogar gestohlene Sachen gutgläubig erworben werden können.

Zu Fall 4

Zwar schützt § 366 Abs. 1 HGB den guten Glauben an die Verfügungsbefugnis des Verkäufers, wenn er regelmäßig solche Geschäfte vornimmt. Kerstin handelte jedoch nicht gutgläubig, sondern grob fahrlässig (vgl. § 932 Abs. 2 BGB), weil sie das Auto kaufte, ohne den Kfz-Brief zu sehen oder sich aushändigen zu lassen. Kerstin hat daher kein Eigentum daran erworben. Julia kann die Herausgabe des Autos gem. § 985 BGB verlangen.

Aufgaben

1. Die Latex GmbH steht in ständiger Geschäftsverbindung zur Kauffrau Betty, die ein Bettenfachgeschäft führt. Latex bietet Betty an, 80 hochwertige Matratzen in einem bestimmten Format für 129,00 € pro Stück zu verkaufen. Kommt ein Kaufvertrag zustande, wenn Betty auf das Angebot nicht reagiert?
2. Warum konkretisiert § 347 Abs. 1 HGB nur den Haftungsmaßstab des § 276 Abs. 2 BGB?
3. Wann gilt das Schweigen eines Kaufmanns ausnahmsweise als Zustimmung?

Lernbereich 5: Für ein soziales Unternehmen Personal einstellen, führen und Arbeitsverträge beenden

Paula Singer besucht den Sozialzweig der Beruflichen Oberschule. Als sie zu Beginn der 12. Klasse vom Klassenleiter nach ihren Zukunftsplänen gefragt wird, kann sie ihm keine konkrete Antwort geben. Paula ist hin- und hergerissen: Soll sie eine Berufsausbildung machen? Soll sie doch lieber studieren? Oder soll sie ein freiwilliges soziales Jahr machen?

Da die Zeit langsam drängt und Paula hinsichtlich ihrer beruflichen Zukunft eine Entscheidung treffen muss, geht sie zu einem Berufsberater der Agentur für Arbeit. Dieser berät sie über verschiedene Berufsbilder und gibt der Schülerin den Tipp, sich zusätzlich im Internet oder mithilfe von Zeitungen zu informieren. Während ihrer Internetrecherche findet Paula eine Anzeige für eine Ausbildung zur Altenpflegerin in einem Seniorenheim des Bayerischen Roten Kreuzes. Paula mag den Umgang mit Menschen und hilft auch ihren Großeltern sehr gerne. Kurzentschlossen schreibt sie eine Bewerbung und erhält wenige Tage später eine Einladung für ein Vorstellungsgespräch. Paula ist erfreut und macht sich Gedanken über die Auswahlkriterien der Personalabteilung: „Worauf werden die wohl achten?"

Eine der wichtigsten Aufgaben des **Personalwesens** ist die Personalauswahl. Denn nur mit qualifiziertem und geeignetem Personal ist eine Einrichtung auf Dauer erfolgreich. Daher ist es von entscheidender Bedeutung, mittels geeigneter Auswahlinstrumente eine optimale Übereinstimmung zwischen dem Anforderungsprofil der Stelle und dem Eignungsprofil des Bewerbers zu erzielen (**Personalauswahl**).

Allerdings muss das angestellte Personal einer sozialen Einrichtung auch richtig eingesetzt werden. Dabei sind die Bedürfnisse des Unternehmens mit den Interessen der Mitarbeiter in Einklang zu bringen. Dies kann beispielsweise mithilfe von Arbeitszeitmodellen, Jobrotation, Joblargement, Jobenrichment oder teilautonomen Gruppen gelingen (**Personaleinsatz**).

Um effektiv arbeiten zu können, braucht jede Organisation eine gewisse Führung. Die Frage ist, welcher Führungsstil – autoritär, kooperativ, laissez-faire – zu welchen Mitarbeitern und zu welcher Organisationsform am besten passt. Darüber hinaus stehen den Führungsverantwortlichen unterschiedliche Möglichkeiten der Aufgabenverteilung und der Steuerung der Mitarbeiter zur Verfügung. Ziel aller Maßnahmen sollte jedoch stets die Motivationssteigerung bei den Arbeitnehmern sein (**Personalführung**).

Für den dauerhaften und vor allem für den erfolgreichen Fortbestand jeder Einrichtung ist es zudem wichtig, zukünftiges Personal auszubilden und die bereits angestellten Mitarbeiter mit gezielten Maßnahmen weiter zu qualifizieren (**Personalentwicklung**).

Sollen Mitarbeiter Prämien erhalten oder möchten sie sich beruflich weiterentwickeln, ist oftmals eine Beurteilung ihres aktuellen Leistungsstandes notwendig. Dabei stehen dem Personalwesen unterschiedliche Verfahren und Vorgehensweisen zur Verfügung. Diese gelangen jedoch unter dem Aspekt der Fairness und Objektivität oftmals an ihre Grenzen (**Personalbeurteilung**).

1 Personalauswahl

Paula möchte sich bei ihrem ersten Vorstellungsgespräch gut präsentieren und bittet daher ihre Tante Sophie telefonisch um Rat. Diese ist Leiterin der Personalabteilung eines großen Klinikums in Nürnberg und muss fast wöchentlich geeignetes Personal auswählen. Sophie spricht Paula Mut zu: „Das schaffst du schon! Sei einfach du selbst und überzeuge sie von deiner Person. Im Internet findest du auch gute Ratgeber für Vorstellungsgespräche und Einstellungstests. Das Vorstellungsgespräch ist nämlich oft noch gar nicht die letzte Stufe der Bewerbung. Viele Unternehmen lassen die Bewerber noch an Tests teilnehmen oder zur Probe arbeiten, um das für sie geeignete Personal zu finden."

ARBEITSAUFTRAG

Laden Sie den Personalchef einer Organisation ein und befragen Sie ihn zu den verschiedenen Möglichkeiten der Personalauswahl. Berichten Sie zudem von Ihren eigenen Erfahrungen und überlegen Sie im Team, worauf man bei einer Bewerbung und einem Vorstellungsgespräch achten muss.

1.1 Personalbedarf

Ursachen des Personalbedarfs

Die Ressource „Personal" ist in vielen Organisationen nicht nur ein Hauptkostenfaktor, sondern gleichzeitig auch ihr primärer Erfolgsfaktor. Es ist also wichtig, für das vorhandene bzw. angestrebte Leistungsangebot ausreichendes und vor allem qualifiziertes Personal zu haben. Die Ermittlung des quantitativen und qualitativen Personalbedarfs ist jedoch nicht immer einfach. So gibt es zahlreiche Faktoren, die den Bedarf an Personal beeinflussen:

Einflussfaktoren auf den Personalbedarf	
Interne Einflussfaktoren	Externe Einflussfaktoren
□ Geschäftsstrategie □ Rationalisierungsmaßnahmen □ veränderte Arbeitsorganisation □ Kapazitätsausweitungen bzw. Erhöhung der angebotenen Menge an Leistungen bzw. Produkten	□ Konkurrenzsituation □ Branchenentwicklung □ Technologiewandel □ Entwicklung des Arbeitsmarktes □ Entwicklung der gesamtwirtschaftlichen Situation

Einflussfaktoren auf den Personalbedarf	
Interne Einflussfaktoren	**Externe Einflussfaktoren**
□ Art des Leistungsangebotes bzw. der angebotenen Erzeugnisse □ Einsatz anderer Anlagen □ Leistungsfähigkeit der Mitarbeiter □ Fehlzeiten von Mitarbeitern □ Fluktuation der Mitarbeiter □ Altersaufbau und Qualifikationsprofile	□ Änderungen im Arbeitsrecht □ tarifvertragliche Änderungen

Ermittlung des Personalbedarfs

Sind die Einflussfaktoren bekannt, müssen sie von der Personalabteilung bei der Bestimmung des gegenwärtigen und zukünftigen Personalbedarfs (Nettopersonalbedarf) entsprechend berücksichtigt werden. Dieser wird ermittelt, indem der gesamte Personalbedarf (Bruttopersonalbedarf) dem vorhandenen Personalbestand gegenübergestellt wird.

> Unter **Personalbedarfsplanung** fallen alle Maßnahmen zur Feststellung des aktuellen und zukünftigen Personalbedarfs.

Im Rahmen der Personalbedarfsplanung sind daher zunächst die Fragen von elementarer Bedeutung, welche Leistungen in welcher Menge und Güte, wann und wo angeboten werden sollen. Oder anders formuliert: Die Personalabteilung hat gemeinsam mit der Geschäftsleitung festzulegen, wie viele Mitarbeiter (quantitativer Personalbedarf) mit welchen Qualifikationen (qualitativer Personalbedarf) zu welchem Zeitpunkt (zeitlicher Personalbedarf) und an welchem Ort (örtlicher Personalbedarf) für betriebliche Zwecke zur Verfügung stehen sollen. In diesem Zusammenhang spricht man auch vom Personal-Sollbestand (Stellenplan) bzw. **Bruttopersonalbedarf.**

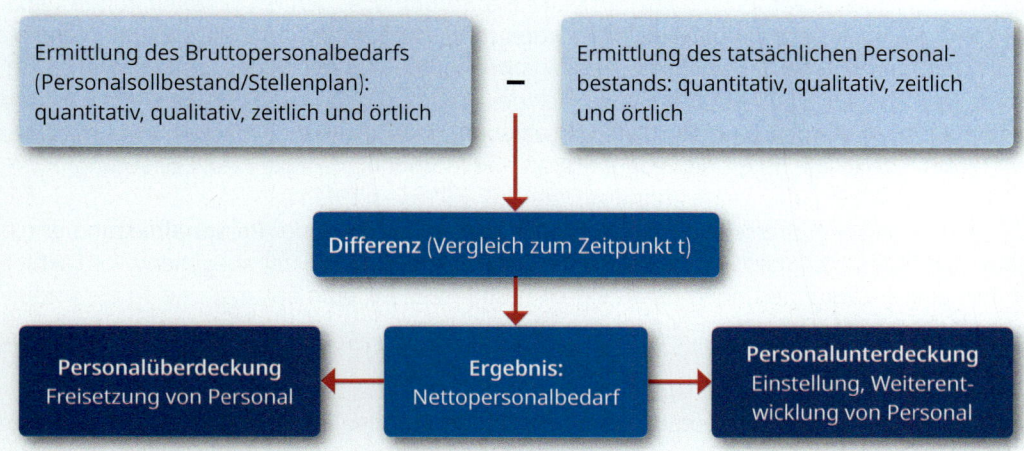

Die Ermittlung des **quantitativen Personalbedarfs** erfolgt meist aufgrund von Erfahrungswerten aus der Vergangenheit (Schätzungen) oder aufgrund von mathematischen Verfahren (Personalschlüssel) bzw. von Stellenplänen.

Ermittlung des quantitativen Personalbedarfs (PB) in Dienstleistungsbetrieben:

$$PB = \frac{\text{Anzahl der zu betreuenden Einheiten} \cdot \text{Arbeitszeitbedarf je Betreuungseinheit und Periode}}{\text{Arbeitszeit je Arbeitskraft und Periode}}$$

Ermittlung des quantitativen Personalbedarfs (PB) in Sachleistungsbetrieben:

$$PB = \frac{\text{Anzahl der zu erbringenden Leistungseinheiten je Periode} \cdot \text{Arbeitszeitbedarf je Leistungseinheit}}{\text{Arbeitszeit je Arbeitskraft und Periode}}$$

 In einem Altenheim sind jeden Arbeitstag 100 Senioren zu betreuen. Je Bewohner ist mit einer Betreuungszeit von durchschnittlich 58 Minuten pro Arbeitstag zu rechnen. Die Arbeitszeit je Altenheimpfleger beträgt acht Stunden. Somit beläuft sich der Personalbedarf auf zwölf Arbeitskräfte pro Tag.

Über abstrakte Modelle sowie anhand modellhafter Dienst- und Einsatzpläne kann anschließend der **örtliche und zeitliche Personalbedarf** bestimmt werden.

Neben dem quantitativen, zeitlichen und örtlichen Personalbedarf ist auch der **qualitative Personalbedarf** festzustellen. Die Bestimmung der erforderlichen Qualität und Qualifikation des Personals ist insbesondere dann schwierig, wenn keine Mindestanforderungen des Gesetzgebers existieren.

Ein häufig gewähltes Instrument der Arbeitgeber, um die Qualitätsanforderungen an das Personal zu verdeutlichen, sind **Stellenbeschreibungen.** Hierbei handelt es sich um eine schriftlich abgefasste Beschreibung der Arbeitsinhalte und Anforderungen einer Arbeitsstelle (Aufgaben- bzw. Leistungsbild). So enthält sie in der Regel neben der Stellenbezeichnung die Aufgaben, die Ziele, die Befugnisse, die Entlohnung und die qualitativen Anforderungen. Vor allem Letztere drücken den qualitativen Personalbedarf einer Einrichtung aus. Demnach stehen immer häufiger nicht die fachlichen Kompetenzen im Vordergrund, sondern vielmehr die sogenannten Soft Skills. Darunter fallen u. a. Flexibilität, Teamfähigkeit, Einfühlungsvermögen, pädagogisches Geschick, Belastbarkeit und Toleranz. Hinsichtlich der Anforderungen des Führungspersonals sind zudem die strategische Kompetenz, die Umsetzungs- und Gestaltungsfähigkeit, interdisziplinäres Denken sowie eine gute Überzeugungskraft und Motivationsfähigkeit von Bedeutung.

Um letztlich den Nettopersonalbedarf feststellen zu können, muss der **Personalbestand** ermittelt werden. Dies erfolgt im Rahmen eines **Personalbestandsplans**, der ausgehend vom aktuellen Bestand die Veränderungen bis zu einem bestimmten Stichtag aufzeigt und so die voraussichtliche Mitarbeiterzahl dokumentiert.

Kommt es im Zuge der Personalbedarfsplanung zu einer Personalüberdeckung oder -unterdeckung, so hat die Geschäftsleitung gemeinsam mit dem Personalwesen im Bereich der Personalbeschaffung, des Personaleinsatzes und der Personalentwicklung entsprechende quantitative bzw. qualitative Maßnahmen zu ergreifen.

1.2   Personalbeschaffung

Zeigt die Personalbedarfsrechnung eine Personallücke auf, müssen die freien Stellen zur Besetzung ausgeschrieben werden. Dies kann entweder innerbetrieblich oder außerbetrieblich (auf
dem externen Arbeitsmarkt) erfolgen. Grundlage sind dabei stets die Stellenbeschreibungen
bzw. detaillierte Anforderungsprofile.

Maßnahmen zur internen Personalbeschaffung		Maßnahmen zur externen Personalbeschaffung	
▫ innerbetriebliche Bewerbung ▫ Vorschlag des Vorgesetzten ▫ Ausbildung und Übernahme von Auszubildenden ▫ Fortbildungs- und Weiterbildungsmaßnahmen[1]		▫ Stellenanzeigen in Zeitungen/Internet ▫ Jobcenter/Agentur für Arbeit ▫ private Arbeitsvermittler/Headhunter ▫ Werbung an der Schule/Hochschule ▫ Bewerbermessen	
▫ Versetzung qualifizierter Mitarbeiter ▫ Umwandlung eines Teilzeitvertrages in einen Vollzeitvertrag ▫ Mehrarbeit ▫ Urlaubsverschiebung		▫ Kontakte zu Mitarbeitern der Organisation ▫ Anschlagtafeln/Flugblätter ▫ Initiativbewerbungen ▫ Rekrutierung über soziale Netzwerke im Internet ▫ Personalleasing	
Vor- bzw. Nachteile der internen Personalbeschaffung		Vor- bzw. Nachteile der externen Personalbeschaffung	
▫ Aufstiegschancen ▫ Bindung an Organisation ▫ geringere Fluktuation ▫ niedrigere Beschaffungskosten ▫ kurze Einarbeitung ▫ Mitarbeiter ist bekannt ▫ rasche Besetzung der Stelle und Transparenz ▫ langfristige Nachwuchssicherung	▫ weniger Auswahl ▫ Gefahr der Betriebsblindheit/weniger externes Know-how ▫ Gefahr des automatischen Beförderungsmechanismus ▫ Gefahr der Subjektivität ▫ Ressourcenengpass an anderer Stelle in der Organisation	▫ breitere Auswahl ▫ neue Impulse ▫ Zugang von Know-how ▫ kein Ressourcenengpass an anderer Stelle ▫ Erhöhung des Bekanntheitsgrades der Organisation ▫ mehr Objektivität möglich	▫ höhere Beschaffungskosten ▫ zeitaufwendige Sondierung ▫ Einarbeitungsaufwand ▫ Beförderungsfrust bei Stammpersonal ▫ Gefahr des Absprungs ▫ Identifikationsproblem

[1] Fortbildung und Weiterbildung werden fälschlicherweise oft synonym verwendet. Unter Fortbildung fallen
alle Maßnahmen, die die bisherige Berufsbildung anpassen, erweitern, erhalten oder für den Aufstieg ausbauen sollen. Folglich spricht man auch von der Anpassungs-, Erweiterungs-, Erhaltungs- oder Aufstiegsfortbildung. Zu den Maßnahmen der Weiterbildung gehören u.a. allgemeinbildende Kurse, erweiterte
Bildungsabschlüsse und die berufliche Qualifizierung in einem gänzlich neuen Beruf (Umschulung).

1.3   Notwendigkeit der richtigen Personalauswahl

Gehen aufgrund von externen oder internen Personalbeschaffungsmaßnahmen Bewerbungs-unterlagen (online oder schriftlich) ein, muss eine entsprechende Auswahl getroffen werden, um letztlich den geeignetsten Bewerber für die offene Stelle zu finden.

Nur wenn die richtige Arbeitskraft an der richtigen Stelle innerhalb einer Organisation ist, trägt sie sinnvoll zum Unternehmenserfolg bei. Viele Einrichtungen bzw. Betriebe treffen ihre Perso-nalentscheidungen jedoch häufig beiläufig und unterschätzen die strategische Bedeutung der Personalauswahl.

So verlässt sich ein Großteil der Personaler oftmals allein auf die Sichtung der Bewerbungsun-terlagen und das Vorstellungsgespräch. Dieses Informationsdefizit über die Bewerber birgt das hohe Risiko von Fehleinschätzungen. Beispielsweise sind Unternehmen nur begrenzt in der Lage, die Persönlichkeit und die Einstellung der Bewerber einzuschätzen. Aber genau dies ist von großer Tragweite für den dauerhaften Erfolg. Hat eine Organisation die Ziele „Innova-tion und Anpassung an Veränderungen" als zentrale Leitlinie, kann das nur über Mitarbeiter erfolgen, die persönliche Eigenschaften wie Offenheit, Flexibilität und Lernfähigkeit mit sich bringen.

Darüber hinaus erweist es sich als äußerst schwierig, nicht vorhandene Verhaltensweisen beim Arbeitnehmer zu „erzeugen" bzw. dessen Verhalten zu steuern oder gar verändern zu wollen. Passt der ausgewählte Mitarbeiter nicht zur Organisation, muss sie daher mehr oder minder mit

Quelle: Bitkom e. V. (Hrsg.): Womit Arbeitgeber um die besten Köpfe buhlen. In: www.bitkom.org.

dessen Charaktereigenschaften leben, zumal der Kündigungsschutz einer unbegründeten Personalfreisetzung oftmals einen Riegel vorschiebt.

Eine weitere große Gefahr liegt in der falschen Bewertung der fachlichen Qualifikation des Bewerbers. Eine Führungskraft der mittleren Ebene hat z. B. die wesentliche Aufgabe, ihre Abteilung fachlich wie menschlich gut zu führen, dafür Sorge zu tragen, dass die Kunden gut bedient werden sowie konstruktive Impulse für die Weiterentwicklung der Einrichtung zu setzen. Fehlen einer neuen Führungskraft diese Eigenschaften, treibt sie durch schlechte Führung die Fehlzeiten und Fluktuation in der eigenen Abteilung in die Höhe und schadet dem Betriebsklima. Auch der wirtschaftliche Erfolg ist in Gefahr. So ist jeder Wertschöpfungsprozess nur so gut wie sein schwächstes Glied. Genau genommen kann bereits eine einzig schlecht besetzte Schlüsselfunktion den Ertrag und die Schlagkraft der gesamten Organisation entscheidend verschlechtern. Denn was nützt die beste Dienstleistung, wenn das Marketing nicht funktioniert? Was nützt ein gutes Produkt, wenn der Service den Kunden an den Rand der Geduld bringt? Die falsche Besetzung einer Schlüsselstelle kann eine teure Entscheidung werden. Teuer insofern, dass durch die Fehlbesetzung neben den Personalkosten auch noch Gewinn entgeht und Folgeschäden entstehen.

Verdient eine Führungskraft in einem Klinikum beispielsweise 80.000,00 € im Jahr und bleibt sie zehn Jahre, so belaufen sich die Gehaltskosten inklusive der Gehaltsnebenkosten auf insgesamt rund 1,2 Millionen €. Entscheidet sich eine Organisation im Rahmen einer Investition für eine Anlage oder ein Gebäude in dieser finanziellen Größenordnung, werden weit mehr Sorgfalt und Einsatz aufgebracht. Oftmals ist sogar der Vorstand involviert. Personalentscheidungen werden jedoch weit niedriger „aufgehängt" und viel lockerer gehandhabt.

So werden Personalentscheidungen nicht selten schlecht vorbereitet und nebenbei erledigt. Interviews werden aus der Situation heraus geführt und nur wenig strukturiert. Am Ende eines Vorstellungsgesprächs steht keine differenzierte und objektive Beurteilung des Bewerbers, sondern ein pauschaler Gesamteindruck, der sich auf das Bauchgefühl und das subjektive Empfinden stützt; oft werden auch die Vorstellungen des Bewerbers falsch eingeschätzt. Die prognostische Vorhersagequalität liegt bei unstrukturierten Interviews daher bei fast null. In manchen Fällen ist sie sogar schlechter, da sich schwache Führungskräfte in der Regel auch schwache Mitarbeiter suchen.

Zusammenfassend ist es daher äußerst wichtig, Möglichkeiten, Qualität und Wirkung der verschiedenen Personalauswahlverfahren zu prüfen und die jeweils am besten für ein bestimmtes Unternehmen geeignete Auswahlmethode einzusetzen.

1.4 Kriterien für die Instrumente der Personalauswahl

Damit die einzelnen Instrumente der Personalauswahl dazu beitragen, letztlich den richtigen Bewerber zu finden, müssen sie u. a. objektiv, reliabel (zuverlässig) sowie valide[1] (wirksam) sein und vom Bewerber akzeptiert werden. Darüber hinaus ist es für die gezielte Auswahl wichtig, die

---

[1] Es ist sinnvoll, bei Befragungen und anderen Instrumenten der Personalauswahl die Kriterien Reliabilität, Validität und Objektivität einzuhalten, da sie Basis für nicht beeinflusste, zuverlässige und verwertbare bzw. eindeutige Auswertungen sind.

für die Stelle notwendigen Anforderungen festzulegen und zu operationalisieren. Folgende Kriterien lassen sich hierbei unterscheiden:

Physische Kompetenzen	Diese kennzeichnen die körperlichen Anforderungen einer Stelle (Muskelkraft, Sehkraft, allgemeine Fitness usw.).
Soziale Kompetenzen	Darunter fallen das zwischenmenschliche Verhalten sowie die soziale Situation am Arbeitsplatz (Fähigkeit zur Zusammenarbeit, Führungsverhalten, voraussichtliches Verhältnis zu Kollegen und Vorgesetztem usw.).
Psychische Kompetenzen	Hierunter fallen geistige und sonstige nichtkörperliche Anforderungen (Intelligenz, Reaktions-, Konzentrations- und Entscheidungsfähigkeit, Monotonieempfindlichkeit, Belastbarkeit, Leistungs- und Einsatzbereitschaft, Ehrgeiz usw.).
Fachliche Kompetenzen	Dabei handelt es sich um alle Merkmale, die durch die Ausbildung und aufgrund von Erfahrungen erworben werden können (Wissen, Kenntnisse, fachliches Können, Berufserfahrung usw.).

Sind die Auswahl- bzw. Anforderungskriterien, die letztlich über den Erfolg bzw. Misserfolg der jeweiligen Stellenbesetzung entscheiden, festgelegt bzw. operationalisiert, ist in einem weiteren Schritt zu überlegen, inwieweit diese erlernbar bzw. nicht erlernbar sind.

„Was heißt, Ihnen würde Geld statt Arbeit auch genügen?"

In der nächsten Stufe wird das Auswahlverfahren auf diejenigen erfolgskritischen Anforderungen zugeschnitten, die nicht oder nur teilweise trainierbar sind. Auf der Basis der Befunde zu den nicht erlernbaren Kriterien ist schlussendlich die Personalauswahl zu treffen. In den meisten Fällen ist hierfür gar kein großer Zeitaufwand nötig, sondern eher ein systematisches Vorgehen. Auch wenn einige Auswahlverfahren wie z. B. das Assessment-Center sich etwas aufwendiger gestalten, sind sie in Anbetracht einer drohenden falschen Auswahl wiederum verhältnismäßig günstig. Dabei sind die Gehalts-, Abfindungs- und Wiederbeschaffungskosten nur die Spitze des Eisbergs. Die wahren Verluste liegen in den sogenannten Opportunitätskosten, den entgangenen geschäftlichen Chancen.

1.5   Instrumente der Personalauswahl

Nachdem der Personalbedarf bestimmt ist, die Anforderungen einer Stelle festgelegt sind und sich Personen aufgrund diverser Personalbeschaffungsmaßnahmen beworben haben, müssen mithilfe konkreter Anforderungskriterien und entsprechend geeigneten Instrumenten die potenziellen Mitarbeiter auf ihr Wissen und ihre Fähigkeiten hin geprüft werden. Hierzu stehen der Personalabteilung und der Geschäftsleitung folgende Instrumente zur Verfügung:

Instrument	Erläuterung	Beispiel
Analyse, Bewertung und Vorauswahl anhand der Bewerbungsunterlagen und aufgrund von Zusatzinformationen	Hier wird geprüft, ob die nachgewiesenen Qualifikationen den Mindestanforderungen der zu besetzenden Stelle entsprechen.	Analyse von Bewerbungsschreiben, Lebenslauf, Zeugnissen, Referenzen, Führungszeugnis usw.
Vorstellungsgespräch	Hier werden Ausdrucks-, Leistungs- und Sozialverhalten des Bewerbers geprüft und ein erster Eindruck von ihm gewonnen. Zudem können die Interessen und Erwartungen des Bewerbers in Erfahrung gebracht werden. Der Interviewer hat auf die Einhaltung des AGG (Allgemeines Gleichstellungsgesetz) zu achten, er darf also keine diskriminierenden Fragen stellen.	Durchführung eines freien oder strukturierten Auswahlinterviews; Einzel- oder Gruppeninterviews
Testverfahren	Es wird geprüft, inwieweit die Bewerber ihre Aufgaben erfüllen können und belastbar sind.	Durchführen von Intelligenz-, Leistungs-, Charakter-, Persönlichkeits-, Lern- oder Motivationstests
Assessment-Center	In Gruppen werden – oft über mehrere Tage hinweg – zahlreiche praxisnahe Übungen durchgeführt. Dabei beobachten erfahrene Führungskräfte das Verhalten der Bewerber. Ziel ist, in realitätsnahen Situationen zu prüfen, inwieweit der Bewerber die nötigen Eigenschaften und Fähigkeiten besitzt.	Arbeitsversuche in Laborsituationen, Plan- und Rollenspiele, Fallstudien, Kombination aus formalen Tests und situativen Interviews
Arbeitsproben/computergestützte Verfahren	Hier wird geprüft, inwiefern der Bewerber die gestellten Aufgaben erledigen kann, ob er teamfähig und kreativ ist und wie er sich in Stress-Situationen verhält.	Beratungsgespräch
Eignungsuntersuchung	Es wird geprüft, inwieweit es gesundheitliche Bedenken gibt und ob der Bewerber körperlich belastbar ist.	ärztliche Untersuchung
Probezeit	Erst nach Ablauf der Probezeit wird sich endgültig für den Bewerber entschieden.	Probezeit von drei Monaten

Da es oftmals sehr schwer fällt, die richtige Personalentscheidung zu treffen, werden in der Praxis mehrere der angeführten Instrumente eingesetzt. Hat z.B. ein Bewerber ansprechende Bewerbungsunterlagen abgegeben, die nötige Qualifikation nachgewiesen und das Vorstellungsgespräch gut überstanden, so kann er zusätzlich in einem Assessment-Center geprüft werden. Übersteht er auch diese Hürde, erhält er nach einer erfolgreichen ärztlichen Untersuchung und der Zustimmung des Personalrats einen Arbeitsvertrag mit einer Probezeit von drei Monaten.

> Die **Personalauswahl** ist ein Entscheidungsprozess, bei dem der für eine bestimmte Stelle am besten geeignete Bewerber gesucht wird.

1.6   Abgleich zwischen Anforderungs- und Eignungsprofil

Paula ist nach dem Vorstellungsgespräch skeptisch, ob sie die Ausbildungsstelle im Seniorenheim bekommt. „Ich war viel zu unruhig und habe nicht deutlich genug gesagt, dass ich gerne mit alten Menschen umgehe und ein verantwortungsbewusster Mensch bin. Wahrscheinlich habe ich nur einem Teil der Anforderungen entsprochen und falle durch das Anforderungsraster."

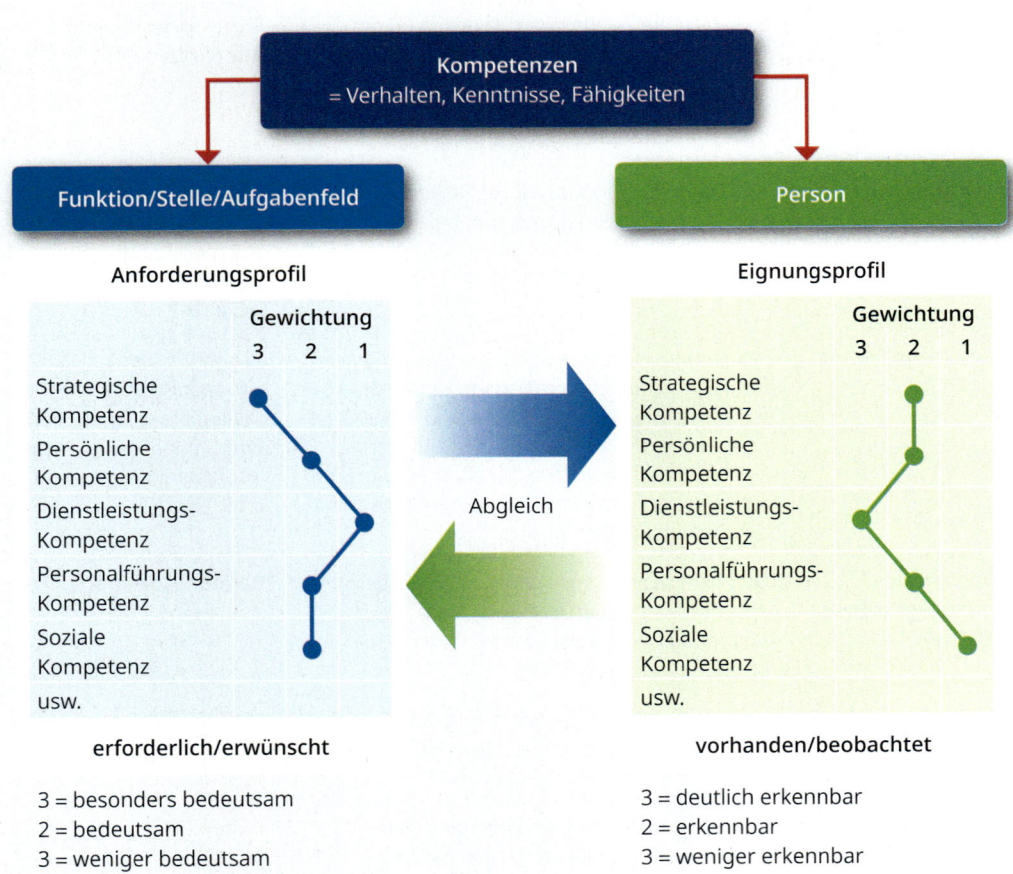

Wichtigste Voraussetzung für die richtige Personalauswahl ist die Analyse der Fähigkeiten des Bewerbers. Der Schwerpunkt liegt dabei im Vergleich der erwünschten Kompetenzen für die zu besetzende Stelle (**Anforderungsprofil**) mit den vorhandenen bzw. beobachteten Kompetenzen des einzelnen Bewerbers (Eignungsprofil).

Betrachtet man das qualitative Anforderungsprofil, so ist es ein wesentlicher Bestandteil der Stellenbeschreibung und kann – auf der Basis der Arbeitsanalyse und unabhängig von einer konkreten Person – für jede Arbeitsstelle festgelegt werden. Dabei beinhaltet es sämtliche Soll-Qualifikationen, die vom jeweiligen Bewerber bzw. vom Stelleninhaber erfüllt werden müssen. Zu den Soll-Qualifikationen gehören u. a. die fachlichen, physischen, psychischen und sozialen Kompetenzen.

Im Anschluss an die Erstellung des Anforderungsprofils werden mithilfe der eingesetzten Auswahlinstrumente (z. B. Assessment-Center oder Vorstellungsgespräch) die Soll-Qualifikationen mit den Ist-Qualifikationen bzw. den persönlichen Fähigkeiten der infrage kommenden Person verglichen. Ergebnis ist das sogenannte **Eignungsprofil.**

Stimmen das Anforderungs- und das Eignungsprofil nicht überein, wird der Bewerber in den meisten Fällen nicht ausgewählt. Das Anforderungsprofil eignet sich nicht nur zur Personalauswahl, sondern ist gleichzeitig auch Basis für den Personaleinsatz, die Vergütung, die Beurteilung und die Personalentwicklung.

Aufgaben

1. Beurteilen Sie die verschiedenen Möglichkeiten der Personalbeschaffung. Lesen Sie in diesem Zusammenhang den folgenden Auszug.

   ,,

   ### Soziale Netzwerke als Bewerbungsfalle

   Bei deiner Bewerbung hast du an alles gedacht. Du hast ein aussagekräftiges Anschreiben geschrieben, einen detaillierten Lebenslauf verfasst und neue Bewerbungsfotos gemacht. Die Einladung zum Vorstellungsgespräch kann kommen. Jedoch vergessen Bewerber oft einen wichtigen Teil im Bewerbungsprozess – das Internet. **Personaler sind nicht von gestern.** Das Googeln der Bewerber und Überprüfen ihrer Social-Media-Profile gehört bei vielen Unternehmen bei der Sichtung der Bewerbung genauso dazu wie das Lesen des Lebenslaufes.

   ### Was bedeutet das für deine Bewerbung?

   Im Internet stehen teilweise Dinge über dich, die der neue Arbeitgeber nicht unbedingt über dich erfahren sollte und die deine Bewerbung negativ beeinflussen können. Das müssen nicht immer Dinge sein, die stimmen, oder die deine heutige Persönlichkeit widerspiegeln. Es sind Informationen über dich, die sich über die Jahre im Internet angesammelt haben und die **für jeden jederzeit abrufbar sind** – also auch für deinen potenziellen neuen Arbeitgeber.

   [...] Auch deine Social-Media Profile lassen sich größtenteils bei Suchmaschinen finden. Durch die Bearbeitung deiner Profile kannst du die zugehörigen Ergebnisse bei Google direkt beeinflussen. Facebook, Instagram und Co. sind für viele Menschen unverzichtbar und wertvolle Netzwerke. **Sämtliche Gedanken und Aktivitäten werden geteilt.** Beispielsweise Fotos von der letzten gelungenen Feier. Vor einer Bewerbung solltest du dir überlegen, welche Informationen du bei Facebook zeigen möchtest und welche nicht. Ein Facebook-Profil sagt oft mehr über einen Bewerber aus als seine Bewerbung.

   Quelle: Dehn, Ben: Soziale Netzwerke im Bewerbungsprozess, 12.12.2017, online unter: https://bewerbung.net/soziale-netzwerke-im-bewerbungsprozess/ [22.10.2020].

2. Ermitteln Sie den Nettopersonalbedarf einer sozialen Einrichtung, wenn folgende Daten gegeben sind: Bruttopersonalbedarf 230 Planstellen, vorhandener Personalbestand 205, zugesagte Einstellungen 3, anstehende Pensionierungen 4, vorliegende Kündigungen 3, Neubedarf aufgrund einer Erweiterung 10.
3. Zeigen Sie auf, inwiefern die Auswahl des richtigen Personals für eine Organisation von elementarer Bedeutung ist.
4. Überlegen Sie, welche Auswahlkriterien und welche Auswahlinstrumente für die Stellenbesetzung eines Arztes am besten geeignet sind.

5. In den letzten Jahren haben sich die Qualifikationsanforderungen aufgrund des technischen und medialen Wandels stark verändert. Infolge der zunehmenden Internetnutzung warnen u. a. Hirnforscher vor der „medialen Demenz". Legen Sie dar, wie sich der beschriebene Wandel auf die Anforderungen in den Unternehmen und sozialen Einrichtungen auswirkt (Methoden- und Medienkompetenz).

6. Die Personalabteilung eines Klinikums führt ein Assessment-Center für die Bewerber/ -innen um einen Ausbildungsplatz zur Krankenschwester/zum Krankenpfleger durch. Dabei müssen die potenziellen Auszubildenden folgende Aufgabenstellungen erfüllen:
   - Vorstellungsrunde (z. B. mit wichtigsten Charaktereigenschaften oder Hobbies)
   - Abfrage von Basiswissen (z. B. zur Pflege)
   - Beschreibung der Situation und der damit verbundenen Emotionen auf einem Bild (z. B. Mensch mit Gehhilfe)
   - Rollenspiel (z. B. über eine bestimmte Krankenhaussituation)
   - Gruppenarbeit (z. B. gemeinsames Waschen eines Patienten)
   - Gruppendiskussion zu einem bestimmten Thema (z. B. über Pflegesituation)

Anforderungen bzw. Kompetenzen	SOLL-Profil						IST-Profil					
	6	5	4	3	2	1	6	5	4	3	2	1
Zielorientiertes Handeln												
Problemwahrnehmung und Problemlösefähigkeit												
Kontaktfähigkeit												
Kommunikationsfähigkeit												
Teamfähigkeit												
Eigenverantwortung												
Motivation												
Serviceorientierung												
Erfolgsorientierung												
Unternehmerisches Denken und Handeln												

a) Recherchieren Sie im Internet (alternativ: Fragen Sie einen Experten über) den Ablauf eines Assessment-Centers.

b) Überlegen Sie, welche der obigen Soll-Qualifikationen am meisten und welche am wenigsten erfüllt werden müssen (6 = besonders bedeutsam usw.).

c) Entwickeln Sie Rollenkarten, d. h. konkrete Charaktere, in die Sie später „hineinschlüpfen".

d) Legen Sie für jeden Bewerber einen eigenen Profil-Bogen nach obigem Muster an.

e) Führen Sie in Gruppen von z. B. acht Personen (fünf Bewerber, drei Beobachter) das obige Assessment-Center durch, indem Sie in die von Ihnen unter c) festgelegten bzw. verteilten Rollen schlüpfen.

f) Die Beobachter kreuzen im Ist-Profil ihre vom jeweiligen Bewerber gewonnenen Eindrücke an (6 = deutlich erkennbar usw.).

g) Überlegen Sie (die Beobachter), inwiefern bei den einzelnen Bewerbern das Soll- und das Ist-Profil übereinstimmen.

h) Wählen Sie (die Beobachter) anhand der angekreuzten Kriterien den am besten geeigneten Bewerber aus.

i) Reflektieren Sie nun in der ganzen Klasse die obige Vorgehensweise ausführlich und kritisch.

7. Erläutern Sie die unten stehende Abbildung hinsichtlich der Übereinstimmung des Anforderungs- und Eignungsprofils.

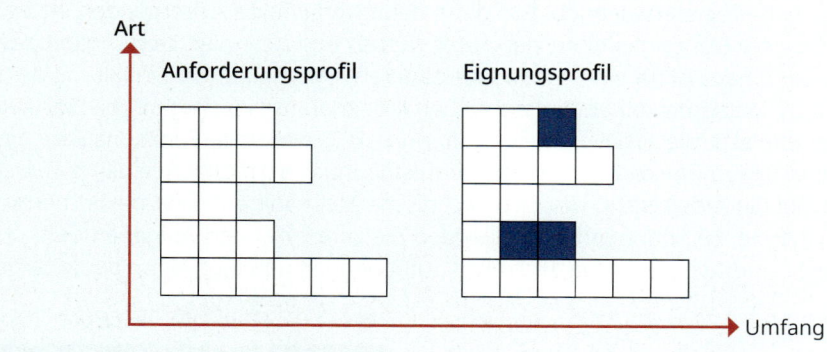

2 Personaleinsatz

Sophie hat als Leiterin der Personalabteilung jede Menge zu tun. Anforderungsprofile schreiben, Stellenanzeigen auf der Homepage veröffentlichen, ein Assessment-Center durchführen, die künftigen Auszubildenden auswählen und neue Ärzte einstellen. Zusätzlich erhält sie ständig Beschwerden von Kolleginnen und Kollegen, die sich nicht optimal eingesetzt fühlen. Frau Rösl, eine Krankenschwester auf der Kinderstation, fühlt sich permanent unterfordert und möchte mehr Abwechslung in ihrer Tätigkeit. Herr Klaus, der für den Einkauf der Küche zuständig ist, klagt über seinen schlechten Bildschirm und die Kälte in seinem Arbeitsraum und Frau Holle, Ärztin und berufstätige Mutter, beschwert sich über die unmöglichen Arbeitszeiten in der Notfallannahme.

ARBEITSAUFTRAG

Überlegen Sie, welche Möglichkeiten Sophie hat, um die verärgerten Kollegen zufriedenzustellen.

2.1 Bedeutung des optimalen Personaleinsatzes

Wird Personal beschafft bzw. bereits angestelltes Personal innerhalb einer Organisation eingesetzt, so ist darauf zu achten, dass das Anforderungsprofil mit dem Tätigkeitsprofil übereinstimmt. Ist das nicht der Fall und ist der Mitarbeiter darüber hinaus mit der Aufgabengestaltung seiner Stelle und der Arbeitsplanung seiner Tätigkeiten unzufrieden, besteht die Gefahr der Über- oder Unterforderung. Das Personal kann nur optimal arbeiten, wenn auch die Arbeitsplätze bestmöglich gestaltet sind und die Arbeitsschutzrichtlinien eingehalten werden. Neben erträglichen Arbeitsbedingungen ist für die Arbeitnehmer auch eine gute Arbeitszeitgestaltung von herausragender Bedeutung. Denn nur wenn die Arbeitszeiten zumutbar sind, die Mitarbeiter ausreichend Ruhephasen haben und sich nicht ausgenutzt fühlen, tragen sie in der gewünschten Form zum Leistungsprozess bei.

Wird das Personal nicht optimal eingesetzt, bringt es seiner Arbeit oftmals nicht die nötige Wertschätzung entgegen. Es wirkt unzufrieden und demotiviert. Infolgedessen sinkt die Leistungsfähigkeit und somit auch die Ertragskraft des Unternehmens. In einigen Fällen suchen sich unzufriedene Mitarbeiter einen neuen Job. Um diese negativen Effekte zu vermeiden, ist es wichtig, die Mitarbeiter ihrer Eignung entsprechend einzusetzen und sie in den Leistungsprozess einzubinden. Darüber hinaus ist für einen gut ausgestatteten Arbeitsplatz, die Einhaltung des Arbeitsschutzes und die entsprechenden Freiräume der Arbeitnehmer zu sorgen. Die Gestaltung des Arbeitsplatzes umfasst die Arbeitsmittelgestaltung (z. B. Ergonomie, Funktionalität), die Raumgestaltung (z. B. Bildschirmschutzrichtlinie), die Gestaltung des Arbeitsumfeldes (z. B. Licht, Wärme, Lärm) sowie die Arbeitssicherheit (z. B. technische Maßnahmen). Sind die vorherrschenden Arbeits- und Rahmenbedingungen erträglich und die zu erfüllenden Aufgaben dem jeweiligen Stelleninhaber zumutbar, steigen letztlich auch Zufriedenheit und Motivation der Mitarbeiter an.

> Ein **optimaler Personaleinsatz** liegt vor, wenn das Personal den jeweiligen Arbeitsaufgaben in der erforderlichen Qualität und Quantität zum richtigen Zeitpunkt und am richtigen Ort bestmöglich zugeordnet wird.

2.2   Arbeitszeitgestaltung und Arbeitszeitmodelle

Eine wichtige Säule des optimalen Personaleinsatzes ist die Arbeitszeitgestaltung. So hat die Gestaltung der Arbeitszeit einen wesentlichen Einfluss auf das Wohlbefinden, die Zufriedenheit, die Gesundheit, die Sicherheit und nicht zuletzt auf die Leistung der Mitarbeiter. Zudem ist die Arbeitszeitgestaltung ein wichtiges Element des Arbeits- und Gesundheitsschutzes. Gesetzliche

Grundlage ist das Arbeitszeitgesetz (ArbZG), das u. a. Regeln zu den Arbeits- und Ruhezeiten enthält:

- Arbeitszeit ist „die Zeit vom Beginn bis zum Ende der Arbeit ohne die Ruhepausen".
- Die regelmäßige werktägliche Arbeitszeit beträgt acht Stunden, so dass die wöchentliche Höchstarbeitszeit 48 Stunden beträgt.
- Zehn Arbeitsstunden pro Werktag sind möglich, wenn innerhalb der nächsten sechs Monate im Durchschnitt nicht mehr als acht Stunden pro Werktag gearbeitet wird.
- Ausnahmen u. a. für Pflege, Behandlung und Betreuung von Personen: die wöchentliche Arbeitszeit von 48 Stunden im Durchschnitt darf innerhalb der nächsten sechs Monate nicht überschritten werden.
- Grundsätzlich dürfen die Arbeitnehmer an Sonn- und Feiertagen von 00:00 Uhr bis 24:00 Uhr nicht beschäftigt werden. Ausnahmeregelungen sind u. a. bei den Rettungsdiensten usw. zu finden.
- Arbeitet ein Arbeitnehmer mehr als sechs Stunden am Tag, muss ihm von Vorneherein eine Pause von 30 Minuten gewährt werden. Bei einer Arbeitszeit von mehr als neun Stunden müssen 45 Minuten Pause genehmigt werden.
- Die Arbeitnehmer müssen nach Beendigung ihrer täglichen Arbeitszeit eine ununterbrochene Ruhepause von mindestens elf Stunden bis zur Wiederaufnahme ihrer Tätigkeit haben. In Krankenhäusern usw. kann die Ruhezeit auf zehn Stunden verkürzt werden.
- Der Betriebsrat hat über die Einhaltung des Arbeitszeitgesetzes zu wachen.

Das Arbeitszeitgesetz, das sich mit der Dauer, der Lage und der Verteilung der Arbeitszeit auseinandersetzt, gilt für alle Arbeitnehmer über 18 Jahren[1], außer für z. B. Chefärzte, den öffentlichen Dienst, Hausangestellte oder Bäckereien.

Durch die demographischen und gesellschaftlichen Entwicklungen in den letzten Jahrzehnten und die damit verbundenen Auswirkungen auf den Arbeitsmarkt wird eine zunehmende Flexibilisierung und Spezifizierung der Arbeitsformen notwendig. So haben viele Arbeitgeber erkannt, dass die bislang starren Arbeitszeiten (z. B. von 8 bis 17 Uhr) der Vergangenheit angehören. Gute Bezahlung und Aufstiegschancen reichen vielen Arbeitnehmern nicht mehr aus. Der

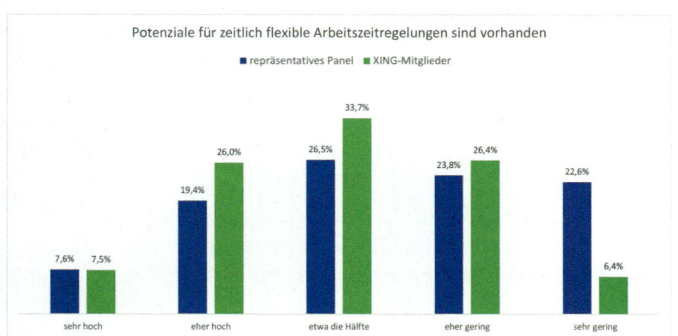

Frage: „Wie hoch ist der Anteil der Arbeitszeit, in der Sie Tätigkeiten ausüben, die sich prinzipiell auch außerhalb der regulären Arbeitszeit erledigen ließen?"

Quelle: IZA/XING (Hrsg.): Neue Arbeitswelt: Arbeitszeitgesetz verliert an Bedeutung, online unter: https://idw-online.de/de/attachmentdata64898, S. 3 [04.11.2020].

Wunsch nach einer besseren Vereinbarkeit von Familie und Beruf, einer flexibleren und kürzeren Arbeitszeit und ein freizeitbewussteres Verhalten bei den jungen, neu auf den Arbeitsmarkt drängenden Arbeitskräften stehen immer öfter an erster Stelle. Die zunehmende Variabilität der Arbeitszeiten führt nicht nur zu einer besseren Work-Life-Balance, vielmehr gibt sie den Mitarbeitern einer Organisation zusätzlich die Möglichkeit, für sich und die Arbeit mehr Verantwortung zu übernehmen und somit motivierter bei der Arbeit zu sein. Dadurch, dass die Attraktivität der Stelle erhöht wird, kommt es seltener zu Personalfluktuationen oder langen Fehlzeiten.

Neben dem Bestreben der Arbeitnehmer verfolgen auch die Unternehmen mit der Flexibilisierung der Arbeitszeiten bestimmte Ziele, wie die Anpassung der Arbeitszeit an die Auftragslage

---

[1] Für Arbeitnehmer unter 18 Jahren gilt das Jugendschutzgesetz (JuSchG).

(„atmende" Fabrik), die technischen Bedingungen oder die Bedürfnisse der Kunden (z. B. 24-Stunden-Service). Ein weiterer wichtiger Baustein ist das Ziel der Attraktivitätssteigerung als Arbeitgeber und somit die längerfristige Bindung von qualifiziertem Personal. Allerdings ist mit der Ausdehnung und Flexibilisierung der Arbeitszeit oftmals eine Arbeitsintensivierung bei den betroffenen Mitarbeitern zu beobachten.

Im Folgenden wird eine Übersicht über mögliche Arbeitszeitmodelle gegeben. Allerdings können aufgrund der großen Bandbreite nicht alle erschöpfend dargestellt werden.

Arbeitszeitmodelle im Überblick	
Teilzeit	**Altersteilzeit**
Teilzeit umfasst alle Beschäftigungsverhältnisse, deren Arbeitszeit unterhalb der Regelarbeitszeit der vergleichbaren Vollzeitkräfte liegt (z. B. Halbtagsarbeit, Arbeit nur an wenigen Tagen in der Woche, unterschiedliche Verteilung der Arbeitsstunden auf einzelne Tage oder Wochen).	Altersteilzeit ist eine spezielle Form der Teilzeitarbeit. Sie fördert den gleitenden Übergang in den Ruhestand. Während der letzten Berufsjahre wird die bisherige Arbeitszeit um die Hälfte reduziert. Meistens bei Arbeitnehmern über dem 55. Lebensjahr (z. B. schrittweise Reduzierung der Arbeitszeit; Blockmodell: in der ersten Hälfte der Altersteilzeit wird voll gearbeitet, in der zweiten Hälfte nicht mehr).
Jobsharing	**Kurzarbeit**
Jobsharing ist eine Variante der Teilzeitarbeit. Hier teilen sich zwei oder mehrere Personen einen oder mehrere Arbeitsplätze (z. B. Person A arbeitet Montag bis Mittwochmittag und Person B arbeitet von Mittwochnachmittag bis Freitag).	Kurzarbeit kommt zum Einsatz, wenn aus wirtschaftlichen Gründen für eine bestimmte Zeit keine volle Auslastung der Arbeitskräfte gegeben ist. Die betriebsübliche Arbeitszeit wird zeitweilig gekürzt. Nach Absprache mit dem Betriebsrat kann bei der Agentur für Arbeit Kurzarbeit angemeldet und Kurzarbeitergeld beantragt werden. Kurzarbeit ist kein flexibles Arbeitszeitmodell im eigentlichen Sinne.
Mehrarbeit	**Vertrauensarbeitszeit**
Mehrarbeit liegt vor, wenn die gesetzlich festgelegte Regelarbeitszeit von acht Stunden täglich bzw. 48 Stunden wöchentlich überschritten wird.	Vertrauensarbeitszeit bedeutet, dass die Arbeitnehmer zur Erledigung ihrer Aufgaben ihre individuelle Arbeitszeit eigenverantwortlich verteilen. Im Vordergrund steht eine ergebnisorientierte Arbeitsweise.
Lebensarbeitszeit	**Jahresarbeitszeit**
Die Lebensarbeitszeit umfasst die gesamte Phase vom Berufseinstieg bis zum Ruhestand. Dabei wird der Arbeitszeitraum flexibilisiert, d. h., in einigen Phasen wird weniger oder gar nicht gearbeitet, während in anderen Phasen zum Ausgleich mehr gearbeitet werden muss.	Die effektive Jahresarbeitszeit wird je nach Arbeitsanfall auf das gesamte Jahr verteilt. Die Mitarbeiter erhalten jedoch jeden Monat das gleiche Gehalt.
Variable Arbeitszeit	**Wahlarbeitszeit**
Bei der variablen Arbeitszeit bestimmt der Arbeitnehmer selbst über die Dauer und die Lage seiner Arbeitszeit; Kernzeiten gibt es nicht.	Bei der Wahlarbeitszeit kann sich jeder Mitarbeiter in Abhängigkeit vom ausgehängten Personalbedarfsplan individuell für ein Zeitfenster eintragen. Die Arbeitnehmer sprechen sich individuell ab, wann sie arbeiten möchten.

Arbeitszeitmodelle im Überblick	
Versetzte Arbeitszeit	**Telearbeit**
Bei der versetzten Arbeitszeit werden den Arbeitnehmern verschiedene Arbeitsblöcke mit festen Anfangs- und Endzeiten angeboten, die den gesamten täglichen Betriebszeitbedarf abdecken. Jede Arbeitnehmergruppe kann sich dabei für ein bestimmtes Zeitfenster entscheiden, in der sie arbeiten möchte.	Telearbeit erfolgt durch die Nutzung von Informations- bzw. Kommunikationstechniken (z.B. Telefon, Internet) an einem anderen Ort als dem üblichen Arbeitsort (ortsungebunden). Oft spricht man in diesem Zusammenhang auch von Homeoffice.
Gleitzeit	**Bereitschaftsdienst/Rufbereitschaft**
Die Gleitzeit gehört zu den grundlegenden Arbeitsmodellen. Sie besteht aus einer Kernarbeitszeit mit allgemeiner Anwesenheitspflicht und Gleitzeitspannen. In den Gleitzeitspannen können die Arbeitnehmer selbst bestimmen, wann sie mit der Arbeit beginnen und aufhören.	Bei einem Bereitschaftsdienst hält sich der Arbeitnehmer an einem vom Arbeitgeber bestimmten Ort auf, um jederzeit tätig werden zu können. Bei der Rufbereitschaft ist die Anwesenheit des Arbeitnehmers nicht erforderlich; es genügt die bloße Erreichbarkeit.
Nacht- und Schichtarbeit	**Sabbatical**
Bei der Schichtarbeit wird derselbe Arbeitsplatz nach einem bestimmten Zeitplan von unterschiedlichen Personen zu verschiedenen Tages- und Nachtzeiten besetzt (z.B. Wechselschicht mit Früh- und Spätschicht; Drei-Schicht-System mit zusätzlicher Nachtschicht).	Das Sabbatical ermöglicht Arbeitnehmern, sich über längere Zeit vom Arbeitsleben freistellen zu lassen. Dabei sind sie weiterhin im Unternehmen angestellt und erhalten Bezüge. Nach Ablauf des Sabbaticals Rückkehr an den Arbeitsplatz. Im Vorfeld erfolgt die Ansparphase (z.B. 30-Stunden-Woche vereinbart, aber 40 Stunden gearbeitet und somit 10 Stunden pro Woche angespart, sodass über drei Jahre hinweg ein einjähriges Sabbatical angespart wird).
Arbeitszeitkonto	**Lebensarbeitszeitkonto/Langzeitkonto**
Dieses Konto erfasst die tatsächliche Arbeitszeit. Genau genommen werden damit die Abweichungen von der vereinbarten Arbeitszeit festgehalten, sodass ein Guthaben auf- oder abgebaut wird. Ursachen für die Schwankungen können saisonal oder konjunkturell sein (z.B. Langzeit- oder Kurzzeitkonto).	Dieses Konto dient zur Anpassung der Arbeitszeit an Arbeitsschwankungen, die über die Jahresarbeitszeit hinausgehen. Es werden Plusstunden angesammelt, die in anderen Lebensphasen (z.B. Kinderbetreuung, Pflege, Weiterbildung) die Arbeitszeit unter Beibehaltung des Gehalts reduzieren.

Ein Vergleich der einzelnen Arbeitszeitmodelle ergibt, dass jedes seine Vor- und Nachteile hat. Im Falle von **Teilzeitarbeit** steigt u.a. die Motivation, Familie und Beruf sind besser miteinander vereinbar, die Work-Life-Balance ist leichter umzusetzen, Fortbildungen können einfacher wahrgenommen werden und qualifizierte Mitarbeiter lassen sich eher an das Unternehmen binden. Dem gegenüber stehen ein hoher Kommunikations- und Informationsaufwand sowie häufig ein Anstieg der Fortbildungskosten.

Bei der **Altersteilzeit** kann unter Berücksichtigung der individuellen Leistungsfähigkeit die Erfahrung der älteren Mitarbeiter genutzt werden. Kommt **Jobsharing** zum Einsatz, können die Personalkapazitäten jederzeit erhöht werden. Darüber hinaus besteht die Möglichkeit zusätzliches Know-how und Synergieeffekte zu nutzen. Allerdings ist ein hoher Kommunikations- bzw. Informationsaufwand zwischen den geteilten Stellen nötig.

Das Modell der **Kurzarbeit** dient meist der Überbrückung und sichert den Arbeitnehmern ihren Arbeitsplatz. Arbeitet ein Mitarbeiter nach dem Modell der **Vertrauensarbeitszeit**, wird die Eigenverantwortung und die Ergebnisorientierung gefördert. Kommt es jedoch zu andauernden Arbeitsspitzen, können diese kurzfristig nicht ausgeglichen werden. Die **Gleitzeit** macht es dem einzelnen Mitarbeiter möglich, ein an seinen Biorhythmus angepasstes Leben zu führen und somit seine Leistung zu erhöhen. Kommt das Modell der **Jahresarbeitszeit** zum Einsatz, ist eine variablere Anpassung an Arbeitsspitzen möglich und die Mitarbeiter sind gleichmäßiger ausgelastet. Allerdings muss es im Vorhinein genau geplant werden, um das Zeitbudget einzuhalten. Ähnliches gilt für die **Lebensarbeitszeit.**

Die **Telearbeit** gibt den Mitarbeitern einerseits mehr Zeitsouveränität, da sie nicht nur orts-, sondern auch zeitungebunden ist. Zudem entfallen die Fahrtkosten und der Einzelne hat mehr Zeit für Privates. Andererseits besteht jedoch die Gefahr, dass der Mitarbeiter isoliert wird und nicht genügend betriebliche Informationen erhält.

Sowohl bei der **versetzten** als auch bei der **variablen** und **wählbaren Arbeitszeit** können bei kurzfristigen Auftragsspitzen oder -rückgängen die Betriebszeiten optimiert werden. Darüber hinaus sind sie gut geeignet, die individuellen Zeitbedürfnisse der Mitarbeiter zu berücksichtigen (der Schichtarbeit sehr ähnlich). Das Modell der **Schichtarbeit** ist aus Unternehmenssicht von Vorteil, da die Mitarbeiter variabler eingeplant werden können. Für Arbeitnehmer jedoch bietet es nicht nur Vorteile. So sind manche Schichten zwar leichter mit der Familie vereinbar, aber auf Dauer wirkt Wechselschichtarbeit sich für viele Menschen gesundheitsschädlich aus. Ähnliches gilt für den **Bereitschaftsdienst**, der vom Einzelnen viel private Flexibilität verlangt und oft demotivierend ist.

Das **Sabbatical** hingegen erhöht die Mitarbeitermotivation. Eine Auszeit erhöht in vielen Fällen sogar das Kreativitätspotenzial der Mitarbeiter und verhindert die Gefahr eines Burn-out. Aus Unternehmenssicht ist ein Sabbatical auch unter dem Aspekt zu betrachten, dass es sich um eine Vertretung kümmern muss.

Beim **Arbeitszeitkonto** können die Mitarbeiter selbst über ihre persönliche Arbeitszeit mitentscheiden, was zu einer deutlichen Motivationssteigerung führt. Im Vergleich dazu regt das **Langzeitkonto** die Mitarbeiter dazu an, Stunden zu „hamstern". Darüber hinaus müssen Regelungen hinsichtlich des Zugriffs oder für den Fall einer Insolvenz getroffen werden.

Teilzeitquoten der abhängig beschäftigten Frauen und Männer in Deutschland
(in Prozent)

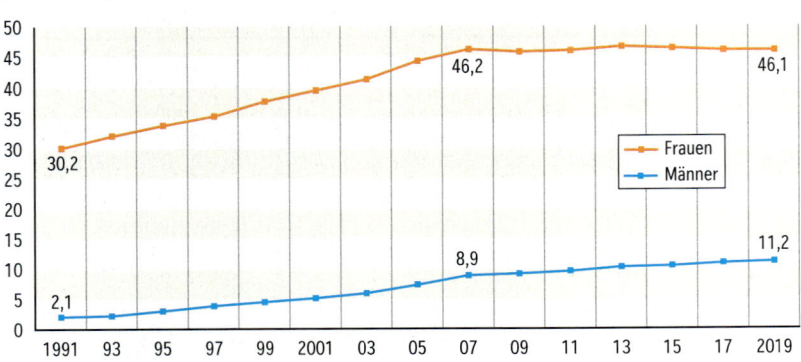

Erfasst wurden abhängig Beschäftigte über 15 Jahren mit einer Wochenarbeitszeit von weniger als 32 Stunden.
Vgl. WSI Genderdatenportal: Teilzeitquoten der abhängig Beschäftigten 1991–2019, S.1; online verfügbar unter: https://www.wsi.de/data/wsi_gdp_2021_02_05_ZE-Teilzeit.pdf [04.11.2020].

Wie letztlich die Arbeitszeiten geregelt sind, ist u. a. auch von der Branche, der organisatorischen Ausrichtung, der Kundenorientierung oder saisonalen Schwankungen abhängig und im jeweiligen Einzelfall zwischen dem Arbeitnehmer und dem Arbeitgeber zu vereinbaren.

2.3 Aufgabengestaltung

Die Personalleiterin möchte Frau Rösl, die sehr gute Arbeit leistet, zufriedenstellen. Diese hatte sich über eine permanente Unterforderung beklagt und möchte mehr Abwechslung. Eine der letzten Aussagen der unzufriedenen Mitarbeiterin war: „Wenn sich nichts ändert und ich nicht mehr Verantwortung bekomme, dann kündige ich!"

Bedeutung einer optimalen Aufgabengestaltung

Grundlage für die Gestaltung der zu erledigenden Aufgaben und letztlich auch für die Arbeitsplanung ist die Gesamtaufgabe einer Organisation. Diese kann je nach Schwerpunktsetzung in viele Teilaufgaben und Prozesse untergliedert werden. Dabei ist darauf zu achten, dass die Arbeitsaufgaben optimal gestaltet sind. Ist das der Fall, steigt die Motivation bei den Mitarbeitern. Sie erbringen eine höhere Arbeitsleistung, sind wesentlich zufriedener und schließlich sinken auch die Fehlzeiten.

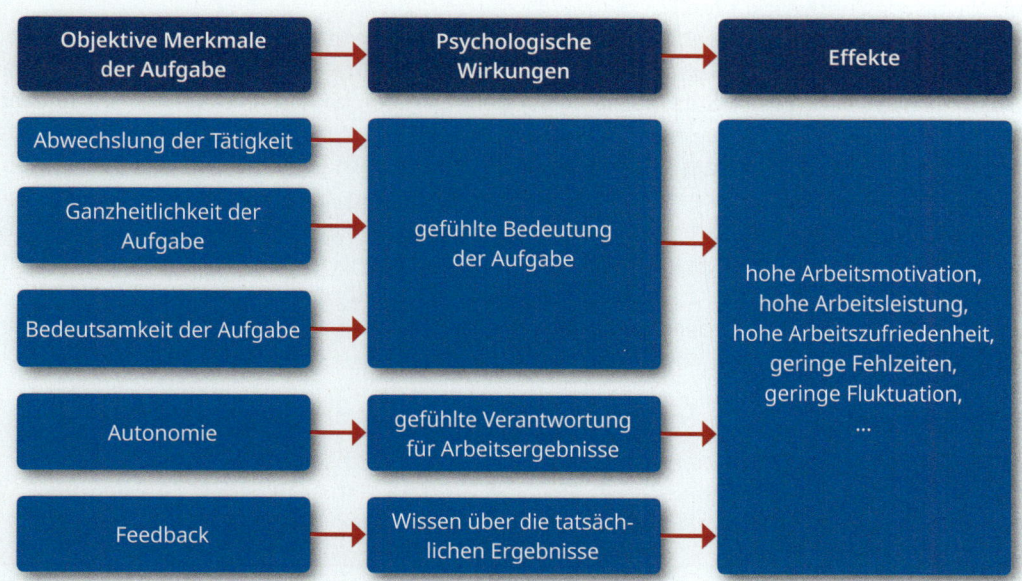

Um diese positiven Effekte zu erreichen, muss eine Aufgabe dem individuellen Niveau angepasst werden und abwechslungsreich gestaltet sein. Im Idealfall kann der Arbeitnehmer auf das Ausmaß der Abwechslung Einfluss nehmen. Ein zweiter wichtiger Aspekt im Rahmen der Arbeitsgestaltung ist die Ganzheitlichkeit von Aufgaben. Haben Mitarbeiter das Gefühl, für einen ganzen abgeschlossenen Prozess verantwortlich zu sein, nehmen sie diese Aufgabe auch als sehr wichtig wahr und können sich letztlich besser damit identifizieren. Wie viel Bedeutung ein Arbeitnehmer seiner Aufgabe jedoch beimisst, ist von seiner subjektiven Einschätzung abhängig. So können auch niedrig qualifizierte Arbeiten als wichtig betrachtet werden und mit entsprechendem Engagement angegangen werden.

Hat ein Mitarbeiter darüber hinaus viele Freiräume und die Möglichkeit, sich selbst zu organisieren sowie zwischen verschiedenen Wegen zu wählen, steigt mit der höheren Verantwortung auch die Motivation. Diese wird noch einmal verstärkt, indem die Mitarbeiter zeitnah ein Feedback über das Ausmaß der Zielerreichung erhalten. Durch eine entsprechende Rückmeldung sehen sie, ob die Arbeit gut war und können ihre Leistung steigern.

Aufgrund dieser Erkenntnisse aus der Arbeitspsychologie, der wachsenden Nachfrage nach individualisierten Produkten und dem Einsatz von sich ständig ändernden Produktions- und Kommunikationstechnologien muss sich auch die Aufgabengestaltung ändern. Das heißt weg von der Spezialisierung hin zu individuellen und gruppenorientierten Instrumenten der Arbeitsgestaltung. Im Rahmen der individuumsorientierten Aufgabenstellung können zur Erweiterung des Handlungs- und Entscheidungsspielraums grundsätzlich drei Instrumente unterschieden werden: **Jobrotation, Jobenlargement** und **Jobenrichment.** Betrachtet man hingegen die gruppenorientierte Aufgabengestaltung, gibt es neben den teilautonomen Arbeitsgruppen u.a. die Lern(werk)statt, Qualitätszirkel i.e.S., Projektgruppen oder Problemlösungsworkshops.

Jobrotation

Jobrotation ist die englische Bezeichnung für Arbeitsplatzwechsel, Rotationsverfahren oder Arbeitsplatz-Ringtausch. Darunter wird ein systematischer Arbeitsplatzwechsel mit dem Ziel der Entfaltung und Vertiefung der Fachkenntnisse und Erfahrungen der Mitarbeiter verstanden. Im Fokus der Jobrotation stehen zudem die Vermeidung von Arbeitsmonotonie und die Förderung von Nachwuchsführungskräften.

Eine wichtige Voraussetzung für ein erfolgreiches Rotationsverfahren sind eindeutige Organisationsstrukturen und exakte Stellenbeschreibungen. Darüber hinaus muss es einen genauen Plan für den Rotationsprozess, Leistungskontrollen sowie Lösungsmöglichkeiten für Konflikte mit nicht in den Rotationsprozess einbezogenen Arbeitnehmern geben. Da im Rahmen der Jobrotation die Mitarbeiter in einer bestimmten Reihenfolge den Arbeitsplatz mit ihren Kollegen tauschen und dann jeweils deren Arbeit für einen begrenzten Zeitraum übernehmen, kann dieses Verfahren auch als erfahrungsbasiertes Instrument der Weiterbildung von Personal betrachtet werden und gehört somit zu den Training-on-the-job-Methoden. Die Verweildauer auf der neuen Stelle hängt u.a. von der Komplexität der neuen Arbeit und der Qualifikation des Mitarbeiters ab. So sollte die Rotation erst fortgesetzt werden, wenn ein Feedback möglich ist.

 In einem Klinikum mit verschiedenen Abteilungen wechseln die Krankenschwestern und -pfleger in bestimmten Abständen ihre Funktion. Hat eine Kollegin z.B. im Mai auf der Kinderstation gearbeitet, ist sie im Juni auf der Intensivstation.

Aus den Zielen der Jobrotation ergeben sich unmittelbare Vorteile für die Mitarbeiter als auch für die Organisation selbst. So kommt es zu einem Wissenstransfer „on the job", d.h., das Wissen wird innerhalb der Organisation geteilt und die arbeitsplatzbezogenen Fachkenntnisse an alle Mitarbeiter weitergegeben. Da die Arbeitnehmer bei der Jobrotation auch außerhalb der eigenen Abteilung eingesetzt sind, wird ein gewisses Spezialistentum verhindert, zugleich jedoch ein gesamtbetriebliches und vernetztes Denken gefördert. Es entstehen Generalisten, die jederzeit überall einsetzbar sind. Außerdem lassen sich durch den Arbeitsplatztausch die Stärken und Schwächen eines Mitarbeiters aufzeigen. Ein Nachteil des Arbeitsplatzwechsels sind die hohen Kosten, die durch Verzögerungen in den Arbeitsabläufen entstehen können. Der Rotierende ist in der Einarbeitungsphase noch nicht voll leistungsfähig oder macht zu Beginn eventuell Fehler. Auch könnte es sein, dass er nicht seine volle Leistungsfähigkeit abruft, da er die Stelle nur als Durchgangsstation sieht. Andere wiederum sind über- bzw. unterfordert oder haben das Empfinden, ein Lückenfüller zu sein. Außerdem ändert sich nur der Tätigkeits-, nicht aber der Entscheidungsspielraum.

Jobenlargement

Jobenlargement ist als quantitative und horizontale Aufgabenerweiterung oder -vergrößerung zu verstehen. Dabei werden der ursprünglich von einem Mitarbeiter ausgeübten Tätigkeit noch zusätzliche strukturell gleichartige Arbeitsaufgaben angegliedert, die ihr bisher vor- bzw. nachgelagert waren. Ziel ist, den Tätigkeitsspielraum (Aufgabenfülle) eines Arbeitnehmers zu erweitern, um schließlich Monotonie und eine zu starke Spezialisierung der Tätigkeit zu verhindern. Demnach soll ein Arbeitnehmer durch das Jobenlargement dazu befähigt werden, Querschnittsaufgaben zu übernehmen und flexibel einsetzbar zu sein.

Grundsätzlich ist das Instrument des Jobenlargement im Hinblick auf Umfang, Schwierigkeitsgrad und Zeitrahmen anpassungsfähig und kann flexibel eingesetzt werden. Um allerdings die Aufgabenerweiterung für alle Beteiligten optimal durchführen zu können, ist eine Verknüpfung der organisatorischen Ziele mit den persönlichen Zielen des einzelnen Arbeitnehmers entscheidend. Darüber hinaus müssen sowohl die Organisation als auch die Mitarbeiter offen und experimentierfreudig sein. Erstere sollten zudem gewillt sein, sich mit neuen und zusätzlichen Inhalten auseinanderzusetzen. Folglich kann auch hier von einer Weiterbildung des Personals im Sinne der Training-on-the-job-Methode gesprochen werden.

Eine auszubildende Krankenschwester hat bislang die Utensilien für eine Spritze nur vorbereitet. Nun darf sie selbst den Patienten die Spritzen geben.

Infolge des Einsatzes der Arbeitserweiterung ergeben sich sowohl für den einzelnen Mitarbeiter als auch für die Organisation zahlreiche Vorteile. Beispielsweise können die Arbeitnehmer durch die Arbeitserweiterung multifunktional eingesetzt und somit Personalkosten eingespart werden. Darüber hinaus besteht für die Mitarbeiter die Möglichkeit, neue Kenntnisse und Fähigkeiten zu entwickeln, sodass im Falle eines Weggangs von Mitarbeitern das Risiko von Wissensverlusten minimiert wird. Des Weiteren erlangen die Arbeitnehmer einen besseren Überblick über die Gesamtzusammenhänge am Arbeitsplatz. Das erhöht zum einem das Verantwortungsbewusstsein für die Organisation, zum anderen aber auch die Motivation und das Commitment (= Identifikation mit der Organisation). Die Mitarbeiter selbst steigern durch diese Form der Weiterqualifizierung ihren eigenen Marktwert und können auf eine bessere Entlohnung hoffen. Aber auch hier gilt, wie bei der Jobrotation, dass nur der Tätigkeits-, nicht aber der Entscheidungsspielraum erweitert wird. Weitere Nachteile sind die für die Fortbildung zusätzlich anfallenden Kosten und das Lernen während der Arbeitszeit. Letzteres trägt oftmals zu einer Überforderung bei. Hat ein Mitarbeiter das Gefühl, nur zusätzliche Arbeit zu leisten, aber keine zusätzlichen Rechte zu haben, sinkt seine Motivation.

Jobenrichment

Der Begriff „Jobenrichment" kommt ebenfalls aus dem Englischen und bedeutet Aufgabenanreicherung. Konkret erfolgt im Rahmen des Jobenrichments eine qualitative und vertikal dispositive Erweiterung des Arbeitsfeldes. So kommen zu den bereits bestehenden Aufgaben weitere

Tätigkeits- und Verantwortungsbereiche wie Planungs-, Koordinations-, Kontroll- und Entscheidungsaufgaben hinzu. Dies trägt zu einer Vergrößerung des Gestaltungsspielraums des betroffenen Mitarbeiters bei, der zusätzlich zu seiner bisherigen Tätigkeit Arbeitsaufgaben auf einem höheren Anforderungsniveau erhält. Demnach hat die Arbeitsanreicherung nicht nur die Erweiterung des Entscheidungsspielraums und eine Höherqualifikation zum Ziel, sondern erhöht zugleich die Motivation beim Einzelnen und beeinflusst ihn in seiner persönlichen Entwicklung und Leistungsqualität.

Voraussetzung für ein erfolgreiches Jobenrichment ist, sich an den Kompetenzen des betroffenen Arbeitnehmers zu orientieren. Allerdings sollte dieser über entsprechende Maßnahmen weitergebildet werden, um künftig in der Lage zu sein, mehr eigenverantwortlich zu handeln (Höherqualifikation). Somit gehört auch dieses Instrument des Personaleinsatzes zu den Training-on-the-job-Methoden.

 Eine Krankenschwester hat bisher nur einzelne, ihr aufgetragene Pflegeleistungen am Patienten erbracht. Ab sofort erhält sie jedoch die pflegerische Gesamtverantwortung auf ihrer Station und muss u.a. einen Pflege- und Behandlungsplan erstellen und die Durchführung beim Patienten überwachen.

Kommt Jobenrichment innerhalb einer Organisation zum Einsatz, ergeben sich viele Vorteile für den Einzelnen und das Unternehmen. Das Verantwortungsbewusstsein wird gestärkt, ebenso wie die Kreativität und das Selbstverwirklichungsstreben des Arbeitnehmers. Dadurch, dass er mehr in den Entscheidungsprozess einbezogen wird, identifiziert er sich mehr mit der Organisation. Ein weiterer positiver Nebeneffekt ist die höhere Qualifikation der Teilnehmer. Sie führt zu guten Aufstiegschancen beim Einzelnen und zu einer Leistungssteigerung innerhalb der Organisation. Bringt ein Mitarbeiter jedoch keine Bereitschaft zur Übernahme von Verantwortung auf und nimmt er seine Handlungsspielräume nicht wahr, ist Jobenrichment sinnlos. Überdies sind viele Arbeitnehmer zumindest zu Beginn oft überfordert und überlastet; vor allem wenn die Weiterqualifizierung parallel zur neuen Arbeit erfolgt.

Teilautonome Gruppen

Gruppenarbeit liegt immer dann vor, wenn mehrere Personen an einer gemeinsamen Aufgabe arbeiten, deren Lösung für die Mitglieder ein gemeinsames Ziel darstellt. Generell können mehrere Formen der Gruppenarbeit unterschieden werden. Im Folgenden soll lehrplangemäß die teilautonome Gruppe genauer betrachtet werden.

Hierbei handelt es sich um eine Gruppe, der ein in sich weitgehend abgeschlossener Arbeitsprozess übertragen wird. Eine Gruppe besteht in der Regel aus drei bis zehn Personen und hat während der ganzen Zeit keinen formellen Chef. Oft wird die Gruppe durch eine Kontaktperson – die wechseln kann – nach außen vertreten. Aufgabe der Gruppe ist, die zu erfüllende Tätigkeit komplett, von der Planung über die Organisation bis zum Abschluss (Kontrolle), selbstständig zu organisieren und auszuführen. Auch die Entscheidungen über die Arbeitszeit, Pausen und die Verteilung der Aufgaben werden in vielen Fällen allein von der Gruppe getroffen. Sie muss lediglich vorgegebene Normen und Gesetze einhalten. Da Tätigkeits-, Entscheidungs- und Interaktionsspielraum auf die komplette Gruppe übertragen werden, und jedes Gruppenmitglied alle qualitativ unterschiedlichen Aufgaben wahrnehmen kann, vereinbart die teilautonome Gruppe die Gedanken der Jobrotation, des Jobenlargements und des Jobenrichments.

Wesentliches Ziel der teilautonomen Gruppe ist dabei, einen lern- und persönlichkeitsfördernden Arbeitsplatz zu schaffen, bei dem alle Mitglieder der Arbeitsgruppe beteiligt sind. Das trägt nicht nur zu einer verbesserten Motivation, sondern auch zur Qualitäts- und Leistungssteigerung beim Einzelnen bei. Wesentliche Voraussetzung für den Einsatz einer teilautonomen Gruppe ist die Gestaltbarkeit der Tätigkeit als Gruppenarbeit. Die Aufgabe muss also in ihrer Art und Zusammenstellung für eine Gruppenarbeit geeignet sein. Darüber hinaus ist es wichtig, die Mitarbeiter hinsichtlich ihrer fachlichen und sozialen Kompetenzen zu schulen. Teilautonome Gruppen sind zudem nur dann realisierbar, wenn die Organisationsstruktur, der Führungsstil und die Unternehmenskultur eine Partizipation zulassen.

Einer Gruppe von Krankenschwestern wird ein „Paket" an Aufgaben – z. B. die Betreuung von Patienten auf der Intensivstation – übertragen, für deren Erledigung sie in eigener Verantwortung zuständig sind. Gemeinsames Ziel ist die bestmögliche Betreuung der Patienten und Angehörigen. Dabei sind neben reinen Ausführungsaufgaben (z. B. Umlagerung des Patienten, Aufzeichnung und Überprüfung der Werte), organisatorische, planende und kontrollierende Funktionen wahrzunehmen. So muss geplant werden, in welchem Raum die Patienten untergebracht werden und wer welche Schicht übernimmt. Auch der Arbeitsablauf oder Geräte müssen organisiert werden. Die Kontrollfunktion wird insofern wahrgenommen, dass die Angehörigen oder die Patienten ein entsprechendes Feedback geben. Entscheidend ist, dass alle Krankenschwestern sämtliche Tätigkeiten ausführen können und sich selbst koordinieren.

Werden teilautonome Gruppen eingesetzt, ergeben sich sowohl für den einzelnen Mitarbeiter als auch für die Organisation zahlreiche Vorteile. So führt das Ausführen unterschiedlicher, anspruchsvoller Tätigkeiten und die Möglichkeit, die verschiedenen Aufgaben abwechselnd wahrzunehmen, zu einer Aufwertung des Arbeitsplatzes. Durch den erweiterten Handlungsspielraum steigt die Motivation der Arbeitnehmer. Des Weiteren verbessert sich die Qualität der erbrachten Leistung, da jeder einzelne Mitarbeiter besser qualifiziert ist, das ganze „Produkt" kennt und sich hierfür auch verantwortlich fühlt. Wenn jedes Gruppenmitglied nicht mehr nur für seinen eigenen Arbeitsplatz, sondern für alle Arbeitsplätze verantwortlich und zuständig ist, sinken automatisch die Durchlauf- und Wartezeiten. Fehlt ein Mitarbeiter, können die einzelnen Aufgaben zudem flexibler verteilt werden. Mit der Höherqualifizierung steht den Arbeitnehmern oft auch ein höheres Gehalt zu. Das ist aus Unternehmenssicht nachteilig zu bewerten, da die Personalkosten ansteigen. Sie steigen auch deshalb an, weil die Arbeitnehmer zu Beginn geschult und angelernt werden müssen. Dabei ist der Erfolg nicht von Anfang an vorprogrammiert, sodass neben dem Arbeitsausfall auch hohe Investitionskosten entstehen.

Aufgaben

1. Legen Sie die Bedeutung eines optimalen Personaleinsatzes dar und zeigen Sie die verschiedenen Lösungsansätze auf.
2. Erstellen Sie ein sinnvolles Arbeitszeitmodell für die Mitarbeiter einer Kindertagesstätte und diskutieren Sie Ihren Ansatz kritisch.
3. Erläutern Sie, welche Effekte eine optimale Aufgabengestaltung mit sich bringt.
4. Übertragen Sie Jobrotation, Jobenlargement, Jobenrichment sowie die teilautonome Gruppenarbeit auf einen Kindergarten. Beurteilen Sie im Anschluss daran die einzelnen Instrumente der Aufgabengestaltung.

3 Personalführung

"

Neuer Gallup Engagement Index 2018: Die Unternehmenskultur entscheidet maßgeblich über den wirtschaftlichen Erfolg

Über fünf Millionen Arbeitnehmer (14 Prozent) haben ihren Job bereits innerlich gekündigt und besitzen keine emotionale Bindung zum Unternehmen. Dies geht aus dem aktuellem Gallup Engagement Index 2018 hervor [...]. Der Anteil der emotional hoch gebundenen Arbeitnehmer ist laut Gallup in Deutschland nach wie vor auf einem niedrigen Niveau. Nur 15 Prozent der Beschäftigten weisen hierzulande eine hohe emotionale Bindung an ihren Arbeitgeber auf und gehen ihrer Arbeit mit Hand, Herz und Verstand nach. Drei von vier Beschäftigten machen lediglich Dienst nach Vorschrift (71 Prozent). Nach jüngsten Berechnungen verursacht die innere Kündigung von Mitarbeitern dabei einen jährlichen, volkswirtschaftlichen Schaden von bis zu 103 Milliarden Euro. Neben der Bindung zum Unternehmen, entscheidet die Unternehmenskultur maßgeblich über den wirtschaftlichen Erfolg. Die aktuelle Untersuchung zeigt, dass Mitarbeiter, die ihrem Unternehmen ein hohes Maß an Agilität zuschreiben, auch deutlich häufiger an dieses emotional hoch gebunden sind und es für die Zukunft als wirtschaftlich gut aufgestellt ansehen.

[...] Demnach sind bei agilen Unternehmen 43 Prozent der Befragten emotional hoch gebunden, während es bei nicht agilen Unternehmen nur sechs Prozent sind. Beschäftigte, die ihrem Arbeitgeber Agilität zuschreiben, stufen ihn laut Zahlen der Gallup-Experten als deutlich besser für die Zukunft aufgestellt ein, als Arbeitnehmer aus nicht-agilen Unternehmen. So haben in agilen Unternehmen drei von vier Befragten Vertrauen in die finanzielle Zukunft ihres Unternehmens (71 Prozent), hingegen bei nicht agilen Unternehmen lediglich 39 Prozent.

Deutschland hat bei Agilität Nachholbedarf

Leider schneidet Deutschland im europäischen Vergleich zu den drei weiteren führenden Volkswirtschaften, Großbritannien, Frankreich und Spanien, beim Thema Agilität nicht gut ab. Demnach sagen hierzulande nur zehn Prozent der Mitarbeiter, dass ihr Unternehmen über die richtigen Arbeitsmittel, Prozesse sowie die richtige Einstellung verfüge, um schnell auf geschäftliche Anforderungen zu reagieren. In Großbritannien stimmen den entsprechenden Aussagen zur Messung des Agilitätsgrades 13 Prozent, in Spanien 15 Prozent und in Frankreich 16 Prozent zu. [...]

Treiber für Agilität: Tempo, Wissensaustausch, Mut und eine tolerante Fehlerkultur

[...] Komponenten, die beim Thema Agilität eine besondere Rolle spielen [sind] Wissensaustausch, Kooperationswille, Fehlerkultur, Geschwindigkeit bei der Entscheidungsfindung, Innovationsfähigkeit, Empowerment, Simplizität sowie die Förderung neuer Technologien. [...]

Nur jeder dritte Mitarbeiter (33 Prozent) sagt, dass in seinem Unternehmen denjenigen vertraut wird, Entscheidungen zu treffen, die mit der jeweiligen Aufgabe am vertrautesten sind. Lediglich vier von zehn Beschäftigten (39 Prozent) berichten davon, dass es in ihrem Unternehmen gelebte Praxis ist, Informationen, Wissen und Ideen offen miteinander zu teilen. Und nur jeder fünfte Mitarbeiter (20 Prozent) gibt an, dass sein Arbeitgeber ein Arbeitsumfeld schaffe, in dem sich Mitarbeiter und Mitarbeiterinnen ausprobieren, scheitern und aus Fehlern lernen können.

Quelle: GHC-GmbH (Hrsg.): Neuer Gallup Engagement Index 2018: Die Unternehmenskultur entscheidet maßgeblich über den wirtschaftlichen Erfolg, 29.08.2019, online unter: https://www.outview.ch/aktuelle-news/neuer-gallup-engagement-index-2018-die-unternehmenskultur-entscheidet-massgeblich-u%CC%88ber-den-wirtschaftlichen-erfolg/ [22.10.2020].

Frau Dr. Gut, die Leiterin der Inneren Medizin, klagt während einer Mittagspause der Personalleiterin ihr Leid: „Ich glaube das Betriebsklima in unserer Abteilung ist ziemlich schlecht. Gerade erst hat unsere beste Krankenschwester gekündigt. Sie war mit der Aufgabenverteilung und ihrem Gehalt unzufrieden. Und beim Abschied meinte sie, ich solle in Zukunft etwas härter durchgreifen und mehr Verantwortung abgeben. Das stimmt schon, aber das Team ist so unmotiviert und macht nur das Nötigste." – Die Personalleiterin Sophie, die erst kürzlich an einem Motivationstraining teilgenommen hat, meint dazu: „Ich glaube nicht, dass sie wegen des Geldes gegangen ist."

ARBEITSAUFTRAG

Lesen Sie die beiden obigen Texte und legen Sie den eigentlichen Kündigungsgrund der Krankenschwester dar. Überlegen Sie, wie Frau Dr. Gut als Leiterin der Inneren Medizin künftig handeln sollte. Geben Sie mögliche Lösungsansätze an.

Ein wesentlicher Erfolgsfaktor für viele Unternehmen sind die zwischenmenschlichen Beziehungen zwischen den Vorgesetzten und den von ihnen geführten Mitarbeitern. Funktioniert das Zusammenwirken beider Gruppen gut, trägt dies nicht nur zu einem positiven Betriebsklima bei, sondern auch zur Motivation beim einzelnen Mitarbeiter und erhöht dessen Leistungsbereitschaft.

Demnach spielt neben den sachbezogenen Inhalten, wie der optimalen Aufgaben- und Arbeitszeitgestaltung, auch die Personalführung eine große Rolle. Dabei haben die Stelleninhaber auf den einzelnen Ebenen der Unternehmenshierarchie den Auftrag, die einzelnen Zielsetzungen bzw. Entscheidungen des Unternehmens gemeinsam mit ihren Mitarbeitern umzusetzen. Hierfür stehen ihnen zahlreiche Führungsinstrumente zur Verfügung.

Allgemein haben die Vorgesetzten die Aufgabe, Informationen weiterzugeben, Weisungen zu erteilen, Tätigkeiten zu delegieren, Kritik bzw. Lob zu äußern oder – falls erforderlich – auch Konflikte zu steuern. Wird die Mitarbeiterführung aus dem Blickwinkel der Leistungserstellung betrachtet, so erstrecken sich die Führungsaufgaben innerhalb des jeweiligen Zuständigkeitsbereichs auf einen Prozess, der u.a. die Zielsetzung, Planung und Vorbereitung der Entscheidung sowie deren Durchsetzung, Realisierung und Kontrolle umfasst. Fragen wie: „Warum muss diese Arbeit gemacht werden? Wo und bis wann muss diese Arbeit erledigt sein? Wer soll diese Arbeit machen? Wie soll die Bearbeitung erfolgen?" müssen dabei je nach vorliegender Situation systematisch beantwortet werden.

> **Personalführung** ist eine zielgerichtete bzw. situationsbezogene Beeinflussung und Verhaltenssteuerung der Mitarbeiter durch den Einsatz von Führungsinstrumenten der Vorgesetzten mit dem Ziel der Realisierung von Unternehmenszielen.

3.1   Führungsstile

Viele Vorgesetzte beeinflussen mit der Art und Weise ihres Verhaltens und ihrer Einstellung die Leistungsbereitschaft der Mitarbeiter. Werden diese gut geführt, sind sie in der Regel zufriedener, motivierter und engagierter. Der unternehmerische Erfolg wird dadurch deutlich gesteigert. Versteht ein Chef hingegen nichts von Menschenführung, schadet er der Organisation. Die Leistungsbereitschaft der Mitarbeiter wird gedämpft. Folglich ist im Rahmen der Personalführung die Festlegung des Führungsstils von zentraler Bedeutung.

> Unter **Führungsstil** ist das individuelle Führungsverhalten eines Vorgesetzten zu verstehen. Dieses ist abhängig von der Person sowie deren Einstellung gegenüber den Mitarbeitern.

Aufgaben- und personenorientierter Führungsstil

Je nach Blickwinkel kann zwischen verschiedenen Führungsstilen unterschieden werden. Eine grundlegende Variante stellt die Differenzierung nach der Aufgaben- bzw. Personenorientierung dar.

Aufgabenorientierter Führungsstil	Personenorientierter Führungsstil
□ Hier liegt das Hauptinteresse des Vorgesetzten auf der Leistungserstellung. Sein Ziel ist eine möglichst hohe quantitative und qualitative Arbeitsleistung. □ Eine persönliche Beziehung zwischen dem Vorgesetzten und seinen Mitarbeitern wird unterdrückt. □ Der Vorgesetzte wird bei Notwendigkeit die Ziele präzisieren, die Mitarbeiter kontrollieren und tadeln, Termine setzen usw.	□ In diesem Fall bemüht sich der Vorgesetzte, eine gute persönliche Beziehung zu bzw. zwischen seinen Mitarbeitern aufzubauen. □ Er geht auf die Bedürfnisse und Erwartungen seiner Mitarbeiter ein und versucht sie bei der Aufgabenerstellung zu unterstützen. □ Der Vorgesetzte zeigt seinen Mitarbeitern gegenüber Verständnis, lobt sie, bringt Vertrauen auf, ist zugänglich usw.

In der Praxis ist weder der aufgabenorientierte Führungsstil noch der personenorientierte Führungsstil in seiner Reinform zu finden. Oftmals werden beide in Abhängigkeit von der zu bewältigenden Aufgabe und den Bedürfnissen der Mitarbeiter sinnvoll miteinander kombiniert. Die bekannteste Modelldarstellung dieses zweidimensionalen richtungsbezogenen Führungsstils ist das von Robert R. Blake und Jane Mouton entwickelte „Managerial Grid" (Verhaltensgitter; vgl. nachstehende Abb.).

Eine weitere Gliederungsmöglichkeit der Führungsstile ist die klassisch gewordene Unterscheidung des amerikanischen Psychologen Kurt Lewin (1890–1947) nach den Kriterien autoritär, kooperativ und laissez-faire.

Managerial Grid

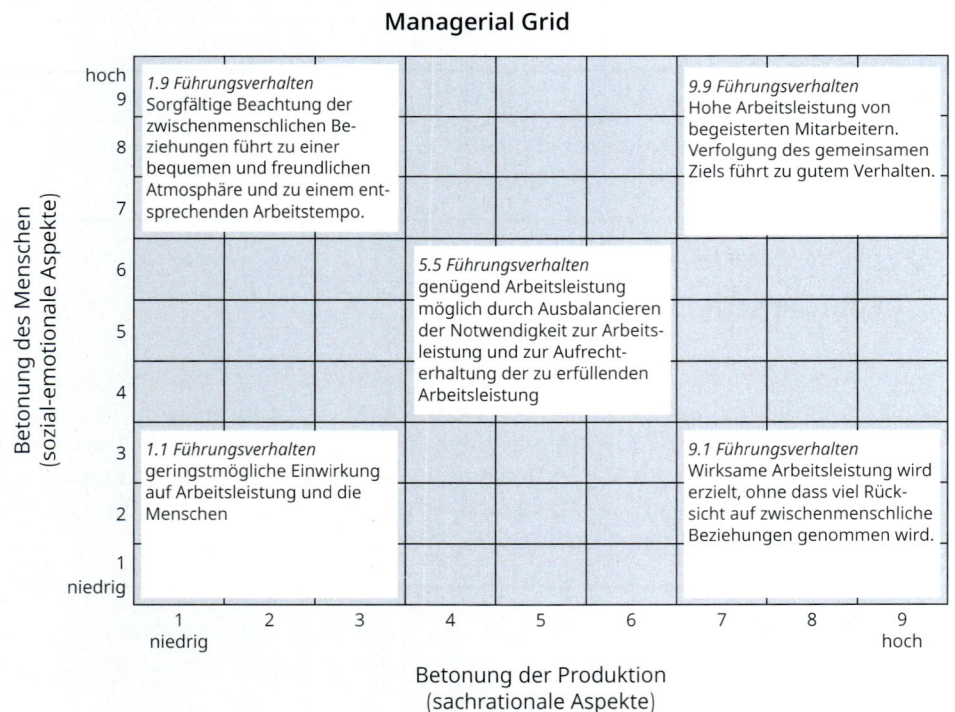

Autoritärer Führungsstil

Beim autoritären Führungsstil konzentriert sich alle Macht beim Vorgesetzten. Dieser entscheidet grundsätzlich alleine – ohne Beteiligung der Mitarbeiter und ohne Begründung – kraft seiner Amtsautorität als Führungsperson. Dabei fühlt sich der Chef für alles verantwortlich, lässt keine Kritik an seinen Entscheidungen zu und informiert seine „Untergebenen" nur über das Notwendigste. Er erwartet in erster Linie Gehorsam, Disziplin, hohe Leistung unter Druck, Ordnung und die Anerkennung des gegebenen Zustands. Die Mitarbeiter der straff und hierarchisch gegliederten Organisation haben seine Anweisungen widerspruchslos auszuführen. Ein weiteres Kennzeichen des autoritären Führungsstils ist die starke und permanente Kontrolle der Mitarbeiter durch den Vorgesetzten; oftmals in Verbindung mit destruktiver Kritik.

Vorteile	Nachteile
<ul><li>Es ist eine schnelle Entscheidungsfindung möglich.</li><li>Die Entscheidungsbefugnisse sind eindeutig und klar verteilt.</li><li>Die Mitarbeiter können sich auf die Arbeit selbst konzentrieren und tragen keine Verantwortung.</li></ul> 	<ul><li>Es liegt ein einseitiger Informationsfluss (Befehle) vom Vorgesetzten zum Mitarbeiter vor (top down).</li><li>Die Mitarbeiter selbst haben kaum oder nur wenig Entscheidungsfreiheit, sie werden zu reinen Befehlsempfängern.</li><li>Die Verantwortung und Kompetenz liegen allein beim Chef.</li><li>Die Kenntnisse, Ideen und Erfahrungen der Mitarbeiter werden nicht berücksichtigt (keine Eigeninitiative möglich).</li><li>Es besteht die Gefahr von Fehlentscheidungen.</li><li>Eine Eigenkontrolle der Mitarbeiter gibt es nicht.</li><li>Ein schlechtes Betriebsklima (angespannte, aggressive Stimmung), eine schlechte Gruppenmoral sowie Desinteresse und fehlende Motivation sind die Folge.</li></ul>

Kooperativer oder demokratischer Führungsstil

Beim kooperativen bzw. demokratischen Führungsstil werden die Mitarbeiter in die Entscheidungsprozesse miteinbezogen. Diskussionen und sachliche Unterstützung sind erlaubt und erwünscht. Dies wird in der Regel erreicht, indem der Vorgesetzte Entscheidungsbefugnisse an die Mitarbeiter delegiert. Dadurch muss jeder Angestellte im Rahmen seines Zuständigkeitsbereichs entscheiden und eigenverantwortlich mitdenken. Voraussetzung ist jedoch, dass ein regelmäßiger und offener Informationsaustausch zwischen dem Chef und seinen Angestellten erfolgt. Der kooperative Führungsstil setzt folglich einen aufgeschlossenen Vorgesetzten voraus, der bereit ist, auf persönliche Vorrechte zu verzichten, Aufgaben zu delegieren, gewisse Freiräume zu geben und dankbar für Kritik und Anregungen ist. Dadurch, dass alle an der Entscheidungsfindung beteiligt sind, tragen auch alle die Verantwortung. Die „beratende Willensbildung" steht im Vordergrund. Vorgesetzter und Mitarbeiter sind gemeinsam und partnerschaftlich an der Zielsetzung und am Entscheidungsprozess beteiligt. Dabei entfällt die Fremdkontrolle durch den Chef und wird durch die Eigenkontrolle der Mitarbeiter ersetzt.

Vorteile	Nachteile
□ Höhere Entscheidungsqualität, da die Ideen und das Wissen der Mitarbeiter berücksichtigt werden. □ Die Zusammenarbeit wird gefördert und der Vorgesetzte entlastet. □ Die Mitarbeiter werden in die Verantwortung mit einbezogen. □ Die Identifikation der Mitarbeiter mit den Zielen, Entscheidungen und Maßnahmen steigt; Entscheidungen können somit einfacher umgesetzt werden. □ Die Leistungsqualität steigt an. □ Die Mitarbeiter kontrollieren sich selbst; es ist weniger Mitarbeiterkontrolle erforderlich. □ Die Motivation der Mitarbeiter steigt (sinkende Fehlzeiten). □ Die sozialen Bedürfnisse in der Gruppe werden weitgehend gesättigt (Selbstverwirklichung). □ Die Atmosphäre ist gelockert, die Mitarbeiter sind zufriedener und arbeiten vertrauensvoll zusammen.	□ Der Entscheidungsprozess dauert wesentlich länger (Verzögerung durch lange Diskussionen). □ Es ist ein höherer Koordinationsaufwand erforderlich. □ Mitarbeiter müssen ständig engagiert sein. □ Oftmals ist die Entscheidungsfreiheit durch Empfehlungen, Anregungen und Übereinkünfte in der Gruppe eingeengt. □ Man benötigt qualifizierteres Personal.

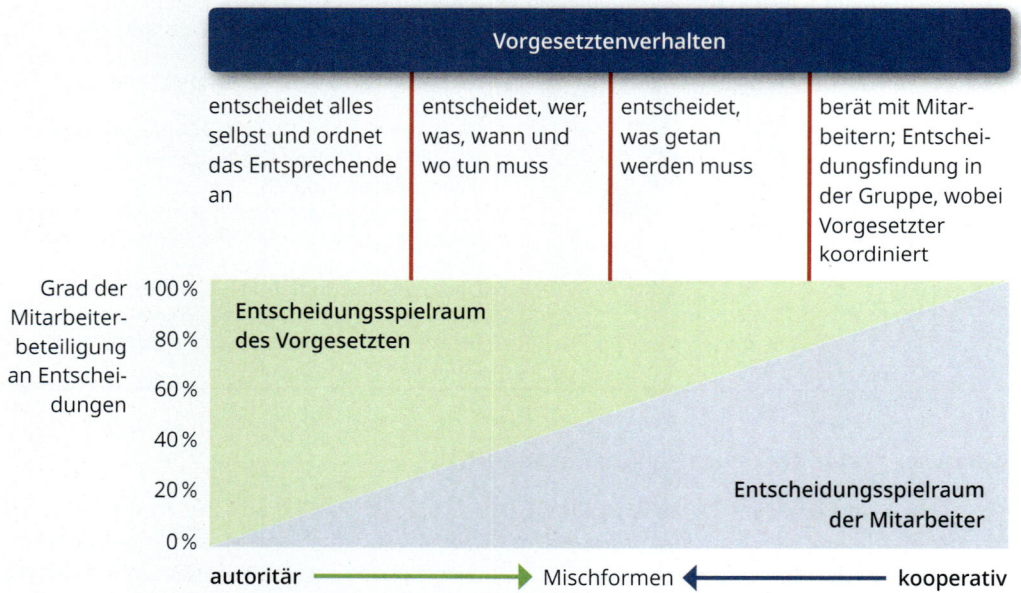

Laissez-faire-Führungsstil

Der Begriff „laissez-faire" kommt aus dem Französischen und bedeutet so viel wie „machen lassen". Bei diesem Führungsstil sind die Mitarbeiter als isolierte Individuen zu betrachten, denen ein hohes Maß an Entscheidungsfreiheit zugebilligt wird. Die Vorgesetzten greifen kaum bis gar nicht in das Geschehen ein. Folglich können die Angestellten vollständig selbst entscheiden und unterliegen keinerlei Regeln. Dadurch, dass wenig Kooperationsbereitschaft vorherrscht und der Vorgesetzte nicht straff führt, sind die Mitarbeiter teilweise sich selbst überlassen und oftmals planlos. Zudem fließen die Informationen häufig nur bei individuellem Bedarf und rein zufällig. Ein weiteres Merkmal des Laissez-faire-Stils ist die kaum vorhandene Kontrolle durch die Vorgesetzten. In vielen Fällen werden darüber hinaus keinerlei Konsequenzen gezogen.

Vorteile	Nachteile
□ Die Mitarbeiter haben alle Freiheiten, sie können eigenständig arbeiten und sich frei entfalten. □ Die Kreativität der Mitarbeiter wird gefördert. □ Die Mitarbeiter werden nicht kontrolliert. □ Der Vorgesetzte wird entlastet.	□ Eine Kontrolle der Mitarbeiter erfolgt nicht. □ Viele Mitarbeiter sind ohne Führung planlos und handeln unkoordiniert (fehlende Eigeninitiative). □ Es besteht die Gefahr der Disziplinlosigkeit und der mangelnden Arbeitsmoral. □ Kompetenzstreitigkeiten und Rivalitäten sind weitere Gefahren. □ Einzelne Mitarbeiter werden leichter ausgegrenzt.

Während der Laissez-faire-Stil in der Praxis kaum von Bedeutung ist, sind sowohl der autoritäre als auch der kooperative Führungsstil – in Reinform oder als Mischform – in vielen Organisationen zu finden. Daneben gibt es zahlreiche weitere Führungsstile (z. B. charismatischer, patriarchalischer, autokratischer oder bürokratischer Führungsstil nach Max Weber). In den letzten Jahren tendieren Unternehmen häufiger zur sogenannten situativen Führung, bei der der optimale Führungsstil von der jeweiligen Situation und dem vorhandenen Potenzial der Mitarbeiter abhängt. So passt sich der Vorgesetzte in seinem Verhalten weitgehend an den Reifegrad der Mitarbeiter an.

Beim Versuch, sämtliche Führungsstile zusammenzufassen, lässt sich feststellen, dass sie nur sehr schwer auseinanderzuhalten sind und es den perfekten Führungsstil nicht gibt. Oftmals sind die Modelle zudem sehr abstrakt und nicht wirklich auf die Realität übertragbar.

3.2   Managementtechniken

Während der Führungsstil die Art und Weise der Führung bzw. das Verhalten des Vorgesetzten aufzeigt, geben die **Führungs- oder Managementtechniken** dem Einzelnen das Handwerkszeug, um seine Führungsaufgaben – Zielsetzung, Planung, Realisierung und Kontrolle – organisatorisch bewältigen zu können. Dabei handelt es sich um Rahmenvorgaben, nach denen alle Vorgesetzten in der jeweiligen Organisation handeln sollen. In den letzten Jahrzehnten wurden zahlreiche Führungskonzepte entwickelt, die meist unter der Bezeichnung „Management by ..." geführt werden. Sie stellen keine konkurrierenden Prinzipien dar, sondern können unabhängig voneinander bzw. ergänzend zum Einsatz kommen. Ziel dieser Führungsprinzipien ist, die Vorgesetzten von den Routineaufgaben zu entlasten und somit freie Zeit für echte Führungsaufgaben zu schaffen. Gleichzeitig wird den Mitarbeitern mehr Selbstständigkeit bei der Ausführung ihrer Arbeit zugestanden. Motivation und Kreativität können so gesteigert werden. Darüber hinaus sollen die Führungsprinzipien die Unternehmensleistung und die Anpassungsfähigkeit an veränderte Umweltbedingungen verbessern und zum langfristigen Erfolg beitragen.

Grundsätzlich lassen sich drei wesentliche Managementtechniken unterscheiden:

Führen durch Ausnahme-regelungen Management by Exception (MbE)	**Führen durch Aufgaben-übertragung** Management by Delegation (MbD)	**Führen durch Zielvereinbarung** Management by Objectives (MbO)

Management- oder Führungstechniken (Führungsprinzipien) beschäftigen sich mit der Ausgestaltung und den Handlungsanweisungen der Führung.

Management by Exception

Bei dem Führungskonzept „Führen durch Ausnahmeregelungen" übernehmen die Mitarbeiter innerhalb eines genau definierten Rahmens für Aufgaben die Verantwortung, die als Normalfall zu betrachten sind. Demnach liegen die Routineentscheidungen in den Händen der Mitarbeiter. Fällt eine Aufgabe jedoch aus dem Rahmen des normalen Betriebsablaufs heraus, entscheidet der Vorgesetzte. Er greift in den Kompetenzbereich eines Mitarbeiters nur ein, wenn Abweichungen vom angestrebten Ziel auftreten und in außergewöhnlichen Situationen wichtige Entscheidungen getroffen werden müssen. Er nimmt also auch eine gewisse Kontrollfunktion wahr. Durch dieses Konzept werden die Vorgesetzten von ihren Routineaufgaben befreit bzw. entlastet. Somit können sie sich auf komplizierte Fälle spezialisieren und Anpassungen an veränderte Umweltbedingungen planen bzw. umsetzen. Die Beschränkung auf Routinearbeiten und der Zwang zur Meldung im Falle einer Abweichung wirken sich negativ auf die Motivation der Mitarbeiter aus. Als schwierig erweist sich oftmals auch die Abgrenzung zwischen Ausnahme- und Normalfall. Es ist daher wichtig, eindeutige Regeln für den Informationsfluss in Ausnahmesituationen aufzustellen.

Die Leiterin der Inneren Medizin, Frau Dr. Gut, möchte bei Patienten mit lebensbedrohlichen Krankheiten hinzugezogen werden.

Management by Delegation

Das Führungskonzept „Führen durch Aufgabenübertragung" ist eine Weiterentwicklung des Prinzips Management by Exception. Das Ziel ist, den Vorgesetzten durch das Delegieren von Routineaufgaben zu entlasten und die Mitarbeiter zu motivieren. Diese erhalten einen klar abgegrenzten Aufgabenbereich mit entsprechender Verantwortung und Kompetenz. Dabei können die Entscheidungsbefugnisse der Mitarbeiter auf nahezu alle zu treffenden Entscheidungen ausgedehnt werden. Häufig werden nicht nur einzelne Arbeitsaufträge, sondern auch Handlungskompetenzen übertragen. Dadurch wird es möglich, die volle Leistungsfähigkeit des Mitarbeiters in Anspruch zu nehmen und schnelle Entscheidungen zu treffen. Dieser muss jedoch nicht nur bereit sein, Verantwortung zu übernehmen, sondern auch über eine ausreichende Fachkompetenz und Erfahrung verfügen. Der Vorgesetzte wiederum muss die zu erreichenden Ziele festlegen, notwendige Informationen zur Verfügung stellen und soll nicht in den Entscheidungsprozess eingreifen; es sei denn, er könnte eine Fehlentscheidung verhindern. Zudem führt er – neben der Selbstkontrolle der Mitarbeiter – nur gelegentliche Erfolgskontrollen durch.

Die Leiterin der Inneren Medizin überträgt die Verantwortung für die Kardiologie auf Herrn Dr. Klein; für Infektionskrankheiten ist Frau Dr. Groß zuständig.

Management by Objectives

Das Führungskonzept „Führen durch Zielvereinbarung" stellt die umfassendste Einbeziehung des Mitarbeiters in die Entscheidungsfindung dar. Dabei erarbeiten der Vorgesetzte und sein Mitarbeiter gemeinsam bzw. partnerschaftlich bestimmte Ziele, die der jeweilige Mitarbeiter in seinem Aufgabenbereich umsetzen soll. Die Ziele müssen „smart" (specific, measurable, achievable, relevant and trackable) formuliert sein. Demnach müssen die Ziele spezifisch, messbar, realistisch, wichtig und vom Mitarbeiter beeinflussbar sein. Die Führung beschränkt sich weitgehend auf die Festlegung der Zielvorgaben und deren spätere Überprüfung. Allerdings wird nicht der Weg zum Ziel, sondern lediglich das Erreichen des Ziels kontrolliert. Für den Fall, dass der Mitarbeiter seine Vorgaben im festgelegten Ausmaß und bis zum terminierten Zeitpunkt erfüllt, kann eine Prämie vereinbart werden. Durch die Möglichkeit der Beteiligung an der Zielvereinbarung steigt die Motivation der Mitarbeiter deutlich an. Sie identifizieren sich stärker mit den Unternehmenszielen und möchten ihre Zielvorgaben erfüllen. Ein weiterer positiver Aspekt ist, dass sie grundsätzlich frei arbeiten können und der Vorgesetzte nur eingreift, wenn die Zielerreichung bedroht ist. Es kommt zu einem regen Informationsaustausch zwischen dem Vorgesetzten und seinem Mitarbeiter; der Teamgeist wird gefördert.

Frau Dr. Gut legt gemeinsam mit einer Stationsschwester u.a. folgende Ziele für das kommende Jahr fest:
- Bis 08:00 Uhr sind alle Patienten gewaschen und haben ihr Frühstück.
- Der Umgang mit den Patienten ist immer freundlich.
- Die ärztliche Visite wird von einer Krankenschwester und einer Auszubildenden begleitet.

Nach Ablauf des Jahres überprüfen Frau Dr. Gut und die Stationsschwester gemeinsam die gesetzten Ziele, indem sie den Soll- mit dem Ist-Zustand vergleichen. Mithilfe eines Fragebogens wurde ermittelt, dass das Team von Erika bis 08:00 Uhr nur die Hälfte der Patienten gewaschen hat und lediglich zu 85 % freundlich ist. Die Visite wurde immer wie vereinbart begleitet.

Gemeinsam stellen sie fest, dass das erste Ziel aufgrund der gegebenen Personalstärke unrealistisch ist und setzen den Zeitpunkt auf 08:30 Uhr fest. Darüber hinaus vereinbaren sie, künftig noch mehr auf die Freundlichkeit des Pflegepersonals gegenüber den Patienten zu achten. Für die Einhaltung des dritten Ziels erhält das Team einen Bonus für die Kaffeekasse.

3.3 Motivation

Ein elementarer Baustein der Personalführung ist – neben der Führung der Arbeitnehmer und dem Delegieren von Aufgaben – die Motivation der Mitarbeiter. Diese kann beispielsweise durch den Einsatz von geeigneten Maßnahmen aus dem Bereich des Personaleinsatzes, der Personalentwicklung oder der Personalführung positiv beeinflusst werden. Darüber hinaus kann das Motivieren selbst als ein Führungsinstrument betrachtet werden. Dieses hat die Aufgabe, das Verhal-

ten der Mitarbeiter aktiv und zielgerichtet zu steuern und dabei zu versuchen, den Arbeitnehmer mit Motiven (Beweggründen) auszustatten, ihm Möglichkeiten für deren Realisierung aufzuzeigen, Begeisterung zu entfachen und Anreize zu setzen.

Basis aller menschlichen Handlungen ist das **Motiv** bzw. das Bedürfnis, etwas zu tun oder zu haben. Dabei empfindet der Mensch ein bestimmtes Mangelempfinden, das er beseitigen möchte. Grundsätzlich kann zwischen angeborenen primären Wünschen (z. B. Hunger, Durst, Sexualtrieb) und erworbenen sekundären Beweggründen (z. B. Macht, Attraktivität, Unabhängigkeit) unterschieden werden.

> Ein **Motiv** ist der Beweggrund, etwas zu tun oder zu haben.

Grundsätzlich ist unter Motivation die Gesamtheit der Motive eines Individuums zu verstehen. Motivationstheorien beschäftigen sich mit den Beweggründen bzw. Antriebskräften für ein bestimmtes Verhalten.

> „**Motivation** ist dasjenige in und um uns, was uns dazu bringt, treibt, bewegt, uns so und nicht anders zu verhalten."[1]

Je nach vorliegender Situation kann der Beweggrund für das eigene Handeln von einem selbst oder von außerhalb kommen. Daher wird zwischen der intrinsischen (inwendigen) und der extrinsischen Motivation unterschieden. Beide haben einen erheblichen Einfluss auf die Arbeitsleistung eines Mitarbeiters. Ist jemand beispielsweise intrinsisch motiviert, wird er eine andere Leistungsbereitschaft zeigen als jemand, der von außen motiviert wird.

Einflussfaktoren auf die Arbeitsleistung	
extrinsische Motivation	intrinsische Motivation
□ von außen aus der Situation kommend □ man macht etwas aufgrund eines Einflusses von außen □ hat zunächst einen stärkeren Effekt, ihre Wirkung ist aber nur von kurzfristiger Dauer	□ von innen kommend, innerer Antrieb □ man macht etwas um seiner selbst willen □ hat zunächst einen weniger starken Effekt, ihre Wirkung ist aber von langfristiger Dauer
z. B. Geld, Lob, Zwang, Betriebsklima, Zusammenarbeit, Sicherheit, Geltung, Beförderung	z. B. Spaß, Interesse, Herausforderung, Neugier, Abwechslung, Gefühl von Leistung, Probleme lösen, Entscheidungsfreiheit, Verantwortung

---

[1] Quelle: Graumann, Carl Friedrich: Sozialpsychologie. 1. Theorien und Methoden. Göttingen: Hogrefe 1969, S. 28.

3.4   Motivationstheorien

Lange Zeit dachten Unternehmer, Mitarbeiter seien rein me-
chanische Wesen, die keinerlei Eigenverantwortung übernehmen möchten, sich nur auf die Ausführung der Arbeit konzentrieren können und – wenn überhaupt – nur mit Geld zu
motivieren sind. Dieses bis zu Beginn des 20. Jahrhunderts
weit verbreitete technologische Prinzip einer Prozesssteue-
rung von Arbeitsabläufen geht auf den US-Amerikaner
F. W. Taylor (1856–1915) zurück, der die Einheit von Planung
und Arbeit auflöste und das Prinzip der Arbeitsteilung (Spezialisierung) forcierte. Der Arbeiter sollte sich nur auf die Ausführung der Arbeit konzentrieren, während Planung und Kontrolle
Managementaufgabe waren (Taylorismus).

Die neueren Theorien hingegen sahen den Menschen als ein
„sozial motiviertes Gruppenwesen". So entstanden in den folgenden Jahrzehnten zahlreiche weitere Motivationstheorien
mit den unterschiedlichsten Erklärungsansätzen. Sie alle beschäftigten sich mit der zentralen Frage: **Warum und unter
welchen Bedingungen erbringen Menschen Leistungen?**

Heute lassen sich die Motivationstheorien generell in **Inhalts- und Prozesstheorien** unterscheiden. Grundlage der Inhaltstheorien sind die Motive und Bedürfnisse eines Individuums. Sie beschäftigen sich damit, welche Bedürfnisse den Einzelnen mobilisieren[1] (z. B. Maslow, Herzberg,
Alderfer, McClelland/Atkinson).

Die Prozesstheorien hingegen setzen sich damit auseinander, wie bzw. auf welche Art und Weise
bestimmtes Verhalten erzeugt, gelenkt und beendet wird. Basis der Prozesstheorien sind
Prozesse und kognitive Einflussfaktoren (z. B. Adams, Vroom).

Maslow

Abraham Maslow (1907–1970), ein amerikanischer Psychologe, ging in seinem Modell von der
Grundannahme aus, dass Menschen einen Zustand des Mangels erleben, der sie zum Handeln
bringt. Gleichzeitig haben Menschen Bedürfnisse wie Selbstverwirklichung oder Interesse, die
ebenfalls eine gewisse Spannung erzeugen, jedoch nicht abgebaut werden können. Diese beiden Gedankengänge versuchte Maslow in einem einzigen Ansatz zu vereinen. In der Folge stellte er eine hierarchische Ordnung aller menschlichen Bedürfnisse auf. Diese gliederte er in fünf
Bedürfnisgruppen, die er in Abhängigkeit von der Dringlichkeit der Bedürfnisbefriedigung in
eine bestimmte Rangordnung brachte (Bedürfnispyramide).

---

[1] Sie gehen von einer sogenannten Spannungsreduktionstheorie aus. Diese nimmt an, dass Menschen zunächst einen Zustand des Mangels empfinden (Spannung) und folglich versuchen, diesen zu beseitigen
bzw. zu reduzieren, um wieder einen Gleichgewichtszustand zu erlangen. Allerdings gibt es auch menschliche Verhaltensweisen wie Interesse oder Neugierde, die nur Spannung erzeugen, selbst aber nicht abgebaut werden können.

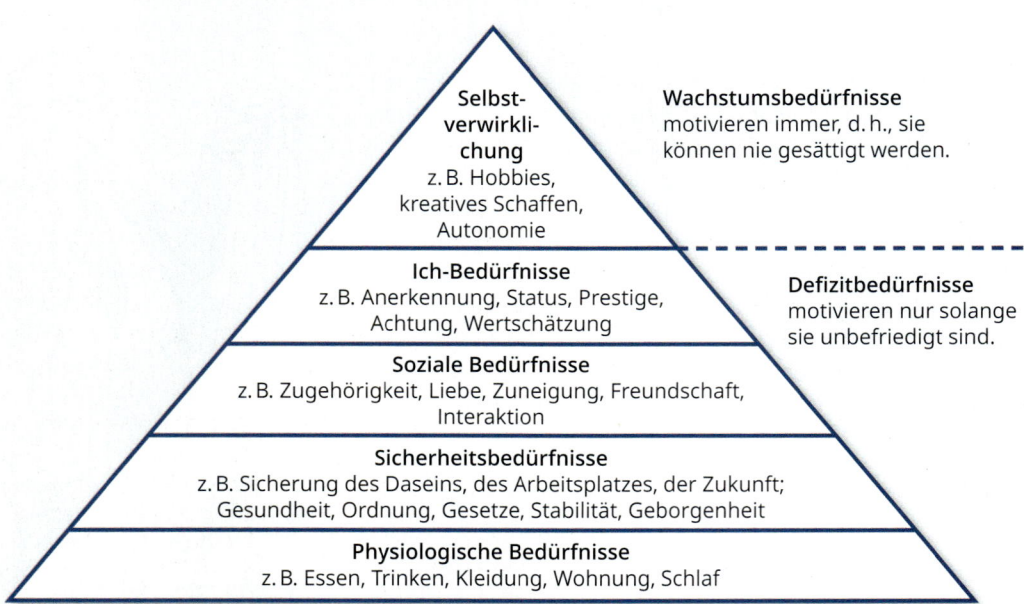

Der hierarchischen Darstellung der Bedürfnisse liegen zwei Prinzipien zugrunde:

- **Defizitprinzip:** Dieses Prinzip besagt, dass der Mensch stets danach strebt, zuallererst die unbefriedigten bzw. defizitären Bedürfnisse zu erfüllen. Ist ein Bedürfnis befriedigt, geht von ihm keinerlei Motivationskraft mehr aus. Kommt es allerdings zu einer Änderung der Lebensumstände, wird das ehemals befriedigte Bedürfnis erneut als unbefriedigt betrachtet und infolgedessen wieder als Handlungsanreiz wirksam. Gleichzeitig ist der betroffene Mensch gezwungen, auf das niedrigere, bereits erfüllte Bedürfnis zurückzuspringen und beginnt wieder von vorne (Frustrations-Regressions-Prinzip).
- **Progressionsprinzip:** Dem gegenüber steht das Progressionsprinzip. Demnach wird das menschliche Verhalten durch das in der Hierarchie am niedrigsten eingeordnete und unbefriedigte Bedürfnis motiviert. Genau genommen strebt der Mensch zuerst die Befriedigung der physiologischen Bedürfnisse an; die Bedürfnisse der folgenden Stufe sind dabei noch nicht relevant. Sind die Existenzbedürfnisse gesättigt, stellen sie keine Handlungsmotivation mehr dar. Als nächstes kann die Befriedung der Sicherheitsbedürfnisse angegangen werden. Der Motivationsprozess setzt sich auf diese Art bis zur Selbstverwirklichung fort.

Ein Klinikum hat sich in den letzten Jahren ständig weiterentwickelt. Stationen wurden geschlossen, andere wiederum neu gebildet. Viele Mitarbeiter haben daher Angst um ihre Arbeit, sind demotiviert und verunsichert. Das Sicherheitsbedürfnis ist nicht befriedigt. Das führt in der Regel zu einem Festhalten an den darunter liegenden Bedürfnissen; allerdings sind diese (z. B. angemessene Pausen, Urlaub, sanitäre Einrichtungen) schon befriedigt, sodass von ihnen keinerlei motivierende Wirkung mehr ausgeht. Nach Maslow können aber auch die darüber liegenden Bedürfnisse nicht motivieren, da diese durch das fehlende Sicherheitsbedürfnis blockiert sind. So wirkt sich in vielen Fällen die Angst um die eigene Arbeit negativ auf die Stimmung im Kollegium und in der Familie aus. Jeder arbeitet nur noch für sich, die Zusammenarbeit im Team leidet.

Eine Möglichkeit, das Motivationsproblem anzugehen bzw. das Bedürfnis nach Sicherheit zu erfüllen, stellt der Einsatz von MbO dar. Wenn die Klinikmitarbeiter bei der Planung mitarbeiten und die Ziele festlegen können, werden ihre Ängste abgebaut. Das Bedürfnis nach Sicherheit ist wieder weitgehend gestillt. Wird im Rahmen von MbO in der Gruppe gearbeitet, werden beim Einzelnen auch die sozialen Bedürfnisse angesprochen. Sind diese erfüllt, kann durch die Übertragung von Verantwortung und Entscheidungsbefugnissen zudem das Bedürfnis nach Anerkennung befriedigt werden. Eine Stufe weiter wird durch das Zulassen eines eigenen Arbeitsstils und diverser Freiräume auch das Bedürfnis nach Selbstverwirklichung erfüllt. Dabei ist stets darauf zu achten, dass der Einzelne erst in die nächste Stufe aufrücken kann, wenn die darunter liegende weitgehend verwirklicht ist.

Das Beispiel zeigt, dass Maslow mit seiner Theorie keinen direkten Bezug zur Arbeitszufriedenheit herstellt. Seiner Meinung nach steigt die Arbeitszufriedenheit mit zunehmender Befriedigung aller Bedürfnisse. Ein weiterer Kritikpunkt an der Theorie von Maslow sind die Übergänge zwischen den einzelnen Bedürfnisstufen. Diese sind in der Realität oftmals fließend und nicht klar trennbar. Bei vielen Menschen sind die Bedürfnisse – egal welcher Stufe – generell vorhanden. Die Abfolge der Bedürfnisse bezieht sich daher auf die Stärke der Bedürfnisse in Bewusstsein und Handeln. Zudem hat jedes Individuum eine eigene bzw. andere Bedürfnispyramide, die sich darüber hinaus im Laufe des Lebens ändern kann. Zwar sind bei jedem die physiologischen Bedürfnisse an erster Stelle, jedoch stellen viele von Anfang an die sozialen Bedürfnisse und den Wunsch nach Anerkennung vor den Wunsch nach Sicherheit. Darüber hinaus verfolgt ein älterer Mensch beispielsweise eher den Wunsch nach Sicherheit als nach Selbstverwirklichung. Ein weiteres Problem ergibt sich aus der Tatsache, dass jeder Mensch die Sättigung anders wahrnimmt und einen anderen Sättigungsgrad erlebt. Der eine ist bereits nach einer Essensportion satt, während der andere drei Portionen zu sich nehmen kann. Grundsätzlich kann davon ausgegangen werden, dass ein Befriedigungsgrad von 70 % ausreicht, um auf die nächsthöhere Stufe zu gelangen.

Herzberg

In den 1950er- und 1960er-Jahren erforschte Frederick Herzberg (1923–2000), ein amerikanischer Professor der Arbeitswissenschaft und klinischen Psychologie, im Rahmen der sogenannten Pittsburgh-Studie die Quellen der Mitarbeitermotivation. Dabei fragte er 230 Ingenieure und Buchhalter nach Situationen, in denen sie sich rückblickend außergewöhnlich gut gefühlt (hohe Zufriedenheit) bzw. in denen sie sich schlecht gefühlt haben (Unzufriedenheit).

Ergebnis war u.a., dass die Faktoren, die sich positiv auf die Arbeitszufriedenheit auswirkten, völlig andere waren als jene, die zu Unzufriedenheit führten. Wenn aber unterschiedliche Faktoren dafür in Betracht kommen, ob jemand bei der Arbeit zufrieden oder unzufrieden ist, dann müssen diese beiden Gefühle auch nicht im kompletten Gegensatz zueinander stehen.

Zufriedenheit und Unzufriedenheit stellen somit nicht die beiden äußersten Ausprägungen **einer** Eigenschaft dar, sondern sind als **zwei** unabhängige Eigenschaften zu sehen. Folglich ist das Gegenteil von Arbeitszufriedenheit nicht die Arbeitsunzufriedenheit, sondern die „Nicht-Arbeitszufriedenheit". Das Gleiche gilt für die Arbeitsunzufriedenheit. Hier ist nicht die Arbeitszufriedenheit das Gegenteil, sondern die „Nicht-Arbeitsunzufriedenheit".

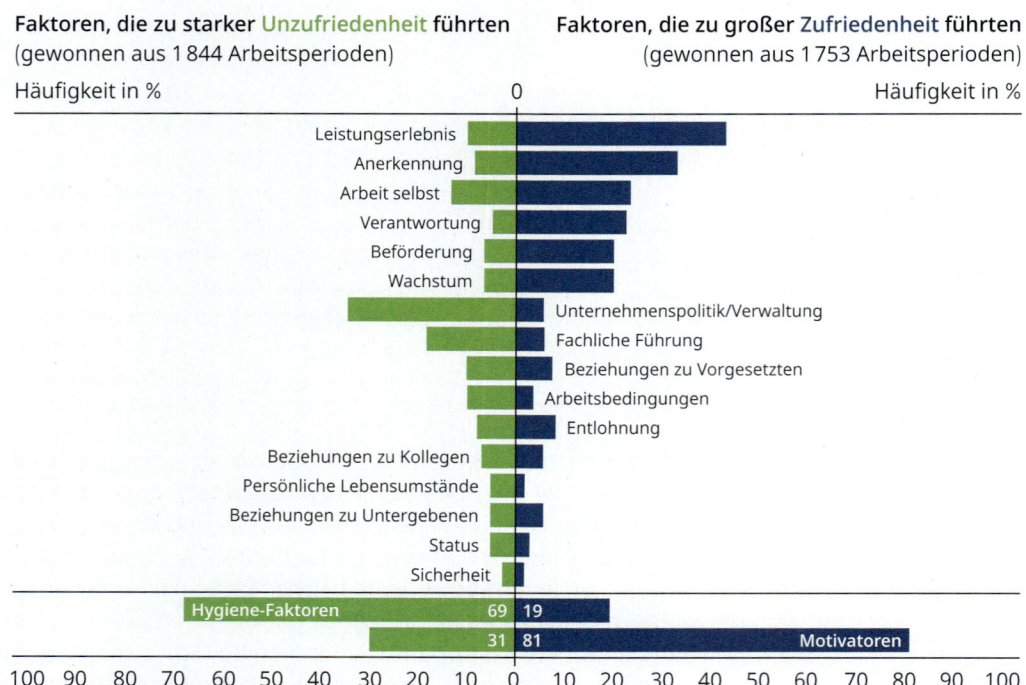

Faktoren, die zu starker **Unzufriedenheit** führten (gewonnen aus 1 844 Arbeitsperioden)

Faktoren, die zu großer **Zufriedenheit** führten (gewonnen aus 1 753 Arbeitsperioden)

Häufigkeit in %

Häufigkeit in %

vgl. Herzberg, Frederick: One more time: How do you motivate employees? In: Harvard Business Review 46 (1968/1), hrsg. von der Graduate School of Business Administration, Harvard University, Boston, Mass. [u. a.]: Review, S. 57 (verändert).

Diese Erkenntnisse fasste Herzberg in seiner Zwei-Faktoren-Theorie (Motivator-Hygiene-Theorie) zusammen. Gemeinsam mit der Bedürfnispyramide von Maslow gehört sie heute zu den bekanntesten Inhaltstheorien zur Motivation; hier speziell zur Arbeitsmotivation. Wie der Name bereits verrät, klassifiziert auch die Theorie von Herzberg die Motive der Menschen. Sie unterscheidet zwischen den Motivatoren und den Hygienefaktoren, die sich unterschiedlich auf die Arbeitszufriedenheit des Menschen auswirken.

Hygienefaktoren (dissatisfiers)	Motivatoren (satisfiers)
☐ extrinsische Faktoren ☐ Sie sind auf den Kontext der Arbeit bzw. das Arbeitsumfeld bezogen. ☐ z. B. Bezahlung, äußere Arbeitsbedingungen, Beziehungen zu Vorgesetzten, Kollegen und Untergebenen, Ausmaß der Kontrolle, Unternehmenspolitik, Privatleben, Arbeitsplatzsicherheit ☐ Sind sie **nicht erfüllt**, dann ist man **unzufrieden.** ☐ Sind sie **erfüllt**, verhindern sie zwar eine Unzufriedenheit, d. h., man ist dann **nicht unzufrieden,** sie stellen aber **noch keine Zufriedenheit** her. ☐ Erfüllung ist selbstverständlich. ☐ **Fazit:** unzufrieden ↔ nicht unzufrieden	☐ intrinsische Faktoren ☐ Sie sind auf den Inhalt der Arbeit bezogen. ☐ z. B. Verantwortung, Anerkennung, Lob, die Arbeit selbst, eigene Leistung, Aufstieg, Beförderung, Entfaltung ☐ Sind sie **nicht erfüllt,** dann ist man **nicht zufrieden.** ☐ Sind sie **erfüllt und** ist man **nicht unzufrieden,** dann ist man **zufrieden,** d. h., es stellt sich eine **hohe Zufriedenheit** ein. ☐ Führt zu Arbeitszufriedenheit und langfristiger hoher Arbeitsleistung. ☐ Erzeugen die eigentliche Motivation. ☐ **Fazit:** zufrieden ↔ nicht zufrieden

Soll die Arbeitsleistung gesteigert werden, müssen sowohl die Hygienefaktoren als auch die Motivatoren gleichzeitig erfüllt sein. Neben dem Wegfall von Unzufriedenheit ist die Herstellung von Zufriedenheit nötig.

Aus der Kombination der Hygienefaktoren mit den Motivatoren lassen sich vier Grundsituationen ableiten:

□ **hohe Erfüllung der Hygienefaktoren + hohe Erfüllung der Motivatoren**
→ Die Mitarbeiter sind hoch motiviert und haben wenige Beschwerden.
□ **niedrige Erfüllung der Hygienefaktoren + hohe Erfüllung der Motivatoren**
→ Die Arbeit ist aufregend, allerdings sind die Arbeitsbedingungen schlecht.
□ **niedrige Erfüllung der Hygienefaktoren + niedrige Erfüllung der Motivatoren**
→ Die Mitarbeiter sind unmotiviert, schlecht gelaunt und arbeiten nicht effizient.
□ **hohe Erfüllung der Hygienefaktoren + niedrige Erfüllung der Motivatoren**
→ Die Mitarbeiter haben zwar kaum Beschwerden, sind aber antriebslos.

Der Versuch, die Ausgangssituation aus dem vorhergehenden Beispiel zu Maslow mithilfe der Motivationstheorie von Herzberg zu beantworten, zeigt folgendes Ergebnis: Da sich das Klinikum in den letzten Jahren ständig weiterentwickelt hat, ist der Wunsch nach Arbeitsplatzsicherheit gefährdet. Hierbei handelt es sich um einen Hygienefaktor, der im Falle der Nichterfüllung zu Arbeitsunzufriedenheit führt. Folglich können die eventuell vorhandenen Motivatoren keine Zufriedenheit herstellen. Die Mitarbeiter sind unzufrieden und zugleich nicht zufrieden.

Sollte mithilfe des MbO die Unsicherheit bei den Mitarbeitern abgebaut werden können, würde auch die Unzufriedenheit abnehmen. Dies würde wiederum dazu führen, dass die vorhandenen Motivatoren ihre gewünschte Wirkung erzielen könnten und das Personal zufrieden ist. MbO wirkt zugleich als Motivator, da die Vorgesetzten damit Verantwortung abgeben.

Herzbergs Theorie hatte einen wesentlichen Einfluss auf die Instrumente des Personaleinsatzes. Stellen wurden mithilfe von Jobenrichment, Jobenlargement oder Jobrotation so gestaltet, dass ein hohes Maß an intrinsischer Arbeitszufriedenheit erreicht werden konnte. Trotz ihres großen Einflusses auf die Arbeitswelt hat auch die Motivationstheorie von Herzberg einige Schwächen. So ist es schwierig, die Hygienefaktoren von den Motivatoren strikt zu trennen. Untersuchungen zeigten zudem, dass Hygienefaktoren im Zeitablauf – wenn sie länger gefehlt haben – an Bedeutung gewinnen und Motivatoren werden können. Umgekehrt können einige der Motivatoren auch als Hygienefaktoren wirken, wenn sie zu Selbstverständlichkeiten werden. Die Einordnung der beiden Faktoren in die jeweilige Gruppe ist also von der spezifischen Situation sowie von den Erfahrungen des Einzelnen abhängig. Ferner neigen Menschen grundsätzlich dazu, positive Erlebnisse auf die eigene Leistung zurückzuführen, während negative Erlebnisse primär der Umwelt zugeschrieben werden.

Vroom

In den 1960er-Jahren entwickelte der kanadische Professor Victor H. Vroom (* 1932) die VIE-Theorie (Valenz-Instrumentalitäts-Erwartungstheorie). Diese Theorie, die sich nicht mit den Bedürfnissen, sondern mit den kognitiven Entscheidungsprozessen eines Individuums auseinandersetzt, kann als Grundmodell der neueren Prozesstheorien zum Thema Motivation angesehen werden. Vroom beobachtete, dass ein Mensch in verschiedenen Situationen einen anderen Einsatz zeigt bzw. unterschiedlich motiviert ist. Dabei kam er zu folgenden drei Grundannahmen:

■ **Valenz (V):** Die Valenz zeigt den Wert bzw. die Wertigkeit eines Anreizes auf, indem sie die Stärke der Bevorzugung für ein bestimmtes Objekt oder eine Handlung darstellt (ein schlechter Arbeitsplatz hat z. B. eine negative Valenz, während Geld eine positive Valenz hat).

- **Instrumentalität (I):** Die Instrumentalität ist die subjektive Einschätzung, welche instrumentelle Bedeutung eine Handlung für eine spätere Handlungsfolge hat (ein Mitarbeiter erbringt z.B. eine höhere Arbeitsleistung, um das Ziel einer Beförderung zu erreichen).
- **Erwartung (E):** Die Erwartung stellt das subjektive Empfinden dar, mit dem ein bestimmtes Handlungsergebnis erreicht werden kann (die höhere Arbeitsleistung des Mitarbeiters bewirkt entweder einen höheren Arbeitsaufwand oder führt zum Ziel der Beförderung).

Nach Vroom stellen die Bemühungen des Menschen, seine Ziele zu erreichen, eine Funktion der Erwartung dar. Grundsätzlich stehen ihm dabei mehrere attraktive Anreize und Handlungsalternativen zur Verfügung. Auf der Basis emotionaler Erfahrungen trifft die handelnde Person schließlich eine Entscheidung darüber, welcher Anreiz bzw. welche Alternative für sie in der gegenwärtigen Situation am wertvollsten für die Zielerreichung ist (individuelle Präferenz). Hat sich die Person entschieden, handelt sie entsprechend.

Die **VIE-Theorie** basiert auf **vier zentralen Ideen:**
- Jeder Mensch hat unterschiedliche Präferenzen für unterschiedliche Ergebnisse.
- Alle Menschen haben Erwartungen über die Wahrscheinlichkeit, dass die eigenen Handlungen zu einem erwünschten Verhalten führen.
- Alle Menschen haben Erwartungen über die Wahrscheinlichkeit, dass einem bestimmten Verhalten ein bestimmtes Ergebnis folgen wird.
- Die von einem Menschen gewählten Handlungen sind von seinen momentanen Erwartungen und Präferenzen bestimmt.

 Die Mitarbeiter im Klinikum erbringen eine gute Leistung, wenn sie abschätzen können, dass eine Anstrengung zu einer guten Leistung führt und dass durch diese gute Arbeitsleistung das gewünschte Ziel – z.B. Gehaltserhöhung – erreicht wird. Allerdings müssen sie die Gehaltserhöhung als positives Ergebnis betrachten. Ist eines dieser drei Kriterien nicht erfüllt, kommt es zu keiner Verhaltensänderung.

Zusammenfassend ist festzuhalten, dass die Motivationstheorie von Vroom auf einem Weg-Ziel-Ansatz beruht. Der Weg – die Leistung – wird nur angestrebt, wenn er auch zum erwünschten Ziel führt. Bezogen auf eine Organisation bedeutet das, dass die Mitarbeiter immer nur dann die Unternehmensziele verfolgen, wenn diese ihnen einen bestimmten Nutzen bringen und sie somit ihre eigenen individuellen Ziele erreichen. Stehen einem Menschen mehrere Alternativen zur Verfügung, wählt er diejenige aus, die ihm am nützlichsten für das Erreichen des Ziels ist und die er für realisierbar hält.

Mithilfe der VIE-Theorie von Vroom werden all jene kognitiven Prozesse aufgezeigt, die zur Entscheidung für eine bestimmte Alternative führen. Allerdings handeln nicht alle Menschen rational und kalkuliert und haben bereits Erfahrungen gesammelt. Darüber hinaus führt die bloße Motivation in vielen Fällen nicht zur Handlung. Wunsch und Wirklichkeit gehen hier oftmals weit auseinander.

Motivation wird als Auswahlprozess des Individuums aus verschiedenen Aktivitäten betrachtet.
(alle Größen sind Wahrnehmungsgrößen des Individuums)

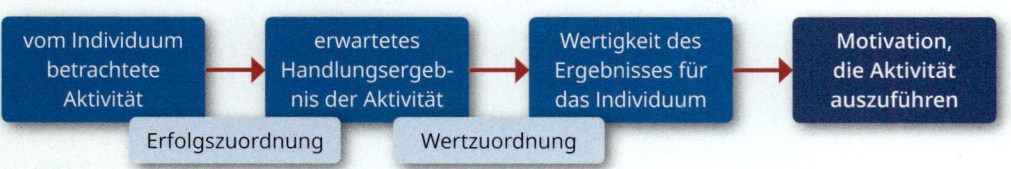

vom Individuum betrachtete Aktivität → erwartetes Handlungsergebnis der Aktivität → Wertigkeit des Ergebnisses für das Individuum → Motivation, die Aktivität auszuführen

Erfolgszuordnung   Wertzuordnung

vgl. Abschlusspräsentation des Praxisprojektes der FH Köln mit TÜV Rheinland Group SS 2006.

Erwartungstheorie von Vroom

Aufgaben

1. Erläutern Sie die Bedeutung der Personalführung.
2. Grenzen Sie die einzelnen Führungsstile voneinander ab.
3. Begründen Sie, welcher Führungsstil in den nachfolgenden Beispielen jeweils vorliegt.
   a) Die Leiterin eines Altenheims gibt jedem ihrer Mitarbeiter genaueste Arbeitsanweisungen, was, wann und wo zu erledigen ist. Auf Einwände regiert sie wie folgt: „Hier bestimme immer noch ich!"
   b) Ein Frauenarzt möchte seine Praxis renovieren. Vorher bespricht er gemeinsam mit seinen Arzthelferinnen mögliche Lösungen. Er hört genau zu und einigt sich auf einen gemeinsamen Vorschlag.
4. In einem Kindergarten arbeiten mehrere Praktikantinnen. Diese räumen zum wiederholten Male die Küche nicht auf. Formulieren Sie die Kritik eines Chefs in Abhängigkeit von den Ihnen bekannten Führungsstilen.
5. Im Menüservice „Essen auf Rädern" ist die Chefin seit einiger Zeit mit der Leistung ihrer Mitarbeiter nicht mehr zufrieden. Machen Sie drei verschiedene Mb-Vorschläge, die dazu beitragen die Arbeitsleistung der Mitarbeiter positiv zu beeinflussen.
6. Erläutern Sie den Begriff „Motivation".
7. „Wer hungrig ist, will keinen Kuss!" (Dorothea Dix, 1801–1887). Nehmen Sie zu diesem Zitat nach der Motivationstheorie von Maslow Stellung.
8. Eine Altenpflegerin, die sich bislang unterbezahlt fühlte, bekommt eine Prämie. Untersuchen Sie den hier vorliegenden Fall nach Herzberg.
9. Übertragen Sie die Motivationstheorie von Vroom auf ein selbstgewähltes Beispiel aus dem Kindergartenbereich.
10. Interpretieren Sie die nebenstehende Statistik ganz allgemein sowie in Bezug auf Herzberg. Überlegen Sie im Anschluss, welche Punkte für Sie persönlich wichtig sind, ermitteln Sie für Ihre Klasse eine eigene Gesamtrangfolge und diskutieren Sie eventuelle Abweichungen.

Umfrage:
Was im Job wichtig ist

Diese Punkte sind für Fachkräfte auf der Suche nach einem neuen Arbeitsplatz besonders wichtig (Angaben in Prozent der Befragten):

IN WIRTSCHAFTSUNTERNEHMEN

Art der Tätigkeit	70 %
Bezahlung	60
Sicherheit des Arbeitsplatzes	52
Kollegen	37
Entscheidungsfreiheit bei der Arbeit	36
Vorgesetzte	33
Mitwirkungsmöglichkeiten	24
Weiterbildungsmöglichkeiten	22
Standort	21

IN UNTERNEHMEN IM SOZIAL- U. GESUNDHEITSWESEN

Art der Tätigkeit	72 %
Sicherheit des Arbeitsplatzes	52
Bezahlung	50
Entscheidungsfreiheit bei der Arbeit	44
Kollegen	44
Vorgesetzte	34
Mitwirkungsmöglichkeiten	26
Arbeitszeitregelung	23
Standort	20

Quelle: Fachhochschule Köln (2015)   © Globus 10228

4   Personalentwicklung

Weiterbildung von Erwachsenen
Von je 100 Erwachsenen* haben sich weitergebildet
(z. B. durch Vorträge, Kurse):

vgl. BMBG Weiterbildungsverhalten in Deutschland 2018

Genutzte Weiterbildungsangebote in 2018

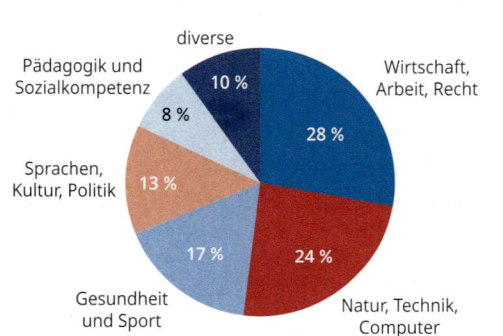

vgl. BMBG Weiterbildungsverhalten in Deutschland 2018

ARBEITSAUFTRAG

Überlegen Sie, inwiefern Maßnahmen der Personalentwicklung notwendig sind, und geben Sie an, welche Möglichkeiten dem Einzelnen dabei generell zur Verfügung stehen.

4.1   Notwendigkeit und Ziele der Personalentwicklung

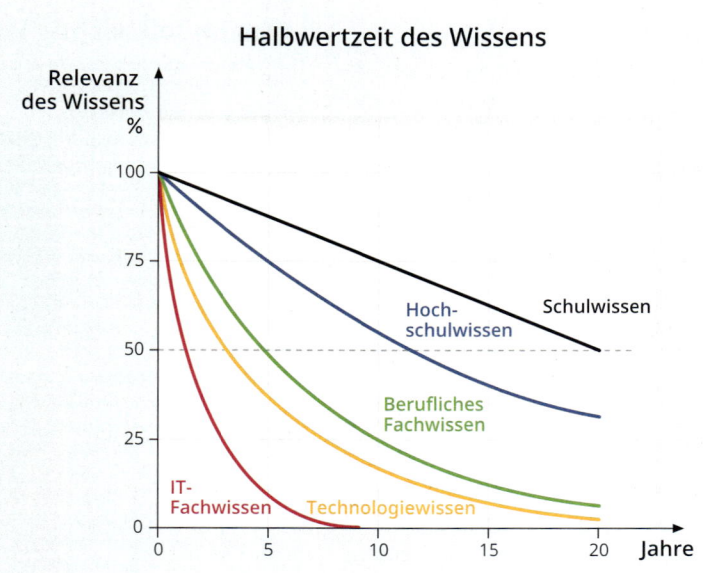

Halbwertzeit des Wissens

Stimmt das Anforderungsprofil nicht mit dem Eignungsprofil bzw. der tatsächlichen Qualifikation eines Mitarbeiters überein, besteht die Möglichkeit, das Personal im Rahmen der Personalentwicklung an die Arbeit anzupassen und somit einen optimalen Personaleinsatz zu gewährleisten.

Zugleich wird aufgrund der Veränderungen in der Arbeitswelt und dem damit verbundenen technischen sowie organisatorischen Wandel die Förderung und Entwicklung des Personals immer wichtiger. Vor allem die permanente Verkürzung der Halbwertszeit des Wissens macht eine ständige Weiterqualifizierung nötig. So wird in unserer Gesellschaft das Know-how der Mitarbeiter immer mehr zu einem wesentlichen Wettbewerbsfaktor. Darüber hinaus führt der demografische Wandel zu einer fortwährenden Verknappung des Produktionsfaktors Arbeit. In den letzten Jahren zeichnete sich in verschiedenen Wirtschaftszweigen ein Fachkräftemangel ab. Daher haben die Unternehmen mittlerweile die wichtige Aufgabe, die eigenen, bereits vorhandenen Mitarbeiter weiter zu qualifizieren und dauerhaft an sich zu binden. Dies gelingt u. a. auch dadurch, dass Arbeitsaufgaben neustrukturiert und Leistungsträger karrieretechnisch entsprechend gefördert werden. Eine gezielte Unterstützung der Mitarbeiter in ihrer professionellen und persönlichen Entwicklung fördert zudem die Motivation und die Leistungsbereitschaft des Kollegiums. Aus der Notwendigkeit der Personalentwicklung lassen sich unmittelbar folgende konkrete Ziele ableiten.

Ziele der Personalentwicklung aus der Sicht der Organisation	Ziele der Personalentwicklung aus der Sicht der Mitarbeiter
<ul><li>Erhalt des Know-how</li><li>Weiterentwicklung der Qualifikationen, der Kompetenzen und des Wissens im Unternehmen</li><li>Vermittlung zusätzlicher Qualifikationen, um eine höhere Flexibilität zu erreichen.</li><li>Optimierung des Personaleinsatzes (richtige Person am richtigen Arbeitsplatz)</li><li>Verbesserung der Wettbewerbsfähigkeit</li><li>langfristige Bindung der Mitarbeiter an die Organisation</li><li>Mitarbeiterselektion</li><li>Vorbereitung der Mitarbeiter auf höherwertige Tätigkeiten</li><li>Diagnose von Nachwuchskräften und Karriereplanung</li><li>Nachfolgeregelung</li><li>Unabhängigkeit von der externen Personalbeschaffung</li><li>Verbesserung der Motivation und Zufriedenheit der Mitarbeiter, sodass die Leistungsbereitschaft ansteigt.</li><li>Persönlichkeitsentwicklung</li></ul>	<ul><li>Vermeidung von Über- und Unterforderung</li><li>bessere Allgemeinbildung</li><li>Aktualisierung des beruflichen Wissens</li><li>zusätzlicher Erwerb von Wissen, Qualifikationen und Abschlüssen</li><li>Optimierung der Qualifikation, des Wissens und der Kompetenzen</li><li>fachliche Neuorientierung bzw. Veränderung des Tätigkeitsfeldes</li><li>Förderung bislang ungenutzter Fähigkeiten</li><li>Förderung der Selbstentfaltung und der Persönlichkeitsentwicklung</li><li>Übernahme von Verantwortung</li><li>Arbeitszufriedenheit, Motivation und Spaß nehmen zu</li><li>Erhöhung der Leistungsbereitschaft</li><li>Möglichkeit des beruflichen Aufstiegs</li><li>Karriereplanung</li><li>Sicherung des Arbeitsplatzes</li><li>Verbesserung der eigenen Flexibilität und der Mobilität</li><li>Optimierung der Position und des Ansehens</li><li>Erhöhung des Einkommens</li></ul>

4.2 Aufgaben der Personalentwicklung

Die zentrale Aufgabe der Personalentwicklung besteht darin, den qualitativen Personalbedarf weitgehend betriebsintern zu decken und damit die Handlungsfähigkeit der vorhandenen Mitarbeiter und die Zukunft des Betriebes sicherzustellen. Um dies gewährleisten zu können, muss die Personalabteilung mithilfe der Vorgesetzten in den einzelnen Abteilungen die Kompetenzen und Qualifikationen der einzelnen Mitarbeiter ständig weiterentwickeln. Einen nicht unerheblichen Anteil am Erfolg einer Personalentwicklungsmaßnahme haben jedoch auch die Mitarbeiter selbst, indem sie aktiv und motiviert mitwirken.

Dabei versteht sich die Personalabteilung als eine Art „interne Stelle", deren Auftrag es ist, in allen Personalentwicklungsfragen zu beraten, Informationsmaterial bereitzustellen, sowie bei der Planung, Bereitstellung, Durchführung und Evaluation der verschiedenen Personalentwicklungsinstrumente im Bereich der Bildung, Karriereplanung und Arbeitsstrukturierung mitzuwirken.

Im Allgemeinen hat die Personalentwicklung folgende Fragen zu beantworten:

Wer wird gefördert?	Warum wird gefördert?	Was wird gefördert?
□ einzelne Mitarbeiter □ Gruppen von Mitarbeitern	□ betriebsbezogene Ziele □ personenbezogene Ziele	□ Wissen und Qualifikationen □ Können und Verhalten (Kompetenzen)
Wie, mit welchen Instrumenten wird gefördert?	**Wo wird gefördert?**	**Wann wird gefördert?**
□ Bildung □ Karriereplanung □ Arbeitsstrukturierung	□ unternehmensintern □ unternehmensextern	□ kurzfristig □ mittelfristig □ langfristig

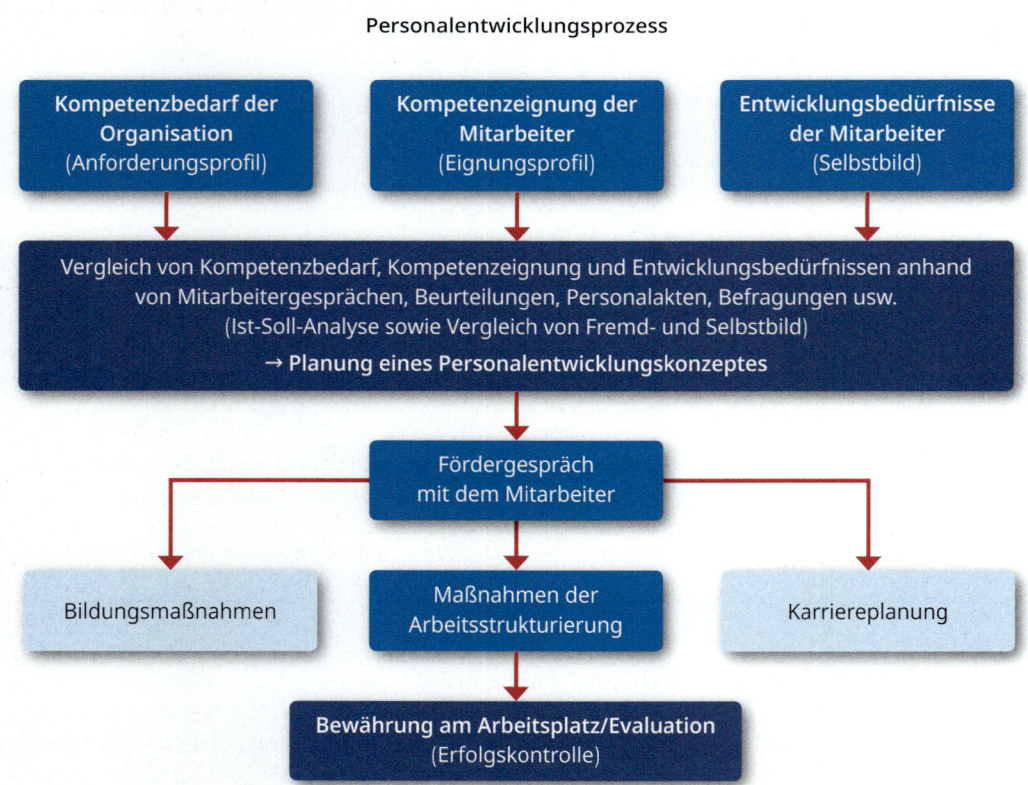

Personalentwicklungsprozess

> **Personalentwicklung** ist die Summe aller internen und externen Maßnahmen (Bildung, Arbeitsstrukturierung und Karriereplanung), die sich auf die Veränderung der Qualifikation bzw. der Leistung der Mitarbeiter beziehen, um gegenwärtige und zukünftige Aufgaben im Sinne der Organisation optimal zu bewältigen.

4.3 Maßnahmen der Personalentwicklung

Im Allgemeinen reicht die Spannweite und Tiefe der Personalentwicklungsmaßnahmen von der reinen Handlungsanweisung und Wissensvermittlung über die Beratung, das Training, die Vermittlung von Sozialkompetenzen und von Methodenwissen bis hin zum Individualcoaching und der psychologischen Betreuung.

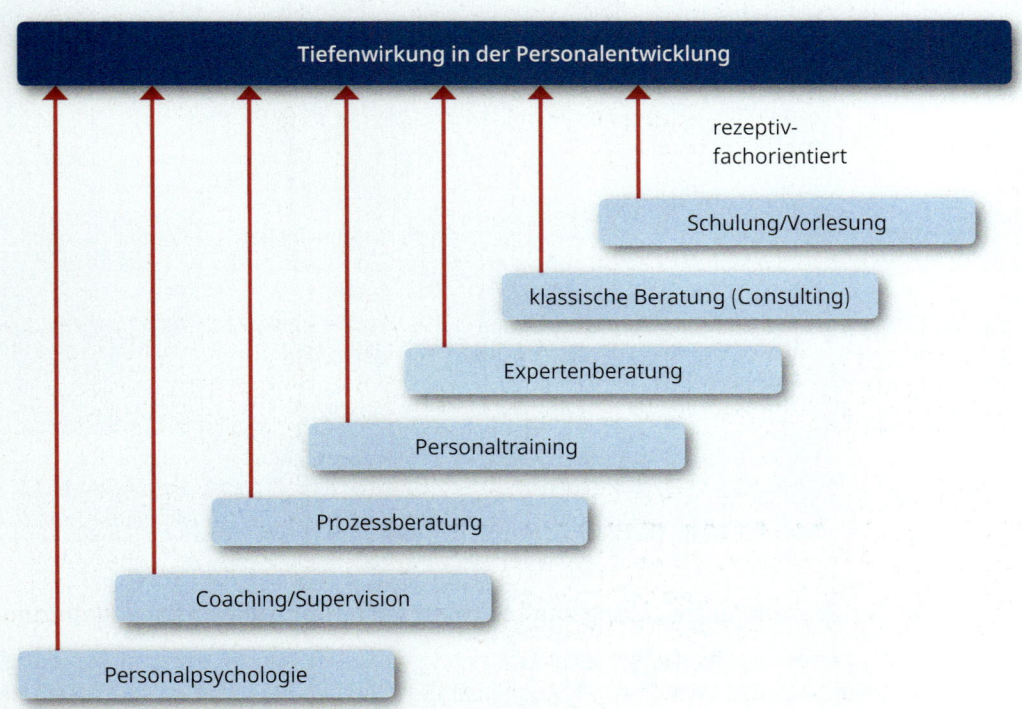

Obwohl es keine einheitliche Systematisierung für die aufgezeigten Personalentwicklungsmaßnahmen gibt, können sie nach verschiedenen Unterscheidungskriterien, wie den Adressaten, den Zielen, der Arbeitsplatznähe oder den Hauptanwendungsgebieten, gegliedert werden.

Überblick über die verschiedenen Personalentwicklungsmaßnahmen (Auszug)

Vormachen, Zeigen, Unterweisen, Demonstrieren	überlappende Arbeitsplätze	Moderationstechniken (z. B. Metaplan)	Projektarbeit (Bearbeitung konkreter Praxisprobleme bis zur Umsetzung und Lösung)	Qualitätszirkel, Werkstattzirkel, Lernstatt
Beobachten	Besichtigungen, Exkursionen	computergestütztes Lernen	Einsatz als Assistent, Stellvertreter	Teambildung, Prozessberatung, Konfrontationssitzung
Selbststudium, Selbstentwicklung	Vortrag, Präsentation, Teamteaching, Expertendiskussion	mediengestütztes Training (Videos, Bücher, Zeitschriften)	Lernen mit/vom Coach, Trainer, Mentor, Meister, Experten	Autogenes Training, Entspannungstechniken, Selbstsicherheitstraining, Verhaltensmodifikation
Meetings, Konferenzen	Lehrgespräch	Fallstudien und konkrete Fälle	Lernen am Vorbild, gesteuertes Modell-Lernen	Sensitivity Training, Kommunikationstraining, Supervision
Jobrotation, Jobenlargement, Jobenrichment, teilautonome Gruppen	Gruppendiskussion, Konferenzschaltung, Streitgespräch, Debatte	Simulationen (Methodenraum, Simulator), Planspiele, Rollenspiele	Tutoren-, Paten- und Helfersystem, Lernpartnerschaft, Erfahrungsgruppe, Netzwerkbildung	Laufbahnformen (regelmäßiger Wechsel der Arbeitsstelle)
usw.	Kurse	Workshops, Seminare	Auslandseinsätze	Infomärkte, Fachmessen, Kongress

Gliederung der Personalentwicklungsmaßnahmen nach Hauptanwendungsgebieten

Bis vor einigen Jahren wurde die Personalentwicklung mit dem Begriff „(Personal-)Bildung" gleichgesetzt. Allerdings rückten in der Vergangenheit die beiden Aspekte Arbeitsstrukturierung und Karriereplanung immer weiter in den Vordergrund und gehören nun gemeinsam mit der Bildung zu den Hauptanwendungsgebieten der Personalentwicklung.

Die **Bildung** umfasst dabei sämtliche Maßnahmen, die dem beruflichen Aufstieg dienen und helfen, berufliche Fertigkeiten und Kenntnisse zu vermitteln, festzustellen und anzupassen. Generell wird im Rahmen der Bildung zwischen der berufsvorbereitenden, berufsbegleitenden und berufsverändernden Personalentwicklung unterschieden.

Zur **berufsvorbereitenden** Personalentwicklung gehören alle zielgerichteten, systematischen und methodisch geplanten Maßnahmen einer qualifizierten Berufsausbildung. Ziel ist dabei, eine gewisse berufliche Handlungsfähigkeit und Berufserfahrung zu vermitteln. Beispiele sind u. a. die Berufs(erst)ausbildung, die Traineeausbildung, die Anlernausbildung sowie das Praktikum.

Paula hat eventuell vor, eine Ausbildung zur Altenpflegerin zu absolvieren. Um erste Erfahrungen zu sammeln und einen Eindruck von der künftigen Arbeit zu bekommen, macht sie vorab ein Praktikum.

Sophie hat nach ihrem Studium bei einer großen Versicherungsgesellschaft eine Traineeausbildung durchlaufen. Dabei wurde sie durch „Training on the Job" an verschiedenen Ausbildungsstationen systematisch mit dem gesamtbetrieblichen Geschehen, der Organisationsstruktur und den konkreten Arbeitsanforderungen vertraut gemacht. Mittlerweile – als Leiterin der Personalabteilung im Klinikum – lernt sie gemeinsam mit ihrem Team neue Kollegen an.

Erfolgt auf die Berufsausbildung eine Fortbildung, handelt es sich um eine **berufsbegleitende** Personalentwicklung. Diese beinhaltet die Vermittlung von Kenntnissen, Fähigkeiten und Verhaltensweisen, die die Qualifikation des Mitarbeiters im aktuellen Berufsfeld aufrechterhalten und anpassen sowie vertiefen oder erweitern. Demnach wird zwischen der Anpassungs-, der Aufstiegs- und Ergänzungsfortbildung unterschieden.

Die **Anpassungsfortbildung** hat zum Ziel, die Kenntnisse und Fähigkeiten an die sich ständig verändernden technischen und organisatorischen Arbeitsplatzanforderungen anzugleichen.

Die **Aufstiegsfortbildung** möchte die Mitarbeiter dazu befähigen, künftig schwierigere und anspruchsvollere Aufgaben zu bewältigen und somit zum beruflichen Fortkommen beitragen. Dabei wird sowohl in der Ausbildungstiefe als auch in der Ausbildungsbreite zusätzliches, auf den bisherigen Kenntnissen aufbauendes Fachwissen erworben.

Bei der **Ergänzungsfortbildung** hingegen gibt es keinen direkten Bezug zu einem konkreten Anforderungsprofil einer Stelle. Es werden neue zusätzliche Qualifikationen erworben, die für die Ausübung der Tätigkeit nicht unmittelbar benötigt werden. Die nicht arbeitsplatzbezogene Fortbildung dient vielmehr der persönlichen Entwicklung und Entfaltung und vermittelt meist allgemeine Bildungsinhalte. Die Ergänzungsfortbildung wird oftmals auch als allgemeine berufliche Weiterbildung bezeichnet.

Anne Klug, Teamassistentin des früheren Personalleiters, kehrt nach dreijährigem Erziehungsurlaub wieder ins Berufsleben zurück. Da in der Zwischenzeit ein neues Computersystem eingeführt wurde, besucht sie einen Fortbildungskurs.

Clemens Klug ist ein hochmotivierter Oberarzt und soll in naher Zukunft, wenn der Chefarzt der Chirurgie ausscheidet, dessen Stelle bekommen. Da er jedoch recht wenig Erfahrung mit der Führung von Mitarbeitern hat, besucht er einen entsprechenden Fortbildungskurs. Zusätzlich besucht er einen Tschechisch-Kurs. Allerdings benötigt er diese Inhalte im Moment nicht für seine Arbeit.

Ferner kommen **berufsverändernde** Bildungsmaßnahmen zum Einsatz. Sie umfassen die verschiedenen Maßnahmen zur beruflichen Neuorientierung. So können Umschulungsmaßnahmen beispielsweise aufgrund technischer oder wirtschaftlicher Veränderungen notwendig werden oder Rehabilitationsmaßnahmen aus persönlichen Gründen (z. B. seelische, körperliche oder gesundheitliche Probleme) erfolgen. Dabei werden Mitarbeiter oder Arbeitslose auf einen neuen Beruf vorbereitet.

 Lena Landshuter hat ihren Beruf als Altenpflegerin bislang sehr gerne ausgeübt. Allerdings hat sie so starke Rückenbeschwerden, dass sie in diesem Beruf in Zukunft nicht mehr arbeiten kann. Sie nimmt an einer Umschulung zur Altenpflege-Ausbilderin teil.

Das zweite Hauptanwendungsgebiet der Personalentwicklung ist die in der Vergangenheit wenig beachtete **Arbeitsstrukturierung.** Hierunter fällt die Ausgestaltung von Inhalt, Umgebung und Bedingungen der einzelnen Teilaufgaben. Dadurch, dass die Struktur der Arbeit und des Arbeitsplatzes verändert wird, muss sich der jeweilige Mitarbeiter auf die neue Anforderung einstellen, anpassen und entsprechend weiterentwickeln. Dabei entfaltet er – meist selbst gesteuert – neue Fähigkeiten und Fertigkeiten, die nicht nur in diesem Arbeitsbereich von Bedeutung sind. Gestaltet die Personalentwicklung den Prozess mithilfe von Jobrotation, Jobenlargement, Jobenrichment oder teilautonomen Arbeitsgruppen bewusst, dann zählt diese Form der Arbeitsstrukturierung zur Personalentwicklung. Weitere Möglichkeiten der Arbeitsgestaltung sind Telearbeit, Homeoffice, Lernstätte, Qualitätszirkel, Taskforce-Gruppen, Auslandseinsätze usw.

Drittes Hauptanwendungsgebiet der Personalentwicklung ist die **Karriereplanung.** Hinter diesem Begriff verbirgt sich der individuelle Werdegang eines Mitarbeiters. Allerdings ist die Karriere bzw. Laufbahn nicht nur mit beruflichem Aufstieg und der Übernahme von Führungsaufgaben gleichzusetzen (vertikale Stellenfolge), sondern auch als Stellenfolge auf der gleichen hierarchischen Ebene in einer Organisation (horizontale Stellenfolge) zu verstehen.

Bei der **vertikalen Stellenfolge** steht der Besitz einer Leitungsfunktion bzw. die Beförderung in die nächsthöhere Hierarchieebene im Vordergrund. Die Führungslaufbahn ist dabei abhängig von der Nachfolgeplanung (abhängig vom Bedarf) und den Fähigkeiten des jeweiligen Mitarbeiters.

Demgegenüber gehört die Fachlaufbahn, bei der ein Mitarbeiter immer mehr zum Experten seines Tätigkeitsfeldes wird, zur **horizontalen Stellenfolge.** Versetzungen innerhalb der gleichen Hierarchieebene wirken sich dabei insofern positiv aus, dass der Arbeitgeber mehr flexibel einsetzbares Personal hat und gleichzeitig einen besseren Überblick über das Potenzial des einzelnen Mitarbeiters bekommt. Allerdings erhöht sich die Transparenz nicht nur für die Organisation, sondern auch für den einzelnen Mitarbeiter, der einen besseren Eindruck von der Organisation bekommt und darüber hinaus mehr Abwechslung hat.

Eine Sonderform stellt die zeitlich befristete **Projektlaufbahn** dar, die oft auch als Spezialfall von Fachlaufbahnen gesehen wird und durch fachliches Engagement in zunehmend größeren und wichtigeren Projekten geprägt ist. Fehlen im Rahmen der Karriereplanung wichtige Qualifikationen, können diese mithilfe geeigneter Personalförderungsmaßnahmen (z.B. Coaching, Mentoring, Patenschaft, Teambildung) nachgeholt werden.

In der Praxis werden die drei Hauptanwendungsgebiete der Personalentwicklung nicht isoliert betrachtet. Vielmehr findet oftmals eine Kombination von Maßnahmen aus allen drei Bereichen statt, sodass die einzelnen Personalentwicklungsmaßnahmen nicht eindeutig einem Teilbereich zuzuordnen sind und es zu zahlreichen Überschneidungen kommt.

Hauptanwendungsgebiete der Personalentwicklung		
Bildung	Arbeitsstrukturierung	Karriereplanung
berufsvorbereitend Berufsausbildung, Trainee-ausbildung, Anlernausbildung, Praktikum	**Ausgestaltung von Inhalt, Umgebung und Bedingungen** Jobrotation, Jobenrichment, Jobenlargement, teilautonome Gruppen usw.	**vertikale Karriere** Führungslaufbahn
berufsbegleitend Anpassungsfortbildung, Aufstiegsfortbildung, Ergänzungsfortbildung (Weiterbildung)		**horizontale Karriere** Fachlaufbahn
berufsverändernd Umschulung, Rehabilitation		**Sonderform** Projektlaufbahn

Gliederung der Personalentwicklungsmaßnahmen nach der Art der Aktivität

Um die einzelnen Personalentwicklungsmaßnahmen dennoch systematisch einordnen zu können, werden sie nach ihrer räumlichen und zeitlichen Relation zur Arbeitsaufgabe des zu entwickelnden Mitarbeiters unterschieden. Dabei differenziert man zwischen der Personalentwicklung into-the-job, on-the-job, near-the-job, off-the-job, along-the-job und out-of-the-job.

along-the-job

sämtliche laufbahn- und karrierebezogenen Maßnahmen der Personalentwicklung

into-the-job

Sämtliche Maßnahmen der Personalentwicklung, damit eine Person überhaupt den Beruf ausüben kann. Die Maßnahmen finden in räumlicher und zeitlicher Distanz zum Arbeitsplatz statt, sind jedoch mit der Arbeitsaufgabe eng verknüpft. Ziel ist, einen neuen Mitarbeiter zur Ausführung seiner künftigen Tätigkeit zu befähigen (z.B. Berufsausbildung, Traineeausbildung, Einarbeitung.

on-the-job

Sämtliche Maßnahmen der Personalentwicklung, die direkt am Arbeitsplatz in der Ausübung der Arbeit stattfinden. Arbeiten und Lernen stehen dabei in einem konkreten Zusammenhang, d. h., das Gelernte wird unmittelbar umgesetzt (z.B. Projektarbeit, Jobenrichment, Jobenlargement, Jobrotation, Mentoring, Coaching).

near-the-job

Sämtliche Maßnahmen der Personalentwicklung in einem arbeitsplatznahen Umfeld. Dabei erfolgt eine vorübergehende Ausgliederung des Mitarbeiters aus dem Tagesgeschäft, wobei der Problemlösungsbezug zur Arbeitsaufgabe so weit wie möglich erhalten bleiben soll (z.B. Werkstatt, Qualitätszirkel).

out-of-the-job

Sämtliche Maßnahmen der Personalentwicklung, die eine Entwicklung in neuen Tätigkeitsfeldern innerhalb oder außerhalb der Organisation möglich machen. Darunter fallen auch Maßnahmen, die auf das Ausscheiden aus dem Beruf vorbereiten (z.B. Erleichterung des Übergangs in den Ruhestand.

off-the-job

Sämtliche Maßnahmen der Personalentwicklung, die im räumlichen und zeitlichen Abstand zum Arbeitsplatz durchgeführt werden. Ziel ist, dem Mitarbeiter aus der Distanz zusätzlich zu seiner eigentlichen Aufgabe neue Fähigkeiten und Fertigkeiten zu vermitteln und ihn zu motivieren. Generell wird hier zwischen individuellen Methoden (z.B. Selbststudium) und kollektiven Methoden (z.B. Seminare, Vorträge, Inhouse-Schulungen, externen Trainingsmaßnahmen) unterschieden.

4.4 Methodenseiten — Gruppendynamische Methoden und Supervision

Im Rahmen der **gruppendynamischen Methode** soll in erster Linie die soziale Wahrnehmungsfähigkeit und die Interaktion verbessert werden.

Dabei erhalten die Teilnehmer eine Rückmeldung über ihr eigenes Verhalten und dessen Wirkung auf die Gruppe, sowie das Verhalten der anderen Gruppenmitglieder.

Supervision ist eine Art Beratungsform, die der Einzelne in Anspruch nehmen kann. Hierbei werden mithilfe von Gesprächen diverse Fragen, Problemfelder, Beziehungen, Rollen, Konflikte und Fallbeispiele aus dem beruflichen Alltag angesprochen und bearbeitet. Supervision erfolgt heute in der Regel durch einen externen und unabhängigen Supervisor und ist vor allem in Berufen wichtig, die als Aufgabe haben, anderen zu helfen.

Gruppendynamische Methoden

Eine Personalleiterin organisiert für zwei Stationen eines Klinikums eine Fortbildung mit dem Titel „Besser Verstehen", an der sie auch selbst teilnimmt. Während der Veranstaltung werden verschiedene gruppendynamische Methoden und Supervisionen durchgeführt.

ARBEITSAUFTRAG

Wählen Sie eine der gruppendynamischen Methoden aus und führen Sie sie in Ihrer Klasse durch.

Das Fußballfeld

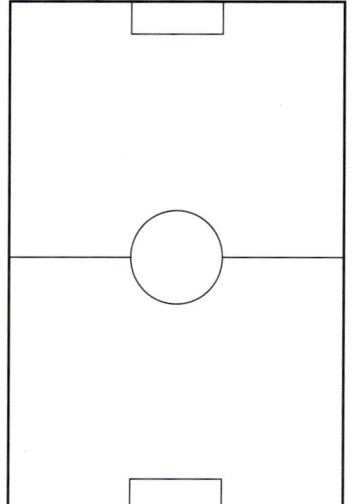

Thema: Persönlichkeit und Rollen (Supervision)
Ziel: Jeder Teilnehmer soll seine Rolle innerhalb der Gruppe analysieren können.
Materialien: Fußballfeld (kann auf einem Blatt nachgezeichnet werden) und Spielfiguren
Ablauf: Jeder Teilnehmer hat die Aufgabe, seine Figur auf dem Fußballfeld zu positionieren und seine Wahl zu kommentieren, z. B.: Susi stellt ihre Figur in die Abwehr und begründet dies mit der Aussage, dass sie in der Gruppe stets zurückgezogen ist und die Fehler ihrer Kollegen ausbessern muss.
Die Positionierung kann aufgrund der Beantwortung folgender Fragen erfolgen:

- Welche Position schreiben Sie sich selbst zu?
- Welche Positionen schreiben Ihnen wohl andere zu?
- Welche Position würden Sie wohl gerne erlangen?
- In welchen Positionen sehen Sie die anderen?

Hirte und Herde

Thema: Gruppendynamik und Zusammenarbeit

Ziel: Jeder Teilnehmer soll erkennen, dass er auf die anderen angewiesen ist, um ein gemeinsames Ziel zu erreichen.

Materialien: Augenbinden (Anzahl der Teilnehmer minus eins) und eine Hirtenmütze bzw. ein Hirtenstab

Ablauf: Aus der Teilnehmergruppe wird der Hirte ausgewählt. Alle anderen Mitglieder sind Schafe. Die gemeinsame Aufgabe der Gruppe ist nun, alle Schafe in den Stall zu bekommen. Hierfür müssen sie zusammenarbeiten:

- Alle Schafe haben die Augen verbunden; der Hirte soll sie mit lediglich vier vorher vereinbarten Wörtern in den Stall lotsen.
- Der Hirte ist nicht im Stall, sodass es zu keiner Erleichterung des Spiels kommt.
- Der Stalleingang wird vom Spielleiter erst festgelegt, wenn alle Schafe die Augen verbunden haben.
- Werden die Regeln gebrochen, beginnt das Spiel von vorne.

Die Vampir-Jagd

Thema: Gruppendynamik

Ziel: Die Methode kann als Eisbrecher fungieren. Sie fördert die Zusammenarbeit und Kooperation.

Material: zwei Listen, ein Stift, Spielkarten, Zettel oder Ähnliches (zum Auslosen des Vampirs)

Möglicher Ablauf: Das Spiel kann nach 30 Minuten beendet sein, es kann aber auch mehrere Tage dauern:

- In der Gruppe gibt es einen unentdeckten Vampir, der lautlos zubeißt. Die anderen Gruppenmitglieder müssen versuchen, diesen zu entdecken und zu enttarnen. Dabei laufen sie Gefahr, gebissen zu werden oder in der Gruft zu landen.
- Der Vampir wird durch verdecktes Auslosen bestimmt (z. B. mit einem Kartenspiel, wer den Joker zieht, ist der Vampir). Der Vampir hält seine Identität geheim.
- An einem zentralen Ort werden zwei Listen ausgehängt. Die eine Liste trägt die Überschrift „Gebissen", die andere die Überschrift „Gruft". In diese Listen tragen die „Gebissenen" und die „Gruftgänger" 15 Minuten nach dem jeweiligen Ereignis ihren Namen, Ort und Uhrzeit des Ereignisses ein.
- Der Vampir kann seine Opfer nur unter vier Augen jagen oder wenn alle anderen Anwesenden schon „tot" sind (also entweder „Gebissene" oder „Gruftgänger" sind).
- Die Gruppe verabredet einen bestimmten Satz und eine Bewegung, durch die sich der Vampir zu erkennen gibt und seine Opfer „beißt". Zum Beispiel kann der Vampir seine Hand auf die Schulter des Opfers legen und dabei sagen „Der Vampir ist da!".

- Wird ein Teilnehmer vom Vampir „gebissen", trägt er sich 15 Minuten später in die entsprechende Liste ein und scheidet aus dem Spiel aus. Er darf keine Informationen über die Identität des Vampirs weitergeben.

- Um den Vampir zu enttarnen, müssen sich zwei „lebende" Personen zusammenfinden, die denselben Verdacht haben und diesen dem Spielleiter gegenüber äußern. Ist der Verdacht richtig, ist das Spiel beendet und die „Lebenden" haben gewonnen. Ist der Verdacht falsch, müssen die Teilnehmer, welche den Verdacht geäußert haben, in die Gruft und scheiden aus dem

  Spiel aus. Sie tragen sich 15 Minuten später in die entsprechende Liste ein. Sie dürfen keine Informationen darüber weitergeben, wen sie verdächtigt haben.

- Der Vampir hat dann gewonnen, wenn alle Spieler „tot" sind, also entweder „gebissen" wurden oder zu „Gruftgängern" geworden sind.

Anmerkung: Je nach Aktivität des Vampirs kann das Spiel sehr schnell vorbei sein oder auch sehr lange dauern. – Zur Spielbeschleunigung kann der Spielleiter dem Vampir eine „Biss-Zeit" vorgeben.[1]

---

[1] In Anlehnung an: https://www.tensingland.de/fileadmin/_migrated/content_uploads/Methodenbox_2004_01.pdf. Dort finden Sie auch weitere gruppendynamische Methoden.

Aufgaben

1. Zeigen Sie anhand konkreter Beispiele auf, inwiefern Personalentwicklung notwendig ist.
2. Legen Sie die Ziele der Personalentwicklung aus der Sicht des Unternehmens und der Sicht des Mitarbeiters dar.
3. Erläutern Sie, welche Fragen im Rahmen der Personalentwicklung zu beantworten sind.
4. Überlegen Sie, welche Personen in den Personalentwicklungsprozess mit eingebunden sind.
5. Stellen Sie den Personalentwicklungsprozess skizzenhaft dar und suchen Sie nach möglichen Problemen, die bei der Realisierung auftreten können.
6. Erklären Sie hinsichtlich ihrer Tiefenwirkung den wesentlichen Unterschied zwischen einem Vortrag und einer Supervision.
7. Verschaffen Sie sich einen Überblick über die verschiedenen Maßnahmen der Personalentwicklung, indem Sie im Internet recherchieren und anschließend Ihre Ergebnisse in der Gruppe präsentieren.

Welche der folgenden Maßnahmen werden im Rahmen der betrieblichen Weiterbildung in Ihrem Unternehmen derzeit genutzt?*

Basis: Alle befragten Unternehmen (n = 504) | *Antworten: »Im Einsatz« | Quelle: Bitkom Research

Abbildung 9: Genutzte Weiterbildungsmaßnahmen in Unternehmen

Quelle: Bitkom e. V. & VdTÜV e.V.: (Hrsg.): Weiterbildung für die digitale Arbeitswelt, online unter: https://www.bitkom. org/sites/default/files/2018-11/VdTÜV_Bitkom_Weiterbildung_Studienbericht_181116_2_Web.pdf, S. 21 [04.11.2020].

8. Geben Sie den wesentlichen Unterschied zwischen den drei Hauptanwendungsgebieten der Personalentwicklung an und formulieren Sie konkrete Beispiele aus dem Bereich der Altenpflege.
9. Zeigen Sie am Beispiel eines Kindergartens die verschiedenen Aktivitätsarten der Personalentwicklung auf und überlegen Sie, welche der beschriebenen Aktivitäten wahrscheinlich am effektivsten ist.
10. Analysieren Sie die beiden Statistiken ausführlich.

Bildung für alle
Angaben für die Volkshochschulen in Deutschland*

Aufteilung der Kurse 2018 in Prozent

vgl. Volkshochschulstatistik des DIE Stand 2018

5   Personalbeurteilung

Paula hat die Ausbildungsstelle im Altenheim leider nicht bekommen. Nun überlegt sie, BWL mit Schwerpunkt Pflege und Gesundheitsmanagement zu studieren. Um erste Eindrücke zu sammeln und sicherzugehen, ob ihre Entscheidung die richtige ist, macht sie ein zweiwöchiges Praktikum in der Personalverwaltung eines Klinikums. Dabei darf Paula einen Tag lang die Personalleiterin bei der Arbeit begleiten, die ihr mitteilt: „Heute bekommst du wirklich viel von meiner Arbeit mit. Ich werde drei Mitarbeitergespräche führen und dir zeigen, worauf der Arbeitgeber beim Personal alles achtet. Da wirst du eine Menge für dein Studium ,mitnehmen' können. Zuerst muss ich aber die Kollegen noch fragen, ob sie dich bei dem Bewertungsgespräch dabei haben möchten." Paula ist schon ganz gespannt: „Wie oft werden Personalbeurteilungen durchgeführt? Und wie kommt dabei eine gerechte Bewertung zustande?"

ARBEITSAUFTRAG

Überlegen Sie, wann und wozu eine Personalbeurteilung notwendig ist.

5.1   Aufgaben, Voraussetzungen und Ziele der Personalbeurteilung

Ein wesentliches Instrument der betrieblichen Personalpolitik ist die Personalbeurteilung. Die richtigen Mitarbeiter auszuwählen, ihre Leistungsfähigkeit richtig einzuschätzen und sie ihren Fähigkeiten entsprechend einzusetzen sowie zu fördern, ist eine wichtige Grundlage für die langfristige Wettbewerbsfähigkeit einer Organisation.

> **Personalbeurteilung** ist die planmäßige und systematische Beurteilung der Leistung, des Verhaltens und der Persönlichkeit von Mitarbeitern in regelmäßigen Zeitabständen anhand von vorher festgelegten Kriterien.

Aufgaben der Personalbeurteilung

Die Personalbeurteilung trifft hauptsächlich Aussagen darüber, ob und inwieweit ein Mitarbeiter bezüglich seiner erbrachten Leistungen den Anforderungen und Erwartungen der derzeitigen Arbeitsstelle entspricht. So wird auf der Basis eines Beurteilungsgesprächs dem Mitarbeiter aufgezeigt, wo seine Stärken und Schwächen sind und wie er diese verbessern kann.

Die Beurteilung ist nicht nur als ein Führungsinstrument des Vorgesetzten zu sehen (Steuerung und Kontrolle), sondern ist gleichzeitig Grundlage für die Personalentwicklung. Dabei liefert sie die notwendigen Informationen für zu formulierende Fortbildungsziele und hilft, Versetzungen, Beförderungen oder Freisetzungen zu begründen. Folglich dient die Personalbeurteilung auch dem Ziel des optimalen Personaleinsatzes und hilft, eventuelle Anpassungen vorzunehmen.

Darüber hinaus kann eine von den Mitarbeitern als fair und nachvollziehbar empfundene Beurteilung ihrer Tätigkeit sie dazu motivieren, ihre Leistung zu steigern und weiter an sich zu arbeiten. Parallel hierzu stellt die Personalbeurteilung eine wichtige Entscheidungsgrundlage für die Festlegung einer „gerechten" Entgelthöhe dar. Erkennt der Mitarbeiter, dass sich Leistung im wahrsten Sinne des Wortes „bezahlt macht", ist er wesentlich motivierter. Die Ergebnisse der Personalbeurteilung sind zugleich Basis für die Formulierung von Arbeitszeugnissen.

Voraussetzungen der Personalbeurteilung

Personalbeurteilungen sind jedoch nur aussagekräftig, wenn sie in regelmäßigen Abständen stattfinden und sich auf Beobachtungen stützen, die das natürliche Arbeitsverhalten, die Eigenschaften, das Arbeitstempo, die Arbeitsergebnisse, die Genauigkeit und die Fertigkeiten des Mitarbeiters während der Arbeit erfassen.

Damit eine Personalbeurteilung von allen akzeptiert wird, müssen die zu Beurteilenden mit der Bewertungsmethode vertraut sein und dürfen die Beurteilung nicht als Bedrohung sehen. Bedeutend ist zudem die Praktikabilität der Personalbeurteilung. So muss das Bewertungsverfahren leicht verständlich, reliabel (zuverlässig), einfach handhabbar und mit wenig Aufwand verbunden sein.

Eine weitere wichtige Voraussetzung ist, dass der Beurteiler unbefangen bzw. objektiv ist und eine gute Urteilsfähigkeit sowie Fach- und Menschenkenntnis besitzt. Das Beurteilungsverfahren muss sich darüber hinaus an den Anforderungen einer Stelle (Stellenbeschreibung) orientieren und sollte nach zuvor festgelegten Beurteilungskriterien mit unterschiedlicher Gewichtung erfolgen. Dabei sind die Kriterien sorgfältig zu wählen, so kann ein „guter Mitarbeiter" vielfältig interpretiert werden.

Als Beispiele für Beurteilungskriterien eignen sich
- das **Persönlichkeitsbild** (äußere Erscheinung, Allgemeinbildung, Umgangsform, Ausdrucksvermögen, Selbstbewusstsein, Auffassungsgabe),
- das **Leistungsbild** (Fleiß, Fehlerhäufigkeit, Arbeitsplanung, Pünktlichkeit, Zielstrebigkeit, Zuverlässigkeit, Kreativität, Arbeitsqualität, Ausdauer, Verantwortungsbereitschaft),
- das **Verhalten gegenüber Vorgesetzten** (Kooperation, Mitteilungsbereitschaft, Sensibilität, Hilfsbereitschaft, Aufgeschlossenheit),
- als zusätzliches Kriterium das **eigene Führungsverhalten** (Ausgeglichenheit, Verständnis für Mitarbeiter, Motivationsfähigkeit, Organisationstalent, Delegationsbereitschaft, Durchsetzungsvermögen),
- das **Arbeitsergebnis** oder das **Potenzial eines Mitarbeiters**.

Werden geeignete und relevante Kriterien festgelegt, die alle Facetten abbilden und nicht durch andere Eindrücke „verwischt" werden können, fällt es dem Beurteilenden später leichter, seine Beobachtungen genau zu beschreiben und zu bewerten.

Ferner muss der wichtige Grundsatz der Vergleichbarkeit von Beurteilungen gewahrt werden, wonach gleiche Leistungen gleich bewertet werden müssen.

Das Merkmal „Fleiß" könnte beispielsweise in Verbindung mit dem Merkmal „Über-stunden" unbeabsichtigt zur Schlussfolgerung führen, dass der Einzelne überfordert ist. Hierbei handelt es sich um eine Kontamination, d.h., in den Sachverhalt gehen auch andere, nicht beabsichtigte Kriterien mit ein, die somit die Beobachtung des ei-gentlichen Kriteriums „Fleiß" verwischen.

Werden nicht alle Facetten eines Kriteriums abgebildet, spricht man von Defizienz. Wird z.B. in einem Altenheim das Kriterium „Beitrag zum Erfolg der Organisation" mit Hilfe des Kriteriums „Menge der betreuten Senioren" beurteilt, bleiben Facetten wie „Unterstützung der Kollegen" oder „Kundenkontakt" unberücksichtigt.

Ziele der Personalbeurteilung

Da eine systematische Personalbeurteilung mit einem enormen zeitlichen Aufwand und hohen Kosten in Verbindung steht, ist es wichtig, die unterschiedlichen Interessen der Beteiligten zu berücksichtigen und somit mögliche Konflikte zu vermeiden. Dabei verfolgt die Mitarbeiterbeur-teilung nicht nur das Ziel der Mitarbeitermotivation, sondern – wie bereits bei den Aufgaben der Personalbeurteilung angesprochen wurde – viele weitere Ziele, die darüber hinausgehen.

Ziele der Personalbeurteilung aus der Sicht der Organisation	Ziele der Personalbeurteilung aus der Sicht der Mitarbeiter
□ Selektion von Mitarbeitern, d.h. den richtigen Mitarbeiter für die richtige Stelle finden. □ Erkennen von Mitarbeiterpotenzialen □ Überblick über Notwendigkeit der Personal-beschaffung □ optimaler Personaleinsatz □ Feststellen, welche Fördermaßnahmen notwendig sind (Personalentwicklung). □ leistungsgerechtere Lohndifferenzierung □ Objektivierung der Personalarbeit (klare Maßstäbe, Vergleichbarkeit der Leistung) □ Vorgesetzter muss sich mit den Ergebnissen seiner Führungsarbeit auseinandersetzen. □ Erfolgskontrolle, d.h. Transparenz von Leistungsdefiziten bei den Mitarbeitern □ Intensivierung der Kommunikation □ Erhöhung der Mitarbeitermotivation	□ Orientierungshilfe für den Mitarbeiter, d.h., er erhält ein Feedback, wie seine Fähigkeiten, Verhaltensweisen und Leistungen gesehen werden (Spiegelfunktion). □ Der Mitarbeiter erfährt, inwieweit er die Anforderungen seiner Stelle erfüllt. □ Fremdeinschätzung ermöglicht das Erkennen der eigenen Stärken und Schwächen. □ Festlegung von neuen Zielen und von Fort-bildungsmaßnahmen □ Leistungsanreiz für den Mitarbeiter □ Schutz vor willkürlicher und subjektiver Beurteilung □ realistischere Einschätzung der Aufstiegs-chancen und künftigen Entwicklung

Ziel aller personalpolitischen Maßnahmen – insbesondere der Personalbeurteilung – ist dabei stets, geeignete Mitarbeiter mit der entsprechenden Qualifikation am richtigen Ort und zur richtigen Zeit bestmöglich einzusetzen.

5.2 Anlässe der Personalbeurteilung

Paula darf am Beurteilungsgespräch teilnehmen und hakt vorher bei der Personalleiterin noch mal nach: „Wie oft führen Sie eigentlich Beurteilungsgespräche? Einmal im Jahr?" – Diese erwidert: „Es gibt ganz unterschiedliche Anlässe. Das wirst du gleich selbst merken."

Im Allgemeinen gibt es zahlreiche Anlässe für eine Personalbeurteilung. Versucht man diese zu kategorisieren, kann je nach vorliegendem Sachverhalt zwischen der planmäßigen und außerplanmäßigen Personalbeurteilung unterschieden werden:

- Eine **planmäßige Personalbeurteilung** erfolgt in der Regel in bestimmten festgelegten Zeiträumen (z. B. alle zwei Jahre), im Rahmen der jährlichen Gehaltsprüfung oder vor Ablauf der Probezeit.
- **Außerplanmäßige Personalbeurteilungen** hingegen finden bei der Bitte um Ausstellung eines Zwischenzeugnisses, bei einer Versetzung in eine andere Abteilung, bei einem Wechsel des Vorgesetzten, bei Förderungs- und Qualifizierungsmaßnahmen, bei einer außerplanmäßigen Entgeltanpassung sowie auf Wunsch (z. B. Vorkommnis) oder im Falle der Kündigung eines Mitarbeiters statt.

5.3 Verfahren der Personalbeurteilung

Die Personalleiterin überprüft, ob sie für die drei Mitarbeitergespräche alle Unterlagen bereitliegen hat. Während sie nach den Personalakten sucht, murmelt sie leise vor sich hin: „Endlich, die Vorgesetztenbeurteilung von Herrn Groß habe ich ja schon ‚ewig' gesucht. Hier das Zielvereinbarungsgespräch mit Frau Nett und da ist die Gesamtbeurteilung für Station IV. Wenn es nur nicht so viele verschiedene Personalbeurteilungen gäbe."

In der Praxis gibt es zahlreiche Personalbeurteilungssysteme, die in vielfältigen Formen – je nach verfolgtem Zweck – zur Anwendung kommen. Folgende Arten der Personalbeurteilung sind grundsätzlich zu unterscheiden (Auszug):

Merkmalsdifferenzierung bzw. Methode	Form	Person	Zeitabstand
□ summarisch (freie Beschreibung, Rangfolgemethode) □ analytisch (Rangreihe, Einstufung, Kennzeichnung, Zielsetzung)	□ frei □ gebunden □ teilweise gebunden □ Mitarbeitergespräch □ Beurteilungsbogen	□ Mitarbeiterbeurteilung □ Vorgesetztenbeurteilung □ Gleichgestellten-/ Kollegenbeurteilung □ Selbstbeurteilung □ Beurteilung durch Externe □ 360-Grad-Beurteilung	□ Jahresgespräch □ Day-to-day-Feedback □ Zielvereinbarungsgespräch □ Monatsgespräch

Regelmäßigkeit	Kriterien	Personalumfang	Inhalt
☐ planmäßig ☐ außerplanmäßig ☐ (vgl. Kapitel. 3.5.2)	☐ quantitativ ☐ qualitativ ☐ gemischt	☐ Einzelbeurteilung ☐ Gesamt- beurteilung	☐ Leistungs- beurteilung ☐ Potenzial- beurteilung

Erfolgt die Unterscheidung nach dem Merkmal **Kriterien**, kann zwischen der **quantitativen** und **qualitativen** Personalbeurteilung unterschieden werden. Während bei der quantitativen Beurteilung Mengengrößen wie die Zahl der bearbeiteten Fälle oder die Höhe des erzielten Umsatzes herangezogen werden, verwendet die qualitative Beurteilung Merkmale wie beispielsweise das Führungsverhalten oder die Zuverlässigkeit. In der Praxis werden beide Kriterien häufig gemischt.

Eine weitere Möglichkeit ist, die Personalbeurteilung nach dem **Personalumfang** zu gliedern. Bezieht sich die Beurteilung auf einen einzelnen Mitarbeiter, spricht man von der **Einzelbeurteilung**. Werden dagegen alle Beschäftigten oder ein bestimmtes Team einer Bewertung unterzogen, handelt es sich um eine **Gesamtbeurteilung**.

Eine Differenzierung der Personalbeurteilung nach dem **Inhalt** unterscheidet die **Leistungsbeurteilung** und die **Potenzialbeurteilung**. Die Leistungsbeurteilung bewertet dabei die in der Vergangenheit in einem bestimmten Zeitraum erbrachte Ist-Leistung eines Mitarbeiters, also die Quantität und Qualität der Ergebnisse sowie das Planungs-, Führungs- und Arbeitsverhalten. Der Übereinstimmungsgrad dieser Ist-Leistung mit der vorher festgelegten Soll-Leistung ist dabei ein entscheidender Indikator für die Bewertung des Mitarbeiters.

Bei der **Potenzialbeurteilung** – deren Ausgangspunkt die vergangenheitsbezogene Leistungsbeurteilung ist – erfolgt eine zukunftsbezogene Beurteilung des Mitarbeiters. Hier steht die Eignung (Persönlichkeit und Fähigkeiten) des Beschäftigten im Hinblick auf zukünftige Aufgaben sowie die Möglichkeit seiner individuellen beruflichen Weiterentwicklung innerhalb des Unternehmens im Mittelpunkt. So wird mithilfe dieser Entwicklungs-, Eignungs- oder Karrierebeurteilung nicht nur die Verwendungsmöglichkeit des Mitarbeiters für höherwertige Positionen ermittelt, sondern auch seine zukünftigen Potenziale bzw. Fähigkeiten (z.B. Kooperationsfähigkeit, Belastbarkeit, emotionale Stabilität oder bisher ungenutzte Eigenschaften) werden bewertet und prognostiziert.

Eine besondere Stellung im Rahmen der Personalbeurteilung nimmt die Unterscheidung nach der **Methode** bzw. nach der **Merkmalsdifferenzierung** ein. So gibt es u.a. die **summarischen** Methoden, denen die analytischen Methoden gegenüberstehen. Im Rahmen der summarischen Methoden, die vor allem in Klein- und Mittelstandsbetrieben zum Einsatz kommen, wird der Mitarbeiter „im Ganzen" beurteilt. Das heißt, die Leistung des Beschäftigten wird als Gesamtleistung betrachtet, ohne dabei bewusst auf einzelne Merkmale einzugehen. Bei der **freien Beschreibung** beispielsweise bewertet der Beurteiler mit eigenen Worten und ohne irgendeine Vorgabe von Beurteilungskriterien den Mitarbeiter. Dadurch, dass es kaum Vorgaben gibt, hat der Beurteiler einen großen Gestaltungsspielraum. Es besteht aber die Gefahr der Subjektivität.

Eine darauf aufbauende Variante ist die **Rangfolgemethode**. Hier wird der Mitarbeiter zunächst summarisch bzw. pauschal bewertet und im Anschluss daran mit den anderen Kollegen verglichen und in eine bestimmte Rangfolge gebracht. Erhält ein Beschäftigter einen schlechten Rangplatz, kann ihn das im Einzelfall anspornen, in der Regel ist dies aber demotivierend und das innerbetriebliche Konkurrenzdenken wird dadurch verstärkt.

Am häufigsten kommen, insbesondere in großen Unternehmen, in der Personalbeurteilung jedoch die **analytischen** Methoden zum Einsatz. Sie sind transparent und wesentlich objektiver, sodass sie Vertrauen schaffen und die Mitarbeiter motivieren. Merkmal aller analytischen Methoden ist, die Beschäftigten anhand einzelner, vorher genau festgelegter Kriterien zu bewerten und dann erst zu einem Gesamturteil zu gelangen (Wertsumme über alle Beurteilungskriterien). Dabei stellt sich die grundsätzliche Frage, ob jedem Kriterium eine gleich hohe Bewertung zukommt, oder ob eher eine Gewichtung (mit Prozentanteil oder per Multiplikation) vorgenommen werden soll.

Eine erste Variante ist das **Rangreihen- oder Rangordnungsverfahren**. Dabei werden die Ausprägungen einzelner Merkmale mit denen anderer Mitarbeiter (z. B. Paarvergleich) verglichen, sodass anschließend die Beschäftigten in eine Rangreihe gebracht werden und für jeden ein Gesamturteil gefällt werden kann (vgl. Rangfolgemethode). Die klassische Methode der Personalbeurteilung ist das **Einstufungsverfahren**. Es erfasst qualitative Merkmale wie das Arbeitsverhalten, indem im Vorfeld die verschiedenen Merkmale genau definiert werden und im Anschluss daran entsprechende Skalen bzw. „Schulnoten" (von minimaler bis maximaler Leistung) dazu gebildet werden. Man unterscheidet zwischen der Nominalskala (z. B. sehr gut, gut, schlecht), der Skalenwertbeschreibung (für jeden Wert gibt es eine verbale Beschreibung) und der Numerischen Skala (z. B. 1–10).

B Beispiele für das Merkmal „Arbeitsqualität":
- arbeitet nahezu fehlerlos (höchstens eine Beanstandung pro Quartal)
- arbeitet mit geringer Fehlerzahl (höchstens eine Beanstandung pro Monat)
- arbeitet mit ausreichender Qualität (höchstens eine Beanstandung pro Woche)
- arbeitet wenig zufriedenstellend (mehrere Beanstandungen pro Woche)
- arbeitet nicht ausreichend (tägliche Beanstandungen)

Ziel dieser Beurteilungsmethode ist es, die Mitarbeiter objektiv und mithilfe eines standardisierten Verfahrens zu bewerten. Das Ergebnis wird meist in einem Beurteilungsgespräch erörtert und ist oft Grundlage für eine leistungsgerechte Entgeltzahlung. Aber auch hier besteht aufgrund von Beurteilungs- und Beobachtungsfehlern die Gefahr der Verzerrung.

Eine weitere analytische Methode ist das **Kennzeichnungsverfahren**. Dabei wird auf die Beschreibung und Quantifizierung der Merkmale verzichtet. Vielmehr werden vorgegebene Aussagen beispielsweise anhand einer Checkliste durch den Beurteiler mit „ja" oder „nein" gekennzeichnet. Erfolgt die Beurteilung auf der Basis eines Zielvereinbarungsgesprächs mit einer Zieldefinition und anschließendem Soll-Ist-Vergleich, so liegt das **Zielsetzungsverfahren** vor. Erfolgsentscheidend ist an dieser Stelle, dass der Mitarbeiter in die Zielvereinbarung mit integriert wird (MbO).

Hinsichtlich der **Form** kann zunächst zwischen der freien und der gebundenen Personalbeurteilung unterschieden werden.

Frei ist eine Bewertung dann, wenn der Beurteiler über die Kriterien, deren Formulierung sowie über das jeweilige Beurteilungsverfahren und den Beurteilungsmaßstab frei entscheiden kann. Dies ermöglicht eine individuelle Beurteilung, ist jedoch meist von Willkür geprägt und subjektiv, sodass keine Vergleichbarkeit gegeben ist. Zudem erfordert die freie Personalbeurteilung eine hohe Sprachgewandtheit auf Seiten des Beurteilers.

Ist der Beurteiler dagegen an bestimmte von anderen vorgegebene Beurteilungskriterien, -verfahren und -maßstäbe gebunden, handelt es sich um eine **gebundene** Personalbeurteilung.

Eine **Mischform** liegt vor, wenn z. B. Kriterien wie Arbeitsqualität vorgegeben sind, der Beurteiler diese jedoch frei formulieren bzw. interpretieren kann. In engem Zusammenhang damit steht oftmals der **Beurteilungsbogen**, der in vielen Unternehmen mittlerweile wesentlicher Bestandteil des Beurteilungssystems ist. Dieser stellt u. a. sicher, dass das später durchzuführende Mitarbeitergespräch systematisch und nicht verzerrt geführt wird.

Das **Mitarbeitergespräch** wird dabei als abschließende Maßnahme der Beurteilung betrachtet, in dem der Beurteilte die Möglichkeit hat, mit seinem Vorgesetzten über seine Leistung und Entwicklungsmöglichkeiten zu diskutieren.

In Abhängigkeit von der **Person** lassen sich ebenfalls zahlreiche Varianten unterscheiden. Bei der **Mitarbeiterbeurteilung** oder Abwärtsbeurteilung werden die Mitarbeiter von ihrem jeweiligen Vorgesetzten entweder vergangenheitsbezogen nach ihrer Leistung bzw. ihrem Verhalten oder zukunftsbezogen nach ihren Potenzialen bewertet.

Eine **Vorgesetztenbeurteilung** hingegen liegt vor, wenn der Vorgesetzte durch seine Mitarbeiter bewertet wird; man spricht in diesem Fall von der Aufwärtsbeurteilung. Das auf Anonymität basierende Verfahren ermöglicht, die Führungsstrukturen zu überdenken oder die Kommunikation zu verbessern.

Die **Gleichgestellten- oder Kollegenbeurteilung** stellt eine weitere Variante dar. Hier wird ein Mitarbeiter von Kollegen auf gleicher Ebene beurteilt. Allerdings ist dieses Verfahren als kritisch zu betrachten, da es durch Rivalitäten oder Sympathien zu Verfälschungen kommen kann.

Genaues Gegenteil ist die **Selbstbeurteilung**, die häufig in Kombination mit der Mitarbeiterbeurteilung zum Einsatz kommt. Oftmals fehlt jedoch eine gewisse Distanz zur eigenen Leistung.

Das Ziel der Objektivität wird am besten durch **externe Beurteiler** gewahrt. Gleichwohl fehlt diesen die Möglichkeit, den Mitarbeiter genau und über einen längeren Zeitraum zu beobachten. Außerdem ist hierfür ein hoher Zeitaufwand nötig und es fallen hohe Kosten an.

Eine Rundum-Beurteilung ist die sogenannte **360-Grad-Beurteilung**, bei der der Einzelne sich zunächst selbst und anschließend aus sämtlichen anderen Perspektiven, d. h. von seinen Kollegen, seinem Vorgesetzten, den ihm unterstellten Mitarbeitern, und den Kunden oder Lieferanten beurteilt wird. Ziel dieses umfassenden Beurteilungsverfahrens ist, wie bei allen anderen auch, die Arbeitsleistung und das Verhalten zu diagnostizieren und anschließend das Verhalten zu modifizieren.

Die Unterscheidung nach dem Kriterium **Zeitabstand** steht in engem Bezug zur Regelmäßigkeit. Vor allem das regelmäßig stattfindende **Jahres- oder Monatsgespräch** macht den Zusammenhang deutlich. Hierunter fällt auch das **Zielvereinbarungsgespräch**, das in bestimmten, vorher festgelegten Zeitintervallen erfolgt. Das **Day-to-Day-Feedback** hingegen ist durch kurzfristige Abstände gekennzeichnet und gibt dem einzelnen Mitarbeiter spontan und zeitnah Rückmeldung über seine Leistung.

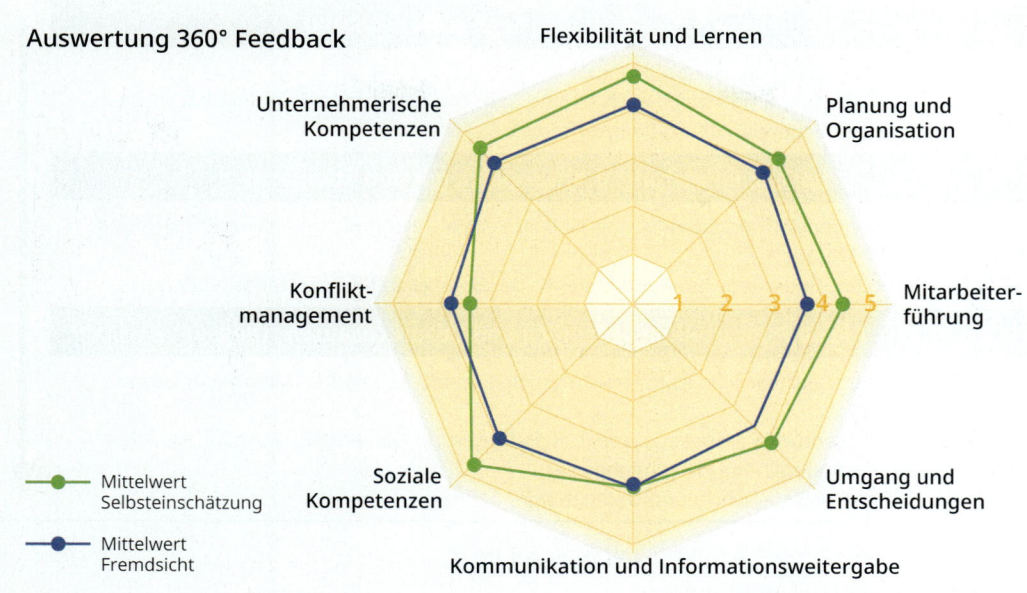

Auswertung 360° Feedback

- Mittelwert Selbsteinschätzung
- Mittelwert Fremdsicht

5.4 Vorgehensweise der Personalbeurteilung

Um Mitarbeiter richtig beurteilen zu können bzw. zuverlässige und objektive Bewertungen über die Leistungen und das Verhalten zu bekommen, ist es notwendig im Unternehmen einen systematischen Beurteilungsprozess einzuführen.

Ein wirksamer Beurteilungsvorgang läuft wie folgt ab:

Phase 1: Planung der Beurteilung

- ☐ Welche Ziele sollen mit der Personalbeurteilung erreicht werden?
- ☐ Für welche Mitarbeitergruppen wird die Personalbeurteilung durchgeführt?
- ☐ Wer beurteilt wen?
- ☐ Welche Beurteilungsanlässe liegen vor?

Phase 2: Festlegung der Beurteilungskriterien

- ☐ Entwicklung von Leistungsstandards aus den Unternehmenszielen und den Stellenbeschreibungen der Mitarbeiter
- ☐ Genaue und sorgfältige Festlegung der Beurteilungsverfahren und -kriterien: Inhalt, Messkriterien, Skala und Gewichtung
- ☐ Hauptkriterien sind z. B. das soziale Verhalten, das Arbeits- und Führungsverhalten sowie die Fähigkeiten.

Phase 3: Information der Beteiligten

- ☐ Information der Mitarbeiter über die Leistungsstandards bzw. Beurteilungsmerkmale
- ☐ Schulungen für die Beurteiler, z. B. Setzen von individuellen Leistungszielen (in Abhängigkeit vom Mitarbeiter)

Phase 4: Beobachtung des zu Beurteilenden

- ☐ gleichmäßiges Beobachten des Mitarbeiters über einen längeren Zeitraum
- ☐ Der Beurteiler sollte sich bewusst sein, was er wie, wann und wo beurteilt.

Phase 5: Sammeln der Beobachtungsdaten
□ schriftliches Festhalten der Beobachtungen □ möglichst objektive und wertfreie Beschreibung bzw. Wiedergabe der Einzelbeobachtungen bezüglich des vorliegenden Beurteilungsschemas
Phase 6: Bewertung, d. h. Vergleich mit den Standards
□ Bewertung der Beobachtungsergebnisse (Soll-Ist-Vergleich) anhand des vorher festgelegten Bewertungsmaßstabs □ Aufbereitung des Endergebnisses und Erstellen der Beurteilung für den Mitarbeiter
Phase 7: Beurteilungsgespräch und Gesprächsauswertung
□ In einem Zweier-Beurteilungsgespräch werden die Ergebnisse mit dem Mitarbeiter besprochen (Feedback). □ Vereinbarung eventueller Konsequenzen (z. B. Beförderung, Versetzung, Ausbildung, Lohnerhöhung, Kündigung, neue Zielvereinbarung) □ Konfliktbehebung, Unterschrift und Datenablage

Bewertung: Beurteilungsbogen

Merkmale	Strukturierter Beurteilungsbogen (Beispiel)					
	Skalierung					
	Gewichtung	entspricht selten den Erwartungen	entspricht im Allgemeinen den Erwartungen	entspricht voll den Erwartungen	liegt über den Erwartungen	liegt weit über den Erwartung
		1	2	3	4	5
Arbeitsquantität						
Arbeitsqualität						
Fachkenntnisse						
Arbeitseinsatz						
Zusammenarbeit						
...						

5.5   Grenzen der Personalbeurteilung

Paula erhält von einem Mitarbeiter die Zustimmung, bei seinem Beurteilungsgespräch anwesend zu sein. Während des Gesprächs kommt es zu einem Konflikt. Der Mitarbeiter äußert gegenüber der Personalleiterin: „Frau Singer, Sie bewerten mich eindeutig zu streng. Herrn Geiger hingegen haben Sie viel zu gut bewertet. Der ruht sich seit Monaten auf seinen Lorbeeren aus." Für Paula ist so eine Situation neu und sie überlegt, worin die Ursachen des Konflikts liegen könnten.

Beurteilungsfehler können nie ganz ausgeschlossen werden, da kaum ein Mensch in der Lage ist, seine Umgebung „objektiv" wahrzunehmen und zu beurteilen. Allerdings ist es für einen Vorgesetzten von Vorteil, wenn er die Grenzen bzw. die Fehlerquellen einer Personalbeurteilung kennt und mit ihnen bewusst umgehen kann.

Fehleinschätzungen in der Wahrnehmung und Fehlerquellen im Maßstab	
Halo-Effekt/ Überstrahlungseffekt	Hier wird von einer Eigenschaft auf andere Merkmale geschlossen. (Halo = Heiligenschein)
Nikolaus-Effekt/ Recency-Fehler	Die Beurteilung basiert auf Verhaltensweisen, die erst in jüngster Zeit beobachtet wurden bzw. stattgefunden haben.
Lorbeer-Effekt	In der Vergangenheit erbrachte Leistungen (Lorbeeren) werden unangemessen stark berücksichtigt, obwohl sie sich in jüngster Zeit nicht mehr bestätigt haben.
Kleber-Effekt	Mitarbeiter, die über einen längeren Zeitraum nicht befördert wurden, werden unbewusst unterschätzt und entsprechend schlecht beurteilt.
Hierarchie-Effekt	Mitarbeiter einer höheren Hierarchieebene werden besser beurteilt als Mitarbeiter der darunter liegenden Ebenen.
Primacy-Effekt	Die zuerst erhaltenen Eindrücke und Informationen werden in der Beurteilung sehr viel stärker berücksichtigt als spätere Verhaltensweisen.
Selektions-Effekt	Der Vorgesetzte erkennt nur Verhaltensweisen, die ihm relevant erscheinen.
Vorurteile	Z. B.: Mitarbeiter mit lässiger Kleidung sind auch in der Leistung schlampig.
Überstrahlungs-Effekt	Auffällige Verhaltensweisen überstrahlen häufig die Wirkung anderer, die weniger deutlich wahrgenommen werden.
Erster Eindruck bzw. erste Schlüsse	Voreilige Schlussfolgerungen werden nicht weiter geprüft; z. B.: Dieser Kollege trinkt immer nur Kaffee und drückt sich vor der Arbeit.
Kontakteffekt	Mitarbeiter werden eher positiv beurteilt, wenn man mit ihnen mehr Kontakt hat; z. B.: Ich kann mir doch meinen besten Mitarbeiter nicht verprellen.
Dramatisches Ereignis	Ein Mitarbeiter wird schlechter bewertet, weil der Vorgesetzte mit ihm ein dramatisches Ereignis verknüpft.
Projektion	Der Beurteiler sucht Ähnlichkeiten zu sich selbst.
Logischer Fehler	Der Beurteiler macht eine falsche Merkmalsverknüpfung.
Gefühlsbedingter Fehler	Ein Fehler wird weniger gewichtet, weil er zugegeben wird.
Tendenz zur Mitte	Der Vorgesetzte scheut sich, die Extremwerte einer Skalierung zu verwenden, d. h., es werden überproportional häufig mittlere Wertansätze gewählt.
Tendenz zur Milde	Der Vorgesetzte scheut sich, unzureichende Leistung mit „schlecht" zu bewerten, d. h., der Mitarbeiter wird bewusst oder unbewusst zu gut bewertet.
Tendenz zur Strenge	Der Vorgesetzte legt als Maßstab der Bewertung ein zu hohes Niveau an.
Sympathiefehler	Je nachdem, ob der Vorgesetzte den Mitarbeiter als sympathisch oder unsympathisch empfindet, wird seine Bewertung positiv oder negativ beeinflusst.
Benjamin-Effekt/ Senioritätsprinzip	Je kürzer der Mitarbeiter auf der Stelle ist und je jünger er ist, umso strenger wird er beurteilt.

Fehleinschätzungen in der Wahrnehmung und Fehlerquellen im Maßstab	
Beurteilung aus zweiter Hand	Der Vorgesetzte nimmt nicht eigene Beobachtungen für die Beurteilung zu Grunde, sondern verlässt sich auf die Aussage Dritter.
Der Beurteiler als Maßstab	Viele Vorgesetzte schließen fälschlicherweise von sich auf andere, sodass eigene Leistungen zur Norm werden bzw. andere an ihnen gemessen werden.
Unangemessene Subjektivität	Der Vorgesetzte bewertet willkürlich bzw. legt unangemessen (nur) seinen eigenen (subjektiven) Maßstab zu Grunde.
Wegloben	Der Mitarbeiter wird überzogen positiv beurteilt.
Selffullfilling Prophecy	Die Prognose, die der Beurteiler oder der Beurteilte trifft, tritt ein (sich selbst erfüllende Prophezeiung).

Aufgaben

1. Erstellen Sie einen Überblick über die Aufgaben der Personalbeurteilung.
2. Halten Sie die wesentlichen Voraussetzungen für eine Personalbeurteilung fest und diskutieren Sie, wie wichtig diese für eine korrekte Bewertung sind.
3. Überlegen Sie, inwieweit die Ziele der Personalbeurteilung für die Organisation und die Mitarbeiter miteinander harmonieren.
4. Recherchieren Sie zu den einzelnen Verfahren der Personalbeurteilung und stellen Sie Ihre Ergebnisse in Gruppenpräsentationen dar.
5. Vergleichen Sie die verschiedenen Verfahren der Personalbeurteilung und bewerten Sie diese.
6. Führen Sie für einen fiktiven Kindergarten eine Personalbeurteilung durch.

   a) Entwickeln Sie hierzu sorgfältig zuverlässige Beurteilungsmerkmale.
   b) Formulieren Sie für sechs Mitarbeiter und einen Vorgesetzten jeweils ein Rollenprofil mit aussagekräftigen Fertigkeiten und Verhaltensweisen.
   c) Wählen Sie nun Mitschüler aus, die in die zuvor entwickelten Rollen schlüpfen und beobachten Sie gemeinsam mit dem Vorgesetzten und mithilfe Ihres entwickelten Bewertungsbogens die Schauspieler. Bewerten Sie im Anschluss daran die Beschäftigten.
   d) Zuletzt führt der Vorgesetzte ein Mitarbeitergespräch mit den Mitarbeitern. Achten Sie auf eventuelle Beurteilungsfehler.
7. Interpretieren Sie die nachfolgende Karikatur.

„Im Sinne einer gerechten Auslese lautet die Prüfungsfrage für Sie alle gleich: Klettern Sie auf den Baum!"

6 Arbeitsverträge beenden

Von der kaufmännischen Geschäftsführung des Klinikums in Nürnberg wurden sämtliche Führungskräfte zur Vorstellung der Jahresergebnisse eingeladen. Leider konnten an diesem Nachmittag keine erfolgsversprechenden Zahlen präsentiert werden. An jede Abteilung ging deshalb der Arbeitsauftrag, sich mögliche Sparmaßnahmen zu überlegen. Die Leiterin der Personalabteilung fragt deshalb nach, ob es sich hierbei auch um Personalabbau handeln könnte. Dies wird von der Geschäftsführung nicht verneint.

Ein zwischen Arbeitgeber und Arbeitnehmer vereinbarter Arbeitsvertrag wird üblicherweise für eine unbefristete Dauer geschlossen. Die Arbeitgeberseite kann dann nur auf der Grundlage besonderer Gründe eine Beendigung herbeiführen. Der Arbeitnehmer kann dagegen freiwillig kündigen. Soll dagegen das Arbeitsverhältnis zwischen Arbeitgeber und Arbeitnehmer auf Zeit angelegt sein, wird ein befristetes Arbeitsverhältnis geschlossen. Zunächst wird die Beendigung eines unbefristeten Arbeitsverhältnisses aus Arbeitnehmersicht und anschließend aus Arbeitgebersicht erörtert. Abschließend wird das befristete Arbeitsverhältnis thematisiert.

6.1 Arbeitnehmerseitige Beendigung

Die Leiterin der Personalabteilung möchte auf arbeitgeberseitige Kündigungsschreiben verzichten. Außerdem soll die Belegschaft des Klinikums nicht von den negativen Geschäftszahlen beunruhigt werden. Sie beschließt deshalb, das Gespräch der Geschäftsführung bei den Mitarbeitern nicht zu thematisieren. Stattdessen erstellt sie eine Statistik, wie viele Mitarbeiter in den letzten fünf Jahren freiwillig das Klinikum verließen, also von sich aus kündigten.

ARBEITSAUFTRAG

Recherchieren Sie im Internet die Höhe der Fluktuation, also die arbeitnehmerseitige Beendigung von Beschäftigungsverhältnissen, in Deutschland. Versuchen Sie anschließend herauszufinden, in welcher Größenordnung in sozialen Einrichtungen Fluktuation auftritt.

Das freiwillige Ausscheiden von Arbeitnehmern erfolgt häufig direkt in der Probezeit oder in den ersten zwei bis drei Jahren nach Einstellung. Gründe für den Austritt finden sich u. a.
- in der fehlenden Identifikation mit dem Unternehmen bzw. der Tätigkeit,
- in der ungenügenden Begleitung bei der Firmenintegration,
- in der Differenz zwischen beruflicher Anforderung und beruflicher Eignung.

Bei einer ordentlichen Kündigung des Mitarbeiters ist die Einhaltung der gesetzlichen Kündigungsfrist zu beachten. Sie beträgt für Arbeitnehmer vier Wochen, zum 15. eines Monats oder mit dem Ende des Kalendermonats. Das heißt, mit dem Tag der Kündigung arbeitet der Mitarbeiter noch 28 Tage im Unternehmen. Während der Probezeit gilt diese Regelung nicht, er darf an jedem Tag des Monats kündigen. Die Kündigungsfrist beträgt in diesem Fall nicht vier, sondern zwei Wochen.

Für ein Unternehmen sollte es eine unabdingbare Pflicht sein, die Gründe des arbeitnehmerseitigen Ausscheidens zu identifizieren. Es bieten sich hierfür Austrittgespräche an, in denen der

Anlass zur Kündigung besprochen wird. Weiterer Gesprächsinhalt kann die Übergabe an einen Nachfolger sein. Übergeordnetes Ziel, sowohl für Arbeitgeber als auch Arbeitnehmer, ist die Verbindung eines positiven Eindrucks am Ende des Arbeitsverhältnisses. Schließlich kann es auch in Zukunft zu einer Arbeitsbeziehung etwa in Form von Lieferanten- oder Kundenbeziehung kommen.

Ziel eines Unternehmens sollte jedoch die langfristige Mitarbeiterbindung sein. Folgende Abbildung zeigt Maßnahmen, die dem Austrittsgedanken von Arbeitnehmern entgegenwirken.

Prävention	Augenblicklich
□ attraktive Entgeltgestaltung □ positives Betriebsklima □ betriebliche Altersversorgung □ Unternehmenskultur	□ fnanzielle Anreize □ flexible Arbeitsplatzgestaltung □ Karriereplanung

Aufgaben

1. Erklären Sie die Bedeutung des Austrittsgesprächs für das Unternehmen.
2. Erläutern Sie den Prozess der arbeitnehmerseitigen Beendigung des Arbeitsverhältnisses.
3. Ermitteln Sie für eine arbeitnehmerseitige Kündigung den letzten Arbeitstag, wenn der Mitarbeiter am 2. Mai kündigt.
4. Zählen Sie Möglichkeiten auf, durch die eine arbeitnehmerseitige Kündigung vermieden bzw. reduziert werden kann.

6.2   Arbeitgeberseitige Beendigung

Um die angespannte Situation im Klinikum Nürnberg zu entschärfen, entschließt sich die Geschäftsleitung zur Stellenstreichung. Die Leiterin der Personalabteilung bekommt den Auftrag, verschiedene Möglichkeiten der Beendigung von Arbeitsverhältnissen zu prüfen und der Geschäftsführung ein ausgearbeitetes Konzept vorzulegen. Die Mitarbeiter des Klinikums möchten von der Personalabteilung wissen, wie es mit ihrer Beschäftigungssituation zukünftig weitergeht und ob sie einfach so gekündigt werden können.

ARBEITSAUFTRAG

Recherchieren Sie in der Tageszeitung oder im Internet, in welchen Unternehmen es bereits zu arbeitgeberseitigen Kündigungen kam. Versuchen Sie herauszuarbeiten, wie Arbeitgeber und Arbeitnehmer in dieser Situation miteinander umgingen und welche Angebote bzw. Zugeständnisse gemacht wurden.

Initiiert der Arbeitgeber die Kündigung, geht von ihm die Beendigung des Arbeitsverhältnisses aus. Neben der Kündigung bieten sich zur Trennung weitere Möglichkeiten an, wie der befristete Arbeitsvertrag oder der Aufhebungsvertrag.

6.2.1 Allgemeine Regelungen bei ordentlicher Kündigung

Bei der ordentlichen Kündigung handelt es sich um eine einseitig empfangsbedürftige Willenserklärung, sodass rechtliche Aspekte vom Arbeitgeber zu beachten sind. Dazu zählen

- die Unterzeichnung der Kündigung,
- der Zugang der Kündigung beim Arbeitnehmer,
- die Einhaltung von Kündigungsfristen vom Arbeitgeber.

Die gesetzliche Kündigungsfrist des Arbeitgebers ist in § 622 BGB geregelt. Sie richtet sich bei der ordentlichen Kündigung nach der Dauer der Betriebszugehörigkeit des Mitarbeiters. Folgende Abbildung verdeutlicht dies.

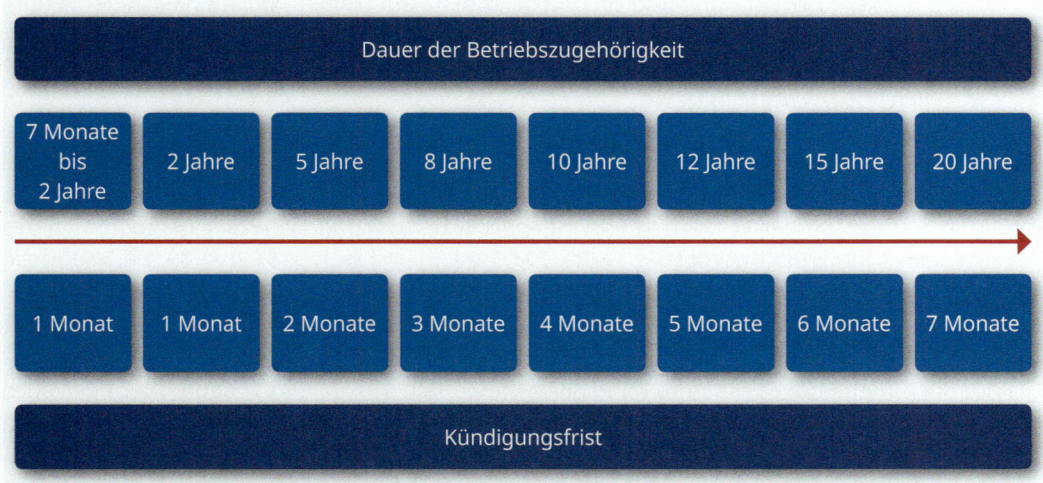

Während der Probezeit, also den ersten sechs Monaten einer Beschäftigung, beträgt die Kündigungsfrist zwei Wochen. Sie ist nicht an feste Termine während des Kalendermonats gebunden. Werden vom § 622 BGB abweichende Regelungen getroffen, haben diese nur bei längeren Fristen Gültigkeit. Das heißt, Kündigungsfristen, die kürzer als die gesetzlichen sind, haben keinen Rechtsanspruch.

Nach dem Kündigungsschutzgesetz kann eine Kündigung nur ausgesprochen werden, wenn einer der nachstehenden Gründe existiert.

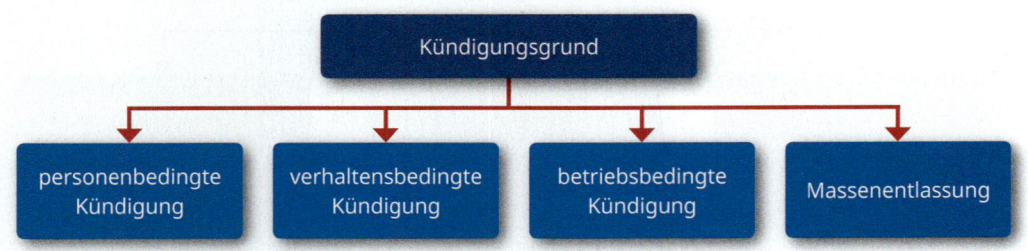

Da das Kündigungsschutzgesetz in Deutschland einen hohen Stellenwert besitzt, werden die wichtigsten Inhalte vor den vier genannten Gründen thematisiert.

Unter dem Kündigungsschutz wird die sozial gerechtfertigte Kündigung verstanden, d.h., die Gründe der Kündigung liegen im Verhalten des Mitarbeiters oder betriebliche Erfordernisse stehen der Weiterbeschäftigung entgegen. Grundsätzlich wird zwischen dem allgemeinen und dem besonderen Kündigungsschutz differenziert. Der allgemeine Kündigungsschutz besteht für alle Mitarbeiter, der besondere Kündigungsschutz für bestimmte Mitarbeiter eines Unternehmens. Bei dieser Personengruppe besteht ein Kündigungsverbot. Hierzu zählen

- betriebliche Funktionsträger, wie z. B. Betriebsräte,
- Frauen während der Schwangerschaft und bis zum Ablauf von vier Monaten nach der Entbindung,
- Mitarbeiter während der Elternzeit,
- Auszubildende.

Eine Kündigung des Arbeitnehmers darf jedoch nur als letztes Mittel vom Arbeitgeber eingesetzt werden. Vorab ist die Möglichkeit einer Änderungskündigung zur prüfen. Das bedeutet, dass durch Änderung der Vertragsbedingungen im Arbeitsvertrag die Arbeitsbedingungen des Arbeitnehmers modifiziert werden.

Personenbedingte Kündigung

Gründe für eine personenbedingte Kündigung finden sich u. a. in lang andauernder oder auch häufig kurzer Erkrankung, der Leistungsunfähigkeit durch Krankheit, der krankheitsbedingten Leistungsminderung, dem Wegfall der Arbeitserlaubnis oder Haftstrafen.

> Für die **personenbezogene Kündigung** spielen die vom Arbeitnehmer zu vertretenden persönlichen Eigenschaften und Fähigkeiten eine Rolle, die zur Ursache der Trennung führen.

Damit ist der Kündigungsgrund auf den Arbeitnehmer zurückzuführen, da er den Umstand der Auflösung des Arbeitsvertrags zu vertreten hat. Eine personenbedingte Kündigung ist sorgfältig zu prüfen und sozial abzuwägen.

Prüfungsschritte	Prüfung
Schritt 1	**Voraussetzung:** 1. Zukünftiger Gesundheitszustand des Arbeitnehmers wird negativ prognostiziert. 2. Betriebliche Interessen wurden/werden durch Fehlzeiten des Arbeitnehmers gestört. **Folge:** Arbeitnehmer kann zukünftig seinen Pflichten des Arbeitsvertrags nicht nachkommen.
Schritt 2	**Voraussetzung:** Arbeitgeber kann keinen alternativen Arbeitsplatz, bei dem sich die persönlichen Einschränkungen des Arbeitnehmers nicht bemerkbar machen, anbieten. **Folge:** Arbeitnehmer kann zukünftig seinen Pflichten an keinem Arbeitsplatz des Unternehmens nachkommen.
Schritt 3	**Voraussetzung:** Abwägung der Interessen zwischen Arbeitnehmer und Arbeitgeber **Folge:** personenbedingte Kündigung des Arbeitnehmers

Verhaltensbedingte Kündigung

Eine verhaltensbedingte Kündigung kann vom Arbeitgeber ausgesprochen werden, wenn z.B. einer der folgenden Verstöße vom Arbeitnehmer begangen wurde: Arbeitsverweigerung, unentschuldigtes Fehlen, Beleidigungen des Vorgesetzten, sexuelle Belästigung, Straftaten und ähnlich gelagerte Vorfälle.

> Die **verhaltensbedingte Kündigung** wird ausgesprochen, wenn ein vom Arbeitnehmer selbst zu verantwortender Pflichtverstoß vorgefallen ist.

Eine sorgfältige Prüfung muss vor der verhaltensbedingten Kündigung erfolgen. Das heißt, ähnlich wie bei der personenbedingten Kündigung sind auch in Zukunft oben genannte Verstöße zu befürchten. Der Verstoß wird mittels einer Abmahnung erfasst. Die Abmahnung ist ein schriftliches Dokument, welches dem Arbeitnehmer sein Fehlverhalten aufzeigt, ihn vor zukünftigen ähnlichen Regelverstößen warnt und ihm andernfalls die Kündigung androht. Sie wird in der Personalakte der betreffenden Person für etwa zwei bis drei Jahre hinterlegt. Bei keinem weiteren Verstoß wird die Abmahnung nach dieser Zeit vernichtet.

Bei einem wichtigen Grund wie etwa Diebstahl oder Betrug kann auf eine Abmahnung verzichtet werden. Bei diesen triftigen Vertragsverletzungen kann der Arbeitgeber eine außerordentliche Kündigung aussprechen. Sie wird umgangssprachlich auch als fristlose Kündigung bezeichnet.

> Die **außerordentliche Kündigung** wird ausgesprochen, wenn die Weiterführung des Arbeitsverhältnisses, bis zum sich möglicherweise wiederholenden Verhalten und der dann auszusprechenden ordentlichen Kündigung für den Arbeitgeber unzumutbar ist.

Folgende Schritte sind vor Aussprechung einer verhaltensbedingten Kündigung zu prüfen:

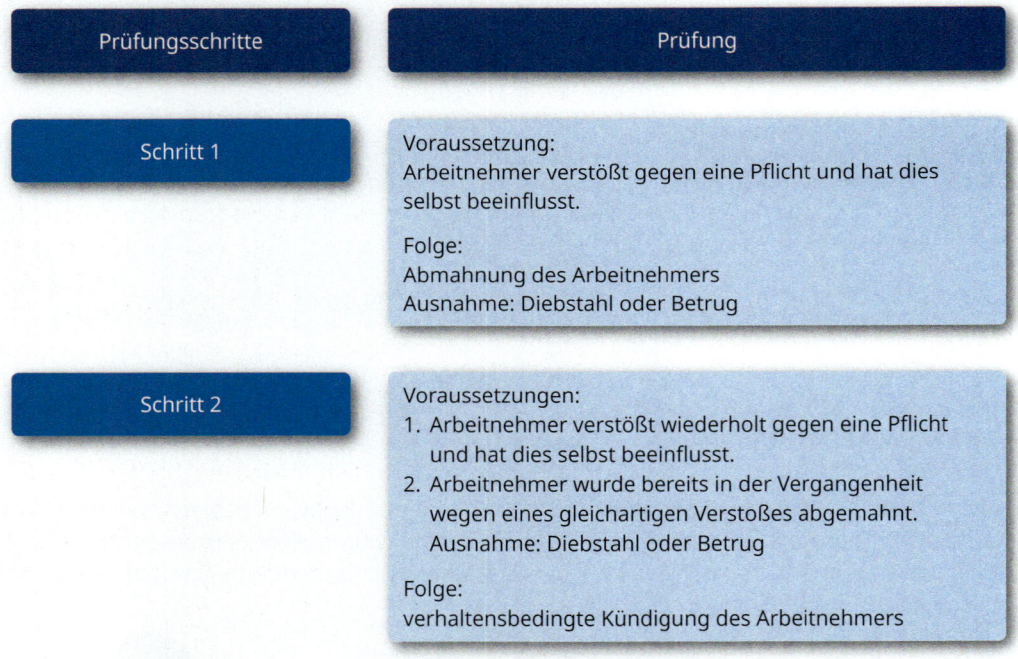

Prüfungsschritte	Prüfung
Schritt 1	Voraussetzung: Arbeitnehmer verstößt gegen eine Pflicht und hat dies selbst beeinflusst. Folge: Abmahnung des Arbeitnehmers Ausnahme: Diebstahl oder Betrug
Schritt 2	Voraussetzungen: 1. Arbeitnehmer verstößt wiederholt gegen eine Pflicht und hat dies selbst beeinflusst. 2. Arbeitnehmer wurde bereits in der Vergangenheit wegen eines gleichartigen Verstoßes abgemahnt. Ausnahme: Diebstahl oder Betrug Folge: verhaltensbedingte Kündigung des Arbeitnehmers

Betriebsbedingte Kündigung

Eine vom Unternehmen gegen einen Arbeitnehmer ausgesprochene betriebsbedingte Kündigung kann etwa bei Einstellung der Produktion, eines sich veränderten Produktangebots oder ausbleibender Aufträge erfolgen.

> Die **betriebsbedingte Kündigung** kann aufgrund inner- oder außerbetrieblicher Erfordernisse vom Arbeitgeber ausgesprochen werden.

Auch bei der betriebsbedingten Kündigung sind vorab alternative Möglichkeiten der Weiterbeschäftigung zu prüfen. Sollte innerhalb des Unternehmens eine zukünftige Beschäftigung möglich sein, darf nicht gekündigt werden. Können betriebsbedingte Kündigungen ausgesprochen werden, ist zwischen den betroffenen Arbeitnehmern eine Sozialauswahl zu treffen. Bei der Sozialauswahl werden Arbeitnehmer, welche dieselbe Tätigkeit ausführen, mittels bestimmter Kriterien verglichen und nach Schutzwürdigkeit gegliedert. Das bedeutet, dass weniger schutzbedürftige Arbeitnehmer vor schutzbedürftigen Arbeitnehmern zu entlassen sind. Herangezogene Kriterien sind etwa das Lebensalter, die Betriebszugehörigkeit oder eine Schwerbehinderung.

Massenentlassung

Werden betriebsbedingte Kündigungen nicht nur für wenige Arbeitnehmer eines Unternehmens, sondern für große Teile der Belegschaft ausgesprochen, spricht man von einer Massenentlassung. Bei dieser Art von Entlassung muss der Arbeitgeber die Agentur für Arbeit informieren und einen Sozialplan erstellen.

> ◤ Unter **Massenentlassung** versteht man die betriebsbedingte Kündigung sehr vieler Arbeitnehmer bis hin zur Schließung eines gesamten Unternehmens.

Meist werden in Absprache mit der Agentur für Arbeit Qualifizierungs- oder Vermittlungsmaßnahmen organisiert. Diese finden in einer sogenannten Transfergesellschaft statt, die als eigenständiges Unternehmen ausschließlich für diesen Zweck gegründet wird. Die betroffenen Mitarbeiter werden nach ihrer Entlassung für höchstens zwölf Monate durch die Transfergesellschaft aufgefangen. Während dieser Zeit erhalten sie eine Entlohnung, die von ihrem letzten Entgelt anteilig berechnet wird. Neben der Vermittlung der entlassenen Arbeitnehmer hat die Transfergesellschaft darüber hinaus das Ziel, den Ausstieg aus dem Arbeitsleben sozial verträglich zu gestalten.

Der bei Massenentlassungen zu erstellende Sozialplan befasst sich mit den wirtschaftlichen Nachteilen der betroffenen Arbeitnehmer. Eine Milderung der wirtschaftlichen Schäden soll herbeigeführt werden. Der Sozialplan befasst sich mit Aspekten wie etwa Abfindungen, Sozialauswahl, Betriebsrenten, Altersteilzeit und weiteren Vereinbarungen.

6.2.2   Befristete Arbeitsverhältnisse

Befristete Arbeitsverträge sind in ihrer Laufzeit zeitlich begrenzt. Das heißt, das Arbeitsverhältnis endet automatisch mit Ablauf der vereinbarten zeitlichen Dauer. Hierfür müssen jedoch Gründe, wie etwa Saisonarbeit, Vertretung für eine ausfallende Arbeitskraft, wissenschaftliche Tätigkeiten oder Ähnliches, innerhalb eines Unternehmens vorliegen. Ausnahme von dieser Regelung sind befristete Arbeitsverträge mit einer Dauer von höchstens zwei Jahren.

> ◤ Ein **befristeter Arbeitsvertrag** bedeutet ein Arbeitsverhältnis, das kalendermäßig für eine bestimmte Dauer geschlossen wird oder endet, wenn die Arbeitsleistung nach Art, Zweck oder Beschaffenheit erfüllt wurde.

Befristete Arbeitsverträge dürfen zum Schutz der Arbeitnehmer nicht aufeinander folgen. Man spricht dann von sogenannten Kettenarbeitsverträgen, die rechtswidrig sind.

6.2.3   Aufhebungsvertrag

Vom Arbeitgeber ausgehend kann ein Aufhebungsvertrag gegenüber dem Arbeitnehmer ausgesprochen werden. Es handelt sich also um eine gezielte Ansprache mit genauen Konditionen. Neben dem Austrittsdatum schlägt der Arbeitgeber meist auch eine Abfindung vor. Jedoch muss der Arbeitnehmer das Angebot nicht annehmen und kann ein eigenes Angebot abgeben. Finden sich Arbeitgeber und Arbeitnehmer in einem gemeinsamen Aufhebungsvertrag wieder, wird der existierende Arbeitsvertrag einvernehmlich beendet.

> Ein **Aufhebungsvertrag** ist die einvernehmliche Beendigung des Arbeitsvertrags zwischen Arbeitgeber und Arbeitnehmer.

Aufhebungsverträge bieten Unternehmen den Vorteil, dass sie eine ordentliche Kündigung und das Aufstellen eines Sozialplans umgehen können. Außerdem wird das Image des Unternehmens beim Aufhebungsvertrag nicht geschädigt, im Gegensatz zur Kündigung.

Aufgaben

1. Nach welchen Kriterien richtet sich die gesetzliche Kündigungsfrist des Arbeitgebers?
2. Nennen Sie die niedrigste und die höchste Kündigungsfrist bei einer ordentlichen Kündigung des Arbeitgebers, sowie die Kündigungsfrist während der Probezeit.
3. Ermitteln Sie für eine arbeitgeberseitige Kündigung den letzten Arbeitstag des Arbeitnehmers, wenn das Unternehmen am 2. Mai kündigt und bei ihm die Kündigung am 4. Mai eintrifft. Die Betriebszugehörigkeit beträgt 13 Jahre.
4. Nennen Sie die vier Gründe einer Kündigung, die das Kündigungsschutzgesetz aufzählt.
5. Nach welchen zwei Gruppen von Mitarbeitern unterscheidet das Kündigungsschutzgesetz.
6. Geben Sie die wesentlichen Voraussetzungen einer personenbedingten Kündigung an.
7. Wann kann ein Unternehmen betriebsbedingte Kündigungen aussprechen?
8. Definieren Sie den Begriff „Sozialplan".
9. Welche Mitarbeiterinformationen sind bei der Erstellung eines Sozialplans nötig?
10. Auf was muss ein Unternehmen beim Abschluss eines befristeten Arbeitsvertrages achten?
11. Welche Ziele verfolgen Unternehmen mit dem Instrument des Aufhebungsvertrags?

6.3   Arbeitszeugnis

In der Personalabteilung ist derzeit jede Menge zu tun. Zwar musste das Klinikum keine Arbeitsverhältnisse kündigen, jedoch haben etliche Mitarbeiter ihre Arbeitsverträge eigenständig gekündigt. Für diese Mitarbeiter sind jetzt Arbeitszeugnisse zu verfassen. Für die Erstellung eines Arbeitszeugnisses benötigt die Leiterin der Personalabteilung Informationen von der jeweiligen Abteilung, in welcher der Mitarbeiter beschäftigt war. Auf ihre Anfrage geben die jeweiligen Abteilungsleiter als Rückmeldung stichpunktartige Informationen, wie z. B. über Motivation, Engagement, Kompetenz usw. Sämtliche Angaben werden dann von ihr als Text formuliert.

ARBEITSAUFTRAG

Versuchen Sie die Note eines Fachs aus dem letzten Schulzeugnis in Satzform zu beschreiben. Für den Leser sollte hervorgehen, welche Leistung hinter der Schulnote steht. Ihre Formulierungen wählen Sie so, dass sich der Leser ein Bild von Ihrer fachlichen Leistung machen kann, ohne dass Sie die Note im Text erwähnen.

Bei Beendigung des Arbeitsverhältnisses steht jedem Arbeitnehmer ein schriftliches Arbeitszeugnis zu. Das Arbeitszeugnis kann als einfaches oder qualifiziertes Zeugnis ausgestellt werden. Inhalte beider Zeugnisarten sind

- Name,
- Anschrift,
- Geburtsort und Geburtsdatum,
- Beruf,
- Dauer der Beschäftigung im Unternehmen,
- Art der ausgeführten Beschäftigung/Tätigkeit im Unternehmen.

Im einfachen Zeugnis wird kurz die ausgeführte Tätigkeit beschrieben. Weitere Informationen finden sich in ihm nicht. Damit kann der zukünftige Arbeitgeber wenig über den Arbeitnehmer erfahren. Etabliert hat sich deshalb das qualifizierte Zeugnis. In ihm finden sich Beurteilungen zur Person und damit zu Arbeitsleistung und Sozialverhaltens. Insofern lässt sich aus dem qualifizierten Arbeitszeugnis die Persönlichkeit eines Bewerbers herauslesen. Wichtig ist deshalb, dass sich ausschließlich wahre Aussagen im Zeugnis finden. Dennoch darf der ehemalige Arbeitgeber den Arbeitnehmer durch das ausgestellte Zeugnis in seinem Bewerbungsprozess nicht behindern. Nach Abwägung dieser beiden Kriterien hat sich eine Zeugnissprache entwickelt, deren Bedeutung sich Personalverantwortliche zu eigen machen.

Zeugnisformulierung	Bewertung nach Schulnote
Er zeigte stets ein sehr hohes Maß an Eigeninitiative und Leistungsbereitschaft. (Themenbereich „Bereitschaft" im Zeugnis)	
Aufgrund seines umfangreichen und besonders fundierten Fachwissens erzielte er immer weit überdurchschnittliche Erfolge. (Themenbereich „Fachwissen" im Zeugnis)	
Die Aufgaben führte er immer äußerst effizient, sorgfältig und selbstständig aus. (Themenbereich „Arbeitsweise" im Zeugnis)	1
Sein Verhalten gegenüber Vorgesetzten und Kollegen war jederzeit vorbildlich. (Themenbereich „Verhalten" im Zeugnis)	
Wir wünschen ihm auf dem weiteren Berufs- und Lebensweg alles Gute und weiterhin viel Erfolg. (Themenbereich „Zukunft" im Zeugnis)	
Sie zeigte stets eine hohe Leistungsbereitschaft und Pflichtauffassung. (Themenbereich „Bereitschaft" im Zeugnis)	
Sie wendete ihre guten Fachkenntnisse laufend mit großem Erfolg im Arbeitsgebiet an. (Themenbereich „Fachwissen" im Zeugnis)	2

Zeugnisformulierung	Bewertung nach Schulnote
Die Aufgaben führte sie immer effizient, sorgfältig und selbstständig aus. (Themenbereich „Arbeitsweise" im Zeugnis)	2
Ihr Verhalten gegenüber Vorgesetzten und Kollegen war jederzeit einwandfrei. (Themenbereich „Verhalten" im Zeugnis)	
Wir wünschen ihr auf dem weiteren Berufs- und Lebensweg alles Gute und weiterhin Erfolg. (Themenbereich „Zukunft" im Zeugnis)	
Er zeigte Einsatzbereitschaft. (Themenbereich „Bereitschaft" im Zeugnis)	3
Er besitzt ein solides Fachwissen in seinem Fachgebiet. (Themenbereich „Fachwissen" im Zeugnis)	
Die Aufgaben führte er selbstständig, effizient und sorgfältig aus. (Themenbereich „Arbeitsweise" im Zeugnis)	
Sein Verhalten gegenüber Vorgesetzten und Kollegen war einwandfrei. (Themenbereich „Verhalten" im Zeugnis)	
Wir wünschen ihm auf dem weiteren Berufs- und Lebensweg alles Gute und Erfolg. (Themenbereich „Zukunft" im Zeugnis)	
Sie zeigte auch Einsatzbereitschaft. (Themenbereich „Bereitschaft" im Zeugnis)	4
Sie besitzt das erforderliche Fachwissen. (Themenbereich „Fachwissen" im Zeugnis)	
Die Aufgaben wurden mit Sorgfalt und Genauigkeit ausgeführt. (Themenbereich „Arbeitsweise" im Zeugnis)	
Ihr Verhalten gegenüber Kollegen und Vorgesetzten war korrekt und ohne Beanstandung. (Themenbereich „Verhalten" im Zeugnis)	
Wir wünschen ihr für die Zukunft alles Gute. (Themenbereich „Zukunft" im Zeugnis)	
Es findet sich im Zeugnis zu diesem Themenbereich keine Aussage. (Themenbereich „Bereitschaft" im Zeugnis)	5
Er zeigte bei der Beschäftigung mit den ihm übertragenen Aufgaben das Notwendige. (Themenbereich „Fachwissen" im Zeugnis)	
Die Aufgaben wurden im Allgemeinen mit Sorgfalt und Genauigkeit ausgeführt. (Themenbereich „Arbeitsweise" im Zeugnis)	
Es erübrigt sich zu betonen, dass sein Betragen gegenüber den Vorgesetzten und Kollegen unbelastet war. (Themenbereich „Verhalten" im Zeugnis)	
Wir wünschen ihm alles nur erdenklich Gute, insbesondere auch Erfolg bei den weiteren Bemühungen. (Themenbereich „Zukunft" im Zeugnis)	

Aufgaben

1. Erläutern Sie die beiden Arten des Arbeitszeugnisses.
2. Auf was muss ein Unternehmen bei der Formulierung eines qualifizierten Arbeitszeugnisses achten?
3. Erklären Sie die Aufgabe eines Arbeitszeugnisses.

Lernbereich 6:
Soziale Dienstleistungen vermarkten

Maxi Winter, Schülerin des Sozialzweiges an der Beruflichen Oberschule, überlegt, nach der 12. Klasse eine Ausbildung zur Werbegrafikerin zu machen. Um sicherzugehen, dass die Wahl dieser Berufsrichtung die richtige ist, absolviert die Schülerin im Moment ein Praktikum bei der Amberger Werbeagentur „Mach was".

Auf dem Weg zu ihrem Praktikumsbetrieb hört Maxi im Radio von einer Blutspendenaktion des Bayerischen Roten Kreuzes. Alle Amberger Bürger werden dazu aufgerufen, heute am Weltblutspendertag Blut zu spenden und damit Leben zu retten. „Jeder Spender ist ein Held", so der diesjährige Slogan. In der Agentur angekommen, setzt sich die Schülerin an den Computer und recherchiert. Dabei stößt sie auf die Information, dass pro Tag 15 000 Blutspenden notwendig sind, um den Bedarf zu decken.

Das ergibt einen Jahresbedarf von ca. 5 Millionen einzelnen Blutspenden, die tatsächlich auch übertroffen werden. Denn es werden jährlich 6 Millionen Blutspenden gegeben. Allerdings reichen diese nicht aus, da Blutkonserven nur begrenzt haltbar und somit verwendbar sind. So kann es vorkommen, dass zu bestimmten Zeiten ein akuter Mangel an brauchbaren Blutkonserven besteht. Folglich ist es sehr wichtig, mit bestimmten Aktionen ständig neue Spender zu gewinnen. Egal, ob mit Werbeaktionen im Radio, in der Zeitung oder auf Plakaten. Maxi ist von der ganzen Sache so überzeugt, dass sie auch ihre Kollegen dazu überreden möchte. „Jeder, der gesund und volljährig ist, kann Blut spenden. Außerdem wird die Bereitschaft als ehrenamtliche Tätigkeit angesehen. Kommt, lasst uns heute nach Feierabend zum Bayerischen Roten Kreuz gehen."

Um beispielsweise auf derartig wichtige gesellschaftliche Themen aufmerksam zu machen und um die wichtige Arbeit sozialer Einrichtungen und Unternehmen zu bewerben, ist ein gezieltes Marketing erforderlich. Dieses hat in den vergangenen Jahren enorm an Bedeutung hinzugewonnen (**Begriff „Marketing"**).

Mittlerweile gibt es so viele soziale Einrichtungen und Unternehmen mit einem unendlich großen Dienstleistungs-Portfolio, dass diese sinnvoll klassifiziert werden müssen. Vor allem, um später die entsprechenden strategischen Marketing-Entscheidungen treffen zu können (**Klassifikation von sozialen Dienstleistungen**).

Marketingmaßnahmen sind jedoch nur erfolgreich, wenn entscheidungsrelevante Informationen wie beispielsweise die Entwicklung des jeweiligen Marktes oder die speziellen Kundenwünsche bekannt sind. Mithilfe der Marktforschung werden die hierfür benötigten Daten unter dem Aspekt der Aktualität systematisch gesammelt, aufbereitet und interpretiert (**Marktforschung**).

Haben soziale Einrichtungen und Unternehmen die für sie wichtigen Informationen gewonnen, können sie darauf aufbauend entsprechende Marketingmaßnahmen ergreifen. Hierunter fallen viele verschiedene Instrumente. Beispielsweise die Produkt- und Distributionspolitik, aber auch die Preis- sowie die Kommunikationspolitik (**Marketingmix**).

Oftmals greift jedoch nicht nur eine Maßnahme für sich alleine. Vielmehr müssen jene Instrumente in Abhängigkeit von der Situation und der Zielsetzung miteinander sinnvoll kombiniert werden. Stets mit der Absicht, letztlich ein geeignetes Marketingkonzept zu entwickeln, das die Zukunft sichert oder die gesellschaftliche Bedeutung eines Sachverhalts hervorhebt (**Marketingkonzept**).

Um ihr Fortbestehen gewährleisten zu können, kooperieren mittlerweile viele der sozialen Einrichtungen und Unternehmen mit anderen Dienstleistern (**Kooperation zwischen Dienstleistern**).

> Am 14. Juni 2004 wurde in der Bundesrepublik Deutschland erstmals der Weltblutspendertag gefeiert. [...] Der 14. Juni wurde speziell ausgewählt, da an diesem Tag im Jahr 1868 Karl Landsteiner geboren wurde. Er war der Entdecker der verschiedenen Blutgruppen und stellte 1901 fest, dass die Blutübertragung von unterschiedlichen Blutgruppen zu einer Verklumpung des Blutes führen kann. Für diese wissenschaftliche Leistung erhielt er im Jahr 1930 den Nobelpreis für Medizin und Physiologie. [Zusammen mit dem Amerikaner Alexander S. Wiener entdeckte er 1940 den Rhesusfaktor. Diese beiden Entdeckungen bilden bis heute die Grundlage der modernen Transfusionsmedizin.]
>
> *Quelle: DRK-Blutspendedienst (Hrsg.): Was ist der Weltblutspendertag?, online unter: https://www.drk-blutspende.de/informationen-zur-blutspende/der-weltblutspendertag.php [23.10.2020].*

1 Entwicklung des Marketings

Am späten Abend berichtet Maxi Winter auch ihren Eltern von der Blutspenden-Werbeaktion. „Ich war vorhin beim Blutspenden, aber bis heute Vormittag war mir gar nicht bewusst, was das Rote Kreuz alles macht. Es ist wirklich wichtig, dass auch soziale Einrichtungen für ihre Aufgaben werben und nicht nur die großen Industriekonzerne. Auf jeden Fall weiß ich jetzt ganz genau, was ich später einmal machen möchte. Ich will richtig große Werbekampagnen entwickeln. Egal, ob für weltweit agierende Industriekonzerne oder für soziale Einrichtungen. Meine Marketingkonzepte werden die kreativsten und besten sein. Mit ihnen werden die Unternehmen viel mehr Menschen ansprechen und bedeutend mehr Produkte verkaufen. Im Marketing einer großen Firma zu arbeiten, ist mein absoluter Traum."

Ihre Mutter, die selbst in einer Marketing-Abteilung eines großen Konzerns arbeitet, möchte die allzu euphorische Tochter wieder auf den Boden der Tatsachen holen und meint: „Bist du dir auch wirklich sicher? Echtes Marketing ist nämlich viel mehr."

ARBEITSAUFTRÄGE

Überlegen Sie:
1. Inwieweit stimmen Sie mit Maxi überein, dass auch soziale Unternehmen und Einrichtungen Marketing machen müssen?

2. Inwiefern ist Marketing mehr als nur Werbung?
3. Wie sehr beeinflusst das Marketing Ihren Alltag? Wann kamen Sie heute das erste Mal ganz unbewusst mit Marketing in Berührung? Inwiefern nimmt Marketing ganz unbewusst Einfluss auf Ihre Entscheidungen?
4. Inwieweit unterscheidet sich das Marketing für soziale Unternehmen vom Marketing für Industriebetriebe?

1.1 Entwicklung des kommerziellen Marketings

Viele Menschen denken, wenn sie den Begriff „Marketing" hören, nur an Verkaufen und Werbung, sonst nichts. Das ist jedoch eine begrenzte Sicht und trifft so nicht zu. Vor allem deshalb, weil das Marketing sich im Laufe der vergangenen Jahrzehnte ständig weiterentwickelt hat.

Erstmals wurde der Begriff „Marketing" zu Beginn des 20. Jahrhunderts an US-amerikanischen Universitäten verwendet. In Vorlesungen beschäftigte man sich mit den „Marketing Goods" in Verbindung mit bereits vertrauten Begriffen wie „Distribution", „Trade" und „Commerce". Auf der Suche nach einer geeigneten Bezeichnung für diese Inhalte tauchte 1905 erstmals der Begriff „Marketing" als Substantiv auf.

Etwas später, im Jahr 1935, organisierte Ludwig Erhard im Namen der Nürnberger Handelshochschule das erste „Marketing-Seminar" in Deutschland. Die eigentliche Geburtsstunde des Marketings in Deutschland geht jedoch auf die Erfindung des Backpulvers durch August Oetker in den frühen 1890er-Jahren zurück. Dabei wurde dem Kunden durch Massenwerbung erstmals ein Produkt angeboten, von dem er bis dahin gar nicht gewusst hatte, dass er es überhaupt brauchte.

Im Laufe des 20. Jahrhunderts gewann das Marketing in der Wissenschaft und in der Praxis durch die fortschreitende Industrialisierung und das wachsende Produktangebot immer mehr an Bedeutung. Die Kunden waren nun in der Lage, aus einer Vielzahl an Erzeugnissen auszuwählen und mussten folglich von den Unternehmen mehr als vorher umworben werden. Eine Konsequenz der zunehmenden Bedeutung des Marketings war die Gründung des ersten Lehrstuhls für Marketing an der Westfälischen Wilhelms-Universität in Münster im Jahre 1971.

In den letzten 60 Jahren durchlief das Marketing folgende Entwicklungsstufen:

„

1. Stufe der Produktionsorientierung (vor den 1950er-Jahren)

Als Maxime galt hier: Kunden kaufen nur Produkte, die lieferbar und günstig sind.

Ziel ist entweder die Produktion zu erhöhen oder die Fertigungskosten zu senken. Bei dieser reinen Produktionsorientierung des Marketings kommen häufig Schönheit und Design zu kurz.

2. Stufe der Produktorientierung (1950er-Jahre)

Auf dieser Stufe stand die Qualität der Produkte im Vordergrund.

Käufer bevorzugen demnach nur Produkte, die die beste Qualität, die höchste Leistungsfähigkeit und die meisten technologischen Innovationen beinhalten. Leitlinie ist: Das Erzeugnis verkauft sich von selbst, weil es so gut ist.

3. Stufe der Verkaufsorientierung (1960er-Jahre)

Anfangs konzentrierten sich sämtliche Bemühungen des Marketings auf die Optimierung des Verkaufs. Das Produkt und der Leistungserstellungsprozess sind weitgehend irrelevant. Für den Verkauf wird eigens eine Absatzabteilung eingerichtet, die allen anderen Abteilungen nachgeordnet ist. Grundsatz ist hier: Mit guten Methoden (Werbung) ist alles zu verkaufen.

4. Stufe der Marktorientierung (1970er-Jahre)

Hier stand das „Denken vom Markt her" im Vordergrund.
Dem Kunden wird nicht einfach irgendetwas verkauft, sondern die Wünsche und Interessen der Kunden werden in das Unternehmensdenken mit integriert. Folglich werden die Produkte und die Leistungserstellungsprozesse auf die Kunden zugeschnitten. Letztlich zielt hier das Marketing zwar auch auf den Absatz der Produkte ab, doch werden die Energien nicht für die Verkaufsmethoden verschwendet, sondern gezielt zur Erlangung von Kenntnissen über die Kunden.

5. Stufe der Wettbewerbsorientierung (1980er-Jahre)

In der nächsten Phase wurde das Alleinstellungsmerkmal (unique selling proposition, USP) betont. Hierbei handelt es sich um ein herausragendes, einzigartiges Leistungsmerkmal, mit dem sich ein Produkt deutlich von dem der Konkurrenz abhebt. Die Einzigartigkeit kann in der Form, der technischen Eigenschaft oder dem Service begründet sein. Nur durch das Alleinstellungsmerkmal identifiziert sich der Kunde mit der Leistung.

6. Stufe der Umfeld- oder Umweltorientierung (1990er-Jahre)

In dieser Phase passte sich das Marketing den ökologischen, politischen, technologischen und gesellschaftlichen Veränderungen an.
Marketing wird nun mehr interdisziplinär und wohlfahrtsorientiert betrachtet. Kunden verbinden Emotionen und Werte mit dem gekauften Produkt. Dieses soll nicht nur das Wohl des Käufers, sondern auch das Wohl der Gesellschaft insgesamt verbessern oder zumindest beibehalten. Im Zeitalter der Umweltprobleme, sozialer Ungleichheit usw. ist reines Marketing disziplinblind und verantwortungslos (Generic- oder Sozial-Marketing).

7. Stufe der Dialog- und Netzwerkorientierung (ab dem Jahr 2000)

Gegenwärtig treten Anbieter und Nachfrager immer mehr miteinander in Kontakt. Die einstige Einwegkommunikation (vom Anbieter zum Nachfrager) hat sich zum Dialog entwickelt, der von beiden Seiten gepflegt wird.
Kunden können heute oftmals direkt in Kontakt zum Hersteller treten, ihre Wünsche und Bedürfnisse zum Teil individuell in das Produkt mit einbringen. Eine weitere neue Form des Marketings ist das Viralmarketing oder Social Media Marketing. Dieses nutzt soziale Netzwerke (Facebook, Instagram, usw.) und Medien, um mit einer hintergründigen Nachricht auf ein Produkt, eine Marke oder eine Kampagne aufmerksam zu machen. Möglichkeiten jene Nachrichten zu publizieren, sind u. a. Filmclips, virtuelle Karten sowie Beiträge in Foren und Blogs.

Vgl. Bruhn, Manfred: Integrierte Unternehmens- und Markenkommunikation: Strategische Planung und operative Umsetzung. 5. Auflage. Stuttgart: Schäffer Poeschel 2009, S. 5–7 und Schellberg, Klaus: Betriebswirtschaftslehre für Sozialunternehmen. 3. Auflage. Augsburg: ZIEL 2008, S. 160 f.

Auch wenn die obigen Stufen den **Entwicklungsprozess des Marketings** in den letzten Jahrzehnten beschreiben, sind nicht alle bereits in der letzten Stufe angelangt. Einige Unternehmen, Einrichtungen sowie Institutionen konzentrieren sich oftmals ganz bewusst auf eine spezielle Stufe.

So werden Parteien stets den Schwerpunkt auf die Wettbewerbsorientierung legen, während Billighersteller ihren Fokus auf der Produktion haben. Verkaufsorientiert handeln hingegen Versicherungen und Banken. Große, vor allem global agierende Konzerne betreiben immer mehr das sogenannte „Viralmarketing".

1.2   Der Begriff Marketing

Maxi reflektiert die obigen Ausführungen: „Wenn das Marketing mehrere Entwicklungsstufen durchlaufen hat, dann muss es wohl weitaus vielschichtiger sein als von mir angenommen." Ihre Mutter daraufhin: „Ja, Verkaufen ist nur die Spitze des Eisbergs, der sich Marketing nennt."

Der Begriff „Marketing" kommt aus dem Englischen (Absatz, Vermarktung, Vertrieb, Öffentlichkeitsarbeit) und beinhaltet – wie bereits angesprochen – mehrere Aspekte. Folglich fällt es schwer, eine einzig richtige Definition zu formulieren.

Zunächst bezeichnet das Marketing (veraltet Absatzwirtschaft) einen Unternehmensbereich, dessen Aufgabe es ist, die produzierten Güter und zu erbringenden Dienstleistungen mithilfe verschiedener operativer Marketing-Instrumente (z. B. Preis- und Kommunikationspolitik) zu verkaufen bzw. zu vermarkten. Dabei nimmt das Marketing auf den ersten Blick die letzte Stufe im Unternehmensprozess (Planung – Beschaffung – Produktion – Verkauf) ein.

Auf den zweiten Blick ist Marketing allerdings eher als Unternehmensphilosophie zu verstehen, die das ganze Unternehmen und sein Handeln prägt. So wird eine kluge Unternehmensführung bereits bei der Planung überlegen, ob die zu erbringenden Leistungen „marktgängig" sind und den Bedürfnissen der Kunden entsprechen. Im Optimalfall erfolgt eine Analyse des auf dem Markt vorherrschenden Bedarfs (Markterkundung).

Auch wenn alle anderen Funktionsbereiche im Unternehmensprozess nicht im direkten Kundenkontakt stehen, sollten sie sich immer am Marketing und der Befriedigung der Käuferwünsche orientieren. Gelingt es nun dem Betrieb, mittels Marktforschung die Bedürfnisse seiner Kunden genau zu identifizieren, darauf aufbauend ein gutes Produkt zu konkurrenzfähigen Preisen zu produzieren und dann mit guter Werbung einen leistungsfähigen Vertrieb aufzubauen, wird das Verkaufen wie von alleine gehen. Ziel des Marketings muss letztlich sein, dass jeder die Produkte bzw. Dienstleistungen haben will – jetzt und in der Zukunft.

Demzufolge steht der Marketingbegriff für ein ganzheitliches marktorientiertes Konzept, bei dem sämtliche unternehmerischen Aktivitäten und Funktionsbereiche durch die Kundenorientierung geprägt sind. Marketing ist kein Teilbereich mehr, sondern greift in die anderen Funktionen mit ein und es nimmt eine integrative Funktion wahr. Entsprechend sorgfältig muss Marketing geplant, organisiert und kontrolliert werden. Zumal es nicht nur die Bedürfnisbefriedigung der Kunden zum Ziel hat, sondern letztlich auch auf alle anderen Anspruchsgruppen (z. B. Lieferanten, Mitarbeiter) abzielt.

> Zusammenfassend versteht man unter **Marketing** die Planung, Organisation und Kontrolle *aller* auf die Kunden bzw. Anspruchsgruppen ausgerichteten Unternehmensaktivitäten mit dem Ziel der dauerhaften Bedürfnisbefriedigung.

1.3   Entwicklung des Marketings in sozialen Unternehmen

Maxis Praktikumsbetrieb, die Werbeagentur „Mach was", hat im Moment jede Menge zu tun. Täglich gehen neue und vor allem interessante Aufträge ein. Beispielsweise die Entwicklung eines neuen Werbekonzeptes für eine Kreisstadt, die Gestaltung eines neuen Flyers für ein Altenheim, der Entwurf eines Plakats für die „Tafel" und für die Feuerwehr einer Großstadt sowie die Werbekampagne für eine bekannte Hilfsorganisation und ein Krankenhaus. Maxi unterstützt das Team nach vollen Kräften, ist aber leicht verwundert, dass so viele Aufträge von nicht-kommerziellen Unternehmen eingehen.

Viele denken, dass nur Hersteller von Konsum- und Industriegütern, Groß- und Einzelhändler oder große Dienstleistungsunternehmen Werbung machen müssen. Seit einigen Jahren hat das Marketing jedoch so gut wie überall Einzug gehalten. Inzwischen beschäftigen sich auch kleinere Dienstleistungsbetriebe (z. B. Friseure oder Schuhhandwerker) sowie Rechtsanwälte, Steuerberater, Ärzte[1], Architekten und sogar Bestatter mit dem Thema Marketing.

Parallel dazu gewinnt das Marketing in den „sozialen Einrichtungen", den sogenannten nicht-kommerziellen bzw. sozialen Unternehmen – auch Non-Profit-Organisationen genannt –, immer mehr an Einfluss. Dabei ist das Spektrum an den sogenannten sozialen Einrichtungen äußerst breit, z. B. Wohltätigkeitsorganisationen, Kindergärten, Schulen, Hochschulen, Krankenhäuser, Altenheime, Vereine, Verbände, Kirchen, Theater, Museen, Parteien, Kommunen und staatliche Einrichtungen.

Ziel sozialer Unternehmen ist, zur Wohlfahrt einer Gesellschaft beizutragen. Soziale Unternehmen basieren dabei stets auf dem Grundsatz der Freiwilligkeit. Seit einigen Jahren gehören soziale Unternehmen immer häufiger auch Privatpersonen, ein Großteil wird aber nach wie vor treuhänderisch verwaltet. Oftmals stehen sie in Kooperation mit anderen sozialen Einrichtungen. Dabei wird versucht, die sozialen Ziele durch ökonomische Aktivitäten zu erreichen. Hierunter fallen unter anderem die Bereitstellung sozialer Dienstleistungen, die Produktion entsprechender Erzeugnisse oder die Betreuung von Menschen, die auf Hilfe angewiesen sind. Neben der Erreichung der sozialen Ziele (Bedarfsdeckung) ist die Kostendeckung ein wichtiges Ziel. Erzielt ein soziales Unternehmen Überschüsse, sollen diese in erster Linie einen Beitrag leisten, die gesetzten Ziele zu erreichen (not for profit) - stets unter dem Aspekt, die Qualitätsnormen einzuhalten und zu verbessern.

---

[1] Werbung von Ärzten unterliegt rechtlichen Einschränkungen und Verboten. Zusätzlich galt es lange als unprofessionell.

In vielen dieser Non-Profit-Organisationen war bis vor einigen Jahren keinerlei Marketing notwendig. Der Bedarf an sozialen Leistungen war überwiegend vom Staat festgelegt und „verkaufte" sich von alleine. Falls nicht, war dies kein Problem.

Zunehmender Kostendruck und enorme staatliche Defizite führen jedoch seit Mitte der 1990er-Jahre zum Umdenken und zur Öffnung des „Non-Profit-Sektors". Durch die Herabsetzung der Markteintrittsbarrieren wurden annähernd Bedingungen geschaffen, wie sie auch in der freien Marktwirtschaft vorzufinden sind. Zahlreiche private Anbieter haben seitdem die Möglichkeit, in den ehemals geschützten Bereich einzugreifen. Konkurrenz und erhöhter Wettbewerb sind die Folge. Wer auf dem „sozialen" Markt bestehen will, muss sich von der Wohlfahrtseinrichtung zum sozialen Dienstleister wandeln. Somit wird es für die sogenannten „sozialen" Unternehmen immer wichtiger, ein klares Profil zu entwickeln und sich mit kreativen Marketingideen von der Konkurrenz abzugrenzen.

Mittlerweile gibt es eine Vielzahl an Anbietern im Bereich der Alten- und Pflegeheime. Jede dieser Einrichtungen kämpft um potenzielle Kunden, die Pflegebedürftigen und ihre Angehörigen. In einem ersten Ansatz ist es entscheidend, sich durch Schwerpunktsetzung – ob Altenheim, Pflegeheim, neue Wohnform oder spezielles Pflegeheim für Demenzkranke – von der Konkurrenz abzuheben. Des Weiteren helfen Flyer, Zeitungsannoncen oder ein „Tag der offenen Tür", um sich zu profilieren, die Zielgruppen anzusprechen, ihr Vertrauen zu gewinnen und sie letztlich als Kunden zu gewinnen.
Das Amberger „Bürger-Spital" beispielsweise wirbt auf seiner Homepage, dass die Besonderheit der Einrichtung in der Vielfalt von miteinander verknüpfbaren Betreuungs- und Pflegeschwerpunkten mit Wohngruppencharakter liegt (u.a. extra Räume für sehbehinderte Menschen).

Dadurch, dass die Kunden mehr Auswahlmöglichkeiten zwischen den verschiedenen Anbietern sozialer Leistungen haben, ist ihre Verhandlungsposition deutlich gestärkt. Ihre Ansprüche steigen an. Die Non-Profit-Organisationen sind in den letzten Jahren folglich immer mehr dazu gezwungen, ihre angebotenen Leistungen ständig zu verbessern, weiterzuentwickeln und zu professionalisieren. Auf Dauer überzeugen nur ein gutes Angebot und Qualität. Aufgabe des Marketings ist daher nicht nur, über das Leistungsangebot der jeweiligen Organisation zu informieren, sondern darüber hinaus auch auf die Nachfragewünsche einzugehen.

Das oben genannte „Bürger-Spital" in Amberg wirbt auf seiner Homepage beispielsweise auch damit, dass es neben den üblichen Unterkunfts- und Pflegeleistungen zahlreiche weitere Leistungen anbietet: u.a. Bewegungs- und Beschäftigungstherapien, Aromatherapien bei zwanghafter Unruhe und Schlafstörungen, Musiktherapien zur Unterstützung bei Demenz, Beschäftigungsküche, Ausflüge und Geburtstagsfeiern.

Gezielte Marketing-Aktionen, die auf die wertvolle Arbeit von Non-Profit-Organisationen aufmerksam machen, haben oftmals einen praktischen Nebeneffekt. Sie helfen gleichzeitig Geldgeber zu gewinnen, Spenden zu sammeln und somit von öffentlichen Mitteln unabhängiger zu werden (Fundraising). Um Missfallen zu vermeiden, ist jedoch darauf zu achten, die gespendeten Gelder nicht für Werbezwecke zu verschwenden.

Organisationen wie „Aktion Mensch", „Ein Herz für Kinder" oder die „Welthungerhilfe" versuchen beispielsweise über Plakate, Fernsehspots, Events oder Galaabende Geldgeber für ihre wichtige Arbeit zu gewinnen.

Der Schauspieler Till Demtroeder beim Baltic Lights 2017 Hunderennen zugunsten der Welthungerhilfe zwischen der Seebrücke Ahlbeck und der Seebrücke Heringsdorf

Darüber hinaus wird Marketing seit einigen Jahren immer häufiger eingesetzt, um für eine soziale Idee bzw. eine Verhaltensänderung zu werben.

 Beispielhaft ist die im Jahr 2005 von der Bundesregierung gestartete Kampagne „Du bist Deutschland". Mit 30 Millionen € ist sie die teuerste Sozialmarketingkampagne in der Geschichte der BRD.
Weitere bekannte Kampagnen, die u. a. das Verhalten der Bürger beeinflussen sollen, sind die vom Bundesverkehrsministerium gestartete Aktion „Runter vom Gas!" sowie die von der Bundeszentrale für gesundheitliche Aufklärung unterstützte Promotion „Gib Aids keine Chance".

Andere Non-Profit-Organisationen versuchen damit wiederum Unterstützung für die eigene Arbeit zu bekommen oder ihr Image zu verbessern.

Unabhängig davon hat die Arbeit der Non-Profit-Organisationen in den letzten Jahren einen enormen gesellschaftlichen Bedeutungszuwachs zu verzeichnen.

Die Ursachen für diesen Stellenwert sind vielschichtig und im Detail nur schwer erklärbar. Generell sind sie – wie zum Teil bereits angesprochen – auf ökonomische und politische Veränderungen, aber auch auf den gesellschaftlichen und demografischen Wandel zurückzuführen.

All die oben beschriebenen Entwicklungen führen letztlich zu einer Professionalisierung des „Non-Profit-Bereichs", sodass betriebswirtschaftliche Aspekte wie die Finanzierung oder das **Marketing** hier automatisch Einzug halten.

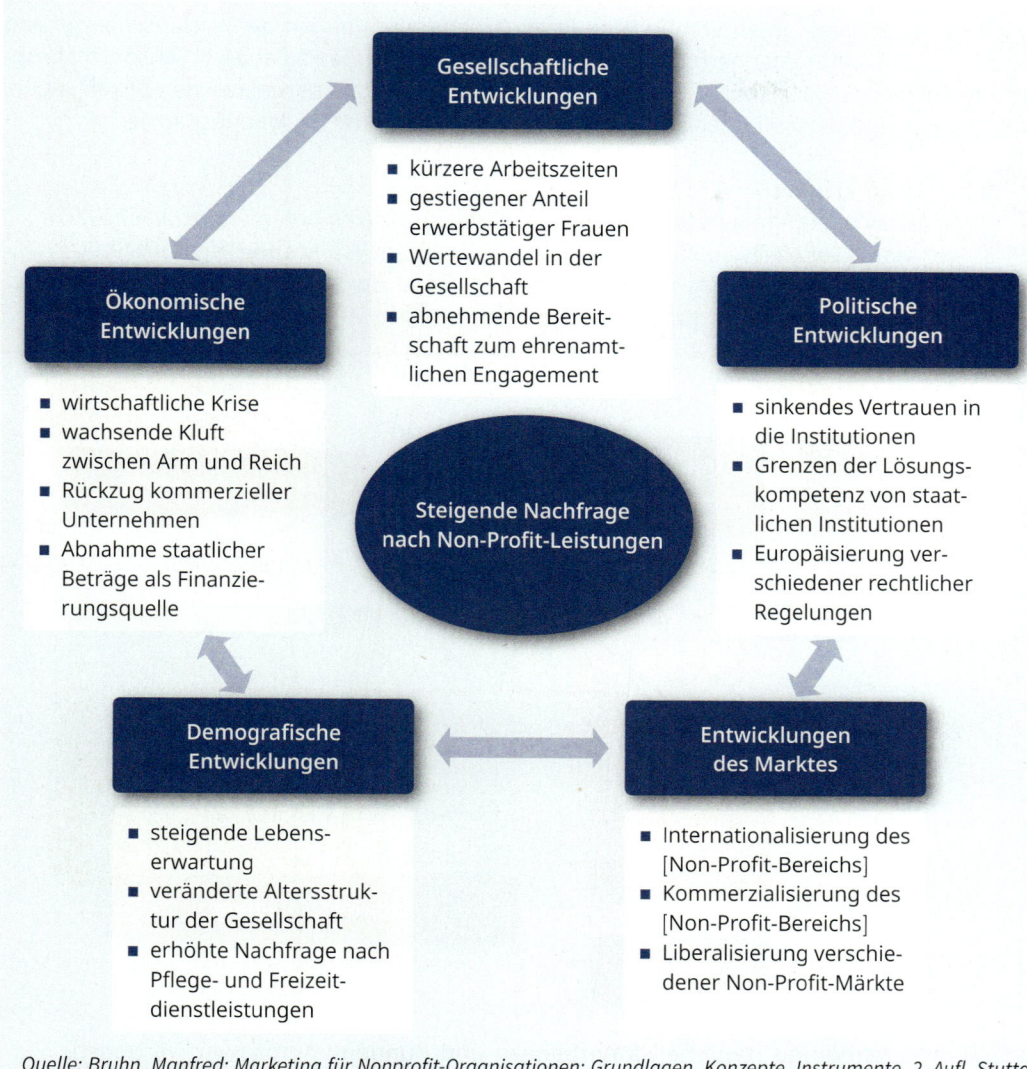

Gesellschaftliche Entwicklungen
- kürzere Arbeitszeiten
- gestiegener Anteil erwerbstätiger Frauen
- Wertewandel in der Gesellschaft
- abnehmende Bereitschaft zum ehrenamtlichen Engagement

Ökonomische Entwicklungen
- wirtschaftliche Krise
- wachsende Kluft zwischen Arm und Reich
- Rückzug kommerzieller Unternehmen
- Abnahme staatlicher Beträge als Finanzierungsquelle

Politische Entwicklungen
- sinkendes Vertrauen in die Institutionen
- Grenzen der Lösungskompetenz von staatlichen Institutionen
- Europäisierung verschiedener rechtlicher Regelungen

Steigende Nachfrage nach Non-Profit-Leistungen

Demografische Entwicklungen
- steigende Lebenserwartung
- veränderte Altersstruktur der Gesellschaft
- erhöhte Nachfrage nach Pflege- und Freizeitdienstleistungen

Entwicklungen des Marktes
- Internationalisierung des [Non-Profit-Bereichs]
- Kommerzialisierung des [Non-Profit-Bereichs]
- Liberalisierung verschiedener Non-Profit-Märkte

Quelle: Bruhn, Manfred: Marketing für Nonprofit-Organisationen: Grundlagen, Konzepte, Instrumente. 2. Aufl. Stuttgart: Kohlhammer 2012, S. 18.

1.4 Marketing in sozialen Einrichtungen bzw. Unternehmen

Nachdem Maxi weiß, warum in der Werbeagentur in letzter Zeit vermehrt Aufträge aus dem sozialen Bereich eingehen, soll sie ein erstes Marketingkonzept für ein Alten- und Pflegeheim aus der Region entwerfen. Bevor die Praktikantin jedoch loslegt, erhält sie von ihrer Betreuerin eine kurze Einweisung: „Achte unbedingt darauf, dass du ein Konzept für eine soziale Einrichtung bzw. ein soziales Unternehmen und nicht für ein kommerzielles Unternehmen erstellst!"

Oftmals werden Marketingkonzepte für kommerzielle Unternehmen eins zu eins auf nicht-kommerzielle Einrichtungen übertragen. Dies ist jedoch nur teilweise korrekt, zumal Non-Profit-Leistungen einige Besonderheiten aufweisen.

So pflegt ein soziales Unternehmen (Non-Profit-Organisation) neben der Austauschbeziehung zu seinen Leistungsempfängern bzw. Förderern auch Beziehungen zu anderen Anspruchsgruppen. Im Fokus des Non-Profit-Marketing steht demnach die Orientierung an den Erwartungen, Bedürfnissen und Vorstellungen sämtlicher externer und interner Beziehungspartner.

 Im Bereich der Altenpflege wird deutlich, dass ein soziales Unternehmen häufig nicht nur einem Leistungsempfänger, sondern einer Vielzahl von Anspruchsgruppen gegen- übersteht: beispielsweise den Kunden selbst (ältere Herrschaften), den Angehörigen, den Kostenträgern, den Sponsoren, der Politik und der Öffentlichkeit."

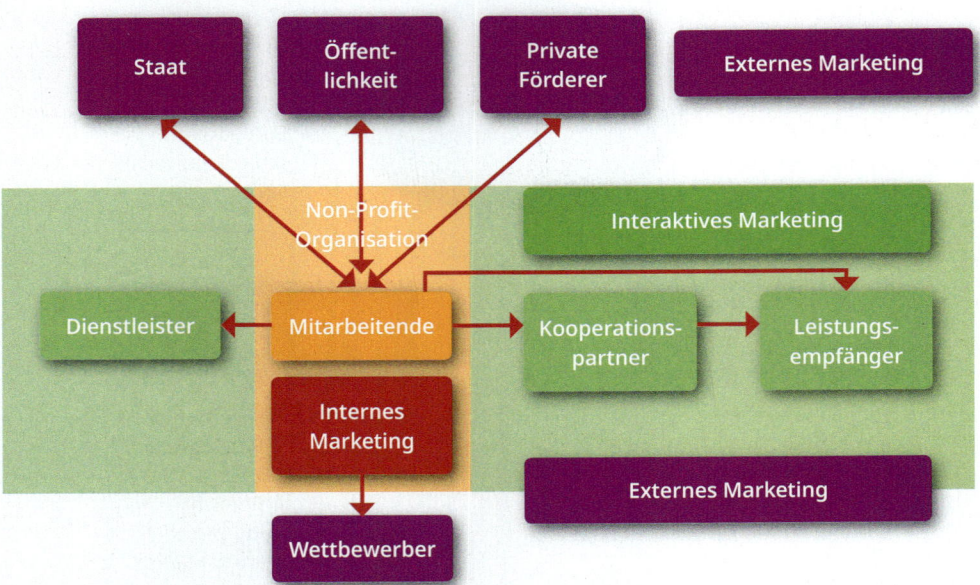

Interaktives Marketing (zwischen Mitarbeitern und Kunden): Aufbau von Vertrauen, Interaktion zwischen Ausführendem und Kunden, Leistung und Qualität als Marketing

Internes Marketing (innerhalb des Unternehmens, Mitarbeiter): Qualifikation, Team- geist, Motivation und Training als Marketing

Externes Marketing (alle Gruppen außerhalb des Unternehmens, auch Kooperations- partner, Dienstleister und Leistungsempfänger): Überzeugung von der Leistung und der Einrichtung als Marketing

Quelle des Schemas: Bruhn, Manfred: Marketing für Nonprofit-Organisationen: Grundlagen, Konzepte, Instrumente. 2. Auflage. Stuttgart: Kohlhammer 2012, S. 32 (verändert); Vgl. zudem Kotler, Philip u. a.: Grundlagen des Marke- ting. 2. Auflage. Übersetzt von Werner Walther. München (u. a.): Prentice Hall 1999, S. 586.

Eine weitere Besonderheit sozialer Dienstleistungen (Non-Profit-Leistungen) ist, dass diese auf- grund ihrer Immaterialität für die einzelnen Anspruchsgruppen oftmals nur schwer ersichtlich sind. Folglich müssen Non-Profit-Leistungen mithilfe geeigneter Marketingmaßnahmen greifbar gemacht werden.

B In vielen sozialen Einrichtungen bzw. Unternehmen werden im Rahmen der Materialisierung von Non-Profit-Leistungen die Kompetenzen der Mitarbeiter durch den Aushang von Qualifikationsnachweisen unterstrichen. Ein weiterer „Ersatzindikator" für die immateriellen Leistungen ist beispielsweise die Formulierung eines Leistungskataloges, der den verschiedenen Anspruchsgruppen ausgehändigt wird.

Zusammenfassend muss das Marketing in sozialen Einrichtungen und Unternehmen sowohl auf die Umwelt ausgerichtet sein als auch auf die Leistungserstellung selbst Einfluss nehmen. Eine genaue Betrachtung der Anspruchgruppen (Staat, Öffentlichkeit, Konkurrenz, private Förderer) sowie eine gezielte Analyse, Planung, Umsetzung und Kontrolle sämtlicher Aktivitäten der Einrichtung selbst ist unabdingbar.

So kann mithilfe eines geeigneten Maßnahmenbündels ein ideales Marketing-Leistungspaket entwickelt werden, das u. a. dazu beiträgt den Erfolg des sozialen Unternehmens zu sichern. Darunter fallen im Rahmen des Marketings eine gute Leistungs-, Vertriebs-, Kommunikations-, Preis- und Personalpolitik.

In diesem Zusammenhang wird oftmals auch vom integrierten Marketingkonzept gesprochen. Das heißt, alle Abteilungen der Einrichtung (Einkauf, Leistungserbringung, Personalwesen usw.) sind dem Marketinggedanken untergeordnet.

Non-Profit-Marketing ist daher als eine ganzheitliche Organisationsphilosophie zu verstehen. Daraus ergibt sich folgende Definition für das Marketing in sozialen Unternehmen und Einrichtungen:

> „**Nonprofit-Marketing** ist eine spezifische Denkhaltung, [die] sich in der Analyse, Planung, [Steuerung,] Umsetzung und Kontrolle sämtlicher interner und externer Aktivitäten [sowie der] Ausrichtung [an den verschiedenen] Anspruchsgruppen [konkretisiert]."

Quelle: Bruhn, Manfred: Marketing für Nonprofit-Organisationen: Grundlagen, Konzepte, Instrumente. Stuttgart: Kohlhammer 2005, S. 63.

Inwieweit Non-Profit-Marketing jedoch als „umfassendes Konzept einer Führung vom Markt her" in der Welt der sozialen Unternehmen tatsächlich Eingang findet, hängt von der jeweiligen Einrichtung selbst ab.

Aufgaben

1. Legen Sie die Entwicklungsstufen des kommerziellen Marketings dar. Gehen Sie insbesondere auf die Stufe der Dialog- und Netzwerkorientierung ein, indem Sie Beispiele aus dem privaten Bereich sammeln bzw. im Internet nach konkreten Social-Media-Kampagnen suchen.
2. Erklären Sie die Aussage „Marketing ist mehr als nur die Verkaufszahlen anzukurbeln".
3. Erstellen Sie eine strukturierte Übersicht über die Ursachen des Bedeutungszuwachses von Marketing im Non-Profit-Bereich.
4. Analysieren Sie die drei nachfolgenden Statistiken und geben Sie eine Entwicklungsprognose für das Marketing der Zukunft ab.

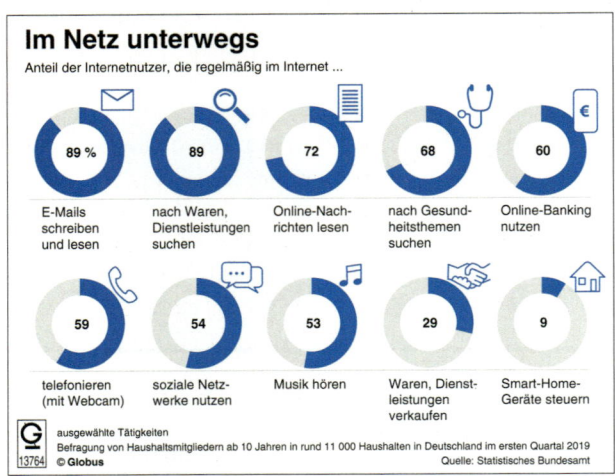

5. Interpretieren Sie die nachfolgenden zwei Abbildungen und legen Sie den jeweiligen Beweggrund für eine derartige Marketingkampagne an.

6. Zeigen Sie anhand eines selbst gewählten Beispiels auf, inwieweit Non-Profit-Marketing eine Kombination aus interaktivem, internem und externem Marketing ist.

2 Klassifikation sozialer Dienstleistungen

Maxi blättert zufällig im Journal of Marketing Research, einer Top-Marketingzeitschrift. Dabei stößt sie auf die nebenstehende Statistik zum Wandel der Arbeitswelt. Ihr Fazit: Dienstleistungsbetriebe gewinnen immer mehr an Bedeutung. Den größten Anteil nehmen dabei die öffentlichen Dienstleister, die Erziehung und Gesundheit ein.

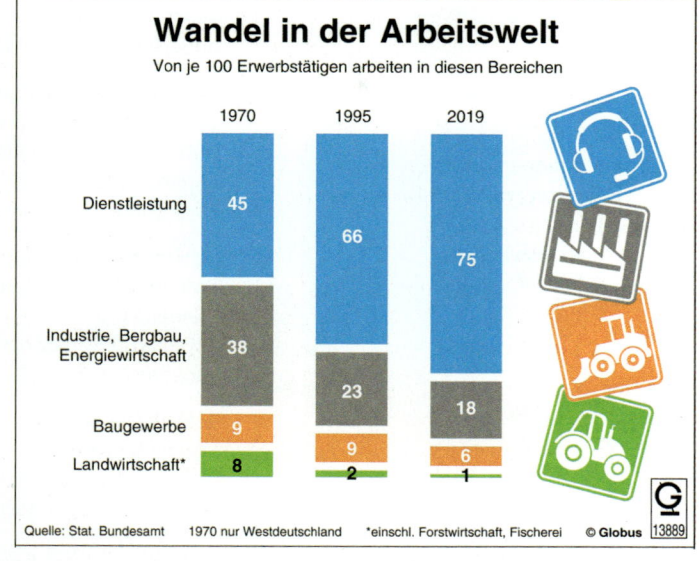

ARBEITSAUFTRÄGE

1. Analysieren Sie die obige Statistik ausführlich. Recherchieren Sie im Internet nach weiteren Informationsquellen, die Ihr Auswertungsergebnis bestätigen.
2. Überlegen Sie mithilfe eines Brainstormings, welche Arten von Dienstleistungen zur Gruppe „Öffentliche Dienstleister, Erziehung, Gesundheit" gehören können. Welche sozialen Dienstleistungen fallen Ihnen noch ein?
3. Versuchen Sie nun Ihre Beispiele sinnvoll zu strukturieren bzw. zu klassifizieren.

2.1 Klassifikation nach Tätigkeitsbereichen

Es gibt eine unendlich große Vielfalt an sozialen Einrichtungen und Unternehmen. Demnach sind die Non-Profit-Organisationen in den unterschiedlichsten Bereichen anzutreffen, beispielsweise Gesundheit und Soziales, Kultur und Erholung, Bildung und Forschung, Umwelt, Wohnungswesen, Politik, Bürger- und Verbraucherinteressen, Wirtschafts- und Berufsverbände oder Religion.

Diese extreme Vielfalt hat deswegen zu einer Reihe von Kategorisierungsversuchen geführt. Im Folgenden ein Beispiel in Anlehnung an die International Classification of Nonprofit Organizations.

Das Schaubild zeigt, dass es ein weites und heterogenes Spektrum an Non-Profit-Organisationen gibt. Entsprechend vielfältig sind auch die Rahmenbedingungen für die Umsetzung eines einheitlichen Marketingkonzepts.

Vielmehr ist es sinnvoll – basierend auf der Art der sozialen Dienstleistungen, die in der jeweiligen Organisation erbracht werden –, für jedes soziale Unternehmen bzw. jede soziale Einrichtung ein eigenes differenziertes Marketingkonzept zu entwickeln.

Grobklassifizierung	Feindifferenzierung

□ **Öffentliche Verwaltungen**
(1) Institutionen der
    Leistungsverwaltung
    z. B.
    – Straßenbauamt
    – Kulturpflegedezernat
 	
(2) Institutionen der
    Hoheitsverwaltung
    z. B.
    – Bundeswehr
    – Finanzämter
	□ **Kultur und Freizeit**
	Kultur und Künste
	Sport
	andere Freizeitgestaltung

	□ **Bildung und Forschung** Grund- und Sekundarstufe höhere Bildung/Hochschulen andere Bildung Forschung
	□ **Gesundheitswesen** Krankenhäuser und Rehabilitationskliniken Pflegeheime Psychiatrie, Sanatorien und andere Pflegeeinrichtungen sonstige Gesundheitsdienste
	□ **Soziale Dienste** Soziale Dienste Not- und Rettungsdienste Lohnhilfen und Unterstützung
	□ **Umwelt- und Naturschutz** Umweltschutz Tierschutz
	□ **Wohnungswesen und Entwicklungsförderung** wirtschaftliche und lokale Entwicklung Wohnungswesen Beschäftigung und Fortbildung
□ **Öffentliche Organisationen** z. B. – Sparkassen – Verkehrsbetriebe	□ **Bürger- und Verbraucherinteressen, Politik** Bürger- und Verbraucherinteressen rechtliche Dienste politische Organisationen
	□ **Stiftungs- und Spendenwesen, ehrenamtliche Arbeit** Stiftungs- und Spendenwesen
	□ **Internationale Aktivitäten** internationale Aktivitäten
	□ **Religion** religiöse Vereinigungen
	□ **Wirtschafts- und Berufsverbände, Gewerkschaften** Wirtschafts- und Berufsverbände, Gewerkschaften
□ **Staatlich unabhängige Non-Profit-Organisationen** z. B. – Greenpeace – Caritas	□ **Sonstige**

Quelle: Bruhn, Manfred: Marketing für Nonprofit-Organisationen: Grundlagen, Konzepte, Instrumente. 2. Auflage. Stuttgart: Kohlhammer 2012, S. 27.

2.2　Klassifikation nach der Art der sozialen Dienstleistungen

Im Bereich der sozialen Einrichtungen und Unternehmen werden, wie bereits angesprochen, zahlreiche verschiedene Leistungen erbracht. Allerdings sind jene Leistungen nur selten materiell. Viel öfter handelt es sich um Dienstleistungen immaterieller Natur (z. B. Pflege- und Betreuungsleistungen für alte und kranke Menschen). Daneben gibt es noch den Bereich der Vermittlung bestimmter Werte, Interessen oder Ideen.

Quelle: Bruhn, Manfred: Marketing für Nonprofit-Organisationen: Grundlagen, Konzepte, Instrumente. 2. Auflage. Stuttgart: Kohlhammer 2012, S. 30.

Generell gibt es aber so viele verschiedene Arten von sozialen Dienstleistungen, dass es oftmals sogar innerhalb einer Organisation schwerfällt, festzustellen, was aus Marketingsicht zu den wichtigen Leistungen der Einrichtung zählt bzw. wo das Marketing ansetzen soll.

Die Arbeit von Werkstätten für Menschen mit Behinderung bietet mindestens zwei mögliche Ansatzpunkte für das Marketing: Erstens, für die von Werkstätten für Menschen mit Behinderung erbrachten Waren und Dienstleistungen Käufer zu finden. Zweitens, eine Akzeptanz und Bereitschaft für die Rehabilitationsleistungen (berufliche Qualifikation, Beschäftigung der Menschen mit Behinderung) der Werkstätten für Menschen mit Behinderung bei den unterschiedlichen Anspruchsgruppen zu schaffen.

Eine weitere Möglichkeit, soziale Dienstleistungen zu kategorisieren, besteht darin, diese in die vier nachfolgenden Gruppen einzuteilen:

- originäre Dienstleistungen (Unternehmen, die ausschließlich Dienstleistungen erbringen; Abschleppdienste)
- personenbezogene Dienstleistungen (Dienstleistungen, die entweder an einer Person oder mit einer Person vollzogen werden und nur mit aktiver/passiver Kundenbeteiligung zustande kommen; Schule, Arzt)

- produktbegleitende Dienstleitungen (Unternehmen, die neben Dienstleistungen auch materielle Güter herstellen; Dienstleistung als zusätzlicher Nutzen: Wartungsdienst)
- sachbezogene Dienstleistungen (Unternehmen, die Menschen weiterhelfen; Auskunft, Beratung)

Letztlich ist es nicht so wichtig, die sozialen Dienstleistungen in ein Klassifikationsschema zu pressen. Die oben dargestellten Möglichkeiten dienen vielmehr dazu, einen genaueren Überblick über die Dienstleistungen, die eine Non-Profit-Organisation anbietet, zu erhalten. Erst dann können die damit verknüpften strategischen Entscheidungen korrekt getroffen werden.

 B Die Komplexität der genauen Klassifikation sozialer Dienstleistungen wird am Portfolio des Deutschen Roten Kreuzes offensichtlich. Dieses findet man unter https://www.drk.de/.

Ernährung überall auf der Welt sichern

Im Katastrophenfall helfen

Flüchtlinge im In- und Ausland unterstützen

Menschenwürdige Arbeitsbedingungen schaffen

Aufgaben

1. Recherchieren Sie auf der offiziellen Seite des Bundesministeriums für Familie, Senioren, Frauen und Jugend.
   a) Erstellen Sie ein Portfolio der dort dargestellten „sozialen Dienstleistungen".
   b) Gliedern Sie die sozialen Dienstleistungen nach Tätigkeitsbereichen.
   c) Klassifizieren Sie Ihr Portfolio nach der Art der erbrachten Dienstleistungen.
   d) Überlegen Sie an zwei konkreten Beispielen, wo genau das Marketing ansetzen soll.
2. Interpretieren Sie die nebenstehende Grafik und versuchen Sie mit ihrer Hilfe ein strukturiertes Pflege-Portfolio zu erstellen.

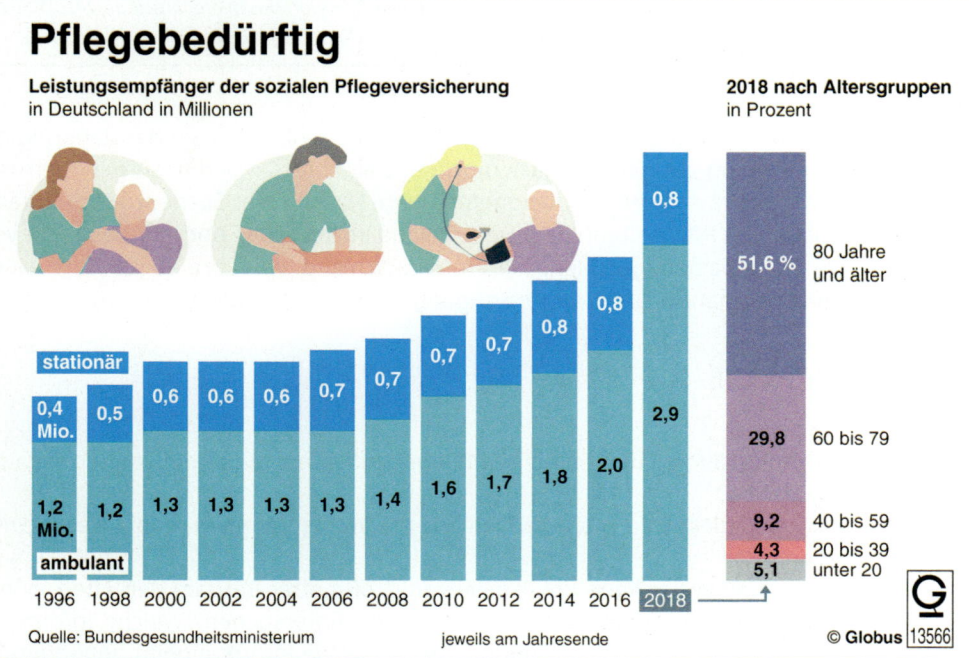

3   Marktforschung als Grundlage des Marketings

"

Die Pflegevorausberechnung im Wegweiser Kommune

Die neue Pflegevorausberechnung im Wegweiser Kommune zeigt, dass die Zahl der Pflegebedürftigen in Deutschland bis zum Jahr 2030 weiter ansteigen wird – jedoch regional sehr unterschiedlich. Gleichzeitig ist ein Rückgang der Personenzahl im erwerbsfähigen Alter zu verzeichnen. Beides zusammen führt zu einer beträchtlichen Versorgungslücke in der ambulanten und stationären Pflege.

Die Zahl der Pflegebedürftigen wird regional unterschiedlich steigen

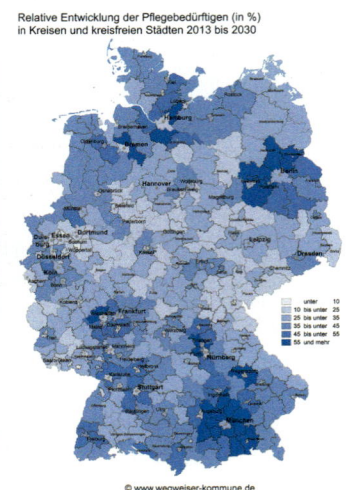

Relative Entwicklung der Pflegebedürftigen (in %) in Kreisen und kreisfreien Städten 2013 bis 2030

© www.wegweiser-kommune.de

Bis zum Jahr 2030 werden in Deutschland erheblich mehr Menschen leben, die 80 Jahre und älter sind. Entsprechend erhöht sich die Zahl der Pflegebedürftigen von 2,6 Mio. im Jahr 2013 auf 3,5 Mio im Jahr 2030. Diese Entwicklung vollzieht sich aber regional sehr unterschiedlich. Die höchsten Pflegequoten werden in Mecklenburg-Vorpommern und Brandenburg erreicht. Eine hohe Zunahme der Pflegebedürftigen ist auch in den „Speckgürteln" der Großstädte wie München, Frankfurt, Berlin, Hamburg und Bremen zu erwarten (siehe Abb.).

... gleichzeitig sinkt die Zahl der Pflegekräfte

Ein Rückgang der Beschäftigten in der Pflege zeichnet sich schon jetzt ab. Bis 2030 wird das Arbeitskräfteangebot in der Pflege in weiten Teilen des Landes weiter sinken. Auch diese Entwicklung vollzieht sich in den Kreisen und kreisfreien Städte sehr unterschiedlich. Insbesondere in den ländlichen Regionen der ostdeutschen Bundesländer werden im Jahr 2030 bis zu 30 Prozent weniger Pflegekräfte zur Verfügung stehen als derzeit.

Quelle: Amsbeck, Hannah/Langness, Anja: Aktualisierte Daten zur Pflegesituation in Deutschland im Jahr 2030, 08.03.2017, Kuratorium Deutsche Altershilfe (Hrsg.), online unter: https://forum-seniorenarbeit.de/2016/10/aktualisierte-daten-zur-pflegesituation-in-deutschland-im-jahr-2030-abrufbar/ [24.10.2020].

Maxis Großmutter Barbara geht es in letzter Zeit immer schlechter. Sie hat daher vor, in ein Alten- oder Pflegeheim zu gehen. Maxi möchte, dass ihre Oma gut aufgehoben ist und recherchiert im Internet nach einem geeigneten Heim. Nach kurzer Suche stößt sie zufällig auf aktualisierte Daten zur Pflegesituation in Deutschland im Jahr 2030 und ist überrascht von der hohen Anzahl pflegebedürftiger Menschen in Deutschland, was ihre Suche nach einer bedarfsgerechten und finanzierbaren Unterbringung sicher nicht einfacher macht.

ARBEITSAUFTRÄGE

Überlegen Sie:

1. Welche relevanten Informationen für den Pflege- und Altenheimmarkt können Sie aus dem obigen Text ziehen?
2. Inwiefern können diese Informationen auf das Marketing der Alten- oder Pflegeheime Einfluss nehmen?
3. Auf welche Art und Weise kann die Familie von Großmutter Barbara den Alten- oder Pflegeheimmarkt in ihrer Heimatstadt und der Region untersuchen? Welche Informationen sind dabei aus der Sicht des Endkunden wichtig, welche Informationen benötigen hingegen die Leiter jener Einrichtungen?

4. Woher kann Maxi weitere relevante Informationen bekommen?
5. Wie kann ein Konzept für eine Marktuntersuchung des Altenheim- und Pflegemarktes in Ihrer Heimatstadt oder Region aussehen?

3.1 Marktforschung

Müssen – wie im obigen Fall – Privatpersonen wichtige Entscheidungen treffen, informieren sie sich oftmals im Vorfeld sehr ausführlich über den jeweiligen Sachverhalt. Dasselbe gilt auch für kommerzielle und nicht-kommerzielle Unternehmen. Um die richtigen Marketingentscheidungen zu treffen und langfristig Erfolg zu haben, ist es wichtig, den jeweiligen Markt detailliert zu analysieren. Vor allem im Non-Profit-Bereich wird aufgrund der Entwicklungen in den letzten Jahren die Untersuchung des Marktes immer wichtiger.

Maxi und ihre Mutter gehen gemeinsam zum Sozialamt der Stadt. Sie möchten sich einen Überblick über das Angebot der Seniorenbetreuung in Amberg verschaffen. Herr Stamm, der zuständige Sachbearbeiter, hat leider kaum Zeit und reicht ihnen schnell eine Broschüre: „Sie wissen ja nicht, was ich im Moment alles zu tun habe. Nachdem ich letzte Woche für die Kindergärten die Bedarfsentwicklung für die nächsten Jahre eruiert habe, soll ich es jetzt auch noch für alle Altenheime der Stadt machen. Diese ganzen Marktuntersuchungen, die machen nichts als Arbeit."

Um Marketingmaßnahmen planen, durchführen, analysieren und kontrollieren zu können, benötigen die Verantwortlichen grundlegende, verlässliche, vor allem aber entscheidungsrelevante Daten.

Dazu gehören u. a. Informationen über die Nachfrage im Allgemeinen, die Kunden selbst, ihr Kaufverhalten, ihre Wünsche, die Konkurrenz, die Mitarbeiter, das Image sowie die Förderer und Partner der Non-Profit-Organisation.

Entscheidend ist, dass die zu einem bestimmten Zeitpunkt bzw. die über einen bestimmten Zeitraum gewonnenen Informationen sinnvoll und nützlich sind. Der Begriff **„Marktuntersuchung"** ist dabei als Oberbegriff für alle Arten der **Markterkundung** und **Marktforschung** zu verstehen. Erfasst man die Daten relativ unsystematisch, also willkürlich, zufällig und planlos, handelt es sich um die Markterkundung. Demgegenüber handelt es sich bei der Marktforschung um ein systematisches und wissenschaftlich gesichertes Verfahren, das in Stufen abläuft.

Folgende **wissenschaftliche Kriterien** müssen im Rahmen der Marktforschung eingehalten werden:

Relevanz:	Von Interesse sind nur die für die Entscheidung relevanten Informationen.
Repräsentativität:	Die befragte Stichprobe repräsentiert die Gesamtheit aller Kunden.
Reliabilität:	Das Ergebnis einer Stichprobe muss zuverlässig sein. Wiederholt man die Befragung, muss es zum gleichen Ergebnis kommen.
Validität:	Das Messinstrument bzw. die Frage muss bezüglich der Zielfestsetzung geeignet sein. Das heißt, bei einer Stichprobe müssen genau die Informationen ermittelt werden, die man haben wollte.

> **Vollständigkeit:** Es ist ein möglichst hoher Informationsgrad anzustreben.
> **Aktualität:** Es sind nur aktuelle Informationen zu verwenden.
> **Objektivität:** Die Erhebung, Auswertung und Interpretation soll neutral sein.
> **Nützlichkeit:** Die Beschaffung der Informationen muss günstiger als ihr Nutzen sein.
> **Sicherheit:** Es sind nur Informationen zu verwenden, die zu einer Entscheidung führen.
>
> *vgl. Koch, Jörg: 2012, Marktforschung: Grundlagen und praktische Anwendungen. 6. Auflage. München: Oldenbourg Verlag 2012, S. 10.*

In idealtypischer Form läuft der **Marktforschungsprozess** in fünf Phasen ab. In diesem Zusammenhang wird auch von den „5 Ds" in der Marktforschung gesprochen.

Quelle: Michel, Stefan/Oberholzer Michel, Karin: Marketing. Eine praxisorientierte Einführung mit zahlreichen Beispielen. 4. Aufl. Zürich: Compendio Bildungsmedien 2009, S. 71.

Jede der fünf Phasen ist bedeutend, die Definition und das Design sind für die Durchführung eines Marktforschungsprojekts jedoch besonders wichtig.

> Zusammenfassend ist **Marktforschung** ein systematisches, zielgerichtetes, wissenschaftliches, zeitpunkt- oder zeitraumbezogenes Sammeln, Aufbereiten, Analysieren und Interpretieren (Prozess) von Daten über Märkte und Marktbeeinflussungsmöglichkeiten zum Zweck der Informationsgewinnung.

3.2   Gewinnung entscheidungsrelevanter Informationen

Marktuntersuchungen machen, wie Herr Stamm sagt, zwar viel Arbeit, mittlerweile gibt es aber zahlreiche Marketinginstitute (siehe folgendes Beispiel), die sich mit dem Thema Marktuntersuchung bzw. der Marktforschung tiefgehend auseinandersetzen.

> **„Ihre unternehmerischen Fragestellungen sind unsere Herausforderung!**
> Durch unsere umfangreichen Erfahrungen sind wir der richtige Partner, wenn es um Marktinformationen und darauf aufbauende Entscheidungen geht. Mit tiefgreifendem Praxiswissen über Zielgruppen und Märkte richten wir den Fokus auf die wirklich entscheidenden Daten.

> Sie möchten wissen, …
>
> - wie zufrieden Ihre Kunden mit Ihren Leistungen sind?
> - welche Potenziale bestehen und wie man diese umsetzen kann?
> - welche Schwächen zu einem Wettbewerbsnachteil werden können?
> - wie bekannt Ihr Unternehmen/Ihre Marke(n) in der relevanten Zielgruppe ist?
> - ob die aktuelle Positionierung zukunftsfähig ist?
> - welches Image Ihr Unternehmen/Ihre Marke(n) bei den Kunden hat?
> - welche Werte Ihre Marke(n) aus Kundensicht ausmacht?
> - wie marktfähig ein Neuprodukt sein wird?
> - wie Sie Ihre Markenidentität schärfen können?
> - wie zufrieden Ihre Mitarbeiter insgesamt mit Ihnen als Arbeitgeber sind?
> - wie Sie das volle Potenzial Ihrer Mitarbeiter abrufen können?
>
> *Deutsches Institut für Marketing (Hrsg.): Marktforschung, online unter: https://www.marketinginstitut.biz/marketingberatung/marktforschung/ [11.03.2021].*

Das wichtigste Ziel der Marktforschung ist, entscheidungsrelevante Informationen für die Unternehmensbereiche Beschaffung, Leistungserstellung oder Marketing zu gewinnen. Vor allem im Non-Profit-Bereich müssen aufgrund der Besonderheit der Leistungen (z. B. Immaterialität und Nichtlagerfähigkeit) zahlreiche Fragen beantwortet werden.

Grundlegend müssen folgende vier Bereiche systematisch analysiert werden:

1. Bereich: Entwicklung des Marktes

Welche mittel- bis langfristigen Chancen bestehen auf dem Markt?
Es ist die Frage zu stellen, wie gut die aktuellen Chancen bezüglich des künftigen Marktbestehens, eines möglichen Marktneueintritts oder einer Markterweiterung sind. Oder anders formuliert, welche Herausforderungen hat das Unternehmen in Zukunft zu bewältigen, damit es nicht vom Markt verschwindet und in der relevanten Zielgruppe bekannt ist? Dabei spielt die Abschätzung des entsprechenden Marktpotenzials bzw. -volumens eine entscheidende Rolle.

Nimmt man das Ergebnis einer Umfrage „Nur sieben Prozent der Menschen wollen ins Altenheim", ist festzuhalten, dass der Altenheimmarkt in Zukunft trotz des demografischen Wandels an Bedeutung verlieren wird. Insofern müssen bestehende Altenheime sich Alternativen überlegen, um langfristig auf dem Markt zu bestehen.

Wie entwickelt sich das Umfeld?
Im Rahmen dieser Fragestellung gilt es, den Einfluss der relevanten Umfeldentwicklungen (z. B. Bevölkerungsentwicklung, Umwelt, Gesellschaft usw.) auf die Non-Profit-Organisation zu ermitteln und zu bewerten.

So ist für Kinderkrippen oder Altenheime die demografische Entwicklung besonders interessant, während für Umweltschutzorganisationen die Veränderung des Umweltbewusstseins in der Bevölkerung entscheidend ist.

2. Bereich: Verhalten der Marktteilnehmer

Wie verhalten sich die Kunden bzw. Nachfrager?

Zentrale Herausforderung ist stets, alle Kunden – potenzielle wie bestehenden Leistungsempfänger – zufriedenzustellen. Folglich ist es sehr wichtig, ihre Verhaltensweisen und Reaktionen in Bezug auf das aktuelle Leistungsangebot zu analysieren und notwendige Änderungen anzustoßen.

Wie hoch ist der tatsächliche Bedarf bei den Kunden? Handelt es sich um einen Erst-, Wiederholungs- oder Nachholbedarf? Welche subjektiven Meinungen, Werte, Wünsche und Motive haben die Kunden? Welche Erwartungen haben sie – hinsichtlich Qualität, Preis, Produkt- bzw. Leistungserstellung, Verpackung, Design oder Service? Wie hoch ist das Einkommen der möglichen Kunden bzw. ihre soziale Stellung? Wie reagieren sie auf Preisänderungen? Welche Gewohnheiten haben die Endverbraucher? Wie verändert sich das Nachfrageverhalten allgemein? Wie gut ist das Image unseres Produktes bzw. Unternehmens bei den Kunden? Was macht unser Unternehmen aus Kundensicht aus? Wie zufrieden sind sie mit uns? Und so weiter.

Der Menüservice „Essen auf Rädern" befragt seine Kunden mithilfe eines Fragebogens über die aktuelle Qualität des Essens, ihre Erwartungen, besonderen Wünsche oder Kritik. Dabei wird festgestellt, dass mehr saisonale Gerichte gewünscht sind.

Wie verhalten sich die Kostenträger und Förderer?

Um das Marketing auf der Beschaffungsseite zu optimieren, ist eine Analyse des Verhaltens der Kostenträger und der potenziellen Förderer erforderlich. Demnach ist es von großem Interesse, über die Spendenmotive, das Spendenverhalten sowie die Erwartungen der Spender Bescheid zu wissen. Bei den Sponsoren ist herauszufinden, welche Gegenleistung sie für ihr Engagement erwarten, und bei den Kostenträgern, welche Kriterien für ihre finanziellen Beiträge zu erfüllen sind.

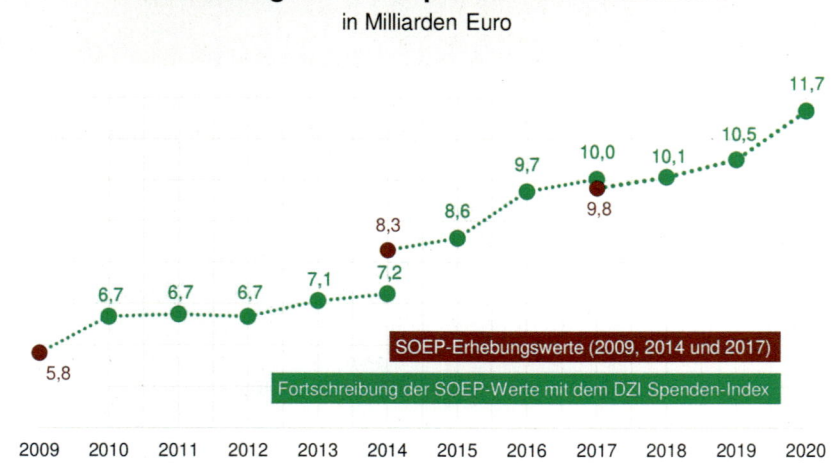

Quelle: Deutsches Zentralinstitut für soziale Fragen: Entwicklung der Geldspenden in Deutschland, online unter: https://www.dzi.de/spenderberatung/spendenauskunfte-und-information/spendenstatistik/ [11.03.2021].

Wie verhält sich die Konkurrenz?

Um Hinweise für die eigene Leistungsgestaltung zu gewinnen sowie neue Entwicklungen und Trends zu erkennen, ist es wichtig, soziale Einrichtungen und Unternehmen mit ähnlichen Leistungsangeboten über einen längeren Zeitraum zu beobachten.

Dabei werden häufig folgende Sachverhalte der konkurrierenden Organisation untersucht: Zahl, Angebot, Organisationsgröße, Marktanteil, Bekanntheitsgrad, Image, Verhaltensweisen, Werbemaßnahmen, Öffentlichkeitsarbeit usw. Letztlich werden die Stärken und Schwächen der Konkurrenz mit den eigenen Stärken und Schwächen verglichen und entsprechende Schlussfolgerungen gezogen.

Viele legen ein Archiv an, in dem beispielsweise Artikel, Anzeigen, Prospekte usw. gesammelt, nach Konkurrenzunternehmen sortiert, aufbewahrt und in regelmäßigen Abständen analysiert werden.

Wie verhalten sich die Mitarbeiterinnen und Mitarbeiter?

Dadurch, dass das Verhalten der Belegschaft einen maßgeblichen Einfluss auf die Leistungswahrnehmung der externen Anspruchsgruppen ausübt, ist es von großer Bedeutung, neben dem Mitarbeiterverhalten gegenüber den Kunden die Mitarbeiterfähigkeiten und die Mitarbeitermotivation zu evaluieren. Zumal die Erwartungen und die Zufriedenheit der Mitarbeiter wichtige Stellgrößen der Leistungsbereitschaft sind.

Ein Altenheim möchte mithilfe einer anonymen Befragung herausfinden, inwieweit die Pflegekräfte mit ihrem Gehalt und den Arbeitsbedingungen zufrieden sind.

3. Bereich: Wirkung der Marketinginstrumente

Wie werden die Ressourcen- und Absatzpolitik bewertet?

Da Marketinginstrumente auf eine Veränderung des Kundenverhaltens abzielen, ist es entscheidend, nicht nur die Wahrnehmung der eingesetzten Marketinginstrumente zu analysieren, sondern auch deren Wirkung und Akzeptanz im Voraus abzuschätzen.

So ist im Zusammenhang mit der Ressourcenpolitik (Beschaffung finanzieller Mittel) beispielsweise aus der Vielzahl an möglichen Spendenaktionen diejenige auszuwählen, die der Non-Profit-Organisation sowohl finanziell als auch für das Image am meisten einbringt.

Im Rahmen der Absatzpolitik ist herauszufinden, welche Leistungsbestandteile von den Kunden als relevant eingestuft werden und welche Qualität die entsprechenden Leistungsmerkmale aufweisen sollten. Darüber hinaus ist die Preiswahrnehmung von großem Interesse: Werden die Preise als fair wahrgenommen? Wie reagiert die Konkurrenz auf mögliche Preisänderungen? Im Vertriebsbereich ist die Akzeptanz von Vetriebskooperationen oder auch die Wirkung neuer Vertriebskanäle (Absatz- und Transportwege) zu untersuchen.

Busunternehmen des öffentlichen Nahverkehrs erhöhen zur Deckung der gestiegenen Betriebskosten die Tarife. Viele Kunden reagieren mit Unverständnis und weichen auf alternative Verkehrsmittel aus, weshalb es zu Umsatzeinbrüchen kommt.

Wie wird die Kommunikationspolitik bewertet?

Im Bereich dieses Marketinginstruments werden die Reaktionen auf einzelne Elemente oder den gesamten Marktauftritt analysiert. Die Wirkung auf die verschiedenen Anspruchsgruppen kann dabei mithilfe unterschiedlicher Instrumente erfasst werden.

> Ein Krankenhaus fordert die Besucher seiner Homepage mittels einer Onlinebefragung dazu auf, den Internetauftritt mit Verbesserungsvorschlägen sowie konstruktiver Kritik zu verbessern.

4. Bereich: Beobachtung organisationsspezifischer Marketingfaktoren

Wie sehen die internen Leistungsprozesse und Potenziale aus?

Um die einzelnen Teilschritte eines Leistungsprozesses zu optimieren, ist es wichtig, zunächst den Ablauf der Leistungserbringung innerhalb einer Non-Profit-Organisation genau zu analysieren. Weitere Faktoren, die ständig beobachtet werden sollten, sind die Deckungsbeiträge, die Entwicklung der Spendengelder, der Marktanteil sowie die Umsätze.

> Viele Krankenhäuser versuchen den Behandlungsweg der Patienten zu minimieren und mittels Messungen den Arbeitsaufwand pro erbrachter Leistung zu reduzieren. Andere Organisationen, wie z. B. der Menüservice „Essen auf Rädern", verwalten ihre marktrelevanten Daten mithilfe des Softwareprogramms „KFP:NPO" (siehe https://www.softguide.de/firma/koch-software-consulting-gmbh). Dieses erstellt optimierte Liefertouren, kann darüber hinaus aber auch Kranken- oder Arztfahrten kostenoptimal planen und Abrechnungen erstellen.

3.3   Aufgaben der Marktforschung

Letztlich ist die Marktforschung dazu da, die oben unter Bereich 1 bis 4 aufgeführten Fragestellungen systematisch zu beantworten und die für das Marketing entscheidungsrelevanten Informationen zu beschaffen. Eine Untersuchung des Marktes trägt daher nicht nur zur reinen Informationsgewinnung bei, sondern erfüllt darüber hinaus folgende Aufgaben:

1. Frühwarnfunktion	2. Innovationsfunktion	3. Intelligenzverstärkungs-funktion
frühzeitiges Erkennen von Risiken (z. B. Änderungen des Umfeldes)	Aufdeckung und Vorwegnahme von Chancen und Entwicklungen	Unterstützung des Entscheidungsprozesses bzw. der Arbeit der Verantwortlichen
4. Unsicherheitsreduktions-funktion	5. Strukturierungsfunktion	6. Selektionsfunktion
Beitrag zur Präzisierung und Objektivierung der Sachverhalte (z. B. Darstellen von Alternativen)	Förderung des Verständnisses bei der Zielvorgabe und den Lernprozessen	Auswahl und Aufbereitung der relevanten Informationen

Vgl. Bruhn, Manfred: Marketing für Nonprofit-Organisationen: Grundlagen, Konzepte, Instrumente. 2. Auflage. Stuttgart: Kohlhammer 2012, S. 96 ff.

3.4 Überblick über die Methoden der Marktforschung

Maxi berichtet Frau Kleinfeld, ihrer Praktikumsbetreuerin, von ihrer Begegnung mit Herrn Stamm im Sozialamt. Frau Kleinfeld, die bei ihrem alten Arbeitgeber selbst im Marktforschungsbereich tätig war, sagt zu Maxi: „Es kommt ganz darauf an, auf welche Art und Weise man sich die nötigen Daten beschafft. Also, ob man auf schon vorhandene Informationen zurückgreifen kann oder ob man diese erst noch erheben muss."

Grundsätzlich gibt es mehrere Arten der Marktforschung.[1] Besteht die Möglichkeit, bereits vorhandene, in einem anderen Zusammenhang erhobene Materialien, Veröffentlichungen usw. zu nutzen, um eigene Fragestellungen zu beantworten, spricht man von der sogenannten **Sekundärforschung**. Da diese Art der Erhebung hauptsächlich am Schreibtisch erfolgt, wird sie in der Fachliteratur oft auch als Desk-Research bezeichnet.

Zur Auswertung werden sowohl **interne** als auch **externe Informationsquellen** herangezogen. Organisationsinterne Quellen liefern u. a. Informationen über die Leistungsempfänger der Organisation oder die Ressourcenbestände der Einrichtung. Typische Beispiele für interne Quellen sind Spenderdateien, Mitarbeiterberichte oder Datenbanken über die Leistungsempfänger. Organisationsexterne Quellen hingegen geben insbesodere Aufschluss über konkurrierende Einrichtungen sowie die generellen Rahmenbedingungen der Branche. Dazu gehören u. a. die Internetseite der Konkurrenz, Branchenstatistiken oder Veröffentlichungen in Fachzeitschriften.

> Bei der **Sekundärforschung** liegt bereits Informationsmaterial vor. Es ist dem Untersuchungszweck entsprechend auszuwerten. Es werden sowohl interne als auch externe Informationsquellen herangezogen.

Vgl. Bruhn, Manfred: Marketing für Nonprofit-Organisationen: Grundlagen, Konzepte, Instrumente. 2. Auflage. Stuttgart: Kohlhammer 2012, S. 104.

Reichen die für die Non-Profit-Organisation verfügbaren Sekundärdaten zur Beantwortung der gestellten Fragen nicht aus, können mithilfe der **Primärforschung** die nötigen Informationen gewonnen werden. Diese Untersuchung kann wesentlich genauer auf die Fragestellungen ausgerichtet werden, da mit ihr neue, bisher noch nicht vorhandene, aktuelle und vor allem originäre Marktdaten erhoben werden. Man bezeichnet die Primärforschung demnach auch als Marktfeldforschung bzw. Field-Research. Für die Primärforschung fallen jedoch wesentlich höhere Kosten an, auch ein größerer Zeitaufwand ist in Kauf zu nehmen.

Um Primärdaten zu gewinnen, können verschiedene Methoden eingesetzt werden, u. a. Befragungen, Tests oder Beobachtungen. Sie alle dienen der Tatsachenermittlung und können noch einmal nach ihrem zeitlichen Einsatz unterteil werden. Erhebt man z. B. Daten über einen längeren

---

[1] Unterscheidet man beispielsweise nach der Art des Untersuchungsobjektes, gibt es die **ökoskopische** und die **demoskopische Marktforschung**. Die ökoskopische Marktforschung ist sach- bzw. objektbezogen, untersucht die Organisation, die Leistungen und die Konkurrenz (Marktanteil, Image, Preis). Die demoskopische Marktforschung ist subjekt- bzw. verhaltensorientiert und untersucht die Kunden, deren Verhaltensweisen und Reaktionen (Einkommen, Alter, Beruf, Kaufmotive).
Daneben unterscheidet man zwischen der **qualitativen** und **quantitativen Marktforschung**. Während bei der qualitativen Marktforschung vor allem Zusammenhänge aufgedeckt und Beobachtungen interpretiert werden, ist die quantitative Marktforschung bestrebt, die beobachtete Realität genau zu messen.

Zeitraum hinweg und erfasst insbesondere Veränderungen, Schwankungen oder Reaktionen, spricht man von der **Marktbeobachtung**. Mithilfe der **Marktanalyse** können hingegen die Marktverhältnisse zu einem bestimmten Zeitpunkt untersucht werden.

> Bei der **Primärforschung** werden unter Vorgabe eines bestimmten Untersuchungszwecks originäre Daten gewonnen. Diese werden entweder zu einem bestimmten Zeitpunkt oder über einen längeren Zeitraum hinweg erhoben.

3.5   Informationsgewinnung durch Methoden der Sekundärforschung

Frau Kleinfeld rät Maxi, zu Frau Stein zu gehen. Diese ist seit Kurzem Leiterin eines Amberger Altenheims und kann der Praktikantin vielleicht bei der Informationsbeschaffung helfen. Frau Stein ist gerade dabei, die aktuelle Lage ihrer Organisation zu analysieren, und möchte aus dem Altenheim eine Einrichtung der Zukunft machen. Folglich ist sie auf der Suche nach allen möglichen relevanten Informationen, wie beispielsweise die Repräsentativumfrage der Deutschen Krankenversicherung. „Das reicht aber nicht! Vielleicht sollte ich die Informationen nicht nur im externen Bereich suchen, sondern auch mal die eigenen Datenbanken durchsehen. Wenn das nicht nur so viele wären."

Die Sekundärforschung beruht auf Daten, die von verschiedenen Quellen bereits erstellt wurden. Folglich ist die Menge der existierenden Informationen oftmals überwältigend. Problematisch können sowohl der Zugang zu den großen Datenmengen als auch deren sinnvolle Nutzung sein. So besteht häufig Unsicherheit bezüglich der Genauigkeit und der Herkunft der Informationen. Zudem können die Angaben zeitlich überholt sein und nicht wirklich die eigenen inhaltlichen Anforderungen erfüllen.

Falls mithilfe der gewonnenen sekundären Daten die betreffenden Fragestellungen nicht komplett beantwortet werden können, dienen sie zumindest als Grundlage für das weitere Vorgehen und es können neue Ideen für die Fragestellung gewonnen werden. Gleichzeitig spart sich die Einrichtung durch die Verwendung bereits vorhandener Informationen Kosten, Zeit und Ressourcen.

Leider wird die Sekundärforschung sehr häufig vernachlässigt oder unterbewertet, obwohl die mit ihrer Hilfe gewonnenen Daten für viele Entscheidungen ausreichend sind. Grundsätzlich können Sekundärdaten nach dem Ort ihrer Erfassung unterschieden werden.

Interne Datenquellen	Externe Datenquellen
□ **Interne Marktstudien** (alte Marktforschungsberichte, Panelunterlagen) □ **Mitarbeiterberichte** (Außendienstberichte über Besuche, Innendienstrapporte) □ **Betriebliches Rechnungswesen** (Kostenrechnungen nach Kostenarten, Kostenstellen, Deckungsbeiträgen; Betriebserfolgsanalyse; Höhe der Werbeaufwendungen) □ **Datenbanken und Statistiken** (Umsatz- und Absatzstatistiken nach Kunden, Leistungen, Einzugsgebieten; Statistiken über Reklamationen, erbrachte Leistungen, Lagerbestände, Marktanteil)	□ **Amtliche Statistiken** (Statistisches Bundesamt, Statistiken internationaler Behörden wie der EU) □ **Verbandsstatistiken** (DKV, Arbeitgeberverbände, HWK, IHK) □ **Statistiken wirtschafts- und sozialwissenschaftlicher Institute** (IfO, GfK) □ **Ministerien** □ **Kammern** □ **Fachzeitschriften und Fachliteratur** □ **Zeitungen** □ **Internet** (Homepages, Foren) □ **Datenbanken** (Offline- und Online-Datenbanken, Wirtschaftsdatenbanken, Mafodatenbanken) □ **Veröffentlichungen der Konkurrenz** (Homepages, Geschäftsberichte, Firmenzeitschriften)

Je nach Fragestellung der Untersuchung muss evaluiert werden, welche Quellen sich am besten eignen.

3.6 Informationsgewinnung durch Methoden der Primärforschung

Nachdem Frau Stein eine erste Analyse der Sekundärdaten vorgenommen hat, kommt sie zu dem Fazit, dass diese für die Beantwortung ihrer Fragen nicht ausreichen. So möchte sie gerne wissen, welche Einstellung die Amberger Bürger generell zu einem Altenheim haben und wie das Amberger Bürgerspital im Speziellen wahrgenommen wird. Da viele Altenheimbewohner noch recht fit sind, würde sie zudem interessieren, welches Leistungsangebot sich diese künftig wünschen. „Ich muss diese Informationen unbedingt haben. Aber wie mache ich das nur? Ich weiß nicht, ob ich die Leute anrufen oder Fragebögen verschicken soll ..."

Die Primärforschung liefert zwar aktuelle, genaue und problemorientierte Antworten auf eigens formulierte Fragestellungen, aufgrund der originären Datenerhebung ist sie zugleich aber sehr aufwendig und kostenintensiv. Häufig sind das eigene Know-how und die personellen Kapazitäten schnell erschöpft, sodass teure externe Berater hinzugezogen werden müssen.

Generell sind bei der Konzeption der Primärforschung folgende Fragen zu beantworten: Welche Daten werden benötigt? Was ist das Untersuchungsziel? Bei welchen Personen sollen die Daten erhoben werden? Mit welcher Methode bzw. wie soll die Untersuchung durchgeführt werden? Wie oft und wie lange soll die Untersuchung stattfinden? Wie werden die Daten ausgewertet?

In der Primärforschung gibt es zahlreiche Methoden, um die gewünschten Untersuchungsziele zu erreichen. Grundsätzlich lassen sich die Methoden der Befragung, der Beobachtung, des Panels sowie des Tests/Experiments unterscheiden.

Befragung

Die **Befragung** ist die gebräuchlichste Form im Rahmen der Primärforschung eines Unternehmens. Im Wesentlichen geht es darum, Meinungen und Fakten über eine Leistung, eine Organisation oder ein spezifisches Marketinginstrument zu hinterfragen sowie kausale Zusammenhänge und Motive für die Inanspruchnahme einer Leistung zu erkennen (z. B. Zufriedenheit, Qualität der Leistung, wahrgenommenes Image).

Entscheidend für den Erfolg einer Befragung ist die grundsätzliche Auskunftsbereitschaft der Befragten. Sie sollen Interesse am Thema haben, über ausreichend Wissen verfügen und wahrheitsgemäße Angaben machen.

Eine Befragung kann persönlich, schriftlich, telefonisch oder online erfolgen und besteht in der Regel aus
- den **Kontaktfragen**, die das Interesse des Befragten am Fragebogen wecken bzw. einen Kontakt zum Interviewer herstellen sollen;
- den **personellen Fragen**, durch die kontrolliert wird, inwiefern die angestrebte Repräsentativität erreicht wird;
- **Sachfragen**, die die eigentlichen gewünschten Informationen liefern;
- **Kontrollfragen**, mit denen fehlerhaft beantwortete Fragen erkannt werden können.

Darüber hinaus kann zwischen **offenen** und **geschlossenen Fragen** unterschieden werden. Während bei offenen Fragen die Antworten frei formuliert werden können, kann bei geschlossenen Fragen nur mit ja oder nein geantwortet bzw. zwischen verschiedenen Antwortalternativen ausgewählt werden.

Frau Stein möchte im Rahmen einer Befragung wissen, was den Bewohnern besonders gut gefällt. Der Fragebogen kann dabei entweder offen gestaltet werden, d. h., die Bewohner können ihre Eindrücke selbst hinschreiben, oder er enthält sogenannte geschlossene Fragen, die nur wenige Antwortalternativen wie Essen, Sauberkeit, Freundlichkeit zulassen.

Fragebogen zur Angehörigenbefragung

1. Alltagsleben

Im Folgenden sind einige Aspekte zum Thema „Alltagsleben" genannt. Bitte geben Sie jeweils an, ob die Wohneinrichtung Ihre Erwartungen „übertroffen", „erfüllt", „teilweise erfüllt" oder „nicht erfüllt" hat. Denken Sie dabei bitte vor allem an die letzten drei Monate.

Meine Erwartungen bezogen darauf,...	Meine Erwartungen wurden...				
	über-troffen	erfüllt	teilweise erfüllt	nicht erfüllt	weiß nicht
wie vielfältig das Beschäftigungsangebot in der Wohneinrichtung ist	o	o	o	o	o
wie sehr das Beschäftigungsangebot den Neigungen und Fähigkeiten der Bewohnerin entspricht	o	o	o	o	o
wie frei die Bewohnerin aus dem Beschäftigungsangebot wählen kann	o	o	o	o	o
wie frei die Bewohnerin darin ist, ihren Tagesablauf selbst zu gestalten	o	o	o	o	o
wie sehr die Bewohnerin in alltägliche Abläufe und Tätigkeiten aktiv eingebunden wird	o	o	o	o	o
wie sehr die Einrichtung Ihrem Eindruck nach andere am Alltagsleben in der Wohneinrichtung mitwirken lässt (z. B. durch Angehörigen- oder Wohnbeirat, Fürsprecher o. Ä.)	o	o	o	o	o
wie frei die Bewohnerin ihr Zimmer nach eigenen Wünschen gestalten kann	o	o	o	o	o

Quelle: Strotbek, Johannes/Isfort, Michael/Tucman, Daniel: Gutachten/Fragebogen/Leitfaden Angehörigenbefragung in der stationären Altenpflege. Weisse Liste (Hrsg.), Bertelsmann Stiftung, 18.07.2019, online unter: https://www.bertelsmann-stiftung.de/fileadmin/files/BSt/ Publikationen/GrauePublikationen/Weisse_Liste_Angehoerigenbefragung_stationaere_Altenpflege_1907.pdf, S. 53 [18.01.2022].

5. Kommunikation

Bitte schätzen Sie aufgrund Ihrer Erlebnisse besonders der **letzten drei Monate** in der Wohneinrichtung die folgenden Aussagen zum Thema „Wohnen und Hauswirtschaft" ein. Mit den Feldern zwischen den Aussagen können Sie Ihre Einschätzungen abstufen.

							weiß nicht
Das Personal hat für **meine** Wünsche oder Bitten jederzeit ein offenes Ohr.	stimme voll zu	o	o	o	o	stimme gar nicht zu	o
Das Personal hat für die Wünsche oder Bitten **der Bewohnerin** jederzeit ein offenes Ohr.	stimme voll zu	o	o	o	o	stimme gar nicht zu	o
Das Personal geht mit meinen kritischen Rückfragen/ Anmerkungen stets konstruktiv um.	stimme voll zu	o	o	o	o	stimme gar nicht zu	o
Wenn ich mit einer Leitungsperson (z. B. Pflegedienstleitung, Wohnbereichsleitung) ausführlicher sprechen möchte, bekomme ich zeitnah einen Termin.	stimme voll zu	o	o	o	o	stimme gar nicht zu	o
Ich habe in der Wohneinrichtung jederzeit die Möglichkeit, mich mit der Bewohnerin ungestört unterhalten zu können.	stimme voll zu	o	o	o	o	stimme gar nicht zu	o
Wenn ich mit dem Wohnbeirat in Kontakt treten möchte, ist das völlig unkompliziert möglich.	stimme voll zu	o	o	o	o	stimme gar nicht zu	o
Der Umgangston des Personals mir gegenüber ist jederzeit wertschätzend.	stimme voll zu	o	o	o	o	stimme gar nicht zu	o
Der Umgangston des Personals der Bewohnerin und anderen Bewohnerinnen gegenüber ist meinem Eindruck nach jederzeit wertschätzend	stimme voll zu	o	o	o	o	stimme gar nicht zu	o
Ich kann stets darauf vertrauen, dass Absprachen zwischen mir und dem Personal eingehalten werden.	stimme voll zu	o	o	o	o	stimme gar nicht zu	o

Quelle: Strotbek, Johannes/Isfort, Michael/Tucman, Daniel: Gutachten/Fragebogen/Leitfaden Angehörigenbefragung in der stationären Altenpflege. Weisse Liste (Hrsg.), Bertelsmann Stiftung, 18.07.2019, online unter: https://www.bertelsmann-stiftung.de/fileadmin/files/BSt/ Publikationen/GrauePublikationen/Weisse_Liste_Angehoerigenbefragung_stationaere_Altenpflege_1907.pdf, S. 56 [18.01.2022].

6. Kritische Ereignisse

Im Folgenden sind einige kritische Ereignisse genannt.
Bitte geben Sie an, **wie häufig im vergangenen Jahr** ein solches Ereignis in der Wohneinrichtung vorgekommen ist.

Wie häufig kam es vor, ...	nie	einmal	mehrfach	häufig	weiß nicht
dass Sie Mängel in der Körperpflege der Bewohnerin feststellen mussten?	o	o	o	o	o
dass die Bewohnerin vom Personal körperlich grob behandelt wurde?	o	o	o	o	o
dass die Bewohnerin vom Personal mit Worten grob behandelt wurde?	o	o	o	o	o
dass die Bewohnerin von anderen Bewohnerinnen körperlich angegriffen wurde?	o	o	o	o	o
dass sich die Bewohnerin ungeklärte Verletzungen zugezogen hat?	o	o	o	o	o
dass schwerwiegende Ereignisse (z. B. Stürze, Verletzungen) nicht in die Pflegedokumentation aufgenommen wurden? [Hinweis: Die Pflegedokumentation darf nicht von jedermann eingesehen werden.]	o	o	o	o	o

Quelle: Strotbek, Johannes/Isfort, Michael/Tucman, Daniel: Gutachten/Fragebogen/Leitfaden Angehörigenbefragung in der stationären Altenpflege. Weisse Liste (Hrsg.), Bertelsmnn Stiftung, 18.07.2019, online unter: https://www.bertelsmann-stiftung.de/fileadmin/files/BSt/ Publikationen/GrauePublikationen/Weisse_Liste_Angehoerigenbefragung_stationaere_Altenpflege_1907.pdf, S. 57 [18.01.2022].

10. Lob und Kritik an die Einrichtung

Hinweis: Ihre Rückmeldung wird unverändert an die Einrichtung weitergeleitet, aber nicht veröffentlicht. Falls Sie anonym bleiben möchten, sollten Sie nicht Ihren Namen, den Namen der Bewohnerin angeben oder andere Angaben machen, die Sie oder die Bewohnerin erkennbar werden lassen.

Was möchten Sie der Einrichtung als Lob zurückmelden?

Was möchten Sie der Einrichtung als Kritik zurückmelden?

Quelle: Strotbek, Johannes/Isfort, Michael/Tucman, Daniel: Gutachten/Fragebogen/Leitfaden Angehörigenbefragung in der stationären Altenpflege. Weisse Liste (Hrsg.), Bertelsmann Stiftung, 18.07.2019, online unter: https://www.bertelsmann-stiftung.de/fileadmin/files/BSt/ Publikationen/GrauePublikationen/Weisse_Liste_Angehoerigenbefragung_stationaere_Altenpflege_1907.pdf, S. 57 [18.01.2022].

Interview

Neben der standardisierten Befragung gibt es noch die Möglichkeit des freien Interviews (persönlich oder telefonisch). Hier werden dem Interviewer lediglich die benötigten Informationen genannt, die er im freien Gespräch ermitteln soll. Diese Methode ist zwar informativer, stellt zugleich aber eine größere Herausforderung für den Interviewer und den Auswerter dar.

Beobachtung

Im Gegensatz zur Befragung ist eine Beobachtung nicht abhängig von der Auskunftsbereitschaft der verschiedenen Anspruchsgruppen. Vielmehr werden diese beobachtet und Implikationen für Verbesserungen des Leistungsprozesses abgeleitet.

Werden Vorgänge bzw. Verhaltensweisen beobachtet, können die gewonnenen Erkenntnisse durch den verbalen Interviewffekt nicht weiter verzerrt werden. Allerdings ist diese Methode der Marktforschung nur eingeschränkt einsetzbar; vor allem deshalb, weil sich beobachtete Personen oftmals anders verhalten, wenn sie die Beobachtungssituation erkennen oder diese als unangenehm empfinden. Zudem sind die Meinungen, Motive und Einstellungen der Beobachteten nicht nachvollziehbar. Weitere Kritikpunkte sind die Nichtwiederholbarkeit der jeweiligen Situation und die Gefahr der Fehlinterpretation bzw. der begrenzten Aufnahmefähigkeit des Beobachters.

Je nach Strukturierungsgrad kann zwischen einer standardisierten und nicht-standardisierten Beobachtung, einer persönlichen und unpersönlichen Beobachtung sowie einer **Feld- und Laborbeobachtung** unterschieden werden. Während in der Feldbeobachtung Personen ohne deren Wissen bei ihrer Entscheidung beobachtet werden (z. B. mit Kameras), werden bei der Laborbeobachtung Konsumenten mit künstlich geschaffenen Bedingungen konfrontiert (z. B. Blickaufzeichnung; Erinnerungswert an Werbung).

Instrumente der Beobachtung sind u. a. Entscheidungsprozessstudien; die Mimikbeobachtung mithilfe der FAST-Methode (Facial-Affect-Scanning-Technique), die fortlaufend das Ausdrucksverhalten der Gesichtszüge fotografiert; die Thermografie, die die Veränderung der Körpertemperatur aufgrund von Reizen misst; die Hirnforschung; das Pupilometer; die Fernseh- und Radioforschung (GfK-Meter) oder Internetbeobachtungen (visits).

 Eine gebräuchliche Methode zur Verbesserung von Beratungsleistungen per Telefon ist die Beobachtung und Aufzeichnung von realen Gesprächen. Zeichnet beispielsweise der Betreiber eines Amberger Sorgentelefons das Gespräch auf, kann die Leistung analysiert und entsprechend verbessert werden.

Experimente/Tests

Ein Experiment bzw. ein Test ermittelt im Vergleich zur Beobachtung keine tatsächlich vorhandenen Vorgänge oder Tatbestände, vielmehr werden mit ihm die benötigten Daten über künstlich geschaffene Situationen erhoben. Dabei dient das Experiment bzw. der Test in erster Linie zur Aufdeckung von Ursache-Wirkungs-Beziehungen unter kontrollierten Bedingungen.

Grundsätzlich werden zwei Formen von Experimenten bzw. Tests unterschieden. Das **Feld-** und das **Laborexperiment**. Während das Feldexperiment in einer realen Interaktionssituation stattfindet, bei dem der Teilnehmer unbemerkt an einem Experiment teilnimmt, findet das Laborexperiment in einer künstlichen Umgebung statt. Hier wird die Realität beispielsweise mit einer Computersimulation nachgebildet.

Darüber hinaus kann zwischen den sogenannten **Markt-, Produkt-** und **Werbetests** unterschieden werden. Ein Markttest umfasst Tests bzw. Experimente, die Informationen über die Reaktion des Marktes gewinnen möchten (z. B. Imagestudien). Werbetests hingegen sind Untersuchungen, in denen Werbemaßnahmen hinsichtlich ihrer Wirkung auf die Zielpersonen überprüft werden (z. B. Pretest, In-between-Test und Posttest). Bei Produkt- oder Leistungstests soll herausgefunden werden, welches Produkt bzw. welche Leistung die bessere ist (z. B. Geschmackstest, Blindtest, Hör- und Tasttest, Designtest).

Auch Tests bzw. Experimente bringen gewisse Vorteile mit sich. So helfen sie, eine fundierte Entscheidung zu treffen, ob eine Kampagne auch wirklich gestartet werden soll. Des Weiteren zeigen sie der Organisation, wie Kunden die Werbung oder das Produkt bewerten. Andererseits können Tests bzw. Experimente die Kreativität killen, manche gute Kampagnen sind nur deshalb nicht erschienen, weil sie in den Pretests durchgefallen sind.

- Um die geeignetste Präsentationsform für das Sortiment einer Apotheke festzulegen, dekoriert man in vergleichbaren Filialen die Pharmaartikel auf unterschiedliche Art und Weise. Kommt es zu Unterschieden im Absatz, lassen diese den Schluss zu, dass eine bestimmte Art der Warendarbietung am ehesten geeignet erscheint, die Kunden zum Kauf anzuregen.
- Eine Mail-Kampagne wird mit unterschiedlichen emotionalen Botschaften und verschiedenen Textlängen an potenzielle Kunden versandt. Aufgrund der Rückantworten und der zugeflossenen Spendengelder lasst sich daraufhin der Erfolg der verschiedenen Botschaften evaluieren.
- Die Krankenzimmer in einem Kinderkrankenhaus werden in unterschiedlichen Farben gestrichen, um deren Einfluss auf die Zufriedenheit der jungen Patienten zu ermitteln.

Panelerhebungen

Panel heißt so viel wie „abgegrenztes Feld" und bedeutet, dass ein gleichbleibender Personenkreis über einen längeren Zeitraum fortlaufend oder in regelmäßigen Abständen zu einem bestimmten Sachverhalt befragt bzw. beobachtet wird. Anders formuliert: Es werden dieselben Daten bei derselben Stichprobe erhoben. Folglich handelt es sich nicht um eine Ad-hoc-Betrachtung, sondern um eine Längsschnittanalyse, bei der Veränderungen, Entwicklungen und Trends im Zeitablauf sichtbar gemacht werden. Als Ergebnis erhält man systematische, repräsentative und zuverlässige Messdaten über Käuferwanderungen, das Marktvolumen, den Marktanteil, Wirkungen von Marketingmaßnahmen oder Veränderungen in der Nachfrage.

Da die Rekrutierung und der Unterhalt eines Panels sehr aufwendig sind, werden die Panelergebnisse oftmals an mehrere Auftraggeber verkauft. Gleichzeitig sind Panels bei Markt- oder Produktveränderung wenig flexibel. Bei soziodemografischen Änderungen, Wegzug oder Kündigung der Panelteilnehmer können Panels aussterben und ihre Aussagekraft bzw. Repräsentativität verlieren. Zusätzliche Kritikpunkte sind der sogenannte Paneleffekt und das Overreporting. Während es beim Paneleffekt aufgrund der Panelteilnahme zu einem veränderten Kauf- bzw. Entscheidungsverhalten kommt, führen beim Overreporting die Panelteilnehmer aus Pflichtbewusstsein Käufe in ihrem „Journal" auf, die sie gar nicht getätigt haben. In beiden Fällen kommt es zu Verzerrungen.

Man unterscheidet beispielsweise zwischen dem **Verbraucherpanel**, dem **Werbepanel** sowie dem **Haushalts-** und dem **Handelspanel**.

Mithilfe eines Werbepanels können die Verhaltensweisen von Haushalten auf Werbeaktionen untersucht werden. So ermittelt das GfK-Fernsehzuschauer-Panel die Einschaltquoten. Beim Verbraucherpanel werden die Kaufgewohnheiten von Einzelpersonen oder Haushalten untersucht. Dies geschieht mit großen Stichproben (10000 und mehr Konsumenten). Dabei werden Panelhaushalte mit einem Barcodelesegerät ausgestattet, mit dem sie ihre eingekauften Waren direkt nach jedem Einkauf erfassen und die Daten online an das Marktforschungsunternehmen weiterleiten. Aus diesen Daten werden u.a. die Marktanteile oder die Verschiebung von Marktanteilen ermittelt. Darüber hinaus gibt es noch das Haushalts- und das Handelspanel, die nicht den Verbrauch, sondern den Einkauf im Handel untersuchen.

Ein Beispiel ist das „Sozio-oekonomische Panel (SOEP), [das] für die sozial-, verhaltens- und wirtschaftswissenschaftliche Grundlagenforschung Mikrodaten [bereitstellt]. Darüber hinaus werden die SOEP-Daten für die Sozialberichterstattung und Politikberatung genutzt. Das SOEP ist eine repräsentative Wiederholungsbefragung privater Haushalte in Deutschland, die im jährlichen Rhythmus seit 1984 bei denselben Personen und Familien in der Bundesrepublik durchgeführt wird. [...] Der Datensatz gibt Auskunft über objektive Lebensbedingungen, Wertvorstellungen, Persönlichkeitseigenschaften, den Wandel in verschiedenen Lebensbereichen und über die Abhängigkeiten, die zwischen Lebensbereichen und deren Veränderungen existieren."

Quelle: DIW Berlin (Hrsg.): Was ist das Sozio-oekonomische Panel?, online unter: https://www.diw.de/ sixcms/detail.php?id=299726 [24.10.2020].

Testmarkt

Beim Testmarkt handelt es sich um ein räumlich begrenztes Gebiet, auf dem Produkte, Werbekampagnen und -mittel unter normalen Bedingungen getestet werden, bevor sie später auf dem großen Gesamtmarkt eingesetzt werden. Die beobachtete Bevölkerung sollte möglichst repräsentativ sein, d.h. sich nach Alter, Geschlecht, Einkommen usw. prozentual genauso zusammensetzen wie der normale Markt. Erst wenn die Produkte auf dem Testmarkt ausreichend nachgefragt werden, werden diese auf dem Gesamtmarkt eingeführt. Darüber hinaus können Werbespots und andere Kommunikationsmittel getestet werden. Sind sie nicht erfolgreich, müssen sie geändert werden. Da die Tests unter realistischen Bedingungen ablaufen, sparen sich viele Organisationen Geld und Imageverluste.

„Der Ort Haßloch ist in Deutschland der erste Testmarkt, der professionell von einem Marktforschungsinstitut (konkret GfK – Gesellschaft für Konsumforschung) ständig geführt wird. […] Die Bewohner in Haßloch kommen dem deutschen Marktdurchschnitt so nahe, dass die GfK 3.000 Haushalte in die Marktforschung integriert hat. Viele namhafte Unternehmen nutzen diesen Testmarkt, um neue Produkte oder Marketingstrategien mit echten Verbrauchern zu testen, ohne selbst einen Testmarkt aufbauen zu müssen. Die teilnehmenden Haushalte in Haßloch sind mit ID-Karten ausgestattet, die beim Einkaufen in Haßloch verwendet werden und so der Marktforschung ein Bild des typischen Warenkorbes bieten. Auswirkungen durch Werbung und neue Produkte können so gut auf ganz Deutschland hochgerechnet werden."

Quelle: Reini Rossmann GmbH (Hrsg.): Testmarkt Hassloch, 02.05.2020, online unter: https://mein-wirtschaftslexikon.de/t/testmarkt-hassloch/ [24.10.2020].

Sonderformen

Zu den Sonderformen gehört u. a. die **Omnibus-Umfrage**. Dies bedeutet, dass sich mehrere Auftraggeber an einer Umfrage beteiligen. In vielen Fällen möchte man einem größeren Kreis lediglich ein paar Fragen stellen, die eine ausführliche Marktuntersuchung nicht rechtfertigen. In einer Omnibusumfrage werden daher die Fragen verschiedener Auftraggeber zu einem einzigen Fragebogen zusammengefasst und einer großen Gruppe vorgelegt.

Eine weitere Sonderform ist die **Multi-Client-Studie**. Hierbei handelt es sich um eine Studie über ein möglichst generelles Gebiet (z. B. Branche, Bevölkerung). Dabei werden die Studien nicht für einen einzelnen Auftraggeber durchgeführt, sondern für mehrere an diesem Thema Interessierte.

Als letzte Sonderform ist das **Data-Mining** zu erwähnen, das große Datenmengen analysiert. So fallen im Marketing immer mehr Daten an, die gezielt zusammengeführt werden müssen. Ziel des Data-Mining ist, Informationen über jeden einzelnen Kunden individuell zu sammeln und entsprechend für Marketingzwecke zu nutzen.

Aufgaben

1. Legen Sie die wissenschaftlichen Kriterien dar, die im Rahmen der Marktforschung eingehalten werden müssen.
2. Beschreiben Sie die „5 Ds" der Marktforschung.
3. „Wer nicht fragt, bleibt dumm", so ein Sprichwort. Übertragen Sie diese Aussage auf die Notwendigkeit der Marktforschung im Rahmen des Marketings.
4. Erstellen Sie eine strukturierte Übersicht über die aus Marketingsicht entscheidungsrelevanten Informationen. Ergänzen Sie diese um weitere wichtige Fragestellungen.
5. Überlegen Sie, inwiefern die im Rahmen der Marktforschung gewonnenen Informationen für das Marketing und für das Fortbestehen des Unternehmens wichtig sein können.
6. Zeigen Sie anhand von konkreten Beispielen die Aufgaben der Marktforschung auf. Erläutern Sie, inwieweit dadurch das Fortbestehen eines Unternehmens gewährleistet sein kann.
7. Analysieren Sie nachfolgende Informationsquellen/Statistiken, die im Rahmen der Marktforschung erstellt wurden.
    a) Welche Informationen können Sie anhand der vorliegenden Statistik für das Marketing eines Hörgeräteherstellers, eines Lebensmittelhändlers, eines Altenheims, eines Reiseanbieters usw. ableiten? Suchen Sie im Internet nach weiteren sinnvollen Entscheidungshilfen.

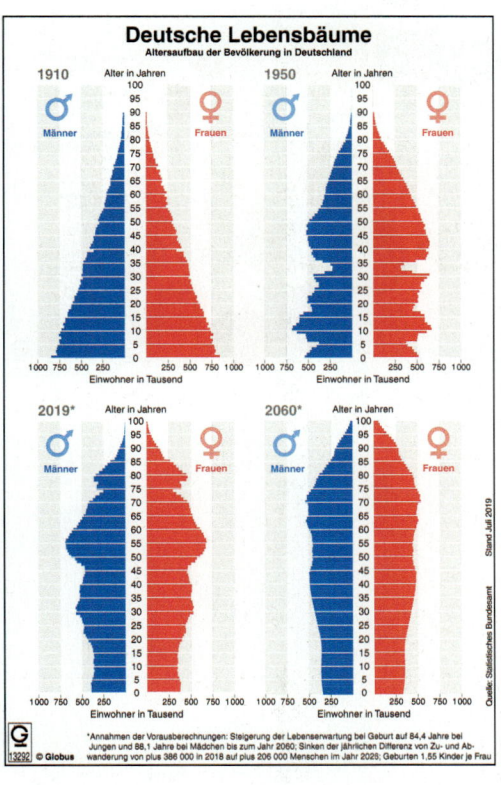

Deutsche Lebensbäume
Altersaufbau der Bevölkerung in Deutschland

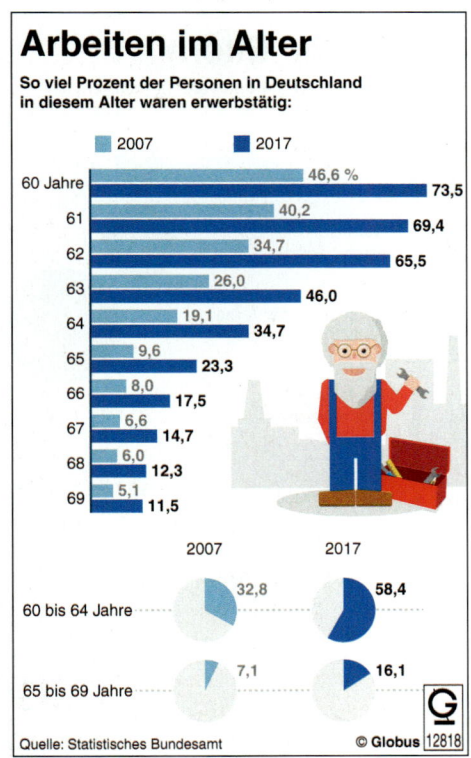

Arbeiten im Alter

So viel Prozent der Personen in Deutschland in diesem Alter waren erwerbstätig:

Quelle: Statistisches Bundesamt © Globus 12818

b) Das Bundesministerium für Familie, Senioren, Frauen und Jugend plant neben einem neuen Gesetz für die bessere Versorgung von Familien eine Marketingkampagne für Familien und Kinder. Welche entscheidungsrelevanten Informationen leiten Sie aus den nachfolgenden Statistiken ab? Welche Informationen wären darüber hinaus von Bedeutung?

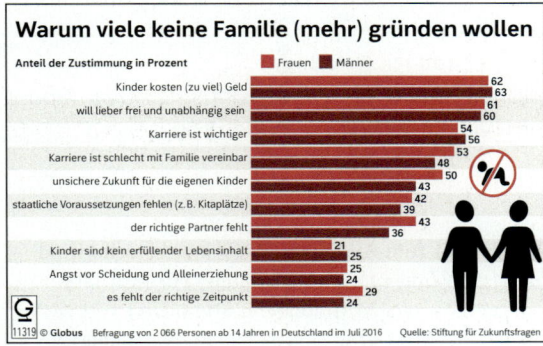

Warum viele keine Familie (mehr) gründen wollen

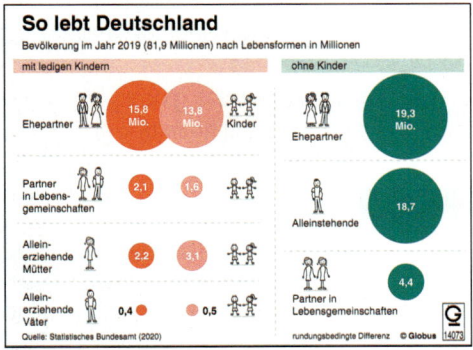

So lebt Deutschland

Wenn das Geld nicht reicht

So leben Kinder in Deutschland

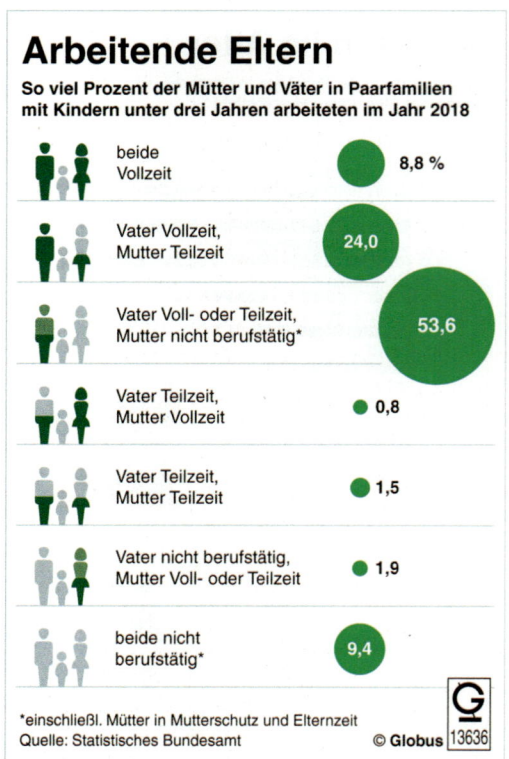

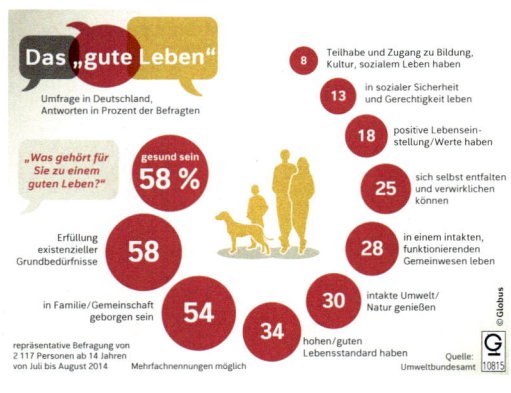

c) Sie überlegen für Ihr Unternehmen (z. B. Nachhilfebörse, Volkshochschule), eine Social-Media-Marketing-Kampagne zu starten. Überprüfen Sie mithilfe der nachfolgenden Ergebnisse aus der Marktforschung den Sinn bzw. die Notwendigkeit einer solchen Kampagne.

Eine erste Information finden Sie unter https://www.marketinginstitut.biz/marketing-beratung/studien/studie-social-media-marketing/.

Darüber hinaus gibt es einen ausführlichen Studienbericht zur Untersuchung „Kinder und Jugendliche in der digitalen Gesellschaft" vom Digitalverband BITKOM.

"

Das Handy gehört für viele Kinder schon in frühen Jahren zum Alltag. Mehr als jedes zweite Kind zwischen 6 und 7 Jahren (54 Prozent) nutzt zumindest ab und zu ein Smartphone, vor fünf Jahren war es erst jedes fünfte (20 Prozent). Und ab 10 Jahren ist das Smartphone ein Muss. Drei von vier Kindern (75 Prozent) haben in diesem Alter bereits ein eigenes Gerät. Das ist das Ergebnis einer repräsentativen Umfrage im Auftrag des Digitalverbands Bitkom unter mehr als 900 Kindern und Jugendlichen zwischen 6 und 18 Jahren. Tablet-Computer sind vor allem bei den Kleinen gefragt. Acht von zehn der 6- bis 7-Jährigen (78 Prozent) nutzen es zumindest gelegentlich, bei Jugendlichen zwischen 16 und 18 Jahren sind es nur noch 53 Prozent. „Smartphones und Tablets lassen sich aus der Lebenswirklichkeit von Kindern und Jugendlichen nicht mehr wegdenken. Sie sollten deshalb frühzeitig lernen, kompetent mit den Geräten umzugehen und sich sicher im Internet zu bewegen. Auf dem Weg in die digitale Welt müssen Eltern ihre Kinder sehr aufmerksam begleiten", sagt Bitkom-Präsident Achim Berg.

Wichtiger als das eigentliche Telefonieren ist Jugendlichen der Medienkonsum auf ihrem Smartphone. Neun von zehn (88 Prozent) der 10- bis 18-Jährigen jährigen Handy- bzw. Smartphone-Nutzer

"

streamen damit Musik, 87 Prozent schauen Videos. Mehr als drei Viertel (78 Prozent) nutzen die Kamera für Fotos oder selbstgedrehte Videos, sechs von zehn (61 Prozent) sind damit in sozialen Netzwerken unterwegs. Entsprechend bedeutend ist vielen ihr Smartphone. Mehr als die Hälfte (56 Prozent) sagt: Ein Leben ohne Handy kann ich mir nicht mehr vorstellen. Im Elternhaus müssen viele aber auch zwischendurch auf das geliebte Gerät verzichten. Für zwei Drittel (65 Prozent) gilt zu Hause in bestimmten Situationen Handyverbot. „Auch Kinder haben ein Recht auf digitale Teilhabe", so Berg. „Eltern haben die Aufgabe, ihren Kindern einen verantwortungsvollen Umgang mit dem Smartphone beizubringen. Dazu gehört auch, dass man sein Handy auch mal beiseitelegt."

Das Smartphone ist beliebt und schon Kinder lassen es sich etwas kosten. Im Durchschnitt geben die 10- bis 18-Jährigen, die im Besitz eines Smartphone sind,13 Euro monatlich für ihr Handy aus – inklusive der Kosten für Telefon- und Datentarife sowie Apps. Die Älteren zwischen 16 und 18 Jahren zahlen mit 17 Euro monatlich am meisten aber auch bei den 10- bis 11-Jährigen sind es bereits 8 Euro im Monat.

Quelle: Bitkom e. V. (Hrsg.): Mit 10 Jahren haben die meisten Kinder ein eigenes Smartphone, 28.05.2019, online unter unter: https://www.bitkom.org/Presse/Presseinformation/Mit-10-Jahren-haben-die-meisten-Kinder-ein-eigenes-Smartphone [24.10.2020].

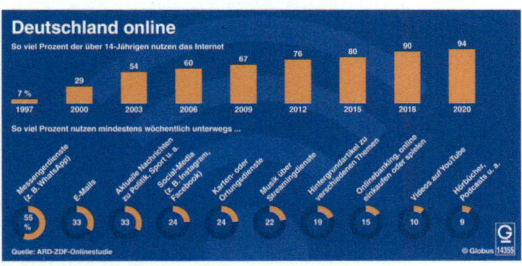

8. Erklären Sie den wesentlichen Unterschied zwischen der Sekundär- und der Primärmarktforschung.
9. Beurteilen Sie die Methoden der Sekundärforschung.
10. Vergleichen Sie nun die verschiedenen Methoden der Primärforschung, indem Sie in einer Übersicht festhalten, welche Methode für welche Situation am besten geeignet ist und die jeweiligen Vor- und Nachteile angeben.
11. Nehmen Sie zu der folgenden Aussage Stellung und übertragen Sie Ihre Interpretation auf den Non-Profit-Bereich.
    „Ich schätze, es gibt einen Weltmarkt für vielleicht fünf Computer" – nachgesagtes Zitat von Thomas Watson, Präsident der IBM (1943)

4   Instrumente des Marketingmix in sozialen Unternehmen

Nach ein paar Wochen schaut Maxi wieder bei Frau Stein vorbei, um sich nach den Auswertungsergebnissen der Umfrage zu erkundigen. „Die Befragungen waren wirklich gut. Jetzt haben wir sämtliche Informationsgrundlagen, mit denen wir weiterarbeiten können. Ein Ergebnis war beispielsweise, dass die Befragten im Alter grundsätzlich so lange wie möglich in der eigenen Wohnung bleiben möchten und das Altenheim als flexiblen und variablen Anbieter von Dienstleistungen nutzen möchten. Darüber hinaus müssen wir mehr für unser Image tun und an unserem Leistungsangebot arbeiten. Es steht uns viel Arbeit bevor." Nach einer kurzen Unterbrechung durch einen Angestellten berichtet Frau Stein weiter: „In der letzten Wochen habe ich daher unser gesamtes Personal in einer Teamsitzung gebeten, an einem neuen Leitbild bzw. Zielkatalog zu arbeiten. Sehen Sie, das ist das Ergebnis:"

> - Mit seinen Bedürfnissen und Interessen, seinen Stärken und Schwächen ist jeder Mensch einzigartig. Deswegen ist ein hohes Maß an Verständnis für jeden unserer „Kunden" Maxime unserer täglichen Arbeit.
> - Jeder Einzelne soll ein selbstbestimmtes Leben führen können, so weit und so lange ihm das möglich ist.
> - Das Recht auf ein harmonisches Miteinander, auf Geselligkeit und Kommunikation, aber auch auf Privatsphäre und Intimität gehören hier unbedingt mit dazu.
> - Verständnis und Respekt sind Leitlinien unserer Arbeit.
> - Die Förderung der Fort- und Weiterbildung hat bei uns einen hohen Stellenwert.
> - Mit den vorhandenen Ressourcen gehen wir verantwortlich und wirtschaftlich um.
> - Wir streben Netzwerke mit Pflegeverbänden sowie anderen Organisationen an.
> - Unsere Einrichtung soll in der Region für ihre gute Betreuung bekannt sein.
> - Wir möchten zu vernünftigen Preisen beste Qualität bieten.
> - Wir sind bestrebt, die finanziellen Mittel der öffentlichen Hand möglichst tief zu halten.
> - „Man ist da daheim, wo man verstanden wird."
>
> *vgl. BürgerSpitalStiftungAmberg (Hrsg.): Leitgedanke, online unter: https://buergerspital.amberg.de/index.php?id=40.*

Maxi ist begeistert. „Tolle Ziele! Aber wie setzt das Altenheim diese Ziele um?"

ARBEITSAUFTRÄGE

1. Überlegen Sie, welche Marketingmaßnahmen das Altenheim ergreifen kann, um seine Ziele zu erreichen.
2. Versuchen Sie diese zu Kategorien zu bündeln.

4.1   Marketinginstrumente

Es gibt zahlreiche Instrumente, die helfen, die festgelegten Ziele umzusetzen bzw. zu erreichen. Dies gilt sowohl für den Produktions- als auch für den Non-Profit-Bereich.

Analog zum Marketing für Produktionsgüter wird daher auch in sozialen Einrichtungen und Unternehmen eine Systematisierung der vielen verschiedenen Marketingmaßnahmen vorgenommen, indem sie zu vier Marketinginstrumenten – den **vier Ps** – zusammengefasst werden. Um den Besonderheiten des Dienstleistungsmarketings bzw. dem sozialen Bereich jedoch Rechnung zu tragen, werden drei weitere Bereiche ergänzt, sodass von den **sieben Ps** gesprochen wird:

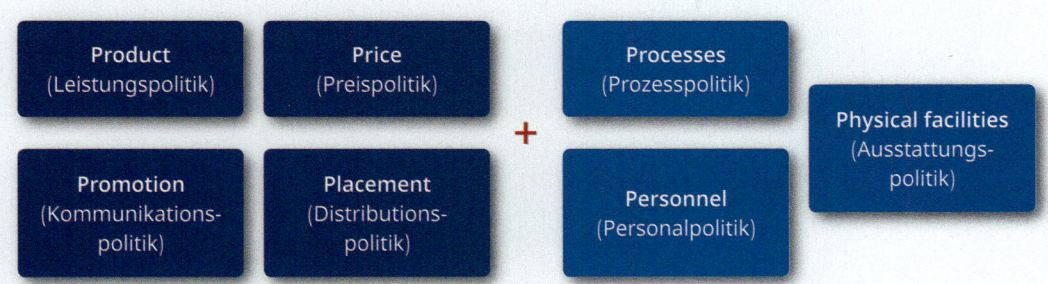

4.2   Produkt- bzw. Leistungspolitik

Am nächsten Tag trifft sich Frau Stein mit Frau Kleinfeld von der „Mach was" Werbeagentur. Die Leiterin des Altenheims bittet um fachmännischen Rat. „Ich weiß nicht, wie ich das alles angehen soll. Hauptsache, die Situation des Altenheims wird trotz der immer stärker werdenden Konkurrenz wieder besser."

Frau Kleinfeld, die bereits in mehreren großen Unternehmen gearbeitet hat, gibt ihr folgenden Tipp: „Entscheidend ist die Leistung, die Sie Ihren Kunden anbieten. Daher müssen Sie sich immer wieder die Fragen stellen: Welche Leistung will der Kunde? Welchen Nutzen erwartet er? Und wann kauft er die Leistung bei mir und nicht bei der Konkurrenz?"

Auch Non-Profit-Organisationen verlangen nach einer gezielten und kundenorientierten **Leistungspolitik**. Dabei müssen Entscheidungen hinsichtlich des Produkt- bzw. Leistungsprogramms, der Markenpolitik, einer evtl. Verpackung sowie eines E-Services getroffen werden.

Produkt- und Leistungsprogramm

Im Mittelpunkt einer jeden Organisation, egal, ob bei einem Produktionsbetrieb oder einem sozialen Unternehmen – steht das Angebot von Leistungen. Jenes muss so beschaffen sein, dass sich der Kunde letztlich für die Leistung und für den Betrieb entscheidet. Demzufolge hat das Management die zentrale Aufgabe, sich zunächst über die **Gestaltung und die Zusammensetzung des Leistungsprogramms** Gedanken zu machen.

Im Rahmen der Produkt- bzw. Leistungsgestaltung ist zwischen der Kern- und der Zusatzleistung zu unterscheiden. Während die **Kernleistung** (Core Mission) einen einzigartigen Grundnutzen (USP) für den Kunden schaffen soll, ist die **Zusatzleistung** (Supporting Services) dazu da, die Kernleistung zu ergänzen. Das heißt, jene sind zwar nicht unbedingt notwendig, stiften aber einen zusätzlichen Nutzen und machen somit die Kernleistung für den Kunden attraktiver.

Darüber hinaus hat auch eine Non-Profit-Organisation über die Zusammensetzung des Leistungsprogramms zu entscheiden. Allgemein kann hier zwischen einem breiten bzw. schmalen sowie einem tiefen bzw. flachen Leistungsprogramm unterschieden werden. Ist das Leistungsprogramm zu breit, muss die Zahl der Produkt- bzw. Leistungslinien reduziert werden.

 Eine soziale Einrichtung bietet die Betreuung für Kleinkinder, Schulkinder, Menschen mit Behinderung und Senioren an. Eine Unternehmensanalyse ergibt, dass das Leistungsspektrum zu breit ist und auf zwei Leistungslinien (z. B. Betreuung für Klein- und Schulkinder) verschmälert werden soll.

Währenddessen zeigt die Programm- bzw. Leistungstiefe an, wie viele Leistungen innerhalb einer Produkt- bzw. Leistungslinie angeboten werden. Sind dies zu viel, muss das Leistungsprogramm entsprechend flacher werden.

 Im Rahmen der Seniorenbetreuung bietet ein Altenheim Massagen, Gymnastik, Schwimmen, Radfahren, Walken, Basteln, Stricken, Musizieren usw. an. Aufgrund eines akuten Personalmangels muss das sehr tiefe Leistungsprogramm künftig etwas abgeflacht werden. Ab sofort werden nur noch drei Kurse pro Woche angeboten.

Geht man über diese allgemeine Betrachtung hinaus, gibt es im Hinblick auf die konkrete Gestaltung des Leistungsprogramms folgende Möglichkeiten:
- Neue Leistungen werden entwickelt und verwirklicht.
  (Leistungsinnovation in Breite und/oder Tiefe)
- Zu den bestehenden Leistungen kommen zusätzliche hinzu.
  (Leistungsdifferenzierung und -diversifikation)
- Bestehende Leistungen werden verändert.
  (Leistungsvariation)
- Einzelne, vorhandene Leistungen werden nicht mehr angeboten.
  (Leistungselimination in Breite und/oder Tiefe)

Leistungsinnovation und Leistungsdifferenzierung

Mit der **Leistungsinnovation** versucht eine Non-Profit-Organisation in erster Linie ihr Leistungsprogramm zu erweitern und somit die Absatzchancen zu verbessern. Dabei stellt die „neue" Leistung entweder eine völlig neuartige Leistung dar oder ist lediglich für diese Einrichtung neu (sogenanntes „Me-too-Produkt"[1]).

Ein Altenheim hat sich als deutschlandweit erste Senioreneinrichtung auf Facebook registriert und bietet seinen Bewohnern Facebook-Kurse an.

Aufgrund der Heterogenität der Bedürfnisse bei den Leistungsempfängern ist es sinnvoll, im Rahmen der **Leistungsdifferenzierung** zusätzlich zu den bestehenden Leistungen neue Leistungsvarianten anzubieten. Ziel ist, unterschiedliche und vor allem mehr Zielgruppen anzusprechen.

Eine Musikschule bietet künftig zusätzlich zu den Einzelstunden auch Gruppenkurse für Kinder, Jugendliche und Erwachsene an.

Leistungsdiversifikation

Andere soziale Einrichtungen und Unternehmen wiederum nehmen neue Leistungen mit in ihr Programm auf, die mit dem bisherigen Leistungsprogramm kaum etwas bzw. nichts zu tun haben. Mit dieser **Leistungsdiversifikation** wollen sie „auf mehreren Beinen stehen" und eine gewisse Risikostreuung erreichen. Im Allgemeinen werden drei verschiedene Arten der Leistungsdiversifikation unterschieden:

- Bei der **horizontalen Diversifikation** werden neue Leistungen, die auf der gleichen Wirtschaftsstufe stehen, in das Programm mit aufgenommen. Oft haben diese neuen Leistungen den gleichen Kundenkreis oder runden das Angebot aus der Sicht der Kunden ab.

Ein Seniorenheim bietet zusätzlich zur Betreuung Leistungen wie Arztbesuche oder Familienfeiern an.

- Eine **vertikale Diversifikation** liegt vor, wenn eine Einrichtung vorausgehende oder nachgelagerte Leistungen selbst mit anbietet.

Das obige Altenheim bietet über die Betreuungsleistung hinaus einen Umzugsservice sowie eine Trauerbegleitung an.

---

[1] Bei einem „Me-too-Produkt" handelt es sich um eine Kopie oder eine Veränderung eines sich bereits auf dem Markt befindlichen Konkurrenzprodukts.

- Eine Non-Profit-Organisation betreibt **laterale Diversifikation**, indem sie neue Leistungen mit in ihr Angebot aufnimmt, die in keinerlei Zusammenhang zu ihrem bestehenden Leistungsprogramm stehen.

 Neben der Pflege- und Betreuung von Senioren ist das Altenheim in der Entwicklungshilfe aktiv.

Leistungsvariation und -elimination

Werden hingegen bereits bestehende Leistungen modifiziert bzw. leicht abgeändert, liegt eine **Leistungsvariation** vor. In Industriebetrieben spricht man in diesem Zusammenhang vom sogenannten „Relaunch". Durch die jeweiligen Veränderungen oder Verbesserungen in der Leistungseigenschaft sollen neue Kunden gewonnen bzw. die bestehenden Kunden zur weiteren Nutzung bewegt werden. Eine Leistungsvariation kann auf unterschiedliche Weise erfolgen:

- Angebot von Zusatzleistungen (z. B. Getränke im Foyer eines Altenheimes; Seniorencard)
- Veränderung von Art und Umfang der Einbeziehung des Leistungsnachfragers in den Leistungsprozess (z. B. häusliche Pflege oder Abholdienst für Theaterbesuch)
- Automatisierung und Veredelung der Leistung (z. B. zusätzliche medizinische Leistungen durch Hightech-Geräte oder Verkauf einer Aufzeichnung der Weihnachtsfeier)
- zeitliche Veränderungen des Leistungsprozesses (z. B. Minimierung der Fahrzeit ins Krankenhaus oder Reduzierung der Wartezeit beim Mittagessen)

Neben den Überlegungen, Leistungen zu ändern bzw. neue Leistungen mit in das Leistungsprogramm aufzunehmen, muss auch über eine mögliche **Leistungselimination**, die Herausnahme einer Leistung aus dem Angebot, entschieden werden. Gründe für eine Elimination sind u. a. Engpässe, nicht mehr zeitgemäße Angebote, neue gesetzliche Regelungen oder eine Nichtannahme der betreffenden Leistung durch die Kunden.

 Ein Altenheim bietet aufgrund eines Personalengpasses künftig keine Musikkurse mehr an.

Markenpolitik

Viele Leistungsangebote sind für die Kunden oft zum Verwechseln ähnlich. Erst durch eine **Kennzeichnung mit Marken** heben sich die ansonsten fast identischen Leistungen von denen der Konkurrenz ab. Allerdings wird die Markenführung trotz ihres großen Nutzens im Non-Profit-Bereich bislang noch weitgehend stiefmütterlich behandelt.

Markennutzen aus Kundensicht	Markennutzen aus Organisationssicht
<ul><li>erleichtert Wiedererkennung</li><li>schafft Vertrauen</li><li>ist ein Indikator für Qualität</li><li>hilft bei der Beurteilung</li><li>ist bei der Auswahl behilflich (Orientierungshilfe)</li><li>bietet einen Zusatznutzen durch Imagefunktion</li></ul>	<ul><li>hilft bei der Differenzierung und Abhebung von der Konkurrenz</li><li>trägt zur klaren Positionierung bei</li><li>Ein Anstieg des Absatzes ist möglich.</li><li>wird meist durch die Kunden bevorzugt (Stammkunden)</li></ul>

 Eine bekannte und vertraute Marke hilft potenziellen Spendern bei der Auswahl zwischen den verschiedenen Non-Profit-Organisationen und dient zudem als wichtiger Indikator für die zweckgerichtete Verwendung der Spendengelder.

Demzufolge ist der Aufbau einer starken Markenidentität notwendig. Hierbei handelt es sich um das sogenannte „Markengesicht" (analog zur menschlichen Persönlichkeit), das die wichtigsten, wesensprägenden und charakteristischen Merkmale einer Non-Profit-Organisation umfasst. Entscheidend ist dabei, dass das Fremdbild der Marke dem Selbstbild entspricht.

 Im Jahr 2010 erhielten die „SOS-Kinderdörfer weltweit" einen Sonderpreis des Marken-Award verliehen. In der Begründung für die Preisverleihung lautete es wie folgt: „SOS-Kinderdörfer Weltweit hat  erkannt, dass soziale Bedeutung auch einer aktuellen Präsentation in der Öffentlichkeit bedarf. Die 2008 überarbeitete Marke […] unterstreicht diese Absichten: Respektvolles Miteinander ist die größere Idee gegenüber dem ‚karitativen Geben', das ‚Dorf' ist nicht mehr ein Produkt, sondern das Leitmotiv. Würde und Verantwortung stehen im Zentrum des Handelns und der Markenkommunikation und keineswegs Betroffenheit."

Quelle: Management Forum der Handesblatt Media Group GmbH (Hrsg.): SOS-Kinderdörfer Weltweit – Change statt Charity, online unter: http://www.marken-award.de/Preistraeger/2010.php [24.10.2020].

Grundsätzlich lassen sich verschiedene markenstrategische Optionen unterscheiden. Im sozialen Bereich dominiert die **Dachmarkenstrategie**. Sie ist dadurch gekennzeichnet, dass sämtliche Produkte und Leistungen unter einem Markennamen zusammengefasst werden (z.B. Deutsches Rotes Kreuz, Greenpeace, Deutscher Olympischer Sportbund).

 Deutsches Rotes Kreuz: Alten- und Pflegeheime, Ambulante Pflege, Amtliches Auskunftsbüro, Babysitterausbildung und -vermittlung, Einrichtungen für Menschen mit Behinderung, Fahrdienst zur Beförderung von Menschen mit Behinderung, Beratung für Krebskranke, Beratung zu Mutter-/Vater-Kind-Kuren, Beratung zur Pflegeversicherung, Bereitschaften, Betreutes Reisen, Betreutes Wohnen, Bewegungsprogramme, Blutspende, Bundesfreiwilligendienst usw.

Bei der **Markenfamilienstrategie** hingegen werden mehrere Leistungen einer Kategorie unter einer Marke geführt. Ein Beispiel hierfür findet findet sich bei MISEREOR, dem Entwicklungshilfswerk der katholischen Kirche, das Projekte der Entwicklungszusammenarbeit, Bildungsangebote, Kampagnen und Bücher und Zeitschriften zum Thema „Eine Welt" unter dieser Bezeichnung integriert.

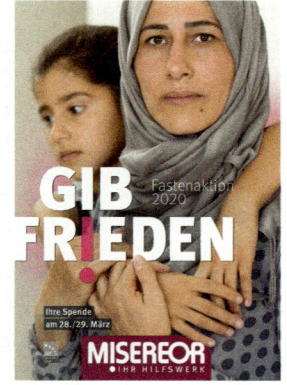

Neben diesen beiden markenpolitischen Hauptstrategien sind noch die unbedeutenderen **Einzel- und Mehrmarkenstrategien** sowie die Markentransferstrategie und das **Co-Branding** zu unterscheiden.

Ein Beispiel für klassische Co-Brands ist die Card von Visa, American Express u.a. internationalen Organisationen für Kreditkarten.

Verpackung

Neben einer gezielten Markenpolitik und einem optimalen Produkt- bzw. Leistungsprogramm ist in einigen sozialen Einrichtungen auch eine **kundengerechte Verpackungsgestaltung** von entscheidender Bedeutung. Dabei erfüllt die Verpackung meist mehrere Funktionen: Transportschutz, Standardisierung, Ge- und Verbrauchserleichterung, Zusatznutzen, Produktaufwertung, Sammelpackung, Kombinationspackung, Produktinformation und Werbeträgerfunktion.

E-Service

Im Rahmen der Leistungspolitik wird der Einsatz von **Electronic Services** immer wichtiger. Die Erstellung von Leistungen über das Internet konzentriert sich meist nur auf die Weitergabe von Informationen. Oftmals handelt es sich bei den im Internet angebotenen Leistungen um Ergänzungen einer offline angebotenen Kernleistung. Dies bedeutet, dass Informationen speziell auf die Wünsche der Leistungsempfänger zugeschnitten werden können. Beispielsweise in Form eines Chats, Newsletters, Reservierungssystems, als E-Mail, Download, Video, Podcast oder Facebook-Mitgliedschaft.

Allerdings steigt die Bedeutung von E-Service in den letzten Jahren kontinuierlich an.

- Die Bürger haben zwar nach wie vor die Möglichkeit, das Einwohnermeldeamt ihrer Stadt aufzusuchen, sie haben mittlerweile aber auch die Möglichkeit, Leistungen wie das An- und Abmelden eines Wohnsitzes sowie entsprechende Formulare über das Internet zu beziehen (E-Government).
- Am Beispiel der Fernuniversität wird deutlich, dass Lehrleistungen auch über interaktive Kanäle wie das Internet vertrieben werden.

4.3   Kontrahierungspolitik

Eine Angestellte bittet Frau Stein die Leiterin des Altenheims, um die Weitergabe wichtiger Informationen: „Guten Tag, Frau Stein! Gerade sind drei Senioren da, die sich nach dem Preis für den Yoga-Kurs erkundigen möchten. Wissen Sie zufällig, wie hoch dieser ist? Haben wir ein Rabattsystem? Und, bevor ich es vergesse, vor einer halben Stunde war Familie Berger hier, um das Altenheim zu besichtigen. Leider kam es zu keinem Kontrakt, da wir angeblich zu teuer sind!"

Kontrakte sind Verträge und Vereinbarungen, in denen festlegt wird, zu welchen Bedingungen eine Leistung bzw. ein Produkt veräußert wird. Genau genommen umfasst die sogenannte **Kontrahierungspolitik** daher alle Entscheidungen bezüglich der Höhe des Preises, der Rabatte sowie der Lieferungs- und Zahlungsbedingungen oder des Services.

Preispolitik

Ein wichtiges Kriterium für die Inanspruchnahme einer Leistung oder den Kauf eines Produktes ist oftmals der „richtige" Preis. Aufgabe der **Preispolitik** ist daher, das optimale Preis-Leistungs-verhältnis zu bestimmen. Der Begriff „Preis" wird traditionell als monetäre Gegenleistung (Entgelt) eines Käufers für ein Wirtschaftsgut definiert. Im Zusammenhang mit Non-Profit-Leistungen ist die Verwendung des Terminus „Preis" jedoch eher selten anzutreffen.

Erscheinungsformen des Preisbegriffs in Non-Profit-Organisationen			
Preisbegriff	Beispiele	Preisbegriff	Beispiele
Preis/ Leistungsentgelt	Eintrittspreis für Museum/ Theater, Preis für fair gehandelte Produkte	Lizenzgebühr	Lizenzgebühren für Patente
Gebühr	Abfallentsorgungsgebühr, Kurtaxe, Bearbeitungsgebühren, Vermittlungsgebühr einer Mitfahrzentrale	Gage	Gage für einen Künstler oder für das Engagement eines Theaterensembles
Beitrag	Mitgliedsbeitrag im Sportverein	Honorar	Beratungshonorar
Steuer	Kirchensteuer	Satz	Pflegesatz
unbare Tauschgeschäfte	solidarische Tauschgemeinschaft, organisierte Nachbarschaftshilfe	Tarif	Tarif des öffentlichen Nahverkehrs

Quelle: Bruhn, Manfred: Marketing für Nonprofit-Organisationen: Grundlagen, Konzepte, Instrumente. 2. Auflage. Stuttgart: Kohlhammer 2012, S. 322.

Eine Besonderheit im sozialen Bereich besteht in der Immaterialität vieler Leistungen. Folglich ist es schwer, den „richtigen" Preis und die Zahlungsbereitschaft der Leistungsempfänger abzuschätzen.

 Ein Museum weiß beispielsweise nicht, welcher Preis für einen Museumsbesuch noch als vertretbar gilt; das gleiche gilt für eine Beratungsstelle.

Eine Möglichkeit, die tendenzielle Zahlungsbereitschaft der Kunden festzustellen, ist eine Marktanalyse, die den Markt hinsichtlich eines „sozial fairen" Preises untersucht.

Darüber hinaus ist der Preis von den diversen **Zielsetzungen** der sozialen Einrichtungen und Unternehmen abhängig. So verfolgen viele Organisationen im Rahmen der Preispolitik spezifische, im Leitbild verankerte und **am Gemeinwohl orientierte** Ziele. Hierunter fallen u. a.

- die Erschließung von Leistungen für breite Bevölkerungsschichten (z. B. Museen),
- die Auslösung von Verhaltensänderungen bei den einzelnen Leistungsempfängern (z. B. Unterstützung der sportlichen Betätigung durch günstigeren Zugang zu Sporteinrichtungen),
- die Verbesserung der Lebensqualität (z. B. günstigere Tarife des öffentlichen Nahverkehrs, um den Individualverkehr in den Innenstädten zu reduzieren und die Umwelt- bzw. Lärmbelästigung zu reduzieren) sowie
- eine gerechtere Verteilung innerhalb unterschiedlicher Anspruchsgruppen (z. B. unterschiedliche Tarife im Schwimmbad für Kinder, Erwachsene und Senioren).

Seit einigen Jahren übernimmt der Preis in zahlreichen Non-Profit-Organisationen auch **in wirtschaftlicher Hinsicht** (Kostendeckung, Gewinnmaximierung, Kostenbeteiligung) eine wichtige Funktion. So ist es für viele Einrichtungen im Bereich des freien Marktes (z. B. Essen auf Rädern, privates Altenheim) nicht mehr ausreichend, nur **kostendeckend** zu arbeiten. Vielmehr zielen jene darauf ab, **gewinnorientiert** zu arbeiten. In Anbetracht des stetig wachsenden Konkurrenzdrucks und der höheren Kundenansprüche können dann mithilfe der Überschüsse wichtige Investitionen vorgenommen werden.

Selbst Einrichtungen aus dem Zuschuss- und Zuwendungsbereich (z. B. öffentliche Schwimmbäder, Büchereien) erheben Preise bzw. Gebühren, um nicht vollständig von staatlichen Subventionen abhängig zu sein und sich an den Investitionskosten zumindest **anteilsmäßig zu beteiligen**. Allein der ideelle Bereich (z. B. Ehrenamt), der hauptsächlich durch eigene Mittel, Spenden oder Sponsoring getragen wird, verlangt nur selten Preise für seine Leistungen.

Daneben existieren für viele soziale Einrichtungen und Unternehmen zahlreiche **gesetzliche Regelungen**, nach denen die „Preise/Gebühren" erhoben werden müssen und die den Handlungsspielraum stark eingrenzen (z. B. Apotheken, Ärzte). Erschwerend kommt hinzu, dass die Kosten von den zuständigen **Kostenträgern** (z. B. Pflegeversicherung) anteilsmäßig mit übernommen werden und somit die eigentliche Entgelthöhe nicht mehr ersichtlich ist.

Vor dem Hintergrund der eben beschriebenen Rahmenbedingungen und Zielsetzungen hat eine Non-Profit-Organisation **mehrere Möglichkeiten der Preisbildung**. Im Rahmen der **kostenorientierten** Preisbildung werden in erster Linie die Kosten berücksichtigt, die für die Herstellung und Bereitstellung der Leistungen entstehen. Diese Form der Preisbildung ist insbesondere auf Märkten zu finden, auf denen die Nachfrager wenig Einfluss haben (z. B. staatlich beeinflusste Märkte wie der Gesundheitsmarkt). Auf Monopol- oder Oligopolmärkten wird zu den kalkulierten Kosten noch ein entsprechender Gewinnaufschlag hinzugerechnet. Für Käufermärkte mit hoher Konkurrenz (Polypol) ist eine kostenorientierte Preisbildung jedoch problematisch. So würden sich Produkte mit einem zu hohen Preis nur schwer verkaufen lassen. Die kostenorientierte Preisbildung ermittelt aber unabhängig vom Markt den Preis, den eine Leistung dauerhaft mindestens haben muss, um die Kosten zu decken.

Bei der **nachfrageorientierten** Preisbildung hingegen orientiert sich ein soziales Unternehmen in erster Linie an der Reaktion der Kunden. Generell erzielt ein hoher Preis einen Rückgang der Nachfrage, während ein niedriger Preis zu einer höheren Nachfrage verhilft. Dominieren jedoch die **Wettbewerber** den Markt, so bestimmen nicht mehr die Kunden den Preis, sondern die Konkurrenten.

Ist der Preis für ein Produkt bzw. eine Leistung weitgehend festgelegt, können mithilfe verschiedener **Preisstrategien** weitere Feinabstimmungen vorgenommen werden. Die nachfolgenden Aufführungen geben einen Überblick über die am Markt gängigen Preisstrategien. Einige von ihnen sind jedoch für den Einsatz in sozialen Unternehmen bzw. Organisationen nur begrenzt geeignet.

Preisstrategien auf Wettbewerbsmärkten	
Strategie der Preisuntergrenzen Der selbst kalkulierte Preis wird unterboten.	
kurzfristige Preisuntergrenze	Der Preis entspricht den variablen Stückkosten eines Produktes. Der Deckungsbeitrag ist Null, d. h., es werden lediglich die variablen Kosten, nicht aber die fixen Kosten gedeckt (z. B. bei Produkteinführung, Verdrängung eines Konkurrenten, Jubiläum).

Preisstrategien auf Wettbewerbsmärkten	
langfristige Preisuntergrenze	Der Preis deckt alle Kosten, allerdings wird kein Gewinn erwirtschaftet (z. B. Verdrängung eines Konkurrenten).
Marktorientierte Preisstrategien Das Nachfrageverhalten der Kunden und die Preise der Konkurrenten werden berücksichtigt.	
Marktpreisstrategie	Hier wird für die Leistung bzw. das Produkt der durchschnittliche Marktpreis angesetzt (kein Preiskampf).
Hochpreisstrategie	Die Organisation legt einen hohen Einführungspreis fest und behält diesen bei (hohe Qualität/gutes Image).
Niedrigpreisstrategie	Der Preis liegt dauerhaft unter dem durchschnittlichen Marktpreis.
Rahmabschöpfungsstrategie (Skimming-Preisstrategie)	Bei der Einführung eines neuen Produkts bzw. einer neuen Leistung wird zunächst ein hoher Preis festgelegt, der später Schritt für Schritt gesenkt wird. Mit jeder Preissenkung wird eine weitere Käuferschicht erreicht (z. B. bei techn. Neuerungen).
Penetrationsstrategie	Bei der Markteinführung will man die Kunden mit niedrigen Preisen zum Kauf motivieren. Nach und nach werden die Preise erhöht (z. B. bei Neueröffnung einer Massagepraxis).
Psychologische Preisstrategien Es werden psychologische Preise festgelegt, sodass der Kunde den Eindruck erhält, preiswert einzukaufen.	
Strategie der runden Preise	Hier liegt der Preis gering unter einem runden Preis (z. B. 9,90 € statt 10,00 €).
Strategie der abfallenden Zahlenreihen	Die Kunden halten abfallende Zahlenreihen für günstiger als gleiche oder aufsteigende (z. B. 32,10 € statt 34,50 €).
Strategie der Multipackpreise	Mehrere Produkte werden in Sammelpackungen angeboten, wodurch der Kunde meint, er habe die Ware besonders günstig gekauft (z. B. eine Dreierpackung zu 10,50 € statt drei Packungen zu je 3,50 €).
Preisdifferenzierungsstrategie Es wird versucht, sich den besonderen Bedingungen des Marktes anzupassen, indem das gleiche Produkt zu unterschiedlichen Preisen angeboten wird. Ziel ist, das Nachfrageverhalten der Marktteilnehmer zu beeinflussen und das Produkt allen zugänglich zu machen. Somit unterstützt die Preisdifferenzierung auch die einkommensschwachen Segmente. Voraussetzung ist aber, dass sich der Gesamtmarkt in Teilmärkte aufteilen lässt und für die Kunden ein Zugang zu den anderen differenzierten Märkten nur schwer oder gar nicht möglich ist.	
Zeitliche Preisdifferenzierung	Günstigere Preise in nachfrageschwächeren Zeiten oder in Abhängigkeit vom Zeitpunkt des Kaufs. Dadurch werden die Produktionskapazitäten gleichmäßiger ausgelastet (z. B. die Kinovorstellung am Vormittag ist günstiger als die Abendvorstellung).
Räumliche Preisdifferenzierung	Günstigere Preise in unterschiedlichen Regionen bzw. räumlich abgrenzbaren Gebieten (z. B. in München ist der Eintrittspreis für eine Ausstellung teurer als in Passau).
Abnehmerorientierte Preisdifferenzierung	Günstigere Preise in Abhängigkeit von verschiedenen abnehmerbezogenen Merkmalen wie Alter, Familienstand, Geschlecht oder Beruf (z. B. Schüler und Rentner müssen einen geringeren Eintrittspreis für das Schwimmbad bezahlen).

Preisstrategien auf Wettbewerbsmärkten	
Mengenorientierte Preisdifferenzierung	Günstigere Preise in Abhängigkeit von der Anzahl der nachgefragten Leistungseinheiten (z. B. Saisonabonnement für ein Theater; Monatsfahrkarte oder Zehnerkarte für die U-Bahn).
Leistungsorientierte Preisdifferenzierung	Günstigere Preise in Abhängigkeit von der Art und dem Umfang der angebotenen Leistung (z. B. je niedriger die Pflegestufe, desto weniger muss bezahlt werden).
Preisbündelung Es werden verschiedene Leistungen bzw. Produkte im Verbund – als Servicepaket – mit einem gewissen Preisvorteil angeboten. Primäres Ziel ist, die Kapazitäten gleichmäßig auszulasten und die Nutzung bisher wenig in Anspruch genommener Leistungen zu erhöhen.	
Preisbaukasten (ungebündelt)	Alle Leistungen können einzeln bezogen und mit anderen Leistungen frei kombiniert werden (z. B. in einem Wellness-Hotel können je nach Interesse verschiedene Anwendungen gebucht werden).
Pure Bundling (reine Bündelung)	Für den Kunden besteht nicht die Möglichkeit, die zu einem Kombinationspreis angebotene Leistung einzeln zu erwerben (z. B. eine Übernachtung in der Jugendherberge ist nur in Kombination mit Frühstück möglich).
Mixed Bundling (gemischte Bündelung)	Es besteht die Möglichkeit, die Leistung einzeln oder als Leistungspaket mit Preisvorteil zu beziehen (z. B. kann nur ein Frühstück oder nur eine Übernachtung gebucht werden oder man bucht das Servicepaket „Frühstück + Übernachtung" zum ermäßigten Preis).

Unabhängig von den Preisstrategien im Rahmen der nachfrage-, wettbewerbs- und kostenorientierten Preisbildung sind Preise nicht als dauerhafte und fixe Größe anzusehen. Vielmehr ist für den langfristigen Erfolg einer Einrichtung entscheidend, inwieweit sie die Entwicklung der Preise überprüft und wie flexibel jene in der Preisanpassung ist.

 Frau Stein möchte den Yoga-Kurs unbedingt anbieten. Folglich reduziert sie für die drei Senioren, die auch noch zwei andere Kurse besuchen, die Kursgebühr um die Hälfte (mengenorientierte Preisdifferenzierung).

Rabattpolitik

Neben einer guten und differenzierten Preispolitik setzen manche Non-Profit-Organisationen zusätzlich auf die **Rabattpolitik**. Rabatte sind Preisnachlässe, die die Kunden in Abhängigkeit von bestimmten Kriterien erhalten. Im Allgemeinen werden Rabatte eingesetzt, um gültige Preise (Preisliste) entsprechend differenzieren zu können. Grundsätzlich wird zwischen Personal-, Saison-, Mengen-, Natural- und dem Treuerabatt unterschieden. Weitere Formen des Rabatts sind der Skonto (Preisnachlass von 1,5 %–3,0 % bei Barzahlung oder Banküberweisung innerhalb eines bestimmten Zeitraums) und der Bonus (prozentualer Preisnachlass am Jahresende in Abhängigkeit von der gesamten Abnahmemenge oder vom Gesamtumsatz).

Lieferungs- und Zahlungsbedingungen, Service

Darüber hinaus können mit der Inanspruchnahme einer Leistung bzw. dem Erwerb eines Produktes Vereinbarungen bezüglich der **Lieferungs- und Zahlungsbedingungen** sowie des **Services** getroffen werden. In der Regel hat der Kunde die erbrachte Leistung bzw. das Produkt abzuholen. Wird sie dagegen gebracht, muss der Käufer die anfallenden Transport-, Verpackungs- und Versicherungskosten übernehmen. In vielen Fällen werden diese jedoch von den Verkäufern übernommen, um die Kunden letztlich zur Kaufentscheidung zu bewegen.

Ferner runden die verschiedenen Zahlungsbedingungen (Barzahlung, Anzahlung, Vorauszahlung, Nachnahme, Rechnung, Leasing usw.) das Leistungsangebot eines Betriebes ab.

Ein ebenfalls wichtiges Instrument zur Gewinnung von Kunden und zum Halten von bestehenden Kunden ist der Service vor, während und nach dem Kauf des Produktes bzw. der Inanspruchnahme der Dienstleistung.

Eine Werkstatt für Menschen mit Behinderung übernimmt die Anlieferung von kleinen Holztischen in ein Altenheim. Gleichzeitig erhält dieses eine Rechnung mit einem Mengenrabatt von zehn Prozent. Bei Bezahlung innerhalb von vierzehn Tagen dürfen noch einmal zwei Prozent Skonto abgezogen werden. Bevor die Tische gefertigt wurden, fand ein ausführliches Kundengespräch bezüglich der Größe und der Farbe statt. Für den Fall, dass in den nächsten drei Jahren Schäden an den Holztischen entstehen oder die Farbe abblättert, werden diese nachgebessert.

4.4 Distributionspolitik

Nachdem Familie Berger endgültig abgesagt hat, macht sich Frau Stein um die Zukunft ihres Altenheims Sorgen. Sie hat Fragen über Fragen: „Inwieweit ist der Standort des Altenheims für die Betreuung und Pflege von Senioren überhaupt geeignet? Wie erreiche ich unsere potenziellen Kunden besser? Auf welche Art und Weise können unsere Betreuungsleistungen künftig den Senioren angeboten werden?"

Wie alle anderen Marketinginstrumente unterstützt auch die **Distributionspolitik** den Austauschprozess zwischen einem Unternehmen und seinen Kunden. Konkret befasst sie sich mit der Verteilung der Produkte und Dienstleistungen (Verteilungspolitik). Folglich ist sie für die Gestaltung aller logistischen und akquisitorischen Entscheidungen, die auf dem Weg einer Leistung von der Non-Profit-Organisation zum Endkunden getroffen werden müssen, zuständig. Das Ziel ist, die einzelnen Produkte oder Dienstleistungen in der richtigen Menge, am richtigen Ort, zur richtigen Zeit und permanent bereitzustellen.

Für einen Rettungsdienst ist das entscheidende Kriterium, schnell erreichbar und zügig am Unfallort zu sein. Demzufolge ist es wichtig, dass die Rufnummer des Rettungsdienstes bekannt ist und permanent ein ausreichender Fuhrpark vorhanden ist.

Akquisitorische Distribution

Aufgabe der akquisitorischen Distribution ist u. a. die Information der jeweiligen Anspruchsgruppen. Dabei geht es um die Frage, welchen Anspruchsgruppen in welcher Form zu welcher Zeit welche Informationen zur Verfügung gestellt werden. Ziel ist, auf der Basis eines optimalen Absatzweges einen Kontakt zu den Kunden aufzubauen und jene an die Non-Profit-Organisation zu binden (z. B. Informationen für Spender oder Leistungsempfänger). Im Rahmen der Optimierung der Absatzwege befasst sich die akquisitorische Distribution noch mit dem Verkauf der Ware bzw. den sogenannten kontrahierungswirksamen Aufgaben (z. B. Spendeneinzahlung oder Ticketbestellung).

Folglich ist die **Gestaltung der Absatzwege** für den Erfolg einer Einrichtung von entscheidender Bedeutung. Zumal jene in erster Linie den Weg, den ein Produkt oder eine Dienstleistung vom Betrieb zum Kunden geht, für längere Zeit festlegen. Grundsätzlich kann zwischen den beiden Grundformen eines direkten und indirekten Vertriebs unterschieden werden.

Direkter Vertrieb		Indirekter Vertrieb
□ Die Erbringung und Übermittlung einer Leistung bzw. die Produktion und Lieferung eines Produktes erfolgt durch die gleiche Organisation. □ Verzicht auf Absatzmittler □ Wegen des uno-actu-Prinzips bei sozialen Leistungen vor allem im Non-Profit-Bereich auffindbar.		□ Einsatz eines Absatz- bzw. Leistungsmittlers □ Der Absatzmittler tritt als reiner Verkäufer der Leistung bzw. des Produkts auf. □ In einigen Fällen übernimmt er Teile der Leistungserstellung.
Unmittelbarer Direktvertrieb	**Mittelbarer Direktvertrieb**	
Zentralisierte Vertriebsform, d. h., eine Organisation stellt ihre Leistungen meist an einer zentralen Stelle zur Verfügung.	Eine Organisation bietet ihre Leistungen bzw. Produkte an unterschiedlichen organisationseigenen Stellen an.	
Eigenvertrieb	Filial- oder Franchisesystem, Onlinevertrieb	Groß-/Einzelhandel, Vertragshändler, Haus-zu-Haus-Verkauf, Messen/Ausstellungen, Onlinehandel
z. B. Krankenhaus, Altenheim, Theater	z. B. regionale Stationen der Arbeiterwohlfahrt; Onlinevertrieb von Eintrittskarten, die per Post gesendet werden; Drogenberatung im Internet; Goodwill Industries International aus den USA als Charity Franchising, d. h., gegen Entgelt wird den rechtlich selbstständigen Unternehmern das Recht eingeräumt, bestimmte Dienstleistungen usw. unter Verwendung von Namen, Warenzeichen, Ausstattung usw. anzubieten	z. B. Zeitung verkauft Eintrittskarten für ein Theater; Dritte-Welt-Läden; Kommunen übernehmen Leistungen, die von den Ländern per Gesetz oder Richtlinie beschlossen wurden; Hersteller von Pharmaprodukten oder Sanitäranlagen
Kombinierter Vertrieb		
Vor allem bei kulturellen Dienstleistungen (z. B. Theater), bei denen zum einen eigene Verkaufsstellen unterhalten werden, zum anderen die Dienstleistung über Reisebüros, Internetportale usw. angeboten werden. Vorteil ist die erhöhte Marktabdeckung, Kunden können entsprechend ihren Bedürfnissen angesprochen werden. Gleichzeitig besteht eine gewisse Gefahr in der mangelnden Koordination und Abstimmung der Absatzwege.		

Logistische Distribution

Im Gegensatz zur akquisitorischen Distribution – die lediglich Entscheidungen über die Art des Absatzweges verlangt – umfasst die logistische Verteilung sämtliche standort-, lager- und transportpolitischen Aufgaben, mit denen räumliche und zeitliche Distanzen überwunden werden. Entscheidend ist der Transfer, d.h., die Leistung bzw. das Produkt muss zur richtigen Zeit in der richtigen Menge den richtigen (physischen) Weg zum richtigen Abnehmer finden.

 Im Rahmen einer Hilfsaktion werden finanzielle Mittel und Sachspenden gesammelt und entsprechende Entscheidungen über zentrale oder dezentrale Sammelstellen sowie die Lagerhaltung und den Transport getroffen. Es gilt, die Sachspenden in den Krisenregionen gerecht und zum passenden Zeitpunkt zu verteilen.

Zentrale Aufgabe der Logistik ist daher, zur Erfüllung der Leistung bzw. zur Lieferung des Produktes beizutragen. Dabei müssen folgende Entscheidungsfelder bearbeitet werden:

- **Ort der Leistungserstellung:** Hierbei handelt es sich um den Ort der Dienstleistungserstellung bzw. den Ort, an dem die jeweiligen Produkte veräußert werden. Angebot und Nachfrage können dabei auf verschiedene Art und Weise zusammengebracht werden:
    - beim **Nachfrager** (z.B. mobile Pflegedienste, Selbststudium, Nachbarschaftshilfe)
    - beim **Anbieter** (z.B. Vorlesung an Uni, Notaufnahme, Bahnhofsmission)
    - an einem **dritten Ort** (z.B. ADAC-Reparaturhilfe, Bergrettung, Umweltschutz)
    - **unpersönlich** (z.B. Internetberatung, E-Learning)
    - durch einen **Absatzmittler** (z.B. Versicherungsmakler, Handelsvertreter)
- **Lagerhaltung:** Grundsätzlich gilt, je mehr materielle Bestandteile eine Leistung hat bzw. je mehr materielle Faktoren zur Leistungserstellung notwendig sind, desto wichtiger sind lagerpolitische Entscheidungen. In den meisten Fällen, beispielsweise in der Seelsorge, sind Non-Profit-Leistungen **immateriell**, folglich ist auch keine Lagerhaltung nötig. Bei Anbietern von fair gehandelten Lebensmitteln oder Essen auf Rädern hingegen sind Entscheidungen bezüglich der Lagerhaltung sehr wichtig. Im Falle des Einsatzes von Suchhunden sind ebenfalls lagertechnische Entscheidungen bezüglich der Unterbringung und Pflege der Rettungshunde relevant (gemischt materiell und immateriell).
- **Transport:** Viele Non-Profit-Leistungen sind aufgrund ihrer Immaterialität nicht transportierbar (z.B. Suchtberatung). Allerdings müssen je nach Art der Leistung die Leistungsempfänger (z.B. Krankenhaustransport), die Mitarbeitenden (z.B. Sanitäter), die materiellen Ressourcen (z.B. Essen auf Rädern) oder die Produkte (z.B. Fair-Trade-Produkte) transportiert werden. Dabei sind neben der optimalen Standortwahl (z.B. im Zentrum der Stadt) folgende Aspekte zu beachten:
    - **Eignung der Transportmittel** (z.B. ein Rettungsdienst braucht einen Hubschrauber, Notarztwagen)
    - **schnelle Transportzeit** (z.B. bei Katastropheneinsätzen in Erdbebengebieten)
    - **Transportsicherheit** (z.B. sichere Beförderung der Patienten)
    - **Transportkosten** (z.B. geringe Anschaffungskosten und niedriger Unterhalt des Fuhrparks)

4.5 Kommunikationspolitik

Frau Stein ist enttäuscht, dass sich Maxis Familie noch nicht für ihr Altenheim entschieden hat. Sie überlegt: „Ich konnte sie und ihre Eltern noch nicht ganz von unserer Einrichtung überzeugen. Dabei haben wir ein wirklich gutes Leistungsangebot. Entweder wir präsentieren uns zu schlecht in der Öffentlichkeit oder wir bieten die falschen Leistungen an. Vielleicht liegt es aber auch daran, dass wir uns in der Öffentlichkeit zu schlecht verkaufen und nicht gut genug kommunizieren."

Elementares Gestaltungselement des Marketingmix ist die **Kommunikationspolitik**. Diese umfasst die Gesamtheit aller Marketinginstrumente und -maßnahmen, die eingesetzt werden, um mit den verschiedenen Anspruchsgruppen in Interaktion zu treten und die eigenen Leistungen darzustellen. In diesem Zusammenhang wird die Kommunikationspolitik oft auch als „Sprachrohr" einer Non-Profit-Organisation bezeichnet.

Kommunikation

Grundsätzlich kann die Kommunikation **extern** (z. B. Anzeigenwerbung), **intern** (z. B. Mitarbeiterzeitschrift) sowie **interaktiv** zwischen den Mitarbeitern und den Anspruchsgruppen (z. B. Beratungsgespräch) erfolgen. Zwar spielt die externe Kommunikation eine herausragende Rolle, in den letzten Jahren werden die interne und die interaktive Kommunikation für den Erfolg eines sozialen Unternehmens jedoch immer bedeutender. Ein wesentlicher Grund für diese Entwicklung liegt in der Erkenntnis, dass die Mitarbeiter bei der Leistungserstellung eine Schlüsselrolle einnehmen. So gelten sie als wichtige und vor allem glaubwürdige Multiplikatoren im Kommunikationsprozess.

Ziele und Aufgaben der Kommunikationspolitik

Im Mittelpunkt der Kommunikationspolitik stehen vor allem die psychologischen Ziele. Diese lassen sich in Abhängigkeit von der Reaktion der Leistungsempfänger in folgende drei zentralen psychologischen Zielkategorien einteilen:

Ziele sind dazu da, umgesetzt zu werden. Folglich lassen sich aus der Vielzahl an kommunikationspolitischen Zielen unterschiedliche Aufgaben ableiten. Im Mittelpunkt der zu ergreifenden Maßnahmen stehen dabei die Prägung des institutionellen Erscheinungsbildes sowie die Bekanntmachung des Angebots der Non-Profit-Organisation. Es geht jedoch auch darum, Informationsasymmetrien auf Seiten der Anspruchsgruppen abzubauen und die Beziehungen untereinander zu intensivieren.

Kommunikationsstrategien

Sind die Ziele und die Aufgaben der Kommunikationspolitik festgelegt, muss eine gewisse Schwerpunktsetzung bzw. Strategiefestlegung erfolgen. Dies äußert sich im Rahmen von mittel- bis langfristigen Verhaltensplänen, die u. a. verbindlich angeben, mit welchen Anstrengungen die formulierten Kommunikationsziele erreicht werden sollen.

> Konkret ist unter einer **Kommunikationsstrategie** daher ein verbindliches, mehrere Perioden umfassendes Bündel von Prioritätsentscheidungen zu verstehen, das für die einzusetzenden Kommunikationsinstrumente und die ausgewählten Planungsobjekte Verhaltenspläne aufstellt.

Eine Kommunikationsstrategie kann unterschiedliche Zielsetzungen verfolgen. Demnach unterscheidet man zwischen der Bekanntmachungs-, Informations-, Imageprofilierungs-, Konkurrenzabgrenzungs-, Zielgruppenerschließungs-, Kontaktanbahnungs- und Beziehungspflegestrategie.

Jede dieser sieben Strategien beinhaltet wiederum konkrete Festlegungen hinsichtlich der im Folgenden angeführten Dimensionen:

- **Kommunikationsobjekt** (z. B. Marke, Leistung, Organisation)
- **Kommunikationszielgruppe** (z. B. Kinder, Jugendliche, Erwachsene)
- **Kommunikationsbotschaft** (z. B. emotional, informativ, aktualisiert)
- **Kommunikationsmaßnahmen** (z. B. Anzeigen in Zeitung, Plakat, TV-Spot)
- **Kommunikationstiming** (z. B. täglich, wöchentlich, monatlich, jährlich)
- **Kommunikationsareal** (z. B. Stadt, Landkreis, Region, Land)

Informative Werbung   *Emotionale Werbung*   *Aktualisierende Werbung*

Kommunikationsinstrumente

Die beste Kommunikationsstrategie hilft nichts, wenn sie nicht entsprechend umgesetzt wird. Ein wesentlicher Erfolgsfaktor der Kommunikationspolitik ist daher der Einsatz der verschiedenen Kommunikationsinstrumente.

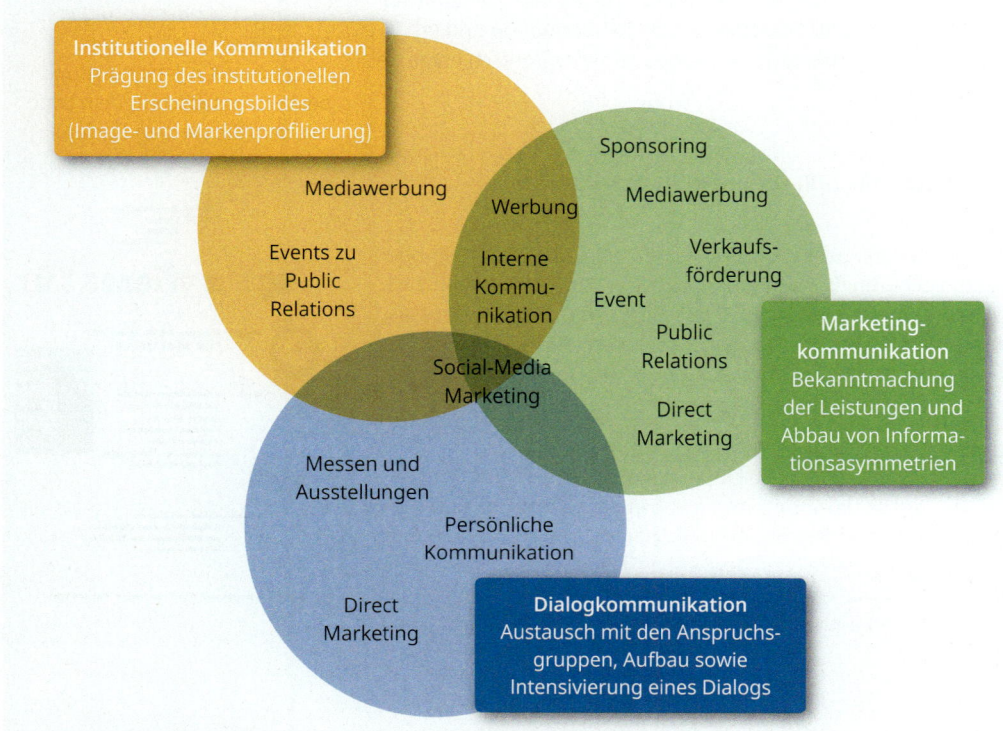

Quelle: Bruhn, Manfred: Marketing für Nonprofit-Organisationen: Grundlagen, Konzepte, Instrumente. 2. Auflage. Stuttgart: Kohlhammer 2012, S. 362.

Die einzelnen Kommunikationsinstrumente sind dabei nicht als isolierte Maßnahmen zu betrachten, sondern können auch zeitgleich angewendet werden. Einige überschneiden sich sogar in ihren Maßnahmen.

Mediawerbung

Maßnahmen:
Verbreitung mithilfe von Werbeträgern (z. B. Plakatwand, TV, Radio, Zeitung, Internet) und Werbemitteln (z. B. Plakat, TV-Spot, Annonce, Werbebanner)

Ziele:
Mediawerbung ist vorrangig einseitig, unpersönlich und indirekt, d. h., ihre Verbreitung erfolgt beispielsweise über Zeitungen, Radio, TV, Internet oder Plakate. Darüber hinaus ist jenes Instrument oftmals sehr kostenintensiv. Ziel ist, Informationen über die Leistung, das Produkt oder die Non-Profit-Organisation zu verbreiten und diese sichtbar zu machen. Des Weiteren soll mithilfe der Mediawerbung ein besseres Image vermittelt und der Bekanntheitsgrad gesteigert werden. Um letztlich emotionale und rationale Reize zu erzeugen, werden die Werbebotschaften mithilfe der AIDA-Formel (Attention, Interest, Desire, Action) gestaltet.

Sponsoring

Maßnahmen:
Kultur- und Kunstsponsoring, Sportsponsoring, Sozio- und Umweltsponsoring, Wissenschaftssponsoring

Ziele:
Grundsätzlich ist darunter eine Art Geschäftsbeziehung zu verstehen, die aus Leistung und Gegenleistung besteht. Der Sponsor stellt Geld, Güter oder Dienstleistungen zur Verfügung und erhält als Gegenleistung das Recht, sein Engagement öffentlich darzustellen.

Mit einem Mindestbetrag von 150,00 € erhalten Sie vom Deutschen Kinderschutzbund bei Vertragsabschluss ein Logo, mit dem Sie werben dürfen.

Public Relations (PR, Öffentlichkeitsarbeit)

Maßnahmen:
Verbreitung von Publikationen in Faltblättern, Mitgliederzeitungen, Imagebroschüren, Büchern oder auf der Homepage; Lobbyarbeit, Informationsveranstaltungen, Presse- und Medienarbeit, Pressekonferenzen, enge Zusammenarbeit mit den Journalisten oder Teilnahme an Ausstellungen bzw. Tag der offenen Tür/Betriebsbesichtigung

Ziele:
Vorrangig geht es um die Selbstdarstellung der sozialen Einrichtung bzw. des sozialen Unternehmens in der Öffentlichkeit mit dem Ziel, Verständnis und Vertrauen in die Non-Profit-Organisation und die Leistungen zu erreichen bzw. ein positives Image aufzubauen. Darüber hinaus sollen Informationen vermittelt und Beziehungen auf- bzw. ausgebaut werden. Im Vordergrund stehen kognitiv orientierte Ziele.

Events, Veranstaltungen, Messen, Ausstellungen

Maßnahmen:
Tag der offenen Tür, Museumsnacht, Wohltätigkeitsveranstaltung, -konzert, Jubiläum, Messe und Ausstellung, Tagung, Kongress

Ziele:
Ziel ist, mit besonderen Veranstaltungen „vor Ort" eine gewisse Aufmerksamkeitswirkung zu erreichen. Es soll ein einmaliges, positives, authentisches, aufregendes und emotionales Erlebnis vermittelt werden, bei dem die verschiedenen Anspruchsgruppen aktiviert werden. Zusätzlich sind Events dazu geeignet, ausführlich über die Aktivitäten bzw. Leistungen der Non-Profit-Organisation zu informieren sowie die Teilnehmer durch persönlichen Kontaktaufbau zu binden (vgl. auch PR).

Projektbüro im Geschäftsbereich Kultur der Stadt Nürnberg, Nürnberg: Die Blaue Nacht 2017

Verkaufsförderung (Sales Promotion)

Maßnahmen:
Seminare, Referate, Verkaufsbriefe, Warenproben, Gutscheine, Treuerabatte, Handzettel, Beilagen, Gewinnspiele, Verbraucherzeitung, Infostände auf Messen

Ziele:
Mithilfe zeitlich befristeter Aktivitäten bzw. Aktionen (direkt am Ort oder außerhalb der Non-Profit-Organisation) sollen die Anspruchsgruppen aktiviert werden. Sales Promotion soll einen Anreiz bieten, ein Produkt bzw. eine Leistung in Anspruch zu nehmen oder eventuell zu spenden.

Direktkommunikation (Direct Marketing)

Maßnahmen:
passives Direct Marketing (z. B. individualisierter Standardwerbebrief), reaktionsorientiertes Direct Marketing (z. B. Spendenaufruf des WWF), interaktionsorientiertes Direct Marketing (z. B. Telefonmarketing)

Ziele:
Im Vordergrund steht die individuelle, direkte Ansprache der verschiedenen Anspruchsgruppen mit dem Ziel, eine persönliche Beziehung aufzubauen, diese zu intensivieren sowie neue Förderer und Spender zu gewinnen (Fundraising).

Persönliche Kommunikation

Maßnahmen:
Beratungsgespräche, persönlicher Austausch von Kooperationspartnern oder Medien und Behörden

Ziele:
Hierbei handelt es sich um eine spezifische Form des Direct Marketing, die sich auf verbale oder nonverbale Face-to-face-Situationen beschränkt. Dies ermöglicht, Fragen direkt zu beantworten und genauestens über die Leistung bzw. das Produkt zu informieren.

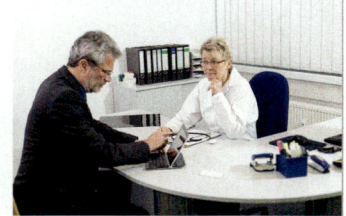

Interne Kommunikation

Maßnahmen:
Rundschreiben, Betriebsversammlung, Mitarbeitergespräche, schwarzes Brett, Newsletter, E-Mail, Wikis, Intranet, Video- und Telefonkonferenzen

Ziele:
verbale und nonverbale Kommunikation innerhalb einer Non-Profit-Organisation mit dem Zweck der Optimierung organisatorischer Abläufe, der Informationsverbreitung sowie der Motivation

Social-Media-Kommunikation

Maßnahmen:
unterhaltungsbezogene, reaktive Anwendungen (z. B. Video-, Picture-Plattformen), informationsorientierte, interaktive Anwendungen (z. B. Weblogs, Podcasts, Wikis, E-Mails, Banner Ads, Facebook), serviceorientierte, dialogische Anwendungen (z. B. virtuelle Netzwerke, Webforum, Micromedia, Bewertungsportale)

Ziele:
Die Social-Media-Kommunikation vollzieht sich auf online-basierten Plattformen. Sie ist durch die aktive oder passive Kommunikation und Zusammenarbeit zwischen der Non-Profit-Organisation und den Internetnutzern sowie deren Vernetzung untereinander gekennzeichnet. Ihr Ziel ist der gegenseitige Austausch von Informationen, Meinungen und Erfahrungen. Darüber hinaus sollen Aufmerksamkeit geweckt und das Image verbessert werden.

Corporate Identity

Eine Organisation wird jedoch erst dann unverwechselbar und einzigartig, wenn ihre Kommunikation mit ihrem Handeln übereinstimmt. Dies lässt sich vor allem durch die Umsetzung einer sogenannten **Corporate Identity Policy** erreichen. Mithilfe einer gut umgesetzten Corporate Identity (CI) schaffen auch Non-Profit-Organisationen ein unverwechselbares, charakteristisches Image, das sowohl bei den Mitarbeitern als auch bei den Anspruchsgruppen eine Identifikations- und Vertrauensbasis schafft. Dabei stehen grundsätzlich drei verschiedene Instrumente zur Verfügung:

- **Corporate Design:**
  Hier geht es um die symbolische Identitätsvermittlung mittels des Architekturdesigns (in Stein gewordene Identität wie Firmengebäude), des Grafikdesigns (Firmenlogo, in dem die CI auf den Punkt gebracht wird) und des Produktdesigns (unverwechselbare Leistung).
- **Corporate Communication:**
  Im Zentrum stehen externe (Werbung, PR, Sales Promotion, Sponsoring usw.) sowie interne Mittel (Hauszeitschriften, Videos, Schulungen usw.).
- **Corporate Behaviour:**
  Der Schwerpunkt liegt im Umgang mit den externen (Kunden, Lieferanten, Öffentlichkeit, usw.) und den internen Anspruchsgruppen (Schulungen, Motivation, Ausbildung usw.).

Um ihrer Freundin zu helfen, hat Frau Kleinfeld von der Werbeagentur „Mach was" für Frau Stein ein Logo entwickelt. Dieses soll künftig auf allen Briefköpfen, am Eingang des Altenheims, auf den betriebseigenen Fahrzeugen, der Internetseite sowie auf der Dienstkleidung der Angestellten abgebildet sein und zur besseren Identifikation der Non-Profit-Organisation beitragen.

4.6 Ressourcenpolitik

Bislang wurden nur die vier Ps des klassischen Marketings betrachtet. Allerdings tragen auch die Personal-, die Prozess- und die Ausstattungspolitik wesentlich zum Unternehmenserfolg bei.

Die **Personalpolitik (Personnel)** ist im Non-Profit-Bereich insofern ein wichtiger Erfolgsfaktor, da sie den Mitarbeiter als internen Kunden sieht und diesen somit als Schlüsselfigur im Rahmen der Leistungserstellung betrachtet. Das Ziel der Personalpolitik muss daher sein, die Belegschaft zu kundenorientierten und motivierten Mitarbeitern weiterzuqualifizieren. Dies erhöht letztlich die Zufriedenheit der Kunden, aber auch die der Mitarbeiter.

Dagegen befasst sich die **Prozesspolitik (Process)** mit der Optimierung aller mit der Leistungserstellung im Zusammenhang stehenden organisatorischen Prozesse. Vorrangig geht es darum, die Abläufe zu strukturieren bzw. systematisch zu gestalten und somit die Leistungsqualität zu verbessern. Aber auch die Verbesserung der Interaktion zwischen den Kunden und den Mitarbeitern oder der zeitlichen Abläufe sind entscheidende Erfolgskriterien für die Kundenzufriedenheit.

Schließlich gibt es noch die **Ausstattungspolitik (Physical Facilities)**. Jene versucht in erster Linie, die Dienstleistungen fassbarer, attraktiver und vergleichbarer zu machen. Dies gelingt u. a., indem das Erscheinungsbild des Ortes, der eingesetzten Materialien oder der Mitarbeiter möglichst angenehm gestaltet wird.

4.7 Marketingmix

Voller Tatendrang und positiver Energie arbeitet Frau Stein in den kommenden Wochen an einem neuen Marketingkonzept für ihr Altenheim. Dieses wird so gut, dass Maxis Großmutter einen Vertrag für eine flexible Betreuung unterschreibt. Maxi selbst hat weiterhin viel zu tun. Da einige Kollegen aufgrund einer Grippewelle ausfallen, soll sie nun spontan bei der Erstellung eines Marketingkonzeptes für einen Kindergarten helfen. „Frau Kleinfeld, ich bin fertig! Ich habe für jedes einzelne der sieben Marketinginstrumente einen Plan." Ihre Praktikumsbetreuerin daraufhin: „Gut gemacht, aber das ist wie in einer Fußballmannschaft! Nur, wenn alle ein Team sind und gut zusammenspielen, hat man Erfolg!"

Damit die einzelnen bereits beschriebenen Marketinginstrumente zum künftigen Erfolg einer Non-Profit-Organisation beitragen, müssen sie zielorientiert kombiniert, koordiniert bzw. sinnvoll miteinander „gemixt" werden. Ein gelungener „Marketingmix" berücksichtigt daher die verschiedenen Wirkungsinterdependenzen zwischen den einzelnen Instrumenten. Grundsätzlich sind folgende wechselseitigen Zusammenhänge zu unterscheiden:

- **Funktionale, sachliche oder inhaltliche Wirkungsinterdependenzen:**
  Diese liegen insbesondere dann vor, wenn der Einsatz eines Marketinginstrumentes vom Einsatz anderer Instrumente abhängt oder die Wirkung der anderen (substituierend, komplementär oder konkurrierend) beeinflusst (z. B. Produkt- und Preispolitik; Kommunikations- und Preispolitik).
- **Zeitliche Wirkungsinterdependenzen:**
  Sie entstehen, wenn die Wirkung mit einer bestimmten zeitlichen Verzögerung bzw. erst in den nachfolgenden Perioden eintritt. Wird dieser Effekt bereits bei der Marketingplanung berücksichtigt, kommen die einzelnen Instrumente parallel, sukzessiv, zeitweise aussetzend oder ablösend zum Einsatz (z. B. werden nach der Produkteinführung sukzessiv preispolitische Maßnahmen eingesetzt).
- **Hierarchische Wirkungsinterdependenzen:**
  In diesem Fall werden die einzelnen Marketinginstrumente auf der Grundlage der Marketingstrategie unterschiedlich gewichtet. Die dominierenden Basis-Instrumente prägen die Strategie, beziehen sich auf die Kernkompetenzen und sollen Wettbewerbsvorteile schaffen. Daneben gibt es die sogenannten Marginal- und Standardinstrumente, die die Basisinstrumente ergänzen und unterstützen (z. B. dominieren in einer spendenabhängigen Organisation die Kommunikations- sowie Produktpolitik, wohingegen die Distributions- oder Preispolitik eine nur untergeordnete Position einnehmen).

Oftmals besteht eine große Unsicherheit hinsichtlich der Wirkungsinterdependenzen und der Vielzahl an Möglichkeiten innerhalb eines Marketinginstrumentes. Darüber hinaus sind viele verschiedene Kombinationen möglich. Um diese Probleme zielsicher zu überwinden, muss der Marketingmix daher eine ausgewogene Auswahl an Instrumenten treffen und diese harmonisch aufeinander abstimmen.

Entwicklung eines Marketingkonzepts

Maxi hätte nie gedacht, dass sie nach so kurzer Zeit so viel über Marketing weiß. Kurz vor dem Ende ihres Praktikums soll die Werbeagentur „Mach was" für den Investor einer neuen bayernweiten Kindergartenkette ein Marketingkonzept entwerfen. Maxi weiß zwar mittlerweile, aus welchen einzelnen Bestandteilen sich ein guter Marketingmix zusammensetzt, allerdings hat sie keine Ahnung, wie sie vorgehen soll.

ARBEITSAUFTRAG

Erstellen Sie anstelle von Maxi für die Kindergartenkette einen harmonisch aufeinander abgestimmten Marketingmix und arbeiten Sie diesen kreativ aus.

Übungsbeispiel zur Entwicklung eines Marketingkonzeptes

Produkt-/Leistungspolitik
□ **Kernleistung:** Betreuung und Verpflegung von Kindern unter drei Jahren und von Kindern im Vorschulalter
□ **Zusatzleistung:** Ausflüge, Mittagessen, Sportübungen, Geburtstagsfeiern, Musik- und Fremdsprachenunterricht, Abhol- und Heimtransport, Betreuung von 07:00 Uhr bis 20:00 Uhr, Nachmittagssnack
□ **Weder breites noch schmales Leistungsprogramm:** nur zwei Leistungslinien (Kinder bis drei Jahre und Kinder bis sechs Jahre)
□ **Tiefes Leistungsprogramm:** Musikkurse (Flöte, Klavier), Fremdsprachenkurse (Englisch, Spanisch), Sportkurse (Ballett, Tennis), Ausflüge (Zoo, Bücherei, Museen), Geburtstagsfeiern usw.
□ **Leistungsinnovation:** Yogakurse für Kinder
□ **Leistungsdifferenzierung:** Vormittags-, Nachmittags-, Ganztagsbetreuung
□ **Leistungsdiversifikation:** Kindershop (lateral), Mittagessen selbst kochen (vertikal), Partyservice für Kinder (horizontal)
□ **Leistungsvariation:** entfällt
□ **Leistungselimination:** entfällt
□ **Markenpolitik:** Entwicklung einer neuen und eigenen Einzelmarke „Kinderherzen"
□ **Verpackung:** kindergerechte Verpackung für die Produkte des Kindershops
□ **E-Services:** Über das Internet können die einzelnen Kurse von den Eltern gebucht werden. Zudem gibt es einen Newsletter.

Kontrahierungspolitik

- **Nachfrage-/gewinnorientierte Preispolitik:**
  - Marktpreisstrategie abnehmerorientierte Preisdifferenzierung (Kinder bis drei und bis sechs Jahre)
  - räumliche Preisdifferenzierung (in Großstädten teurer)
  - mengenorientierte Preisdifferenzierung (je mehr Kurse gebucht werden, desto billiger werden diese)
  - leistungsorientierte Preisdifferenzierung (je nach Betreuungsdauer)
  - Mixed Bundling (es kann nur ein Kurs gebucht werden oder aber man bucht mehrere günstiger)
- **Rabattpolitik:** Treuerabatt bei Eltern mit mehreren Kindern
- **Lieferungs- und Zahlungsbedingungen, Service:** Abhol- und Heimtransport, Rechnung, sonstige Servicemaßnahmen

Personal-, Prozess- und Ausstattungspolitik

- **Personal:** motivierte kinder- und elternorientierte Betreuer
- **Prozess:** Optimierung aller Prozesse im Kindergarten (Qualität, Zeit und Interaktion)
- **Ausstattung:** kinder- und umweltfreundliche, bunte Ausstattung

Distributionspolitik

- **Akquisitorische Distribution:** Mittelbarer Direktvertrieb, d.h., der Investor bietet die Kinderbetreuung an unterschiedlichen organisationseigenen Orten an.
- **Logistische Distribution:** Die Kinderbetreuung findet beim Anbieter statt; Lagerhaltung für die Kindershops; optimale Standortwahl und Auswahl eines sicheren und großen Busses zum Transport der Kinder

Kommunikationspolitik

- **Kommunikation:** intern, extern und interaktiv
- **Zielsetzung:** kognitiv-, affektiv- und konativorientierte Zielsetzung, d.h. Kontakt mit Eltern und Kindern, Erzielen von Aufmerksamkeit, Information der Eltern, Verbesserung des Images, Auslösung der Bewerbung um einen Kindergartenplatz, Beeinflussung des Weiterempfehlungsverhaltens
- **Festlegung der Kommunikationsstrategie:** Die Leistung „Kindergartenbetreuung" soll in ganz Bayern, wöchentlich in Anzeigen und regionalen TV-Spots mittels emotionaler und informativer Werbebotschaften an die Zielgruppe der Kinder und Eltern gebracht werden.
- **Kommunikationsinstrumente:** Einsatz von Mediawerbung (TV-Spots, Zeitungsanzeigen), PR (Imagebroschüren, Homepage, Infoveranstaltungen, Pressekonferenz), Events (Tag der offenen Tür), Sales Promotion (Betreuungsgutscheine, Handzettel), Direct Marketing (Standardwerbebriefe), persönliche Kommunikation (verbale Face-to-face-Kommunikation), interne Kommunikation (Mitarbeitergespräche, Newsletter), Social-Media-Kommunikation (E-Mails, Bewertungsportal)
- **Corporate Identity:** Grafikdesign: „Kinderherzen" auf T-Shirts, Logo, Bus usw.; Architekturdesign: roter Anstrich; Corporate Behavior und Communications: „herzlicher" Umgang mit den Kindern, Eltern und unter den Mitarbeitern

Aufgaben

1. Erklären Sie, inwiefern es für soziale Einrichtungen und Unternehmen Sinn macht, die vier Ps des Marketings auf sieben Ps zu erweitern.
2. Sie müssen für eine neue Rehabilitationseinrichtung ein Marketingkonzept entwickeln. Hierzu sind u.a. nachfolgende Fragen ausführlich zu beantworten:
   a) Formulieren Sie beispielhafte Zusatz- und Kernleistungen.
   b) Legen Sie mithilfe von konkreten Beispielen dar, inwiefern die Reha-Einrichtung Leistungsinnovation, -differenzierung, -diversifikation und -variation machen kann.
   c) Überlegen Sie, ob die Entwicklung einer Marke und der Einsatz von E-Services sowie Verpackung sinnvoll ist. Entwickeln Sie ein eigenes Markenemblem.
   d) Erläutern Sie, welche der Preisstrategien für die Rehabilitationseinrichtung besonders sinnvoll sind, und wählen Sie eine geeignete Zahlungsbedingung.
   e) Zeigen Sie die für die Reha-Einrichtung geeigneten logistischen und akquisitorischen Vertriebsarten auf.
   f) Geben Sie an, welche Kommunikationsziele für die Rehabilitationseinrichtung erreicht werden sollen.
   g) Entscheiden Sie sich für Ihre Kommunikationsstrategie.
   h) Entwickeln Sie im Rahmen Ihrer gewählten Kommunikationsstrategie kreative und passende Kommunikationsinstrumente.
   i) Stellen Sie für die Einrichtung ein Konzept für eine unverwechselbare „Corporate Identity" auf.
3. Diskutieren Sie die zunehmende Bedeutung von Markennamen im sozialen Bereich kritisch.
4. Zeigen Sie mithilfe der nebenstehenden Statistik auf, in welchem Rahmen und Ausmaß es im Rahmen der Produkt- und Leistungspolitik Sinn macht, E-Service anzubieten.
5. Zeigen Sie anhand eines konkreten Beispiels auf, inwiefern eine Preisbündelung in sozialen Einrichtungen Sinn machen kann.
6. Begründen Sie die Notwendigkeit der Preisdifferenzierung.
7. Legen Sie anhand von konkreten Beispielen für ein Krankenhaus dar, welche Entscheidungsfelder im Rahmen der logistischen Distribution betrachtet werden müssen.

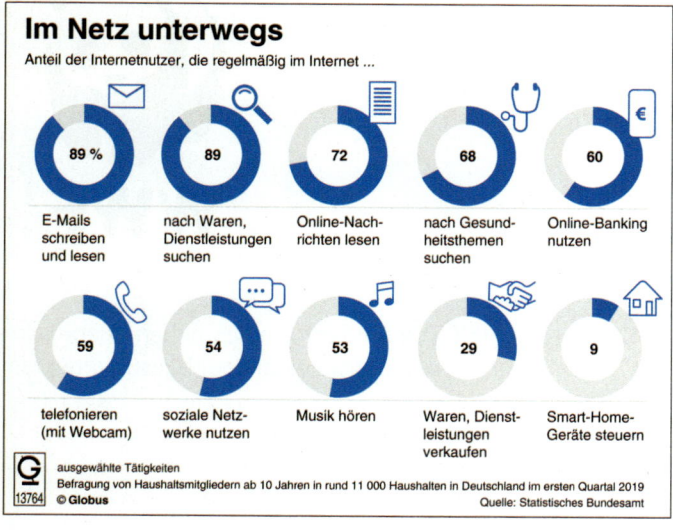

Im Netz unterwegs

Anteil der Internetnutzer, die regelmäßig im Internet ...

89 % E-Mails schreiben und lesen

89 nach Waren, Dienstleistungen suchen

72 Online-Nachrichten lesen

68 nach Gesundheitsthemen suchen

60 Online-Banking nutzen

59 telefonieren (mit Webcam)

54 soziale Netzwerke nutzen

53 Musik hören

29 Waren, Dienstleistungen verkaufen

9 Smart-Home-Geräte steuern

13764 © Globus

ausgewählte Tätigkeiten
Befragung von Haushaltsmitgliedern ab 10 Jahren in rund 11 000 Haushalten in Deutschland im ersten Quartal 2019
Quelle: Statistisches Bundesamt

8. Nehmen Sie zu folgender Aussage Stellung:
   „Die einzelnen Kommunikationsinstrumente sind nicht als isolierte Maßnahmen zu sehen."
9. Zeigen Sie auf, inwiefern das Deutsche Rote Kreuz die drei Instrumente der Corporate Identity umsetzt, und legen Sie die Bedeutung der CI für ein Unternehmen dar.
10. „Marketinginstrumente wirken in ihrer Gesamtheit nicht immer optimal zueinander."
    Begründen Sie diese Aussage.
11. Ordnen Sie die nachfolgenden sieben Beispiele den jeweiligen Instrumenten der Kommunikationspolitik zu.

12. Erstellen Sie für den Investor eines neuen Pflegeheims in einer bayerischen Stadt Ihrer Wahl einen harmonisch aufeinander abgestimmten Marketingmix und arbeiten Sie diesen kreativ aus.

5 Marketingkonzept

Maxi hat im Rahmen ihres Praktikums bei der Werbeagentur „Mach was" schon sehr viel über Marketing dazugelernt. Kurz vor dem Ende ihrer Zeit bei der Agentur erhält sie den Arbeitsauftrag, ein Marketingkonzept für ein Alten- und Pflegeheim in einer großen bayerischen Stadt zu erstellen. Mithilfe einer geeigneten Präsentationssoftware soll sie zunächst den Kollegen und später auch den Auftraggebern ihr Marketingkonzept anschaulich und überzeugend vortragen. Maxi geht ihre Aufgabe voller Energie an. Allerdings weiß sie noch nicht so genau, was ihre Präsentation so alles enthalten soll.

ARBEITSAUFTRÄGE

Helfen Sie Maxi, indem Sie im Internet nach geeigneten Zahlen recherchieren, sodass sie die nachfolgenden Fragen beantworten kann. Überlegen Sie sich, nach welchem Gedankengerüst die Praktikantin vorgeht.

1. Wo stehen wir gerade? Was ist unser **aktueller „Standort"**?
   - Wie entwickelt sich der Markt?
   - Wie verhalten sich die Marktteilnehmer?
   - Wer sind unsere Kunden und was wünschen sich diese? Wer ist unsere Zielgruppe?
   - Wer sind unsere Konkurrenten? Welche Stärken und Schwächen haben diese?
   - Wie verhalten sich die Mitarbeiter?
   - Welche Stärken und Schwächen hat das eigene Unternehmen?
   - Wie wirken die bisher ergriffenen Maßnahmen?
2. Wo wollen wir hin? Welche Ziele möchten wir mit dem Marketing erreichen? Was ist der **Wunschort**?
3. Wie kommen wir da hin? Wie positionieren wir unser Unternehmen, damit wir diese Ziele erreichen? Was ist unsere **Route**?
4. Welche Maßnahmen sind dafür notwendig? Welche **Mittel** müssen wir wie einsetzen, um zum Wunschort zu gelangen?
5. Welche der Marketingaktivitäten waren **erfolgreich**, welche nicht? Inwieweit haben wir unseren Wunschort erreicht? Stimmen unsere Annahmen noch?

5.1 Ziele und Bestandteile eines Marketingkonzepts

„Das Marketingkonzept ist das Herzstück des Marketings."[1] Es geht darum, Schritt für Schritt ein ausgefeiltes Marketingkonzept zu erstellen, das optimal auf die Zielgruppe ausgerichtet und möglichst effizient ist. Mit ihm sollen Kunden gewonnen und gebunden werden, um letztlich erfolgreich am Markt bestehen zu können.

Ein gut ausgearbeitetes Marketingkonzept ist demnach die Basis eines erfolgreichen Marketings. Dabei müssen die Verantwortlichen – die Unternehmensführung und die Abteilungsleiter – stets die vorliegende Marketingsituation, die gesetzten Ziele, mögliche Strategien sowie die eventuell einzusetzenden Marketinginstrumente berücksichtigen und in den Entscheidungsprozess mit einbauen. Mit der Umsetzung des Marketingkonzepts ist der Prozess jedoch noch nicht

---

[1] Quelle: Klein, René: Marketingkonzept Beispiel – erfolgreich Kuchen verkaufen, online unter: https://www.fuer-gruender.de/wissen/unternehmen-fuehren/marketing/marketingkonzept/beispiel/ [25.10.2020].

zu Ende. Mithilfe des Controllings bzw. des Soll-Ist-Abgleichs startet der Kreislauf des Marketing-konzepts im Optimalfall wieder von vorne.

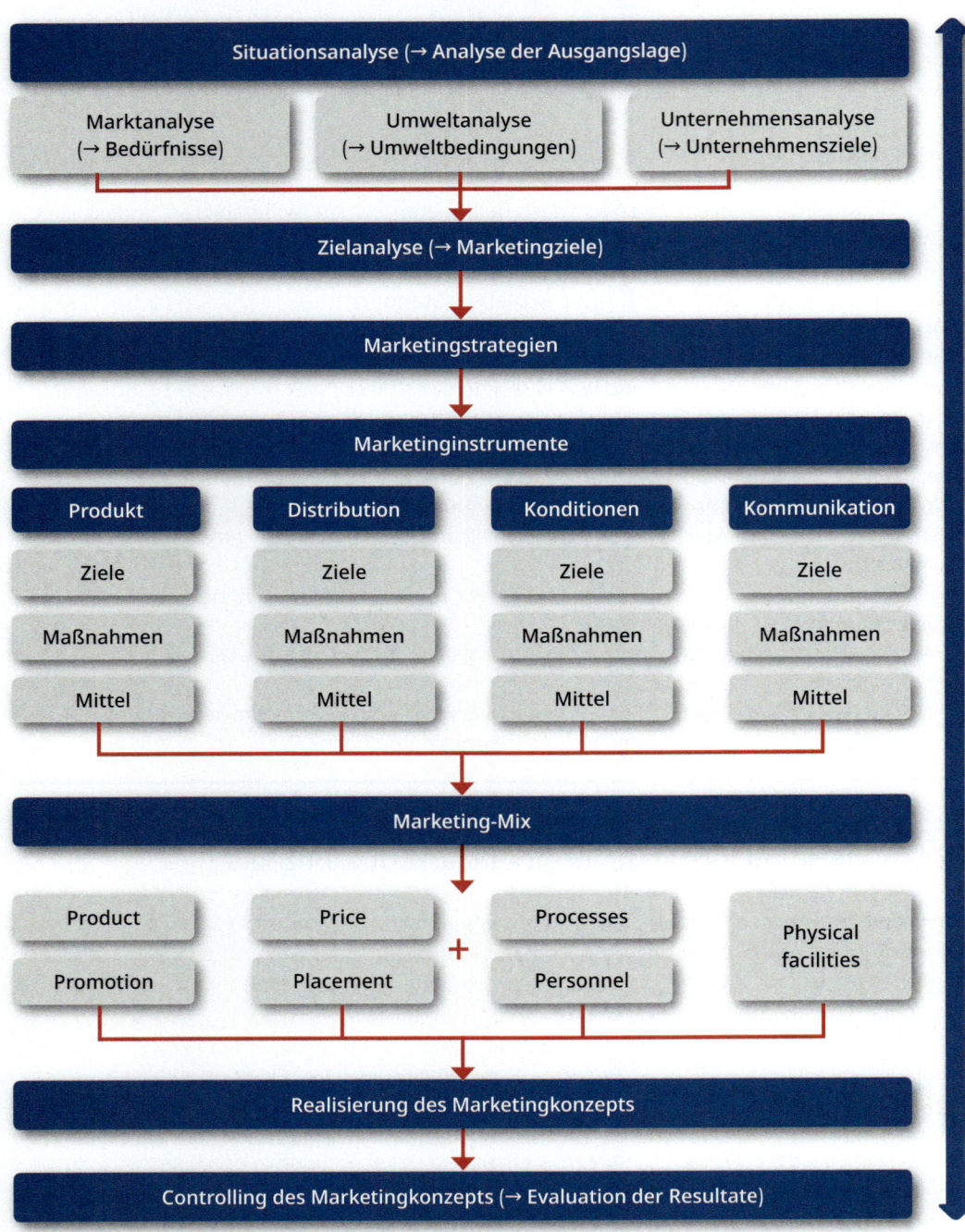

Problemlösungsprozess des Marketings

Situationsanalyse (→ Analyse der Ausgangslage)

| Marktanalyse (→ Bedürfnisse) | Umweltanalyse (→ Umweltbedingungen) | Unternehmensanalyse (→ Unternehmensziele) |

Zielanalyse (→ Marketingziele)

Marketingstrategien

Marketinginstrumente

Produkt	Distribution	Konditionen	Kommunikation
Ziele	Ziele	Ziele	Ziele
Maßnahmen	Maßnahmen	Maßnahmen	Maßnahmen
Mittel	Mittel	Mittel	Mittel

Marketing-Mix

| Product | Price | Processes | Physical facilities |
| Promotion | Placement | Personnel | |

+

Realisierung des Marketingkonzepts

Controlling des Marketingkonzepts (→ Evaluation der Resultate)

Quelle: Thommen, Jean-Paul & Achleitner, Ann-Kristin: Allgemeine Betriebswirtschaftslehre. Umfassende Einführung aus managementorientierter Sicht, 7. Auflage. Wiesbaden: Gabler Verlag 2012, S. 128 (verändert).

5.2   Situationsanalyse

Ein gut ausgearbeitetes Marketingkonzept beginnt immer mit der Analyse der vorliegenden Marketingsituation. So ist es wichtig zu untersuchen, in welcher spezifischen Situation sich das soziale Unternehmen befindet und inwieweit es überhaupt einen Bedarf für bestimmte Marketingmaßnahmen gibt. Darüber hinaus sind Fragen hinsichtlich der Zielgruppen und ihrer Bedürfnisse oder in Bezug auf die Konkurrenz zu beantworten.

Grundsätzlich wird im Rahmen der Situationsanalyse zwischen der Marktanalyse (Marktforschung), der Umweltanalyse (externe Situationsanalyse) und der Unternehmensanalyse (interne Situationsanalyse) unterschieden.

Marktanalyse

Eine wesentliche Analyseart ist die **Marktanalyse**. Hierbei handelt es sich schlicht formuliert um die Untersuchung, ob sich eine bestimmte Leistung verkaufen lässt oder nicht. Konkret genommen, möchte die Marktanalyse mithilfe der Methoden der Marktforschung (Sekundär- und Primärforschung) die tatsächlichen und potenziellen Marktteilnehmer identifizieren und ihr Entscheidungsverhalten genau untersuchen. Folgende Fragestellungen helfen u.a., Wissen über die **zentralen Anspruchsgruppen** des Marktes zu sammeln.

- Welche Bedürfnisse haben die **Kunden**? Wie erfolgt das Entscheidungsverhalten vor, während und nach der Leistungserstellung? Wer genau ist meine Zielgruppe?
- Nach welchen Kriterien werden die Aufwendungen von den **Kostenträgern** übernommen?
- Welche Motive haben die **Förderer**, um freiwillig und ohne Gegenleistung finanzielle Mittel zur Verfügung zu stellen (Steuergründe, Familientradition u.a.)?
- Welche Gründe haben die **Mitarbeitenden** zu ihrem Engagement bewegt?

Auf der Grundlage der hieraus gewonnenen Informationen lassen sich später gezielte Marketingmaßnahmen für die einzelnen zentralen Anspruchsgruppen entwickeln.

Umweltanalyse

Nach der Analyse des Entscheidungsverhaltens der zentralen Anspruchsgruppen liegt der Schwerpunkt auf der **externen Situationsanalyse** bzw. der **Umweltanalyse**. Mit ihrer Hilfe werden externe Einflussfaktoren erfasst, die für den Erfolg einer Non-Profit-Organisation wichtig, jedoch nicht steuerbar sind. Im Kern geht es um das Marktumfeld und um die Frage, welche Chancen und Risiken dieses dem Unternehmen in der Zukunft bietet.

- Wie sind die **ökonomischen Rahmenbedingungen**? Wie entwickelt sich die Konjunktur? Wie hoch ist die Arbeitslosenquote?
- Wie viele **Konkurrenten** gibt es? Wie verhalten sich diese?
- Welche vom **Staat** beschlossenen Gesetze haben Einfluss auf unser Handeln? Gibt es einen Politikwechsel?
- Gibt es **technische Neuerungen** im Bereich der Schlüsseltechnologien oder der Kommunikationstechnologien?
- Wie wirkt sich der **demografische** Wandel auf unsere Organisation aus?
- Haben sich die Werte, Einstellungen und Verhaltensweisen in der Bevölkerung (**soziokulturelle Aspekte**) geändert? Wie ist das Freizeitverhalten, die Einstellung zur Gesundheit oder zur Rolle der Frau?
- Wie hat sich das **ökologische** Umfeld gewandelt? Hat sich das Umweltbewusstsein geändert, wie wird mit Energievorräten umgegangen?

Einrichtungen haben zwar nicht die Möglichkeit, auf diese Rahmenbedingungen einzuwirken, allerdings können sie auf jene Entwicklungen entsprechend reagieren.

Unternehmensanalyse

Wer eine Leistung entwickeln, anbieten und verkaufen will, muss im Rahmen der **internen Situationsanalyse** bzw. der **Unternehmensanalyse** auch seine eigene Einrichtung betrachten, deren gegenwärtigen Zustand ermitteln und die Entwicklungstendenzen beurteilen. Dabei stellen sich beispielsweise folgende Fragen:

- Reicht unser Personal aus, um die geplante Leistung anbieten zu können?
- Ist unser Personal genügend qualifiziert?
- Welcher Umgangston wird in der Non-Profit-Organisation gepflegt?
- Inwieweit sind wir im Moment ausgelastet?
- Welche Leistungen bieten wir an?
- Wie gut ist der Zustand der vorhandenen Kapazitäten?
- Haben wir genügend finanzielle Mittel?
- Wie gut bzw. schlecht ist unser Image?

Analyse der Stärken und Schwächen

Sind die **eigenen Stärken und Schwächen** erfasst, können diese den **externen Stärken und Schwächen** (i.w.S. Markt und Umwelt) gegenübergestellt werden. Schlussendlich lässt sich daraus die zentrale Marketingproblemstellung ableiten: In welchen Bereichen ist die Non-Profit-Organisation gut aufgestellt und wo besteht Handlungsbedarf?

Als mögliche Variante einer zusammenfassenden Darstellung der externen und internen Situation bietet sich die SWOT-Analyse (Strengths-Weaknesses-Opportunities-Threats) bzw. Stärken-Schwächen-Chancen-Risiken-Analyse an.

Beispiel: SWOT-Analyse

Bei der **SWOT-Analyse** handelt es sich um ein sogenanntes integratives Konzept. In einem ersten Schritt führt es mithilfe eines organisationsinternen Stärken-Schwächen-Profils die Ressourcen (z.B. Mitarbeitende, Finanzen und Know-how) des eigenen Unternehmens auf und bewertet diese kritisch. Im Anschluss daran werden die gegenwärtigen sowie zukünftigen umweltbedingten bzw. externen Chancen und Risiken (z.B. Wettbewerbssituation, Werteveränderungen oder technologische Neuerungen) analysiert. Während Letztere nicht beeinflussbar sind, sind die eigenen Stärken und Schwächen sehr wohl beeinflussbar.

Schließlich werden die Ergebnisse aus der internen und externen Analyse direkt gegenübergestellt und als sogenannte SWOT-Matrix zusammengefasst. Wichtig ist dabei, die Chancen und Risiken mit korrespondierenden Stärken und Schwächen in Verbindung zu bringen und letztlich somit entsprechende Strategietypen zu entwickeln.

- **SO-Strategien (Stärken – Chancen):** Die Stärken werden eingesetzt, um die Chancen im Umfeld zu nutzen (z.B. Erschließung neuer Arbeitsfelder).
- **ST-Strategien (Stärken – Risiken):** Die Stärken werden eingesetzt, um die Bedrohungen zu neutralisieren oder zu mildern (z.B. politische Einflussnahme, um negative Sozialgesetzgebung zu verhindern).
- **WO-Strategien (Schwächen – Chancen):** Die externen Chancen werden genutzt, um die internen Schwächen zu beseitigen (z.B. es werden Fördergelder gewonnen, mit denen die bisher schlechte Bausubstanz des Gebäudes beseitigt wird).

- **WT-Strategien (Schwächen – Risiken):** Die externen Gefahren sollen durch die Reduktion der internen Schwächen beseitigt werden (z. B. sollen Beschwerden bei der Qualitätsprüfung verringert werden, indem bisher eher schlecht qualifizierte Mitarbeiter entsprechend geschult werden).

Die nachstehende Grafik zeigt eine SWOT-Matrix aus der Sicht des Menüservice „Essen auf Rädern", der für pflegebedürftige Menschen und Altenheime Essen zubereitet. Es zeigt sich, dass das Risiko einer hohen Fluktuation bei den Leistungsnachfragern (z. T. bedingt durch die hohe Sterbewahrscheinlichkeit der Kunden, z. T. durch fehlende Kündigungsbarrieren bedingt) mit der Schwäche zusammenfällt, keine geeigneten Wechselbarrieren zu haben. Demnach muss der Betrieb in Zukunft verstärkt darauf achten, eine dauerhafte Bindung zu seinen Leistungsnachfragern aufzubauen. Einen wesentlichen Beitrag dazu kann eine Preissenkung für treue Kunden leisten (finanzielle Bindung). Eine andere Möglichkeit, eine Beziehung zu den Leistungsempfängern aufzubauen, ist das Führen von persönlichen Gesprächen bzw. diese mit kleinen Nettigkeiten zu beschenken (emotionale Bindung).

SWOT-Matrix am Beispiel eines Hauslieferdienstes von Mahlzeiten

	Chancen	Risiken
Stärken	steigende Nachfrage nach Hauslieferdiensten große Anzahl an Mitarbeitenden und hohe finanzielle Ressourcen	erhöhte Preissensibilität und Qualitätsansprüche der Leistungsnachfrager Qualitätsorientierung, qualifiziertes Liefer- bzw. Pflegepersonal
Schwächen	steigendes Bedürfnis nach breiterem Angebot und Zusatzleistungen Konzentration auf wenige Kernleistungen	hohe Fluktuation der Leistungsnachfrager keine geeigneten Wechselbarrieren

Quelle: Bruhn, Manfred: Marketing für Nonprofit-Organisationen: Grundlagen, Konzepte, Instrumente. 2. Auflage. Stuttgart: Kohlhammer 2012, S. 112.

Die SWOT-Analyse ist kein sehr tiefgehendes Analyseinstrument, dient jedoch dazu, schnell einen Überblick über die Lage des Unternehmens und seine Handlungsmöglichkeiten zu bekommen.

5.3 Zielanalyse

Hat man ausreichende Informationen über die Zielgruppe, den Markt und den Wettbewerb gesammelt, so gilt es, die strategischen Ziele für das Marketing festzulegen. Diese können aus den jeweiligen Unternehmenszielen im Unternehmensleitbild abgeleitet werden und befassen sich darüber hinaus mit der Festlegung, auf welchem Markt man sich bewegen möchte, sowie mit den zentralen Geschäftsfeldern bzw. Geschäftseinheiten.

Zentrales Anliegen dieser sogenannten strategischen Unternehmensplanung ist, die Überlebensfähigkeit des Unternehmens dauerhaft zu sichern und entsprechend die „Weichen" zu stellen.

Mission

Den Ausgangspunkt der strategischen Unternehmensplanung bildet die **Mission** des Unternehmens. Diese spiegelt knapp die eigentliche Identität sowie das Selbstverständnis der Einrichtung wider. Folgende Fragen sollten beantwortet werden können:

- Welchen Zweck/Auftrag verfolgt das Unternehmen mit seiner Gründung?
- Welche Werte stehen hinter dem Unternehmen?
- Wer sind die Leistungsempfänger?
- Welche Leistungen werden angeboten?

UNICEF's mission statement

UNICEF [United Nations Children's Fund] is mandated by the United Nations General Assembly to advocate for the protection of children's rights, to help meet their basic needs and to expand their opportunities to reach their full potential.

UNICEF is guided by the Convention on the Rights of the Child and strives to establish children's rights as enduring ethical principles and international standards of behaviour towards children.

UNICEF insists that the survival, protection and development of children are universal development imperatives that are integral to human progress.

UNICEF mobilizes political will and material resources to help countries [...] ensure a „first call for children" and to build their capacity to form appropriate policies and deliver services for children and their families.

Quelle: UNICEF (Hrsg.): UNICEF's mission statement, 25.04.2003, online unter: http://origin-www.unicef.org/about/who/index_mission.html [25.10.2020].

Leitbild

In vielen Fällen wird die Mission eines Unternehmens in einem **strategischen Leitbild** weiterentwickelt. Während die Mission in wenigen Sätzen die Hauptziele zusammenfasst, konkretisiert das Leitbild das Selbstverständnis der Non-Profit-Organisation und umfasst weiterführende Ziele.

Die Mission und das Leitbild bilden das strategische Dach der Unternehmensplanung. So dienen sie sämtlichen Mitarbeitern als Maxime für ihr Handeln und bieten ihnen somit Orientierungsmöglichkeiten (Stabilität) bei der täglichen Arbeit. Gleichzeitig verhindern sie Grundsatzdebatten über die Ausrichtung des jeweiligen Unternehmens. Eine in präzisen Worten formulierte Mission und ein treffendes Leitbild fördern zudem den Zusammenhalt der Mitarbeitenden, deren Motivation und Identifikation mit der Einrichtung. Das Gleiche gilt für die externen Anspruchsgruppen, die sich dadurch ein „Bild" von der Non-Profit-Organisation machen können.

Wir alle [...] stellen an unser Engagement [...] und unsere Integrität höchste Ansprüche.

1. **Unabhängigkeit ist unsere Stärke**
   Wir arbeiten überparteilich, überkonfessionell und frei von jeglicher Diskriminierung.

2. **Auf jeden kommt es an**
   Wir übernehmen aktiv Verantwortung und ermutigen andere, dies auch zu tun.

"

3. **Auf unser Wort ist Verlass**
   Wir gehen offen, fair und vertrauensvoll miteinander und mit unseren Partnern um.

4. **Innovation ist unser Anspruch**
   Wir suchen stets kreativ und pragmatisch nach neuen Wegen, um unsere Aufgaben noch besser zu erfüllen.
   [...]

8. **Wir kooperieren mit starken und glaubwürdigen Partnern**
   Wir arbeiten mit Partnern aus allen Bereichen der Gesellschaft. Grundlage für eine Zusammenarbeit sind klare ethische Grundsätze und konkrete Ergebnisse für Kinder.

9. **Wir treffen klare Entscheidungen**
   Eindeutige Verantwortlichkeiten, Kompetenz und gegenseitiger Respekt sind Grundlage unseres Handelns.

10. **Wir wollen Erfolg – für Kinder**
    Gemeinsam wollen wir mit unserer Leistung dauerhafte Fortschritte für Kinder erreichen.

Quelle: UNICEF (Hrsg.): Leitbild von UNICEF Deutschland, online unter: https://www.unicef.de/informieren/ueber-uns/transparenz-bei-unicef/leitbild [25.10.2020].

Konkrete Ziele

Aus der Mission und dem Leitbild als Oberziel müssen weitere spezifischere **Ziele** abgeleitet werden. Diese sind so weit zu operationalisieren, dass später eine Messung und Überprüfung des Zielerreichungsgrades möglich wird und sie ihre Motivations-, Steuerungs- und Kontrollfunktion erfüllen. Messbare Ziele enthalten folgende fünf Dimensionen:

Zielinhalt:	Was soll durch die Zielfestlegung erreicht werden? → medizinische Versorgung
Zielausmaß:	Welcher Zielerreichungsgrad ist zu fordern? → Verbesserung um 100 %
Zielperiode:	In welchem Zeitraum sind die Ziele zu erreichen? → in den nächsten fünf Jahren
Zielsegment:	In welchem Segment ist das Ziel zu erreichen? → bei kranken Kindern
Zielgebiet:	In welchem Gebiet ist das Ziel zu erreichen? → in den Entwicklungsländern

Zielformulierung: Die medizinische Versorgung soll in den nächsten fünf Jahren bei kranken Kindern in Entwicklungsländern um 100 % besser werden.

Im Vergleich zu kommerziellen Unternehmen ist die Festlegung der Zieldimensionen für soziale Unternehmen bzw. Non-Profit-Organisationen oftmals schwierig. Dies gilt insbesondere bei gesellschaftsorientierten und sozialen Zielen.

Betrachtet man die Ziele einer Non-Profit-Organisation genauer, lassen sich diese in insgesamt je vier Haupt- und Nebenkategorien differenzieren. Im Mittelpunkt aller Bemühungen stehen dabei stets die Anspruchsgruppen und deren Zufriedenheit mit der Leistung.

Leistungsziele	Beeinflussungsziele	Wirtschaftliche und finanzielle Ziele	Potenzialziele
Bedarfsdeckung und Gemeinwohlorientierung Analyse und Berücksichtigung der ermittelten Kundenwünsche Verbesserung und Weiterentwicklung der Leistungen (Quantität und Qualität) Materialisierung der vorhandenen Leistungsressourcen Koordination sämtlicher Mitarbeitenden für ein integriertes Vorgehen innerhalb der Organisation Information über die angebotenen Leistungen	Hervorrufen von Veränderungen im Bereich des Denkens und Handelns: ◻ kognitive Veränderung ◻ kurzfristige Veränderung ◻ langfristige Verhaltensänderung ◻ Werteänderungen ◻ Motivation zu ehrenamtlichen Arbeit	Erzielen einer Kostendeckung bzw. eines Überschusses Beschaffung finanzieller Mittel bessere Auslastung bzw. Management der vorhandenen Kapazitäten Minimierung von Zuschüssen	Sicherstellung einer zufriedenstellenden Wahrnehmung der Arbeit (Vertrauensbildung und Kundenbindung) durch Qualitätsorientierung personal- und objektbezogene Potenzial- und Ressourcenziele
z. B. verschiedene Massageanwendungen, Beratungsgespräche, Theateraufführungen, Sicherstellung der ärztlichen Versorgung, Aushang der angebotenen Leistungen, Aushang von Diplomen	z. B. Kenntnis über Infektionswege einer Krankheit, spontane Tierschutzspende, Reduzierung des Rauchens, veränderte Einstellung gegenüber Produkten aus der Dritten Welt, soziale Integration Mitarbeit im Tierheim	z. B. Wirtschaftlichkeit der Projekte, Reinvestition des Überschusses in laufende Projekte, Gewinnung von Spenden, Sicherung der Liquidität, zusätzliche Theaterveranstaltungen	z. B. Professionalisierung der angebotenen Pflegeleistungen mittels DIN-Normen, Schulungen des Personals, Beschaffung moderner IT-Infrastruktur, Beschaffung der neuesten medizinischen Geräte, individualisierte Wohnverhältnisse
Marktstellungsziele	**Imageziele**	**Soziale Ziele**	**Ökologische Ziele**
Erhöhung des Absatzes Die Marktposition steht in engem Zusammenhang mit der Frage nach der Überlebensfähigkeit der Non-Profit-Organisation.	Profilbildung gegenüber der Konkurrenz, d.h. kreative, innovative und ungewöhnliche Problemlösungen als Alleinstellungsmerkmal (Corporate Identity) Verbesserung des Images Erhöhung des Bekanntheitsgrades	Verfolgung mitarbeiter- und gesellschaftsorientierter Ziele	Erfüllung ökologischer Auflagen und Normen

Marktstellungsziele	Imageziele	Soziale Ziele	Ökologische Ziele
z. B. Spezialisierung der angebotenen Leistung	z. B. eigenes Logo, besondere Plakat- aktionen, spezielle Anwen- dungen	z. B. soziale Sicherheit, Mitarbeiterzufrieden- heit, politische Einfluss- nahme	z. B. Versand von Briefen per Mail

Vgl. Bruhn, Manfred: Marketing für Nonprofit-Organisationen: Grundlagen, Konzepte, Instrumente. 2. Auflage. Stuttgart: Kohlhammer 2012, S. 141 ff.

Zielbeziehungen

All die in der obigen Tabelle angeführten Beispiele (Subziele) stehen in unterschiedlicher Bezie- hung zueinander. Hierbei lassen sich komplementäre, konkurrierende und indifferente (neutra- le) Zielbeziehungen unterscheiden.

Je besser das Image der Organisation UNICEF, desto höher ist die Spendenbereitschaft der Geldgeber (komplementäre Zielbeziehung, d. h., die Realisierung des einen Ziels trägt zur Realisierung des anderen Ziels bei).
Je mehr UNICEF an Marketingkosten einspart, desto geringer ist die Erhöhung der Mit- gliederzahlen (konkurrierende Zielbeziehung, d. h., die Realisierung des einen Ziels bedingt einen geringeren Zielerreichungsgrad des anderen Ziels).

In Zusammenhang mit den Zielbeziehungen wird deutlich, dass die einzelnen Subziele in eine gewisse Zielhierarchie gebracht werden müssen. Nur dann ist die Planung und Kontrolle von Marketing-Strategien erst möglich.

Strategische Geschäftsfelder und Geschäftseinheiten

Nachdem die einzelnen Zielinhalte herausgearbeitet wurden, muss im nächsten Schritt der **rele- vante Markt** definiert und von den anderen Märkten abgegrenzt werden. Die Marktwahl unter- teilt den Markt in **Strategische Geschäftsfelder (SGF)**. Ein SGF funktioniert wie „ein Markt im Markt". Es unterscheidet sich von anderen durch unterschiedliche Kundengruppen, unterschied- liche Technologien oder anhand der eigentlichen Marktleistung.

Dabei muss sich die Organisation entscheiden, in welchem der SGF sie künftig tätig sein will. Hat sich die soziale Einrichtung für ein SGF entschieden, so wird sie innerhalb des Geschäftsfeldes eine weitere Gliederung nach Teilmärkten und Marktsegmenten vornehmen. Alle Marktsegmen- te werden je nach vorhandenen Kundenwünschen differenziert bearbeitet.

Folgende Differenzierungsmerkmale eignen sich zur Segmentierung:
Finanzierungsart (Spendenmarkt, Sponsorenmarkt), Zweck der Finanzierung (Spende für Um- weltschutz, Entwicklungshilfe), räumliche Gegebenheiten (lokaler, regionaler, nationaler, interna- tionaler Markt), Alter der Leistungsempfänger (Begegnungsstätte für Senioren, Kindertagesstät- te, Kinderklinik, Jugendtheater), Leistungsmerkmal (öffentliche Schulen, Fernuniversitäten, Volkshochschulen), Problemlösung (Wasserverschmutzung, Luftverschmutzung), Bedürfnis- merkmal der Leistungsempfänger (ambulanter Pflegedienst als Bedürfnis nach Unterstützung im häuslichen Umfeld) usw.

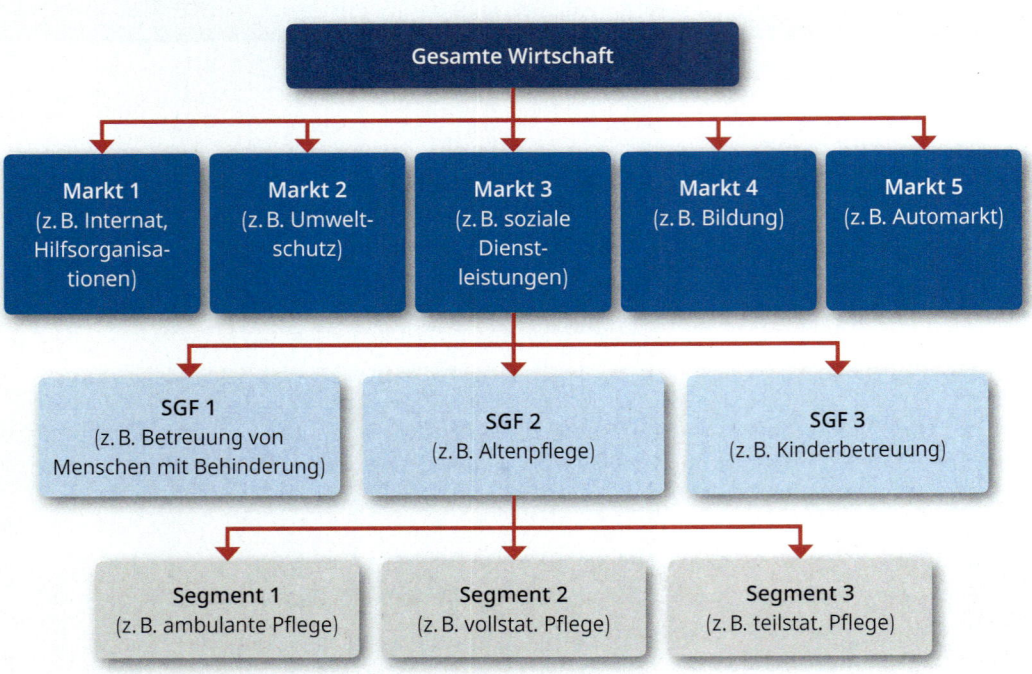

Um Strategische Geschäftsfelder zu bearbeiten, bilden Einrichtungen oftmals **Strategische Geschäftseinheiten (SGE)**. Dabei werden die Begriffe „SGF" und „SGE" häufig synonym verwendet. Genau betrachtet sind Strategische Geschäftsfelder jedoch das Ergebnis einer extern gerichteten Aufteilung des Betätigungsfeldes (gedankliche Unterteilung des Marktes zum Zweck der Marktwahl), während Strategische Geschäftseinheiten das Ergebnis einer eigenständigen Analyse- und Planungseinheit innerhalb der Non-Profit-Organisation (organisatorische Einheit in der Organisation, um SGF zu bearbeiten) sind. Auf der Ebene der SGE wird oftmals das Marketingkonzept erarbeitet.

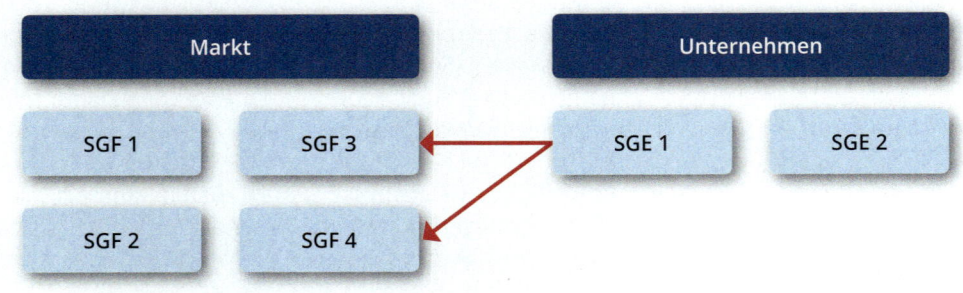

B   Die SGE „Mobiler sozialer Hilfsdienst" durch ehrenamtliche Mitarbeiter des Bayerischen Roten Kreuzes ist zum einen im SGF „Altenpflege" und zum anderen im SGF „Betreuung von Menschen mit Behinderung" tätig.

5.4 Marketingstrategien

Sind die Marketingziele festgelegt, stellt sich die Frage, wie – mit welcher Strategie – diese Ziele erreicht werden können. Mithilfe einer klaren Marketingstrategie kann sich das Unternehmen auf dem Markt eindeutig positionieren und deutlich machen, wofür es eigentlich steht.

Zu den Maßnahmen der strategischen Marketingplanung gehört darüber hinaus, den Zeitpunkt des Instrumenteneinsatzes (Marketingmix) festzulegen und die Maßnahmen den angebotenen Leistungen zuzuordnen.

In der Literatur gibt es zahlreiche strategische Optionen bzw. Modelle, die sogenannte Norm-Strategien empfehlen. Im Folgenden erhalten Sie einen groben Überblick.

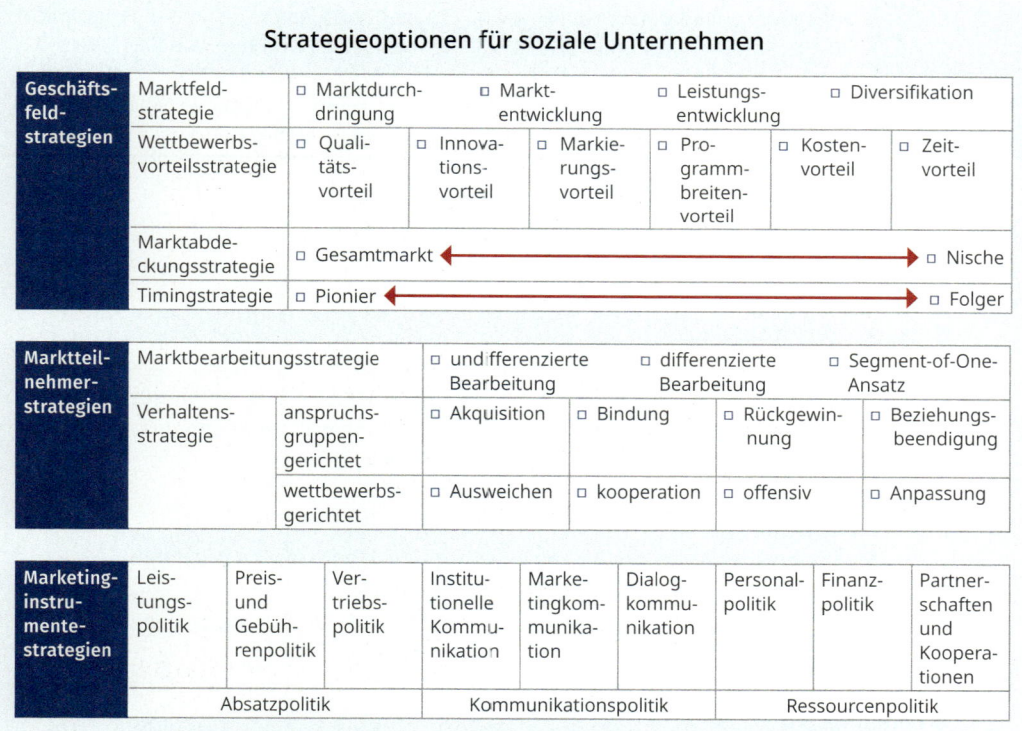

Strategieoptionen für soziale Unternehmen

Geschäfts-feld-strategien	Marktfeld-strategie	☐ Marktdurch-dringung		☐ Markt-entwicklung		☐ Leistungs-entwicklung	☐ Diversifikation	
	Wettbewerbs-vorteilsstrategie	☐ Quali-täts-vorteil	☐ Innova-tions-vorteil	☐ Markie-rungs-vorteil	☐ Pro-gramm-breiten-vorteil	☐ Kosten-vorteil	☐ Zeit-vorteil	
	Marktabde-ckungsstrategie	☐ Gesamtmarkt ⟵————————————⟶ ☐ Nische						
	Timingstrategie	☐ Pionier ⟵————————————⟶ ☐ Folger						

Marktteil-nehmer-strategien	Marktbearbeitungsstrategie		☐ undifferenzierte Bearbeitung	☐ differenzierte Bearbeitung	☐ Segment-of-One-Ansatz
	Verhaltens-strategie	anspruchs-gruppen-gerichtet	☐ Akquisition	☐ Bindung	☐ Rückgewin-nung	☐ Beziehungs-beendigung
		wettbewerbs-gerichtet	☐ Ausweichen	☐ kooperation	☐ offensiv	☐ Anpassung

Marketing-instru-mente-strategien	Leis-tungs-politik	Preis- und Gebüh-renpolitik	Ver-triebs-politik	Institu-tionelle Kommu-nikation	Marke-tingkom-munika-tion	Dialog-kommu-nikation	Personal-politik	Finanz-politik	Partner-schaften und Koopera-tionen
	Absatzpolitik			Kommunikationspolitik			Ressourcenpolitik		

Quelle: Bruhn, Manfred: Marketing für Nonprofit-Organisationen: Grundlagen, Konzepte, Instrumente. 2. Auflage. Stuttgart: Kohlhammer 2012, S. 175.

Marktfeldstrategie

Ein grundlegendes Element der Strategischen Marketingplanung ist die Festlegung der **Markt-feldstrategie**. Dabei wird eine generelle Stoßrichtung bestimmt. Die möglichen Strategiealter-nativen lassen sich anhand der klassischen „Ansoff-Matrix" gliedern. Auf soziale Unternehmen übertragen, sind folgende Basisstrategien zu unterscheiden:

	Bestehende Märkte	Neue Märkte
Bestehende Leistungen	**Marktdurchdringung ❶**	**Marktentwicklung ❷**
	Erhöhung des Marktanteil bereits bestehender Leistungen: Erhöhung der Leistungsnutzung bei bisherigen Kunden, Gewinnung von Leistungsempfängern, die bisher bei einer anderen Organisation waren und von bisherigen Nichtleistungsempfängern	Vergrößerung der Zielgruppe für bereits bestehende Leistungen durch die Erschließung zusätzlicher geografischer Märkte und neuer Marktsegmente
Neue Leistungen	**Leistungsentwicklung ❸**	**Diversifikation ❹**
	Befriedigung der Bedürfnisse des bestehenden Marktes mit neuen Leistungen (Innovationen) oder durch die Entwicklung zusätzlicher Leistungsvarianten	Ausrichtung von neuen Leistungen für neue Märkte.: horizontale (Erweiterung steht mit dem bestehenden Programm noch in Verbindung), vertikale (Wertschöpfungstiefe des Programms wird vergrößert) und laterale (völlig neuer Markt) Diversifikation

B Übertragen auf ein Altenheim bedeutet dies:

❶ Marktdurchdringung:
- Erweiterung des Freizeitangebots (bisherige Leistungsempfänger)
- zusätzliche Verwaltungsdienstleistungen (bisherige Leistungsempfänger)
- Preisreduktion des Pflegeheims (Leistungsempfänger anderer Organisationen)
- Anzeigenkampagne (bisherige Nicht-Leistungsempfänger)

❷ Marktentwicklung:
- Altenheim in Amberg, Weiden, Regensburg usw. (geografische Ausdehnung)
- Angebot von Wohngruppen (neue Marktsegmente)
- Ausweitung des Betreuungsangebotes für Menschen mit Behinderung (neue Marktsegmente)

❸ Leistungsentwicklung:
- stationäre und mobile geriatrische Rehabilitation
- Erweiterung der Dienstleistungspalette (Reinigung, Renovierung)
- Callcenter für soziale Dienstleistungen

❹ Diversifikation:
- zusätzliche Betreuungsleistungen wie Spazierengehen, Arztbesuche (horizontale Div.)
- Aufbau einer Umzugsfirma (vertikale Div.)
- Arbeit im Bereich der Entwicklungshilfe (laterale Div.)

Teilweise sind die Grenzen zwischen den vier Matrixfeldern fließend. Unabhängig davon helfen sie jedoch dem sozialen Unternehmen, sich auf dem Markt zu positionieren und die eigenen Entwicklungschancen zu erkennen.

Portfolio-Analyse

Neben der eben angeführten Marktfeldstrategie gibt es noch zahlreiche weitere Strategien wie beispielsweise die **Portfolio-Analyse**, die dem sozialen Unternehmen hilft, seine relative Markt-position einzuschätzen und darauf aufbauend gewisse Normstrategien empfiehlt. Somit erhal-ten die Unternehmen Transparenz über die Entwicklungsmöglichkeiten der einzelnen Leistungs-bereiche, ob eine Veränderung von Art oder Umfang der Leistung her erforderlich ist. Ziel sollte dabei ein ausgewogenes und sich gegenseitig ergänzendes Leistungsportfolio aus fachlicher und sozialer Sicht sein, das gleichzeitig die wirtschaftlichen Anforderungen erfüllt.

In der Portfolio-Analyse werden die einzelnen Leistungen (Geschäftsfelder, Leistungsgruppen oder auch strategische Geschäftseinheiten) eines Unternehmens in einer Matrix dargestellt. Die Grundannahme des Produktlebenszyklus, also dass die Produkte/Leistungen neu in den Markt eintreten, wachsen, einen wirtschaftlichen Höhepunkt erreichen und schließlich wieder aus dem Markt ausscheiden, bildet die Basis für die Portfolio-Analyse.

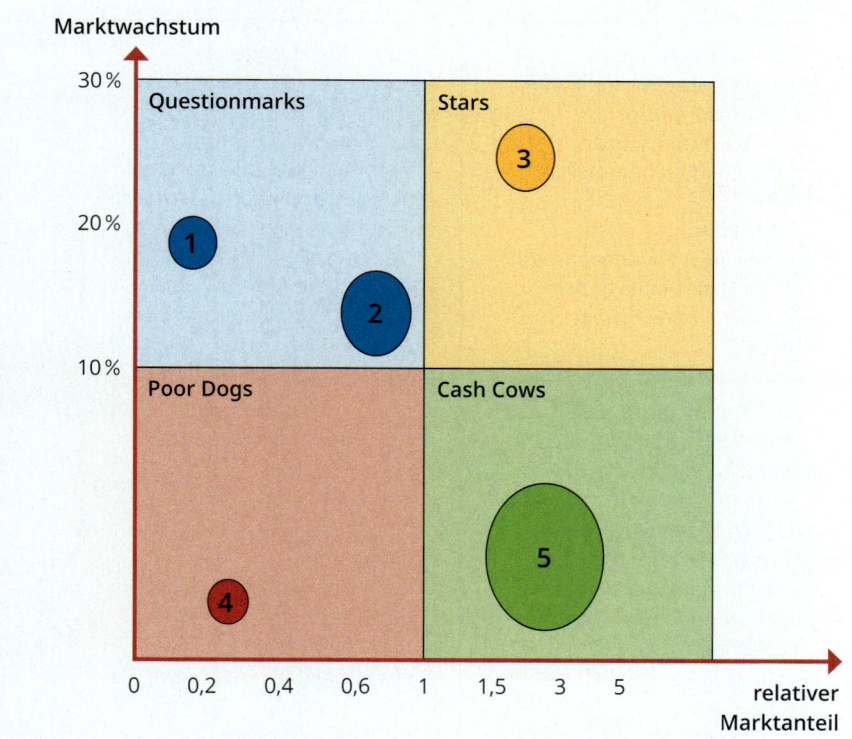

Konkret handelt es sich hierbei um eine zweidimensionale Darstellung, bei der die Wachstums-chancen (y-Achse) und der relative Marktanteil (x-Achse) von Leistungen miteinander verglichen werden. Dadurch entstehen vier Portfolio-Felder. In diese werden dann die einzelnen Geschäfts-felder bzw. SGE eingezeichnet (Nummer 1 bis 5 in der Abbildung). Die unterschiedliche Größe der Kreise in den vier Geschäftsfeldern versinnbildlicht die verschieden großen Umsatzanteile der angebotenen Leistungen am Gesamtumsatz des Unternehmens; je größer der Kreis, desto höher der Umsatz.

$$\text{Bedeutung einer SGE} = \frac{\text{Umsatz der SGE} \cdot 100}{\text{Umsatz der Unternehmung}}$$

Der relative Marktanteil gilt als hoch, wenn er gleich oder größer eins ist, d.h., wenn der eigene Marktanteil größer als der des größten Konkurrenten ist. Der relative Marktanteil kann auch als Prozentsatz (Multiplikation mit 100) angegeben werden.

$$\text{Relativer Marktanteil je SGE} = \frac{\text{eigener Umsatz}}{\text{Umsatz des Marktführers}} = \frac{\text{eigener Marktanteil}}{\text{Marktanteil des Marktführers}}$$

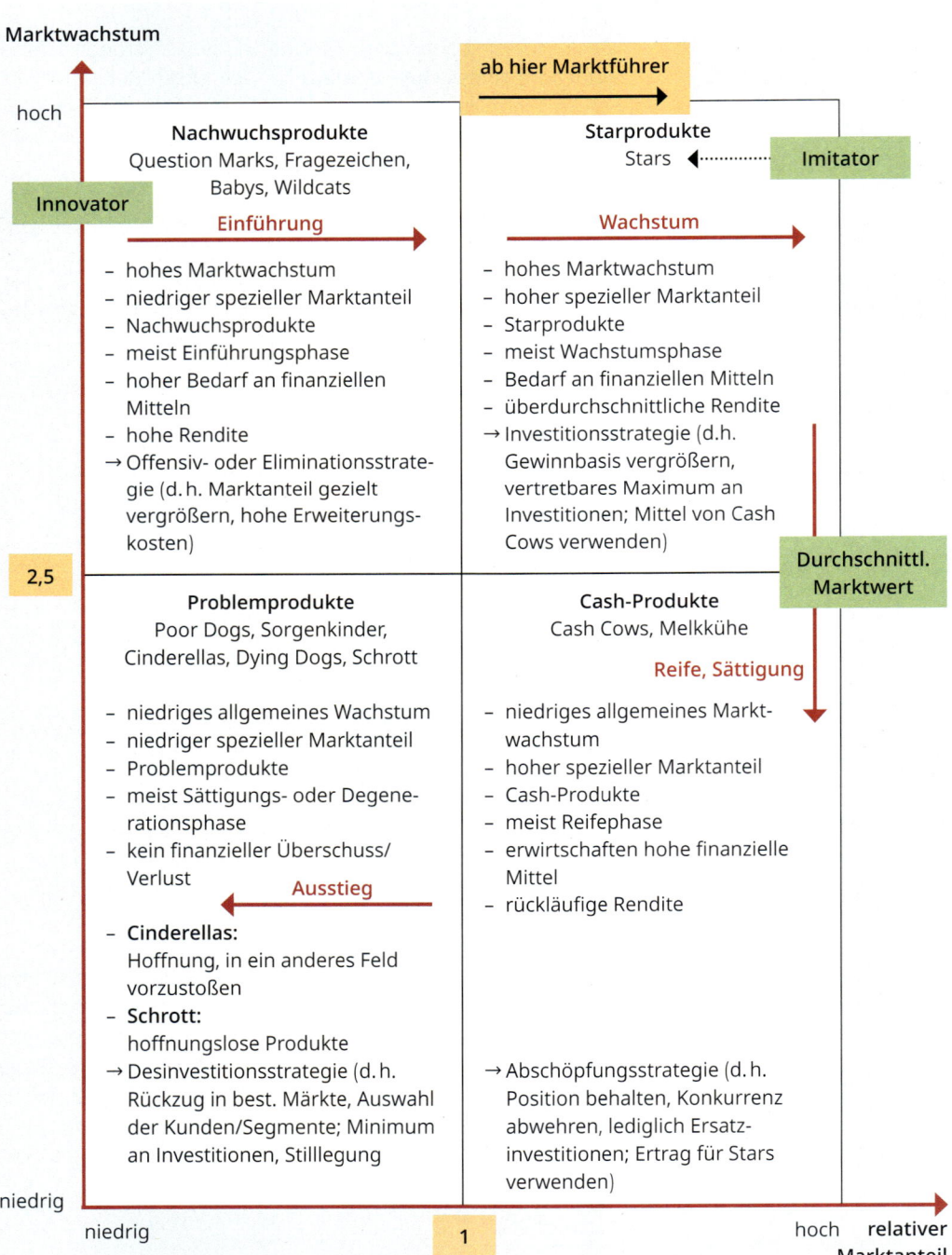

Der relative Marktanteil wird dabei mit Dezimalstellen oder in Prozent angegeben. Dabei bedeutet ein relativer Marktanteil von 0,5, dass der eigene Marktanteil nur halb so groß ist wie der des stärksten Konkurrenten, während bei 1,5 der eigene Marktanteil eineinhalbmal so groß wie der des zweitstärksten Konkurrenten ist (100 % = 1).

Das Marktwachstum gilt als hoch, wenn es über dem Wachstum des BIP liegt. Anstelle des absoluten Marktwachstums kann auch das relative Marktwachstum (eigene Umsatzentwicklung/ Umsatzentwicklung des größten Konkurrenten) abgetragen werden (durchschnittliches Marktwachstum = auch Wachstum der Branche usw.).

Je nachdem, welche Position ein Geschäftsfeld (SGE) in dem Portfolio einnimmt, können daraus verschiedene Norm-Strategien abgeleitet werden.

Portfolio, Normstrategie und Marketingmix

Portfolio-kategorie	Question Marks, Nachwuchs-produkte	Starprodukte	Cash Cows	Poor Dogs, Problemprodukte
Marketing-strategie	Offensivstrategie	Investitions-strategie	Abschöpfungs-strategie	Desinvestitions-strategie
Investitionen	hoch, Erweiterungs-investitionen	vertretbares Maximum, Investitionen > Abschreibungen	Ersatzinvestitio-nen unter Berück-sichtigung des Cashflows, d. h. so viele Investitionen wie erforderlich, um Position zu halten → Investi-tionen ≈ Abschrei-bungen	Minimum bzw. Stilllegung, Investitionen < Abschreibungen
Risiko	akzeptieren	akzeptieren	begrenzen	vermeiden
Abnehmer-märkte, Marktanteile	gezielt vergrößern Produkt zum Star machen	Gewinn-Basis verbreitern durch neue Regionen und neue Anwen-dungen	Position vertei-digen, Konkurrenz abwehren, Gewinne in zu-künftige Produkte investieren	Kundenselektion und regionaler Rückzug, Aufgabe zugunsten ertrags-starker Produkte

Produkt ist Poor Dog: wenn Produkt nicht mehr rentabel → Rückzug, d. h. ver-kaufen oder schritt-weise auflösen

Oder: Rückzug in Teilmärkte → Aus-wahl der Kunden, Marktsegmente → Produkt wird Questi-on Mark → weiter siehe Investitions-strategie |

Portfolio-kategorie	Question Marks, Nachwuchs-produkte	Starprodukte	Cash Cows	Poor Dogs, Problemprodukte
Produkt-politik	Produkt-spezialisierung	Sortiment ausbauen, diversifizieren, Markennamen einsetzen, Zweitmarken, Nachfolgeprodukt entwickeln	Imitation verstärkter Service und mehr Kundendienst, um die Kunden und die Marktposition zu halten Produkt ist Cash Cow → Position halten	Sortiments-begrenzung
Distributions-politik	Vertriebswege suchen und ausbauen	Absatzwege ausbauen bzw. noch mehr Einsatz im Vertrieb	Vertriebswege optimieren und um Kundendienst erweitern	Optimierung der Vertriebswege, um Kosten zu sparen
Preispolitik	tendenziell Niedrigpreise; bei technisch hochwertigen neuen Produkten Hochpreispolitik bei Massenproduktion: stabile Niedrigpreise	Anstreben von Preisführerschaft	Stabilisieren des Preisniveaus	tendenziell höhere Preise
Kommunika-tionspolitik	stark forcieren, Einführungswerbung, Hineinverkauf fördern Rückzugsstrategie, wenn Produkt vom Question Mark zum Poor Dog wird (vgl. Desinvestitionsstrategie)	aktiver Einsatz von Werbung	viel Werbung, gezielte Produktwerbung, Erhaltungswerbung	keine Werbemaßnahmen mehr

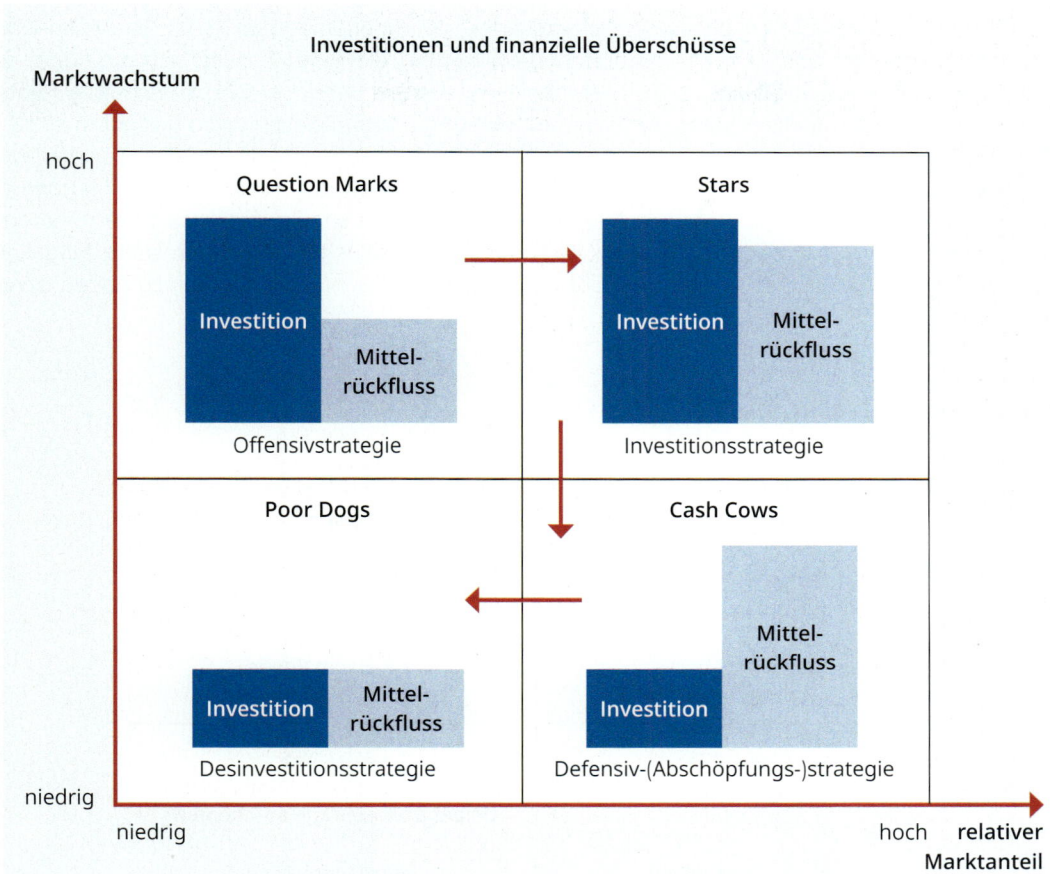

Soziale Portfolio-Analyse

Ein Altenheim bietet mehrere Leistungen an, u. a. die seit mehreren Jahren etablierte vollstationäre Pflege (Cash Cow). Daneben gibt es die sogenannte ambulante Pflege, bei der die Pflegebedürftigen in ihrer heimischen Umgebung bleiben können und nur die Grundpflege übernommen wird. Dieser Bereich ist in den letzten Jahren enorm angestiegen (Star). Des Weiteren bietet die Einrichtung noch die teilstationäre Pflege zur Entlastung der Angehörigen an. Diese wird jedoch seit Jahren kaum angenommen (Poor Dog). Seit einiger Zeit gibt es zusätzlich ein für jeden Senior der Stadt online buchbares Freizeitprogramm. Allerdings ist diese Variante der „Betreuung" bei nur wenigen bekannt und müsste speziell beworben werden (Question Mark).

Das obige Beispiel stellt den Versuch dar, für ein soziales Unternehmen ein Portfolio im traditionellen Sinne zu erstellen. Gleichwohl ist es nicht immer einfach, die kommerziellen Aspekte auf sogenannte Non-Profit-Leistungen zu übertragen. Insofern müssen bislang bekannte Schemata für einen sozialen Dienstleister entsprechend angepasst werden. Ein Vorschlag wäre an dieser Stelle, die beiden Achsen durch die Kategorien „sozialer Mehrwert bzw. ethischer Auftrag" und „Refinanzierung bzw. Gewinn" zu ersetzen. So sind Geschäftsfelder mit einem hohen Gewinn bzw. einer hohen Kostendeckung und einem gleichzeitig hohen sozialen

Mehrwert Idealsituationen (Stars). Geschäftsfelder, die einen niedrigen sozialen Mehrwert haben, gleichzeitig aber einen sehr hohen Gewinn, sind die Bereiche, die sich ein soziales Unternehmen aufbauen sollte, um Überschüsse für andere Bereiche zu erwirtschaften (eine Cash Cow, die man melken kann). Bereiche mit einem niedrigen Gewinn und geringem sozialen Mehrwert sollten erst gar nicht begonnen werden bzw. schnellstmöglich aussortiert werden. Zuletzt gibt es noch die Geschäftsfelder, die einen enorm hohen sozialen Mehrwert liefern, aber einen extrem niedrigen Gewinn. Hier kann man sagen, dass das Unternehmen tatsächlich eine Non-Profit-Organisation ist. Nimmt ein soziales Unternehmen seine Aufgabe per se ernst, stößt es diesen Bereich nicht ab, sondern versucht alles, um ihn zu halten bzw. etwas rentabler zu machen.

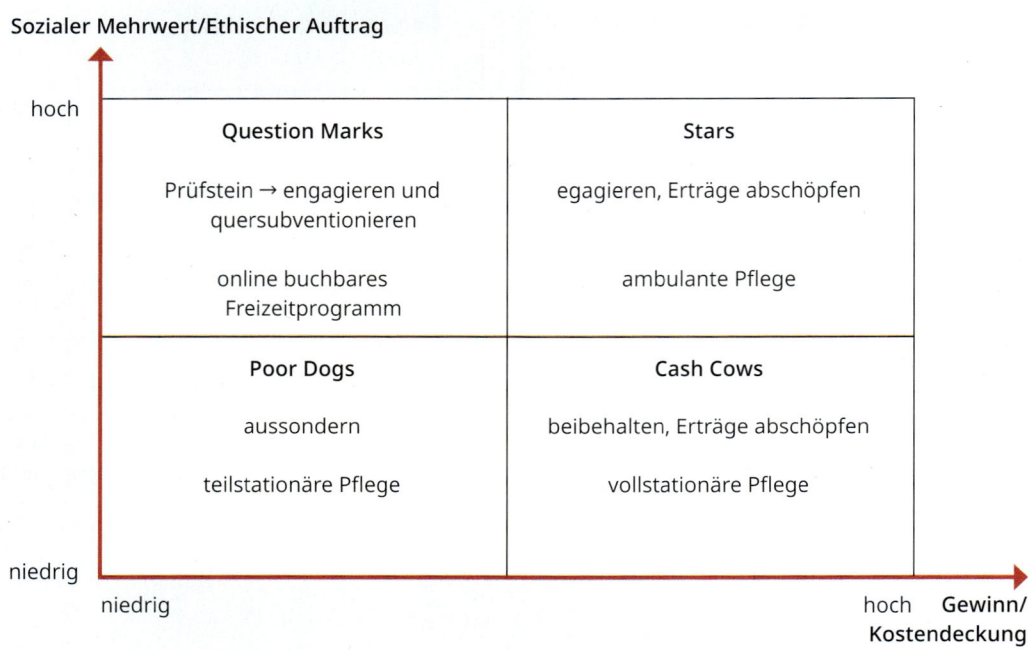

vgl. Schellberg, Klaus: Betriebswirtschaftslehre für Sozialunternehmen. 3. Auflage. Augsburg: ZIEL 2008, S. 122.

Die Bewertung der aktuellen Position und der Bedeutung eines Leistungsbereichs kann auch nach der sogenannten 9-Felder-Matrix von McKinsey anhand der Merkmale Marktattraktivität und Wettbewerbsvorteil erfolgen (Recherchieren Sie hierzu selbst im Internet).

Weitere Beispiele für Marketingstrategien

Neben der Portfolio-Analyse gibt es noch viele andere Marketingstrategien. Ein weiteres Beispiel ist die **Wettbewerbsstrategie**, die auf der Analyse von Wettbewerbsvorteilen aufbaut.

- Kostenführerschaft (z. B. Pflegedienstleister, der in der Regel die durch die Pflegeversicherung erstatteten Kosten die meisten Leistungen erbringt; allerdings nur, weil er gering ausgebildete Arbeitnehmer beschäftigt).
- Differenzierungsstrategie (z. B. sich von der Konkurrenz dadurch abheben, dass man einen Mehrwert schafft, d. h. besondere Freundlichkeit, kirchlicher Bezug).
- Rundum-Dienstleister (z. B. Wohlfahrtsverband mit Angeboten von der Wiege bis zum Altenheim: Geburtshilfe, Kindergarten, Krankenhaus, Pflegeheim usw.)

Eine weitere Möglichkeit, den Status quo sowie die Entwicklungsperspektiven einer Non-Profit-Organisation darzustellen, ist der sogenannte **Produktlebenszyklus**. Dieser wird seit Jahren in zahlreichen kommerziellen Unternehmen als Analysewerkzeug verwendet und immer häufiger in einer erweiterten Version auf den Dienstleistungssektor übertragen (Leistungslebenszyklus). Allgemein kann der Wertschöpfungsverlauf einer Dienstleistung durch die Strukturierung in Phasen beschrieben werden.

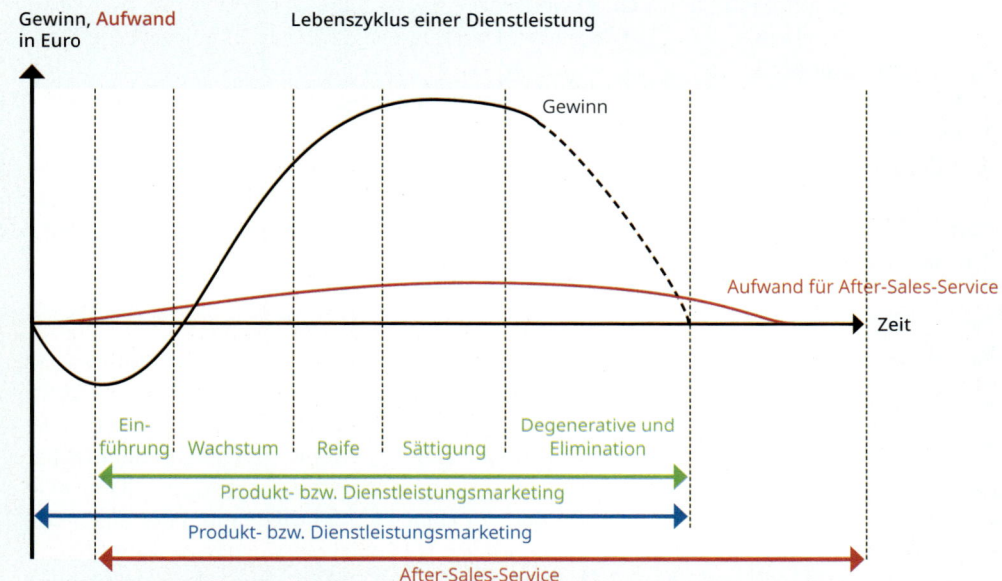

vgl. Thomas, Oliver/Nüttgens, Markus: Dienstleistungsmodellierung 2010. Interdisziplinäre Konzepte und Anwendungsszenarien. Berlin/Heidelberg: Physica-Verlag 2010, S. 7.

1. Phase: Produktentstehung
Hierbei handelt es sich um eine **vorgelagerte bzw. begleitende Phase**, die sich noch einmal in zwei Phasen unterteilt:
- **Innovation:** Zentrales Element ist, den Bedarf der Kunden zu ermitteln und darauf aufbauend eine Idee zu kreieren.
- **Eigentliche Entwicklung:** Im Anschluss daran muss ein Konzept erstellt und die Leistung entwickelt werden. Diese wird dauernd angepasst, stets unter der Prämisse der Qualitätssicherung.

2. Phase: Produktvermarktung
Die Produktvermarktung umfasst den **klassischen Produktlebenszyklus**:
- **Einführungsphase:** Die Leistung ist noch eine Neuheit, sie muss erst noch bekannt gemacht werden und hat bisher kaum Nachfrager. Dieser Marktwiderstand kann mit hohen Rabatten oder Werbeausgaben überwunden werden. Handelt es sich um eine Marktneuheit, hat der Anbieter für kurze Zeit eine monopolartige Stellung, die er preispolitisch nutzen könnte. Anfangs müssen aufgrund der hohen Markteinführungskosten Verluste hingenommen werden.
- **Wachstumsphase:** Nun setzt wachsende Nachfrage ein und die Gewinnzone wird erreicht. Konkurrenten können als Nachahmer auftreten (Me-too-Dienstleistung), sodass die Preise sinken können. Die Stückkosten sinken durch steigende Absatzmenge.

- **Reifephase:** Die Dienstleistung hat sich einen festen Platz am Markt erobert. Die Zuwachsraten nehmen langsam ab. Die Gewinne erhöhen sich infolge der Fixkostendegression weiter. Durch Differenzierung wird versucht, neue Zielgruppen anzusprechen.
- **Sättigungsphase:** Es kommen viele preiswertere oder verbesserte Dienstleistungen der Konkurrenz auf den Markt. Der Gewinn stagniert auf hohem Niveau, fällt leicht. Werbung, Preissenkungen und Rabatte sind wichtige Mittel, um einen starken Rückgang zu verhindern.
- **Degenerationsphase:** Wenn es nicht gelingt, den Lebenszyklus zu verlängern, muss die Dienstleistung vom Markt genommen werden.

3. Phase: After-Sales

Hierbei handelt es sich um eine **nachgelagerte bzw. begleitende Phase**, die sich wiederum in folgende Phasen gliedert:

- **Kundenbewertung:** An erster Stelle steht die Bewertung durch die Kunden. Jene ist ein wichtiger Input für die Phase der Entwicklung und den eigentlichen Dienstleistungsprozess.
- **Garantie:** Zusätzlich sind die kontinuierliche Kundenbetreuung und die begleitenden bzw. folgenden Dienstleistungen abzudecken.

In einem Altenheim wird beispielsweise ein Bedarf nach Ausflügen ermittelt und ein entsprechendes seniorengerechtes Konzept entwickelt. Nach anfänglichen Startschwierigkeiten steigt die Zahl der teilnehmenden Senioren stetig an, bis letztlich ein kompletter Reisebus ausgebucht ist. Parallel dazu findet eine permanente Kundenbewertung und Weiterentwicklung des Ausflugsprogramms statt. Einige der Ausflüge sind jedoch so anstrengend, dass danach der Arzt aufgesucht werden muss oder die Senioren spezielle Erholungsbäder nehmen müssen. Nachdem das Ausflugsprogramm einige Jahre sehr erfolgreich gelaufen ist, sinkt die Teilnehmerzahl. Die Heimleitung streicht daher die „großen Busfahrten".

Schwachpunkt des obigen Lebenszyklusmodells ist, dass die wenigsten Leistungen tatsächlich einen s-förmigen Verlauf aufweisen und jenes nur im weiteren Sinne auf Dienstleistungen übertragen werden kann. Außerdem sind die Zeitpunkte des Phasenübergangs oftmals kaum vorhersehbar und fließend. Eine Alternative zum normalen Leistungslebenszyklus stellt daher der **Kundenbedarfslebenszyklus** dar. Bei diesem orientiert sich der Bedarf an der Lebensphase des Nachfragers.

Beispielsweise beginnen in der Kirche die Dienstleistungen mit der Taufe, der Erstkommunion, der Beichte und dem Abendmahl, weiten sich dann mit höherem Alter auf die Firmung und die Eheschließung aus und enden letztlich mit der Beerdigung.

5.5 Marketinginstrumente und Marketingmix

Ist die Marketingstrategie definiert, muss der Einsatz der sogenannten Marketinginstrumente (Marketingmix) geplant werden. Folgende Fragen sind dabei zu beantworten:

- Welches Ziel soll mit dem jeweiligen Marketinginstrument bzw. der betreffenden Maßnahme erreicht werden?
- Welche Maßnahmen werden konkret zur Realisierung der Marketingstrategie eingesetzt?
- Welche Mittel stehen dafür zur Verfügung (vor allem auch finanziell)?

Einen beispielhaften Überblick über mögliche Vorschläge zum Einsatz der Marketinginstrumente gibt die Übersicht „Portfolio, Normstrategie und Marketingmix" im vorherigen Kapitel 5.4.

5.6 Realisierung des Marketingkonzepts

Alle Planungen und Strategien machen keinen Sinn, wenn sie nicht realisiert werden. Das operative Marketing dient daher der Umsetzung der strategischen Zielvorgaben und Festlegungen. Um die personellen und finanziellen Ressourcen entsprechend steuern zu können, die Leistungen zu veräußern und die Einrichtung nach außen hin gut darzustellen, müssen die zuvor festgelegten Marketinginstrumente eingesetzt und kombiniert werden. Dabei ist es wichtig, die verschiedenen Aufgaben an die Mitarbeiter zu verteilen und sicherzustellen, dass diese für die Durchführung Verantwortung übernehmen.

5.7 Controlling des Marketingkonzepts

Am Ende des Marketingkonzepts steht das Controlling, das zur Überprüfung bestimmter Fragen dient. Beispielsweise inwieweit die Marketingziele erreicht wurden, wie wirtschaftlich die eingesetzten Maßnahmen waren, inwiefern die geplanten Aktivitäten tatsächlich umgesetzt wurden oder inwieweit die ausgewählten Strategien bei der Positionierung am Markt die richtigen waren.

Aufgaben

1. Zeigen Sie knapp auf, welche Ziele ein Marketingkonzept verfolgt.
2. Interpretieren Sie die nachfolgende SWOT-Matrix einer Universität und überlegen Sie, welche Marketingimplikationen daraus abgeleitet werden können.

	Chancen	Risiken
Stärken	wachsende Zahl der Studierenden stille Reserven, freie Ausbildungsplatzkapazitäten	sinkende Subventionsquellen starke interne Kostenorientierung, vermehrt private Geldquellen aus der Privatwirtschaft
Schwächen	Internationalisierung des Bildungsmarktes fehlende Netzwerkverbindungen zu ausländischen Universitäten	erhöhter Konkurrenzdruck durch andere Universitäten teilweise Leistungsabbau durch Elimination bestimmter Fächerangebote

Quelle: Manfred Bruhn, 2012, Marketing für Non-Profit-Organisationen, Kohlhammer, 2. Auflage, S. 111.

3. Stellen Sie die wesentliche Funktion eines Leitbildes dar, leiten Sie aus dem Leitbild des Deutschen Roten Kreuzes konkrete Unternehmensziele ab und strukturieren Sie diese.

Leitsatz und Leitbild des Deutschen Roten Kreuzes

Wir vom Roten Kreuz sind Teil einer weltweiten Gemeinschaft von Menschen in der internationalen Rotkreuz- und Rothalbmondbewegung, die Opfern von Konflikten und Katastrophen sowie anderen hilfsbedürftigen Menschen unterschiedslos Hilfe gewährt, allein nach dem Maß ihrer Not. Im Zeichen der Menschlichkeit setzen wir uns für das Leben, die Gesundheit, das Wohlergehen, den Schutz, das friedliche Zusammenleben und die Würde aller Menschen ein.

Der hilfebedürftige Mensch
Wir schützen und helfen dort, wo menschliches Leiden zu verhüten und zu lindern ist.

Die unparteiliche Hilfeleistung
Alle Hilfebedürftigen haben den gleichen Anspruch auf Hilfe, ohne Ansehen der Nationalität, der Rasse, der Religion, des Geschlechts, der sozialen Stellung oder der politischen Überzeugung. Wir setzen die verfügbaren Mittel allein nach dem Maß der Not und der Dringlichkeit der Hilfe ein. Unsere freiwillige Hilfeleistung soll die Selbsthilfekräfte der Hilfebedürftigen wiederherstellen.

Neutral im Zeichen der Menschlichkeit
Wir sehen uns ausschließlich als Helfer und Anwälte der Hilfebedürftigen und enthalten uns zu jeder Zeit der Teilnahme an politischen, rassischen oder religiösen Auseinandersetzungen. Wir sind jedoch nicht bereit, Unmenschlichkeit hinzunehmen und erheben deshalb, wo geboten, unsere Stimme gegen ihre Ursachen.

Die Menschen im Roten Kreuz
Wir können unseren Auftrag nur erfüllen, wenn wir Menschen, insbesondere als unentgeltlich tätige Freiwillige, für unsere Aufgaben gewinnen. Von ihnen wird unsere Arbeit getragen, nämlich von engagierten, fachlich und menschlich qualifizierten, ehrenamtlichen, aber auch von gleichermaßen hauptamtlichen Mitarbeiterinnen und Mitarbeitern, deren Verhältnis untereinander von Gleichwertigkeit und gegenseitigem Vertrauen gekennzeichnet ist.

Unsere Leistungen
Wir bieten alle Leistungen an, die zur Erfüllung unseres Auftrages erforderlich sind. Sie sollen im Umfang und Qualität höchsten Anforderungen genügen. Wir können Aufgaben nur dann übernehmen, wenn fachliches Können und finanzielle Mittel ausreichend vorhanden sind.

Unsere Stärken
Wir sind die Nationale Rotkreuzgesellschaft der Bundesrepublik Deutschland. Wir treten unter einer weltweit wirksamen gemeinsamen Idee mit einheitlichem Erscheinungsbild und in gleicher Struktur auf. Die föderalistische Struktur unseres Verbandes ermöglicht Beweglichkeit und schnelles koordiniertes Handeln. Doch nur die Bündelung unserer Erfahrungen und die gemeinsame Nutzung unserer personellen und materiellen Mittel sichern unsere Leistungsstärke.

Das Verhältnis zu anderen
Zur Erfüllung unserer Aufgaben kooperieren wir mit allen Institutionen und Organisationen aus Staat und Gesellschaft, die uns in Erfüllung der selbstgesteckten Ziele und Aufgaben behilflich oder nützlich sein können und/oder vergleichbare Zielsetzungen haben. Wir bewahren dabei unsere Unabhängigkeit. Wir stellen uns dem Wettbewerb mit anderen, indem wir die Qualität unserer Hilfeleistung, aber auch ihre Wirtschaftlichkeit verbessern.

Quelle: Deutsches Rotes Kreuz e. V. (Hrsg.): Leitsatz und Leitbild des Deutschen Roten Kreuzes, online unter: https://www.drk.de/das-drk/auftrag-ziele-aufgaben-und-selbstverstaendnis-des-drk/leitlinien/ [25.10.2020].

4. Erläutern Sie am Beispiel eines Altenheims die Vorgehensweise bei der Erstellung eines Marketingkonzepts in seinen Grundzügen.
5. Erklären Sie den Unterschied zwischen Markt-, Umwelt- und Unternehmensanalyse, indem Sie für eine Werkstatt für Menschen mit Behinderung die jeweils passenden Fragen formulieren.
6. Formulieren Sie für den Markt „Bildung" strategische Geschäftsfelder und strategische Segmente.
7. Erläutern Sie anhand der „Stiftung Warentest" die vier Möglichkeiten der Marktfeldstrategie. Nehmen Sie das Internet zu Hilfe.
8. Führen Sie eine soziale Portfolio-Analyse durch:
   a) Überlegen Sie, welches Ziel eine Portfolio-Analyse verfolgt.
   b) Legen Sie für den Markt „Betreuung von Menschen mit Behinderung" verschiedene Geschäftsfelder fest.
   c) Erstellen Sie ein „soziales" Portfolio und ordnen Sie Ihre Geschäftsfelder entsprechend sinnvoll ein.
   d) Zeigen Sie auf, welche Normstrategien in den jeweiligen Bereichen zum Einsatz kommen.
   e) Wenden Sie die vier Marketinginstrumente auf Ihre Geschäftsfelder und die dafür notwendigen Normstrategien an.
9. Diskutieren Sie, inwieweit es schwierig ist, eine soziale Portfolio-Analyse durchzuführen.

6 Kooperation mit anderen Dienstleistern

Ein Krankenhaus will in naher Zukunft verstärkt mit anderen Dienstleistern kooperieren. Maxi soll sich hierzu Gedanken machen. Dabei erinnert sie sich an die Übung „Vierfüßler" im Sportunterricht. Eine Gruppe besteht aus sieben Schülern. Jede Gruppe überlegt sich, wie sie als ganze Gruppe zusammen mit nur vier Bodenberührungen (Rollstuhl berührt den Boden) gleichzeitig möglichst schnell eine ca. zehn Meter lange Strecke zurücklegen kann. Dabei müssen alle sieben Schüler der Gruppe während der Fortbewegung in körperlichem Kontakt zueinander stehen. Ziel dieser Übung ist, sich unter besonderen Voraussetzungen als Gruppe gemeinsam möglichst schnell fortzubewegen. Eine sinnvolle Kooperation sowie Strategie entscheidet dabei über den Erfolg. Dieses Beispiel lässt sich auch auf die Kooperation von Dienstleistern übertragen.

ARBEITSAUFTRÄGE

Überlegen Sie:
1. Inwieweit lässt sich das Beispiel „Vierfüßler" auf die Kooperation zwischen Dienstleistern übertragen?
2. Welche Vorteile, aber auch Nachteile können sich aus dem obigen Beispiel zur Kooperation ergeben?
3. In welchem Ausmaß macht eine Zusammenarbeit im obigen Beispiel Sinn?

Wenn Sie möchten, können Sie diese Übung in der Sporthalle durchführen.

6.1 Motiv und Ziele von Kooperationen

Unter einer **Kooperation** versteht man die Zusammenarbeit zwischen meist wenigen, rechtlich und wirtschaftlich selbstständigen Unternehmungen.

Unternehmenskooperationen können ganz **unterschiedlicher Art** sein: vom reinen Informations- oder Erfahrungsaustausch, einer Absprache, einer lockeren Zusammenarbeit, einer Zusammenarbeit in einigen Unternehmensbereichen mit oder ohne Ausgliederung einer Unternehmensfunktion bis hin zur Gründung eines eigenen Unternehmens für einen bestimmten Kooperationszweck.

Wesentliche **Merkmale** einer Kooperation sind, dass sich die Partner freiwillig an einer Zusammenarbeit beteiligen und die Partner für einen bestimmten Zeitraum ein gemeinsames Ziel verfolgen. Darüber hinaus sollen sie rechtlich und in den nicht betroffenen Unternehmensbereichen auch wirtschaftlich selbstständig bleiben können. So werden Teile der eigenen Aufgaben (z. B. Einkauf, Werbung, Vertrieb) in die Kooperations-Partnerschaft eingebracht, damit alle von der Kooperation wirtschaftlich profitieren.

Es gibt verschiedene **Formen** der Kooperation:
- Kooperation nach Marktgebieten: Zusammenarbeit auf regionalen, überregionalen Inlandsmärkten oder Auslandsmärkten
- Kooperation nach der Dauer der Zusammenarbeit: Auftragskooperation, kurz-, mittel- oder langfristige Kooperation
- Kooperation nach den gemeinschaftlich durchgeführten Funktionen: gesamt- oder teilfunktionelle Kooperation
- Kooperation nach den beteiligten Wirtschaftsstufen:
  - **Vertikale Kooperationen** ergeben sich aus der Zusammenarbeit zwischen vor- und nachgelagerten Wirtschaftsstufen (z. B. Zusammenarbeit von Krankenhäusern und medizinischen Geräteherstellern).
  - **Horizontale Kooperationen** ergeben sich zwischen Wettbewerbern der gleichen Wirtschaftsstufe, die gleichartige oder eng substituierbare Güter anbieten (z. B. Zusammenarbeit zwischen Krankenhäusern für das Angebot einer Kinderintensivstation für Frühgeborene).
  - **Laterale Kooperationen** sind Kooperationen zwischen Unternehmen unterschiedlicher Branchen (z. B. Zusammenarbeit zwischen einem Krankenhaus und einem Friseur).

Das **Motiv** für Kooperationen besteht in erster Linie in der Sicherung der Unternehmensexistenz und in der Erzielung von Wettbewerbsvorteilen. Konkret bieten Kooperationen eine gute Möglichkeit, unternehmerische Chancen zu vergrößern, gleichzeitig aber auch die Risiken auf mehrere Schultern zu verteilen und damit für das einzelne Unternehmen zu mindern. Weiterhin können Abläufe im Unternehmen rationalisiert, Synergien zwischen den beteiligten Partnern genutzt und Ressourcen gebündelt werden.

Als Reaktion auf den zunehmenden wirtschaftlichen Druck finden immer öfter Kooperationen und Fusionen zwischen Krankenhäusern statt. Dabei gibt es sowohl Kooperationen zwischen den Krankenhäusern untereinander als auch mit Rehabilitations- und Pflegeeinrichtungen oder mit Arztpraxen. Die Kliniken erhoffen sich davon Einsparungen und eine verbesserte Versorgung der Patienten. Beispielsweise wirkt sich die Zusammenarbeit beim Einkauf und Controlling besonders positiv aus. Das Gleiche ist der Fall, wenn Kliniken Apotheken oder Leistungen der Küche, Wäscherei zusammenfassen und gemeinsame Preisverhandlungen durchführen. Allerdings bewirken manchmal Kooperationen das Gegenteil. Vor allem zu viele unterschiedliche Partnerschaften können das Geschäftsergebnis negativ beeinflussen, u.a. wegen des erhöhten administrativen Aufwands.

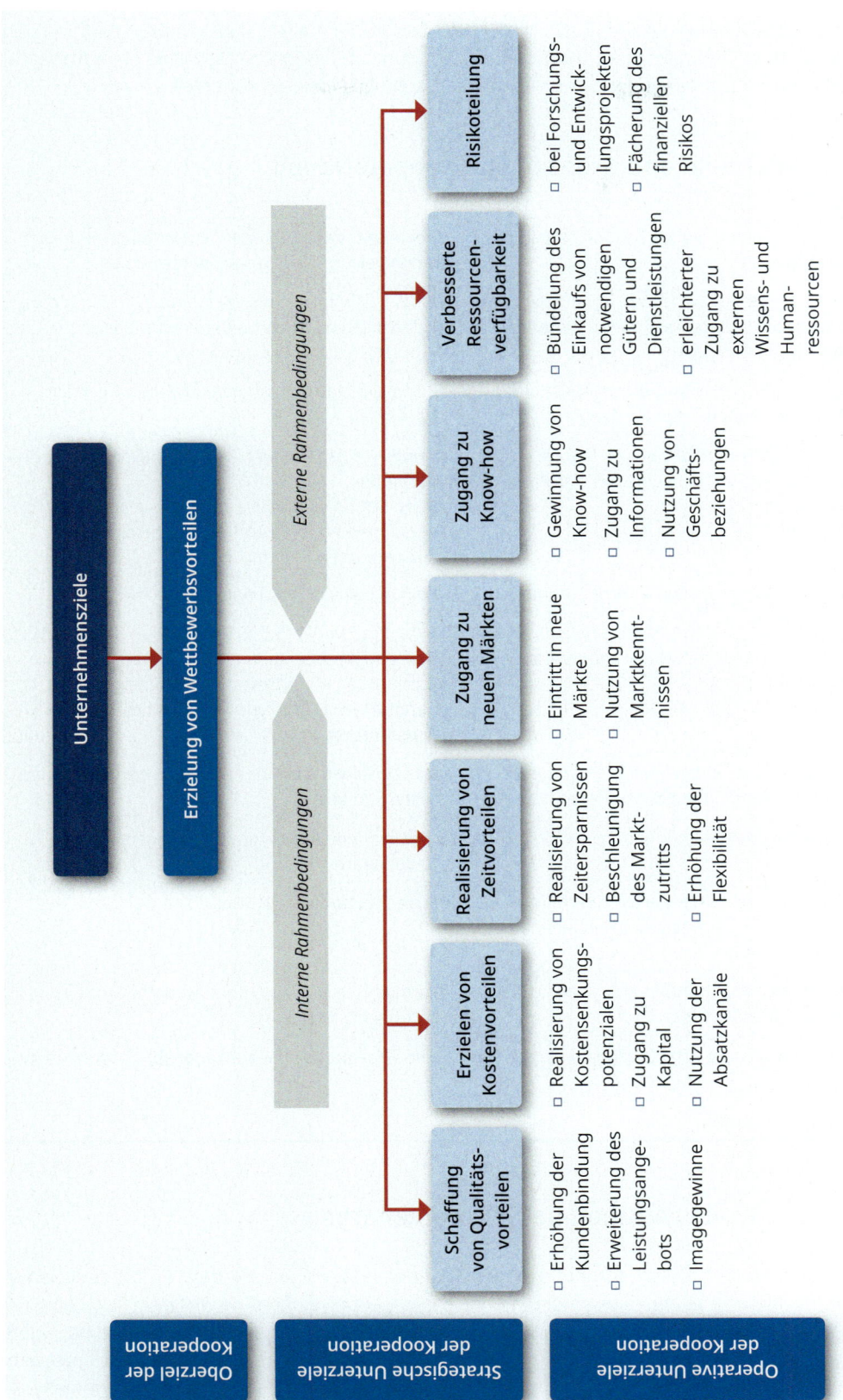

Quelle: Fries, Marion: Kooperation als Wettbewerbsstrategie für Dienstleistungsunternehmen. Herausgegeben von Michael Kleinaltenkamp u. a. Wiesbaden: Deutscher Universitäts-Verlag 1998, S. 121.

Über alle Vorteile hinweg sollte man sich dennoch vor Augen halten, dass eine Kooperation den „normalen" Unternehmensalltag verändert. Es gibt durchaus mögliche Nachteile einer Kooperation (oder zumindest die Angst davor, dass diese Nachteile eintreten könnten).

6.2   Nachteile und Grenzen von Kooperationen

Verlust der Unabhängigkeit bzw. eines Teils der Selbstständigkeit	Beeinträchtigungen oder Schwerfälligkeit durch einen vergrößerten unternehmerischen Apparat
längere/kompliziertere Abstimmungsprozesse (zumindest am Anfang)	keine alleinige Nutzung der entstehenden Produkt-/Prozessinnovationen
zusätzliche Aufgaben (Kooperationsleistungen) und Arbeiten (auch für den Partner)	keine alleinige Nutzung der erzielten Gewinne
Verlust der Motivation der Beschäftigten, wenn die Identifikation mit dem eigenen Unternehmen verloren geht.	keine Erfolgsgarantie bei den gemeinsamen Vorhaben Kooperation ist abhängig von der Leistungsfähigkeit, Zuverlässigkeit und der Bereitschaft des Kooperationspartners.
Unternehmerisches Risiko ist nicht automatisch ausgeschlossen.	Kein Ausgleich für Managementschwächen
Nicht dazu geeignet, schwache Unternehmen zu sanieren.	Eine Kooperation kann nicht die strategische Ausrichtung eines Unternehmens sein, sondern durch strategische Ziele ergeben sich Kooperations-Potenziale.
Jede Handlung des einen Partners hat Auswirkung auf die Handlungen des anderen.	Schwierigkeit, einzelne Partner zu ganzheitlichem System zu formen
unterschiedliche Zielsetzungen bei den Partnern	verschiedene Ansichten über die gemeinsame Kooperation
Verdeckte Ziele einzelner Partner; Verfolgung von Individualzielen gegenüber den eigentlichen Kooperationszielen	Schlechte Kommunikation
Nutzen-Aufwandsverhältnis verschiebt sich zu Ungunsten eines Partners.	Verhältnisse sind zu unterschiedlich, Größe, Entfernung, Mentalität
Vereinbarungen über Arbeitsaufteilung sind unklar.	keine Harmonie bzw. Vertrauensbasis vorhanden
Abgabe von Kontrolle	

6.3   Sinnvolles Ausmaß der Zusammenarbeit

Vor- und Nachteile müssen sorgfältig gegeneinander abgewogen werden. Ergibt das Ganze mehr als die Summe seiner Teile, so ist die Kooperation jedoch sinnvoll. In welchem Ausmaß eine Kooperation jedoch stattfindet, ist von den jeweiligen Zielsetzungen und Marktbedingungen abhängig. Entscheidend ist jedoch die Frage: Welcher Kooperationspartner passt zu meinem Unternehmen? Um die Risiken zu minimieren bzw. um den Start einer Kooperation optimal vorzubereiten, ist es wichtig, dass die Partner kompatibel sind hinsichtlich der

- Unternehmenskultur (Wertesystem/Führungsstil),
- strategischen Ausrichtung (Ziele/Kernkompetenzen),
- Organisationsstruktur (Regeln, Abläufe),
- Führungs- und Anreizsysteme (z. B. Controlling),
- Ausstattung mit Human-/ Kapitalressourcen.

Darüber hinaus sollten im Vorfeld folgende Fragen geklärt werden:
- Werden die Interessen aller Seiten gewahrt?
- Herrscht ein ausgewogenes Verhältnis zwischen Geben und Nehmen?
- Besteht ein gutes Projektcontrolling mit realistischer und klarer Zielsetzung?
- Herrscht Vertrauen und Fairness zwischen den Partnern?

Aufgaben

1. Erläutern Sie die wesentlichen Merkmale von Kooperationen.
2. Geben Sie einen Überblick über die verschiedenen Formen der Kooperation und hinterlegen Sie diese mit einem konkreten Beispiel.
3. „Ein Zuschuss zu oder die Übernahme oder Bezuschussung von Mitgliedsbeiträgen in Fitnessstudios ist gesetzlichen Krankenkassen nicht gestattet. Als AOK-Versicherter profitieren Sie aber von vielen Vorteilskooperationen mit Fitnessstudios in Ihrer Nähe. Sie trainieren zu besonders günstigen Konditionen, wenn Sie einen Neuvertrag abschließen. Weiterer Vorteil: Die Fitnessstudios, die mit der AOK kooperieren, erfüllen hohe Qualitätsstandards in Bezug auf das Angebot und die Qualifikation der Trainer."

   Quelle: AOK (Hrsg.): Vergünstigungen in Fitnessstudios online unter: https://www.aok.de/pk/hessen/inhalt/fitnessstudios-verguenstigungen-fuer-aok-versicherte-4/ [25.10.2020].

   a) Zeigen Sie auf, welche Motive die AOK und die Fitnessstudios für eine Kooperation haben.
   b) Welche Gefahren bestehen im Falle einer Kooperation?
   c) Überlegen Sie, in welchem Ausmaß hier eine Kooperation sinnvoll ist.
4. Diskutieren Sie, inwieweit eine Kindertagesstätte mit anderen Partnern kooperieren soll.

Lernbereich 7:
Familien in besonderen Lebensumständen beraten

Die Betreuung von hilfsbedürftigen Personen verlangt Familienmitgliedern sehr viel an Zeit und Engagement ab. Dies ist besonders dann der Fall, wenn die Betreuung im Haushalt der Familienangehörigen erfolgt. Nicht selten sind Familienangehörige damit überfordert, sodass sie tatsächlich und rechtlich Hilfe benötigen.

Es stellt sich auch die Frage, in welcher Art und Weise Entscheidungen der hilfsbedürftigen Person über ihr künftiges Leben festgehalten werden. Wichtig ist dies vor allem, wenn diese Person möglicherweise solche Entscheidungen bald nicht mehr absehen oder selbst treffen kann. Dafür soll bestmöglich und frühzeitig vorgesorgt werden. Dies ist möglich etwa durch eine Betreuungsverfügung, durch eine Vorsorgevollmacht oder durch eine Patientenverfügung. Ihren letzten Willen kann die hilfsbedürftige Person in einer Verfügung von Todes wegen, wie in einem Testament, festhalten.

> Volljährige, die nicht mehr in der Lage sind, ihre Angelegenheiten selbst zu regeln, können durch einen **Betreuer** gesetzlich vertreten werden.

Wenn und soweit es notwendig ist, wird durch das zuständige Amtsgericht ein Betreuer für die zu betreuende Person bestellt. Dies ist der Fall, wenn ein Volljähriger aufgrund einer psychischen Krankheit oder einer körperlichen, geistigen oder seelischen Behinderung seine Angelegenheiten ganz oder teilweise nicht besorgen kann (§ 1896 Abs. 1 BGB). Der Betreuer trifft im Rahmen der ihm durch das Gericht zugewiesenen Aufgaben rechtliche Entscheidungen für die betreute Person. Deutlich über eine Millionen Menschen sind davon in Deutschland betroffen.

Das gerichtliche Verfahren, in dem ein Betreuer bestellt wird, wird vom örtlich zuständigen Amtsgericht als Betreuungsgericht durchgeführt. Das Verfahren ist im Gesetz über das Verfahren in Familiensachen und in den Angelegenheiten der freiwilligen Gerichtsbarkeit (FamFG) geregelt.

Gesetzliches Sorgerecht für eine andere Person			
elterliche Sorge § 1626 BGB	Vormundschaft § 1773 BGB	Pflegschaft § 1909 ff. BGB, § 276 FamFG	Betreuung § 1896 BGB
für Minderjährige	für Minderjährige anstelle der elterlichen Sorge	für Minderjährige und für Volljährige für einzelne Angelegenheiten, wenn Eltern, Vormund oder Betreuer verhindert sind	Für Volljährige: Einzelne Aufgabenkreise werden dem Betreuer gerichtlich übertragen.

Im Folgenden soll vermittelt werden, dass es für die unterschiedlichen Lebenssituationen passende Instrumente gibt, um betreuungsrechtlich die gewünschten Regelungen zu treffen. In diesem Zusammenhang werden nicht nur die rechtlichen Grundlagen geklärt, sondern auch die unterschiedlichen Wahlmöglichkeiten und Dokumentationsformen für die Regelung der Betreuungsfragen vorgestellt und damit zusammenhängend auch die Aufgaben, Rechte und Pflichten der Betreuer geklärt.

1 Betreuungsrecht

Amelie besucht am Wochenende ihre beiden Eltern, die in Deggendorf leben, um beiden im Haushalt und bei dringenden Besorgungen zu helfen. Durch ihre häufigen Besuche hat sie deutlich weniger Zeit für ihre Familie, ihren Mann und die beiden Kinder, die mit ihr in Landau an der Isar wohnen. Besonders bei Amelies 89-jährigem Vater schreitet die Demenz langsam fort. Er wird immer vergesslicher und läuft jetzt im Dezember im Unterhemd durch den Garten.

Sie und ihre Mutter wollen sich um ihren Vater kümmern und fragen sich, ob sie vorsorgen können für den Fall, dass Amelies Vater aufgrund seiner Krankheit seinen Willen gar nicht mehr frei bestimmen oder nicht mehr nach seinem selbst gefassten Willen handeln kann. Amelie beschließt, mit ihrem Vater zunächst einen Arzt aufzusuchen und sich über das Stadium seiner Krankheit zu erkundigen.

ARBEITSAUFTRAG

Untersuchen Sie die Lebenssituation der drei Familienmitglieder einzeln. Welche Überlegungen lassen sich für jeden anstellen, welche Fragen kommen auf die einzelnen Personen zu?

Das Betreuungsrecht hat das Vormundschaftsrecht für Volljährige seit 1992 abgelöst. Ein nach dem damaligen Recht Entmündigter wurde weitgehend von seinem Vormund rechtlich vertreten. Heute geschieht dies durch den für bestimmte Aufgabenkreise bestellten Betreuer.

Anders als im Kinder- und Jugendhilferecht werden im Betreuungsrecht Volljährige geschützt, soweit sie hilfsbedürftig sind. Zwar kann ausnahmsweise schon für einen noch nicht Volljährigen ein Betreuer bestellt werden, wenn dies voraussichtlich bei Eintritt der Volljährigkeit erforderlich werden wird (§ 1908a BGB). Die Bestellung des Betreuers wird aber erst rechtswirksam, wenn der 17-Jährige volljährig wird.

1.1 Voraussetzungen für die Bestellung eines Betreuers

Mit ihrem Vater besucht Amelie die Praxis des Arztes Egenhardt, der sich auf Geriatrie (Altersmedizin) spezialisiert hat. Nach eingehender Untersuchung ihres Vaters teilt er Amelie mit, dass ihr Vater zwar nach seiner Ansicht nicht geschäftsunfähig sei, aber dass es langsam Zeit werde, sich um die Betreuung zu kümmern. Es sei absehbar, wann ihr Vater zunehmend hilfsbedürftig werde und auf eine Betreuung angewiesen sei.
Amelie und ihre Mutter versuchen, ihren Vater zu überreden, doch eine Betreuungsverfügung zu unterschreiben. Bei dieser Gelegenheit sprechen sie an, dass er vor zwei Wochen bei der

Sparkasse einen Kredit über 5.000,00 € aufgenommen hat. Sie fragen ihn, was er mit dem Geld gemacht hat. Danach versuchen sie den Vater zu überzeugen, dass er zumindest eine Betreuungsverfügung unterschreibt, die für den Fall der Notwendigkeit der Betreuung die Vermögensvorsorge Amelies Mutter und ersatzweise auf Amelie überträgt. Amelies Vater beantwortet zwar die Fragen der beiden nach dem Kredit nicht, aber er diskutiert mit ihnen über den Inhalt der Betreuungsverfügung.

ARBEITSAUFTRÄGE

1. Überlegen Sie, ob und inwieweit ein Betreuter geschäftsfähig ist. Lässt sich darüber eine allgemeine Aussage treffen?
2. Schildern Sie sachlich verschiedene Situationen, die Amelies Vater vor Augen führen, dass ein Betreuer ab einem bestimmten Zeitpunkt notwendig sein wird.

Das Betreuungsrecht regelt die rechtliche Hilfe für den hilfsbedürftigen Volljährigen. Die persönliche Betreuung muss der Betreuer nicht selbst leisten, sondern kann sie in Auftrag geben. So kann er z. B. die persönlich notwendige Pflege nach Abstimmung mit der Pflegeversicherung durch einen Betreuungsdienst organisieren. Die Voraussetzungen für die Betreuung sind geregelt in § 1896 BGB.

§

Bürgerliches Gesetzbuch (BGB)

§ 1896 Voraussetzungen

(1) Kann ein Volljähriger auf Grund einer psychischen Krankheit oder einer körperlichen, geistigen oder seelischen Behinderung seine Angelegenheiten ganz oder teilweise nicht besorgen, so bestellt das Betreuungsgericht auf seinen Antrag oder von Amts wegen für ihn einen Betreuer. Den Antrag kann auch ein Geschäftsunfähiger stellen. Soweit der Volljährige auf Grund einer körperlichen Behinderung seine Angelegenheiten nicht besorgen kann, darf der Betreuer nur auf Antrag des Volljährigen bestellt werden, es sei denn, dass dieser seinen Willen nicht kundtun kann.

(1a) Gegen den freien Willen des Volljährigen darf ein Betreuer nicht bestellt werden.

(2) Ein Betreuer darf nur für Aufgabenkreise bestellt werden, in denen die Betreuung erforderlich ist. Die Betreuung ist nicht erforderlich, soweit die Angelegenheiten des Volljährigen durch einen Bevollmächtigten, der nicht zu den in § 1897 Abs. 3 bezeichneten Personen gehört, oder durch andere Hilfen, bei denen kein gesetzlicher Vertreter bestellt wird, ebenso gut wie durch einen Betreuer besorgt werden können.

(3) Als Aufgabenkreis kann auch die Geltendmachung von Rechten des Betreuten gegenüber seinem Bevollmächtigten bestimmt werden.

(4) Die Entscheidung über den Fernmeldeverkehr des Betreuten und über die Entgegennahme, das Öffnen und das Anhalten seiner Post werden vom Aufgabenkreis des Betreuers nur dann erfasst, wenn das Gericht dies ausdrücklich angeordnet hat.

Hilfsbedürftigkeit

Ein Betreuer darf nur bestellt werden, soweit ein Volljähriger aufgrund von Alter oder Krankheit seine eigenen Angelegenheiten nicht selbst besorgen kann (§ 1896 Abs. 1 BGB).

> Allgemein ist erforderlich, dass der Betreute den Betreuer benötigt, um seine Angelegenheiten zu regeln.

Hierzu gehören **psychische Erkrankungen** wie Psychosen, Persönlichkeitsstörungen und andere seelische Erkrankungen. Auch Suchterkrankungen wie Alkoholabhängigkeit sind psychische Erkrankungen.

Geistige und seelische Behinderungen können ebenfalls die Bestellung eines Betreuers rechtfertigen. Behinderungen werden im Gegensatz zu Krankheiten grundsätzlich als bleibende Beeinträchtigungen angesehen. Hierzu gehören angeborene Behinderungen. Auch nach dem gegenwärtigen medizinischen Erkenntnisstand nicht heilbare Demenzerkrankungen werden als seelische Behinderungen angesehen.

Körperliche Behinderungen rechtfertigen nur die Bestellung eines Betreuers, wenn der Mensch mit Behinderung seine eigenen Angelegenheiten nicht selbst wahrnehmen kann. Oft reicht die Hilfestellung durch soziale Dienste oder Pfleger aber aus. Dann wird keine Betreuung angeordnet, weil sie nachrangig ist gegenüber anderen Hilfen.

Behinderungen und Krankheiten werden regelmäßig medizinisch durch Fachärzte in einem Sachverständigengutachten festgestellt.

Wille des Betreuten

> Gegen den freien Willen des Betreuten darf eine Betreuung nicht angeordnet werden (§ 1896 Abs. 1a BGB).

Der freie Wille des Betreuten gem. § 1896 Abs. 1a BGB entspricht nicht der Geschäftsfähigkeit. Es ist erforderlich, dass der Betreute fähig ist, seine Situation richtig einzuschätzen und nach dieser Einschätzung zu handeln.

§

„Der Staat hat nicht das Recht, den Betroffenen zu erziehen, zu bessern, oder zu hindern, sich selbst zu schädigen."

(Zitat aus einer Entscheidung des Bayerischen Obersten Landgerichts FamRZ 2006, 289)

Seinen Willen kann der Betreute nicht frei treffen, wenn es dazu an den geistigen Voraussetzungen infolge einer Krankheit fehlt. Infolgedessen kann eine Zwangsbetreuung angeordnet werden. Der Betreute darf aber in seiner freien Selbstbestimmung so wenig wie möglich eingeschränkt werden, sodass nur besonders dringliche und zum Wohl des Betreuten erforderliche Maßnahmen sichergestellt werden können.

Frau Xill ist aufgrund einer persönlichen Lebenskrise akut selbstmordgefährdet. Sie weigert sich, Unterstützung in Anspruch zu nehmen, und wird gerade noch gerettet, als sie versucht, sich das Leben zu nehmen. Für sie kann in dieser Situation ausnahmsweise auch gegen ihren Willen ein Betreuer für die Aufgaben Gesundheitsfürsorge und Aufenthaltsbestimmung eingesetzt werden (§ 1906 BGB). Aufgrund dessen kann der Betreuer sie z. B. vorübergehend in eine psychiatrische Anstalt einweisen lassen. Frau Xill kann aber weiterhin andere persönliche Angelegenheiten selbstständig regeln wie etwa ihr Vermögen verwalten, sodass dafür keine Betreuung angeordnet wird.

Erforderlichkeit der Betreuung

 Ein Betreuer darf nur bestellt werden für Aufgabenbereiche, für die eine Betreuung erforderlich ist.

Der Betreute muss aufgrund seiner Krankheit oder Behinderung außerstande sein, eigene Angelegenheiten zu erledigen. Wenn er dazu aber in der Lage ist, darf keine Betreuung angeordnet werden.

Soweit üblicherweise ein Gesunder die Hilfe anderer in Anspruch nimmt, wie z. B. die eines Steuerberaters bei Abgabe einer Steuererklärung, besteht ebenfalls kein Betreuungsbedarf. Die Betreuung setzt voraus, dass der zu Betreuende psychisch oder körperlich die notwendige Hilfe nicht in Anspruch nehmen kann oder die Notwendigkeit einer solchen Hilfe nicht einsehen kann.

Die Betreuung ist **subsidiär**. Soweit sich der Betroffene selbst helfen kann oder er fremde Hilfsmöglichkeit in Anspruch nehmen oder dies regeln kann, wird eine Betreuung nicht angeordnet. Ebenso wenig wird eine Betreuung angeordnet, wenn der Betroffene eine **Patientenverfügung** oder eine **Vorsorgevollmacht** getroffen hat und darin seine Angelegenheiten wirksam geregelt hat.

Eine Erblindung erfordert eine Betreuung an sich noch nicht. Der Betroffene muss erst alle ihm zustehenden und sozialen Hilfsmöglichkeiten nutzen; erst wenn diese Hilfen nicht ausreichen, kann ein Betreuer für bestimmte Aufgaben bestellt werden (Oberlandesgericht Köln FamRB 2002, 143).

Aufgabenkreise

 In seinem Aufgabenkreis vertritt der Betreuer den Betreuten gerichtlich und außergerichtlich (§ 1902 BGB).

Das Gericht darf dem Betreuer einen Aufgabenkreis nur übertragen, soweit es notwendig ist. Unter anderem können folgende Aufgabenkreise vom Betreuungsgericht übertragen werden:

- Gesundheitsfürsorge
- Aufenthaltsbestimmung
- Vermögenssorge
- Vertretung in gerichtlichen und behördlichen Verfahren
- Entgegennahme, Öffnen und Anhalten der Post des Betreuten
- Überwachung des Fernmeldeverkehrs des Betreuten
- Geltendmachung von Ansprüchen des Betreuten gegenüber dem Betreuer oder Vorsorgebevollmächtigten

In der Regel kann der Betreute neben dem Betreuer rechtlich handeln. Es ist aber fraglich, ob das Handeln des Betreuten rechtlich wirksam ist. Im Einzelfall kann es erforderlich sein, die **Geschäftsunfähigkeit** des Betreuten darzulegen und zu beweisen. Wenn dies gelingt, ist das rechtsgeschäftliche Handeln des Betreuten unwirksam (§§ 104 Ziff. 2, 105 Abs. 1 BGB).

Einwilligungsvorbehalt

> Wenn ein Betreuter häufig Verträge schließt, kann, um langdauernden Streitigkeiten über seine Geschäftsfähigkeit vorzubeugen, ein Einwilligungsvorbehalt angeordnet werden.

Oft geschieht dies, wenn eine Gefahr für das Vermögen des Betreuten besteht. Die Anordnung muss durch das Amtsgericht als Betreuungsgericht geschehen. Wenn sie erfolgt, sind Geschäfte des Betreuten im Aufgabenkreis des Betreuers ohne dessen Zustimmung regelmäßig unwirksam (§ 1903 Abs. 1 BGB).

Der Einwilligungsvorbehalt kann nicht so weit reichen, dass der Betreuer über eine **Ehe** oder über eine eingetragene Lebensgemeinschaft des Betreuten mitentscheidet (§ 1311 BGB). Solche **höchstpersönlichen** Geschäfte bleiben dem Betreuten allein vorbehalten, wenn er die jeweils erforderliche Einsichtsfähigkeit hat und danach handeln kann. Wenn der Betreute aber geschäftsunfähig ist, kann er nicht heiraten (§ 1304 BGB). Da das Betreuungsrecht die Vormundschaft und damit die Entmündigung abgelöst hat, muss der Standesbeamte selbst ermitteln, ob der heiratswillige Betreute geschäftsfähig ist. Um dies zu beurteilen, kann der Standesbeamte auch ein Gutachten eines Facharztes einholen.

Verfügungen von Todes wegen wie etwa ein **Testament** kann der Betreute auch nur höchstpersönlich errichten (2064 BGB). Um ein Testament zu errichten, muss der Betreute testierfähig sein. Die **Testierfähigkeit** hat der Gesetzgeber teilweise abweichend von der Geschäftsfähigkeit geregelt in § 2229 Abs. 4 BGB.

§

Bürgerliches Gesetzbuch (BGB)

§ 2229 Testierfähigkeit Minderjähriger, Testierunfähigkeit

[...]

(4) Wer wegen krankhafter Störung der Geistestätigkeit, wegen Geistesschwäche oder wegen Bewusstseinsstörung nicht in der Lage ist, die Bedeutung einer von ihm abgegebenen Willenserklärung einzusehen und nach dieser Einsicht zu handeln, kann ein Testament nicht errichten.

Um ein **gemeinschaftliches Testament oder einen Erbvertrag** abzuschließen, muss der Betreute geschäftsfähig sein (§ 2275 BGB). Denn hier werden im Unterschied zum Testament mehrseitige Willenserklärungen getroffen, die voneinander abhängen können. Das Testament ist nur eine einseitige Willenserklärung des Erblassers.

Dagegen sind Aufhebung oder Anfechtung eines Erbvertrags durch den Betreuer für einen geschäftsunfähigen Betreuten mit Zustimmung des Betreuungsgerichts möglich. Bei einem Vertrag über einen **Erbverzicht** kann der Betreuer den Betreuten ebenfalls vertreten; dafür ist aber neben der Zustimmung des Betreuers auch die Genehmigung des Betreuungsgerichts erforderlich (§ 2347 BGB).

Das Betreuungsgericht, das den Einwilligungsvorbehalt anordnet, legt auch fest, welche Willenserklärungen des Betreuten einer Einwilligung des Betreuers bedürfen.

Pflegschaft

Eine Pflegschaft kann für einen Volljährigen angeordnet werden in einem Betreuungsverfahren, wenn die Übertragung von allen Angelegenheiten auf einen Betreuer infrage kommt (§ 276 FamFG). Dadurch soll sichergestellt werden, dass der Betreute in dem Verfahren vertreten wird und rechtliches Gehör erhält. Ein **Verfahrenspfleger** kann auch bestellt werden, wenn der Betreute beantragt, die Betreuung aufzuheben.

Aufgaben

1. Boris lässt mithilfe eines befreundeten Arztes seinen Bruder Manzin in die Psychatrie in Gabersee aufgrund eines vermuteten Selbstmordversuchs einweisen. Manzin ist zunächst damit einverstanden. Das Amtsgericht bestellt Boris als Betreuer für seinen Bruder mit den Aufgabenkreisen Gesundheitsfürsorge, Aufenthaltsbestimmung und Vermögenssorge. Manzin schreibt an das Amtsgericht, dass er sein Vermögen selbst verwalten will und außerdem seinem Bruder nicht vertraut. Er möchte, dass sein Schulfreund Cem zum Betreuer bestellt wird. Wie wird das Amtsgericht entscheiden?
2. Für den an Alzheimer erkrankten Ahmet wird Eva als Betreuerin mit dem Aufgabenkreis Vermögensverwaltung und Gesundheitsfürsorge bestellt. Da Ahmet häufig Spielotheken besucht und Sportwetten abschließt, wird durch das Amtsgericht ein Einwilligungsvorbehalt angeordnet. Als Ahmet hungrig ist und eine Leberkässemmel kauft und isst, fragt sich Eva, ob das Geschäft wirksam ist. Prüfen Sie und lesen Sie auch § 105a BGB.
3. Überlegen Sie, warum der Gesetzgeber § 105a BGB erlassen haben könnte.
4. Welcher Vorschrift könnte 1903 Abs. 3 BGB inhaltlich ähnlich sein? Begründen Sie Ihre Antwort.

1.2   Bestellung eines Betreuers

Amelies Vater möchte keinen Fremden als seinen Betreuer: vor allem niemanden, den er gar nicht kennt und dem er nicht vertrauen kann. Ihr Vater wünscht sich seine Frau zur Betreuerin. Aber wenn Amelies Mutter damit überfordert ist oder selbst betreuungsbedürftig wird, soll Amelie die Betreuung übernehmen. Weiter möchte Amelies Vater sicherstellen, dass er seine Interessen weiterverfolgen kann. Er will jeden zweiten Sonntag im Monat zum „Alten Wirt" und dort einen Schweinebraten essen. Außerdem möchte er jedenfalls die Zeitschrift des Landesbundes für Vogelschutz wie in den letzten 30 Jahren auch weiter beziehen und lesen. Mithilfe von Amelie und seiner Frau überlegt er, wie er eine Betreuungsverfügung formulieren könnte.

ARBEITSAUFTRAG

Recherchieren Sie im Internet, welche Hilfestellungen oder Formulare es gibt, die eine Orientierung bei der Erstellung der Betreuungsverfügung geben können. Berücksichtigen Sie dabei, dass die Quellen und Vorlagen rechtlich einwandfrei sein müssen.

> Zum Betreuer wird durch das Betreuungsgericht vorrangig eine natürliche Person bestellt.

Das Betreuungsgericht bestellt den Betreuer durch gerichtlichen **Beschluss** (§ 286 FamFG).

Um sich auszuweisen, erhält der Betreuer vom Gericht einen **Betreuerausweis**, den das Gesetz als „Bestellungsurkunde" bezeichnet (§ 290 FamFG). In diesem Ausweis werden

- Betreuer und Betreuter namentlich bezeichnet,
- die Aufgabenkreise des Betreuers wiedergegeben sowie
- ein angeordneter Einwilligungsvorbehalt angegeben und auf welche Rechtsgeschäfte er sich bezieht.

> Der Betreuer muss geeignet sein, in dem vom Gericht bestimmten Aufgabenkreis die Angelegenheiten des Betreuten rechtlich zu besorgen und ihn in dem hierfür erforderlichen Umfang persönlich zu betreuen.

Ein Mitarbeiter eines anerkannten **Betreuungsvereins** kann auch als Betreuer bestellt werden. Der Verein muss zustimmen (§ 1897 Abs. 2 BGB). Ebenfalls muss eine in Betreuungsangelegenheiten zuständige Behörde zustimmen, wenn einer ihrer Mitarbeiter, der bei der Behörde auch als Betreuer zuständig ist, Betreuer werden möchte. In diesem Fall werden der Verein oder die Behörde im Betreuerausweis ebenfalls genannt.

Nur wenn der Betreute durch eine natürliche Person nicht ausreichend gut betreut werden kann, wird ausnahmsweise **ein Verein oder eine Behörde** zum Betreuer bestellt (§ 1900 Abs. 1 BGB). Der Verein wiederum muss die Betreuung durch einzelne Personen wahrnehmen lassen. Diese Personen muss er gegenüber dem Betreuungsgericht benennen. Sobald aber eine geeignete natürliche Person für die Betreuung gefunden wird, endet die Vereins- oder Behördenbetreuung. Dann wird die natürliche Person zum Betreuer bestellt.

Übernahme der Betreuung

Regelmäßig muss die vom Betreuungsgericht ausgewählte Person die Betreuung übernehmen. Sie kann sie aber ablehnen, wenn sie für die Betreuung ungeeignet ist oder wenn sie aufgrund familiärer, beruflicher oder sonstiger Gründe dazu nicht in der Lage ist (§ 1898 Abs. 1 BGB).

Wenn die ausgewählte Person die Betreuung grundlos ablehnt, wird sie aber auch nicht zum Betreuer bestellt. Das Gesetz knüpft keine direkten Sanktionen an eine Weigerung, die Betreuung zu übernehmen. Als Betreuer wird nur bestellt, wer sich **bereit erklärt** hat, die Betreuung zu übernehmen (§ 1898 Abs. 2 BGB).

Trotzdem kann derjenige, der die Betreuung grundlos und schuldhaft abgelehnt hat, zum Schadenersatz verpflichtet sein. Ersatzpflichtig ist der Schaden, der dem Betreuten dadurch entsteht, das sich die Bestellung des Betreuers verzögert (§§ 1787 Abs. 1, 1908i Abs. 1 BGB).

1.3   Erstellung der Betreuungsverfügung

Nach langem Überlegen formuliert Amelies Vater schließlich mithilfe seiner Frau und seiner Tochter eine Betreuungsverfügung. Amelie druckt drei Exemplare der Betreuungsverfügung aus, die ihr Vater alle unterschreibt. Ein Exemplar bekommt ihre Mutter, eines Amelie und das dritte behält ihr Vater.

Betreuungsverfügung

Ich, Lothar Algeier,

geboren am 26.09.1935 in Dresden,

wohnhaft in der Hauptgasse 36 in Deggendorf,

möchte für den Fall, dass ein Betreuer für mich durch das zuständige Amtsgericht infolge von Krankheit oder Behinderung bestellt werden muss, Folgendes regeln.

1. Zu meiner Betreuerin soll meine Ehefrau Clara Algeier, geboren am 14.02.1939 in Ingolstadt, bestellt werden.
2. Für den Fall, dass meine Ehefrau die Betreuung nicht übernehmen kann oder will oder die Betreuung wieder abgibt, soll meine Tochter Amelie zu meiner Betreuerin bestellt werden.
3. Ich möchte nicht, dass eine fremde Person, die mir nicht persönlich bekannt ist, zu meinem Betreuer bestellt wird. Für den Fall, dass weder meine Ehefrau noch meine Tochter meine Betreuer werden oder sind, soll mein Neffe Hans-Karl zum Betreuer bestellt werden. Wenn auch Hans-Karl verhindert ist, soll meine Patentochter Evi meine Betreuerin werden.
4. Die Betreuung soll in jedem Fall auf Aufgabenkreise beschränkt werden, die ich infolge Krankheit oder Behinderung nicht selbst wahrnehmen kann.
5. Mein jeweiliger Betreuer soll sicherstellen,
    a) dass ich mindestens an einem Sonntag im Monat, vorzugsweise am zweiten Sonntag im Monat, im Gasthaus „Alter Wirt" in Deggendorf einen Schweinebraten essen kann sowie
    b) dass ich weiter regelmäßig die Zeitschrift des Landesbundes für Vogelschutz erhalte, um sie anschauen und lesen zu können.

Deggendorf, den 12.07.2020   *Lothar Algeier*

                                             (Unterschrift)

In der **Betreuungsverfügung** kann der Betroffene vorsorglich regeln, d. h. für den Fall der Betreuung, u. a.

- wer als Betreuer bestellt werden soll oder ob mehrere Personen als Betreuer bestellt werden sollen,
- für welche Aufgabenkreise ein Betreuer bestellt werden soll,
- wo er wohnen oder untergebracht sein will sowie
- wie sein Leben im Übrigen während der Betreuung gestaltet sein soll.

Betreuungsverfügungen des Betreuten sind grundsätzlich zu befolgen. Dies gilt jedenfalls dann, wenn der Wunsch des Betroffenen wie er in der Verfügung zum Ausdruck kommt, noch fortbesteht, wenn eine Betreuung angeordnet wird.

Ein bereits bestehendes Vertrauensverhältnis zwischen Betreutem und Betreuer ist für eine Betreuung in jedem Fall förderlich. Aus diesem Grund soll ein Berufsbetreuer nur eingesetzt werden, wenn kein ehrenamtlicher Betreuer zur Verfügung steht (§ 1897 Abs. 6 BGB).

Wenn der Volljährige später während des Betreuungsverfahrens eine Person als Betreuer vorschlägt, so ist diesem Vorschlag auch zu folgen. Dies gilt nicht, wenn die vorgeschlagene Person zur Übernahme der Betreuung ungeeignet ist oder deren Bestellung dem Wohl des Betreuten nicht entspricht (§ 1897 Abs. 4 BGB).

Zusätzlich registriert Amelie die Betreuungsverfügung über das Internet im Zentralen Vorsorgeregister, das bei der Bundesnotarkammer geführt wird.

Maßgebend ist allgemein, wen der Betreute als Betreuer will, wenn dieser bestellt werden soll. Hierfür braucht der Betreute nicht geschäftsfähig zu sein. Es genügt, dass er sich **aus freiem und selbstständig gefasstem Willen** eine bestimmte Person wünscht. Es soll auch berücksichtigt werden, wenn der Betreute eine bestimmte Person nicht als Betreuer will.

Die Betreuung wird fast ausschließlich **im Interesse des Betreuten** angeordnet. Nur ausnahmsweise kann ein Betreuer aufgrund der Interessen eines Dritten bestellt werden. Letzteres ist z. B. dann der Fall, wenn der Vermieter einen geschäftsunfähigen Mieter sonst nicht kündigen kann (BayObLG FamRZ 1996, 1369).

Ein Betreuer wird aber nicht bestellt, wenn er fachlich oder tatsächlich ungeeignet ist, die Betreuung auszuführen. Dies ist z. B. der Fall, wenn der Betreuer selbst an einer Krankheit leidet, infolge der er geschäftsunfähig sein könnte.

Zentrales Vorsorgeregister

Durch den Eintrag im Zentralen Vorsorgeregister wird vermieden, dass das Amtsgericht in Unkenntnis der Betreuungsverfügung einen Berufsbetreuer bestellt.

Das Zentrale Vorsorgeregister wird von der Bundesnotarkammer geführt. Es bezweckt, dass **Betreuungsverfügungen** oder andere Vorsorgeurkunden wie Patientenverfügungen oder Vorsorgevollmachten gefunden werden können. Im Bedarfsfall soll schnell gehandelt werden können. So kann z.B. ein Arzt vor einer Operation eine im Vorsorgeregister genannte Vertrauensperson eines Unfallopfers um Zustimmung zum Eingriff bitten. Diese Person wird ihm vom Gericht genannt, das dann keinen Betreuer mehr bestellen muss.

Das Register ist im Internet über www.vorsorgeregister.de zu erreichen. Der Datenschutz wird dadurch gewährleistet, dass nur die Betreuungsgerichte die persönlichen Daten der Registrierten über gesicherte Verbindungen im Internet einsehen können.

1.4   Interessenkollision

Amelies Mutter muss den Notarzt rufen, weil Amelies Vater eine Schrotflinte aus dem Schrank nimmt. Auf Fragen sagt er, dass ihn die Amsel vor dem Fenster bedrohe. Der Arzt teilt Amelies Mutter mit, dass für ihren Mann ein Betreuer zu bestellen ist, weil er nicht mehr in der Lage ist, einzusehen, was für ihn und seine Gesundheit förderlich ist. Die Demenz von Amelies Vater sei leider deutlich weiter fortgeschritten.

Der Arzt meldet dies dem Amtsgericht, das sich nach einem Blick in das Vorsorgeregister im Internet die Betreuungsverfügung von Amelies Vater vorlegen lässt. Gleichzeitig ruft aber der Bruder von Amelies Vater an und meint, dass die Frau seines Bruders nicht zur Betreuerin bestellt werden kann, da beiden zu gleichen Teilen landwirtschaftlicher Grund gehört und sie sich in der Vergangenheit darüber gestritten haben, an wen der Grund zu welchem Preis verpachtet wird. Bisher sei er der Pächter gewesen, aber er befürchte, dass die Frau seines Bruders das Land zu einem höheren Preis an einen anderen Pächter vergeben will, der Biogasanlagen beliefere. Insgesamt meint er, könne die Frau seines Bruders wegen des Interessenkonflikts nicht zur Betreuerin bestellt werden.

Der zuständigen Rechtspfleger des Amtsgerichts Deggendorf prüft die Einwände des Bruders von Amelies Vater. Er bemerkt auch, dass der Betreute und dessen Frau ein gemeinsames Girokonto führen, wobei es auch da zu Interessenkonflikten kommen kann.

Andererseits sieht er sich die Betreuungsverfügung an und teilt dem Bruder des Betroffenen mit, dass Amelies Vater diese Konflikte bei Formulierung und Unterschrift der Betreuungsverfügung bereits bekannt gewesen sind und davon auszugehen sei, dass der Betroffene seiner Frau vertraue. Außerdem seien dies keine gewichtigen Interessenskonflikte. Er verweist auf § 1897 Abs. 4 BGB und darauf, dass es vorrangig auf den Willen des Betreuten ankommt.

Schließlich bestellt er Amelies Mutter durch gerichtlichen Beschluss zur Betreuerin für ihren Mann. Aufgrund des Vorschlags des Arztes sieht er für die Betreuung die Aufgabenkreise Aufenthaltsbestimmung, Gesundheitsvorsorge und Vermögenssorge vor.

Konflikte zwischen den Interessen des Betreuten mit denen des Betreuers sollen weitgehend vermieden werden, damit die Betreuung zum Wohl des Betreuten erfolgen kann. Zum Betreuer darf nicht bestellt werden, wer bei der Anstalt, in der der Betreute untergebracht ist, beschäftigt ist oder sonst zu dieser Anstalt in einer engen Beziehung steht (§ 1897 Abs. 3 BGB).

Die Rechte des Betreuten gegenüber der Einrichtung, in der er wohnt, sollen von den eigenen Interessen des Betreuers nicht beeinträchtigt werden.

Auch sonst ist auf die Gefahr von Interessenkonflikten Rücksicht zu nehmen. Dies ist schon zu beachten, wenn der Betreuer bestellt wird (§ 1897 Abs. 5 BGB). Vorrangig sind aber die Wünsche des Betreuten zu beachten, sodass kleinere mögliche Interessenkonflikte der Bestellung zum Betreuer nicht entgegenstehen.

1.5   Ausschluss der Vertretungsmacht

Der Bruder von Amelies Vater ist weiter unzufrieden mit der Bestellung seiner Schwägerin als Betreuerin. Vor allem jetzt, weil ein neuer Pachtvertrag zu vereinbaren ist. Denn Amelies Mutter führt schon Verhandlungen mit dem Bauern, der Biogasanlagen beliefert, über die Verpachtung. Er schreibt an das Amtsgericht, dass Amelies Mutter ihren Mann dabei nicht vertreten dürfe. Er meint, dass ein Vertretungsverbot gem. § 1795 BGB oder ein Insichgeschäft vorliege.

Der Rechtspfleger beantwortet den Brief von dem Bruder von Amelies Vater und schreibt ihm:

Sehr geehrter Herr Algeier,

bezugnehmend auf Ihr letztes hier eingegangenes Schreiben bezüglich der Betreuung Ihres Bruders Lothar durch dessen Ehefrau trifft es zu, dass ein Betreuer in bestimmten Fällen von der Vertretung ausgeschlossen ist.

Ein Vertretungsverbot gem. § 1795 Abs. 1 BGB liegt aber nicht vor, da die Betreuerin kein Geschäft mit dem Ehegatten des Betreuten abschließt, sondern selbst dessen Ehefrau ist. In Betracht käme somit allenfalls ein unerlaubtes Insichgeschäft gem. § 181 BGB (vgl. § 1795 Abs. 2 BGB).

Ein Insichgeschäft liegt auch nicht vor. Die Betreuerin tritt nicht auf beiden Seiten des Vertrages auf. Sie ist nicht gleichzeitig Pächterin und Verpächterin. Etwas anderes würde nur gelten, wenn sie das Land an sich selbst verpachten würde.

Auch sonst ist für das Gericht kein Interessenkonflikt erkennbar. Die Betreuerin will das Land gemeinsam mit dem Betreuten an einen Bewerber verpachten. Es handelt sich um gleichlaufende Interessen. Dass die Betreuerin das Land zu einem höheren Preis als bisher verpachten möchte, entspricht gerade ihrer Pflicht zur Vermögenssorge für den Betreuten. Denn sie ist verpflichtet, dessen Vermögensinteressen bestmöglich wahrzunehmen.

Das Gericht geht deshalb davon aus, dass die Vermögensinteressen des Betreuten durch die beabsichtigte Neuverpachtung gewahrt bleiben. Entgegenstehende Interessen des Betreuten sind für das Gericht, auch nach Befragung der Tochter des Betreuten, nicht erkennbar.

Mit freundlichen Grüßen

Johan Amtmann

Rechtspfleger

> In den in § 1795 BGB genannten Geschäften darf der Betreuer den Betreuten nicht vertreten.

Gemäß § 1908i BGB ist § 1795 BGB aus dem Vormundschaftsrecht für die gesetzliche Betreuung entsprechend anwendbar.

Ein Betreuer darf danach nicht für den Betreuten mit dessen Ehegatten Geschäfte abschließen (§ 1795 Abs. 1 Ziff. 1 BGB). Dies gilt auch für Geschäfte mit dem Lebenspartner oder mit Verwandten des Betreuten in gerader Linie wie z. B. mit dessen Kindern. Das Vertretungsverbot gilt nicht für Rechtsgeschäfte, die für den Betreuten lediglich rechtlich vorteilhaft sind. So kann der Betreuer für den Betreuten z. B. eine Schenkung durch dessen Eltern annehmen.

Ebenso wenig darf der Betreuer im Namen des Betreuten mit sich selbst ein Geschäft abschließen (§§ 1795 Abs. 2, 181 BGB). Ein solches Geschäft wird **„Insichgeschäft"** genannt.

Ein Betreuer darf nur für Aufgabenkreise bestellt werden, in denen die Betreuung erforderlich ist. Die Betreuung ist nicht erforderlich, soweit die Angelegenheiten des Volljährigen durch einen Bevollmächtigten, der nicht zu den in § 1897 Abs. 3 bezeichneten Personen gehört, oder durch andere Hilfen, bei denen kein gesetzlicher Vertreter bestellt wird, ebenso gut wie durch einen gesetzlichen Betreuer.

Darüber hinaus kann das Gericht dem Betreuer die **Vertretungsmacht entziehen** für einzelne Angelegenheiten oder für einen bestimmten Kreis von Angelegenheiten (§ 1796 Abs. 1 BGB). Dies setzt erhebliche gegensätzliche Interessen des Betreuten und des Betreuers bzw. der anderen genannten Personen wie der Ehegatten oder der Verwandten des Betreuten in gerader Linie voraus. Solche gegensätzlichen Interessen müssen konkret ermittelt werden, um den Entzug der Vertretungsmacht zu rechtfertigen.

Ein solcher Interessengegensatz kommt z. B. in Betracht, wenn Betreuer und Betreuter **Miterben** sind. Das heißt, dass sie beide, gegebenenfalls mit weiteren Personen, Erben nach einem Verstorbenen werden. Der Interessengegensatz bezieht sich dann u. a. auf die Fragen der Annahme, der Ausschlagung oder auf die Verteilung der Erbschaft.

1.6 Mehrere Betreuer

Amelies Mutter muss in wenigen Wochen ins Krankenhaus, um sich am Herzen operieren zu lassen. Anschließend muss sie mindestens vier Wochen eine Reha-Klinik besuchen. Und danach möchte sie endlich eine schon lange geplante Reise mit ihren Freundinnen nach Portugal machen.

Sie schreibt dem Betreuungsgericht, dass sie für die kommenden vier Monate die Aufgaben als Betreuerin ihres Mannes nicht übernehmen kann, weil sie durch den Krankenhausaufenthalt, die Reha und durch ihren geplanten Urlaub ausfällt. Weiter schreibt sie, dass kein Anlass zur Sorge besteht, weil sie bereits ihre Tochter während ihrer Abwesenheit bevollmächtigt habe, an ihrer Stelle als Betreuerin tätig zu sein. Ihre Tochter sei auch dazu bereit. Und dies entspreche auch den Wünschen ihres Mannes, für den nach seiner Betreuungsverfügung auch Amelie als Betreuerin infrage komme.

Der zuständige Rechtspfleger beim Amtsgericht Deggendorf überprüft das Schreiben von Amelies Mutter. Zunächst schreibt er ihr, dass die Betreuung nicht durch eine Vollmacht von ihr übertragen werden kann. Dafür ist eine gerichtliche Entscheidung notwendig.

Er fragt bei Amelie an, ob sie bereit ist, eine Betreuung für ihren Vater zu übernehmen (§ 1898 Abs. 2 BGB). Als Amelie dies bejaht, erlässt der Rechtspfleger einen Beschluss, durch den er Amelie allgemein als Betreuerin für ihren Vater bestellt für den Fall der Verhinderung ihrer Mutter. Amelie werden als Vertretungsbetreuerin die gleichen Aufgabenkreise zugewiesen wie ihrer Mutter.

Gleichzeitig ordnet er in diesem Beschluss an, dass Amelie für die viermonatige Abwesenheit ihrer Mutter ihren Vater betreut. Der Beschluss wird Amelie und ihrer Mutter zugestellt. Amelie erhält einen entsprechenden Betreuerausweis vom Gericht.

> Wenn der Betreuer den Betreuten bei einem bestimmten Geschäft nicht vertreten darf oder kann, bestellt das Gericht regelmäßig einen weiteren Betreuer (§ 1899 BGB).

Je nach dem Grund, warum der Betreuer den Betreuten nicht vertreten darf oder kann, wird dieser Betreuer als Verhinderungs-, Vertretungs- oder auch als Ersatzbetreuer bezeichnet. In der Praxis werden diese Bezeichnungen oft nicht überschneidungsfrei verwendet, sodass die Beschlussformel und die Gründe des gerichtlichen Beschlusses überprüft werden müssen, um das Verhältnis des Betreuers zu anderen vorhandenen Betreuern zu klären. Teilweise finden sich auch andere Begriffe für die Bezeichnung von Betreuern wie z.B. auch als Ergänzungsbetreuer.

Wenn der Betreuer den Betreuten gem. §§ 1795, 1796 BGB nicht vertreten darf, bestellt das Amtsgericht einen **Verhinderungsbetreuer**. Anstelle des ursprünglichen Betreuers wird der Verhinderungsbetreuer tätig, weil der ursprüngliche Betreuer aus rechtlichen Gründen daran gehindert ist. Eine Ergänzungspflegschaft gem. § 1909 BGB scheidet aus, da sie nur für Minderjährige angeordnet werden kann.

Als **Vertretungsbetreuer oder Ersatzbetreuer** wird eine Person bezeichnet, die den ursprünglich bestellten Betreuer vertritt, wenn dieser tatsächlich nicht tätig werden kann (§ 1899 Abs. 4 BGB). Dies kann der Fall sein, wenn der Betreuer urlaubs- oder krankheitsbedingt abwesend ist. Der Betreuer selbst kann nicht durch rechtsgeschäftliche Vollmacht gem. § 167 BGB seine Aufgaben einem anderen übertragen. Dafür ist ein gerichtliches Verfahren notwendig. Nur durch gerichtlichen Beschluss kann ein Betreuer bestellt werden.

Im Gerichtsverfahren wird, wenn der Betreute beantragt, dass sein Betreuer abberufen wird, für den Betreuten ein **Verfahrenspfleger** bestellt. Der Verfahrenspfleger nimmt für dieses Gerichtsverfahren die Interessen des Betreuten wahr. Der Betreuer ist davon ausgeschlossen, da er von dem Gerichtsverfahren selbst auch als Betreuer betroffen ist.

Es können auch mehrere Betreuer gleichzeitig bestellt werden, die im Zweifel für den Betreuten normalerweise nur gemeinsam entscheiden können (§ 1899 Abs. 3 BGB). Eine solche Bestellung muss dem Wohl des Betreuten dienen. So können z.B. die verheirateten Eltern eines volljährig gewordenen Menschens mit Behinderung als gleichberechtigte **Mitbetreuer** bestellt werden. Das Gericht kann aber den Mitbetreuern auch getrennte Aufgabenkreise zuweisen, sodass sie unabhängig voneinander entscheiden können.

Für die Einwilligung in die **Sterilisation** eines Betreuten ist aufgrund Gesetzes stets ein besonderer Betreuer zu bestellen (§ 1899 Abs. 2 BGB). Der auf Dauer in eine solche Behandlung einwilligungsunfähige Betreute soll dadurch besonders geschützt werden. Einzelheiten zu dieser Einwilligung sind in § 1905 BGB geregelt. Unter anderem darf die Sterilisation nicht dem Willen bzw. dem mutmaßlichen Willen des Betreuten widersprechen. Zusätzlich bedarf eine solche Einwilligung der Genehmigung des Betreuungsgerichts (§ 1905 Abs. 2 BGB).

Zu folgenden weiteren Maßnahmen ist neben der Einwilligung des Betreuers die **Genehmigung des Betreuungsgerichts** notwendig:

- für einen ärztlichen Eingriff, eine Untersuchung oder eine Heilbehandlung, die mit der Gefahr verbunden ist, dass der Betreute stirbt oder einen schweren und lang dauernden gesundheitlichen Schaden erleidet (§ 1904 BGB)
- für die mit einem Entzug der Freiheit verbundene Unterbringung des Betreuten, wenn und solange die Unterbringung zum Wohl des Betreuten erforderlich ist, etwa weil der Betreute beabsichtigt, sich selbst zu töten (§ 1906 BGB)
- für die Kündigung eines Mietverhältnisses über Wohnraum, den der Betreute gemietet hat sowie für eine Willenserklärung, die auf Aufhebung eines solchen Mietverhältnisses gerichtet ist (§ 1907 BGB)

1.7 Änderung oder Wegfall der Betreuung

Die Betreuung wird aufgehoben, wenn eine ihrer oben in Kapitel 1.1 behandelten Voraussetzungen wegfällt (§ 1908d Abs. 1 BGB). Die Betreuung entfällt dann nicht von selbst, sondern erst durch eine entsprechende gerichtliche Entscheidung. Dies soll damit für die Betroffenen rechtssicher nachvollziehbar sein. Es sollen klare rechtliche Verhältnisse erreicht werden.

Wenn nur die Voraussetzungen für einen Teil der Betreuung entfallen, ist der Aufgabenkreis des Betreuers zu beschränken. Eine Betreuung soll nur stattfinden, wenn und soweit sie erforderlich ist. Entsprechend ist der Aufgabenkreis des Betreuers zu erweitern, wenn dies erforderlich wird (§ 1908d Abs. 3 BGB).

Wenn der Betreuer nur auf Antrag des Betreuten bestellt wurde, ist sie auf dessen Antrag hin aufzuheben (§ 1908d Abs. 2 BGB). Dies gilt dann nicht, wenn eine Betreuung von Amts wegen geboten ist.

Aufgaben

1. Würden Sie Ihren Eltern empfehlen, eine Betreuungsverfügung zu schreiben? Begründen Sie Ihre Antwort.
2. Welche Sanktionen sind daran geknüpft, wenn eine geeignete und auch sonst zeitlich flexible natürliche Person sich weigert, die Betreuung zu übernehmen?

3. Emilia ist als Betreuerin für ihren schwer kranken Ehemann Emil eingesetzt. Als die gemeinsame Tochter der beiden, Emillinde, verstirbt, hinterlässt sie keine Verwandten außer ihren Eltern. Durch Testament hat Emillinde verfügt, dass ihre Mutter Alleinerbin sein soll. Ihre Mutter Emilia will, dass der Pflichtteil von Emil nicht geltend gemacht wird. Was wird das Betreuungsgericht tun, wenn es davon erfährt?
4. Der Betreuer Gottfried will für die Betreute Anna die Mietwohnung kündigen, da er meint, die Wohnung sei viel zu luxuriös für Anna. Wie ist die Rechtslage?

2 Patientenverfügung

Bevor Lothar Algeier seine Betreuungsverfügung aufgesetzt hat, hatte er sich überlegt, ob er auch eine Patientenverfügung formulieren soll. Er bespricht mit seiner Frau und seiner Tochter, welchen Zweck eine Patientenverfügung haben sollte, und fragt sich, ob sie zusätzlich zu einer Betreuungsverfügung sinnvoll ist.

Bei dem Gespräch wird ihm aber klar, dass er eigene Vorstellungen von der medizinischen Behandlung im Notfall hat. Die dann erforderlichen Entscheidungen möchte er nicht allein seiner Frau und seiner Tochter überlassen. Er überlegt, was in Situationen wie bei Krankheit oder Tod für ihn wichtig ist. Zwar möchte er möglichst selbstbestimmt leben können und nicht abhängig von anderen sein, aber insgesamt kommt er zu dem Schluss, dass er eigentlich lange leben will und den Wunsch hat, dass für ihn das medizinisch Mögliche getan wird. Nur wenn keine medizinische Aussicht besteht, dass er etwa aus einem Koma wieder erwacht, möchte er, dass keine lebenserhaltenden Maßnahmen vorgenommen werden.

ARBEITSAUFTRAG

Informieren Sie sich anhand von Broschüren oder im Internet darüber, in welchen Situationen andere für den Betroffenen eventuell medizinische Entscheidungen treffen müssen. Halten Sie darüber ein fünfminütiges Kurzreferat vor Ihrer Klasse.

> Für die Art und Weise seiner medizinischen Versorgung kann der Betroffene durch die **Patientenverfügung** vorsorgen. Er trifft selbstbestimmt und eigenverantwortlich medizinische Entscheidungen für seine Zukunft.

In einer Patientenverfügung willigt der Betroffene in bestimmte medizinische Untersuchungen oder Behandlungen ein oder er verweigert sie. Diese Entscheidungen werden von dem Betroffenen vorab getroffen für den Fall, dass er nicht in der Lage ist zu entscheiden, ob er in eine solche Behandlung oder Maßnahme einwilligt oder dies nicht vornimmt. Dies wird als **Einwilligungsfähigkeit** bezeichnet. Für den Fall der Einwilligungsunfähigkeit wird zeitlich vorab vom Betroffenen entschieden.

Erklärungen, in denen ein solcher Wille des Betroffenen nicht deutlich oder bestimmt genug zur Geltung kommt, sind aber als seine Wünsche zu berücksichtigen. Diese Wünsche sind auch vom Betreuer und vom Betreuungsgericht zu beachten (§ 1901 Abs. 3 BGB).

Der Betroffene trifft mit der Patientenverfügung Entscheidungen für eine mehr oder weniger ungewisse Zukunft, die eventuell gar nicht zum Tragen kommen.

Die Patientenverfügung ist gesetzlich in § 1901a BGB geregelt.

§

Bürgerliches Gesetzbuch (BGB)

§ 1901a Patientenverfügung

(1) Hat ein einwilligungsfähiger Volljähriger für den Fall seiner Einwilligungsunfähigkeit schriftlich festgelegt, ob er in bestimmte, zum Zeitpunkt der Festlegung noch nicht unmittelbar bevorstehende Untersuchungen seines Gesundheitszustands, Heilbehandlungen oder ärztliche Eingriffe einwilligt oder sie untersagt (Patientenverfügung), prüft der Betreuer, ob diese Festlegungen auf die aktuelle Lebens- und Behandlungssituation zutreffen. Ist dies der Fall, hat der Betreuer dem Willen des Betreuten Ausdruck und Geltung zu verschaffen. Eine Patientenverfügung kann jederzeit formlos widerrufen werden.

(2) Liegt keine Patientenverfügung vor oder treffen die Festlegungen einer Patientenverfügung nicht auf die aktuelle Lebens- und Behandlungssituation zu, hat der Betreuer die Behandlungswünsche oder den mutmaßlichen Willen des Betreuten festzustellen und auf dieser Grundlage zu entscheiden, ob er in eine ärztliche Maßnahme nach Absatz 1 einwilligt oder sie untersagt. Der mutmaßliche Wille ist aufgrund konkreter Anhaltspunkte zu ermitteln. Zu berücksichtigen sind insbesondere frühere mündliche oder schriftliche Äußerungen, ethische oder religiöse Überzeugungen und sonstige persönliche Wertvorstellungen des Betreuten.

(3) Die Absätze 1 und 2 gelten unabhängig von Art und Stadium einer Erkrankung des Betreuten.

(4) Der Betreuer soll den Betreuten in geeigneten Fällen auf die Möglichkeit einer Patientenverfügung hinweisen und ihn auf dessen Wunsch bei der Errichtung einer Patientenverfügung unterstützen.

(5) Niemand kann zur Errichtung einer Patientenverfügung verpflichtet werden. Die Errichtung oder Vorlage einer Patientenverfügung darf nicht zur Bedingung eines Vertragsschlusses gemacht werden.

(6) Die Absätze 1 bis 3 gelten für Bevollmächtigte entsprechend.

2.1   Form, Inhalte und Zweck der Patientenverfügung

Lothar Algeier bespricht mit seiner Frau und seiner Tochter die in der Patientenverfügung zu treffenden Regelungen. Da es im Buchhandel und auch im Internet die verschiedensten Formulare und Textbausteine für Patientenverfügungen gibt, orientiert er sich sicherheitshalber am Formular und an den Textbausteinen des Bundesministeriums für Justiz und Verbraucherschutz. Diese kann er kostenfrei im Internet zusammen mit einer Broschüre[1] herunterladen. Aufgrund dessen formuliert er am Tag, nachdem er die Betreuungsverfügung erstellt hatte, seine Patientenverfügung:

---

[1] Siehe https://www.bmjv.de/DE/Themen/VorsorgeUndPatientenrechte/Betreuungsrecht/Betreuungsrecht.html?nn=6765634#[Thema3].

Ich, Lothar Algeier,

geboren am 26.09.1935 in Dresden,

wohnhaft in der Hauptgasse 36 in Deggendorf,

bestimme für den Fall, dass ich mich nicht mehr verständlich äußern kann oder meinen Willen nicht mehr frei bilden kann, Folgendes:

1. Wenn
   a) ich mich aller Wahrscheinlichkeit nach unabwendbar im unmittelbaren Sterbeprozess befinde,
   b) ich mich im Endstadium einer unheilbaren, tödlich verlaufenden Krankheit befinde, selbst wenn der Todeszeitpunkt noch nicht absehbar ist,
   c) infolge einer Gehirnschädigung meine Fähigkeit, Einsichten zu gewinnen, Entscheidungen zu treffen und mit anderen Menschen in Kontakt zu treten, nach Einschätzung zumindest zweier erfahrener Ärztinnen oder Ärzte aller Wahrscheinlichkeit nach unwiederbringlich erloschen ist, selbst wenn der Todeszeitpunkt noch nicht absehbar ist. Dies gilt für direkte Gehirnschädigung z.B. durch Unfall, Schlaganfall oder Entzündung ebenso wie für indirekte Gehirnschädigung z.B. nach Wiederbelebung, Schock oder Lungenversagen. Es ist mir bewusst, dass in solchen Situationen die Fähigkeit zu Empfindungen erhalten sein kann und dass ein Aufwachen aus diesem Zustand nicht ganz sicher auszuschließen, aber unwahrscheinlich ist;

2. bestimme ich in den unter 1. beschriebenen Situationen, dass alles medizinisch Mögliche und Sinnvolle getan wird, um mich am Leben zu erhalten.

3. In den unter 1. beschriebenen Situationen wünsche ich eine fachgerechte Schmerz- und Symptombehandlung,
   a) wenn alle sonstigen medizinischen Möglichkeiten zur Schmerz- und Symptomkontrolle versagen, auch Mittel mit bewusstseinsdämpfenden Wirkungen zur Beschwerdelinderung.
   b) Die unwahrscheinliche Möglichkeit einer ungewollten Verkürzung meiner Lebenszeit durch schmerz- und symptomlindernde Maßnahmen nehme ich in Kauf.

4. In den unter 1. beschriebenen Situationen wünsche ich, dass eine künstliche Ernährung und Flüssigkeitszufuhr begonnen oder weitergeführt wird, wenn damit mein Leben verlängert werden kann.

5. Nur in den unter 1. beschriebenen Situationen bestimme ich, dass Versuche der Wiederbelebung unterlassen werden und dass eine Notärztin oder ein Notarzt nicht verständigt wird bzw. im Fall einer Hinzuziehung unverzüglich über meine Ablehnung von Wiederbelebungsmaßnahmen informiert wird.

6. In den unter 1. beschriebenen Situationen wünsche ich eine künstliche Beatmung, falls dies mein Leben verlängern kann.

7. In den unter 1. beschriebenen Situationen wünsche ich, dass keine Dialyse (Blutwäsche) durchgeführt bzw. eine schon eingeleitete Dialyse eingestellt wird.

8. In den unter 1. beschriebenen Situationen wünsche ich Antibiotika, falls dies mein Leben verlängern kann.

9. In den unter 1. beschriebenen Situationen wünsche ich keine Gabe von Blut oder Blutbestandteilen.

10. Ich möchte wenn möglich zu Hause bzw. in vertrauter Umgebung sterben. Beistand wünsche ich mir von meiner Frau Clara und meiner Tochter Amelie.

11. Ich entbinde die mich behandelnden Ärztinnen und Ärzte von der Schweigepflicht gegenüber meiner Frau Clara und gegenüber meiner Tochter Amelie.

12. Der in meiner Patientenverfügung geäußerte Wille zu bestimmten ärztlichen und pflegerischen Maßnahmen soll von den behandelnden Ärztinnen und Ärzten und dem Behandlungsteam befolgt werden. Meine Betreuer sollen dafür Sorge tragen, dass mein Patientenwille durchgesetzt wird. Sollte eine Ärztin oder ein Arzt oder das Behandlungsteam nicht bereit sein, meinen in dieser Patientenverfügung geäußerten Willen zu befolgen, erwarte ich, dass für eine anderweitige medizinische und/oder pflegerische Behandlung gesorgt wird. Von meinen Betreuern erwarte ich, dass sie die weitere Behandlung so organisieren, dass meinem Willen entsprochen wird.

13. In Lebens- und Behandlungssituationen, die in dieser Patientenverfügung nicht konkret geregelt sind, ist mein mutmaßlicher Wille möglichst im Konsens aller Beteiligten zu ermitteln. Dafür soll diese Patientenverfügung als Richtschnur maßgeblich sein. Bei unterschiedlichen Meinungen über anzuwendende oder zu unterlassende ärztliche/ pflegerische Maßnahmen soll der Auffassung meiner Frau Clara, ersatzweise der Meinung meiner Tochter Amelie, besondere Bedeutung zukommen.

14. Wenn ich meine Patientenverfügung nicht widerrufen habe, wünsche ich nicht, dass mir in der konkreten Anwendungssituation eine Änderung meines Willens unterstellt wird. Wenn aber die behandelnden Ärztinnen und Ärzte mit meiner Betreuerin aufgrund meiner Gesten, Blicke oder anderen Äußerungen die Auffassung vertreten, dass ich entgegen den Festlegungen in meiner Patientenverfügung doch behandelt oder nicht behandelt werden möchte, dann ist möglichst im Konsens aller Beteiligten zu ermitteln, ob die Festlegungen in meiner Patientenverfügung noch meinem aktuellen Willen entsprechen. Bei unterschiedlichen Meinungen soll in diesen Fällen der Auffassung meiner Frau Clara und der meiner Tochter Amelie besondere Bedeutung zukommen.

15. Ich habe eine Betreuungsverfügung zur Auswahl der Betreuerin erstellt am 12.07.2020 und den Inhalt dieser Patientenverfügung mit den von mir gewünschten Betreuern besprochen.

Soweit ich bestimmte Behandlungen wünsche oder ablehne, verzichte ich ausdrücklich auf eine (weitere) ärztliche Aufklärung.

Mir ist die Möglichkeit der Änderung und des Widerrufs einer Patientenverfügung bekannt. Ich bin mir des Inhalts und der Konsequenzen meiner darin getroffenen Entscheidungen bewusst. Ich habe die Patientenverfügung in eigener Verantwortung und ohne äußeren Druck erstellt und bin im Vollbesitz meiner geistigen Kräfte.

Deggendorf, den 13.07.2020   *Lothar Algeier*

                                      (Unterschrift)

Themen der Patientenverfügung

Die Patientenverfügung bezieht sich auf
- Untersuchungen des Gesundheitszustands,
- Heilbehandlungen oder
- auf ärztliche Eingriffe.

Diese Maßnahmen dürfen **nicht unmittelbar bevorstehen** (§ 1901a Abs. 1 BGB). Wenn sich die Verfügung des Patienten auf einen aktuellen Eingriff bezieht, ist allgemein zu prüfen, ob der Betroffene damit in die entsprechende Behandlung eingewilligt oder ob er diese abgelehnt hat. Dann liegt eine Einwilligung oder Ablehnung der gerade anstehenden Behandlung, aber keine Patientenverfügung vor.

Schriftform

Eine wirksame Patientenverfügung muss schriftlich abgefasst sein (§ 1901a Abs. 1 S. 1 BGB). Sie muss vom Betroffenen eigenhändig unterschrieben sein (§ 126 BGB). Der Gesetzgeber will damit davor schützen, dass eine solche Erklärung übereilt abgegeben wird. Es soll sichergestellt werden, dass der Betroffene seine Anordnungen überlegt trifft.

Der Widerruf der Patientenverfügung ist aber formlos und jederzeit möglich (§ 1901a Abs. 1 S. 3 BGB). Ein Patient kann daher z. B. auf dem Weg in den Operationssaal noch seine Patientenverfügung durch eine einfache mündliche Erklärung widerrufen.

Ebenso wie eine Betreuungsverfügung kann eine Patientenverfügung beim Zentralen Vorsorgeregister bei der Bundesnotarkammer registriert werden. Aber auch sonst ist es wichtig, dass die Betreuer oder das Betreuungsgericht Kenntnis der darin getroffenen Regelungen haben, sodass es empfehlenswert ist, mehrere unterschriebene Ausfertigungen der Verfügung zu verteilen.

Bestimmtheit

Die Verfügung muss konkret bezeichnen, was der Betroffene in Situationen, in denen er nicht einwilligungsfähig ist, will oder was er verweigert. Er muss dabei aber nicht genaue Krankheitsbilder oder Behandlungsmethoden nennen. Es sollte aber in der jeweiligen Situation festgestellt werden können, was der Betroffene aufgrund seiner getroffenen Patientenverfügung wünscht.

Selbstbestimmung

Der Betroffene soll mit der Patientenverfügung die Möglichkeit haben, Untersuchungen und Heilbehandlungen in eigener Verantwortung für den Fall seiner Einwilligungsunfähigkeit zu regeln. Er ist frei, ob er eine Patientenverfügung errichten will oder ob er dies nicht möchte. Niemand darf gezwungen werden, eine Patientenverfügung zu errichten.

Die 70-jährige Emma Ahmet möchte in das Altenheim „Geordneter Herbst" einziehen. Die Heimleitung verlangt von ihr, dass sie eine bestimmte Patientenverfügung unterschreibt, erst dann soll aufschiebend bedingt der Heimvertrag in Kraft treten und Emma einziehen können. Aus religiöser Überzeugung wird in der Patientenverfügung u. a. eine Fremdblutspende abgelehnt. Emma unterschreibt die Patientenverfügung und zieht ein. Später fragt sie sich, ob sie an die Patientenverfügung gebunden ist, die sie eigentlich nicht will.

Um zu verhindern, dass mittelbar Druck ausgeübt wird, um eine Patientenverfügung zu unterschreiben, sieht das Gesetz auch vor, dass dies nicht zur Bedingung gemacht werden darf, um einen Vertrag zu schließen (§ 1901a Abs. 5 S. 2 BGB). Zum Beispiel ist eine Patientenverfügung unwirksam, wenn deren Erstellung zum Abschluss eines aufschiebend bedingten Heimvertrages führt (§ 134 BGB).

2.2 Praktische Schwierigkeiten & Unwirksame Regelungen

Ein erster Entwurf von Lothar Algeier, der sich anfangs nicht wirklich intensiv mit allen Details auseinandersetzen wollte, beinhaltete nur eine kurze Formulierung.

Ich, Lothar Algeier,

geboren am 26.09.1935 in Dresden,

wohnhaft in der Hauptgasse 36 in Deggendorf,

bestimme für den Fall, ich mich nicht mehr verständlich äußern kann oder meinen Willen nicht mehr frei bilden kann, dass ich lebenserhaltende Maßnahmen wünsche.

Deggendorf, den 13.05.2020

Lothar Algeier

(Unterschrift)

Im Gespräch mit dem Hausarzt stellte sich dann aber ziemlich schnell heraus, dass diese Verfügung unwirksam sein würde.

ARBEITSAUFTRAG

Warum könnte die Verfügung unwirksam sein? Vor welche Probleme stellt eine solche Verfügung behandelnde Ärzte und Familienangehörige?

Problematische Formulierungen

Problematisch ist eine Patientenverfügung dann, wenn sie nicht bestimmt genug die in einer bestimmten Lebenssituation zu treffenden oder zu unterlassenden Behandlungen regelt oder letztere nicht ausreichend konkret bezeichnet.

Eine unwirksame Patientenverfügung ist aber als Wunsch des Betroffenen vom Betreuer dennoch zu beachten (§ 1901 Abs. 3 BGB). Auf dieser Grundlage kann auf den mutmaßlichen Willen des Betroffenen geschlossen werden, um zu entscheiden, ob bzw. inwieweit er in eine bestimmte ärztliche Maßnahme eingewilligt hätte (§ 1901a Abs. 2 BGB). Dabei sind mündliche und schriftliche Äußerungen des Betroffenen sowie dessen ethische, religiöse oder sonstige Wertvorstellungen zu berücksichtigen.

§

Mit Beschluss vom 16.07.2016 hat der Bundesgerichtshof entschieden, dass eine Patientenverfügung, die nur vorsieht, keine „lebenserhaltenden Maßnahmen zu wollen", für sich genommen nicht ausreichend konkret und damit als Patientenverfügung unwirksam ist (AZ XII ZB 61/ 16).

Erforderlich ist, dass die Patientenverfügung konkretisiert wird auf bestimmte Behandlungssituationen, konkret angeführte Krankheiten oder auf bestimmte Behandlungsmethoden, die im jeweiligen Fall unterbleiben oder angewendet werden sollen.

Nach dem Gesetz kann nur ein **Volljähriger** eine Patientenverfügung schriftlich festlegen (§ 1901a Abs. 1 BGB). Da für die Errichtung keine Geschäftsfähigkeit erforderlich ist, könnte ein Minderjähriger eine entsprechende Verfügung eigentlich errichten. Voraussetzung ist, dass er einsehen kann, was seine getroffenen Verfügungen bedeuten und wie weit sie tatsächlich reichen, sowie dass er seinen Willen frei bestimmen und danach handeln kann. Die Wertungen des Grundgesetzes, der geschützten Freiheit, eigene Angelegenheiten frei zu regeln sowie das Gebot der Gleichbehandlung sprechen dafür, auch eine Patientenverfügung eines einsichts- und steuerungsfähigen Minderjährigen als wirksam anzuerkennen.

In einer Patientenverfügung können auch weitere Aspekte geregelt werden wie die Zustimmung oder die Ablehnung des Betroffenen zu einer **Organspende**.

Sterbehilfe

Oft soll das Thema Sterbehilfe in der Patientenverfügung geregelt werden. Dies ist nur im Einklang mit der Rechtsordnung möglich.

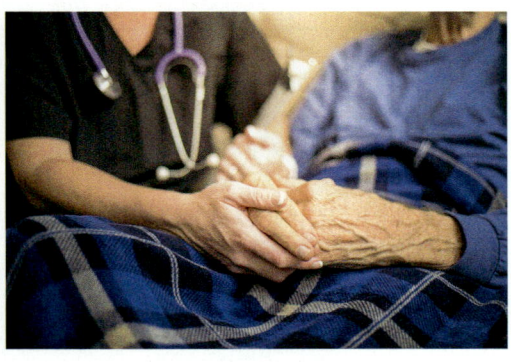

In Deutschland ist die aktive Sterbehilfe, anders als normalerweise die passive Sterbehilfe, strafbar. Wer aktiv einen Menschen ohne Zusammenhang mit dem Abbruch einer Heilbehandlung tötet, ist, selbst wenn es dessen Willen entspricht, jedenfalls wegen einer **Tötung auf Verlangen** strafbar gem. § 216 Strafgesetzbuch (StGB). Entsprechende Regelungen in einer Patientenverfügung, die eine solche Tötung vorsehen, sind unwirksam (§ 134 BGB).

Ein **Behandlungsabbruch**, der lediglich der Krankheit bis zum Tod einen „natürlichen" Lauf lässt, ist dagegen nicht strafbar, wenn der Betroffene dies in einer wirksamen Patientenverfügung entsprechend geregelt hat (Bundesgerichtshof NJW 2011, 161).

Aufgaben

1. Wenn Sie eine Patientenverfügung aufsetzen würden, wie würden Sie darin die Frage der Organspende behandeln?
2. Würden Sie jemandem empfehlen, auf im Einzelnen aufgeführte lebensverlängernde Maßnahmen zu verzichten für den Fall, dass er im Koma liegen und aller Wahrscheinlichkeit nach nicht mehr aufwachen wird? Begründen Sie Ihre Antwort.
3. Warum müssen Regelungen in einer Patientenverfügung möglichst konkret und bestimmt erfolgen?

3   Vorsorgevollmacht

Nachdem Lothar Algeier seine Patientenverfügung unterschrieben hat, liest er in der Broschüre des Justizministeriums etwas von einer Vorsorgevollmacht. Es wird ihm allmählich zu viel, sich mit solch schwierigen Themen zu beschäftigen: Er fragt sich, was eine Vorsorgevollmacht ist und ob dies für ihn noch sinnvoll sein kann. Er hat ja schon eine Betreuungsverfügung und am Tag danach sogar eine Patientenverfügung mithilfe seiner Frau und seiner Tochter formuliert und unterschrieben.

ARBEITSAUFTRÄGE

1. Worin unterscheiden sich Vorsorgevollmacht und Betreuungsverfügung?
2. Überlegen Sie, welche Vor- oder Nachteile es haben kann, eine Vorsorgevollmacht statt einer Betreuungsverfügung zu schreiben.

Durch eine Vorsorgevollmacht kann ein Betreuungsbedürftiger vermeiden, dass eine Betreuung angeordnet wird. Wenn der Vollmachtgeber (der Betreuungsbedürftige) geschäftsunfähig oder hilfsbedürftig wird, kann der Bevollmächtigte für ihn tätig werden.

Der Bevollmächtigte muss aber in der Lage sein und bereit sein, Aufgaben für den Betreuungsbedürftigen wahrzunehmen. Nur in diesem Fall kann vermieden werde, dass eine Betreuung vom Betreuungsgericht angeordnet wird (§ 1896 Abs. 2 BGB).

Der Wille des Betreuungsbedürftigen und dessen **Selbstbestimmungsrecht** gehen dann einer gerichtlich angeordneten Betreuung vor. Trotzdem kann das Betreuungsgericht einen **Kontrollbetreuer** bestellen, um den Bevollmächtigten zu überwachen (§ 1896 Abs. 3 BGB). Dies kann notwendig sein, wenn der Betreute dazu nicht mehr in der Lage ist.

Voraussetzung ist regelmäßig, dass der Vollmachtgeber die Vorsorgevollmacht geschrieben hat, als er **geschäftsfähig** war (vgl. § 104 Ziff. 2 BGB). Im Allgemeinen ist eine Vorsorgevollmacht, die ein Geschäftsunfähiger schreibt, unwirksam (§ 105 Abs. 1 BGB). Auch zum Widerruf der Vollmacht muss der Vollmachtgeber geschäftsfähig sein.

Normalerweise wird eine Vorsorgevollmacht für den Fall errichtet, dass der Vollmachtgeber geschäftsunfähig wird. Der Bevollmächtigte soll dann nach den Anordnungen des Vollmachtgebers dessen Geschäfte erledigen. Soweit die Vollmacht inhaltlich reicht, unterbleibt regelmäßig die Anordnung einer Betreuung durch das Betreuungsgericht. Eine Betreuung ist dann in der Regel nicht notwendig.

3.1   Vollmacht

Lothar Algeier hat sich am Sonntag im Gasthof „Alter Wirt" in Deggendorf mit Freunden über den Sinn und Zweck einer Vorsorgevollmacht beraten. Er hält es zwar für gut, einiges unabhängig vom Betreuungsgericht zu regeln. Andererseits wird ein Betreuer vom Betreuungsgericht kontrolliert und eventuell abberufen, wenn er seine Befugnisse missbraucht. Einen solchen Schutz gibt es nicht gegenüber jemandem, der durch eine Vorsorgevollmacht bevollmächtigt ist. Denn es ist eventuell auch niemand da, der alles kontrolliert, wie es bei einem Betreuer geschieht. Und wenn er dem Bevollmächtigten nicht mehr vertraut, kann er die Vollmacht nicht widerrufen, wenn er schon geschäftsunfähig ist. Er möchte es dann doch bei der getroffenen Betreuungsverfügung belassen und teilt dies seiner Frau Clara mit.

Auch Clara Algeier hat überlegt, wie sie ihre Angelegenheiten regeln möchte. Sie hat entschieden, dass sich ihre Tochter Amelie um sie kümmern soll, wenn sie es selbst nicht mehr kann. Da sie Amelie voll und ganz vertraut, überlegt sie, eine Vorsorgevollmacht zu schreiben.

ARBEITSAUFTRAG

Recherchieren Sie, welche Hilfestellungen oder Formulare es für die Erstellung der Vorsorgevollmacht gibt. Berücksichtigen Sie, dass die Quellen und Vorlagen rechtlich einwandfrei sein müssen.

Die Vorsorgevollmacht ist eine Vollmacht, sodass die Vorschriften über die rechtgeschäftliche Bevollmächtigung gem. §§ 164 ff. BGB anzuwenden sind.

> Die **Vorsorgevollmacht** gibt dem Bevollmächtigten eine rechtsgeschäftliche Vertretungsmacht, für den Vollmachtgeber zu handeln (§ 164 Abs. 1 BGB).

Der Vollmachtgeber kann frei bestimmen, ab wann die Vollmacht gelten soll. So kann er etwa regeln, dass einzelne Teile der Vollmacht sofort gelten sollen oder dass sie insgesamt erst gelten soll, wenn seine Geschäftsunfähigkeit ärztlich festgestellt ist.

Form der Vollmacht

Die Vollmacht kann mündlich wirksam erteilt werden. Nur in Ausnahmefällen ist eine schriftliche Form oder die öffentliche Beglaubigung der Vollmacht erforderlich.

Bei einer mündlich erteilten Vollmacht ist aber deren Nachweis schwierig. Auch wird sich das Betreuungsgericht möglicherweise nicht damit zufriedengeben, dass eine mündliche Vollmacht erteilt war und einen Nachweis verlangen.

Die Vollmacht bedarf nicht der Form, die für das Rechtsgeschäft bestimmt ist (§ 167 Abs. 2 BGB). Ein widerruflich Bevollmächtigter darf damit notariell zu beurkundende Verträge über einen Immobilienkauf für den Vollmachtgeber abschließen (vgl. § 311b BGB). Für den Vollzug des Vertrages im Grundbuch ist aber eine öffentlich beglaubigte Vollmacht erforderlich (§ 29 Grundbuchordnung).

In bestimmten gesetzlich geregelten Fällen ist eine schriftliche Vollmacht erforderlich. Der Vorsorgebevollmächtigte benötigt neben der Genehmigung des Betreuungsgerichts eine **schriftliche** Vollmacht zur/zu

- Einwilligung in eine Untersuchung des Gesundheitszustands, eine Heilbehandlung oder einen ärztlichen Eingriff gem. § 1904 BGB, wenn die begründete Gefahr besteht, dass der Vollmachtgeber aufgrund der Maßnahme stirbt oder einen schweren und länger dauernden gesundheitlichen Schaden erleidet. Zusätzlich muss die Vollmacht die genannten Maßnahmen umfassen (§ 1904 Abs. 4 BGB).
- einer mit Freiheitsentziehung verbundenen Unterbringung des Vollmachtgebers gem. § 1906 BGB. Zusätzlich muss die Vollmacht die genannten Maßnahmen ausdrücklich umfassen (§ 1906 Abs. 5 BGB).

3.2 Untervollmacht

Clara Algeier erstellt mithilfe ihrer Tochter Amelie die folgende Vollmacht, die sie auch im Nachgang registrieren lassen.

Vorsorgevollmacht

Ich, Clara Algeier,

geboren am 14.02.1939 in Ingolstadt,

wohnhaft in der Hauptgasse 36 in Deggendorf,

bevollmächtige hiermit meine Tochter Amelie, die mich in allen im Folgenden genannten Angelegenheiten vertreten soll.

Durch diese Vollmacht möchte ich vermeiden, dass eine gerichtliche Betreuung angeordnet wird. Die Vollmacht soll daher auch dann weitergelten, wenn ich geschäftsunfähig sein sollte. Die Vollmacht gilt über meinen Tod hinaus.

Meine Tochter darf mich bei Behörden, Versicherungen, Renten- und Sozialleistungsträgern vertreten. Sie darf mich auch gegenüber Gerichten vertreten und für mich Prozesshandlungen jeglicher Art vornehmen.

Wenn meine Tochter verhindert sein sollte, bevollmächtige ich sie auch, diese Vollmacht an vertrauenswürdige Personen ihrer Wahl weiterzugeben und Untervollmacht zu erteilen.

Die Bevollmächtigte darf für mich entscheiden:

a) in allen Angelegenheiten der Gesundheitssorge; auch wenn ich derzeit keine Patientenverfügung verfassen möchte,

b) über sämtliche Maßnahmen zur Untersuchung des Gesundheitszustandes und zur Durchführung einer Heilbehandlung, auch wenn mit der Vornahme, dem Unterlassen oder dem Abbruch dieser Maßnahmen die Gefahr besteht, dass ich sterbe oder einen schweren oder länger dauernden gesundheitlichen Schaden erleide. Sie darf Krankenunterlagen einsehen und deren Herausgabe an Dritte bewilligen. Ich entbinde alle mich behandelnden Ärzte und nichtärztliches Personal gegenüber meiner bevollmächtigten Vertrauensperson von der Schweigepflicht. Solange es zu meinem Wohl erforderlich ist, darf sie über meine freiheitsentziehende Unterbringung, über ärztliche Zwangsmaßnahmen im Rahmen der Unterbringung, über freiheitsentziehende Maßnahmen in einem Heim oder in einer sonstigen Einrichtung entscheiden,

c) über meinen Aufenthalt. Sie darf Rechte und Pflichten aus dem Mietvertrag über meine Wohnung einschließlich einer Kündigung wahrnehmen sowie meinen Haushalt auflösen. Sie darf einen neuen Wohnungsmietvertrag abschließen und kündigen. Sie darf auch einen Vertrag nach dem Wohn- und Betreuungsvertragsgesetz (Heimvertrag) abschließen und kündigen,

d) über mein Vermögen und darf hierbei alle Rechtshandlungen und Rechtsgeschäfte im In- und Ausland vornehmen, Erklärungen aller Art abgeben und entgegennehmen, sowie Anträge stellen, abändern, zurücknehmen, namentlich über Vermögensgegenstände jeder Art verfügen, Zahlungen und Wertgegenstände annehmen, Verbindlichkeiten eingehen, Willenserklärungen bezüglich meiner Konten, Depots und Safes abgeben. Sie darf mich im Geschäftsverkehr mit Kreditinstituten vertreten sowie Schenkungen in dem Rahmen vornehmen, der einem Betreuer rechtlich gestattet ist;

Meine Tochter darf die für mich bestimmte Post entgegennehmen und öffnen sowie über den Fernmeldeverkehr entscheiden. Sie darf alle hiermit zusammenhängenden Willenserklärungen (z. B. Vertragsabschlüsse, Kündigungen) abgeben.

Falls doch eine gerichtliche Betreuung notwendig werden sollte, soll meine Tochter zu meiner Betreuerin bestellt werden.

Deggendorf, den 12.09.2020   *Clara Algeier*

                                                  (Unterschrift)

Es sollte sichergestellt sein, dass sich im Fall der Verhinderung des Vorsorgebevollmächtigten jemand um die rechtlichen Angelegenheiten des Betreuungsbedürftigen kümmert. Wenn dies in der Vorsorgevollmacht nicht vorgesehen ist, kann das Betreuungsgericht einen Betreuer bestellen, der ersatzweise für den Vorsorgebevollmächtigten tätig wird, wenn dieser abwesend oder anderweitig verhindert ist.

In der Vollmacht kann der Vorsorgebevollmächtigte aber auch dazu bevollmächtigt werden, die Vollmacht weiterzugeben. Dann kann er selbst für den Fall, dass er verhindert oder abwesend ist, jemand anderem Untervollmacht erteilen. Damit dies wirksam ist, muss es ausdrücklich in der Vorsorgevollmacht erwähnt werden.

Formulierung und Eintragung im Zentralen Vorsorgeregister

Wie für Betreuungsverfügungen und Patientenverfügungen gibt es für Vorsorgevollmachten zahlreiche Formulare, die im Buchhandel oder im Internet angeboten werden. Die Formulare vom Bundesjustizministerium sind zu empfehlen, da dort die entsprechenden Gesetze vorbereitet und erlassen werden. Sie können damit als besonders rechtssicher angesehen werden und umsonst aus dem Internet heruntergeladen werden.

Zudem empfiehlt sich auch für die Vorsorgevollmacht, diese im Zentralen Vorsorgeregister eintragen zu lassen.

Aufgaben

1. Überlegen Sie, ob Sie Ihren Eltern empfehlen würden, eine Vorsorgevollmacht oder eine Betreuungsverfügung abzufassen.
2. Warum wird eine gerichtliche Betreuung nicht angeordnet, soweit ein Vorsorgebevollmächtigter sachgerecht tätig wird?

Lernbereich 8:
Junge Menschen in besonderen Lebensumständen beraten

Anders als z. B. in den USA herrscht in Deutschland keine freie Marktwirtschaft. Um große Unterschiede und Konflikte zwischen Arbeitnehmern und Unternehmern zu vermeiden und Menschen in schwierigen Umständen nicht sich selbst zu überlassen, wurden hier von öffentlicher Seite umfangreiche Hilfs- und Vorsorgemaßnahmen ange-

boten. Nach dem 2. Weltkrieg wurde eine soziale Marktwirtschaft mehr und mehr umgesetzt. Die Bundesrepublik Deutschland ist ein demokratischer und sozialer Bundesstaat.

 Die Bundesrepublik Deutschland ist ein Sozialstaat im Sinne des Art. 20 Abs. 1 GG.

Das Grundgesetz erlaubt sogar Grund und Boden, Naturschätze und Produktionsmittel in Gemeineigentum zu überführen (Art. 15 GG). Andererseits müsste für eine solche Enteignung eine Entschädigung gezahlt werden.

Sozialstaatsprinzip und soziale Marktwirtschaft werden verwirklicht durch verschiedene Maßnahmen wie u. a.

- die gesetzlichen Sozialversicherungen wie die Kranken-, Arbeitslosen-, Pflege-, Unfall- und die gesetzliche Rentenversicherung. Zu diesen Versicherungen tragen normalerweise Arbeitnehmer und Arbeitgeber bei;
- den Anspruch auf Sozialhilfe. Sie umfasst die Versorgung Bedürftiger mit dem in unserer Gemeinschaft Notwendigen und damit nicht nur mit Nahrungsmitteln und Wohnraum, sondern auch mit einem Mindestmaß an kultureller Teilhabe am gesellschaftlichen Leben;
- vielfältige Arbeitnehmer- und Elternschutzgesetze wie z. B. das Lohnfortzahlungsgesetz oder das Mutterschutzgesetz und
- durch Maßnahmen der Kinder- und Jugendhilfe.

Erzieherische Hilfe für Kinder und Jugendliche ist notwendig, wenn die Eltern diese Aufgabe nicht oder nicht ausreichend erfüllen können. Zum Wohl von Kindern und Jugendlichen und zu ihrer Teilhabe an der Gesellschaft sollen sie an diese herangeführt und sozialisiert werden. Dies ist auch der wesentliche Zweck des Jugendstrafrechts, junge Menschen in die Gesellschaft einzugliedern, wenn sie deren strafrechtliche Normen übertreten haben.

Ein solcher Erziehungszweck steht im Erwachsenstrafrecht nicht im Vordergrund. Der Gesetzgeber geht davon aus, dass ein Erwachsener regelmäßig selbstverantwortlich handeln kann und muss. Wenn er straffällig wird, soll die Strafe davor abschrecken, dass solche Straftaten wieder begangen werden. Gleichzeitig soll die Strafe eine von der Gesellschaft als gerecht empfundene Sühne für die begangene Tat sein.

Dort, wo sich der Einzelne nicht selber helfen kann, ist die staatliche Verantwortung besonders ausgeprägt. Dies ist gerade der Fall im Kinder- und Jugendhilferecht, weil Kinder und Jugendliche regelmäßig aufgrund ihres Alters nicht in der Lage sind, alle Schwierigkeiten zu lösen.

In diesem Kapitel werden unter Berücksichtigung des Subsidiaritätsprinzips die Träger sowie die grundlegenden Aufgaben und Leistungen der Sozial- und Jugendhilfe dargestellt. Am Beispiel der Hilfen zur Erziehung werden die Maßnahmen veranschaulicht, die in der Jugendhilfe getroffen werden können. Auch der Bereich des Strafrechts für Jugendliche, die selbst in Gesetzeskonflikte geraten, wird umfassend bearbeitet. Hierbei werden zuerst die allgemeingültigen Grundsätze von Tatbestand, Rechtswidrigkeit und Schuld aufgearbeitet, die Rechtsfolgen werden erläutert und der Verlauf und die Details eines Strafprozesses werden untersucht. Zum Schluss werden die Besonderheiten im Jugendstrafrecht erläutert.

1 Subsidiaritätsprinzip

Der übergeordnete Staat soll nicht helfen, wenn das Ziel der Hilfe aus eigenen Kräften erreichbar ist.

> Das **Subsidiaritätsprinzip** im Sozialrecht beinhaltet allgemein, dass eine übergeordnete gesellschaftliche Einheit nur tätig werden soll, wenn eine kleinere Einheit die anstehende Aufgabe nicht bewältigen kann.

Eine kleinere Einheit, wie z. B. eine Selbsthilfegruppe Betroffener, ist regelmäßig näher an der Sache als eine übergeordnete oder öffentliche Einheit und hat daher auch eine ganz andere Motivation und Sachkenntnis, um sich der Probleme „vor Ort" anzunehmen. Da aber auch eine solche Selbsthilfegruppe nicht alle anstehenden Aufgaben alleine lösen kann, ist sie von öffentlichen Trägern entsprechend zu unterstützen.

Das Subsidiaritätsprinzip betont Eigenständigkeit und Selbstverantwortung des Einzelnen: Jeder soll zunächst selbst versuchen, die Schwierigkeiten seines Daseins zu lösen. Der Staat seinerseits schafft die grundsätzlichen Voraussetzungen dafür, dass ein Einzelner sich selbst versorgen und sich im gesellschaftlichen Leben behaupten kann. So werden jedem Bürger die Grundfreiheiten im Grundgesetz gewährt wie die Meinungsfreiheit, die Freiheit der Berufswahl und -ausübung, die Vertragsfreiheit, die grundsätzliche Freiheit mit seinem Eigentum nach eigenem Belieben zu verfahren sowie auch das Recht auf gleiche Behandlung durch öffentliche Institutionen oder etwa grundsätzlich auch im Arbeitsrecht.

> Das Subsidiaritätsprinzip ist ein wichtiger Bestandteil der sozialen Marktwirtschaft.

Nur wenn ein Einzelner aufgrund der Grundfreiheiten und der weiteren gesellschaftlichen Gegebenheiten sich nicht behaupten kann und beispielsweise kein Einkommen mehr erzielen kann, kann er entsprechende Hilfe vom Staat verlangen.

1.1   Subsidiarität der Sozialhilfe

Der 40-jährige Elmar ist aufgrund einer psychischen Erkrankung seit zwei Jahren nicht erwerbsfähig. Er hat weder Vermögen noch eigenes Einkommen und kann darauf vertrauen, dass der Staat ihm Sozialhilfe als Hilfe zum Lebensunterhalt gewährt.

ARBEITSAUFTRAG

Überlegen Sie, ob bzw. wie der Staat oder ein anderer Träger öffentlicher Gewalt in Ihrem persönlichen Leben tätig wird.

Wenn beispielsweise Sozialhilfe als Hilfe zum Lebensunterhalt verlangt wird, ist zunächst zu fragen, ob der Bedürftige selbst seinen Lebensunterhalt aus eigenen Kräften verdienen kann. Dann wird untersucht, ob vorrangig nicht etwa Unterhaltsverpflichtete vorhanden sind, die im Rahmen ihrer Leistungsfähigkeit einspringen müssen. Oft ist dies der Fall, wenn Kinder für ihre betagten und mittellosen Eltern etwa anteilig für die Kosten eines Altenheims aufkommen müssen.

 Im Recht der Sozialhilfe soll öffentliche Hilfe erst erfolgen, wenn der Einzelne sich nicht selbst helfen kann.

Sind unterhaltspflichtige Verwandte für einen betagten älteren Menschen vorhanden, die aber den Unterhalt nicht bezahlen wollen, so streckt der Sozialhilfeträger regelmäßig die notwendigen Kosten vor. Später holt er sich die entsprechenden Beträge von den zum Unterhalt Verpflichteten zurück. Dies geschieht, indem der Sozialhilfeträger die Ansprüche auf Unterhalt auf sich überleitet, soweit er gezahlt hat.

1.2   Subsidiarität im Kinder- und Jugendhilferecht

Vor der Kindertagesstätte „Spatzen" e.V. beobachten Passanten, dass der 4-jährige Maxim immer wieder stark am Arm und von seinem Vater hinter sich hergezogen wird. Teilweise schreit Maxim vor Schmerz dabei. Als eine andere Mutter den Vater von Maxim darauf anspricht, antwortet der, dass es seine Sache sei, wie er mit seinem Sohn umgehe, er habe schließlich das Erziehungsrecht. Die Mutter ist verärgert über die Reaktion von Maxims Vater und erwidert, dass dies eben nicht seine Sache sei, wenn er seinem Kind körperlich wehtut. Da auch das weitere Gespräch mit Maxims Vater keinen Erfolg verspricht, benachrichtigt sie das Jugendamt.

Das Jugendamt reagiert schnell: Es befragt die Nachbarn und die Eltern, auch den Vater von Maxim, und stellt fest, dass es zu keinen anderen Misshandlungen seitens der Eltern kommt.

ARBEITSAUFTRAG

Welche Maßnahmen würden Sie in dieser Situation zum Wohl des Kindes empfehlen?

Das Subsidiaritätsprinzip wird im Kinder- und Jugendhilferecht einerseits auf das Verhältnis von öffentlichen zu freien Trägern der Sozialhilfe angewandt, andererseits auf das Verhältnis von Staat und Familie, wenn es um die Erfüllung von Erziehungsaufgaben geht.

Verhältnis von öffentlicher zu freier Jugendhilfe

Das Subsidiaritätsprinzip in der Sozialhilfe betrifft das Verhältnis eines freien Trägers zu einem öffentlichen Träger. Öffentlicher Träger ist beispielsweise das Jugendamt, während freier Träger z. B. ein kirchliches Kinderheim oder eine Privatinitiative von Eltern minderjähriger Suchtgefährdeter sein können.

§

Sozialgesetzbuch Achtes Buch (SGB VIII)

§ 4 Zusammenarbeit der öffentlichen Jugendhilfe mit der freien Jugendhilfe

(1) Die öffentliche Jugendhilfe soll mit der freien Jugendhilfe zum Wohl junger Menschen und ihrer Familien partnerschaftlich zusammenarbeiten. Sie hat dabei die Selbständigkeit der freien Jugendhilfe in Zielsetzung und Durchführung ihrer Aufgaben sowie in der Gestaltung ihrer Organisationsstruktur zu achten.

(2) Soweit geeignete Einrichtungen, Dienste und Veranstaltungen von anerkannten Trägern der freien Jugendhilfe betrieben werden oder rechtzeitig geschaffen werden können, soll die öffentliche Jugendhilfe von eigenen Maßnahmen absehen.

(3) Die öffentliche Jugendhilfe soll die freie Jugendhilfe nach Maßgabe dieses Buches fördern und dabei die verschiedenen Formen der Selbsthilfe stärken.

> Im Allgemeinen soll die öffentliche Jugendhilfe erst eingreifen, wenn ein freier Träger die anstehende Aufgabe nicht lösen kann (vgl. § 4 Abs. 2 SGB VIII).

Der Gedanke der Subsidiarität wird herangezogen, um zu erreichen, dass Eigeninitiativen oder Selbsthilfegruppen Betroffener gestärkt werden und die entsprechenden Aufgaben nicht durch bürokratische Einrichtungen angegangen werden.

Um aber Kindern und Jugendlichen so gut wie möglich helfen zu können, ist das Prinzip der Subsidiarität überlagert durch den Grundsatz der partnerschaftlichen Zusammenarbeit zwischen öffentlicher und freier Jugendhilfe.

> Öffentliche und freie Jugendhilfe arbeiten zum Wohl junger Menschen und ihrer Familien partnerschaftlich zusammen (§ 4 Abs. 1 SGB VIII).

Bei dieser Zusammenarbeit ist die Selbstständigkeit der freien Jugendhilfe durch die öffentliche Jugendhilfe zu achten und zu stärken (§ 4 Abs. 1 S. 2, Abs. 3 SGB VIII).

Regelmäßig werden freie Träger wie etwa kirchliche Einrichtungen mit öffentlichen Geldern bezuschusst, sodass sie vor diesem Hintergrund bewusst zur Erfüllung öffentlicher Aufgaben mit herangezogen werden. Ihre Aufgabenerfüllung geht dann regelmäßig der durch öffentliche Einrichtungen vor.

Verhältnis von Staat und Familie

§

Grundgesetz (GG)

Art. 6

(1) Ehe und Familie stehen unter dem besonderen Schutze der staatlichen Ordnung.

(2) Pflege und Erziehung der Kinder sind das natürliche Recht der Eltern und die zuvörderst ihnen obliegende Pflicht. Über ihre Betätigung wacht die staatliche Gemeinschaft.

(3) Gegen den Willen der Erziehungsberechtigten dürfen Kinder nur auf Grund eines Gesetzes von der Familie getrennt werden, wenn die Erziehungsberechtigten versagen oder wenn die Kinder aus anderen Gründen zu verwahrlosen drohen.

(4) Jede Mutter hat Anspruch auf den Schutz und die Fürsorge der Gemeinschaft.

(5) Den unehelichen Kindern sind durch die Gesetzgebung die gleichen Bedingungen für ihre leibliche und seelische Entwicklung und ihre Stellung in der Gesellschaft zu schaffen wie den ehelichen Kindern.

Es ist zunächst Recht und Aufgabe der Eltern, ihre Kinder zu pflegen und zu erziehen. Nur soweit sie versagen oder Gefahren für das Wohl des Kindes drohen, kann die öffentliche Jugendhilfe aufgrund eines Gesetzes auch gegen den Willen der Erziehungsberechtigten tätig werden (Art. 6 Abs. 2, 3 GG).

Diese Wächterrolle des Staates bedeutet, dass öffentliche Kinder- und Jugendhilfe im Allgemeinen nur subsidiär erfolgt. Zunächst soll Kinder- und Jugendhilfe Eltern in die Lage versetzen, ihre Kinder selbst zu erziehen.

In der Regel greift sie unterstützend ein wie zunächst durch Erziehungsberatung, die auch direkt in der Familie erfolgen kann, oder durch andere Hilfen zur Erziehung.

Aufgaben

1. Warum haben im Sozialrecht das Kinder- und Jugendhilferecht sowie das Betreuungsrecht besondere Bedeutung?
2. Wie hängen Subsidiaritätsprinzip und soziale Marktwirtschaft zusammen?
3. Gilt das Subsidiaritätsprinzip im Kinder- und Jugendhilferecht uneingeschränkt?
4. Sie hören aus der Nachbarwohnung immer wieder Schreie und vermuten, dass die dort wohnenden Kinder geschlagen werden. Was würden Sie tun?

2 Kinder- und Jugendhilfe

Das Jugendamt konnte in Maxims Fall feststellen, dass es zu keinen anderen Misshandlungen seitens der Eltern kommt. Dennoch lädt es Maxims Eltern zu einem Gespräch ins Jugendamt.

Wieder beruft sich der Vater von Maxim auf sein Erziehungsrecht. Das Jugendamt verdeutlicht den Eltern aber, dass es keinesfalls hinzunehmen ist, dass Maxim von seinem Vater derart hinter sich hergezogen wird. Es weist darauf hin, dass es verpflichtet ist einzuschreiten, wenn, wie in diesem Fall, das Wohl von Maxim bedroht ist. Das Jugendamt fordert den Vater auf, Maxim nicht mehr hinter sich her zu zerren. Es bietet ihm zunächst ein Gespräch an, und weist darauf hin, dass auch andere Maßnahmen notwendig werden könnten wie etwa der Besuch einer Erziehungshilfe, falls der Vater die Angelegenheit nicht ernst nehmen sollte.

ARBEITSAUFTRAG

Wie weit geht nach Ihrer Ansicht das Erziehungsrecht der Eltern?

Das Kinder- und Jugendhilferecht zielt darauf, jungen Menschen eine Entwicklung nach ihren Neigungen und Begabungen zu ermöglichen, damit sie zu einer selbstständigen und gemeinschaftsfähigen Persönlichkeit heranreifen können (§ 1 Abs. 1 SGB VIII). Um dieses Ziel zu erreichen, wirken freie und öffentliche Träger der Jugendhilfe zusammen. Sie können dabei unterschiedliche Wertorientierungen vertreten und eine Vielzahl verschiedener Methoden und Arbeitsformen anwenden (§ 3 Abs. 1 SGB VIII). Diese müssen aber immer im Einklang mit der Rechtsordnung und den Wertvorstellungen des Grundgesetzes stehen.

> Kinder- und Jugendhilfe will junge Menschen in ihrer persönlichen und sozialen Entwicklung fördern sowie sie vor Gefahren schützen.

Das Kinder- und Jugendhilfegesetz vom 26. Juni 1990 wurde in seinem wesentlichen Teil in das Sozialgesetzbuch (SGB) als achtes Buch eingefügt und wird abgekürzt zitiert als „SGB VIII".

Öffentliche Träger der Kinder- und Jugendhilfe sind vor allem das Jugendamt und die diesem übergeordneten Behörden wie das Landesjugendamt (vgl. § 69 Abs. 3 SGB VIII).

Freie Träger der Jugendhilfe können Wohlfahrtsverbände sein wie
- der Deutsche Paritätische Wohlfahrtsverband oder
- der Deutsche Caritasverband,
- die Kirchen, wenn sie z.B. kirchliche Kindergärten betreiben, oder
- auch andere Verbände und Initiativen.

Öffentliche Jugendhilfe soll unter bestimmten Voraussetzungen private Initiativen fördern (vgl. § 74 SGB VIII). Dazu gehört u.a., dass die jeweilige Initiative
- die notwendigen fachlichen Voraussetzungen erfüllt,

- die ihr gewährten öffentlichen Mittel zweckentsprechend und wirtschaftlich verwendet,
- gemeinnützige Ziele verfolgt,
- eine angemessene eigene Leistung erbringt und
- auch sonst mit ihrer Arbeit den Zielen des Grundgesetzes entspricht.

Maßgebend ist auch, inwieweit der öffentliche Träger über Haushaltsmittel für die jeweilige Aufgabe verfügt. Eine dauerhafte Förderung setzt voraus, dass die entsprechende Initiative regelmäßig vorher gem. § 75 SGB VIII als Träger der freien Jugendhilfe anerkannt worden ist.

2.1 Aufgaben und Leistungen der Jugendhilfe

Der Vater von Maxim nimmt das Beratungsgespräch an. Anlässlich dieses Gesprächs bei einem freien Träger der Jugendhilfe, der Erziehungsberatungsstelle der evangelischen Kirche, wird mit dem Vater das Problem erörtert.

Schließlich gesteht der Vater zu, dass er von seinem Sohn Gehorsam erwarte und Maßnahmen ergreifen will, wenn Maxim sich nicht an das hält, was er sagt. Der Berater stellt das infrage und weist den Vater darauf hin, dass Maxim dies ganz anders empfindet.

Er fordert den Vater auf, das aus der Perspektive von Maxim zu sehen, und nimmt ihm das Versprechen ab, Maxim nicht mehr wehzutun. Da der Berater aber auch den Eindruck hat, dass Maxims Vater nicht in der Lage ist, von sich abzusehen und sich in sein Kind einzufühlen, empfiehlt er ihm dringend, sich therapeutische Hilfe zu holen. Der Vater willigt ein, weil er seine Familie retten will und ihm seine Frau gedroht habe, ihn zu verlassen, wenn er sich weiter so gegenüber Maxim verhalte.

ARBEITSAUFTRAG

Stellen Sie sich vor, Maxims Vater nähme die therapeutische Hilfe nicht an. Was glauben Sie, müssten die nächsten Schritte im Rahmen der Jugendhilfe sein?

Verwaltungsakt

Nach außen im Einzelfall wirksame Entscheidungen werden von den Sozialbehörden und Jugendämtern als Behörden des öffentlichen Rechts regelmäßig in der Form des Verwaltungsakts getroffen.

§

Sozialgesetzbuch Zehntes Buch (SGB X)

§ 31 Begriff des Verwaltungsaktes

Verwaltungsakt ist jede Verfügung, Entscheidung oder andere hoheitliche Maßnahme, die eine Behörde zur Regelung eines Einzelfalles auf dem Gebiet des öffentlichen Rechts trifft und die auf unmittelbare Rechtswirkung nach außen gerichtet ist. Allgemeinverfügung ist ein Verwaltungsakt, der sich an einen nach allgemeinen Merkmalen bestimmten oder bestimmbaren Personenkreis richtet oder die öffentlich-rechtliche Eigenschaft einer Sache oder ihre Benutzung durch die Allgemeinheit betrifft.

Das Jugendamt entscheidet über einen Antrag mittelloser Eltern, die Hilfen zur Erziehung für ihre 8-jährige Tochter Sara beantragt haben, wie u. a. Nachhilfe für Englisch, eine Hortbetreuung und eine Legasthenie-Therapie (vgl. § 27 SGB VIII).

Die Betreuung von Sara können die Eltern nach Ansicht des Jugendamtes selbst vornehmen. Für Englisch reicht der Unterricht in der öffentlichen Schule aus. Da das Amt aber die Legasthenie-Therapie für notwendig hält und diese nicht anderweitig geleistet wird, wird diese bewilligt. Im Übrigen wird der Antrag abgelehnt. Das Jugendamt entscheidet durch Verwaltungsakt gegenüber den erziehungsberechtigten Eltern.

Es handelt sich um eine **hoheitliche Maßnahme**, d. h. einer Entscheidung der Sozialhilfebehörde auf dem Gebiet des öffentlichen Rechts. Denn das Sozialhilferecht verpflichtet allein Träger öffentlicher Gewalt, bei Vorliegen der entsprechenden Voraussetzungen Sozialleistungen zu gewähren.

Der Sozialhilfebescheid ist auf **unmittelbare Rechtswirkung nach außen** gerichtet: Der Sozialhilfeempfänger erhält dadurch eine verbindliche Mitteilung über die Höhe der Sozialhilfe und auch über den Zeitraum, für den die Leistungen bewilligt werden.

Kein Verwaltungsakt ist dagegen das an die Eltern gerichtete Beratungsangebot durch das Jugendamt. Eine Regelung liegt nicht vor, da es sich nur um ein Angebot handelt, dass die Eltern nicht annehmen müssen. Wenn das Kindeswohl aber gefährdet ist, kann das Jugendamt einen Verwaltungsakt erlassen und Maßnahmen anordnen, die zum Wohl des Kindes erforderlich sind. Die gravierendste Maßnahme ist dabei die Inobhutnahme des Kindes gegen den Willen der Eltern, wenn anders das Kindeswohl nicht sichergestellt werden kann.

Ein Verwaltungsakt muss **inhaltlich hinreichend bestimmt** sein (§ 33 Abs. 1 SGB X). Daran fehlt es z. B. wenn der Sozialhilfebescheid nur vorsieht, dass der Berechtigte eine nach den Umständen des Einzelfalles angemessene Hilfeleistung erhält. Ein solches Schreiben würde auch keine Regelung eines Einzelfalles enthalten, sodass es nicht als Verwaltungsakt, sondern als eine allgemein gehaltene Ankündigung eines noch zu erlassenden Verwaltungsaktes verstanden werden kann.

Eine bestimmte **Form** ist allgemein für einen Verwaltungsakt nicht festgelegt. Er kann schriftlich, elektronisch, mündlich oder in anderer Weise erlassen werden (§ 33 Abs. 2 S. 1 SGB X). Ein mündlicher Verwaltungsakt ist aber schriftlich oder elektronisch zu bestätigen, wenn hieran ein berechtigtes Interesse besteht und der Betroffene dies unverzüglich verlangt (§ 33 Abs. 2 S. 2 SGB X).

Ein schriftlicher oder elektronischer Verwaltungsakt ist regelmäßig zu **begründen** (§ 35 SGB X). Der Betroffene soll verstehen können, warum die Behörde die im Verwaltungsakt enthaltene Regelung erlassen hat.

Da der Verwaltungsakt auch in Rechte des Betroffenen eingreifen kann, gehört es zum Rechtsstaatsprinzip, dass der Betroffene ihn gerichtlich oder zunächst durch eine übergeordnete Behörde überprüfen lassen kann (Art. 19 Abs. 4 GG). Dem Betroffenen soll dies erleichtert werden, sodass einem schriftlichen Verwaltungsakt in der Regel auch eine schriftliche **Rechtsbehelfsbelehrung** beizufügen ist. In einer solchen Belehrung sind anzugeben (§ 36 SGB X):

- der anzubringende Rechtsbehelf (z. B. Widerspruch oder Klage)
- die Behörde oder das Gericht, bei denen der Rechtsbehelf anzubringen ist

- der Sitz bzw. die Anschrift der Behörde oder des Gerichts
- die einzuhaltende Frist für den Rechtsbehelf
- die einzuhaltende Form für den Rechtsbehelf

Maßnahmen der Kinder- und Jugendhilfe

Um den jeweiligen Erziehungs- bzw. Unterstützungszweck zu erreichen, sind eine Vielzahl von Maßnahmen möglich.

> Da weder die gesellschaftliche Entwicklung im Vorhinein klar bestimmbar ist noch jeder Einzelfall gesetzlich vorweggenommen werden kann, sind die einzelnen Maßnahmen nicht abschließend bestimmt.

Die unterschiedlichen Aufgaben der Jugendhilfe sind allgemein im SGB VIII angeführt.

> Allgemein hat das Jugendamt bei Anwendung seiner Maßnahmen die Grundrichtung der Erziehung der Personensorgeberechtigten zu achten (vgl. § 9 SGB VIII).

Dies gilt aber nicht einschränkungslos: Daneben sind das Bedürfnis des Kindes zu berücksichtigen, zu einem selbstständigen und verantwortungsbewussten Menschen heranzureifen, sowie die Gleichberechtigung von Mädchen und Jungen zu fördern (vgl. § 9 SGB VIII).

Jugendarbeit und Jugendsozialarbeit

> Jugendarbeit und Jugendsozialarbeit sollen Kinder und Jugendliche in ihrem Heranreifen unterstützen und ihnen helfen, sich zu sozial engagierten und selbstständigen Persönlichkeiten zu entwickeln.

Jugendarbeit soll den Jugendlichen helfen, Probleme in ihrem Leben zu verarbeiten und sich darüber hinaus weiterzuentwickeln. Jugendarbeit kann in Deutschland viele verschiedene Formen annehmen.

- **Jugendarbeit** findet etwa in Sportvereinen statt oder in Beratungsstellen, Jugendtreffs von Kirchen und Sozialverbänden.
- **Jugendsozialarbeit:** Ein Beispiel dafür ist Streetwork. Hier wird versucht, Jugendliche in Problemlagen dort zu erreichen, wo sie sich aufhalten. Dabei sollen Sozialpädagogen oder Sozialarbeiter auf Jugendliche zugehen. Wenn z.B. Jugendliche oder junge Erwachsene in der Öffentlichkeit auffällig werden, sei es durch den Genuss von Suchtmitteln, durch Gewaltbereitschaft oder durch eine erkennbare Verwahrlosung, versuchen Streetworker einen Kontakt zu ihnen herzustellen. In dieser Situation soll das Vertrauen der Jugendlichen gewonnen werden. Jugendliche werden schließlich bei der Lösung ihrer Probleme begleitet. Es können ihnen gezielt Therapien vermittelt werden, sie werden zu pädagogischen Freizeitmaßnah-

men hingeführt oder es wird ihnen bei Wohnungslosigkeit mithilfe der zuständigen Stellen eine Bleibe vermittelt.

Schutzauftrag des Jugendamts

Gerade wenn das Wohl eines Kindes gefährdet ist, hat das Jugendamt einen umfassenden Schutzauftrag. In diesem Rahmen muss das Jugendamt soweit notwendig den Sachverhalt ermitteln, mit den Erziehungsberechtigten die Situation erörtern und Hilfen anbieten sowie, wenn es gar nicht anders möglich ist, auch gegen den Willen der Erziehungsberechtigten Maßnahmen zum Schutz des Kindes vornehmen.

§

Sozialgesetzbuch Achtes Buch (SGB VIII)

§ 8a Schutzauftrag bei Kindeswohlgefährdung

(1) Werden dem Jugendamt gewichtige Anhaltspunkte für die Gefährdung des Wohls eines Kindes oder Jugendlichen bekannt, so hat es das Gefährdungsrisiko im Zusammenwirken mehrerer Fachkräfte einzuschätzen. Soweit der wirksame Schutz dieses Kindes oder dieses Jugendlichen nicht infrage gestellt wird, hat das Jugendamt die Erziehungsberechtigten sowie das Kind oder den Jugendlichen in die Gefährdungseinschätzung einzubeziehen und, sofern dies nach fachlicher Einschätzung erforderlich ist, sich dabei einen unmittelbaren Eindruck von dem Kind und von seiner persönlichen Umgebung zu verschaffen. Hält das Jugendamt zur Abwendung der Gefährdung die Gewährung von Hilfen für geeignet und notwendig, so hat es diese den Erziehungsberechtigten anzubieten.

(2) Hält das Jugendamt das Tätigwerden des Familiengerichts für erforderlich, so hat es das Gericht anzurufen; dies gilt auch, wenn die Erziehungsberechtigten nicht bereit oder in der Lage sind, bei der Abschätzung des Gefährdungsrisikos mitzuwirken. Besteht eine dringende Gefahr und kann die Entscheidung des Gerichts nicht abgewartet werden, so ist das Jugendamt verpflichtet, das Kind oder den Jugendlichen in Obhut zu nehmen.

(3) Soweit zur Abwendung der Gefährdung das Tätigwerden anderer Leistungsträger, der Einrichtungen der Gesundheitshilfe oder der Polizei notwendig ist, hat das Jugendamt auf die Inanspruchnahme durch die Erziehungsberechtigten hinzuwirken. Ist ein sofortiges Tätigwerden erforderlich und wirken die Personensorgeberechtigten oder die Erziehungsberechtigten nicht mit, so schaltet das Jugendamt die anderen zur Abwendung der Gefährdung zuständigen Stellen selbst ein. [...]

Der weitestgehende Eingriff in die Elternrechte liegt darin, wenn das Jugendamt gezwungen ist, das Kind gegen den Willen der Eltern wegen einer akuten Gefährdung, ohne dass ein anderes Verfahren vorangegangen ist, in Obhut zu nehmen. Dies kann der Fall sein, wenn die Eltern ihr Kind misshandeln oder es derart vernachlässigen, dass das Kind etwa zu Hause keine Nahrung erhält.

> Eine **Inobhutnahme** kann auch gegen den Willen des Erziehungsberechtigten geschehen, wenn eine dringende Gefahr für das Wohl des Kindes besteht und eine familiengerichtliche Entscheidung nicht rechtzeitig herbeigeführt werden kann.

Eine psychisch schwer erkrankte Mutter schlägt ihr Kind wiederholt und grundlos. Einer Lehrerin in der Schule ist ein verstörtes Verhalten des Kindes aufgefallen. Sie hat sich schließlich bei einer Fachkraft des Jugendamts erkundigt, um die Situation richtig einzuschätzen (§ 8b Abs. 1 SGB VIII).

> Das Jugendamt wird auch tätig und befragt die Mutter des Kindes, die sagt, dass Gott ihre Hand führe. Sie zeigt sich Therapieangeboten unzugänglich. Das Jugendamt entscheidet schließlich, das Kind sofort in Obhut zu nehmen, um etwaige Gefahren zu vermeiden. Es holt das Kind von der Schule ab, um es in eine Auffangeinrichtung im Kinderheim zu bringen.
>
> Als die Mutter davon erfährt, widerspricht sie dieser Maßnahme. Das Jugendamt muss jetzt unverzüglich eine familiengerichtliche Entscheidung herbeiführen. Das Familiengericht kann in diesen Fällen, wenn das Kindeswohl gefährdet ist, das Recht, den Aufenthalt des Kindes zu bestimmen, auf das Jugendamt übertragen.

Da eine solche Zwangsmaßnahme stark in das elterliche Erziehungsrecht gem. Art. 6 GG eingreift, kann sie nur aufgrund eines Gesetzes erfolgen. Die entsprechende gesetzliche Grundlage ist in § 42 SGB VIII geregelt. Zusätzlich muss unverzüglich eine Entscheidung des Familiengerichts beantragt werden, wenn die Erziehungsberechtigten der Inobhutnahme widersprechen.

§

Sozialgesetzbuch Achtes Buch (SGB VIII)

§ 42 Inobhutnahme von Kindern und Jugendlichen

(1) Das Jugendamt ist berechtigt und verpflichtet, ein Kind oder einen Jugendlichen in seine Obhut zu nehmen, wenn

1. das Kind oder der Jugendliche um Obhut bittet oder
2. eine dringende Gefahr für das Wohl des Kindes oder des Jugendlichen die Inobhutnahme erfordert und
   a) die Personensorgeberechtigten nicht widersprechen oder
   b) eine familiengerichtliche Entscheidung nicht rechtzeitig eingeholt werden kann oder
3. ein ausländisches Kind oder ein ausländischer Jugendlicher unbegleitet nach Deutschland kommt und sich weder Personensorge- noch Erziehungsberechtigte im Inland aufhalten.

Die Inobhutnahme umfasst die Befugnis, ein Kind oder einen Jugendlichen bei einer geeigneten Person, in einer geeigneten Einrichtung oder in einer sonstigen Wohnform vorläufig unterzubringen; im Fall von Satz 1 Nummer 2 auch ein Kind oder einen Jugendlichen von einer anderen Person wegzunehmen.

(2) Das Jugendamt hat während der Inobhutnahme die Situation, die zur Inobhutnahme geführt hat, zusammen mit dem Kind oder dem Jugendlichen zu klären und Möglichkeiten der Hilfe und Unterstützung aufzuzeigen. Dem Kind oder dem Jugendlichen ist unverzüglich Gelegenheit zu geben, eine Person seines Vertrauens zu benachrichtigen. Das Jugendamt hat während der Inobhutnahme für das Wohl des Kindes oder des Jugendlichen zu sorgen [...] Das Jugendamt ist während der Inobhutnahme berechtigt, alle Rechtshandlungen vorzunehmen, die zum Wohl des Kindes oder Jugendlichen notwendig sind; der mutmaßliche Wille der Personensorge- oder der Erziehungsberechtigten ist dabei angemessen zu berücksichtigen. [...]

(3) Das Jugendamt hat im Fall des Absatzes 1 Satz 1 Nummer 1 und 2 die Personensorge- oder Erziehungsberechtigten unverzüglich von der Inobhutnahme zu unterrichten und mit ihnen das Gefährdungsrisiko abzuschätzen. Widersprechen die Personensorge- oder Erziehungsberechtigten der Inobhutnahme, so hat das Jugendamt unverzüglich

1. das Kind oder den Jugendlichen den Personensorge- oder Erziehungsberechtigten zu übergeben, sofern nach der Einschätzung des Jugendamts eine Gefährdung des Kindeswohls nicht besteht oder die Personensorge- oder Erziehungsberechtigten bereit und in der Lage sind, die Gefährdung abzuwenden oder
2. eine Entscheidung des Familiengerichts über die erforderlichen Maßnahmen zum Wohl des Kindes oder des Jugendlichen herbeizuführen. [...]

Der Schutzauftrag des Jugendamts wird ergänzt durch § 8b SGB VIII. Danach können Personen, die beruflich in Kontakt mit Kindern oder Jugendlichen sind, bei einer Kindeswohlgefährdung **im Einzelfall**, eine Beratung durch fachkundige Personen verlangen.

Träger von Einrichtungen, in denen sich Kinder oder Jugendliche ganztägig oder für einen Teil des Tages aufhalten, können verlangen, dass sie bei der Entwicklung und Anwendung fachlicher **Handlungsleitlinien** beraten werden, wenn die Leitlinien dazu dienen, das Kindeswohl zu sichern und vor Gewalt zu schützen.

Förderung der Erziehung in der Familie und Hilfe zur Erziehung

Regelmäßig fördert das Jugendamt die Erziehung durch die Erziehungsberechtigten. Dazu kommen Fortbildungsange- bote für Eltern, Pflegeeltern oder andere Erziehungsbe- rechtigte infrage. Dies können auch Angebote für Schwan- gere sein und Beratungsangebote durch das Jugendamt. Hierunter fallen auch Angebote zur Familienerholung oder für Familienfreizeiten, wie z. B. Mutter-Kind-Kuren.

Anlass für eine Erziehungsberatung in einer Familie können auch Informationen aus der Nachbarschaft sein.

Mutter und Kind bei der Kur

Wird dem Jugendamt berichtet, dass der Verdacht besteht, dass ein Kind geschlagen wird, weil es immer wieder laut aufschreit, so kann das Jugendamt einen geeigneten Mitarbeiter in die Familie schicken. Dieser erforscht die Situation erfragend und bietet, wenn es notwendig wird, beratende Hilfen zur Erziehung an, vermittelt gegebenenfalls therapeutische Hilfen oder ergreift andere Maßnahmen zum Schutz des Kindes.

Zunächst muss das Jugendamt das Gefährdungsrisiko für das Kind abschätzen und – soweit erforderlich – den Erziehungsberechtigten regelmäßig entsprechende Hilfen anbieten. Wirken die Erziehungsberechtigten nicht mit, kann das Jugendamt das Familiengericht anrufen oder zur Abwendung einer aktuellen Gefährdung auch die Polizei einschalten oder das Kind in Obhut nehmen (§ 8a SGB VIII).

Weitere Maßnahmen der Kinder- und Jugendhilfe

Neben den beispielhaft angeführten Aufgaben kennt das SGB VIII vielfältige weitere Maßnah- men der Kinder- und Jugendhilfe wie
- die Förderung von Kindern in Tageseinrichtungen und in der Kindertagespflege,
- die Eingliederungshilfe für seelisch beeinträchtigte Kinder und Jugendliche,
- die Hilfe für junge Volljährige,
- den Schutz von Kindern und Jugendlichen in der Familienpflege und in Einrichtungen
- sowie andere Aufgaben der Jugendhilfe.

Zu den Letzteren gehört auch die Inobhutnahme eines Kindes durch das Jugendamt.

Mitwirkung im Gerichtsverfahren und vor dem Familiengericht

Das Jugendamt wirkt mit in bestimmten Verfahren vor dem Familiengericht, die Kinder oder Jugendliche betreffen können, oder auch im Strafverfahren, das für Jugendliche und Heranwachsende nach dem Jugendgerichtsgesetz (JGG) geführt wird.

Anlässlich von Trennung und Scheidung wird das Jugendamt häufig tätig und versucht die Eltern in dieser für sie schwierigen Situation zu beraten. Wenn Streitigkeiten zwischen den Eltern vor Gericht ausgetragen werden, wie die Frage, bei wem das Kind überwiegend wohnen soll, oder der Wunsch eines Elternteils nach dem alleinigen Sorgerecht, wird das Jugendamt vom Gericht angehört.

> Bei Verfahren vor dem Familiengericht, die einen Jugendlichen oder ein Kind betreffen können, wirkt das Jugendamt gem. § 50 SGB VIII im Gerichtsverfahren mit.

Das Jugendamt nimmt dabei im Verfahren zur Situation des Kindes oder Jugendlichen Stellung und informiert über etwaige Maßnahmen, die es ergriffen hat oder für notwendig erachtet.

In Verfahren vor dem Strafgericht nach dem Jugendgerichtsgesetz (JGG) wirkt das Jugendamt oder eine andere Einrichtung mit.

Beteiligung von Kindern und Jugendlichen

Es entspricht einer Erziehung zur Selbstständigkeit und Eigenverantwortung, wenn das Kind oder der Jugendliche bei der Auswahl einer Maßnahme durch das Jugendamt möglichst weitgehend beteiligt wird. Dies ist gem. § 8 Abs. 1 SGB VIII vorgesehen, soweit der Entwicklungsstand des betroffenen Kindes oder Jugendlichen es ermöglicht.

Daneben können Kinder und Jugendliche sich in allen Angelegenheiten der Erziehung an das Jugendamt wenden und auch ohne Kenntnis der Eltern beraten werden, wenn dies aufgrund eines Konflikts erforderlich ist und solange durch die Mitteilung an die Eltern der Zweck der Beratung vereitelt würde (§ 8 Abs. 2, 3 SGB VIII).

Aufgaben

1. Kann das Jugendamt bei seiner Tätigkeit nur einzelne im Gesetz konkret festgelegte Maßnahmen anwenden?
2. Hat sich das Jugendamt bei Entwicklung seiner Maßnahmen uneingeschränkt an die Vorstellungen der Erziehungsberechtigten anzupassen?
3. Sind betroffene Kinder und Jugendliche im Allgemeinen an der Wahl der geeigneten Maßnahmen durch das Jugendamt zu beteiligen?
4. Welche Maßnahmen kommen nach Ihrer Ansicht in Betracht, wenn es darum geht, einen mehrfach wegen Diebstahls straffällig gewordenen 16-Jährigen in die Gesellschaft einzugliedern?

3 Strafrecht

ARBEITSAUFTRAG

Überlegen Sie, inwiefern das Strafrecht unseren Alltag bestimmt. Recherchieren Sie im Internet und in der Tagespresse, welche Handlungen strafbar sind.

Auf frischer Tat ertappt

Das Strafrecht gehört zum öffentlichen Recht, weil es allein Träger hoheitlicher Gewalt als solche berechtigt und verpflichtet. Zuständig sind die Strafgerichte oder die Strafverfolgungsbehörden wie Polizei und Staatsanwaltschaft. Um das Leben, die körperliche Unversehrtheit, die Freiheit und andere Rechtsgüter seiner Bürger oder der Gemeinschaft zu schützen, sind bestimmte Handlungen und Unterlassungen unter Strafe gestellt.

> Der Staat hat das Strafmonopol. Er allein klagt an und bestraft.

Keinem anderen soll es erlaubt sein, jemanden zu bestrafen, um Rache und Selbstjustiz vorzubeugen. Gleichzeitig will der Staat dadurch eine gleichmäßige Anwendung des Strafrechts innerhalb der durch die Gesetze geregelten Grenzen sicherstellen.

Die Rechte des Einzelnen sind in diesem Zusammenhang weitgehend beschränkt. Beispielsweise umfasst das Recht auf Notwehr nur diejenige Verteidigung, die notwendig ist, um sich oder einen anderen gegen einen rechtswidrigen und gegenwärtigen Angriff zu schützen (vgl. § 32 Abs. 2 StGB).

> Das Strafrecht legt die Voraussetzungen und die Rechtsfolgen der Straftat fest.

Es bestimmt, wann eine Handlung als Straftat anzusehen ist und welcher Strafrahmen sich daran knüpft, innerhalb dessen regelmäßig das Gericht die Strafe verhängt.

> Das inländische Strafrecht ist im Wesentlichen im Strafgesetzbuch (StGB) geregelt.

Strafrecht findet sich auch in vielfältigen Nebengesetzen: So ist die Tierquälerei in § 17 Tierschutzgesetz unter Strafe gestellt. Gemäß § 34 Außenwirtschaftsgesetz wird bestraft, wer im Gesetz oder in seinen Anlagen genannte Güter ohne Genehmigung ausführt. Dort geht es im Wesentlichen um unerlaubten Waffenexport.

Aufbau des Strafgesetzbuchs (StGB)

Das Strafgesetzbuch wird unterteilt in einen

- Allgemeinen Teil (§§ 1–79b StGB) und einen
- Besonderen Teil (§§ 80–358 StGB).

Der Allgemeine Teil ist grundsätzlich anwendbar auf alle Delikte, die im Besonderen Teil geregelt sind.

Im Besonderen Teil des StGB sind die einzelnen Straftaten geregelt wie Raub, Totschlag, Unterschlagung, Straftaten gegen die Umwelt, Brandstiftung oder Bestechung.

Wann das deutsche Strafrecht anwendbar ist, wer Täter oder Teilnehmer einer Straftat ist, ob ein Irrtum die Strafbarkeit ausschließen kann usw. ist im Allgemeinen Teil des StGB geregelt.

Da die britische Staatsangehörige Elvira von ihrem 12-jährigen Sohn Ben genervt ist, sagt sie diesem in einem Kaufhaus in Mühldorf am Inn, „wenn dir die Spielfigur doch so gefällt, nimm' sie einfach mit, ich warte draußen!" Da die Figur nur 8,00 € kostet, denkt Elvira, dass dies nicht strafbar ist, weil erst ab einem Warenwert ab 10,00 € eine Strafbarkeit vorliege.

Ben nimmt die Figur tatsächlich an sich, verlässt damit das Kaufhaus und trifft draußen seine Mutter. Er wurde aber verfolgt von dem Detektiv Eberhard, sodass schließlich die Polizei gerufen und Strafanzeige erstattet wird.

Allgemeiner Teil:
Deutsches Strafrecht ist anwendbar, weil die Tat im Inland, in Mühldorf am Inn, begangen wurde (§ 3 StGB). Auch im Allgemeinen Teil des StGB ist geregelt, dass Ben ohne Schuld gehandelt hat, weil er noch nicht 14 Jahre alt war (§ 19 StGB). Er hat sich nicht strafbar gemacht. Elvira wird aber verfolgt, weil sie als Täterin die Tat durch einen anderen, durch ihren schuldunfähigen Sohn, begangen hat (§ 25 Abs. 1 StGB).

Besonderer Teil
Im Besonderen Teil ist das Delikt geregelt, welches hier begangen wurde. Es liegt ein Diebstahl vor gem. § 242 StGB. Danach wurde eine fremde bewegliche Sache, die Figur, dem Kaufhaus weggenommen in der Absicht, sie sich oder einem anderen, in diesem Fall Ben, rechtswidrig zuzueignen.

Ob Elviras Irrtum eine Rolle dabei spielt, dass Strafbarkeit erst ab einem Warenwert von 10,00 € vorliege, ist wieder im **Allgemeinen Teil** des StGB geregelt. Es liegt kein Irrtum über einzelne Tatbestandsmerkmale vor, beispielsweise irrte Elvira nicht darüber, dass die Figur dem Kaufhaus gehört. Der Irrtum betrifft nur die Strafbarkeit. Damit liegt ein Verbotsirrtum gem. § 17 StGB vor. Der Irrtum ist aber vermeidbar, da sie sich zumutbar über die Strafbarkeit wegen Diebstahls in Deutschland hätte informieren können. Damit hat sich Elvira eines Diebstahls gem. § 242 StGB schuldig gemacht. Die Strafe kann jedoch gem. § 17 StGB gemildert werden.

3.1 Die Strafe

ARBEITSAUFTRAG

Überlegen Sie, ob bzw. welche Handlungen es gab, die früher strafbar waren und es heute nicht mehr sind.

Um willkürlichen und unvorhersehbaren Strafen vorzubeugen, muss eine Strafbarkeit aufgrund eines Gesetzes geregelt sein, bevor die Straftat begangen wurde.

> Eine Tat kann nur bestraft werden, wenn die Strafbarkeit gesetzlich bestimmt war, bevor die Tat begangen wurde (Art. 103 Abs. 2 GG).

Da eine Strafe deutlich in die Rechte des Einzelnen eingreift, muss es einen gesetzlichen und gültigen Straftatbestand bei Begehung der Tat geben. Dies ist ein wesentlicher rechtsstaatlicher Grundsatz, den neben dem Grundgesetz auch das Strafgesetzbuch (StGB) in § 1 wiedergibt.

Schuldirektor Ehrenfried ärgert sich über Boris, der am 22 Februar 2020 nur aus Unachtsamkeit den wackligen Wasserhahn im Klassenzimmer abgebrochen hat. Der Schulleiter erreicht aufgrund einer parteiübergreifenden Initiative, dass fahrlässige Sachbeschädigung ab 1. November 2020 unter Strafe gestellt wird. Boris kann nicht bestraft werden, da eine fahrlässige Sachbeschädigung zur Zeit der Begehung der Tat straffrei war.

> Wie das Recht an sich ist auch das Strafrecht gesellschaftlichem Wandel unterworfen.

Das Strafgesetzbuch wurde seit seinem Inkrafttreten 1871 vielfach neu gefasst. Seitdem wurden einzelne Straftatbestände gestrichen wie der Ehebruch. In den letzten Jahrzehnten hat sich das Abtreibungsrecht dahin entwickelt, dass eine Abtreibung bis zur 14. Schwangerschaftswoche straffrei ist, wenn vorher eine Beratung der Schwangeren durch eine qualifizierte Stelle stattgefunden hat. Andererseits sind bestimmte Straftatbestände hinzugekommen, die es vor Jahrzehnten noch nicht gab, wie den in Anlehnung an den aus dem amerikanischen Begriff des „Stalking" entwickelten Straftatbestand der Nachstellung gem. § 238 StGB.

Die Strafzwecke

Verschiedene Zwecke können mit einer Strafe verbunden sein:

1. Gerechtigkeit:

> Die Strafe soll von der Rechtsgemeinschaft und möglichst auch vom betroffenen Opfer einen als gerecht empfundenen Ausgleich für die begangene Tat darstellen.

Dies ist erforderlich, damit die Gemeinschaft weiterhin das Strafmonopol des Staates anerkennt und die Bestrafung nicht in „eigene Hände" nimmt. Zugleich ermöglicht es dem Täter, die Tat aufgrund der Strafe zu sühnen, sodass dadurch schließlich Rechtsfrieden erreicht werden kann. Wie schwierig dies im Einzelfall umzusetzen ist, zeigen vielfache öffentliche Diskussionen. So etwa, wenn hinterfragt wird, warum die Strafe für ein einzelnes Vermögensdelikt schwerer ausfällt als die Bestrafung für eine Tat gegen die körperliche Unversehrtheit eines anderen.

Auch die von den Opferverbänden getragenen Bemühungen um einen angemessenen **Täter-Opfer-Ausgleich** sind von Bedeutung, wenn es um die gesellschaftliche Akzeptanz staatlichen Strafens geht.

2. Generalprävention:

> Die Strafe soll allgemein abschrecken vor der Begehung von Straftaten.

Dadurch soll allgemein und vorbeugend verhindert werden, dass Straftaten begangen werden. Einerseits kann dies erreicht werden durch die Strafandrohung des Gesetzes für die jeweilige Straftat. Eine solche Abschreckung vor der Begehung von Straftaten kann andererseits auch durch die für einen Einzelfall vom Richter verhängte Strafe erfolgen.

3. Spezialprävention:

> Die verhängte Strafe soll den Täter davor abschrecken, wieder straffällig zu werden.

Bei diesem Strafzweck soll der Täter als sich rechtmäßiges verhaltendes Mitglied der Gemeinschaft gewonnen werden. Das Ziel ist, ihn in die Gesellschaft überhaupt **einzugliedern** oder ihn zu **resozialisieren**. Diese Perspektive knüpft an den Ursachen der Straffälligkeit des Täters an: Dies können psychologische Faktoren oder eine von seinem sozialen Umfeld geprägte Entwicklung sein.

Der Täter soll aufgrund der zu treffenden erzieherischen Maßnahmen innerlich so stabil werden, dass er nicht mehr straffällig wird. Hierher gehören auch Maßnahmen der Besserung, die darauf abzielen, den Täter zu einem gemeinschaftsfähigen Menschen zu erziehen.

Maßnahmen der Sicherung sind regelmäßig vom Strafzweck nicht erfasst. Sie gehen darüber hinaus und wollen die Allgemeinheit vor dem Täter schützen. So wird die **Sicherungsverwahrung gem. § 66 StGB** unter den dort genannten Voraussetzungen neben der Strafe verhängt. Die Sicherungsverwahrung gem. § 66 StGB ist in der derzeitigen Form nach einer Entscheidung des Bundesverfassungsgerichtes verfassungswidrig, weil sie in deutlichem Abstand zum Strafvollzug auszugestalten ist, da sie keine Strafe darstellt. Im Übrigen ist sie allgemein von der Perspektive zu bestimmen, dass der Verwahrte die **Freiheit** wiedererlangt (BVerfG vom 4. Mai 2011, u. a. 2 BvR 740/10).

Strafzwecke bei der Strafzumessung

Die Strafzumessung im Einzelfall wird innerhalb des vom gesetzlichen Straftatbestand gezogenen Rahmens vom Gericht vorgenommen. Maßgebend sind auch die Umstände der Tat und die Täterpersönlichkeit. Hier fließen **generalpräventive** und **spezialpräventive** Aspekte ein.

> Unter Berücksichtigung der Strafzwecke, der Tatumstände und der Schwere der Schuld legt der Richter im Einzelfall die Strafe fest.

Viele verschiedene Kriterien fließen in die Strafzumessung unter dem Gesichtspunkt der Schuld ein (vgl. § 46 StGB).

Aufgaben

1. Warum hat der Staat das Strafmonopol?
2. Ist Resozialisierung neben der Spezialprävention ein eigener Strafzweck?
3. Erläutern Sie, ob die Sicherungsverwahrung eines Täters gem. § 66 StGB mit einem Strafzweck zusammenhängt.

3.2   Elemente der Straftat

Fall 1

Theodor will die Münzsammlung, die Valentin in einem Koffer mit sich herumträgt. Mit einem gezielten Schuss tötet er Valentin und nimmt den Koffer an sich.

Fall 2

Hanna schießt ihren Angreifer nieder, der sie selbst mit einer schussbereiten Pistole bedroht hat. Der Angreifer wird gefährlich verletzt, überlebt aber, ohne dass gesundheitliche Einschränkungen zurückbleiben.

Fall 3

Der 13-jährige Bernd nimmt in der Pause einen Bleistift aus dem Schulmäppchen von Eva und steckt ihn in seine Tasche, weil er ihn für sich behalten will.

Fall 4

Gwendolin findet einen wertvollen Ring auf dem Gehsteig, den Elvira verloren hatte. Die Finderin empfindet den Fund als schicksalhaft und trägt den Ring wie und als ihren eigenen.

ARBEITSAUFTRAG

Geben Sie eine Einschätzung ab, welche Straftat jeweils vorliegt. Gleichen Sie dann nach der Erarbeitung der Sachinhalte ab.

Ein Täter muss alle gesetzlich vorgegebenen Merkmale einer Straftat erfüllen, um bestraft werden zu können. Diese Merkmale werden im Strafrecht bezeichnet als

- **Tatbestand**,
- **Rechtswidrigkeit** und
- **Schuld**.

> Eine Tat ist dann strafbar, wenn der Täter das jeweilige Strafgesetz tatbestandsmäßig, rechtswidrig und schuldhaft erfüllt hat.

3.2.1 Der Tatbestand

Der Tatbestand muss im jeweiligen Strafgesetz bestimmt geregelt sein. Er wird unterschieden in einen objektiven Tatbestand und in einen subjektiven Tatbestand. Während der objektive Tatbestand die äußere Verwirklichung der Tat betrifft, bezieht sich der subjektive Tatbestand auf innere Umstände beim Täter.

Objektiver Tatbestand

Die Merkmale des objektiven Tatbestands betreffen regelmäßig äußere Umstände, d.h. den Hergang der Tat. Der Täter, der diese äußeren Umstände erfüllt, verwirklicht den objektiven Tatbestand.

Anton erschießt Xaver mit der Pistole seines Vaters. Damit ist der äußere Tatbestand des Totschlags, aber auch der der fahrlässigen Tötung verwirklicht (vgl. §§ 212, 222 StGB), weil Anton einen Menschen getötet hat. Ob Anton fahrlässig oder vorsätzlich handelte, ist eine Frage des subjektiven Tatbestands, der sich auf seine inneren Vorgänge bezieht.

Zu Fall 1

Theodor hat die objektiven Tatbestände des Totschlags, der fahrlässigen Tötung und des Mordes erfüllt, weil er Valentin erschossen und damit getötet hat. Inwieweit er fahrlässig oder vorsätzlich handelte, ist eine Frage des subjektiven Tatbestands. Ebenso hat er kein Mordmerkmal erfüllt, das an den objektiven Tathergang anknüpft (wie heimtückisch oder grausam oder mit gemeingefährlichen Mitteln), sodass beim subjektiven Tatbestand zu klären ist, ob ein Mordmerkmal verwirklicht ist, das den inneren Tathergang beschreibt.

Zu Fall 2

Hanna hat den objektiven Tatbestand einer gefährlichen Körperverletzung erfüllt (vgl. § 224 StGB), weil sie einen anderen an der Gesundheit beschädigt hat und die Tat mittels einer Waffe begangen hat.

Zunächst knüpft die Tat an den Tatbestand der Körperverletzung gem. § 223 StGB an, wobei die Tat durch das Begehen mittels einer Waffe zu einer gefährlichen Körperverletzung wird (vgl. § 224 Abs. 1 Ziff. 2 StGB).

Der objektive Tatbestand eines Diebstahls setzt beispielsweise voraus (vgl. § 242 StGB),

- dass eine fremde bewegliche Sache
- einem anderen weggenommen wird.

Hinzu kommt neben dem auf die genannten Merkmale bezogenen Vorsatz beim subjektiven Tatbestand die Absicht, sich oder einem Dritten die Sache rechtswidrig zuzueignen.

Zu Fall 3

Der Bleistift ist eine fremde bewegliche Sache, da er nicht Bernd gehört. Bernd nimmt den Bleistift Eva weg, weil sie nach der Verkehrsanschauung regelmäßig an ihrem Platz in der Schule und in ihrem Mäppchen auf den Stift zugreifen kann. Damit unterbindet Bernd Evas Möglichkeit, ihren Stift wie gewohnt zu benutzen, womit das Merkmal der „Wegnahme" gegeben ist.

Zu Fall 4

Auf den Ring hatte dagegen die Besitzerin nicht die Möglichkeit, unter normalen Umständen zuzugreifen, weil sie ihn verloren hatte. Gwendolin hat den Ring daher nicht weggenommen, sodass kein Diebstahl vorliegt. Sie hat aber gem. § 246 StGB eine Unterschlagung begangen, weil sie sich eine fremde bewegliche Sache rechtswidrig zugeeignet hat.

Unterlassen als strafbares Verhalten

Der objektive Tatbestand kann durch ein Handeln oder durch ein Unterlassen verwirklicht werden.

> Ein Unterlassen ist nur strafbar, wenn es als solches unter Strafe gestellt ist oder wenn der Täter eine Pflicht zum Handeln gem. § 13 StGB hat.

Wir sprechen von einem **„echten Unterlassungsdelikt"**, wenn das Unterlassen als solches strafbar ist. Dies ist der Fall bei der unterlassenen Hilfeleistung gem. § 323c StGB. Der Staat erwartet bei einer Gefahr oder Notlage, dass eine zumutbare Hilfe gewährt wird und will damit ein Mindestmaß an Solidarität, an Hilfe untereinander, sicherstellen.

Erdim fällt auf dem Radweg vom Fahrrad und bleibt bewusstlos und blutend liegen, was Michaela bemerkt, als sie vorbeiradelt. Obwohl sich niemand um Erdim kümmert und für sie keinerlei Gefahr besteht, ruft sie keine Hilfe über ihr Handy und radelt weiter, weil sie denkt, irgendein anderer wird schon etwas tun. Michaela hat den Tatbestand einer unterlassenen Hilfeleistung verwirklicht (§ 323c StGB).

Unterlassene Hilfeleistung von Michaela

Wenn der Täter aus anderen Gründen eine Pflicht hat einzuschreiten, er dies aber nicht tut, dann kann er gem. § 13 StGB den Tatbestand einer Straftat durch Unterlassen verwirklichen. Wir sprechen dann von einem **„unechten Unterlassungsdelikt"**.

 Aus Unachtsamkeit fährt Ansgar auf dem Zebrastreifen Alex an, der blutend liegen bleibt. Ansgar fährt schnell weg, obwohl er die Lage erkennt und weiß, dass Alex ohne Hilfe auch verbluten kann. Alex stirbt schließlich an Blutverlust. Durch rechtzeitige Hilfe hätte er gerettet werden können. Zunächst hatte Ansgar gem. § 315c StGB „nur" eine Gefährdung des Straßenverkehrs begangen und gem. § 229 StGB eine fahrlässige Körperverletzung. Später wurde aus der fahrlässigen Körperverletzung gem. § 212 StGB jedenfalls ein Totschlag, weil Ansgar aufgrund seines vorangegangenen Fehlverhaltens verpflichtet war, Alex zu helfen. Gleichzeitig hat sich Ansgar gem. § 142 StGB wegen Unfallflucht strafbar gemacht.

Eine **Pflicht zum Handeln** kann aber nicht nur aus einem **vorangegangenen pflichtwidrigen Verhalten** entstehen.

Sie ergibt sich auch aus der Übernahme eines Risikos wie etwa durch einen Bodyguard oder durch eine Gefahrengemeinschaft wie eine Gruppe von Bergsteigern, die gegenseitig besonders aufeinander achtgeben müssen. In einem verwandtschaftlichen Verhältnis wie unter Eltern und Kindern kann eine solche Pflicht ebenfalls begründet sein.

Subjektiver Tatbestand

 Der **subjektive Tatbestand** besteht regelmäßig aus dem auf den objektiven Tatbestand bezogenen Vorsatz sowie gegebenenfalls aus weiteren inneren Vorgängen.

B Beim Betrug gem. § 263 StGB bezieht sich der Vorsatz u. a. auf die Täuschung des Opfers. Ein weiteres inneres Merkmal ist die Absicht, sich oder einem anderen einen rechtswidrigen Vermögensvorteil zu verschaffen.

Einen inneren Vorgang bezeichnet beim Mord beispielsweise das Merkmal „aus Habgier" (vgl. § 211 StGB).

Zu Fall 1:

Theodor hat keinen Totschlag, sondern einen Mord gem. § 211 StGB begangen, weil er zielgerichtet und damit vorsätzlich tötete und dabei mit dem Mordmerkmal der Habgier handelte, da er tötete, um an die Münzsammlung zu kommen.

Der subjektive Tatbestand bezieht sich auf die inneren Vorgänge, auf die Frage, inwieweit der Täter absichtlich oder vorsätzlich handelte oder ob er mit dem Handlungserfolg gar nicht rechnete. Da die inneren Vorgänge einem direkten Beweis nicht zugänglich sind, schließt der Richter auf deren Vorliegen aufgrund äußerer Anhaltspunkte.

> Nur vorsätzliches Handeln ist strafbar, wenn das Gesetz nicht ausnahmsweise fahrlässiges Handeln mit Strafe bedroht (§ 15 StGB).

Vorsatz und Fahrlässigkeit lassen sich wie folgt unterscheiden:

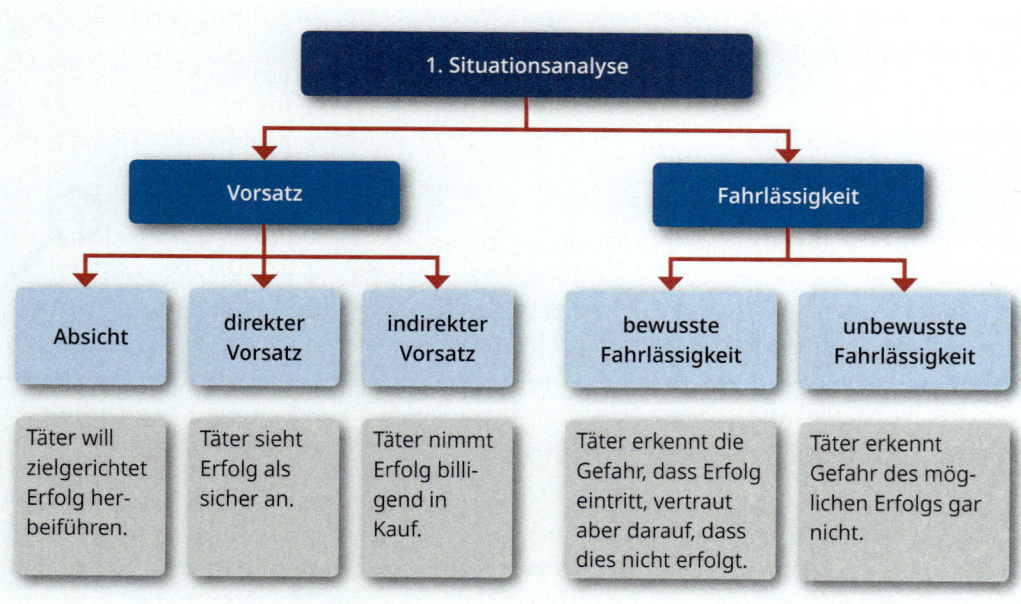

Zu Fall 2

Hanna handelte vorsätzlich, weil sie den Angreifer niederschoss, um sich zu wehren. Hanna hat den objektiven und den subjektiven Tatbestand einer gefährlichen Körperverletzung verwirklicht (§ 224 StGB).

Zu Fall 3

Bernd handelte vorsätzlich in Bezug auf die Merkmale des objektiven Tatbestands, weil er bewusst und gewollt eine andere bewegliche Sache einem anderen wegnahm, als er Evas Bleistift entwendete. Zugleich verwirklichte er ein weiteres subjektives Tatbestandsmerkmal gem. § 242 StGB, weil er in der Absicht handelte, sich den Bleistift rechtswidrig zuzueignen. Bernd hat damit den Tatbestand des Diebstahls erfüllt.

Zu Fall 4

Auch der subjektive Tatbestand der Fundunterschlagung (§ 246 StGB) ist gegeben, weil Gwendolin sich den Ring bewusst und gewollt zueignete, anstatt ihn bei einer Fundstelle abzugeben.

3.2.2   Die Rechtswidrigkeit

> In der Regel indiziert ein verwirklichter Straftatbestand auch die Rechtswidrigkeit des Verhaltens.

Anders ist dies, wenn das tatbestandsmäßige Verhalten ausnahmsweise gerechtfertigt ist. Folgende **Rechtfertigungsgründe** können u. a. in Betracht kommen:

Notwehr gem. § 32 StGB

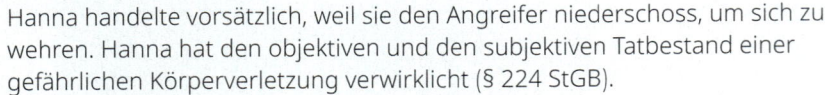

Zu Fall 2

Hanna hat sich in Notwehr verteidigt, um einen gegenwärtigen und rechtswidrigen Angriff von sich abzuwehren (§ 32 Abs. 2 StGB). Sie hat sich nicht einer gefährlichen Körperverletzung strafbar gemacht. Zwar ist der Tatbestand des § 224 StGB verwirklicht, aber ihr Handeln ist durch Notwehr gerechtfertigt.

Rechtfertigender Notstand gem. § 34 StGB

Als besondere Vorschriften gehen dem § 34 StGB die Vorschriften über den sogenannten defensiven Notstand gem. § 228 BGB und über den aggressiven Notstand gem. § 904 BGB vor. Beim rechtfertigenden Notstand gem. § 34 StGB wird eine Gefahr für ein höherwertiges Rechtsgut dadurch abgewendet, dass ein weniger wichtiges Rechtsgut eingeschränkt wird.

 Zwei sommerlich gekleidete Bergsteiger geraten nahe dem Gipfel in ein Unwetter bei Minusgraden. Sie können nicht mehr weiter und brechen in ihrer Not eine Hütte auf, in der sie unterkommen können und warme Decken vorfinden. Tatbestandsmäßig haben sie eine Sachbeschädigung gem. § 303 StGB und einen Hausfriedensbruch gem. § 123 StGB begangen. Ihre Tat ist jedoch gem. § 904 BGB gerechtfertigt, weil sie für ein höherwertiges Rechtsgut, Leib und Leben, ein geringerwertiges Rechtsgut, Eigentum, eingeschränkt haben. Der Eigentümer der Hütte kann Ersatz des entstandenen Schadens fordern (§ 904 S. 2 BGB).

Einwilligung

 Boris nimmt an einem Vollkontakt-Taekwondo-Turnier teil. Mit der Teilnahme ist er stillschweigend einverstanden mit regelgerechten Kampftechniken, sodass eine entsprechende Technik jedenfalls die Rechtswidrigkeit einer Körperverletzung ausschließt.

Die Einwilligung setzt voraus, dass der Träger des Rechtsguts darüber verfügen kann. Dies ist bei dem Rechtsgut „Leben" regelmäßig nicht der Fall.

 Anna ist mit ihrer Tötung einverstanden, um einem magischen Kult im Jenseits beizutreten. Das Rechtsgut Leben steht regelmäßig nicht zur Disposition. Die Einwilligung ist sittenwidrig und unwirksam (§ 138 Abs. 1 BGB).

Aber auch eine mutmaßliche Einwilligung kann die Rechtswidrigkeit ausschließen.

 Der Arzt Holger nimmt eine Notoperation an der gerade verunglückten 7-jährigen Meltem vor, bevor er das Einverständnis ihrer Eltern einholen kann.

Vorläufige Festnahme gem. § 127 Abs. 1 StPO (Strafprozessordnung)

 Der Ladenbesitzer Hugo Ehrlich hält die 15-jährige Dana fest, weil er ihren Nachnamen nicht sofort feststellen kann und er sie verdächtigt, bei ihm vor einer Woche eine Flasche Gin gestohlen zu haben. Hugo kann sich nicht auf § 127 Abs. 1 StPO berufen, weil der Täter auf frischer Tat angetroffen worden sein muss. Dies ist nicht der Fall, da die mögliche Tat bereits eine Woche zurückliegt. Auch ein bloßer Verdacht berechtigt nicht zur vorläufigen Festnahme, sodass Hugos Verhalten nicht gerechtfertigt ist.

Rechtmäßige Amtshandlung

Aufgrund einer Sicherheitsmaßnahme vor dem Amtsgericht Rosenheim werden die Besucher auf Waffen durchsucht, weil eine entsprechende anonyme Drohung einging. Die Durchsuchung ist gerechtfertigt aufgrund des Bayerischen Polizeiaufgabengesetzes, sodass eine strafbare Handlung nicht vorliegt.

3.2.3 Die Schuld

Strafe setzt neben Tatbestandsmäßigkeit und Rechtswidrigkeit auch die Schuld des Täters voraus.

Voraussetzung ist, dass der Täter überhaupt schuldfähig ist. Ohne Schuld handelt beispielsweise, wer aufgrund einer krankhaften seelischen Störung außerstande ist, das Unrecht der Tat einzusehen oder nach dieser Einsicht zu handeln (vgl. § 20 StGB). Im Gerichtsverfahren wird eine solche oder ähnliche Störung meist aufgrund eines psychiatrischen Sachverständigengutachtens untersucht. Praktisch kann es auch vorkommen, dass die Schuldfähigkeit zwar gegeben, aber gemindert ist, sodass die Strafe gemildert werden kann (§ 21 StGB).

Im Unterschied zu einer tatbestandsmäßigen, aber gerechtfertigten Tat bleibt eine Tat, die nur mangels Schuld des Täters nicht bestraft werden kann, rechtswidrig. Mit der Rechtswidrigkeit der Tat bleibt ein Unwerturteil der Rechtsordnung erhalten, sodass ein schuldlos handelnder Täter trotzdem schadenersatzpflichtig sein kann.

Schuldunfähig ist ein Kind, das noch nicht 14 Jahre alt ist (§ 19 StGB).

Zu Fall 3

Zwar handelt Bernd tatbestandsmäßig und rechtswidrig gem. § 242 StGB, doch ist er strafunmündig und handelt ohne Schuld (vgl. § 19 StGB), sodass er nicht bestraft werden kann.

Die Schuld kann aber auch aufgrund weiterer Gründe ausgeschlossen sein, wie nachfolgend erläutert:

Notwehrexzess gem. § 33 StGB

Zu Fall 2

Hanna hat gemerkt, dass der Angriff abgewendet ist. Aus Furcht und Schrecken versetzt sie dem Täter aber noch einen Tritt, um sicherzugehen, dass er auf keinen Fall wieder angreifen kann. Hier hat Hanna die Notwehr überschritten, als sie den Täter trat, weil der Angriff schon abgewendet war. Weil sie aber schreckhaft und aus Furcht handelte, ist ihr Tritt entschuldigt, sodass sie deshalb nicht bestraft werden kann.

Damit privilegiert § 33 StGB bestimmte unsichere Verhaltensweisen, die auf Verwirrung, Furcht oder Schrecken zurückzuführen sind. Wer sein Notwehrrecht aber aus Vergeltung oder Selbstjustiz überschreitet, kann sich nicht auf § 33 StGB berufen und wird regelmäßig entsprechend bestraft.

Entschuldigender Notstand gem. § 35 StGB

Im Unterschied zum rechtfertigenden Notstand wird kein überwiegend wichtiges Rechtsgut durch die entschuldigende Handlung geschützt. Beide Rechtsgüter können gleichwertig sein.

B Ein Vater ist mit seinem Sohn und einem Freund in den Bergen. In gefährlicher Situation hängen an dem einzig übriggebliebenen Seil, das zu zerreißen droht, der Sohn und sein tiefer hängender Freund. Der Vater schneidet das Seil oberhalb des Freundes durch, weil er nur so seinen Sohn retten kann. Die Tat ist zwar rechtswidrig, weil kein Leben mehr wert ist als ein anderes, aber der Vater ist gem. § 35 StGB entschuldigt, weil er das Leben des ihm Näherstehenden, das Leben seines Sohnes, gerettet hat. Dies gilt jedoch nicht, wenn der Vater die Gefahr selbst verursacht hat.

Aufgaben

1. Auf was bezieht sich der subjektive Tatbestand?
2. Inwiefern kann strafrechtlich ein Unterlassen einem Handeln gleichstehen?
3. Was ist ein „echtes Unterlassungsdelikt"?
4. Was ist ein Rechtfertigungsgrund?
5. Warum ist der Ersatzanspruch in § 904 S. 2 BGB ausdrücklich geregelt?
6. Warum privilegiert § 33 StGB die Überschreitung des Notwehrrechts nur in bestimmten Fällen?

3.3 Täterschaft und Teilnahme

ARBEITSAUFTRAG

Was gibt einem Jäger das Recht, wilde Tiere zu erlegen? Wem gehören solche Tiere?

Täterschaft und Teilnahme kennzeichnen unterschiedliche Formen der Verwirklichung eines Straftatbestands und der Beteiligung daran. Wer an einer Straftat teilnimmt, ohne sie als eigene zu wollen, handelt regelmäßig als Teilnehmer.

Das Strafrecht unterscheidet zwei Formen der **Teilnahme**: die Anstiftung und die Beihilfe.

> Jeder Beteiligte wird nur nach seiner Schuld bestraft (§ 29 StGB).

Die Schuld eines anderen an der Straftat Beteiligten bleibt dabei unberücksichtigt. Jeder wird nach seinem Tatbeitrag und seiner damit verbundenen Schuld bestraft.

> Täter ist, wer die Tat selbst oder durch einen anderen begeht. Wird die Straftat durch mehrere gemeinschaftlich begangen, so ist jeder als Mittäter anzusehen.

Der **Täter** beherrscht die Tat und den Tathergang. Wir sprechen auch davon, dass der Täter die Tatherrschaft hat.

Fall 1
A. und B. verabreichen dem F. praktisch gleichzeitig Gift. F. verstirbt, er wäre aber an jeder der Giftdosen verstorben.

Fall 2
Eva gibt ihrem Freund eine Tablette, die dieser Evas Vater bringen soll. Eva will ihren Vater vergiften, ihr Freund gibt die Tablette aber weiter in dem Glauben, es handelt sich nur um ein Herzmedikament, das Evas Vater braucht. Infolge des Giftes stirbt Evas Vater schließlich, der die Tablette auch nur einnahm, weil er meinte, es handele sich um sein ärztlich verordnetes Medikament.

Unmittelbarer Täter

Wer eine Straftat selbst und direkt begeht, handelt regelmäßig als unmittelbarer Täter.

John nimmt die Geldbörse von Bertrand aus dessen an der Garderobe hängendem Mantel, um sie sich rechtswidrig zuzueignen. John ist unmittelbarer Täter gem. § 25 Abs. 1 1. Alternative StGB eines Diebstahls (§ 242 StGB).

Der unmittelbare Täter kann die Tat allein oder gemeinsam mit anderen begehen.

Mittäter

Begehen mehrere gemeinschaftlich eine Straftat, so handeln sie als Mittäter (§ 25 Abs. 2 StGB).

Anton und Burcu begehen einen Banküberfall und stürmen jeweils mit vorgehaltener Waffe in die Bank. Sie verlangen Geldscheine, die sie auch erhalten. Beide sind Mittäter gem. § 25 Abs. 2 StGB eines Bankraubes (§§ 249, 250 StGB).

Nebentäter

Nebentäter wirken nicht bewusst und gewollt zusammen. Sie sind deshalb keine Mittäter. Der Fall der Nebentäterschaft ist gesetzlich nicht geregelt. Nebentäter erreichen den beabsichtigten Erfolg nur durch ihr gemeinsames Handeln, ohne dass sie voneinander wissen.

Ohne dass sie etwas voneinander wissen, wollen C. und D. den G. erschießen. Als er endlich aus seinem Haus kommt, schießen beide, jeder trifft ihn, doch nur die Wirkungen beider Schüsse führen dazu, dass G. stirbt. C. und D. sind als Nebentäter strafbar, je nach ihrer Schuld. In diesem Fall war ihr Handeln kumulativ kausal, d. h. ursächlich für den Tod des G. Trotzdem ist jeder nur nach seiner Schuld zu bestrafen (§ 29 StGB). Vorliegend kommen folgende Straftatbestände für jeden der Täter in Betracht: versuchte Tötung (§§ 22, 212 StGB), fahrlässige Tötung (§ 222 StGB) sowie gefährliche Körperverletzung (§ 224 StGB).

Von **alternativer Kausalität** sprechen wir, wenn jede Handlung für sich bereits den Taterfolg herbeigeführt hätte.

Zu Fall 1

Die Tatbeiträge der Nebentäter sind alternativ kausal, d. h., jeder für sich hätte bereits den Tod des F. herbeigeführt. Nun könnte ein Täter sich darauf berufen, dass sein Handeln nicht ursächlich für den Tod des F. war, d. h., dass es für den Taterfolg an der Kausalität seines Handelns fehlt. Die herrschende Meinung lehnt dies ab und bestraft beide Täter wegen eines Totschlags (§ 212 StGB). Wenn das Gift heimtückisch, unter der Ausnutzung der Arg- oder Wehrlosigkeit des Opfers verabreicht worden wäre, dann wären beide gem. § 211 StGB strafbar als Mörder.

Mittelbarer Täter

Bei der Tat wird jemand als Werkzeug benutzt, um die Tat zu begehen. Dieser Tatmittler kann nicht bestraft werden, weil er vorsatzlos oder schuldlos handelte.

Ron lässt seinen 11-jährigen Neffen für sich Brieftaschen stehlen. Der 11-jährige Neffe handelt schuldlos, weil er strafunmündig ist (§ 19 StGB). Da er seinen Neffen benutzt, um die Tat für sich ausführen zu lassen, ist Ron als mittelbarer Täter strafbar (vgl. § 25 Abs. 1 2. Alternative StGB).

Beim **Tatmittler**, dem für die Tat benutzten Werkzeug, kann auch der Vorsatz fehlen, sodass bereits der subjektive Tatbestand nicht erfüllt ist.

Zu Fall 2

Eva ist mittelbare Mörderin, da sie ihren Freund nur benutzte, der selbst die Tatumstände nicht kannte und deshalb ohne Vorsatz handelte. Sie nutzte damit die Arglosigkeit ihres Vaters aus, um ihn zu vergiften, und handelte damit heimtückisch (§ 211 StGB). Ihr Freund kann nur bestraft werden, wenn er fahrlässig handelte (vgl. § 222 StGB).

3.3.1   Anstiftung

Eine Form der Teilnahme an einer Straftat, ohne Täter zu sein, ist die Anstiftung dazu. Der Anstifter führt den Entschluss zur Tat bei einem anderen erst herbei. Dabei handelt der Anstifter vorsätzlich, eine fahrlässige „Anstiftung" ist nicht strafbar.

> Der Anstifter ist gleich einem Täter zu bestrafen (§ 26 StGB).

Fall 3

Ira stiftet ihren Bruder an, für sie ihren untreuen Freund Albert zu verprügeln, was der Bruder sofort in die Tat umsetzt.

Die Schuld eines Anstifters entspricht nach dem Gesetz grundsätzlich der des Täters. Dies ist deshalb der Fall, weil der Anstifter den Tatentschluss erst hervorruft. Damit kommt dem Verhalten eines Anstifters ein ähnlicher Unwert zu wie dem eines Täters.

Zu Fall 3

Der Bruder von Ira hat eine Körperverletzung (§ 223 StGB) begangen. Ira ist strafbar wegen Anstiftung hierzu (§ 26 StGB).

Eine Anstiftung zu einer fahrlässigen Tat ist nicht denkbar, weil der Täter dann ohne Wissen und Wollen handelt und somit sein Tun nicht vom Anstifter bestimmt sein kann.

Abwandlung zu Fall 3: Ira will Albert durch ihren Bruder töten lassen. Der Bruder von Ira weigert sich dies zu tun, überfährt aber versehentlich Albert auf einem Zebrastreifen, wobei letzterer seinen Verletzungen erliegt. Der Bruder von Ira hat sich einer fahrlässigen Tötung schuldig gemacht. Eine Anstiftung dazu gibt es nicht (vgl. § 26 StGB). Aber da Ira eine Anstiftung zu einem Verbrechen versucht hat, ist die versuchte Anstiftung strafbar gem. § 30 Abs. 1 StGB. Sie ist so zu bestrafen wie bei einem Versuch der Tat (vgl. §§ 212, 22 StGB), wobei die Strafe gem. § 49 Abs. 1 StGB zu mildern ist.

> Die versuchte Anstiftung zu einem Verbrechen ist strafbar (§ 30 Abs. 1 StGB).

Ein Verbrechen ist eine Straftat, die mindestens mit einer Freiheitsstrafe von einem Jahr bedroht ist, wobei Schärfungen oder Milderungen für diese Einteilung ohne Bedeutung sind (vgl. § 12 StGB).

3.3.2   Beihilfe

Wer einem anderen zu dessen vorsätzlich begangener rechtswidriger Tat vorsätzlich Hilfe leistet, wird als Gehilfe bestraft (§ 27 Abs. 1 StGB).

> Beihilfe setzt eine vorsätzlich begangene und rechtswidrige Tat voraus.

Fall 4

Als Holger Bernd verprügelt, steht Elvira Schmiere, damit sie Holger warnen kann, wenn jemand kommt. Sie weiß nicht, dass Holger Bernd erstechen will, was Holger auch tut.

F. besorgt für den infolge psychischer Krankheit schuldunfähigen M. ein Messer, weil sie weiß, dass M. damit aus eigenem Antrieb Anton erstechen will, was auch passiert. Mangels Schuld kann M. nicht bestraft werden. Es entfällt aber nur die Schuld, sodass eine vorsätzliche und rechtswidrige Tat vorliegt, zu der F. Beihilfe leisten kann, was sie auch getan hat. F. ist wegen Beihilfe zum Totschlag zu bestrafen (§§ 27, 212 StGB).

Zwar richtet sich die Strafe für den Gehilfen nach der Strafe für den Täter, da der Tatbeitrag des Gehilfen aber geringer ist als der des Täters, ist die Strafe wegen Beihilfe gem. § 49 Abs. 1 StGB zu mildern (§ 27 Abs. 2 StGB).

Zu Fall 4

Als Holger Bernd verprügelt, steht Elvira Schmiere, damit sie Holger warnen kann, wenn jemand kommt. Sie weiß nicht, dass Holger Bernd erstechen will, was Holger auch tut. Holger ist gem. § 212 StGB strafbar wegen Totschlags. Elvira wollte aber nur zu einer Körperverletzung Hilfe leisten. Sie ist für den Exzess von Bernd nicht verantwortlich (§ 29 StGB) und wird nur bestraft wegen Beihilfe zur Körperverletzung (§§ 223, 27 StGB).

> Der Gehilfe will die Haupttat, aber er will sie nicht als eigene. Er will eine fremde Tat fördern und hat auch äußerlich nicht die Tatherrschaft.

Eine **Beihilfe** kann darin liegen, dass

- der Gehilfe das Tatwerkzeug für den Täter besorgt,
- den Tatort für diesen erkundet oder
- in einer anderen Weise Hilfe leistet, ohne die Tat als eigene zu begehen.

> § 30 StGB gilt nur für die versuchte Anstiftung, nicht aber für die versuchte Beihilfe.

Eine lediglich versuchte Beihilfe ist immer straffrei. Es fehlt dann bereits an einer vorsätzlich begangenen und rechtswidrigen Haupttat.

Aufgaben

1. Was unterscheidet Mittäter von Nebentätern?
2. Warum wird der Anstifter gleich einem Täter bestraft?
3. Fernet will ihrem betrunkenen Freund Fred in der Kneipe einen Streich spielen. Als er einen fremden Mantel überziehen will, bestärkt sie ihn darin, diesen anzuziehen und mitzunehmen. Fred nimmt den fremden Mantel, geht aber sicher davon aus, dass es sein eigener sei. Wie haben sich beide strafbar gemacht?

3.4   Rechtsfolgen der Straftat

Folge einer Straftat kann vor allem eine Strafe in Form einer **Geld- oder Freiheitsstrafe** sein, wobei letztere zur Bewährung ausgesetzt werden kann. Daneben können **Nebenstrafen oder Nebenfolgen** verhängt werden. Wenn die Schuld des Täters nicht groß ist, kann das Verfahren gegen Auflagen oder Weisungen eingestellt werden.

Rechtsfolgen im Rechtsstreit

> Für eine rechtswidrige Tat können neben der Strafe auch Maßregeln der Besserung und Sicherung verhängt werden. Wir sprechen von einer **Zweispurigkeit** möglicher Rechtsfolgen.

Maßregeln der Besserung und Sicherung können neben der Strafe erfolgen. Sie kommen auch in Betracht, wenn der Täter zwar vorsätzlich und rechtswidrig, aber schuldlos handelte, sodass er nicht bestraft werden kann. Solche Maßregeln sollen weiteren Straftaten vorbeugen oder die Gemeinschaft vor gefährlichen Tätern schützen. Sie sind im eigentlichen Sinn keine Strafe.

3.4.1   Arten der Strafe

In Betracht kommen vor allem Freiheitsstrafe, Geldstrafe und Jugendstrafe als Hauptstrafen. Die Todesstrafe verstößt gegen die Menschenwürde und ist ausdrücklich abgeschafft (Art. 102 GG).

Freiheitsstrafe

Die Freiheitsstrafe ist **zeitig**, wenn das Gesetz nicht lebenslange Freiheitsstrafe androht (§ 38 Abs. 1 StGB).

Eine zeitlich bestimmte Freiheitsstrafe beträgt höchstens 15 Jahre und mindestens einen Monat (§ 38 Abs. 2 StGB).

Freiheitsstrafen unter sechs Monaten sollen nur ausnahmsweise verhängt werden.

Hinter Gittern

Solch kurze Freiheitsstrafen kommen nur in Betracht, wenn die Tatumstände und die Persönlichkeit des Täters dies aus spezialpräventiven Gründen oder die Verteidigung der Rechtsordnung dies erfordern (§ 47 StGB). Damit soll verhindert werden, dass die Strafvollzugsanstalten überlastet werden, aber auch, dass ein Täter erst durch das Umfeld und den Erfahrungsaustausch im Gefängnis eine kriminelle Laufbahn fortsetzt.

 Eine Hausfrau stiehlt wiederholt Kleidung im Wert von jeweils unter 100,00 €. Im Zeitraum von zwei Jahren wurde sie bereits dreimal deshalb zu einer Geldstrafe verurteilt. Da sie aber trotz allem weiter stiehlt, kann das Gericht zur Verteidigung der Rechtsordnung ausnahmsweise eine Freiheitsstrafe unter sechs Monaten verhängen. Eine höhere Strafe wäre angesichts des Werts der Diebesbeute nicht angemessen, aber um auf die Wiederholungstäterin noch einwirken zu können, kann eine kurze Freiheitsstrafe ausnahmsweise verhängt werden.

Neben einer Freiheitsstrafe kann unter bestimmten Voraussetzungen, wenn sich der Täter durch die Tat rechtswidrig bereichert hat, auch eine Geldstrafe angeordnet werden (vgl. § 41 StGB). Eine Vermögensstrafe gem. § 43a StGB ist nicht möglich, da diese Vorschrift zu unbestimmt und daher verfassungswidrig ist (Bundesverfassungsgericht vom 20. März 2002, 2 BvR 794/95).

Maßnahmen gegenüber Jugendlichen stellen keine „Strafe" in diesem Sinn dar. Sie sollen in erster Linie bezwecken, dass der jugendliche Täter wieder in die Gesellschaft eingegliedert wird (vgl. dazu Kapitel 3.6).

Geldstrafe

 Eine Geldstrafe wird in Tagessätzen verhängt (§ 40 Abs. 1 StGB).

Regelmäßig werden zwischen fünf und 360 Tagessätzen festgelegt. Erst ab einem halben Jahr wird normalerweise eine Freiheitsstrafe ausgesprochen (vgl. § 47 StGB).

 Die Höhe der Tagessätze wird nach den persönlichen und wirtschaftlichen Verhältnissen des Täters festgelegt (§ 40 Abs. 2 StGB).

Die Höhe der Tagessätze bestimmt sich nach dem Nettoeinkommen des Täters sowie nach seinen sonstigen Verpflichtungen wie Unterhaltspflichten gegenüber seinen Kindern.

 E. wird wegen Unterschlagung zu 90 Tagessätzen von je 30,00 € verurteilt. Das Gericht ist bei der Berechnung der Höhe der Tagessätze von einem monatlichen Nettoeinkommen des E. in Höhe von 1.500,00 € ausgegangen und hat seine Barunterhaltspflicht für zwei Kinder berücksichtigt. Bei der Festlegung der Höhe der Tagessätze kommt dem Richter ein Beurteilungsspielraum zu, sodass er das auf einen Tag entfallende Nettoeinkommen auch geringfügig überschreiten oder auch unterschreiten kann.

Wenn die Geldstrafe nicht eingebracht werden kann, muss ersatzweise Freiheitsstrafe verbüßt werden, wobei ein Tagessatz einem Tag Freiheitsstrafe entspricht (§ 43 StGB).

Nebenstrafe

Als Nebenstrafe kann ein Fahrverbot gem. § 44 StGB in Betracht kommen, wenn der Täter die Straftat in Zusammenhang mit dem Führen eines Kraftfahrzeugs begangen hat.

 Weder gefährdete der A. eine andere Sache noch jemanden im Verkehr. Er war aber aufgrund starken Alkoholgenusses nicht in der Lage, ein Fahrzeug zu führen, sodass er wegen Trunkenheitsfahrt zu 120 Tagessätzen verurteilt wird (§ 316 StGB). Daneben verhängt das Gericht ein Fahrverbot von drei Monaten.

Dann wird der Führerschein für die Dauer des Fahrverbots amtlich verwahrt und dem Täter nach Fristablauf wieder ausgehändigt.

Weiter können als Nebenstrafe Gegenstände eingezogen werden, die der Täter bei der Vorbereitung oder der Begehung der Straftat benutzt hat (vgl. §§ 74 ff. StGB). Die Einziehung bewirkt, dass das Eigentum an den jeweiligen Sachen auf den Staat übergeht.

 Der Wilderer Gebhard erschießt mit einer Holland & Holland Büchse ein Reh. Das Gericht ordnet neben einer Geldstrafe von 300 Tagessätzen wegen Wilderei (§ 292 StGB) an, dass die Büchse eingezogen wird.

Nebenfolgen

Als Nebenfolge einer Tat kann die Fahrerlaubnis entzogen werden (§ 69 StGB). Im Unterschied zum befristeten Fahrverbot erlischt die Fahrerlaubnis mit Rechtskraft des Urteils. Gleichzeitig kann das Gericht gem. § 69a StGB eine zeitliche Sperre festlegen, innerhalb der ein neuer Führerschein nicht erteilt werden darf.

Als Nebenfolge einer Strafe können auch gem. § 45 StGB der Verlust der Amtsfähigkeit, der Wählbarkeit und des Stimmrechts eintreten.

3.4.2 Strafzumessung

Die Strafe wird vom Gericht regelmäßig gem. § 46 StGB zugemessen. Zunächst wird vom Strafrahmen des jeweiligen Tatbestands ausgegangen.

> Im Straftatbestand ist regelmäßig der Strafrahmen festgelegt, innerhalb dessen die Strafe verhängt wird.

> **B** Für Diebstahl legt § 242 StGB einen Strafrahmen von bis zu fünf Jahren Freiheitsstrafe fest.

Für absolute Strafen fehlt ein Strafrahmen. Insofern ist lebenslange Freiheitsstrafe angeordnet. Dies ist u. a. der Fall für Mord (§ 211 StGB), für Völkermord (§ 6 Völkerstrafgesetzbuch) und in bestimmten Fällen gem. § 7 Abs. 1 Ziff. 1 und 2 Völkerstrafgesetzbuch bei Verbrechen gegen die Menschlichkeit.

Im Übrigen können bei der Strafzumessung folgende Gesichtspunkte berücksichtigt werden (vgl. § 46 StGB):
- Schuld des Täters
- Wirkung der Strafe auf das künftige Leben des Täters
- Beweggründe und Ziele des Täters
- Gesinnung des Täters und der bei der Tat aufgewendete Wille
- Maß an Pflichtwidrigkeit
- Art der Tatausführung (z. B. rücksichtslos)
- verschuldete Auswirkungen der Tat
- Vorleben des Täters (z. B. auch sein soziales Umfeld)
- persönliche Umstände des Täters (wie psychologische Faktoren)
- wirtschaftliche Verhältnisse des Täters (z. B. bei der Bestimmung des Tagessatzes)
- Verhalten des Täters nach der Tat (z. B. ernsthafte Entschuldigung beim Tatopfer)
- Bemühen um Täter-Opfer-Ausgleich (vgl. § 46a StGB)

Es sind viele Gesichtspunkte denkbar, die im Einzelfall in die Bemessung der Strafe einfließen. Es kann eine umfangreiche Begründung notwendig sein, um die verhängte Strafe zu rechtfertigen.

> Umstände, die bereits der Straftatbestand enthält, dürfen bei der Strafzumessung nicht berücksichtigt werden (§ 46 Abs. 3 StGB).

 A. hat sich einer schweren Brandstiftung gem. § 306b Abs. 2 Ziff.1 StGB schuldig gemacht, weil er ein Wochenendhaus anzündete, während der K. dort übernachtete, der aber rechtzeitig fliehen konnte. Das Gericht darf bei der Strafzumessung nicht strafschärfend berücksichtigen, dass A. das Leben von K. in Gefahr gebracht hat (§ 46 Abs. 3 StGB). Dieser Umstand ist bereits Teil des Straftatbestands gem. § 306b Abs. 2 Ziff. 1 StGB und bestimmt deshalb bereits den Rahmen der Strafe, einer Freiheitsstrafe nicht unter fünf Jahren.

Strafbemessung bei mehreren Gesetzesverletzungen

Wenn der Täter durch eine Tat oder durch mehrere Taten mehrere Strafgesetze verletzt hat, wird die Strafe gem. §§ 52 ff. StGB bemessen.

> Hat der Täter mehrere Straftatbestände durch eine Handlung verletzt, so wird auf eine Strafe gem. § 52 StGB erkannt.

Die Strafe wird dann nach dem Gesetz bestimmt, das die schwerste Strafe androht (§ 52 Abs. 2 StGB).

 A. wollte die F. erschießen. Die angeschossene F. überlebt. Ihre Verletzungen verheilen, ohne dass Folgen zurückbleiben. A. hat sich eines versuchten Totschlags (§§ 22, 212 StGB) und einer Körperverletzung gem. § 224 StGB schuldig gemacht. Da er die Straftaten durch eine Handlung verübt hat, handelte er in Tateinheit, sodass eine Strafe gem. § 52 StGB zu bilden ist. Die Strafe wird nach dem Gesetz bestimmt, das die schwerste Strafe androht und richtet sich damit nach §§ 22, 212 StGB.

> Wenn der Täter mehrere Straftaten begangen hat (Tatmehrheit), über die gleichzeitig entschieden wird, so ist eine Gesamtstrafe zu bilden (vgl. §§ 53–55 StGB).

Die Gesamtstrafe kann höchstens eine lebenslange Freiheitsstrafe sein, wenn ein Straftatbestand dies vorsieht. Im Übrigen wird die Gesamtstrafe so gebildet, dass die verwirkte höchste Strafe wegen der anderen Delikte erhöht wird. Bei zeitigen Freiheitsstrafen darf die Gesamtstrafe 15 Jahre nicht überschreiten. Bei Geldstrafen muss die Gesamtstrafe unter 720 Tagessätzen liegen (vgl. § 54 StGB).

B Nachdem der A. die F. wie beabsichtigt erschossen hat, nimmt er aufgrund eines neu gefassten Tatentschlusses der gerade vorbeikommenden K. mit Gewalt ihre Handtasche ab. A. hat sich eines Totschlags (§ 212 StGB) und eines Raubes (§ 249 StGB) schuldig gemacht. Die Gesamtstrafe wird so gebildet, dass die verwirkte höchste Strafe für Totschlag wegen des Raubes erhöht wird (§ 54 Abs. 1 StGB). Die zu bildende Gesamtstrafe muss die Summe der Einzelstrafen unterschreiten und darf höchstens 15 Jahre betragen (§ 54 Abs. 2 StGB).
Wenn das Gericht für den Totschlag eine Freiheitsstrafe von neun Jahren und für den Raub eine von zwei Jahren für angemessen hält, muss die zu bildende Gesamtstrafe weniger als elf Jahre betragen.

3.4.3 Strafaussetzung zur Bewährung

> Eine Freiheitsstrafe kann zur Bewährung ausgesetzt werden, wenn zu erwarten ist, dass bereits die Verurteilung den Täter so warnt, dass er nicht mehr rückfällig wird.

Die Strafaussetzung zur Bewährung kommt nicht in Betracht bei der Geldstrafe. Geldstrafen können gestundet werden oder es kann bewilligt werden, dass in Raten gezahlt wird (vgl. § 42 StGB).

> Regelmäßig kann eine Freiheitsstrafe von bis zu einem Jahr zur Bewährung ausgesetzt werden (§ 56 Abs. 1 StGB).

Bei der Entscheidung darüber sind vielfältige Kriterien zu berücksichtigen wie die Persönlichkeit des Verurteilten, sein Vorleben, die Umstände seiner Tat, sein Verhalten nach der Tat, seine Lebensverhältnisse und die Wirkungen, die von der Aussetzung für ihn zu erwarten sind (§ 56 Abs. 1 StGB).

Auch der Rest einer Freiheitsstrafe kann unter den Voraussetzungen der §§ 57 ff. StGB zur Bewährung ausgesetzt werden. Eine lebenslange Freiheitsstrafe kann zur Bewährung ausgesetzt werden, wenn 15 Jahre davon verbüßt sind.

> Bei Vorliegen besonderer Umstände kann auch eine Freiheitsstrafe von bis zu zwei Jahren zur Bewährung ausgesetzt werden (§ 56 Abs. 2 StGB).

Dabei sind zu berücksichtigen die Tat und die Persönlichkeit des Verurteilten sowie sein Bemühen, den durch die Tat verursachten Schaden wiedergutzumachen.

A. hat beobachtet, wie die B. aus dem Geldautomaten 1.000,00 € entnahm. Er folgte ihr und nahm ihr gegen ihren heftigen Widerstand das Geld weg. Dabei schlug er sie zu Boden. Da A. nicht vorbestraft ist, hält das Gericht für den Raub gem. § 249 StGB eine Freiheitsstrafe von 18 Monaten für angemessen. Vor der Verhandlung hat A. der B. das gestohlene Geld überwiesen zuzüglich eines hohen Schmerzensgeldes und sich bei ihr ernsthaft entschuldigt. Aufgrund dieser Umstände setzt das Gericht die Freiheitsstrafe zur Bewährung aus.

Gleichzeitig legt das Gericht die Bewährungszeit fest und bestimmt gegebenenfalls Auflagen und Weisungen während der Bewährungszeit (vgl. §§ 56 b f. StGB), die zwei bis fünf Jahre beträgt (§ 56 a Abs. 1 StGB). Unter Umständen wählt das Gericht einen Bewährungshelfer aus, um den Verurteilten von weiteren Straftaten abzuhalten.

 Das Gericht kann bestimmen, dass sich der Verurteilte in bestimmten Mindestabständen bei seinem Bewährungshelfer zu melden hat. Es kann ihm auferlegen, den durch die Tat verursachten Schaden wiedergutzumachen oder gemeinnützige Arbeiten zu leisten.

Die Strafaussetzung kann widerrufen werden gem. §§ 56 f. StGB, u. a. wenn der Verurteilte während der Bewährungszeit wieder straffällig wird und wenn sich zeigt, dass eine weitere Strafaussetzung nicht erfolgversprechend sein wird. Dann muss der Verurteilte die Freiheitsstrafe verbüßen.

3.4.4   Maßregeln der Besserung und Sicherung

 Solche Maßregeln sollen den Täter entweder zu einer gemeinschaftsfähigen Persönlichkeit erziehen oder sie sollen die Gemeinschaft vor dem Täter schützen.

Maßregeln gem. §§ 61 ff. StGB sind keine Strafe im eigentlichen Sinn, weshalb gesetzlich bestimmt zu regelnde Voraussetzungen für ihre Verhängung gelten, weil sie in die Rechte des Täters deutlich eingreifen, ohne eine Schuld zu sühnen. Dies gilt vor allem für freiheitsentziehende Maßnahmen.

Als Maßregeln der Besserung und Sicherung kommen in Betracht die
- Unterbringung in einem psychiatrischen Krankenhaus,
- Unterbringung in einer Entziehungsanstalt,
- Unterbringung in der Sicherungsverwahrung,
- Führungsaufsicht,
- Entziehung der Fahrerlaubnis und
- das Berufsverbot.

Da solche Maßregeln nicht nur selbstständig, sondern auch neben der Strafe angeordnet werden können, wurden in Kapitel 5.4.1 bei den Nebenfolgen der Strafe der Entzug der Fahrerlaubnis sowie das Berufsverbot angesprochen.

> Die verhängten Maßregeln müssen verhältnismäßig sein und dürfen den Täter nicht übermäßig belasten (Art. 3 GG; § 62 StGB).

Dies sowie die Bestimmtheit der gesetzlichen Anordnung für die im Einzelfall verhängte Maßregel (vgl. § 103 Abs. 2 GG) sind besonders zu beachten. Da diese Maßregeln gerade nicht die Schuld des Täters voraussetzen, bedürfen sie der besonderen Rechtfertigung.

Beispielsweise setzt eine Unterbringung in einem psychiatrischen Krankenhaus voraus, dass der Täter schuldunfähig oder vermindert schuldfähig ist und infolge seines Zustands erhebliche rechtswidrige Taten zu erwarten sind und er deshalb für die Allgemeinheit gefährlich ist (§ 63 StGB).

3.4.5 Täter-Opfer-Ausgleich

In den letzten Jahrzehnten gewann dieser Gesichtspunkt zunehmend Bedeutung, da die verhängte Strafe früher vorwiegend am Täter und an der Tat anknüpfte. Gerade die Opferschutzverbände wie der Weiße Ring haben vermehrt darauf hingewiesen, dass ein Opfer einer Straftat mit dem erlittenen Unrecht allein gelassen wird und oft lebenslang unter den Folgen der Straftat zu leiden hat. Dies ist nicht nur der Fall bei körperlichen, unheilbaren Leiden, sondern beispielsweise auch bei Traumata infolge der Straftat.

Aufgaben

1. Warum darf ein Umstand, den bereits der Straftatbestand enthält, bei der Strafzumessung gem. § 46 Abs. 3 StGB nicht berücksichtigt werden?
2. Was ist bei der Verhängung von Maßregeln allgemein zu beachten?
3. Erläutern Sie, inwiefern sich Tateinheit und Tatmehrheit gem. §§ 52 f. StGB unterscheiden.

3.5   Der Strafprozess

ARBEITSAUFTRAG

Was könnte dafür sprechen, dass einem Gericht nicht alle Gerichtsverfahren übertragen werden, sondern beispielsweise nur Strafprozesse?

Das Strafprozessrecht gilt als formelles Strafrecht, da es den Ablauf des Strafverfahrens bestimmt. Dieses ist überwiegend in der **Strafprozessordnung (= StPO)** geregelt. Einzelne Vorschriften des formellen Strafrechts finden sich auch im JGG. Beispielsweise wird die Öffentlichkeit gem. § 48 JGG zum Schutz von Jugendlichen ausgeschlossen.

Das Strafprozessrecht soll sicherstellen, dass dem materiellen Strafrecht entsprochen wird. Damit soll es bewirken, dass ein Täter nach den rechtswidrig verwirklichten Straftatbeständen und nach seiner Schuld bestraft wird.

Der Staat verwirklicht seinen Strafanspruch. Er hat das Strafmonopol. Wenn die Regeln des materiellen und formellen Strafrechts sowie ihre Umsetzung im Einzelfall gesellschaftlichen Vorstellungen entsprechen, kann ein Rechtsfrieden tatsächlich erzielt werden.

Andererseits sollen präventiv Straftaten durch Sozialarbeit oder andere Hilfen verhindert werden. Beispielsweise ist es wichtig, an die westliche Rechtsordnung heranzuführen. So sollen aufgrund anderer Vorstellungen motivierte Straftaten unterbleiben, wie z. B. in einer krassen Ausprägung der sogenannte Ehrenmord.

 Durch dieses Verfahren soll Rechtsfrieden in der Gesellschaft erreicht werden.

3.5.1   Ablauf eines Strafprozesses

Der Strafprozess gliedert sich in drei Verfahrensabschnitte: das Ermittlungsverfahren gem. §§ 158 ff. StPO, das Zwischenverfahren gem. §§ 198 ff. StPO und das Hauptverfahren gem. §§ 212 ff. StPO.

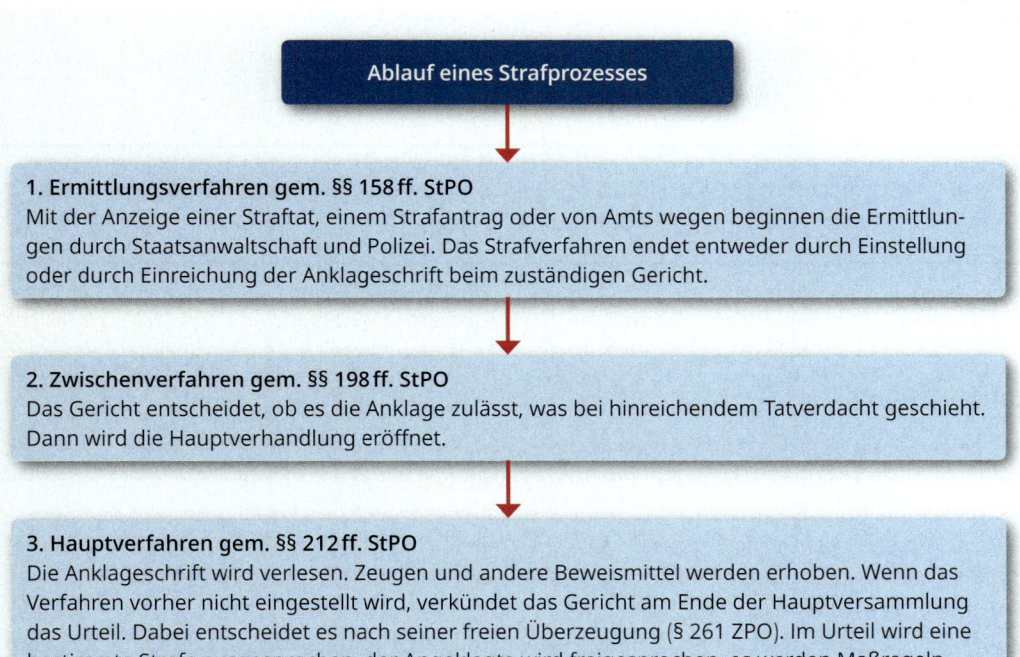

Ermittlungsverfahren

Es beginnt häufig, weil eine Straftat bei der Polizei oder bei der Staatsanwaltschaft angezeigt wird.

> Soweit Straftaten nur auf Antrag verfolgt werden, ist dieser eine Voraussetzung für weitere Ermittlungen.

A. dringt in die Geschäftsräume der S-GmbH ein, obwohl er dort Hausverbot hat. Der von A. begangene Hausfriedensbruch wird nur auf Antrag verfolgt (§ 123 Abs. 2 StGB). Ebenso werden die fahrlässige Körperverletzung, die vorsätzliche Körperverletzung gem. § 223 StGB sowie die Sachbeschädigung regelmäßig nur auf Antrag verfolgt (vgl. §§ 230, 303c StGB).

Es erfolgen Maßnahmen wie eine Spurensicherung am Tatort, die Auswertung von Tat oder Täterspuren. Zeugen oder der Beschuldigte werden durch die Polizei, Staatsanwaltschaft oder durch den Ermittlungsrichter vernommen.

Wenn die Staatsanwaltschaft einen ausreichenden Tatverdacht nicht für gegeben hält, stellt sie das Verfahren ein (§ 170 Abs. 2 StPO). Eine Einstellung ist auch aus anderen Gründen wie bei nicht schwerwiegenden Straftaten und geringer Schuld des Täters möglich. Sonst erhebt die Staatsanwaltschaft durch Einreichung der Anklageschrift öffentliche Klage. Diese wird dem zuständigen Gericht übermittelt.

Zwischenverfahren

Das für die Hauptverhandlung zuständige Gericht entscheidet darüber, ob das Hauptverfahren eröffnet wird.

 Das Gericht beschließt die Eröffnung der Hauptverhandlung, wenn der Angeschuldigte einer Straftat hinreichend verdächtig ist (§ 203 StPO).

In diesem Fall lässt das Gericht die Anklage zur Hauptverhandlung zu.

Hauptverfahren

Der wesentliche Teil des Strafprozesses ist die Hauptverhandlung. Auf ihr beruht das Urteil. Die Hauptverhandlung läuft regelmäßig wie folgt ab (vgl. §§ 243 ff. StPO):

(1) Nach Aufruf der Sache stellt das Gericht die Anwesenheit der Beteiligten und der Zeugen u. a. fest und belehrt die Zeugen.

(2) Der Angeklagte wird vom Gericht über seine persönlichen Verhältnisse befragt.

(3) Die Anklageschrift wird vom Staatsanwalt verlesen.

(4) Das Gericht weist darauf hin, dass der Angeklagte entscheiden kann, ob er zur Sache aussagen will. Wenn der Angeklagte sich zur Sache äußern will, wird er dazu vernommen.

(5) Darauf folgt die Beweisaufnahme. Zeugen oder Sachverständige werden vernommen. Andere Beweismittel werden verlesen oder vorgelegt und erörtert.

(6) Der Staatsanwalt hält sein Plädoyer und beantragt regelmäßig eine bestimmte Strafe oder den Freispruch des Angeklagten. Daraufhin kann der Verteidiger sein Plädoyer halten oder der Angeklagte sich selbst äußern.

(7) Dem Angeklagten steht das letzte Wort zu.

(8) Das Gericht zieht sich regelmäßig zur geheimen Beratung über das Urteil zurück. Das Urteil wird danach mit der Urteilsformel verkündet, in der, falls weder Freispruch noch Einstellung des Verfahrens erfolgen, die Tat bezeichnet und die Strafe oder Maßregel aufgenommen wird. Zumindest der wesentliche Inhalt der Gründe des Urteils wird mitgeteilt. Schließlich wird über mögliche Rechtsmittel gegen das Urteil belehrt.

3.5.2   Verfahrensgrundsätze

Der **rechtsstaatlichen** Ausgestaltung des Strafprozessrechts kommt besondere Bedeutung zu. Es geht darum, Schuld oder Unschuld eines Beschuldigten oder Angeklagten zu ermitteln.

Wesentliche Verfahrensgrundsätze sind:

Anklageprinzip

Ein gerichtliches Strafverfahren setzt eine Anklage gem. § 151 StPO voraus. Dadurch wird bestimmt, in welchem Umfang das Gericht den Fall untersucht und entscheidet (vgl. §§ 155 Abs. 1, 264 Abs. 1 StPO). An die Anträge der Staatsanwaltschaft und des Verteidigers ist das Gericht nicht gebunden. Es kann über den Strafantrag des Staatsanwalts hinausgehen (§ 155 Abs. 2 StPO).

Offizialmaxime

Der Staat hat das Strafmonopol und damit auch das Anklagemonopol. Der Staatsanwalt bestimmt, in welchen Fällen und wann Anklage erhoben wird (§ 152 Abs. 1 StPO). Doch ist die Staatsanwaltschaft nicht unabhängig wie in den USA, sodass beispielsweise der Justizminister eines Landes den Staatsanwalt anweisen kann. Eingeschränkt wird dieser Grundsatz bei Delikten, die nur auf Antrag verfolgt werden, bei Privatklagedelikten (vgl. § 374 StPO) sowie bei Ermächtigungsdelikten (z. B. § 90 StGB).

Emil will, dass sein Nachbar Ernst die über die Grundstücksgrenze hängenden Äste einer Blaufichte endlich zurückschneidet. Im Garten streiten sich beide, beleidigen und ohrfeigen sich. Ohne Strafantrag kann der Staatsanwalt die Straftaten nicht verfolgen (§§ 194 Abs. 1, 230 Abs. 1 StGB).

Ermittlungsgrundsatz

Staatsanwaltschaft und Gericht sind verpflichtet, den Fall unvoreingenommen und auch zugunsten des Beschuldigten zu untersuchen. Der wahre Sachverhalt muss erforscht werden (§§ 160 Abs. 2, 244 Abs. 2 StPO).

Legalitätsprinzip

Staatsanwalt und Polizei müssen Straftaten nachgehen, auch wenn sie außerdienstlich davon erfahren (vgl. §§ 152 Abs. 2, 163 Abs. 1 StPO).

Der Staatsanwalt hört bei einem Treffen mit einem alten Schulfreund, dass Letzterer weniger Unterhalt für seine Kinder zahlt, weil er sein Einkommen falsch angegeben hat und so mehrere Tausend Euro im Jahr spart. Der Staatsanwalt muss einschreiten und gem. § 263 StGB wegen Betrugs ermitteln.

Ausgenommen sind die Privatklagedelikte, bei denen die Staatsanwaltschaft nur bei öffentlichem Interesse Anklage erhebt (§ 376 StPO). Weiter kann der Staatsanwalt unter den Voraussetzungen des § 45 JGG von einer Anklage absehen. Eine Einstellung des Verfahrens ohne Anklage ist unter den Voraussetzungen der §§ 153 ff. StPO möglich, wenn den Täter beispielsweise nur geringe Schuld trifft.

Unschuldsvermutung

Im gesamten Verfahren gilt die Vermutung für die Unschuld des Beschuldigten bzw. Angeklagten, bis er rechtskräftig verurteilt ist. Dieser rechtsstaatliche Grundsatz wird abgeleitet aus Art. 20 Abs. 3 GG und Art. 6 Abs. 2 Europäische Menschenrechtskonvention (= EMRK). Wenn das Gericht am Ende der Verhandlung eine Schuld des Angeklagten nur für möglich hält, ist der Angeklagte nach dem rechtsstaatlichen Grundsatz „Im Zweifel für den Angeklagten" („in dubio pro reo") freizusprechen.

Faires Verfahren

Auch allgemein muss das Verfahren gegen den Angeklagten fair geführt werden. So darf sich der Angeklagte verteidigen lassen. Wenn er mittellos ist, kann ihm hierfür Verfahrenskostenhilfe gewährt werden (vgl. Art 20 Abs. 3 GG, Art. 6 Abs. 1 EMRK).

Weiter wird der Beschleunigungsgrundsatz aus dem Rechtsstaatsprinzip abgeleitet. Danach muss das Strafverfahren möglichst zügig und innerhalb angemessener Frist durchgeführt werden. Die Hauptverhandlung soll ohne große Unterbrechungen geführt werden (§§ 228, 229 StPO).

Freiheit, zur Sache auszusagen

Der Angeklagte kann wählen, ob er zur Sache aussagen will (§ 243 Abs. 5 StPO). Wenn er schweigt, darf ihm dies nicht nachteilig ausgelegt werden.

Der Angeklagte darf sogar zur Sache lügen, ohne dass dies für ihn Folgen hat. Die Wahrheitsfindung soll im Strafprozess von Amts wegen erfolgen. Durch den Prozess soll der Angeklagte nicht dazu gezwungen werden, zu gestehen, etwa dadurch, dass ihm bei einer falschen Aussage noch eine Verurteilung wegen Falschaussage oder gar ein neuer Prozess drohen würde.

Ausschluss der Doppelbestrafung

Wegen derselben Tat ist weder eine erneute Bestrafung noch eine erneute Strafverfolgung möglich (Art. 103 Abs. 3 GG).

 A. ist wegen Raubes angeklagt und zu einer Freiheitsstrafe auf Bewährung verurteilt worden. Jetzt stellt sich heraus, dass das Opfer schlimmere Verletzungsfolgen hatte als ursprünglich angenommen. A. darf nicht noch einmal angeklagt werden, auch seine Strafe kann nicht verschärft werden (vgl. auch § 363 Abs. 1 StPO).

Dies gilt regelmäßig auch dann, wenn der Angeklagte rechtskräftig freigesprochen wurde. Zuungunsten des Angeklagten kann nur ausnahmsweise ein rechtskräftig abgeschlossenes Verfahren in den in § 362 StPO genannten Fällen wieder aufgenommen werden.

 A. ist rechtskräftig freigesprochen worden, weil ein Zeuge wahrheitswidrig aussagte, A. habe in Notwehr geschossen. Wenn sich herausstellt, dass der Zeuge falsch ausgesagt hat, kann gem. § 362 Ziff. 2 StPO das Verfahren gegen A. wieder aufgenommen werden.

3.5.3   Strafgerichte

Die örtliche Zuständigkeit für das Strafverfahren vor den Gerichten ist in der StPO geregelt. Sie wird auch **Gerichtsstand** genannt.

Welches Gericht **sachlich zuständig** ist, regelt das Gerichtsverfassungsgesetz (= GVG) (vgl. § 1 StPO). Als Strafgerichte sind die ordent-

Tohuwabohu im Gerichtssaal

lichen Gerichte zuständig. Die sachliche Zuständigkeit bezieht sich auf die Frage, ob das Amtsgericht, das Landgericht, das Oberlandesgericht oder ob der Bundesgerichtshof in der Sache entscheidet.

Örtliche Zuständigkeit

Nach der StPO sind unterschiedliche Gerichtsstände gegeben, u. a.

- das Gericht, in dessen örtlichem Bezirk die Straftat begangen wurde (§ 7 Abs. 1 StPO);
- das Gericht, in dessen örtlichem Bezirk der Angeschuldigte zur Zeit der Anklageerhebung wohnte (§ 8 StPO);
- das Gericht, in dessen räumlichem Bezirk der Beschuldigte ergriffen wurde (§ 9 StPO).

Weitere mögliche Gerichtsstände (= örtliche Zuständigkeiten) sind in der StPO angeführt. Eine Anklage ist jedoch nur bei einem Gericht für dieselbe Tat möglich. Gemäß § 12 Abs. 1 StPO hat das Gericht regelmäßig den Vorzug, das die Untersuchung zuerst eröffnet hat.

Sachliche Zuständigkeit

Je nach Straftat und zu erwartender Strafe ist entweder das Amtsgericht oder ein übergeordnetes Gericht der ordentlichen Gerichtsbarkeit zuständig. Wenn der Angeklagte bei Begehung der Tat Soldat war, entscheiden Wehrstrafgerichte.

Regelmäßige sachliche Zuständigkeit der Strafgerichte				
1. Instanz	**Amtsgericht**		**Landgericht**		**Oberlandesgericht**
	Strafrichter	Schöffengericht	Große Strafkammer	Schwurgericht	
	Privatklage oder Freiheitsstrafe bis zu 2 Jahren, §§ 24, 25 GVG	Freiheitsstrafen bis zu 4 Jahren, §§ 24, 28 GVG	Freiheitsstrafe über 4 Jahre, Unterbringung in Psychiatrie oder Wirtschaftsdelikte als Wirtschaftsstrafkammer, §§ 74 Abs. 1, 74a, 74c GVG	bestimmte Sexualdelikte, Verbrechen mit Todesfolge, § 74 Abs. 2 GVG	schwere Staatsschutzstraftaten sowie solche nach Völkerstrafgesetzbuch, § 120 GVG
Berufung	Landgericht		keine		keine
	entscheidet als kleine Strafkammer, § 74 Abs. 3 GVG				
Revision	Oberlandesgericht		Bundesgerichtshof		Bundesgerichtshof
	§ 121 GVG		§ 135 GVG; Oberlandesgericht nur, wenn Revision nur auf Landesrecht gestützt wird, § 121 GVG		§ 135 GVG

(1) Amtsgericht

Das Amtsgericht entscheidet entweder durch den Einzelrichter oder als Schöffengericht. Es ist regelmäßig zuständig, soweit das GVG keine anderweitige Zuständigkeit begründet und eine Freiheitsstrafe bis zu vier Jahren zu erwarten ist. Es darf auch nicht entscheiden, wenn die Unterbringung in einem psychiatrischen Krankenhaus zu erwarten ist (§ 24 GVG).

Der Einzelrichter ist zuständig gem. § 25 GVG, entweder wenn Privatklage erhoben wird oder keine höhere Freiheitsstrafe als zwei Jahre zu erwarten ist. Im Übrigen entscheidet das Schöffengericht regelmäßig durch einen Richter und zwei Schöffen. Letztere sind ehrenamtlich tätig und sollen bei der Entscheidungsfindung ein gesundes Volksempfinden einfließen lassen. Ein zweiter Richter kann ausnahmsweise wegen des Umfangs der Sache hinzugezogen werden.

(2) Landgericht

Die Strafkammern beim Landgericht entscheiden über die Berufungen gegen Urteile des Amtsgerichts (§ 74 Abs. 3 GVG).

Als erste Instanz und damit als Eingangsgericht entscheidet das Landgericht als Schwurgericht über bestimmte sexuelle Straftaten sowie über Verbrechen mit Todesfolge. Im Übrigen entscheidet die Strafkammer, wenn eine Freiheitsstrafe über vier Jahren oder die Unterbringung in einem psychiatrischen Krankenhaus zu erwarten ist (§ 74 Abs. 1, 2 GVG). Daneben ist die Strafkammer des Landgerichts für die in § 74a GVG genannten Straftaten zuständig, wie z. B. im Fall des Friedensverrats gem. § 80a StGB. Über die in § 74c GVG genannten Wirtschaftsstraftaten entscheidet die Wirtschaftsstrafkammer unter den Voraussetzungen des § 74 Abs. 1 GVG, wie z. B. über den Subventionsbetrug.

Die Strafkammern sind im Allgemeinen als große Strafkammer mit drei Richtern einschließlich des Vorsitzenden und zwei Schöffen besetzt. Als kleine Strafkammer setzen sie sich in der Regel in Verfahren über Berufungen gegen ein Urteil des Strafrichters oder des Schöffengerichts aus dem Vorsitzenden und zwei Schöffen zusammen (§ 76 GVG).

(3) Oberlandesgericht

In erster Instanz entscheiden die Oberlandesgerichte über schwere Staatsschutzstraftaten sowie über Straftaten nach dem Völkerstrafgesetzbuch (§ 120 GVG).

Sie entscheiden ferner über das Rechtsmittel der Revision bei den mit der Berufung nicht anfechtbaren Urteilen des Strafrichters, über Berufungsurteile der Strafkammern und über die Urteile des Landgerichts im ersten Rechtszug. Letzteres, wenn das Landgericht als Eingangsgericht entschieden hat, ist nur der Fall, wenn die Revision ausschließlich auf die Verletzung des Landesrechts gestützt wird (§ 121 GVG).

Die Strafsenate sind regelmäßig durch drei Richter besetzt, von denen einer den Vorsitz führt (§ 122 GVG). Über die Eröffnung des Hauptverfahrens erster Instanz entscheidet der Strafsenat mit einer Besetzung von fünf Richtern einschließlich des Vorsitzenden.

(4) Bundesgerichtshof

Gemäß § 135 GVG entscheidet der Bundesgerichtshof über die Revision gegen die Urteile der Oberlandesgerichte im ersten Rechtszug sowie gegen die Urteile der Landgerichte im ersten Rechtszug, soweit nicht die Zuständigkeit der Oberlandesgerichte gegeben ist. Letzteres ist der Fall, wenn nur eine Unvereinbarkeit mit Landesrecht gerügt wird.

Der Strafsenat beim Bundesgerichtshof entscheidet im Allgemeinen durch fünf Richter einschließlich des Vorsitzenden (§ 139 Abs. 1 GVG).

Rechtsmittel

Berufung und Revision kommen als Rechtsmittel gegen ein Strafurteil in Betracht. Über Rechtsmittel entscheidet ein übergeordnetes Gericht.

(1) Berufung

> Die Berufung ist zulässig gegen Urteile des Strafrichters und des Schöffengerichts (§ 302 StPO).

Wenn die Berufung nicht auf bestimmte Punkte beschränkt wird, gilt das ganze Urteil als angegriffen. In bestimmten Bagatellsachen ist sie nur möglich, wenn sie vom Berufungsgericht angenommen wird (vgl. § 313 StPO). Sie muss angenommen werden, wenn sie nicht offensichtlich unbegründet ist.

> Die Berufung führt zu einer Überprüfung des vorangegangenen Urteils in tatsächlicher und in rechtlicher Hinsicht.

Danach müssen regelmäßig alle Beweise neu erhoben und der dem angegriffenen Urteil zugrunde liegende Sachverhalt überprüft werden. Zusätzlich wird eine rechtliche Überprüfung vorgenommen.

(2) Revision

Revision kann im Allgemeinen gegen die Urteile des Landgerichts sowie gegen die im ersten Rechtszug ergangenen Urteile der Oberlandesgerichte eingelegt werden.

Statt mit Berufung kann ein Urteil gleich mit Revision angefochten werden. Über diese Sprungrevision entscheidet das Gericht, das nach einer entsprechenden Berufungsentscheidung über die Revision entschieden hätte. Da dadurch eine Instanz ausgelassen wird, ist dies meist nur sinnvoll, wenn die Revision aussichtsreich ist.

> Die Revision kann nur damit begründet werden, dass das Urteil auf einer Verletzung des Gesetzes beruht.

Eine Verletzung des Gesetzes setzt voraus, dass dieses unrichtig angewendet wurde. Im Unterschied zur Berufung wird der von der Vorinstanz festgestellte Sachverhalt nicht mehr überprüft, sondern vorausgesetzt.

Aufgaben

1. Was soll durch ein Strafverfahren erreicht werden?
2. Warum darf ein Angeklagter sich zur Sache unwahr äußern?
3. Führen Sie aus, inwiefern sich Berufung und Revision unterscheiden.
4. Wann kann es sinnvoll sein, statt einer Berufung Revision einzulegen?

3.6   Besonderheiten des Jugendstrafrechts

Für Jugendliche und Heranwachsende enthält das Jugendstrafrecht besondere Bestimmungen über zu ahndende Verfehlungen und das Verfahren, die im Jugendgerichtsgesetz (JGG) geregelt sind.

> Das Jugendstrafrecht ist vor allem am Erziehungsgedanken ausgerichtet (§ 2 Abs. 1 JGG).

Vorrangiger Zweck ist es, Jugendliche und Heranwachsende in die Gemeinschaft einzugliedern. Dieser **spezialpräventive** Zweck kommt der noch nicht voll entwickelten seelischen Reife und Erziehungsbedürftigkeit von Jugendlichen und Heranwachsenden entgegen.

3.6.1   Geltungsbereich

> Das JGG ist ein spezielles Gesetz, das vorrangig gilt.

Die allgemeinen strafrechtlichen und strafprozessualen Vorschriften sind nur heranzuziehen, soweit im JGG nichts anderes geregelt ist (§ 2 Abs. 2 JGG).

> Kinder im Alter von weniger als 14 Jahren sind strafunmündig (§ 19 StGB).

Um einen rechtssicheren Stichtag festzulegen, nimmt der Gesetzgeber an, dass Kindern unter 14 Jahren die Fähigkeit fehlt, die Folgen ihres Tuns abzusehen oder ihrer Einsicht gemäß zu handeln. Damit handeln sie schuldlos. Weder das JGG noch das StGB sind anwendbar, sodass dann nur Maßnahmen nach dem Kinder- und Jugendhilferecht erfolgen können.

Die 12-jährige Lene begeht mit ihrer Bande immer wieder Raubüberfälle. Wenn Erziehungsberatung und Hilfen zur Erziehung nicht helfen, kann es sein, dass das Familiengericht auch gegen den Willen der Eltern anordnet, dass Lene zunächst in einem Heim untergebracht wird.

Die Maßnahmen des Jugendstrafrechts sind milder als die Sanktionen des Erwachsenenstrafrechts.

Jugendliche

> Für Jugendliche ab dem Alter von 14 Jahren bis unter 18 Jahren gilt das JGG (§ 1 Abs. 2 JGG).

Der Gesetzgeber stellt dabei auf das Alter zum Zeitpunkt der Tat ab. Es wird davon ausgegangen, dass Jugendliche regelmäßig nach ihrer Entwicklung nur bedingt verantwortlich und rechtsbewusst handeln können. Wenn aber die Fähigkeit, das Unrecht einer Tat einzusehen oder nach dieser Einsicht zu handeln, im Einzelfall überhaupt fehlt, kann der Richter dieselben Maßnahmen anordnen wie das Familiengericht bei Kindern (vgl. § 3 JGG). In diesem Fall fehlt auch ausnahmsweise Jugendlichen die Schuld.

> Regelmäßig wird die Straftat eines Jugendlichen mit Erziehungsmaßregeln geahndet (§ 5 Abs. 1 JGG).

Der Gesetzgeber geht damit davon aus, dass Jugendliche grundsätzlich schuldfähig sind. Nur soweit Erziehungsmaßregeln nicht ausreichen, werden Zuchtmittel oder Jugendstrafe verhängt (§ 5 Abs. 2 JGG).

Heranwachsende

Heranwachsende sind zwischen 18 und unter 21 Jahren alt (§ 1 Abs. 2 JGG).

> Der Richter entscheidet im Einzelfall, ob für den Heranwachsenden, je nach seiner Reife zur Zeit der Tat, Jugendstrafrecht oder Erwachsenenstrafrecht anzuwenden ist (§ 105 JGG).

Die Persönlichkeit des Täters sowie die Art und Ausführung der Tat sind umfassend vom Gericht zu würdigen. Für diese Einschätzung soll die Jugendgerichtshilfe dem Gericht auch Einzelheiten wie Informationen über das soziale Umfeld des Täters mitteilen. Wenn aufgrund dessen weiter unklar ist, ob der Heranwachsende bei der Tat einem Jugendlichen gleichstand, kann das Gericht ein psychologisches Sachverständigengutachten einholen.

3.6.2   Rechtsfolgen

> Im Jugendstrafrecht wird nur gestraft, wenn Maßregeln zur Erziehung nicht ausreichen (§ 5 Abs. 2 JGG).

Das vorrangige Ziel des Jugendstrafrechts ist es, den Täter zu erziehen und in die Gesellschaft einzugliedern. Gemäß § 2 Abs. 1 JGG soll dabei auch das elterliche Erziehungsrecht beachtet werden. Dies kann dazu führen, dass die Eltern zur Entwicklung des Täters und zu möglichen Sanktionen während des Verfahrens gehört werden.

Erziehungsmaßregeln und **Zuchtmittel** können nebeneinander angeordnet werden. Ebenso können mehrere Maßregeln oder Zuchtmittel bestimmt werden (§ 8 Abs. 1 JGG). Gleichzeitig kann das Gericht auf die nach dem JGG möglichen **Nebenfolgen und Nebenstrafen** erkennen.

Erziehungsmaßregeln

> § 9 JGG sieht als Erziehungsmaßregeln Weisungen, die Anordnung einer Erziehungsbeistandschaft oder einer Form des betreuten Wohnens vor.

- **Weisungen** sollen die Erziehung des Jugendlichen sichern und fördern. Sie können daher in unterschiedlichsten Formen, bezogen auf den jeweiligen Fall angeordnet werden (vgl. § 10 JGG).
- Der **Erziehungsbeistand** soll dem Täter zur Seite stehen bei seiner künftigen Entwicklung, wobei der soziale Bezug zum Umfeld und zur Familie des Täters beibehalten werden soll (vgl. § 12 Ziff. 1 JGG).
- In einer **Heimerziehung oder sonstigen Form betreuten Wohnens** soll der Täter pädagogisch und therapeutisch in seiner Entwicklung gefördert werden (vgl. § 12 Ziff. 2 JGG).

Der 15-jährige Ken trinkt regelmäßig und hat wiederholt alkoholisiert eine gefährliche Körperverletzung gem. § 224 StGB begangen. Das Gericht ordnet mit Einverständnis der Eltern an, dass Ken eine Suchttherapie durchführt und anschließend für zunächst ein Jahr eine betreute Wohnform besucht, damit er aus dem Umfeld seiner Clique herauskommt (vgl. §§ 10 Abs. 2, 12 Ziff. 2 JGG).

Zuchtmittel

Wenn Erziehungsmaßregeln einerseits keinen Erfolg versprechen, andererseits aber eine Jugendstrafe noch nicht geboten ist, ordnet das Gericht Zuchtmittel an. „Jugendgefängnis" kommt nur im Ausnahmefall in Betracht, entweder in der Form des Jugendarrestes als Zuchtmittel oder als Jugendstrafe (vgl. dazu den folgenden Abschnitt „Jugendstrafe").

> **Zuchtmittel** sind die Verwarnung, die Erteilung von Auflagen und der Jugendarrest (§ 13 JGG).

- Die **Verwarnung** dient dazu, dem Jugendlichen das begangene Unrecht zu verdeutlichen und es ihm vorzuhalten (§ 14 JGG). Dies beinhaltet regelmäßig einen Appell des Gerichts an den Jugendlichen, künftig nicht wieder straffällig zu werden.
- Das Gericht kann **Auflagen** verschiedenster Art erteilen. Unter anderem kann bestimmt werden, dass der Jugendliche den durch die Tat verursachten Schaden wiedergutmacht (§§ 14, 15 JGG). Vor allem bei Vermögensdelikten wie Diebstahl oder Unterschlagung kann dies in Betracht kommen.
- **Jugendarrest** wird angeordnet als Freizeit-, Kurz- oder Dauerarrest (vgl. § 16 JGG). Die längste Form des Arrests, der Dauerarrest, beträgt mindestens eine und höchstens vier Wochen. Ebenso wie die anderen Zuchtmittel ist der Arrest keine „Strafe" im eigentlichen Sinn (vgl. § 13 Abs. 3 JGG) und soll den Jugendlichen zur Besinnung bringen.

Sozialstunden und damit eine Arbeitsleistung können
- als **Weisung** gem. § 10 Abs. 1 Ziff. 4 JGG,
- als **Auflage** gem. § 15 Abs. 1 Ziff. 3 JGG oder
- als **Maßnahme zur Einstellung des Verfahrens** gem. §§ 45, 47 JGG
  verhängt werden.

Diese Arbeitsleistungen sollen es dem Jugendlichen ermöglichen, Verantwortung zu übernehmen und sich selbst dabei positiv zu erleben. Bei der Arbeitsleistung dürfen keine unzumutbaren Anforderungen gestellt werden. Die Regelungen des Jugendarbeitsschutzgesetzes sind grundsätzlich einzuhalten.

Die 16-jährige Gymnasiastin K. hat zusammen mit ihrem 23-jährigen Freund und dessen 27-jährigen Bruder mehrere Raubüberfälle begangen. Dabei wurde niemand verletzt. Doch hält das Gericht das Gefahrenpotenzial für hoch. Nachdem die K. erklärt hat, dass sie die Beziehung zu ihrem Freund beendet hat, legt das Gericht der K. auf, dass sie in den konkret benannten Fällen binnen sechs Monaten einen Geldbetrag in Höhe des Schadens an die Opfer der Raubüberfälle überweist und sich bei diesen entschuldigt. Zusätzlich ordnet das Gericht Kurzarrest für ein Wochenende an.

Jugendstrafe

> Eine Jugendstrafe wird nur verhängt bei schädlichen Neigungen des Jugendlichen oder wenn die Schwere der Schuld dies erfordert (§§ 5 Abs. 2, 17 Abs. 2 JGG).

Sie wird nur angeordnet, wenn Erziehungsmaßregeln oder Zuchtmittel nach Überzeugung des Gerichts nicht ausreichen. Die Jugendstrafe beträgt regelmäßig mindestens sechs Monate und höchstens fünf Jahre. Wenn nach dem allgemeinen Strafrecht eine Strafe von mehr als zehn Jahren im Mindestmaß angedroht ist, beträgt sie höchstens zehn Jahre (§ 18 Abs. 1 JGG).

> Eine Jugendstrafe von bis zu zwei Jahren kann zur Bewährung ausgesetzt werden (§ 21 Abs. 1, 2 JGG).

Während der Bewährungszeit von zwei bis drei Jahren ist für den Täter ein Bewährungshelfer zu bestimmen. Wenn der Täter sich während dieser Zeit wohl verhält, wird die Strafe erlassen.

Die 16-jährige M. und der 16-jährige T. haben schon mehrere Gewalttaten verübt. Sie werden vom Gericht für einen Mord (aus Habgier) mit einer Jugendstrafe von neun Jahren bestraft, weil das Gericht der Ansicht ist, dass bei der Schwere der Schuld Erziehungsmaßregeln oder Zuchtmittel nicht ausreichen.
Gleichzeitig weist das Gericht an, dass sie während des Strafvollzugs an Anti-Aggressions-Kursen teilnehmen.

Neben Jugendstrafe kann das Gericht nur Weisungen und Auflagen erteilen und die Erziehungsbeistandschaft anordnen (§ 8 Abs. 2 JGG).

Die gem. § 7 JGG möglichen Nebenfolgen können neben einer Jugendstrafe bestimmt werden (§§ 6, 8 Abs. 3 JGG).

Die Strafe wird im Allgemeinen in Jugendstrafanstalten vollzogen, in denen erzieherisch geschultes Personal sich um die Jugendlichen kümmert.

Damit M. und T. während Verbüßung der Jugendstrafe eine Perspektive für ihr weiteres Leben entwickeln können, ist während des Vollzugs angestrebt, dass beide zunächst einen qualifizierten Hauptschulabschluss ablegen.

3.6.3   Weitere Besonderheiten des Jugendstrafrechts

Das Jugendstrafrecht ist insgesamt im Lichte des Erziehungszwecks zu sehen. Selbst die Jugendstrafe ist so zu bemessen, dass erzieherisch eingewirkt werden kann (§ 18 Abs. 2 JGG).

Im gerichtlichen Verfahren wirkt die Jugendgerichtshilfe mit. Sie soll die erzieherischen, sozialen und fürsorgerischen Aspekte betonen (vgl. § 38 JGG).

Die Jugendgerichtshilfe wird von den Jugendämtern oder von mit diesen zusammenarbeitenden Institutionen ausgeübt. Sie erforscht die Persönlichkeit, die Entwicklung und das Umfeld des Beschuldigten und empfiehlt gegebenenfalls geeignete Maßnahmen, um den Beschuldigten in seiner Entwicklung zu einem eigenständigen und verantwortungsbewussten Menschen zu unterstützen.

Anders als im Erwachsenenstrafrecht ist die Hauptverhandlung gegen Jugendliche nicht öffentlich (§ 48 Abs. 1 JGG).

Das Interesse an der Erziehung des Jugendlichen überwiegt das der Öffentlichkeit an einer Überprüfung und Sichtung des Strafverfahrens. Ein Jugendlicher soll auch nicht „an den Pranger gestellt" werden.

Sobald aber ein Heranwachsender oder ein Erwachsener mit einem Jugendlichen angeklagt wird, ist das Verfahren wieder öffentlich. Die Öffentlichkeit kann dann aber zum Schutz des Jugendlichen ausgeschlossen werden (§ 48 Abs. 3 JGG).

> Im Strafregister wird nur die Jugendstrafe festgehalten.

Erziehungsmaßregeln und Zuchtmittel sind keine Strafen im Sinne des Gesetzes, sondern sollen den Jugendlichen auf das begangene Unrecht hinweisen und darauf, dass er dafür einzustehen hat. Entsprechend werden sie nur im **Erziehungsregister** vermerkt. Lediglich die **Jugendstrafe** wird als echte „Strafe" im **Strafregister** eingetragen. Das Strafregister wird auch **Bundeszentralregister** genannt.

Nach Ablauf bestimmter Fristen werden bestimmte Straftaten nicht mehr in das **Führungszeugnis** aus dem Strafregister aufgenommen oder ganz aus dem Strafregister getilgt. Damit soll die **Resozialisierung** des Verurteilten nicht weiter erschwert werden, der regelmäßig ein Führungszeugnis vor Antritt einer Arbeitsstelle vorlegen muss. Regelmäßig sind die Tilgungsfristen für Jugendstraftaten kürzer als im Erwachsenenstrafrecht. Näheres ist im Bundeszentralregistergesetz (= BZRG) geregelt.

Der zur Tatzeit 17-jährige A. ist wegen wiederholten Raubes zu einer Jugendstrafe von 18 Monaten verurteilt worden, die zur Bewährung ausgesetzt wurde. Im Führungszeugnis wird diese Jugendstrafe nicht aufgeführt (§ 32 Abs. 2 Ziff. 3 BZRG). Eine entsprechende Verurteilung eines Erwachsenen würde erst nach fünf Jahren im Führungszeugnis nicht mehr vermerkt (§ 34 Abs. 1 Ziff. 3 BZRG).

> Ein verkürztes Strafverfahren mit einem Strafbefehl darf gegen einen Jugendlichen nicht geführt werden (§ 79 Abs. 1 JGG).

Dem Jugendlichen soll aufgrund der Verhandlung und des Gesprächs mit dem Richter das Unrecht der Tat verdeutlicht werden. Der **Erziehungszweck** ist nur gewahrt, wenn es zu einem persönlichen Gespräch kommen kann. Die Aburteilung mittels eines Strafbefehls in einem nur schriftlichen Verfahren hat keine ausreichende erzieherische Wirkung.

Aufgaben

1. Ist gegen jugendliche Täter eine Geldstrafe vorgesehen?
2. Kann der Richter neben einer Jugendstrafe auch Jugendarrest anordnen?
3. Warum werden Erziehungsmaßregeln und Zuchtmittel nicht in das Strafregister eingetragen?
4. Überlegen Sie, welche Gesichtspunkte gegen eine Strafe sprechen könnten, selbst wenn die öffentliche Meinung eine Sühne vom Täter fordert.

Lernbereich 9:
Als Staatsbürger agieren

Jeder Jugendliche wird in seiner Lebenssituation von ökonomischen Zwängen geprägt und sollte die Fähigkeit entwickeln, in wirtschaftlichen Angelegenheiten sinnvoll zu handeln und zu urteilen. Die Veränderungen der Preise beeinflussen sein Kaufverhalten, die Situation am Arbeitsmarkt hat Auswirkungen auf seine Ausbildungs- und Anstellungsmöglichkeiten und die Wirtschaftspolitik steuert das öffentliche Angebot an Bildungs- und Freizeitmöglichkeiten.

Damit der einzelne Staatsbürger sinnvoll agieren und seine Rechte und Pflichten wahrnehmen kann, ist ein umfassendes Wissen über ökonomische Zusammenhänge erforderlich. Wer nicht nur auf politische Ereignisse reagieren, sondern bewusst agieren will, muss sich wirtschaftliche Kompetenzen aneignen, denn wo ökonomisches Wissen fehlt, wird falsch entschieden und es entstehen Vorurteile.

Die zentralen Zielsetzungen des Kapitels „Als Staatsbürger agieren" sind deshalb:
- die Vermittlung gründlicher Einblicke in gesamtwirtschaftliche Zusammenhänge
- die Beurteilung von wirtschaftspolitischen Maßnahmen des Staates
- die Entwicklung von Kompetenzen, die ein sinnvolles Handeln und Entscheiden in volkswirtschaftlichen Angelegenheiten ermöglicht
- die Hilfestellungen bei der Bewältigung von wirtschaftlich geprägten Lebenssituationen

Die erforderlichen Kompetenzen für die Rolle des Staatsbürgers können am besten am Beispiel der sozialen Marktwirtschaft erworben werden. Hierzu verlangt der Lehrplan die Auseinandersetzung mit den wirtschaftspolitischen Zielen, den politischen Instanzen mit ihren Instrumenten und Maßnahmen sowie ein Bewusstsein für spezifische Problemlagen.

Zu den wirtschaftspolitischen **Zielen** der sozialen Marktwirtschaft gehören neben Preisniveaustabilität, Wirtschaftswachstum und außenwirtschaftlichem Gleichgewicht noch ein hoher Beschäftigungsstand, eine gerechte Einkommens- und Vermögensverteilung sowie eine lebenswerte Umwelt. Wichtige soziale Indikatoren wie die Armutsquote oder der Better Life Index vertiefen das Verständnis für die Zielsetzungen.

Diese ökonomischen Ziele können nur durch den sinnvollen Einsatz der wirtschaftspolitischen **Instrumente** und geeignete Maßnahmen erreicht werden. Hierbei unterscheidet man die nachfrageorientierte Wirtschaftspolitik mit der Steuerung durch den Staatshaushalt oder die Steuern und die angebotsorientierte Politik, die die Marktkräfte stärken will. Die Kenntnis der Instrumente der europäischen Sozialpolitik weitet den Blick auf die internationale Ebene.

Wie in jeder Wirtschaftsordnung, so müssen auch in der sozialen Marktwirtschaft **Probleme** gelöst werden. Zu diesen gehören die Gefahren von Inflation und Deflation, die Angst vor Arbeitslosigkeit, aber auch die Risiken der Globalisierung und soziale Konflikte.

1 Soziale Marktwirtschaft – rechtliche Grundlagen, staatliche Wirtschaftspolitik und Wertschätzung

1.1 Wirtschaftsordnung und soziale Marktwirtschaft

Wirtschaftsordnung

ARBEITSAUFTRÄGE

1. Beschreiben Sie kurz, welche Wirtschaftsbereiche die grafischen Darstellungen symbolisieren.
2. Entwickeln Sie mögliche Regeln, nach denen das Zusammenwirken der Wirtschaftsbereiche organisiert werden kann.
3. Reflektieren Sie die Vor- und Nachteile der von Ihnen entwickelten Regeln.

Wirtschaftsordnung

In einer arbeitsteiligen Wirtschaft erfolgt die Produktion von Waren und Dienstleistungen in den Unternehmen unabhängig vom Konsum der Haushalte. Das Angebot der Betriebe und die Nachfrage der Konsumenten müssen deshalb aufeinander abgestimmt werden. Die Ausgestaltung dieser wirtschaftlichen Prozesse mit Gesetzen, Verordnungen und Bestimmungen, aber auch Organisationen, Institutionen, die das Verhalten der Menschen regeln, kennzeichnen eine Wirtschaftsordnung.

> Unter **Wirtschaftsordnung** versteht man die Gesamtheit der Regeln und Bestimmungen, die für den Aufbau und Ablauf des volkswirtschaftlichen Koordinationsprozesses eines Landes gelten.

Bei diesem Koordinationsprozess sind drei **Grundprobleme des Wirtschaftens** zu lösen:
1. **Wer** entscheidet über die Güterproduktion und den Güterkonsum? Sollen alle Gesellschaftsmitglieder am Entscheidungsprozess beteiligt werden oder wird er einer Person überlassen? (**Entscheidungsproblem**)
2. **Was (wie viel)** soll erzeugt werden? Das Problem, welche Güter und wie viele von jeder Güterart hergestellt werden sollen, muss gelöst werden. (**Produktionsproblem**)
3. **Für wen** wird produziert? Der Frage, wer die hergestellten Güter erhalten soll, ist nachzugehen. (**Verteilungsproblem**)

Die Lösung der Grundprobleme des Wirtschaftens in einer Volkswirtschaft kann zentral und dezentral erfolgen:

Bei einer zentralen Wirtschaftsordnung bestimmt eine Stelle, welche Güter in welchem Umfang produziert werden und wie sie an die Haushalte zu verteilen sind. Die Zentrale legt die Menge der Arbeitsleistungen fest, die von den Haushalten den Unternehmen zur Verfügung gestellt werden müssen und teilt ihnen die Konsumgüter zu. Diese Art von Wirtschaftsordnung bezeichnet man als **Zentralverwaltungswirtschaft**, bei der in ihrer extremen Ausprägung der Grundsatz gilt: „Einer plant alles".

In einer dezentralen Wirtschaftsordnung entscheiden die Unternehmen selbstständig über die Güterproduktion und die einzelnen Haushalte über ihren Konsum. Die Abstimmung der jeweiligen Einzelpläne übernimmt der Markt. Die Information, wie viel produziert werden soll und was verbraucht werden kann, erfolgt über den Preis. Der Markt fungiert nicht nur als Informationssystem, sondern auch als Sanktionssystem, da über den Preismechanismus die Produktion angeregt bzw. gedrosselt wird. Diese Art von Wirtschaftsordnung bezeichnet man als **freie Marktwirtschaft**, bei der der Grundsatz lautet: „Alle planen das ihre".

Soziale Marktwirtschaft

Die Wirtschaftsordnung der Bundesrepublik Deutschland ist ein Mischsystem aus den Ordnungsprinzipien der freien Marktwirtschaft und in geringerem Umfang der Zentralverwaltungswirtschaft.

> „Die soziale Marktwirtschaft versucht, das Prinzip der Freiheit auf dem Markt mit dem sozialen Ausgleich zu verbinden. Ihr primäres Koordinationsprinzip soll der Wettbewerb sein."

Quelle: Müller-Armack, Alfred: Soziale Marktwirtschaft. In: Handwörterbuch der Sozialwissenschaften, Band 9. Herausgegeben von Erwin von Beckerath u. Silke Gorny. Stuttgart: Gustav Fischer 1956, S. 390.

Das wissenschaftliche Konzept für diese Wirtschaftsordnung wurde von Professoren der Universität Freiburg entwickelt und von **Ludwig Erhard (1897–1977)**, dem ersten Wirtschaftsminister Westdeutschlands und späteren Bundeskanzler, in die Tat umgesetzt.

Ludwig Erhard

Erhard beabsichtigte, die nach dem Zweiten Weltkrieg notwendige Währungsreform mit einer Wirtschaftsreform zu verbinden. Die abgewirtschaftete Reichsmark (RM) musste durch die Deutsche Mark (DM) ersetzt werden. Der eigentliche Geburtstag der sozialen Marktwirtschaft fiel auf den 24. Juni 1948. Das vom Zweizonen-Wirtschaftsrat erlassene „Gesetz über Leitsätze für die Bewirtschaftung und Preispolitik nach der Geldreform" legte die Prinzipien für die neue Wirtschaftsordnung fest, hob zahlreiche Bewirtschaftungsvorschriften auf und stellte die Weichen für die Einführung der Marktwirtschaft.

Der Wettbewerb als primäres Koordinationsprinzip bringt für eine Wirtschaftsordnung bedeutende **Vorteile**. Zu diesen gehören:

- **Leistungsprinzip:**
  Die uneingeschränkte Freiheit der einzelnen Bürger fördert deren Egoismus als Triebkraft des menschlichen Handelns. Das Streben nach Wohlstand, Reichtum und Unabhängigkeit

erhöht die Leistungsbereitschaft aller und infolgedessen die Gesamtversorgung der Bevölkerung.

- **Technischer Fortschritt:**
  Wettbewerb ermöglicht innovativen dynamischen Unternehmern, ihr Erfolgsstreben besonders gut zu verwirklichen, wenn sie Marktlücken aufspüren, Produkte verbessern und kostensparende Produktionsverfahren entwickeln.
- **Auslesefunktion:**
  Bei sinkenden Preisen muss der Unternehmer seine Produktion drosseln und auf andere Produkte umstellen. Falls der Produzent die veränderte Marktlage nicht oder zu spät erkennt, gerät er in die Verlustzone und wird aus dem Markt verdrängt.
- **Leistungsgerechtigkeit:**
  Der Wettbewerb fördert das Prinzip der Verteilungsgerechtigkeit, wonach die Einkommensverteilung innerhalb einer Gesellschaft sich nach der erbrachten Leistung des Einzelnen bemisst. Durch die Erhebung von Steuern und Abgaben kann der Staat eine Bedarfsgerechtigkeit erreichen.
- **Schnelle Marktanpassung:**
  Der Markt mit seinem Preismechanismus sorgt für rasche Reaktionen der Produzenten und Konsumenten auf sich ändernde wirtschaftliche Situationen. Preisänderungen sind für die Produktionsfaktoren Arbeit, Natur und Kapital ein Signal, das eine optimale Faktorkombination ermöglicht.

Das Schild hängt da jetzt auch schon seit Jahren ...

Die **Nachteile** der Wirtschaftsordnung sind:

- **Begrenzte Funktionsweise:**
  Der Selbststeuerungsmechanismus des Preises funktioniert im Wesentlichen nur bei privaten Gütern, nicht jedoch für öffentliche Güter wie z. B. Bildung, Verwaltungsleistungen, innere und äußere Sicherheit.
- **Übersteigerter Egoismus:**
  Die Möglichkeit der freien Entfaltung des Individuums kann zu einem rücksichtslosen Kampf um Erfolg führen und die materiellen Güter überschätzen.
- **Unsoziale Güterverteilung:**
  Bei Preissteigerungen können sich nur diejenigen Bürger die gewünschten Waren kaufen, die über ein hohes Einkommen verfügen.
- **Ressourcenverschwendung:**
  Durch einen z. T. unkontrollierten Konsum werden wertvolle Rohstoffe verbraucht.

1.2 Rechtliche Grundlagen der sozialen Marktwirtschaft

§

Grundgesetz für die Bundesrepubklik Deutschland (GG)

Art. 2

(1) Jeder hat das Recht auf die freie Entfaltung seiner Persönlichkeit, soweit er nicht die Rechte anderer verletzt und nicht gegen die verfassungsmäßige Ordnung oder das Sittengesetz verstößt. [...]

§

Art. 9
[...] (3) Das Recht, zur Wahrung und Förderung der Arbeits- und Wirtschaftsbedingungen Vereinigungen zu bilden, ist für jedermann und für alle Berufe gewährleistet. [...]

Art. 11
(1) Alle Deutschen genießen Freizügigkeit im ganzen Bundesgebiet [...]

Art. 12
(1) Alle Deutschen haben das Recht, Beruf, Arbeitsplatz und Ausbildungsstätte frei zu wählen. Die Berufsausübung kann durch Gesetz oder auf Grund eines Gesetzes geregelt werden.
(2) Niemand darf zu einer bestimmten Arbeit gezwungen werden, außer im Rahmen einer herkömmlichen allgemeinen, für alle gleichen öffentlichen Dienstleistungspflicht.
[...]

Art. 14
(1) Das Eigentum und das Erbrecht werden gewährleitet. Inhalt und Schranken werden durch die Gesetze bestimmt.
(2) Eigentum verpflichtet. Sein Gebrauch soll zugleich dem Wohle der Allgemeinheit dienen.
(3) Eine Enteignung ist nur zum Wohle der Allgemeinheit zulässig. Sie darf nur durch Gesetz oder auf Grund eines Gesetzes erfolgen, das Art und Ausmaß der Entschädigung regelt. Die Entschädigung ist unter gerechter Abwägung der Interessen der Allgemeinheit und der Beteiligten zu bestimmen. Wegen der Höhe der Entschädigung steht im Streitfalle der Rechtsweg vor den ordentlichen Gerichten offen.

Art. 15
Grund und Boden, Naturschätze und Produktionsmittel können zum Zweck der Vergesellschaftung durch ein Gesetz, das Art und Ausmaß der Entschädigung regelt, in Gemeineigentum oder in andere Formen der Gemeinwirtschaft überführt werden. [...]

Art. 20
(1) Die Bundesrepublik Deutschland ist ein demokratischer und sozialer Bundesstaat.
(2) Alle Staatsgewalt geht vom Volke aus. Sie wird vom Volke in Wahlen und Abstimmungen und durch besondere Organe der Gesetzgebung, der vollziehenden Gewalt und der Rechtsprechung ausgeübt.
(3) Die Gesetzgebung ist an die verfassungsmäßige Ordnung, die vollziehende Gewalt und die Rechtsprechung sind an Gesetz und Recht gebunden.
(4) Gegen jeden, der es unternimmt, diese Ordnung zu beseitigen, haben alle Deutschen das Recht zum Widerstand, wenn andere Abhilfe nicht möglich ist.

Art. 28
(1) Die verfassungsmäßige Ordnung in den Ländern muss den Grundsätzen des republikanischen, demokratischen und sozialen Rechtsstaates im Sinne dieses Grundgesetzes entsprechen. In den Ländern, Kreisen und Gemeinden muss das Volk eine Vertretung haben, die aus allgemeinen, unmittelbaren, freien, gleichen und geheimen Wahlen hervorgegangen ist. [...] In Gemeinden kann an die Stelle einer gewählten Körperschaft die Gemeindeversammlung treten. [...]

ARBEITSAUFTRÄGE

1. Belegen Sie Art. 9 bis 15 mit konkreten Beispielen, bevorzugt aus Ihrem persönlichen Umfeld.
2. Erläutern Sie in Bezug auf Art. 20 und 28 folgende Begriffe: „demokratisch", „sozialer Bundesstaat", „vollziehende Gewalt", „republikanisch", „Rechtsstaat".

Am 23. Mai 1949 wurde das **Grundgesetz für die Bunderepublik Deutschland (GG)** als rechtliche wirtschaftliche und politische Grundordnung erlassen und vom Parlamentarischen Rat und den Landtagen der drei Westzonen angenommen. Die Artikel des Grundgesetzes sind nicht nur die Basis für eine freiheitliche Wirtschaftsordnung, sondern auch unmittelbar geltendes Recht.

Das GG ist in Bezug auf die Wirtschaftsordnung neutral, da es keinen Artikel enthält, der sich auf das System der sozialen Marktwirtschaft festlegt. Trotz der **wirtschaftspolitischen Neutralität** verhindern einige Bestimmungen die Einführung einer Zentralverwaltungswirtschaft bzw. einer freien Marktwirtschaft. Eine Zentralverwaltungswirtschaft wird vor allem durch die Art. 2 GG (Recht auf freie Entfaltung der Persönlichkeit), Art. 12 GG (Berufswahlfreiheit) und Art. 14 GG (Garantie des Eigentums) verhindert. Das Extrem der freien Marktwirtschaft wird durch den Art. 20 GG (Sozialstaatsgebot) in seine Schranken verwiesen.

Erst im Mai 1990 wurde die soziale Marktwirtschaft im Vertrag über die Schaffung einer Währungs-, Wirtschafts- und Sozialunion zwischen der Bundesrepublik Deutschland und der ehemaligen DDR als rechtlich gemeinsame Wirtschaftsordnung verankert.

Dem Grundgesetz liegen in Bezug auf die Wirtschaftsordnung der sozialen Marktwirtschaft die Prinzipien der Freiheit und der Sozialität zugrunde.

Freiheitsprinzip

Zu den Prinzipien der Freiheit gehören:
- **Art. 2 GG (Freiheit der Person):**
  Der Art. 2 GG garantiert jedem Menschen die allgemeine Handlungs- und Gestaltungsfreiheit, d. h., er kann sein Dasein durch Verträge frei gestalten. Die **Vertragsfreiheit** umfasst normalerweise die Abschluss-, Inhalts- und Formfreiheit. Die Bestimmung des Art. 2 GG ist damit die Grundlage für die selbstständigen Entscheidungen der Unternehmer über die Produktion (Produktionsfreiheit) und der privaten Haushalte über ihren Verbrauch (Konsumfreiheit).
- **Art. 9 GG (Vereinigungsfreiheit):**
  Die Regelung der Vereinigungs- und Koalitionsfreiheit ist auch die Grundlage für die **Tarifautonomie,** die im Art. 9 Abs. 3 beschrieben ist. Art. 9 Abs. 3 Satz 1 bestimmt: „Das Recht, zur Wahrung und Förderung der Arbeits- und Wirtschaftsbedingungen Vereinigungen zu bilden, ist für jedermann und für alle Berufe gewährleistet.
  Die Tarifparteien, also die Arbeitgeberverbände und die Gewerkschaften haben das Recht, Lohnverhand-
  lungen ohne staatliche Einflussnahme zu führen und Tarifverträge abzuschließen.
- **Artikel 11 GG (Freizügigkeit):**
  Freizügigkeit ist das Recht einer Person, den Wohn- und Aufenthaltsort in der Bundesrepublik Deutschland frei zu wählen.
- **Artikel 12 GG (Freiheit der Berufswahl):**
  Die soziale Marktwirtschaft der Bundesrepublik beruht auf der Berufs(wahl)- und Gewerbe- bzw. Niederlassungsfreiheit des Art. 12 GG. Die **Berufsfreiheit** ist das Grundrecht, seinen Beruf frei zu wählen und auszuüben. Es ist jedoch kein „Recht auf Arbeit" gegenüber dem

Staat im Sinne eines Leistungsanspruchs. Die **Gewerbefreiheit** bietet jedermann die grundsätzliche Möglichkeit, sich gewerblich zu betätigen. Die Entscheidung über die Gründung eines Unternehmens, den Ansiedlungsort, den Tätigkeitsbereich sowie die Schließung liegen beim Eigentümer.

- **Artikel 14, 15 GG (Gewährleistung von Eigentum und Erbrecht, Sozialisierung):**
  Das Recht auf Eigentum und die Möglichkeit, dieses zu vererben, gehört zu den elementaren Grundrechten des Grundgesetzes. Die **Eigentumsgarantie** gewährt jedem Bürger die Befugnis, ungerechtfertigte Einwirkungen auf sein Vermögen abzuwehren. Damit liegt das Eigentum an Grundstücken, Rohstoffen, Maschinen und Produkten in der Hand des Unternehmens, das damit Gewinn erzielen kann. Ebenso haben die privaten Haushalte das uneingeschränkte Verfügungsrecht über ihr Vermögen.

Sozialstaatsprinzip

Neben den Freiheitsrechten liegt der sozialen Marktwirtschaft noch das Sozialstaatsprinzip zugrunde, da nach Art. 20 Abs. 1 GG die Bundesrepublik ein „sozialer Bundesstaat" und nach Art. 28 Abs. 1 GG ein „sozialer Rechtsstaat" ist. Deutschland ist demnach ein Sozialstaat, der bei seinem Handeln soziale Sicherheit und Gerechtigkeit anstrebt, um allen Bürgern die Teilhabe an den gesellschaftlichen Prozessen zu ermöglichen. Demzufolge werden die Freiheitsrechte, wie sie in der freien Marktwirtschaft gefordert werden, eingeschränkt. Solche Einschränkungen sind z. B.:

- **Einschränkung der Vertragsfreiheit:**
  Um negative Auswüchse z. B. bei Verbraucherverträgen, Wohnungsmietverträgen oder Arbeitsverträgen zu vermeiden, wurden Schutzbestimmungen für Mieter (Mietpreisbremse, Kündigungsschutz) oder Arbeitnehmer (Arbeitszeit-, Urlaubsregelungen) usw. geschaffen.
- **Einschränkung der Freizügigkeit:**
  Das Recht auf Freizügigkeit kann nur für bestimmte, in Art. 11 Abs. 2 genannte Zwecke wie „nicht ausreichende Lebensgrundlage", „Abwehr einer drohenden Gefahr" oder „zur Bekämpfung von Seuchengefahr, Naturkatastrophen, Unglücksfällen ..." eingeschränkt werden.
- **Einschränkung der Berufswahl und Gewerbefreiheit:**
  Die Ausübung eines Berufs setzt in den meisten Fällen eine entsprechende Ausbildung und Qualifikation voraus. Auch bei der Gewerbefreiheit sind die meisten Betriebe erlaubnispflichtig. Bei Handwerksbetrieben ist eine Meisterprüfung erforderlich und Arzneimittel dürfen nur von zuverlässigen und sachkundigen Personen verkauft werden.
- **Einschränkung der Eigentumsgarantie:**
  Nach Art. 14 GG ist eine Enteignung zum Wohle der Allgemeinheit zulässig. Diese Möglichkeit der Verstaatlichung im öffentlichen Interesse nach Art. 15 GG hebt das Grundrecht des Privateigentums nicht auf, da die Betroffenen eine Entschädigung erhalten, die sie in die Lage versetzt, neues Eigentum zu erwerben. Neben diesen prinzipiellen Regelungen greift der Staat noch durch eine Vielzahl von Bestimmungen, wie z. B. Regelungen zur Baugestaltung, Grenzabstände, Wasserrecht und Umweltauflagen, ein.

1.3 Notwendigkeit staatlicher Wirtschafts- und Sozialpolitik

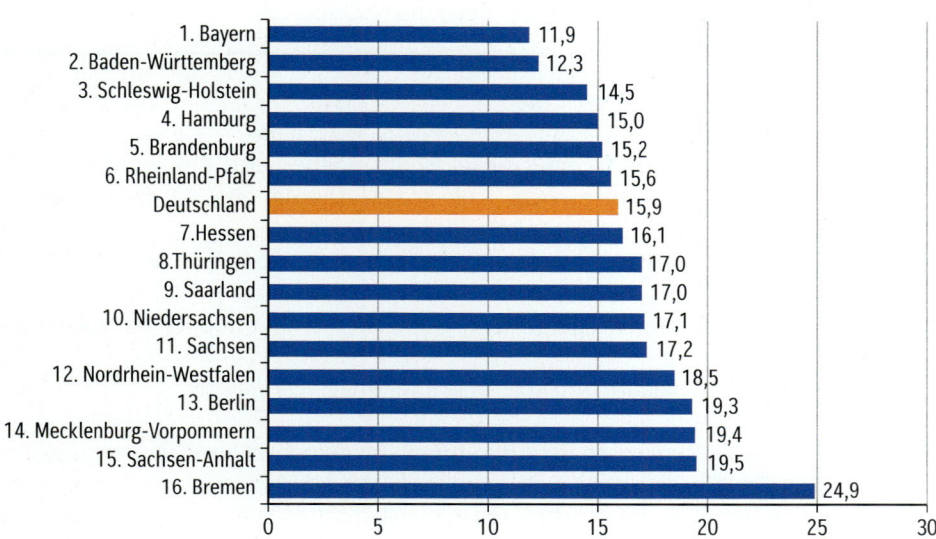

Armutsquoten 2019 (in %) - Ranking nach Bundesländern

1. Bayern	11,9
2. Baden-Württemberg	12,3
3. Schleswig-Holstein	14,5
4. Hamburg	15,0
5. Brandenburg	15,2
6. Rheinland-Pfalz	15,6
Deutschland	15,9
7.Hessen	16,1
8.Thüringen	17,0
9. Saarland	17,0
10. Niedersachsen	17,1
11. Sachsen	17,2
12. Nordrhein-Westfalen	18,5
13. Berlin	19,3
14. Mecklenburg-Vorpommern	19,4
15. Sachsen-Anhalt	19,5
16. Bremen	24,9

vgl. Pieper, Jonas/Schneider, Ulrich/Schröder, Wiebke: 30 Jahre Mauerfall – Ein viergeteiltes Deutschland. Der Paritätische Armutsbericht 2019, November 2020, Der Paritätische Gesamtverband (Hrsg.), online unter: https://www.der-paritaetische. de/schwerpunkt/armutsbericht/, S. 9 [09.11.2020].

Haushaltstyp	Single	Alleinerziehend mit einem Kind		Alleinerziehend mit zwei Kindern		
	ohne Kinder	ein Kind unter 14 Jahre	ein Kind zwischen 14 und 18 Jahren	zwei Kinder unter 14 Jahren	1. Kind unter 14 Jahre; 2. Kind zwischen 14 und 18 Jahren	zwei Kinder zwischen 14 und 18 Jahren
Armutsschwelle	1.035,00 €	1.346,00 €	1.553,00 €	1.656,00 €	1.863,00 €	2.070,00 €
Haushaltstyp	**Paar**	**Paar mit einem Kind**		**Paar mit zwei Kindern**		
	ohne Kinder	ein Kind unter 14 Jahre	ein Kind zwischen 14 und 18 Jahren	zwei Kinder unter 14 Jahren	1. Kind unter 14 Jahre; 2. Kind zwischen 14 und 18 Jahren	zwei Kinder zwischen 14 und 18 Jahren
Armutsschwelle	1.553,00 €	1.863,00 €	2.070,00 €	2.174,00 €	2.381,00 €	2.588,00 €

Quelle: Pieper, Jonas/Schneider, Ulrich/Schröder, Wiebke: 30 Jahre Mauerfall – Ein viergeteiltes Deutschland. Der Paritätische Armutsbericht 2019, November 2020, Der Paritätische Gesamtverband (Hrsg.), online unter: https://www.der-paritaetische.de/schwerpunkt/armutsbericht/, S. 6 [28.04.2021].

ARBEITSAUFTRÄGE

1. Beschreiben Sie die Ausgangssituation der Bundesrepublik in Bezug auf die Armutsschwelle unterschiedlicher Haushaltstypen.
2. Benennen Sie mögliche Probleme, die sich aus dieser Ausgangslage ergeben können und formulieren Sie notwendige Zielsetzungen.
3. Entwickeln Sie Maßnahmen, um die Zielsetzungen zu erreichen.

Wesen staatlicher Politik

Beim Zusammenleben der Menschen in einer Gesellschaft ergeben sich Probleme, wie z.B. Armut, Kriminalität, Migration oder persönliche und soziale Diskriminierung. Es ist darum unbedingt notwendig,

- die Wirtschaft eines Landes so zu ordnen, dass Freiheitsstreben und soziale Absicherung in Einklang gebracht werden,
- durch Steuern und Abgaben für eine gerechte Einkommens- und Vermögensverteilung zu sorgen,
- soziale Ungleichgewichte zu mindern, um politische Konflikte zu vermeiden.

Die Lösung der Probleme einer Gemeinschaft ist die vorrangige Aufgabe staatlicher Institutionen und Organisationen mit ihren gesetzlichen Bestimmungen. Um ein reibungsloses Zusammenwirken der Bürger in einem Volk zu ermöglichen, legen die staatlichen Organe Ziele fest und ergreifen Maßnahmen zur Lösung der Probleme. Die Freiheits- und Sozialrechte des Grundgesetzes bieten den rechtlichen Rahmen, innerhalb dessen der Staat das wirtschaftliche Handeln der Bürger beeinflussen kann und damit politisch wirksam wird. Er muss vor allem dort eingreifen, wo die Regeln des Marktes nicht sinnvoll funktionieren oder zu unsozialen Ergebnissen führen.

> Unter **Politik** versteht man ein staatliches Handeln, bei dem nach Analyse einer bestimmten Ausgangslage, die soziale und wirtschaftliche Probleme enthält, Ziele gesetzt werden und mit entsprechenden Instrumenten und Maßnahmen die Zielerreichung angestrebt wird.

Neben der Innen- und Außenpolitik, der Verteidigungspolitik usw. sind die Wirtschafts- und Sozialpolitik noch wichtige Teilbereiche der Politik eines Landes.

Wirtschaftspolitik

> Unter **Wirtschaftspolitik** versteht man die Gesamtheit der Maßnahmen, mit denen der Staat ordnend und gestaltend in die Wirtschaft eingreift. Sie legt die Regeln fest, innerhalb der sich die Privatwirtschaft entfalten kann.

Die Wirtschaftspolitik wird in die Bereiche der Ordnungs-, Struktur- und Prozesspolitik unterteilt.
- Die **Ordnungspolitik** zielt auf die Rahmenbedingungen, unter denen die Bürger ihre ökonomischen Entscheidungen fällen. Dazu gehört insbesondere die Wettbewerbspolitik, die den Wettbewerb durch Kartellverbote, das Verbot des ruinösen Wettbewerbs und der unlauteren Verkaufspraktiken regelt.
- **Strukturpolitik** beinhaltet Eingriffe in die regionale (Länder, Gemeinen) und sektorale (Landwirtschaft, Bergbau) Struktur eines Landes. Ziel ist die Verbesserung der Infrastruktur wie z.B. des Verkehrswesens, der Telekommunikation, aber auch des Bildungswesens.

- Bei der **Prozesspolitik** versucht der Staat aktiv in das Marktgeschehen einzugreifen. Die **Haushaltspolitik** will über Staatseinnahmen (Steuern, Zölle) und Staatsausgaben (Subventionen, Sozialabgaben) die Wirtschaft steuern. Die **Geldpolitik**, von der Europäischen Zentralbank betrieben, versucht die umlaufende Geldmenge zu beeinflussen. Mit der **Konjunkturpolitik** soll ein möglichst gleichmäßiges und angemessenes Wirtschaftswachstum erreicht werden. Die **Arbeits(markt)politik** will auf das Zusammenspiel von Arbeitsangebot und -nachfrage einwirken und die **Außenwirtschaftspolitik** fördert die internationalen Beziehungen.

Sozialpolitik

> Unter **Sozialpolitik** versteht man alle Maßnahmen, die der Verbesserung der wirtschaftlichen und sozialen Situation insbesondere benachteiligter Gruppen dienen.

Die staatliche Sozialpolitik kann unterteilt werden in:

- **Arbeitsweltorientierte Sozialpolitik:**
  Dazu gehört die **Sozialversicherungspolitik**, die abhängig Beschäftigte gegen Krankheit, Alter, Unfall, Pflegebedürftigkeit und Arbeitslosigkeit absichert. Die **Sozialhilfepolitik** sorgt durch Sozialhilfe und Grundsicherung für ein Mindestmaß an Lebensstandard.
- **Gruppenorientierte Sozialpolitik:**
  Diese Art der Politik widmet sich sozial Schwachen, wie z. B. Menschen mit Behinderung (**Politik für Menschen mit Behinderung**), Flüchtlingen (**Flüchtlingspolitik**), aber auch Familien (**Familienpolitik**), alten Menschen (**Altenpolitik**) und problematischen Jugendlichen (**Jugendpolitik**).
- **Sonstige Bereiche der Sozialpolitik:**
  Ungleichgewichte, z. B. beim Wohnungsbau (**Wohnungsbaupolitik**) oder bei der Einkommens- und Vermögensverteilung (**Einkommens- und Vermögenspolitik**), sind Gegenstand der Sozialpolitik.

1.4 Wertschätzung der gesellschaftlichen Ordnung Deutschlands

ARBEITSAUFTRÄGE

1. Beschreiben Sie zunächst allgemein die Situation, die in der Karikatur abgebildet wird.
2. Erläutern Sie die Kritik der Karikatur anhand der Symbole Aschenbecher, Zigarre und Bild.
3. Formulieren Sie die Grundaussage der Karikatur.
4. Nehmen Sie zu dieser Grundaussage kritisch Stellung und gehen Sie der Frage nach, ob „Alles Asche?" ist.

Die Gesellschaftsordnung der Bundesrepublik Deutschland als Gesamtheit aller rechtlichen, wirtschaftlichen, sozialen und religiösen Normen und Institutionen wird im Wesentlichen von der sozialen Marktwirtschaft geprägt. Diese Wirtschaftsordnung erfährt nicht nur in Deutschland, sondern auch weltweite Anerkennung. Die Gründe dafür sind folgende:

> **Soziale Marktwirtschaft**
>
> Die Soziale Marktwirtschaft ist eine deutsche Erfolgsgeschichte. Unsere Gesellschafts- und Wirtschaftsordnung ist eine tragende Säule unseres Gemeinwesens und Garant für wirtschaftlichen Erfolg, Wohlstand und soziale Stabilität. Deutschland gehört auch wegen der Sozialen Marktwirtschaft heute zu den reichsten Ländern der Welt.
>
> **Soziale Marktwirtschaft ist unser Wertefundament**
>
> Freiheit und Verantwortung, Subsidiarität und Solidarität sind Werte, auf denen unsere Wirtschaftsordnung fußt und die den Erfolg der Sozialen Marktwirtschaft begründen. Markenzeichen der Sozialen Marktwirtschaft ist das gleichzeitige Streben nach wirtschaftlichem Erfolg und sozialem Ausgleich. Ein gesetzlicher Rahmen für fairen Wettbewerb und wirtschaftliche Entwicklung zum Wohle aller ist die politische Grundlage. [...]
>
> **Freiheit mit Verantwortung verbinden – Chancengleichheit schaffen**
>
> Im Zentrum der Sozialen Marktwirtschaft steht der freie Mensch mit einem natürlichen Streben nach persönlicher Entfaltung. Untrennbar damit verbunden ist das Prinzip der Verantwortung für die eigene Lebensführung. Eigenverantwortung ist der grundlegende Beitrag eines jeden Menschen zur Gemeinschaft. Wer dazu nicht in der Lage ist, wird durch die Sozialversicherung oder die Fürsorgesysteme aufgefangen und durch die Solidargemeinschaft unterstützt. [...]
>
> Die umfangreichen sozialen Sicherungssysteme dürfen nicht zu einer dauerhaften Abhängigkeit von Sozialleistungen führen. Vielmehr müssen alle Menschen dazu befähigt werden, dauerhaft auf eigenen Beinen zu stehen. Denn nur wer Verantwortung für sich selbst trägt, kann auch Verantwortung für andere übernehmen. Wichtig sind deshalb Investitionen in Bildung und Qualifizierung. Jeder Einzelne muss die Chance erhalten, sich mit seinen jeweils eigenen Fähigkeiten in die Gesellschaft und auch in die Wirtschaft einzubringen. [...]
>
> **Tarifautonomie stärken**
>
> Das Recht, Tarifverträge abzuschließen, ist Ausdruck des Subsidiaritätsprinzips in der Sozialen Marktwirtschaft. Arbeitgeberverbände und Gewerkschaften regeln gemeinsam die Arbeitsbedingungen, ohne dass der Staat darauf unmittelbar Einfluss nimmt. Die Sozialpartner haben in Deutschland mit über 77.000 Tarifverträgen ein differenziertes System von Arbeitsbeziehungen geschaffen, das die wirtschaftlichen Notwendigkeiten in einem Unternehmen mit der sozialen Teilhabe der Arbeitnehmer in den gewünschten Einklang bringt. So können statt staatlicher Pauschalregulierung individuelle Antworten nah an der Unternehmensrealität entwickelt werden. Das Prinzip der Sozialpartnerschaft – der Wille zu einvernehmlichen Lösungen – ermöglicht Stabilität und sozialen Frieden, stärkt soziale Gerechtigkeit und trägt maßgeblich zu Wachstum, Beschäftigung und Wohlstand bei.
>
> *Quelle: Bundesvereinigung der Deutschen Arbeitgeberverbände (Hrsg.): Soziale Marktwirtschaft, online unter: https://arbeitgeber.de/themen/wirtschaft-gesellschaft/soziale-marktwirtschaft/ [05.11.2021].*

Vorbild für viele Länder der Welt

Die soziale Marktwirtschaft des Ludwig Erhard hatte nach dem Fall des „Eisernen Vorhangs" in den Jahren nach 1990 Vorbildfunktion für einige ehemalige Ostblockstaaten. Dieser Transformationsprozess von der Planwirtschaft zur Marktwirtschaft vollzog sich vor allem in Polen, Ungarn und Tschechien. 2009 favorisierte die Europäische Union die soziale Marktwirtschaft als die Wirtschaftsordnung für den Europäischen Binnenmarkt und legte in Art. 3 Abs. 3 EU-Vertrag fest: Die Europäische Union wirke „auf die nachhaltige Entwicklung Europas auf der Grundlage eines ausgewogenen Wirtschaftswachstums und von Preisstabilität, eine in hohem Maße wettbewerbsfähige soziale Marktwirtschaft, die auf Vollbeschäftigung und sozialen Fortschritt abzielt, sowie auf ein hohes Maß an Umweltschutz [...] hin". Wissenschaftler und Politiker, die sich mit den ökonomischen Entwicklungen in der Zukunft auseinandersetzen, sind der Ansicht, dass die soziale Marktwirtschaft auch als Leitbild für eine Weltwirtschaftsordnung dienen könnte.

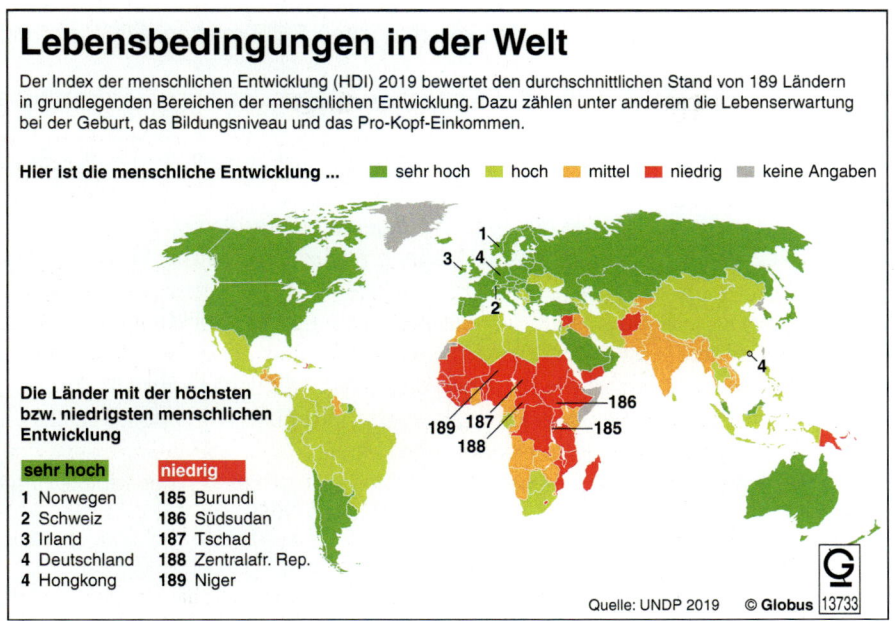

Lebensbedingungen in der Welt

Der Index der menschlichen Entwicklung (HDI) 2019 bewertet den durchschnittlichen Stand von 189 Ländern in grundlegenden Bereichen der menschlichen Entwicklung. Dazu zählen unter anderem die Lebenserwartung bei der Geburt, das Bildungsniveau und das Pro-Kopf-Einkommen.

Hier ist die menschliche Entwicklung ...   sehr hoch   hoch   mittel   niedrig   keine Angaben

Die Länder mit der höchsten bzw. niedrigsten menschlichen Entwicklung

sehr hoch	niedrig
1 Norwegen	185 Burundi
2 Schweiz	186 Südsudan
3 Irland	187 Tschad
4 Deutschland	188 Zentralafr. Rep.
4 Hongkong	189 Niger

Quelle: UNDP 2019   © Globus 13733

Aufgaben

1. In einem Familienhaushalt sind viele Probleme zu lösen. Es gibt Familien, in denen bei wichtigen Entscheidungen alle Familienmitglieder beteiligt sind, in anderen Familien entscheiden alleine der Vater bzw. die Mutter.
   Beschreiben Sie die Vor- und Nachteile beider Verfahren.

2. Entwickeln Sie ein Schema mit den Begriffen „dezentrale und zentrale Wirtschaftsordnung" in der Kopfleiste. Tragen Sie folgende Begriffe in die Vorspalte ein: „Entscheidungsproblem", „Produktionsproblem" und „Verteilungsproblem". Füllen Sie die Leerfelder auf.

3. Skizzieren Sie eine Mindmap, welche die Freiheits- und Sozialrechte des GG umfasst.

4. Offiziell gilt in Europa und in Deutschland die Freizügigkeitsgarantie nach Art. 11 GG. Für Asylbewerber, die in Deutschland leben, gilt die Residenzpflicht nach den Regeln des Asylrechts. Residenzpflicht bedeutet für die Betroffenen, dass sie sich nur in dem von der zuständigen Behörde festgelegten Bereich aufhalten dürfen.
   a) Erläutern Sie mögliche Gründe für die Einschränkung der Bewegungsfreiheit der Bewerber.
   b) Entwickeln Sie Argumente, die gegen eine Residenzpflicht in Deutschland sprechen.

5. In einem Hochhausviertel in München lebt die Familie des Polizeioberwachtmeisters Hans Meckl, bei denen sich Nachwuchs einstellt. Die bisher vierköpfige Familie (Eltern, zwei Kinder) erwartet Zwillinge. Dadurch sind sie gezwungen, ihre bescheidene Dreizimmerwohnung aufzugeben und eine größere, teurere Wohnung zu mieten. Einerseits reichte das Einkommen des Hans Meckl in der Vergangenheit gerade aus, andererseits kann die Familie in der alten Wohnung nicht bleiben.
   a) Begründen Sie, welcher Zusammenhang zwischen der Situation der Familie Meckl und dem Sozialstaatsprinzip des GG besteht.
   b) Entwickeln Sie mögliche staatliche Maßnahmen, mit denen der Familie Meckl geholfen werden kann.

    c) Ordnen Sie Ihre Maßnahmen den verschiedenen Teilbereichen der Wirtschafts- und Sozialpolitik zu.

    d) Reflektieren Sie die Maßnahme eines Mietpreisstopps auf ihre gesellschaftlichen Auswirkungen.

6. Entnehmen Sie den Medien ein soziales Problem, dass zurzeit in der Bundesrepublik Deutschland diskutiert wird.

    a) Beschreiben Sie ausführlich die Ausgangslage dieses Problems.

    b) Entwickeln Sie wirtschaftspolitische Maßnahmen, durch die das Problem gelöst werden kann.

7. Im Jahr 2015 hat die Bundesrepublik Deutschland ca. 1,2 Mio. Flüchtlinge aus Krisengebieten aufgenommen.

    a) Beschreiben Sie zunächst die Ursachen dieser Flüchtlingsbewegung.

    b) Welche prinzipiellen Beiträge kann die Wirtschafts- und Sozialpolitik leisten, um die Integration der Flüchtlinge zu ermöglichen?

8. Stellen Sie die Vor- und Nachteile der sozialen Marktwirtschaft in einer Tabelle gegenüber.

2 Wirtschaftspolitische Ziele

2.1 Rechtsgrundlagen der Ziele

§

Grundgesetz für die Bundesrepublik Deutschland (GG)

Art. 20

(1) Die Bundesrepublik Deutschland ist ein demokratischer und sozialer Bundesstaat [...]

Art. 20a

Der Staat schützt auch in Verantwortung für die künftigen Generationen die natürlichen Lebensgrundlagen und die Tiere [...]

Art. 109

[...]

(2) Bund und Länder erfüllen gemeinsam die Verpflichtungen der Bundesrepublik Deutschland aus Rechtsakten der Europäischen Gemeinschaft auf Grund des Artikels 104 des Vertrags zur Gründung der Europäischen Gemeinschaft zur Einhaltung der Haushaltsdisziplin und tragen in diesem Rahmen den Erfordernissen des gesamtwirtschaftlichen Gleichgewichts Rechnung.

Verfassung des Freistaates Bayern (BayVerf)

Art. 141

(1) Der Schutz der natürlichen Lebensgrundlagen ist, auch eingedenk der Verantwortung für die kommenden Generationen, der besonderen Fürsorge jedes einzelnen und der staatlichen Gemeinschaft anvertraut. [...]

Art. 151

(1) Die gesamte wirtschaftliche Tätigkeit dient dem Gemeinwohl, insbesondere der Gewährleistung eines menschenwürdigen Daseins für alle und der allmählichen Erhöhung der Lebenshaltung aller Volksschichten. [...]

Gesetz zur Förderung der Stabilität und des Wachstums der Wirtschaft (StabG)

§ 1

Bund und Länder haben bei ihren wirtschafts- und finanzpolitischen Maßnahmen die Erfordernisse des gesamtwirtschaftlichen Gleichgewichts zu beachten. Die Maßnahmen sind so zu treffen, dass sie im Rahmen der marktwirtschaftlichen Ordnung gleichzeitig zur Stabilität des Preisniveaus, zu einem hohen Beschäftigungsstand und außenwirtschaftlichem Gleichgewicht bei stetigem und angemessenem Wirtschaftswachstum beitragen.

ARBEITSAUFTRÄGE

1. Entnehmen Sie den rechtlichen Grundlagen die Zielsetzungen der staatlichen Wirtschaftspolitik.
2. Versuchen Sie eine Definition des Begriffs „gesamtwirtschaftliches Gleichgewicht".

Magisches Sechseck

Da in jeder Gesellschaft wirtschaftliche Probleme zu lösen sind, ist es notwendig, sich Ziele zu setzen. Oberste Ziele jeder Politik sind Grundwerte wie Freiheit, Gleichheit, Gerechtigkeit, Sicherheit, Frieden und eine lebenswerte Umwelt. Aus diesen Grundwerten können die maßgeblichen Ziele der Wirtschaftspolitik abgeleitet werden. Vor allem das Gesetz zur Förderung der Stabilität und des Wachstums der Wirtschaft von 1967, kurz Stabilitäts- und Wachstumsgesetz genannt, verpflichtet Bund und Länder, ein gesamtwirtschaftliches Gleichgewicht anzustreben. Das gesamtwirtschaftliche Gleichgewicht ist erreicht, wenn zugleich

- Stabilität des Preisniveaus gewährleistet wird,
- ein hoher Beschäftigungsstand zu verzeichnen ist,
- außenwirtschaftliches Gleichgewicht herrscht und
- ein angemessenes und stetiges Wirtschaftswachstum vorliegt.

Im Laufe der Zeit wurden diese vier Ziele um folgende erweitert:
- gerechte Einkommens- und Vermögensverteilung
- Erhaltung einer lebenswerten Umwelt

Da es fast unmöglich ist, alle Ziele gleichzeitig zu erreichen, spricht man von einem magischen Sechseck.

2.2   Stabilität des Preisniveaus und hoher Beschäftigungsstand

Stabilität des Preisniveaus

ARBEITSAUFTRÄGE

1. Beschreiben Sie die Entwicklung der Verbrau-
   cherpreise von 2009 bis
   2019.
2. Suchen Sie nach Grün-
   den für die Verände-
   rung der Preise von Gütern.

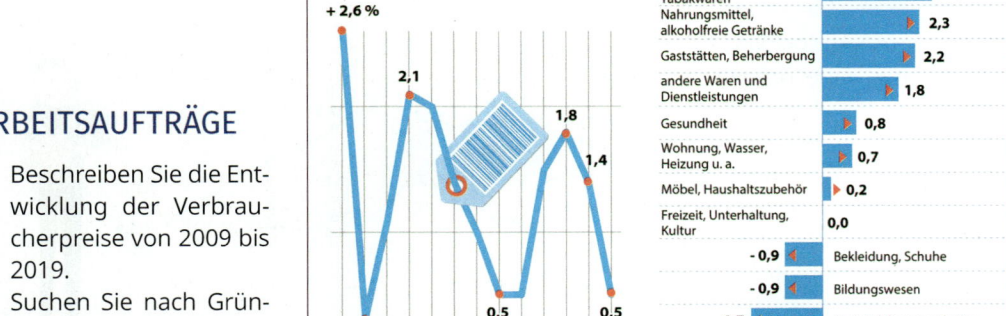

Die Verbraucherpreise in Deutschland

Anstieg jeweils gegenüber dem Vorjahr in Prozent

2020 gegenüber 2019

alkoholische Getränke, Tabakwaren	+ 2,6 %
Nahrungsmittel, alkoholfreie Getränke	2,3
Gaststätten, Beherbergung	2,2
andere Waren und Dienstleistungen	1,8
Gesundheit	0,8
Wohnung, Wasser, Heizung u. a.	0,7
Möbel, Haushaltszubehör	0,2
Freizeit, Unterhaltung, Kultur	0,0
Bekleidung, Schuhe	- 0,9
Bildungswesen	- 0,9
Post, Telekommunikation	- 1,7
Verkehr, Auto	- 2,0

+ 2,6 %   2,1   1,8   1,4   0,3   0,5   0,5

2008 09 10 11 12 13 14 15 16 17 18 19 2020

Quelle: Statistisches Bundesamt

© Globus 14449

Das Ziel der Preisniveaustabilität verlangt nicht die Stabilität der Preise einzelner Waren und Dienstleistungen, sondern fordert die Stabilität des Durchschnitts der Preise. Eine marktwirtschaftliche Ordnung mit dem Ausgleich von Angebot und Nachfrage über den Preis funktioniert nur bei beweglichen Preisen. Preissteigerungen einzelner Güter sollen durch Preissenkungen anderer Güter ausgeglichen werden, sodass das Preisniveau gleich bleibt.

Zur Begründung des Zieles kann angeführt werden, dass Geldwertschwankungen zu einer ungerechten Einkommens- und Vermögensverteilung führen.

Die Geldordnung des Eurosystems, dem die Bundesrepublik angehört, beruht auf dem sogenannten Nominalwertprinzip. Dieses Prinzip besagt, dass für den gesetzlichen Wert des Geldes der Nominalwert (Nennwert) des Geldbetrages gilt, d. h. „Euro = Euro". Es fällt bei der Begleichung eines Geldbetrages immer der Nominalwert an, egal ob dieser vom realen Wert abweicht oder nicht. Dies bedeutet: Steigt in einer Volkswirtschaft das Preisniveau und entsteht eine Inflation, so erhält man für einen Euro immer weniger an Gegenleistung. Jede Inflation bringt eine Verringerung des Geldwertes über Preiserhöhungen und benachteiligt die Bezieher fester oder nur langsam steigender Einkommen.

Arbeitnehmer, Rentner, Pensionäre, aber auch Sozialhilfeempfänger erhalten für ihr Einkommen einen immer geringer werdenden Gegenwert an Gütern. Auch Sparer sind trotz Zinsen von dieser Entwicklung betroffen. Hohe Inflationsraten benachteiligen vor allem die unteren und mittleren Schichten und damit den größten Teil der Bevölkerung. Kommt es in einer Volkswirtschaft über einen längeren Zeitraum hinweg zu einem steigenden Preisniveau, so kann das Geld seine wichtigen Funktionen als Tausch-, Zahlungs- und Wertaufbewahrungs- bzw. Wertübertragungsmittel nicht mehr erfüllen.

Bei einer deflationären Entwicklung, also Geldwertsteigerung ergeben sich umgekehrte Prozesse, und Gläubiger wie Sparer, Kreditgeber und die Bezieher fester Einkommen sind bevorzugt.

Hoher Beschäftigungsstand

ARBEITSAUFTRÄGE

Unter Vollbeschäftigung versteht man eine Situation, in der möglichst viele Menschen eine Arbeit haben.
1. Überprüfen Sie anhand der Zahl der Arbeitslosen den Zielerreichungsgrad der Vollbeschäftigung.
2. Reflektieren Sie die Vor- und Nachteile der Vollbeschäftigung.

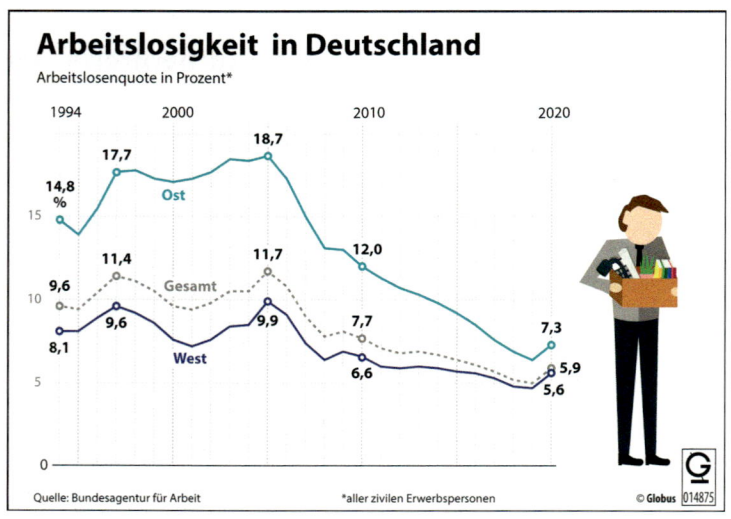

Arbeitslosigkeit in Deutschland

Arbeitslosenquote in Prozent*

| 1994 | 2000 | 2010 | 2020 |

Ost: 14,8 % · 17,7 · 18,7 · 12,0 · 7,3

Gesamt: 11,4 · 11,7

West: 9,6 · 8,1 · 9,6 · 9,9 · 7,7 · 6,6 · 5,9 · 5,6

Quelle: Bundesagentur für Arbeit   *aller zivilen Erwerbspersonen   © Globus 014875

Das Ziel eines hohen Beschäftigungsstandes ist in einer Volkswirtschaft erreicht, wenn möglichst viele Menschen eine bezahlte Arbeit haben, d.h. Arbeitslosigkeit vermieden wird. Arbeitslosigkeit hat starke Auswirkungen sowohl auf die Arbeitslosen selbst und ihr familiäres Umfeld als auch auf die Gesellschaft als Ganzes.

Zunächst führt Arbeitslosigkeit zu Einkommenseinbußen für die Betroffenen, da persönliche Ausgaben eingeschränkt und vorgesehene Anschaffungen zurückgestellt werden müssen. Erfolgen diese Kürzungen nicht, so gerät der Betroffene oft mit seiner Familie in eine Schuldenspirale. Stärker noch als die finanziellen werden von den Arbeitslosen die psychischen Belastungen empfunden: Die durch die Arbeitslosigkeit entstandene freie Zeit wird zum Problem, vermindert das Selbstwertgefühl sowie das gesellschaftliche Ansehen und zieht häufig auch die zwischenmenschlichen Beziehungen in Mitleidenschaft.

Hohe Arbeitslosigkeit kann für die Gesellschaft eine Gefährdung des sozialen Friedens bedeuten, verbunden mit zunehmender Kriminalität, psychischen Schäden, Alkoholismus, Drogenabhängigkeit, möglicherweise auch politische Veränderungen und „Radikalisierung". Unmittelbar entstehen dem Staat durch Arbeitslosigkeit erhebliche finanzielle Belastungen durch die Einnahmenausfälle an Steuern und Sozialversicherungsbeiträgen. Zudem muss er seine Ausgaben für das Arbeitslosengeld und Unterstützungszahlungen an die Sozialversicherungsträger erhöhen. Arbeitslosigkeit führt immer zu einem hohen volkswirtschaftlichen Schaden, da es zu einem Ausfall der Produktion kommt.

2.3　Außenwirtschaftliches Gleichgewicht und Wirtschaftswachstum

Außenwirtschaftliches Gleichgewicht

ARBEITSAUFTRÄGE

Deutschland ist eine Exportnation.

1. Belegen Sie diese Aussage unter Zuhilfenahme der Grafik.
2. Nennen Sie mögliche Ursachen für hohe Handelsüberschüsse und Probleme, die sich daraus ergeben.
3. Warum hat das Ziel des außenwirtschaftlichen Gleichgewichts durch die Gründung der Europäischen Union an Bedeutung verloren?

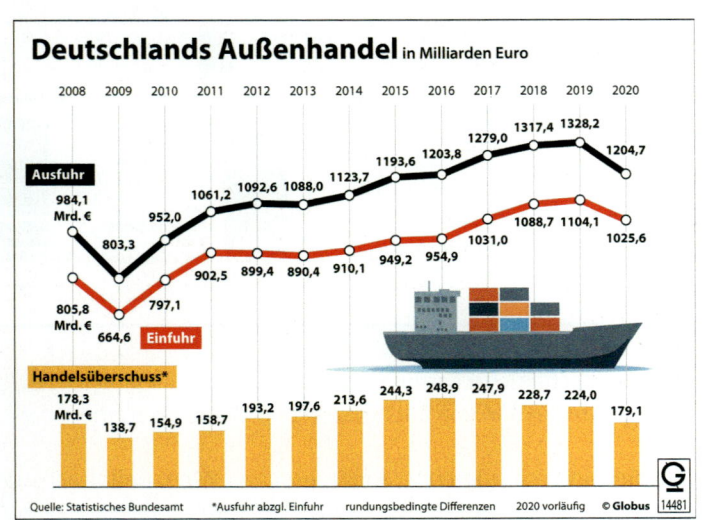

Die Begründung für das Ziel des außenwirtschaftlichen Gleichgewichts ist, dass jede Volkswirtschaft einen Ausgleich der Zahlungseingänge aus dem Ausland und der Zahlungsausgänge ins Ausland anstreben sollte. Trifft dies nicht zu, ergeben sich Störungen des Leistungsaustauschs und der internationalen Arbeitsteilung, die sowohl die Überschussländer als auch die Defizitländer betreffen.

Bei **Überschussländern** ergeben sich aufgrund verstärkter Exporte steigende Devisenreserven. **Defizitländer**, deren Übergewicht im Import liegt, bezahlen die eingeführten Güter mit ausländischen Devisen. Diese Länder drohen mit dem Dahinschmelzen ihrer Gold- und Devisenreserven allmählich international zahlungsunfähig zu werden. Zahlungsunfähigkeit bringt einem Land starke Rückschläge in der sozialen, politischen und wirtschaftlichen Entwicklung.

Die Außenhandelssituation der Bundesrepublik Deutschland ist seit Jahren durch einen Ausfuhrüberschuss gekennzeichnet, d. h. durch eine ständige Zunahme sowohl der Ausfuhren als auch der Einfuhren verbunden mit einem Übergewicht der Ausfuhren. Der Grund für die zum Teil hohen Überschüsse liegt darin, dass Deutschland eine Veredelungswirtschaft betreibt. Hierbei werden Vorleistungen und Energie importiert und Fertigerzeugnisse wie Maschinen, chemische Produkte und Automobile auf den Weltmärkten verkauft.

Die Bundesrepublik Deutschland zählt sowohl in der Weltausfuhr als auch in der Welteinfuhr mit China, den Vereinigten Staaten und Japan zu den führenden Handelsnationen. Sie gehört demnach zu den Ländern, die dem internationalen Wettbewerbsdruck und damit der Globalisierung verstärkt ausgesetzt sind.

Angemessenes und stetiges Wirtschaftswachstum

ARBEITSAUFTRÄGE

1. Beschreiben Sie allgemein die Entwicklung des nominalen Bruttoinlandsprodukts, der realen Veränderung in Prozent, sowie dessen Entstehung (Erarbeitung), Verwendung und Verteilung.
2. Suchen Sie nach möglichen Gründen für eine Zunahme des Bruttoinlandsprodukts.
3. Geben Sie an, mit welchen Nachteilen ein schwankendes Bruttoinlandsprodukt verbunden ist.

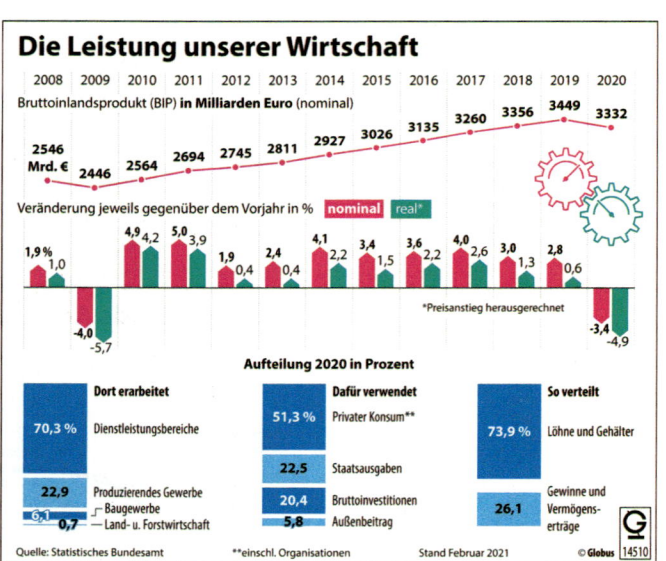

Unter Wirtschaftswachstum versteht man ganz allgemein die Zunahme der Wirtschaftsleistung, also der Produktion von Sachgütern und Dienstleistungen in einem Zeitraum.

Das Ziel eines stetigen und angemessenen Wirtschaftswachstums wird verfolgt, weil Wachstum eine Zunahme der Güterproduktion bedeutet und damit hilft, Arbeitsplätze zu sichern. Zunehmende Beschäftigung ermöglicht ein höheres Einkommen und im Gefolge einen gleich bleibenden bzw. steigenden Lebensstandard. Der materielle Wohlstand war und ist für viele Menschen Grundlage für ihre persönliche Entfaltung. Weitere Gründe für die Zielsetzung sind, dass es bei einer wachsenden Wirtschaft dem Staat eher möglich ist, strukturelle Probleme zu lösen, die soziale Sicherheit aufrechtzuerhalten und Entwicklungshilfe zu zahlen. Steigende Gewinne bieten für die Unternehmen den Vorteil, Investitionen durchzuführen und sich so dem nationalen und internationalen Wettbewerb zu stellen.

Einer der größten Vorteile des Wirtschaftswachstums ist die Tatsache, dass mehrere miteinander in Konkurrenz stehende Ziele gleichzeitig verwirklicht werden können. Man kann die Arbeitszeit verkürzen und trotzdem ein höheres Realeinkommen erwirtschaften, die Armut bekämpfen, ohne von den Wohlhabenden Opfer zu verlangen, die Leistung des Staates anheben, ohne die Steuersätze zu erhöhen, und den Entwicklungsländern wirtschaftliche Hilfe gewähren, ohne den nationalen Lebensstandard zu vermindern.

2.4 Verteilungsgerechtigkeit und lebenswerte Umwelt

Gerechte Einkommens- und Vermögensverteilung

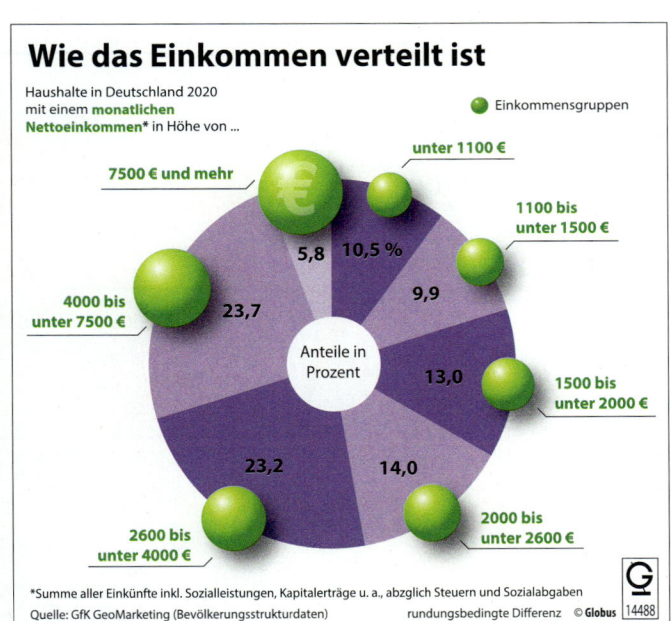

ARBEITSAUFTRÄGE

1. Beschreiben Sie zunächst allgemein die Einkommensverteilung in Deutschland.
2. Entwickeln Sie bezüglich dieser Einkommensverteilung kritische Anmerkungen.

Der Hauptgrund für eine gerechte Einkommens- und Vermögensverteilung in einer Gesellschaft ist der soziale Friede. Verteilungsgerechtigkeit verhindert die Entstehung von reichen und armen Schichten und mindert die sozialen Gegensätze. Sie fördert die soziale Integration der Menschen und schafft Zufriedenheit in der Bevölkerung. Neid, Missgunst, aber auch politische Unruhen werden weitgehend unterbunden.

Im Unterschied zu den Zielen des magischen Vierecks können bei der Einkommens- und Vermögensverteilung keine quantitativen Richtgrößen genannt, sondern nur prinzipielle Überlegungen angestellt werden. Die Verteilung des Volkseinkommens in einer Gesellschaft kann sich im Extrem an der Leistung oder am Bedarf eines Individuums orientieren. Bei der **Leistungsgerechtigkeit** soll das Einkommen einer Person der Marktleistung, die sie für andere erbracht hat, entsprechen. Bei der **Bedarfsgerechtigkeit** werden die sozialen Bedürfnisse in den Vordergrund gerückt, so enthält z. B. eine Familie mit Kindern mehr staatliche Unterstützung als ein Single. Aber auch die Bedürfnisse der Kranken, Arbeitslosen, der Menschen mit psychischen Problemen und unterschiedlicher Intelligenz müssen berücksichtigt werden. Es ist die Aufgabe des Staates, mit seiner Gesetzgebung für eine annähernd gerechte Einkommens- und Vermögensverteilung zu sorgen.

Die horizontale und vertikale Umverteilung der Einkommen als Mittel zur Verbesserung der Lebensumstände ist ein wichtiges Instrument der Sozialpolitik. Die **horizontale Umverteilung** findet sich z. B. bei den Zweigen der Sozialversicherung, wo zwischen Gesunden und Kranken, Beschäftigten und Arbeitslosen, Erwerbstätigen und Rentnern umverteilt wird. Zum einen werden Prämien und Steuern einbezahlt und zum anderen werden den Anspruchsberechtigten Leistungen gewährt. Bei der **vertikalen Umverteilung** geht es um einen Einkommenstransfer von den reichen zu den armen Bevölkerungsschichten. Dies erfolgt über Steuern, Preiskontrollen, Subventionen und die Bereitstellung bestimmter Güter wie Bildung, Gesundheit und Wohnen.

Lebenswerte Umwelt

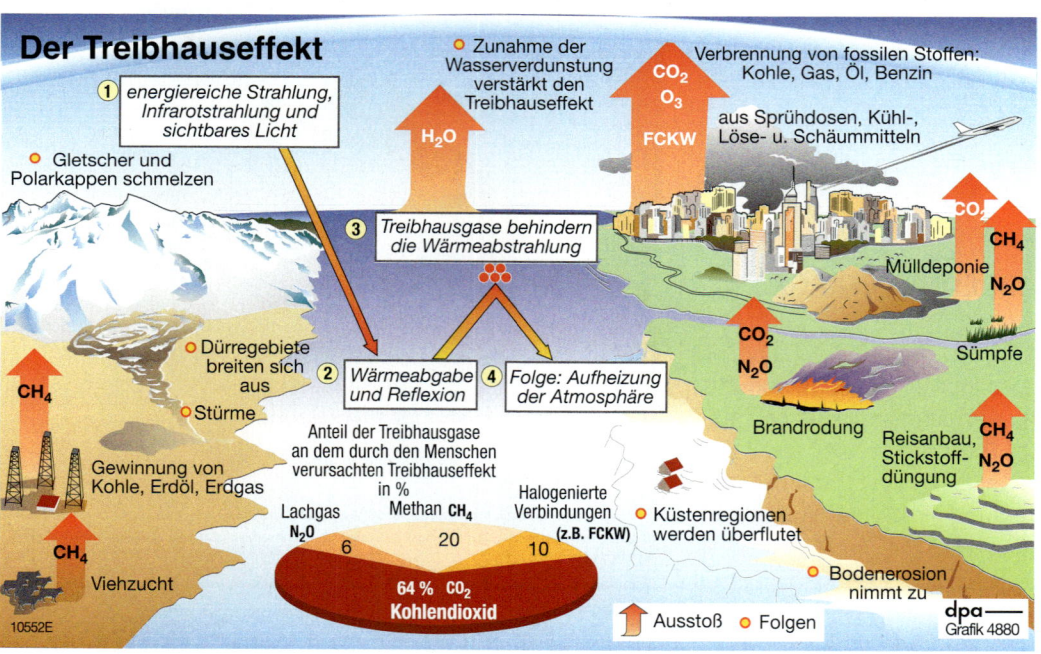

Der Treibhauseffekt

① energiereiche Strahlung, Infrarotstrahlung und sichtbares Licht

Gletscher und Polarkappen schmelzen

Zunahme der Wasserverdunstung verstärkt den Treibhauseffekt

H_2O

Verbrennung von fossilen Stoffen: Kohle, Gas, Öl, Benzin

CO_2 O_3

aus Sprühdosen, Kühl-, Löse- u. Schäummitteln

FCKW

③ Treibhausgase behindern die Wärmeabstrahlung

CO_2

CH_4

Mülldeponie

N_2O

Dürregebiete breiten sich aus

CH_4

Stürme

② Wärmeabgabe und Reflexion

④ Folge: Aufheizung der Atmosphäre

CO_2 N_2O

Brandrodung

Sümpfe

CH_4 N_2O

Reisanbau, Stickstoffdüngung

Gewinnung von Kohle, Erdöl, Erdgas

Anteil der Treibhausgase an dem durch den Menschen verursachten Treibhauseffekt in %

Lachgas N_2O 6

Methan CH_4 20

Halogenierte Verbindungen (z.B. FCKW) 10

Küstenregionen werden überflutet

CH_4

Viehzucht

64 % CO_2 Kohlendioxid

Bodenerosion nimmt zu

Ausstoß   Folgen

dpa Grafik 4880

10552E

ARBEITSAUFTRÄGE

1. Erläutern Sie die Ursachen und Folgen des Treibhauseffekts.
2. Welche Maßnahmen werden in Deutschland ergriffen, um den Treibhauseffekt zu mindern?
3. Vergleichen Sie die Bemühungen Deutschlands um eine lebenswerte Umwelt mit denen anderer Ländern.

Die Bundesrepublik Deutschland hat sich im Laufe der Zeit zu einer Wohlstandsgesellschaft entwickelt, die eine steigende Güterproduktion erfordert und zu einem starken Anwachsen der

Umweltbelastung beiträgt. Zudem ist es der Mensch seit Jahrhunderten gewohnt, die Umwelt zum „Nulltarif" in seine Produktionskalkulation einzusetzen und eine Vielfalt von Gütern wie Luft, Wasser, Bodenschätze der Natur als freies Gut zu entnehmen. Die Tatsache, dass für die Umweltgüter keine Kosten entstehen und bei ihnen der Marktmechanismus nicht funktioniert, veranlasst die Unternehmen, ihre Abwässer in Flüsse und Seen zu leiten und damit die Tierwelt auszurotten, ihre Abgase in die Atmosphäre abzugeben und den Klimahaushalt bzw. die Pflanzenwelt zu gefährden. Sie lagern ihre Abfälle in Deponien und verseuchen damit Böden und das Grundwasser. Aber nicht nur die Produzenten belasten die Natur, sondern auch die Konsumenten tragen mit Autoabgasen, Hausbrand, enormer Abfallproduktion und bedenkenlosem Wegwerf-Konsum zur Umweltgefährdung bei. Wird das Ziel des Umweltschutzes nicht in verstärktem Umfang durch nachhaltiges Wirtschaften (Sustainable Development) verfolgt, so wird den kommenden Generationen die Grundlage für ein lebenswertes Dasein entzogen.

> ”

> Der Begriff Sustainable Development ist der Forstwirtschaft entlehnt. Dort kennzeichnet Nachhaltigkeit eine Art der Waldbewirtschaftung, bei der die Reproduktionskraft des Waldes und die jeweilige Holzernte so mit einander in Einklang gebracht werden, dass nur so viel Holz geschlagen wird, wie wieder nachwächst. In der Umweltpolitik bezeichnet der Begriff der „Nachhaltigen Entwicklung" ein Wirtschaftswachstum, das die Erhaltung der Umwelt und ihrer Funktionen auch für künftige Generationen sichert.
> *Quelle: Hohlstein, Michael/Pflugmann-Hohlstein, Barbara/Sperber, Herbert/Sprink, Joachim: Lexikon der Volkswirtschaft. Über 2 000 Begriffe für Studium und Beruf. München: Beck 2000, S. 409.*

In der Konferenz von Rio de Janeiro (1992) wurde das magische Dreieck der Nachhaltigkeit entwickelt. Dieses Drei-Säulen-Konzept verlangt neben dem ökologischen Gleichgewicht die gleichzeitige Erreichung der ökonomischen Sicherheit und der sozialen Gerechtigkeit.

2.5 Methodenseiten

Statistiken interpretieren (Sozialbudget)

Aufbau einer Statistik

Überschrift

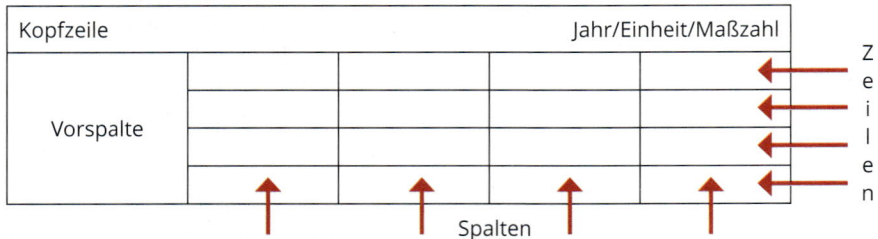

> Eine **Statistik** ist eine übersichtliche und interpretierbare Darstellung quantitativer Daten, die komplizierte Sachverhalte und Zusammenhänge in komprimierter Form durch Zahlenangaben veranschaulicht.

Statistiken, die durch bildhafte Elemente ergänzt werden, bezeichnet man als Grafiken. Sie können auch in Form von Diagrammen aufbereitet werden, wobei es unterschiedliche Darstellungsformen gibt. Gängige Diagramme sind die Linien-, Säulen, Balken- und Kreisdiagramme.

Schritte bei der Analyse von Statistiken

1. **Information**
   Beantworten Sie zunächst die grundlegenden Fragen:
   - Wie lautet das Thema der Statistik? (Überschrift)
   - Welche Faktoren werden zueinander in Beziehung gesetzt? (Vorspalte, Kopfzeile)
   - Welche Kriterien werden dabei benutzt? (Begriffe, Jahreszahlen, Geldeinheiten)
2. **Überprüfung**
   Beschreiben Sie den formalen Aufbau der Statistik anhand folgender Fragen:
   - Welche Darstellung wurde gewählt? (z. B. Säulendiagramm, Indexkurven)
   - Welche Zahlenarten werden verwendet? (absolute, relative Zahlen)
   - Wie sind die zeitlichen Bezüge? (Jahre, Jahrzehnte)
   - Gibt es Zeitsprünge?
3. **Analyse**
   Die Beantwortung folgender Fragen kann hier sinnvoll sein:
   - Wo befinden sich die Minimal- bzw. Maximalwerte?
   - Wie ist die zeitliche Entwicklung bestimmter Faktoren? (gleich, sprunghaft, exponentiell)
   - Gibt es Verlaufsphasen? (Zunahme, Abnahme, Stagnation)
4. **Bewertung**
   Beantworten Sie folgende Fragen:
   - Welche grundsätzlichen Aussagen sind möglich?
   - Sind die Aussagen glaubwürdig?
   - Sind die Quellen zuverlässig?

Sozialbudget[1]

	West				D			
	1960	1970	1980	1990	1991	2000	2010	2018[2]
	in Milliarden Euro							
Sozialausgaben insgesamt[3]	32,3	84,2	222,9	338,3	395,6	608,5	771,4	965,0
darunter								
Rentenversicherung	10,0	26,5	72,4	109,4	133,2	217,4	253,7	313,1
Krankenversicherung	4,8	12,9	45,4	71,6	92,7	132,1	173,9	237,4
Pflegeversicherung	.	.	.	.	.	16,7	21,5	39,8
Unfallversicherung	0,9	0,2	4,8	6,6	7,6	10,8	12,1	13,9
Arbeitsförderung u.								
Arbeitslosenversicherung[4]	0,6	1,8	11,7	25,0	44,7	64,8	83,1	71,4
Beamtenpensionen	3,5	8,1	16,8	22,6	23,3	34,9	43,8	60,3
Altershilfe für Landwirte	0,1	0,5	1,4	2,3	2,5	3,3	2,9	2,7
Entgeltfortzahlung	1,5	6,5	14,7	20,3	23,4	27,2	32,5	54,0
Kindergeld[5]	0,5	1,5	8,8	7,4	10,4	33,1	42,0	46,2
Erziehungs-/Elterngeld	.	.	.	2,5	3,2	3,7	4,8	7,3
Soziale Entschädigung	2,0	3,8	6,8	6,5	6,5	4,5	1,9	0,8
Wohngeld	.	0,3	1,0	2,0	2,5	4,3	1,9	1,1
Kinder- und Jugendhilfe	0,3	1,0	4,3	6,8	10,9	17,3	25,6	46,5
Sozialhilfe	0,6	1,7	6,8	14,8	18,1	25,8	25,6	39,9
Sozialausgaben je Einwohner in Euro[6]	577,00	1.380,00	3.615,00	5.309,00	4.947,00	7.470,00	9.608,00	12.014,00
Sozialquote in Prozent des BIP[3]	20,9	23,3	28,3	25,9	25,0	28,8	29,9	29,4
	Finanzierung des Sozialbudgets nach Quellen in Prozent							
Unternehmen[7]	34,3	32,5	32,9	33,5	36,0	31,6	26,5	27,2
Bund	25,6	24,4	23,5	19,2	18,7	20,9	24,2	21,0
Länder	13,8	14,0	11,8	10,3	7,6	9,1	8,5	8,9
Gemeinden	5,1	7,0	7,8	8,6	7,7	8,5	9,3	9,9
Sozialversicherung	0,2	0,3	0,3	0,3	0,3	0,4	0,3	0,4
Private Organisationen	1,0	0,9	1,1	1,4	1,1	1,2	1,1	1,2
Private Haushalte[8]	20,0	21,0	22,5	26,7	28,5	28,3	29,9	31,4
Übrige Welt	0,0	0,0	0,0	0,0	0,0	0,1	0,0	0,0

[1] ohne Zahlungen der sozialen Einrichtungen untereinander; [2] geschätzt; [3] ohne Beiträge des Staates;
[4] einschl. Arbeitslosenhilfe/Arbeitslosengeld II; [5] seit 1996 Familienleistungsausgleich; [6] Basis: Zensus 2011;
[7] nur Kapitalgesellschaften; [8] einschl. Selbstständige u. Unternehmen in der Rechtsform einer Personengesellschaft
Ursprungsdaten: BMAS

vgl. Institut der deutschen Wirtschaft Köln Medien GmbH (Hrsg.): Deutschland in Zahlen 2020. Köln: IW Medien 2020, S. 80.

1. Erläutern Sie die Entwicklung der folgenden Posten im Zeitablauf von 1960 bis 2018:
   Rentenversicherung, Krankenversicherung, Sozialhilfe, Sozialausgaben je Einwohner in Euro.
2. Definieren Sie den Begriff „Sozialquote".
   a) Erläutern Sie die Entwicklung der Sozialquote von 1960 bis 2018.
   b) Suchen Sie nach Gründen für diese Entwicklung.
   c) Informieren Sie sich im Internet über die Sozialquoten in anderen Ländern.
3. Interpretieren Sie die Sozialausgaben im Jahr 2018.
   a) Suche Sie nach den drei größten Sozialausgabeposten. Nennen Sie die Gründe für die Höhe.
   b) Suchen Sie die drei kleinsten Sozialausgaben und erläutern Sie die erbrachten Leistungen.
4. Analysieren Sie den Abschnitt „Finanzierung des Sozialbudgets nach Quellen in Prozent".
   a) Interpretieren Sie die Tabelle in horizontaler Richtung.
   b) Beschreiben Sie die vertikale Aufteilung für das Jahr 2018.

Aufgaben

1. Entwickeln Sie eine Matrix, die in der Kopfzeile die Ziele des magischen Sechsecks enthält. Bilden Sie zwei Vorspalten mit den Begriffen „Merkmale des Ziels" und „Gründe für das Ziel". Füllen Sie die Leerfelder auf.

2. 1923 gab es eine Hyperinflation im Deutschen Reich.

   a) Beschreiben Sie die Situation des Bildes.
   b) Welche Rückschlüsse auf den Wert des Geldes können gezogen werden?
   c) Erläutern Sie die Auswirkungen auf das Kaufverhalten der Verbraucher und das Produktionsverhalten der Unternehmer.
   d) Entwickeln Sie Vorschläge, mit denen eine Hyperinflation beseitigt werden kann.

3. Jugendarbeitslosigkeit ist ein hartes Schicksal.
   a) Recherchieren Sie im Internet die Höhe der Jugendarbeitslosigkeit in Frankreich, Spanien, Griechenland und Deutschland.
   b) Suchen Sie nach Gründen für die unterschiedliche Jugendarbeitslosigkeit in den Ländern.
   c) Erläutern Sie Maßnahmen, mit denen die Jugendarbeitslosigkeit gesenkt werden kann.

4. Braucht Wohlstand Wachstum?
   a) Setzen Sie sich kritisch mit obiger Frage auseinander.
   b) Erläutern Sie Möglichkeiten der Steigerung des Wirtschaftswachstums.
   c) Es ist leichter, Zuwachs zu verteilen als Bestand. – Begründen Sie diese Aussage!

5. Annähernd jeder vierte Arbeitsplatz hängt in Deutschland vom Ausland ab.
   a) Suchen Sie nach Unternehmen in der Umgebung Ihres Wohn- bzw. Schulortes, die stark exportabhängig sind.
   b) Nennen Sie Vor- und Nachteile, die die Exportstärke der Bundesrepublik mit sich bringt.

6. Eine gerechte Einkommens- und Vermögensverteilung kann durch staatliche Anreize zur Vermögensbildung gefördert werden. Suchen Sie im Internet nach Möglichkeiten der Vermögensbildung.

7. Um die Energieabhängigkeit in Deutschland zu reduzieren, wird verstärkt auf Windräder gesetzt. In unmittelbarer Nähe des Ortes X soll ein Windpark (evtl. Freilandleitung) errichtet werden. Veranstalten Sie ein Rollenspiel mit folgenden Personen(gruppen): Vertreter des Anlagenbetreibers, Vertreter der Bürgerinitiative (Pro- oder Kontra-Position möglich), Vertreter des Landratsamtes, Vertreter der betroffenen Gemeinde, Vertreter des Naturschutzes.
   a) Entwickeln Sie für jede Person(engruppe) eine Rollenspielkarte mit realistischen Argumenten.
   b) Im zuständigen Landratsamt findet eine öffentliche Anhörung der beteiligten Gruppen statt. Moderieren Sie diese öffentliche Aussprache.
   c) Reflektieren Sie ausführlich den Ablauf der Konferenz.

3 Indikatoren und Zielerreichung

3.1 Arten der Indikatoren

ARBEITSAUFTRÄGE

1. Beschreiben Sie zunächst die Situation, die in der Karikatur abgebildet wird.
2. Vergleichen Sie die Situation im Krankenzimmer mit der Ausgangslage in einer Volkswirtschaft. Welche der folgenden Begriffe stehen in einem inneren Zusammenhang: „Patient" – „Arzt" – „Regierung (Politik)" – „Appetit" – „Kreislauf" – „Wirtschaft" – „Indikatoren".
3. Die Diagnose des Arztes ist die Grundlage für die Wahl der Medikamente und die Prognose des Krankheitsverlaufs. Belegen Sie diesen Zusammenhang für den Bereich der Volkswirtschaft.

Die wirtschaftliche Situation eines Landes wird durch eine Vielzahl von Indikatoren beschrieben.

> **Indikatoren** sind Maßgrößen in Form statistischer Zahlenreihen, die wirtschaftliche Entwicklungsvorgänge aufzeigen und sich häufig auf eine Grundzahl mit dem Index = 100 beziehen.

Die Aufgabe der Informationsbeschaffung und Datensammlung erfüllen amtliche Stellen – wie das Statistische Amt der Europäischen Union (EUROSTAT), das Statistische Bundesamt (destatis), die statistischen Landesämter, die Deutsche Bundesbank und die Bundesagentur für Arbeit – und nichtamtliche Stellen. Zu letzteren gehören wirtschaftswissenschaftliche Forschungsinstitute, wie z.B. das Institut der deutschen Wirtschaft (IdW) oder das Deutsche Institut für Wirtschaftsforschung (DIW), außerdem Wirtschaftsverbände und Meinungsforschungsinstitute. Auch internationale Institutionen, wie die Organisation für wirtschaftliche Zusammenarbeit (OECD) und der Internationale Währungsfond (IWF), liefern wertvolle Informationen.

Eine Unterscheidung der Indikatoren kann nach der zeitlichen Abfolge zu einer wirtschaftlichen Situation in Beziehung gesetzt werden. Hierbei unterscheidet man Früh-, Präsens- und Spätindikatoren.

Frühindikatoren kündigen den zukünftigen Verlauf der wirtschaftlichen Entwicklung an und sind darum für eine Wirtschaftsprognose unentbehrlich. Die wichtigsten Indikatoren sind der Index des Geschäftsklimas und des Auftragseingangs. Der Geschäftsklimaindex basiert auf ca. 7 000 monatlichen Meldungen von Unternehmen und ermittelt dadurch die Erwartungen der Betriebe für die Zukunft. Die Auftragseingänge werden monatlich vom Statistischen Bundesamt für die Industrie und das Bauhauptgewerbe erhoben.

Präsensindikatoren laufen zur Wirtschaftsentwicklung parallel und verdeutlichen damit die von den Frühindikatoren angezeigte Bewegungsrichtung. Zu den Präsensindikatoren gehören die Kapazitätsauslastung in den verschiedenen Wirtschaftszweigen, die Produktion z.B. in der Metallindustrie, Textilindustrie oder im Bauhauptgewerbe, sowie die Einzelhandelsumsätze oder die Einfuhren und Ausfuhren.

Spätindikatoren zeigen Veränderungen am Ende einer abgelaufenen Wirtschaftsperiode an. Solche Indikatoren sind z.B. der Verbraucherpreisindex, die Arbeitslosenquote oder die Veränderung des Inlandsprodukts.

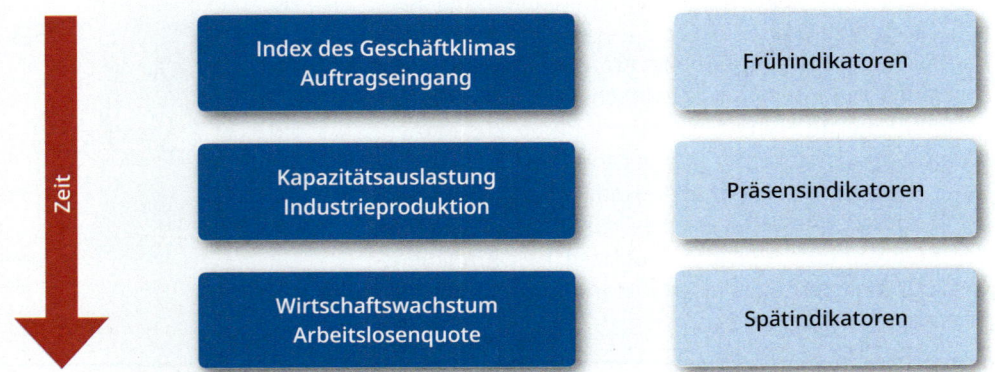

Eine weitere Einteilungsmöglichkeit der Indikatoren kann nach Mengen- und Preis- bzw. Kostenindikatoren erfolgen.

Mengenindikatoren sind vor allem im Produktionsbereich von Bedeutung, wobei der wichtigste Indikator der Index der industriellen Produktion ist. Weitere Mengenindikatoren sind z.B. Auftragseingang, die Lagerhaltung, die Auslastung der Kapazitäten oder die Zahl der Arbeitslosen.

Preis- bzw. Kostenindikatoren zeigen die Verteuerung (Verbilligung) bestimmter Sachgüter oder Dienstleistungen im Zeitablauf. Zu ihnen gehören die Veränderung der Löhne und Gehälter sowie der Gewinne, die Preisveränderung für die Lebenshaltung, aber auch die Entwicklung der Zinsen und Aktienkurse.

Kosten- und Preisindikatoren folgen den Mengenindikatoren meist mit deutlicher Verzögerung. Verlässliche Rückschlüsse von den Veränderungen der Mengenindikatoren auf die Entwicklung der Preisindikatoren sind nicht möglich.

Fasst man mehrere wichtige Indikatoren zusammen, so ergibt sich ein Einblick in die gesamtwirtschaftliche Situation zu einer bestimmten Zeit, d.h., die Ausgangslage einer Volkswirtschaft wird diagnostiziert. Die genaue Diagnose ermöglicht Einblicke in die Problemlage einer Volkswirtschaft, aus der die Zielsetzungen für die zukünftige Entwicklung abgeleitet werden können. Anhand der Indikatoren kann die Zielerreichung gemessen werden.

3.2 Messung der Ziele

Wachstumsrate des realen Bruttoinlandsprodukts

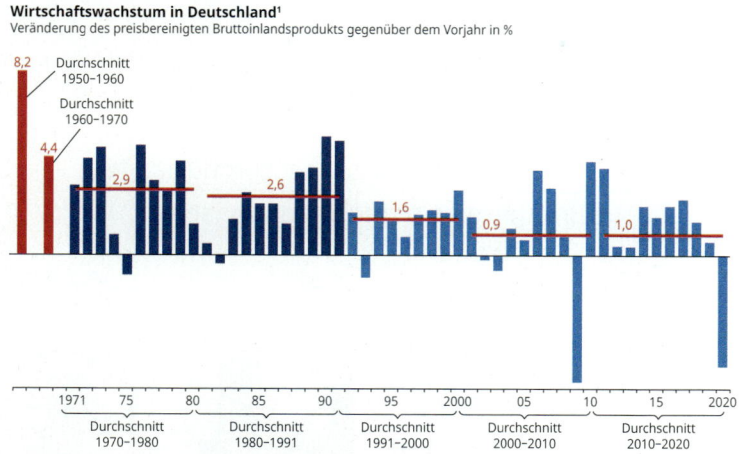

Wirtschaftswachstum in Deutschland[1]
Veränderung des preisbereinigten Bruttoinlandsprodukts gegenüber dem Vorjahr in %

[1] Die Ergebnisse von 1950 bis 1970 (Früheres Bundesgebiet) sind wegen konzeptioneller und definitorischer Unterschiede nicht voll mit den Ergebnissen von 1970 bis 1991 (Früheres Bundesgebiet) und den Angaben ab 1991 (Deutschland) vergleichbar. Die preisbereinigten Ergebnisse von 1950 bis 1970 (Früheres Bundesgebiet) sind in Preisen von 1991 berechnet. Die Ergebnisse von 1970 bis 1991 (Früheres Bundesgebiet) sowie die Angaben ab 199 (Deutschland) werden in Preisen des jeweiligen Vorjahres als Kettenindex nachgewiesen. Bei der VGR-Revision 2019 wurden zudem nur die Ergebnisse für Deutschland bis 1991 zurückgerechnet; Angaben vor 1991 sind unverändert geblieben.

vgl. Statistisches Bundesamt: Bruttoinlandsprodukt für Deutschland 2020. Begleitmaterial zur Pressekonferenz am 14. Januar 2021, Wiesbaden 2021. Online verfügbar unter: https://www.destatis.de/DE/Presse/Pressekonferenzen/2021/BIP2020/pressebroschuere-bip.pdf?__blob=publicationFile, S. 6 [11.11.2021].

ARBEITSAUFTRÄGE

1. Vergleichen Sie allgemein die Wachstumsraten von Westdeutschland (bis 1991) und Gesamtdeutschland.
2. Beschreiben Sie die realen Veränderungen ab dem Jahr 2000 und suchen Sie nach Regeln.
3. In den Jahren 2008 und 2009 kam es zu einem starken Rückgang der realen Wachstumsraten. Informieren Sie sich im Internet über die Ursachen dieses starken Einbruchs.

Bruttoinlandsprodukt

Die Wachstumsrate des realen Bruttoinlandsprodukts ist der wichtigste Indikator zur Beurteilung der Wirtschaftsentwicklung eines Landes. Grundlage für die Messung des Wirtschaftswachstums ist das **Bruttoinlandsprodukt (BIP)**.

> Das **Bruttoinlandsprodukt** besteht aus der Summe der Sachgüter und Dienstleistungen, die in einem Zeitraum in einer Volkswirtschaft erzeugt und zu Preisen bewertet werden.

Dem Bruttoinlandsprodukt liegt das Inlandskonzept zugrunde, d.h., es erfasst die wirtschaftlichen Aktivitäten von Inländern und Ausländern im Inland. Im internationalen Sprachgebrauch wird es auch als „domestic product" bezeichnet, da es den Produktionsprozess innerhalb der geografischen Grenzen eines Landes wiedergibt.

Das **nominale Bruttoinlandsprodukt** bewertet die Güterproduktion eines Landes zu den jeweiligen Marktpreisen. Durch diese Berechnungsmethode steigt das Bruttoinlandsproduktion bei Inflation und sinkt bei Deflation. Beim **realen Bruttoinlandsprodukt** wird die verzerrende Wirkung der Preisveränderungen herausgerechnet und damit die Aussagekraft über die Wirtschaftsleistung eines Landes erhöht.

Die prozentuale Zu- bzw. Abnahme des Bruttoinlandsprodukts gegenüber dem Vorjahr bezeichnet man als **Wachstumsrate**.

$$\text{Wachstumsrate} = \frac{\text{Veränderung des Bruttoinlandsprodukts} \cdot 100}{\text{Bruttoinlandsprodukt (des Vorjahres)}}$$

Wie jede statistische Größe ist das Bruttoinlandsprodukt das Ergebnis von Umfragen, Teilerhebungen, wissenschaftlichen Abgrenzungen usw. und enthält dadurch einige Unzulänglichkeiten:

- Für einen Teil der erzeugten Güter gibt es keine Marktpreise, wie z. B. bei den Leistungen der staatlichen Behörden. Diese öffentlichen Leistungen werden zu ihren Herstellungskosten in das Bruttoinlandsprodukt aufgenommen.
- Eine Vielzahl von Tätigkeiten werden in das Bruttoinlandsprodukt überhaupt nicht eingerechnet, z. B. die Leistungen der Hausfrauen, der mithelfenden Kinder oder der sogenannten Schattenwirtschaft (Schwarzarbeit).
- Es gibt Bestandteile des Bruttoinlandsprodukts, die erst aufgrund der Zerstörung von Werten entstehen. Beispiel: Wird ein Auto – das bei seiner Fertigstellung die Bruttowertschöpfung bereits erhöhte – durch einen Verkehrsunfall beschädigt, entsteht durch die nachfolgende Reparaturleistung wiederum ein Beitrag zum Bruttoinlandsprodukt.
- Das Bruttoinlandsprodukt für sich betrachtet lässt keine Aussage über seine Verteilung, also über den Wohlstand breiter Bevölkerungsschichten, zu.

Eine Steigerung des Wirtschaftswachstums kann durch quantitative und qualitative Maßnahmen erreicht werden.

- Zu den quantitativen Maßnahmen gehört vor allem die Zunahme von Erweiterungsinvestitionen. Während Ersatzinvestitionen dem Erhalt vorhandener Anlagen dienen, führen Erweiterungs(Neu)investitionen zu einem steigenden Bruttoinlandsprodukt. Aber auch eine zunehmende Bevölkerungszahl oder die Erhöhung der Erwerbsquote haben denselben Effekt. Die Erwerbsquote ist der Anteil der Erwerbspersonen (Erwerbstätige plus Erwerbslose) an der Wohnbevölkerung bezogen auf 15- bis 64-Jährige. Eine verstärkte Ausbeutung der vorkommenden Rohstoffe bzw. Energievorräte in einer Volkswirtschaft steigert ebenfalls die Güterproduktion.
- Zu den qualitativen Maßnahmen der Wachstumssteigerung gehören die Investitionen in das Bildungssystem und vor allem die Höherqualifizierung der Arbeitskräfte. Durch Fort- und Weiterbildungsmaßnahmen wird die Produktion des Faktors Arbeit erhöht. Die Produktivität in einem Land kann auch durch die Optimierung der Prozess- und Verfahrensabläufe in den Unternehmen gesteigert werden.

Konjunkturzyklus und -phasen

Trägt man die prozentualen Veränderungen des realen Bruttoinlandsprodukts in ein Koordinatensystem mit der Rechtswertachse – Zeit in Jahren – und der Hochwertachse – Veränderungen des BIP in Prozent – ein, so erhält man Konjunkturschwankungen. Da Konjunkturschwankungen mit einer gewissen Regelmäßigkeit auftreten, bezeichnet man einen Teilausschnitt davon als Konjunkturzyklus. Jeder Konjunkturzyklus hat in idealisierter, vereinfachter Form einen wellenförmigen Verlauf mit einer bestimmten Schwankungsbreite.

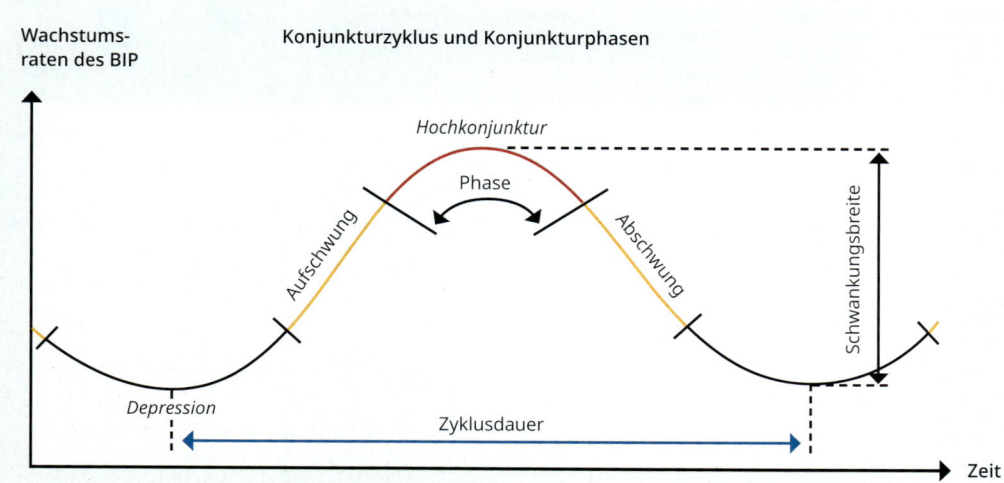

Ein Konjunkturzyklus wird in unterschiedliche Konjunkturphasen eingeteilt. Die häufigste Unterteilung ist der Vier-Phasen-Zyklus mit:

- **Depression:**
  Die Depressionsphase, auch Wirtschaftstief oder Stagnation genannt, ist durch niedrige Auftragsbestände, geringe Kapazitätsauslastung, Kurzarbeit und zunehmende Arbeitslosigkeit gekennzeichnet. Investitionen sind in dieser Zeit riskant und werden unterlassen. Der private Konsum ist rückläufig, und die pessimistische Gesamtnachfrage wirkt bremsend auf die Inflationsrate.

- **Aufschwung:**
  Die Aufschwungsphase, auch Wiederbelebung oder Expansion genannt, wird meist durch eine Ausweitung der privaten Nachfrage, der Investitionen oder des Exports eingeleitet. Dadurch verbessert sich in den Unternehmen das Geschäftsklima und die Auftragslage. Die Güterproduktion nimmt in vielen Wirtschaftszweigen zu, und bisher unzureichend genutzte Kapazitäten werden ausgelastet.

- **Hochkonjunktur:**
  Die Phase der Hochkonjunktur, auch als Boom oder Hausse bezeichnet, beginnt meist mit einem Anstieg der Nachfrage. Die Produktionskapazitäten sind voll ausgelastet, die Überstunden nehmen zu und die Arbeitskräfte werden in bestimmten Branchen knapp. Eine überhöhte Nachfrage führt zu starken Preissteigerungen und die Mengenkonjunktur des Aufschwungs wird von einer Preiskonjunktur abgelöst.

- **Abschwung:**
  Merkmale des Abschwungs sind vor allem rückläufige Umsätze, Lagerabbau, verminderte Kapazitätsauslastung und beginnende Kurzarbeit.

Verbraucherpreisindex

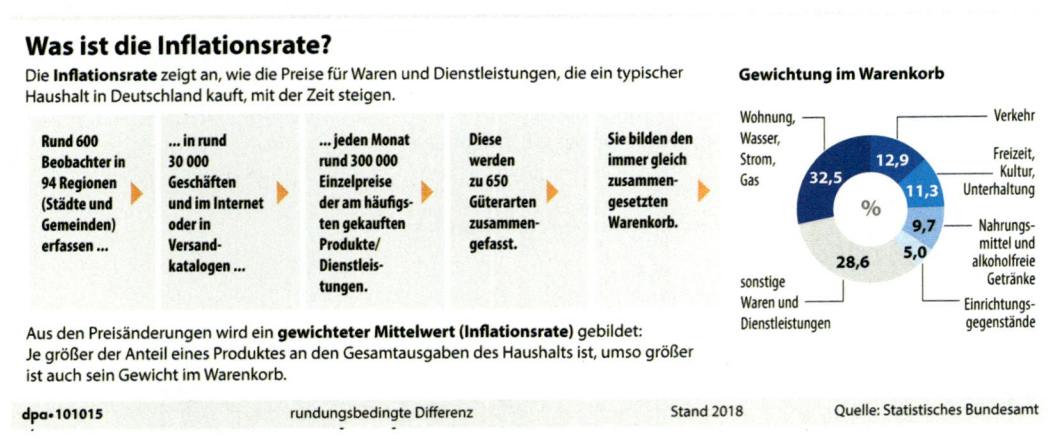

Was ist die Inflationsrate?

Die **Inflationsrate** zeigt an, wie die Preise für Waren und Dienstleistungen, die ein typischer Haushalt in Deutschland kauft, mit der Zeit steigen.

Rund 600 Beobachter in 94 Regionen (Städte und Gemeinden) erfassen ...	**... in rund 30 000 Geschäften und im Internet oder in Versandkatalogen ...**	**... jeden Monat rund 300 000 Einzelpreise der am häufigsten gekauften Produkte/ Dienstleistungen.**	**Diese werden zu 650 Güterarten zusammengefasst.**	**Sie bilden den immer gleich zusammengesetzten Warenkorb.**

Gewichtung im Warenkorb

Wohnung, Wasser, Strom, Gas — 32,5
Verkehr — 12,9
Freizeit, Kultur, Unterhaltung — 11,3
Nahrungsmittel und alkoholfreie Getränke — 9,7
Einrichtungsgegenstände — 5,0
sonstige Waren und Dienstleistungen — 28,6

Aus den Preisänderungen wird ein **gewichteter Mittelwert (Inflationsrate)** gebildet: Je größer der Anteil eines Produktes an den Gesamtausgaben des Haushalts ist, umso größer ist auch sein Gewicht im Warenkorb.

dpa•101015   rundungsbedingte Differenz   Stand 2018   Quelle: Statistisches Bundesamt

ARBEITSAUFTRÄGE

1. Erläutern Sie die Ermittlung der Inflationsrate durch das Statistische Bundesamt.
2. Was versteht man unter „Gewichtung im Warenkorb"?
3. Erläutern Sie die Gewichtung wichtiger Warengruppen und begründen Sie diese kurz.
4. Gehen Sie „... auf einen selbst gewählten Gewichtungsgegensatz ..." genauer ein.

Der Verbraucherpreisindex erfasst die durchschnittliche Preisentwicklung aller Sachgüter und Dienstleistungen in Deutschland, die die privaten Haushalte für ihren privaten Konsum benötigen. Der Verbraucherpreisindex wird vom Statistischen Bundesamt in Wiesbaden monatlich ermittelt. Daneben gibt es noch das Statistische Amt der Europäischen Union (Eurostat), das einen harmonisierten Verbraucherpreisindex veröffentlicht. Beide Indizes können unter www.destatis.de und ec.europa.eu abgerufen werden. Die Veränderung des Verbraucherpreisindex wird auch als **Inflationsrate** bezeichnet.

Die Berechnung der Verbraucherpreise erfolgt anhand eines **Warenkorbes**, der einen zeitlichen und örtlichen Vergleich ermöglicht und sämtliche Güter enthält, die von den privaten Haushalten gekauft werden. Dieser Warenkorb wird laufend aktualisiert, damit immer diejenigen Gütervarianten in die Preisbeobachtung eingehen, die von den Konsumenten am häufigsten gekauft werden. Neben der Güterauswahl muss das Statistische Bundesamt noch eine Gewichtung der Güter vornehmen. Unter **Gewichtung** versteht man den prozentualen Anteil der einzelnen Indexpositionen an den Gesamtausgaben des Durchschnittshaushalts. Dazu wird die Bundesrepublik in 94 Regionen aufgeteilt und die Auswahl der konkreten Güter für die Preisbeobachtung erfolgt einerseits durch Preiserheber(innen) im ganzen Bundesgebiet und anderseits durch eine zentrale Preiserhebung für Güterarten, die im Internet oder in Versandhauskatalogen angeboten werden. Der Preismessung liegen die Anschaffungspreise einschließlich der Verbrauchs- und Mehrwertsteuer zugrunde.

Bei der Preisermittlung müssen die Mengen- und Qualitätsänderungen der Güter berücksichtigt werden. Verringert z.B. der Anbieter die Verpackungsgröße eines Produkts bei gleichbleibendem Preis, wird dies als Preiserhöhung behandelt. Bei Gütern mit technischem Fortschritt wie Autos oder elektrische Geräte, müssen die Qualitätssteigerungen berücksichtigt werden.

Anteil des Außenbeitrags am nominalen Bruttoinlandsprodukt

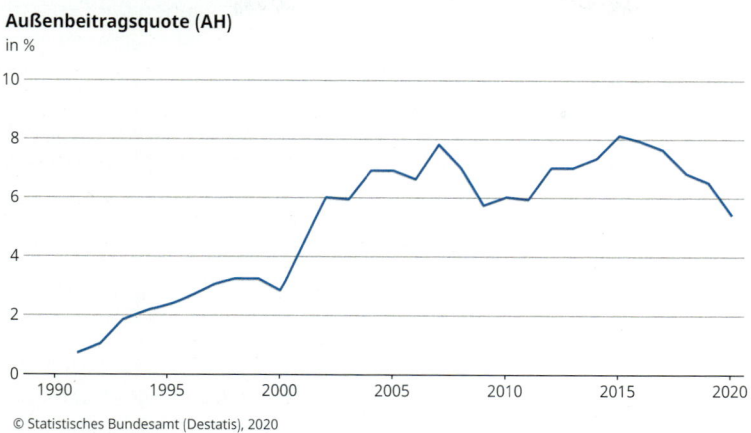

© Statistisches Bundesamt (Destatis), 2020

vgl. Statistisches Bundesamt: Außenbeitragsquote (Außenhandelskonzept), online unter: https://www.destatis.de/DE/ Themen/Wirtschaft/Globalisierungsindikatoren/_Grafik/_Interaktiv/ah-aussenbeitragsquote.html [09.11.2020].

Kennzahlen zur Außenwirtschaft nach dem Außenhandelskonzept			
Jahr	Exportquote	Importquote	Außenbeitragsquote
2020	43,4 %	37,7 %	5,7 %
2019	46,6 %	41,0 %	5,6 %
2018	47,3 %	41,1 %	6,2 %
2017	47,2 %	40,1 %	7,1 %
2016	46,1 %	38,7 %	7,4 %

vgl. Statistisches Bundesamt: Kennzahlen zur Außenwirtschaft nach dem Außenhandelskonzept. In: www.destatis.de. Ver-öffentlicht am 06.12.2019 unter: https://www.destatis.de/DE/Themen/Wirtschaft/Globalisierungsindikatoren/ [08.11.2021].

ARBEITSAUFTRÄGE

Als Zielwert der Außenbeitragsquote wird international ein Zielkorridor von 1,5 %–2 % genannt.

1. Interpretieren Sie unter dieser Zielsetzung die Außenbeitragsquote für die Bundesrepublik Deutschland.
2. Suchen Sie nach Gründen für diese Situation.

Das Ziel des außenwirtschaftlichen Gleichgewichts wird durch die Außenbeitragsquote, auch Außenhandelsquote genannt, gemessen. Von außenwirtschaftlichem Gleichgewicht spricht man, wenn die Summe der Exporte und Importe einander entsprechen, d.h. die vom Ausland empfangenen Zahlungseingänge den ins Ausland geflossenen Zahlungsausgängen in etwa gleich sind.

Der **Außenbeitrag**, auch als Nettoexport bezeichnet, ist die Differenz (Saldo) zwischen den Exporten, also den ins Ausland verkauften Waren und Dienstleistungen und den Importen, die vom Ausland eingeführt werden. Beim positiven Außenbeitrag überwiegen die Exporte und beim negativen die Importe. Die deutschen Außenhandelsbeziehungen sind überwiegend durch einen positiven Außenbeitrag gekennzeichnet.

Die Außenhandelsquote setzt den Außenbeitrag ins Verhältnis zum Bruttoinlandsprodukt zu Marktpreisen.

$$\text{Außenbeitragsquote} = \frac{(\text{Exporte} - \text{Importe}) \cdot 100}{\text{Bruttoinlandsprodukt}}$$

Die Außenbeitragsquote ist eine wichtige Kennzahl, mit der die Handelsverflechtungen und damit der Globalisierungsgrad mit dem Rest der Welt beschrieben werden können. Deutschland gehört neben den Vereinigten Staaten, China und Japan zu den „Exportweltmeistern". Dieser hohe Exportanteil hat für die deutsche Wirtschaft den Vorteil, dass die Unternehmen dem internationalen Wettbewerb ausgesetzt sind und Wirtschaftskrisen besser überwunden werden können. Nachteilig ist, dass hohe Exporte die Anfälligkeit für extreme Konjunkturschwankungen erhöhen und nicht automatisch den Wohlstand steigern.

Arbeitslosenquote

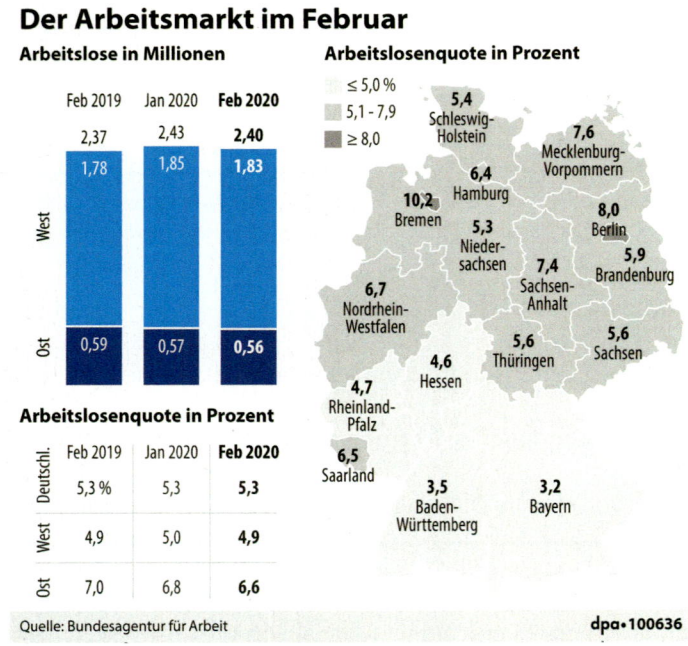

Der Arbeitsmarkt im Februar

Arbeitslose in Millionen

	Feb 2019	Jan 2020	Feb 2020
West	1,78	1,85	1,83
Ost	0,59	0,57	0,56
gesamt	2,37	2,43	2,40

Arbeitslosenquote in Prozent

| ≤ 5,0 % |
| 5,1 - 7,9 |
| ≥ 8,0 |

Schleswig-Holstein 5,4
Mecklenburg-Vorpommern 7,6
Hamburg 6,4
Bremen 10,2
Berlin 8,0
Niedersachsen 5,3
Sachsen-Anhalt 7,4
Brandenburg 5,9
Nordrhein-Westfalen 6,7
Thüringen 5,6
Sachsen 5,6
Hessen 4,6
Rheinland-Pfalz 4,7
Saarland 6,5
Baden-Württemberg 3,5
Bayern 3,2

Arbeitslosenquote in Prozent

	Feb 2019	Jan 2020	Feb 2020
Deutschl.	5,3 %	5,3	5,3
West	4,9	5,0	4,9
Ost	7,0	6,8	6,6

Quelle: Bundesagentur für Arbeit

dpa•100636

ARBEITSAUFTRÄGE

1. Beschreiben Sie die räumliche Verteilung der Arbeitslosigkeit in der Bundesrepublik Deutschland.
2. Nennen Sie mögliche Gründe für diese unterschiedliche regionale Verteilung.

Die Messung der Arbeitslosigkeit erfolgt durch die Arbeitslosenquote. Bei der Berechnung dieser Quote kann die Bundesagentur für Arbeit (www.arbeitsagentur.de), die diese Daten ermittelt, unterschiedliche Bezugsgrößen zugrunde legen. Häufig wird die Arbeitslosenquote präsentiert, die sich auf die abhängig Beschäftigten bezieht.

Arbeitslos im Sinne der amtlichen Statistik ist in Deutschland ein Arbeitnehmer, der vorübergehend nicht in einem Beschäftigungsverhältnis steht oder nur eine geringfügige Beschäftigung ausübt und sich persönlich bei der Agentur für Arbeit als Arbeitssuchender gemeldet hat.

$$\text{Arbeitslosenquote} = \frac{\text{registrierte Arbeitslose} \cdot 100}{\text{beschäftigte Arbeitnehmer} + \text{registrierte Arbeitslose}}$$

Bei den Ursachen der Arbeitslosigkeit können verschiedene Arten unterschieden werden:
- Die **friktionelle Arbeitslosigkeit** entsteht im Zusammenhang mit dem zwischenbetrieblichen Arbeitgeberwechsel bzw. mit der Arbeitsplatzsuche nach Abschluss der Ausbildung.
- Die **saisonale Arbeitslosigkeit** bildet sich durch jahreszeitliche, meist witterungsbedingte Schwankungen der Produktion bzw. Nachfrage nach bestimmten Gütern. Sie ist nur begrenzt vermeidbar.
- Die **strukturelle Arbeitslosigkeit** bildet sich, wenn die Nachfrage oder das Angebot an Arbeitskräften örtlich, zeitlich oder im Hinblick auf die Qualifikationsstruktur nicht zusammenpassen.
- Die **konjunkturelle Arbeitslosigkeit** beruht auf den Konjunkturschwankungen, wobei in der Depression Arbeitskräfte entlassen und im Aufschwung eingestellt werden.

Armutsquote

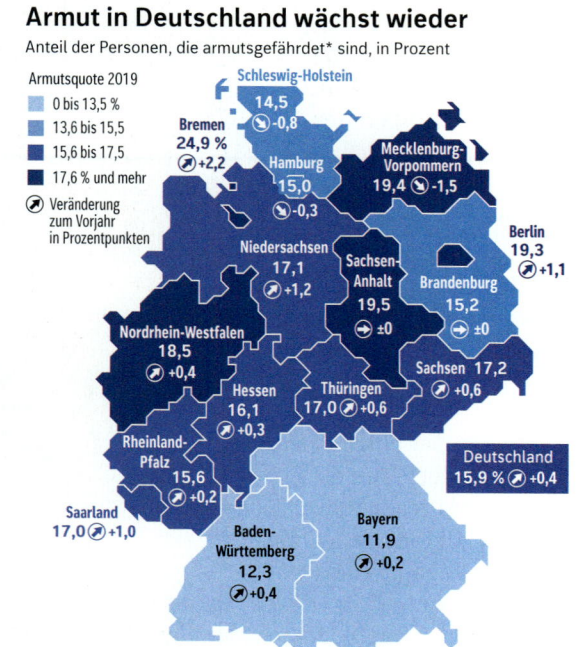

Armut in Deutschland wächst wieder

Anteil der Personen, die armutsgefährdet* sind, in Prozent

* Personen, die in Haushalten leben, deren Einkommen weniger als 60 Prozent des mittleren Einkommens beträgt

dpa•101717   Quelle: Paritätischer Wohlfahrtsverband

ARBEITSAUFTRÄGE

1. Stellen Sie einen räumlichen Zusammenhang zwischen Arbeitslosenquote und Armutsquote her.
2. Informieren Sie sich im Internet über die Armutsquote in verschiedenen Ländern und begründen Sie den Unterschied.
3. Erläutern Sie den Begriff „Armutsschere".

Armut bezeichnet die Situation eines Menschen, der seine Grundbedürfnisse nach Kleidung, Nahrung, Wohnung und Gesundheit nur unzureichend befriedigen kann und nur über einen geringen materiellen Besitz bzw. ein niedriges Einkommen verfügt. Als arm gilt demnach, wer den notwendigen Lebensunterhalt, gemessen an einem gesellschaftlichen Mindestbedarf nicht aus eigenen Mitteln, sondern nur mit fremder Hilfe bestreiten kann.

> Die **Armutsquote** gibt den prozentualen Anteil der Personen an der gesamten Bevölkerung eines Landes an, die mit einem Einkommen unterhalb der Armutsgrenze auskommen müssen.

Die **Armutsgrenze** wird nach zwei verschiedenen Methoden berechnet:

Die **relative Armut** orientiert sich am mittleren Einkommenswert der Bevölkerung. Von diesem Mittel ausgehend, wird ein bestimmter Prozentsatz, z. B. 60 %, abgezogen. Jeder, der weniger verdient, zählt zur armen Bevölkerung. Die relative Armut dient meist der Feststellung der nationalen Armut eines bestimmten Landes. Hierbei werden die Armutsgrenzen von den entsprechenden Institutionen unterschiedlich gehandhabt.

Bei der Berechnung der **absoluten Armut** orientiert man sich an einem bestimmten Warenkorb, dessen Kosten pro Monat die Armutsgrenze bilden. Der Anteil der Bevölkerung, der weniger verdient als der Wert des Warenkorbes, gilt als arm. Die Berechnung der absoluten Armut wird in erster Linie von internationalen Organisationen im Hinblick auf die globale Armut vorgenommen.

In der Bundesrepublik Deutschland sind vor allem Erwerbslose, Alleinerziehende mit Kindern und zunehmend Rentner sowie Beamte mit geringem Einkommen betroffen.

Der Deutsche Paritätische Wohlfahrtsverband gibt jährlich einen „Bericht zur Armutsentwicklung in Deutschland heraus, der unter www.der-paritaetische.de eingesehen werden kann.

Better Life Index

ARBEITSAUFTRÄGE

Die Internetseite http://www.oecdbetterlifeindex.org/de/ bietet ausführliche Informationen über den Better Life Index.

- Erstellen Sie anhand dieser Internetseite eine PowerPoint-Präsentation.
- Gehen Sie dabei auf die Merkmale des Index ein und vergleichen Sie unterschiedliche Länder.
- Erstellen Sie Ihren persönlichen Better Life Index.

Das Bruttoinlandsprodukt als Indikator für den Wohlstand einer Nation ist in Kritik gekommen, da es lediglich den Wert aller Waren und Dienstleistungen in einer Volkswirtschaft registriert (siehe Kapitel 2.3.2). Dieser Mangel hat die „Organisation for Economic Cooperation and Development" (OECD) veranlasst, im Jahr 2011 den Better Life Index zu veröffentlichen.

> Mit dem **Better Life Index** wird das gesellschaftliche Wohlergehen in den verschiedenen Ländern anhand von elf Themenfeldern verglichen, die sich sowohl auf die materiellen Lebensbedingungen als auch auf die Lebensqualität beziehen.

Die elf Themenbereiche des Better Life Index erfassen:

1. **Wohnverhältnisse:** Wohnausgaben, Wohnung mit sanitärer Grundausstattung, Räume pro Person
2. **Einkommen:** Finanzvermögen der privaten Haushalte, bereinigtes verfügbares Haushaltsnettoeinkommen
3. **Beschäftigung:** Arbeitsplatzsicherheit, durchschnittliches Arbeitsentgelt, Langzeitarbeitslosenquote, Beschäftigungsquote
4. **Gemeinsinn:** Qualität des sozialen Zusammenhalts
5. **Bildung:** Zahl der Bildungsjahre, Schülerleistungen, Bildungsniveau
6. **Umwelt:** Wasserqualität, Luftverschmutzung
7. **Zivilengagement:** Beteiligung von Interessengruppen am Gesetzgebungsprozess, Wahlbeteiligung
8. **Gesundheit:** Selbsteinschätzung des Gesundheitszustands, Lebenserwartung
9. **Lebenszufriedenheit:** Lebenszufriedenheit
10. **Sicherheit:** Mordrate; Fühlst du dich sicher, wenn du nachts alleine nach Hause gehst?
11. **Work-Life-Balance:** Zeit für Freizeitaktivitäten und persönliches Wohlbefinden, abhängig Beschäftigte mit sehr langen Arbeitszeiten

Zu den Vorteilen des Better Life Index gehören:

- Mithilfe der interaktiven Webseite „Your Better Life Index" kann jeder Nutzer seinen eigenen Index ermitteln.
- Der Index misst die Unterschiede zwischen Arm und Reich sowie Faktoren, die sich auf individuelle Empfindungen und Lebenszufriedenheit beziehen.
- Aussagen über Unterschiede in der Lebensqualität zwischen Männern und Frauen sind ebenfalls möglich.
- Ein internationaler Vergleich der Lebensqualität in verschiedenen Ländern ist möglich.

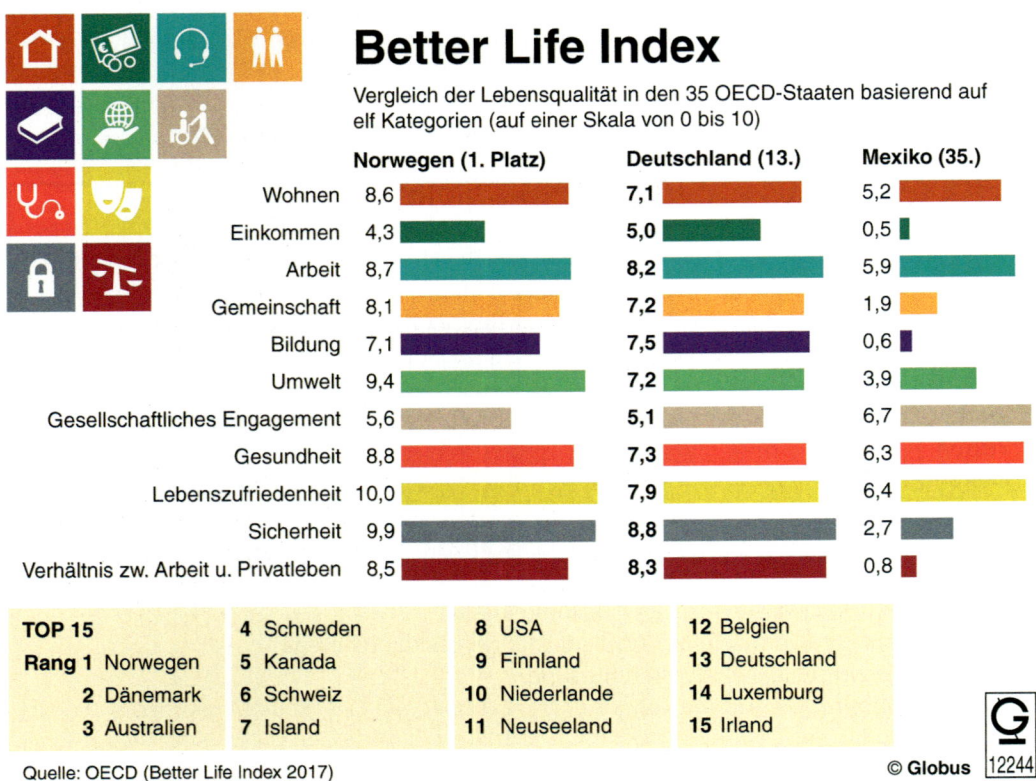

Better Life Index

Vergleich der Lebensqualität in den 35 OECD-Staaten basierend auf elf Kategorien (auf einer Skala von 0 bis 10)

	Norwegen (1. Platz)	Deutschland (13.)	Mexiko (35.)
Wohnen	8,6	7,1	5,2
Einkommen	4,3	5,0	0,5
Arbeit	8,7	8,2	5,9
Gemeinschaft	8,1	7,2	1,9
Bildung	7,1	7,5	0,6
Umwelt	9,4	7,2	3,9
Gesellschaftliches Engagement	5,6	5,1	6,7
Gesundheit	8,8	7,3	6,3
Lebenszufriedenheit	10,0	7,9	6,4
Sicherheit	9,9	8,8	2,7
Verhältnis zw. Arbeit u. Privatleben	8,5	8,3	0,8

TOP 15	4 Schweden	8 USA	12 Belgien
Rang 1 Norwegen	5 Kanada	9 Finnland	13 Deutschland
2 Dänemark	6 Schweiz	10 Niederlande	14 Luxemburg
3 Australien	7 Island	11 Neuseeland	15 Irland

Quelle: OECD (Better Life Index 2017)

© Globus 12244

Zu den wichtigen Ergebnissen der Better Life Index–Analyse gehört die Erkenntnis, dass nicht die harten materiellen Faktoren wie Einkommen und Wohnung für die Menschen eine wichtige Rolle spielen, sondern weiche Faktoren wie Lebenszufriedenheit und Gesundheitszustand.

3.3   Zielbeziehungen

ARBEITSAUFTRÄGE

1. Welche Ziele des magischen Sechsecks sind in der Karikatur angesprochen?
2. Erläutern Sie die Beziehungen zwischen diesen Zielen.

Zwischen den Zielen des magischen Sechsecks können unterschiedliche Beziehungen hergestellt werden:

- Wird mit der Verfolgung eines bestimmten Ziels auch ein anderes oder sogar mehrere andere Ziele besser erreicht, wird von **komplementären Zielen** oder einer **Zielharmonie** gesprochen.
- Besteht zwischen zwei oder mehreren Zielen ein Spannungsverhältnis, sodass ein Mehr an
  Verwirklichung eines Zieles nur durch Zurückdrängen anderer Ziele möglich ist, so wird von
  konkurrierenden Zielen oder einem **Zielkonflikt** gesprochen.
- Gibt es keinerlei Beeinflussung und Wechselwirkungen zwischen den Zielen, liegen **indifferente Zielbeziehungen** vor. So hat beispielsweise eine Erhöhung der Beschäftigtenzahl keinen direkten Einfluss auf die Einkommensverteilung.

Wachstum und Beschäftigung

Zu den komplementären Zielen gehören Wirtschaftswachstum und hoher Beschäftigungsstand.
Ein zunehmendes Wachstum bedeutet immer eine steigende Güterproduktion und unter sonst
gleichbleibenden Bedingungen werden dazu mehr Arbeitskräfte benötigt. Zudem sorgt ein
hoher Beschäftigungsstand für einen Anstieg der Einkommen und führt zu steigendem Konsum.
Ein höherer Konsum zwingt die Unternehmen zu einer steigenden Produktion, wodurch mehr
Arbeitskräfte notwendig sind. Führt das Wirtschaftswachstum allerdings zu Rationalisierungsinvestitionen, so werden Arbeitskräfte freigesetzt.

Beschäftigung und Preisniveaustabilität

Bei den Zielen Beschäftigung und Preisniveaustabilität handelt es sich um konkurrierende Ziele.
Befindet sich eine Volkswirtschaft in einer Hochkonjunktur mit ausgelasteten Kapazitäten und einer geringen Arbeitslosigkeit, so ist der Produktionsfaktor Arbeit knapp und die Unternehmen
müssen für geeignete Arbeitskräfte höhere Löhne zahlen. Löhne sind für die Unternehmen Kosten, die sie in die Preise einkalkulieren und an die Konsumenten weitergeben. Die Folge sind steigende Preise.

Umweltschutz und Wachstum

Die Beziehungen zwischen Umweltschutz und Wirtschaftswachstum können von zwei unterschiedlichen Standpunkten aus betrachtet werden. Einerseits besteht ein **Zielkonflikt**, da durch
die Erstellung von Sachgütern und Dienstleistungen immer mehr Ressourcen verbraucht werden. Um Güter für den Markt bereitzustellen, müssen Bodenschätze genutzt, Flächen versiegelt
und Luft und Wasser verunreinigt werden. Je mehr Wachstum in einer Volkswirtschaft auf herkömmliche Weise erzielt wird, desto mehr wird die Umwelt zerstört.

Andererseits steigern Umweltinvestitionen das Wirtschaftswachstum und es besteht **Zielkom-
plementarität**. Durch den Einbau von Filteranlagen, Gebäudesanierungen, Wärmerückgewin-
nungsanlagen, Wind- und Solaranlagen wird das Bruttoinlandsprodukt erhöht und zusätzliches
Wachstum erzielt. Umweltinvestitionen schaffen neue Arbeitsplätze und steigern die Lebensqualität der Menschen. Die zentrale Frage für die gegenwärtige politische Zielsetzung lautet
demnach: Wie lässt sich Wohlstand erzeugen, ohne die Natur zu zerstören?

Wachstum und Verteilungsgerechtigkeit

Auch bei den Zielen Wachstum und Verteilungsgerechtigkeit können unterschiedliche Zielbeziehungen beschrieben werden. Komplementäre Beziehungen ergeben sich durch den Zusam-

menhang von: „Je mehr die Wirtschaft wächst, desto mehr kann verteilt werden." Wird der Zuwachs gerecht und angemessen auf die gesellschaftlichen Gruppen verteilt, so können der Wohlstand und die Zufriedenheit in einer Volkswirtschaft erhöht werden. Ein Zielkonflikt besteht, wenn das Wirtschaftswachstum möglichst gleichmäßig auf die Bevölkerung verteilt wird und leistungshemmend wirkt. Eine Politik, die die Leistungsträger benachteiligt, führt zu einem Rückgang der Leistungsbereitschaft und schmälert das Wachstum. Es besteht auch die Möglichkeit, den Zuwachs „ungerecht" zu verteilen und die Schere zwischen Arm und Reich immer mehr zu öffnen.

Preisniveaustabilität und außenwirtschaftliches Gleichgewicht

Preisänderungen im Inland bzw. Ausland können zu unterschiedlichen Auswirkungen auf die außenwirtschaftlichen Beziehungen führen. Bei steigenden Preisen im Inland werden die erzeugten Güter auch für die ausländischen Konsumenten teurer. Steigende Preise führen normalerweise zu einem Rückgang der Nachfrage von Seiten des Auslands, d.h., die Exporte ins Ausland werden sich rückläufig entwickeln und die Importe nehmen zu.

Herrscht im Inland ein stabiles Preisniveau und steigen die Preise im Ausland, so werden die inländischen Waren und Dienstleitungen für die Ausländer billiger und es kommt zu einem zunehmenden Export. Dadurch verringert sich die Gütermenge im Inland und die Geldmenge nimmt zu, so dass eine **importierte Inflation** entsteht.

Wird im Inland und im Ausland das Ziel der Preisniveaustabilität angestrebt, so kann in beiden Ländern das Ziel des außenwirtschaftlichen Gleichgewichts ebenfalls erreicht werden. Zwischen Preisniveaustabilität und außenwirtschaftlichem Gleichgewicht herrscht unter diesen Bedingungen **Zielharmonie**.

3.4   Zielerreichung in Deutschland und Europa

Als Werte zur Erreichung der Ziele des magischen Vierecks werden in den wissenschaftlichen Veröffentlichungen folgende Angaben gemacht:

- Die Preisniveaustabilität sollte sich in dem Toleranzbereich von 0 bis 2 % bewegen.
- Ein hoher Beschäftigungsstand ist erreicht, wenn die Arbeitslosenquote unter 3 % fällt.
- Der Wert für die reale Zunahme des Bruttoinlandsprodukts sollte zwischen 3 % und 4 % liegen.
- Außenwirtschaftliches Gleichgewicht liegt vor, wenn die Importe und Exporte ausgeglichen sind bzw. die Außenbeitragsquote sich bei 1,5 % und 2 % befindet.

Wirtschaftliche Eckdaten für Deutschland

	Einheit	2017	2018	2019[1]	2020[1]
Bruttoinlandsprodukt[2, 3]	%	2,5	1,5	0,5	0,9
Bruttoinlandsprodukt, kalenderbereinigt[2, 3]	%	2,8	1,5	0,5	0,5
Bruttoinlandsprodukt je Einwohner[2, 3, 4]	%	2,1	1,2	0,2	0,7
Leistungsbilanzsaldo[5]	%	8,1	7,3	6,9	6,4
Erwerbstätige	Tausend	44 248	44 854	45 225	45 360
Sozialversicherungspflichtig Beschäftigte	Tausend	32 234	32 964	33 424	33 641
Registriert Arbeitslose	Tausend	2 533	2 340	2 272	2 317
Arbeitslosenquote[6]	%	5,7	5,2	5,0	5,1
Verbraucherpreise[3]	%	1,5	1,8	1,5	1,6
Finanzierungssaldo des Staates[7]	%	1,2	1,9	1,4	0,5

[1] Prognose des Sachverständigenrates [2] preisbereinigt [3] Veränderung zum Vorjahr [4] Bevölkerungsentwicklung gemäß Mittelfristprojektion des Sachverständigenrates [5] in Relation zum nominalen BIP [6] registrierte Arbeitslose in Relation zu allen zivilen Erwerbspersonen [7] in Relation zum nominalen BIP; Gebietskörperschaften und Sozialversicherung in der Abgrenzung der Volkswirtschaftlichen Gesamtrechnungen

vgl. Sachverständigenrat zur Begutachtung der gesamtwirtschaftlichen Entwicklung (Hrsg.): Jahresgutachten 2019/20: Den Strukturwandel meistern, 06.11.2019, online unter: https://www.sachverstaendigenrat-wirtschaft.de/jahresgutachten-2019.html [27.10.2020].

Anmerkung:

Der **Leistungsbilanzsaldo** ist die wertmäßige Differenz aus den von einer Volkswirtschaft exportierten und importierten Waren (Handelsbilanz) in einer bestimmten Zeit (z. B. ein Jahr). Neben den Warenexporten und -importen werden bei der Bestimmung des Leistungsbilanzsaldos noch die Dienstleistungen (Dienstleistungsbilanz) und die Zahlungen und Transfers aus Erwerbs- und Vermögenseinkommen sowie den laufenden Übertragungen mit einbezogen. Teilweise wird auch der Leistungsbilanzsaldo als Kriterium für das außenwirtschaftliche Gleichgewicht genommen.

Erwerbstätige sind Personen, die als Arbeitnehmer oder Selbstständige einer wirtschaftlichen Tätigkeit nachgehen. Erwerbspersonen setzen sich aus den Erwerbstätigen und den Erwerbslosen zusammen.

ARBEITSAUFTRÄGE

1. Überprüfen Sie anhand der Tabelle „Wirtschaftliche Eckdaten für Deutschland" für die Zeit von 2017 bis 2020 den Erreichungsgrad der Ziele des magischen Vierecks und werten Sie das Ergebnis aus.

2. Entwickeln Sie eine Grafik mit dem Konjunkturverlauf zwischen 2017 und 2020 und interpretieren Sie diese.

3. Ein weiteres Ziel einer Volkswirtschaft ist ein ausgeglichener Staatshaushalt. Beschreiben Sie die Zielerreichung von 2017 bis 2020.

4. Im Jahresgutachten des Sachverständigenrats zur Begutachtung der gesamtwirtschaftlichen Entwicklung (www.sachverstaendigenrat-wirtschaft.de) finden Sie wichtige Zielprojektionen. Entnehmen Sie diese der Kurzfassung und verfolgen Sie die Zielerreichung im Zeitablauf.

5. Die Bundesrepublik Deutschland hat eine Gesamtbevölkerung von ca. 82 Mio. Menschen.

Europa (EU-27) in Zahlen	
Bevölkerung	448 Mill. (2020)
Wirtschaftswachstum	+ 1,6 % (2020)
Inflationsrate	+ 1,4 % (2020)
Erwerbslosenquote (20- bis 64-Jährige)	6,6 % (2020)
Erwerbslosenquote (15- bis 24-Jährige)	15,1 % (2020)
Finanzierungssaldo des Staates	– 0,5 % (2020)
Anteil am weltweiten Warenexport	15,4 % (2019)

Vgl. https://www.destatis.de/Europa/DE/Home/_inhalt.html [22.01.2021].

- Berechnen Sie die Erwerbstätigenquote und geben Sie Beispiele für erwerbstätige und nichterwerbstätige Personengruppen.
- Maßgeblich für die Höhe der Erwerbstätigenquote sind demografische, ökonomische, politische und psychosoziale Gründe. Diskutieren Sie diese Einflussgrößen in Bezug auf die Situation in Deutschland.
- Erläutern Sie den Unterschied zwischen Erwerbslosenquote und Arbeitslosenquote.

6. Belegen Sie an Beispielen aus Ihrem sozialen Umfeld den Einfluss der Europäischen Union.

7. Beschreiben Sie die Situation der Europäischen Union in Bezug auf die Zielerreichung des magischen Vierecks.

8. Entwickeln Sie Maßnahmen, mit denen das Ziel der Vollbeschäftigung erreicht werden kann.

9. Erklären Sie die unterschiedlichen Inflationsraten in Deutschland und Europa.

10. Erläutern Sie die Verteilung der Armut in Europa.

11. Welche Konsequenzen für die Bevölkerungsbewegungen ergeben sich daraus?

12. Mit welchen Maßnahmen kann die Armut in den gefährdeten Ländern gemildert werden?

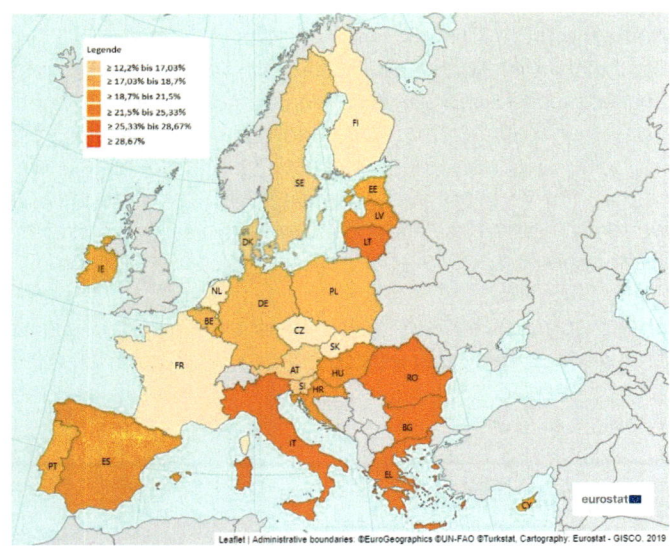

Armutsgefährdungsquote in Europa, Stand 2017 (EU27-2020)

Pro-Kontra-Diskussion (Altersarmut)

Bei der Pro-Kontra-Diskussion versuchen die Anhänger und Gegner z.B. eines sozialen Problems ihre unterschiedlichen Positionen darzustellen und sich gegenseitig zu überzeugen. Diese Methode wird eingesetzt, um konträre Meinungen über ein Thema auszutauschen und die Sach- und Urteilskompetenz zu fördern. Zur Pro-Kontra-Diskussion eignen sich besonders wirtschaftliche oder soziale Probleme wie Drogenprävention, Leiharbeit, Sozialleistungen usw.

Vorbereitung

Die Klasse muss in verschiedene Gruppen aufgeteilt werden und einzelne Funktionen sind von ausgewählten Schülern zu übernehmen. Eine Pro-Kontra-Diskussion erfordert einen Gesprächsleiter (Moderator), eine Pro-Gruppe, eine Kontra-Gruppe, Beobachter, die Argumente und Diskussionsverhalten analysieren und ein Publikum. Bei umfangreichen Pro-Kontra-Diskussionen können die Gruppen Informationen für ihre jeweilige Position im Internet, Fernsehen und der Tagespresse sammeln. Bei Kurzdiskussionen wird ein bestimmter Zeitraum z.B. in der Doppelstunde für die Vorbereitung gewährt.

Ablauf

Der Moderator führt in das Thema ein und achtet auf die Einhaltung der Regeln wie z.B. Zeitvorgaben und Worterteilungen. Bei der eigentlichen Diskussion tragen zunächst die Gruppensprecher jeweils ihre Argumente dem gesamten Plenum vor. Anschießend versuchen die unterschiedlichen Gruppen in einem Streitgespräch sich gegenseitig zu überzeugen. Es dürfen auch Fragen aus dem Publikum gestellt werden.

Auswertung

Zum Schluss empfiehlt es sich, eine Auswertungsrunde durchzuführen, in der Beobachter, Diskussionsleiter, Gruppenmitglieder, Publikum und Lehrer(in) ihre Meinung zum Thema und zum Ablauf äußern.

Die Diskussion zum Thema „Altersarmut in Deutschland" kann mit folgenden Argumenten beginnen:

Pro-Argumente:
- Jedem zweiten Rentner droht ab 2030 ein Leben in Armut.
- Vor allem Langzeitarbeitslosen, Teilzeitkräften, Minijobbern, Geringverdienern und Dauerpraktikanten droht im Alter Armut.
- Deutschland ist jetzt schon kein Land der Reichen, da Kinderarmut und Altersarmut vorhanden und Tafeln erforderlich sind.
- Die Zahl der Rentner, die auf Grundsicherung angewiesen sind, steigt in Zukunft.

Kontra-Argumente:
- Der heutigen Rentnergeneration geht es so gut wie nie zuvor.
- Vor allem Rentnerehepaare in Ostdeutschland erhalten wegen der Doppelverdienersituation in der ehemaligen DDR relativ hohe Renten.
- Die Berechnung der Armutssituation in Deutschland im Vergleich mit anderen Ländern wie Polen, Ukraine usw. ist nicht objektiv.

Aufgaben

1. Wichtige Informationsquellen, die bei der Bewältigung volkswirtschaftlicher Fragestellungen wertvolle Hilfe leisten, finden sich im Internet. Legen Sie ein Lesezeichen mit folgenden Adressen an, da auch in den folgenden Kapiteln auf diese Adressen zurückgegriffen wird.
   – https://www.destatis.de/DE/Home/_inhalt.html (Zahlen des Statistischen Bundesamts)
   – https://ec.europa.eu/eurostat/de/data/statistics-a-z/abc
     (Eurostat – Statistik der Europäischen Union)
   – https://www.bundesbank.de/de/ (Informationen der deutschen Bundesbank)
   – https://www.arbeitsagentur.de/ (Bundesagentur für Arbeit)
   – https://www.bmwi.de/Navigation/DE/Home/home.html (Bundesministerium für Wirtschaft und Technologie)
   – https://www.bundesfinanzministerium.de/Web/DE/Home/home.html (Bundesfinanzministerium)
   – https://www.iwkoeln.de/ (Institut der deutschen Wirtschaft)
   – https://www.ifw-kiel.de/de/ (Institut für Weltwirtschaft)
   – https://www.sachverstaendigenrat-wirtschaft.de/ (Sachverständigenrat: „Fünf Wirtschaftsweisen")

2. Die Zuordnung der Indikatoren darf nicht als absolut betrachtet werden.
   a) Begründen Sie, warum Einzelhandelsumsätze sowohl Früh- als auch Präsensindikatoren sein können.
   b) Um welchen Indikator handelt es sich beim Bruttoinlandsprodukt, wenn es monatlich oder vierteljährlich ausgewiesen wird.

3. Die Messung des Bruttoinlandsprodukts ist ein Problem.
   a) Welche der folgenden Güter gehen in das Bruttoinlandsprodukt ein, welche nicht?
      – Kauf eines Kühlschranks
      – Verzehr des im eigenen Garten angebauten Gemüses
      – Ausbesserung einer neuen Straße
      – Hausarbeit wie Kochen, Putzen, Waschen
      – Reparatur eines Unfallautos
   b) Aktivitäten der Schattenwirtschaft gehen nicht in das Bruttoinlandsprodukt ein. Erläutern Sie kurz den Begriff und geben Sie Beispiele.

4. **B** Ein Gastwirt hat eine gut gehende Pizzeria und da er schmackhafte und preiswerte Pizzas anbietet, muss er jedes Wochenende eine Vielzahl von Gästen abweisen. Er sieht sich deshalb gezwungen, seine Gaststube zu erweitern, und baut sie in ein vornehmes Restaurant um. Nach der Fertigstellung sieht er sich veranlasst, mehr Leute einzustellen und die Preise seiner Pizzas zu erhöhen. Nun bleiben die Gäste aus und schon nach kurzer Zeit muss er wegen zu hoher Kosten und zu geringer Einnahmen die Insolvenz anmelden.

   Das Beispiel beschreibt die Entstehung von Konjunkturzyklen.
   a) Übertragen Sie das Beispiel auf die Situation einer Volkswirtschaft und geben Sie die jeweiligen Konjunkturphasen an.
   b) Nennen Sie weitere Gründe, die Konjunkturschwankungen auslösen können.

5. Die aktuelle wirtschaftliche Situation in Deutschland soll beleuchtet werden.
   a) Analysieren Sie anhand geeigneter Indikatoren die konjunkturelle Ausgangslage, in der sich die Bundesrepublik Deutschland zurzeit befindet. Sammeln Sie dazu Artikel aus Tageszeitungen und Zeitschriften und verfolgen Sie die aktuelle Berichterstattung in Radio, Fernsehen und Internet.
   b) Interpretieren Sie den Zielerreichungsgrad des magischen Vierecks.

c) Ordnen Sie die Ausgangslage einer Konjunkturphase zu.

d) Durch welche Probleme ist diese Konjunkturphase gekennzeichnet und welche Ziele verfolgt die Wirtschaftspolitik?

e) Entwickeln Sie mögliche Maßnahmen, mit denen die Ziele erreicht werden können.

f) Versuchen Sie eine Prognose für den zukünftigen Verlauf der wirtschaftlichen Situation in Deutschland.

6. Spezialisieren Sie sich anhand der Medien auf einen bestimmten Themenbereich und halten Sie ein Referat bzw. PowerPoint-Präsentation. Mögliche deutsche Themen sind die Entwicklung des Arbeitsmarktes, Veränderungen der Verbraucherpreise oder Probleme der Staatsverschuldung. Weitere internationale Probleme sind der europäische Einigungsprozess oder die Schere zwischen Arm und Reich.

4 Nachfrageorientierte Wirtschaftspolitik

4.1 Keynesianische Theorie

John Maynard Keynes
- geboren 1883 in Cambridge
- gestorben 1946 in Tilton (Sussex)
- britischer Nationalökonom, Wirtschaftstheoretiker und Mathematiker
- politischer Berater in vielen wichtigen Gremien
- von 1920 bis 1946 lehrte er am Kings College in Cambridge
- Hauptwerk: The General Theory of Employment, Interest and Money.
- stellt in seiner Theorie die Vorteile gezielter staatlicher Eingriffe in den Vordergrund

ARBEITSAUFTRÄGE

1. Entwickeln Sie eine PowerPoint-Präsentation über Leben und Werk des John Maynard Keynes.

2. Die Wirtschaftstheorie des John Maynard Keynes ist eng mit der Weltwirtschaftskrise von 1929 bis 1932 verbunden. Informieren Sie sich über Ursachen und Auswirkungen dieser Krise.

Wirtschaftstheorien

Das zentrale Problem der sozialen Marktwirtschaft sind die Schwankungen des Bruttoinlandsprodukts, wodurch es zu ständigen Änderungen der Beschäftigtensituation und des Preisniveaus kommen kann. Da die Konjunkturschwankungen langfristig nicht vorhergesagt werden können, ist es schwierig, die Ziele des magischen Vierecks zu erreichen und stabile Wirtschaftsverhältnisse zu schaffen. Konjunkturschwankungen entstehen durch das andauernde Ungleichgewicht zwischen dem gesamtwirtschaftlichen Angebot und der gesamtwirtschaftlichen Nachfrage. Das **gesamtwirtschaftliche Angebot** setzt sich aus den Gütermengen zusammen, welche die Anbieter des Inlands und des Auslands auf den Märkten einer Volkswirtschaft zu Marktpreisen anbieten. Unter **gesamtwirtschaftlicher Nachfrage** versteht man die gesamte Kaufkraft, welche die Inländer und Ausländer in einer Volkswirtschaft zum Gütererwerb zu gegebenen Marktpreisen aufzuwenden bereit sind.

Das Ungleichgewicht zwischen der Gütermenge, die in einem bestimmten Zeitraum von den Unternehmen auf den Märkten einer Volkswirtschaft angeboten werden, und der von den Haushalten entwickelten Nachfrage war Gegenstand wissenschaftlicher Auseinandersetzungen und Theorien.

> Unter einer **Theorie** versteht man ein geordnetes Nachdenken über einen begrenzten Ausschnitt der Realität. Ziel ist ein System von Aussagen, das es ermöglicht, sinnvolle Maßnahmen zu ergreifen und Prognosen über die Zukunft zu erstellen.

Theorien sind in der Volkswirtschaftslehre überwiegend Handlungsanweisungen für die Stabilisierung wirtschaftlicher Ungleichgewichte. Nach Ansicht der Wirtschaftstheoretiker gibt es zwei Möglichkeiten der Marktstabilisierung. Die Wirtschaftstheorie, bei der über die Beeinflussung der gesamtwirtschaftlichen Nachfrage die Stabilität in einem marktwirtschaftlichen System erreicht werden soll, wird als nachfrageorientierte oder auch als **keynesianische Theorie** bezeichnet. Versucht man eine Volkswirtschaft über das gesamtwirtschaftliche Angebot ins Gleichgewicht zu bringen, so spricht man von angebotsorientierter bzw. **neoklassischer Theorie.**

Keynesianische Theorie

Die keynesianische Theorie wird 1936 von John Maynard Keynes aufgestellt und von seinen Anhängern weiterentwickelt. Keynes erkannte, dass zur Beseitigung eines wirtschaftlichen Ungleichgewichts – und hier vor allem der Arbeitslosigkeit – die Marktkräfte nicht ausreichen, sondern dass der Staat gezielte Maßnahmen zur Stabilisierung ergreifen muss. Zentraler Ansatzpunkt der keynesianischen Theorie ist die gesamtwirtschaftliche Nachfrage, die aus folgenden Teilströmen besteht:

- Der **private Konsum** besteht aus den Konsumausgaben der privaten Haushalte und privater Organisationen ohne Erwerbscharakter und hängt von der Einkommenshöhe, Einkommensverteilung, Besteuerung und Zuschüssen ab.
- Der **staatliche Konsum** hängt von den Staatseinnahmen ab, die von Bund, Ländern und Gemeinden durch Steuern, Zölle und Abgaben erzielt werden, und kann durch Kreditaufnahme und Rücklagenbildung variiert werden.
- Die **Bruttoinvestitionen** der Unternehmen einer Volkswirtschaft orientieren sich an den Umsätzen und Gewinnen der letzten Periode und an den Absatzerwartungen in der Zukunft. Niedrige Zinsen können Investitionen fördern, während höhere Zinsen die Investitionsbereitschaft im Allgemeinen dämpfen.
- Die **Exportnachfrage** entsteht durch die kaufkräftige Nachfrage des Auslands. Die Höhe der Exporte und Importe wird durch technische Vorteile, Rohstoffvorkommen, Preisunterschiede und Wechselkursungleichgewichte zwischen Inland und Ausland beeinflusst.

Von den vier Teilkomponenten der gesamtwirtschaftlichen Nachfrage fällt nach Keynes dem Staat die Aufgabe zu, die Nachfrage so zu steuern, dass sie dem gesamtwirtschaftlichen Angebot entspricht. Ist z. B. die private Nachfrage im Vergleich zum gesamten Angebot zu gering, so muss der staatliche Konsum dies ausgleichen.

Zur Begründung kann genannt werden:

- Nur der Staat, also die Regierung eines Landes, kann über den Staatshaushalt in größerem Umfang eine effektive Veränderung seiner Nachfrage auslösen. Private Haushalte, einzelne Unternehmen oder die ausländischen Nachfrager verfügen jeweils nur über ein geringes Nachfragevolumen und gehen meist nicht koordiniert vor.
- Den Bundes- und Länderhaushalten ist es eher möglich große Kreditsummen aufzunehmen bzw. Rücklagen zu bilden und dadurch die Staatsnachfrage zu steuern.

Nach Keynes können demnach Konjunkturschwankungen, die durch das Auseinanderklaffen von gesamtwirtschaftlichem Angebot und gesamtwirtschaftlicher Nachfrage entstehen, nur durch die staatliche Nachfrage geglättet werden. Demzufolge ist Konjunkturpolitik überwiegend Haushaltspolitik, die vom Staat, also dem Fiskus betrieben wird. Deshalb bezeichnet man diese Politik auch als **Fiskalismus.**

4.2 Instrumente des Fiskalismus

"

Josef deutet die Träume des Pharao

[...] Der Pharao sprach zu Josef: Mir träumte, und siehe, ich stand am Ufer des Nils, und aus dem Wasser stiegen sieben schöne, fette Kühe; die weideten im Grase. Und siehe, nach diesen stiegen sieben dürre, sehr hässliche und magere Kühe heraus. Ich hab in ganz Ägyptenland nicht so hässliche gesehen. Und die mageren und hässlichen Kühe fraßen die sieben ersten, fetten Kühe auf. [...]

Josef antwortete dem Pharao: [...] Gott verkündet dem Pharao, was er vorhat. [...] Siehe, sieben reiche Jahre werden kommen in ganz Ägyptenland. Und nach ihnen werden sieben Jahre des Hungers kommen, sodass man vergessen wird alle Fülle in Ägyptenland. [...]

Nun sehe der Pharao [...], dass er Amtleute verordne im Lande und nehme den Fünften in Ägyptenland in den sieben reichen Jahren und lasse sie sammeln den ganzen Ertrag der guten Jahre, die kommen werden, dass sie Getreide aufschütten im Auftrag des Pharao zum Vorrat in den Städten und es verwahren. Der Ertrag diene dem Land als Vorrat in den sieben Jahren des Hungers, die über Ägyptenland kommen werden, dass das Land nicht vor Hunger verderbe.

Quelle: Deutsche Bibelgesellschaft (Hrsg.): Das erste Buch Mose 41. In: Lutherbibel, revidiert 2017; online unter: https:// www.die-bibel.de/bibeln/online-bibeln/lesen/LU17/GEN.41/1.-Mose-41 [10.12.2021].

ARBEITSAUFTRÄGE

1. Der Bibelauszug enthält die erste Konjunkturbeschreibung. Belegen Sie dies mit den entsprechenden Fachbegriffen.
2. Welche Maßnahmen werden vom Pharao ergriffen, um die wirtschaftlichen Probleme in Ägypten zu lösen?
3. Welcher Zusammenhang besteht zwischen der keynesianischen Theorie und dem Gleichnis aus der Bibel?

Antizyklische Haushaltspolitik

Entsprechend der keynesianischen Theorie hat der Staat die Aufgabe, den Konjunkturverlauf positiv zu beeinflussen. Dazu muss er die fehlende Nachfrage durch Erhöhung seiner Ausgaben ausgleichen oder versuchen, die private Nachfrage durch geeignete Maßnahmen anzuregen. Im Falle einer überhöhten gesamtwirtschaftlichen Nachfrage hat der Staat seine Ausgaben und die der Privatwirtschaft zu drosseln. Um den Konsum in der Depression zu erhöhen, soll die Regierung ein Haushaltsdefizit in Kauf nehmen. In der keynesianischen Ausdrucksweise wird dies als **„Deficit Spending"** bezeichnet. In der Hochkonjunktur sollte der Staat einen Haushaltsüberschuss – ein sogenanntes **„Surplus Saving"** – in Form einer Haushaltsrücklage bilden, um damit die gesamtwirtschaftliche Nachfrage zu drosseln. Der Staat hat sich mit Haushaltsdefizit bzw. -überschuss in seiner Finanzpolitik antizyklisch zum Konjunkturverlauf zu verhalten. Der Haushaltsausgleich braucht dabei nicht jährlich zu erfolgen, sondern sollte über die Zeitdauer des Konjunkturzyklus abgeschlossen sein.

Die Grundgedanken der keynesianischen Theorie wurden im Jahr 1967 in das „Gesetz zur Förderung der Stabilität und des Wachstums der Wirtschaft", kurz Stabilitätsgesetz genannt, aufgenommen. Dieses Gesetz enthält eine Reihe von Instrumenten, die es Bund und Ländern ermöglichen, dem Konjunkturverlauf entgegenzusteuern und eine **antizyklische Finanzpolitik** zu betreiben.

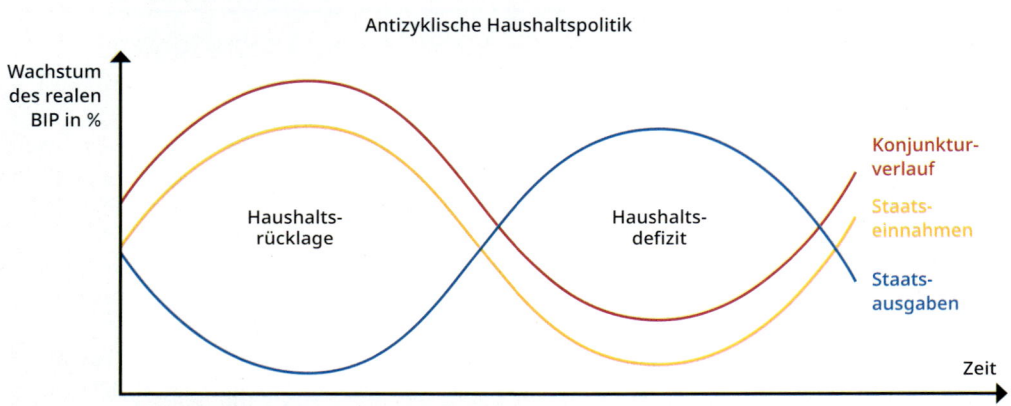

Maßnahmen der Haushaltspolitik

Um hohe Arbeitslosigkeit in einer Volkswirtschaft zu verhindern, sollte der Staat im Rahmen des Keynesianismus in einer **Depression** folgende Maßnahmen ergreifen:

- Erhöhung der Staatsausgaben: Um den Konsum des Staates zu steigern, können Konjunkturprogramme mit einem Umfang von mehreren Milliarden € aufgelegt werden. Ein zusätzlicher staatlicher Konsum verbessert die Auftragslage bei den Unternehmen, erhöht die Produktion und erhält bzw. schafft Arbeitsplätze.
- Senkung der Einkommensteuer: Eine niedrigere steuerliche Belastung der privaten Haushalte erhöht deren verfügbares Einkommen, regt den privaten Konsum an und steigert damit den Umsatz bei den Unternehmen.
- Senkung der Körperschaftsteuer: Großunternehmen in Form z.B. der Aktiengesellschaft müssen Körperschaftsteuer zahlen. Eine Steuersenkung verbessert die Gewinnsituation, erhöht ihre Selbstfinanzierungsmittel und steigert ihre Investitionsneigung.
- Einführung einer steuerlichen Abschreibungsvergünstigung: Abschreibungen erfassen die Abnutzung und den Werteverzehr von Gütern des Anlagevermögens. Durch die Erhöhung von Abschreibungssätzen und -beträgen müssen die Unternehmen bei sonst gleichbleibender Kosten- bzw. Erlössituation weniger Steuern zahlen und können diese Beträge verstärkt für Investitionen verwenden.

- Gewährung von Investitionsprämien: Investitionszulagen bilden für die Unternehmen eine Liquiditätshilfe und ermöglichen zusätzliche Investitionen.
- Gewährung staatlicher Kredite: Um die Nachfrage anzukurbeln, kann der Staat den Haushalten und Unternehmen zinsgünstige Darlehen gewähren. Diese Gelder können wiederum für den privaten Konsum oder Investitionen verwendet werden und die Arbeitsmarktsituation verbessern.

Alle diese Maßnahmen haben bei einer Depression einen **expansiven Effekt** und können die Konjunktur glätten.

In der **Hochkonjunktur** ist es demzufolge sinnvoll, die Staatsausgaben zu senken, die Einkommen- und Körperschaftsteuer zu erhöhen, steuerliche Abschreibungsvergünstigungen auszusetzen, Investitionszulagen zu streichen und die staatliche Kreditvergabe zu beschränken. Ziel der Maßnahmen in der Hochkonjunktur ist ein **kontraktiver Effekt.**

4.3   Wirtschaftskrise 2008/2009 und Corona-Krise 2020/2021

ARBEITSAUFTRÄGE

1. Beschreiben Sie anhand der Karikatur die konjunkturelle Situation in den Jahren 2008 und 2009 in Deutschland.
2. Suchen Sie im Internet nach Gründen für diese wirtschaftliche Entwicklung.

Die von den Keynesianern entwickelte antizyklische Haushaltspolitik wurde in Westdeutschland mehrmals eingesetzt. So wurde der wirtschaftliche Abschwung, der sich 1973 als Folge der 1. Ölkrise anbahnte, mit einem Stabilitätsprogramm (1973) und zwei Konjunkturprogrammen in den Jahren 1974 und 1975 in seiner Stärke gemindert.

In der **Finanz- und Wirtschaftskrise 2008/2009** kam die Theorie des John Maynard Keynes erneut zum Einsatz. Bei dieser Krise können mehrere Phasen unterschieden werden:
- Immobilienkrise in den Vereinigten Staaten:
  In der Zeit von 2001 bis 2003 senkte die amerikanische Notenbank die Zinsen von 6,5 % auf 1 %, um die schwächelnde Wirtschaft anzukurbeln. Dieses stetig sinkende Zinsniveau veranlasste viele Bürger einen Kredit aufzunehmen, um sich ein eigenes Haus zu kaufen oder zu bauen. Der sprunghaft gestiegenen Nachfrage nach Immobilien stand aber nur ein geringes Angebot gegenüber, so dass als Folge die Immobilienpreise stiegen. Der Kauf und Verkauf von Häusern ermöglichte hohe Gewinne. Zudem liehen Immobilienfinanzierer Bürgern Geld, die sich eigentlich keine Immobilie leisten konnten. Es entstanden sogenannte Subprime-Kredite, die mit hohem Risiko und geringem Eigenkapital behaftet waren.

Als die Zinsen ab 2004 wieder anstiegen, war es vielen hoch verschuldeten Hausbesitzern nicht mehr möglich, die Kredite zurückzuzahlen. Zeitgleich übertraf das Angebot an verfügbaren Immobilien die Nachfrage und es kam zu Zwangsversteigerungen sowie einem Preisverfall der Eigenheime. Anfang 2007 platzte die Immobilienblase und das Geschäft mit riskanten Krediten geriet in den USA außer Kontrolle.

- Internationale Bankenkrise:
  Große amerikanische Banken übernahmen die nicht ausreichend gesicherten Kredite aus den Immobiliengeschäften und bündelten diese zu undurchsichtigen Wertpapier-Paketen, die sie mit hohen Zinsversprechungen verkauften. Vor allem internationale Großbanken, darunter auch deutsche Banken kauften in großem Umfang diese oberflächlich betrachtet günstigen Papiere, die jedoch in Wirklichkeit ein hohes Anlagerisiko enthielten.
  Da im Rahmen der Immobilienblase die „kleinen" Hausbesitzer ihre Subprime-Kredite mit geringer Bonität nicht mehr bedienen konnten, kam es 2006/2007 bei den amerikanischen Banken zu Kreditausfällen, hohen Verlusten und teilweise zu Insolvenzen. Dies führte dazu, dass die von den internationalen Banken gekauften US-Wertpapiere ebenfalls wertlos wurden. Die Folge war eine Vertrauenskrise bei den Banken, verursacht durch hohe Verluste und einer geringer werdenden Bereitschaft, sich gegenseitig Geld zu leihen.

- Weltwirtschaftskrise:
  2007/2008 eskalierte die Bankenkrise, da die Kapitalanleger ihre Bankaktien in großem Umfang verkauften und es zu Kursstürzen an der Börse kam. Der 21. Januar 2008 erhielt den Namen „Schwarzer Montag". Die Notenbanken stellten Milliarden € zur Verfügung, um den Einbruch zu verhindern und den internationalen Zahlungsverkehr zu sichern. Im Verlauf des Jahres 2008 hatte sich die Finanz- und Bankenkrise zunehmend auf die Realwirtschaft ausgewirkt. In Deutschland sank das Bruttoinlandsprodukt um 5,2 %. Das war der bei Weitem stärkste Rückgang seit dem Zweiten Weltkrieg.

In dieser depressiven Konjunkturphase folgten die Regierung der Bundesrepublik Deutschland und andere europäische Länder den Lehren des John Maynard Keynes und betrieben eine antizyklische Haushaltspolitik. Um die Wirtschaft zu stützen, legte die Bundesregierung zwei Konjunkturpakete auf:

Mit dem Konjunkturpaket I wurde vor allem der Unternehmenssektor in den Jahren 2009 und 2010 gefördert. Darin enthalten waren Investitionen in die Verkehrsinfrastruktur, Darlehen zu Gebäudesanierungen, Steuererleichterungen für Handwerker und eine Aussetzung der Kfz-Steuer für neu erworbene Autos. Dieses Konjunkturprogramm kostete die öffentlichen Haushalte insgesamt 23 Mrd. €.

Das Konjunkturpaket II sah u. a. Folgendes vor:
- Steuer- und Abgabensenkungen für Bürger und Wirtschaft von jeweils 9 Mrd. €.
- Eine Umweltprämie, genannt Abwrackprämie: Wer ein neun Jahre altes Fahrzeug verschrotten ließ und einen umweltfreundlichen Neu- oder Jahreswagen kaufte, erhielt 2.500,00 €.
- Ein öffentliches Investitionsprogramm in Höhe von 17 bis 18 Mrd. € zur Sanierung von Schulen und Hochschulen.

Beide Konjunkturprogramme bewirkten, dass sich die Wirtschaft in Deutschland und in vielen anderen Ländern rasch erholte. In der Bundesrepublik erhöhte sich das Bruttoinlandsprodukt bereits 2010 um 3,6 % und nahm 2011 um 3 % zu.

Ein weiterer starker Einbruch der Weltwirtschaft war die … **Corona-Krise 2020/2021**. Zu dieser Krise kam es durch das Virus SARS-CoV-2, das erstmals in der chinesischen Stadt Wuhan beobachtet wurde und die Lungenkrankheit COVID-19 auslöst. Das Virus breitete sich über Thailand und den USA in der ganzen Welt aus. Da die Neuinfektionen im Frühjahr 2020 sehr stark zunahmen, sahen sich viele Länder zu einem **ersten Lockdown** (engl. Ausgangssperre) gezwungen. Sie ergriffen zunächst gesundheitspolitische Maßnahmen wie z. B. Kontaktbeschränkungen, Mindestabstand, Mundschutz, Grenzschließungen und Quarantäneregelungen. Daneben waren umfangreiche wirtschaftspolitische Maßnahmen erforderlich.

Auch in dieser wirtschaftlichen Situation wurde eine umfangreiche Schuldenpolitik eingeleitet und den Lehren des Keynesianismus gefolgt. In der Bundesrepublik Deutschland wurde die Schuldenbremse ausgesetzt, ein Stabilisierungsfonds eingerichtet und ein Nachtragshaushalt aufgelegt. Konkrete Maßnahmen waren die Auszahlung von Kurzarbeitergeld, Notkredite, Garantien, Teilverstaatlichungen und direkte Zuschüsse an kleinere Betriebe. Die Europäische Union legte ebenfalls ein Hilfsprogramm mit dem Notkauf von Anleihen, Kurzarbeitergeld, Garantien und Bürgschaften sowie eine umfangreiche Kreditvergabe auf.

Im Herbst 2020 stiegen die Neuinfektionen und Todesfälle erneut stark an und es war ein **zweiter Lockdown** erforderlich. Die beiden Lockdowns haben die Bundesregierung veranlasst, für 2021 einen Bundeshaushalt mit folgenden Eckdaten vorzulegen:

- Ausgaben von fast einer halben Billion Euro, wobei mehr als ein Drittel aus Schulden finanziert werden
- 180 Milliarden Euro neue Schulden; die Gesamtschulden betragen fast 400 Milliarden Euro
- die Aufrechterhaltung der Aussetzung der Schuldenbremse.

Die Gesamtschulden der Bundesrepublik Deutschland belaufen sich im Jahr 2021 auf über 2,2 Billionen Euro.

Aufgaben

1. Schuldenbremse und antizyklische Finanzpolitik

§

Grundgesetz für die Bundesrepublik Deutschland (GG)
Art. 109
[...]
(3) Die Haushalte von Bund und Ländern sind grundsätzlich ohne Einnahmen aus Krediten auszugleichen. Bund und Länder können Regelungen zur im Auf- und Abschwung symmetrischen Berücksichtigung der Auswirkungen einer von der Normallage abweichenden konjunkturellen Entwicklung sowie eine Ausnahmeregelung für Naturkatastrophen oder außergewöhnliche Notsituationen, die sich der Kontrolle des Staates entziehen und die staatliche Finanzlage erheblich beeinträchtigen, vorsehen. Für die Ausnahmeregelung ist eine entsprechende Tilgungsregelung vorzusehen. Die nähere Ausgestaltung regelt für den Haushalt des Bundes Artikel 115 mit der Maßgabe, dass Satz 1 entsprochen ist, wenn die Einnahmen aus Krediten 0,35 vom Hundert im Verhältnis zum nominalen Bruttoinlandsprodukt nicht überschreiten. [...]

a) Nennen Sie die Gründe für einen ausgeglichenen Staatshaushalt.
b) Erläutern Sie den Begriff „Normallage" in Bezug auf eine konjunkturelle Entwicklung.
c) Aus welchen Gründen kann nach Art 109 GG von einem ausgeglichenen Haushalt abgewichen werden?
d) Die Schuldenbremse verpflichtet die Regierungen einiger europäischer Länder, ihre Haushaltsdefizite zu begrenzen. Welche Probleme können bei der Verwirklichung dieser Zielsetzung auftreten?

2. Welche der folgenden Vorschläge eignen sich entsprechend der nachfrageorientierten Wirtschaftspolitik zur Beschäftigungsförderung bei einer Depression? Begründen Sie Ihre Entscheidung kurz.
   a) Kürzung öffentlicher Ausgaben
   b) Herabsetzung der Einkommensteuer
   c) Abbau von Subventionen
   d) Erhöhung der steuerlichen Abschreibungssätze
   e) Abbau staatlicher Investitionen
   f) Streichung von Stellen im öffentlichen Dienst
   g) Förderung von energiesparenden Baumaßnahmen
   h) Erhöhung der Verteidigungsausgaben
   i) Ausweitung der Sparförderung
   j) Senkung der Sozialversicherungsbeiträge
   k) Erhöhung der Mehrwertsteuer

3. Gesamtwirtschaftliche Größen wie privater Konsum, staatlicher Konsum, direkte Steuern, indirekte Steuern, Einkommen der Haushalte, Umsätze der Unternehmen, Investitionen, Exporte, Importe, Ersparnisse der Haushalte, Subventionen an die Unternehmen, Staatsschulden, Staatsrücklagen haben Auswirkungen auf die Beschäftigungssituation in einem Land. Entwickeln Sie mögliche Kausalketten, die mit folgenden Maßnahmen beginnen:
   a) steigender staatlicher Konsum
   b) zunehmende Exporte
   c) Erhöhung der direkten Steuern

5   Angebotsorientierte Wirtschaftspolitik

5.1   Neoklassische Theorie

Milton Friedman
- geboren 1912 in Brooklyn, New York City
- gestorben 2006 in San Francisco
- US-amerikanischer Wirtschaftswissenschaftler
- 1946 bis 1977 Professor an der Universität Chicago
- 1962 Bestseller „Kapitalismus und Freiheit"
- 1976 Nobelpreis für Wirtschaftswissenschaften
- stellte in seiner Theorie die Vorteile des freien Marktes den Nachteile staatlicher Eingriffe gegenüber

ARBEITSAUFTRÄGE

1. Halten Sie ein ausführliches Referat über Leben und Werk des Milton Friedman.
2. Während Keynes der Ansicht war „Money doesn't matter", war Friedman der Meinung „Money matters". Erläutern Sie die beiden Ansichten.

Beginnend mit der Depression der Jahre 1974/1975 hatte man erkannt, dass die nachfrageorientierte Wirtschaftspolitik nicht immer eine befriedigende Lösung der ökonomischen Probleme eines Landes brachte. Wichtige Gründe waren:

- Die Konjunkturschwankungen konnten nicht ausreichend gedämpft werden und haben sich zum Teil verstärkt.
- Der Fiskalismus stellt nur ein kurzfristiges Instrument der Konjunktursteuerung dar. Für eine grundlegende mittel- bis langfristige Problemlösung ist die Nachfragepolitik das falsche Instrument.
- Die antizyklische Haushaltspolitik ist in Wirklichkeit nur zur Ankurbelung verwendet worden. Dadurch kam es in Westdeutschland zu einer immer stärkeren Zunahme der Staatsverschuldung, der kein entsprechender Abbau der Arbeitslosigkeit gegenüberstand.

Das Gegenkonzept zur nachfrageorientierten Wirtschaftspolitik des Keynesianismus war die angebotsorientierte Wirtschaftspolitik, die auf der klassischen Theorie beruhte.

Die klassische Theorie

Die klassische Theorie geht davon aus, dass marktwirtschaftliche Systeme grundsätzlich stabil sind und automatisch zu einem Gleichgewicht von gesamtwirtschaftlichem Angebot und gesamtwirtschaftlicher Nachfrage führen. Wie bereits Adam Smith in seinem Werk „An inquiry into the nature and causes oft the wealth of nations" beschrieben hat, handelt es sich bei einer Marktwirtschaft um ein sich selbst regulierendes System, das der inneren Ordnung der „Invisible Hand" folgt und wirtschaftliches Gleichgewicht bringt. Störungen wie Spekulationswellen oder Naturkatastrophen werden aus eigener Kraft beseitigt. Voraussetzungen für diese klassische Theorie sind ein funktionierender Marktmechanismus und Wettbewerb.

Die Fragestellung, ob eine Wirtschaft von sich aus zum Vollbeschäftigungsgleichgewicht tendiert, war für die Wirtschaftstheoretiker des 18. und 19. Jahrhunderts von großer Bedeutung. Vollbeschäftigung entsteht in einer Volkswirtschaft nur, wenn das von den Unternehmern erstellte Güterangebot auf eine gleich große Güternachfrage der Haushalte trifft. Der französische Ökonom Jean Baptist Say knüpfte an die klassische Theorie an und entwickelte das **Say'sche Theorem**, in dem er behauptete, dass sich jedes Angebot seine eigene Nachfrage schaffe.

Zur Begründung stützte er sich auf zwei Überlegungen:
1. Bei der Produktion von Gütern in den Unternehmen wird den Haushalten ein gleich großes Einkommen bezahlt. Dieses Einkommen ist die Grundlage für den gesamten Absatz aller Güter. Dies gilt jedoch nur, wenn die Haushalte nicht sparen.
2. Wird in einer Volkswirtschaft gespart, so werden diese Ersparnisse in Form von zusätzlichen Krediten vergeben und bilden die Grundlage für Investitionen. Investitionen stellen in der Wirtschaft eine Güternachfrage dar, wodurch die Nachfrage ausgeglichen wird.

Neoklassische Theorie

Das Say'sche Theorem war die Grundlage für die neoklassische Theorie, die sehr stark mit dem Namen Milton Friedman verbunden ist. Da diese Theorie auf den Lehren der Klassiker aufbaut, wird sie auch als Neoklassische Theorie bezeichnet. Milton Friedman knüpfte an den Grundsatz der klassischen Nationalökonomie an, der lautet: So viel Markt wie möglich und so viel Staat wie nötig. Für die Steuerung der gesamtwirtschaftlichen Größen sollte nach seiner Meinung nicht die Staatsnachfrage, sondern die Geldmenge der Zentralbank herangezogen werden. Das Konzept des Milton Friedman wird darum auch als **Monetarismus** bezeichnet.

Der Monetarismus geht von folgenden Annahmen aus:

- Die Störungen des wirtschaftlichen Gleichgewichts werden im Wesentlichen durch die kurzfristigen, meist prozyklischen Eingriffe des Staates und eine falsche Lohnpolitik der Tarifparteien hervorgerufen.
- Die gesamtwirtschaftliche Nachfrage sollte besser über die Geldmenge gesteuert werden, die alle Nachfragekomponenten beeinflusst und nicht nur über die Teilkomponenten der staatlichen Nachfrage.
- Die Geldmengenentwicklung ist langfristig zu verstetigen und hat sich am Wirtschaftswachstum zu orientieren.
- Die Geldmenge ist von vornherein so zu bemessen, dass sie keinen Einfluss ausübt, sondern sich konjunkturneutral verhält. Dies erhält man, indem die Geldmenge jährlich um einen Prozentsatz steigt, der vom mittelfristigen Wachstum des Produktionspotenzials zuzüglich einer unvermeidlichen Inflationsrate bestimmt wird. Durch die Verstetigung der Geldmengenentwicklung können Konjunkturschwankungen wesentlich gedämpft werden.
- Oberstes Ziel der Wirtschaftspolitik ist die Preisniveaustabilität und nicht ein hoher Beschäftigungsstand, wie ihn der Keynesianismus fordert.

5.2   Instrumente des Monetarismus

ARBEITSAUFTRÄGE

Eine Forderung der angebotsorientierten Wirtschaftspolitik ist der Abbau der Bürokratie.

1. Nennen Sie mögliche Ursachen für die Entstehung der Bürokratie.
2. Versuchen Sie eine Definition des Wortes „Bürokratismus".
3. Beschreiben Sie die Nachteile einer übersteigerten Bürokratie.

BÜROKRATIEABBAU – EU MACHT ERNST!

Die angebotsorientierte Wirtschaftspolitik basiert auf der Annahme, dass Beschäftigung und Wachstum in einer Marktwirtschaft von den optimalen Bedingungen auf der Angebotsseite der Märkte abhängen. Als bevorzugte Instrumente zur Steuerung der Wirtschaft können deshalb genannt werden:

- **Die Marktkräfte stärken:**
  Beim Einsatz der wirtschaftspolitischen Instrumente muss vor allem der Wettbewerb in einer Volkswirtschaft gefördert werden. Die Privatinitiative sollte Vorrang vor einer staatlichen Betätigung haben. Ziel der Wirtschaftspolitik ist ein „schlanker Staat" und ein „starker Markt" und damit die Rückführung der staatlichen Aktivitäten auf seine Kernbereiche. Dazu müssen staatliche Unternehmen, die privatwirtschaftlich organisiert werden können, wie z. B. Unternehmen der Telekommunikation und des Energiebereichs, privatisiert werden.

Eine Stärkung der Marktkräfte verlangt auch die Dominanz des Leistungslohnes vor dem Soziallohn. Marktbedingte Lohnunterschiede dürfen nicht durch staatliche Sozialleistungen oder das Steuersystem unterlaufen werden.

- **Günstige Bedingungen für Investitionen schaffen:**
  Während die keynesianische Theorie die staatliche Nachfrage als den Hauptträger der Wirtschaftspolitik betrachtet, sind es bei der neoklassischen Theorie die Investitionen. Wachstumsschwächen und Arbeitslosigkeit können in einer Volkswirtschaft nur beseitigt werden, wenn verstärkt investiert wird. Investitionen schaffen Einkommen für die Arbeitnehmer und ermöglichen Nachfrage. Wichtige Maßnahmen, mit denen Investitionshemmnisse abgebaut werden können, sind z. B. die Senkung der Unternehmensbesteuerung, die Verbesserung der Abschreibungsmöglichkeiten, die Förderung von Forschung und Entwicklung und die Begünstigung von Existenzgründungen.

  Der Kern der Angebotspolitik besteht in der Forderung nach Deregulierung, d. h. der Beseitigung von Auflagen, die Unternehmen davon abhalten könnten, Investitionen zu tätigen. Dazu gehört die Flexibilisierung des Arbeitsmarktes. Es ermöglicht den Unternehmen, durch rasche Einstellungen und Entlassungen auf Änderungen der Auftragslage und Wettbewerbssituation schnell zu reagieren. Es sollen die Mobilität der Erwerbspersonen, die Flexibilität der Löhne, aber auch der Arbeitszeit und der Beschäftigungsbedingungen gefördert werden.

  Eine weitere Forderung der angebotsorientierten Wirtschaftspolitik ist die Reduzierung der Bürokratie. Umfangreiche und lang andauernde Genehmigungsverfahren, staatliche Verwaltungsauflagen und Berichterstattungen sind zu vereinfachen.

  Von den Tarifparteien verlangt dieses wirtschaftspolitische Konzept, dass sich die Lohnzuwächse an der Produktivität in einer Volkswirtschaft orientieren. Eine am Produktivitätsfortschritt orientierte Lohnpolitik ermöglicht den Unternehmen ausreichende Gewinne, die wiederum Grundlage für Investitionen sind.

- **Den staatlichen Einfluss begrenzen:**
  Die Aufgabe des Staates ist es vor allem, mit seinen Maßnahmen den Staatsanteil zu senken, die Neuverschuldung zu verringern, seine konsumtiven Ausgaben zu erhöhen und Investitionen zuzulassen. Insgesamt ist der Anteil der Staatsquote und der Steuerquote zu reduzieren. Die **Staatsquote**, d. h., der Anteil der Staatsausgaben am Bruttoinlandsprodukt ist zu verringern. Dazu sind die staatlich finanzierten Transferleistungen für Gesundheit, Bildung und Soziales zu vermindern. Auch die **Steuerquote**, also der Anteil des Steueraufkommens im Verhältnis zum Bruttoinlandsprodukt, ist zu verringern. Eine niedrige Besteuerung der Einkommen und Gewinne sollte angestrebt werden.

- **Eine am Wirtschaftswachstum orientierte Geldpolitik betreiben:**
  Auch bezüglich der Steuerung einer Volkswirtschaft liegen den beiden Konzepten unterschiedliche Ansichten zugrunde. Während der Keynesianismus die Wirtschaft überwiegend durch eine staatliche Finanzpolitik beeinflussen will, stellt die neoklassische Theorie die Zentralbank mit ihrer Geldpolitik in den Mittelpunkt. Die gesamtwirtschaftliche Nachfrage sollte über die Geldmenge gesteuert werden, die alle Nachfragekomponenten beeinflusst und nicht nur über die Teilkomponenten der staatlichen Nachfrage. Da die Geldmenge sich am mittelfristigen Wirtschaftswachstum orientiert, führt eine Geldmengenerhöhung über das Wachstum zur Inflation, eine Senkung zur Deflation.

5.3   Die Angebotspolitik des Sachverständigenrates

ARBEITSAUTRÄGE

1. Informieren Sie sich im Internet über Ziele und Aufgaben des Sachverständigenrates.
2. Beschreiben Sie den Aufbau der Karikatur.
3. Nehmen Sie zur Grundaussage der Karikatur kritisch Stellung.

„

Das Umsteuern des Sachverständigenrates

Der Sachverständigenrat, der 1963 noch unter der Kanzlerschaft von Ludwig Erhard gegründet wurde, folgte anfangs der keynesianischen Lehre von der Konjunktursteuerung. Dies änderte sich 1974, als die damit verbundenen wirtschaftlichen und fiskalischen Folgen deutlich wurden. Seitdem stand für den Sachverständigenrat nicht mehr die Konjunktursteuerung, sondern das Wachstum des Produktionspotentials durch Verbesserung der Angebotsbedingungen im Mittelpunkt der Handlungsempfehlungen. Der Sachverständigenrat begründete dieses Umsteuern einmal mit der Krise der Globalsteuerung, die sich als untauglich erwiesen hatte, und zum anderen mit der damit verbundenen Gefahr für die marktwirtschaftliche Ordnung. Nicht das Geldausgeben und Konsumieren, sondern das Sparen und Investieren sollten wieder im Mittelpunkt der Wirtschaftspolitik stehen. [...]

Mit dem Umsteuern von der Nachfrage- zur Angebotspolitik folgte der Sachverständigenrat einem neuen ökonomischen Denken, das in den siebziger Jahren unter der Führung von Milton Friedman international an Einfluss gewonnen hatte. Hatte Keynes die Wirtschaftspolitik der fünfziger und sechziger Jahre geprägt, waren die siebziger und achtziger Jahre das Zeitalter von Milton Friedman.

Das Denken von Milton Friedman lässt sich auf zwei grundlegende Prinzipien zurückführen. Das erste Prinzip besteht darin, dass in der überwältigenden Mehrheit der Fälle die Individuen besser wissen als irgendwelche Regierungsmitglieder oder Intellektuelle, worin ihre Interessen bestehen und was gut für sie ist. Das zweite Prinzip besagt, dass der Wettbewerb zwischen Anbietern von Gütern und Dienstleistungen (einschließlich der Produzenten von Ideen und der Kandidaten für politische Ämter) der wirkungsvollste Weg ist, den Interessen von Individuen und Familien zu dienen. [...]

Margaret Thachter

Mit [seinen] Thesen avancierte Milton Friedman zum Hauptfeind aller Linken. Zu seinen Bewunderern gehörten aber der amerikanische Präsident Ronald Reagan und die britische Premierministerin Margaret Thatcher, die sich bei ihrer Reformpolitik von ihm beraten ließen. [...]

[A]ls im Streikwinter 1978/1979 nichts mehr ging, als der Müll nicht mehr abgeholt, die Kranken nicht behandelt und die Toten nicht beerdigt wurden, begriffen die Briten, wo sie standen. Am 28. März stürzte die Labour-Regierung. Die folgende Wahl brachte Margaret Thacher nach einem erdrutschartigen Sieg als Premierministerin in die Downing Street. Ihre vorrangigen Ziele waren es, Großbritannien aus den Fängen der Gewerkschaften zu befreien, mit der Keynes'schen Vollbeschäftigung Schluss zu machen, den Wohlfahrtsstaat zu reformieren und die verstaatlichte Industrie zu liberalisieren. Der einzelne Bürger sollte wieder in den Stand gesetzt werden, sein Leben selbstbestimmt in die Hand zu nehmen. [...]

Der Scheidungsbrief der FDP

In Deutschland hat es eine wirtschaftspolitische Wende, die mit der Politik von Margaret Thatcher oder von Ronald Reagan vergleichbar wäre, nur in Ansätzen gegeben. Im Jahr 1982 ließ der damalige Wirtschaftsminister Otto Graf Lambsdorff (FDP) ein „Konzept für eine Politik zur Überwindung der Wachstumsschwäche und zur Bekämpfung der Arbeitslosigkeit" erarbeiten, das am 9. September Bundeskanzler Helmut Schmidt vorgestellt wurde. Dieses Konzept, das den wirtschaftspolitischen Kurswechsel in England und den USA unter Margaret Thatcher und Ronald Reagan aufgriff, enthielt Vorschläge für die Konsolidierung des Haushalts, für die Eindämmung der explodierenden Sozialkosten sowie für die Deregulierung der Märkte und Anreize zu Investitionen.

Das Lambsdorff-Papier, das als „Scheidungsbrief" in die Geschichte eingegangen ist, führte zum Bruch der sozial-liberalen Koalition. Sein Inhalt steht stellvertretend für die Umorientierung von der keynesianischen Nachfragesteuerung zur liberalen Angebotspolitik, die während der 70er Jahre eingesetzt hatte. Die von Helmut Kohl geführte christlich-liberale Bundesregierung setzte die damit verbundenen konkreten Vorschläge aber nur halbherzig um. Sie machte zwar Schluss mit der antizyklischen Konjunktursteuerung und reduzierte die staatliche Neuverschuldung, sie hatte aber nicht die Kraft, die sozialen Sicherungseinrichtungen zu reformieren und die Märkte zu deregulieren. Im Jahr 2004 gelang es Norbert Blüm als Sozialminister sogar, die Pflegeversicherung als weitere umlagefinanzierte Säule der Sozialversicherung durchzusetzen.

Insofern ist das Lambsdorff-Papier gleichzeitig ein Schlüsseldokument für die Beharrungskräfte des westdeutschen Gesellschaftsmodells. In der späteren Regierungszeit von Helmut Kohl sind zwar Märkte liberalisiert worden, die Anstöße dazu kamen aber nicht von der Bundesregierung, sondern beruhten auf Initiativen der Europäischen Union. Auf Grund ihres Binnenmarktprogramms wurden die Märkte für Verkehr, Telekommunikation und Energie geöffnet und dereguliert. Staatsunternehmen wie Post und Bahn und Versorgungsunternehmen wurden ganz oder teilweise privatisiert. Ohne die europäischen Vorgaben hätte es in Deutschland einen solchen Liberalisierungsschub aber nicht gegeben.

Quelle: Dr. Josef Schlarmann: Die Angebotspolitik des Sachverständigenrates, 20.08.2015, online unter: https:// www.dr-schlarmann-mittelstand.de/news/41/11/0/die-angebotspolitik-des-sachverstaendigenrates [27.10.2020].

Aufgaben

1. Entwickeln Sie eine Tabelle mit der Kopfleiste „Keynesianische Theorie" und „Neoklassische Theorie". Tragen Sie in die Vorspalte folgende Begriffe ein: „wissenschaftliche Vertreter", „Hauptträger", „Instrumente", „Zeitepochen der Anwendung", „Kritik".
    Füllen Sie die Tabelle inhaltlich auf.

2. Die Angebotspolitik wird dafür kritisiert, dass sie einen Wettlauf zu den niedrigsten Standards (Race to the bottom) auslöst. Zum Beispiel führt der Versuch, die Verhandlungsposition der Arbeitnehmer zu schwächen, um die Lohn- und Preissteigerungen unter das Niveau des Produktivitätszuwachses zu drücken, zu einem Teufelskreis.
    a) Erklären Sie den Ausdruck „Race to the bottom".
    b) Entwickeln Sie einen „Teufelskreis", den niedrige Lohnerhöhungen auslösen können.
    c) Beschreiben Sie mögliche Maßnahmen, mit denen dieser „Teufelskreis" unterbunden werden kann.

3. Informieren Sie sich über den Thatcherismus und die Reagonomics. Halten Sie ein Referat über diese Beispiele der angebotsorientierten Wirtschaftspolitik.

4. Ordnen Sie folgende Fachausdrücke/Maßnahmen der nachfrage- bzw. angebotsorientierten Wirtschaftspolitik zu.

    a) Fachausdrücke: Marktpessimisten, langfristig weniger Staat, Preisstabilität, Marktoptimisten, Angebotstheorie, ausgeglichener Haushalt, Regulierung, kurzfristig hoher Beschäftigungsstand, Nachfragetheorie, mehr Staat, Deregulierung, Staatsdefizit, Zentralbank, Regierung

    b) Maßnahmen: Bürokratieabbau und Deregulierung; Variation der Einkommens- und Körperschaftsteuer; Verringerung der Produktionskosten; Abbau der Sozialleistungen; Veränderung der Staatsausgaben; einfacheres Steuersystem, Abbau der Staatsschulden; Sicherung des Wettbewerbs; Aussetzung bzw. Wiedereinführung der steuerlichen Abschreibung; Geldmengenregulierung; Privatisierung öffenlicher Unternehmen

5. Die neoklassischen Forderungen nach einer Wirtschaftsreform ohne staatliche Einflussnahme sind seit der Banken- und Finanzkrise 2007/2008 scharf kritisiert worden.

    a) Begründen Sie diese Kritik.

    b) Was halten Sie von dem Konzept: „In Krisenzeiten Keynes, in Nichtkrisenzeiten Friedman"?

6. Reflektieren Sie hohe Lohnforderungen und Tarifabschlüsse entsprechend dem Konzept der Angebots- und Nachfragetheorie.

6   Ursachen und Wirkungen von Inflation und Deflation

6.1   Ursachen von Geldwertänderungen

Irving Fisher lebte von 1867 bis 1947 und war ein bedeutender US-amerikanischer Ökonom. Er studierte an der renommierten Yale Universität in New Haven (Connecticut) Mathematik und Volkswirtschaftslehre. An dieser Universität wurde er Professor und beschäftigte sich mit Fragen der Geldtheorie, wobei er vor allem das Verhalten von Zinssätzen bei sich veränderndem Preisniveau untersuchte. In seinem bekanntesten Buch „The Purchasing Power of Money" (1911) setzte er sich mit der Quantitätstheorie des Geldes auseinander und erklärte darin die Bestimmungsgründe des Preisniveaus. Er entwickelte die Fisher'sche Verkehrsgleichung.

ARBEITSAUFTRÄGE

1. Halten Sie über Leben und Werk von Irving Fisher ein Kurzreferat.

2. Die Benzin(Diesel)preise entwickeln sich über die Jahre hinweg unterschiedlich.

    a) Nennen Sie mögliche Gründe für die Benzinpreisschwankungen.

    b) Entwickeln Sie eine Systematik der Spritpreisveränderungen.

Die Gütermenge in einem Land, also das Bruttoinlandsprodukt, sollte der umlaufenden Geldmenge entsprechen, damit sich die Volkswirtschaft im Gleichgewicht befindet. Übersteigt im Zeitablauf die Geldmenge die Gütermenge, so entsteht eine **Inflation**, die zu einer anhaltenden Erhöhung des Güterpreisniveaus und zu einer Minderung der Kaufkraft des Geldes führt. Das Gegenteil der Inflation ist die **Deflation**, bei der die Geldmengenvermehrung geringer ist als der Zuwachs der Gütermenge. Dadurch sinkt das Preisniveau und die Kaufkraft des Geldes steigt.

Um die Ursachen der Inflation bzw. Deflation zu benennen, wurden unterschiedliche Theorien entwickelt, wobei zwischen monetären und nicht monetären Inflationstheorien unterschieden wird.

Monetäre Inflationstheorien

Bei den monetären Inflationstheorien wird als Ursache für inflationäre Entwicklungen der Zusammenhang von Geldmenge, Umlaufgeschwindigkeit des Geldes und Gütermenge genannt. Der Ökonom Irving Fisher hat hierfür eine Gleichung entwickelt, die als **Quantitätsgleichung** oder Verkehrsgleichung bezeichnet wird und die auf folgenden Zusammenhang hinweist.

> Quantitätsgleichung:
>
> nachfragewirksame Geldmenge = Wert der Gütermenge
> Geldmenge · Umlaufgeschwindigkeit = Produktionsmenge · Preisniveau
> **M · U = Y · P**

M ist die Geldmenge, die sich im Wirtschaftskreislauf befindet und aus Bar- und Buchgeld besteht.

 Die Schülerin Emma verspeist in der Pizzeria Danilo eine Pizza mit Tomaten und Salami. Sie bezahlt mit einem Zehn-Euro-Schein. Pizzabäcker Danilo kauft mit diesem Schein eine weitere Menge Tomaten beim Gemüsehändler Verde. Verde verwendet den Schein, um seine Rechnung beim Gärtner Gammanik zu begleichen.

U ist die Umlaufgeschwindigkeit des Geldes. Darunter wird die Häufigkeit verstanden, mit der eine Geldeinheit in einer Periode für Umsätze verwendet wird.

Y ist die reale Produktionsmenge, die innerhalb eines Jahres erzeugt wird.

P ist das Preisniveau, d.h. der Durchschnitt aller Preise in einer Volkswirtschaft.

Wird die Quantitätsgleichung nach P aufgelöst, $P = \dfrac{M \cdot U}{Y}$, ergibt sich folgende Aussage:

Das Preisniveau in einer Volkswirtschaft nimmt zu, wenn die umlaufende Geldmenge zunimmt oder die Umlaufgeschwindigkeit sich erhöht oder wenn die reale Produktionsmenge abnimmt.

Die **Quantitätstheorie** will im Unterschied zur Quantitätsgleichung nicht nur Identitäten aufzeigen, sondern geht von einem kausalen Zusammenhang zwischen Geldmenge und Gütermenge aus. Diese Inflationstheorie belegt die Notwendigkeit einer sinnvollen Geldmengensteuerung durch die Zentralbanken.

Nichtmonetäre Inflationstheorien

Bei den nichtmonetären Inflationstheorien finden sich die Ursachen für Preisniveausteigerungen sowohl auf der gesamtwirtschaftlichen Nachfrageseite wie auch auf der Angebotsseite.

Nachfrageinflation

> Von einer **Nachfrageinflation**, auch „demand pull inflation" genannt, wird gesprochen, wenn die nominale Gesamtnachfrage stärker als das Güterangebot wächst und dadurch Preissteigerungen ausgelöst werden.

Für eine steigende gesamtwirtschaftliche Nachfrage sind mehrere Ursachen möglich:

- Die privaten Haushalte werden bei steigendem Einkommen und positiven Zukunftserwartungen ihren Konsum erhöhen. Ebenso können sinkende Zinsen die Neigung zum Sparen verringern und damit den Konsumanteil steigern.
- Die Unternehmen werden bei steigenden Umsatzerwartungen und sinkenden Zinsen mehr Fremdkapital aufnehmen, um zusätzliche Investitionen zu finanzieren.
- Der Staat kann aus konjunkturellen Erwägungen seinen Haushalt verschulden, um damit seinen Staatskonsum zu erhöhen.
- Wird in einer Volkswirtschaft mehr exportiert als importiert, so verringert sich zunächst die Gütermenge im Inland. Da die zufließenden Devisen in Inlandswährung umgetauscht werden, erhöht sich zusätzlich die Geldmenge.

Das Missverhältnis von zu geringem Güterangebot und zunehmender monetärer Nachfrage ist die Ursache für steigende Inflationsraten. Umgekehrtes gilt für die Deflation.

Angebotsinflation

> Bei der **Angebotsinflation** führen steigende Kosten zu steigenden Preisen. Sie wird darum auch als „cost push inflation" bezeichnet.

Auch für den Anstieg der Kosten in einer Volkswirtschaft können verschiedene Ursachen genannt werden:

- Gelingt es den Gewerkschaften in Tarifverhandlungen, höhere Löhne für die gleiche Arbeitsleitung durchzusetzen, so steigen die Lohnkosten in den Unternehmen. Bietet die Konkurrenzsituation auf den Märkten die Möglichkeit, die gestiegenen Lohnkosten auf die Preise abzuwälzen, so beginnt eine Lohn-Preis-Spirale, an deren Ende ein höheres Preisniveau steht.
- Verlangen die ausländischen Lieferanten für ihre Rohstoffe, aber auch für die Energie höhere Preise, so sind die inländischen Unternehmen meist gezwungen, den Preis ihrer verkauften Produkte zu erhöhen. Vor allem die Preissteigerungen auf den internationalen Rohölmärkten haben in Deutschland immer wieder zu Preissteigerungen geführt. Die Erscheinung, dass die Preissteigerungen der importierten Güter zu höheren Preisen im Inland führen, wird als **importierte Inflation** bezeichnet.
- Der Vollständigkeit halber muss erwähnt werden, dass auch Steuererhöhungen, z. B. bei der Mineralölsteuer oder der Mehrwertsteuer, die Verbraucherpreise steigen lassen.

6.2 Auswirkungen der Geldwertänderungen

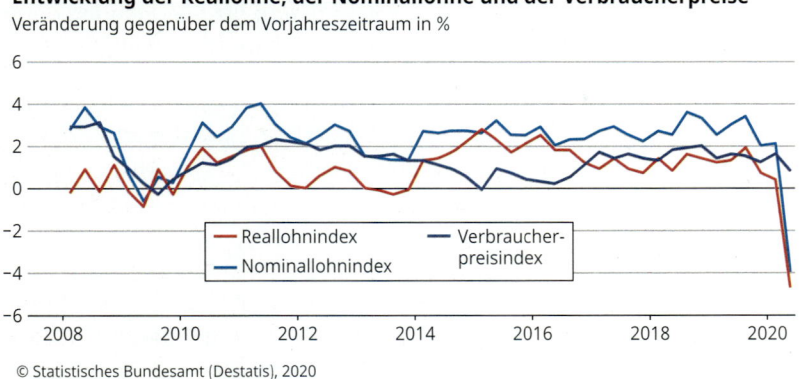

Entwicklung der Reallöhne, der Nominallöhne und der Verbraucherpreise
Veränderung gegenüber dem Vorjahreszeitraum in %

© Statistisches Bundesamt (Destatis), 2020

vgl. Statistisches Bundesamt: 2. Quartal 2020: Reallöhne um 4,7 % niedriger als im Vorjahresquartal, 22.09.2020, online unter: https://www.destatis.de/DE/Presse/Pressemitteilungen/2020/09/PD20_366_623.html [10.11.2020].

ARBEITSAUFTRÄGE

1. Definieren Sie die Begriffe „Nominallohn", „Reallohn", „Verbraucherpreisindex".
2. Interpretieren Sie für den angegebenen Zeitraum die Entwicklung der Nominallöhne, Verbraucherpreise und Reallöhne.
3. Welche prinzipiellen Zusammenhänge bestehen zwischen den drei Größen?

Wesen des Geldes

Geld ist ein von allen Wirtschaftsteilnehmern anerkanntes knappes Gut, das einen Anspruch auf Güter darstellt und in einer Volkswirtschaft bestimmte Aufgaben übernimmt. Es ist **Tauschmittel**, d.h., Arbeitsleistung wird gegen Geld eingetauscht und damit kann man Güter kaufen. Geld ist **Wertmesser** und **Recheneinheit**, da mithilfe des Geldes jedem Gut ein bestimmter Wert beigemessen werden kann. Zudem bietet Geld die Möglichkeit, Werte zu übertragen, und damit ist es **Wertübertragungsmittel**. Durch jede Geldschenkung, aber auch durch die Vergabe von Krediten werden Werte zwischen Personen und Institutionen übertragen. Geld bietet die Möglichkeit, Werte über einen längeren Zeitraum aufzubewahren, also zu sparen. Es ist **Wertaufbewahrungsmittel** und in dieser Funktion vielen Gütern, wie z.B. Gold oder Teppichen, überlegen.

Entwickelt sich in einer Volkswirtschaft eine Inflation oder Deflation, so haben diese Vorgänge nachfolgend erläuterte Auswirkungen.

Verlust wichtiger Funktionen

Eine zentrale Auswirkung inflationärer Prozesse besteht darin, dass das Geld seine volkswirtschaftlichen Aufgaben nur unzureichend erfüllen kann.

Bei steigenden Inflationsraten verliert das Geld seine Funktionen als Tausch- und Zahlungsmittel, d.h., die Waren und Dienstleistungen werden nicht mehr in Geld eingetauscht. Steigt der Preis von einem Kilogramm Brot von 163 Reichsmark (Januar 1923) auf 233 Milliarden Reichsmark (November 1923), so wird das Geld von der Bevölkerung nicht mehr akzeptiert und man verfällt in den Naturaltausch.

Liegt der Zinssatz über lange Zeit stark unter der Inflationsrate, so verliert das Geld seine Wertaufbewahrungsfunktion. Für einen Anleger ist es nicht mehr sinnvoll, seine Ersparnisse bei der Bank zu hinterlegen, da der Wert seiner Einlage zunehmend geringer wird. Es ist besser zu konsumieren als zu sparen. Bei einer steigenden Inflation nimmt die Sparneigung der Bevölkerung immer mehr ab und die Banken verlieren ihre Funktion als Kapitalsammelstelle.

Auch die Funktionen, als Wertmaßstab und Recheneinheit zu dienen, kann das Geld immer weniger erfüllen, da es weder den privaten Haushalten noch den Unternehmen Planungssicherheit für die Zukunft bietet.

Auswirkungen auf die Vermögensverteilung

Die Geldordnung des Eurosystems und damit der Bundesrepublik Deutschland kennt das sogenannte Nominal(wert)prinzip, d. h. die Regelung, nach der „Euro gleich Euro" ist. Ändern sich im Zeitablauf die Preise in einem Land, so wird dadurch die Vermögensverteilung beeinflusst.

Legt ein Sparer zur Vermögensbildung einen Teil seines Einkommens, z. B. 1.000,00 €, bei einer Bank an, so wird er nach dem Anlagezeitraum nominal den gleichen Wert, also 1.000,00 €, zurückerhalten. Der Zins als Ausgleich für den Konsumverzicht und für die überlassene Kaufkraft sei hier außer Betracht gelassen. Treten während des Anlagezeitraums starke Preissteigerungen auf, wird der Sparer für seine 1.000,00 € einen geringeren Gegenwert an Gütern erhalten, als dies zum Zeitpunkt seiner Einlage möglich gewesen wäre.

Das Nominalwertprinzip führt dazu, dass die Höhe der betragsmäßig festgelegten Geldschulden der Bank gleich bleibt, auch wenn die Preise der Güter steigen oder fallen. Die Bank als Schuldner der Spareinlagen ist bei einer Inflation bevorzugt, während die Sparer und hier vor allem die Wertpapier- und Versicherungssparer benachteiligt werden.

Diese Gläubiger-Schuldner-Beziehung liegt auch bei Kreditgeschäften des Einzelnen und des Staates vor. Ein vor 20 Jahren aufgenommener Kredit von 100.000,00 € muss zum Zeitpunkt der Tilgung mit 100.000,00 € zurückgezahlt werden. Je länger die Laufzeit des Kredits und je höher die Inflationsrate, desto größer ist der durch den Geldwertschwund eintretende Verlust des Gläubigers und der Gewinn des Schuldners. Der Kreditnehmer kann mit wertloserem Inflationsgeld sein vor längerer Zeit aufgenommenes Darlehen zum Nennwert zurückzahlen.

Steigende Inflationsraten sind für viele der Anlass, ihr erspartes Geld in Sachvermögen anzulegen, d. h., sie treten eine **„Flucht in die Sachwerte"** an. Geldvermögen wird hier in „Betongeld" umgewandelt. Die verstärkte Nachfrage nach Sachvermögen, vor allem nach Immobilien, kann eine Spekulationswelle (Immobilienblase) mit zusätzlich steigenden Preisen auslösen.

Diese inflationären Prozesse haben nach dem ersten Weltkrieg zur „Enteignung" des Mittelstandes geführt, während die Hauptschuldner, nämlich der Staat und die Unternehmen, sich günstig von ihren Schulden befreiten. Ebenso wurden die Immobilienbesitzer von 1914 bis 1923 fast vollständig entschuldet.

Auswirkungen auf die Einkommensverteilung

Jede Inflation bedeutet Zwangssparen über Preiserhöhungen und führt neben einer ungerechten Vermögensverteilung auch zu Veränderungen in der Einkommensverteilung. Hier sind die Bezieher fester oder nur langsam steigender Einkommen benachteiligt, da sie für ihr Geld einen immer geringer werdenden Gegenwert an Gütern erhalten. Die Arbeitnehmer sind normalerweise erst nach Ablauf des Tarifvertrages, der meist eine Laufzeit von ein bis zwei Jahren hat, in der Lage, Einkommenserhöhungen durchzusetzen. Da die Inflationsrate der vorangegangenen Tarifperiode erst bei den Lohnforderungen der folgenden Periode berücksichtigt wird, sind die abhängig Beschäftigten die „Geschädigten" der Inflation. Das Realeinkommen der Einkommensbezieher sinkt, wenn die Inflationsrate größer als die Einkommenszuwächse ist. In der gleichen Lage wie die Arbeitnehmer befinden sich die Rentner, Pensionäre und Sozialhilfeempfänger.

Zusammenfassend kann festgestellt werden, dass hohe Inflationsraten vor allem die Sparer und die Arbeitnehmer benachteiligen und damit die unteren und mittleren Schichten, die den größten Teil der Bevölkerung bilden.

Zu den Auswirkungen der Deflation, also sinkender Preise, gehören eine zunehmende Kaufzurückhaltung, gefolgt von einer nachlassenden Nachfrage, die zu sinkenden Investitionen und steigenden Arbeitslosenzahlen führt. Da die Gläubiger, also z. B. die Sparer, zu den Bevorzugten gehören, treten die Verbraucher die **„Flucht in die Geldwerte"** an.

6.3   Wirkungsweise der Zentralbankpolitik

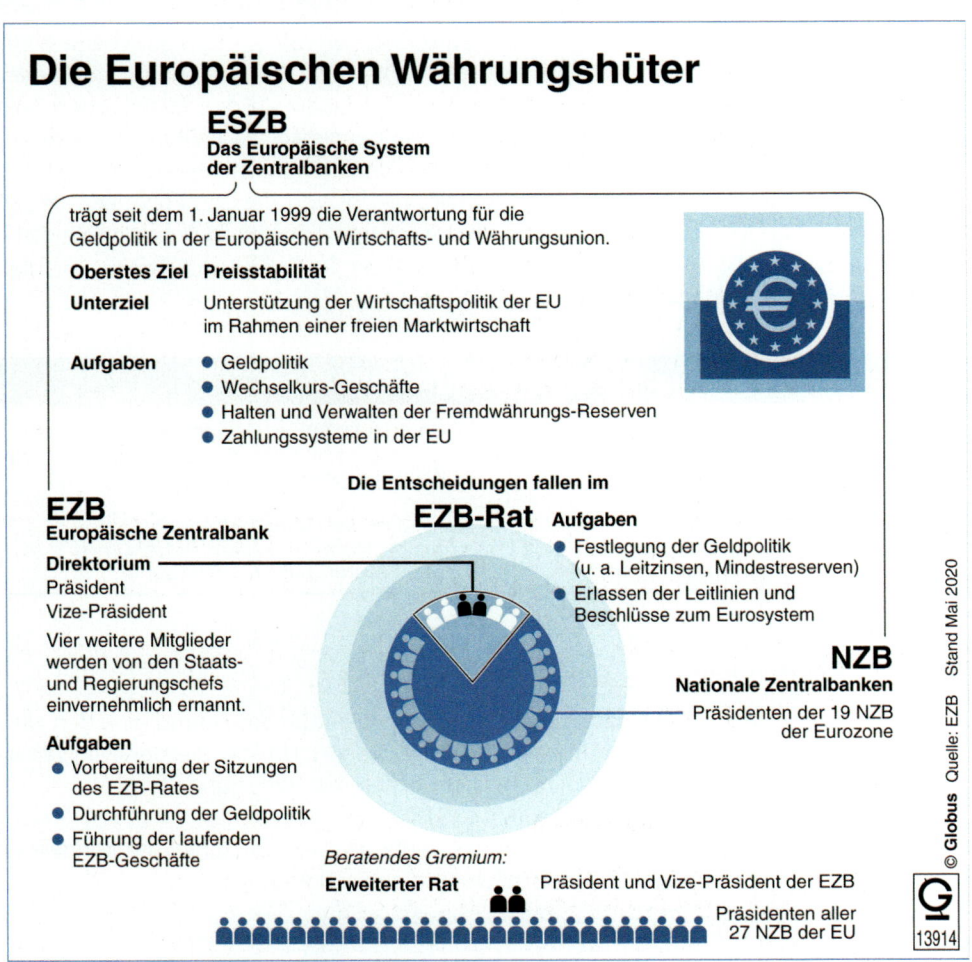

ARBEITSAUFTRÄGE

1. Halten Sie anhand der Grafik ein Kurzreferat über die Ziele, Aufgaben und Organisation der Europäischen Zentralbank.
2. Informieren Sie sich im Internet über die personelle Besetzung der Posten des EZB-Direktoriums.
3. Inwiefern sind Sie von Entscheidungen der Europäischen Zentralbank betroffen?

Die Europäische Zentralbank

Die Europäische Zentralbank (EZB) ist die gemeinsame Währungsbehörde für die Mitgliedsstaaten der Europäischen Währungsunion und hat ihren Sitz in Frankfurt am Main. Ihr oberstes Entscheidungsorgan ist der Europäische Zentralbankrat (EZB-Rat), der aus dem Direktorium der EZB und den Präsidenten der nationalen Zentralbanken besteht. Der EZB-Rat ist für die geldpolitischen Entscheidungen im Euroraum verantwortlich. Das EZB-Direktorium besteht aus dem Präsidenten, dem Vizepräsidenten und vier weiteren Mitgliedern. Das Direktorium sorgt für die Durchführung der Beschlüsse des EZB-Rates und gibt die nötigen Anweisungen an die nationalen Zentralbanken, die für die praktische Umsetzung der Beschlüsse verantwortlich sind. Zum EZB-Rat gehören die sechs Mitglieder des EZB-Direktoriums und die Präsidenten der nationalen Zentralbanken aller Teilnehmerländer.

Um die Aufgabe der Geldwertsicherung erfüllen zu können, wurde das Europäische System der Zentralbanken als unabhängige Institution konzipiert. Die operative Unabhängigkeit bedeutet die Entscheidungsfreiheit hinsichtlich der Methoden, mit denen sie den gesetzlichen Auftrag erfüllen kann. Unter institutioneller Unabhängigkeit versteht man die Freiheit von Weisungen der nationalen und politischen Instanzen. Finanzielle Unabhängigkeit meint die Freiheit der Notenbank im Umgang mit den finanziellen Mitteln, die ihr von den Notenbanken des Währungsraumes zur Verfügung gestellt werden. Die personelle Unabhängigkeit bezieht sich auf das Auswahlverfahren, die Freiheit in der Amtsausübung der Personen und die Freiheit, die Leitungsorgane einer Zentralbank zu ersetzen.

Aufgaben der Europäischen Zentralbank	
◻ Preisstabilität verfolgen	◻ Unterstützung der Geldpolitik der Gemeinschaft
◻ Geldpolitik festlegen und ausführen	◻ Währungsreserven verwalten
◻ Devisengeschäfte durchführen	◻ Ausgabe von Banknoten
◻ Zahlungsverkehr organisieren	◻ Überwachung des Kreditwesens

Instrumente der Geldpolitik

Unter Geldpolitik werden alle Maßnahmen verstanden, mit denen die Zentralbank den Umlauf der Geldmenge und die Kreditversorgung der Wirtschaft steuert. Um das Ziel der Geldwertstabilität zu erreichen, stehen der EZB geldpolitische Instrumente zur Verfügung.

Das Eurosystem führt Offenmarktgeschäfte durch, verlangt, dass Kreditinstitute Mindestreserven auf Konten im Eurosystem halten, und bietet ständige Fazilitäten an.

Unter **Offenmarktpolitik** wird der An- und Verkauf, aber auch die Verpfändung von Wertpapieren bzw. sonstigen Aktiva durch die Zentralbank auf dem offenen Markt verstanden. Die Zentralbank kann die Wertpapiergeschäfte sowohl mit Banken als auch mit Nichtbanken abwickeln. Sie stellt damit Zentralbankgeld überwiegend in Form von Sichtguthaben zur Verfügung. Das Instrument der Offenmarktpolitik setzt die Zentralbank je nach Konjunkturlage ein. In der Hochkonjunktur mit der Gefahr steigender Preise wird die Zentralbank Wertpapiere verkaufen, damit sich die Geldmenge verringert, und das Zinsniveau anheben, also eine kontraktive Geldpolitik verfolgen. In der Depression wird die Europäische Zentralbank eine expansive Geldpolitik betreiben, d.h., sie wird Wertpapieren ankaufen, um die Geldmenge zu erhöhen und die Leitzinsen schrittweise senken.

Bei der **Mindestreservepolitik** werden die Mindestreserven beeinflusst. Mindestreserven sind Zwangsguthaben, die die Geschäftsbanken im Europäischen System der Zentralbanken auf Girokonten bei der jeweiligen nationalen Zentralbank für bestimmte, genau festgelegte Kundeneinlagen unterhalten müssen. In der Hochkonjunktur werden die Mindestreservesätze erhöht, wodurch die Kreditvergabe gesenkt und ein kontraktiver Effekt erzeugt wird. In der Depression hat die EZB die Möglichkeit, stufenweise die Mindestreservesätze zu senken und damit die Kreditschöpfungsmöglichkeiten der Geschäftsbanken zu erhöhen.

Ständige Fazilitäten sind ein geldpolitisches Instrument der EZB in Form von Krediten, die den Geschäftsbanken zur Refinanzierung angeboten werden. Es handelt sich um ständige Kreditlinien, die bei Bedarf in Anspruch genommen werden. Ziel dieses Instrumentes ist die Beeinflussung der Tagesgeldsätze und damit der Leitzinsen am Geldmarkt einer Volkswirtschaft. In der Hochkonjunktur wird die EZB die Tagesgeldsätze schrittweise erhöhen, um durch die Zinserhöhung die Kreditfinanzierung der Unternehmen ungünstiger zu gestalten. In der Depression senkt die Zentralbank ihre Tagesgeldsätze und kann dadurch bei den Unternehmen zunehmend kreditfinanzierte Investitionen auslösen.

6.4   Geldwertstabilität in Deutschland

"

Am 4. November 1923 meldete der Berliner Lokalanzeiger, daß die Post die Gebühren für die Ortsgespräche am nächsten Tag von 1,5 auf 7,5 Milliarden Reichsmark erhöhen werde. Für einen Liter Milch mussten am gleichen Tag 20 Milliarden Reichsmark gezahlt werden. Der billigste Straßenbahnfahrschein kostete 15 Milliarden Mark. Ein Brief nach London musste in der heißesten Phase der Inflation mit Marken für 1.094.000.000.000,00 Reichsmark beklebt werden.

Vgl. Die Zeit, Nr. 41, 5. Okt. 1979.

ARBEITSAUFTRÄGE

Der starke Verfall des Geldwertes im Jahr 1923 zwang die Bevölkerung zum Naturaltausch.

1. Beschreiben Sie die Funktionsweise des Naturaltausches.
2. Nennen Sie wesentliche Nachteile des Naturaltausches.
3. Finden sich in unserer Zeit noch Beispiele für den Naturaltausch?

Deutschland hat in seiner Geschichte unterschiedliche Phasen der Geldwertstabilität durchlebt.

Die erste große Inflation war während der Weimarer Republik von 1914 bis 1923. Damals konnte die Reichsregierung ihre Ausgaben für die Kriegsführung nicht mehr aus den regulären Steuereinnahmen finanzieren. Sie nahm Kredite bei der Reichsbank auf und erhöhte damit die Geldmenge und den Geldumlauf. Die Folge waren stark steigende Preise, die wiederum höhere Löhne erzwangen. Mitte November 1923 erhielt man für eine Billion Papiermark drei Eier oder ein Brot. Am Ende dieser Entwicklung produzierten 133 Druckereien Tag und Nacht Papierscheine. Jede Stadt und jeder Betrieb konnte Geld drucken. Da sich diese Inflation in stark steigenden Preisen äußerte, spricht man von **offener (galoppierender) Inflation**.

Die Inflation von 1939 bis 1948 war eine **zurückgestaute (verdeckte) Inflation**. Diese hatte in der Finanzierung des zweiten Weltkrieges und der Überschuldung des Staates ihre Ursachen. Allerdings wurden zu dieser Zeit die Preise zwangsweise vom Staat festgesetzt. Da die Geldmenge im Verhältnis zur Gütermenge zu groß war, gab die Regierung Bezugsscheine aus, womit Waren gekauft wurden. Für das Geld, das einem noch übrig blieb, konnte man lediglich auf dem Schwarzmarkt zu stark überhöhten Preisen Güter kaufen.

Mit der Währungsreform vom 18. Juni 1948 löste in Westdeutschland die DM (= Deutsche Mark), auch „Westmark" genannt, die inflationäre Reichsmark ab. Die DM verlor von 1948 bis zum Jahr 2002 ebenfalls an Wert, allerdings war der Kaufkraftverlust bei Weitem nicht so hoch wie bei den beiden Kriegsinflationen. Man spricht bei der DM deshalb von einer **schleichenden Inflation**.

Am 23. Juni 1948 gab es in Ostdeutschland ebenfalls eine Währungsreform. Da in der ehemaligen Deutschen Demokratischen Republik ein planwirtschaftliches System mit **festen Preisen** eingeführt wurde, blieb der Wert des Geldes bis zur deutsch-deutschen Währungsunion vom Mai 1990 annähernd gleich.

Am 1. Januar 1999 wurde der Euro gemeinsame amtliche Währung in den Mitgliedsstaaten der Europäischen Währungsunion, zu der auch Deutschland gehörte. Zunächst war es eine „virtuelle Währung", die hauptsächlich von Banken und Finanzmärkten genutzt wurde. Mit Beginn des Jahres 2002 wurde der Euro in zwölf Staaten als Bargeld in Umlauf gebracht.

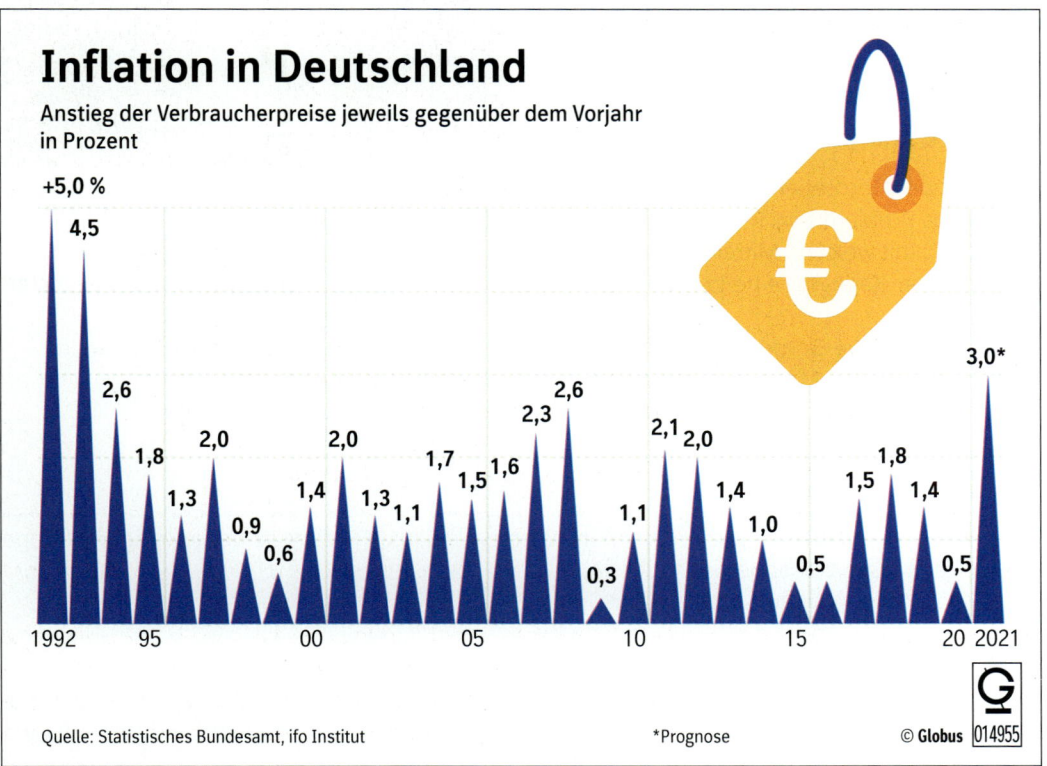

Inflation in Deutschland

Anstieg der Verbraucherpreise jeweils gegenüber dem Vorjahr in Prozent

Quelle: Statistisches Bundesamt, ifo Institut   *Prognose   © Globus 014955

In der Bundesrepublik Deutschland sank nach der Wiedervereinigung die Inflationsrate von 5,1 % (1992) bis 1999 auf 0,6 %. Bei der Einführung des Euro strebte die Europäische Zentralbank eine Inflationsrate von maximal 2 % im Jahr an. Dieses Ziel wurde nur in den Jahren 2007, 2008, und 2011 geringfügig überschritten 2021 betrug die Rate 3 %.

Allerdings kam es mit der Einführung des Euro zu einem deutlichen Unterschied zwischen der Inflationsrate, welche die Bevölkerung laut Umfrage wahrgenommen hat, und den statistisch erhobenen Werten. Die sogenannte **„gefühlte Inflation"** lag dabei deutlich höher als die amtliche Inflationsrate. Der Unterschied zwischen gefühlter und tatsächlicher Inflationsrate kommt dadurch zustande, dass der Warenkorb sowohl Produkte des täglichen Lebens als auch langfristige Konsumgüter enthält. Ausgaben für Lebensmittel und Benzin werden stärker wahrgenommen als der Preisanstieg bei Autos oder Pauschalreisen.

6.5 Methodenseiten   Karikaturenrallye (Inflation und soziale Probleme)

Eine Karikaturenrallye durchläuft mehrere Schritte:

1. Schritt: Organisation

Bei einer Karikaturenrallye suchen die Schüler bzw. der Lehrer Karikaturen im Internet oder in den Printmedien zu einem bestimmten Thema. Anschließend wird die Klasse in Gruppen eingeteilt und jede Gruppe erhält eine Karikatur zur Bearbeitung.

2. Schritt: Analyse

Jede Gruppe interpretiert eine Karikatur anhand folgender Fragen:
1. Welches Problem wird in der Karikatur aufgegriffen?
2. Wie und mit welchen Mitteln (Figuren, Objekten, Symbolen) wird das Problem dargestellt?
3. Ist aus der Karikatur eine bestimmte Einstellung, Meinung oder Deutung des Karikaturisten ersichtlich?
4. Wie beurteilt die Gruppe die Aussage der Karikatur?
5. Welche Ziele und Maßnahmen lassen sich aus der Karikatur ableiten?
Nach der Bearbeitung einer Karikatur wechselt die Gruppe zur nächsten Karikatur.

3. Schritt: Präsentation

Die Gruppenmitglieder benennen einen Interpreten, der die Ergebnisse der jeweiligen Gruppe der ganzen Klasse präsentiert.

4. Schritt: Diskussion

In der Klasse werden die unterschiedlichen Ergebnisse der jeweiligen Gruppen diskutiert. Die folgenden Karikaturen wollen den Zusammenhang von Inflation und sozialer Not deutlich herausstellen.

Für mehr soziale Gerechtigkeit!

Aufgaben

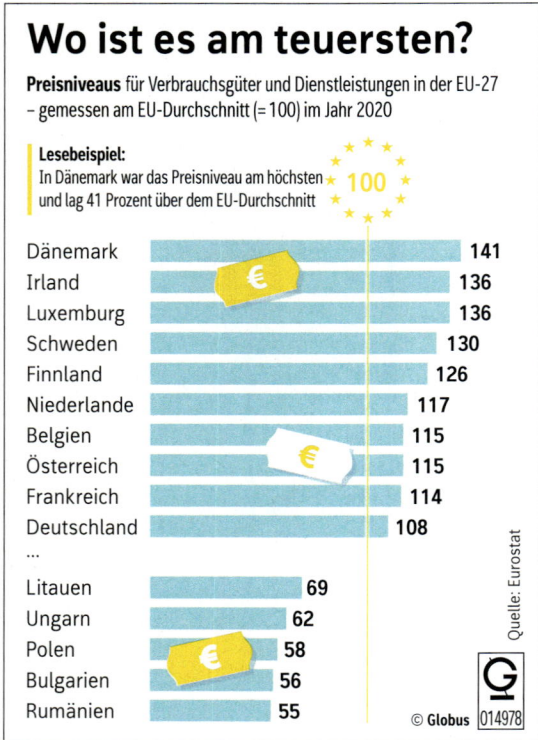

Wo ist es am teuersten?

Preisniveaus für Verbrauchsgüter und Dienstleistungen in der EU-27 – gemessen am EU-Durchschnitt (= 100) im Jahr 2020

Lesebeispiel:
In Dänemark war das Preisniveau am höchsten und lag 41 Prozent über dem EU-Durchschnitt

100

Dänemark	141
Irland	136
Luxemburg	136
Schweden	130
Finnland	126
Niederlande	117
Belgien	115
Österreich	115
Frankreich	114
Deutschland	108
...	
Litauen	69
Ungarn	62
Polen	58
Bulgarien	56
Rumänien	55

Quelle: Eurostat

© Globus 014978

1. Deutsche Bürger reisen gerne ins Ausland.
   a) Bringen Sie folgende Begriffe in einen inneren Zusammenhang:
      – „Gütermenge", „Geldmenge", „Kaufkraft"
      – „Preisniveauanstieg", „Kaufkraftschwund"
   b) Definieren Sie den Begriff „Kaufkraft" und stellen Sie Beziehungen zum Inflationsbegriff her.
   c) Ihr(e) Freund(in) will in einem europäischen Land Urlaub machen. Welche Ratschläge können Sie aus monetärer Sicht geben?
2. Eine Inflation/Deflation kann die Lebensweise und den Wohlstand jedes Einzelnen stark beeinflussen. Beantworten Sie in diesem Zusammenhang folgende Aufgaben:
   a) Beschreiben Sie die Auswirkungen einer Inflation für den persönlichen Bereich der unteren/mittleren bzw. oberen sozialen Schichten.
   b) Die Inflation ist die „Hölle der Gläubiger" und das „Paradies der Schuldner". Begründen Sie diese Aussage.
   c) Unter welchen Bedingungen wird in einer Volkswirtschaft eine „Flucht in die Geldwerte" angetreten?
3. Die Europäische Zentralbank betreibt seit längerer Zeit eine Niedrigzinspolitik, die es den Unternehmen vor allem der südeuropäischen Länder ermöglichen soll, sich günstig Kapital zu leihen, um Investitionen zu tätigen und Arbeitsplätze zu schaffen.
   a) Wie wirkt eine Niedrigzinspolitik auf die Geldwertstabilität?
   b) Wie beeinflussen niedrige Zinsen die Konsum- bzw. Sparaktivitäten der privaten Haushalte?
4. In manchen Veröffentlichungen wird der Euro als „Teuro" beschrieben.
   a) Informieren Sie sich im Internet über die aktuelle Inflations-/Deflationsrate.
   b) Suchen Sie nach Gründen für die konkrete Höhe der Preisänderungsrate.
   c) Reflektieren Sie die Auswirkungen der aktuellen Rate auf Ihre persönliche Situation.

7 Arbeitsmarkt und Arbeitsmarktpolitik

ARBEITSAUFTRÄGE

1. Definieren Sie den Begriff „Markt".
2. Stellen Sie Beziehungen zwischen dem Marktbegriff und den Personen bzw. Personengruppen in der Karikatur her.
3. Formulieren Sie die Grundaussage der Karikatur und nehmen Sie kritisch Stellung.

Arbeitsmarkt

Der Arbeitsmarkt ist im Prinzip ein Markt wie jeder andere, nur werden hier nicht Güter, sondern Arbeitsleistungen gegen Entlohnung getauscht.

> Beim **Arbeitsmarkt** trifft das Angebot der privaten Haushalte an Arbeitsleistung auf die Nachfrage der privaten Unternehmen sowie der öffentlichen Haushalte. Der Preis für die Arbeit wird als **Lohn** bezeichnet.

Das Angebot an Arbeit hängt von der Bevölkerungsentwicklung, dem Arbeitsentgelt, also der Lohnhöhe und den Präferenzen für Freizeit und Arbeitszeit ab. Die Arbeitsnachfrage wird von der gesamtwirtschaftlichen Nachfrage nach Waren und Dienstleistungen und den technischen Möglichkeiten beeinflusst. Zukunftserwartungen und gesetzliche Rahmenbedingungen wie Kündigungsschutz oder Lohnnebenkosten spielen ebenfalls eine Rolle.

Der Arbeitsmarkt hat eine Sonderstellung, da die Marktregeln nur teilweise gelten. Eine flexible Lohnbildung, die sich frei nach Arbeitsangebot und Arbeitsnachfrage richtet, wird aus sozialen Erwägungen unterbunden. Die Tarifpartner, also Gewerkschaften und Arbeitgeberverbände, verhindern Lohnsenkungen in ihren Tarifverträgen. Neben der Einflussnahme der Tarifparteien gibt es in Deutschland noch eine Vielzahl von politischen Maßnahmen, durch die der Arbeitsmarkt gesteuert wird.

> Unter **Arbeitsmarktpolitik** versteht man die Summe aller Maßnahmen zur Beeinflussung des Geschehens auf den Arbeits- und Ausbildungsmärkten.

Zur Arbeitsmarktpolitik im weiteren Sinne gehören die Arbeitsmarktausgleichspolitik, die Arbeitsmarktordnungspolitik und die Beschäftigungspolitik.

Bundesagentur für Arbeit

Eine zentrale Institution der Arbeitsmarktpolitik ist die Bundesagentur für Arbeit (www.arbeitsagentur.de). Die Bundesagentur hat ihren Sitz in Nürnberg und ist eine bundesunmittelbare Körperschaft, die unter der Rechtsaufsicht des Bundesministeriums für Arbeit und Soziales steht. Sie wird vor allem durch die Sozialversicherungsbeiträge der sozialversicherungspflichtigen Beschäftigen, wozu die Arbeitnehmer und Arbeitgeber gehören, bezahlt. Der Bund leistet allerdings finanzielle Hilfen, wenn die Mittel der Bundesagentur nicht für die Erfüllung der Zahlungsverpflichtungen ausreichen.

Zahl der Erwerbstätigen in Deutschland
2007–2019, in Millionen

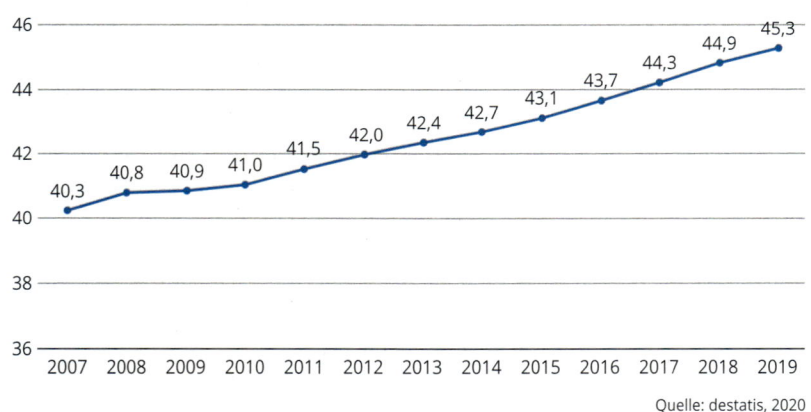

Quelle: destatis, 2020

Aufteilung der Erwerbstätigen in Deutschland 2019 nach Wirtschaftsbereichen

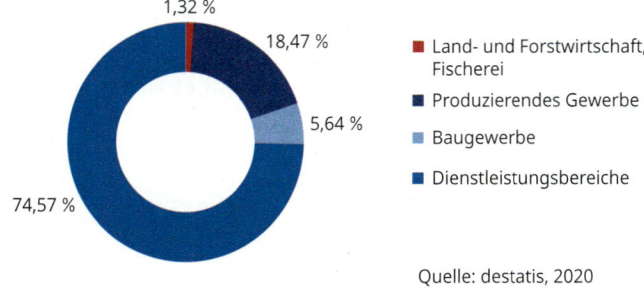

Quelle: destatis, 2020

Zu den zentralen Aufgaben der Bundesagentur für Arbeit im Rahmen der Arbeitsmarktpolitik gehören:

- Beobachtung des Arbeitsmarktes in Verbindung mit der Beratung und Arbeitsvermittlung; hierzu zählt auch die Berufsberatung für Jugendliche und Erwachsene in den Berufsinformationszentren
- Zahlung von Entgeltersatzleistungen wie z.B. Arbeitslosengeld, Insolvenzgeld und Kurzarbeitergeld
- Leistungen der aktiven Arbeitsförderung in Form von Arbeitsbeschaffungs- und Strukturanpassungsmaßnahmen; dazu gehören z.B. Förderung der beruflichen Weiterbildung, Gründungszuschuss für Existenzgründer und Leistungen zur Eingliederung von Selbstständigen
- Förderung der Berufsausbildung, also berufsvorbereitende Bildungsmaßnahmen, ausbildungsbegleitende Hilfen und die Ausbildung in außerbetrieblichen Einrichtungen
- Weitere sonstige Aufgaben sind die Erteilung von Arbeitserlaubnissen, Rehabilitationsleistungen und Bestrebungen zur Gleichstellung von Frauen und Männern.

7.1 Arbeitsmarktausgleichspolitik

Die Arbeitsmarktausgleichspolitik, die auch als die Arbeitsmarktpolitik im engeren Sinne bezeichnet wird, will den Ausgleich zwischen den am Arbeitsmarkt angebotenen Arbeitnehmern und den von den Unternehmern nachgefragten Arbeitskräften.

Zu den Instrumenten der Arbeitsmarktausgleichspolitik gehören:

1. Arbeitsvermittlung und Beratung

Unter Arbeitsvermittlung versteht man die Tätigkeit, die dauernd darauf gerichtet ist, Arbeitsuchende mit Arbeitgebern zur Begründung eines Arbeitsverhältnisses zusammenzuführen. Diese Aktivitäten beinhalten:

- Maßnahmen zur Beschleunigung des Arbeitsmarktausgleichs sowie zur Verbesserung des Vermittlungserfolges
- Kooperation von privater und öffentlicher Arbeitsvermittlung
- Arbeitsvermittlung unter dem Dach des Arbeitnehmerüberlassungsgesetzes

§

Gesetz zur Regelung der Arbeitnehmerüberlassung (Arbeitnehmerüberlassungsgesetz – AÜG)

§ 1 Arbeitnehmerüberlassung, Erlaubnispflicht

(1) Arbeitgeber, die als Verleiher Dritten (Entleiher) Arbeitnehmer (Leiharbeitnehmer) im Rahmen ihrer wirtschaftlichen Tätigkeit zur Arbeitsleistung (Arbeitnehmerüberlassung) überlassen wollen, bedürfen der Erlaubnis. [...] Die Überlassung von Arbeitnehmern ist vorübergehend bis zu einer Überlassungshöchstdauer nach Absatz 1b zulässig. [...]

- Förderung internationaler Berufs- und Arbeitsberatung

2. Einsatz neuer Job-Search-Strategien

Zu diesen Strategien gehört das **Talentmarketing**, bei dem versucht wird, das Qualifikationsprofil von Bewerbern mit dem Anforderungsprofil der beruflichen Tätigkeit in Einklang zu bringen. Beim **Selbstmarketing** überträgt man die Erkenntnisse des Produktmarketings auf die eigene Person. Im Einstellungsgespräch werden die Stärken einer Person bewusst betont und der Bewerber als Markenpersönlichkeit präsentiert. Das **Outplacement**, auch Außenvermittlung genannt, ist ein Verfahren, bei dem Unternehmen professionelle Hilfe für die berufliche

Neuorientierung ihrer ausscheidenden Mitarbeiter finanzieren. Unter **Networking** versteht man den Aufbau und die Pflege vor allem von beruflichen Kontakten mit dem Ziel, die Arbeitsplatzsuche zu unterstützen und zu kooperieren, ohne staatliche Hilfe in Anspruch zu nehmen.

3. Qualifizierung der Arbeitnehmer

Hierzu gehört die Förderung der allgemeinen und der beruflichen Ausbildung sowie der beruflichen Weiterbildung mit dem Ziel des Erwerbs von Schlüsselqualifikationen. Vor allem die Bundesagentur für Arbeit bietet ein breites Spektrum für Aus- und Weiterbildungsmöglichkeiten. Das Portal KURSNET enthält Fernlehrangebote, Wochenendseminare und Vollzeitunterricht. (https://kursnet-finden.arbeitsagentur.de/kurs/).

4. Arbeitsbeschaffungsmaßnahmen

Zu den Arbeitsbeschaffungsmaßnahmen (ABM) gehören Tätigkeiten im Bereich z. B. der Landwirtschaft, Gartenbau oder Forstwirtschaft, um meist Langzeitarbeitslosen bei der Wiedereingliederung in ein „normales Beschäftigungsverhältnis" (erster Arbeitsmarkt) zu helfen und ein geringes Einkommen zu sichern.

7.2   Arbeitsmarktordnungspolitik

ARBEITSAUFTRÄGE

1. Versuchen Sie eine Definition des Begriffs „Mindestlohn".
2. Beschreiben Sie anhand der Grafik die Verteilung der Mindestlöhne in der EU. Suchen Sie nach möglichen Gründen für die unterschiedliche Höhe.
3. Nennen Sie Vor- und Nachteile des Mindestlohnes.

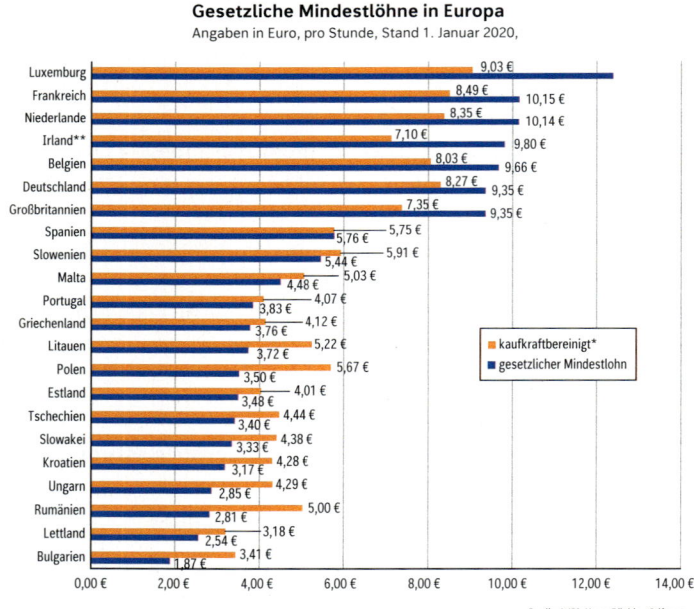

Gesetzliche Mindestlöhne in Europa
Angaben in Euro, pro Stunde, Stand 1. Januar 2020,

Quelle: WSI, Hans-Böckler-Stiftung

*Umrechnung aufgrund der von der Weltbank für 2018 ausgewiesenen Kaufkraftparitäten
** ab 01.02.2020 Irland: 10,10 €; ab 01.04.2020 Großbritannien: 9,93 €

> **Rechtliche Regelungen im Rahmen der Arbeitsmarktordnung:**
> - **Kündigungsschutzgesetz**
>   https://www.gesetze-im-internet.de/kschg/
> - **Entgeltfortzahlungsgesetz**
>   https://www.gesetze-im-internet.de/entgfg/
> - **Mutterschutzgesetz**
>   https://www.gesetze-im-internet.de/muschg_2018/
> - **Arbeitsschutzgesetz**
>   https://www.gesetze-im-internet.de/arbschg/
> - **Mindestlohngesetz**
>   https://www.gesetze-im-internet.de/milog/

Bei der Arbeitsmarktordnungspolitik gibt der Staat den Arbeitnehmern und Arbeitgebern am Arbeitsmarkt einen rechtlichen Rahmen vor. Ihr Ziel ist es, die Vertragsverhandlungen und -abschlüsse in geordnete Bahnen zu lenken und die Vertragsfreiheit meist aus sozialen Erwägungen heraus zu begrenzen.

Solche Arbeitsmarktregelungen finden sich z. B.:
- **Bei Einstellungen und Entlassungen:**
  Hier müssen Probezeiten, Kündigungsschutz und Befristungen von Arbeitsverhältnissen geregelt werden. Das Kündigungsschutzgesetz (KSchG) z. B. regelt die Bedingungen, unter denen eine sozial ungerechtfertigte Kündigung vorliegt, aber auch Abfindungsansprüche und die Möglichkeit der Anrufung von Arbeitsgerichten.
- **Bei Lohnfortzahlungen an gesetzlichen Feiertagen und im Krankheitsfall:**
  Die Lohnzahlung im Krankheitsfall ist im Entgeltfortzahlungsgesetz (EFZG) geregelt, wo der Arbeitgeber für die Zeit der Arbeitsunfähigkeit bis zur Dauer von sechs Wochen den Lohn weiterzahlen muss.
- **Bei der Gestaltung von Arbeitsbedingungen:**
  Im Mutterschutzgesetz (MuSchG) finden sich Regelungen über Beschäftigungsverbote für werdende Mütter und nach der Entbindung, sowie über Mehrarbeit, Nacht- und Sonntagsarbeit. Das Arbeitsschutzgesetz (ArbSchG) enthält Bestimmungen über die Pflichten der Arbeitgeber und die Pflichten und Rechte der Beschäftigten.
- **Bei der Festlegung von Mindestlöhnen:**
  Der Mindestlohn ist ein in der Höhe festgelegtes kleinstes rechtlich zulässiges Arbeitsentgelt. Das Mindestlohngesetz (MiLoG) bestimmt, dass jeder Arbeitnehmer seit dem 1. Januar 2020 einen Mindestlohn in Höhe von brutto 9,35 € je Zeitstunde enthält. Die Höhe des Mindestlohns kann auf Vorschlag einer ständigen Kommission der Tarifpartner durch Rechtsverordnung der Bundesregierung geändert werden.

Die Arbeitsmarktordnungspolitik hat bei ihren gesetzlichen Regelungen auch die Entwicklung der verschiedenen Arbeitsverhältnisse sowie den Niedriglohnsektor zu beachten. Bei den Arbeitsverhältnissen wird wie folgt unterschieden:
- Ein **Normalarbeitsverhältnis** ist durch eine Vollzeittätigkeit mit einem existenzsichernden Einkommen gekennzeichnet. Das Beschäftigungsverhältnis ist unbefristet und der Arbeitnehmer ist vollständig durch die Sozialversicherung abgesichert.
- Von einem **atypischen Beschäftigungsverhältnis** spricht man, wenn ein Abhängigkeitsverhältnis vorliegt und eines oder mehrere der folgenden Merkmale gegeben sind:
  - Teilzeitbeschäftigung, d. h, der Arbeitnehmer wird weniger als 35 Wochenstunden beschäftigt.

- Geringfügige Beschäftigung, d. h., das Arbeitsentgelt überschreitet eine bestimmte Grenze (z. B. 450,00 €) nicht und die Tätigkeit ist nur von kurzer Dauer.
- Befristeter Arbeitsvertrag, d. h., der Arbeitnehmer wird nur für eine bestimmte Zeit beschäftigt.
- Arbeitnehmerüberlassung, auch Leiharbeit genannt, d. h., hier wird ein Arbeitnehmer von seinem Arbeitgeber für eine begrenzte Zeit einem weiteren Unternehmer überlassen.

■ **Prekäre Beschäftigung** kann mit atypischer Beschäftigung einhergehen, ist mit dieser aber nicht gleichzusetzen. Das Statistische Bundesamt bezeichnet ein Beschäftigungsverhältnis als prekär, wenn es nicht geeignet ist, auf Dauer den Lebensunterhalt einer Person sicherzustellen oder deren soziale Sicherung zu gewährleisten. Solche prekären Situationen finden sich bei der Leiharbeit, Minijobs, bei der Scheinselbstständigkeit und Werkverträgen, aber auch bei Scheinpraktika und Schein-Ehrenamt.

Der **Niedriglohnsektor** ist der Teil des Arbeitsmarktes, in dem nur geringe Löhne gezahlt werden. Als Niedriglohn wird den internationalen Organisationen entsprechend ein Stundenentgelt bezeichnet, das geringer als zwei Drittel des mittleren Lohnes ist. Für diese Grenze gibt es keine wissenschaftliche Begründung und es handelt sich lediglich um eine Konvention. Der mittlere Lohn, auch als Medianlohn bezeichnet, ist derjenige Wert, der die Arbeitnehmer in zwei Gruppen teilt: Die eine Hälfte erhält ein geringeres, die andere ein höheres Stundenentgelt. Der mittlere Lohn darf nicht mit dem Durchschnittslohn verwechselt werden, bei dem die Summe der Löhne durch die Anzahl der Arbeitnehmer geteilt wird. Im Niedriglohnsektor ist der Anreiz, einer Erwerbstätigkeit nachzugehen, nur gering ausgeprägt, da das Arbeitseinkommen kaum die Sozialhilfe übersteigt. Dieser **Sozialhilfefalle** muss die Arbeitsmarktordnungspolitik durch Kombilohnmodelle entgegensteuern.

7.3   Beschäftigungspolitik

AN DEN HEBELN DER MACHT

ARBEITSAUFTRÄGE

1. Beschreiben Sie die Karikatur und fassen Sie die Grundaussage in einer These zusammen.
2. Nehmen Sie mit Pro- und Kontra-Argumenten zu dieser These Stellung.

> Unter **Beschäftigungspolitik** wird die Summe der wirtschaftspolitischen Maßnahmen verstanden, die darauf zielen, den Beschäftigungstand in einer Volkswirtschaft auf ein möglichst hohes Niveau zu heben.

Die Beschäftigungspolitik umfasst eine Vielzahl von Maßnahmen und wird in Nachfrage- und Angebotspolitik unterteilt.

Nachfragepolitik

Die Nachfragepolitik beabsichtigt die Erhöhung der Nachfrage nach Erwerbspersonen von Seiten der Unternehmen und des Staates. Zur Nachfragepolitik gehören:

- **Nachfrageorientierte Wirtschaftspolitik:**
  Hauptbereiche der Wirtschaftspolitik (siehe Kapitel 1.3) sind die Fiskalpolitik und die Geldpolitik. Bei der Fiskalpolitik hat der Staat dem Konzept des Keynesianismus zu folgen (siehe Kapitel 4) und muss eine antizyklische Haushaltspolitik betreiben. Beim Abschwung und in der Depression mit hoher Arbeitslosigkeit sollte der Staat seine Ausgaben erhöhen, um Arbeitsplätze zu schaffen. Die Geldpolitik muss bei Arbeitsmarktproblemen die Zinsen senken, um über eine verstärkte Kreditvergabe der Banken die Investitionen zu fördern und damit Arbeitsplätze zu sichern. Auch die Strukturpolitik ist geeignet, Arbeitsplätze zu erhalten und zu schaffen. Zum Beispiel will der Europäische Sozialfonds (ESF) bei der Wiedereingliederung Arbeitsloser in den Arbeitsmarkt helfen, indem er Maßnahmen zur beruflichen Bildung und Umschulung fördert. Der Europäische Fonds für regionale Entwicklung (EFRE) will dazu beitragen, den wirtschaftlichen, sozialen und territorialen Zusammenhalt durch einen Ausgleich wichtiger regionaler Ungleichgewichte zu stärken. Hierzu werden im Bereich der Forschung, Technologie, Tourismus oder Hochwasserschutz Arbeitsplätze geschaffen. In der strukturschwachen Grenzregion Nordbayerns wurde z. B. der Bau von Radfernwegen, Sportstätten und Freibädern gefördert.
- **Angebotsorientierte Wirtschaftspolitik:**
  Diese Politik orientiert sich mehr an der neoklassischen Konzeption des Milton Friedman (siehe Kapitel 5) und will vor allem eine Verbesserung der Produktions- und Investitionsbedingungen. Es ist das Ziel der angebotsorientierten Wirtschaftspolitik, den Regeln des Marktes Geltung zu verschaffen, den Wettbewerb zu fördern und vorhandene Markthemmnisse zu deregulieren. Das Arbeitsrecht muss so weit wie möglich liberal gestaltet und die Arbeitsvermittlung sollte privatisiert werden.
- **Technologiepolitik:**
  Unter Technologiepolitik versteht man alle Aktivitäten, die darauf zielen, Forschung, Entwicklung und Anwendung von Technik in einem Land zu verbessern. Die klassischen Instrumente sind hier
  - die Finanzierung von Forschungseinrichtungen an Universitäten, Hochschulen und Institutionen wie die Max-Plank-Gesellschaft oder die Fraunhofer Gesellschaft;
  - die Bereitstellung von Infrastruktur und die Unterstützung von Technologietransfers in Form von Beratung, gegenseitiger Information und Kooperation.
- **Arbeitszeitpolitik:**
  Die Nachfrage nach Arbeitskräften wird ebenfalls erhöht, wenn die Arbeitszeit verkürzt und flexibilisiert wird. Eine Verkürzung der jährlichen Arbeitszeit z. B. durch längeren Urlaub, aber auch die Schaffung von Teilarbeitsplätzen sowie die Einführung von Altersteilzeit schafft Arbeitsplätze.

■ **Beschäftigungsorientierte Lohnpolitik:**
Tarifverträge, bei denen die Lohnsteigerungen unterhalb des Produktionszuwachses liegen, aber auch die Reduzierung von Lohnnebenkosten erhöhen den Gewinnanteil der Unternehmen und ermöglichen investitionsinduzierte Arbeitsplätze.

Angebotspolitik

Die Angebotspolitik verfolgt die Anpassung des Angebots an Erwerbspersonen an die vorhandene Zahl an Arbeitsplätzen. Zur Angebotspolitik gehören:

■ **Verkürzung der Erwerbslebensdauer:**
Gesetzliche Regelungen, die das vorzeitige Ausscheiden aus dem Berufsleben ermöglichen, aber auch der spätere Eintritt in den Arbeitsmarkt durch eine längere Ausbildung schaffen Arbeitsplätze. Ebenso kann durch die Einführung von Sabbaticals, Langzeiturlaubsphasen, Mutterschafts- und Erziehungszeiten sowie durch Fortbildungs- und Umschulungsmaßnahmen das Arbeitsangebot gesteuert werden.

■ **Ausländerpolitik:**
Durch sinnvolle Maßnahmen zur Integration von Ausländern wie z. B. Sprachkurse in Verbindung mit einer beruflichen Ausbildung kann das Arbeitskräfteangebot erhöht werden. Leistungen, die Ausländer zum Verbleib im Herkunftsland anregen, senken das Arbeitskräfteangebot.

■ **Arbeitskräftemobilität:**
Das Arbeitskräfteangebot in einer Volkswirtschaft hängt auch von der geringen bzw. hohen regionalen und beruflichen Mobilität der Erwerbspersonen ab.

Zur Beschäftigungspolitik zählen auch noch die Maßnahmen der Arbeitsmarktausgleichspolitik (siehe Kapitel 7.1).

Aufgaben

1. Entwickeln Sie eine Mindmap, die sämtliche Instrumente der Beschäftigungspolitik enthält.
2. Mindestlohn im Praktikum

> **Mindestlohn im Praktikum**
>
> Mit dem [2015 eingeführten] Gesetz bekommt seit dem 1. Januar 2020 jeder in Deutschland eine Vergütung von mind. 9,35 Euro pro Stunde für seine Arbeit. Auch Praktikanten fallen unter den gesetzlichen Mindestlohn. Haken jedoch: nicht alle. [...] Es bleibt abzuwarten, wie sich der Mindestlohn auf die Entwicklung der Praktikumslandschaft in Deutschland auswirkt. Es besteht die Gefahr, dass das Angebot von längeren Praktika vor allem bei kleinen und mittelständischen Unternehmen zurückgeht, da sie die Nachwuchskräfte nicht mehr zu diesem Preis bezahlen wollen oder können.
>
> *Quelle: Funke Works GmbH (Hrsg.): Mindestlohn im Praktikum, 16.06.2020, online unter: https://www.absol-venta.de/karriereguide/arbeitsrecht/mindestlohn-praktikum [27.10.2020].*

a) Erläutern Sie die wesentlichen Regelungen zum Mindestlohn.
b) Begründen Sie, warum das Angebot von längeren Praktika bei kleinen und mittelständischen Unternehmen zurückgehen könnte.
c) Informieren Sie sich über die verschiedenen Arten von Praktika.
d) Überprüfen Sie anhand der folgenden Quelle, ob bei dem von Ihnen geplanten Praktikum der Mindestlohn gezahlt werden muss: https://www.bmas.de/DE/Themen/Arbeitsrecht/Mindestlohn/mindestlohn-praktikum.html.

e) „Der Mindestlohn ist ein Praktikums-Killer!" Suchen Sie nach Argumenten, die für und gegen diese Behauptung sprechen.

3. Welche der folgenden Vorschläge eignen sich zur Beschäftigungsförderung in einer Rezession? (Kurze Begründung!)
   - Senkung der Zinssätze
   - Erhöhung der Zuschüsse für die Umschulung von Arbeitskräften
   - Streichung der Förderung von Forschungsprojekten
   - Erhöhung der Staatsausgaben
   - Abbau von Markthemmnissen
   - Verlängerung der Arbeitszeiten
   - Reduzierung von Lohnnebenkosten
   - Kürzung des Jahresurlaubs
   - Einführung des Sabbaticals
   - Streichung der Sportstättenförderung

4. Unter Minijobs versteht man ein geringfügiges Beschäftigungsverhältnis, bei dem das Arbeitsentgelt die Grenze von 450,00 € (450-Euro-Job) nicht überschreitet. Bis zu dieser Lohnhöhe ist der Arbeitnehmer nicht versicherungspflichtig, der Arbeitgeber trägt einen pauschalen Versicherungsbeitrag.
   a) Informieren Sie sich in unter https://www.minijob-zentrale.de/DE/00_home/node.html über mögliche Minijobs.
   b) Beschreiben Sie Tätigkeitsfelder für Minijobber im privaten Haushalt.
   c) Nennen Sie Gründe für die gesetzliche Regelung der Minijob-Tätigkeit.
   d) Entwickeln Sie Vorschläge, wie die derzeitige Situation der Minijobber verbessert werden kann.

8   Herausforderungen an die soziale Marktwirtschaft

8.1   Demografischer Wandel

ARBEITSAUFTRÄGE

1. Beschreiben Sie die Altersstruktur der deutschen Bevölkerung im Jahr 2050.
2. Erläutern Sie das quantitative Verhältnis von Männern und Frauen.
3. Benennen Sie mögliche Probleme, die sich aus dieser Altersverteilung ergeben können.
4. Reflektieren Sie den Einfluss der Flüchtlingsströme im Jahr 2015 auf den demografischen Wandel.

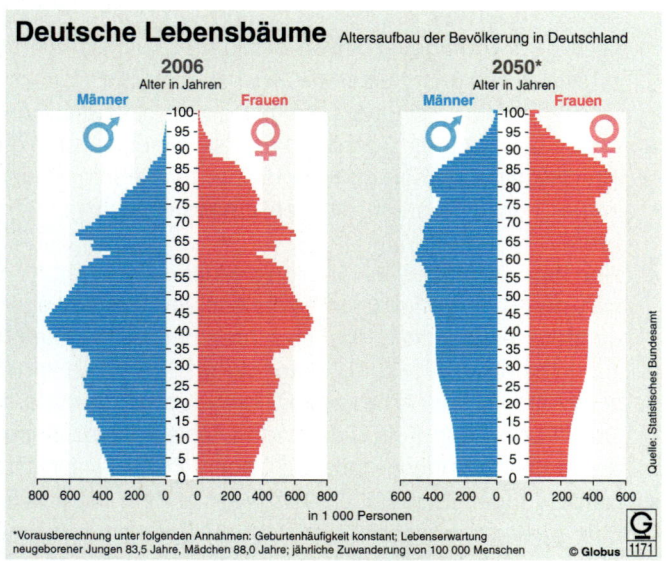

Prognostizierte Altersverteilung für Deutschland im Jahr 2050

> Der **demografische Wandel** beschreibt die Veränderungen der Zusammensetzung der Altersstruktur in einer Bevölkerung, der durch Geburten-/Sterberate, Lebenserwartung und den Wanderungssaldo gekennzeichnet ist.

Ausgangslage

Die demografische Situation ist in der Bundesrepublik Deutschland durch folgende Merkmale gekennzeichnet:

- **Sinkende Geburtenrate:**
  Die Gründe für den Rückgang der Geburten liegen in der sinkenden Anzahl junger Frauen im gebärfähigen Alter. Es werden deutlich weniger Kinder zur Welt gebracht als dies für den zahlenmäßigen Ersatz der jeweiligen Generation erforderlich wäre. Zudem hat sich das traditionelle Bild von der Familie mit Kindern gewandelt und die Zahl der kinderlosen Singlehaushalte ist auf dem Vormarsch.

- **Höhere Lebenserwartung:**
  Während die Geburtenrate abnimmt, steigt die Lebenserwartung der Bevölkerung ständig an. Die Gründe für diese Entwicklung sind vor allem die verbesserte medizinische Versorgung, aber auch das gesteigerte Gesundheitsbewusstsein in der Gesellschaft. Durch die höhere Lebenserwartung der Bevölkerung bei gleichzeitig rückläufiger Geburtenrate steigt der Anteil der älteren Menschen gegenüber den jüngeren.

- **Zuwanderung:**
  Deutschland ist ein Zuwanderungsland und ohne Zuwanderung würde die Bevölkerung in der Bundesrepublik abnehmen. Die Gründe für diese Entwicklung sind einerseits die Freizügigkeit auf dem Arbeitsmarkt für Arbeitnehmer aus der Europäischen Union und andererseits die Aufnahme von Kriegs- und Wirtschaftsflüchtlingen vor allem im Jahre 2015 mit über einer Million.

Probleme

- Zu den sozialen Problemen des demografischen Wandels gehört die nachlassende Funktionsfähigkeit der sozialen Sicherungssysteme. Die soziale Absicherung ist in Deutschland nach dem **Umlageverfahren** organisiert. Danach werden die einbehaltenen Beiträge der Arbeitnehmer unmittelbar zur Finanzierung der sozialen Leistungen herangezogen. Im Umlageverfahren wird davon ausgegangen, dass die Einnahmen gegenüber den Ausgaben über einen längeren Zeitraum konstant bleiben. Durch die gravierenden Veränderungen der Altersstruktur werden die Beiträge der Jüngeren geringer und die erforderlichen Leistungen immer höher, wodurch die **Rentenversicherung** langfristig nicht mehr finanziert werden kann.

- Eine älter werdende Bevölkerung verlangt mehr ärztliche Versorgung, mehr Pflegeleistungen, den Bau von Seniorenresidenzen und Möglichkeiten für betreutes Wohnen. Diese steigenden Gesundheitsausgaben führen bei der **Kranken- und Pflegeversicherung** zu Finanzierungsproblemen. Zudem kann die große Zahl an Wirtschafts- und Kriegsflüchtlingen nicht so schnell in den Arbeitsmarkt integriert werden, da ihnen Sprachkompetenz, berufliche Qualifikation und Kulturverständnis fehlen. Demzufolge werden die **Sozialleistungen** von dieser Bevölkerungsgruppe auf längere Zeit in Anspruch genommen.

- Da die jüngere Generation in zunehmendem Maße die älteren Menschen über steigende Beiträge finanzieren muss, besteht die Gefahr eines zunehmenden **Generationenkonflikts**.

Die kulturellen, sozialen und wirtschaftlichen Gegensätze zwischen den Generationen in einer Gesellschaft können zunehmen. Die relativ hohe Belastung der jüngeren Berufstätigen und der gleichbleibende Wohlstand der älteren Generation gefährden den sozialen Frieden.

■ Neben den sozialen Problemen hat der demografische Wandel noch Auswirkungen auf die Zahl der Erwerbstätigen und hier vor allem auf den Mangel an Fachkräften, aber auch auf die Innovations- und Leistungsfähigkeit der Belegschaften.

Maßnahmen

Der mögliche Maßnahmenkatalog in der Bundesrepublik Deutschland ist vielfältig:

■ In Bezug auf Renten sind Kürzungen, staatliche Zuzahlungen, ein höheres Renteneintrittsalter und die Förderung der privaten Vorsorge möglich.

■ Die Situation der Familien und ihre Einstellung zu Kindern kann durch eine Erhöhung der Kindertagesstätten, flexible Arbeitszeiten, Senkung der steuerlichen Belastung und eine kinderfreundliche Umgebung verbessert werden.

■ Der steigenden Zahl pflegebedürftiger Menschen muss durch gut ausgebildetes und bezahltes Fachpersonal Rechnung getragen werden.

■ Den Flüchtlingen ist durch ein ausreichendes Angebot an Arbeitsplätzen die Möglichkeit zu geben, sich als Steuer- und Beitragszahler in die Gesellschaft einzubringen.

■ Da die Belegschaften der Betriebe immer älter werden, müssen sich die Unternehmen durch ihre Ausstattung (Ruheräume, altengerechte Produktionsabläufe) und Organisationsstruktur (Altenvertretung) darauf einstellen.

■ Das Zusammenleben der Generationen kann z. B. durch gemeinsame Aktionen wie Fahrten, Vorlesungsbesuch an Universitäten, Monatssingen usw. verbessert werden.

8.2   Globalisierung

ARBEITSAUFTRÄGE

1. Beschreiben Sie den Inhalt der Karikatur.
2. Wodurch erreicht der Karikaturist seine humorvolle Aussage?
3. Nennen Sie einige Beispiele, wie sich die Globalisierung konkret auf Ihren Alltag auswirkt.

Unter **Globalisierung** wird ein Prozess verstanden, der die nationalen Grenzen überwindet, eine internationale Arbeitsteilung beinhaltet und zur Ausweitung und Intensivierung wirtschaftlicher, technischer, wissenschaftlicher, aber auch kultureller Beziehungen zwischen Ländern und Kontinenten führt.

Der Prozess der Globalisierung bringt für die Volkswirtschaften nicht nur Vorteile, sondern ist auch mit Nachteilen verbunden. Zu den zentralen **Vorteilen** der internationalen Arbeitsteilung gehören:

- **Steigende Beschäftigung in den Niedriglohnländern:**
  Durch die Möglichkeit der grenzüberschreitenden Investitionen können die Arbeitsplätze in die Länder verlagert werden, in denen die Löhne relativ günstig sind. Vor allem zu den Ländern in Osteuropa und Asien besteht ein starkes Lohngefälle, so dass dort Arbeitsmöglichkeiten für minderqualifizierte Arbeitnehmer geschaffen werden. Die Verlagerung von Produktionsstandorten bzw. die Auslagerung von Unternehmensbereichen wird als **Outsourcing** bezeichnet. Durch die internationale Arbeitsteilung wird es den Niedriglohnländern wie Polen oder Tschechien schrittweise möglich, den Lebensstandard und den Wohlstand der Bevölkerung anzuheben.

- **Zunahme von hochqualifizierten Arbeitsplätzen in den Industrieländern:**
  Die Produktionsverlagerung der ungelernten und angelernten Tätigkeiten von den Hochlohnländern in die Billiglohnländer bringt für die Industrieländer eine Änderung ihrer Produktions- und Bildungsstrukturen. Das hohe Lohnniveau zwingt die Länder, sich auf die Herstellung von „intelligenten Produkten" zu spezialisieren und dies wiederum erfordert hochqualifizierte und gut ausgebildete Arbeitskräfte. In Deutschland, einem Hochlohnland, ist der Ausbau des Bildungssystems die unverzichtbare Grundlage für einen bleibenden Wohlstand. Qualifizierte Tätigkeiten, technische Innovationen, Mobilität und Flexibilität der Bevölkerung beruhen auf einem leistungsbereiten Schul- und Hochschulwesen.

- **Geringere Produktionskosten und Preise:**
  Da die Betriebe mit ihrer Produktion in die Länder abwandern, in denen die Löhne niedrig, die Steuern günstig und die Umweltauflagen und -abgaben gering sind, ist es möglich, kostengünstig zu produzieren. Diese Kostenvorteile können sie mit niedrigen Preisen an die Verbraucher weitergeben. Dadurch wird es breiten Bevölkerungsschichten möglich, sich Produkte zu kaufen, die bei einer nationalen Herstellung zu teuer wären.

- **Erhöhter Wettbewerb und damit technischer Fortschritt:**
  Die Öffnung der Märkte zwischen den Ländern fördert den internationalen Wettbewerb und den technischen Fortschritt in vielen Bereichen. Vor allem die Entwicklung in der modernen Informations- und Kommunikationstechnologie ermöglicht länderübergreifende Aktivitäten ohne nennenswerte Informationsverluste. Die neueren Entwicklungen, z. B. in der Mikroelektronik, der Bio- und Gentechnologie oder im Gesundheitswesen können von der breiten Bevölkerung genutzt werden.

- **Veränderte Unternehmensstrukturen:**
  Durch die Globalisierung entstehen transnationale Unternehmen, sogenannte **Global Player,** die weltweit auf den Märkten kaufen, produzieren und verkaufen. Neue Arten der Zusammenarbeit bzw. Unternehmenszusammenschlüsse treten auf, wobei „strategische Allianzen" mit globalen Produktions- und Vertriebsnetzen geschaffen werden. Deutsche Unternehmen investieren und kooperieren im Ausland; ausländische Unternehmen suchen nach günstigen Bedingungen in Deutschland.

- **Internationaler Kapitalverkehr ermöglicht optimalen Kapitaleinsatz:**
  Durch die Herausbildung von internationalen Kapitalmärkten ist es jedermann möglich, seine finanziellen Mittel dort anzulegen, wo sie den meisten Ertrag bringen. Dies gilt nicht nur für die Geldanlagen, bei denen Länder mit hohen Zinsen aufgesucht werden, sondern auch für die Aufnahme günstiger Kredite mit niedrigen Zinsen.

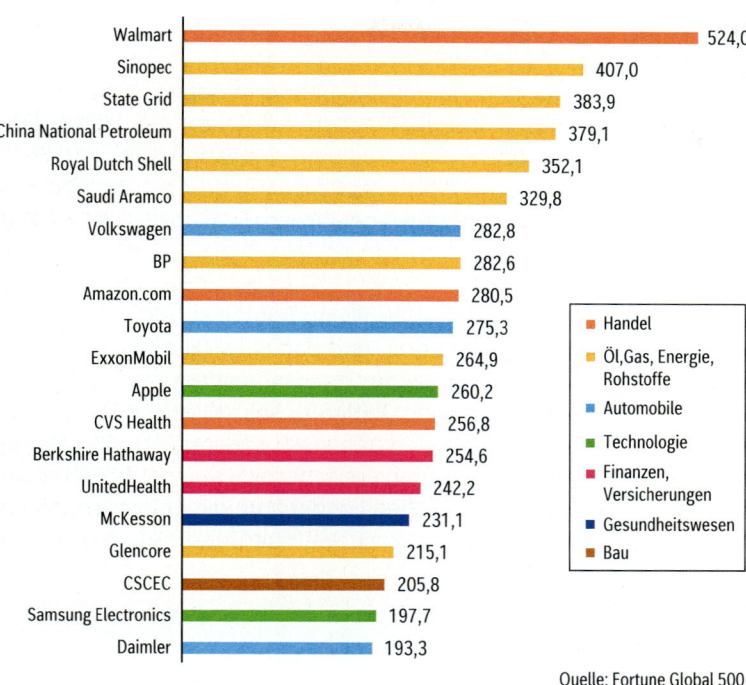

Die umsatzstärksten Unternehmen der Welt
Umsatz im Jahr 2019 in Milliarden Euro

Walmart	524,0
Sinopec	407,0
State Grid	383,9
China National Petroleum	379,1
Royal Dutch Shell	352,1
Saudi Aramco	329,8
Volkswagen	282,8
BP	282,6
Amazon.com	280,5
Toyota	275,3
ExxonMobil	264,9
Apple	260,2
CVS Health	256,8
Berkshire Hathaway	254,6
UnitedHealth	242,2
McKesson	231,1
Glencore	215,1
CSCEC	205,8
Samsung Electronics	197,7
Daimler	193,3

Legende:
- Handel
- Öl, Gas, Energie, Rohstoffe
- Automobile
- Technologie
- Finanzen, Versicherungen
- Gesundheitswesen
- Bau

Quelle: Fortune Global 500

Als wichtige **Nachteile** der Globalisierung können genannt werden:

- **Einkommensunterschiede in den Hochlohnländern:**
  Aufgrund der Ungleichgewichte auf dem Arbeitsmarkt verschärfen sich die Einkommensunterschiede in den Hochlohnländern. Während die minderqualifizierten Arbeitnehmer ein geringes Einkommen haben und von Arbeitslosigkeit bedroht sind, nimmt das Vermögen der hochqualifizierten Personen ständig zu.

- **Verminderter Einfluss der Nationalstaaten:**
  Die Wirksamkeit und der Einfluss politischer Maßnahmen durch die nationalen Träger der Wirtschaftspolitik, also der Regierungen und der Wirtschaftsverbände, wird immer geringer. Durch die internationale Arbeitsteilung können die Global Player ihre Standorte in die Länder verlagern, in denen die Belastungen durch Steuern und Abgaben und Umweltauflagen am geringsten sind.

- **Abwanderung von Arbeitsplätzen in Billiglohnländer:**
  Die Verlagerung von Betriebsstandorten in Billiglohnländer zerstört die Arbeitsplätze für gering Qualifizierte in den Hochlohnländern. Da die minderqualifizierten Beschäftigten nicht den Arbeitsplätzen ins Ausland folgen, kommt es in einem Hochlohnland wie Deutschland zu einer strukturellen Arbeitslosigkeit. Vor allem im produzierenden Gewerbe mit seinen vielen angelernten und ungelernten Tätigkeiten werden immer mehr Beschäftigte freigesetzt und es bildet sich eine relativ hohe Arbeitslosenquote für Arbeitskräfte ohne Berufsausbildung heraus.

- **Verstärkte Umweltzerstörung:**
  Globalisierung fördert nicht nur die Spezialisierung in den Ländern auf bestimmte Produkte, sondern erzwingt auch den weltweiten Austausch dieser Güter. Zunehmende Exporte und Importe bedeuten steigende Transportleistungen zu Wasser, Land und in der Luft. Damit steigt der Energieverbrauch und die Umweltbelastungen nehmen zu. Eine weitere Ursache für Umweltzerstörungen liegt in dem enormen Rohstoffverbrauch, den der Wohlstand der

Bevölkerung fordert. Das Abschmelzen der Polkappen, die steigenden Weltmeere, die Häufung der Naturkatastrophen sowie die Veränderung des Weltklimas haben ihre Ursachen in der Globalisierung.

■ **Gefahr internationaler Finanzkrisen:**
Freie Kapitalmärkte ermöglichen nicht nur eine optimale Kapitalverwendung, sondern sind auch Ursachen für internationale Finanzkrisen. Der unbegrenzte Tausch von Geld ermöglicht den Banken und Versicherungen umfangreiche Spekulationen in Währungen und Wertpapiere, d.h., sie nutzen räumliche und zeitliche Preisunterschiede in großem Umfang aus. Diese umfangreichen und einseitigen Geldtransaktionen gefährden die Stabilität der Kapitalmärkte und können zu Wirtschaftskrisen führen.

■ **Verarmung der Entwicklungsländer:**
Zu einer ungerechten Einkommens- und Vermögensverteilung kommt es nicht nur in den Hochlohnländern, sondern auch zwischen den Industrie- und den Entwicklungsländern. Der internationale Wettbewerb zwingt die Entwicklungsländer, ihre Rohstoffe auszubeuten und sich auf die Produktion von Monokulturen wie Tee oder Kaffee zu spezialisieren. Diese Güter müssen sie auf den Weltmärkten zu niedrigen Preisen anbieten. Andererseits sind sie gezwungen, die hochwertigen Industrieprodukte zu teuren Preisen einzukaufen. Die Globalisierung verstärkt die Kluft zwischen den armen und reichen Ländern, da die Industrienationen die Weltmarktpreise für Rohstoffe, Nahrungsmittel und hochwertige Güter diktieren und die armen Länder diese akzeptieren müssen.

8.3   Förderung benachteiligter Gruppen

ARBEITSAUFRÄGE

1. Diskutieren Sie anhand dieses Bildes die Ursachen und Folgen einer körperlichen Behinderung.
2. Informieren Sie sich über die Geschichte der Paralympics.
3. Entwickeln Sie Vorschläge, wie Menschen mit körperlicher Behinderung geholfen werden kann.

Merkmale und Überblick

Von benachteiligten Gruppen wird gesprochen, wenn die Lebenschancen der Betroffenen erheblich eingeschränkt sind und neben der individuellen noch eine soziale Beeinträchtigung vorliegt. Es handelt sich um Menschen mit besonderen Belastungen, die in ihrer Situation nicht in der Lage sind, für ihren Lebensunterhalt selbst zu sorgen. Teilweise sind sie Opfer von Diskriminierung und Verleumdung.

Zu diesen benachteiligten Gruppen gehören soziale Randgruppen, wie z.B. Drogenabhängige und Alkoholiker, Prostituierte, ethnische Minderheiten, Immigranten, psychisch kranke Menschen, entlassene Strafgefangene, Alleinerziehende sowie Menschen mit körperlicher, seelischer und geistiger Beeinträchtigung. Von diesen Gruppen in unserer Gesellschaft werden exemplarisch Menschen mit Behinderung und Immigranten behandelt.

Menschen mit Behinderung

Allgemein gelten Personen als behindert, wenn ihre körperlichen, seelischen oder geistigen Funktionen so stark beeinträchtigt sind, dass die unmittelbaren Lebensverrichtungen oder die Teilnahme am Leben der Gesellschaft auf Dauer wesentlich erschwert sind. Menschen mit Behinderung erhalten Leistungen nach dem Sozialgesetzbuch (SGB), „… um ihre Selbstbestimmung und ihre volle, wirksame und gleichberechtigte Teilhabe am Leben in der Gesellschaft zu fördern, Benachteiligung zu vermeiden oder ihnen entgegenzuwirken." (§ 1 Satz 1 SGB IX).

Die Art der Leistungen und die Träger sind in den §§ 5, 6 SGB IX geregelt.

§

Sozialgesetzbuch Neuntes Buch (SGB IX)

§ 5 Leistungspruppen

Zur Teilhabe am Leben in der Gesellschaft werden erbracht
1. Leistungen zur medizinischen Rehabilitation,
2. Leistungen zur Teilhabe am Arbeitsleben,
3. unterhaltsichernde und andere ergänzende Leistungen,
4. Leistungen zur Teilhabe an Bildung und
5. Leistungen zur sozialen Teilhabe.

§ 6 Rehabilitationsträger

(1) Träger der Leistungen zur Teilhabe (Rehabilitationsträger) können sein:
1. die gesetzlichen Krankenkassen […],
2. die Bundesagentur für Arbeit […],
3. die Träger der gesetzlichen Unfallversicherung […],
4. die Träger der gesetzlichen Rentenversicherung […], der Träger der Alterssicherung der Landwirte […],
5. die Träger der Kriegsopferversorgung und die Träger der Kriegsopferfürsorge […],
6. die Träger der öffentlichen Jugendhilfe […] sowie
7. die Träger der Sozialhilfe […].
[…]

Immigranten

Neben der Globalisierung und dem demografischen Wandel gehört auch die zunehmende Zahl an Immigranten zu den Herausforderungen der sozialen Marktwirtschaft. Oberbegriff für die Immigration ist der Ausdruck Migration, der aus dem Lateinischen stammt und so viel wie Wanderung bedeutet. **Migration** ist die Wanderungsbewegung von Menschen zwischen Staaten, die zu einem längerfristigen und dauerhaften Wechsel des ständigen Aufenthalts aus politischen, sozialen und wirtschaftlichen Gründen führt. Bei der Migration wird zwischen Emigration, also der Auswanderung aus einem Land und der Immigration, also der Einwanderung in ein Land unterschieden.

Unter **Asyl** versteht man einen Zufluchtsort, eine Unterkunft, die einem Schutz vor Gefahren und Verfolgung bietet. Asylbewerber sind demnach Personen, die in einem Land, dessen Staatsangehörigkeit sie nicht besitzen, Aufnahme suchen. Asyl ist ein in Deutschland von der Verfassung geschütztes Recht, nach dem Menschen, die aus einem anderen Teil der Welt vor Gewalt, Krieg und Terror fliehen, Schutz finden. **Flüchtlinge** hingegen sind Personen, die ihre Heimat fluchtartig verlassen müssen und in einem anderen Land um Asyl nachsuchen.

Nachdem in die Bundesrepublik Deutschland vor allem im Jahr 2015 weit über eine Million Menschen immigriert sind, ist die Förderung der Integration dieser vielen Flüchtlinge die Aufgabe staatlicher und privater Stellen.

Die **Bundesagentur für Migration und Flüchtlinge (BAMF)** als staatliche Stelle ist eine Oberbehörde des Bundesministeriums des Inneren mit Sitz in Nürnberg. Es ist die zentrale Migrationsbehörde mit Kompetenzen in den Bereichen Migration, Integration und Rückkehr und ist z. B. zuständig für die Durchführung von Asylverfahren und die Entscheidung von Asylanträgen, aber auch die Organisation von Integrationskursen und die berufsbezogene Sprachförderung. Bund und Länder zielen bei ihrer Integrationspolitik auf die finanzielle Förderung beim sozialen Wohnungsbau, der Kinderbetreuung, bei der Ausbildungsförderung und der Arbeitsmarktintegration. Die Bundesregierung will mit einem Integrationshilfegesetz die Eingliederung von Immigranten durch Finanzierung von Deutschkursen, Schaffung zusätzlicher Arbeitsgelegenheiten, Einstiegsqualifizierungen nach dem Prinzip des Förderns und Forderns verbessern.

Neben der Unterstützung des Staates gibt es in Deutschland noch ein vielfältiges privates und hier vor allem ehrenamtliches Engagement. Hierzu zählen Vereine, Bürgerinitiativen und caritative Einrichtungen, die Flüchtlinge aufnehmen, Projekte wie „Integration durch Sport", private Vormundschaften oder Bildungspatenschaften sowie unentgeltlicher Sprachunterricht.

Aufgaben

1. Entwickeln Sie eine schematische Darstellung mit den Begriffen „demografischer Wandel", „Globalisierung", „benachteiligte Gruppen" in der Kopfzeile. Tragen Sie in die Vorspalte die Begriffe „Wesen", „Ursachen", „Probleme", „Förderungsmöglichkeiten" ein.
   Füllen Sie die Leerfelder auf.
2. Schwerbehinderte genießen in Deutschland einen besonderen Schutz.

   §

   Sozialgesetzbuch Neuntes Buch (SGB IX)

   § 154 Pflicht der Arbeitgeber zur Beschäftigung schwerbehinderter Menschen

   (1) Private und öffentliche Arbeitgeber (Arbeitgeber) mit jahresdurchschnittlich monatlich mindestens 20 Arbeitsplätzen im Sinne des § 156 haben auf wenigstens 5 Prozent der Arbeitsplätze Schwerbehinderte zu beschäftigen. Dabei sind schwerbehinderte Frauen besonders zu berücksichtigen. [...]

   a) Beschreiben Sie Tätigkeiten, die schwerbehinderte Menschen in einem privaten und öffentlichen Betrieb übernehmen können.

   b) Erläutern Sie die Chancen und Risiken bei der Einstellung schwerbehinderter Arbeitnehmer für die Unternehmen.

3. Die Globalisierung führt langfristig zu einer Zunahme der internationalen Direktinvestitionen.

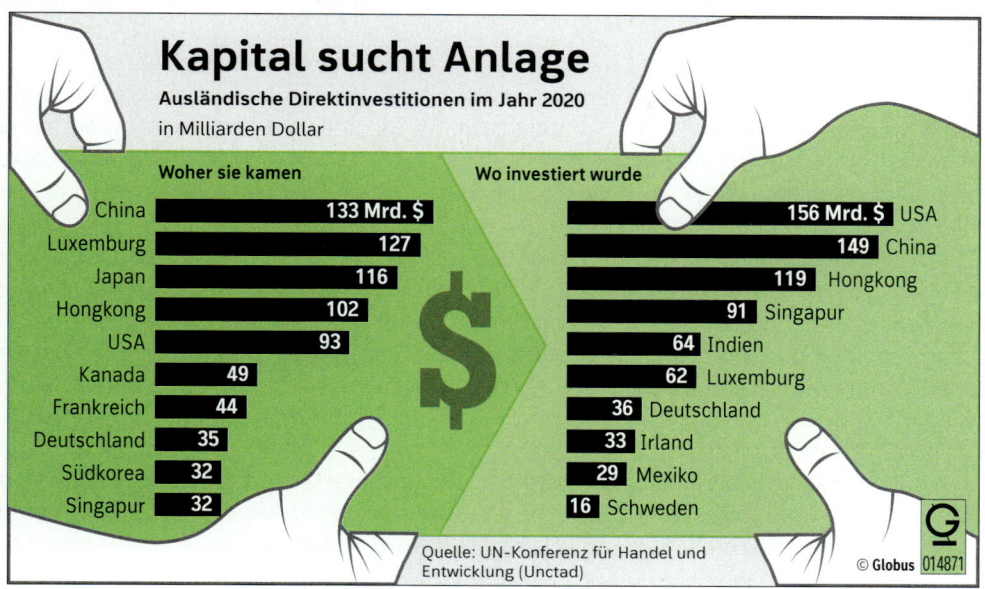

Kapital sucht Anlage

Ausländische Direktinvestitionen im Jahr 2020
in Milliarden Dollar

Woher sie kamen		Wo investiert wurde	
China	133 Mrd. $	156 Mrd. $	USA
Luxemburg	127	149	China
Japan	116	119	Hongkong
Hongkong	102	91	Singapur
USA	93	64	Indien
Kanada	49	62	Luxemburg
Frankreich	44	36	Deutschland
Deutschland	35	33	Irland
Südkorea	32	29	Mexiko
Singapur	32	16	Schweden

Quelle: UN-Konferenz für Handel und Entwicklung (Unctad)

© Globus 014871

a) Beschreiben Sie Motive, die Unternehmen veranlassen, Investitionen im Ausland zu tätigen.

b) In manchen Ländern gibt es Hemmnisse, die zu Einschränkungen von Auslandsinvestitionen führen. Nennen Sie einige.

c) Erläutern Sie anhand der Grafik die Herkunfts- und Zielländer für Auslandsinvestitionen.
Gehen Sie in diesem Zusammenhang auf die Stellung der Niederlande besonders ein.

d) Suchen Sie nach Gründen für die Situation der Bundesrepublik bei den ausländischen Direktinvestitionen.

4. Zentrale Begriffe unseres gesellschaftlichen Zusammenlebens sind „Exklusion", „Integration" und „Inklusion".

a) Informieren Sie sich über die wesentliche Bedeutung dieser Begriffe.

b) Belegen Sie die Begriffe mit konkreten Beispielen aus Ihrem Umfeld.

c) Stellen Sie die Vor- und Nachteile dieser Begriffe schematisch gegenüber.

5. Entwickeln Sie ein Szenario mit Best Case und Worst Case, in dem der demografische Wandel im Mittelpunkt steht.

8.4 Methodenseiten — Lernzirkel (Armut und Globalisierung)

Der **Lernzirkel** ist eine Methode, bei der mehrere Schülerinnen und Schüler selbstständig und gleichzeitig an unterschiedlichen Stationen, die im Klassenzimmer aufgebaut sind, arbeiten. Beim Lernzirkel „Armut und Globalisierung" empfiehlt es sich, die Klasse in vier Gruppen einzuteilen und die Gruppen jeweils an den Stationen das aufgelegte Material bearbeiten zu lassen.

Es werden der Übungs- und der Erarbeitungslernzirkel unterschieden. Der Übungslernzirkel dient dazu, den bereits erarbeiteten Stoff zu festigen und zu vertiefen. Beim Erarbeitungslernzirkel sollen die Schüler selbständig ohne Hilfe des Lehrers sich neues Wissen über einen bestimmten Themenbereich aneignen. Auf Vorkenntnisse sollte nicht zurückgegriffen werden. Beim Lernzirkel „Armut und Globalisierung" handelt es sich um einen Erarbeitungszirkel.

Die Lernzirkelarbeit erfolgt in drei Schritten:
1. Schritt: Zunächst informiert der Lehrer über das gewählte Thema, vollzieht die räumliche Umorganisation und stellt das erforderliche Material bzw. die technische Ausstattung bereit.
2. Schritt: Anschließend bearbeiten die Schüler/innen in einer festgelegten Reihenfolge das bereitgestellte Material.
3. Schritt: In einem Schlussgespräch kann der Wissenszuwachs und die Effektivität der Methode reflektiert werden. Es ist aber auch ein Abschlusstest möglich.

1. Station: Internetrecherche

Diese Station erfordert einen Internetzugang. Die Lernenden sollen sich anhand der folgenden Internetadressen über den Zusammenhang von Armut und Globalisierung in der Dritten Welt informieren. Als Ergebnis dieser Arbeit soll ein Bericht in Form einer Nachricht bzw. eines Kommentars entstehen.
- https://www.attac.de/: Enthält Informationen zum Selbstverständnis, Strukturen und Maßnahmen der attac (association pur une taxation des transactions financieres pour l'aide aux citoyens)
- www.armut.de: Informiert allgemein über die Ursachen der Armut wie z.B. Mangel an Bildung, Bevölkerungswachstum, Hunger und Globalisierung.
- www.wirtschaftslexikon24.com: Präsentiert eine kurze Beschreibung der Armutsursachen.
- https://www.bpb.de/: Die Bundeszentrale für politische Bildung bietet Infos zum Thema Globalisierung – soziale Probleme.

2. Station: Textanalyse

"

Globalisierung – Unfairer Handel, Kinderarbeit und Armut

Ein Hauptgrund für die bittere Armut der südlichen Länder auf der Welt ist ihre hohe Verschuldung bei den internationalen Banken und beim „Internationalen Währungsfonds (IWF)". Die Staaten haben dort Kredite aufgenommen – also Geld geliehen, das sie später zurückzahlen müssen. Zusätzlich fallen jedoch Zinsen an, an denen die Banken wiederum verdienen. Nicht einmal die hohen Zinsen können die von Armut betroffenen Länder aufbringen – und weitere Kredite erhalten sie nur gegen bestimmte Forderungen des IWF: nämlich der billige Verkauf von Waren ins Ausland, niedrigere Löhne und Vermögensanlagen für ausländische Unternehmen. Von den sozialen Kürzungen sind besonders die Ärmsten betroffen, während ausländische Firmen ihren Vorteil daraus ziehen: Sie finden in den Ländern für sich gute Produktionsbedingungen und günstige Arbeitskräfte vor und können somit hohe Gewinne erzielen. In der Folge werden kleinere einheimische Betriebe immer stärker verdrängt.

Quelle: Pawlak, Britta: Globalisierung – Teil 2: Unfairer Handel, Kinderarbeit und Armut, 18.05.2015, online unter: https://www.helles-koepfchen.de/globalisierung-teil-2/unfairer-handel-kinderarbeit-und-armut.html [12.02.2021].

Entwickeln Sie ein Konzept, mit dem der Regelkreis (Armut → Verschuldung → zunehmende Armut) durchbrochen werden kann.

3. Station: Karikaturinterpretation

Interpretieren Sie die Karikatur und beantworten Sie dabei folgende Fragen:

- Wahrnehmung: Was sehen Sie? (Personen, Symbole)
- Analyse: Was will der Karikaturist mitteilen? (Kritik, Stilmittel, Textinformation)
- Interpretation: Wie ist die Karikatur zu deuten? (Aussage, Sinn, Vergleich mit eigener Meinung)

4. Station: Grafikinterpretation

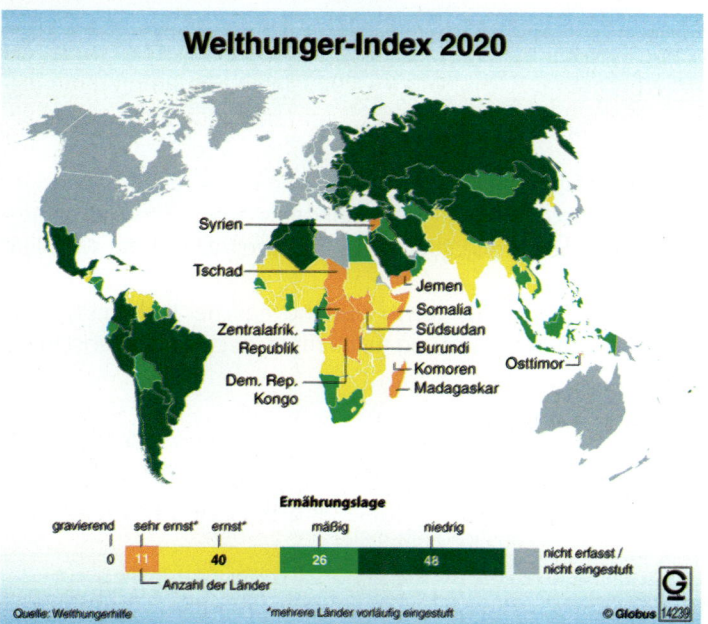

Analysieren Sie die Grafik in Bezug auf die räumliche Verteilung.

9   Instrumente europäischer Sozialpolitik

9.1   Der Europäische Sozialfonds

Der ESF bietet Menschen berufliche Zukunft

ARBEITSAUFTRÄGE

Die Jugendarbeitslosigkeit gehört in den südeuropäischen Ländern und in geringerem Umfang auch in Deutschland zu den großen Herausforderungen.

1. Nennen Sie die Ursachen für das Problem der Jugendarbeitslosigkeit in den genannten Regionen.
2. Welche Institutionen bieten Hilfestellung bei der Eingliederung Jugendlicher?
3. Informieren Sie sich unter https://www.esf.bayern.de über Förderprogramme in Bezug auf Jugendliche in Bayern.

> Der **Europäische Sozialfonds** (ESF) ist ein wichtiges Finanzierungsinstrument der Europäischen Union zur Förderung der Beschäftigung und zur Unterstützung der wirtschaftlichen und sozialen Integration in den Mitgliedsstaaten.

Der ESF ist bereits 1958 eingerichtet worden und wird in Förderperioden unterteilt, wobei die gerade abgeschlossenen ESF-Förderprogramme von 2014 bis 2020 liefen. Die Programme dieser Förderperiode können unter https://www.esf.de/portal/DE/Foerderperiode-2014-2020/ESF-Programme/inhalt.html#Inhalt abgerufen werden.

Kennzeichnend für diese Förderperiode waren folgende Zielsetzungen:
- Förderung nachhaltiger und hochwertiger Beschäftigung und Unterstützung der Mobilität der Arbeitskräfte
- Förderung der sozialen Inklusion und Bekämpfung von Armut und jeglicher Diskriminierung
- Investitionen in Bildung, Ausbildung, und Berufsbildung für Kompetenzen und lebenslanges Lernen

In der Förderperiode von 2014 bis 2020 wollte der ESF einen Beitrag zur Sicherung des Fachkräftebedarfs leisten, die soziale Inklusion unterstützen und die Armut bekämpfen. Weitere Schwerpunkte bildeten die Förderung von Selbstständigkeit, die Vereinbarkeit von Berufs- und Privatleben sowie die Verbesserung des Bildungsniveaus und lebenslanges Lernen.

Hauptzielgruppen dieser Programme waren benachteiligte junge Menschen, insbesondere ohne Schul- und Berufsabschluss, Langzeitarbeitslose, Frauen und Erwerbstätige, „... sowie besonders ..." solche mit geringer Qualifikation oder geringem Einkommen, sowie Personen mit Migrationshintergrund, vor allem in schwierigen Lebenslagen wie z. B. Flüchtlinge.

Bei den Förderprogrammen des ESF wird zwischen den Programmen des Bundes und der Bundesländer unterschieden. Die ESF-Programme des Bundes werden bundesweit unter der Leitung verschiedener Ministerien wie z. B. Bundesministerium für Arbeit und Soziales, Bundesministerium für Bildung und Forschung, Bundesministerium für Familie, Senioren, Frauen und Jugend usw. umgesetzt. Die ESF-Förderprogramme in den Bundesländern berücksichtigen darüber hinaus die arbeitsmarktrechtlichen Besonderheiten in den Regionen.

Die Umsetzung der ESF-Maßnahmen vor Ort erfolgt über Projekte, die von verschiedenen öffentlichen und privatwirtschaftlichen Institutionen beantragt und durchgeführt werden. Zu den Begünstigten dieser Projekte gehören z. B. einzelne Arbeitnehmer, Personengruppen, Industriezweige, Gewerkschaften, öffentliche Verwaltung oder einzelne Firmen. Für die Auszahlung von Mitteln aus dem Fonds hat ein Mitgliedsstaat ein „Gemeinschaftliches Förderkonzept" (GFK) vorzulegen, welches von einer Kommission genehmigt werden muss. Die Mitgliedsstaaten ernennen hierzu nationale Verwaltungsbehörden, die für die Auswahl der Projekte, die Auszahlung der Finanzmittel und die Überwachung des Fortschritts sowie des Endergebnisses der Projekte verantwortlich sind.

ESF-Programm „Perspektiven in Bayern – Perspektiven in Europa 2014–2020"

„Sozialwirtschaft 4.0 – Digitale Transformation" – Soziale Innovation – Aufruf zur Einreichung von innovativen Projektvorschlägen

Prioritätsachse A „Förderung nachhaltiger und hochwertiger Beschäftigung und Unterstützung der Mobilität der Arbeitskräfte"

Mit dem Aufruf „Sozialwirtschaft 4.0 – DigitaleTransformation" rücken wir ein aktuelles Thema in den Mittelpunkt der ESF-Förderung von Innovationen.

Der digitale Wandel macht sich in immer mehr Branchen bemerkbar und hat auch Auswirkungen auf Unternehmen der Sozialwirtschaft und deren Beschäftigte. Diese Veränderungen werden oftmals als eine Hürde und nicht als Möglichkeit des Fortschritts empfunden. Dabei bietet Digitalisierung die Möglichkeit, dem Personalmangel entgegenzuwirken und die Leistungsfähigkeit der Sozialwirtschaft zu steigern.

Die Thematik gehen wir durch Aufbau der erforderlichen Kompetenzen bei Mitarbeiterinnen und Mitarbeitern an. Wir wollen die Entwicklung neuer beruflicher Fähigkeiten und Methoden der zukünftigen Arbeit 4.0 unterstützen.

Dafür wollen wir mit dem ESF-Aufruf neue Ansätze, Methoden, Partnerschaften oder Kombinationen dieser Elemente für konkrete innovative Lösungen erproben. Die innovativen Vorhaben sollen dazu dienen, die Standardförderung von heute zu bereichern und die Methoden der zukünftigen ESF-Periode post 2020 vorzubereiten.

Quelle: Bayerisches Staatsministerium für Familie, Arbeit und Soziales (Hrsg.): ESF-Programm „Perspektiven in Bayern – Perspektiven in Europa 2014–2020", 13.06.2019, online unter: https://www.esf.bayern.de/imperia/md/content/stmas/esf/call_sozialwirtschaft2019.pdf [10.11.2020].

9.2   Offene Methode der Koordinierung

ARBEITSAUFTRÄGE

1. Beschreiben Sie die Karikatur. Berücksichtigen Sie auch die Größe der Gegenstände.
2. Auf welche Probleme will der Karikaturist hinweisen?
3. Entwickeln Sie Lösungsvorschläge für die genannten Probleme.

Ursachen/Gründe

Die Europäische Union ist ein Zusammenschluss von Mitgliedsstaaten mit unterschiedlichen Wirtschafts- und Sozialordnungen, die im Laufe der Zeit zu einer einheitlichen Gemeinschaft zusammenwachsen sollen. Vor allem im Bereich der Sozialpolitik besitzt die Europäische Union nur begrenzte Zuständigkeiten. Sie kann Gesetze nur erlassen, wenn sie die Mitgliedsstaaten ausdrücklich ermächtigen. Bei der Vielzahl der Staaten und den unterschiedlichen Vorstellungen trifft dies derzeit auf große Schwierigkeiten. Die Europäische Union kann demnach nur die sozialpolitische Zusammenarbeit der Mitgliedsstaaten unterstützen bzw. Mindeststandards aufstellen. Hat der Europäische Rat, der Ministerrat, die Kommission oder das Parlament das Bedürfnis, in bestimmte Politikbereiche einzugreifen, in denen die Europäische Union keine Kompetenzen besitzt, bietet sich der Einsatz der „Offenen Methode der Koordinierung" (OMK) an.

Wesen/Merkmale

> Der Begriff **„Offene Methode der Koordinierung"** beschreibt unterschiedliche Verfahren zum Austausch von Informationen und zur Koordinierung von politischen Entscheidungen zwischen den Regierungen der EU-Mitgliedsstaaten.

Geschichte

Die OMK wurde erstmals mit dem „Weißbuch – Wachstum, Wettbewerb und Beschäftigung" der Europäischen Kommission aus dem Jahr 1993 eingeführt. Zu dieser Zeit bestand in der Europäischen Gemeinschaft das politische Bedürfnis, Maßnahmen gegen die in vielen Mitgliedsländern zunehmende Arbeitslosigkeit zu ergreifen. Da rechtliche Regelungen mit bindenden Richtlinien in der Europäischen Gemeinschaft in diesem Bereich nicht möglich waren, entschloss man sich, ohne ausdrückliche Rechtsgrundlagen Maßnahmen zu ergreifen, die für die Mitgliedsstaaten keinen zwingenden, sondern nur empfehlenden Charakter hatten. Mit den Entscheidungen von Lissabon im Jahr 2000 und von Göteborg 2001 wurde die OMK auf weitere Politikbereiche ausgedehnt.

Anwendungsgebiete

Zu den Anwendungsgebieten des OMK gehören: Forschung und Entwicklung, Beschäftigungs-, Gesundheits-, Jugend-, Migrations-, Renten-, Sozial-, Umwelt- und Unternehmenspolitik. Allen diesen Bereichen ist gemeinsam, dass die supranationalen Institutionen der Europäischen Union, also Europäische Kommission, Ministerrat und Europäisches Parlament, keine oder nur sehr begrenzte Zuständigkeiten besitzen, um EU-weite verbindliche Regelungen zu erlassen.

Ziele

Die Ziele der Sozialpolitik, die überwiegend mit dem OMK verfolgt werden, sind in den Art. 151 und 153 des AEUV (Vertrag über die Arbeitsweise der Europäischen Union) (www.AEUV.de) niedergelegt.

§

Vertrag über die Arbeitsweise der Europäischen Union (AEUV)

Art. 151

Die Union und die Mitgliedstaaten verfolgen eingedenk der sozialen Grundrechte, wie sie in der am 18. Oktober 1961 in Turin unterzeichneten Europäischen Sozialcharta und in der Gemeinschaftscharta der sozialen Grundrechte der Arbeitnehmer von 1989 festgelegt sind, folgende Ziele: die Förderung der Beschäftigung, die Verbesserung der Lebens- und Arbeitsbedingungen, um dadurch auf dem Wege des Fortschritts ihre Angleichung zu ermöglichen, einen angemessenen sozialen Schutz, den sozialen Dialog, die Entwicklung des Arbeitskräftepotenzials im Hinblick auf ein dauerhaft hohes Beschäftigungsniveau und die Bekämpfung von Ausgrenzungen. [...]

Instrumente

Bei den OMK-Instrumenten handelt es sich um „Soft Law", also um unverbindliche Empfehlungen, die keinerlei Rechtsbindung haben. Der Informationsaustausch zwischen den EU-Mitgliedsstaaten und die Suche nach bewährten Verfahren (Best Practice) ist die Zielsetzung des Instrumenteneinsatzes. Zu den Instrumenten im Einzelnen gehören:

- **Benchmarks:**
  Hier prüft die EU-Kommission anhand von erhobenen Daten, ob die Mitgliedsstaaten die in den Leitlinien enthaltenen Ziele erreichen. Werden die gesetzten Ziele nicht erreicht, gibt es keinerlei Sanktionen, jedoch wird die Verfehlung veröffentlicht.
- **Empfehlungen:**
  Der Europäische Rat gibt auf Vorschlag der Kommission detaillierte, aber unverbindliche Empfehlungen, wie die vorgegebenen Ziele erreicht werden können. Auch hier sind die Mitgliedsstaaten nicht verpflichtet, den Empfehlungen zu folgen.
- **Gegenseitiges Lernen:**
  Bei dieser Methode werden die Erfahrungen der einzelnen Staaten z. B. bei der Verringerung der Jugendarbeitslosigkeit gegenseitig ausgetauscht. Die Kommission stellt zunächst fest, wie die Realität in den einzelnen Mitgliedsländern aussieht, und die Mitgliedsstaaten werden verpflichtet, im Zeitablauf über ihre Maßnahmen/Veränderungen zu berichten.
- **Leitlinien:**
  Auf Vorschlag der Kommission legt der EU-Rat Leitlinien fest, die die Mitgliedsstaaten bei ihrer nationalen Politik berücksichtigen sollen. Es bleibt den einzelnen Mitgliedsstaaten überlassen, wie sie die Richt(Leit)linien umsetzen.
- **Statistische Vergleiche:**
  Hier erhalten die nationalen statistischen Ämter Vorgaben, wie sie Erhebungen durchzuführen haben, um die Vergleichbarkeit bei der Weiterleitung an das Eurostat zu gewährleisten.

9.3   Europäischer Sozialdialog

§

Vertrag über die Arbeitsweise der Europäischen Union (AEUV)

Art. 154

(1) Die Kommission hat die Aufgabe, die Anhörung der Sozialpartner auf Unionsebene zu fördern, und erlässt alle zweckdienlichen Maßnahmen, um den Dialog zwischen den Sozialpartnern zu erleichtern, wobei sie für Ausgewogenheit bei der Unterstützung der Parteien sorgt.

(2) Zu diesem Zweck hört die Kommission vor Unterbreitung von Vorschlägen im Bereich der Sozialpolitik die Sozialpartner zu der Frage, wie eine Unionsaktion gegebenenfalls ausgerichtet werden sollte.

(3) Hält die Kommission nach dieser Anhörung eine Unionsmaßnahme für zweckmäßig, so hört sie die Sozialpartner zum Inhalt des in Aussicht genommenen Vorschlags. Die Sozialpartner übermitteln der Kommission eine Stellungnahme oder gegebenenfalls eine Empfehlung.

(4) Bei der Anhörung nach den Absätzen 2 und 3 können die Sozialpartner der Kommission mitteilen, dass sie den Prozess nach Artikel 155 in Gang setzen wollen. Die Dauer dieses Prozesses darf höchstens neun Monate betragen, sofern die betroffenen Sozialpartner und die Kommission nicht gemeinsam eine Verlängerung beschließen.

ARBEITSAUFTRÄGE

1. Erklären Sie – eventuell unter Zuhilfenahme des Internets – folgende Begriffe des Art. 154 AEUV: „Kommission", „Sozialpartner", „Unionsebene".
2. Beschreiben Sie den Ablauf des sozialen Dialogs anhand des Art. 154 AEUV.
3. Vergleichen Sie die europäischen Sozialpartner mit den Tarifparteien in der Bundesrepublik Deutschland.

Der Europäischen Sozialdialog (EU SD) ist für die EU-Kommission ein zentrales Instrument der politischen Beratung in wirtschaftlichen, sozialen und arbeitsmarktpolitischen Fragen. Es handelt sich um institutionalisierte Aktivitäten zwischen den Sozialpartnern der Europäischen Union.

> Unter **sozialem Dialog** versteht man alle Verhandlungen, Konsultationen oder den Austausch von Informationen zwischen den Vertretern von Regierungen, Arbeitgebern und Arbeitnehmern über Fragen von gemeinsamem Interesse im Zusammenhang mit der Wirtschafts- und Sozialpolitik.

Beim Europäischen Sozialdialog werden verschiedene **Formen** unterschieden:

Zweiseitiger sozialer Dialog

Der zweiseitige soziale Dialog findet zwischen den Arbeitgeberverbänden und den Gewerkschaften statt, die sich autonom austauschen. Er findet z. B. zwischen folgenden Organisationen statt:

- Europäischer Gewerkschaftsbund (EGB): https://www.etuc.org
- Vereinigung der Industrie- und Arbeitgeberverbände in Europa (BUSINESSEUROPE): https://www.businesseurope.eu
- Europäischer Zentralverband der öffentlichen Wirtschaft (CEEP): https://www.ceep.eu/
- Europäische Union des Handwerks und der Klein- und Mittelbetriebe (SMEunited): https://smeunited.eu/

Dreiseitiger sozialer Dialog

Beim dreiseitigen sozialen Dialog kommen zu den Arbeitgeber- und Arbeitnehmerverbänden noch EU-Institutionen hinzu. Hier finden die Gespräche vor allem zwischen der EU-Kommission, deren Generaldirektionen oder Abgeordneten und Ausschüssen des EU-Parlaments statt.

Horizontaler und sektoraler sozialer Dialog

Neben den Formen des zwei- bzw. dreiseitigen Dialogs wird noch zwischen den Ebenen des horizontalen und sektoralen sozialen Dialogs unterschieden.

Der horizontale soziale Dialog umfasst alle Wirtschaftsbereiche und den gesamten Arbeitsmarkt der Europäischen Union. Branchenübergreifende Vereinbarungen in diesem Bereich, die zu EU-Richtlinien wurden, sind z.B. Elternurlaub (1995, 2009), Teilzeitarbeit (1997), befristete Arbeitsverträge (1999). Weitere autonome Vereinbarungen der Sozialpartner beziehen sich auf Telearbeit (2002), arbeitsbedingten Stress (2004) oder Belästigung und Gewalt am Arbeitsplatz.

Der sektorale soziale Dialog beschränkt sich nur auf eine bestimmte Wirtschaftsbranche bzw. einen bestimmten Wirtschaftssektor in der Europäischen Union. Beispiel für branchenspezifische Vereinbarungen, die zu Richtlinien wurden, sind z.B. Regelungen der Arbeitszeit von Seeleuten (1999) oder Arbeitszeitorganisation für das fliegende Personal in der Zivilluftfahrt (2000).

EU-Gesetzgebung und Europäischer Sozialdialog im Internet

Unter der Adresse https://eur-lex.europa.eu/homepage.html?locale=de erhalten Sie Zugriff auf die EU-Gesetzgebung, weitere Rechtsvorschriften und den Haushaltsplan. Die Rubrik „Zusammenfassung der EU-Gesetzgebung" bietet Ihnen einen Einblick in die Aspekte europäischer Rechtsvorschriften und die 32 Tätigkeitsbereiche (https://eur-lex.europa.eu/browse/summaries. html). Der Tätigkeitsbereich „Beschäftigung und Sozialpolitik" (https://eur-lex.europa.eu/summary/chapter/employment_and_social_policy.html?root_default=SUM_1_CODED=17) informiert z.B. über den „Sozialen Dialog und Arbeitnehmerbeteiligung".

Die Jugendarbeitslosigkeit ist in vielen Ländern Europas doppelt so hoch wie die allgemeine Arbeitslosenquote. Häufig sind junge Menschen die Ersten, die von Veränderungen am Arbeitsmarkt betroffen sind und bei denen die Wahrscheinlichkeit, in einer Krise arbeitslos zu werden, höher ist. Unsicherheiten auf dem Arbeitsmarkt und prekäre Beschäftigungsverhältnisse wirken destabilisierend für den Einzelnen und für die Gemeinschaft.

Durch einen Jugendbeschäftigungspakt soll die hohe Jugendarbeitslosigkeit mit über 30 %, wie sie vor allem in den Ländern Italien, Griechenland und Spanien auftritt, gemindert werden. Zu den zentralen Maßnahmen der Europäischen Union gehören:
1. Das Arbeitsmarktprogramm **Jugendgarantie** mit dem die Zahl der Jugendlichen, die keine Schule besuchen, keiner Arbeit nachgehen oder sich nicht in beruflicher Ausbildung befinden, gesenkt werden. Die EU-Mitgliedsstaaten verpflichten sich hier, allen Menschen unter 25 Jahren innerhalb von vier Monaten nachdem sie arbeitslos geworden sind oder ihre Ausbildung abgeschlossen haben ein Angebot für Beschäftigung, Weiterbildungsmaßnahmen bzw. Praktikumsplätze zu machen.
2. Bei der **Beschäftigungsinitiative für junge Menschen** erhalten Regionen mit einer besonders hohen Jugendarbeitslosigkeit für NEETs (**N**ot in **E**mployment, **E**ducation or **T**raining) eine finanzielle Unterstützung. Die Mittel stammen z. T. vom Europäischen Sozialfonds (ESF) und den finanziellen Beiträgen der Mitgliedsstaaten.

3. Zudem verpflichten sich die Länder mit einer hohen Jugendarbeitslosenquote den Anteil der Schulabbrecher zu reduzieren, die Zahl der Hochschulabsolventen zu steigern und das Bildungssystem zu verbessern. Vorbild für eine bessere Berufsausbildung ist dabei oft das duale System der Bundesrepublik Deutschland.

9.4   Soziale Sicherung in Deutschland

Quelle: R+V Allgemeine Versicherung AG (Hrsg.): R+V-Studie: Die Ängste der Deutschen, online unter: https://www.ruv.de/presse/aengste-der-deutschen/grafiken-die-aengste-der-deutschen [10.11.2020].

ARBEITSAUFTRÄGE

1. Erläutern Sie allgemein den Begriff „Angst" bzw. „Sorge".
2. Die Ängste der Deutschen können in persönliche bzw. wirtschaftliche/politische unterteilt werden. Nennen Sie jeweils einige Beispiele.
3. Erläutern Sie die Absicherungsmöglichkeiten in Bezug auf die Ängste.

> Unter dem System der **sozialen Sicherung** versteht man die Gesamtheit der staatlichen Maßnahmen, die dem Schutz gegen Lebensrisiken wie Krankheit, Unfall, Alter und Arbeitslosigkeit dienen.

Der sozialen Sicherung in der Bundesrepublik Deutschland liegen die Prinzipien der Versicherung, Versorgung und der Fürsorge zugrunde.

- **Versicherungsprinzip:**
  Beim Versicherungsprinzip erfolgt die Finanzierung der Leistungen durch Beitragszahlungen der Versicherten und der Arbeitgeber. Diese Beiträge sind die Voraussetzung für den Erhalt von Versicherungsleistungen. Der Versicherungsträger legt die Höhe und Dauer der Beitragszahlungen und der Versicherungsleistungen fest. Dieses Organisationsprinzip entspricht der sozialen Sicherung der Arbeiter und Angestellten z.B. bei der Krankenversicherung.
- **Versorgungsprinzip:**
  Beim Versorgungsprinzip besteht ein Leistungsanspruch ohne vorhergehende Beitragszahlungen. Die Finanzierung der Leistungen erfolgt über die allgemeinen Haushaltsmittel des Staates. Solche aus Steuermitteln finanzierten Zahlungen sind das Kindergeld oder Leistungen nach dem Bundesausbildungsförderungsgesetz, kurz Bafög genannt.
- **Fürsorgeprinzip:**
  Beim Fürsorgeprinzip werden im Schadensfall ebenfalls öffentliche Gelder bzw. Sachleistungen ohne vorhergehende Beitragszahlungen vergeben. Der Staat unterstützt hier Personen oder Familien, die in eine Notlage geraten sind, durch Wohngeldzahlungen oder Sozialhilfe.

Zu den Säulen der sozialen Sicherungssysteme in Deutschland gehören die gesetzliche Sozialversicherung und die soziale Versorgung.

Die gesetzliche Sozialversicherung

Die gesetzliche Sozialversicherung umfasst:
- Die **Krankenversicherung**, die dem Versicherten entweder voll oder teilweise die Kosten für die Behandlung nach Unfällen, bei Erkrankung und bei Mutterschaft erstattet. Dazu gehören die Kosten für den Arzt, das Krankenhaus oder die Medikamente. Träger der Krankenversicherung sind die Allgemeine Ortskrankenkassen, Innungs-, Betriebs- und Ersatzkassen.
- Die **Rentenversicherung** gewährt den Versicherten z.B. Alters- und Hinterbliebenenrenten sowie Berufs- und Erwerbsunfähigkeitsrenten, ebenso Leistungen, die der Wiederherstellung der Erwerbsfähigkeit dienen. Leistungen sind z.B. Altersruhegeld, Rente wegen Berufs- oder Erwerbsunfähigkeit, Witwen- und Waisenrenten und Rehabilitationsmaßnahmen. Träger ist die Deutsche Rentenversicherung in Berlin.
- Die **Arbeitslosenversicherung** hat die Aufgabe, erwerbslosen Personen für eine bestimmte Zeit ein Einkommen zu sichern. Träger ist die Bundesagentur für Arbeit in Nürnberg. Zu den Leistungen gehören: Arbeitslosengeld, Kurzarbeiter-, Winterausfall- und Insolvenzausfallgeld, Berufsberatung, Umschulung und Arbeitsvermittlung.
- Die **Pflegeversicherung** trägt bei nachgewiesenem, erheblich erhöhtem Bedarf an pflegerischer und hauswirtschaftlicher Versorgung einen Kostenanteil der häuslichen bzw. stationären Pflege. Zu den Leistungen gehören neben der Pflege noch Pflegehilfsmittel und technische Hilfen. Träger sind die Pflegekassen bei den Krankenversicherungen.
- Die **Unfallversicherung** übernimmt nach einem Unfall im beruflichen Bereich die Kosten z.B. für die Heilbehandlung, Rehabilitation, aber auch für vorbeugende Maßnahmen. Träger der Unfallversicherung sind die Berufsgenossenschaften.

Die soziale Versorgung

Zur sozialen Versorgung gehört z. B. das Kinder- und Erziehungsgeld, wofür die Familienkassen der Arbeitsämter bzw. die Familienkassen der öffentlichen Arbeitgeber zuständig sind. Das Kindergeld beträgt für das 1. und 2. Kind 219,00 €, für das 3. Kind 225,00 € und für jedes weitere Kind 250,00 € (Stand 1 Januar 2021). Das Wohngeld als weitere Leistung fällt in den Zuständigkeitsbereich der Wohngeldbehörden der Gemeinde-, Stadt-, Amts- oder Kreisverwaltung. Ob und in welche Höhe Wohngeld bezahlt wird, hängt z. B. von der Höhe des Familieneinkommens und der Anzahl der Familienmitglieder usw. ab. Auch die Leistungen nach dem Bundesausbildungsförderungsgesetz (kurz Bafög) gehören zur sozialen Vorsorge. Hier erhalten Schüler und Studenten eine staatliche Unterstützung zu ihrer Ausbildung.

Die **Sozialfürsorge** umfasst die Grundsicherung für Arbeitssuchende, auch Arbeitslosengeld II (ALG II) genannt, die bedürftigen erwerbslosen Personen bei Arbeitslosigkeit zusteht. Träger der Leistung sind die Agentur für Arbeit und/oder die Kommunen. Die Jugendhilfe steht Kindern, Jugendlichen und jungen Erwachsenen zu. Aufgaben sind z. B. die Förderung von Kindertagesbetreuung, Eingliederungshilfen oder die Inobhutnahme. Die Träger der Jugendhilfe sind die Jugendämter und die Wohlfahrtsverbände.

Aufgaben

1. Entwickeln Sie eine Matrix mit der Kopfzeile „Europäischer Sozialfonds", „Offene Methoden der Koordinierung", „Europäischer Sozialdialog". Schreiben Sie in die Vorspalte: „Wesen", „Instrumente". Füllen Sie die Leerfelder inhaltlich auf.
2. Die Strukturfonds der Europäischen Union
   a) Beim EFRE handelt es sich um einen weiteren Strukturfonds der Europäischen Union. Informieren Sie sich über Aufgaben und Zielsetzung dieses Fonds.
   b) Beschreiben Sie die Aufteilung der Mittel nach folgenden Kriterien:
      – zwischen dem EFRE und dem ESF
      – zwischen die Bundesländern in Bezug auf die ESF-Mittel
   c) Suchen Sie nach Gründen für diese Aufteilung.
3. Entwickeln Sie kritische Anmerkungen über die Wirksamkeit der Instrumente der europäischen Sozialpolitik und reflektieren Sie deren Notwendigkeit.
4. Die Systeme der sozialen Sicherung
   a) Im Gegensatz zu Deutschland wird in anderen europäischen Ländern die soziale Sicherung direkt und ausschließlich vom Staat angeboten (Beveridge-Plan). Erläutern Sie die Vor- und Nachteile dieses Systems.
   b) Wie können die Systeme der sozialen Sicherung in Deutschland und Europa verbessert werden?

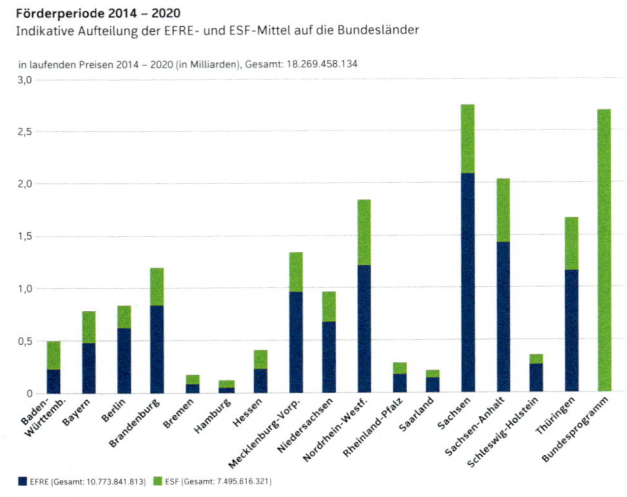

Förderperiode 2014 – 2020
Indikative Aufteilung der EFRE- und ESF-Mittel auf die Bundesländer

in laufenden Preisen 2014 – 2020 (in Milliarden), Gesamt: 18.269.458.134

EFRE (Gesamt: 10.773.841.813)   ESF (Gesamt: 7.495.616.321)

Quelle: BMWi

Lernbereich 10:
Als Marktteilnehmer agieren

Der Preis für Jeans in einer Boutique bildet sich nach anderen Kriterien als die Ticketgebühren für Bus, Bahn und U-Bahn oder der Medikamentenpreis für fiebersenkende Mittel. Auch die Preisbildung für Leitungswasser und Müllabfuhr ebenso wie für Krankenversicherungsbeiträge und Sozialmieten ist unterschiedlich. Die Märkte einer Volkswirtschaft bestehen aus einem komplizierten Netzwerk, das vom Verhalten der Konsumenten, von den Entscheidungen der Produzenten, sozialen Gesichtspunkten und staatlichen Regelungen beeinflusst wird. Um sich hier zurechtzufinden und als Marktteilnehmer sinnvoll zu handeln, benötigt man umfassende Kenntnisse über die Einflussfaktoren auf die Preisbildung. Denn nur ein fundiertes Wissen über die ökonomischen Zusammenhänge auf den Märkten ist die Grundlage für ein effektives Handeln und Entscheiden. Das Marktgeschehen beschränkt sich dabei nicht nur auf den privaten Bereich mit dem Kauf von Lebensmitteln, Kleidung oder Reisen, sondern auch auf den öffentlichen Bereich, wie z. B. beim Besuch eines Museums oder den Gebühren für die Straßenreinigung. Die Kosten für Pflegeleistungen oder den Aufenthalt in einer Drogenklinik gehören ebenfalls zum Marktgeschehen und sind Teil des sozialen Bereichs.

Die folgenden Abschnitte bieten eine umfassende Hilfestellung bei der Bewältigung wirtschaftlicher Probleme auf den Märkten und schaffen die Möglichkeit, ökonomische Entscheidungen an Werten zu orientieren und ein eigenständiges Urteil zu fällen. Zu den hierfür erforderlichen Inhalten und Kompetenzen, die es ermöglichen am Markt sinnvoll agieren zu können, gehören bzw. gehört

- Kenntnisse über die klassische Funktionsweise eines Marktes, die am Beispiel der Börse am besten belegt werden können;
- Verständnis für ein Denken in abstrakten Modellen und die Fähigkeit, theoretische Aussagen zu entwickeln;
- fundierte Überlegungen über die Motive von Nachfrager und Anbieter beim Kauf und Verkauf von Waren und Dienstleistungen;
- den Marktmechanismus als Grundlage für die Entwicklung einer Gesellschaft in Wohlstand und Freiheit zu begreifen;
- die Grenzen des Marktmechanismus zu erkennen und die Notwendigkeit staatlicher Eingriffe zu verstehen;
- die durch die staatlichen Eingriffe entstehenden positiven und negativen Auswirkungen beurteilen zu können;
- das Wissen über den Sozialmarkt als Besonderheit der marktwirtschaftlichen Ordnung zu verinnerlichen;
- die Fähigkeit, die Grenzen der staatlichen Interventionen am Sozialmarkt zu analysieren und die Notwendigkeit des sozialen Engagements zu erkennen.

1   Handlungsmotive und Börse

1.1   Ökonomische Handlungsmotive

ARBEITSAUFTRÄGE

1. Beschreiben Sie zunächst allgemein die Situation in der sich Robinson Crusoe befindet.
2. Belegen Sie anhand der Karikatur den Spruch von Wilhelm Busch: „Ein jeder Wunsch, wenn er erfüllt, kriegt augenblicklich Junge."[1]
3. Entwickeln Sie eine allgemeine Regel für menschliches Verhalten.

Bedürfnisse und Güter

Motive sind die Beweggründe und Antriebe, die den Menschen zu zielgerichteten Handlungen veranlassen. Hierbei unterscheidet man zwischen quantitativen und qualitativen Handlungsmotivationen. Zu den quantitativen Handlungsmotivationen gehören z. B. die Steigerung von Vermögen, Umsatz und Gewinn. Qualitative Motive eines Menschen können Machtstreben, Neugier, Geiz, Neid, aber auch Anerkennung und Lob sein. Die Motivation für das ökonomische Handeln resultiert überwiegend aus seinen Wünschen und Bedürfnissen.

> Unter **Bedürfnissen** versteht man ein Gefühl des Mangels, verbunden mit dem Wunsch oder der Notwendigkeit, diesen Mangel zu beseitigen.

Solche Mangelempfindungen sind z. B. Hunger und Durst, hinter denen der Selbsterhaltungstrieb des Menschen steht. Bedürfnisse, deren Befriedigung lebensnotwendig ist, sind **Existenzbedürfnisse**. Bedürfnisse, die durch unsere kulturelle Umwelt geprägt werden, wie z. B. der Wunsch nach Bildung, Unterhaltung oder Reisen, werden als **Kulturbedürfnisse** bezeichnet. Von **Luxusbedürfnissen** spricht man, wenn der Wunsch nach teuren Speisen, Getränken, extravaganter Kleidung usw., der auch dem Imponiergehabe des Menschen entspringt, befriedigt wird.

Die Befriedigung des Bedürfnisses Hunger erfolgt z. B. durch Brot oder Käse, also durch Güter.

> **Güter**, also Waren und Dienstleistungen, sind Mittel, mit denen die Menschen ihre Bedürfnisse befriedigen können.

Die Güter werden in **freie Güter** wie Sonnenlicht, Luft und Sand in der Wüste, und wirtschaftliche Güter, die von den Menschen erst erzeugt werden, unterteilt. Zu den wirtschaftlichen

---

[1] Busch, Wilhelm: Niemals. In: Schein und Sein, München: Lothar Joachim Verlag 1909, S. 34.

Gütern gehören **Konsumgüter** wie Nahrungsmittel oder Möbel und **Investitionsgüter** wie z. B. Maschinen, Werkzeuge und Industriegebäude.

Während die Bedürfnisse der Menschen normalerweise unbegrenzt sind, liegt bei den wirtschaftlichen Gütern Knappheit vor. Dieses Spannungsverhältnis zwischen der Unbegrenztheit der Wünsche und der Beschränktheit vor allem der wirtschaftlichen Güter zwingt jeden Menschen zu Entscheidungen.

Ökonomisches Prinzip

In den Wirtschaftswissenschaften wurde das Modell eines Menschen entwickelt, der seine Entscheidungen ausschließlich nach rationalen Gesichtspunkten trifft. Dieser fiktive Idealtypus eines Menschen wird als **Homo oeconomicus** bezeichnet. Bei diesem Modell beschränkt man sich auf rein wirtschaftliche Handlungsmotive und Zielsetzungen und lässt Einflussfaktoren auf das menschliche Verhalten wie Gefühle, Gewohnheiten oder Bequemlichkeiten außer Acht. Dieser stets rational handelnde Mensch ist demnach in der Realität nicht zu finden, da er ausschließlich nach dem ökonomischen Prinzip handelt.

Beim ökonomischen Prinzip versucht der Mensch bei seinem Handeln die eingesetzten Mittel in ein zweckrationales Verhältnis zu dem beabsichtigten Ergebnis zu bringen. Die ökonomische Effizienz wird darum als Quotient zwischen Ergebnis und Aufwand definiert und die optimale Nutzung der vorhandenen Mittel kann in Form des Maximal- bzw. Minimalprinzips erfolgen.

- Unter **Maximalprinzip** – auch Ergiebigkeitsprinzip genannt – versteht man, dass mit einem gegebenen Einsatz ein größtmögliches Ergebnis erreicht werden soll. Ziel ist hier z. B. mit 50 Liter Benzin (Aufwand) eine möglichst weite Strecke zu fahren (Ergebnis).
- Unter **Minimalprinzip**, auch Sparsamkeitsprinzip genannt, versteht man, dass ein bestimmtes Ergebnis mit dem geringstmöglichen Mitteleinsatz erreicht werden soll. Ziel ist hier z. B. mit möglichst wenig Benzinverbrauch (Aufwand) von Nürnberg nach München zu fahren (Ergebnis).

Das ökonomische Prinzip wird von den Haushalten in Form der Nutzenmaximierung und von den Unternehmen als Gewinnmaximierung angewendet.

- Das **Prinzip der Nutzenmaximierung** wird den privaten Haushalten als Zielsetzung beim Konsum von Gütern unterstellt. Jeder Haushalt fragt Güter nach, die ihm einen Nutzen bringen. Der Nutzen gibt das Ausmaß der Bedürfnisbefriedigung an, welche eine Person durch die Verwendung eines Gutes empfindet. Je stärker die bei der Verwendung eines Gutes entstehende Bedürfnisbefriedigung ist, desto größer ist sein Nutzen. Es wird demnach unterstellt, dass der Haushalt bei einem gegebenen Einkommen danach strebt, aus einem bestimmten Güterangebot diejenigen Waren und Dienste auszuwählen, die ihm den größtmöglichen Nutzen bieten. Bei der Nutzenmaximierung werden Entscheidungen so getroffen, dass die verfügbaren finanziellen Mittel einer Person oder eines Haushalts so auf die verschiedenen Güter aufgeteilt werden, dass ein möglichst hoher Gesamtnutzen entsteht. In der Realität entstammt der Nutzen, den ein Gut für eine Person bietet, ihren persönlichen Empfindungen zu einer bestimmten Zeit und ist deshalb nicht messbar.
- Das **Prinzip der Gewinnmaximierung** wird den Unternehmen als Zielsetzung bei der Produktion unterstellt. Der Gewinn errechnet sich aus der Differenz zwischen den Umsätzen (Erlösen) aus dem Verkauf von Erzeugnissen und Leistungen und den Kosten für die Herstellung. Eine Maximierung des Gewinns kann durch eine Umsatzmaximierung oder eine Kostenminimierung erfolgen. Unternehmen können demnach durch ein gesteigertes Güterangebot am Absatzmarkt oder durch einen verringerten Faktormengeneinsatz am

Beschaffungsmarkt die Gewinnsituation beeinflussen. In der Realität spielen Arbeitsplatzsicherheit, Angemessenheit und Tradition bei der Gewinnerzielung ebenfalls eine Rolle.

1.2   Die Börse

ARBEITSAUFTRÄGE

Der elektronische Handel in Frankfurt bietet die Möglichkeit, Aktien, Anleihen, Fonds, Zertifikate, Rohstoffe und Währungen zu erwerben.
1. Beschreiben Sie die Anlageformen.
2. Nennen Sie für jede Anlageform jeweils zwei konkrete Beispiele. Benutzen Sie dabei die Quelle
   https://www.boerse-frankfurt.de/.
3. Verfolgen Sie den Kursverlauf einer von ihnen gewählten Aktie in den letzten drei Monaten.

Wesen der Börse

Die Handlungsweise von Personen nach dem ökonomischen Prinzip kann am besten am Beispiel der Börse belegt werden. Die Börse ist ihrem Wesen nach ein Markt, der das Zusammentreffen von Angebot und Nachfrage ermöglicht. Hier wird nach festgelegten Regeln der Kauf und Verkauf von Gütern ermöglicht, wobei amtlich zugelassene Makler die Abschlüsse vermitteln. Diese setzen während festgelegter Handelszeiten die Kurse, also die Preise z. B. für die Güter fest, die sich aus den vorliegenden Kauf- bzw. Verkaufsaufträgen, Orders genannt, ergeben. An der Börse werden nur fungible und marktfähige Güter gehandelt. Bei fungiblen Gütern handelt es sich um Güter, die austauschbar und nach Maß, Zahl oder Gewicht festgelegt sind, wie z. B. Gold oder Devisen. Die Marktfähigkeit ist die Eignung eines Gutes, aufgrund seiner Eigenschaften am Finanzmarkt regelmäßig handelbar zu sein. Diese Anforderungen werden von Wertpapieren erfüllt, da sie regelmäßig auf einem organisierten Markt gehandelt werden. Wurden in früheren Zeiten die Güter noch direkt ausgetauscht und übergeben, so werden heute die meisten Geschäfte nur noch elektronisch abgewickelt.

Börsenarten

Die Börsen werden nach Handelsgegenständen in folgende Börsenarten unterschieden:
- **Wertpapierbörse**, auch Effektenbörse genannt, ermöglicht den Handel mit Aktien und festverzinslichen Wertpapieren. Festverzinsliche Wertpapiere wie Anleihen und Obligationen werden auch als Rentenpapiere bezeichnet.
- Die **Warenbörse** regelt den Handel von Produkten oder Rohstoffen. Beispiele hierfür sind Welthandelsgüter wie Kaffee oder Getreide und Edelmetale wie Gold und Silber.
- Die **Devisenbörse** ist für den Handel von Fremdwährungen wie Dollar, Yen oder Britisches Pfund zuständig.
- An den **Terminbörsen** werden Termingeschäfte abgewickelt, bei denen die Transaktionen erst in der Zukunft stattfinden.

Börsenplätze

Internationale Börsenplätze sind der **NYSE** (New York Stock Exchange) als größte Wertpapier-börse der Welt an der Wall Street und der **NASDAQ** (National Association of Securities Dealers Automated Quotation) am Times Square in New York. Wichtige Börsen sind noch in Shanghai mit dem **SSE** (Shanghai Stock Exchange) sowie in Tokio und Hong Kong zu finden. Der wichtigste Finanzplatz in Deutschland ist die Frankfurter Börse. Weitere Börsen sind in Berlin, Bremen, Düsseldorf, Frankfurt, Hamburg, Hannover, Stuttgart und München.

Börsenformen

Die klassische Form des Handels an der Börse ist die **Präsenzbörse**, auch Parketthandel ge-nannt. Hier treffen Börsenmakler und Börsenhändler zu bestimmten Handelszeiten am Börsen-platz zusammen. Die Händler suchen entsprechend ihrer Kauf- bzw. Verkaufsaufträge Handels-partner, um Geschäfte abzuwickeln. Die Börsenmakler erfassen die Kauf- und Verkaufswünsche und ermitteln, zu welchem Kurs der größte Umsatz zustande kommt.

Der Parketthandel ist stark rückläufig und findet heute nur noch an kleinen Regionalbörsen statt. Die heute vorherrschende Börsenform ist die **Computerbörse**, die über die vollelektroni-sche Handelsplattform Xetra an der Frankfurter Börse abgewickelt wird. Hier erfolgt die Eingabe der Aufträge über Computermasken. Anschließend wickelt das Computersystem den Handel ab und errechnet die Kurse. Über den Zentralrechner in Frankfurt sind über 200 Handelsteilnehmer in 16 Ländern miteinander verbunden.

Die Preise bzw. Kurse beim Xetra-Handel sind die Basis für die Berechnung des DAX (**D**eutscher **A**ktien Inde**x**). Damit ein Unternehmen in den DAX aufgenommen wird, muss es die Zulassungs-pflichten des Prime Standard erfüllen, fortlaufend im Xetra gehandelt werden, mindestens einen Streubesitz von 10 % aufweisen und seinen Sitz in Deutschland haben.

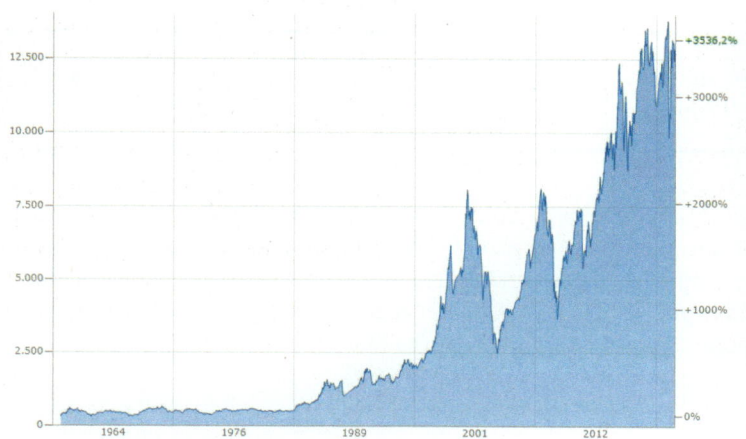

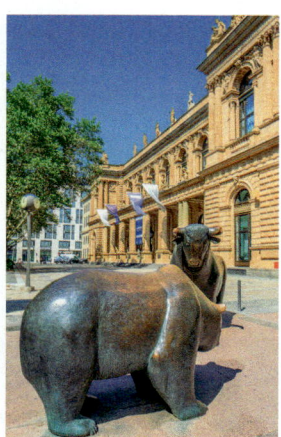

Die Entwicklung des DAX; Schlusskurse in Punkten

1.3   Merkmale eines polypolistischen Marktes

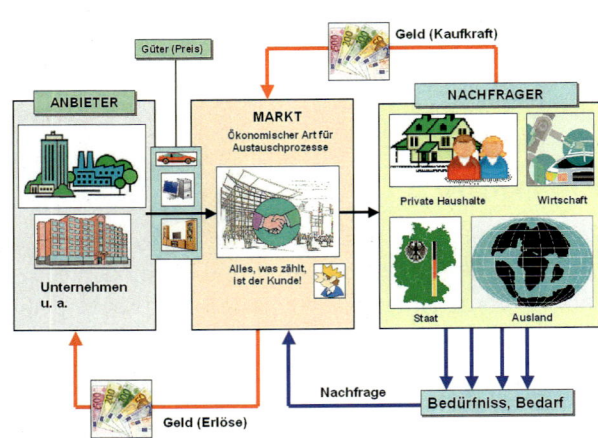

ARBEITSAUFTRÄGE

1. Beschreiben Sie ausführlich die prinzipiellen Zusammenhänge, die in nebenstehender Grafik abgebildet sind.
2. Welche Veränderungen der Marktsituation ergeben sich für einen Devisenmarkt?

Marktformen

Die Auswirkungen des Prinzips der Nutzenmaximierung, das den Haushalten unterstellt wird, und die Gewinnmaximierung der Unternehmer kann am deutlichsten am Beispiel eines Marktes belegt werden, der das Zusammentreffen von Angebot und Nachfrage regelt. Von großer Bedeutung für die Handlungsweisen der Anbieter und Nachfrager auf dem Markt ist die Zahl der Marktteilnehmer, die durch die Marktformen erfasst wird.

> Unter **Marktformen** versteht man die Einteilung der Märkte nach der Anzahl der Marktteilnehmer (Anbieter, Nachfrager) in Polypol, Oligopol und Monopol.

Beim **Polypol** ist die Zahl der Marktteilnehmer so groß, dass der einzelne Anbieter bzw. Nachfrager keinerlei Einfluss auf das Marktgeschehen hat. Beim **Oligopol** ist die Zahl der Anbieter (und/oder Nachfrager) so gering, dass einzelne Marktteilnehmer einen Einfluss auf das Marktgeschehen haben. Beim **Monopol** steht einem Anbieter (bzw. Nachfrager) die gesamte Nachfrage (bzw. Angebot) gegenüber, sodass dieser über größte Marktmacht verfügt.

Prämissen des Polypols

Die klassische Marktform, die an der Börse zu finden ist, ist das Polypol. Beim Polypol handelt es sich um das Modell des vollkommenen Marktes, bei dem nach dem ökonomischen Prinzip gehandelt wird und das verschiedene Bedingungen, auch Prämissen genannt, zu erfüllen hat. Diese Prämissen sind:

- **Viele Anbieter und viele Nachfrager:**
  Die Anzahl der Marktteilnehmer sowohl auf der Anbieterseite wie auf der Nachfrageseite muss groß sein. Demzufolge ist der Anteil eines Marktteilnehmers so gering, dass der Einzelne keinerlei Machtposition ausüben kann und großer Wettbewerb herrscht. Bei den täglichen Kauf- und Verkaufsorders der DAX-Werte ist diese Bedingung gegeben.

- **Homogenität:**

  Die Homogenität eines Gutes verlangt die sachliche Gleichartigkeit. Das Marktgut muss so beschaffen sein, dass es hinsichtlich Qualität, Aufmachung, Farbe, Geschmack und Verpackung völlig gleichartig sein muss. Diese Bedingung trifft für Aktien zu, die nach Art und Ausstattung gleich geartet sind.

- **Keine Präferenzen:**

  Unter Präferenzen versteht man Vorlieben, die sowohl beim Anbieter wie beim Nachfrager auftreten können. Hierbei unterscheidet man:

  - **(Keine) persönlichen Präferenzen:**

    Persönliche Präferenzen können zwischen den Marktteilnehmern durch gelungene Werbung, langjährige Geschäftsbeziehungen, gutes Image des Unternehmens oder guten Service entstehen. Die Aktienbörsen und hier sowohl die Präsenz- wie die Computerbörse folgen technischen und elektronischen Abläufen und ermöglichen keinerlei persönliche Bevorzugungen.

  - **(Keine) räumlichen Präferenzen:**

    Räumlich Präferenzen entstehen durch Standortvorteile bei den Marktteilnehmern. Ein Käufer, dem durch die entfernte Lage des Verkäufers Transportkosten entstehen, wird dies bei seiner Kaufentscheidung berücksichtigen. Bei den Aktiengeschäften handelt es sich um einen Punktmarkt, bei dem die Kauf- und Verkaufsaufträge am Ort der Börse ausgeführt werden.

  - **(Keine) zeitlichen Präferenzen:**

    Zeitliche Präferenzen können sich durch unterschiedliche Lieferzeiten, Öffnungszeiten oder Bevorzugungen bei der Abfertigung ergeben. Ein wesentliches Merkmal der Börse ist die gleichzeitige Ausführung der Abschlüsse.

- **Vollständige Transparenz:**

  In der ökonomischen Wirklichkeit haben sowohl der Käufer wie auch der Verkäufer keinen vollständigen Überblick über Preisunterschiede, Liefer- und Zahlungsbedingungen. An der Börse besteht vollständige Marktübersicht, die vor allem durch die Aktivitäten der Makler und die elektronischen Informationssysteme gegeben ist.

Bei der Börse handelt es sich um einen vollkommenen Markt, der die Merkmale des Polypols erfüllt. Die Börse entspricht der Modellvorstellung, bei der sich ein einheitlicher Gleichgewichtspreis bzw. Kurs bildet, zu dem alle Käufe und Verkäufe getätigt werden. Da das Polypol den Wettbewerb fördert, gilt es als bestmögliche Marktform und dient als Idealvorstellung für die Wirtschaftsordnung der sozialen Marktwirtschaft. Bei den anderen Märkten sind die genannten Prämissen nicht erfüllt und man spricht von **unvollständigen Märkten**. Mangelnde Markttransparenz und bestehende Präferenzen führen in der Realität für gleichartige Güter zu unterschiedlichen Preisen.

Aufgaben

1. Die Nutzenmaximierung der privaten Haushalte ist nicht die Regel und findet sich in der wirtschaftlichen Realität eher selten.

> Aus psychologischer Perspektive ist dies durchaus zu erklären. Da ein Produkt auch immer einen subjektiven Wert für den Käufer hat, „unterminieren" psychologische Faktoren ökonomische Prinzipien der Nutzenmaximierung. Dieser subjektive Wert kann von dem objektiven Wert stark abweichen. Das ist v. a. dann der Fall, wenn emotionale Aspekte wie „etwas mögen", „einer Sache persönlichen Wert zumessen" oder auch kognitive Faktoren wie „mentale Kontoführung" [...] eine Rolle spielen.
>
> *Quelle: Werth, Lioba: Psychologie für die Wirtschaft. Grundlagen und Anwendungen. Heidelberg/Berlin: Spektrum Akademischer Verlag 2004, S. 59.*

   a) Erläutern Sie die Begriffe „subjektiver Wert" und „objektiver Wert".
   b) Es gibt neben den ökonomischen noch die psychologischen Handlungsmotive. Beschreiben Sie die Unterschiede.
   c) Werbung versucht den objektiven Wert einer Sache zu verändern. Belegen Sie dies an Beispielen.

2. Der Homo oeconomicus dient als Modell für wirtschaftliche Handlungsweisen.
   a) Erläutern Sie den Begriff „Modell".
   b) Beschreiben Sie die unterstellten Handlungsweisen des Homo oeconomicus.
   c) Entwickeln Sie kritische Anmerkungen in Bezug auf das Weltbild des Homo oeconomicus.

3. Ein effektives Steuerungselement der Geld-und Güterströme in einer Marktwirtschaft sind die Börsen.
   a) Definieren Sie den Begriff „Börse" und geben Sie an, welche wichtigen Börsenarten man unterscheidet.
   b) Was versteht man unter dem DAX und welche wirtschaftliche Bedeutung hat dieser Index?
   c) Analysieren Sie die aktuelle DAX-Kursliste. Beschreiben Sie, wie sich der DAX im Verlauf des Jahres entwickelt hat.
   d) Welche Gründe kann es für die Kursentwicklung des DAX gegeben haben?
   e) Verfolgen Sie drei ausgewählte Werte aus dem DAX im Zeitraum von vier Wochen und vergleichen Sie die Entwicklung mit dem Verlauf des DAX. Welche Gründe gibt es für die Abweichungen?

4. Ebenso wie beim Polypol handelt es sich beim Oligopol und Monopol um Marktformen, die bestimmte Merkmale aufweisen.
   a) Nennen Sie die Prämissen des Polypols.
   b) Beschreiben Sie die Merkmale von Oligopol und Monopol.
   c) Suchen Sie nach Beispielen für Oligopole und Monopole in der realen Wirtschaft.

5. Bei den meisten Märkten handelt es sich um unvollkommene Märkte. Belegen Sie dies an folgenden Beispielen:
   a) Markenjeans
   b) Spargel
   c) Autos
   d) Smartphone

2 Das Marktmodell

2.1 Das Markt-Preis-Modell

Adam Smith (1723–1790) gilt als Begründer der modernen Nationalökonomie. An der Universität Glasgow lehrte er Logik und Moralphilosophie und verfasste sein Hauptwerk: „An Inquiry into the Nature and Causes of the Wealth of Nations". In diesem Werk beschreibt er die unsichtbare Hand (Invisible Hand) des Marktes. Obwohl sich die Marktteilnehmer eigennützig verhalten, wirken sie trotzdem zum Wohle der gesamten Gesellschaft. Wie die „Invisible Hand" funktioniert, erfahren Sie in diesem Abschnitt.

ARBEITSAUFTRÄGE

1. Informieren Sie sich über Leben und Werk des Schotten Adam Smith und halten Sie ein Kurzreferat.
2. Für Adam Smith ist der Egoismus des Einzelnen eine der wichtigsten Triebfedern für eine Wohlstandsgesellschaft. Nehmen Sie in einer Pro-Kontra-Debatte dazu Stellung.

Die „Invisible Hand" des Adam Smith gilt nur unter der Bedingung des Polypols, also der vollständigen Konkurrenz. In diesem Modell wird angenommen, dass die Markteilnehmer ihr Verhalten ausschließlich auf die Preisänderungen eines Gutes ausrichten. Die Nachfrager und die Anbieter verfolgen dabei am Markt unterschiedliche Ziele. Die Koordination der verschiedenen Vorstellungen wird am Beispiel der Kaffeebörse belegt.

Nachfragekurve

Da die Nachfrager dem Nutzenmaximierungsprinzip folgen, versuchen sie mit ihrem Einkommen ihre Bedürfnisse möglichst optimal zu erfüllen. Demzufolge werden sie die gewünschten Güter dort einkaufen, wo sie am billigsten sind. Ist ein Gut preiswert, werden sie eine große Menge einkaufen, bei zunehmendem Preis wird die Nachfrage geringer.

Angenommen, bei einem Preis von 6,00 € je kg Kaffee wird von den Kaffeehändlern eine Menge von 35 Tonnen gekauft. Steigt der Preis auf 7,00 €, so ist das für einige Händler bereits zu teuer und die Nachfrage sinkt auf eine Menge von 30. Kostet das Kilo Kaffee 8,00 €, werden nur noch 25 Tonnen gekauft und bei 9,00 € noch weniger, nämlich eine Menge von 20. Bei dem sehr hohen Preis von 10,00 € sinkt die Nachfrage auf 15.

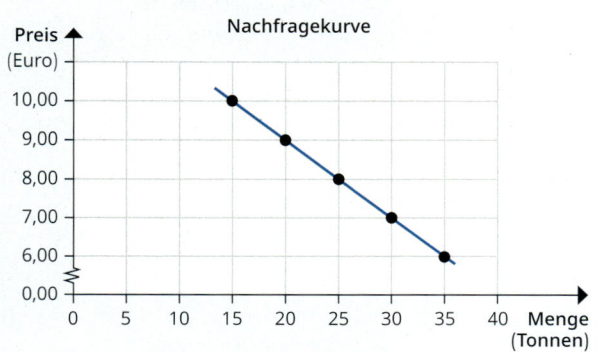

Für die **Nachfragekurve** gilt: Je niedriger der Preis, desto höher ist die Nachfrage, d.h., bei steigenden Preisen sinkt die Nachfrage. Die Nachfragekurve verläuft von links oben nach rechts unten.

Angebotskurve

Da den Anbietern beim Polypol das Gewinnmaximierungsprinzip unterstellt wird, werden sie beim Verkauf ihrer Güter einen möglichst hohen Gewinn erzielen wollen. Einen maximalen Gewinn erhält man, wenn das produzierte Gut möglichst teuer verkauft wird. Die Anbieter werden demnach bei einem hohen Preis viele Güter herstellen und bei sinkenden Preisen ihre Produktion drosseln.

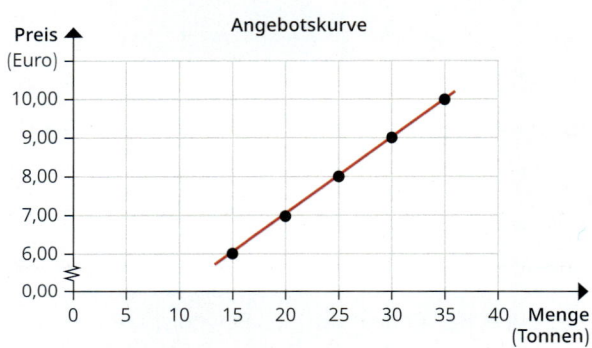

Angenommen, bei einem Preis von 10,00 € werden die Kaffeehändler 35 Tonnen anbieten. Sinkt der Preis auf 9,00 €, werden noch 30 und bei einem Preis von 8,00 € nur noch eine Menge von 25 angeboten. Bei einem Preis von 7,00 € sind es nur noch 20 und bei 6,00 € wechseln lediglich 15 Tonnen den Eigentümer.

Für die **Angebotskurve** gilt: Je niedriger der Preis, desto geringer ist das Angebot, d.h., mit steigendem Preis steigt das Angebot. Die Angebotskurve verläuft von links unten nach rechts oben.

Marktgleichgewicht

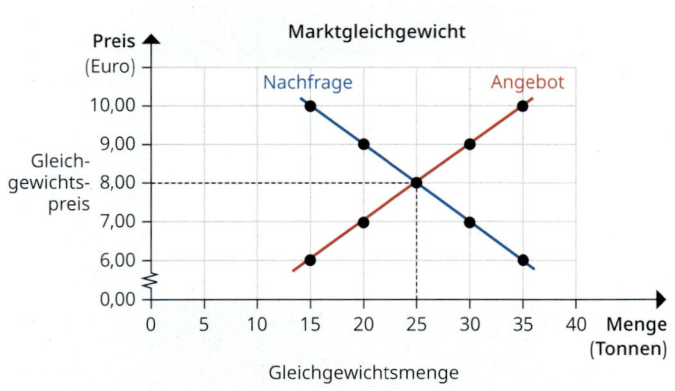

Bei der Vereinigung der Nachfragekurve mit der Angebotskurve in einem Koordinatensystem bildet sich ein gemeinsamer Schnittpunkt, der bei einem Preis von 8,00 € und einer Menge von 25 Tonnen liegt. Hier befindet sich das Marktgleichgewicht mit Gleichgewichtspreis und Gleichgewichtsmenge.

Unter **Marktgleichgewicht** wird in der Volkswirtschaftslehre eine Situation verstanden, bei der die unabhängig voneinander gebildeten Pläne der Anbieter und Nachfrager einander entsprechen.

Wird bei der vollständigen Konkurrenz der Preis eines Gutes über dem Gleichgewichtpreis festgelegt, so ist das Angebot größer als die Nachfrage. Diese Situation des **Angebotsüberhangs** führt zu einem Kostendruck unter den Anbietern, die zu Preisnachlässen gezwungen sind, um ihre Waren zu verkaufen. Wird der Preis eines Gutes unter dem Gleichgewichtspreis festgelegt, so ist die Nachfrage größer als das Angebot. In der Situation des **Nachfrageüberhangs** werden die Konsumenten sich gegenseitig überbieten und so den Preis nach oben treiben.

Der **Preismechanismus** bei vollständiger Konkurrenz ist eine selbstständig wirkende Kraft (Invisible Hand), die auf den Märkten zu einem automatischen Ausgleich der Eigeninteressen von Anbietern und Nachfragern führt.

2.2 Funktionen des Preises

Entwicklung der Unternehmensinsolvenzen
Anzahl, in Tausend

© Statistisches Bundesamt (Destatis), 2020

vgl. Statistisches Bundesamt: Entwicklung der Unternehmensinsolvenzen. Online verfügbar unter: https://www.destatis.de/DE/Themen/Branchen-Unternehmen/Unternehmen/_Grafik/_Interaktiv/insolvenzen-unternehmen-insgesamt.html;jsessionid=4A6545D8C08B77B1846BBA957CB8224F.internet8731 [11.11.2020].

Unternehmensinsolvenzen nach Wirtschaftsabschnitten 2019
in %

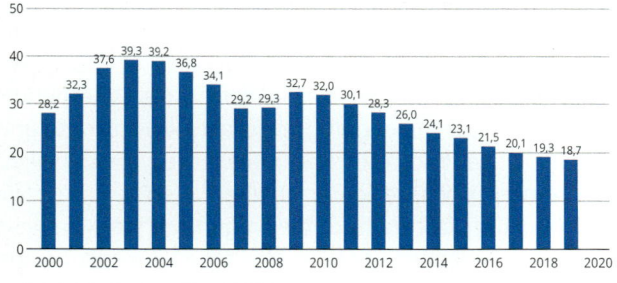

© Statistisches Bundesamt (Destatis), 2020

vgl. Statistisches Bundesamt: Unternehmensinsolvenzen nach Wirtschaftsabschnitten 2019. Online verfügbar unter: https://www.destatis.de/DE/Themen/Branchen-Unternehmen/Unternehmen/Gewerbemeldungen-Insolvenzen/_inhalt.html#sprg233638 [11.11.2020].

ARBEITSAUFTRÄGE

1. Benennen Sie mögliche Ursachen für die Insolvenz eines Unternehmens.
2. Beschreiben Sie die Entwicklung der Insolvenzen in Deutschland.
3. Suche Sie nach Gründen für die Entwicklung der Insolvenzen.

Der Preismechanismus des Polypols, der zum Gleichgewichtspreis tendiert, ist ein andauerndes Belohnen und Bestrafen der Marktteilnehmer und erfüllt in einer Volkswirtschaft folgende Funktionen:

- **Auslese- bzw. Selektionsfunktion:**
  Die Auslesefunktion des Gleichgewichtspreises hat ihre Ursache im Erlös-Kosten-Verhältnis. Unternehmen, deren Herstellungskosten langfristig über den Marktpreisen liegen, werden aus dem Markt ausscheiden. Bei einem Nachfragerückgang sinken die Preise und die Absatzmengen. Dadurch entstehen bei den nicht wirtschaftlich arbeitenden Unternehmen Verluste. Die Unternehmen sind gezwungen, die Produktion umzustellen und eine Marktbereinigung durchzuführen. Gelingt dies nicht, und die Verluste nehmen zu, so muss das Unternehmen Insolvenz anmelden. Alle Anbieter, die zu einem gegebenen Preis nicht anbieten können sowie alle Nachfrager, die den Marktpreis nicht bezahlen wollen, werden vom Markt verdrängt. Der Gleichgewichtspreis übernimmt demnach in einer Volkswirtschaft die Funktion der Marktausschaltung.

- **Informations- und Signalfunktion:**
  Der Marktpreis eines Gutes informiert über den Wert eines Gegenstandes und seine Knappheitssituation. Die Ursachen für die Knappheit sind die Begrenztheit der natürlichen Ressourcen und die Konkurrenz der Menschen um diese Ressourcen. Wird ein Produkt mit einem hohen Preis ausgezeichnet, so neigen die Konsumenten zu der Annahme, dass es wertvoller ist als ein Billigprodukt. Hinter dieser Annahme steckt die Vermutung, dass die Herstellungskosten den Preis eines Gutes bestimmen. Zudem signalisiert der Marktpreis über die Knappheitssituation eines Gutes. Ein steigender Preis bedeutet normalerweise eine zunehmende Knappheit, d. h., dass entweder das Güterangebot geringer geworden ist oder die Nachfrage stärker zugenommen hat. Ein sinkender Preis bedeutet eine abnehmende Knappheit. Preisänderungen zeigen demnach die Verschiebung der Knappheitsverhältnisse an.

- **Lenkungs- bzw. Allokationsfunktion:**
  Der Gleichgewichtspreis lenkt die Produktionsfaktoren, also Arbeit, Natur und Kapital in die Wirtschaftsbereiche, wo sie am dringendsten benötigt werden und wo sie am meisten Gewinn abwerfen. Ein hoher Preis bildet für die Unternehmen eine wichtige Motivation, mehr von einem Gut zu erzeugen. Sie werden Arbeitskräfte anwerben, Rohstoffe beschaffen und investieren. Die Produktionsfaktoren werden von den Niedrigpreisgütern abgezogen und es werden mehr Hochpreisgüter erzeugt. Der Preis lenkt das Angebot und damit den Einsatz der Produktionsfaktoren auf diejenigen Märkte, wo die größte Nachfrage herrscht. Damit wird in einer Volkswirtschaft die effiziente Verwendung knapper Ressourcen gefördert.

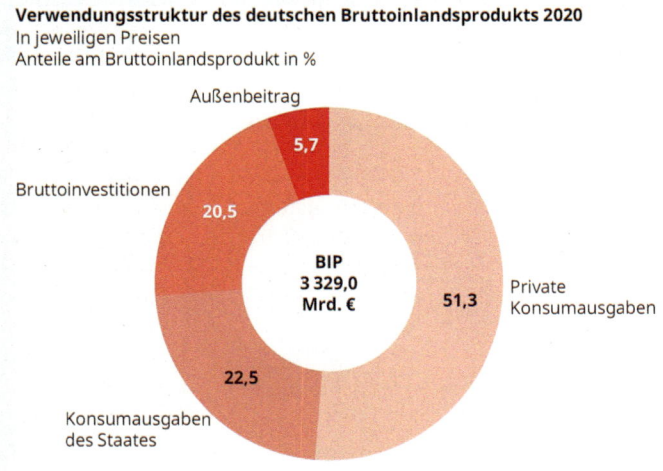

Verwendungsstruktur des deutschen Bruttoinlandsprodukts 2020
In jeweiligen Preisen
Anteile am Bruttoinlandsprodukt in %

Außenbeitrag 5,7
Bruttoinvestitionen 20,5
BIP 3 329,0 Mrd. €
Private Konsumausgaben 51,3
Konsumausgaben des Staates 22,5

Quelle:Statistisches Bundesamt: Bruttoinlandsprodukt Für Deutschland 2020, Wiesbaden 2021.

- **Erziehungsfunktion:**

  Da der Gleichgewichtspreis bei vollkommener Konkurrenz vom einzelnen Anbieter bzw. vom einzelnen Nachfrager nicht beeinflusst werden kann, zwingt er die Produzenten, ihre Kosten zu senken, wenn sie rentabel anbieten wollen. Andererseits werden die Konsumenten dazu erzogen, möglichst preisgünstig einzukaufen, wenn sie ihren Nutzen maximieren wollen. Der Preis erzieht die Produzenten und die Konsumenten, mit den knappen Gütern möglichst sparsam umzugehen.

- **Ausgleichs- und Planungsfunktion:**

  In einer Volkswirtschaft planen die Haushalte ihren Konsum im Voraus und die Unternehmen entwickeln zum Teil umfangreiche Pläne über ihre zukünftige Produktion. Beide Vorgänge sind unabhängig und werden auf dem Markt über den Preis zum Ausgleich gebracht. Anbieter, die bei sinkenden Preisen aufgrund ihrer Kostensituation nicht mithalten können, scheiden aus dem Markt aus. Andererseits lockt ein niedriger Preis zusätzliche Nachfrager an, sodass beim Gleichgewichtspreis Angebot und Nachfrage irgendwann übereinstimmen. Dieser Mechanismus ermöglicht es, dass alle Nachfrager und Anbieter, die zum Gleichgewichtspreis kaufen bzw. verkaufen wollen, zum Zug kommen.

2.3 Der Markt – Wohlstand und Freiheit

"

Der amerikanische Senator Robert Kennedy lieferte während seines Wahlkampfes im Jahre 1968 eine bewegende Kritik am Bruttoinlandsprodukt.

„Das Bruttoinlandsprodukt sagt nichts über die Gesundheit unserer Kinder, die Qualität der Erziehung und der Ausbildung oder die Lebensfreude. Es enthält nicht die Schönheit unserer Poesie oder die Stärke unserer Ehen, die Intelligenz unserer öffentlichen Auseinandersetzungen oder die Integrität unserer Staatsbediensteten. Es misst auch weder unseren Mut noch unsere Weisheit oder unsere Hingabe an unser Land. Kurz gesagt, es misst alles, außer den Dingen, die das Leben lebenswert machen, und es kann uns alles über Amerika sagen, außer warum wir stolz darauf sind, Amerikaner zu sein."

Vieles von dem, was Robert Kennedy sagte, stimmt. Warum aber interessiert uns dann überhaupt das BIP? Die Antwort lautet: Ein hohes BIP hilft uns tatsächlich, ein gutes Leben zu führen. Das BIP misst zwar nicht die Gesundheit unserer Kinder, aber Länder mit einem höheren BIP können sich ein besseres Gesundheitssystem für ihre Kinder leisten. Das BIP misst auch nicht die Qualität der Ausbildung, aber Länder mit einem höheren BIP können sich ein besseres Bildungssystem leisten. Das BIP misst ebenso wenig die Schönheit der Poesie, aber Länder mit höherem BIP können es sich leisten, mehr Bürgern das Lesen und damit den Genuss von Poesie zu lehren. Das BIP berücksichtigt auch nicht unsere Intelligenz, unsere Integrität, unseren Mut oder unsere Ergebenheit gegenüber unserem Land, aber alle diese lobenswerten Eigenschaften lassen sich leichter fördern, wenn Menschen weniger damit beschäftigt sind, sich um die materiellen Notwendigkeiten des Lebens zu sorgen.

Quelle: Mankiw, Nicholas Gregory: Grundzüge der Volkswirtschaftslehre. 3. Auflage. Übersetzt von Adolf Wagner und Marco Herrmann. Stuttgart: Schäffer-Poeschel 2004, S. 554.

ARBEITSAUFTRÄGE

1. Informieren Sie sich über Leben und Werk des Senators Robert Kennedy.
2. Erläutern Sie die Begriffe „materielle Güter" und „immaterielle Güter".
3. Reflektieren Sie unter Berücksichtigung der Begriffe materielle und immaterielle Güter die Kritik Robert Kennedys am Bruttoinlandsprodukt.

Wohlfahrtsökonomik

Der Marktmechanismus als zentrale Institution der sozialen Marktwirtschaft sichert den Wohlstand und die Lebensqualität breiter Bevölkerungsschichten.

> Unter **Wohlstand** versteht man den Grad der Versorgung des Einzelnen und der gesamten Gesellschaft mit Sachgütern und Dienstleistungen.

Als wichtiger Wohlstandsindikator für den materiellen Wohlstand gilt demnach das Bruttoinlandsprodukt pro Kopf. Der Zustand des Wohlstands einer Bevölkerung wird auch durch Begriffe wie „Lebensstandard", „Wohlbefinden" oder „Wohlfahrt" wiedergegeben.

Die Wohlfahrtsökonomik ist ein Teilgebiet der Volkswirtschaftslehre, die sich mit der Steigerung des Wohlstands und der Lebensqualität sowie der Überwindung von Armut in einer Gesellschaft beschäftigt. Unter Wohlfahrt (Gemeinwohl) versteht man das Maß, mit dem die Grundbedürfnisse der einzelnen Menschen abgedeckt werden. In einem Staat ist die Gesamtwohlfahrt dann am größten, wenn die Summe der Konsumentenrente und der Produzentenrente, also die Gesamtrente am Größten ist.

Die **Konsumentenrente** ist der Nutzen des Konsumenten, wenn dieser ein Gut kauft. Der Nutzen ergibt sich für den einzelnen Konsumenten aus dem Unterschied zwischen dem Wert, den ein Gut (z.B. Schulbuch) für den Käufer hat (z.B. 10,00 €) und dem Gleichgewichtspreis (8,00 €), den der Käufer dafür zahlt. Der Nutzen, also die Konsumentenrente ist hier 2,00 €. Die **Produzentenrente** ist die Differenz zwischen dem niedrigeren Preis (z.B. 7,00 €), zu dem ein Hersteller aufgrund seiner Kostenstruktur sein Erzeugnis anbieten würde, und dem höheren Gleichgewichtspreis (z.B. 8,00 €). Die Produzentenrente beträgt demnach 1,00 € (siehe S. 590 Marktgleichgewicht).

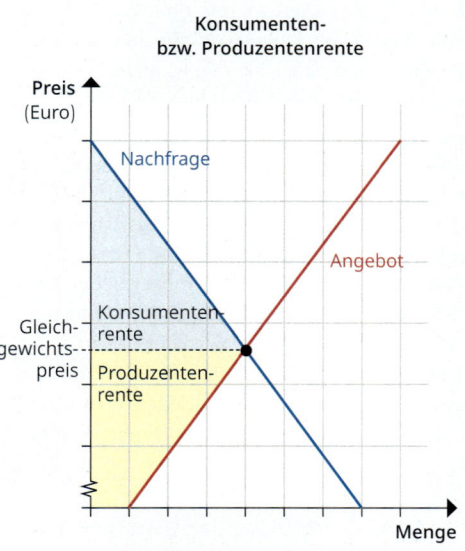

Konsumenten-bzw. Produzentenrente

Die höchste Gesamtrente und damit der größte Wohlstand werden für die Wohlfahrtsökonomen beim Gleichgewichtspreis erzielt. Bei diesem Preis haben weder Anbieter noch Nachfrager eine Veranlassung, die bestehende Marktsituation zu verändern.

Die Gründe sind:
- Die unabhängig voneinander gebildeten Pläne der Anbieter und Nachfrager stimmen überein.

- Die Anbieter erreichen ihr Umsatzmaximum (Umsatz = Preis · Menge). Bei einem Preis von 7,00 € je Schulbuch ist der Umsatz (7,00 € · 20) 140,00 €; bei einem Preis von 9,00 € (9,00 € · 20) 180,00 € und beim Gleichgewichtspreis von 8,00 € (8,00 € · 25) 200,00 € (siehe S. 590 Marktgleichgewicht).
- Die größtmögliche Anzahl an Nachfragern (25) wird bedient, d. h., jeder Käufer findet einen Verkäufer.
- Der Markt ist geräumt (Markträumungspreis), es besteht weder ein Angebots- noch ein Nachfrageüberhang.

Konsumfreiheit

Der Marktmechanismus ermöglicht breiten Bevölkerungsschichten einen angemessenen materiellen Wohlstand. Dieser Wohlstand ist die Grundlage für die freie Entfaltung der Persönlichkeit des Einzelnen. Verfügt der Konsument über ein entsprechendes Einkommen, so kann er aus einem breiten Güterangebot dasjenige Gut auswählen, das er wünscht. Die Wahlfreiheit auf der Seite der Verbraucher erfordert den Wettbewerb auf der Seite der Hersteller. Der Wettbewerb ist das Zwangssystem, das den Produzenten veranlasst, diejenigen Güter zu produzieren, die der Konsument im Rahmen seines Budgets zu verbrauchen wünscht. Bei der Wahlfreiheit des Konsumenten muss allerdings berücksichtigt werden, dass die Hersteller versuchen, durch die verschiedenen Maßnahmen des Marketingmix und vor allem einer zielgerichteten Werbung die Wünsche des Verbrauchers zu beeinflussen.

Wohlstand bringt nicht nur Konsumfreiheit für den Einzelnen, sondern ermöglicht es auch dem Staat, über die Steuereinnahmen die Freiheit seiner Bürger durch das Rechtswesen zu garantieren und Infrastruktur, Bildungswesen sowie den Umweltschutz zu verbessern. Darüber hinaus kann er Museen und Theater unterhalten sowie Baudenkmäler wie Kirchen, Klöster und Schlösser bewahren. Eine der Motivationen für Flüchtlingsströme sind die Freiheiten und die Lebensqualität, die Wohlstandsgesellschaften dem Einzelnen sichern können.

Aufgaben

1. Am Beispiel des Spargels werden grundlegende Einsichten in volkswirtschaftliche Zusammenhänge gegeben.
   1.1 Auf dem Markt für Spargel wird folgendes Angebots- und Nachfrageverhalten festgestellt.

Preis pro kg	Zusätzliche Nachfrage	Zusätzliches Angebot
2,00 €	10	2
3,00 €	6	4
4,00 €	5	6
5,00 €	4	9
6,00 €	3	12

   a) Verwenden Sie die Tabelle und ermitteln Sie den Gleichgewichtspreis und die Gleichgewichtsmenge.
   b) Erklären Sie die Begriffe „Gleichgewichtspreis" und „Gleichgewichtsmenge".
   c) Welche Konsequenzen hat es, wenn der Preis bei 3,00 € oder 5,00 € liegt?

1.2 Gehen Sie von einem gleichgewichtigen Spargelmarkt aus und zeichnen Sie ein Preis-Mengen-Diagramm unter folgenden Bedingungen:
– Aufgrund der Frühjahrsfröste fällt die Spargelernte geringer aus.
– Gesundheitsbewusste Verbraucher steigern ihren Spargelbedarf.
– Billigspargel wird aus dem Ausland importiert.
Beschreiben Sie die Bewegungen des Gleichgewichtspreises.

2. Bei öffentlichen Gütern oder im sozialen Bereich (z. B. Medikamente) gibt es oft Festpreise. Vergleichen Sie in einem Schema die Vor- und Nachteile von Festpreis und Gleichgewichtspreis.

3.   „

> Anbieter und Nachfrager suchen stets – wo immer es möglich ist – Konkurrenz zu vermeiden und monopolistische Stellungen zu erwerben oder zu behalten. Ein tiefer Trieb zur Beseitigung und zum Erwerb von Monopolstellungen ist überall und zu allen Zeiten lebendig.
>
> *Quelle: Eucken, Walter: Grundsätze der Wirtschaftspolitik. 9. Auflage. Herausgegeben von Edith Eucken-Erdsiek und K. Paul Hensel. Reinbek: Rowohlt 1969, S. 37.*

a) Nennen Sie die Bedingungen der vollkommenen Konkurrenz.
b) Suchen Sie nach Gründen für den „Trieb zur Beseitigung von Konkurrenz".
c) Beschreiben Sie die Möglichkeiten der Einschränkung von Monopolstellungen.

4. Familie Thiele plant ihren Jahresurlaub und überlegt, ob sie nach Spanien, Italien oder Griechenland reisen soll.
a) Definieren Sie den Begriff „Konsumwahlfreiheit" und belegen Sie ihn an weiteren Beispielen.
b) Stellen Sie die Möglichkeiten der gegenseitigen Marktbeeinflussung am Beispiel der Touristikbranche dar.
c) Familie Thiele entscheidet sich für einen Urlaub in Italien zum Preis von 2.200,00 €. Entwickeln Sie eine selbstgewählte grafische Darstellung mit Gleichgewichtspreis bzw. -menge, Konsumenten- und Produzentenrente und erläutern Sie die Zusammenhänge.

3   Eingriffe in den Markt

3.1   Das Marktversagen

ARBEITSAUFTRÄGE

1. Nennen Sie mögliche Ursachen für das hohe Verkehrsaufkommen in Deutschland. Beschreiben Sie die Auswirkungen des hohen Verkehrsaufkommens auf den Einzelnen, die Wirtschaft und die Umwelt.
2. Wer trägt die Kosten für die Umweltbelastung?
3. Entwickeln Sie Vorschläge für die Reduzierung der Umweltbelastung durch den Verkehr.

Der Markt als sich selbst regulierendes System führt nicht in allen Bereichen einer Volkswirtschaft zum größtmöglichen Wohlstand. Die Marktregeln stoßen an Grenzen und der Marktmechanismus versagt in Teilen der Wirtschaft.

> Ein **Marktversagen** liegt vor, wenn der Marktregulierungsmechanismus nicht zu dem volkswirtschaftlich gewünschten Ergebnis führt und die Kombination der Produktionsfaktoren keine Wohlstandsgesellschaft hervorbringt.

Der Selbstregulierungsmechanismus des Marktes funktioniert in folgenden Situationen nicht:

- **Externe Effekte:**
  Unter einem externen Effekt versteht man die Auswirkungen des ökonomischen Handelns auf die Wohlfahrt eines unbeteiligten Dritten, für die niemand bezahlt oder einen Ausgleich erhält. Externe Effekte werden an folgendem Beispiel belegt:

Durch die Produktion von Strom in einem Kohlekraftwerk wird die Luft der Umgebung verunreinigt, sodass die Anwohner unter Atemwegserkrankungen leiden, die Gebäudefassaden verschmutzen und die Umwelt geschädigt wird. Die Kosten z. B. für die medizinische Betreuung der Erkrankten, die häufigen Außenanstriche der Fassaden hat der Stromlieferant in seiner Preiskalkulation nicht zu berücksichtigen. Der Strom, den dieses Kraftwerk liefert, wird demzufolge billiger angeboten, als er in Wirklichkeit ist. Der Marktpreis entspricht nicht dem tatsächlichen Preis und müsste entsprechend höher sein.

Zu den negativen Effekten gehören Schadstoffausstoß, Abwasserbeseitigung und Müll sowie Flugzeug-, Auto- und Eisenbahnlärm, die das Wohlbefinden der Bevölkerung mindern.

- **Öffentliche Güter:**
  Zu den öffentlichen Gütern, die vom Staat bereitgestellt werden, gehören z. B. die äußere Sicherheit mit Bundeswehr und -polizei, die innere Sicherheit mit der Landespolizei, Gerichte, die der Rechtssicherheit dienen, aber auch das Verkehrswegenetz. Während der Käufer bei den privaten Gütern des täglichen Lebens einen Preis bezahlen muss, trifft dies für die öffentlichen Güter meist nicht zu. Private Güter werden individuell konsumiert, öffentliche Güter können nur gemeinsam verbraucht werden.

Am Beispiel der Feuerwehr kann belegt werden, dass zwar eine gesellschaftliche Nachfrage nach ihren Leistungen besteht, aber auf den privaten Märkten kein Angebot zustande kommt. Der Schutz von Hab und Gut des Einzelnen vor Feuer, Wasser und Naturkatastrophen erzwingt an jedem Ort eine Feuerwehr. Obwohl ein gemeinschaftliches Schutzbedürfnis besteht, findet sich keine Person, die das Risiko auf sich nimmt, Fuhrpark und Feuerwehrleute anzubieten. Es bildet sich kein Preis für den Gefahrenschutz, d. h., der Marktmechanismus versagt und der Staat muss ein Angebot bereitstellen.

Das Beispiel Brandschutz belegt, dass die Nutzung öffentlicher Güter nicht auf eine bestimmte Person beschränkt werden kann und demzufolge **Nichtausschließbarkeit** vorliegt.

Zudem werden die Leistungen der Feuerwehr von vielen Personen gleichzeitig in Anspruch genommen, so dass **Nichtrivalität** gegeben ist.

- **Asymmetrische Information:**
  Asymmetrische Informationen liegen vor, wenn die möglichen Käufer und Verkäufer auf einem Markt nicht über die gleichen Informationen z. B. über die Qualität der Güter verfügen. Dies kann am Beispiel des Gebrauchtwagenmarktes belegt werden.

 Auf einem Gebrauchtwagenmarkt kennt normalerweis der Verkäufer die Qualität des Autos, während der Käufer sie nicht beurteilen kann. Die Käufer bewerten alle Fahrzeuge eines Fahrzeugtyps gleich und kennen somit die durchschnittliche Qualität dieses Typs. Zunächst werden alle Autos zu einem gleichen Preis gehandelt, der die durchschnittliche Qualität widerspiegelt.

Von dieser Situation profitieren die Anbieter der schlechten Qualität, während die Verkäufer guter Gebrauchtwagen den höheren Preis nicht realisieren können. Diese Verkäufer werden ihre Fahrzeuge nicht mehr anbieten. Da folglich nur noch schlechte Autos gehandelt werden, kommt es zu einer Negativauslese und die Marktregeln funktionieren nicht mehr.

- **Monopole und Kartelle:**
  Ein Monopol liegt vor, wenn ein Anbieter (Nachfrager) auf viele Nachfrager (Anbieter) trifft. Der Monopolist kann durch überhöhte Marktpreise seinen Gewinn maximieren. Kartelle sind freiwillige Zusammenschlüsse von Unternehmen meist mit dem Ziel, den Wettbewerb in bestimmten Teilbereichen wie Konditionen, Verkaufsgebiet und vor allem der Preisgestaltung zu unterbinden. In beiden Fällen liegt der Marktpreis über dem Gleichgewichtspreis und die Regeln des vollkommenen Marktes werden außer Kraft gesetzt.

- **Soziale Zielsetzungen:**
  Ein weiterer Bereich, in dem der Marktmechanismus versagt und die Marktteilnehmer zum Teil vom Marktgeschehen ausgeschlossen werden, sind die sozialen Zielsetzungen in einer Gesellschaft. Da der Markt mit seinem Preismechanismus über die Güterproduktion und -verteilung entscheidet, werden immer nur die Güter erzeugt, hinter denen eine Nachfrage steht. Der Wunsch und die Kaufkraft des Kunden sind entscheidend, gleichgültig ob der Gegenstand sinnvoll und notwendig ist. Darum ist es denkbar, dass sich die Reichen Milch für ihre Katzen leisten können, nicht aber die Armen für ihre Kinder.

Die Nachfrage kann durch Werbung auf bestimmte Güter gelenkt werden, die allein dem Prestige und Geltungsbedürfnis der Menschen dienen. Dadurch kann sich eine Konsumgesellschaft bilden, für die die These gilt: „Man kauft das, was man nicht braucht, manchmal mit dem Geld, das man nicht hat, um dem zu imponieren, den man nicht mag." Der Marktmechanismus ermöglicht demzufolge einen sogenannten **Prestigekonsum**.

Darüber hinaus führt der Marktmechanismus zu einer gesellschaftlich **unsozialen Güterverteilung**. Menschen mit körperlichen oder geistigen Gebrechen, die keinerlei Einkommen erzielen und damit keine Kaufkraft entwickeln können, müssen ein Leben am Rande der Gesellschaft fristen. Das erwerbswirtschaftliche Prinzip der Marktwirtschaft bevorzugt stets den Tüchtigen, Fleißigen und Durchsetzungsfähigen, für den Glücklosen, Kranken und Schwachen bietet dieses Modell keinen Platz.

Da der Markt die freie Entfaltung des Individuums ermöglicht, kann es in einer konkreten Wirtschaftsordnung zu einem rücksichtslosen Kampf um Erfolg und Gewinn kommen, dessen Begleiterscheinung Egoismus, Neid, Hass und Aggressionslust sind. Der materielle Erfolg wird dann zum obersten Ziel einer Gesellschaft, und wer dieses Ziel nicht erreicht, erfährt Geringschätzung oder wird vernachlässigt. Bereits der griechische Philosoph Aristoteles hat auf diese negative Eigenart der Wirtschaft hingewiesen und formuliert: „Wirtschaften ist das Übertölpeln des anderen aus Habgier und Gewinnsucht." Überlässt der Staat eine Volkswirtschaft dem Marktmechanismus, so kann sich eine **materialistische Gesellschaft** herausbilden, in der Werte wie Geld, Macht und Besitz wichtiger sind als geistige Werte wie Toleranz und Nächstenliebe.

Da der Marktmechanismus in Teilen der Wirtschaft versagt, ist der Staat gezwungen, in den Wirtschaftsprozess einzugreifen, um Ziele zu verfolgen, die dem allgemeinen Interesse der Gesellschaft dienen.

3.2 Marktkonforme Eingriffe

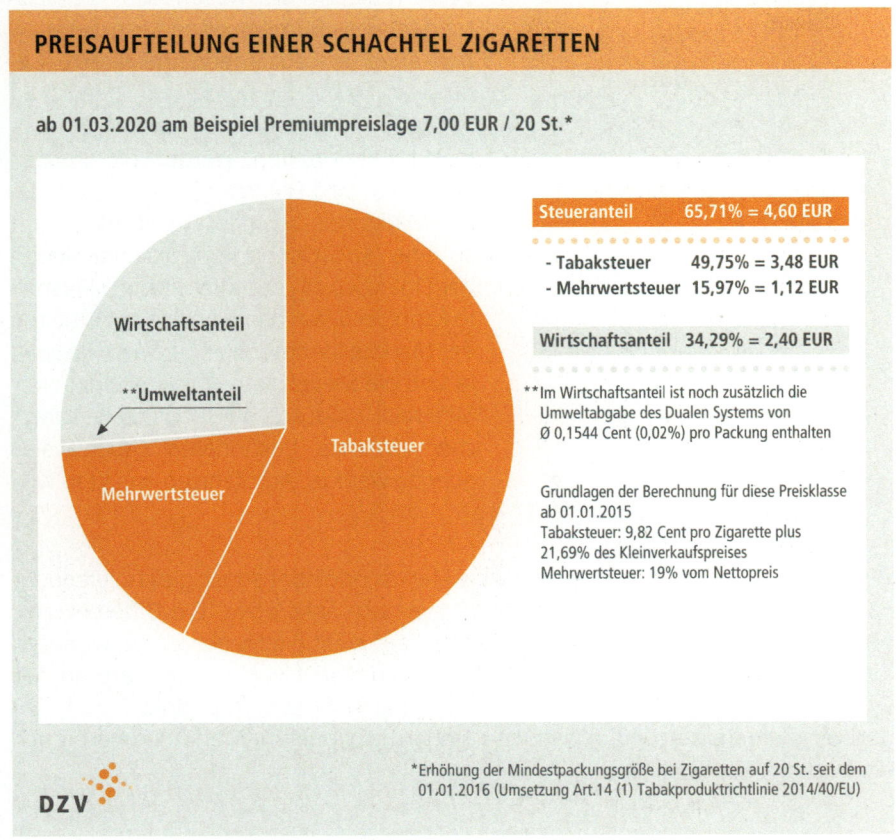

PREISAUFTEILUNG EINER SCHACHTEL ZIGARETTEN

ab 01.03.2020 am Beispiel Premiumpreislage 7,00 EUR / 20 St.*

| Steueranteil | 65,71% = 4,60 EUR |

- Tabaksteuer 49,75% = 3,48 EUR
- Mehrwertsteuer 15,97% = 1,12 EUR

Wirtschaftsanteil 34,29% = 2,40 EUR

**Im Wirtschaftsanteil ist noch zusätzlich die Umweltabgabe des Dualen Systems von Ø 0,1544 Cent (0,02%) pro Packung enthalten

Grundlagen der Berechnung für diese Preisklasse ab 01.01.2015
Tabaksteuer: 9,82 Cent pro Zigarette plus 21,69% des Kleinverkaufspreises
Mehrwertsteuer: 19% vom Nettopreis

Wirtschaftsanteil
**Umweltanteil
Mehrwertsteuer
Tabaksteuer

*Erhöhung der Mindestpackungsgröße bei Zigaretten auf 20 St. seit dem 01.01.2016 (Umsetzung Art.14 (1) Tabakproduktrichtlinie 2014/40/EU)

DZV

ARBEITSAUFTRÄGE

1. Beschreiben Sie zunächst allgemein die Grafik auf Seite 599.
2. Suchen Sie nach Gründen für den hohen Steueranteil einer Zigarettenschachtel.
3. Reflektieren Sie die Wirkungen der hohen Besteuerung.

Da der Marktmechanismus unter bestimmten Bedingungen bei Haushalten und Unternehmen zu Benachteiligungen führt, muss der Staat in einer sozialen Marktwirtschaft eingreifen und für die Besserstellung der betroffenen Personen und Institutionen sorgen.

> Unter **Markteingriff** oder Marktregulierung versteht man staatliche Eingriffe in den Wirtschaftsprozess, die das Verhalten der Unternehmen und Haushalte beeinflussen, um bestimmte, von allgemeinem Interesse getragene Ziele zu erreichen.

Bei den Staatseingriffen wird zwischen marktkonformen (indirekten) und marktkonträren (direkten) Eingriffen unterschieden. Marktkonforme Maßnahmen nutzen den Marktmechanismus aus und erzeugen einen neuen Preis. Der Preis-Mengen-Mechanismus wird nicht eingeschränkt oder gänzlich außer Kraft gesetzt. Zu den marktkonformen Eingriffen gehören Steuern, Subventionen und Transferzahlungen.

Steuern

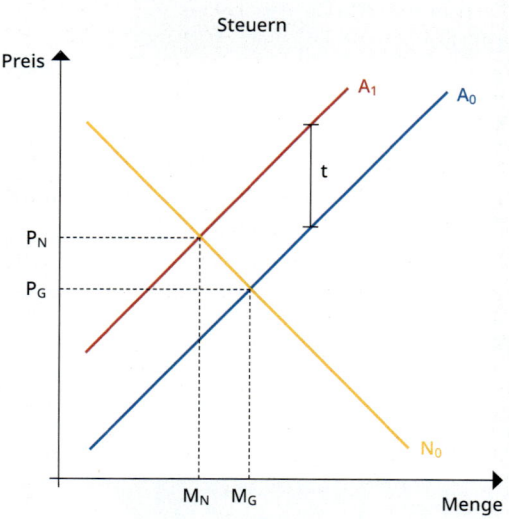

Steuern sind ihrem Wesen nach Geldleistungen eines Bürgers, ohne dass dieser einen Anspruch auf irgendeine direkte Gegenleistung hat. Sie werden von staatlichen Institutionen erhoben, um diesen Einnahmen zu verschaffen. Werden die Steuern auf Waren und Dienste gelegt, so wird deren Marktpreis beeinflusst und es kommt zu einer künstlichen Verteuerung. Neben der Finanzierung der öffentlichen Haushalte kann der Staat damit auch das Verhalten der Marktteilnehmer beeinflussen. Beispiele sind die Steuern auf Tabak, Alkohol oder Mineralöl, wodurch der Staat die Verbraucher zu einer gesünderen Lebensweise oder zu weniger Autofahrten anhalten will.

Die Erhebung der Steuer führt beim polypolistischen Marktmodell bei sonst gleichbleibender Nachfrage (N_0) zu einer Verschiebung der Angebotskurve nach links oben. Die Differenz zwischen alter Angebotskurve (A_0) und neuer Angebotskurve (A_1) stellt die Steuer (t) dar, wobei „t" für Tax steht. Durch die Besteuerung eines Gutes liegt der neue Preis (P_N), den der Verbraucher zu zahlen hat, über dem Gleichgewichtspreis (P_G) und die angebotene Menge sinkt von M_G auf M_N. Die vom Staat verfolgte Zielsetzung, zusätzliche Steuern einzunehmen und den Verbrauch zu drosseln, kann damit erreicht werden.

Subventionen

Subventionen sind Zahlungen des Staates an private Unternehmen, um deren wirtschaftliche Situation zu verbessern. Mit ihren Subventionsleistungen will die öffentliche Hand z. B. neue Technologien wie das Elektroauto fördern oder die Wettbewerbsfähigkeit exportorientierter Firmen gegenüber dem Ausland stärken, wie z. B. bei den Werften.

Anhand des Marktmodells erkennt man, dass durch die Subventionen die Anbieter ihre Waren und Dienste zu einem Preis anbieten können, der niedriger

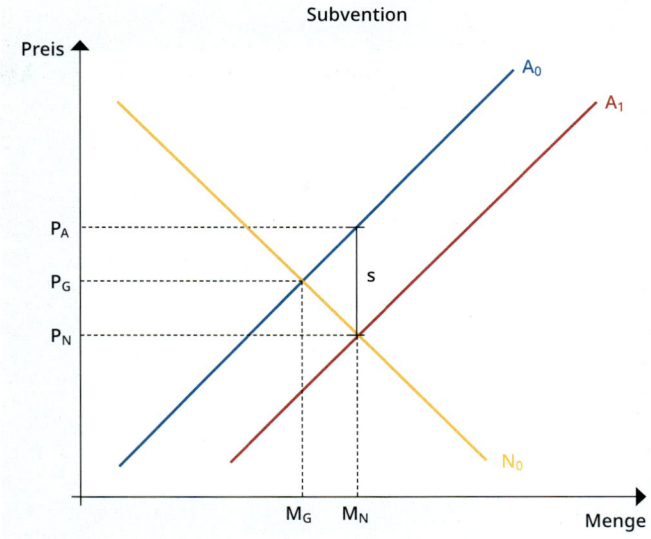

als ihre Produktionskosten ist. Das heißt, die staatlichen Zuzahlungen ermöglichen einen Preis, der unter dem Gleichgewichtspreis liegt. Durch die Subvention verschiebt sich die Angebotskurve nach rechts und die Differenz zwischen alter (A_0) und neuer Angebotskurve (A_1) ist der Subventionsbetrag „s", den der Staat zu zahlen bereit ist.

Der normale Gleichgewichtspreis (-menge) P_G/M_G sinkt durch die Subvention auf den Preis P_N und die angebotene Menge nimmt auf M_N zu. Bei gleichbleibender Nachfrage ist P_N der Preis, den der Nachfrager am Markt zu zahlen hat und P_A ist der Peis, den der Anbieter mithilfe der staatlichen Zahlung erhält. Da der Preis für die Kunden (P_N) niedriger ist als der höhere Preis der Produzenten (P_A), scheinen beide Marktteilnehmer zunächst einen Vorteil zu haben.

Allerdings müssen bei staatlichen Zuzahlungen folgende Probleme berücksichtigt werden:
- Subventionen bringen meist einen bedeutenden Wohlfahrtsverlust, da diese in der Summe für den Staat teurer sind als der Zugewinn bei den einzelnen Marktteilnehmern.
- Die Selektionsfunktion als wichtiges Merkmal des Polypols wird ausgeschaltet, da unwirtschaftlich produzierende Anbieter sich durch die staatliche Unterstützung am Markt halten können und die Bereinigungsfunktion entfällt.
- Ebenso wird die Lenkungsfunktion außer Kraft gesetzt, da unrentable Produkte auf dem Markt bleiben und nicht durch technische Innovationen und Neuerungen ersetzt werden. Der in Teilen der Wirtschaft notwendige Strukturwandel unterbleibt.
- Für Subventionen sprechen, dass soziale Probleme z. B. im Bergbau oder den Werften abgefedert und für die Beschäftigten erträglich gestaltet werden können.

Transferzahlungen

Transferzahlungen sind Zahlungen des Staates an private Haushalte ohne Verpflichtung des Empfängers zu einer wirtschaftlichen Gegenleistung. Sie sind das Gegenstück zu den Subventionen an die Unternehmen. Ziel der Transferzahlungen ist eine staatliche Umverteilung, um in der Gesellschaft eine gerechtere Einkommens- und Vermögensverteilung zu erreichen. Zu den Sozialleistungen in Deutschland, die der Staat in Form von Transferzahlungen gewährt gehören z. B. Kindergeld, Wohngeld, aber auch Ausbildungsbeihilfe wie Bafög und Sozialhilfe. Folge dieser sozialen Maßnahmen ist die Stärkung der Kaufkraft bestimmter Verbrauchergruppen und damit die Ausweitung der Binnennachfrage.

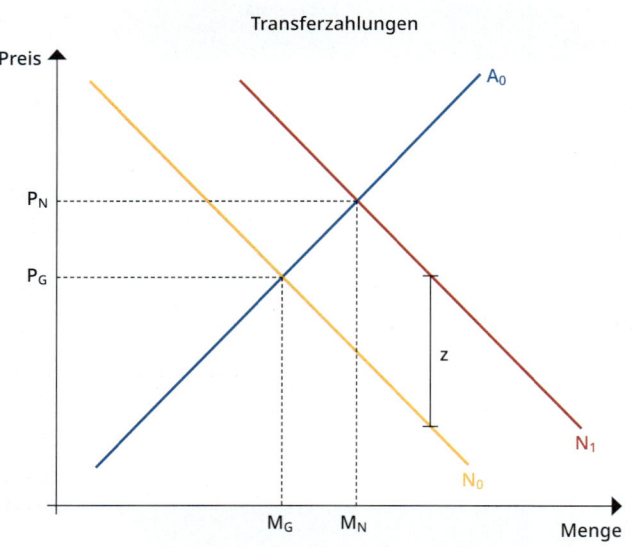

Transferzahlungen

Die Auswirkungen der Transferzahlungen auf das Marktmodell sind folgende: Ohne Eingreifen des Staates würde sich der Preis und die Menge bei P_G und M_G einpendeln. Durch die staatlichen Zahlungen kommt es zu einer Rechtsverschiebung der Nachfragekurve. Die privaten Haushalte können einen um die Transferzahlungen höheren Konsum (N_1) entwickeln. Die Differenz zwischen alter (N_0) und neuer Nachfragekurve (N_1) sind die Transferzahlungen, abgekürzt „z". Bei gleichem Angebot (A_0) wird der Preis, den der Nachfrager zahlen muss, auf P_N nach oben steigen und der Zielsetzung des Staates entsprechend die von den Unternehmen abgesetzte Menge auf M_N steigen. Problematisch ist hier, dass zumindest kurzfristig die größere Menge zu höheren Preisen abgesetzt wird. Langfristig sind Transferzahlungen nur sinnvoll, wenn von den Haushalten mehr gekauft werden kann, ohne dass die erworbenen Güter teurer werden.

3.3   Marktinkonforme Eingriffe

ARBEITSAUFTRÄGE

1. Ein Schwarzmarkt entsteht, wenn die vorhandene Nachfrage nach einem Gut auf dem Markt durch private Rationierung oder festgelegte Höchstpreise nicht befriedigt werden kann.
   Erklären Sie die Entstehung von Schwarzmärkten bei einer EM.
2. Versuchen Sie eine grafische Darstellung dieser Situation.
3. Reflektieren Sie die Preisentwicklung bei EM-Spielen unter der Bedingung eines freien Marktes.

Marktinkonforme, auch marktkonträre Eingriffe genannt, beeinflussen den Markt-Preis-Mechanismus, indem sie diesen wesentlich einschränken oder gänzlich außer Kraft setzen. Das direkte Eingreifen des Staates in die Preisgestaltung widerspricht den Grundsätzen der Wirtschaftsordnung einer Marktwirtschaft. Zu den marktinkonformen Eingriffen gehören die Höchstpreisstrategie, die Mindestpreisstrategie und die Festpreisstrategie.

Höchstpreisstrategie

Bei der Höchstpreisstrategie setzt der Staat für bestimmte Güter Preisobergrenzen fest, um die Verbraucher vor übermäßig hohen Preisen zu schützen. Höchstpreise werden vor allem in Zeiten wirtschaftlichen Mangels wie z. B. nach Naturkatastrophen, inneren Unruhen oder in Kriegs- und Nachkriegszeiten festgesetzt, um die Versorgung der Bevölkerung mit lebensnotwendigen Gütern zu gewährleisten. Auch die Mietpreisbindung im Wohnungsbau der Bundesrepublik Deutschland gehört zur Höchstpreisstrategie. Hier fixiert der Staat Höchstpreise für Mietwohnungen, die nicht überschritten werden dürfen, um sozial schwachen Mietern eine Wohnung zu ermöglichen.

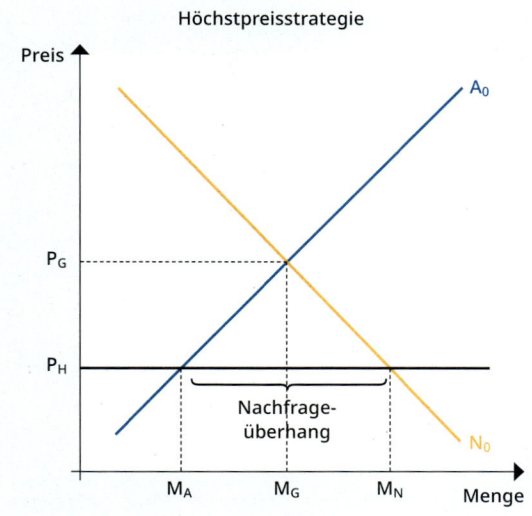

Am Beispiel des Marktmodells ist zu erkennen, dass der staatliche Höchstpreis (P_H) unter dem sich frei bildenden Gleichgewichtspreis (P_G) liegen muss, um den Nachfrager vor zu hohen Gewinnen des Anbieters zu schützen. Der Eingriff des Staates führt am Wohnungsmarkt zu folgenden Konsequenzen: Durch die Mietpreisfestsetzung unter dem Gleichgewichtspreis wird es für die Anbieter wenig attraktiv, Wohnraum anzubieten, da die Mieteinnahmen relativ gering sind.

Für die Nachfrager nach Wohnungen – vor allem in Ballungsgebieten – verbessert sich die Situation, da die Mieten relativ günstig sind. Der Wohnungsmarkt ist dadurch im Ungleichgewicht, da beim Höchstpreis P_H die von den Vermietern angebotene Menge (M_A) kleiner als die von den Mietern nachgefragte Menge (M_N) ist. Es entsteht ein **Nachfrageüberhang**, auch als Angebotslücke bezeichnet.

Die festgesetzten Höchstmieten führen zu einer künstlichen Verknappung von Wohnungen, die der Staat durch folgende Maßnahmen unterbinden kann:
- Er kann die Angebotsseite stärken und z. B. durch Subventionen an die Bauunternehmen mehr Wohnraum schaffen.
- Da auf der Nachfrageseite nicht alle Mietwilligen zum Zuge kommen, muss der Staat den Wohnraum rationieren, d. h. nach irgendwelchen Kriterien (z. B. Familienstand, Kinderzahl) zuteilen. Meist wird das „Windhundverfahren" angewendet und es entstehen lange Wartezeiten.

Eine weitere Marktreaktion wären Zusatzzahlungen des Mieters an den Vermieter, die über dem staatlich festgesetzten Mietpreis liegen. In diesem Fall liegt ein **Schwarzmarkt** vor.

Mindestpreisstrategie

Bei der Mindestpreisstrategie werden Preisuntergrenzen vom Staat festgelegt, die nicht unterschritten, wohl aber überschritten werden dürfen. Der Eingriff erfolgt zum Schutz des Anbieters mit dem Ziel, den Produzenten ein höheres Einkommen zu garantieren, den Absatz bestimmter Produkte zu reduzieren oder einen ruinösen Wettbewerb zu unterbinden. Die Mindestpreisstrategie fand sich vor allem auf dem Agrarmarkt der Europäischen Union in den 80er Jahren, wo die Milch-, Fleisch- und Getreidepreise reguliert wurden. Dabei wurden nicht nur

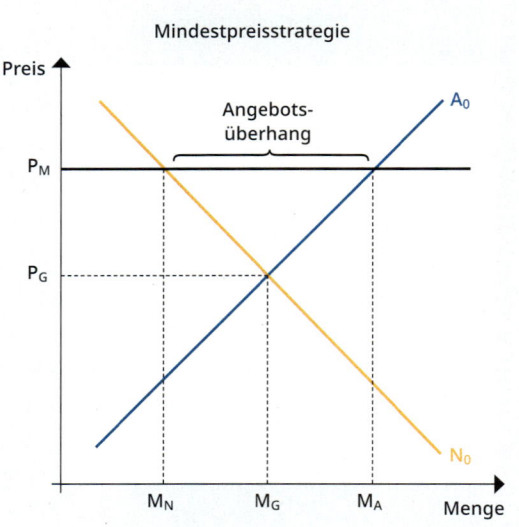

Mindestpreisstrategie

Festpreise, sondern auch Produktionsbeschränkungen oder Subventionen zur Marktsteuerung eingesetzt.

Ausgehend von einer Gleichgewichtssituation des Marktes mit P_G und M_G, die sich ohne staatliche Eingriffe ergibt, liegt der staatliche Mindestpreis (P_M) über dem eigentlichen Marktpreis. Die Folgen sind ein **Angebotsüberhang**, auch als Nachfragelücke bezeichnet. Durch den höheren Preis werden die Nachfrager abgeschreckt und kaufen weniger (M_N), während andererseits Anbieter auf dem Markt auftreten, die bisher wegen ihrer Kostenstruktur nicht konkurrenzfähig waren und damit die Angebotsmenge (M_A) erhöhen. Für die Landwirtschaftsbetriebe der Europäischen Union bedeutet dies zunächst eine Überschussproduktion bei Milch, Fleisch und Getreide. Um diese Problem zu lösen, hat der Staat mehrere Möglichkeiten:

- Der Staat kann den Anbietern bestimmte Abnahmemengen zum Mindestpreis garantieren und z.B. Höchstabnahmemengen für Milch festlegen. Als Abnehmer sorgt er auch mit hohem Steueraufwand für die Lagerung bzw. Vernichtung der Güter, um den Vorrat an Fleisch, Milch und Getreide (Butterberg, Fleischberg) abzubauen.
- Um einen Rückgang der Produktion zu bewirken, zahlt der Staat z.B. bei den Getreideanbauflächen sogenannte Stilllegungsprämien oder Schlachtprämien für das Vieh.

Es kann aber auch sein, dass die Anbieter ihre Produkte unter der Hand billiger verkaufen, so dass die beabsichtigte Wirkung verpufft. Diese Situation bezeichnet man im Gegensatz zu den Schwarzmärkten als **graue Märkte**.

FERIEN AUF DEM BAUERNHOF

Festpreisstrategie

Bei der Festpreisstrategie legt der Staat die Preise für bestimmte Waren oder Dienstleistungen fest, gleichgültig, welche Menge nachgefragt wird. Die Preise dürfen weder von Anbietern noch von Nachfragern überboten werden. Ziel dieser Maßnahmen ist, die Qualität der Dienstleistung zu sichern, keinen Wettbewerb über die Preise zu ermöglichen und Werbung zu unterbinden. Beispiel dafür sind die Dienste der freien Berufe wie Ärzte, Architekten, Rechtsanwälte oder Steuerberater, bei denen der Staat gesetzliche Gebührenordnungen festgelegt hat. Die ärztlichen Leistungen außerhalb der vertragsärztlichen Versorgung werden z.B. in der GOÄ (Gebührenordnung für Ärzte) geregelt. Bei Taxifahrten werden die Preise von der jeweiligen Gemeinde festgelegt.

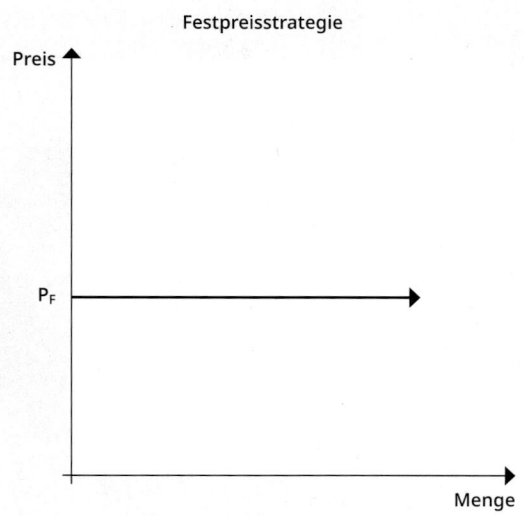

Bei der Festpreisstrategie des Staates bleibt der Preis eines Gutes PF unabhängig von der angebotenen und nachgefragten Menge immer gleich. Preisverschiebungen sind demzufolge nicht erlaubt.

3.4 Methodenseiten   Rollenspiel Arzneimittelmarkt

Wesen des Rollenspiels

Bei einem Rollenspiel versuchen die Teilnehmer, in einer der Realität nachgestellten Situation bestimmte Rollen zu übernehmen und entsprechend zu handeln. Das Rollenspiel ist also eine Methode, bei der die Rollenspieler durch stellvertretendes Agieren in „Als-Ob-Situationen" sich die gesellschaftliche Wirklichkeit anzueignen versuchen.

Arten des Rollenspiels

Rollenspiele können in Form von spontanen oder als didaktisch angeleitete Rollenspiele durchgeführt werden. Bei spontanen Rollenspielen werden kurze Szenen, wie z. B. das Gespräch in einer Verbraucherberatungsstelle, die Diskussion zwischen dem Leiter eines Seniorenheims und seinem Verwaltungsvorstand oder ein Reklamationsgespräch zwischen Verkäufer und Käufer, nachgestellt. Beim didaktisch angeleiteten Rollenspiel erhält jeder Rollenspieler eine Rollenspielkarte mit entsprechenden Argumenten.

Ablauf des Rollenspiels

Ein didaktisch angeleitetes Rollenspiel ist durch folgenden Ablauf gekennzeichnet:
- **Informationsphase:** In dieser Phase informiert der Lehrer die Schüler über das geplante Rollenspiel und beschreibt die Situation, in der sich die möglichen Rollenspieler befinden. Anschließend erfolgt die Auswahl der Rollenspieler nach dem Prinzip der Freiwilligkeit.
- **Vorbereitungsphase:** Die Schüler/-innen, die sich als Rollenspieler zur Verfügung gestellt haben, bearbeiten die Rollenspielbeschreibung (Karte), die ihre grundlegenden Eigenschaften und sachliche Argumente enthalten. Der Rest der Klasse kann einen Katalog mit Beobachtungsfragen erstellen.
- **Rollenspielphase:** Nachdem sich die Teilnehmer gründlich vorbereitet haben, ist meist eine räumliche Umverteilung (Anordnung der Tische und Stühle) im Klassenzimmer erforderlich. Danach beginnt das eigentliche Rollenspiel.
- **Diskussionsphase:** Im Anschluss an die Rollenspielphase werden die Rollenspieler, Nichtrollenspieler (anhand der Beobachtungen) und der Lehrer die abgelaufene Simulation kritisch erörtern. Dabei können sich die ausgetauschten Argumente sowohl auf die Personen als auch auf die Sache beziehen.

Situation: Die Medien stellen in ihrer Berichterstattung immer mehr die fast explosionsartig steigenden Gesundheitskosten und die Preispolitik auf dem Arzneimittelmarkt in den Vordergrund. Die Regierung sieht sich deshalb veranlasst, die wichtigsten Vertreter der Gesundheitspolitik, nämlich die Vertreter der Pharmaindustrie und der Krankenversicherungen zu einem Gipfelgespräch einzuladen. Jeweils zwei (bzw. drei) Vertreter haben sich zu dieser Krisensitzung eingefunden. Ziel ist die Reduzierung der Arzneimittelpreise.

Rollenspielkarte: Pharmavertreter/-in

Sie vertreten die Pharmaindustrie und stellen folgende Argumente in den Vordergrund:
- Das Gesundheitsbewusstsein der deutschen Bevölkerung hat stark zugenommen und deshalb werden immer mehr gute Medikamente verlangt.
- Deutschland ist auf dem Weltmarkt für Arzneimittel führend und muss seinen Vorsprung halten und ausbauen.
- Volkskrankheiten wie Krebs, Polyarthritis, Diabetes usw. erfordern umfangreiche Forschungsarbeiten mit hohen Kosten.
- Die staatlichen Genehmigungsverfahren sind zu umfangreich und langwierig.
- Das Argument der Preissplittingpolitik entkräften Sie dadurch, dass andere Unternehmen nach demselben Prinzip verfahren.
- Das Argument der „kleineren Verpackungen" entkräften Sie mit steigenden Produktionspreisen.
- Versuchen Sie mit Ihren Argumenten die derzeitige Praxis der Arzneimittelpreisgestaltung zu untermauern und drohen Sie mit steigenden Preisen in der Zukunft.
- Weisen Sie darauf hin, dass bei den Ärztehonoraren und bei den Krankenhauskosten ebenfalls gespart werden könnte.
- ➡ **Lassen Sie sich auf keinerlei prozentuale Abzüge ein!**

Rollenspielkarte: Regierungsvertreter/-in

Sie vertreten die Interessen des Gesundheitsministeriums mit folgenden Argumenten:
- Die Kostenexplosion im Gesundheitsministerium muss eingedämmt werden.
- Deutschland ist ein Sozialstaat geworden, dessen Ausgaben für Arbeit und Soziales enorm sind (evtl. aktuelle Zahlen des Bundeshaushalts einbringen).
- Die Gesamtverschuldung der Bundesrepublik ist immer noch hoch und jeder Wirtschaftsbereich muss einen Beitrag zur Haushaltkonsolidierung leisten.
- Die Pharmaindustrie könnte viel mehr sparen. Stichworte sind: zu hohe Ausgaben für Pharmavertreter; Unwesen der Beraterverträge mit Ärzten; umfangreiches und teures Sponsoring von Tagungen und Kongressen in Luxushotels, viel zu hohe Managergehälter.
- Die Apothekendichte in Deutschland ist viel zu hoch und könnte reduziert werden.
- ➡ **Verlangen Sie von den Pharmavertretern eine Senkung der Arzneimittelpreise um 10 %!**

Rollenspielkarte: Vertreter/-in der Krankenversicherungen

Sie vertreten die Krankenversicherungen und stellen folgende Argumente in den Vordergrund:
- Steigende Arzneimittelpreise erfordern höhere Beitragssätze.
- Höhere Beitragssätze bedeuten für die Arbeitnehmer höhere Abgaben und damit einen geringeren Nettolohn; die Schere zwischen Bruttolohn und Nettolohn wird dadurch immer größer.
- Für die Unternehmen sind Krankenversicherungsbeiträge Kosten, die sie über steigende Produktpreise bzw. sinkende Löhne an die Bevölkerung weitergeben.
- Das gleiche Präparat ist z. B. in Schweden billiger als in Deutschland.
- ➡ **Versuchen Sie eine Senkung der Arzneimittelpreise um 20 (10) % zu erreichen!**

Aufgaben

1. Entwickeln Sie eine Mindmap zum Thema staatliche Markteingriffe.
2. Asymmetrische Informationen führen zu Wohlfahrtsverlusten z. B. auf Versicherungs-märkten hinsichtlich des Krankheitsrisikos.
   a) Definieren Sie den Begriff „Informationsasymmetrie".
   b) Erläutern Sie den unterschiedlichen Informationsstand des Versicherungsnehmers und der Versicherungsgesellschaft hinsichtlich des Krankheitsrisikos.
   c) Beschreiben Sie in Anlehnung an den Gebrauchtwagenmarkt die möglichen Abläufe auf dem Versicherungsmarkt.
   d) Nennen Sie mögliche Maßnahmen, um die negativen Auswirkungen bei Versiche-rungsabschlüssen zu mindern.
3. Steuern verändern die Preise der Produkte.

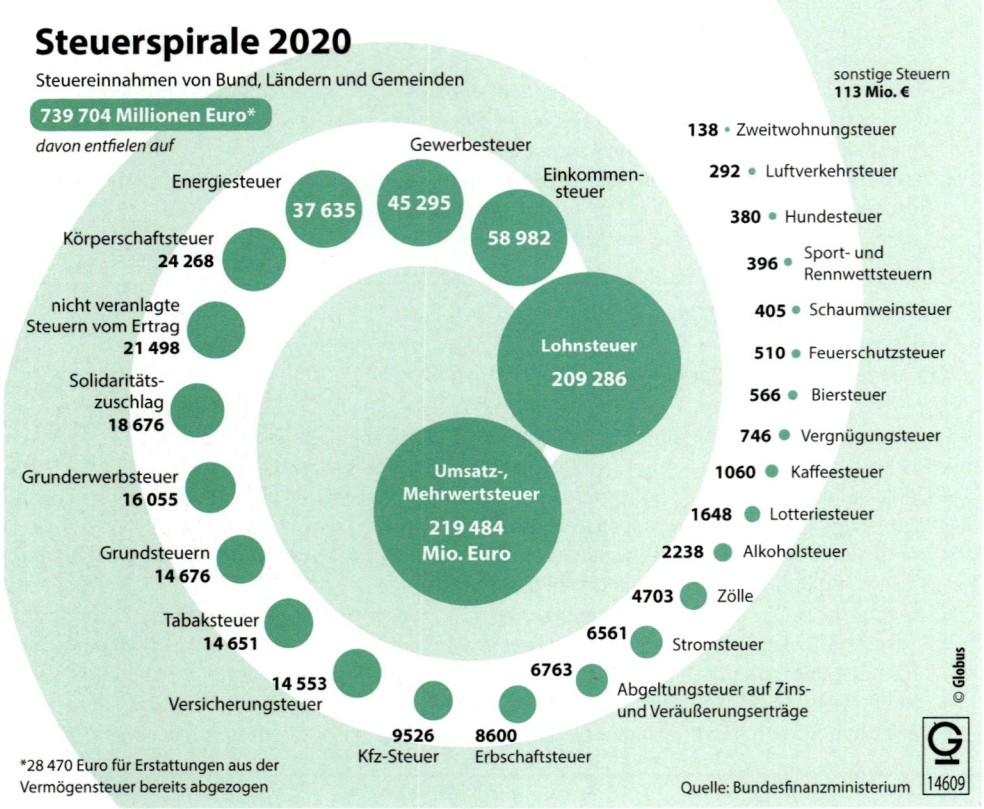

Steuerspirale 2020

Steuereinnahmen von Bund, Ländern und Gemeinden

739 704 Millionen Euro*

davon entfielen auf

Energiesteuer **37 635**
Gewerbesteuer **45 295**
Einkommensteuer **58 982**
Körperschaftsteuer **24 268**
nicht veranlagte Steuern vom Ertrag **21 498**
Solidaritätszuschlag **18 676**
Lohnsteuer **209 286**
Grunderwerbsteuer **16 055**
Umsatz-, Mehrwertsteuer **219 484 Mio. Euro**
Grundsteuern **14 676**
Tabaksteuer **14 651**
Versicherungsteuer **14 553**
Kfz-Steuer **9526**
Erbschaftsteuer **8600**
Abgeltungsteuer auf Zins- und Veräußerungserträge **6763**
Stromsteuer **6561**
Zölle **4703**
Alkoholsteuer **2238**
Lotteriesteuer **1648**
Kaffeesteuer **1060**
Vergnügungsteuer **746**
Biersteuer **566**
Feuerschutzsteuer **510**
Schaumweinsteuer **405**
Sport- und Rennwettsteuern **396**
Hundesteuer **380**
Luftverkehrsteuer **292**
Zweitwohnungsteuer **138**

sonstige Steuern **113 Mio. €**

*28 470 Euro für Erstattungen aus der Vermögensteuer bereits abgezogen

Quelle: Bundesfinanzministerium

© Globus   14609

   a) Von welchen der in der Steuerspirale aufgeführten Steuern sind Sie persönlich betrof-fen?
   b) Interpretieren Sie die Einnahmen aus der Tabak- und Energiesteuer (Mineralöl, Erdgas, Kohle) im Vergleich mit anderen Steuern.
   c) Welche Auswirkungen hat die Tabaksteuer auf den Raucher und das Gesundheits-wesen?
   d) Entwickeln Sie eine Preis-Mengen-Grafik unter Berücksichtigung der Tabaksteuer.
4. Deutsche Werften benötigen Subventionen, um überleben zu können.
   a) Nennen Sie Gründe für den Bedarf an staatlichen Hilfen der Schiffsbauindustrie.
   b) Beschreiben Sie die Auswirkungen der Subventionen für Werften auf den Industrie-standort Deutschland.

5. Der Mindestlohn als Preis für die Arbeit.
   a) Definieren Sie den Begriff „Mindestlohn" und erläutern Sie die Gründe für seine Einführung in Deutschland.
   b) Entwickeln Sie eine Lohn-Mengen-Grafik mit Angebotskurve (Angebot der Arbeitnehmer), Nachfragekurve (Nachfrage der Arbeitgeber), Gleichgewichtslohn, Gleichgewichtsmenge.
   c) Tragen Sie die Situation des Mindestlohns in die Grafik ein.
   d) Erläutern Sie die modelltheoretischen Auswirkungen des Mindestlohns auf Arbeitnehmer und Arbeitgeber.
   e) Vergleichen Sie die Modellsituation mit der realen Situation.
6. Erläutern Sie den Unterschied zwischen Festpreisen und Preisstopp anhand von Beispielen.

4 Besonderheiten des Sozialmarktes

4.1 Wesen und Merkmale des Sozialmarktes

ARBEITSAUFTRÄGE

1. Erläutern Sie den Begriff „Organhandel".
2. Beschreiben Sie mithilfe der Karikatur die Entwicklung des Organhandels in einer freien Marktwirtschaft.
3. Begründen Sie die Notwendigkeit staatlicher Eingriffe.
4. Entwickeln Sie Regelungsvorschläge für Zuteilung von Spenderorganen.

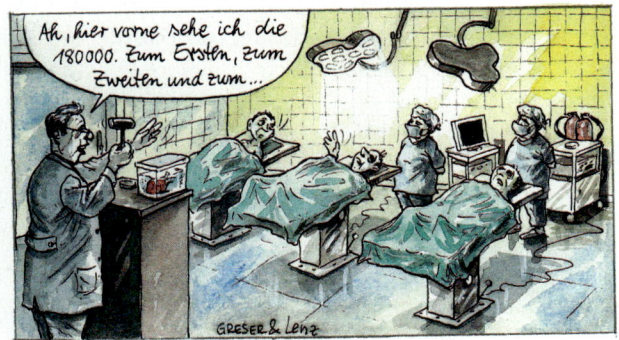

Der Organhandel wird immer bizarrer

Wesen

Am **Sozialmarkt** werden soziale Sachgüter und Dienste getauscht, deren Ziel die Förderung der individuellen und gesellschaftlichen Wohlfahrt eines Landes ist. Wichtige Teile des Sozialmarktes sind der Gesundheitsmarkt, aber auch der Markt für Altenpflege und Jugendhilfe oder der Markt für Menschen mit Behinderung. Die besondere Situation des Sozialmarktes besteht darin, dass er nicht nur von den Leistungsanbietern und -nachfragern bestimmt wird, sondern auch die Sozialleistungsträger eine wichtige Rolle spielen.

Das Zusammenwirken von Sozialleistungsträgern, Leistungserbringern (Anbieter) und Leistungsempfängern (Nachfrager) am Sozialmarkt bezeichnet man als **sozialrechtliches Dreieck**.

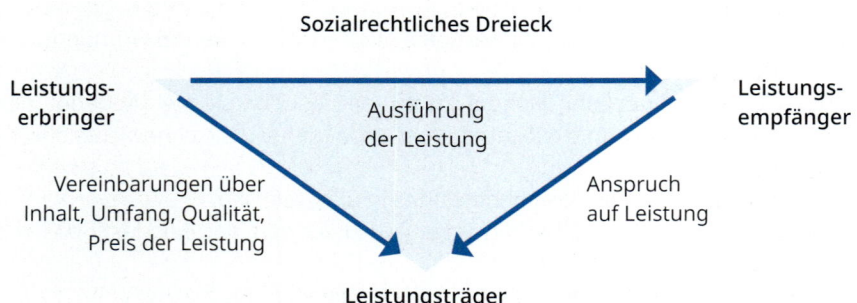

Leistungsempfänger sind z. B. Jugendliche, alte Menschen oder Menschen mit Behinderung, bei denen eine gesetzlich geregelte Bedürftigkeit vorliegt wie z. B. bei Sozialhilfeempfängern oder anspruchsberechtigten Versicherten. Sie erhalten Sachleistungen wie Medikamente und Dienstleistungen in Form von Beratungen oder Behandlungen. Leistungserbringer sind z. B. Ärzte, Psychologen, Beschäftigte in Jugendhilfeeinrichtungen, Krankenhäusern und Seniorenresidenzen, die Beratungs-, Behandlungs-, und Pflegeleistungen erbringen. Leistungsträger sind z. B. Versorgungsämter, Kranken-, Renten- und Pflegeversicherungen, die Bundesagentur für Arbeit oder Berufsgenossenschaften und Wohlfahrtsverbände wie die Caritas.

 **Das sozialrechtliche Dreiecksverhältnis am Beispiel:** Eine hilfeberechtigte Person, z. B. ein Pflegebedürftiger (Leistungsempfänger), hat gegenüber einer Pflegekasse (Leistungsträger) einen Anspruch auf Grundpflege. Der Leistungsträger erbringt die Pflegeleistung nicht selbst, sondern hat mit einem Pflegedienst (Leistungserbringer) einen Vertrag abgeschlossen, nach dem der Hilfsberechtigte vom Leistungserbringer die vereinbarte konkrete Leistung erhält. Der Leistungserbringer führt im Auftrag des Leistungsträgers am Leistungsempfänger die vereinbarte Leistung aus.

Merkmale

Während bei den freien Märkten die Idealvorstellung gilt, dass die Marktkräfte über den Preismechanismus für einen Ausgleich von Angebot und Nachfrage sorgen, handelt es sich beim Sozialmarkt um einen Quasi-Markt, der folgende Merkmale aufweist:

- **Kein Preismechanismus:**
  Am Sozialmarkt finden die Austauschbeziehungen zwischen dem Angebot der Leistungserbringer und der Nachfrage der Leistungsempfänger nicht über den Preis-Mengen-Mechanismus statt. Während die Anbieter oft um öffentliche Aufträge zum Teil im Wettbewerb mit gewerblichen Anbietern konkurrieren, haben die Nachfrager fast keine Wahlfreiheit und nur eine geringe Nachfragemacht. Zum Teil entsteht die Nachfrage am Sozialmarkt aufgrund einer plötzlich auftretenden Notlage wie Krankheit, Arbeitslosigkeit oder Drogenabhängigkeit. In solchen Situationen ist es schwierig, ein marktorientiertes Nachfrageverhalten zu entwickeln.

  Zudem weist der Sozialmarkt beim Angebot-Nachfrage-Mechanismus noch weitere Unwägbarkeiten auf. Zum Beispiel verschlechtert eine qualitativ hochwertige Versorgung der Patienten die Chancen eines Versicherungsanbieters am Markt, während die Nichtaufnahme von Risikopersonen wie z. B. Demenzkranken sie verbessert. Ebenso zeigt sich bei der Nachfrage nach Gesundheitsleistungen, dass die Leistungsempfänger ihre Versicherung im

Krankheitsfall übermäßig in Anspruch nehmen, wenn sie nicht mit ihren individuellen Kosten belastet werden. Dieses Verhalten bezeichnet man als **„Moral Hazard"**.

- **Keine Markttransparenz:**

  Der Sozialmarkt ist mit seinen unterschiedlichen Angeboten für die Nachfrager viel zu unübersichtlich, um rationale Entscheidungen fällen zu können. Oft sind die Nachfrager aufgrund ihrer persönlichen Situation – z. B. Demenzkranke – nicht in der Lage, sich umfassend zu informieren. Ebenso haben z. B. wohnungs- und obdachlose Menschen nicht die Fähigkeit, aus allen Angeboten der Wohnungslosenhilfe die für sie beste Auswahl zu treffen.

- **Budgetierung:**

  Unter Budgetierung versteht man Planvorgaben meist in Form von Geldbeträgen, die die Ausgaben für bestimmte Leistungserbringer sowie -empfänger verbindlich festlegen. Im Gesundheitswesen gibt es Ausgabenpläne zur Begrenzung der gesetzlichen Krankenkassenkosten. Krankenhäuser, Alten- und Pflegeheime oder die Jugendarbeit sind an Kostenvorgaben gebunden, deren Höhe sich an den Erfahrungswerten der Vergangenheit orientiert. Demzufolge können z. B. Jugendhilfeleistungen nicht angeboten werden, obwohl sie im Einzelfall dringend nötig wären, weil sonst das Jugendamt sein Budget überzieht. Ebenfalls dürfen Kassenärzte bei Heilmittelverordnungen ihr individuelles Budget nicht überschreiten.

- **Soziale Qualität:**

  Der Nachfrager einer Dienstleistung auf dem Sozialmarkt ist nicht nur Konsument der Dienstleistung, er ist auch Koproduzent. Zum Beispiel ist zwischen dem Arzt und den Patienten bei der Suchtbehandlung nicht nur ein persönliches Vertrauensverhältnis erforderlich, sondern auch die Mithilfe des Patienten für den Genesungsprozess. Die Beziehungsarbeit erfordert von den Marktpartnern soziale Qualitäten und erfolgt oft nach dem Uno-actu-Prinzip. Unter dem **Uno-actu-Prinzip** versteht man das zeitliche Zusammenfallen von Produktion und Konsum bei einer Dienstleistung.

4.2 Öffentliche Güter

§

Gesundheitsschutzgesetz (GSG)

Art. 3 Rauchverbot

(1) Das Rauchen ist in Innenräumen der in Art. 2 bezeichneten Gebäude, Einrichtungen, Heime, Sportstätten, Gaststätten und Verkehrsflughäfen verboten. [...]

ARBEITSAUFTRÄGE

1. Informieren Sie sich im Gesetz zum Schutz der Gesundheit (GSG) im Internet (www.gesetze-bayern.de) über den Anwendungsbereich (Art 2 GSG) dieses Gesetzes.
2. Nennen Sie Gründe für das Rauchverbot.
3. Welches Gut soll durch das Rauchverbot geschützt werden?

Beispiele

Öffentliche Güter werden vom Staat bereitgestellt und haben im Unterschied zu den privaten Gütern keinen Markt, auf dem Angebot und Nachfrage ihren Preis bestimmen. Zu den Beispielen für öffentliche Güter gehört der Schutz gegen Angriffe von außen, den die Bundeswehr gewährleisten soll, oder der Schutz vor Gefahren von innen, den die Polizei und das Justizwesen zu erbringen haben. Öffentliche Güter sind auch die Gesundheitsvorsorge und -fürsorge, also das staatliche Gesundheitswesen, das z. B. für saubere Luft in Großstädten und in Gaststätten sorgen soll. Frische Luft ist ein Gut, dass das Bedürfnis nach Gesundheit befriedigt. Das Bildungs- und Ausbildungswesen der Schulen und Hochschulen, aber auch Bibliotheken und Schwimmbäder werden vom Staat finanziert. Ebenso werden Fahrradwege, Straßen und Autobahnen sowie Flugplätze normalerweise von öffentlichen Institutionen bereitgestellt. Öffentliche Güter können aber auch von privatwirtschaftlichen Unternehmen über den Markt angeboten werden, wie z. B. private Krankenhäuser und Schulen, mautpflichtige Straßen oder Bodyguards belegen.

Merkmale

Öffentliche Güter – auch Kollektivgüter genannt – sind alle von Bund, Ländern, Gemeinden und z. T. von der Europäischen Union angebotenen Sachgüter und Dienstleistungen, die für die Allgemeinheit offen zugänglich sind. Sie werden oft unentgeltlich zur Verfügung gestellt oder staatliche Institutionen legen die Preise nach sozialen Gesichtspunkten fest. Der Wert eines Gutes entspricht meist den Kosten, die die Erstellung des Gutes verursacht. Die für die Güterproduktion entstandenen Kosten werden indirekt über Steuern erhoben. Wenn die Steuereinnahmen nicht ausreichen, kann die öffentliche Hand aufgrund politischer Entscheidungen Gebühren erheben.

Weitere Besonderheiten der öffentlichen Güter sind:

- **Die Nichtrivalität:**
  Die angebotene Menge des öffentlichen Gutes kann nicht nur von einem Nachfrager konsumiert werden, sondern zur gleichen Zeit von verschiedenen Personen. Klassisches Beispiel für ein öffentliches Gut ist die Straßenbeleuchtung, bei der die Nutzung des Lichts mit keinerlei Einschränkungen des Konsums anderer Individuen verbunden ist.
- **Die Nichtausschließbarkeit:**
  Der Ausschluss Einzelner vom Konsum des öffentlichen Gutes ist aus technischen, organisatorischen oder eigentumsrechtlichen Gründen nicht möglich. Wenn das Gut bereitgestellt ist, kann jeder, der Interesse daran hat, das Gut in Anspruch nehmen. So können z. B. Bürger, die nicht bereit sind, für die Landesverteidigung zu bezahlen, von der Nutzung, – also dem Schutz – nicht ausgeschlossen werden. Beim Prinzip der Nichtausschließbarkeit gibt es in der wirtschaftlichen Realität „Übergänge". Beim öffentlichen Nahverkehr werden diejenigen nicht befördert, die keine Fahrkarten besitzen, wer seinen Pflegesatz nicht zahlt, wird im Krankenhaus nicht behandelt und wer sein Schulgeld nicht entrichtet, darf die Schule nicht besuchen.
- **Das Trittbrettfahrerproblem:**
  Da für öffentliche Güter das Nichtausschlussprinzip gilt, ist kein Konsument bereit, einen Preis für diese Güter zu zahlen. Der Nutzer einer Straßenbeleuchtung beteiligt sich nicht an den Entstehungs- und Unterhaltskosten dieses Gutes und nimmt die Position eines Trittbrettfahrers, auch „Free Rider" genannt, ein. Folglich werden solche Güter nicht oder nicht in ausreichendem Umfang von privaten Anbietern angeboten und es besteht ein Bereitstellungsproblem.

> Unter **öffentlichen Gütern** versteht man sämtliche Sachgüter und Dienste, die vom Staat (Bund, Ländern, Gemeinden und der EU) angeboten, meist aus öffentlichen Abgaben finanziert werden und für die das Nichtrivalitäts- und Nichtausschließbarkeits-Prinzip gilt.

Drogenprävention

Öffentliche Güter sind nicht nur Bildung oder innere und äußere Sicherheit, sondern auch die Gesundheit eines Volkes, also die Gesundheitsvorsorge bzw. -fürsorge. Zur Gesundheitsvorsorge gehört z. B. die Drogenprävention, die den Gesundheitszustand der betroffenen Personengruppen zu verbessern sucht, indem sie über Risikofaktoren und falsche Verhaltensweisen informiert.

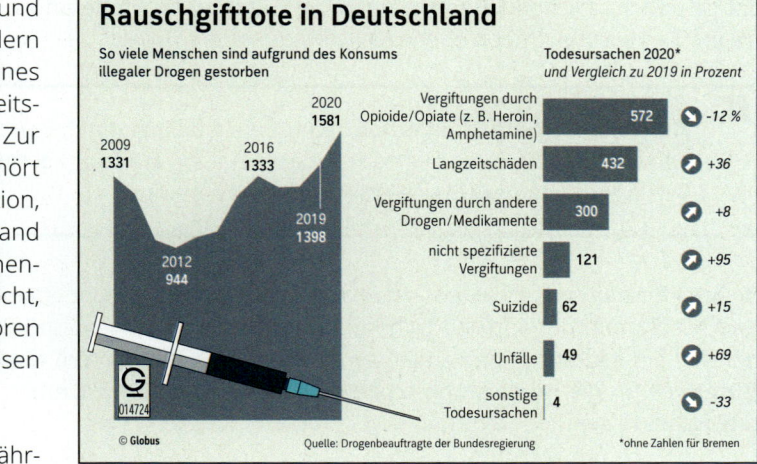

Rauschgifttote in Deutschland

So viele Menschen sind aufgrund des Konsums illegaler Drogen gestorben

2009 1331
2012 944
2016 1333
2019 1398
2020 1581

Todesursachen 2020*
und Vergleich zu 2019 in Prozent

Todesursache	2020	Vergleich zu 2019
Vergiftungen durch Opioide/Opiate (z. B. Heroin, Amphetamine)	572	-12 %
Langzeitschäden	432	+36
Vergiftungen durch andere Drogen/Medikamente	300	+8
nicht spezifizierte Vergiftungen	121	+95
Suizide	62	+15
Unfälle	49	+69
sonstige Todesursachen	4	-33

© Globus   014724   Quelle: Drogenbeauftragte der Bundesregierung   *ohne Zahlen für Bremen

In Deutschland sterben jährlich zu viele Menschen am Tabakkonsum, den Folgen schädlichen Alkoholkonsums und dem Drogenmissbrauch. Zur Verhinderung von Drogenabhängigkeit ergreift die öffentliche Hand mehrere Maßnahmen:

- Finanzierung der „Bundeszentrale für gesundheitliche Aufklärung" (www.bzga.de)
- Kampagnen wie z. B. „Keine Macht den Drogen" oder „Be Smart – Don't Start"
- Suchtberatungsstellen, die mit Suchtgefährdeten, Süchtigen und Angehörigen arbeiten

4.3   Meritorische Güter

ARBEITSAUFTRÄGE

1. Informieren Sie sich im Internet über Leben und Werk von Richard Musgrave.
2. Richard Musgrave war der Meinung: Wenn die Menschen die Kosten für die Schule tragen müssten, würden sie nicht in die Schule gehen. Beurteilen Sie diese Aussage.

Wesen

Richard Musgrave (1910–2007) beschäftigte sich mit dem Marktversagen und prägte 1957 den Begriff des „meritorischen Gutes". Der Ausdruck meritorisch kommt vom lateinischen meritum und bedeutet so viel wie „das Verdienst".

Bei den meritorischen Gütern greift der Staat, in bewusstem Gegensatz zum Prinzip der Konsumentensouveränität, in das Marktgeschehen ein, um ein falsches Konsumverhalten zu korrigieren. Der Staatseingriff kann auf eine Verringerung des Konsums wie z. B. bei der Besteuerung von Alkohol oder Tabak oder auf eine Erhöhung wie bei der Schul- bzw. Sozialversicherungspflicht und dem Impfzwang zielen. Es handelt sich um Güter, bei denen die Nachfrage der privaten Haushalte hinter dem gesellschaftlich gewünschten Ausmaß zurückbleibt oder vorauseilt. Durch den staatlichen Eingriff können die Güter einen größeren Nutzen stiften, als die in der freien Marktwirtschaft bestehende Nachfrage widerspiegelt.

> **Meritorische Güter** sind Güter, deren Bereitstellung durch den Staat damit gerechtfertigt wird, dass aufgrund verzerrter Nachfrage am Markt der gesellschaftlich gewünschte Versorgungsgrad der Bevölkerung nicht erreicht wird.

Beispiel für meritorische Güter sind das öffentliche Bildungsangebot, der soziale Wohnungsbau und das System der sozialen Sicherung mit Kranken-, Renten- und Pflegeversicherung. Neben den für die Allgemeinheit verdienstvollen meritorischen Gütern gibt es noch **demeritorische Güter**, die für die Bevölkerung schädlich sind. Dazu gehören Drogen, Glücksspiel und Zwangsprostitution.

Bei den meritorischen Gütern handelt es sich um unechte öffentliche Güter, die zwar von der Privatwirtschaft zur Verfügung gestellt werden könnten, die aber für die Allgemeinheit von so großer Bedeutung sind, dass sie der Staat zur Verfügung stellt. Die Bildung in Schulen, Pflege in Krankenhäusern und die Leistungen der Sicherheitsdienste werden sowohl von Privatpersonen als auch vom Staat angeboten. Die Gründe für das Eingreifen des Staates liegen darin, dass bei rein privaten Institutionen die angebotenen Leistungen nur von denen konsumiert werden können, die über ausreichend Kaufkraft verfügen. Der Staat und die Gemeinschaft wollen jedoch, dass diese sozialen Leistungen von allen Bürgern konsumiert werden können. Demzufolge werden die privaten Güter teilweise bezuschusst und öffentlich bereitgestellt, um z. B. über niedrige Preise breiten Bevölkerungsschichten den Konsum zu ermöglichen.

Sozialer Wohnungsbau

Der Wohnungsbau in Deutschland ist gespalten. Beim privaten Wohnungsbau gelten die Regeln des Marktes, d. h., bei steigender Nachfrage nach Wohnraum und bei gleichbleibendem oder nur langsam wachsendem Angebot steigen die Miet- und Immobilienpreise. Dieser Prozess vollzieht sich in den Großstädten und bevorzugt einkommensstarke Bevölkerungsschichten. Dadurch entsteht eine Benachteiligung einkommensschwacher Menschen, die nur der Staat durch den

sozialen Wohnungsbau ausgleichen kann. Beim sozialen Wohnungsbau handelt es sich um ein meritorisches Gut, da das Wohnraumangebot in Großstädten den gesellschaftlich gewünschten Umfang nicht erreicht und nur die öffentliche Hand durch staatliche Eingriffe die erhöhte Nachfrage befriedigen kann.

> Der **soziale Wohnungsbau** ist ein durch öffentliche Mittel geförderter Bau von soge-
> nannten Sozialwohnungen für einkommensschwache Mieter oder auch von kostengüns-
> tigem Wohneigentum.

Die **Gründe** für den Bau von Sozialwohnungen sind vielfältig:

- Der Zustrom von Millionen Heimatvertriebenen nach 1950 führte zur ersten großen Wohnungsnot in Deutschland.
- Bevölkerungsschichten, die über ein zu geringes Einkommen verfügen, um ihre Miete zu bezahlen.
- Die mangelnde Akzeptanz der Vermieter gegenüber z. B. Kinderreichen, Alleinerziehenden oder Menschen mit Behinderung.
- Die Aufnahme von Flüchtlingen aus Krisengebieten, wie sie z. B. 2015 mit einer Million Menschen erfolgte.

Die **Maßnahmen** des sozialen Wohnungsbaus sind von Bundesland zu Bundesland unterschiedlich und umfassen:

- **Soziale Wohnraumförderung:**
  Die soziale Wohnraumförderung beinhaltet die Bereitstellung preiswerter Mietwohnungen am allgemeinen Wohnungsmarkt. Gefördert werden neben Mietwohnungen noch selbstgenutzte Eigenheime, der Bau von Studentenwohnheimen und behindertengerechte Wohnungen. Bei der Förderung von Mietwohnraum werden die staatlichen Mittel dem Vermieter gewährt, der sich im Gegenzug verpflichtet, den Wohnraum nur den Haushalten zu überlassen, die über eine Wohnberechtigung verfügen. Diese Belegungsbindung erfolgt meist zusammen mit höchstzulässigen Mieten.
  Zu den bevorzugten Maßnahmen gehören die Gewährung von Darlehen für förderungswürdige Wohnungen, Zuschüsse für Wohnflächen z. B. 300,00 €/m^2 und Steuervergünstigungen in Form von Abschreibungsmöglichkeiten.
- **Zahlung von Wohngeld:**
  Wohngeld ist in Deutschland eine Sozialleistung nach dem Wohngeldgesetz, die Personen mit einem geringen Einkommen als Zuschuss zur Miete erhalten.

Aufgaben

1. Entwickeln Sie eine Tabelle mit der Kopfzeile „Kriterien, öffentliche Güter, meritorische Güter". Übernehmen Sie folgende Kriterien in die Vorspalte: „Definition, Beispiele, weitere Merkmale". Füllen Sie die Tabelle auf.
2. Begründen Sie anhand der Merkmale der öffentlichen Güter, warum die Gesundheitsvorsorge ein öffentliches Gut ist.

3. Bei ökonomischer Betrachtung gilt: Für jeden Euro, der heute in den quantitativen und qualitativen Ausbau der Gesundheitsprävention investiert wird, fallen später weniger Kosten für vermeidbare Krankheiten an.
   Belegen Sie diese Aussage ausführlich an einem Beispiel.

4. Der Gesundheitsmarkt ist ein wichtiger Teil des Sozialmarktes.
   a) Beschreiben Sie die Entwicklung der Gesundheitsausgaben insgesamt und je Einwohner.
   b) Suchen Sie nach Gründen für diese Entwicklung.
   c) Der Anteil des Gesundheitsmarktes am Bruttoinlandsprodukt ist inzwischen um ein Vielfaches höher als der der Landwirtschaft. Begründen Sie diese Entwicklung.

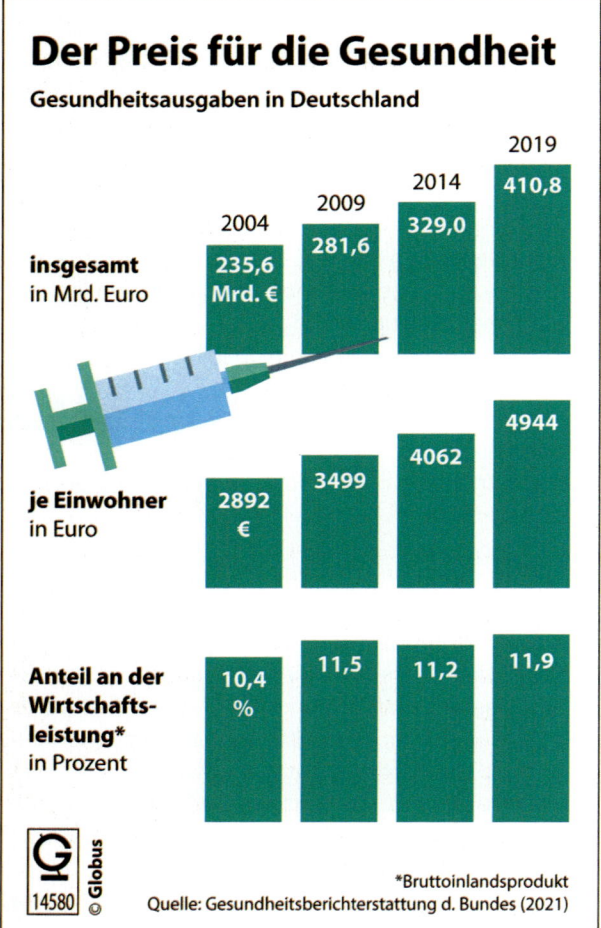

Der Preis für die Gesundheit

Gesundheitsausgaben in Deutschland

insgesamt in Mrd. Euro
- 2004: 235,6 Mrd. €
- 2009: 281,6
- 2014: 329,0
- 2019: 410,8

je Einwohner in Euro
- 2004: 2892 €
- 2009: 3499
- 2014: 4062
- 2019: 4944

Anteil an der Wirtschaftsleistung* in Prozent
- 2004: 10,4 %
- 2009: 11,5
- 2014: 11,2
- 2019: 11,9

*Bruttoinlandsprodukt
Quelle: Gesundheitsberichterstattung d. Bundes (2021)

14580 © Globus

5. Bildung ist ein wichtiges Gut.
   a) Erläutern Sie anhand von Beispielen, warum Bildung ein öffentliches und ein meritorisches Gut ist.
   b) Entwickeln Sie ein Schulsystem, das rein privatwirtschaftlich organisiert ist.
   c) Stellen Sie die Vor- und Nachteile des privaten und öffentlichen Schulsystems einander gegenüber.

6. Bei fehlendem sozialem Wohnungsbau steigen die Mieten in Großstädten entsprechend den Marktregeln.
   a) Erklären Sie diesen Vorgang mithilfe einer grafischen Darstellung (Mietraumpreis, Mietraummenge, Mietraumangebot, Mietraumnachfrage).
   b) Erläutern Sie mithilfe der grafischen Darstellung den Einfluss des staatlichen sozialen Wohnungsbaus auf die Mietpreise.

7. Der Flüchtlingszustrom 2015 verschärft die Wohnungsnot in den Ballungszentren.
   a) Informieren Sie sich unter https://www.stmb.bayern.de/wohnen/foerderung/über die Möglichkeiten des sozialen Wohnungsbaus in Bayern.
   b) Entwickeln Sie weitere Maßnahmen, mit denen der Zustrom von Flüchtlingen in Großstädte gemindert werden kann.

5 Formen staatlicher Intervention

Da der Markt nicht immer in der Lage ist, gewünschte wirtschafts- und sozialpolitische Vorstellungen zu verwirklichen, muss der Staat eingreifen (intervenieren).

> **Staatsinterventionismus** bezeichnet die Bereitschaft und den Willen des Staates, bei marktwirtschaftlich geordneten Volkswirtschaften zur Durchsetzung politischer Ziele das Wirtschaftsgeschehen mit regulierenden Maßnahmen zu beeinflussen.

Der Staat interveniert in der Wirtschaft auf verschiedene Art und Weise:
- Er zwingt bei bestimmten Gütern wie z.B. Kraftfahrzeughaftpflichtversicherung, Kranken-, Renten- und Pflegeversicherung zum Konsum.
- Er präsentiert z.B. bei Wasserversorgung, Kanal- und Straßenreinigung ein öffentliches Angebot.
- Er administriert die Preise bei Medikamenten, Rundfunk- und Fernsehgebühren.

5.1 Staatlicher Konsumzwang

ARBEITSAUFTRÄGE

1. Informieren Sie sich über Ihre gesundheitliche Absicherung durch eine Krankenkasse.
2. Entwickeln Sie eine Grafik mit folgenden Polen: Beitragszahler, Versicherungsträger, Leistungserbringer, Leistungsempfänger, Staat. Beschriften Sie die eingefügten Pfeile, die grundsätzlichen Zusammenhänge aufzeigen.

3. Welche grundsätzlichen Aussagen sind anhand der Karikatur möglich?
4. Suchen Sie nach Gründen für das Verhalten des Adlers gegenüber dem Schwein.

Versicherungspflicht

Wie in Kapitel 4.3 beschrieben, besteht bei den meritorischen Gütern das Problem, dass die Bürger eine zu geringe Nachfrage entwickeln und der Staat eingreifen muss, um politisch gewünschte Ziele zu erreichen. Eine Möglichkeit der staatlichen Intervention bildet der Zwang zum Abschluss einer Versicherung. Beispiele für die Versicherungspflicht sind die Haftpflichtversicherungen und die Sozialversicherung.

Eine Haftpflichtversicherung ist in einer Reihe von Fällen gesetzlich vorgeschrieben wie z.B. die Kfz-Haftpflichtversicherung, die Berufshaftpflichtversicherung für Rechtsanwälte, Notare, Architekten und Ärzte, die Jagdhaftpflichtversicherung und die Tierhalterhaftpflichtversicherung. Der Grund für solche Zwangsmitgliedschaften liegt vor allem im Schutz Dritter, also z.B. der geschädigten Autofahrer, Klienten oder Patienten. Der größte Teil der Autofahrer würde aus eigenem Antrieb nicht die erforderlichen Rücklagen bilden, um die Ansprüche eines Unfallgeschädigten abdecken zu können.

Krankenversicherung

Beim meritorischen Gut der Volksgesundheit dürften vor allem einkommensschwächere Bevölkerungsgruppen zu geringe Rücklagen für Krankheit, Alter und Arbeitslosigkeit bilden und sich nur unzureichend schützen. Für den Staat sind die Arbeitnehmer jedoch besonders schutzbedürftig, da sie dem Arbeitgeber ihre Arbeitskraft zur Verfügung stellen, um ihren Lebensunterhalt zu verdienen. Er übt deshalb einen Konsumzwang in Form der Versicherungspflicht in der gesetzlichen Sozialversicherung aus. Zur Sozialversicherung gehören die Renten-, Pflege-, Arbeitslosen-, Unfall- und Krankenversicherung.

> Die **gesetzliche Krankenversicherung** ist eine Pflichtversicherung für Arbeitnehmer, deren Lohn unter einer gesetzlich festgelegten Jahresentgeltgrenze liegt. Sie haben die Pflicht, sich bei einer beliebigen gesetzlichen Krankenkasse zu versichern.

Wichtige Merkmale der gesetzlichen Krankenversicherung sind:
- Der Staat zwingt die Arbeitnehmer zum Abschluss einer Versicherung bei einer gesetzlichen Krankenkasse. Pflichtversichert sind grundsätzlich alle Arbeitnehmer, deren Bruttoarbeitsentgelt die aktuelle Versicherungspflichtgrenze nicht übersteigt. Zudem genießen den Krankenversicherungsschutz nicht nur der Pflichtversicherte, sondern auch deren Ehepartner und die Kinder. Versicherungsfrei sind z. B. Beamte, eine Gruppe von Selbstständigen und Arbeitnehmer, deren Jahreseinkommen die Jahresentgeltgrenze übersteigt. Zu den gesetzlichen Krankenkassen gehören die Ersatzkassen, Allgemeine Ortskrankenkassen, Betriebs- und Innungskrankenkassen, sowie Landwirtschaftliche Krankenkassen und Knappschaften. Die Krankenkassen sind Körperschaften des öffentlichen Rechts mit Selbstverwaltung und eigenverantwortlicher Haushaltsführung.
- Die Versicherungspflicht beruht auf dem Solidaritätsprinzip, d. h.,
  - die Beitragszahlungen erfolgen in Abhängigkeit vom Einkommen und nicht vom Alter, Geschlecht oder Krankheitsrisiko. Je höher das Einkommen, desto höher die Beitragszahlungen.
  - die Leistungen erfolgen nach dem Bedürftigkeitsprinzip und sind gesetzlich geregelt. Bei einer bestimmten Erkrankung finanzieren die Kassen die gleichen Leistungen. Allerdings kann der Gesetzgeber den Umfang der Leistungen ändern oder neu festlegen.

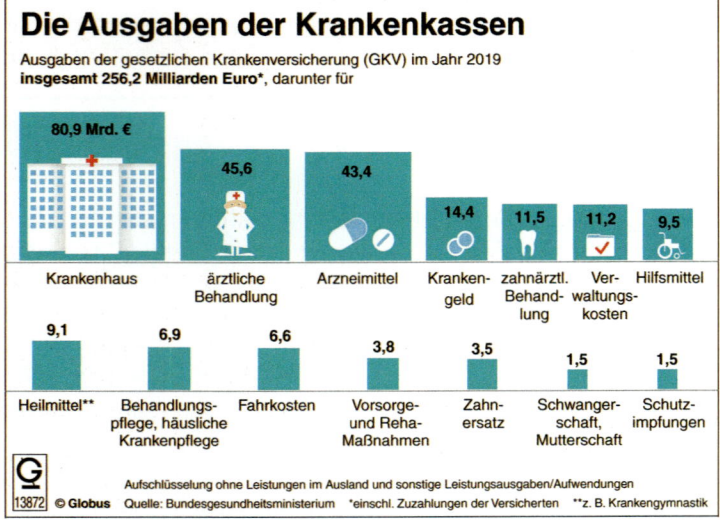

5.2 Öffentliches Angebot

ARBEITSAUFTRÄGE

1. Auf welche Probleme will das Bild hinweisen und wie können sie gelöst werden?
2. Informieren Sie sich im Internet über die Möglichkeiten der Abfallentsorgung an Ihrem Wohnort.
3. Reflektieren Sie die Vor- und Nachteile der Abfallentsorgung in privater oder öffentlicher Hand.

Daseinsvorsorge und öffentliches Angebot

Ein Versagen des Marktes liegt auch bei der Grundversorgung der Bevölkerung mit lebensnotwendigen Gütern wie Trinkwasser, Strom oder Abfallbeseitigung vor. Wichtige Gründe für das Marktversagen sind

- natürliche Monopole, da die Herstellung von Trinkwasser dann am günstigsten ist, wenn nur ein Anbieter auf dem Markt auftritt;
- das Problem der Beschränkung der Versorgung auf bestimmte Regionen, d. h., dass z. B. bei der Müllabfuhr private Anbieter keine flächendeckende Versorgung gewährleisten würden.

In beiden Fällen hat der Staat die Aufgabe, ein öffentliches Angebot bereitzustellen, also Daseinsvorsorge zu betreiben.

> Unter **Daseinsvorsorge** versteht man die staatliche Aufgabe zur Bereitstellung der für ein menschliches Dasein als notwendig erachteten Sachgüter und Dienstleistungen im Sinne einer Grundversorgung zu sozial verträglichen Preisen.

Zum öffentlichen Angebot gehören die Wasser-, Gas- und Stromversorgung, das Verkehrs- und Beförderungswesen, aber auch die Müllabfuhr, Straßenreinigung und die Abwasserbeseitigung, sowie Kultureinrichtungen, Bäder, Feuerwehr und Friedhöfe. Der Unterhalt dieser Infrastruktureinrichtungen ist überwiegend die Aufgabe der Kommunen, die sie rechtlich selbstständig in Form der Selbstverwaltung organisieren.

Privatisierung

Ein wesentliches Merkmal der Marktbeziehungen beim öffentlichen Angebot ist die Möglichkeit der Privatisierung. Der Begriff „Privatisierung" umfasst eine Reihe unterschiedlicher Formen der Übertragung von ursprünglich öffentlichen Aufgaben auf den privaten Sektor. Diese Verlagerung von staatlichen Aktivitäten in den privaten Bereich wird auch als Deregulierung oder Liberalisierung bezeichnet. Typische Beispiele für die Privatisierung sind z. B. die Gebäude- und

Straßenreinigung und der städtische Nahverkehr. Als Gründe für die Privatisierung des öffentlichen Angebots können genannt werden:

- Das öffentliche Angebot wird der Auslesefunktion des Marktes ausgesetzt und damit die Konkurrenz zwischen den Anbietern erhöht.
- Private Anbieter verfügen meist über größere finanzielle Ressourcen und können mit zusätzlichen Investitionen Arbeitsplätze schaffen.
- Private Unternehmen sind oft weniger bürokratisch organisiert und dadurch flexibler und effizienter.
- Die Übertragung des öffentlichen Angebots an private Dienstleister bringt für die öffentlichen Haushalte eine finanzielle Entlastung.

Beispiel Abfallwirtschaft

Ein wichtiger Teil der Daseinsvorsorge und damit des öffentlichen Angebots ist die Abfallentsorgung in einer Region. Allgemein versteht man unter Abfallwirtschaft alle Aktivitäten, die mit dem Vermeiden, Verringern, Verwerten und Beseitigen von Abfällen zusammenhängen. Dazu gehört die Einhaltung vorgeschriebener Grenzwerte, die Errichtung von Deponien und Müllverbrennungsanlagen, das Recyceln oder die Einlagerung in Bergwerken und Salzstöcken.

In Deutschland sind alle Arten von Abfällen in einer Abfallverzeichnis-Ordnung erfasst. Das Kreislaufwirtschaftsgesetz (KrWG) ist das zentrale Bundesgesetz des deutschen Abfallrechts. Zweck des Gesetzes ist die Schonung der natürlichen Ressourcen und der Schutz von Mensch und Umwelt bei der Erzeugung und Bewirtschaftung von Abfällen (https://www.gesetze-im-internet.de/krwg/). Die Zuständigkeiten öffentlich-rechtlicher Entsorgungsträger legt z. B. das Bayerische Abfallwirtschaftsgesetz (BayAfG) fest.

Die Besonderheiten des Abfallmarktes können am Beispiel der Entsorgung von Haushaltsmüll deutlich aufgezeigt werden:

Die Nachfrager der Entsorgungsleistungen sind die privaten Haushalte, also die **Abfallerzeuger**, die ihre Abfälle grundsätzlich dem öffentlich-rechtlichen Entsorgungsträger überlassen müssen. Sie sind nur in geringerem Umfang berechtigt, ihre Abfälle auf dem eigenen Grundstück z. B. in Form der Kompostierung zu lagern.

Der Anbieter der Entsorgungsleistung in einer Region ist die zuständige **Entsorgungsbehörde** mit ihren Erfüllungsgehilfen. Die Organisation der Abfallentsorgung wird von den Landkreisen und den kreisfreien Städten für ihr Gebiet wahrgenommen. Kleinere Gemeinden schließen sich hier zu Abfallzweckverbänden zusammen.

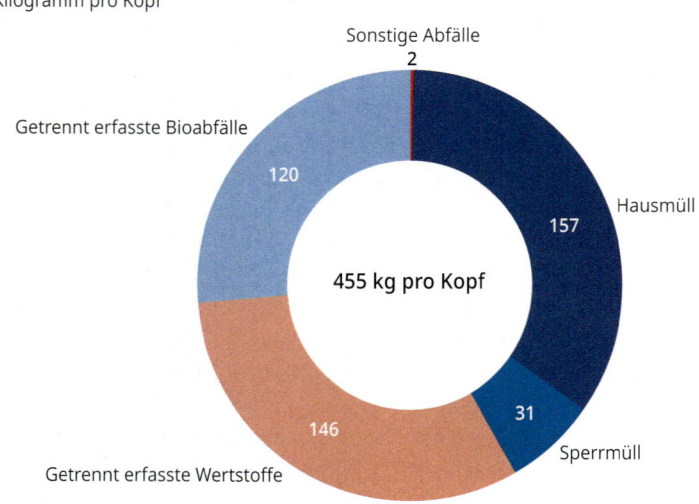

Haushaltsabfälle 2018, Ohne Elektroaltgeräte
Kilogramm pro Kopf

Sonstige Abfälle 2
Getrennt erfasste Bioabfälle 120
Hausmüll 157
455 kg pro Kopf
Sperrmüll 31
Getrennt erfasste Wertstoffe 146

Quelle: Statistisches Bundesamt, Aufkommen an Haushaltsabfällen, Deutschland, Jahre, Abfallarten; GENESIS-Online Datenbank (13.01.2020)

Die Kommunen beauftragen **Abfallbeförderer** mit dem Transport der Abfälle von den Haushalten zu den Deponien und Endlagerstätten. Die Kommunen ermöglichen hier durch Ausschreibungen den privaten Entsorgungsunternehmen, den Transport von Haushaltsabfällen zu übernehmen.

Abfallentsorger sind öffentliche oder private Unternehmen, die den Müll auf nahegelegenen Deponien lagern oder in Müllverbrennungsanlagen vernichten.

Bei der Abfallwirtschaft handelt es sich auf der Angebotsseite um ein kompliziertes Zusammenspiel von öffentlichen und privaten Unternehmen.

5.3   Administrierte Preise

Umsätze am Arzneimittelmarkt
in Deutschland in Mrd. Euro

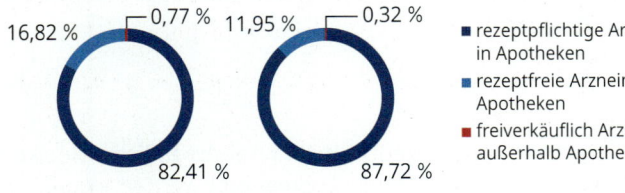

Umsatz nach Verkaufsstelle in Prozent

Quelle: Gesundheitsberichterstattung des Bundes, Stand 2020

ARBEITSAUFTRÄGE

1. Beschreiben Sie die Entwicklung des Arzneimittelumsatzes und suchen Sie nach Gründen für diese Entwicklung.
2. Nennen Sie Beispiele für rezeptpflichtige und rezeptfreie Medikamente in Apotheken sowie freiverkäufliche in Drogerien.
3. Vergleichen Sie die Preisbildung von rezeptpflichtigen und freiverkäuflichen Medikamenten.
4. Informieren Sie sich über die Bezahlungsweise von rezeptpflichtigen Medikamenten bei gesetzlich versicherten und privatversicherten Patienten.

Wesen und Möglichkeiten der Preisbindung

Der staatliche Einfluss in der sozialen Marktwirtschaft findet sich nicht nur bei der gesetzlichen Sozialversicherung oder der Abfallwirtschaft, sondern auch bei den staatlich administrierten Preisen.

> Unter **administriertem Preis** versteht man einen Preis, der sich nicht durch das freie Spiel der Kräfte von Angebot und Nachfrage am Markt bildet, sondern der durch staatliche Intervention festgelegt oder kontrolliert wird. Die Administrierung geschieht auf zentraler, regionaler oder örtlichen Ebene.

Der Einfluss des Staates kann auf unterschiedliche Art und Weise erfolgen:

- **Staatlich festgesetzte Preise:**
  Zu den staatlich gesetzten Festpreisen – auch direkt administrierte Preise genannt – gehören insbesondere die Tarife bei öffentlichen Verkehrsmitteln, aber auch bei Betrieben der Wasserversorgung und Abwasserentsorgung. Ebenso werden die Rundfunk- und Fernsehgebühren, TÜV- und Parkgebühren, die Eintrittspreise in Hallen- und Freibäder sowie in kulturelle Einrichtungen wie Theater und Museen oder die Kursgebühren an Volkshochschulen von staatlichen Organen festgesetzt.
- **Staatlich genehmigte Preise:**
  Bei den teiladministrierten oder indirekt administrierten Preisen hat der Staat bei der Preisgestaltung ein Mitspracherecht und verlangt die behördliche Genehmigung. Zu diesen Preisen gehören z. B. die Wohnungsmieten im geförderten Wohnungsbau, die Versicherungsprämien und Posttarife, die Preise im Agrarbereich, Honorare für Architekten, Notare sowie Taxifahrten und vor allem die Leistungen im Gesundheitswesen, die am Beispiel der Medikamentenpreise belegt werden.
- **Staatlich beeinflusste Preise:**
  Der Staat beeinflusst die Preise vor allem durch seine direkten Verbrauchssteuern wie der Tabak-, Mineralöl-, Branntwein- oder Kaffeesteuer, den Zöllen auf Einfuhren und den Subventionen z. B. für die Werftindustrie.

Arzneimittelpreise

Arzneimittel werden in rezeptpflichtige, rezeptfreie und freiverkäufliche Medikamente sowie Betäubungsmittel unterschieden. Rezeptpflichtige Arzneimittel werden in den Apotheken gegen Vorlage eines vom Arzt ausgestellten Rezepts meist in Form von Fertigarzneimitteln abgegeben. Die Zulassung von Fertigarzneimitteln erfolgt auf der Grundlage des Arzneimittelgesetzes (AMG). Rezeptfreie Arzneimittel werden in den Apotheken ohne Vorlage eines Rezepts an den Patienten abgegeben. Freiverkäufliche Medikamente dürfen auch außerhalb der Apotheke und Betäubungsmittel nur in einer Apotheke gegen Vorlage eines Betäubungsmittelrezepts verkauft werden.

Folgende Gründe sind für die Administrierung von Arzneimittelpreisen ausschlaggebend:

- Durch eine einheitliche Preisbildung will der Staat zur Kostendämpfung im Gesundheitswesen beitragen.
- Um eine Konkurrenz zwischen den Apotheken in ganz Deutschland zu vermeiden, ist es sinnvoll, die Arzneimittelpreise zu vereinheitlichen.

Die Preisbindung bezieht sich nur auf rezeptpflichtige Fertigarzneimittel und Rezepturen, wobei sich der Abgabepreis des Arzneimittels sowie das Honorar des Apothekers nach den Vorgaben der Arzneimittelpreisverordnung (AMPreisV) richtet. Die „Verordnung über apothekenpflichtige und freiverkäufliche Arzneimittel" findet sich unter: https://www.gesetze-im-internet.de/amp-reisv/. In dieser Verordnung hat der Gesetzgeber Apotheken- und Notdienstzuschläge sowie Zuzahlungen von Versicherten und Abschläge vorgesehen.

> **"**

Preise für verschreibungspflichtige Medikamente sollen einheitlich bleiben

Mit einer gesetzlichen Änderung will die Bundesregierung auch in Zukunft einheitliche Preise für verschreibungspflichtige Medikamente sicherstellen und Rabattangebote europäischer Versandapotheken verhindern. Der Gesetzentwurf der Bundesregierung sieht dazu vor, dass die Regelungen zur Einhaltung des einheitlichen Abgabepreises für Arzneimittel in das SGB V eingefügt werden. Bei Verstößen sollen Vertragsstrafen von bis zu 50.000 Euro drohen.

EuGH: Festpreise erschweren Zugang zu deutschem Markt

Mit der Reform soll als Reaktion auf eine Entscheidung des Europäischen Gerichtshofs die flächendeckende Arzneimittelversorgung in Deutschland gestärkt werden. Der EuGH hatte 2016 entschieden, dass ausländische Versandapotheken durch die Preisbindung für rezeptpflichtige Medikamente in Deutschland benachteiligt werden. Die Festpreise erschwerten den Zugang zum deutschen Markt. Infolge der Entscheidung sei das deutsche Arzneimittelpreisrecht nicht auf Versandapotheken in der EU anwendbar, sodass diese bei der Abgabe verschreibungspflichtiger Medikamente Boni und Rabatte gewähren könnten, heißt es im Gesetzentwurf. Die Apotheken in Deutschland seien jedoch weiter an den einheitlichen Abgabepreis gebunden.

Auch Versandapotheken sollen an Festpreis gebunden werden

Neu geregelt wird nun, dass die Rechtswirkung des Rahmenvertrages über die Arzneimittelversorgung auch für Versandapotheken aus der EU Voraussetzung dafür ist, zulasten der Gesetzlichen Krankenversicherung (GKV) Arzneimittel als Sachleistung abgeben und abrechnen zu können. Apotheken werden dazu verpflichtet, bei der Abgabe von verordneten Arzneimitteln an Versicherte der GKV im Wege der Sachleistung den einheitlichen Apothekenabgabepreis einzuhalten, heißt es in dem Gesetzentwurf. Im Rahmen des Sachleistungsprinzips bei der Abgabe verordneter Arzneimittel stünden Apotheken nicht im Preiswettbewerb um Versicherte in der GKV.

Quelle: Redaktion beck-aktuell: Preise für verschreibungspflichtige Medikamente sollen einheitlich bleiben, 25.08.2020, online unter: https://rsw.beck.de/aktuell/daily/meldung/detail/preise-fuer-verschreibungspflichtige-medikamente-sollen-einheitlich-bleiben [01.02.2021].

5.4 Methodenseiten — PowerPoint-Präsentation (Soziale Projekte an der FOS/BOS)

Die PowerPoint-Präsentation als interaktives Computerprogramm bietet umfangreiche Gestaltungsmöglichkeiten durch Texte, Bilder, Animationen, Grafiken, Tabellen und ermöglicht die arbeitsteilige Organisation der Erstellung. Eine Präsentation mit dem Thema „Soziale Projekte an der FOS/BOS" hat folgende Aspekte zu berücksichtigen:

> **Was verlangt eine Präsentation?**
>
> - **Visualisieren**, d.h. die Veranschaulichung und Verbildlichung der Informationen. Anschaulichkeit erleichtert die Wissensaufnahme.
>
> - **Strukturieren**, d.h. die Ordnung der Informationen. Durch die Struktur wird eine Landkarte im Gedächtnis aufgebaut, die das Mengenproblem löst und kausale Beziehungen ermöglicht.
>
> - **Assoziieren**, d.h. die Verankerung und Verknüpfung von Informationen. Der Vortrag wird interessanter, wenn der neue Inhalt mit bereits Bekanntem in Beziehung gesetzt wird.
>
> - **Repetieren**, d.h. die Wiederholung der Informationen. Zusammenfassungen ermöglichen die langfristige Verankerung im Gedächtnis.
>
> *Quelle: Schiller, Günter: Controlling mit Kartenpuzzle und Eselsbrücken oder: Die Lerntechniken im Fach Rechnungswesen, in: Erziehungswissenschaft und Beruf, 51. Jahrgang, 3/2003, Rinteln: Merkur Verlag, S. 385 f.*

- **Zielsetzung:**
  Information und Präsentation von Vorschlägen über durchgeführte Projekte im sozialen Bereich an den Schulen der bayerischen FOS/BOS. Hierbei können ein Überblick gegeben oder einzelne Projekte genauer vorgestellt werden. Die gezeigten Projekte können Anregung für eigene Projekte sein.

- **Zielgruppe:**
  Schüler/-innen, Lehrer/-innen, die soziale Projekte an ihrer Schule planen, und Eltern, die sich über die Aktivitäten ihrer Schüler informieren wollen.

- **Veranstaltungsort:**
  Es ist möglich, die Präsentation einzelnen ausgewählten Klassen zu zeigen oder auf einem Elternabend bzw. Projekttag darzubieten.

- **Organisation:**
  Die Erstellung der Präsentation kann arbeitsteilig erfolgen. Folgende Gruppen können gebildet werden:
  - Gruppe 1 (Projektsuche im Internet): Diese Gruppe sucht im Internet bei den bayerischen FOS/BOS-Schulen nach Projekten im sozialen Bereich, erfasst sie inhaltlich und ordnet sie systematisch.
  - Gruppe 2 (Erstellung der PowerPoint-Präsentation): Diese Gruppe übernimmt die Informationen der Gruppe 1 und erstellt die Folien für eine interessante und abwechslungsreiche Präsentation.
  - Gruppe 3 (Präsentation vor Ort): Diese Gruppe organisiert die Termine und Orte für die Informationsveranstaltung und trägt die Präsentation eventuell mit wechselnden Referenten vor.

■ **Projektbeispiele:**

Die im Internet an den FOS/BOS-Schulen gefundenen Projekte können wie folgt systematisiert werden:

Projekte zur Altenhilfe: Die Schüler bilden Arbeitsgemeinschaften und leisten Mithilfe in Seniorenzentren, Pflegeheimen und Tagespflegestätten. Mit sehr vielen dieser Aktivitäten werden die Schüler bereits beim Praktikum in der 11. Jahrgangsstufe bekannt gemacht. Solche Arbeitsgemeinschaften gibt es

– für den pflegerischen Bereich: Hier leisten die Schüler Mithilfe bei der Körperpflege wie Waschen, Baden und Kämmen, beim An- und Auskleiden, beim Bettenmachen und bei der Essensverteilung.

– für die Begleitung und Betreuung: Die Schüler begleiten ältere Menschen bei Spaziergängen, übernehmen Einkäufe und andere Besorgungen und organisieren Bücherlesungen, Spielenachmittage und Laptop-Vorträge sowie Unterhaltungsnachmittage.

– für den hauswirtschaftlichen Bereich: Die Reinigung von Arbeitsräumen, Betten, Schränken und Nachtischen oder die Mithilfe in der Teeküche werden von Schülern übernommen.

Projekte zur Suchtprävention: Durch diese Projekte sollen die Jugendlichen von Alkohol, Nikotin und illegalen Drogen abgehalten und über die Schädlichkeit dieser Rauschgifte aufgeklärt werden. Mögliche Aktivitäten sind Aufklärungsveranstaltungen in Form von Vorträgen und Diskussionen mit ehemaligen Drogenabhängigen, die Bearbeitung von Projektprogrammen wie „Be Smart – Don't Start" oder „Netzwerk Rauchfreie Schule", die Kontaktaufnahme mit Polizei, Medizinern, Juristen und Psychologen oder die Zusammenarbeit mit Caritas und Diakonie.

Projekte zur Flüchtlings- und Asylproblematik: Die Möglichkeiten, Projekte zum Thema Flucht und Asyl zu organisieren, sind vielfältig. Sie reichen vom gemeinsamen Frühstück, Fußballspiel und Schachturnier, der Anlage eines Kräutergartens über Deutschkurse bis zum interkulturellen Training, bei dem die verschiedenen Lebensweisen z. B. von Deutschen und Syrern verglichen werden.

Vorträge und Diskussionsrunden: Die Schüler/-innen können zu unterschiedlichen sozialen Themen Vorträge und Vortragsreihen mit Diskussionen organisieren. Solche Themen sind z. B. „Phasen und Pflege der Demenzkrankheit", „Menschenhandel und Zwangsprostitution", „HIV und Homosexualität" oder „Sterbebegleitung und Tod".

Spendenaktionen: Jede Spendenaktion zerfällt in die Phasen „Geld sammeln" und „Hilfsprojekte finanzieren". Durch den Verkauf von selbstgemachten Spezialitäten, einem Basar mit Gegenständen, die Eltern zur Verfügung gestellt haben, einem Spendenaufruf bei Firmen und Privatpersonen können die erforderlichen Mittel beschafft werden.

Mögliche Hilfsprojekte sind die Unterstützung sozial schwacher Familie, krebskranker Kinder, Flüchtlingskinder in Gemeinschaftsunterkünften oder die Unterstützung von Projekten in Afrika und in Lateinamerika.

Aufgaben

1. Entwickeln Sie eine Tabelle mit folgenden Begriffen in der Kopfzeile: „staatlicher Konsumzwang, öffentliches Angebot, administrierte Preise". Schreiben Sie in die Vorspalte: „Merkmale, Beispiele, Probleme".
Füllen Sie die Tabelle inhaltlich auf.

2. Reflektieren Sie die Vor- und Nachteile der gesetzlichen Krankenversicherung in Deutschland.

3. Das Gesundheitssystem in Großbritannien finanziert sich zum größten Teil aus öffentlichen Mitteln, insbesondere den allgemeinen Steuern.
   a) Erläutern Sie die Funktionsweise eines steuerfinanzierten Gesundheitssystems.
   b) Nennen Sie mögliche Vor- und Nachteile dieses Systems.
   c) Informieren Sie sich über das Gesundheitssystem in den Vereinigten Staaten.

4. In Großstädten gibt es meist eine städtische Feuerwehr und in kleineren Kommunen eine freiwillige Feuerwehr.
   a) Warum gehört die Feuerwehr zur öffentlichen Daseinsvorsorge?
   b) Erläutern Sie die Organisation der städtischen bzw. freiwilligen Feuerwehr.
   c) Welche Motive veranlassen Jugendliche, eine ehrenamtliche Tätigkeit bei der freiwilligen Feuerwehr zu übernehmen?

5. Der Bildungsmechanismus von administrierten Preisen und Konkurrenzpreisen ist unterschiedlich.
   a) Beschreiben Sie den Vorgang der Preisbildung bei administrierten Preisen und Konkurrenzpreisen zunächst allgemein.
   b) Belegen Sie den Preisbildungsprozess jeweils an einem konkreten Beispiel.
   c) Reflektieren Sie die Vor- und Nachteile der administrierten Preisbildung.

6. Die Sozialwirtschaft bietet vielfältige Möglichkeiten für das Ehrenamt.
   a) Beschreiben Sie wichtige Merkmale des Ehrenamtes.
   b) Erläutern Sie anhand der Grafik Möglichkeiten für die ehrenamtliche Tätigkeit im Sozialbereich.
   c) Nennen Sie mögliche Gründe, warum der Staat ehrenamtliche Tätigkeiten fördert.
   d) Reflektieren Sie die Vor- und Nachteile der ehrenamtlichen Tätigkeit für den Einzelnen.
   e) Entwickeln Sie Maßnahmen, mit denen ehrenamtliche Tätigkeiten in der Öffentlichkeit aufgewertet werden können.

Wie engagiert sind Jugendliche?

Anteil der Jugendlichen, die in ihrer Freizeit für **soziale** oder **politische Ziele** oder ganz einfach **für andere Menschen aktiv** sind (Anteil in Prozent)

	oft	gelegentlich	nie
2002	35 %	42	23
2006	33	42	25
2010	40	40	20
2015	35	39	26
2019	36	33	31

In diesen Bereichen engagieren sich Jugendliche besonders häufig (Anteil in Prozent)

oft	gelegentlich	
12	32 %	Interessen von Jugendlichen
12	26	sinnvolle Freizeitgestaltung von Jugendlichen
10	27	Umwelt- und Tierschutz
9	26	hilfsbedürftige ältere Menschen
8	23	besseres Zusammenleben mit Migranten
7	23	sozial schwache Menschen
7	20	besseres Zusammenleben am Wohnort
7	17	Menschen mit Behinderung
6	16	Pflege deutscher Kultur und Tradition
5	19	Menschen in armen Ländern

*Befragung von 2572 Jugendlichen im Alter von 12 bis 25 Jahren in Deutschland von Januar bis März 2019

Quelle: Shell Jugendstudie 2019

© Globus 14447

Sachwortverzeichnis

Sachwortverzeichnis

Bildquellenverzeichnis

adac.de: 371.1.

akg-images GmbH, Berlin: akg-images 449.1.

Aktion Mensch e.V., Bonn: 380.6.

Alamy Stock Photo, Abingdon/Oxfordshire: imageBROKER 491.1.

Baaske Cartoons, Müllheim: Mester, Gerhard 553.1, 571.1, 574.1; Mohr, Burkhard 495.1; Plaß-mann, Thomas 536.1, 558.1, 563.1; Reimann, Kurt 254.1.

Bertelsmann Stiftung, Gütersloh: www.Wegweiser-Kommune.de 336.1.

BG Klinikum Murnau gGmbH, Murnau am Staffelsee: 48.1.

Bitkom e.V, Berlin: 252.1; Verband der TÜV e.V. (VdTÜV), Berlin 297.1.

BRK Kreisverband Bayreuth, Bayreuth: Kinderhaus Bayreuth 372.3.

Brot für die Welt, Berlin: 371.2.

Bundesministerium für Arbeit und Soziales, Berlin: ESF 572.1.

Bundesministerium für Umwelt, Naturschutz und nukleare Sicherheit (BMU), Berlin: 371.3.

Bundesministerium für Wirtschaft und Klimaschutz, Berlin: 580.1.

Bundeszentrale für gesundheitliche Aufklärung (BZgA) – Referat T3, Köln-Ehrenfeld: 330.4.

Deutscher Kinderschutzbund KV Schorndorf/Waiblingen e.V., Schorndorf: 372.2.

DRK e.V., Berlin: 319.1.

DRK-Bildarchiv, Berlin: 380.5.

DZI (Deutsches Zentralinstitut für soziale Fragen), Berlin: 340.1.

DZV Deutscher Zigarettenverband e.V., Berlin: 599.1.

EFQM, Brüssel: 53.3.

epd-bild, Frankfurt/M.: 411.1; Arend, Stefan 439.1.

Fairtrade Deutschland e.V., Köln: 362.2.

finanzen.net GmbH, Karlsruhe: 585.1.

Forschungsinstitut zur Zukunft der Arbeit GmbH (IZA), Bonn: New Work SE, Hamburg: XING 261.1.

fotolia.com, New York: 3000ad 380.1; AK-DigiArt 326.3; andresinfinite 247.2; animaflora 334.3, 334.4; Bartussek, Ingo 247.1; belahoche 421.1; christophe BOISSON 232.1; contrastwerkstatt 417.1; Cramer, Sven 238.1; diego cervo 408.1; Elnur 273.1; filipefrazao 334.5; fotomek 189.1, 199.1; fovito 311.1; Fuhr, Daniel 377.1; Henrie 194.1; industrieblick 380.2; kanvag 190.1; Kne-schke, Robert 415.1; kritchanut 160.1; Kzenon 202.1; Mayer, Riccardo Niels 334.1; Monkey Business 13.2; Nejron Photo 221.1; Photographee.eu 430.1; PhotoSG 320.1; pressmaster 24.1; Sau-erlandpics 423.1; Viacheslav Iakobchuk 446.1; Visions-AD 335.1; WavebreakMediaMicro 357.1; wjarek 334.2; Wylezich, B. 472.1; xalanx 480.1.

gemeinnützige Bürgerspital-GmbH, Amberg: 375.1.

Getty Images, München: PhotoAlto/Sundelin, Katarina 481.1; Three Lions 548.1.

Görmann, Felix (RV), Berlin: 299.1.

Greser & Lenz, Aschaffenburg: 609.1.

Griese, Dietmar, Laatzen: 497.2.

Hanel, Walter, Bergisch Gladbach: 90.1.

Hild, Claudia, Angelburg: 286.1, 305.1.

Holtschulte, Michael, Herten: 509.1, 539.1, 582.1.

HORIZONT e.V. und HORIZONT Jutta Speidel-Stiftung, München: brand.david Kommunikation GmbH 380.4.

Image & Design – Agentur für Kommunikation, Braunschweig: 279.1; Kumpe, Birgit 303.1, 308.1.

Imago, Berlin: Geisser 602.1.

iStockphoto.com, Calgary: ewg3D 614.1; gkuchera 241.1; joyt 512.1; LPETTET 429.1; Mansi, René 606.1; Neil_Burton 459.1; Steidl, James 323.1; vm 374.1.

Kassing, Reinhild, Kassel: 298.1.

Koufogiorgos, Kostas; www.koufogiorgos.de, Stuttgart: 520.2.

KTQ-GmbH, Berlin: 53.2.

Kumpe, Bettina, Braunschweig: 83.1.

LandesFeuerwehrVerband Bayern e.V., Unterschleißheim: www.lfv-bayern.de 330.5.

mauritius images GmbH, Mittenwald: Rosenfeld 243.1; Vidler, Steve 486.1.

Meissner Cartoons, Köln: 489.1.

Microsoft Deutschland GmbH, München: 133.2, 134.3, 135.2, 136.1, 136.2, 136.3, 136.4, 136.5, 136.6, 137.1, 137.2, 138.1, 138.2, 138.3, 138.5; Schlagentweith, Dirk 133.1, 135.1, 139.2.

MISEREOR e.V., Aachen: 361.2.

nelcartoons.de, Erfurt: nel@nelcartoons.de 538.1, 581.1.

OECD Better Life Index: http://www.oecdbetterlifeindex.org/ 518.1.

Picture-Alliance GmbH, Frankfurt a.M.: AP 372.1; Arco Images/Rudolf 313.1; Bifab 540.1; chromorange 132.1, 167.2; Design Pics 467.1; dieKLEINERT.de/..... Schwarwel 150.1, 168.1, 604.1; dieKLEINERT.de/Adolph, Matthias 18.1; dieKLEINERT.de/Erl, Martin 140.1; dieKLEINERT.de/Guhl, Martin 121.1, 172.1; dieKLEINERT.de/Lutz, Willi 176.1; dieKLEINERT.de/Matzenbacher, Daniel 131.2; dieKLEINERT.de/Sedlacze, André 125.1; dpa 131.1, 380.3, 508.1; dpa-infografik 49.1, 49.2, 50.1, 54.1, 65.1, 66.1, 68.1, 98.1, 108.1, 112.1, 118.1, 118.2, 122.1, 142.1, 167.1, 186.1, 285.1, 330.1, 330.2, 330.3, 331.1, 335.2, 353.1, 353.2, 353.3, 353.4, 353.5, 353.6, 354.1, 354.2, 355.1, 355.2, 379.1, 497.1, 499.1, 500.1, 501.1, 502.1, 503.1, 504.1, 514.1, 516.1, 517.1, 520.1, 545.1, 547.1, 549.1, 552.1, 569.1, 571.2, 608.1, 613.1, 616.1, 618.1, 626.1; dpa-Zentralbild/Kalaene, Jens 326.2; dpa/Assmann, D. 200.1; dpa/Burger-Precht, U. 324.1; dpa/Hildenbrand, Karl-Josef 450.1; dpa/Kalaene, Jens 120.1; dpa/May, Frank 584.1; dpa/Pfeiffer, Wulf 295.1; dpa/Schrader, Matthias 120.2; dpa/Thissen, Bernd 373.2; dpa/Weihrauch, Roland 296.1; dpa/Wolfraum, Heiko 193.1; Everett Collection 593.1; Geisler-Fotopress/Kern, Frederic 326.1; Globus Infografik 561.1; imageBROKER/Begsteiger, Michaela 197.1; Willnow, Sebastian 33.1; Wüstneck, Bernd 53.1; ZB 51.1; zb/Wiedl, Hans 13.3.

plainpicture, Hamburg: 284.1; Gorilla 465.1.

Projektbüro im Geschäftsbereich Kultur der Stadt Nürnberg, Nürnberg: Die Blaue Nacht 2017 373.1.

R+V Allgemeine Versicherung AG, Wiesbaden: 578.1, 578.2.

Ringhut, Daniela, Dreieich: 154.1, 154.2.

Sakurai, Heiko, Köln: 277.1, 551.2.

Schlagentweith, Dirk, Bürstadt: 134.1, 134.2, 138.4, 139.1.

Schmidt, Geraldine, Troisdorf: 169.1, 169.2, 169.3, 169.4, 171.1.

Schöpper, Rudolf, Münster: Universitäts- und Landesbibliothek Münster, N. Schöpper K 12,057 124.1.

Science Photo Library, München: SPL/Saturn Stills 611.1.

Shutterstock.com, New York: 963 Creation 587.1; Domino, Dmitriy 28.1; MIND AND I 464.1; trabantos 585.2.

SOS-Kinderdörfer weltweit, München: 361.1.

Sternberg, R., Gorynia-Pfeffer, N., Wallisch, M., Baharian, A., Stolz, L., von Bloh, J. (2020): Global Entrepreneurship Monitor. Länderbericht Deutschland 2019/20. Eschborn und Hannover: RKW Kompetenzzentrum und Institut für Wirtschafts- und Kulturgeographie, Leibniz Universität Hannover, S. 14 35.1.

stock.adobe.com, Dublin: bdavid32 442.1; benik.at 613.2; ChaotiC_PhotographY 436.1; ernstboese 196.1; Kneschke, Robert 223.1; Monkey Business 247.3; Pink Badger 43.1; Pixel-Shot Titel; Production Perig 374.2; RAM 164.1; roza 598.2; Schulz, Christian 373.4; Steinbach, Manfred 596.1; Wellnhofer Designs 598.1; welz, stefan 187.1.

Stuttmann, Klaus, Berlin: 492.1, 550.1, 551.1.

toonpool.com, Berlin, Castrop-Rauxel: Bengen, Harm 617.1; Koufogiorgos, Kostas 531.1.

Traxler, Hans, Frankfurt/Main: 308.2.